MAURO SCHIAVI

Juiz titular da 19ª Vara do Trabalho de São Paulo (exerce a magistratura há 21 anos). Mestre e Doutor em Direito das Relações Sociais pela PUC/SP. Professor Universitário em Cursos de Graduação e Pós-Graduação. Professor da Escola Judicial do TRT/SP. Professor Convidado do Curso de Pós-Graduação *lato sensu* da PUC/SP, PUC/RIO, Mackenzie/SP e Faculdade de Direito do Sul de Minas. Autor de outros 21 livros sobre Direito Processual do Trabalho.

MANUAL DIDÁTICO DE

DIREITO DO TRABALHO

MAURO SCHIAVI

MANUAL DIDÁTICO DE DIREITO DO TRABALHO

3ª edição
Revista, atualizada e ampliada

2022

EDITORA *Jus*PODIVM
www.editorajuspodivm.com.br

EDITORA *Jus*PODIVM
www.editorajuspodivm.com.br

Rua Canuto Saraiva, 131 – Mooca – CEP: 03113-010 – São Paulo – São Paulo
Tel: (11) 3582.5757
• Contato: https://www.editorajuspodivm.com.br/sac

Copyright: Edições *Jus*PODIVM

Diagramação: Equipe *Jus*PODIVM

Capa: Marcelo S. Brandão *(santibrando@gmail.com)*
Imagem de capa: *www.shutterstock.com – 1136669474*

S329m Schiavi, Mauro.
Manual Didático de Direito do Trabalho / Mauro Schiavi. – 3. ed. rev., atual. e ampl. – São Paulo: Editora Juspodivm, 2022.
944 p.

Inclui bibliografia.
ISBN 978-85-442-3951-3.

1. Direito do Trabalho. I. Schiavi, Mauro. II. Título.

CDD 342.6

À Angélica e ao pequeno Bento.
Para realizar este trabalho, tive que superar minhas limitações físicas e mentais, o que somente foi possível em razão do amor que sinto por vocês.

AGRADECIMENTO

Ao Vauledir Ribeiro Santos e à Editora Juspodivm pelo incentivo e entusiasmo na produção desta obra.

NOTA À TERCEIRA EDIÇÃO

Primeiramente, agradeço pela generosa acolhida deste livro pelos estudantes de Direito e profissionais da área trabalhista, o que me motivou a atualizá-lo e ampliá-lo para esta nova edição.

Diante da complexidade do Mundo em que vivemos, não é tarefa fácil compreender e entender o Direito do Trabalho e suas funções no sistema capitalista de produção. Isso exige, além de muito estudo e reflexão, vivência e experiência. Não se trata apenas de comentar a legislação e a jurisprudência dos Tribunais Trabalhistas, apresentar a doutrina e dar opiniões sobre cada instituto do Direito do Trabalho, mas de viver e sentir a matéria em sua prática diária, conhecer e vivenciar os conflitos trabalhistas do cotidiano e entender a importância social deste ramo especializado do Direito.

Esta edição considerou as inovações legislativas do ano de 2022, bem como as principais decisões do Supremo Tribunal Federal em matéria trabalhista, assim como do Tribunal Superior do Trabalho, destacando-se as seguintes:

- EC 115/22: trata sobre proteção de dados pessoais;
- Lei 14.151/21, alterada pela Lei 14.311/22: aborda o afastamento da gestante durante a pandemia;
- Lei 14.289/22: versa sobre direito ao sigilo;
- Lei 14.297/22: aborda os direitos dos entregadores de plataformas digitais;
- Portaria 671/22 do Ministério do Trabalho e Previdência: regulamenta disposições relativas à legislação trabalhista, à inspeção do trabalho, às políticas públicas e às relações de trabalho;
- Tema 648 de Repercussão Geral do STF: trata sobre as dispensas coletivas;
- Tema 1046 de Repercussão Geral do STF: versa sobre os limites da flexibilização trabalhista.

O livro continua escrito de forma didática e com linguagem acessível tanto para os estudantes de graduação e pós-graduação, quanto para os profissionais e os que se preparam para os concursos na área trabalhista. Também apresenta uma visão moderna e atualizada do Direito do Trabalho, tanto individual quanto coletivo, sem deixar de lado a doutrina clássica e os entendimentos já consolidados dos Tribunais Trabalhistas.

APRESENTAÇÃO

Este livro foi idealizado há dez anos, época em que conclui os estudos para a defesa de minha tese de doutorado. Embora escrito nos últimos meses, ele reúne estudos e experiência colhidos em 26 anos de atuação na área trabalhista, sendo os últimos 20 anos no exercício da Magistratura do Trabalho, e as últimas duas décadas no exercício do magistério sobre o Direito Material e Processual do Trabalho em cursos de graduação, pós-graduação e preparatórios para as carreiras trabalhistas.

Não é tarefa fácil compreender e entender o Direito do Trabalho e suas funções no sistema capitalista de produção. Isso exige, além de muito estudo e reflexão, vivência e experiência. Não se trata apenas de comentar a legislação e a jurisprudência dos Tribunais Trabalhistas, apresentar a doutrina e dar opiniões sobre cada instituto do Direito do Trabalho, mas de viver e sentir o Direito do Trabalho em sua prática diária, conhecer e vivenciar os conflitos trabalhistas do cotidiano e entender a importância social deste ramo especializado do Direito. Por isso, somente agora, este livro vem a público, com o selo da Editora Juspodivm, que propiciou toda a estrutura necessária para que este trabalho fosse desenvolvido da melhor forma possível.

O trabalho faz parte da condição humana, pois a maioria das pessoas necessitam trabalhar para sobreviver, e precisam de uma legislação protetiva para ter acesso aos direitos sociais mínimos para que tenham uma vida digna. De outro lado, empresários e empreendedores dependem do trabalho humano para o exercício de suas atividades econômicas.

O Direito do Trabalho é um pulsar constante, impregnado por grande eletricidade social, pois sofre, diretamente, impactos do comportamento humano e do sistema capitalista de produção.

A função do ordenamento jurídico trabalhista é regulamentar o trabalho humano no sistema capitalista de produção, garantindo a dignidade da pessoa humana do trabalhador (art. 1º, III, da CF), com um rol de direitos mínimos e também possibilitar aos empresários e empregadores exercerem sua atividade econômica, garantindo os valores da livre iniciativa (art. 1º, IV, da CF).

A obra é dividida em XV capítulos, destacando-se a Teoria Geral do Direito do Trabalho, com seus princípios e singularidades, o Direito Individual do Trabalho, com destaque para as relações de trabalho e de emprego, bem como o Direito Coletivo do Trabalho, com destaque para os entes de natureza sindical e a resolução do conflito trabalhista.

Escrito de forma didática e com linguagem acessível tanto para os estudantes de graduação e pós-graduação, quanto para os profissionais e os que se preparam para os concursos na área trabalhista, este livro apresenta uma visão moderna e atualizada do direito do trabalho, tanto individual quanto coletivo, sem deixar de lado a doutrina clássica e os entendimentos já consolidados dos Tribunais Trabalhistas.

SUMÁRIO

CAPÍTULO I

CAPÍTULO II

CAPÍTULO III

CAPÍTULO IV

CAPÍTULO V

CAPÍTULO VI

CAPÍTULO VII

CAPÍTULO VIII

CAPÍTULO IX

CAPÍTULO XII

CAPÍTULO XIII

CAPÍTULO XIV

CAPÍTULO XV

I

TEORIA GERAL DO DIREITO DO TRABALHO

1. REFERÊNCIAS HISTÓRICAS DO DIREITO DO TRABALHO

Trabalho é toda atividade humana dirigida à um determinado fim. Normalmente é destinado à produção, com o objetivo de promover o sustento do trabalhador.

A origem da expressão trabalho deriva do latim *triplaium*, que é espécie de instrumento de tortura, sofrimento, castigo.

Há diversas formas de trabalho, mas o que interessa ao Direito do Trabalho e à legislação trabalhista é o chamado trabalho por *conta alheia*, onde há um prestador de serviços que executa o trabalho de um lado, e um tomador, que será destinatário do trabalho humano, do outro lado da relação jurídica.

Na antiguidade, o trabalho era visto como um *castigo dos Deuses*. Nesta época, o trabalho ficava a cargo dos escravos.

Na Idade Média, no período da servidão, o trabalho era realizado pelos servos, que também não eram livres, pois entregavam grande parte de sua produção ao senhor feudal em troca de proteção.

Conforme Jorge Luiz Souto Maior[1], a sociedade medieval não se direcionava à produção como forma de obtenção de lucro. Seu vínculo básico era a proteção. Não tinha objetivos maiores, tanto que a produtividade era baixa, com utilização de técnicas rudimentares, e as condições de vida eram precárias, mesmo para os senhores, sendo, pior, é claro,

1 Curso de Direito do Trabalho. Volume I – Parte I. Teoria Geral do Direito do Trabalho. São Paulo: LTr, 2011, p. 59.

para os servos. A situação perdura por vários séculos, até que no século XI, período conhecido como Baixa Idade Média, quando terminam as investidas de conquistas dos povos germânicos, inicia-se um período de comercialização dos excedentes dos feudos nas feiras locais, favorecido pelo crescimento da população e o aumento da circulação de mercadorias, o que marca o renascimento do comércio da Europa.

No sistema das corporações de ofício, começou a surgir o trabalho livre nas oficinas em que havia os artesãos, companheiros e aprendizes.

Somente após a Revolução Industrial, houve o surgimento do Direito do Trabalho com o trabalho assalariado.

Como destacou Jorge Luiz Souto Maior[2], o trabalho assalariado, como dado característico de uma sociedade, dá-se no modelo capitalista de produção sendo este, precisamente, o objeto de incidência do Direito do Trabalho, tendo sido tratado, tecnicamente, quando da formação teórica deste ramo do direito, como trabalho prestado sob a dependência de outrem ou, simplesmente, trabalho subordinado, inserido em uma atividade organizada (a empresa moderna), voltada para o lucro e para modulação de todos os arranjos sociais.

O direito civil e o direito comum não eram suficientes para regular a relação entre trabalhadores dependentes e tomadores de serviços (empresas), havendo necessidade de criação de leis protetivas que dessem supremacia jurídica ao trabalhador para compensar as desigualdades que este apresentava em face do tomador de serviços, principalmente as desigualdades econômicas e técnicas.

Como destaca a doutrina, o Direito do Trabalho é fruto do regime capitalista. Surge, segundo a doutrina, na segunda metade do Século XVIII, na Europa e foi impulsionado por diversos fatores, quais sejam:

a) **Revolução Industrial**, que provocou a substituição da energia motriz pela energia à vapor e a criação das indústrias: Como nos traz Jorge Luiz Souto Maior[3], a Revolução Industrial tem como traço distintivo a criação da máquina a vapor, que possibilitou a produção em grande escala, com propósitos de enriquecimento, mas, no geral, confunde-se com a própria história do capitalismo,

2 Curso de Direito do Trabalho. Volume I – Parte I. Teoria Geral do Direito do Trabalho. São Paulo: LTr, 2011, p. 66.

3 Op. cit. p. 107.

sendo mais próprio falar-se em capitalismo industrial e só foi possível graças ao acúmulo das experiências históricas vividas no longo período de superação dos vínculos do feudalismo: o desenvolvimento intelectual (filosófico – humanismo – iluminismo), vindo desde o Renascimento, dando origem aos estudo econômicos (economia); a acumulação primitiva de capitais (Revolução Comercial); a formação dos trabalhadores livre, desprovidos de meios de sobrevivência, em quantidade necessária para que lutassem entre si pelos postos de trabalho oferecidos; a nova organização política (Estado Moderno).

b) **grande concentração de operários nas cidades onde estavam localizadas as fábricas:** o trabalho livre das corporações de ofício foi substituído pelo trabalho assalariado e por conta alheia, que era destinado a um tomador[4].

c) **doutrina social da Igreja e valorização do trabalho humano:** A Igreja também teve um papel importante no surgimento do Direito do Trabalho por meio de sua Encíclicas, as quais defendiam a proteção do trabalho humano, como forma de garantia da dignidade e emancipação do ser humano. Em 1891, surge a encíclica *Rerum Novarum*, do Papa Leão XIII. Conforme Maurício Godinho Delgado[5], o documento traduz manifestação oficial da Igreja Católica, de notável influência na época, com respeito à *questão social*, exigindo do Estado e das classes dirigentes postura mais compreensiva sobre a necessidade de regulação das relações trabalhistas.

d) **desenvolvimento da teoria da dignidade da pessoa humana, impulsionada pelo cristianismo:** O ser humano passa ser visto como um fim em si mesmo, como sujeito de direitos e um *imperativo categórico* (Kant). Desse modo, o trabalho humano não pode ser visto como mercadoria.

---

4 Como destaca Amauri Mascaro Nascimento: "Com a fábrica está correspondentemente formada a aglomeração maior das massas operárias. Ela não é só o local onde se assentar. É mais ainda: o ponto de convergência dessa mesma pluralidade de indivíduos, unidos por um mesmo processo de ideais, sujeitos a um mesmo ordenamento, subordinados a um mesmo homem, com as mesmas obrigações e os mesmos direitos" (Curso de Direito do Trabalho. 29ª ed. São Paulo: Saraiva, 2014, p. 42).

5 Curso de Direito do Trabalho. 18ª ed. São Paulo: LTr, 2019, p. 109.

e) **condições de trabalho precárias:** com jornadas de trabalho extenuantes, baixos salários, trabalho de mulheres e crianças e grande número de acidentes de trabalho: As primeiras Leis Trabalhistas foram idealizadas para a prevenção de acidentes de trabalho[6].

f) **reconhecimento do direito de união e as primeiras greves:** O Direito do Trabalho surgiu, segundo a doutrina, para garantir a melhoria da condição social do trabalhador, nivelando as desigualdades entre o capital e o trabalho e, acima de tudo, consagrar a dignidade da pessoa humana do trabalhador, bem como ressaltar os valores sociais do trabalho como fundamentos para uma sociedade justa e solidária.

Como nos ensina Maurício Godinho Delgado[7], o Direito do Trabalho é produto do capitalismo, atado à evolução histórica desse sistema, retificando-lhe distorções econômico-sociais e civilizando a importante relação de poder que sua dinâmica econômica cria no âmbito da sociedade civil, em especial no estabelecimento e na empresa.

O Direito do Trabalho despenha importantes funções na sociedade contemporâneas, principalmente no regime capitalista, quais sejam:

a) **distribuição mais justa da renda:** O direito do Trabalho desempenha importante função de distribuição de renda no sistema capitalista, pois com a existência de garantias mínimas trabalhistas, os trabalhadores podem ter acesso aos bens de consumo, lazer, saúde, educação e à previdência social.

b) **convivência pacífica entre trabalhadores e os donos dos meios de produção**: O Direito do Trabalho também exerce a função de pacificação social, sendo um importante instrumento de convivência harmônica entre trabalhadores e dos proprietários dos meios de produção.

---

6 Segundo Amauri Mascaro Nascimento: "O trabalho das mulheres e menores foi bastante utilizado sem maiores precauções. Na Inglaterra, os menores eram oferecidos aos distritos industrializados, em troca de alimentação, fato muito comum nas atividades algodoeiras de Lancashire. Aliás, as próprias paróquias – unidade administrativa civil inglesa, subdivisão territorial do condado criada pela denominada Lei dos Pobres – encarregavam-se, oficialmente, de organizar esse tráfico, de tal modo que os menores se tornaram fonte de riqueza nacional" (Curso de Direito do Trabalho. 29ª ed. São Paulo: Saraiva, 2014, p. 43).

7 Curso de Direito do Trabalho. 18ª ed. São Paulo: LTr, 2019, p. 95.

c) **manutenção do direito de propriedade e do regime capitalista:** O Direito do Trabalho é essencial à manutenção da propriedade privada e manutenção do regime capitalista.

d) **proteção da dignidade da pessoa humana do trabalhador, com a fixação de um rol de direitos mínimos ao trabalhador:** Sem dúvida, os direitos trabalhistas garantem a existência um piso vital essencial de direitos destinados à proteção da dignidade da pessoa humana do trabalhador.

Atualmente, o Direito do Trabalho sofre impactos contundentes decorrentes da crise econômica, modificações das estruturas das empresas, desenvolvimento de novas tecnologias, mudanças no comportamento da sociedade, e novas formas de prestação de serviços, sendo o seu maior desafio continuar protegendo trabalhador, assegurando um mínimo de garantias para proteger a dignidade da pessoa humana do trabalhador.

Mesmo diante do crescente desenvolvimento da tecnologia, da mudança dos sistemas de produção e da necessidade de se garantir trabalho para sustento das pessoas, o trabalho humano sempre necessitará de regulamentação e proteção, com a garantia de um núcleo essencial de direitos.

2. REFERÊNCIAS HISTÓRICAS DO DIREITO DO TRABALHO NO BRASIL

Durante três séculos e meio, o trabalho no Brasil ficava a cargo dos escravos, que eram de propriedade dos senhores das terras. Muitas vezes, os escravos eram comercializados no chamado "mercado de trabalho" e quem os adquiria passava a ter a propriedade sobre eles.

Como sustentou Jorge Luiz Souto Maior[8], a possibilidade de exploração do trabalho escravo foi o ponto de equilíbrio entre a classe dominante nacional e o Estado colonial e imperial. Outro aspecto relevante para a compreensão dessa formação cultural é o dado de que a história do Brasil teve três séculos e meio de regime escravocrata, contra apenas um de trabalho livre, gerando a concepção de que trabalho é algo que se obriga outro a fazer e pessoas humanas são mercadorias, mas não uma mercadoria qualquer, uma mercadoria especial porque tão logo comete algum delito torna-se gente. No dizer de Jacob Gorender: O primeiro ato

8 Curso de Direito do Trabalho. Volume I – Parte II: História do Direito do Trabalho no Brasil. São Paulo: LTr, 2017, p. 51.

humano do escravo é o crime. Pelo ato criminoso, o escravo se tornava gente, de pleno direito. A escravidão era tanto uma instituição que mesmo alguns ex-escravos possuíam escravos.

Destaca Alice Monteiro de Barros[9]: "no Brasil, de 1500 até 1888, o quadro legislativo referente ao trabalho registra, em 1830, uma lei que regulou o contrato sobre prestação de serviços dirigida a brasileiros e estrangeiros. Em 1837, há uma normativa sobre contratos de prestação de serviços entre colonos dispondo sobre justas causas de ambas as partes. De 1850 é o Código Comercial, contendo preceitos alusivos ao aviso prévio."

Com o fim da escravidão, o trabalho passou a ser livre.

Mesmo após o término da escravidão, houve um longo período até que o direito do trabalho passasse a disciplinar as relações do Trabalho no Brasil. Não havia mão de obra suficiente com os homens livres. Houve recurso à imigração, com a chegada de grande número de imigrantes a partir de 1840.

Os imigrantes, principalmente os europeus, trabalhavam em regime de parceria ou mediante contratos de locação de serviços nas fazendas, em condições precárias.

Conforme Jorge Luiz Souto Maior,[10] "mesmo com o advento da República e, posteriormente, com a Revolução de 30, da qual advieram várias regras de proteção ao trabalhador, a situação no meio rural, no Brasil, permaneceu inalterada, pois, no ajuste político de poder de Vargas houve uma espécie de incentivo à industrialização, favorecendo a classe burguesa em ascensão, mas sem contrariar, frontalmente, os donos do poder até então, os fazendeiros. Foi assim que a legislação trabalhista considerada essencial para o desenvolvimento da produção capitalista, restringiu-se ao setor urbano, mantendo para o campo o sistema de 'parcerias'."

A fase de desenvolvimento e fixação do Direito do Trabalho no Brasil ocorre a partir de 1930, com a chamada *Era Vargas*, onde houve grande desenvolvimento da indústria e do capitalismo.

Relevante no desenvolvimento da Legislação Trabalho foi a criação do Ministério do Trabalho e Emprego, pelo governo Getúlio Vargas, o qual passou a desenvolver políticas para implementação de uma legislação mais efetiva para proteção dos trabalhadores.

---

9 Curso de Direito do Trabalho. São Paulo: LTr, 2005, p. 65.

10 Op. cit. p. 75.

O Ministério do Trabalho fora extinto pela Lei 13.844/2019, tendo suas competências incorporadas ao Ministério da Economia. Em 27/06/2021, o Ministério do Trabalho foi recriado pela Medida Provisória n. 1.058, com o nome de Ministério do Trabalho e Previdência, que acrescentou os arts. 48-A e 48-B à lei 13.844/19, que assim dispõem:

> Art. 48-A: "Constituem áreas de competência do Ministério do Trabalho e Previdência: I - previdência; II - previdência complementar; III - política e diretrizes para a geração de emprego e renda e de apoio ao trabalhador; IV - política e diretrizes para a modernização das relações de trabalho; V - fiscalização do trabalho, inclusive do trabalho portuário, e aplicação das sanções previstas em normas legais ou coletivas; VI - política salarial; VII - intermediação de mão de obra, formação e desenvolvimento profissional; VIII - segurança e saúde no trabalho; IX - regulação profissional; e X - registro sindical."
>
> "Art. 48-B: "Integram a estrutura básica do Ministério do Trabalho e Previdência: I - o Conselho de Recursos da Previdência Social; II - o Conselho Nacional de Previdência Social; III - o Conselho Nacional de Previdência Complementar; IV - a Câmara de Recursos da Previdência Complementar; V - o Conselho Nacional do Trabalho; VI - o Conselho Curador do Fundo de Garantia do Tempo de Serviço; VII - o Conselho Deliberativo do Fundo de Amparo ao Trabalhador; e VIII - até 4 (quatro) Secretarias. Parágrafo único. Os Conselhos a que se referem os incisos V a VII do **caput** são órgãos colegiados de composição tripartite, com paridade entre representantes dos trabalhadores e dos empregadores, na forma estabelecida em ato do Poder Executivo federal." (NR)"

Segundo Maurício Godinho Delgado[11], "construindo-se essa institucionalização/oficialização ao longo de um demorado período político centralizador e autoritário (de 1930 a 1945), o ramo justrabalhista veio a se institucionalizar, consequentemente, sob uma matriz corporativa e intensamente autoritária. A evolução política brasileira não permitiu, desse modo, que o Direito do Trabalho passasse por uma fase de *sistematização e consolidação*, em que se digladiassem (e se maturassem) propostas de gerenciamento e solução de conflitos no próprio âmbito da sociedade civil,

11 Curso de direito do Trabalho. 18ª ed. São Paulo: LTr, 2019, p. 132.

democratizando a matriz essencial do novo ramo jurídico. Afirmando-se uma intensa e longa ação autoritária oficial (pós-1930) sobre um segmento sociojurídico ainda sem uma estrutura e experiência largamente consolidadas (como o sistema anterior a 1930), disso resultou um modelo fechado, centralizado e compacto, caracterizado ainda por incomparável capacidade de resistência e duração ao longo do tempo."

A legislação trabalhista durante os anos 30, até 1945, inserida no projeto de industrialização, segundo Souto Maior[12], teve como objetivos: a) conter o sindicalismo revolucionário, por meio, sobretudo da criação dos sindicatos oficiais, vinculando a aquisição de direitos aos trabalhadores ligados a estes sindicatos; b) criar uma classe operária dócil, reforçando a lógica da gratidão, já impregnada na cultura escravagista; c) difundir o espírito da conciliação, quebrando, assim, a eficácia da própria legislação apresentada; d) obter por meio da ausência de fiscalização e da conciliação a concordância dos industriais para edição das leis trabalhistas; e) não desagradar aos agricultores, deixando de levar a legislação trabalhista ao campo; e f) apagar da história as lutas e o poder de organização dos trabalhadores.

Como observa Alice Monteiro de Barros[13], "de 1888 à Revolução de 1930, os diplomas legislativos de maior relevância são: em 1903, lei sobre sindicalização dos profissionais da agricultura; de 1907, lei sobre sindicalização dos trabalhadores urbanos; de 1916, o Código Civil, com um capítulo sobre locação de serviços, regulamentando a prestação de serviços de trabalhadores; de 1919, temos uma lei sobre acidente de trabalho; de 1923 é a Lei Elói Chaves, disciplinando a estabilidade no emprego conferida aos ferroviários que contassem 10 ou mais anos de serviço junto ao mesmo empregador, instituto, mais tarde, estendido a outras categorias; em 1930 cria-se o Ministério do Trabalho. Esse é o marco do aparecimento do Direito do Trabalho no Brasil apresentado pela doutrina, embora anteriormente já existisse um ambiente propício ao seu surgimento, em face da legislação que o antecedeu."

Em 1943, é editada a Consolidação das Leis do Trabalho, que teve por objetivo reunir as leis, decretos-leis, normas disciplinadas em acordos coletivos e disposições de convenções da OIT ratificadas pelo Brasil, mas também de sistematizar e facilitar a compreensão e aplicação da legislação trabalhista no país.

---

12 História do Direito do Trabalho no Brasil. Volume I – Parte II. São Paulo: LTr, 2017, p. 255.

13 Curso de Direito do Trabalho. São Paulo: LTr, 2005, p. 65.

Uma grande referência para a elaboração da Consolidação das Leis do Trabalho foram os debates realizadas no 1º Congresso Nacional de Direito Social, em maio de 1941, liderado pelo jurista Antonio Ferreira Cesarino Júnior, professor da Faculdade de Direito da Universidade de São Paulo, considerado, por muitos, o propulsor do estudo do Direito do Trabalho nas faculdades brasileiras.

Também houve grande impacto das Convenções da Organização Internacional do Trabalho na elaboração da CLT, que foram utilizadas para descartar as legislações nacionais contrárias às referidas Convenções.

Além disso, a Consolidação das Leis do Trabalho impulsionou maior publicidade e compreensão da legislação trabalhista.

Ao contrário do que muitos sustentam, apesar de não ter passado pelo parlamento, a elaboração da CLT foi precedida de muitas discussões, com a participação dos mais diversos segmentos do setor trabalhista, quais sejam: representantes das empresas, dos empregados, sociedade civil, etc., sendo muitas das sugestões apresentadas incorporadas ao texto da Consolidação.

Destaca Augusto César Leite de Carvalho[14], "as indústrias de base, especialmente a siderurgia e a petroquímica surgiram com a legislação trabalhista e a Justiça do Trabalho, tudo em um pacote de intervenção estatal que auspiciava a definitiva modernização do Brasil. A um só tempo, Vargas introduzia a fonte do problema – mediante o estímulo à industrialização de bens de capital e de consumo – e os métodos de solução, tentando queimar etapas do processo de industrialização vivido pelos países que compunham a economia central."

Com a Constituição Federal de 1988, muitas garantias trabalhistas foram destacadas com direitos essenciais, valendo destacar a importância do valor social do trabalho (art. 1º, IV), os direitos sociais de segunda dimensão (art. 6º), os direitos trabalhistas mínimos e essenciais (art. 7º), bem como o regramento da atividade sindical (arts. 8º a 11).

Advertem Ingo Wolfgang Sarlet, Luiz Guilherme Marinoni e Daniel Mitidiero[15], "na perspectiva do direito constitucional brasileiro, que normas constitucionais dispondo sobre o direito ao trabalho e à proteção do trabalhador já podem ser encontradas no âmbito da evolução constitucional anterior, pelo menos desde a Constituição de 1934 muito embora

14 Direito do Trabalho. Curso e Discurso. 2ª ed. São Paulo: LTr, 2018, p. 47.

15 Curso de Direito Constitucional. 7ª ed. São Paulo: Saraiva, 2018, p. 675.

em termos quantitativos e qualitativos, ou seja, no que diz com o número de posições fundamentais atribuídas ao trabalhador e no concernente à intensidade da proteção constitucional, a Constituição Federal de 1988, até mesmo por ter incluído os direitos dos trabalhadores no título dos direitos fundamentais, inovou e avançou significativamente, ainda que aos olhos de muitos o constituinte tenha aqui também pecado pelo excesso."

Os postulados fundamentais do Direito do Trabalho, hoje, estão na Constituição Federal. Por isso há um chamado *direito constitucional do trabalho* formado pelo conjunto de princípios, institutos e regras disciplinados no texto constitucional, principalmente nos arts. 7º e 8º.

Atualmente, a Legislação Trabalhista sofre muitas críticas por diversos segmentos da classe empresarial, inclusive tem sido apontada como um dos entraves à criação de novos empregos e também responsável por grande parte do desemprego. Entretanto, deve ser destacado que não é função do Direito do Trabalho gerar emprego, também não é sua responsabilidade o aumento do desemprego, pois essas funções não jurídicas e sim econômicas. É o crescimento econômico que gera empregos e não a redução de direitos trabalhistas.

3. A CONSOLIDAÇÃO DAS LEIS DO TRABALHO COMO PRINCIPAL LEGISLAÇÃO TRABALHISTA DO BRASIL

A Consolidação das Leis do Trabalho é a legislação trabalhista básica do Direito do Trabalho. Aprovada pelo Decreto-Lei 5.452[16] em 1º de maio de 1943, entrou em vigor em 10 de novembro de 1943. Compuseram a comissão que elaborou o anteprojeto Luiz Augusto de Rego Monteiro, Arnaldo Süssekind, Dorval Lacerda, Segadas Vianna e Oscar Saraiva, comandados pelo Ministro do Trabalho Alexandre Marcondes Filho.

Destaca Eduardo Henrique Raymundo Von Adamovich[17]: "o termo *Consolidação*, teoricamente, deveria distinguir-se do termo Código, porque este implicaria a elaboração de um sistema jurídico em certa medida inovador, novo não apenas no aspecto orgânico, formal, mas, sobretudo,

16 A Consolidação das Leis do Trabalho por ser um Decreto-Lei, não passou pelo Parlamento, tendo sido o trabalho da Comissão de Juristas aprovado pelo Presidente Getúlio Vargas e publicado, adquirindo, com isso, o "status" de Lei Ordinária. Atualmente, o Decreto-Lei já não existe mais, sendo necessário que toda Lei passe pelo Parlamento.

17 Comentários à Consolidação das Leis do Trabalho. Rio de Janeiro: Forense, 2009, p. 1.

na substância das normas e institutos que contemplasse, ao passo que o primeiro, a *Consolidação* significaria, como sugere o próprio nome, apenas a reorganização em um corpo único de diversas leis já existente de forma esparsa."

Conforme Arnaldo Süssekind[18] um dos autores da CLT, "A Consolidação das Leis do Trabalho, enfeixando um único texto todas as normas disciplinares das relações individuais e coletivas de trabalho, além das concernentes a procedimentos administrativos e à Justiça do Trabalho, proporcionou o conhecimento global dos direitos e obrigações trabalhistas, não só aos intérpretes e aplicadores das leis, mas, sobretudo, aos seus destinatários: os empregadores e os empregados. A CLT cumpriu, assim, importante missão educativa, a par de ter gerado o clima propício à industrialização do País, sem conflitos trabalhistas violentos."

A Comissão de juristas que elaborou o anteprojeto exalta o caráter legislativo da CLT, e não de mera compilação. Apesar de ter sido gestada sob regime autoritário, houve grande discussão de suas normas pelos segmentos interessados da sociedade (juristas, sindicatos, empresas e empregados).

Vale destacar a seguinte passagem da Exposição de Motivos da CLT, elaborada pela comissão de jurídicas, em seu item 15:

> "A Consolidação representa, portanto, em sua substância normativa e em seu título, neste ano de 1943, não um ponto de partida, nem uma adesão recente a uma doutrina, mas a maturidade de uma ordem social há mais de um decênio instituída, que já se consagrou pelos benefícios distribuídos, como também pelo julgamento da opinião pública consciente, e sob cujo espírito de equidade confraternizaram as classes na vida econômica, instaurando nesse ambiente, antes instável e incerto, os mesmos sentimentos de humanismo cristão que encheram de generosidade e de nobreza os anais da nossa vida pública e social."

As normas da CLT são marcadas, desde a origem, por considerável intervenção do Estado na relação de emprego, por meio de normas de ordem pública. Nesse sentido, são categóricos os art. 9º e 444 "*caput*", da consolidação "in verbis":

18 Instituições de Direito do Trabalho. 22ª ed. São Paulo: LTr, 2005, p. 67.

> **Art. 9º, da CLT:** "Serão nulos de pleno direito os atos praticados com o objetivo de desvirtuar, impedir ou fraudar a aplicação dos preceitos contidos na presente Consolidação."
>
> **Art. 444, da CLT:** "As relações contratuais de trabalho podem ser objeto de livre estipulação das partes interessadas em tudo quanto não contravenha às disposições de proteção ao trabalho, aos contratos coletivos (atualmente convenções coletivas) que lhes sejam aplicáveis e às decisões das autoridades competentes."

Ao longo dos anos, a CLT sofreu muitas alterações por meio de leis supervenientes e da própria Constituição Federal de 1988, sendo a mais significativa em 2017, por meio da Lei 13.467/17, conhecida como "Reforma Trabalhista", que mexeu em pontos sensíveis do Direito Individual e Coletivo do Trabalho, dando primazia à autonomia da vontade entre empregado e empregador, reduzindo a feição protecionista da Legislação Trabalhista. Pontos importantes do Processo do Trabalho também foram modificados, dificultando, em muitos aspectos, o acesso do trabalhador à Justiça Trabalhista, bem como a materialização do direito na fase executiva do procedimento.

Nos dias atuais, a CLT é um verdadeiro Código do Trabalho (englobando o direito individual e o coletivo) e do Processo do Trabalho do país, aglutinando, também, normas de direito administrativo do trabalho e fiscalização trabalhista.

Apesar de muitas críticas e alterações que vem sofrendo, a CLT ainda é um dos diplomas legais mais populares e difundidos do país, tendo o mérito de sistematizar o Direito do Trabalho no Brasil e facilitar sua compreensão e aplicação. Cumpre destacar que os principais direitos trabalhistas vieram após a CLT a exemplo do 13º salário, FGTS, salário mínimo, intervalos, e indenizações por acidente de trabalho.

Diante da Constituição Federal de 1988, a Consolidação das Leis do Trabalho foi recepcionada pela Constituição, mas muitos de seus artigos se tornaram incompatíveis com o texto constitucional, principalmente na esfera do direito coletivo do trabalho.

4. DO CENÁRIO LEGISLATIVO ATUAL NO BRASIL

Atualmente, o Direito do Trabalho brasileiro passa por mudanças legislativas, muitas por meio de Medidas Provisórias, às quais geram muita insegurança jurídica.

As mais recentes e significativas são a Lei 13.467/17, conhecida como a lei da "reforma trabalhista" e a lei 13.874/19, conhecida com a "Lei da Liberdade Econômica", que trouxe impactos na legislação trabalhista.

Estamos vivenciando alterações importantes na Legislação Trabalhista por meio de Medidas Provisórias, algumas convertidas em lei e outras que não foram convertidas, tendo a vigência encerrada, a exemplo da MP 905/19 que criou o contrato de trabalho *verde* e *amarelo*, objetivando facilitar o acesso dos jovens ao mercado de trabalho e também alterou alguns pontos da Consolidação, mas não fora convertida em lei, tendo o prazo de vigência expirado.

As legislações recentes tiveram por objeto abrandar o protecionismo da lei, e priorizar a negociação de direitos com a participação do Sindicato de trabalhadores. Também os recentes diplomas legislativos tiveram por objeto a redução de garantias trabalhistas, com objetivos de facilitar a contratação de trabalhadores, e diminuir os conflitos trabalhistas. No entanto, a chamada "reforma trabalhista" ainda não conseguiu cumprir suas promessas, sendo que muitos apontam que houve precarização de direitos.

Não há dúvidas de que o cenário legislativo atual do Direito do Trabalho caminha no sentido liberal, tendo por objetivo dar mais primazia à autonomia à vontade, afastando a rigidez da intervenção estatal nas relações trabalhistas.

Deve ser destacado, por outro lado, que não há como afastar a intervenção estatal nas relações de trabalho, uma vez que não há equilíbrio contratual entre as partes, sendo necessário que a parte vulnerável no contrato – o trabalhador – tenha proteção jurídica a fim de compensar as desigualdades reais que apresenta em face do empregador.

Muitos, diante do crescente número de trabalhadores informais, dos trabalhadores inseridos no mercado de consumo como pequenos prestadores de serviços, ou dos chamados "autônomos dependentes" que trabalhavam sem vínculo de emprego, com dependência econômica ao tomador de serviços[19], defendem uma fragmentação do Direito do Trabalho, a fim de

19 A exemplo dos trabalhadores de aplicativos que tem certa autonomia na prestação de serviços, mas não têm organização própria e dependência quase que total ao tomador dos serviços.

disciplinar direitos e garantias mínimas para os trabalhadores que estão fora da CLT e do Direito do Trabalho.

Outros defendem o expansionismo do Direito do Trabalho, buscando formalizar os trabalhadores informais, mas com redução de direitos trabalhistas.

Os anos 2020 e 2021 foram duros para a população brasileira em razão dos grandes impactos da pandemia do coronavírus na vida e saúde das pessoas, como na economia. Diversas normas provisórias foram editadas, com o intuito de manutenção de emprego e renda, a exemplo das Medidas Provisórias 1045 e 1046/21, as quais não foram convertidas em lei pelo parlamento.

Há muitas tentativas legislativas para criação de contratos especiais de trabalho, com redução de direitos, visando à inserção de jovens e pessoas com mais de cinquenta anos no mercado de trabalho. Esses projetos encontram grande resistência, principalmente dos operadores do direito do trabalho, pois criam espécies de trabalhadores "de segunda categoria", com direitos trabalhistas reduzidos, o que confronta com o princípio da isonomia (art. 5º, da CF) e com o princípio da melhoria da condição social do trabalhador (art. 7º, "*caput*", da CF).

O avanço da tecnologia também impacta, de forma contundente, nas relações de trabalho, pois provoca o fechamento de postos de trabalho e mudanças significativa no "modus operandi" da prestação do trabalho, com a utilização de meios tecnológicos de controle e supervisão do trabalho, utilização intensa de mão de obra por meio de plataformas digitais, sem a proteção dos direitos sociais.

A doutrina também tem destacado que vivemos a chamada 4ª Revolução Industrial, com a atualização intensa da tecnologia digital para automação da produção, bem como do controle do trabalho humano.

Como bem adverte Adalberto Martins[20]:

> "Na atualidade, vivenciamos a 4ª Revolução Industrial, também conhecida como Indústria 4.0, caracterizada não apenas pela automatização, mas também pelo fato de que as máquinas estão interconectadas dentro de um sistema único. Vale dizermos que, a partir da Indústria 4.0, verifica-se que as máquinas se tornam

20 Manual Didático de Direito do Trabalho. 7ª ed. São Paulo: Editora Mizuno, 2022, p. 25.

> capazes de comunicação entre si, dispensando a ação humana em várias etapas. Nesse cenário, vislumbramos a Internet dos Serviços (IoS), a Internet das coisas (IoT), a possibilidade das fábricas inteligentes, que potencializam os desafios nas relações de trabalho e mais acentuam a necessidade de tornar efetiva a promessa insculpida no art. 7º, XXVII, da Constituição Federal, que consubstancia um direito fundamental dos trabalhadores: 'proteção em face da automação na forma da lei'".

Deve ser destacado, ainda, que a essência do Direito do Trabalho está na Constituição Federal, à qual tem por objetivo garantir os direitos mínimos do trabalhador e melhorar sua condição social.

Como nos adverte Felipe Bernardes[21], "é fato que nossa Constituição não assegura o direito a qualquer trabalho, mas ao trabalho decente, tal como preconizado pela OIT. Pensar diferentemente autoriza concluir que poderíamos retornar à escravidão para combater o desemprego."

5. DEFINIÇÃO DO DIREITO DO TRABALHO. AUTONOMIA. NATUREZA JURÍDICA

O Direito é um fenômeno cultural, sendo ao mesmo tempo uma técnica de controle, dominação, mas também de atribuição de garantias e deveres a todas as pessoas ou a determinados grupos sociais.

Conforme Miguel Reale[22], "o Direito corresponde à exigência essencial e indeclinável de uma convivência ordenada, pois nenhuma sociedade poderia subsistir sem um mínimo de ordem, de direção e solidariedade."

Segundo a doutrina, o Direito do Trabalho é o ramo do Direito que disciplina as normas de proteção ao trabalho humano realizado sob a moldura da relação de emprego.

Partindo de uma robusta investigação histórica Jorge Luiz Souto Maior[23] conceitua o Direito do Trabalho como sendo *o ramo do Direito (Social) composto de normas dinâmicas, extraídas de regras e princípios historicamente instituídos, que, integrado ao patrimônio jurídico da classe*

21 O Direito do Trabalho no Supremo Tribunal Federal. São Paulo: Editora Juspodivm, 2021, p. 92.

22 Lições Preliminares de Direito. 24ª ed. São Paulo: Saraiva, 1999, p. 2.

23 Curso de Direito do Trabalho. Volume I- Parte I. São Paulo: LTr, 2011, p. 620-621.

trabalhadora e direcionado pelo Estado (Social), organiza o modelo de produção capitalista, regulando as relações de emprego, consideradas pelo aspecto da exploração do capital sobre o trabalho numa perspectiva nacional e internacional, com vistas a limitar os interesses estritamente econômicos para preservar a paz mundial e construir a justiça social por meio da instrumentalização da melhoria progressiva das condições de trabalho e vida dos trabalhadores, legitimando a atuação política destes, promovendo a solidariedade, impulsionando a democracia e proporcionando a distribuição da riqueza produzida, além de favorecer o exercício da ética e o desenvolvimento da racionalidade necessária para a preservação e a elevação da condição humana (dignidade humana).

A doutrina, em geral, não é uniforme quanto à definição do Direito do Trabalho. Alguns autores priorizam o critério subjetivo, que enfatiza os sujeitos aos quais se aplicam o Direito do Trabalho; outros priorizam o critério objetivo, que destaca as matérias à quais se dedica o Direito Laboral. Há ainda as definições mistas, majoritárias na doutrina, que mesclam os critérios subjetivo e objetivo.

Na definição mista de Octavio Bueno Magano[24], o direito do trabalho, conceitua-se "como o conjunto de princípios, normas e instituições, aplicáveis à relação de trabalho e situações equiparáveis, tendo em vista a melhoria da condição social do trabalhador, através de medidas protetoras e da modificação das estruturas sociais".

Como destaca Magano, a referência à melhoria da condição social do trabalhador indica o fundamento do direito do trabalho, o fim para o qual convergem suas normas e instituições.

Amauri Mascaro Nascimento conceitua o Direito do Trabalho "como o ramo da ciência do direito que tem por objeto as normas jurídicas que disciplinam as relações de trabalho subordinado, determinam os seus sujeitos e as organizações destinadas à proteção desse trabalho, em sua estrutura e atividade"[25].

Maurício Godinho Delgado[26] apresenta definição do Direito do Trabalho, destacando os ramos individual e coletivo desta ciência jurídica. Assevera o jurista: "O Direito Individual do Trabalho define-se como:

---

24 Manual de Direito do Trabalho. Parte Geral. São Paulo: LTr, 1980, p. 50.

25 Curso de Direito do Trabalho. 23ª Edição. São Paulo: Saraiva, 2008, p. 192.

26 Curso de Direito do Trabalho. 7ª Edição. São Paulo: LTr, 2008. p. 51.

conjunto de princípios, regras e institutos jurídicos que regulam, no tocante a pessoas e matérias envolvidas, a relação empregatícia de trabalho, além de outras relações laborais normativamente especificadas. Já o Direito Coletivo do Trabalho pode ser definido como o complexo de princípios, regras e institutos jurídicos que regulam as relações laborais de empregados e empregadores, além de outros grupos jurídicos normativamente especificados, considerada sua ação coletiva, realizada autonomamente ou através das respectivas associações".

De nossa parte, o Direito do Trabalho conceitua-se *como o conjunto de princípios, regras e instituições que regem a relação de emprego e as relações de trabalho a elas equiparadas, tendo por finalidade fixar os direitos do trabalhador, para garantia de sua dignidade e melhoria de sua condição social.*

Os princípios são as normas gerais e abstratas dos quais derivam as regras. Regras são normas positivadas. Instituições são as entidades e pessoas que podem criar as normas trabalhistas, como os Sindicatos e empresas.

O Direito do Trabalho tem a missão de equilibrar a relação capital x trabalho, protegendo a dignidade da pessoa humana do trabalhador, por meio de um rol básico e mínimo de direitos, para garantia da cidadania do trabalhador.

A finalidade última do Direito do Trabalho é a melhoria da condição social do trabalhador, por meio de regras protetivas a fim de compensar as desigualdades materiais que tem em face do empregador.

Para que uma ciência seja considerada autônoma são necessários os seguintes requisitos:

a) ter princípios próprios;

b) um objeto de estudo específico;

c) legislação própria; e

d) significativo número de estudos doutrinários a respeito.

O Direito do Trabalho é considerado uma ciência autônoma, pois possui princípios próprios que o diferencia do Direito Civil, tem um objeto próprio de estudo, que é a relação de trabalho e os direitos do trabalhador, tem significativo número de estudos doutrinários a respeito (autonomia científica) e uma legislação própria (Consolidação das Leis do Trabalho e Legislação Extravagante).

Discutível a natureza jurídica do Direito do Trabalho. Alguns argumentam que ele se insere no Direito Público, pois, preponderantemente, suas normas são de natureza cogente. Outros sustentam a natureza privada, pois este ramo do Direito rege a relação entre empregado e empregador, que são entes privados. Além disso, os Sindicatos que podem criar normas no âmbito trabalhista, por meio da negociação coletiva, são pessoas jurídicas de Direito Privado. Há ainda os que classificam o Direito do Trabalho como pertencendo ao chamado Direito Social (*Cesarino Júnior*), pois se trata de direito destinado à justiça social e ao equilíbrio da relação capital x trabalho.

A doutrina, acertadamente, na sua composição majoritária, fixou entendimento no sentido de que o Direito do Trabalho, efetivamente, pertence ao ramo do Direito Privado, pois ele é destinado a regular a relação de emprego que se dá entre particulares. Embora grande parte das normas que regem a relação de emprego sejam de ordem pública (artigos 8º, 9º e 444 ambos da CLT), este fato não é suficiente para alterar natureza jurídica privada do Direito do Trabalho.

Nesse sentido é a visão de Maurício Godinho Delgado:

> "Enfocada a substância nuclear do Direito do Trabalho (relação de emprego) e seu cotejo comparativo com a substância dos demais ramos jurídicos existentes, não há como escapar-se da conclusão de que o ramo justrabalhista situa-se no quadro componente do Direito Privado. À medida que a categoria nuclear do Direito do Trabalho é essencialmente uma relação entre particulares (relação empregatícia), esse ramo jurídico, por sua essência, situa-se no grupo dos ramos do Direito Privado – em que preponderam relações próprias à sociedade civil, pactuadas entre particulares".[27]

No mesmo sentido as conclusões de Amauri Mascaro Nascimento[28]: "O direito do trabalho é, portanto, ramo do direito privado porque regula interesses imediatos dos particulares, é pluricêntrico, e tanto a convenção coletiva de trabalho como o contrato individual não se desvinculam do âmbito do direito privado."

27 Curso de Direito do Trabalho. 7ª Edição. São Paulo: LTr, 2008, p. 74.

28 Curso de Direito do Trabalho. 23ª Edição. São Paulo: Saraiva, 2008, p. 246.

6. DIVISÕES DO DIREITO DO TRABALHO

O Direito do Trabalho se subdivide em dois grandes ramos, quais sejam:

a) **direito individual do trabalho:** regula o contrato individual do trabalho, bem como os direitos e dever pertinentes à relação entre empregado e empregador, individualmente considerados.

Na feliz definição de Magano[29], "direito individual do trabalho é parte do Direito do Trabalho que tem por objeto o contrato individual do trabalho e as cláusulas que lhe são incorporadas em virtude de lei, convenção coletiva, decisão normativa ou regulamento."

b) **direito coletivo do trabalho:** é a parte do direito do trabalho que se destina a disciplina as relações entre grupos e categorias de trabalhadores e empresas. Disciplina a organização sindical, a negociação coletiva e, principalmente, os métodos de solução do conflito coletivo de trabalho.

Na visão de Magano[30], o direito coletivo é definido "como a parte do Direito do Trabalho relativa às associações laborais, na profissão e na empresa, aos seus contratos, aos seus conflitos e à solução destes".

O direito coletivo do trabalho ainda não ganhou autonomia, embora hoje a doutrina já tenha sistematizado diversos princípios que lhe são peculiares, a exemplo do princípio da liberdade sindical. Na CLT, o tema é tratado em título próprio.

c) **direito tutelar do trabalho:** Alguns autores destacam o direito tutelar como uma divisão do direito do trabalho, sendo o segmento do direito do trabalho que disciplina as regras que visam à proteção à segurança e saúde do trabalho, e também os institutos regidos como regras de ordem pública, onde há pouco ou quase nenhum espaço para renúncia ou transação.

Parte da doutrina, ainda destaca outras divisões do Direito do Trabalho, quais sejam:

29 Manual de Direito do Trabalho. Parte Geral. São Paulo: LTr, 1980, p. 57.
30 Manual de Direito do Trabalho. Parte Geral. São Paulo: LTr, 1980, p. 57.

a) **direito constitucional do trabalho:** Segundo esta divisão, o Direito Constitucional do Trabalho é composto pelas normas (princípios e regras) trabalhistas constantes da Constituição Federal;

b) **direito ambiental do trabalho**: composto por normas que disciplinam o meio ambiente do trabalho, bem como a segurança e medicina do trabalho;

c) **direito administrativo do trabalho:** composto pelas normas que disciplinam a fiscalização trabalhista.

7. DA CONSTITUCIONALIZAÇÃO DO DIREITO DO TRABALHO

No Estado liberal, havia prevalência da autonomia da vontade e do caráter patrimonialista do direito. Existia grande dicotomia entre o Direito Público e Privado. No Direito público há relação de subordinação. No Direito Privado há relação de coordenação. Na Idade Média, a primazia da propriedade territorial sobre os demais institutos econômicos. Do direito de propriedade derivava o poder político e o prestígio social.

No final da idade média, há uma nova interpretação do direito privado com sua funcionalização. No século XVIII, havia diferenciação nítida: 1) direito privado é compreendido como o ramo do direito que disciplina a sociedade civil, as relações intersubjetivas e o mundo econômico (sob o signo da liberdade). As relações privadas são estruturadas a partir de uma concepção de propriedade absoluta e plena liberdade contratual, lugares estes que o Direito Público não poderia intervir; 2) Direito Público disciplina apenas o Estado, sua estrutura e funcionamento.

Com a Revolução Francesa, o direito privado se torna também burguês. O individualismo é visto como valor a ser prestigiado, como reação do período estamental que caracterizou a era medieval. O estado medieval é pouco intervencionista. Neste período somente o legislador poderia criar normas jurídicas, já que ungido pela escolha popular. A proteção à propriedade e ao contrato eram o epicentro do direito privado.

Havia nítida separação do direito público e o direito privado. O direito público se ocupava da estrutura do Estado e dos direitos políticos, enquanto o Direito Privado se ocupava da tutela do patrimônio e do contrato. O Estado não poderia intervir na autonomia da vontade privada, a não ser para prestigiá-la.

Na época, houve as grandes codificações, marcadas pelo sistema romano-germânico de legislação escrita e rígida (v. Código de Napoleão e o Código Civil Brasileiro de 1916).

O juiz, praticamente, não podia interpretar a lei, somente podendo aplicá-la subsumindo os fatos ao prévio catálogo de lei. O juiz era apenas a "voz e a boca da lei", na expressão de Montesquieu. Se tornou clássica a frase "in claris cessat interpretatio" do Código Civil Francês.

Aos juízes, reservar-se-ia o papel de *bouche de La loi* (boca da lei).

Na visão de Montesquieu os juízes eram seres inanimados que não podem moderar nem a sua (a Lei) força nem o seu rigor. O juiz nada criaria apenas aplicaria o direito (já previamente elaborado pelo legislador) ao caso concreto. O catálogo de todas as soluções possíveis já preexistiria ao caso litigioso. Ao juiz nada mais se pediria do que confrontar o fato com tal catálogo, até localizar a regra legal que resolveria o problema. Sua atividade mental seria apenas silogística[31].

Com a mudança do Estado Liberal para o Estado Social, houve mudança do paradigma jurídico, com a valorização do ser humano e despatrimonialização do direito privado.

O constitucionalismo social dos países ocidentais que sucede ao segundo pós-guerra, procura endereçar o Estado no sentido da promoção da igualdade substancial, mesmo que por vezes isso implique reduções ao espectro da liberdade econômica, embora sem sacrificá-la.

Neste período, houve limitação da vontade dos particulares e desenvolvimento dos princípios da solidariedade social, dignidade da pessoa humana, prevalência do homem sobre o patrimônio.

O Estado Social consagra o chamado "constitucionalismo social", que previsão de diversos direitos privados inseridos no corpo da Constituição Federal.

Nesta ótica, há inegável valorização dos direitos humanos e reconhecimento, em vários ordenamentos constitucionais, de direitos fundamentais, próprio da condição humana e proteção da dignidade do ser humano.

A constitucionalização do direito privado decorre da migração, para o âmbito privado, de valores constitucionais dentre os quais, a dignidade

31 In: FACCHINI NETO, Eugênio. Reflexões histórico-evolutivas sobre a constitucionalização do direito privado. In: Constituição, Direitos Fundamentais e Direito Privado (coordenador: Ingo Wolfgang Sarlet). Rio de Janeiro: Renovar, 2004, p. 23.

da pessoa humana e despatrimonialização do direito civil. O ser humano é colocado no centro do direito privado.

Com o Estado Social, a própria Constituição Federal passa a dedicar capítulos ao direito privado e também estabelecer princípios e diretrizes básicas para as relações privadas.

Ao contrário do Código de Napoleão que dedica mais de 80% de seus artigos à propriedade, o Código Civil Brasileiro de 2002, além de disciplinar a propriedade e o contrato, volta os olhos para o ser humano, dedicando, inclusive um capítulo aos direitos da personalidade.

De outro lado, o direito civil não pode mais ser analisado a partir de si mesmo, mas em conjunto com os princípios constitucionais. Por isso, a moderna doutrina tem defendido a chamada eficácia horizontal dos direitos fundamentais, que é a incidência dos direitos fundamentais, previstos no Ordenamento Constitucional, às relações privadas, a chamada eficácia *horizontal dos direitos fundamentais*.

Para alguns autores, a eficácia dos direitos fundamentais nas relações privadas não é direta, e sim indireta, pois vigora no direito privado o princípio da autonomia da vontade, aplicando-se, entretanto, os direitos fundamentais para garantia da dignidade da pessoa humana.

Outros asseveram que a aplicação dos direitos fundamentais às relações privadas é direta, uma vez que a Constituição Federal tem prevalência sobre o direito privado.

Como bem adverte Daniel Sarmento[32]:

> "(...)Nada há no texto constitucional brasileiro que surgira a ideia de vinculação direta aos direitos fundamentais apenas dos poderes públicos. Afora, é certo, alguns direitos que têm como destinatário necessários o Estado (direitos do preso, por exemplo), na maioria dos outros casos o constituinte não estabeleceu de antemão nenhuma limitação no polo passivo das liberdades pública, que afastasse os particulares. Muito pelo contrário, a linguagem adotada pelo constituinte na estatuição da maioria das liberdades fundamentais prevista no art. 5º do texto mago, transmite a ideia de uma vinculação passiva universal. Ademais, existe um dado fático relevantíssimo, que não pode ser menosprezado:

32 Direitos Fundamentais e Relações Privadas. Rio de Janeiro: Lúmen Juris, 2004, p. 280-281.

> a sociedade brasileira é muito mais injusta e assimetria do que a da Alemanha, dos Estados Unidos, ou de qualquer outro país do Primeiro Mundo. Segundo estatísticas oficiais, que muitos consideram excessivamente otimistas, o Brasil tem 54 milhões de habitantes vivendo abaixo da linha da pobreza e 15 milhões abaixo da linha da miséria. Tragicamente, somos campeões no quesito da desigualdade social. A elite brasileira é uma das mais atrasadas do mundo, e nossas instituições sociais ainda preserva um ranço do passado escravocrata do país (...) estas tristes características da sociedade brasileira justificam um reforço da tutela dos direitos humanos no campo privado, em que reinam a opressão e violência. Tal quadro desalentador impõe ao jurista com consciência social a adoção de posições comprometidas com a mudança do *status quo*. Por isso, não hesitamos em afirmar que a eficácia dos direitos individuais na esfera privada é imediata no ordenamento jurídico brasileiro. Esta, para nós, não é só uma questão de direito, mas também de ética e justiça".

De nossa parte, a eficácia dos direitos fundamentais às relações privadas deve ser analisada no caso concreto, com equilíbrio e ponderação, devendo o intérprete conjugar os direitos fundamentais previstos na Constituição Federal com os princípios do "pacta sunt servanda", autonomia da vontade e livre iniciativa, à luz da regra da proporcionalidade, que se segmenta nas premissas da necessidade, adequação e proporcionalidade *stricto sensu*, que exige sempre ponderação dos valores envolvidos no conflito.

A doutrina tem destacado importante papel do Judiciário na concretização e efetivação dos direitos fundamentais, não sendo este apenas a chamada "boca da lei", devendo realizar interpretações construtivas e evolutivas do direito, a partir dos princípios constitucionais, com a finalidade de encontrar equilíbrio entre a livre iniciativa e a dignidade da pessoa humana.

O também chamado Constitucionalismo Social inaugura uma característica importante onde as normas trabalhistas passam a figurar no texto constitucional.

Duas Constituições se destacaram inicialmente, a do México de 1917 e a Constituição alemã de 1919 (Weimar).

O Direito do Trabalho, por pertencer, segundo entendimento dominante da doutrina, ao direito privado, também sofre os impactos dos direitos fundamentais, da mesma forma que os outros ramos do direito privado e, muitas vezes, com intensidade maior, a fim de se garantir a efetiva dignidade da pessoa humana do trabalhador e melhoria de sua condição social.

Desse modo, no atual estágio do Direito, o ser humano é o núcleo central do direito e em razão dele e para ele devem convergir todas as normas do sistema jurídico. O caráter patrimonial do direito deve se subordinar às necessidades da pessoa humana.

8. PRINCÍPIOS DO DIREITO DO TRABALHO

8.1. Da distinção entre normas, regras e princípios

Podemos dizer, segundo a Teoria Geral do Direito que normas são mandamentos que regem a vida em sociedade, tidas por seus membros, como obrigatórias. Fazem parte do *dever ser*. Tais normas que disciplinam determinadas condutas humanas podem estar positivadas no ordenamento jurídico, ou não, podem estar escritas ou não, podem derivar de uma Entidade de Poder, como as leis e a jurisprudência, ou ser reconhecidas espontaneamente dentro de determinado segmento social, como o costume. Podem também ser o fundamento das regras que disciplinam determinados comportamentos humanos, como os princípios, que podem estar positivados ou não.

Em razão disso, a norma é um gênero, do qual, as regras (normas positivadas ou não), que se exteriorizam por meios dos princípios, leis, jurisprudências ou costume são espécies.

Como destaca Alice Monteiro de Barros[33], “nossa conclusão é no sentido de que a norma (vista como o dever ser) abrange tanto os princípios como as regras. Estes se distinguem por meio de vários critérios apontados pela doutrina, entre os quais destacamos: a) as regras prescrevem atos relativamente específicos, e os princípios atos inespecíficos; b) os princípios não podem gerar direito subjetivo, ao contrário das regras que geram esses direitos e podem ser aplicadas diretamente; c) os princípios contém uma enunciação ampla, sendo, portanto, abstratos, enquanto as regras são concisas.”

33 Curso de Direito do Trabalho. São Paulo. 10ª ed. São Paulo: LTr, 2016. p. 120.

8.2. Conceito e finalidades dos princípios

Celso Antônio Bandeira de Mello[34], em obra clássica, nos ensina que princípio "é, por definição, mandamento nuclear de um sistema, verdadeiro alicerce dele, disposição fundamental que se irradia sobre diferentes normas, compondo-lhes o espírito e servindo de critério para sua exata compreensão e inteligência, exatamente por definir a lógica e a racionalidade do sistema normativo, no que lhe confere a tônica e lhe dá sentido harmônico."

Segundo a doutrina clássica, os princípios têm quatro funções: a) inspiradora do legislador; b) interpretativa; c) suprimento de lacunas; d) sistematização do ordenamento, dando suporte a todas as normas jurídicas, possibilitando o equilíbrio do sistema.

Quanto à função inspiradora, o legislador costuma buscar nos princípios inspiração para a criação de normas. Muitos princípios, hoje, estão positivados na lei.

Na função interpretativa, os princípios ganham especial destaque, pois eles norteiam a atividade do intérprete na busca da real finalidade da lei e também se ela está de acordo com os princípios constitucionais. Segundo a doutrina, violar um princípio é muito mais grave do que violar uma norma, pois é desconsiderar todo o sistema de normas.

Os princípios também são destinados ao preenchimento de lacunas da legislação. Há lacuna quando a lei não disciplina determinada matéria. Desse modo, os princípios, ao lado da analogia, do costume, serão um instrumento destinado a suprir as omissões do ordenamento jurídico.

De outro lado, os princípios têm a função de sistematização do ordenamento trabalhista, dando-lhe suporte, sentido, harmonia e coerência.

Os princípios dão equilíbrio ao sistema jurídico, propiciando que este continue harmônico toda vez que há alteração de suas normas, bem como em razão das mudanças da sociedade.

Em países de tradição romano-germânica como o Brasil, há tradição positivista, com prevalência de normas oriundas da Lei, com Constituição Federal rígida, havendo pouco espaço para os princípios. Estes atuam, na tradição da legislação, de forma supletiva, para preenchimento das

34 MELLO, Celso Antônio Bandeira de. *Curso de direito administrativo*. 8. ed. São Paulo: Malheiros, 1997. p. 573.

lacunas da legislação. Nesse sentido, destacam-se os arts. 4º, da LINDB, e 8º, da CLT.

Não obstante, diante do Estado Social, que inaugura um novo sistema jurídico, com a valorização do ser humano e necessidade de implementação de direitos fundamentais para a garantia da dignidade humana, a rigidez do positivismo jurídico, paulatinamente, vai perdendo terreno para os princípios, que passam a ter caráter normativo, assim como as regras positivadas, e também passam a ter primazia sobre elas, muitas vezes sendo o fundamento das regras e outras vezes propiciando que elas sejam atualizadas e aplicadas à luz das necessidades sociais.

A partir do constitucionalismo social, que se inicia após a 2ª Guerra Mundial, os direitos humanos passam a figurar de forma mais contundente e visível nas Constituições de inúmeros países, dentre os quais o Brasil. Esses direitos humanos, quando constantes do texto constitucional, adquirem o *status* de direitos fundamentais, exigindo uma nova postura do sistema jurídico, com primazia dos princípios.

Como bem advertiu *José Joaquim Gomes Canotilho*[35]: "O Direito do estado de direito do século XIX e da primeira metade do século XX é o direito das regras dos códigos; o direito do estado constitucional e de direito leva a sério os princípios, é o direito dos princípios [...] o tomar a sério os princípios implica uma mudança profunda na metódica de concretização do direito e, por conseguinte, na actividade jurisdicional dos juízes."

Diante disso, há, na Doutrina, tanto nacional como estrangeira, uma redefinição dos princípios, bem como suas funções no sistema jurídico. Modernamente, a doutrina tem atribuído caráter normativo dos princípios (*força normativa dos princípios*), vale dizer: os princípios são normas, atuando não só como fundamento das regras ou para suprimento da ausência legislativa, mas para ter eficácia no ordenamento jurídico como as regras positivadas.

Nesse sentido, a visão de *Norberto Bobbio*[36]:

> "Os princípios gerais, a meu ver, são apenas normas fundamentais ou normas generalíssimas do sistema. O nome 'princípios' induz a erro, de tal forma que é antiga questão entre os juristas

35 CANOTILHO, José Joaquim Gomes. A principialização da jurisprudência através da Constituição. *In: Revista de Processo*, São Paulo, RT, Repro. v. 98, p. 84.

36 BOBBIO, Norberto. *Teoria geral do Direito*. 3. ed. São Paulo: Martins Fontes, 2010. p. 309.

> saber se os princípios gerais são normas. Para mim não resta dúvida: os princípios gerais são normas como todas as outras. E essa é também a tese sustentada pelo estudioso que se ocupou mais amplamente do problema, Crisafulli. Para sustentar que os princípios gerais são normas, os argumentos são dois, e ambos válidos: em primeiro lugar, se são normas aquelas das quais os princípios gerais são extraídos, mediante um procedimento de generalização excessiva, não há motivo para que eles também não sejam normas: se abstraio de espécies animais, obtenho sempre animais e não flores e estrelas. Em segundo lugar, a função pela qual são extraídos e usados é igual àquela realizada por todas as normas, ou seja, a função de regular um caso. Com que objetivo são extraídos em caso de lacuna? Para regular um comportamento não regulado, é claro: mas então servem ao mesmo objetivo a que servem as normas expressas. E por que não deveriam ser normas"?

Pensamos ser os princípios diretrizes fundamentais do sistema, com caráter normativo, podendo estar presentes nas regras ou não, de forma abstrata ou concreta no ordenamento jurídico, com a função de ser o fundamento do sistema jurídico e também mola propulsora de sua aplicação, interpretação, sistematização e atualização do sistema. De nossa parte, o caráter normativo dos princípios é inegável.

Não obstante, não pensamos ser os princípios absolutos, pois, sempre que houver conflitos entre dois princípios na hipótese concreta, deve o intérprete guiar-se pela regra de ponderação, sacrificando um princípio em prol de outro que se encaixa com maior justiça e efetividade ao caso concreto. De outro lado, os princípios têm prevalência sobre as regras.

Segundo a moderna teoria geral do direito, os princípios de determinado ramo do direito têm de estar em compasso com os princípios constitucionais. Por isso, deve o intérprete, ao estudar determinado princípio ou norma infraconstitucional, realizar a chamada filtragem constitucional, isto é, ler a norma infraconstitucional com os olhos da Constituição Federal.

Com a mudança de paradigma do Estado Liberal para o Estado Social, houve o que a doutrina denomina de *constitucionalização do direito*, ou seja, a Constituição passa a disciplinar os institutos fundamentais do direito, bem como seus princípios basilares. Desse modo, todos os ramos do direito, inclusive o privado e o direito do trabalho devem ser lidos e interpretados a partir da Constituição Federal e dos direitos fundamentais.

Como destacou J. J. Gomes Canotilho[37]:

> "O princípio da interpretação das leis em conformidade com a Constituição é fundamentalmente um princípio de controlo (tem como função assegurar a constitucionalidade da interpretação) e ganha relevância autónoma quando a utilização dos vários elementos interpretativos não permite a obtenção de um sentido inequívoco dentre os vários significados da norma. Daí a sua formulação básica: no caso de normas polissêmicas ou plurissignificativas deve dar-se preferência à interpretação que lhe dê um sentido em conformidade com a Constituição. Esta formulação comporta várias dimensões: 1) *o princípio da prevalência da Constituição* impõe que, dentre as várias possibilidades de interpretação, só deve escolher-se uma interpretação não contrária ao texto e programa da norma ou normas constitucionais; 2) *o princípio da conservação de normas* afirma que uma norma não deve ser declarada inconstitucional quando, observados os fins da norma, ela pode ser interpretada em conformidade com a Constituição; 3) *o princípio da exclusão da interpretação conforme a Constituição, mas 'contra legem'*, impõe que o aplicador de uma norma não pode contrariar a letra e o sentido dessa norma através de uma interpretação conforme a Constituição, mesmo que através desta interpretação consiga uma concordância entre a norma infraconstitucional e as normas constitucionais. Quando estiverem em causa duas ou mais interpretações – todas em conformidade com a Constituição – deverá procurar-se a interpretação considerada como a melhor orientada para a Constituição."

Os princípios constitucionais constituem direitos fundamentais do cidadão, por constarem no rol do art. 5º que trata dos direitos individuais fundamentais (art. 60, § 4º, da CF) e constituem postulados básicos que irradiam efeitos em todos os ramos do direito, bem como norteiam toda a atividade jurisdicional. Tais princípios constituem o núcleo de todo o sistema jurídico brasileiro. Em razão disso, muitos autores já defendem a existência de um chamado Direito Constitucional do Trabalho que irradia seus princípios e normas legislação infraconstitucional trabalhista.

Desse modo, atualmente, os princípios e regras do Direito do Trabalho devem ser lidos em compasso com os princípios constitucionais

37 *Direito constitucional e teoria da Constituição*. 7. ed. Coimbra: Almedina, 2003. p. 1.226.

do processo, aplicando-se a hermenêutica da interpretação conforme a Constituição. Havendo, no caso concreto, choque entre um princípio do Direito do Trabalho previsto em norma infraconstitucional e um princípio constitucional do processo, prevalece este último.

9. PRINCÍPIOS CONSTITUCIONAIS DO DIREITO DO TRABALHO

Atualmente, as diretrizes básicas de proteção ao trabalho humano estão na Constituição Federal. Já está sedimentada em doutrina a existência do chamado *Direito Constitucional do Trabalho,*[38] fundamentado em princípios, regras e institutos disciplinados na Constituição Federal, principalmente em seus arts. 7º e 8º.

Os postulados e valores da Constituição Federal que protegem o trabalho humano e promovem a dignidade da pessoa humana no trabalho têm impacto na intepretação e aplicação de todas as normas infraconstitucionais trabalhistas.

9.1. Valor social do trabalho

Como nos explica Cláudio Mascarenhas Brandão[39], "é por meio do trabalho que o homem atinge a sua plenitude, realiza sua própria existência, socializa-se, exercita todas as suas potencialidades (materiais, morais e espirituais). A partir dessas premissas, Leonardo Raup Bocorny, após destacar a importância de que goza o trabalho nos aspectos social, econômico e político, o que justificaria as garantias jurídicas outorgadas pela Constituição, afirma ser mecanismo fundamental para conter a exclusão social, ao ter sua valorização elevada ao patamar constitucional, determina que, o desenvolvimento seja orientado no sentido de buscar combater abusos cometidos no passado, para possibilitar a construção de uma sociedade mais justa e fraterna, com condições de trabalho mais humanas e satisfazer um anseio democrático, por representar o que há de mais importante em termos de harmonia e convivência social. Pode-se, sem receio, afirmar que o valor social do trabalho representa a projeção do princípio da proteção à dignidade do homem na condição de trabalhador."

38 Vide a propósito a clássica obra de Arnaldo Süssekind: Direito Constitucional do Trabalho. Rio de Janeiro: Renovar, 1999.

39 In: CANOTILHO, J.J. Gomes; MENDES, Gilmar Ferreira; STRECK, Lenio Luiz. Comentários à Constituição do Trabalho. 2ª ed. São Paulo: Saraiva, 2019.

Como destaca Maurício Godinho Delgado[40], "(...)A Constituição de 1988 firmou, enfaticamente, largo elenco de princípios voltados a explicar a sua matriz civilizatória distintiva. Entre esses, destacam-se os *princípios constitucionais do trabalho*. Tais princípios não são necessariamente trabalhistas; alguns, inclusive, atuam em diversos outros campos do Direito. Porém, na concepção e no formato construído pela Constituição da República, eles atuam também no sentido de enfatizarem a profunda e ampla relevância que a pessoa humana e o valor do trabalho ostentam na seara constitucional e, desse modo, na vida jurídica, institucional, econômica e social."

O art. 1º, IV, da Constituição Federal dispõe que a República Federativa do Brasil tem como um de seus fundamentos o valor social do trabalho.

A Constituição, logo em seu artigo primeiro, destaca a importância social que tem o trabalho humano, não só como forma de garantia do sustento do trabalhador e sua família, mas como forma de desenvolvimento do ser humano em sua plenitude. Não apenas o trabalho regido pelas leis trabalhistas, mas todo o tipo de trabalho humano realizado dentro dos moldes legais, a exemplo do trabalho autônomo, deve ser sua importância social reconhecida.

Trata-se de importante regra de interpretação e aplicação das regras que disciplinam o trabalho humano, tendo por objetivo promover a melhoria da condição social do trabalhador.

No Direito do Trabalho, este dispositivo constitucional foi aplicado de forma intensa, com os objetivos de evitar a precarização do trabalho humano, promover a cidadania do trabalhador do local de trabalho, garantir direitos mínimos e evitar a desregulamentação de regras trabalhistas.

Deve-se destacar, também, a importância deste princípio na aplicação das regras trabalhistas e de outros ramos do direito, de modo a impedir que as intermediações empresariais que têm por objeto a prestação de serviços considerem o trabalhador como mercadoria.

9.2. Melhoria da condição social do trabalhador

Este princípio está previsto no "*caput*" do art. 7º, da Constituição Federal, que assim dispõe:

40 Curso de Direito do Trabalho. 18ª ed. São Paulo: LTr, 2019, p. 227.

> "São direitos dos trabalhadores urbanos e rurais, além de outros que visem à melhoria de sua condição social."

A ideia central da Constituição Federal de estabelecer um rol mínimo de direitos para proteção do trabalho aplica-se a todos os trabalhadores, com vínculo de emprego ou não, uma vez que todo trabalho humano deve ser objeto de tutela do direito. No entanto, os direitos elencados nos incisos do art. 7º somente são autoaplicáveis aos trabalhadores que mantém a relação de emprego. De outro lado, a lei ordinária pode estender as garantias trabalhistas a outros trabalhadores que não mantém vínculo de emprego.

Nesse sentido, sustenta Alexandre de Moraes[41], "o trabalhador subordinado será, para efeitos constitucionais de proteção do art. 7º, o empregado, ou seja, aquele que mantiver algum vínculo de emprego. Por ausência de um conceito constitucional de trabalhador, para determinação dos beneficiários dos direitos sociais constitucionais, devemos nos socorrer ao conceito infraconstitucional do termo, considerando para efeitos constitucionais o trabalhador subordinado, ou seja, aquele que trabalha ou presta serviços por conta e sob direção da autoridade de outrem, pessoa física ou jurídica, entidade privada ou pública, adaptando-o, porém, ao texto constitucional."

No mesmo sentido, Amauri Mascaro Nascimento[42]: "a Constituição é aplicável ao empregado e aos demais trabalhadores nela expressamente indicados, e nos termos que o fez; ao rural, ao avulso, ao doméstico, e ao servidor público. Não mencionando outros trabalhadores, como o eventual, o autônomo e o temporário, os direitos ficam dependentes de alteração da lei ordinária, à qual se restringem."

A Constituição Federal destaca, logo no art. 7º, que inicia o Capítulo II intitulado: *Dos Direitos Sociais*, a importância dos direitos sociais trabalhistas como forma de melhoria da condição social do trabalhador, e também assegura o "status" desses direitos como fundamentais por estarem inseridos do Título II que trata *Dos Direitos e Garantias Fundamentais*.

Diante dessa previsão, o rol de garantias trabalhistas previstas no art. 7º, da Constituição não pode ser alterado por lei infraconstitucional, tampouco por emenda constitucional (art. 60, parágrafo 4º, IV, da CF).

---

41 Direito Constitucional. 17ª ed. São Paulo: Atlas, 2005, p. 177.

42 Direito do Trabalho na Constituição de 1988. São Paulo: Saraiva, 1989, p. 34.

Como destaca Carlos Henrique Bezerra Leite, "o Direito do Trabalho, além de direito humano, é também direito fundamental, mormente em nosso sistema jurídico, porquanto positivado na Constituição Federal, sendo, portanto, tutelado pelo direito constitucional, ora como princípio (e valor) fundamental do Estado Democrático de Direito (CF, art. 1º, II, III e IV), ora como direito social (CF, arts. 6º e 7º); ora como valor fundamental da ordem econômica, que tem por finalidade assegurar a todos existência digna, conforme os ditames da justiça social, observado, dentre outros, o princípio da busca do pleno emprego (CF, art. 170, VIII)."

Para efetividade desse princípio, a Constituição Federal, no próprio art. 7º, garante direitos fundamentais, dentre os quais se destacam: a proteção do emprego em face da dispensa abusiva ou sem justa causa, a irredutibilidade salarial, salvo negociação coletiva, o salário mínimo, o regime de limitação de jornada, a proteção contra a automação, o descanso semanal remunerado etc.

A doutrina tem sustentado que os direitos sociais consagrados na Constituição Federal, os quais propiciam a melhoria da condição social do trabalhador, não podem ser objeto de retrocesso, tampouco de supressão, sendo certo que o Estado deve adotar um conjunto de políticas públicas para expandi-los.

No aspecto, sustentam Gilmar Mendes e Paulo Gustavo Gonet Branco[43], "a aplicação da proibição do retrocesso aos direitos sociais tem conquistado destaque nas Cortes Constitucionais, em especial em momento de crise e durante a realização de políticas de austeridade. Trata-se de princípio segundo o qual não seria possível extinguir direitos sociais já implementados, evitando-se, portanto, um verdadeiro retrocesso ou limitação tamanha que atinja seu núcleo essencial."

9.3. Dignidade da pessoa humana do trabalhador

Conforme o pensamento de *Santo Tomás de Aquino* em sua obra *Summa Theologica*, a dignidade da pessoa humana encontra fundamento na circunstância de que o ser humano foi criado à imagem e semelhança de Deus, mas também tem origem na capacidade de autodeterminação inerente à natureza humana, de tal forma que o ser humano é livre por sua natureza, existe em função de sua própria vontade.

43 Curso de Direito Constitucional. 10ª ed. São Paulo: Saraiva, 2015, p. 644.

No âmbito do pensamento jusnaturalista dos séculos XVII e XVIII, a concepção da dignidade da pessoa humana, assim como a ideia do direito natural em si, passou por um processo de racionalização e laicização, mantendo-se, todavia, a noção fundamental da igualdade de todos os homens em dignidade e liberdade. A dignidade da pessoa humana era considerada como a liberdade do ser humano de optar de acordo com a sua razão e agir conforme o seu entendimento e opção, bem como – de modo particularmente significativo – o de *Emmanuel Kant*, cuja concepção de dignidade parte da autonomia ética do ser humano, considerando esta (a autonomia) como fundamento da dignidade do homem, além de sustentar que o ser humano (o indivíduo) não pode ser tratado – nem por ele próprio – como objeto. É com *Kant* que, de certo modo, se completa o processo de secularização da dignidade, que, de vez por todas, abandonou suas vestes sacrais. Sustenta *Kant* que o Homem e, duma maneira geral, todo ser racional, existe como um fim em si mesmo, não simplesmente como meio para uso arbitrário desta ou daquela vontade.[44]

Após cuidadoso estudo, *Ingo Wolfgang Sarlet*[45] nos traz o seguinte conceito de dignidade da pessoa humana:

> "Temos por dignidade da pessoa humana *a qualidade intrínseca e distintiva reconhecida em cada ser humano que o faz merecedor do mesmo respeito e consideração por parte do Estado e da comunidade, implicando, neste sentido, um complexo de direitos e deveres fundamentais que assegurem a pessoa tanto contra todo e qualquer ato de cunho degradante e desumano, como venham a lhe garantir as condições existenciais mínimas para uma vida saudável, além de propiciar e promover sua participação ativa e corresponsável nos destinos da própria existência e da vida em comunhão com os demais seres humanos.*"

A dignidade da pessoa humana está prevista no art. 1º, III, da CF como um dos fundamentos da República Federativa do Brasil e constitui um legado incontestável das filosofias de *Santo Tomás de Aquino* e de *Kant*. O ser humano é um fim em si mesmo e, jamais, um meio para atingir

44 Sarlet, Ingo Wolfgang. *Dignidade da pessoa humana e direitos fundamentais.* Porto Alegre: Livraria do Advogado, 2006. p. 32-33.

45 *Op. cit.*, p. 60.

determinado fim.[46] O ser humano é um sujeito de direito e não objeto do direito. Além disso, a nosso ver, o ser humano é o fundamento e o fim último do Direito e de toda ciência humana. Por isso, em toda atividade criativa ou interpretativa do Direito, deve-se sempre adaptar o direito ao ser humano e não o ser humano ao Direito.

A Constituição brasileira assegura, em vários artigos, a proteção do ser humano, seja fazendo referência ao princípio da dignidade da pessoa humana, seja protegendo a vida, a saúde, garantindo a igualdade, a liberdade, a segurança e as condições dignas de sobrevivência por meio da proteção à maternidade e à infância. Igualmente, estende-se a proteção ao ambiente ecologicamente equilibrado e à sadia qualidade de vida a ser assegurada às gerações presente e futuras (o art. 1º, inciso III; o art. 5º, *caput*; o art. 203, inciso I, e o art. 225 da Constituição Federal de 1988).

Para que haja efetividade do princípio da dignidade da pessoa humana, é necessário que sejam deferidos à pessoa todos os demais direitos fundamentais previstos na Constituição. É preciso que se assegure, como já é frase recorrente na doutrina, um piso mínimo de direitos.[47]

Desse modo, somente haverá dignidade se a pessoa tiver assegurados os direitos fundamentais previstos nos arts. 1º, 3º e 5º, da CF, mas também os direitos sociais previstos no art. 6º, aí incluídos o direito ao trabalho, à saúde e ao lazer, e também o direito a um meio ambiente equilibrado, arts. 225 e seguintes da CF. Hoje, também têm sido muito valorizados os direitos sociais, como o direito ao lazer (art. 6º, da CF) como sendo um

---

46 Fábio Konder Comparato se referindo à filosofia Kantiana, adverte com propriedade, "ora, a dignidade da pessoa não consiste apenas no fato de ser ela, diferentemente das coisas, um ser considerado e tratado, em si mesmo, como um fim em si e nunca como meio para a consecução de determinado resultado. Ela resulta também do fato de que, pela sua vontade racional, só a pessoa vive em condições de autonomia, isto é, como ser capaz de guiar-se pelas leis que ele próprio edita. Daí decorre, como assinalou o filósofo, que todo homem tem dignidade e não um preço, como as coisas. A humanidade como espécie, e cada ser humano em sua individualidade, é propriamente insubstituível: não equivale, não pode ser trocado por coisa alguma" (*A afirmação histórica dos direitos humanos*. 3. ed. São Paulo: Saraiva, 2004. p. 22).

47 Conforme Rizatto Nunes, "foi o jusambientalista brasileiro Professor Celso Antonio Pacheco Fiorillo que usou a expressão 'mínimo vital', com cujo conteúdo concordamos. Diz o professor que, para começar a respeitar a dignidade da pessoa humana, tem-se de assegurar concretamente os direitos sociais previstos no art. 6º, da Carta Magna, que por sua vez está atrelado ao *caput* do art. 225" (*Curso de direito do consumidor*. São Paulo: Saraiva, 2004. p. 25). Também tem sido utilizada a expressão: *PISO MÍNIMO EXISTENCIAL*.

direito fundamental para a melhoria da qualidade de vida das pessoas, principalmente as que têm grande volume de trabalho.

Entretanto, o rol de garantias e direitos para se garantir a dignidade da pessoa humana não são taxativos, tampouco delimitados. A dignidade da pessoa humana é uma cláusula geral da Constituição Federal, visando proteger a pessoa em todos os seus aspectos. Por isso, conforme a sociedade evolui, há necessidade implementação de novos direitos e novas garantias para a proteção da dignidade.

Como bem adverte Maria Celina Bodin de Moraes[48]: "(...)a personalidade humana é valor, um valor unitário e tendencialmente sem limitações. Assim, não se poderá, com efeito, negar tutela a quem requeria garantia sobre um aspecto de sua existência para o qual não haja previsão específica, pois aquele interesse tem relevância ao nível do ordenamento constitucional e, portanto, tutela também em via judicial. Eis aí a razão pela qual as hipóteses de dano moral são tão frequentes, porque a sua reparação está posta para a pessoa como um todo, sendo tutelado o valor da personalidade humana. Os direitos das pessoas estão, assim, todos eles, garantidos pelo princípio constitucional da dignidade humana, e vêm a ser concretamente protegidos pela cláusula geral de tutela da pessoa humana".

A moderna doutrina fixou entendimento no sentido de que os direitos fundamentais têm aplicabilidade imediata, em razão do princípio da força normativa da Constituição Federal, o que fora ratificado pela redação do art. 5º, § 1º, da CF, com a redação dada pela EC n. 45/04.

O art. 5º, § 1º, da CF determina que os direitos e garantias fundamentais têm aplicação imediata, independentemente de norma regulamentar. O referido dispositivo consagra as chamadas ações afirmativas para a defesa de direitos fundamentais, evitando que as normas atinentes a direitos fundamentais fiquem em sede programática.

Também o § 3º, do art. 5º, da CLT aduz que os tratados sobre direitos humanos ratificados pelo Brasil adquirem *status* de emenda constitucional.

A dignidade é inerente ao ser humano, sendo um valor intrínseco da própria condição humana. Todo ser humano tem dignidade pelo fato de ser pessoa. Por isso, é complexa a definição do conceito de dignidade.

---

48 Danos à Pessoa Humana: Uma leitura civil-constitucional dos Danos Morais. Rio de Janeiro: Renovar, 2003, p. 127.

Embora a Constituição Federal mencione no art. 1º, III que a dignidade da pessoa humana é um dos fundamentos da República Federativa do Brasil e frequentemente a doutrina se refira ao *princípio da dignidade da pessoa humana*, na verdade, a dignidade é mais que um fundamento e também tem dimensão mais reluzente que um princípio, pois é inata à própria condição humana, de que o homem, conforme *Santo Tomás de Aquino*, fora criado à semelhança de Deus. Além disso, o ser humano é o fundamento e também o fim último do Direito.

Como mencionado é difícil se definir a dignidade, mas facilmente identificamos hipóteses de indignidades, que nos provocam um sentimento[49] de injustiça e até mesmo de fúria[50]. Desse modo, nos referimos à proteção à dignidade da pessoa humana na esfera jurídica e não ao princípio da dignidade da pessoa humana.

Diante do exposto, no nosso sentir *a proteção da dignidade da pessoa humana envolve todos os aspectos da pessoa, seja no seu aspecto exterior – papéis que representa na sociedade e, como função profissional, imagem, etc. – como na sua individualidade, privacidade, intimidade (art. 5º, V e X, da CF), assim, como o fato de pertencer ao gênero humano, seu aspecto físico, sua etnia, bem como a proteção do meio ambiente.*

Discute-se na doutrina, se o princípio da proteção à dignidade da pessoa humana pode ser relativizado. Significativa parte da doutrina assevera a impossibilidade de sua redução, já que a dignidade da pessoa humana é o núcleo de todos os direitos fundamentais. Outros admitem em certas hipóteses sua relativização em prol do interesse coletivo ou do interesse de outrem.

Como a dignidade da pessoa humana é o núcleo dos direitos fundamentais, este se sobrepõe aos demais direitos. A interpretação no aspecto

---

49 Para muitos, a dignidade da pessoa humana não pode ser definida, pois trata-se de um sentimento, como a felicidade, a tristeza, a dor, etc.

50 Conforme Hannah Arendt, "A fúria não é de modo nenhum uma reação automática diante da miséria e do sofrimento em si mesmos; ninguém se enfurece com uma doença incurável ou um tremor de terra, ou com condições sociais que pareçam impossíveis de modificar. A fúria irrompe somente quando há boas razões para crer que tais condições poderiam ser mudadas e não o são. Só manifestamos uma reação de fúria quando nosso senso de justiça é injuriado; tal reação em absoluto não se produz por nos sentirmos vítimas da injustiça, como prova toda a história das revoluções, nas quais o movimento começou por iniciativa de membros das classes superiores, conduzindo à revolta dos oprimidos e miseráveis". (*A condição humana*. Tradução de Roberto Raposo. Rio de Janeiro: Forense, 1995. p. 229)

deve ser levada a efeito com a máxima eficiência, conforme sustenta *J. J. Gomes Canotilho*[51]:

> "Esse princípio, também designado por princípio da eficiência ou princípio da interpretação efectiva, pode ser formulado da seguinte maneira: a uma norma constitucional deve ser atribuído o sentido que maior eficácia lhe dê. É um princípio operativo em relação a todas e quaisquer normas constitucionais, e embora a sua origem esteja ligada à tese da actualidade das normas programáticas (*Thoma*), é hoje sobretudo invocado no âmbito dos direitos fundamentais (no caso de dúvidas deve preferir-se a interpretação que reconheça maior eficácia aos direitos fundamentais)".

Autores há que asseveram a possibilidade de relativização do princípio da dignidade da pessoa humana em prol do interesse coletivo, ou do direito à vida, ou da dignidade de outro ser humano, ou até da própria interpretação deste princípio na situação concreta.

Sustenta *Alexandre de Moraes*[52] que "o princípio fundamental consagrado pela Constituição Federal da dignidade da pessoa humana apresenta-se como uma dupla concepção. Primeiramente, prevê um direito individual protetivo, seja em relação ao próprio Estado, seja em relação aos demais indivíduos. Em segundo lugar, estabelece verdadeiro dever fundamental de tratamento igualitário dos próprios semelhantes. Esse dever configura-se pela exigência do indivíduo respeitar a dignidade de seus semelhantes tal qual a Constituição Federal exige que lhe respeitem a própria".

Conforme argumentou com propriedade o professor *Moraes*, a dignidade da pessoa está no mesmo patamar da dignidade do seu semelhante. Ou seja, não se pode desrespeitar a dignidade do semelhante a despeito da defesa da própria dignidade.

Nesse mesmo diapasão, menciona *Ingo Sarlet*[53] que "não podemos deixar de relembrar – na esteira de *Alexy* – que até mesmo o princípio da dignidade da pessoa humana (por força de sua própria condição principiológica) acaba por sujeitar-se, em sendo contraposto à igual dignidade de terceiros, a uma necessária relativização, e isto não obstante se deve

51 Canotilho, J. J. Gomes. *Direito constitucional e teoria da constituição*. 7. ed. Coimbra: Almedina, 2003. p. 1.224.

52 Moraes, Alexandre de. *Direitos humanos fundamentais*. São Paulo: Atlas, 2002. p. 60-61.

53 *Op. cit.*, p. 130.

admitir – no âmbito de uma hierarquização axiológica – sua prevalência no confronto com outros princípios e regras constitucionais, mesmo em matéria de direitos fundamentais. Com efeito, não há como deixar de reconhecer – acompanhando *Kloepfer* – que mesmo em se tendo a dignidade como o valor supremo do ordenamento jurídico, daí não segue, por si só e necessariamente, o postulado de sua absoluta intangibilidade. Assim, também nas tensões verificadas no relacionamento entre pessoas igualmente dignas, não se poderá dispensar – até mesmo em face da necessidade de solucionar o caso concreto – um juízo de ponderação ou (o que parece mais correto) uma hierarquização, que à evidência, jamais poderá resultar – e esta a dimensão efetivamente absoluta da dignidade – no sacrifício da dignidade, na condição de valor intrínseco e insubstituível de cada ser humano que, como tal, sempre deverá ser reconhecido e protegido, sendo, portanto – e especialmente neste sentido – imponderável. Mesmo assim, consoante já destacado, não haverá como evitar a formulação de um juízo de valor (e, portanto, num certo sentido, uma ponderação) a respeito da existência, ou não, de uma violação da dignidade, por mais que se venham a fixar diretrizes para tal tarefa, visto que também critérios abstrata e previamente estabelecidos sempre serão o resultado de uma avaliação subjetiva e, neste sentido, de uma opção axiológica (hierarquização)".

10. DOS PRINCÍPIOS CLÁSSICOS DO DIREITO DO TRABALHO

Praticamente, os princípios do direito do trabalho são universais. Na América do Sul, a obra de *Américo Plá Rodriguez,* intitulada *Princípios do Direito do Trabalho*[54], é um clássico sobre os princípios e exerceu grande influência em toda a América Latina. Para fins didáticos, adotamos os princípios do direito do trabalho defendidos pelo referido autor uruguaio, quais sejam: **proteção, irrenunciabilidade, continuidade, primazia da realidade, razoabilidade e boa-fé.**

10.1. Proteção

As doutrinas nacional e estrangeira destacam como o fundamento e razão última do direito do trabalho o princípio protetor, como forma de equilibrar a relação entre trabalhadores e os detentores dos meios de

54 A primeira edição brasileira fora publicada pela LTr Editora em 1978, com tradução e revisão técnica de Wagner D. Giglio.

produção. Afirmam que a proteção jurídica ao trabalhador é necessária à melhoria da condição social do trabalhador.

Ensina Américo Plá Rodriguez[55], "que o fundamento do princípio protetor está ligado à própria razão de ser do Direito do Trabalho. Historicamente, o Direito do Trabalho surgiu como consequência de que a liberdade de contrato entre pessoas com poder e capacidade econômica desiguais conduzia a diferentes formas de exploração. Inclusive as mais abusivas e iníquas. O legislador não pôde mais manter a ficção de igualdade existente entre as partes do contrato de trabalho e inclinou-se para uma compensação dessa desigualdade econômica desfavorável ao trabalhador com uma proteção jurídica a ele favorável. O Direito do Trabalho responde fundamentalmente ao propósito de nivelar desigualdades. Como dizia *Couture*: 'o procedimento lógico de corrigir desigualdades é o de criar outras desigualdades.'"

A característica básica do princípio protetor do Direito do Trabalho é dar supremacia jurídica ao trabalhador a fim de compensar as desigualdades que este apresenta em face do empregador, principalmente a econômica. Trata-se da grande viga de sustentação do Direito Trabalhista, que lhe dá sentido e razão de ser.

A legislação trabalhista, inegavelmente, tem índole protetiva, visando a dar supremacia jurídica ao trabalhador para compensar as desigualdades econômica, técnica e social que apresenta em face do empregador.

O princípio protetivo está presente na interpretação e aplicação do Direito do Trabalho, bem como para preenchimento de lacunas e conflitos de normas que regem este ramo especializado do direito.

O direito individual do trabalho é marcado pelo princípio protetor. No direito coletivo ele fica mitigado em face do maior equilíbrio entre os Sindicatos de trabalhadores e patronais.

Segmentos da doutrina têm defendido redução do alcance do princípio protetor, a fim de facilitar a contratação de trabalhadores e reduzir o desemprego. No entanto, a experiência nos tem mostrado que a redução de garantias trabalhistas, bem como o enfraquecimento do protecionismo do Direito do Trabalho não têm gerado novos empregos e facilitado a contratação de novos trabalhadores, pois a empregabilidade está diretamente relacionada ao crescimento econômico.

55 Princípios de Direito do Trabalho. 3. Ed. São Paulo: Ltr, 2015, p. 85.

O princípio protetor, conforme a doutrina, se subdivide em três características básicas (ou princípios que decorrem da proteção), quais sejam: **norma mais favorável, condição mais benéfica** e **"in dubio pro operario"**.

10.1.1. *Norma mais favorável*

Por tal característica do princípio protetor, no Direito do Trabalho, é aplicável a norma mais favorável ao trabalhador, independentemente da fonte normativa da qual ela emana.

Nesse sentido é o *caput* do artigo 7º, da Constituição Federal:

> *"São direitos dos trabalhadores urbanos e rurais, além de outros que visem à melhoria de sua condição social".*

Entre duas leis ou normas coletivas válidas e vigentes aplicáveis à mesma situação, para se aquilatar qual é a mais favorável, há dois critérios adotados pela doutrina e jurisprudência, são eles:

a) **Acumulação:** Para este critério, na valoração entre duas normas jurídicas, podem ser aplicadas tanto uma como outra, mesclando-se as cláusulas ou artigos que são mais favoráveis, tanto de uma como de outra. Assim, pode-se aplicar, por exemplo, o adicional de horas extras de uma norma e o adicional de insalubridade mais favorável da outra.

b) **Conglobamento:** Para este critério, não há o fracionamento das normas jurídicas. Ou se aplica uma ou outra. A norma aplicável é que for mais favorável no conjunto de suas cláusulas.

c) **acumulação por institutos:** Neste critério, as normas são analisadas fracionando-se os institutos: cláusulas salariais, cláusulas sobre jornada de trabalho, etc.

Tem prevalecido na doutrina e na jurisprudência a teoria do conglobamento para se avaliar a norma mais favorável.

Exceção ao princípio da norma mais favorável é a flexibilização quando autorizada por norma constitucional (artigos 7º, VI, XIII, XIV, da CF).

Devem-se também ser respeitados os critérios hierárquicos da legislação, cronológico e da especialização.

Quanto ao aspecto da especialização, dispõe o art. 620, da CLT que as condições estabelecidas em acordos coletivos prevalecem sobre as estabelecidas em convenções coletivas de trabalho.

No sistema normativo, também a Constituição Federal tem supremacia sobre as demais leis.

Quanto ao critério cronológico, salvo as situações já consolidadas, e respeitada condição mais benéfica, a lei posterior prevalece sobre a anterior.

Por fim, como destaca Jorge Luiz Souto Maior[56], "ressalte-se, quanto a regra da norma mais favorável, que o trabalhador deve ser abstraído, isto é, considerado como integrante de um grupo, isto é, não se deve buscar atender às peculiaridades de cada trabalhador, a não ser excepcionalmente."

10.1.2. In dubio pro operario

Por este princípio, que decorre da proteção tutelar, havendo norma trabalhista que possibilite mais de uma interpretação, deve-se preferir o sentido mais favorável ao trabalhador.

Somente quando a norma possibilitar mais de um sentido e o intérprete estiver em dúvida sobre qual é mais justo e razoável ao caso concreto, deverá preferir o sentido mais favorável ao trabalhador.

Conforme destaca Luiz de Pinho Pedreira da Silva[57], "o princípio *pro operário* é derivado do mais geral de proteção geral de proteção e difere de dois outros, o de norma mais favorável e o de condição mais benéfica, porque tem como pressuposto uma única norma, suscetível de interpretações diversas, suscitando dúvida, que deve ser dirimida em benefício do empregado, enquanto aqueles exigem, como fato antecedente, uma pluralidade de normas".

Discutível é a aplicação de tal princípio na esfera processual, principalmente, na valoração da prova do processo. Há quem entenda que ele se aplica na valoração da prova. Desse modo, encontrando-se o Juiz do Trabalho na situação da chamada *prova dividida* ou *empatada,* deve julgar contra o empregador e a favor do empregado. Outros, defendem que este princípio não se aplica na esfera processual em razão da imparcialidade do

56 O Direito do Trabalho como Instrumento de Justiça Social. São Paulo: LTr, 2000, p. 297.

57 Principiologia do Direito do Trabalho. São Paulo: 2ª Edição. São Paulo: LTr, 1999, p. 41.

Juiz do Trabalho, do princípio do juiz natural, e do tratamento igualitário das partes na esfera processual. Desse modo, havendo dúvida quanto á melhor prova, deve o Juiz julgar contra quem detinha o ônus da prova e não favoravelmente ao trabalhador.

A jurisprudência brasileira se firmou no sentido da inaplicabilidade do princípio 'in dubio pro operário" na esfera processual, devendo o magistrado em caso de dúvida sobre a prova produzida, julgar de acordo com o ônus da prova. Não obstante, há possibilidade de aplicação de uma série de presunções favoráveis ao trabalhador, bem como aplicação das teorias de inversão do ônus da prova, aptidão para a prova, e da carga dinâmica na distribuição do encargo probatório (v. art. 818, parágrafos 2º e 3º da CLT).

No aspecto, destacam-se as seguintes ementas:

> Justiça do Trabalho – Princípio da proteção do trabalhador – Ônus da prova – Inaplicabilidade. Na Justiça do Trabalho, o princípio da proteção ao trabalhador está restrito à interpretação das normas legais, não se aplicando, quanto à distribuição do ônus da prova, o preceito *in dubio pro misero*, sob pena de afronta ao dever de imparcialidade do juiz." (TRT 15ª R. – 1ª T. – RO n. 1775/2001.016.15.00-5 – rel. Eduardo Benedito de O. Zanella – DJSP 10.9.04 – p. 19) (RDT n. 10 – Outubro de 2004).

> Princípio *in dubio pro operario*. O princípio *in dubio pro operario* é inerente ao Direito do Trabalho e, ao contrário do que pretende o recorrente, não apresenta caráter processual, especialmente porque o Direito Processual do Trabalho possui disposições específicas, como a avaliação da qualidade das provas produzidas e a aplicação das regras de ônus da prova. No campo probatório não se aplica o princípio *in dubio pro operario*, pois o Direito Processual impõe ao autor a prova do fato constitutivo de seu direito e, ao réu, a prova do fato modificativo, extintivo ou impeditivo do direito postulado (art. 818 da CLT c/c art. 333 do CPC, correspondente ao art. 373 do atual CPC). (TRT/SP – 00019213920155020017 – RO – Ac. 11ª T. – 20170627106 – Rela. Odette Silveira Moraes – DOE 20.10.2017).

10.1.3. *Condição mais benéfica*

Tal princípio, também chamado de direito adquirido às parcelas trabalhistas concedidas pelo empregador, impede que o trabalhador abra mão de direitos já incorporados ao seu contrato de trabalho.

Como destaca Francisco Meton Marques de Lima[58], "esta regra consiste em assegurar para o trabalhador a permanência da condição mais benéfica objetivamente reconhecida. Por seu intermédio, o empregado contratado sob a vigência de determinadas condições a ele asseguradas não pode ser rebaixado a condição inferior. A condição pode resultar de lei, de contrato individual, de instrumento coletivo ou de regulamento de empresa."

O Tribunal Superior do Trabalho, consagrou, em duas Súmulas, o princípio da condição mais benéfica. São elas:

> Súmula 51: *NORMA REGULAMENTAR. VANTAGENS E OPÇÃO PELO NOVO REGULAMENTO. ART. 468 DA CLT (incorporada a Orientação Jurisprudencial nº 163 da SBDI-1) – Res. 129/2005, DJ 20, 22 e 25.04.2005 I – As cláusulas regulamentares, que revoguem ou alterem vantagens deferidas anteriormente, só atingirão os trabalhadores admitidos após a revogação ou alteração do regulamento. (ex-Súmula nº 51 – RA 41/1973, DJ 14.06.1973) II – Havendo a coexistência de dois regulamentos da empresa, a opção do empregado por um deles tem efeito jurídico de renúncia às regras do sistema do outro. (ex-OJ nº 163 da SBDI-1 – inserida em 26.03.1999)*
>
> Súmula 288: "COMPLEMENTAÇÃO DOS PROVENTOS DA APOSENTADORIA (mantida) – Res. 121/2003, DJ 19, 20 e 21.11.2003 A complementação dos proventos da aposentadoria é regida pelas normas em vigor na data da admissão do empregado, observando-se as alterações posteriores desde que mais favoráveis ao beneficiário do direito."

10.2. Irrenunciabilidade de direitos

Diante da característica protetiva do direito do trabalho, da hipossuficiência do trabalhador, e do estado de subordinação próprio da relação de emprego, não há possibilidade do empregado abrir mão de direitos previstos na legislação ou nas demais fontes do direito trabalhista. Por exceção, quando houver autorização legal, ou o trabalhador puder manifestar livremente sua vontade ou estiver diante de um órgão imparcial, se admite a renúncia.

58 Princípios de direito do Trabalho na Lei e na Jurisprudência. 2ª Edição. São Paulo: LTr, 1997, p. 85.

10.2.1. *Da renúncia e transação no Direito do Trabalho*

Na precisa definição de *Dorval Lacerda*[59], renúncia, no Direito do Trabalho, corresponde ao ato voluntário do empregado (ou do empregador), pelo qual desiste de um direito a ele assegurado pelas fontes criadoras de direitos dentro dos limites de atuação.

Maurício Godinho Delgado nos ensina que a "renúncia é ato unilateral da parte, através do qual ela se desfaz de um direito de que é titular, sem correspondente concessão pela parte beneficiada pela renúncia".[60]

De nossa parte, a renúncia é um ato unilateral, por meio do qual o titular de um direito dele abdica de forma definitiva.

No Direito do Trabalho, há o princípio da irrenunciabilidade de direitos, que impede que o empregado abra mão de um direito assegurado nas fontes normativas. Somente por exceção se admite a renúncia de direitos trabalhistas por parte do empregado.

Pertencendo ao Direito Privado e contando com uma elevada gama de normas de ordem pública e ainda considerando-se o estado de subordinação a que está sujeito o empregado, os Direitos Trabalhistas, durante a vigência do contrato de trabalho, são irrenunciáveis, como regra geral. Entretanto, uma vez cessado o vínculo de emprego e o consequente estado de subordinação, o empregado pode renunciar e transacionar direitos, máxime estando na presença de um órgão imparcial, como o Sindicato ou a Justiça do Trabalho. Alguns direitos na esfera trabalhista são indisponíveis, como os direitos da personalidade do trabalhador, difusos, coletivos e também os relacionados com as normas que se referem à medicina, segurança e ao meio ambiente do trabalho.

Nos vários estágios do contrato de trabalho a renúncia é avaliada de forma diversa: a) antes do início do contrato: não se admite a renúncia antecipada de direitos, pois há presunção de que o empregado se sinta coagido a abrir mão de garantias trabalhistas a fim de não perder a contratação; b) durante o contrato: somente quando a lei admitir ou não houve prejuízo (artigos 9º, 444 e 468, 543, parágrafo 1º, ambos da CLT); c) após a extinção do contrato de trabalho: se admite a renúncia com maior flexibilidade, máxime quando o trabalhador estiver diante de um órgão imparcial, desde que não haja prejuízo ao emprego e este receba

59 In: Instituições de Direito do Trabalho. 12ª ed. São Paulo: LTr, 1995, p. 314.

60 Princípios de Direito Individual e Coletivo do Trabalho. São Paulo: LTr, 2001, p. 49.

outro direito em troca da renúncia. Vale dizer: admite-se, na verdade, a transação.

Transação é o negócio jurídico pelo qual as partes, mediante concessões recíprocas, põem fim a uma relação jurídica duvidosa ou previnem a ocorrência do litígio. A transação pode ser judicial ou extrajudicial. É importante destacar que a transação provém das próprias partes, ou seja: elas próprias, sem a interferência do conciliador ou do magistrado, chegam a uma solução consensual do conflito.

A doutrina tem diferenciado a conciliação da transação, pela abrangência e pela participação do conciliador ou magistrado na solução do conflito.

A conciliação se assemelha à transação, mas apresenta suas peculiaridades, pois a conciliação é obtida em juízo, com a presença do Juiz ou do conciliador que participa, ativamente, das tratativas, inclusive fazendo propostas para solução do conflito. A conciliação pode implicar em renúncia ao direito ou reconhecimento do pedido.

Dizia *Carnelutti* que a conciliação é uma sentença dada pelas partes e a sentença é uma conciliação imposta pelo juiz.

Somente são passíveis de conciliação os direitos patrimoniais disponíveis.

Deve ser destacado o fato de existirem normas de ordem pública no Direito do Trabalho (arts. 9º, 444, e 468, ambos da CLT), não significa dizer que os Direitos Trabalhistas são indisponíveis.

Nesse diapasão, oportunas as palavras de *Américo Plá Rodriguez*[61]:

> "No campo do Direito do Trabalho, surge, pois, uma distinção essencial e de suma importância: nele existem normas imperativas que não excluem a vontade privada, mas a cercam de garantias para assegurar sua livre formação e manifestação, valorizando-a como a expressão da própria personalidade humana. Ressalte-se que o Direito do Trabalho não é, no fundo, um direito obrigacional. Antes de mais nada, é direito entre pessoas, distinguindo-se não obstante do direito de família pelo grau de intensidade das relações pessoais, bem como pelo caráter temporário e precariedade dos laços pessoais. Um direito que em sua essência disciplina a

61 Princípios do Direito do Trabalho. 3ª Edição. São Paulo: LTr, 2015, p. 118.

> conduta humana em função criadora de valores, que é a expressão da responsabilidade social e da colaboração para um fim comum, não pode excluir de seu campo a manifestação da vontade privada, mas, pelo contrário, deve traçar-lhes limites que permitam o cumprimento de sua missão."

Alguns direitos na esfera trabalhista são indisponíveis, como os direitos da personalidade do trabalhador, difusos, coletivos e também os relacionados com as normas que se referem à medicina, segurança e ao meio ambiente do trabalho.

Sem dúvida, a conciliação é a melhor forma de resolução do conflito trabalhista, pois é solução oriunda das próprias partes que sabem a real dimensão do conflito, suas necessidades e possibilidades para melhor solução. Muitas vezes, a sentença desagrada uma das partes e até mesmo as duas partes.

Cabe ao Juiz do Trabalho apreciar livremente a renúncia, a transação e a conciliação e pode deixar de homologá-la se for prejudicial ao empregado tiver intuito de fraudar a lei.

Nesse sentido dispõe a Súmula 418 do Tribunal Superior do Trabalho, "in verbis":

> "MANDADO DE SEGURANÇA VISANDO À HOMOLOGAÇÃO DE ACORDO (nova redação em decorrência do CPC de 2015)
>
> A homologação de acordo constitui faculdade do juiz, inexistindo direito líquido e certo tutelável pela via do mandado de segurança."

A jurisprudência trabalhista não tem admitido a transação de direitos trabalhistas e a consequente de obrigações trabalhista quando o empregado adere a um Plano de Demissão Voluntária, sendo a verba paga a tal título apenas um incentivo para o trabalhador se desligar dos quadros da empresa.

Nesse sentido, a Orientação Jurisprudencial n. 270, da SDI-I, do C. TST, "in verbis":

> PROGRAMA DE INCENTIVO À DEMISSÃO VOLUNTÁRIA. TRANSAÇÃO EXTRAJUDICIAL. PARCELAS ORIUNDAS DO EXTINTO CONTRATO DE TRABALHO. EFEITOS. Inserida em 27.09.02. A transação extrajudicial que importa rescisão do contrato de trabalho ante a adesão do empregado a plano de demissão voluntária implica quitação exclusivamente das parcelas e valores constantes do recibo.

10.3. Continuidade

O Direito do Trabalho se preocupa não só com o presente, mas com o futuro do trabalhador. Por isso, há grande interesse social de que a relação de emprego dure o máximo de tempo, a fim de que o trabalhador possa ter garantida a sua fonte de renda e melhoria de sua condição social.

O princípio da continuidade faz com que a relação de emprego sobreviva aos períodos de suspensão e interrupção do contrato de trabalho e constitui presunção favorável ao trabalhador, havendo dúvida sobre a contratação por prazo determinado ou sobre a iniciativa da rescisão contratual. Também por este princípio, a contratação por prazo determinado somente é possível quando autorizada pela legislação.

A jurisprudência do Tribunal Superior do Trabalho consagrou o presente princípio na Súmula 212, que assim dispõe:

> "DESPEDIMENTO. ÔNUS DA PROVA (mantida) – Res. 121/2003, DJ 19, 20 e 21.11.2003 O ônus de provar o término do contrato de trabalho, quando negados a prestação de serviço e o despedimento, é do empregador, pois o princípio da continuidade da relação de emprego constitui presunção favorável ao empregado."

10.4. Primazia da realidade

Na feliz definição do jurista mexicano *Mário de La Cueva*[62], o contrato de trabalho é *um contrato realidade*, pois surge tendo à vista o modo da prestação de serviços.

Trata-se de princípio próprio do direito do trabalho que tem aplicação significativa no contrato de trabalho, onde prevalece a realidade da prestação de serviços em detrimento do que foi pactuado por escrito pelas partes.

O presente princípio também se encaixa como uma luva no processo do trabalho, onde o Juiz do Trabalho, está autorizado por lei (artigo 765, da CLT) a buscar a verdade dos fatos. Dizia *Carnelutti* que prestigiar a realidade é prestar um tributo à verdade.

62 Derecho del Trabajo Mexicano. México: Porrua Hermanos, vol I, p. 393.

Conforme Arnaldo Süssekind[63], "a relação objetiva evidenciada pelos fatos define a verdadeira relação jurídica estipulada pelos contratantes, ainda que sob capa simulada não correspondente à realidade."

No aspecto, relevante destacar a Súmula 12 do Tribunal Superior do Trabalho, "in verbis":

> *As anotações apostas pelo empregador na carteira profissional do empregado não geram presunção "juris et de jure", mas apenas "juris tantum".*

10.5. Boa-fé

O presente princípio, embora inserido como princípio do Direito do Trabalho pela doutrina, não é exclusivo do Direito do Trabalho, ele se aplica também a todas as esferas jurídicas. No entanto, na esfera trabalhista ele se exterioriza de forma bastante intensa considerando a relação pessoal do empregado em face de seu empregador, bem como as peculiaridades dos direitos e obrigações inerentes ao contrato de trabalho.

Conforme nos adverte *Ernesto Eduardo Borba*, citado por Américo Plá Rodriguez[64], a boa-fé não é uma norma – nem se reduz a uma ou mais obrigações –, mas é um princípio jurídico fundamental, isto é, algo que devemos admitir como premissa de todo o ordenamento jurídico. Informa sua totalidade a aflora de maneira expressa em múltiplas e diferentes normas, ainda que nem sempre se menciona de forma explícita.

Leonel Maschietto[65], nos define o conceito de boa-fé:

> "Conceituar-se boa-fé não se faz por tarefa fácil, principalmente por se tratar de questão do ramo metafísico, cuja existência varia de acordo com os juízos de valor de cada comunidade jurídica. Na definição de Aurélio Buarque de Holanda Ferreira, a boa-fé nada mais é do que a certeza de agir com amparo da lei, ou sem ofensa a ela, com ausência de intenção. É a ausência de intenção dolosa. É sinceridade, lisura."

A boa-fé é um princípio geral de Direito, aplicável principalmente na esfera do Direito Material do Trabalho, mas também se destaca na esfera

63 Instituições de Direito do Trabalho. 22ª Edição. São Paulo: LTr, 2005, p. 145.

64 Princípios de Direito do Trabalho. 3ª Edição. São Paulo: LTr, 2015, p. 420.

65 *A litigância de má-fé na Justiça do Trabalho:* princípios, evolução histórica, preceitos legais e análise da responsabilização do advogado. São Paulo: LTr, 2007. p. 19-20.

do direito processual do trabalho, considerando-se o caráter publicista da relação jurídica processual trabalhista e também do prestígio do processo do trabalho na sociedade capitalista moderna, como sendo um meio confiável e ético de resolução dos conflitos trabalhistas.

O Código Civil brasileiro disciplina a boa-fé como princípio fundamental dos contratos. Com efeito, dispõe o art. 422 do CC:

> "Os contratantes são obrigados a guardar, assim na conclusão do contrato, como em sua execução, os princípios de probidade e boa-fé."

Ficou expressamente normatizado o princípio da boa-fé objetiva. No aspecto, ensina *Maria Helena Diniz*[66]:

> "A boa-fé subjetiva é atinente ao fato de se desconhecer algum vício do negócio jurídico. E a boa-fé objetiva, prevista no artigo *sub examine*, é alusiva a um padrão comportamental a ser seguido baseado na lealdade e na probidade (integridade de caráter), impedindo o exercício abusivo de direito por parte de um dos contratantes, no cumprimento não só da obrigação principal, mas também das acessórias, inclusive do dever de informar, de colaborar e de atuação diligente."

Na visão de *Judith Martins-Costa*[67], "a chamada boa-fé objetiva configura, diferentemente, uma norma jurídica. A expressão boa-fé objetiva (boa-fé normativa) designa não uma crença subjetiva, nem um estado de fato, mas aponta, concomitantemente a: (i) um instituto ou modelo jurídico (estrutura normativa alcançada pela agregação de duas ou mais normas; (ii) um *standard* ou modelo comportamental pelo qual os participantes do tráfico obrigacional devem ajustar o seu mútuo comportamento (*standard* direcionador de condutas, a ser seguido pelos que pactuam atos jurídico, em especial os contratantes); e (iii) um princípio jurídico (norma de dever ser que aponta, imediatamente, a um 'estado ideal de coisas.'"

Tanto empregado e empregador devem se pautar pela ética, honestidade e lealdade da execução do contrato de trabalho. A partir do momento

66 DINIZ, Maria Helena. *Código Civil anotado*. 11. ed. São Paulo: Saraiva, 2005. p. 406.

67 *A boa-fé no direito privado:* critérios para sua aplicação. 2. ed. São Paulo: Saraiva, 2018. p. 281-282.

que há a quebra da confiança entre as partes, o contrato de trabalho não poderá prosseguir.

10.6. Razoabilidade

Ensina Américo Plá Rodriguez[68] que o princípio da razoabilidade "consiste na afirmação essencial de que o ser humano, em suas relações trabalhistas, deve proceder conforma à razão."

Este princípio é aplicável também no Direito Processual do Trabalho, principalmente no aspecto probatório, onde o juiz do trabalho ao avaliar a prova dos autos, está de acordo com o que ordinariamente acontece, segundo os padrões médios da sociedade e do que ordinariamente acontece.

Os autores ainda citam outros princípios do direito do trabalho, como a dignidade da pessoa humana do trabalhador, não discriminação, melhoria da condição social do empregado, irredutibilidade salarial, despersonalização do empregador, não assunção dos riscos da atividade econômica pelo trabalhador, irredutibilidade salarial, dentre outros, mas sempre destacando o princípio da proteção tutelar ao trabalhador.

11. DAS FONTES DO DIREITO DO TRABALHO

Um dos significados da palavra fonte é o de princípio ou causa donde provêm efeitos[69].

Quando nos referimos às fontes do Direito do Trabalho, estamos falando sobre as normas que estruturam e regem o Direito do Trabalho.

Há autores que distinguem as *fontes materiais* do direito, que são os próprios acontecimentos da vida e as condutas humanas, das *fontes formais*, que são as formas pelas quais o direito se exterioriza, e se torna obrigatório. No entanto, como bem adverte Maria Helena Diniz[70], "o jurista deve ater-se tanto às fontes materiais como às formais, preconizando a supressão da distinção, preferindo falar em fonte *formal material*, já que toda fonte formal contém, de modo implícito, uma valoração, que só pode ser compreendida como fonte do direito no sentido de fonte material.

---

68 Princípios de Direito do Trabalho. 3ª Edição. São Paulo: LTr, 2000, p. 393.

69 ARRUDA ALVIM. *Manual de direito processual*. v. 1, 9. ed. São Paulo: RT, 2005. p. 120.

70 Curso de Direito Civil. 1º Vol.: Teoria Geral do Direito Civil. 20ª ed. São Paulo: Saraiva, 2003, p. 21.

Além disso, a fonte material aponta a origem do direito, configurando a sua gênese, daí ser fonte de produção, aludindo a fatores éticos, sociológicos, históricos, políticos, etc., que produzem o direito e condicionam seu desenvolvimento. A fonte formal lhe dá forma, demonstrando quais os meios empregados pelo jurista para conhecer o direito, ao indicar os documentos que revelam o direito vigente, possibilitando sua aplicação a casos concretos, apresentando-se, portanto, como fonte de cognição."

É comum a doutrina se referir à expressão *pluralismo* no Direito do Trabalho, uma que este é constituído e disciplinado por múltiplas espécies de fontes, inclusive oriundas de outros países.

Há normas positivadas pela lei, pela jurisprudência, pelo costume, e normas que podem não estar positivadas, como os costumes.

Também, na esfera trabalhista, há normas de natureza estatal (heterônomas), a exemplo da lei e da jurisprudência, e normas particulares (autônomas) a exemplo do regulamento empresarial, contrato de trabalho, e normas coletivas (acordos e convenções coletivas de trabalho).

O artigo 8º, da CLT dispõe, em rol exemplificativo, as fontes do Direito do Trabalho. Dispõe o referido dispositivo legal:

> "As autoridades administrativas e a Justiça do Trabalho, na falta de disposições legais ou contratuais, decidirão, conforme o caso, pela jurisprudência, por analogia, por eqüidade e outros princípios e normas gerais de direito, principalmente do direito do trabalho, e, ainda, de acordo com os usos e costumes, o direito comparado, mas sempre de maneira que nenhum interesse de classe ou particular prevaleça sobre o interesse público. **§ 1º** O direito comum será fonte subsidiária do direito do trabalho. (Redação dada pela Lei nº 13.467, de 2017) **§ 2º** Súmulas e outros enunciados de jurisprudência editados pelo Tribunal Superior do Trabalho e pelos Tribunais Regionais do Trabalho não poderão restringir direitos legalmente previstos nem criar obrigações que não estejam previstas em lei. (Incluído pela Lei nº 13.467, de 2017) **§ 3º** No exame de convenção coletiva ou acordo coletivo de trabalho, a Justiça do Trabalho analisará exclusivamente a conformidade dos elementos essenciais do negócio jurídico, respeitado o disposto no art. 104 da Lei no 10.406, de 10 de janeiro de 2002 (Código Civil), e balizará sua atuação pelo princípio da intervenção mínima na autonomia da vontade coletiva. (Incluído pela Lei nº 13.467, de 2017)."

11.1. Das espécies normativas no Direito do Trabalho

11.1.1. *Constituição Federal*

Nos ensina José Afonso da Silva[71], "a Constituição do Estado, considerada sua lei fundamental, seria, então, a organização dos seus elementos essenciais: um sistema de normas jurídicas, escritas ou costumeiras, que regula a forma do Estado, a forma de seu governo, o modo de aquisição e o exercício do seu poder, o estabelecimento de seus órgãos, os limites de sua ação; os direitos fundamentais do homem e as respectivas garantias. Em síntese, a Constituição é o conjunto de normas que organiza os elementos constitutivos do Estado."

É a Constituição Federal a norma fundamental do Direito do Trabalho, consagrando os direitos trabalhistas fundamentais, a organização sindical e os limites da negociação coletiva (artigos, 6º, 7º, 8º, 9º, 10, 11 e 170 da CF).

11.1.2. *Leis Trabalhistas*

Lei é uma norma estatal, elaborada mediante processo legislativo previsto na Constituição Federal, de observância geral.

Em países de Constituição rígida, como no caso do Brasil, a lei é a norma estatal mais importante do país após as normas constitucionais.

Como nos adverte Maria Helena Diniz[72], a legislação, ou melhor, a atividade legiferante, é tida como a fonte principal do direito, a fonte jurídica por excelência.

A Consolidação das Leis do Trabalho e leis trabalhistas extravagantes são as leis ordinária que disciplinam os direitos e deveres de natureza trabalhista.

Há leis não trabalhistas que servem para suprir as lacunas da legislação trabalhista, como o Código Civil, Código de Defesa do Consumidor (Lei 8.078/90), dentre outras.

---

71 Curso de Direito Constitucional Positivo. 43ª ed. São Paulo: Malheiros, Juspodivm, 2020, p. 39.

72 Compêndio de Introdução à Ciência do Direito. 18ª ed. São Paulo: Saraiva, 2007, p. 288.

11.1.3. *Medidas Provisórias*

As medidas provisórias estão previstas no art. 62, da CF, que assim dispõe:

> "Em caso de relevância e urgência, o Presidente da República poderá adotar medidas provisórias, com força de lei, devendo submetê-las de imediato ao Congresso Nacional. § 1º É vedada a edição de medidas provisórias sobre matéria: I - relativa a: a) nacionalidade, cidadania, direitos políticos, partidos políticos e direito eleitoral; b) direito penal, processual penal e processual civil; c) organização do Poder Judiciário e do Ministério Público, a carreira e a garantia de seus membros; d) planos plurianuais, diretrizes orçamentárias, orçamento e créditos adicionais e suplementares, ressalvado o previsto no art. 167, § 3º; II - que vise a detenção ou seqüestro de bens, de poupança popular ou qualquer outro ativo financeiro; III - reservada a lei complementar; IV - já disciplinada em projeto de lei aprovado pelo Congresso Nacional e pendente de sanção ou veto do Presidente da República. § 2º Medida provisória que implique instituição ou majoração de impostos, exceto os previstos nos arts. 153, I, II, IV, V, e 154, II, só produzirá efeitos no exercício financeiro seguinte se houver sido convertida em lei até o último dia daquele em que foi editada. § 3º As medidas provisórias, ressalvado o disposto nos §§ 11 e 12 perderão eficácia, desde a edição, se não forem convertidas em lei no prazo de sessenta dias, prorrogável, nos termos do § 7º, uma vez por igual período, devendo o Congresso Nacional disciplinar, por decreto legislativo, as relações jurídicas delas decorrentes. § 4º O prazo a que se refere o § 3º contar-se-á da publicação da medida provisória, suspendendo-se durante os períodos de recesso do Congresso Nacional. § 5º A deliberação de cada uma das Casas do Congresso Nacional sobre o mérito das medidas provisórias dependerá de juízo prévio sobre o atendimento de seus pressupostos constitucionais. § 6º Se a medida provisória não for apreciada em até quarenta e cinco dias contados de sua publicação, entrará em regime de urgência, subseqüentemente, em cada uma das Casas do Congresso Nacional, ficando sobrestadas, até que se ultime a votação, todas as demais deliberações legislativas da Casa em que estiver tramitando. § 7º Prorrogar-se-á uma única vez por igual período a vigência de medida provisória que, no prazo de sessenta dias, contado de sua publicação, não tiver a sua votação encerrada

> nas duas Casas do Congresso Nacional. § 8º As medidas provisórias terão sua votação iniciada na Câmara dos Deputados. § 9º Caberá à comissão mista de Deputados e Senadores examinar as medidas provisórias e sobre elas emitir parecer, antes de serem apreciadas, em sessão separada, pelo plenário de cada uma das Casas do Congresso Nacional. § 10. É vedada a reedição, na mesma sessão legislativa, de medida provisória que tenha sido rejeitada ou que tenha perdido sua eficácia por decurso de prazo. § 11. Não editado o decreto legislativo a que se refere o § 3º até sessenta dias após a rejeição ou perda de eficácia de medida provisória, as relações jurídicas constituídas e decorrentes de atos praticados durante sua vigência conservar-se-ão por ela regidas. § 12. Aprovado projeto de lei de conversão alterando o texto original da medida provisória, esta manter-se-á integralmente em vigor até que seja sancionado ou vetado o projeto."

Medida Provisória é uma norma, de vigência temporária, editada pelo Presidente da República, em casos de relevância e urgência.

O requisito da relevância é avaliado de forma discricionária pelo Chefe do Executivo, considerando-se as necessidades atuais do país.

Urgência é toda matéria que não pode apreciar o regular procedimento legislativo.

Conforme o Supremo Tribunal Federal, a Medida Provisória não revoga lei anterior, mas apenas suspende seus efeitos no ordenamento jurídico, em face do seu caráter transitório e precário. Assim, aprovada a medida provisória pela Câmara e pelo Senado, surge nova lei, a qual terá o efeito de revogar lei antecedente. Todavia, caso a medida provisória seja rejeitada (expressa ou tacitamente), a lei primeira vigente no ordenamento, e que estava suspensa, volta a ter eficácia (**ADI 5.709, ADI 5.716, ADI 5.717 e ADI 5.727**, rel. min. Rosa Weber, j. 27-3-2019, P, *DJE* de 28-6-2019).

11.1.4. *Costume*

Trata-se de norma que surge espontaneamente na sociedade pela reiteração de determinado comportamento.

É constituído pelo uso reiterado de determinada conduta (elemento objetivo) e do elemento subjetivo que é convicção de sua obrigatoriedade.

Como leciona Maurício Godinho Delgado[73], por uso entende-se a prática habitual adotada no contexto de uma relação jurídica específica, envolvendo as específicas partes componentes dessa relação e produzindo, em consequências, efeitos exclusivamente no delimitado âmbito dessas mesmas partes. Por costume entende-se, em contrapartida, a prática habitual adotada no contexto mais amplo de certa empresa, categoria, região, etc., firmando um modelo ou critério de conduta geral, impessoal, aplicável *ad futurum* a todos os trabalhadores integrados no mesmo tipo de contexto. Os costumes têm, assim, caráter inquestionável de atos-regras, isto é, normas jurídicas.

Os costumes considerados fontes da teoria geral do direito (art. 4º da LINDB) e também do direito do trabalho (art. 8º da CLT).

Tem grande importância o costume no Direito do Trabalho, considerando-se as grandes transformações da sociedade e das técnicas de produção.

Além disso, várias parcelas que são pagas ou condutas reiteradas de determinada região podem gerar direitos trabalhistas, como o salário "in natura" (artigo 458 da CLT), o intervalo do rural (lei 5889/73), dentre outras.

No processo do trabalho, o costume também integra as normas jurídicas processuais trabalhistas, a exemplo da apresentação dos *protestos* para evitar preclusão de decisões que não podem ser recorridas de imediato, a juntada de carta de preposição para formalização da nomeação do preposto em audiência, apresentação de contestação escrita etc.

11.1.5. *Jurisprudência*

A jurisprudência compõe o conjunto de decisões dos Tribunais, englobando os Tribunais Superiores, os de 2º grau de jurisdição e também os órgãos de 1º grau de jurisdição (Varas do Trabalho). Quando há reiteradas decisões em um mesmo sentido, se diz que há jurisprudência predominante sobre determinada matéria.

A jurisprudência uniforme dos Tribunais dá ensejo à edição de Súmulas, que constituem o resumo da interpretação pacífica de determinado Tribunal sobre uma matéria jurídica.

73 Curso de Direito do Trabalho. 19ª ed. São Paulo: Ltr, 2020, p. 201.

São muitas as Súmulas do Tribunal Superior do Trabalho, disciplinando matéria trabalhista, principalmente sobre matérias que não estão regulamentadas pela legislação.

Como bem adverte Tércio Sampaio Ferraz Júnior[74]:

> "Se é verdade que o respeito à lei e a proibição da decisão *contra legem* constituem regras estruturais fortes do sistema, não podemos desconhecer, de um lado, a formação de interpretações uniformes e constantes que, se não inovam a lei, dão-lhe um sentido geral de orientação; é a chamada jurisprudência pacífica dos tribunais, que não obriga, mas de fato acaba por prevalecer".

A EC 45/04 criou a Súmula Vinculante que pode ser editada pelo Supremo Tribunal Federal, mediante procedimento disciplinado por lei (11.417/06).

Nesse sentido, dispõe o artigo 103-A da Constituição Federal:

> *O Supremo Tribunal Federal poderá, de ofício ou por provocação, mediante decisão de dois terços dos seus membros, após reiteradas decisões sobre matéria constitucional, aprovar súmula que, a partir de sua publicação na imprensa oficial, terá efeito vinculante em relação aos demais órgãos do Poder Judiciário e à Administração Pública direta e indireta, nas esferas federal, estadual e municipal, bem como proceder à sua revisão ou cancelamento, na forma estabelecida em lei. § 1º A súmula terá por objetivo a validade, a interpretação e a eficácia de normas determinadas, acerca das quais haja controvérsia atual entre órgãos judiciários ou entre esses e a Administração Pública que acarrete grave insegurança jurídica e relevante multiplicação de processos sobre questão idêntica. § 2º Sem prejuízo do que vier a ser estabelecido em lei, a aprovação, revisão ou cancelamento de súmula poderá ser provocada por aqueles que podem propor a Ação Direta de Inconstitucionalidade.§ 3º Do ato administrativo ou decisão judicial que contrariar a súmula aplicável ou que indevidamente a aplicar, caberá reclamação ao Supremo Tribunal Federal que, julgando-a procedente, anulará o ato administrativo ou cassará a*

---

74 FERRAZ JÚNIOR, Tércio Sampaio. Introdução ao Estudo do Direito. 5ª Edição. São Paulo: Atlas, 2007, p. 245.

decisão judicial reclamada, e determinará que outra seja proferida com ou sem a aplicação da súmula, conforme o caso.

Em havendo Súmula Vinculante do Supremo Tribunal em matéria da competência da Justiça do Trabalho, os órgãos da Justiça do Trabalho (Juízes do Trabalho, TRTs e TST) terão que observá-la. Portanto, as Súmulas Vinculantes em matéria trabalhista, são fontes do Direito do Trabalho.

11.1.6. *Precedente judicial*

No sistema brasileiro, que segue a tradição da *civil law*, o direito é criado pela Lei, podendo os Tribunais, por meio de interpretação do ordenamento jurídico, diante de casos concretos, criar teses paradigmas que possam ser aplicadas em outros casos em que se discute a mesma questão. Por isso, pensamos que o Código de Processo Civil de 2015 buscou aperfeiçoar o sistema de criação da jurisprudência, com a racionalização da atividade jurisdicional, mas não trouxe, para o direito brasileiro, o sistema da *commom law*.

Na tradição da *commom law*, ao contrário do sistema brasileiro, o precedente judicial vai se sedimentando aos poucos, a partir do momento em que as instâncias inferiores àquela que criou o precedente passam a segui-lo, e admitir sua força vinculante. Além disso, os precedentes são feitos para decidir casos passados[75] e, incidentalmente, casos futuros. Na tradição brasileira, e, também, no sistema do Código de Processo Civil de 2015, o precedente judicial se extrai do julgamento proferido pelos Tribunais Superiores, e terá força vinculante para as instâncias inferiores em casos futuros.

Segundo *Georges Abboud*[76], "no *common law*, o que confere essa dimensão de precedente à decisão do Tribunal Superior é sua aceitação pelas partes e pelas instâncias inferiores do Judiciário. Daí ele ser dotado e uma aura democrática, que o procedente à brasileira não possui, uma vez que, os provimentos vinculantes no NCPC já nascem dotados de efeito vinculante – independentemente da qualidade e da consistência da

75 *Vide* a propósito Lenio Luiz Streck. In: *Comentários à Constituição do Brasil*. São Paulo: Saraiva, 2013. p. 1.427.

76 Do genuíno precedente do *stare decisis* ao precedente brasileiro: os fatores histórico, hermenêutico e democrático que os diferenciam. In: *Precedentes*. Coord. Fredie Didier Júnior. Salvador: Juspodivm, 2015. p. 404-405.

conclusão de suas decisões. Por consequência, no *common law* os Tribunais Superiores, quando decidem um *leading case*, não podem impor seu julgado determinando que ele se torne um precedente".

Como bem advertem *Nélson Nery Júnior* e Rosa Maria de Andrade Nery[77]:

> "(...) o precedente, na *common law*, vai muito além da simplificação do julgamento que é normalmente enxergado pela doutrina nacional, de modo geral. O precedente, ali, não funciona como uma simples ferramenta de simplificação de julgamento; 'invoca-se o precedente porque se pretende que há nele uma analogia, substancialmente falando, que permite que o princípio que justifica o caso anterior cubra também o novo caso. Vai-se do particular ao geral e não do geral ao particular, como é típico do sistema anglo-americano e inverso do nosso. Mas a afirmação da analogia tem de sujeitar-se ao *distinguo*. Pode objetar-se que no novo caso há elementos relevantes que o subtraem à sorte jurídica do caso anterior' (José de Oliveira Ascenção. Fontes do direito no sistema do *common Law* (RDP 35-36-51). Portanto, há uma análise acurada do caso para que se verifique se é cabível a aplicação do mesmo princípio que norteou o julgamento do caso tomado como precedente, o eu é bem diferente daqui que se entende comumente por esse instituto no Brasil."

No mesmo sentido defende *Cássio Scarpinella Bueno*[78]:

> "Previsibilidade, isonomia e segurança jurídica – valores tão caros a quaisquer ordens jurídicas estáveis, como é o caso da brasileira, pouco importando de onde elas nasceram e se desenvolveram – devem ser metas a serem atingidas, inclusive pela atuação jurisdicional. No entanto, faço questão de frisar, há limites para o legislador *infraconstitucional* alcançar aquele desiderato. E, também insisto, fossem suficientes Súmulas dos Tribunais (a começar pelas do Tribunais Superiores) e, até mesmo, a técnica de julgamento de recursos extraordinários ou especiais repetitivas, e as experiências mais recentes, ainda sob a égide do CPC de 1973, teriam surtido efeitos bem melhores do que estatísticas sobre a redução de casos

77 *Comentários ao Código de Processo Civil*. São Paulo: RT, 2015. p. 1.833.

78 *Manual de Direito Processual Civil*. São Paulo: Saraiva, 2015. p. 538-539.

> julgados perante os Tribunais Superiores. Não consigo ver, portanto, nada no CPC de 2015 que autorize afirmativas genéricas, que vêm se mostrando comuns, no sentido de que o direito brasileiro migra em direção ao *common law* ou algo do gênero. Sinceramente, prezado leitor, não consigo concordar com esse entendimento. O que há, muito menos que isso, é uma aposta que o legislador infranconstitucional vem fazendo mais recentemente no sentido de que as decisões proferidas pelos Tribunais Superiores e aquelas proferidas pelos Tribunais de Justiça e pelos Regionais Federais forem observadas (acatadas) pelos demais órgãos jurisdicionais, haverá redução sensível do número de litígios e maior previsibilidade, maior segurança e tratamento isonômico a todos. É que os incisos do art. 927 bem demonstram. Nada mais do que isso."

Determina o Código de Processo Civil, no art. 926, que os Tribunais, ao editar enunciados de súmulas *devem ater-se às circunstâncias fáticas dos precedentes que motivaram sua criação*.

Diante do referido dispositivo, destacam-se os seguintes pressupostos para a criação de enunciados de súmulas:

a) os Tribunais não podem criar súmulas para casos hipotéticos, ou seja, em tese. Tal somente é possível diante de julgamentos de casos concretos. Não se nega a possibilidade de criação do direito pela jurisprudência, mas esta deve refletir as teses discutidas em casos concretos;

b) as súmulas devem vir acompanhadas de seu histórico, com a referência aos julgamentos que lhes deram suporte, para que os destinatários e aplicadores possam conhecer seus motivos determinantes;

c) a publicidade da jurisprudência: nos termos do § 5º, do art. 927, do CPC, os tribunais darão publicidade a seus precedentes, organizando-os por questão jurídica decidida e divulgando-os, preferencialmente, na rede mundial de computadores.

11.1.7. Das Súmulas em matéria trabalhista

Dispõe o § 2º do art. 8º, da CLT, com a redação dada pela Lei n. 13.467/17:

> "Súmulas e outros enunciados de jurisprudência editados pelo Tribunal Superior do Trabalho e pelos Tribunais Regionais do

> Trabalho não poderão restringir direitos legalmente previstos nem criar obrigações que não estejam previstas em lei."

O § 2º, do art. 8º, da CLT visou a restringir o alcance da jurisprudência trabalhista, vedando que o Judiciário, por meio de interpretação, aplicação ou integração do direito, restrinja ou crie direito não previsto em lei. Trata-se de regra que não encontra similar em outros ramos do direito ou do Judiciário.

De nossa parte, o § 2º do art. 8º, da CLT é manifestamente inconstitucional, por impedir a livre interpretação e aplicação do direito pelos Tribunais Trabalhistas, inibir a eficácia dos direitos fundamentais, bem como dos princípios constitucionais. Além disso, impede a evolução da jurisprudência e restringe o acesso à justiça (art. 5º, XXXV, da CF).

Como bem adverte José Lúcio Munhoz[79], "em que pese não caber ao Judiciário criar obrigações não previstas em lei nem restringir direitos já legalmente estabelecidos, o juiz não é impedido de interpretar o alcance da norma e verificar sua compatibilidade com o sistema jurídico na qual ela é inserida, sendo isso não apenas uma opção, mas, em verdade, uma obrigação de qualquer magistrado."

Dispõe o art. 702 da CLT, com a redação dada pela Lei n. 13.467/17:

> "Ao Tribunal Pleno compete: (...)"I – (...) f) estabelecer ou alterar súmulas e outros enunciados de jurisprudência uniforme, pelo voto de pelo menos dois terços de seus membros, caso a mesma matéria já tenha sido decidida de forma idêntica por unanimidade em, no mínimo, dois terços das turmas em pelo menos dez sessões diferentes em cada uma delas, podendo, ainda, por maioria de dois terços de seus membros, restringir os efeitos daquela declaração ou decidir que ela só tenha eficácia a partir de sua publicação no Diário Oficial. (...) § 3º As sessões de julgamento sobre estabelecimento ou alteração de súmulas e outros enunciados de jurisprudência deverão ser públicas, divulgadas com, no mínimo, trinta dias de antecedência, e deverão possibilitar a sustentação oral pelo Procurador-Geral do Trabalho, pelo Conselho Federal da Ordem dos Advogados do Brasil, pelo advogado-Geral da União e por confederações sindicais ou entidades de classe de âmbito nacional. § 4º O estabelecimento

79 In: Reforma Trabalhista Comentada por Juízes do Trabalho: Artigo por Artigo. São Paulo: LTr, 2018, p. 46-47.

> ou a alteração de súmulas e outros enunciados de jurisprudência pelos Tribunais Regionais do Trabalho deverão observar o disposto na alínea "*f*" do inciso I e no § 3º deste artigo, com rol equivalente de legitimados para sustentação oral, observada a abrangência de sua circunscrição judiciária."

Como visto, a jurisprudência uniforme dos Tribunais dá ensejo à edição de Súmulas, que constituem o resumo da interpretação pacífica de determinado Tribunal sobre uma matéria jurídica. São muitas as Súmulas do Tribunal Superior do Trabalho, disciplinando matéria processual, principalmente sobre matérias de aplicação subsidiária do Código de Processo Civil ao Processo do Trabalho.

Como bem adverte *José Miguel Garcia Medina*[80]:

> "A lei e a súmula não se encontram num mesmo plano. Na verdade, a súmula deve se subordinar à lei. O que ocorre é que a norma jurídica, geral e abstrata, pode dar ensejo ao surgimento de duas ou mais interpretações diversas, sobre um mesmo assunto (...) A súmula, assim, desempenha função importantíssima, pois registra qual interpretação da norma seria a correta, que, uma vez revelada, irá instruir julgamentos posteriores sobre o mesmo tema. Não admira que, muitas vezes, não se menciona, na fundamentação das decisões judiciais, qualquer dispositivo de lei. As decisões judiciais devem ser fundamentadas no sistema jurídico e, porque a súmula revela interpretação jurisprudencial tida por correta, apenas nessa medida deverá ser invocada."

Sem dúvida, a jurisprudência, no Código de Processo Civil de 2015 foi prestigiada como fonte do direito e, em muitos casos, tendo prevalência sobre o texto da lei.

Em contraposição, à força da jurisprudência dada pelo CPC/2015, a Lei n. 13.467/17 procura dificultar a criação de súmulas pelos Tribunais Trabalhistas, principalmente, pelo Tribunal Superior do Trabalho.

O referido art. 702, I, da CLT, estabelece requisitos para a edição de súmulas, tanto pelo Tribunal Superior do Trabalho, quanto pelos Tribunais Regionais do Trabalho, quais sejam:

---

80 *Novo Código de Processo Civil comentado*. São Paulo: RT, 2015. p. 1.244.

a) voto de pelo menos dois terços de seus membros;

b) matéria já tenha sido decidida de forma idêntica por unanimidade em, no mínimo, dois terços das turmas em pelo menos dez sessões diferentes em cada uma delas podendo, ainda, por maioria de dois terços de seus membros, restringir os efeitos daquela declaração ou decidir que ela só tenha eficácia a partir de sua publicação no Diário Oficial;

c) sessões públicas, divulgadas com, no mínimo, trinta dias de antecedência, e deverão possibilitar a sustentação oral pelo Ministério Público do Trabalho, Ordem dos Advogados do Brasil e Entidades Sindicais.

Trata-se de alteração sem similar em outros ramos do Judiciário, impondo requisitos para a edição de Súmulas pelos Tribunais Trabalhistas. Sem dúvida, a criação, cancelamento ou alteração de súmulas fica mais difícil, exigindo votos de pelo menos dois terços dos membros do Tribunal, bem como se deve franquear a palavra para sustentação dos representantes do Ministério Público, OAB e Entidades Sindicais.

Por um lado, há aspectos positivos com a alteração, pois fortalecerá a jurisprudência de primeiro grau. Por outro lado, há aspectos negativos, pois praticamente, inviabiliza a edição de Súmulas pelos Tribunais Trabalhistas.

A constitucionalidade desta regra será questionada tanto no Tribunal Superior do Trabalho como no Supremo Tribunal Federal em controle concentrado de constitucionalidade, pois invalide a autonomia dos Tribunais (ver art. 96, I, da CF).

No aspecto, o Enunciado n. 111, da II Jornada de Direito Material e Processual do Trabalho, da ANAMATRA, *in verbis*:

> "**SÚMULAS E ENUNCIADOS DE JURISPRUDÊNCIA. EDIÇÃO E ALTERAÇÃO. REQUISITOS. INCONSTITUCIONALIDADE.** SÃO INCONSTITUCIONAIS OS REQUISITOS DO ART. 702, I, "*F*", E § 4º, DA CLT, INTRODUZIDOS PELA LEI N. 13.467/2017, PARA A EDIÇÃO OU ALTERAÇÃO DE SÚMULAS E OUTROS ENUNCIADOS DE JURISPRUDÊNCIA, POR VIOLAÇÃO AOS ARTS. 2º, 5º, LIV, 93, 96, I, A, E 113 DA CF;

Em 17 de maio de 2022, o Plenário do Tribunal Superior do Trabalho declarou a inconstitucionalidade do inciso I, "f" e parágrafo 2º, do art. 702 da CLT, conforme noticiado no site do TST (www.tst.jus.br), "in verbis":

> "O Pleno do Tribunal Superior do Trabalho (TST) declarou a inconstitucionalidade, nesta segunda-feira (16), dois dispositivos da CLT que modificaram os critérios para a criação ou a alteração de súmulas e outros enunciados da jurisprudência uniforme do Tribunal. Por maioria, o colegiado concluiu que as alterações, introduzidas pela Reforma Trabalhista (Lei 13.467/2017), violam a prerrogativa de os tribunais, no exercício de sua autonomia administrativa, elaborem seus próprios regimentos internos e, por conseguinte, os requisitos de padronização da jurisprudência. Os dispositivos declarados inconstitucionais integram o artigo 702 da CLT, em sua redação atual. A alínea "f" do inciso I dispõe que, para a criação ou alteração de súmulas e outros enunciados de jurisprudência, é necessário o voto de pelo menos 2/3 do Tribunal Pleno, caso a matéria já tenha sido decidida de forma idêntica por unanimidade em, no mínimo, 2/3 das turmas em pelo menos 10 sessões diferentes em cada uma delas. A redação anterior remetia a matéria ao Regimento Interno do TST, que previa a aprovação por maioria absoluta dos seus membros. O parágrafo 3º do artigo estabelece que as sessões de julgamento sobre estabelecimento ou alteração de jurisprudência deverão ser públicas e deve ser possibilitada sustentação oral pelo procurador-geral do trabalho, pelo Conselho Federal da Ordem dos Advogados do Brasil, pelo advogado-geral da União e por confederações sindicais ou entidades de classe de âmbito nacional."

Diante do que fora decidido pelo TST, caberá ao Regimento interno do próprio Tribunal estabelecer os requisitos para a edição de Súmulas, tanto do TST como dos próprios Tribunais Regionais do Trabalho.

Caberá, no entanto, ao Supremo Tribunal Federal dar a última palavra sobre a questão, pois a questão também está sendo discutida em controle concentrado de constitucionalidade.

11.1.8. *Doutrina*

Ensina Maurício Godinho Delgado[81]: "a doutrina consiste no conjunto de apreensões e leituras sistematizadas da ordem jurídica pelos juristas e estudiosos do Direito em geral, que informam a compreensão do sistema

---

81 Curso de Direito do Trabalho. 7ª Edição. São Paulo: LTr, 2008, p. 172.

jurídico e de seus ramos, institutos e diplomas normativos, auxiliando o processo de aplicação concreta do Direito."

A doutrina exerce papel fundamental na formação do profissional do direito, e também na intepretação e crítica do ordenamento jurídico trabalhista, apontando acertos e desacertos das normas, e os caminhos para melhor aplicação do direito.

Muitos autores negam que a doutrina seja fonte do Direito do Trabalho, pois não é emanada de um órgão de poder. Outros afirmam que ela é fonte mediata do Direito, vale dizer: secundária.

Mesmo não sendo fonte formal do Direito do Trabalho, é inegável a importância dos estudos doutrinários na aplicação e interpretação das normas processuais trabalhistas. Muitas vezes, os entendimentos doutrinários influenciam a jurisprudência e servem de suporte à criação de normas jurídicas.

Nesse sentido, conclui Maurício Godinho Delgado[82], que as construções doutrinárias não são fonte normativa. Têm, entretanto, inegável importância no universo e na prática jurídicos, uma vez que atuam como instrumentos reveladores dos fundamentos teóricos e conexões lógicas do sistema jurídico, os quais, por abstração, devem ser captados pelo intérprete e aplicador do Direito. Nesse quadro será sempre substantiva a influência da doutrina na dinâmica jurídica, embora sem que ela se transforme em fonte formal da regra de Direito.

11.1.9. *Regulamento de Empresa*

Constitui norma de natureza contratual elaborada pelo empregador, onde disciplina as normas gerais de empresa, códigos de ética e conduta e direitos ao trabalhador.

O Regulamento de empresa pode ser elaborado de forma bilateral, com participação de representantes de empregados.

Como bem adverte Luciano Martinez[83], "por conta da indisponibilidade dos direitos trabalhistas, o regulamento interno não pode conter qualquer disposição capaz de desvirtuar, impedir ou fraudar direitos laborais sob

82 Curso de Direito do Trabalho. Curso de Direito do Trabalho. 19ª ed. São Paulo: LTr, 2020, p. 211.

83 Curso de Direito do Trabalho. 13ª ed. São Paulo: Saraiva, 2022, p. 65.

pena de nulidade da cláusula infringente. Há que concluir então que o regulamento interno somente pode modular aquilo que não foi definido, limitado concretamente pela lei servindo, em regra, para conceder direitos supletivos não previstos no texto legal ou para dar garantias não contempladas em fontes heterônomas. Uma vez concedido o direito supletivo, tal vantagem se incrusta no contrato de emprego do trabalhador, não podendo ser dele retirada."

Sendo norma contratual, integra os contratos de trabalho nos termos da Súmula 51 do TST. Dispõe a referida Súmula:

> **"NORMA REGULAMENTAR. VANTAGENS E OPÇÃO PELO NOVO REGULAMENTO. ART. 468 DA CLT (incorporada a Orientação Jurisprudencial nº 163 da SBDI-1) - Res. 129/2005, DJ 20, 22 e 25.04.2005**
>
> I - As cláusulas regulamentares, que revoguem ou alterem vantagens deferidas anteriormente, só atingirão os trabalhadores admitidos após a revogação ou alteração do regulamento.
>
> II - Havendo a coexistência de dois regulamentos da empresa, a opção do empregado por um deles tem efeito jurídico de renúncia às regras do sistema do outro."

11.1.10. *Sentença normativa*

Tem o nome de sentença normativa a decisão proferida no dissídio coletivo, acolhendo ou rejeitando as pretensões postuladas no dissídio coletivo de natureza econômica ou interpretando e aplicando o direito já existente no dissídio coletivo de natureza jurídica.

Diverge a doutrina sobre a natureza jurídica da sentença normativa. Quanto ao dissídio coletivo de natureza jurídica, não há controvérsia sobre a natureza declaratória da sentença normativa. Quanto à sentença que aprecia o dissídio de natureza econômica, há divergências na doutrina. Para alguns, ela é constitutiva por criar direito novo, para outros, é dispositiva, pois a Justiça do Trabalho criará, no branco da lei, direito novo, sendo certo que sentença constitutiva apenas cria uma relação jurídica e não direito ainda não existente.

É da essência da sentença normativa ser provisória e precária, pois, conforme reiteradamente vem decidindo o STF, o poder normativo da Justiça do Trabalho atua no branco da lei. Porém, editada a lei, norma de caráter imperativo, esta se sobrepõe a todas as demais fontes secundárias do direito, como a norma coletiva e a sentença normativa.

No aspecto, relevante destacar a Súmula 397 do TST, "in verbis":

> "AÇÃO RESCISÓRIA. ART. 966, IV, DO CPC DE 2015. ART. 485, IV, DO CPC DE 1973. AÇÃO DE CUMPRIMENTO. OFENSA À COISA JULGADA EMANADA DE SENTENÇA NORMATIVA MODIFICADA EM GRAU DE RECURSO. INVIABILIDADE. CABIMENTO DE MANDADO DE SEGURANÇA. Não procede ação rescisória calcada em ofensa à coisa julgada perpetrada por decisão proferida em ação de cumprimento, em face de a sentença normativa, na qual se louvava, ter sido modificada em grau de recurso, porque em dissídio coletivo somente se consubstancia coisa julgada formal. Assim, os meios processuais aptos a atacarem a execução da cláusula reformada são a exceção de pré-executividade e o mandado de segurança, no caso de descumprimento do art. 514 do CPC de 2015 (art. 572 do CPC de 1973). (ex-OJ n. 116 da SBDI-2 – DJ 11.8.2003)".

11.1.11. *Direito Comparado*

Constitui o Direito comparado não só com a legislação de outros países, mas também com a doutrina e a jurisprudência deles. A Justiça brasileira pode se valer do Direito comparado, quando houver lacuna na legislação brasileira e houver compatibilidade com os princípios do direito do trabalho brasileiro.

O Direito estrangeiro pode ser objeto de prova, nos termos do art. 376 do CPC, que assim dispõe:

> "A parte, que alegar direito municipal, estadual, estrangeiro ou consuetudinário, provar-lhe-á o teor e a vigência, se assim o determinar o juiz."

Quanto às Convenções da OIT ratificadas pelo Brasil, como têm *status* de Lei Ordinária, o Juiz do Trabalho deve conhecê-las, não necessitando, a parte que as invocar, provar o teor e a vigência. A prova do Direito se faz por meio de certidões com as publicações oficiais no Diário Oficial e de outros Órgãos Oficiais. Não havendo impugnação, pensamos não haver necessidade de autenticação. Quanto ao direito costumeiro, pensamos ser possível a comprovação por meio de testemunhas.

11.1.12. *Acordos e Convenções Coletivas do Trabalho*

Convenção coletiva de trabalho[84] é uma espécie contratual de caráter normativo, por meio do qual os Sindicatos das categorias profissional e econômica pactuam cláusulas de natureza normativa que serão aplicadas no âmbito das categorias signatárias do instrumento. Trata-se, como diz a doutrina, de um instrumento com *corpo* de contrato e *alma* de lei.

Como destaca Amauri Mascaro Nascimento[85], "independentemente da natureza contratual ou regulamentar, a convenção coletiva é uma norma, desde que se dissocie o conceito de norma do conceito de lei estatal. Na teoria jurídica moderna, norma não é, unicamente, um ato estatal. Há normas privadas. O contrato é, também, norma. Norma individualizada, como ensina Kelsen. De outro lado, o pluralismo jurídico demonstra que há produção do direito positivo não estatal, do qual as convenções coletivas são uma forma".

Acordo coletivo é uma espécie contratual firmada entre o Sindicato da categoria profissional e uma ou mais empresas aplicáveis no âmbito da empresa ou das empresas acordantes às respectivas relações de trabalho.

As Federações, e na falta as Confederações poderão firmar a convenção coletiva para reger as relações das categorias a elas vinculadas, inorganizadas em sindicatos, no âmbito de suas representações.

11.1.13. *Direito Comum*

Entende-se por direito comum aquele que não disciplina regras trabalhistas, mas que pode ser utilizado na esfera trabalhista como fonte subsidiária – art. 8º da CLT.

---

84 Art. 611, da CLT: "Convenção Coletiva de Trabalho é o acordo de caráter normativo pelo qual dois ou mais sindicatos representativos de categorias econômicas e profissionais estipulam condições de trabalho aplicáveis, no âmbito das respectivas representações, às relações individuais de trabalho. § 1º É facultado aos sindicatos representativos de categorias profissionais celebrar Acordos Coletivos com uma ou mais empresas da correspondente categoria econômica, que estipulem condições de trabalho, aplicáveis no âmbito da empresa ou das empresas acordantes às respectivas relações de trabalho. § 2º As Federações e, na falta destas, as Confederações representativas de categorias econômicas ou profissionais poderão celebrar convenções coletivas de trabalho para reger as relações das categorias a elas vinculadas, inorganizadas em sindicatos, no âmbito de suas representações."

85 Compêndio de Direito Sindical. 7ª ed. São Paulo: Ltr, 2012, p. 409.

Direito comum não é somente o Direito Civil, embora alguns doutrinadores sustentem esse sentido. Entendemos por direito comum todas as normas dos outros ramos do direito, até mesmo o Direito Penal, que sejam aplicáveis à esfera trabalhista quando a legislação do trabalho for omissa.

11.1.14. Decretos do Presidente da República e Portarias do Ministério do Trabalho

O art. 84, IV, da Constituição Federal, atribui privativamente ao Presidente da República a competência para sancionar, promulgar e fazer publicar as leis, bem como expedir decretos e regulamentos para sua fiel execução.

Como nos adverte Arnaldo Süssekind[86], "os regulamentos aprovados por decreto, assim como os decretos de caráter nitidamente regulamentar, visam a propiciar a adequada execução das leis que os legitimam. Daí ser-lhes vedada a criação de obrigações que não resultem, explicita ou implicitamente, das correspondentes leis. Demais disto, a regulamentação há de harmonizar-se com o sistema e os princípios emanados da lei regulamentadora. O decreto pode, no entanto, configurar um regulamento autônomo, quando tem por objeto a organização administrativa do Estado ou as atribuições dos órgãos do Poder Executivo."

A Consolidação das Leis do Trabalho, em muitos aspectos, permite a regulamentação de determinado dispositivo legal por meio de Decretos, a fim de detalhar o procedimento e melhorar sua efetiva execução. Em algumas matérias, a própria CLT, principalmente em matéria de segurança e medicina do trabalho, atribui competência ao Ministério do Trabalho para estabelecer as chamadas Normas Regulamentares, que dispõem sobre questões de saúde e segurança no trabalho (v. arts. 154 e seguintes da CLT).

As Portarias editadas pelo Ministério do Trabalho constituem fontes normativas do Direito do Trabalho. Entretanto, estão em patamar abaixo da Lei, e mesmo em matérias que a lei autorizou a regulamentação por meio de atos normativos do executivo, estes devem estar em harmonia com os princípios, o conjunto legislativo do Direito do Trabalho e da Constituição Federal.

86 Curso de Direito do Trabalho. Rio de Janeiro: RENOVAR, 2002, p. 120.

12. INTEGRAÇÃO DO DIREITO DO TRABALHO

A integração é um recurso utilizado pelo aplicador do direito para preenchimento das chamadas lacunas da legislação, aplicando outra fonte normativa para uma situação concreta onde não há regramento.

Como nos ensina Amauri Mascaro Nascimento[87], "integrar é utilizar uma norma que não foi feita para o caso concreto, mas que, por guardar semelhança com ele, deve ser aplicada. É possível, assim, e também, entre diversos outros percalços na tarefa da concretização da norma, percorrido o quadro normativo, nele não ser encontrada uma norma que corresponda aos fatos ou a questão de direito em debate, isto é, o problema das lacunas, caso em que o juiz não poderá deixar de julgar e quando autorizado pela lei, como o é pela lei trabalhista brasileira (CLT, art. 8º), terá uma série de outras possibilidades, como a analogia, a equidade, a aplicação do direito comum, do direito estrangeiro, e dos princípios do direito do trabalho."

O magistrado não se exime de sentenciar o caso concreto, mesmo não havendo regramento a respeito do tema. Por isso, se diz que não há lacunas no ordenamento jurídico, uma vez que cabe o juiz buscar em outras fontes normativas, a solução para o caso concreto. Por isso, a integração é um problema da aplicação concreta do direito.

No aspecto, dispõe o art. 4º, da LINDB:

> "Quando a lei for omissa, o juiz decidirá o caso de acordo com a analogia, os costumes e os princípios gerais de direito."

No mesmo sentido o "*caput*" do art. 8º, da CLT: "As autoridades administrativas e a Justiça do Trabalho, na falta de disposições legais ou contratuais, decidirão, conforme o caso, pela jurisprudência, por analogia, por eqüidade e outros princípios e normas gerais de direito, principalmente do direito do trabalho, e, ainda, de acordo com os usos e costumes, o direito comparado, mas sempre de maneira que nenhum interesse de classe ou particular prevaleça sobre o interesse público."

87 Curso de Direito do Trabalho. 29ª ed. São Paulo: Saraiva, 2014, p. 500.

12.1. Analogia

A analogia é um recurso de que se vale o aplicador do direito quando se depara com omissão da lei no caso concreto, aplicando outra fonte normativa, que é semelhante e tem a mesma razão de ser, para solucionar a questão.

Nos ensina Amauri Mascaro Nascimento[88], "analogia consiste na utilização, para solucionar determinado caso concreto, de norma jurídica destinada a caso semelhante. Trata-se, portanto, de um processo de migração de normas jurídicas, admissíveis somente quando existir uma autorização nesse sentido, o que é comum no direito do trabalho. Assim, sempre que no ordenamento jurídico não for encontrada uma norma adequada ao fato, aplica-se, analogicamente, outra norma elaborada para situação semelhante (...) Há duas espécies de analogia, a *analogia legis*, a aplicação da lei, e a *analogia juris*, a aplicação do princípio de direito."

Segundo a doutrina, a analogia é o primeiro recurso de que se deve valer o aplicador para solucionar a lacuna da legislação, pois possibilita maior efetividade no caso concreto, e aplicação de uma regra da mesma fonte normativa.

No aspecto, destacam-se as seguintes decisões:

> RECURSO DE REVISTA. DONO DA OBRA. RESPONSABILIDADE SUBSIDIÁRIA. INEXISTÊNCIA. A teor da Orientação Jurisprudencial 191 da SBDI-1, "diante da inexistência de previsão legal específica, o contrato de empreitada de construção civil entre o dono da obra e o empreiteiro não enseja responsabilidade solidária ou subsidiária nas obrigações trabalhistas contraídas pelo empreiteiro, salvo sendo o dono da obra uma empresa construtora ou incorporadora". Quanto à abrangência da orientação, a SBDI-I Plena desta Corte, no julgamento do IRR-190-53.2015.5.03.0090, esclareceu que "a exclusão de responsabilidade solidária ou subsidiária por obrigação trabalhista, a que se refere a Orientação Jurisprudencial nº 191 da SbDI-1 do TST, não se restringe a pessoa física ou micro e pequenas empresas. Compreende igualmente empresas de médio e grande porte e entes públicos". Ademais, constou que, "exceto ente público da Administração direta e

88 Curso de Direito do Trabalho. 29ª ed. São Paulo: Saraiva, 2014, p. 530.

indireta, se houver inadimplemento das obrigações trabalhistas contraídas por empreiteiro que contratar, sem idoneidade econômico-financeira, o dono da obra responderá subsidiariamente por tais obrigações, em face de **aplicação analógica** do art. 455 da CLT e de culpa 'in eligendo'". Contudo, o entendimento contido na tese jurídica nº IV aplica-se exclusivamente aos contratos de empreitada celebrados após 11 de maio de 2017, data do julgamento dos embargos de declaração opostos ao referido Incidente de Recursos Repetitivos. Recurso de revista conhecido e provido (TST RR-11117-27.2017.5.15.0041, 3ª Turma, Relator Ministro Alberto Luiz Bresciani de Fontan Pereira, DEJT 04/09/2020).

a) AGRAVO DE INSTRUMENTO EM RECURSO DE REVISTA INTERPOSTO PELA RECLAMADA. ACÓRDÃO REGIONAL PUBLICADO NA VIGÊNCIA DA LEI Nº 13.015/2014 E DA LEI Nº 13.467/2017. 1. DURAÇÃO DO TRABALHO. HORAS EXTRAS. TRANSCENDÊNCIA NÃO RECONHECIDA. CONHECIMENTO E NÃO PROVIMENTO. I. Quanto ao tema, inviável o processamento do recurso de revista, tendo em vista que a parte Recorrente aponta a existência de contrariedade à Súmula nº 338 do TST, sem indicar expressamente qual item entende ter sido contrariado. Aplica-se, na hipótese, **por analogia**, o entendimento sedimentado na Súmula nº 221, I, do TST. II. Também inviável o processamento do recurso por divergência jurisprudencial, já que os arestos indicados para comprovar o alegado dissenso são inservíveis ao confronto de teses, pois são oriundos do mesmo Tribunal Regional prolator da decisão recorrida, incidindo o óbice da Orientação Jurisprudencial nº 111 da SBDI-1 do TST. III. Nesse sentido, se recurso de revista não pode ser conhecido em razão de ausência de pressuposto de admissibilidade, há de se concluir que a causa não oferece transcendência (exegese dos arts. 896-A da CLT e 247 do RITST). Logo, o apelo não merece trânsito. IV. Agravo de instrumento de que se conhece e a que se nega provimento (...) (TST – ARR-1000508-39.2018.5.02.0026, 4ª Turma, Relator Ministro Alexandre Luiz Ramos, DEJT 04/09/2020).

12.2. Equidade

Ensina *Nélson Nery Júnior*[89]:

89 Código Civil Anotado. São Paulo: RT, 2005, p. 314.

> "Na concepção aristotélica, eqüidade não é o legalmente justo, mas sim a correção da justiça legal. O eqüitativo é o justo."

A equidade é fonte do Direito do Trabalho (art. 8º, da CLT), e também se destina a preencher as lacunas da legislação trabalhista.

A doutrina costuma diferenciar o julgamento *por* equidade e o julgamento *com* equidade.

O julgamento por equidade constitui decisão baseada em critérios de justiça e razoabilidade, isto é, deixando de lado a lei e aplicando-se uma norma criada pelo julgador no caso concreto. Não obstante, o julgamento por equidade somente é possível quando houver autorização legal.

Na solução dos conflitos coletivos do trabalho julgamento por equidade é possível nos dissídios coletivos de natureza econômica (art. 766, da CLT[90]) e na arbitragem que pode ser de direito ou por equidade (Lei n. 9.307/96).

O julgamento *com* equidade não significa desconsiderar a lei, mas interpretá-la de forma justa e razoável, abrandando o seu rigor a fim de que se encaixe ao caso concreto, observando-se a finalidade social da norma.

Como exemplo de julgamento com equidade, encontramos o disposto no art. 852-I, parágrafo único da CLT:

> "O juízo adotará em cada caso a decisão que reputar mais justa e equânime, atendendo aos fins sociais da lei e as exigências do bem comum".

12.3. Aplicação do Direito comum ao Direito do Trabalho

O parágrafo 1º do art. 8º, da CLT, alterado pela Lei 13.467/17 assevera que o Direito Comum é fonte subsidiária do Direito do Trabalho.

A alteração do art. 8º, da CLT provoca mudança na sistemática de aplicação do direito comum, com ênfase ao direito civil, no campo do direito do trabalho. Houve supressão do requisito da compatibilidade como barreira de contenção para aplicação do direito comum a relações trabalhistas, bastando o requisito da omissão.

---

90 Art. 766, da CLT: "Nos dissídios sobre estipulação de salários, serão estabelecidas condições que, assegurando justos salários aos trabalhadores, permitam também justa retribuição às empresas interessadas."

De nossa parte, a alteração não é oportuna, pois o Direito do Trabalho é ramo autônomo da ciência jurídica e tem sua principiologia própria, como eixo central o princípio da proteção ao trabalhador. Já o direito comum, parte do princípio da igualdade de partes que figuram em determinada relação jurídica.

A alteração do parágrafo primeiro do art. 8º, da CLT deve ser compatibilizada com os princípios, regras e singularidades do Direito do Trabalho. Se norma civilista conflitar com a trabalhista, mesmo havendo omissão da CLT, ela não deverá ser aplicável.

Sob outro enfoque, a tendência do Direito do Trabalho no período pós Reforma será de um diálogo maior com o Direito Civil, principalmente com a principiologia contratual (função social dos contratos, equilíbrio contratual, boa-fé objetiva), direitos de personalidade, responsabilidade objetiva em atividades de risco, institutos do abuso de direito e lesão, cláusulas gerais e conceitos legais indeterminados, a fim de equilibrar a relação contratual trabalhista, pois em muitos aspectos a aplicação da regra civilista (que parte da ideia de igualdade de partes) será mais justa ao trabalhador do que a própria CLT (que parte da ideia da proteção ao trabalhador).

13. NORMAS INTERNACIONAIS (CONVENÇÕES DA OIT)

O Direito do Trabalho, por estar atrelado à própria condição humana e estar arraigado na cultura dos povos, sofre impactos de normas internacionais que consagram direitos humanos e regras trabalhistas para proteção do trabalho humano, e melhoria da condição social do trabalhador.

No aspecto, destaca-se o § 2º do art. 5º, da Constituição Federal, "in verbis":

> "Os direitos e garantias expressos nesta Constituição não excluem outros decorrentes do regime e dos princípios por ela adotados, ou dos tratados internacionais em que a República Federativa do Brasil seja parte."

A doutrina costuma denominar o estudo dos normas internacionais que têm incidência no Direito do Trabalho Brasileiro, suas regras e compatibilização com a legislação interna, como um ramo específico denominado *Direito Internacional do Trabalho.*

Como destaca Carlos Roberto Husek[91], a finalidade do Direito Internacional do Trabalho "é a de universalizar os princípios de justiça social, bem como, se possível, buscar a uniformização das normas jurídicas dos diversos Estados, quanto à matéria do trabalho, desenvolvendo a cooperação internacional. O objetivo básico é a condição da melhoria da vida do trabalhador, não importa a raça, sexo, idade, cultura, nível social, espécie profissional, nacionalidade, religião, etc."

No aspecto trabalhista, são relevantes as discussões sobre a aplicabilidade dos normas editadas pela OIT (Organização Internacional do Trabalho), que fora criada em 1919, pelo Tratado de Versalhes, ao fim da Primeira Guerra Mundial, tendo por objetivo estabelecer uma paz mundial duradora, por meio de regras que assegurem a justiça social.

Tratados Internacionais são pactos formais de conteúdo normativo feitos entre sujeitos de Direito Internacional, basicamente entre dois ou mais Estados ou organismos internacionais.

Convenções da OIT são espécies de Tratados Internacionais sobre direitos sociais trabalhistas. Como destaca Maurício Godinho Delgado[92], "constituem-se em documentos obrigacionais, normativos e programáticos aprovados por entidade internacional, a que aderem voluntariamente seus membros. Não obstante ser esse o uso corrente da expressão, na verdade as convenções podem ser também subscritas apenas por Estados, sem participação de entes internacionais. Tendencialmente, contudo, a Organização das Nações Unidas (ONU) e a Organização Internacional do Trabalho (OIT) têm atribuído o nome de convenção aos tratados multilaterais adotados por suas assembleias e conferências."

O Supremo Tribunal Federal, tradicionalmente, entendia que as normas internacionais, antes da EC 45/04, ingressavam no ordenamento jurídico interno brasileiro com *status* de Lei Ordinária. No entanto, no julgamento do HC-87585, em 2008, houve mudança de entendimento. Passou a entender a suprema corte brasileira que as normas internacionais (tratados e convenções) sobre direitos humanos ratificadas pelo estado brasileiro, tem *status* de *supralegalidade*, estando abaixo da Constituição Federal, mas acima da lei ordinária.

91 Curso Básico de Direito Internacional Público e Privado do Trabalho. 2. Ed. São Paulo: LTr, 2011, p. 58-59.

92 Curso de Direito do Trabalho. 19ª ed. São Paulo: LTr, 2020, p. 185.

Nesse sentido, o Informativo n. 531 do Supremo Tribunal Federal[93]:

> "Prisão Civil e Depositário Infiel – 3 Em conclusão de julgamento, o Tribunal concedeu *habeas corpus* em que se questionava a legitimidade da ordem de prisão, por 60 dias, decretada em desfavor do paciente que, intimado a entregar o bem do qual depositário, não adimplira a obrigação contratual – v. Informativos 471, 477 e 498. Entendeu-se que a circunstância de o Brasil haver subscrito o Pacto de São José da Costa Rica, que restringe a prisão civil por dívida ao descumprimento inescusável de prestação alimentícia (art. 7º, item 7), conduz à inexistência de balizas visando à eficácia do que previsto no art. 5º, LXVII, da CF ("não haverá prisão civil por dívida, salvo a do responsável pelo inadimplemento voluntário e inescusável de obrigação alimentícia e a do depositário infiel;"). Concluiu-se, assim, que, com a introdução do aludido Pacto no ordenamento jurídico nacional, restaram derrogadas as normas estritamente legais definidoras da custódia do depositário infiel. Prevaleceu, no julgamento, por fim, a tese do *status* de supralegalidade da referida Convenção, inicialmente defendida pelo Min. Gilmar Mendes no julgamento do RE n. 466.343/SP, abaixo relatado. Vencidos, no ponto, os Ministros Celso de Mello, Cezar Peluso, Ellen Gracie e Eros Grau, que a ela davam a qualificação constitucional, perfilhando o entendimento expendido pelo primeiro no voto que proferira nesse recurso. O Min. Marco Aurélio, relativamente a essa questão, se absteve de pronunciamento." (HC 87585/TO, rel. Min. Marco Aurélio, 3.12.2008. (HC-87585).

Como defende *Gilmar Ferreira Mendes*[94], "diante do inequívoco caráter especial dos tratados internacionais que cuidam da proteção dos direitos humanos, não é difícil entender que a sua internalização no ordenamento jurídico, por meio do procedimento de ratificação previsto na Constituição, tem o condão de paralisar a eficácia jurídica de toda e qualquer disciplina normativa infraconstitucional com ela conflitante. Nesse sentido, é possível concluir que, diante da supremacia da Constituição Federal sobre os atos normativos internacionais, a previsão constitucional da prisão civil do depositário infiel (art. 5º, LXVII) não foi revogada pela adesão do Brasil ao Pacto Internacional dos Direitos Civil e Políticos (art. 11) e à Convenção

93 Disponível em: <http://www.stf.jus.br>. Acesso em: 6 jul. 2009.

94 *Curso de Direito Constitucional*. 10. ed. São Paulo: Saraiva. 2015, p. 628-629.

Americana sobre Direitos Humanos – Pacto de San José da Costa Rica (art. 7º, 7º), mas deixou de ter aplicabilidade diante do efeito paralisante desses tratados em relação à legislação infraconstitucional que disciplina a matéria, incluídos o art. 1.287 do Código Civil de 1916 e o Decreto-lei n. 911, de 1º.10.1969. Tendo em vista o caráter supralegal desses diplomas normativos internacionais, a legislação infraconstitucional posterior que com eles seja conflitante também tem sua eficácia paralisada (...) Enfim, desde a adesão do Brasil, no ano de 1992, ao Pacto Internacional dos Direitos Civis e Políticos (art. 11) e à Convenção Americana sobre Direitos Humanos – Pacto de San José da Costa Rica (art. 7º, 7º), não há base legal para aplicação da parte final do art. 5º, LXVII, da Constituição, ou seja, para a prisão civil do depositário infiel."

A partir da vigência da EC 45/04, as normas internacionais sobre direitos humanos aprovadas pelo Brasil, com quórum qualificado, adquirem *status* de emenda constitucional. Com efeito, dispõe o parágrafo 3º do art. 5º, da Constituição Federal:

> "Os tratados e convenções internacionais sobre direitos humanos que forem aprovados, em cada Casa do Congresso Nacional, em dois turnos, por três quintos dos votos dos respectivos membros, serão equivalentes às emendas constitucionais."

A doutrina trabalhista tem entendido, corretamente, que as Convenções da OIT têm *status* de normas sobre direitos humanos, pois asseguram garantias para implementação de justiça social e melhoria da condição humana do trabalhador. Portanto, uma vez ratificadas pelo Brasil, as Convenções da OIT podem ter o *status* de Emenda Constitucional (se aprovadas com quórum qualificado) ou de *Supralegalidade* (sem quórum qualificado).

Como destaca Maurício Godinho Delgado[95], "é evidente que a alteração interpretativa tem de ser integrada a um quadro de avanço hermenêutico e cultura, e não de retrocesso. Desse modo, havendo aparente conflito entre normas internacionais ratificas e o Direito Interno, deve prevalecer a norma mais favorável à pessoa humana a quem se destina a tutela jurídica. A alteração interpretativa da Constituição não pode ser feita para propiciar retrocessos sociais e culturais – mas para garantir avanços

95 Curso de Direito do Trabalho. 19ª ed. São Paulo: LTr, 2020, p. 186.

civilizatórios em benefício da pessoa humana. Nesta linha, inclusive, há o princípio da norma mais favorável e o princípio da vedação do retrocesso, ambos inerentes aos Direitos Humanos, em suas múltiplas dimensões. O mesmo se aplica a normas de tratados e convenções internacionais sobre direitos individuais e sociais trabalhista – que têm óbvia natureza de Direitos Humanos. Dessa maneira, em situação de aparentes conflito entre preceitos internacionais ratificados (Convenções da OIT, por exemplo) e preceitos legais internos, prevalece o princípio da norma mais favorável ao trabalhador, quer no que tange ao critério de solução do conflito normativo, quer no que diz respeito ao resultado interpretativo alcançado."

Diante das alterações da legislação trabalhista, a exemplo da Reforma Trabalhista de 2017 (Lei 13.467/17) que reduziu algumas garantias trabalhistas e implementou flexibilização mais acentuada ao Direito do Trabalho Brasileiro, muitos intérpretes têm se valido das Convenções Internacionais da OIT ratificadas pelo Brasil para defender a manutenção das garantias trabalhistas já conquistadas. Esse procedimento de confronto da Lei interna com a Convenção da OIT é denominado pela doutrina como *Controle de Convencionalidade das leis*. Neste caso, em se tratando de lei Ordinária, prevalecerá o disposto na Convenção, caso ela seja mais favorável.

Como sustenta Platon Teixeira de Azevedo Neto[96], "em sentido amplo, o controle da convencionalidade consiste na verificação da conformidade de ato administrativo, legislativo ou judicial com as disposições de tratado internacional de direitos humanos. Compreende tanto a atividade de tribunal internacional quanto a de juízes internos." Em sentido escrito, prossegue o citado autor:[97] "o controle jurisdicional de convencionalidade das leis significa a análise de validade de uma lei ordinária em cotejo com tratado internacional de direitos humanos vigorante no Estado."

Quando a lei ordinária interna for incompatível com o tratado internacional, ou Convenção da OIT, ela não será aplicada, aplicando-se a norma internacional. A chamada declaração de "inconvencionalidade" da Lei, tem efeitos desde a vigência da norma, ou seja, "ex tunc".

No aspecto, destacam-se os Enunciados 1 e 48 da II Jornada de Direito Material e Processual do Trabalho da Anamatra, "in verbis":

---

96 Controle de Convencionalidade em Matéria Trabalhista. Brasília. Editora Venturoli, 2021, p. 31.

97 Op. cit. p. 32.

Enunciado 1:

"CONTROLE DE CONVENCIONALIDADE DA REFORMA TRABALHISTA, AUSÊNCIA DE CONSULTA TRIPARTITE E DE CONSULTA PRÉVIA ÀS ORGANIZAÇÕES SINDICAIS I. Reforma Trabalhista. Lei 13.467/2017. Incompatibilidade vertical com as convenções da OIT. Ausência de consulta tripartite. Ofensa à convenção 144 da OIT. II. Ausência de consulta prévia às organizações de trabalhadores. Ofensa à Convenção 154 da OIT, bem como aos verbetes 1075, 1081 e 1082 do Comitê de Liberdade Sindical do Conselho de Administração da OIT."

Enunciado 48:

"NEGOCIAÇÃO *IN PEJUS* E INCONVENCIONALIDADE DO ART. 611-A DA CLT Negociação *in pejus*. Inconvencionalidade. Efeitos paralisantes. A comissão de Expertos em Aplicação de Convênios e Recomendações da OIT (CEACR), no contexto de sua observação de 2017 sobre a aplicação, pelo Brasil, da Convenção 98 da OIT, reiterou que o objetivo geral das Convenções 98, 151 e 154 é a promoção da negociação coletiva para encontrar acordo sobre termos e condições de trabalho que sejam mais favoráveis que os previstos na legislação. Segundo a CEACR, um dispositivo legal que institui a derrogabilidade geral da legislação laboral por meio da negociação coletiva é contrário ao objetivo da promoção da negociação coletiva livre e voluntária prevista em tais convenções. O artigo 611-A da CLT "reformada" não é verticalmente compatível com a convenção 98 da OIT e remanesce formalmente inconvencional, circunstância que impede a sua aplicação, em virtude da eficácia paralisante irradiada pelas convenções."

14. DAS REGRAS DE INTERPRETAÇÃO DO DIREITO DO TRABALHO

A lei, como se sabe, é um texto, que ganha vida e tem a potencialidade de virar norma a reger os casos concretos, após a interpretação.

A interpretação da lei e do direito é um processo complexo, que envolve a análise do texto legal, suas palavras, a busca do seu sentido, sua finalidade, a história de sua criação, o confronto com outras regras do mesmo instituto, sua harmonização com o texto constitucional e com os princípios que regem o Direito do Trabalho.

De outro lado, a aplicação da lei ao caso concreto, além da interpretação, envolve a análise das peculiaridades e singularidades do caso concreto.

Ensina *Carlos Maximiliano*[98]:

> "Interpretar é explicar, esclarecer; dar o significado de vocábulo, atitude ou gesto; reproduzir por outras palavras um pensamento exteriorizado; mostrar o sentido verdadeiro de uma expressão; extrair, de frase, sentença ou norma, tudo o que na mesma se contém."

Conforme menciona *Tercio Sampaio Ferraz Júnior*[99], a norma jurídica trata-se de uma proposição que diz como deve ser o comportamento, isto é, uma proposição de dever-ser. Publicada a norma, ela passa a ter vida própria, conforme o sistema de normas no qual está inserida.

Desse modo, a lei, uma vez publicada e inserida no sistema de normas, adquire vida própria, desvinculando-se do seu criador e dos motivos que ensejaram sua edição. Por isso, deve ser livremente interpretada em compasso com as demais normas do sistema e do momento social em que ela se insere e, principalmente, confrontada com os princípios constitucionais do processo. Atualmente, doutrina e jurisprudência admitem ampla liberdade do juiz na interpretação das normas processuais como decorrência do princípio do livre convencimento motivado e da imparcialidade.

Toda lei deve ser interpretada, não se aplicando mais atualmente o princípio *in claris cessat interpretatio*. Além disso, a lei é um texto que somente adquiri o *status* de norma, após a interpretação.

A interpretação da legislação trabalhista deve estar em compasso com os princípios constitucionais que regem o trabalho humano. Desse modo, toda regra que rege o Direito do Trabalho deve ser lida com os olhos da Constituição Federal, buscando sempre a máxima eficiência das regras e princípios constitucionais.

Há certo consenso na doutrina de que os principais métodos de interpretação da legislação processual trabalhista são: literal ou gramatical, histórico, teleológico, sistemático, restritivo e extensivo.

98 Hermenêutica e aplicação do direito. 19. ed. Rio Janeiro: Forense, 2003. p. 07.

99 Introdução ao estudo do direito. 5. ed. São Paulo: Atlas, 2007. p. 100.

a) literal ou gramatical: leva em consideração o significado das palavras para se chegar à interpretação da lei. Como destaca *Tercio Sampaio Ferraz Júnior*[100], quando se enfrenta uma questão léxica, a doutrina costuma falar em interpretação gramatical. Parte-se do pressuposto de que a ordem das palavras e o modo como elas estão conectadas são importantes para obter-se o correto significado da norma.

O método gramatical é o primeiro recurso a ser usado na interpretação, mas não deve ser o único, devendo sempre o Juiz do Trabalho utilizar os demais métodos de interpretação para chegar ao real significado da norma.

b) histórico: o método histórico investiga os motivos sociológicos que deram origem à edição de determinada norma, buscando as principais discussões que se travaram nas assembleias legislativas para a edição de determinada lei processual.

c) teleológico: este método busca investigar a finalidade social da norma, ou seja: o seu objetivo e fim social.

Nessa direção, é o art. 5º da LINDB, que determina que o juiz ao aplicar a lei atente para os fins sociais a que ela se dirige e às exigências do bem comum.

d) sistemático: o método sistemático constitui forma de interpretação da lei em cotejo com o sistema de normas no qual ela se insere, cotejando-a com as demais regras e princípios que disciplinam determinado instituto processual.

Ensina *Carlos Maximiliano*[101]: "consiste o Processo Sistemático em comparar o dispositivo sujeito a exegese, com outros do mesmo repositório ou de leis diversas, mas referentes ao mesmo objeto. Por umas normas se conhece o espírito de outras. Procura-se conciliar as partes antecedentes com as consequentes, e do exame das regras em conjunto deduzir o sentido de cada uma."

---

100 *Introdução ao estudo do direito*. 5. ed. São Paulo: Atlas, 2007. p. 289.

101 *Op. cit.*, p. 104.

O método sistemático parte da ideia de ser o ordenamento jurídico processual um sistema harmônico de normas. Como destaca *Tercio Sampaio Ferraz Júnior*[102]:

> "Quando se enfrentam as questões de compatibilidade num todo estrutural, falemos em interpretação sistemática (*stricto sensu*). A pressuposição hermenêutica é a da unidade do sistema jurídico do ordenamento."

e) restritivo: neste método, se restringe o alcance de determinada lei processual, para que a regra somente incida nas hipóteses taxativas que disciplina.

Como destaca *Carlos Maximiliano*[103], a exegese restrita atinge menos do que a letra, à primeira vista, traduz.

No Direito do Trabalho, as normas que implicam restrições de direito são interpretadas restritivamente, como a renúncia e transação, bem como as regras proibitivas.

f) extensivo: por este método, se dilata o alcance de determinada regra processual para disciplinar hipóteses não descritas expressamente na lei.

Como adverte *Carlos Maximiliano*[104], a exegese extensiva objetiva extrair do texto mais do que as palavras parecem indicar.

15. REGRAS DE INTERPRETAÇÃO CONSTITUCIONAL

A moderna doutrina, diante da Constitucionalização do Direito e também do Direito do Trabalho, tem dado destaque às regras de interpretação do texto constitucional, que constituem verdadeiros princípios, tendo destaque os seguintes: (a) princípio da unidade; (b) princípio da interpretação conforme a Constituição; (c) princípio da máxima efetividade;

102 *Op. cit.*, p. 293.
103 *Op. cit.*, p. 163.
104 *Op. cit.*, p. 163.

(d) princípio da força normativa da Constituição; e (e) princípio da proporcionalidade.

O princípio da unidade parte do pressuposto de que a Constituição constitui um sistema harmônico de normas integradas, no qual uma norma, embora conserve sua autonomia, encontra fundamento em outra norma constitucional. Desse modo, a interpretação deve procurar observar a harmonia do sistema constitucional, interpretando as normas constitucionais em conjunto, de forma sistemática.

Com relação ao princípio da interpretação conforme a Constituição Federal, este determina que a interpretação da legislação processual do trabalho deve estar em compasso com os princípios constitucionais do processo. Desse modo, toda norma que rege o processo do trabalho deve ser lida com os olhos da Constituição Federal, buscando sempre a máxima eficiência das normas e princípios constitucionais do trabalho.

O princípio da máxima efetividade ou eficiência determina que a interpretação procure o sentido da norma que propicie maior efetividade do texto constitucional.

J. J. Gomes Canotilho afirma: "este princípio, também designado por princípio da eficiência ou princípio da interpretação efectiva, pode ser formulado da seguinte maneira: a uma norma constitucional deve ser atribuído o sentido que maior eficácia lhe dê. É um princípio operativo em relação a todas e quaisquer normas constitucionais, e embora a sua origem esteja ligada à tese da actualidade das normas programáticas (Thoma), é hoje, sobretudo, invocado no âmbito dos direitos fundamentais (no caso de dúvidas deve preferir-se a interpretação que reconheça maior eficácia aos direitos fundamentais)."[105]

Com relação ao princípio da força normativa, este propicia a atualização do texto constitucional e da legislação infraconstitucional às necessidades atuais da sociedade por meio de interpretação, garantindo ao texto constitucional efetividade e permanência. Por isso, é possível dar outro sentido ao texto constitucional sem alteração formal de seu texto (alguns autores denominam esta hipótese de mutação constitucional).

Como nos ensina *Willis Santiago Guerra Filho*, "chama a atenção para a historicidade das estruturas sociais, às quais se reporta a Constituição, donde a necessidade permanente de se proceder a sua atualização

105 CANOTILHO, J. J. Gomes. *Direito constitucional e teoria da Constituição*, p. 1.224.

normativa, garantindo, assim, sua eficácia e permanência. Esse princípio nos alerta para a circunstância de que a evolução social determina sempre, se não uma modificação do texto constitucional, pelo menos alterações no modo de compreendê-lo, bem como às normas infraconstitucionais."[106]

O princípio da proporcionalidade, também chamado de regra de ponderação, se destina a solucionar o conflito entre princípios constitucionais, em um caso concreto, aplicando-se um princípio ao invés do outro que está em conflito, sem descartar a validade e eficácia do princípio não aplicado.

Ao aplicar o princípio da proporcionalidade, a doutrina tem fixado algumas regras ou subprincípios da proporcionalidade, quais sejam: necessidade, adequação e proporcionalidade em sentido estrito.

Desse modo, no conflito de princípios no caso concreto, deve o juiz avaliar, primeiramente, se o sacrifício de um princípio em prol do outro é necessário, diante das circunstâncias do caso concreto. Como bem adverte *Virgílio Afonso da Silva*, "quando se fala em necessidade ou em exigibilidade, nos termos da regra da proporcionalidade, não se quer fazer uma situação de necessidade, de urgência ou de que algo precisa necessariamente ser feito. [...] Assim, um ato estatal que limita direito fundamental é somente necessário caso a realização do objetivo perseguido não possa ser promovida, com a mesma intensidade, por meio de outro ato que limite, em menor medida, o direito fundamental atingido."[107]

Posteriormente, deve ser avaliada a adequação da medida escolhida; se a medida escolhida é adequada para a efetividade do direito no caso concreto. Como destaca *Virgílio Afonso da Silva*, "quando uma medida estatal implica intervenção no âmbito de proteção de um direito fundamental, necessariamente essa medida deve ter como objetivo um fim constitucionalmente legítimo, que, em geral, é a realização de outro direito fundamental."[108]

Por fim, deve-se realizar o juízo de ponderação em sentido estrito, aplicando o princípio mais vantajoso e menos traumático, escolhendo o princípio que pode ser sacrificado em prol de outro aplicado no caso concreto e devendo considerar sempre a proteção efetiva à dignidade da pessoa humana.

---

106 GUERRA FILHO, Willis Santiago. Ob. cit., p. 79.

107 SILVA, Virgílio Afonso da. *Direitos fundamentais:* conteúdo essencial, restrições e eficácia. São Paulo: Malheiros, 2009. p. 170-171.

108 *Ibidem*, p. 169-170.

16. LIMITAÇÃO DA INTERPRETAÇÃO DAS NORMAS COLETIVAS PELOS TRIBUNAIS TRABALHISTAS (LEI 13.467/17)

Dispõe o artigo 8º, § 2º, da CLT:

> "Súmulas e outros enunciados de jurisprudência editados pelo Tribunal Superior do Trabalho e pelos Tribunais Regionais do Trabalho não poderão restringir direitos legalmente previstos nem criar obrigações que não estejam previstas em lei."

O § 2º, do art. 8º, da CLT, com a redação dada pela Lei 13.467/17 visou a restringir o alcance da jurisprudência trabalhista, vedando que o Judiciário, por meio de interpretação, aplicação ou integração do direito, restrinja ou crie direito não previsto em lei. Trata-se de regra que não encontra similar em outros ramos do direito ou do Judiciário.

O Código de Processo Civil de 2015 contém dispositivo muito melhor que o da CLT previsto no art. 926, que assim dispõe:

> "Os tribunais devem uniformizar sua jurisprudência e mantê-la estável, íntegra e coerente. § 1º Na forma estabelecida e segundo os pressupostos fixados no regimento interno, os tribunais editarão enunciados de súmula correspondentes a sua jurisprudência dominante. § 2º Ao editar enunciados de súmula, os tribunais devem ater-se às circunstâncias fáticas dos precedentes que motivaram sua criação."

De nossa parte, o § 2º do art. 8º, da CLT é inconstitucional, por impedir a livre interpretação e aplicação do direito pelos Tribunais Trabalhistas, inibir a eficácia dos direitos fundamentais, bem como dos princípios constitucionais. Além disso, impede a evolução da jurisprudência e restringe o acesso à justiça (art. 5º, XXXV, da CF).

Em épocas marcadas por grandes codificações, seguindo o sistema romano-germânico de legislação escrita e rígida, o juiz, praticamente, não podia interpretar a lei, somente podendo aplicá-la, subsumindo os fatos ao prévio catálogo de lei. O juiz era apenas a voz e a boca da lei (*bouche de la loi*). Tornou-se clássica a frase *in claris cessat interpretatio* do Código Civil francês.

Na visão de Montesquieu, os juízes eram seres inanimados, que não podiam moderar nem a sua força (a Lei) nem o seu rigor. O juiz nada criaria, apenas aplicaria o direito (já previamente elaborado pelo legislador) ao caso concreto. O catálogo de todas as soluções possíveis já preexistiria ao caso litigioso. Ao juiz nada mais se pediria do que confrontar o fato com tal catálogo, até localizar a regra legal que resolveria o problema. Sua atividade mental seria apenas silogística[109].

Atualmente, o sistema constitucional brasileiro, fruto do Estado Social, reconhece a liberdade de convicção do magistrado como sendo não só uma garantia da cidadania, mas também um pilar de sustentação do regime democrático de tripartição de poderes.

Como bem adverte José Lúcio Munhoz[110], "em que pese não caber ao Judiciário criar obrigações não previstas em lei nem restringir direitos já legalmente estabelecidos, o juiz não é impedido de interpretar o alcance da norma e verificar sua compatibilidade com o sistema jurídico na qual ela é inserida, sendo isso não apenas uma opção, mas, em verdade, uma obrigação de qualquer magistrado."

A doutrina tem destacado importante papel do Judiciário Trabalhista na concretização e efetivação dos direitos fundamentais do trabalhador, não sendo este apenas a chamada "boca da lei", mas livre para realizar interpretações construtivas e evolutivas do direito, a partir dos princípios constitucionais, com a finalidade de encontrar equilíbrio entre a livre-iniciativa e a dignidade da pessoa humana do trabalhador.

17. APLICAÇÃO DA LEI TRABALHISTA NO TEMPO

O contrato de trabalho, como regra, é regido pelas Leis vigentes à época de sua pactuação. No entanto, como é sabido, o contrato de trabalho é um pacto de trato sucessivo, que perdura no tempo e está sujeito a alterações.

As normas que estabelecem direitos superiores aos vigentes quando da pactuação do contato são aplicáveis de imediato aos contratos em curso. Já a normas que restringem direitos somente são aplicáveis aos contratos

109 FACCHINI NETO, Eugênio. Reflexões histórico-evolutivas sobre a constitucionalização do direito privado. In: SARLET, Ingo Wolfgang (Coord.). *Constituição, Direitos Fundamentais e Direito Privado*. Rio de Janeiro: Renovar, 2004. p. 23.

110 In: Reforma Trabalhista Comentada por Juízes do Trabalho: Artigo por Artigo. São Paulo: LTr, 2018, p. 46-47.

firmados após sua vigência. Devem ser aplicados, aqui, dois princípios fundamentais:

a) *irredutibilidade salarial;*
b) *condição mais benéfica.*

Debates acirrados surgiram por ocasião da vigência da Lei 13.467/17 (Reforma Trabalhista) que suprimiu alguns direitos trabalhistas e alterou "in pejus" dispositivos da CLT. A novel legislação se aplica aos contratos vigentes?

Duas correntes de formaram a respeito, quais sejam:

a) se aplicam, pois o contrato de trabalho é de pacto sucessivo, sendo previsíveis eventuais alterações, e se a garantia trabalhista deixou de existir ela alcança os contratos em curso. Nesse sentido decidiu o STF, "in verbis":

> CONSTITUCIONAL E ECONÔMICO. SISTEMA MONETÁRIO. PLANO REAL. NORMAS DE TRANSPOSIÇÃO DAS OBRIGAÇÕES MONETÁRIAS ANTERIORES. INCIDÊNCIA IMEDIATA, INCLUSIVE SOBRE CONTRATOS EM CURSO DE EXECUÇÃO. ART. 21 DA MP 542/94. INEXISTÊNCIA DE DIREITO ADQUIRIDO À MANUTENÇÃO DOS TERMOS ORIGINAIS DAS CLÁUSULAS DE CORREÇÃO MONETÁRIA. 1. A aplicação da cláusula constitucional que assegura, em face da lei nova, a preservação do direito adquirido e do ato jurídico perfeito (CF, art. 5º, XXXVI) impõe distinguir duas diferentes espécies de situações jurídicas: (a) as situações jurídicas individuais, que são formadas por ato de vontade (especialmente os contratos), cuja celebração, quando legítima, já lhes outorga a condição de ato jurídico perfeito, inibindo, desde então, a incidência de modificações legislativas supervenientes; e (b) as situações jurídicas institucionais ou estatutárias, que são formadas segundo normas gerais e abstratas, de natureza cogente, em cujo âmbito os direitos somente podem ser considerados adquiridos quando inteiramente formado o suporte fático previsto na lei como necessário à sua incidência. Nessas situações, as normas supervenientes, embora não comportem aplicação retroativa, podem ter aplicação imediata. 2. Segundo reiterada jurisprudência do Supremo Tribunal Federal, as normas que tratam do regime monetário – inclusive, portanto, as de correção monetária –, têm natureza institucional e estatutária,

insuscetíveis de disposição por ato de vontade, razão pela qual sua incidência é imediata, alcançando as situações jurídicas em curso de formação ou de execução. É irrelevante, para esse efeito, que a cláusula estatutária esteja reproduzida em ato negocial (contrato), eis que essa não é circunstância juridicamente apta a modificar a sua natureza. 3. As disposições do art. 21 da Lei 9.069/95, resultante da conversão da MP 542/94, formam um dos mais importantes conjuntos de preceitos normativos do Plano REAL, um dos seus pilares essenciais, justamente o que fixa os critérios para a transposição das obrigações monetárias, inclusive contratuais, do antigo para o novo sistema monetário. São, portanto, preceitos de ordem pública e seu conteúdo, por não ser suscetível de disposição por atos de vontade, têm natureza estatutária, vinculando de forma necessariamente semelhante a todos os destinatários. Dada essa natureza institucional (estatutária), não há inconstitucionalidade na sua aplicação imediata (que não se confunde com aplicação retroativa) para disciplinar as cláusulas de correção monetária de contratos em curso. 4. Recurso extraordinário a que se nega provimento. (STF RE 211304 Tribunal Pleno. Rel. Min. TEORI ZAVASCKI **DJE:** 03/08/2015).

b) a nova lei não se aplica aos contratos em curso, pois deve-se respeitar os princípios protetor, sob a vertente da condição mais benéfica e o princípio constitucional da irredutibilidade salarial.

De nossa parte, as disposições da Lei 13.467/17 (Reforma Trabalhista) que retiraram direitos trabalhistas somente se aplicam aos novos contratos e não aos contratos em curso, aplicando-se os princípios protetor, sob a modalidade da condição mais benéfica, irredutibilidade salarial, e o vetor constitucional central do Direito do Trabalho, que é o princípio da melhoria da condição social do trabalhador.

Nesse sentido, decidiu o Tribunal Superior do Trabalho, cujas ementas seguem abaixo:

AGRAVO DE INSTRUMENTO. RECURSO DE REVISTA INTERPOSTO SOB A ÉGIDE DAS LEIS Nos 13.015/2014, 13.105/2015 E 13.467/2017. 1. PRELIMINAR DE NULIDADE. CERCEAMENTO DO DIREITO DE DEFESA. UTILIZAÇÃO DE PROVA EMPRESTADA. ANUÊNCIA DA PARTE CONTRÁRIA. DESNECESSIDADE. Não há óbice ao acolhimento da prova pericial como prova emprestada, sem anuência do litigante contrário, uma vez que validamente produzida no processo de origem, com a participação do interessado, além de ser submetida ao contraditório no processo para o qual migra. O juiz tem ampla liberdade na direção do processo, devendo velar pelo andamento rápido das causas, nos termos do art. 765 da CLT, e, ainda, conforme o art. 370 do CPC, indeferir as diligências inúteis ou meramente protelatórias. 2. INTERVALO INTRAJORNADA. CONCESSÃO PARCIAL. PAGAMENTO INTEGRAL DO PERÍODO. NATUREZA JURÍDICA. DIREITO INTERTEMPORAL. 2.1. Segundo a máxima latina, "tempus regit actum", os atos jurídicos são regidos pela lei da época em que ocorrem. Quanto ao tema, os arts. 5º, XXXVI, da Constituição Federal e 6º da LINDB consagram o princípio da retroatividade restrita das Leis, recorrendo à teoria subjetiva de Gabba, quanto ao direito adquirido, e à teoria objetiva de Roubier, quanto à incidência imediata da lei nova sobre os fatos pendentes. 2.2. Para que a Lei retroaja, no direito brasileiro, há de haver disposição expressa nesse sentido. Na hipótese, a Lei nº 13.467/2017 (Reforma Trabalhista) institui, apenas, a sua entrada "em vigor após decorridos cento e vinte dias de sua publicação oficial" (art. 6º). 2.3. Partindo-se dessas premissas, revela-se improsperável a pretensão da recorrente quanto à aplicabilidade imediata das regras de direito material previstas na Lei nº 13.467/2017 (Reforma Trabalhista) sobre os contratos já extintos à época do início da sua vigência. 2.4. Nessa esteira, estando a decisão em conformidade com a Súmula 437, I e III, do TST, não merece processamento o apelo (Súmula 333/TST). Agravo de instrumento conhecido e desprovido" (AIRR-12127-49.2016.5.18.0012, 3ª Turma, Relator Ministro Alberto Luiz Bresciani de Fontan Pereira, DEJT 22/02/2019). PRÊMIO-PRODUÇÃO. NATUREZA JURÍDICA. DIREITO MATERIAL. CONTRATOS CELEBRADOS EM MOMENTO ANTERIOR AO ADVENTO DA LEI 13.467/2017. DIREITO INTERTEMPORAL. Cinge-se a controvérsia acerca da eficácia da lei no tempo e a aplicabilidade ou não da lei nova – na presente hipótese, a Lei 13.467/2017 – aos contratos de trabalho em curso no momento de sua entrada em vigor. No plano do Direito Material do Trabalho, desponta dúvida com relação aos contratos já vigorantes na data da vigência da nova lei, ou seja, contratos precedentes a 11 de novembro de 2017. De inequívoca complexidade, o exame do tema em exame perpassa necessariamente pelas noções de segurança jurídica, direito intertemporal e ato jurídico perfeito. No ordenamento jurídico brasileiro, a regra de irretroatividade da lei – à exceção da Constituição Federal de 1937 – possui status constitucional. A Constituição de 1988, no art. 5º, inciso XXXVI, dispõe que "a lei não prejudicará o direito adquirido, o ato jurídico perfeito e a coisa julgada". No âmbito infraconstitucional, os limites de bloqueio à retroatividade e eficácia imediata da lei são tratados no art. 6º da Lei de Introdução às Normas do Direito Brasileiro, dispondo o caput do citado dispositivo que: "A Lei em vigor terá efeito imediato e geral, respeitados o ato jurídico perfeito, o direito adquirido e a coisa julgada". A solução do conflito das leis no tempo, em especial a aplicação da lei nova às relações jurídicas nascidas sob a lei antiga, mas ainda em curso, envolve, nas palavras de Caio Mário da Silva Pereira, tormentoso problema, entre "a lei do progresso social" e o "princípio da segurança e da estabilidade social, exigindo o respeito do legislador pelas relações jurídicas validamente criadas". E, segundo o festejado autor, "aí está o conflito: permitir, sem restrições, que estas se desenvolvam em toda plenitude, sem serem molestadas pela lei nova, é negar o sentido de perfeição que as exigências sociais, traduzidas no novo diploma, pretendem imprimir ao ordenamento jurídico; mas aceitar também que a lei atual faça tábula rasa da lei anterior e de todas as suas influências, como se a vida de todo o direito e a existência de todas as relações sociais tivessem começo no dia em que se iniciou a vigência da lei modificadora, é ofender a própria estabilidade da vida civil e instituir o regime da mais franca insegurança, enunciando a instabilidade social como norma legislativa". Nessa ordem de ideias, Caio Mário da Silva Pereira, no campo dos contratos, citando Henri de Page, ainda, leciona que: "Os contratos nascidos sob o império da lei antiga permanecem a ela submetidos, mesmo quando os seus efeitos se desenvolvem sob o domínio da lei nova. O que a inspira é a necessidade da segurança em matéria contratual. No conflito dos dois interesses, o do progresso, que comanda a aplicação imediata da lei nova, e o da estabilidade do contrato, que conserva aplicável a lei antiga, tanto no que concerne às condições de formação, de validade e de prova, quanto no que alude aos efeitos dos contratos celebrados na vigência da lei anterior, preleva este sobre aquele". Importante também destacar que Paul Roubier, em amplo estudo de direito intertemporal, exceptua os contratos em curso dos efeitos imediatos da lei nova. Admitindo o citado jurista a retroatividade da lei nova apenas quando expressamente prevista pelo legislador. Circunstância que não ocorre na hipótese sob exame. Seguindo a diretriz exposta destacam-se julgados do STF e STJ. Assente-se que a jurisprudência do TST, ao enfrentar, há poucos anos, situação parecida – redução da base de cálculo do adicional de periculosidade do empregado eletricitário, em decorrência do advento da então nova Lei nº 12.740, de 08.12.2012 –, sufragou a vertente interpretativa de exclusão dos contratos em curso dos efeitos imediatos da lei nova, ao aprovar alteração em sua Súmula 191 no sentido de afirmar que a "alteração da base de cálculo do adicional de periculosidade do eletricitário promovida pela Lei n. 12.740/2012, atinge somente contrato de trabalho firmado a partir de sua vigência , de modo que, nesse caso, o cálculo será realizado exclusivamente sobre o salário básico, conforme determina o § 1º do art. 193 da CLT" (Súmula 191, inciso III; grifos acrescidos). Com efeito, a irretroatividade da lei nova aos contratos de trabalho já vigorantes na data de sua vigência ganha maior relevo, diante dos princípios constitucionais da vedação do retrocesso social (art. 5º, § 2º, CF), da progressividade social (art. 7º, caput, CF) e da irredutibilidade salarial (art. 7º, VI, CF). Nessa perspectiva, em relação às partes integrantes de contrato de trabalho em curso no momento da entrada em vigor da Lei 13.467/2017, ou seja, firmados sob a égide da lei anterior, a prevalência das regras legais vigentes à época da contratação e norteadoras das cláusulas contratuais que as vinculam (tempus regit actum e pacta sunt servanda) imprimem a certeza dos negócios jurídicos, a estabilidade aos direitos subjetivos e aos deveres, bem como a previsibilidade do resultado das condutas das partes contratuais – características essas inerentes à segurança jurídica, conforme a conceituação apresentada por José Afonso da Silva: "Nos termos da Constituição a segurança jurídica pode ser entendida num sentido amplo e num sentido estrito. No primeiro, ela assume o sentido geral de garantia, proteção, estabilidade de situação ou pessoa em vários campos, dependente do adjetivo que a qualifica. Em sentido estrito, a segurança jurídica consiste na garantia de estabilidade e de certeza dos negócios jurídicos, de sorte que as pessoas saibam de antemão que, uma vez envolvidas em determinada relação jurídica, esta se mantém estável, mesmo se modificar a base legal sob a qual se estabeleceu". Acresça-se que esse parâmetro de regência do Direito Intertemporal aplica-se, no Direito Brasileiro, ao Direito Civil, ao Direito do Consumidor, ao Direito Locatício, ao Direito Ambiental, aos contratos de financiamento habitacional, entre outros exemplos. Não há incompatibilidade para a sua atuação também no Direito do Trabalho, salvo quanto a regras que fixam procedimentos específicos, ao invés da tutela de direitos individuais e sociais trabalhistas. Em consequência, a aplicação das inovações trazidas pela Lei nº 13.467/17 aos contratos em curso, especificamente quanto à supressão ou redução de direitos, não alcança os contratos de trabalho dos empregados em vigor quando da alteração legislativa (11.11.2017). Julgados desta Corte Superior. Recurso de revista conhecido e provido, quanto ao tema" (TST - RRAg-370-55.2020.5.23.0052, 3ª Turma, Relator Ministro Mauricio Godinho Delgado, DEJT 29/06/2022).

18. APLICAÇÃO DAS NORMAS DO DIREITO DO TRABALHO NO ESPAÇO

Pelo princípio da Soberania, como regra, aplica-se a lei brasileira para as relações trabalhistas que ocorreram no território brasileiro. Quando há tratado ou convenção internacional a respeito, aplica-se a norma internacional.

O Tribunal Superior do Trabalho tinha firmado jurisprudência[111] no sentido de que: sendo a competência da Justiça do Trabalho brasileira para a demanda na qual o empregado que tivesse trabalhado no exterior, a legislação aplicável seria a do local da prestação de serviços (*lex loci executionis*). Entretanto, o TST cancelou a Súmula n. 207 de sua jurisprudência, abrindo novamente o debate sobre a questão.

De nossa parte, o cancelamento da Súmula n. 207 do TST foi oportuno, pois nem sempre a lei do local da prestação de serviços é a mais benéfica ao trabalhador, e o melhor diploma legislativo a reger a relação de emprego. Tendo prestado o trabalhador serviços no Brasil e transferido para o exterior, a Justiça do Trabalho Brasileira deverá aplicar a lei trabalhista que for mais benéfica ao trabalhador, ou a da prestação de serviços

111 Súmula n. 207 do TST: "Conflitos de leis trabalhistas no espaço. Princípio da *lex loci executionis* – A relação jurídica trabalhista é regida pelas leis vigentes no país da prestação de serviço e não por aquelas do local da contratação" (cancelada).

ou a lei brasileira. A comparação entre as leis será realizada no conjunto de suas disposições (princípio do conglobamento).

Nesse sentido, destaca-se o art. 3º da Lei 7064/82[112], aplicável a trabalhadores contratados no Brasil, "in verbis":

> "A empresa responsável pelo contrato de trabalho do empregado transferido assegurar-lhe-á, independentemente da observância da legislação do local da execução dos serviços: (...)II – a aplicação da legislação brasileira de proteção ao trabalho, naquilo que não for incompatível com o disposto nesta Lei, quando mais favorável do que a legislação territorial, no conjunto de normas e em relação a cada matéria."

No aspecto, a seguinte ementa:

> "CONFLITO DE NORMAS. DIREITO MATERIAL APLICÁVEL. Com espeque no art. 3º, II, da Lei n. 7.064/82, bem como no Princípio da Proteção (prevalência da norma mais favorável ao trabalhador), independentemente do Princípio da Territorialidade, é garantido ao empregado que presta serviço no exterior a aplicação da legislação brasileira quando esta for mais benéfica, valendo-se da teoria do conglobamento mitigado, vez que a lei nacional é o patamar mínimo assegurado ao empregado contratado no Brasil ou transferido para prestar serviços no exterior. A ausência de prova da legislação angolana não gera, por conseguinte, a extinção do feito sem resolução de mérito." (TRT/SP – 00019124020105020086 – RO – Ac. 5ª T. – 20120716997 – rel. Donizete Vieira da Silva – DOE 5.7.2012)

Recentemente, o TST pronunciou-se sobre a questão do trabalho de brasileiros em navios de cruzeiro, fixando-se como lei aplicável a da nacionalidade da embarcação, mesmo que o trabalhador tenha sido arregimentado ou pré-contratado em território brasileiro, conforme a ementa que segue:

> "(...) TRABALHO EM NAVIO DE CRUZEIRO SOB BANDEIRA ESTRANGEIRA. PRÉ-CONTRATAÇÃO NO BRASIL.

112 Conforme o art. 1º, da Lei 7064/82, "Esta Lei regula a situação de trabalhadores contratados no Brasil ou transferidos por seus empregadores para prestar serviço no exterior".

PRESTAÇÃO DE SERVIÇOS NA COSTA BRASILEIRA E EM ÁGUAS DE OUTROS PAÍSES. GENTE DO MAR. CONFLITO DE LEIS NO ESPAÇO. LEGISLAÇÃO APLICÁVEL. LEI DO PAVILHÃO (CÓDIGO DE BUSTAMANTE). I) A indústria do transporte marítimo internacional, inclusive de cruzeiros turísticos, tem caráter global, seja quanto à nacionalidade dos navios (pavilhão), seja quanto à diversidade de nacionalidades da tripulação, impondo-se que a gente do mar tenha proteção especial e uniforme numa mesma embarcação. A concepção de aplicação da legislação brasileira aos tripulantes brasileiros contratados por navios estrangeiros não se sustenta diante da realidade da atividade econômica desenvolvida pelas empresas estrangeiras de cruzeiros marítimos, pois, se assim fosse, em cada navio haveria tantas legislações de regência quanto o número de nacionalidades dos tripulantes. Num mesmo navio de cruzeiro marítimo, todos os tripulantes devem ter o mesmo tratamento contratual, seja no padrão salarial, seja no conjunto de direitos. Reconhecer ao tripulante brasileiro – contratado para receber em dólar – direitos não previstos no contrato firmado, conduziria à quebra da isonomia e subversão da ordem e da autoridade marítima, uma vez que os próprios oficiais poderiam questionar suas obrigações à luz da legislação de sua nacionalidade, em desrespeito à lei do pavilhão. Daí porque ser imperativo a aplicação, para todos os tripulantes, da lei do pavilhão, como expressamente prescreve o art. 281 da Convenção de Direito Internacional Privado (Código de Bustamante, ratificado pelo Brasil e promulgado pelo Decreto 18.791/1929): "As obrigações dos oficiais e gente do mar e a ordem interna do navio subordinam-se à lei do pavilhão". II) As tratativas preliminares para a contratação de trabalhador, iniciadas em território brasileiro por empresa de agenciamento e arregimentação de trabalhadores para prestar serviço a bordo de embarcação estrangeira com trânsito pela costa brasileira e em águas internacionais, não permitem concluir que a contratação se deu em solo brasileiro, pois a efetivação do contrato somente ocorre com a convergência de vontades das partes envolvidas. Agência de recrutamento atua na aproximação das partes contratantes, sem que se torne parte nas relações de trabalho daí decorrentes (Convenção 181 da Organização Internacional do Trabalho – OIT, Art. 1º, 1, a. III) Inaplicável a Lei nº 7.064/82, cujo pressuposto é a contratação de trabalhadores no Brasil ou transferidos por seus empregadores para prestar serviço no exterior, hipótese não revelada pelas premissas fáticas constantes no Acórdão Regional, de forma que a legislação brasileira não pode ser invocada sob o fundamento de ser mais benéfica ao trabalhador brasileiro que atua no exterior. O art. 3º da referida Lei se aplica na situação de empregado transferido para o exterior, hipótese que não se ajusta ao caso dos autos. A própria Lei nº 7.064/82 prevê a inaplicabilidade da legislação brasileira para o empregado contratado por empresa estrangeira (artigos 12 e seguintes). IV) Assim, a legislação brasileira não é aplicável ao trabalhador brasileiro contratado para trabalhar em navio de cruzeiro, (1) por tratar-se de trabalho marítimo, com prestação de serviços em embarcação com registro em outro país; (2) porque não se cuida de empregado contratado no Brasil e transferido para trabalhar no exterior. O fato de a seleção e atos preparatórios terem ocorrido no Brasil não significa, por si só, que o local da contração ocorreu em solo brasileiro; (3) o princípio da norma mais favorável tem aplicação quando há antinomia normativa pelo concurso de mais de uma norma jurídica validamente aplicável a mesma situação fática, o que não é a hipótese do caso concreto, pois não há concorrência entre regras a serem aplicáveis, mas sim conflito de sistemas. V) Ademais, independentemente do local da contratação ou do país no qual se executam os serviços, é inafastável a regra geral de que a ativação envolvendo tripulante de embarcação é regida pela lei do pavilhão ou da bandeira, e não pela legislação brasileira (Código de Bustamante, ratificado pelo Brasil e promulgado pelo Decreto 18.791/1929). VI) Demonstrado que a prestação de trabalho ocorreu em embarcação estrangeira, independentemente de ter navegado em todo ou em parte em águas brasileiras, não há falar em aplicação da lei brasileira. Assim, não há incidência do princípio do centro de gravidade (*most significant relationship*), o que levaria a situações limítrofes da prevalência do tempo de navegação em águas nacionais, internacionais ou estrangeiras, com risco de tratamento diferenciado da tripulação, em flagrante violação das normas de direito internacional privado e do art. 178 da Constituição Federal. VII) O Supremo Tribunal Federal firmou tese em repercussão geral (Tema 210) no sentido de prevalência, com arrimo no art. 178 da Constituição Federal, de tratados internacionais sobre a legislação brasileira, especificamente no caso de indenização por danos materiais por extravio de bagagens em voos

> internacionais, caso em que devem ser aplicadas as convenções de Varsóvia e Montreal em detrimento do Código de Defesa do Consumidor. A tese firmada restou assim editada: "Nos termos do art. 178 da Constituição da República, as normas e os tratados internacionais limitadores da responsabilidade das transportadoras aéreas de passageiros, especialmente as Convenções de Varsóvia e Montreal, têm prevalência em relação ao Código de Defesa do Consumidor. "A ratio desta tese de repercussão geral deve ser aplica ao presente caso, pois diz respeito a conflito de legislação nacional com aquelas previstas em acordos internacionais, essencialmente a discussão ora travada. VIII) Recurso de revista provido para afastar a condenação com base na legislação trabalhista nacional e, consequentemente, julgar improcedentes os pedidos formulados na reclamação trabalhista" (RR-1829-57.2016.5.13.0005, 4ª Turma, Relator Ministro Alexandre Luiz Ramos, DEJT 01/02/2019).

Quanto às regras de competência da Justiça do Trabalho brasileira, dispõe o § 2º do art. 651 da CLT:

> "A competência das Juntas de Conciliação e Julgamento, estabelecida neste artigo, estende-se aos dissídios ocorridos em agência ou filial no estrangeiro, desde que o empregado seja brasileiro e não haja convenção internacional dispondo em contrário."

Conforme o referido dispositivo legal, restou consagrada a chamada competência internacional da Justiça do Trabalho para dirimir controvérsias decorrentes da relação de trabalho desde que o empregado seja brasileiro e não haja convenção internacional em contrário. Mostra-se discutível a aplicabilidade do referido dispositivo legal se a empresa reclamada não tiver agência ou filial no Brasil, diante das vicissitudes que pode enfrentar o processo para citação da empresa, e também de aplicabilidade da jurisdição trabalhista em outro país. Em razão disso, pensamos que a competência da Justiça do Trabalho brasileira, salvo convenção internacional em sentido contrário, somente se aplicará se a empresa reclamada tiver agência ou filial no Brasil, caso contrário, não haverá possibilidade de imposição da jurisdição trabalhista em território sujeito a outra soberania (princípio da territorialidade da jurisdição). Pensamos que a expressão "empresa que tenha agência ou filial no estrangeiro" deva ser lida no sentido de que a empresa também tenha sede no Brasil. Sob outro enfoque, como o referido dispositivo configura exceção à competência do local da prestação de serviços, a interpretação deve ser restritiva.

19. FLEXIBILIZAÇÃO E DESREGULAMENTAÇÃO DAS NORMAS TRABALHISTAS

A flexibilização consiste numa forma de adaptação do direito do trabalho à realidade das empresas e à situação da economia, por meio de redução temporária de alguns direitos trabalhistas, com a finalidade de preservar a continuidade do contrato de trabalho, com a manutenção dos empregos e do prosseguimento da atividade empresarial.

A Constituição Federal permite a flexibilização em três situações, quais sejam: redução salarial (artigo 7º, VI); compensação e prorrogação de jornada (artigo 7º, XIII) e majoração da jornada em turnos ininterruptos de revezamento (Artigo 7º, XIV).

Como destaca Carlos Zangrando[113], "a flexibilização atrais três consequências diretas, quais sejam: ampliação do espaço para a complementação ou suplementação do ordenamento legal; propicia a melhor adaptação das regras cogentes a peculiaridade regionais, empresariais ou profissionais; admite derrogações de condições anteriormente ajustadas, para adaptá-las às novas situações conjunturais, métodos de trabalho ou implementação de novas tecnologias."

Pela redação da Constituição, a flexibilização de direitos trabalhistas somente pode ser levada a efeito mediante negociação coletiva (acordos coletivos e convenções coletivas), com a participação obrigatória dos sindicatos (artigo 8º, VI, da CF). Além disso, somente é possível a redução de direitos nas hipóteses fixadas na Constituição. Desse modo, por configurar exceção ao princípio da inderrogabilidade das normas trabalhistas, a flexibilização interpreta-se restritivamente. Além disso, a flexibilização de direitos trabalhistas deve sempre por prazo determinado, ou seja, durante da vigência da norma coletiva que a instituiu.

Outrossim, a flexibilização não se confunde com a desregulamentação. Desregulamentação significa desconsiderar todo o sistema normativo trabalhista e deixar a regulamentação do direito do trabalho a cargo dos atores sociais da relação de emprego, quais sejam: empregado e empregador. Já

113 Curso de Direito do Trabalho. Volume I. São Paulo: LTr, 2008, p. 238/239.

a flexibilização consiste na redução de direitos trabalhistas, nas hipóteses autorizadas pela Constituição Federal, mediante tutela sindical, preservando-se as garantias mínimas do trabalhador.

Para que haja a flexibilização de direitos trabalhistas há a necessidade de efetiva negociação coletiva, com concessões recíprocas e não simplesmente a supressão do direito trabalhista, sob o argumento da manutenção do emprego. Há necessidade de concessão de vantagem à classe trabalhadora que justifique a redução do direito trabalhista.

Nesse sentido, sustenta com propriedade Pedro Paulo Teixeira Manus[114]: "a nosso ver não permite o legislador constitucional, ainda que por instrumento coletivo, simples redução ou supressão de garantia constitucional ou legal, mas negociação que altere certo benefício em troca de outra vantagem, ou retire certo direito em favor de outra garantia compensatória".

O Supremo Tribunal Federal, julgou o tema 1046 de Repercussão Geral (ARE 1121633) sobre a validade de norma coletiva de trabalho que limita ou restringe direito trabalhista não assegurado constitucionalmente, na sessão plenária do Supremo Tribunal Federal em 02/06/2022, com a fixação de tese de observância obrigatória, nos seguintes termos:

> *"São constitucionais os acordos e as convenções coletivos que, ao considerarem a adequação setorial negociada, pactuam limitações ou afastamentos de direitos trabalhistas, independentemente da explicitação especificada de vantagens compensatórias, desde que respeitados os direitos absolutamente indisponíveis".*

Diante do que ficou decidido pelo Supremo Tribunal Federal, a flexibilização de direitos trabalhistas pode ser implementada diante das seguintes condições:

a) negociação coletiva por meio de acordos coletivos e convenções coletivas de trabalho;

b) observação do princípio da adequação setorial negociada que, conforme Maurício Godinho Delgado[115], se exterioriza "quando as normas autônomas juscoletivas transacionam setorialmente parcelas justrabalhistas de indisponibilidade apenas relativa";

114 Direito do Trabalho. 8ª Edição. São Paulo: Atlas, 2003, p. 127.

115 Curso de Direito do Trabalho. 18ª ed. São Paulo: LTr, 2019, p. 1576.

c) não há necessidade de especificar vantagens compensatórias;

d) devem ser respeitados os direitos de indisponibilidade absoluta, que são os elencados no rol do art. 7º da Constituição Federal e no art. 611-B da CLT[116].

---

116 Art. 611-B, da CLT: "Constituem objeto ilícito de convenção coletiva ou de acordo coletivo de trabalho, exclusivamente, a supressão ou a redução dos seguintes direitos: I- normas de identificação profissional, inclusive as anotações na Carteira de Trabalho e Previdência Social; II- seguro-desemprego, em caso de desemprego involuntário; III- valor dos depósitos mensais e da indenização rescisória do Fundo de Garantia do Tempo de Serviço (FGTS); IV- salário mínimo; V- valor nominal do décimo terceiro salário; VI- remuneração do trabalho noturno superior à do diurno VII- proteção do salário na forma da lei, constituindo crime sua retenção dolosa; VIII- salário-família; IX- repouso semanal remunerado; X- remuneração do serviço extraordinário superior, no mínimo, em 50% (cinquenta por cento) à do normal; XI- número de dias de férias devidas ao empregado; XII- gozo de férias anuais remuneradas com, pelo menos, um terço a mais do que o salário normal; XIII- licença-maternidade com a duração mínima de cento e vinte dias; XIV- licença-paternidade nos termos fixados em lei; XV- proteção do mercado de trabalho da mulher, mediante incentivos específicos, nos termos da lei; XVI- aviso prévio proporcional ao tempo de serviço, sendo no mínimo de trinta dias, nos termos da lei; XVII- normas de saúde, higiene e segurança do trabalho previstas em lei ou em normas regulamentadoras do Ministério do Trabalho; XVIII- adicional de remuneração para as atividades penosas, insalubres ou perigosas; XIX- aposentadoria; XX- seguro contra acidentes de trabalho, a cargo do empregador; XXI- ação, quanto aos créditos resultantes das relações de trabalho, com prazo prescricional de cinco anos para os trabalhadores urbanos e rurais, até o limite de dois anos após a extinção do contrato de trabalho; XXII- proibição de qualquer discriminação no tocante a salário e critérios de admissão do trabalhador com deficiência; XXIII- proibição de trabalho noturno, perigoso ou insalubre a menores de dezoito anos e de qualquer trabalho a menores de dezesseis anos, salvo na condição de aprendiz, a partir de quatorze anos; XXIV- medidas de proteção legal de crianças e adolescentes; XXV- igualdade de direitos entre o trabalhador com vínculo empregatício permanente e o trabalhador avulso; XXVI- liberdade de associação profissional ou sindical do trabalhador, inclusive o direito de não sofrer, sem sua expressa e prévia anuência, qualquer cobrança ou desconto salarial estabelecidos em convenção coletiva ou acordo coletivo de trabalho; XXVII- direito de greve, competindo aos trabalhadores decidir sobre a oportunidade de exercê-lo e sobre os interesses que devam por meio dele defender; XXVIII- definição legal sobre os serviços ou atividades essenciais e disposições legais sobre o atendimento das necessidades inadiáveis da comunidade em caso de greve; XXIX- tributos e outros créditos de terceiros; XXX- as disposições previstas nos arts. 373-A, 390, 392, 392-A, 394, 394-A, 395, 396 e 400 desta Consolidação. Parágrafo único. Regras sobre duração do trabalho e intervalos não são consideradas como normas de saúde, higiene e segurança do trabalho para os fins do disposto neste artigo."

II

DA RELAÇÃO DE TRABALHO

1. OS CONCEITOS DE RELAÇÃO DE TRABALHO E RELAÇÃO DE EMPREGO

Nos ensina *Paulo Emílio Ribeiro de Vilhena*[1], é elementar em Teoria Geral do Direito que não emerge uma relação jurídica se na sua montagem não se configuram dois polos subjetivos: o credor (polo ativo) e o devedor (polo passivo), cujas posições se entrecruzam (credor-devedor *versus* devedor-credor), porque se trocam prestações (contraprestações). É importante, fique-se atento a isso, em qualquer situação jurídica que se queira examinar ou enfrentar.

A doutrina designa a expressão *contratos de atividade* para os contratos que tenham por objeto a atividade do homem. Para *Jean Vicent*[2], essa expressão designa todos os contratos nos quais a atividade pessoal de uma das partes constitui o objeto da convenção ou uma das obrigações que ele comporta. Destaca *Ribeiro de Vilhena*[3] que "os contratos de atividade preenchem-se com trabalho por conta alheia (representação, prestação livre de serviços, empreitada, etc.)."

Em outra obra, o professor *Ribeiro de Vilhena*[4] salienta que, para o trabalho ser objeto de uma relação jurídica, torna-se indispensável que

---

1 RIBEIRO DE VILHENA, Paulo Emílio. *Relação de emprego, estrutura legal e supostos*. 2. ed. São Paulo: LTr, 1999. p. 400-401.

2 "La dissolution du contrat de travail", *apud* GOMES, Orlando; GOTTSCHALK, Elson. *Curso de direito do trabalho*. 16. ed. Rio de Janeiro: Forense, 2000. p. 117.

3 RIBEIRO DE VILHENA, Paulo Emílio. *Op. cit.*, p. 400.

4 RIBEIRO DE VILHENA, Paulo Emílio. *Contrato de trabalho com o Estado*. São Paulo: LTr, 2002. p. 26.

ele seja por conta alheia, qual seja: aquele que se presta a outrem, a quem cabe os riscos e resultados.

O termo *relação de trabalho* pressupõe trabalho prestado por conta alheia, em que o trabalhador (pessoa física) coloca sua força de trabalho em prol de outra pessoa (física ou jurídica), podendo o trabalhador correr ou não os riscos da atividade. Desse modo, estão excluídas as modalidades de relação de trabalho em que o trabalho for prestado por pessoa jurídica, porquanto, nessas modalidades, embora haja relação de trabalho, o trabalho humano não é o objeto dessas relações jurídicas, e sim um contrato de natureza cível ou comercial.

Conceituamos relação de trabalho da seguinte forma: *O trabalho prestado por conta alheia, em que o trabalhador (pessoa física) coloca, em caráter preponderantemente pessoal, de forma eventual ou não eventual, gratuita ou onerosa, de forma autônoma ou subordinada, sua força de trabalho em prol de outra pessoa (física ou jurídica, de direito público ou de direito privado), podendo o trabalhador correr ou não os riscos da atividade que desempenhará.*

A relação de trabalho é um gênero que engloba a relação de emprego que é uma de suas espécies, assim como o trabalho autônomo, o eventual, o avulso, etc.

Somente a relação de emprego que pressupõe o trabalho realizado sob os moldes dos artigos 2º e 3º, da CLT, ou seja, realizado por pessoa natural, com pessoalidade, subordinação, não eventualidade e onerosidade é objeto do Direito do Trabalho. As demais relações de trabalho são regidas pelo Código Civil ou por legislação específica.

Sempre foi polêmica a questão da natureza jurídica da relação de emprego. Autores há que defendem a natureza contratual, pois há necessidade de manifestação de vontade para que uma pessoa possa ser considerada empregada de outra. Outros defendem a natureza institucionalista, argumentando que não há necessidade de manifestação de vontade para que se configure a relação de emprego, bastando que haja integração do trabalhador no organismo empresarial e prestação de serviço.

Dispõe o artigo 442 da CLT:

> *Contrato individual de trabalho é o acordo tácito ou expresso, correspondente à relação de emprego.*

O referido artigo adota a natureza híbrida da relação de emprego. Ao se reportar ao acordo tácito ou expresso, nitidamente, a CLT fixou o caráter contratual da relação de emprego, que tem a sua mola propulsora na manifestação de vontade. Entretanto, ao se reportar que o contrato corresponde à relação de emprego, a CLT fixa também a chamada teoria anticontratualista ou institucionalista.

Lembra Vólia Bomfim Cassar, que a comissão que elaborou a CLT era composta por cinco membros: os Procuradores da Justiça do Trabalho Luiz Augusto Rego Monteiro (institucionalista); Arnaldo Süssekind (contratualista), Dorval Lacerda (institucionalista) e Segadas Vianna (contratualista) e o Consultor Jurídico do Ministério do Trabalho, Oscar Saraiva (contratualista)[5].

A chamada teoria institucionalista da relação de emprego não exige a manifestação de vontade para que ela esteja configurada. Basta o fato em si do trabalho de uma pessoa física, em caráter pessoal, subordinado, não eventual e remunerado para outra pessoa, física ou jurídica, para existe a relação de emprego.

Como bem observa Maurício Godinho Delgado: "(...) Para o institucionalismo, a relação empregatícia configuraria um tipo de vínculo jurídico em que as ideias de liberdade e de vontade não cumpririam papel relevante, seja em seu surgimento, seja em sua reprodução do longo do tempo. A partir do conceito de instituição – uma realidade estrutural e dinâmica que teria prevalência e autonomia em face de seus próprios integrantes (conceito buscado dos autores civilistas *Maurice Hauriou* e *Georges Renard*) –, os institucionalistas do Direito do Trabalho constroem sua teorização. Nessa linha, compreendem a empresa como uma instituição, um corpo social que impõe objetivamente a um certo conjunto de pessoas cuja permanência e desenvolvimento não se submetem à vontade particular de seus membros componentes".[6]

De nossa parte, a relação de emprego tem natureza institucional ou anticontratual, mas o contrato de trabalho, indiscutivelmente, tem natureza contratual, pois necessita da manifestação de vontade.

---

5 Direito do Trabalho. 14ª Edição. São Paulo: Método, 2017, p. 241.

6 Curso de Direito do Trabalho. 7ª Edição. São Paulo: LTr, 2008, p. 318-319.

2. RELAÇÕES DE TRABALHO QUE NÃO CONFIGURAM RELAÇÃO DE EMPREGO

Há uma diversidade de relações de trabalho, onde há o trabalho humano realizado de forma pessoal em prol de um tomador, as quais não configuram relação de emprego, simplesmente, uma relação de trabalho que não estão sob tutela das leis trabalhistas, mas tutelado pelo Direito por meio de legislação especial ou, subsidiariamente, pelo Código Civil.

Em muitas destas relações, o trabalhador é dependente da fonte de trabalho, mas falta um dos requisitos dos arts. 2º e 3º, da CLT, para configuração do vínculo de emprego.

O Código Civil, ao disciplinar nos arts. 593 a 606, o *contrato de prestação de serviços*, destaca a importância do trabalho humano, ao mencionar a prioridade de regulamentação dos contratos onde há a prestação de serviço humano como sendo a legislação trabalhista.

Com efeito, dispõe o art. 593 do Código Civil, "A prestação de serviço, que não estiver sujeita às leis trabalhistas ou a lei especial, reger-se-á pelas disposições deste Capítulo."

Nos termos do art. 594 do Código Civil, "toda a espécie de serviço ou trabalho lícito, material ou imaterial, pode ser contratada mediante retribuição."

2.1. Trabalhador autônomo

Trabalhador autônomo é aquele que dirige sua própria atividade, não se subordinando ao tomador dos seus serviços. Tem discricionariedade para escolher *onde*, *para quem* e de que *forma* trabalhar. Na linguagem popular é o "patrão de si mesmo".

O trabalhador autônomo é senhor de sua atividade e, como regra geral, corre os riscos da atividade que desempenha. São indícios de ser o trabalho autônomo:

a) fixação do preço do serviço pelo próprio trabalhador;
b) inexistência de jornada pré-determinada de trabalho;
c) correr o trabalhador o risco de sua atividade;
d) não estar o trabalhador inserido na dinâmica empresarial, tampouco sua atividade ser necessária e permanente ao tomador de serviços.

O trabalhador autônomo não está sob tutela do Direito do Trabalho. Seus serviços, como regra, são regidos por Lei Especial, ou, subsidiariamente, pelo Código Civil.

Sobre a diferenciação entre trabalhador autônomo e subordinado, ensina com propriedade Maurício Godinho Delgado[7]:

> "A diferenciação central entre as figuras situa-se, porém, repita-se, na subordinação. Fundamentalmente, trabalho autônomo é aquele que se realiza sem subordinação do trabalhador ao tomador dos serviços. Autonomia é conceito antitético ao de subordinação. Enquanto esta traduz a circunstância juridicamente assentada de que o trabalhador acolhe a direção empresarial no tocante ao modo de concretização cotidiana de seus serviços, a autonomia traduz a noção de que o próprio prestador é que estabelece e concretiza, cotidianamente, a forma de realização dos serviços que pactuou prestar. Na subordinação, a direção central do modo cotidiano de prestação de serviços transfere-se ao tomador; na autonomia, a direção central do modo cotidiano de prestação de serviços preservar-se com o prestador de trabalho".

Recentemente, o STF, na ADI 5625, concluiu pela constitucionalidade da Lei 13.352/16 que disciplina o regime de parceria em salões de beleza, conforme o extrato de decisão que segue abaixo:

> "**Decisão:** O Tribunal, por maioria, julgou improcedente o pedido formulado na ação direta, nos termos do voto do Ministro Nunes Marques, Redator para o acórdão, vencidos os Ministros Edson Fachin (Relator) e Rosa Weber. Foi fixada a seguinte tese de julgamento: "1) É constitucional a celebração de contrato civil de parceria entre salões de beleza e profissionais do setor, nos termos da Lei 13.352, de 27 de outubro de 2016; 2) É nulo o contrato civil de parceria referido, quando utilizado para dissimular relação de emprego de fato existente, a ser reconhecida sempre que se fizerem presentes seus elementos caracterizadores". Presidência do Ministro Luiz Fux. Plenário, 28.10.2021 (Sessão realizada por videoconferência – Resolução 672/2020/STF).

7 Curso de Direito do Trabalho. 4ª ed., São Paulo: LTr, 2005, p. 334.

2.2. Do autônomo exclusivo

Dispõe o art. 442-B, da CLT:

> "A contratação do autônomo, cumpridas por este todas as formalidades legais, com ou sem exclusividade, de forma contínua ou não, afasta a qualidade de empregado prevista no art. 3º desta Consolidação."

Diante do referido dispositivo legal, o trabalhador autônomo pode ser contratado de forma contínua e exclusiva.

A finalidade da lei foi facilitar a contratação de trabalho autônomo e dificultar a configuração do vínculo de emprego. No entanto, apesar do texto pretender afastar a configuração do vínculo de emprego quando o trabalho for exclusivo e contínuo, ele não tem o condão de excluir a aplicabilidade dos arts. 2º e 3º, da CLT. Portanto, deve ser interpretado à luz da Constituição Federal que protege o trabalho humano e os valores sociais do trabalho (arts. 1º, III, 6º e 7º, da CF). De outro lado, o texto parece estar na contramão do próprio Código Civil, quando trata do contrato de prestação de serviços, o qual priorizou o trabalho humano sob a proteção das normas trabalhista, no art. 593, "in verbis": "A prestação de serviço, que não estiver sujeita às leis trabalhistas ou a lei especial, reger-se-á pelas disposições deste Capítulo."

Na realidade da prestação de serviços, dificilmente, um trabalho realizado de forma contínua e com exclusividade para o mesmo tomador não configura uma relação de emprego, uma vez que, nesta situação, há a dependência econômica e a subordinação integrativa, ou estrutural.

De nossa parte, a continuidade e a exclusividade são indícios da relação de emprego. No entanto, há que se avaliar que o trabalho é ou não subordinado. Em eventual discussão judicial sobre a existência da relação de emprego entre o autônomo exclusivo e o tomador de serviços, cumpre a este último o ônus da prova de demonstrar que não havia subordinação na prestação de serviços, por ser fato modificativo ao direito do trabalhador nos termos do art. 818, II da CLT.

2.3. Prestador de serviços vinculados às plataformas digitais (UBER)

Muito se discute, atualmente, sobre a natureza da vinculação entre prestadores de serviços, a exemplos de motoristas que transportam passageiros ou entregadores, vinculados a plataformas digitais.

As plataformas realizam a captação de clientes e repassam aos motoristas cobrando, normalmente, uma taxa de 25% do valor de cada serviço, ficando os outros 75% com os motoristas. Normalmente, constam dos contratos que a própria plataforma digital presta serviços aos motoristas, os quais emitem nota fiscal desses serviços.

Há decisões da Justiça do Trabalho que reconhecem o vínculo de emprego entre motorista e a plataforma UBER, considerando que os prestadores de serviços são hipossuficientes, não fixam o valor de cada serviço, recebem valores baixos, têm avaliação e fiscalização da atividade e estão sujeitos a punição.

De outro lado, o motorista de aplicativo está vinculado a um algoritmo que mede sua performance, bem como a quantidade e qualidade de seu trabalho, restando aplicável o parágrafo único do art. 6º da CLT[8].

Além disso, é possível argumentar que o motorista de aplicativo é uma engrenagem essencial no exercício da atividade econômica do aplicativo, estando inserido no organismo empresarial, acolhendo a estrutura do tomador de serviços (subordinação estrutural no dizer de Maurício Godinho Delgado).

No entanto, a maioria das decisões da Justiça do Trabalho não reconhecem o vínculo de emprego, pela presença dos seguintes elementos que afastam o reconhecimento do vínculo de emprego: não área fixa de atuação do motorista; não há obrigatoriedade de ficar com o aplicativo ligado, há a possibilidade de recusa de corridas; não havia obrigatoriedade de ficar à disposição em tempo mínimo; o veículo é de propriedade do prestador que arca com a despesas deste; não há recebimento de valores fixos, nem garantia de remuneração mínima; há a possibilidade do motorista compartilhar o veículo com outro motorista; não há obrigatoriedade de exclusividade, estando livre o motorista para trabalhar para outros aplicativos. Além disso, o motorista fica com 75% do valor de cada serviço.

Como bem adverte Homero Batista Mateus da Silva[9], "os propalados gestos de independência do motorista, como permanecer desligado, fora de área ou em recusa a chamados, são contrapostos a gestos de coerção da inteligência artificial, como redução dos chamados e eventualmente

8 Art. 6º, parágrafo único da CLT: **"Os meios telemáticos e informatizados de comando, controle e supervisão se equiparam, para fins de subordinação jurídica, aos meios pessoais e diretos de comando, controle e supervisão do trabalho alheio."**

9 Direito do Trabalho Aplicado. Volume 1. São Paulo: RT, 2021, p. 67.

sua exclusão do cadastro. Ainda há muitas variáveis pouco conhecidas do grande público, como a utilização do sistema de avaliação que os motoristas recebem dos passageiros, a armazenagem dos dados dos percursos feitos pelos usuários – talvez para desenvolvimento de veículos autônomos, segundo noticiado pela grande imprensa – e o sistema de atribuição de corridas sem que o motorista saiba o destino, talvez para evitar que ele escolha as melhores e dispense as menos rentáveis, mitigando-lhe a autonomia. O fato é que esses indícios de subordinação jurídica latente, em que a prestação de serviços segue as diretrizes da plataforma digital, foram suficientes para a extensão de direitos trabalhistas aos motoristas em alguns ordenamentos jurídicos, servindo como exemplo o britânico."

Em nossa visão, entre motorista e UBER existe uma relação de trabalho que se assemelha à parceria ou ao trabalho autônomo dependente (expressão de Amauri Mascaro Nascimento), mas não ao liame empregatício. Sem dúvida, o motorista depende economicamente do trabalho que realiza para o aplicativo, normalmente trabalha muitas horas por dia, recebe remuneração reduzida, não tem organização própria para gerir sua atividade e também está inserido na estrutura da atividade econômica da plataforma digital. Por isso, esse tipo de relação de trabalho, embora não configure relação de emprego, necessita ser aprimorada e regulamentada por Lei[10], estabelecendo garantias mínimas ao prestador de serviços,

---

10 Decidiu o Supremo Tribunal Federal que nem toda relação de trabalho que se assemelhe ao contrato de emprego configura vínculo de emprego: Direito do Trabalho. Ação Declaratória da Constitucionalidade e Ação Direta de Inconstitucionalidade. Transporte rodoviário de cargas. Lei 11.442/2007, que previu a terceirização da atividade-fim. Vínculo meramente comercial. Não configuração de relação de emprego. 1. A Lei nº 11.442/2007 (i) regulamentou a contratação de transportadores autônomos de carga por proprietários de carga e por empresas transportadoras de carga; (ii) autorizou a terceirização da atividade-fim pelas empresas transportadoras; e (iii) afastou a configuração de vínculo de emprego nessa hipótese. 2. É legítima a terceirização das atividades-fim de uma empresa. Como já foi decidido pelo Supremo Tribunal Federal, a Constituição não impõe uma única forma de estruturar a produção. Ao contrário, o princípio constitucional da livre iniciativa garante aos agentes econômicos liberdade para eleger suas estratégias empresariais dentro do marco vigente (CF/1988, art. 170). A proteção constitucional ao trabalho não impõe que toda e qualquer prestação remunerada de serviços configure relação de emprego (CF/1988, art. 7º). Precedente: ADPF 524, Rel. Min. Luís Roberto Barroso. 3. Não há inconstitucionalidade no prazo prescricional de 1 (um) ano, a contar da ciência do dano, para a propositura de ação de reparação de danos, prevista no art. 18 da Lei 11.442/2007, à luz do art. 7º, XXIX, CF, uma vez que não se trata de relação de trabalho, mas de relação comercial. 4. Procedência da ação declaratória da constitucionalidade e improcedência da ação direta de inconstitucionalidade. Tese: "1 – A Lei 11.442/2007 é constitucional, uma vez que a Constituição não

além de regras de medicina e segurança do trabalho. Há necessidade de se interpretar as relações de trabalhadores com aplicativo sob o aspecto do valor social do trabalho, e do capitalismo sob o aspecto humanista.

O Tribunal Superior do Trabalho pronunciou-se a respeito, conforme a redação das seguintes ementas:

> AGRAVO DE INSTRUMENTO EM RECURSO DE REVISTA. MOTORISTA DE APLICATIVO. AUTONOMIA NA PRESTAÇÃO DOS SERVIÇOS. VÍNCULO EMPREGATÍCIO NÃO CONFIGURADO. O Tribunal Regional consignou que os elementos dos autos demonstram autonomia do reclamante na prestação dos serviços, especialmente pela ausência de prova robusta acerca da subordinação jurídica. Ademais, restando incontroverso nos autos que, "pelos serviços prestados aos usuários, o motorista do UBER, como o reclamante aufere 75% do total bruto arrecadado como remuneração, enquanto que a quantia equivalente a 25% era destinada à reclamada (petição inicial – item 27 – id. 47ªf69d), como pagamento pelo fornecimento do aplicativo ", ressaltou o Tribunal Regional que, "pelo critério utilizado na divisão dos valores arrecadados, a situação se aproxima mais de um regime de parceria, mediante o qual o reclamante utilizava a plataforma digital disponibilizada pela reclamada, em troca da destinação de um percentual relevante, calculado sobre a quantia efetivamente auferida com os serviços prestados". Óbice da Súmula nº 126 do TST. Incólumes os artigos 1º, III e IV, da Constituição Federal e 2º, 3º e 6º, parágrafo único, da CLT. Agravo de instrumento conhecido e não provido (TST – AIRR-11199-47.2017.5.03.0185, 8ª Turma, Relatora Ministra Dora Maria da Costa, DEJT 31/01/2019).

> AGRAVO DE INSTRUMENTO EM RECURSO DE REVISTA. ACÓRDÃO PUBLICADO NA VIGÊNCIA DA LEI Nº 13.015/2014. VÍNCULO DE EMPREGO. MOTORISTA. UBER. AUSÊNCIA DE SUBORDINAÇÃO. Em razão de provável caracterização de ofensa

veda a terceirização, de atividade-meio ou fim. 2 – O prazo prescricional estabelecido no art. 18 da Lei 11.442/2007 é válido porque não se trata de créditos resultantes de relação de trabalho, mas de relação comercial, não incidindo na hipótese o art. 7º, XXIX, CF. 3 – Uma vez preenchidos os requisitos dispostos na Lei nº 11.442/2007, estará configurada a relação comercial de natureza civil e afastada a configuração de vínculo trabalhista". (ADC 48, Relator(a): ROBERTO BARROSO, Tribunal Pleno, julgado em 15/04/2020, PROCESSO ELETRÔNICO DJe-123 DIVULG 18-05-2020 PUBLIC 19-05-2020).

ao art. 3º, da CLT, dá-se provimento ao agravo de instrumento para determinar o prosseguimento do recurso de revista. Agravo de instrumento provido. RECURSO DE REVISTA. ACÓRDÃO PUBLICADO NA VIGÊNCIA DA LEI Nº 13.015/2014. VÍNCULO DE EMPREGO. MOTORISTA. UBER. AUSÊNCIA DE SUBORDINAÇÃO. TRANSCENDÊNCIA JURÍDICA RECONHECIDA. Destaque-se, de início, que o reexame do caso não demanda o revolvimento de fatos e provas dos autos, isso porque a transcrição do depoimento pessoal do autor no acórdão recorrido contempla elemento fático hábil ao reconhecimento da confissão quanto à autonomia na prestação de serviços. Com efeito, o reclamante admite expressamente a possibilidade de ficar "off line", sem delimitação de tempo, circunstância que indica a ausência completa e voluntária da prestação dos serviços em exame, que só ocorre em ambiente virtual. Tal fato traduz, na prática, a ampla flexibilidade do autor em determinar sua rotina, seus horários de trabalho, locais que deseja atuar e quantidade de clientes que pretende atender por dia. Tal autodeterminação é incompatível com o reconhecimento da relação de emprego, que tem como pressuposto básico a subordinação, elemento no qual se funda a distinção com o trabalho autônomo. Não bastasse a confissão do reclamante quanto à autonomia para o desempenho de suas atividades, é fato incontroverso nos autos que o reclamante aderiu aos serviços de intermediação digital prestados pela reclamada, utilizando-se de aplicativo que oferece interface entre motoristas previamente cadastrados e usuários dos serviços. Dentre os termos e condições relacionados aos referidos serviços, está a reserva ao motorista do equivalente a 75% a 80% do valor pago pelo usuário, conforme consignado pelo e. TRT. O referido percentual revela-se superior ao que esta Corte vem admitindo como bastante à caracterização da relação de parceria entre os envolvidos, uma vez que o rateio do valor do serviço em alto percentual a uma das partes evidencia vantagem remuneratória não condizente com o liame de emprego. Precedentes. Recurso de revista conhecido e provido (TST – RR-1000123-89.2017.5.02.0038, 5ª Turma, Relator Ministro Breno Medeiros, DEJT 07/02/2020).

AGRAVO DE INSTRUMENTO EM RECURSO DE REVISTA INTERPOSTO PELA RECLAMANTE. ACÓRDÃO REGIONAL PUBLICADO NA VIGÊNCIA DAS LEIS Nºs 13.015/2014 E 13.467/2017. PROCEDIMENTO SUMARÍSSIMO. RELAÇÃO

DE EMPREGO. RECONHECIMENTO DE VÍNCULO. TRABALHADOR AUTÔNOMO. MOTORISTA. APLICATIVO. UBER. IMPOSSIBILIDADE. TRANSCENDÊNCIA JURÍDICA RECONHECIDA. NÃO PROVIMENTO. I. Discute-se a possibilidade de reconhecimento de vínculo de emprego entre motorista profissional que desenvolve suas atividades com utilização do aplicativo de tecnologia "Uber" e a sua criadora, Uber do Brasil Tecnologia Ltda. II. Pelo prisma da transcendência, trata-se de questão jurídica nova, uma vez que se refere à interpretação da legislação trabalhista (arts. 2º, 3º, e 6º, da CLT), sob enfoque em relação ao qual ainda não há jurisprudência consolidada no âmbito do Tribunal Superior do Trabalho ou em decisão de efeito vinculante no Supremo Tribunal Federal. Logo, reconhece-se a transcendência jurídica da causa (art. 896-A, § 1º, IV, da CLT). III. Na hipótese, o Tribunal Regional manteve, pelos próprios fundamentos, a sentença em que se reconheceu a condição de trabalhador autônomo do Reclamante. No particular, houve reconhecimento na instância ordinária de que o Reclamante ostentava ampla autonomia na prestação de serviços, sendo dele o ônus da atividade econômica. Registrou-se, ainda, a ausência de subordinação do trabalhador para com a Reclamada, visto que "o autor não estava sujeito ao poder diretivo, fiscalizador e punitivo da ré". Tais premissas são insusceptíveis de revisão ou alteração nessa instância extraordinária, conforme entendimento consagrado na Súmula nº 126 do TST. IV. A relação de emprego definida pela CLT (1943) tem como padrão a relação clássica de trabalho industrial, comercial e de serviços. As novas formas de trabalho devem ser reguladas por lei própria e, enquanto o legislador não a edita, não pode o julgador aplicar indiscriminadamente o padrão da relação de emprego. O contrato regido pela CLT exige a convergência de quatro elementos configuradores: pessoalidade, onerosidade, não eventualidade e subordinação jurídica. Esta decorre do poder hierárquico da empresa e se desdobra nos poderes diretivo, fiscalizador, regulamentar e disciplinar (punitivo). O enquadramento da relação estabelecida entre o motorista de aplicativo e a respectiva plataforma deve se dar com aquela prevista no ordenamento jurídico com maior afinidade, como é o caso da definida pela Lei nº 11.442/2007, do transportador autônomo, assim configurado aquele que é proprietário do veículo e tem relação de natureza comercial. O STF já declarou constitucional tal enquadramento jurídico de trabalho autônomo (ADC 48, Rel. Min. Roberto Barroso, DJE nº 123, de 18/05/2020), a evidenciar a possibilidade de que nem todo o trabalho pessoal e oneroso deve ser regido pela CLT. V. O trabalho pela plataforma tecnológica – e não para ela –, não atende aos critérios definidos nos artigos 2º e 3º da CLT, pois o usuário-motorista pode dispor livremente quando e se disponibilizará seu serviço de transporte para os usuários-clientes, sem qualquer exigência de trabalho mínimo, de número mínimo de viagens por período, de faturamento mínimo, sem qualquer fiscalização ou punição por esta decisão do motorista, como constou das premissas fáticas incorporadas pelo acórdão Regional, ao manter a sentença de primeiro grau por seus próprios fundamentos, em procedimento sumaríssimo. VI. Sob esse enfoque, fixa-se o seguinte entendimento: o trabalho prestado com a utilização de plataforma tecnológica de gestão de oferta de motoristas-usuários e demanda de clientes-usuários, não se dá para a plataforma e não atende aos elementos configuradores da relação de emprego previstos nos artigos 2º e 3º da CLT, inexistindo, por isso, relação de emprego entre o motorista profissional e a desenvolvedora do aplicativo, o que não acarreta violação do disposto no art. 1º, III e IV, da Constituição Federal. VII. Agravo de instrumento de que se conhece e a que se nega provimento" (TST – AIRR-10575-88.2019.5.03.0003, 4ª Turma, Relator Ministro Alexandre Luiz Ramos, DEJT 11/09/2020).

No mesmo sentido:

RECURSO ORDINÁRIO. AÇÃO CIVIL PÚBLICA MOVIDA PELO MPT. TRABALHADORES QUE PRESTAM SERVIÇO DE FRETE POR MEIO DE APLICATIVO. AUSÊNCIA DE SUBORDINAÇÃO. VÍNCULO EMPREGATÍCIO INEXISTENTE. Os trabalhadores que prestam serviço de frete por meio de plataforma digital não estão subordinados à empresa detentora da tecnologia. A possibilidade de recusa na prestação do serviço e o engajamento não obrigatório afastam a subordinação. O trabalhador labora na oportunidade que lhe convêm, onde e quando quer, podendo escolher as entregas que pretende efetuar, situação incogitável numa relação empregatícia. A prestação do serviço está condicionada ao ato de volição do trabalhador, que pode, inclusive, utilizar outras plataformas de trabalho de empresas concorrentes ao mesmo tempo, circunstância impensável no contexto rígido da CLT. O art. 6º, parágrafo único da CLT não se aplica à hipótese, pois resguarda o trabalhador que tem os meios pessoais e diretos de comando substituídos por meios informatizados, no contexto de uma relação subordinada realizada a distância. Outrossim, o trabalhador apropria percentual elevado do valor do serviço prestado (no mínimo 70%), o que descaracteriza o vínculo de emprego. Numa relação subordinada, a apropriação da tarifa pende mais para o lado do empregador, que assume todos os riscos da atividade econômica e o custo do capital. O fato de o trabalhador possuir o meio de produção, ou seja, o veículo utilizado no transporte, arcando com todos os custos, também afasta o vínculo, pois o risco da atividade é compartilhado, o que colide com o disposto no art. 2º da CLT. Essa nova realidade fática não se coaduna com a posição adotada pelo legislador na CLT, pelo que não há como reconhecer o vínculo de emprego. Recurso ordinário das rés a que se dá provimento. TRT da 2ª Região; Processo: 1001058-88.2018.5.02.0008; Data: 18-08-2021; Órgão Julgador: 16ª Turma - Cadeira 5 - 16ª Turma; Relator(a): ORLANDO APUENE BERTAO)

Em abril de 2022, o Tribunal Superior do Trabalho proferiu a primeira decisão, embora não unânime, reconhecendo o vínculo de emprego. A decisão priorizou fundamentos constitucionais e humanistas de proteção do trabalho humano e dignidade da pessoa do trabalhador, bem como trouxe novos horizontes para interpretação do art. 6º da CLT à luz dos princípios constitucionais de proteção ao trabalho humano. A ementa está a seguir transcrita:

"RECURSO DE REVISTA. PROCESSO SOB A ÉGIDE DA LEI 13.015/2014 E ANTERIOR À LEI 13.467/2017. UBER DO BRASIL TECNOLOGIA LTDA. NATUREZA JURÍDICA DA RELAÇÃO MANTIDA ENTRE OS TRABALHADORES PRESTADORES DE SERVIÇOS E EMPRESAS QUE ORGANIZAM, OFERTAM E EFETIVAM A GESTÃO DE PLATAFORMAS DIGITAIS DE DISPONIBILIZAÇÃO DE SERVIÇOS DE TRANSPORTE AO PÚBLICO, NO CASO, O TRANSPORTE DE PESSOAS E MERCADORIAS. NOVAS FORMAS DE ORGANIZAÇÃO E GESTÃO DA FORÇA DE TRABALHO HUMANA NO SISTEMA CAPITALISTA E NA LÓGICA DO MERCADO ECONÔMICO. ESSENCIALIDADE DO LABOR DA PESSOA HUMANA PARA A CONCRETIZAÇÃO DOS OBJETIVOS DA EMPRESA. PROJEÇÃO DAS REGRAS CIVILIZATÓRIAS DO DIREITO DO

TRABALHO SOBRE O LABOR DAS PESSOAS NATURAIS. INCIDÊNCIA DAS NORMAS QUE REGULAM O TRABALHO SUBORDINADO DESDE QUE NÃO DEMONSTRADA A REAL AUTONOMIA NA OFERTA E UTILIZAÇÃO DA MÃO DE OBRA DO TRABALHADOR (ART. 818, II, DA CLT). CONFLUÊNCIA DOS PRINCÍPIOS CONSTITUCIONAIS HUMANISTAS E SOCIAIS QUE ORIENTAM A MATÉRIA (PREÂMBULO DA CF/88; ART. 1º, III E IV; ART. 3º, I, II, III E IV; ART. 5º, CAPUT; ART. 6º; ART. 7º, CAPUT E SEUS INCISOS E PARÁGRAFO ÚNICO; ARTS. 8º ATÉ 11; ART. 170, CAPUT E INCISOS III, VII E VIII; ART. 193, TODOS DA CONSTITUIÇÃO DE 1988). VÍNCULO DE EMPREGO. DADOS FÁTICOS CONSTANTES DO ACÓRDÃO REGIONAL REFERINDO-SE A RELAÇÃO SOCIOECONÔMICA ABRANGENTE DE PERÍODO DE QUASE DOIS MESES. P/RESENÇA DOS ELEMENTOS INTEGRANTES DA RELAÇÃO EMPREGATÍCIA. INCIDÊNCIA, ENTRE OUTROS PRECEITOS, TAMBÉM DA REGRA DISPOSTA NO PARÁGRAFO ÚNICO DO ART. 6º DA CLT (INSERIDA PELA LEI n. 12.551/2011), A QUAL ESTABELECE QUE "OS MEIOS TELEMÁTICOS E INFORMATIZADOS DE COMANDO, CONTROLE E SUPERVISÃO SE EQUIPARAM, PARA FINS DE SUBORDINAÇÃO JURÍDICA, AOS MEIOS PESSOAIS E DIRETOS DE COMANDO, CONTROLE E SUPERVISÃO DO TRABALHO ALHEIO". PRESENÇA, POIS, DOS CINCO ELEMENTOS DA RELAÇÃO DE EMPREGO, OU SEJA: PESSOA HUMANA PRESTANDO TRABALHO; COM PESSOALIDADE; COM ONEROSIDADE; COM NÃO EVENTUALIDADE; COM SUBORDINAÇÃO. ÔNUS DA PROVA DO TRABALHO AUTÔNOMO NÃO CUMPRIDO, PROCESSUALMENTE (ART 818, CLT), PELA EMPRESA DE PLATAFORMA DIGITAL QUE ARREGIMENTA, ORGANIZA, DIRIGE E FISCALIZA A PRESTAÇÃO DOS SERVIÇOS ESPECIALIZADOS DE SERVIÇOS DE TRANSPORTE. Cinge-se a controvérsia do presente processo em definir se a relação jurídica havida entre o Reclamante e a Reclamada – Uber do Brasil Tecnologia Ltda. – configurou-se como vínculo de emprego (ou não). A solução da demanda exige o exame e a reflexão sobre as novas e complexas fórmulas de contratação da prestação laborativa, algo distintas do tradicional sistema de pactuação e controle empregatícios, e que ora se desenvolvem por meio da utilização de plataformas e aplicativos digitais, softwares e mecanismos informatizados semelhantes, todos cuidadosamente instituídos, preservados e geridos por sofisticadas (e, às vezes, gigantescas) empresas multinacionais e, até mesmo, nacionais. É importante perceber que tais sistemas e ferramentas computadorizados surgem no contexto do aprofundamento da revolução tecnológica despontada na segunda metade do século XX (ou, um pouco à frente, no início do século XXI), a partir da informática e da internet, propiciando a geração de um sistema empresarial de plataformas digitais, de amplo acesso ao público, as quais permitem um novo meio de arregimentação de mão de obra, diretamente por intermédio desses aplicativos digitais, que têm o condão de organizar, direcionar, fiscalizar e zelar pela hígida prestação de serviços realizada ao cliente final. A modificação tecnológica e organizacional ocorrida nas duas últimas décadas tem sido tão intensa que há, inclusive, autores e correntes de pensamento que falam na existência de uma quarta revolução tecnológica no sistema capitalista. Evidentemente que essa nova estrutura de organização empresarial e de prestação de serviços facilita a aproximação e a comunicação na sociedade e no âmbito da prestação de serviços ao público alvo, seja este formado por pessoas físicas ou por instituições. Porém a lógica de sua estruturação e funcionamento também tem sido apreendida por grandes corporações empresariais como oportunidade ímpar para reduzirem suas estruturas produtivas e, especialmente, o custo do trabalho utilizado e imprescindível para o bom funcionamento econômico da entidade empresarial. De nenhuma valia econômica teria este sistema organizacional e tecnológico, conforme se percebe, se não houvesse, é claro, a prestação laborativa por ele propiciada ao público alvo objetivado - neste caso, se não existissem motoristas e carros organizadamente postos à disposição das pessoas físicas e jurídicas. Realmente, os impactos dessa nova modalidade empresarial e de organização do trabalho têm sido diversos: de um lado, potenciam, fortemente, a um custo mais baixo do que o precedente, a oferta do trabalho de transporte de pessoas e coisas no âmbito da sociedade; de outro lado, propiciam a possibilidade de realização de trabalho por pessoas desempregadas, no contexto de um desemprego agudo criado pelas políticas públicas e por outros fatores inerentes à dinâmica da economia; mas, em terceiro lugar, pela desregulamentação amplamente praticada por este sistema, gerando uma inegável deterioração do trabalho humano, uma lancinante desigualdade no poder de negociação entre as partes, uma ausência de regras de higiene e saúde do trabalho, uma clara falta de proteção contra acidentes ou doenças profissionais, uma impressionante inexistência de quaisquer direitos individuais e sociais trabalhistas, a significativa ausência de proteções sindicais e, se não bastasse, a grave e recorrente exclusão previdenciária. O argumento empresarial, em tal quadro, segue no sentido de ser o novo sistema organizacional e tecnológico tão disruptivo perante a sistemática de contratação anterior que não se fazem presentes, em sua estrutura e dinâmica, os elementos da relação empregatícia. E, efetivamente, é o que cabe examinar, afinal, no presente processo. Passa-se, dessa maneira, ao exame da relação socioeconômica e jurídica entre as partes do presente processo, respeitados os aspectos fáticos lançados pelo próprio acórdão regional, como determina a Súmula 126 do TST. Nesse exame, sem negligenciar a complexidade das questões que envolvem a discussão dos autos, o eventual enquadramento como vínculo empregatício da relação jurídica entre o prestador de serviços e as plataformas digitais, pelo Poder Judiciário Trabalhista no Brasil, vai depender das situações fáticas efetivamente demonstradas, as quais, por sua própria complexidade, podem abarcar inúmeras e múltiplas hipóteses. A propósito, no Direito brasileiro existe sedimentada presunção de ser empregatício o vínculo jurídico formado – regido pela Constituição da República (art. 7º) e pela CLT, portanto –, desde que seja incontroversa a prestação de serviços por uma pessoa natural a alguém (Súmula 212, TST). Essa presunção jurídica relativa (não absoluta, esclareça-se) é clássica ao Direito do Trabalho, em geral, resultando de dois fatores historicamente incontestáveis: a circunstância de ser a relação de emprego a regra geral de conexão dos trabalhadores ao sistema socioeconômico capitalista; a circunstância de a relação de emprego, desde o surgimento do Direito do Trabalho, ter se tornado a fórmula mais favorável e protegida de inserção da pessoa humana trabalhadora na competitiva e excludente economia contemporânea. No Brasil, desponta a singularidade de esta antiga presunção jurídica ter sido incorporada, de certo modo, até mesmo pela Constituição da República de 1988, ao reconhecer, no vínculo empregatício, um dos principais e mais eficazes instrumentos de realização de notável bloco de seus princípios cardeais, tais como o da dignidade do ser humano, o da centralidade da pessoa humana na ordem jurídica e na vida socioeconômica, o da valorização do trabalho e do emprego, o da inviolabilidade física e psíquica da pessoa humana, o da igualdade em sentido substancial, o da justiça social, o do bem-estar individual e social, o da segurança e o da subordinação da propriedade à sua função socioambiental. Com sabedoria, a Constituição percebeu que não se criou, na História do Capitalismo, nessa direção inclusiva, fórmula tão eficaz, larga, abrangente e democrática quanto a estruturada na relação de emprego. Convergindo inúmeros preceitos constitucionais para o estímulo, proteção e elogio à relação de emprego (ilustrativamente: Preâmbulo da CF/88; art. 1º, III e IV; art. 3º, I, II, III e IV; art. 5º, caput; art. 6º; art. 7º, *caput* e seus incisos e parágrafo único; arts. 8º até 11; art. 170, *caput* e incisos III, VII e VIII; art. 193, todos do Texto Máximo de 1988), emerge clara a presunção também constitucional em favor do vínculo empregatício no contexto de existência de incontroversa prestação de trabalho na vida social e econômica. De par com isso, a ordem jurídica não permite a contratação do trabalho por pessoa natural, com os intensos elementos da relação de emprego, sem a incidência do manto mínimo assecuratório da dignidade básica do ser humano nessa seara da vida individual e socioeconômica. Em consequência, possuem caráter manifestamente excetivo fórmulas alternativas de prestação de serviços a alguém, por pessoas naturais, como, ilustrativamente, contratos de estágio, vínculos autônomos ou eventuais, relações cooperativadas e as fórmulas intituladas de "pejotização" e, mais recentemente, o trabalho de transporte de pessoas e coisas via arregimentação e organização realizadas por empresas de plataformas digitais. Em qualquer desses casos, estando presentes os elementos da relação de emprego, esta prepondera e deve ser reconhecida, uma vez que a verificação desses pressupostos, muitas vezes, demonstra que a adoção de tais práticas se dá, essencialmente, como meio de precarizar as relações empregatícias (art. 9º, da CLT). Nesse aspecto, cumpre enfatizar que o fenômeno sociojurídico da relação empregatícia emerge quando reunidos os seus cinco elementos fático-jurídicos constitutivos: prestação de trabalho por pessoa física a outrem, com pessoalidade, não eventualidade, onerosidade e sob subordinação. Observe-se que, no âmbito processual, uma vez admitida a prestação de serviços pelo suposto empregador/tomador de serviços, a ele compete demonstrar que o labor se desenvolveu sob modalidade diversa da relação de emprego, considerando a presunção (relativa) do vínculo empregatício sedimentada há várias décadas no Direito do Trabalho, conforme exaustivamente exposto. A análise casual das hipóteses discutidas em Juízo, portanto, deve sempre se pautar no critério do ônus da prova – definido no art. 818 da CLT –, competindo ao obreiro demonstrar a prestação de serviços (inciso I do art. 818 da CLT); e à Reclamada, provar eventual autonomia na relação jurídica (inciso II do art. 818 da CLT). No caso dos autos, a prova coligida no processo e referenciada pelo acórdão recorrido demonstrou que a Reclamada administra um empreendimento relacionado ao transporte de pessoas – e não mera interligação entre usuários do serviço e os motoristas cadastrados no aplicativo – e que o Reclamante lhe prestou serviços como motorista do aplicativo digital. Assim, ficaram firmemente demonstrados os elementos integrantes da relação de emprego, conforme descrito imediatamente a seguir. Em primeiro lugar, é inegável (e fato incontroverso) de que o trabalho de dirigir o veículo e prestar o serviço de transporte, em conformidade com as regras estabelecidas pela empresa de plataforma digital, foi realizado, sim, por uma pessoa humana – no caso, o Reclamante. Em segundo lugar, a pessoalidade também está comprovada, pois o Obreiro precisou efetivar um cadastro individual na Reclamada, fornecendo dados pessoais e bancários, bem como, no decorrer da execução do trabalho, foi submetido a um sistema de avaliação individualizada, a partir de notas atribuídas pelos clientes e pelo qual a Reclamada controlava a qualidade dos serviços prestados. É também incontroverso de que todas as inúmeras e incessantes avaliações feitas pela clientela final referem-se à pessoa física do motorista uberizado, emergindo, assim, a presença óbvia do elemento fático e jurídico da pessoalidade. O caráter oneroso do trabalho executado é também incontroverso, pois a clientela faz o pagamento ao sistema virtual da empresa, em geral por meio de cartão de crédito (podendo haver também, mais raramente, pagamento em dinheiro) e, posteriormente, a empresa gestora do sistema informatizado credita parte do valor apurado na conta corrente do motorista. Ora, o trabalhador somente adere a esse sistema empresarial e de prestação laborativa porque ele lhe assegura retribuição financeira em decorrência de sua prestação de trabalho e em conformidade com um determinado percentual dos valores apurados no exercício desse trabalho. Sobre a não eventualidade, o labor do Reclamante estava inserido na dinâmica intrínseca da atividade econômica da Reclamada e inexistia qualquer traço de transitoriedade na prestação do serviço. Não era eventual, também, sob a perspectiva da teoria do evento, na medida em que não se tratava de labor desempenhado para certa obra ou serviço, decorrente de algum acontecimento fortuito ou casual. De todo modo, é também incontroverso de que se trata de labor inerente à rotina fundamental da empresa digital de transporte de pessoas humanas, sem o qual tal empresa sequer existiria. Por fim, a subordinação jurídica foi efetivamente demonstrada, destacando-se as seguintes premissas que se extraem do acórdão regional, incompatíveis com a suposta autonomia do trabalhador na execução do trabalho: 1) a Reclamada organizava unilateralmente as chamadas dos seus clientes/passageiros e indicava o motorista para prestar o serviço; 2) a empresa exigia a permanência do Reclamante conectado à plataforma digital para prestar os serviços, sob risco de descredenciamento da plataforma digital (perda do trabalho); 3) a empresa avaliava continuamente a performance dos motoristas, por meio de um controle telemático e pulverizado da qualidade dos serviços, a partir da tecnologia da plataforma digital e das notas atribuídas pelos clientes/passageiros ao trabalhador. Tal sistemática servia, inclusive, de parâmetro para o descredenciamento do motorista em face da plataforma digital – perda do trabalho –, caso o obreiro não alcançasse uma média mínima; 4) a prestação de serviços se desenvolvia diariamente, durante o período da relação de trabalho – ou, pelo menos, com significativa intensidade durante os dias das semanas –, com minucioso e telemático controle da Reclamada sobre o trabalho e relativamente à estrita observância de suas diretrizes organizacionais pelo trabalhador, tudo efetivado, aliás, com muita eficiência, por intermédio da plataforma digital (meio telemático) e mediante a ativa e intensa, embora difusa, participação dos seus clientes/passageiros. Saliente-se ser fato notório (art. 337, I, do CPC/15) que a Reclamada é quem estabelece unilateralmente os parâmetros mais essenciais da forma de prestação dos serviços e da dinâmica de funcionamento da atividade econômica, como, por exemplo, a definição do preço da corrida e do quilômetro rodado no âmbito de sua plataforma digital. Desse quadro, se percebe a configuração da subordinação jurídica nas diversas dimensões: a) clássica , em face da existência de incessantes ordens diretas da Reclamada promovidas por meios remotos e digitais (art. 6º, parágrafo primeiro, da CLT), demonstrando a existência da assimetria poder de direção/subordinação e, ainda, os aspectos diretivo, regulamentar, fiscalizatório e disciplinar do poder empregatício; b) objetiva, tendo em vista o trabalho executado estritamente alinhado aos objetivos empresariais; c) estrutural, mediante a inteira inserção do profissional contratado na organização da atividade econômica desempenhada pela Reclamada, em sua dinâmica de funcionamento e na cultura jurídica e organizacional nela preponderante; d) por fim, a subordinação algorítima, que consiste naquela efetivada por intermédio de aferições, acompanhamentos, comandos, diretrizes e avaliações concretizadas pelo computador empresarial, no denominado algoritmo digital típico de tais empresas da Tecnologia 4.0. Saliente-se, por oportuno, que a suposta liberdade do profissional para definir seus horários de trabalho e de folgas, para manter-se ligado, ou não, à plataforma digital, bem como o fato de o Reclamante ser detentor e mantenedor de uma ferramenta de trabalho – no caso, o automóvel utilizado para o transporte de pessoas – são circunstâncias que não têm o condão de definir o trabalho como autônomo e afastar a configuração do vínculo de emprego. Reitere-se: a prestação de serviços ocorria diariamente, com sujeição do Autor às ordens emanadas da Reclamada por meio remoto e telemático (art. 6º, parágrafo único, da CLT); havia risco de sanção disciplinar (exclusão da plataforma) em face da falta de assiduidade na conexão à plataforma e das notas atribuídas pelos clientes/passageiros da Reclamada; inexistia liberdade ou autonomia do Reclamante para definir os preços das corridas e dos seus serviços prestados, bem como escolher os seus passageiros (ou até mesmo criar uma carteira própria de clientes); não se verificou o mínimo de domínio do trabalhador sobre a organização da atividade empresarial, que era centralizada, metodicamente, no algoritmo da empresa digital; ficou incontroversa a incidência das manifestações fiscalizatórias, regulamentares e disciplinares do poder empregatício na relação de trabalho analisada. Enfim, o trabalho foi prestado pelo Reclamante à Reclamada, mediante remuneração, com subordinação, e de forma não eventual. Cabe reiterar que, embora, neste caso concreto, tenham sido comprovados os elementos da relação empregatícia, deve ser considerado que o ônus da prova da autonomia recai sobre a defesa, ou seja, o ente empresarial, já que inequívoca a prestação de trabalho (art. 818, II, da CLT), sendo forçoso reconhecer, também, que a

> Reclamada não se desvencilhou satisfatoriamente de seu encargo probatório. Dessa forma, deve ser reformado o acórdão regional para se declarar a existência do vínculo de emprego entre as Partes, nos termos da fundamentação. Recurso de revista conhecido e provido" (TST – RR-100353-02.2017.5.01.0066, 3ª Turma, Relator Ministro Mauricio Godinho Delgado, DEJT 11/04/2022).

A recente Lei 14.297/22 dispõe sobre medidas de proteção asseguradas ao entregador que presta serviço por intermédio de empresa de aplicativo de entrega durante a vigência da emergência em saúde pública decorrente do coronavírus responsável pela covid-19. Embora a lei seja aplicável apenas ao período de pandemia, e não reconheça vínculo de emprego entre prestador e tomador dos serviços, estabelece a obrigatoriedade da empresa de aplicativo de entrega contratar seguro contra acidentes, sem franquia, em benefício do entregador nela cadastrado, exclusivamente para acidentes ocorridos durante o período de retirada e entrega de produtos e serviços, assegurar ao entregador afastado em razão de infecção pelo coronavírus responsável pela covid-19 assistência financeira pelo período de 15 (quinze) dias, o qual pode ser prorrogado por mais 2 (dois) períodos de 15 (quinze) dias, mediante apresentação do comprovante ou do laudo médico; fornecer ao entregador informações sobre os riscos do coronavírus responsável pela covid-19 e os cuidados necessários para se prevenir do contágio e evitar a disseminação da doença; disponibilizar máscaras e álcool em gel ou outro material higienizante aos entregadores, para proteção pessoal durante as entregas; permitir que o entregador utilize as instalações sanitárias de estabelecimentos, e garantir o acesso do entregador a água potável.

2.4. Trabalhador eventual

O trabalhador eventual presta serviços de forma pessoal, subordinada e onerosa, mas não se fixa a um determinado tomador, e o serviço tem curta duração.

Há várias teorias sobre o trabalhador eventual, conforme elenca Amauri Mascaro Nascimento[11], quais sejam:

11 Iniciação do Direito do Trabalho. 33ª Edição. São Paulo: LTr, 2007, p. 168.

a) *descontinuidade na prestação de serviços*: o trabalhador eventual presta serviços de forma ocasional;

b) *teoria dos fins da empresa*: o trabalhador eventual socorre uma atividade relacionada com os fins normais da empresa;

c) *fixação*: o trabalhador eventual não fixação a um tomador;

d) *teoria do evento*: o trabalhador eventual socorre uma atividade específica de curta duração.

Pensamos que o trabalhador eventual que não se fixa um determinado tomador de serviços e presta serviços de curta duração.

No mesmo sentido conclui Maurício Godinho Delgado[12], que caracteriza-se o trabalho eventual pelos seguintes elementos:

> "a) descontinuidade da prestação do trabalho, entendida como a não permanência em uma organização com ânimo definitivo; b) não fixação jurídica a uma única fonte de trabalho, com pluralidade variável de tomadores de serviços; c) curta duração do trabalho prestado; d) natureza do trabalho vinculada a evento certo, determinado e episódico quanto à regular dinâmica do empreendimento do tomador dos serviços; e) ademais, a natureza do trabalho também não seria afinada aos fins normais do empreendimento".

2.5. Trabalhador voluntário

A Lei 9.608/98 disciplinou o trabalho voluntário.

O artigo 1º, da referida Lei define o trabalho voluntário nos seguintes termos:

> "Considera-se serviço voluntário, para os fins desta Lei, a atividade não remunerada prestada por pessoa física a entidade pública de qualquer natureza ou a instituição privada de fins não lucrativos que tenha objetivos cívicos, culturais, educacionais, científicos, recreativos ou de assistência à pessoa. Parágrafo único. O serviço voluntário não gera vínculo empregatício, nem obrigação de natureza trabalhista previdenciária ou afim."

Nos termos do artigo 2º da referida Lei, o serviço voluntário será exercido mediante a celebração de termo de adesão entre a entidade,

12 Curso de Direito do Trabalho. 18ª ed. São Paulo: Ltr, 2019, p. 404/405.

pública ou privada, e o prestador do serviço voluntário, dele devendo constar o objeto e as condições de seu exercício.

A assinatura de termo de adesão (documento formal e escrito), nos moldes da lei 9608/98, gera uma presunção de gratuidade do trabalho, mas não exclui a possibilidade da existência do vínculo de emprego se, faticamente, estiverem presentes os requisitos dos artigos 2º e 3º da CLT, quais sejam: pessoalidade, não eventualidade, subordinação e onerosidade, o vínculo de emprego deve ser reconhecido.

Deve ser destacado que o "*animus contrahendi*", ou seja, a intenção de trabalhar como empregado é fator decisivo para reconhecimento do vínculo. Esse *animus* é aferido objetivamente, pela função desenvolvida, pela natureza dos serviços, e pelo comportamento das partes (prestador e tomador) durante a prestação pessoal de serviços.

Como bem destaca José Affonso Dallegrave Neto[13]:

> "O fundamental para discernir se a relação é de emprego ou de trabalho voluntário traduz-se na aferição da atividade prestada pelo trabalhador. Assim, se o obreiro presta o seu serviço de forma gratuita, com fito assistencial, cívico, cultural ou científico, por certo estará caracterizado o trabalho voluntário ao qual se reporta a Lei 9.608/98. Ao contrário, se o trabalhador, por exemplo, presta serviço de telefonista mediante ordens, com uso de uniforme e rigoroso horário de expediente a cumprir. Aqui será inegável a existência de liame empregatício. Até porque não se pode admitir a presença rigorosa de subordinação para com os voluntários. É possível, até mesmo, que a entidade considerada filantrópica para os efeitos legais, tenha parte de sua organização composta de voluntários e outra de empregados assalariados."

A Lei 9608/98, no artigo 3º[14] prevê a possibilidade de ressarcimento de despesas ao trabalhador voluntário, sem que tal requisito configure onerosidade.

---

13 Inovações na Legislação Trabalhista: Reforma Trabalhista Ponto a Ponto. 2ª Edição. São Paulo: LTr, 2002, p. 193.

14 Art. 3º, da Lei 9.608/98: *O prestador do serviço voluntário poderá ser ressarcido pelas despesas que comprovadamente realizar no desempenho das atividades voluntárias. Parágrafo único. As despesas a serem ressarcidas deverão estar expressamente autorizadas pela entidade a que for prestado o serviço voluntário.*

Quanto ao trabalho de religiosos, padres, missionários, pastores, etc., embora, como regra, seja um trabalho remunerado, tem entendido a jurisprudência que a relação entre eles e a entidade religiosa não se equipara à relação de emprego, em razão do trabalho se realizar por vocação, voto de fé, não havendo o "animus contrahendi".

Nesse sentido, destaca-se a seguinte ementa:

> **MINISTRO DE CONFISSÃO RELIGIOSA. IGREJA UNIVERSAL DO REINO DE DEUS. VÍNCULO DE EMPREGO. NATUREZA CONFESSIONAL, PERTINENTE A UMA CRENÇA MÍSTICA E A UMA PRÁTICA RELIGIOSA, E À DISSEMINAÇÃO SOCIAL DESTAS, DAS ATIVIDADES DESENVOLVIDAS. SUBORDINAÇÃO DE ÍNDOLE ECLESIAL. PRESSUPOSTOS FÁTICOS E JURÍDICOS DA RELAÇÃO DE EMPREGO NÃO CONFIGURADOS**. Hipótese em que, a partir do conjunto probatório, se evidencia que o vínculo que unia o reclamante, ministro de confissão religiosa (pastor), à sua igreja era de natureza confessional, trabalhando ele, por fé própria e autodeclarada vocação pessoal, pertinentes a uma crença mística e a uma prática religiosa, na disseminação social destas, sendo, no contexto de tal crença e de tal prática, todas as suas atividades convergentes a tal fim, não se verificando, a partir do acervo probatório, a presença, na relação concreta estabelecida por vários anos entre o ministro de confissão religiosa e a igreja em que se engajou, como disseminador de tal fé, alicerçada na crença em uma divindade em particular e nos fundamentos dogmáticos dessa crença, dos pressupostos fáticos e jurídicos da relação de emprego. A rejeição do pedido de declaração do vínculo de emprego entre o reclamante, ministro de confissão religiosa (pastor), e a igreja em que se engajou, no caso, não decorre, de per si, da simples premissa de que o trabalho em atividades religiosas não possa consubstanciar uma relação de emprego, mas da constatação de que, no caso, o vínculo e a subordinação entre o reclamante, ministro de confissão religiosa (pastor), e a igreja em que se engajou, são de índole eclesial, e não empregatícia, com a adesão voluntária do pastor ao ofício de disseminação social da sua crença mística e da sua prática religiosa, bem como aos dogmas da religião assim professada, e sob a supervisão eclesial da correspondente igreja, necessária à boa ordenação de tal ofício e, assim, à preservação e à disseminação dos fundamentos da referida crença sobrenatural (religiosa).

(TRT da 2ª Região; Processo: 1001048-19.2020.5.02.0608; Data: 12-05-2022; Órgão Julgador: 2ª Turma – Cadeira 3 – 2ª Turma; Relator(a): RODRIGO GARCIA SCHWARZ).

2.6. Trabalhador avulso

Avulso "é tudo o que é solto, tudo o que é desligado do corpo ou da coleção de que poderia fazer parte. Sendo assim, o não fichado, desconectado de um grupo de empregados regularmente inseridos no âmbito da empresa, é também popularmente intitulado avulso."[15]

Conforme Maurício Godinho Delgado[16]: "o obreiro avulso corresponde a modalidade de trabalhador eventual, que oferta sua força de trabalho, por curtos períodos de tempo, a distintos tomadores, sem se fixar especificamente a qualquer deles."

O trabalhador avulso, na verdade, presta serviços, por intermédio do Sindicato, ou Órgão Gestor da mão de obra, a vários tomadores, por curto lapso de tempo. Já o trabalhador eventual presta serviços por curto lapso de tempo a distintos tomadores, sem intermediação.

Historicamente, o trabalho avulso surgiu nos Portos, sendo os trabalhadores arregimentados pelo sindicato para prestar serviços para os diversos operadores portuários.

A Constituição Federal igualou os direitos do trabalhador avulso ao do trabalhador regido pela legislação trabalhista. Nesse sentido, é o artigo 7º, XXXIV, da CF, quando assevera "igualdade de direitos entre o trabalhador com vínculo empregatício permanente e o trabalhador avulso". Não obstante, apesar de fazer jus a todos os direitos trabalhistas, não tem o registro em carteira de trabalho.

Atualmente, o trabalhador avulso portuário é regido pela Lei 12.815/93 (arts. 32 a 45).

Dispõe o art. 32 da Lei 12.815/13: "Os operadores portuários devem constituir em cada porto organizado um órgão de gestão de mão de obra do trabalho portuário, destinado a: I – administrar o fornecimento da mão de obra do trabalhador portuário e do trabalhador portuário avulso;

15 MARTINEZ, Luciano. Curso de Direito do Trabalho. 10ª ed. São Paulo: Saraiva, 2019, p. 161.

16 Direito do Trabalho. 7ª Edição. São Paulo: LTr, 2008, p. 341.

II – manter, com exclusividade, o cadastro do trabalhador portuário e o registro do trabalhador portuário avulso; III – treinar e habilitar profissionalmente o trabalhador portuário, inscrevendo-o no cadastro; IV – selecionar e registrar o trabalhador portuário avulso; V – estabelecer o número de vagas, a forma e a periodicidade para acesso ao registro do trabalhador portuário avulso; VI – expedir os documentos de identificação do trabalhador portuário; e VII – arrecadar e repassar aos beneficiários os valores devidos pelos operadores portuários relativos à remuneração do trabalhador portuário avulso e aos correspondentes encargos fiscais, sociais e previdenciários. Parágrafo único. Caso celebrado contrato, acordo ou convenção coletiva de trabalho entre trabalhadores e tomadores de serviços, o disposto no instrumento precederá o órgão gestor e dispensará sua intervenção nas relações entre capital e trabalho no porto.

Nos termos do art. 40 da Lei 12.815/2013, "O trabalho portuário de capatazia, estiva, conferência de carga, conserto de carga, bloco e vigilância de embarcações, nos portos organizados, será realizado por trabalhadores portuários com vínculo empregatício por prazo indeterminado e por trabalhadores portuários avulsos. § 1º Para os fins desta Lei, consideram-se: I – capatazia: atividade de movimentação de mercadorias nas instalações dentro do porto, compreendendo o recebimento, conferência, transporte interno, abertura de volumes para a conferência aduaneira, manipulação, arrumação e entrega, bem como o carregamento e descarga de embarcações, quando efetuados por aparelhamento portuário; II – estiva: atividade de movimentação de mercadorias nos conveses ou nos porões das embarcações principais ou auxiliares, incluindo o transbordo, arrumação, peação e despeação, bem como o carregamento e a descarga, quando realizados com equipamentos de bordo; III – conferência de carga: contagem de volumes, anotação de suas características, procedência ou destino, verificação do estado das mercadorias, assistência à pesagem, conferência do manifesto e demais serviços correlatos, nas operações de carregamento e descarga de embarcações; IV – conserto de carga: reparo e restauração das embalagens de mercadorias, nas operações de carregamento e descarga de embarcações, reembalagem, marcação, remarcação, carimbagem, etiquetagem, abertura de volumes para vistoria e posterior recomposição; V – vigilância de embarcações: atividade de fiscalização da entrada e saída de pessoas a bordo das embarcações atracadas ou fundeadas ao largo, bem como da movimentação de mercadorias nos portalós, rampas, porões, conveses, plataformas e em outros locais da embarcação; e VI – bloco: atividade de limpeza e conservação de embarcações mercantes e de seus tanques, incluindo batimento de ferrugem, pintura, reparos de pequena monta e serviços correlatos. § 2º A contratação de trabalhadores portuários de capatazia, bloco, estiva, conferência de carga, conserto de carga e vigilância de embarcações com vínculo empregatício por prazo indeterminado será feita exclusivamente dentre trabalhadores portuários avulsos registrados. § 3º O operador portuário, nas atividades a que alude o *caput*, não poderá locar ou tomar mão de obra sob o regime de trabalho temporário de que trata a Lei nº 6.019, de 3 de janeiro de 1974. § 4º As categorias previstas no *caput* constituem categorias profissionais diferenciadas. § 5º Desde que possuam a qualificação necessária, os trabalhadores portuários avulsos registrados e cadastrados poderão desempenhar quaisquer das atividades de que trata o § 1º deste artigo, vedada a exigência de novo registro ou cadastro específico, independentemente de acordo ou convenção coletiva. (Incluído pela Lei nº 14.047, de 2020)".

Diante dos referidos dispositivos legais, o trabalhador portuário pode ser contratado, na modalidade de trabalhador avulso, com intermediação do órgão gestor de mão de obra (OGMO), ou ser contratado, diretamente, pelo próprio operador portuário, como empregado. No entanto, a contratação de trabalhadores portuários de capatazia, bloco, estiva, conferência de carga, conserto de carga e vigilância de embarcações com vínculo empregatício por prazo indeterminado será feita exclusivamente dentre trabalhadores portuários avulsos registrados.

O órgão gestor da mão de obra e o operador portuário são, solidariamente, responsáveis pelas verbas trabalhistas dos trabalhadores portuários avulsos nos termos do § 2º do art. 33 da Lei 12.815/2013.

O trabalhador avulso não portuário é regido pela Lei 12.023/09. Dispõe o art. 1º, da referida Lei:

> "As atividades de movimentação de mercadorias em geral exercidas por trabalhadores avulsos, para os fins desta Lei, são aquelas desenvolvidas em áreas urbanas ou rurais sem vínculo empregatício, mediante intermediação obrigatória do sindicato da categoria, por meio de Acordo ou Convenção Coletiva de Trabalho para execução das atividades. Parágrafo único. A remuneração, a definição das funções, a composição de equipes e as demais condições de trabalho serão objeto de negociação entre as entidades representativas dos trabalhadores avulsos e dos tomadores de serviços."

Diante do referido dispositivo legal, o trabalhador avulso não portuário realiza atividades de movimentação de mercadorias para vários tomadores de serviços (urbanos ou rurais), sem vínculo empregatício, sob intermediação do Sindicato.

Nos termos do art. 2º, da Lei 12.023/09, são atividades da movimentação de mercadorias em geral: I – cargas e descargas de mercadorias a granel e ensacados, costura, pesagem, embalagem, enlonamento, ensaque, arrasto, posicionamento, acomodação, reordenamento, reparação da carga, amostragem, arrumação, remoção, classificação, empilhamento, transporte com empilhadeiras, paletização, ova e desova de vagões, carga e descarga em feiras livres e abastecimento de lenha em secadores e caldeiras; II – operações de equipamentos de carga e descarga; III – pré-limpeza e limpeza em locais necessários à viabilidade das operações ou à sua continuidade.

Conformem o art. 4º, da Lei 12.023/09, o sindicato elaborará a escala de trabalho e as folhas de pagamento dos trabalhadores avulsos, com a indicação do tomador do serviço e dos trabalhadores que participaram da operação, devendo prestar, com relação a estes, as seguintes informações: I – os respectivos números de registros ou cadastro no sindicato; II – o serviço prestado e os turnos trabalhados; III – as remunerações pagas, devidas ou creditadas a cada um dos trabalhadores, registrando-se as parcelas referentes a: a) repouso remunerado; b) Fundo de Garantia por Tempo de Serviço; c) 13º salário; d) férias remuneradas mais 1/3 (um terço) constitucional; e) adicional de trabalho noturno; f) adicional de trabalho extraordinário.

O sindicado e o tomador de serviços são solidariamente responsáveis pelas verbas trabalhistas do trabalhador avulso não portuário.

Nos termos do art. 643, § 3º, da CLT: a Justiça do Trabalho é competente, ainda, para processar e julgar as ações entre trabalhadores portuários e os operadores portuários ou o Órgão Gestor de Mão de Obra – OGMO decorrentes da relação de trabalho.

2.7. Do Trabalhador cooperado

Conforme Jorge Luiz Souto Maior[17]: "a cooperativa é a um tempo, empresa econômica e associação de pessoas. Empresa econômica porque a

17 SOUTO MAIOR, Jorge Luiz. Curso de Direito do Trabalho. Volume II. São Paulo: LTr, 2008, p. 98/99.

cooperativa, tendo em vista a melhoria econômica de seus associados, assenta-se sobre um complexo organizacional dos fatores da produção; associação de pessoas, pois reúne um certo número de membros em torno do ideal de cooperação, para exploração da empresa (...)". Conclui Souto Maior[18]: "portanto, as cooperativas são sistemas de mútua ajuda em que pessoas que possuem necessidades comuns se associam, voluntariamente, para, mediante o exercício de um esforço conjunto e eliminando o intermediário, satisfazerem essas necessidades. As cooperativas têm um fim econômico porque visam à melhoria da situação econômica de seus membros, mediante a satisfação de suas necessidades, mas não possuem um escopo puramente mercantil, o que as distingue das demais atividades empresariais".

Nos termos do art. 2º da Lei 12.690/2012: "considera-se Cooperativa de Trabalho a sociedade constituída por trabalhadores para o exercício de suas atividades laborativas ou profissionais com proveito comum, autonomia e autogestão para obterem melhor qualificação, renda, situação socioeconômica e condições gerais de trabalho. § 1º A autonomia de que trata o *caput* deste artigo deve ser exercida de forma coletiva e coordenada, mediante a fixação, em Assembleia Geral, das regras de funcionamento da cooperativa e da forma de execução dos trabalhos, nos termos desta Lei. § 2º Considera-se autogestão o processo democrático no qual a Assembleia Geral define as diretrizes para o funcionamento e as operações da cooperativa, e os sócios decidem sobre a forma de execução dos trabalhos, nos termos da lei."

Conforme o art. 3º, da Lei 12.690/12, "a Cooperativa de Trabalho rege-se pelos seguintes princípios e valores: I – adesão voluntária e livre; II – gestão democrática; III – participação econômica dos membros; IV – autonomia e independência; V – educação, formação e informação; VI – intercooperação; VII – interesse pela comunidade; VIII – preservação dos direitos sociais, do valor social do trabalho e da livre iniciativa; IX – não precarização do trabalho; X – respeito às decisões de assembleia, observado o disposto nesta Lei; XI – participação na gestão em todos os níveis de decisão de acordo com o previsto em lei e no Estatuto Social."

Como bem assevera Maurício Godinho Delgado[19], no cooperativismo devem estar presentes dois princípios básicos, quais sejam: a) *dupla qualidade* e, b) *retribuição pessoal diferenciada*.

---

18 Op. cit. p. 99.

19 Curso de Direito do Trabalho. 8ª Edição. São Paulo: LTr, 2009, p. 315.

Quanto ao princípio da *dupla qualidade*, ensina Maurício Godinho Delgado[20] que ele "informa que a pessoa filiada tem de ser, ao mesmo tempo, em sua cooperativa, cooperado e cliente, auferindo as mesmas vantagens dessa duplicidade de situações. Isso significa que, para tal princípio, é necessário haver efetiva prestação de serviços pela Cooperativa diretamente ao associado – e não somente a terceiros."

Com relação ao princípio da *retribuição pessoal diferenciada*, explica Maurício Godinho Delgado[21] que "efetivamente, a cooperativa permite que o cooperado obtenha uma retribuição pessoal, em virtude de sua atividade autônoma, superior àquilo que obteria caso não estivesse associado. A retribuição pessoal de cada cooperado é, necessariamente (ainda que em potencial), superior àquela alcançada caso atuando isoladamente."

Dispõe o artigo 442, da CLT: *Contrato individual de trabalho é o acordo tácito ou expresso, correspondente à relação de emprego. Parágrafo único. Qualquer que seja o ramo de atividade da sociedade cooperativa, não existe vínculo empregatício entre ela e seus associados, nem entre estes e os tomadores de serviços daquela.*

Diante do referido dispositivo legal, à uma presunção relativa de que não existe vínculo de emprego entre trabalhador cooperado e cooperativa e também entre trabalhador cooperado e tomador dos serviços da cooperativa. No entanto, presentes os requisitos dos artigos 2º e 3º das CLT, quais sejam: prestador pessoa física, pessoalidade, não eventualidade, subordinação e onerosidade, o vínculo de emprego se formará com o tomador de serviços. Qualquer dispositivo que exclua o vínculo de emprego, quando na hipótese concretada ele existir, mostra-se inconstitucional por contrastar com o artigo 7º, "*caput*", da CF e atentar contra os princípios fundamentais do valor social do trabalho, e proteção à dignidade da pessoa humana do trabalhador (artigo 1º, III e IV, da CF).

Conforme a jurisprudência já sedimentada dos Tribunais, somente é aplicável o § único do artigo 442, da CLT, para excluir o vínculo de emprego entre tomador e cooperado, quando efetivamente, o trabalhador cooperado não prestar serviços para o tomador sob a moldura dos artigos 2º e 3º, da CLT. Havendo pessoalidade e subordinação entre trabalhador cooperado e tomador de serviços, o vínculo de emprego será reconhecido em face do tomador dos serviços, devendo a cooperativa, que intermediou

20 Curso de Direito do Trabalho. 8ª Edição. São Paulo: LTr, 2009, p. 315.

21 Curso de Direito do Trabalho. 18ª ed. São Paulo: LTr, 2019, p. 390.

a mão de obra, responder solidariamente, nos termos dos arts. 9º, da CLT e 932, III e 942, p. único do Código Civil.

2.8. O empreiteiro e o contrato de empreitada

O Código Civil de 2002 disciplina o contrato de empreitada nos arts. 610 a 626. Diz o art. 610 do CC: "O empreiteiro de uma obra pode contribuir para ela só com o seu trabalho ou com ele e os materiais."

Conforme Maria Helena Diniz[22] que "a empreitada ou locação de obra é o contrato pelo qual um dos contratantes (empreiteiro) se obriga, sem subordinação, a realizar, pessoalmente, ou por meio de terceiro, certa obra (p. ex., construção de uma casa, represa ou ponte; composição de uma música) para o outro (dono da obra), com material próprio ou por este fornecido, mediante remuneração determinada ou proporcional ao trabalho executado."

Para fins civis, o empreiteiro pode ser pessoa física ou jurídica e se obriga, mediante contrato, sem subordinação, e mediante o pagamento de remuneração, a construir uma obra. A empreitada pode ser de trabalho (lavor) ou mista em que o empreiteiro se compromete a fornecer o serviço e o material.

A questão dos contratos de empreitada e da competência da Justiça do Trabalho sempre foi polêmica, pois a CLT e o Direito do Trabalho sempre se ocuparam do trabalho subordinado, por conta alheia, regido pelos arts. 2º e 3º da CLT, e não do trabalho autônomo em que o empreiteiro corre os riscos de sua atividade.

A doutrina trabalhista apontou como nota de diferenciação do contrato de empreitada ao contrato de trabalho *stricto sensu* ou contrato de emprego, na expressão de *José Martins Catharino*, a subordinação jurídica, pois o empreiteiro é um profissional autônomo, que corre os riscos da sua atividade econômica, enquanto o empregado, mesmo recebendo por obra, não corre os riscos de sua atividade e transfere ao empregador a direção do seu trabalho. Como bem destaca *Mauricio Godinho Delgado*[23], "sendo pacto autônomo, civil, a empreitada preserva com o próprio profissional prestador de serviços a direção do cotidiano da prestação laborativa, no

22 DINIZ, Maria Helena. *Código Civil anotado*. 11. ed. São Paulo: Saraiva, 2005. p. 523.

23 DELGADO, Mauricio Godinho. *Curso de direito do trabalho*. 4. ed. São Paulo: LTr, 2005. p. 336-337.

cumprimento de obra pactuada. Não se transfere a direção para o tomador de serviços. Não há, pois, subordinação nessa prestação de trabalho."

A CLT disciplina a competência da Justiça do Trabalho para os contratos de empreitada. Com efeito, diz o art. 652: "Compete às Varas do Trabalho: a) conciliar e julgar: [...] III – os dissídios resultantes de contratos de empreitadas em que o empreiteiro seja operário ou artífice."

A doutrina e a jurisprudência denominam o contrato de empreitada referido no inciso III do art. 652 da CLT de *pequena empreitada*. Muitos autores fixaram entendimento no sentido de que o conceito de pequena empreitada para fins do art. 652, *a*, III, da CLT significa o serviço prestado por um empreiteiro de forma autônoma junto com alguns ajudantes ou empregados, sendo a obra de pequeno vulto econômico. Outros asseveram que o empreiteiro tem de trabalhar com pessoalidade, sem a ajuda de outros trabalhadores, independentemente do valor final da obra.

De nossa parte, o conceito de pequena empreitada previsto no art. 652 da CLT se refere ao trabalhador pessoa física. Esta modalidade contratual não se reporta ao vulto econômico da empreitada, pois o referido inciso III não vincula a empreitada ao valor do serviço, tampouco à sua duração, mas sim ao fato de o empreiteiro ser operário ou artífice. Ora, operário ou artífice é aquele trabalhador autônomo, podendo ser especializado ou não em um determinado serviço, que vive do seu próprio trabalho e que tem suas próprias ferramentas ou instrumentos de trabalho, prestando serviços com pessoalidade. Mostra-se perigosa a interpretação no sentido de que o empreiteiro pode estar acompanhado de outros trabalhadores e até constituir pessoa jurídica, sob consequência de se aplicar por analogia o conceito de pequena empreitada para outras espécies de prestação de serviços por pessoa jurídica ou até para microempresas. Além disso, a pequena empreitada é espécie do gênero relação de trabalho e, portanto, somente será admissível a pequena empreitada se o empreiteiro prestar serviços de forma pessoal. Não importa, a nosso ver, se o contrato de empreitada tem elevado vulto financeiro[24], ou se perdurará meses ou

24 Nesse sentido, exemplifica Ísis de Almeida: "Uma obra artesanal, por exemplo, encomendada expressamente mediante um contrato de empreitada (verbal ou escrito), e que tem de ser realizada por um artífice, pode ter preço bem elevado, e isto não modificará o entendimento que torna aplicável o inciso III, da letra *a* do art. 652, da CLT" (*Manual de direito processual do trabalho*. 1. v., 9. ed. São Paulo: LTr, 1998. p. 219).

anos[25], o essencial é que o empreiteiro trabalhe com pessoalidade[26], de forma autônoma, sem a ajuda de outros trabalhadores[27] e se comprometa a realizar uma obra acabada. Desse modo, no nosso sentir, o art. 652, III, da CLT, à luz do art. 114, I, da CF, deve ser interpretado restritivamente, em conformidade com a Constituição Federal.

A competência da Justiça do Trabalho justifica-se para o pequeno empreiteiro a fim de lhe facilitar o acesso à Justiça do Trabalho e de lhe garantir a dignidade e os valores sociais do trabalho. O empreiteiro, salvo se o contrato de empreitada mascarar uma verdadeira relação de emprego, não cobrará na Justiça créditos trabalhistas previstos na CLT e legislação extravagante, mas sim as parcelas e obrigações ajustadas no contrato de empreitada. Outrossim, também pode o pequeno empreiteiro postular na Justiça do Trabalho a nulidade do contrato de empreitada e o decorrente reconhecimento do vínculo de emprego, com o pagamento dos consectários trabalhistas, e, sucessivamente, caso não reconhecido o liame de emprego, as parcelas oriundas do contrato de empreitada.

Quanto ao prazo prescricional para as postulações decorrentes dos contratos de pequena empreitada, aplica-se o Código Civil. Nesse sentido:

> "**I - AGRAVO DE INSTRUMENTO EM RECURSO DE REVISTA. PRESCRIÇÃO. CONTRATO DE EMPREITADA. RELAÇÃO JURÍDICA DE NATUREZA CIVIL.** Demonstrada possível violação do art. 205 do Código Civil, impõe-se o provimento do agravo de instrumento para determinar o processamento do recurso de revista. Agravo de instrumento provido.

25 No nosso sentir, vincular o contrato de pequena empreitada à capacidade econômica do trabalhador, ou da obra, viola o princípio constitucional da isonomia e não discriminação (arts. 5º, *caput*, e 7º, XXX, ambos da CF).

26 No mesmo contexto, destaca-se a seguinte ementa: "A prestação jurisdicional trabalhista só se legitima, em face do art. 652, *a*, III, da CLT, quando se trata de operário ou artífice que trabalhe pessoalmente, embora sob forma de empreitada. Mas se o reclamante possui firma organizada, com quadro de empregados inscritos na Previdência Social, explorando atividades de construção civil, com a colaboração dos mesmos, a quem contrata e remunera, há que ser julgado carecedor de ação trabalhista" (Ac. de 26.9.72 – RR. 1.108/72 – relator Ministro C. A. Barata Silva – *Revista do TST* – 1972. p. 211).

27 Nesse mesmo diapasão, destacamos a posição de Eduardo Gabriel Saad: "Empreiteiro, nesse dispositivo consolidado, é o artesão, o profissional que trabalha sozinho. Se o empreiteiro chefia uma equipe de empregados, está impedido de utilizar a referida norma para dirimir controvérsia com o tomador dos seus serviços" (*Direito processual do trabalho*. 3. ed. São Paulo: LTr, 2002. p. 282).

II – RECURSO DE REVISTA. PRESCRIÇÃO. CONTRATO DE EMPREITADA. RELAÇÃO JURÍDICA DE NATUREZA CIVIL. A definição da modalidade de prescrição a ser aplicada se dá de acordo com a natureza da relação jurídica controvertida envolvida, de maneira que sendo o contrato de empreitada uma relação jurídica de natureza civil, o prazo prescrição aplicável é o disciplinado no Código Civil. Precedentes. **Recurso de revista conhecido e provido.**" (RR – 401-72.2012.5.09.0011 – Data de Julgamento: 17.5.2017, rela. Ministra Delaíde Miranda Arantes, 2ª Turma, Data de Publicação: DEJT 26.5.2017).

2.9. Do estagiário

Dispõe o art. 1º, da Lei 11.788/2008, que estágio "é ato educativo escolar supervisionado, desenvolvido no ambiente de trabalho, que visa à preparação para o trabalho produtivo de educandos que estejam freqüentando o ensino regular em instituições de educação superior, de educação profissional, de ensino médio, da educação especial e dos anos finais do ensino fundamental, na modalidade profissional da educação de jovens e adultos. § 1º O estágio faz parte do projeto pedagógico do curso, além de integrar o itinerário formativo do educando. § 2º O estágio visa ao aprendizado de competências próprias da atividade profissional e à contextualização curricular, objetivando o desenvolvimento do educando para a vida cidadã e para o trabalho."

O estágio tem por finalidade propiciar vivência prática aos estudantes e prepará-los para o exercício profissional, que estejam frequentando o ensino regular em instituições de educação superior, de educação profissional, de ensino médio, da educação especial e dos anos finais do ensino fundamental, na modalidade profissional da educação de jovens e adultos.

O estágio se assemelha ao vínculo empregatício, uma vez que o estagiário presta serviços de forma pessoal, em atividade ligada aos fins econômicos do tomador de serviços, cumpre jornada de trabalho (art. 10, da Lei 11.788/2008[28]), há subordinação de forma mais branda que no

28 Art. 10 da Lei 11.788/08: "A jornada de atividade em estágio será definida de comum acordo entre a instituição de ensino, a parte concedente e o aluno estagiário ou seu representante legal, devendo constar do termo de compromisso ser compatível com as atividades escolares e não ultrapassar: I – 4 (quatro) horas diárias e 20 (vinte) horas semanais, no caso de

contrato de emprego, há recesso[29], e, como regra há contraprestação (art. 12, da Lei 11.788/2008[30]). Por isso, a ei 11.788/08 estabelece uma série de requisitos formais que devem estar presentes para que o contrato de estágio seja válido e não seja desvirtuado. De outro lado, a finalidade do estágio é pedagógica. Por isso, o estagiário não é considerado empregado da instituição de concede o estágio (art. 3º, da Lei 11.788/2008).

Nos termos do art. 7º, da Lei 11.788/2008, são obrigações da instituição de ensino: "I – celebrar termo de compromisso com o educando ou com seu representante ou assistente legal, quando ele for absoluta ou relativamente incapaz, e com a parte concedente, indicando as condições de adequação do estágio à proposta pedagógica do curso, à etapa e modalidade da formação escolar do estudante e ao horário e calendário escolar; II – avaliar as instalações da parte concedente do estágio e sua adequação à formação cultural e profissional do educando; III – indicar professor orientador, da área a ser desenvolvida no estágio, como responsável pelo acompanhamento e avaliação das atividades do estagiário; IV – exigir do educando a apresentação periódica, em prazo não superior a 6 (seis) meses, de relatório das atividades; V – zelar pelo cumprimento do termo de compromisso, reorientando o estagiário para outro local em caso de

estudantes de educação especial e dos anos finais do ensino fundamental, na modalidade profissional de educação de jovens e adultos; II – 6 (seis) horas diárias e 30 (trinta) horas semanais, no caso de estudantes do ensino superior, da educação profissional de nível médio e do ensino médio regular. § 1º O estágio relativo a cursos que alternam teoria e prática, nos períodos em que não estão programadas aulas presenciais, poderá ter jornada de até 40 (quarenta) horas semanais, desde que isso esteja previsto no projeto pedagógico do curso e da instituição de ensino. § 2º Se a instituição de ensino adotar verificações de aprendizagem periódicas ou finais, nos períodos de avaliação, a carga horária do estágio será reduzida pelo menos à metade, segundo estipulado no termo de compromisso, para garantir o bom desempenho do estudante."

29 Art. 13, da Lei 11.788/2008: "É assegurado ao estagiário, sempre que o estágio tenha duração igual ou superior a 1 (um) ano, período de recesso de 30 (trinta) dias, a ser gozado preferencialmente durante suas férias escolares. § 1º O recesso de que trata este artigo deverá ser remunerado quando o estagiário receber bolsa ou outra forma de contraprestação. § 2º Os dias de recesso previstos neste artigo serão concedidos de maneira proporcional, nos casos de o estágio ter duração inferior a 1 (um) ano."

30 Art. 12, da Lei 11.788/08: "O estagiário poderá receber bolsa ou outra forma de contraprestação que venha a ser acordada, sendo compulsória a sua concessão, bem como a do auxílio-transporte, na hipótese de estágio não obrigatório. § 1º A eventual concessão de benefícios relacionados a transporte, alimentação e saúde, entre outros, não caracteriza vínculo empregatício. § 2º Poderá o educando inscrever-se e contribuir como segurado facultativo do Regime Geral de Previdência Social."

descumprimento de suas normas; VI – elaborar normas complementares e instrumentos de avaliação dos estágios de seus educandos; VII – comunicar à parte concedente do estágio, no início do período letivo, as datas de realização de avaliações escolares ou acadêmicas."

As obrigações da parte concedente do estágio, segundo o art. 9º, da Lei 11.788/2008:

> "As pessoas jurídicas de direito privado e os órgãos da administração pública direta, autárquica e fundacional de qualquer dos Poderes da União, dos Estados, do Distrito Federal e dos Municípios, bem como profissionais liberais de nível superior devidamente registrados em seus respectivos conselhos de fiscalização profissional, podem oferecer estágio, observadas as seguintes obrigações: I – celebrar termo de compromisso com a instituição de ensino e o educando, zelando por seu cumprimento; II – ofertar instalações que tenham condições de proporcionar ao educando atividades de aprendizagem social, profissional e cultural; III – indicar funcionário de seu quadro de pessoal, com formação ou experiência profissional na área de conhecimento desenvolvida no curso do estagiário, para orientar e supervisionar até 10 (dez) estagiários simultaneamente; IV – contratar em favor do estagiário seguro contra acidentes pessoais, cuja apólice seja compatível com valores de mercado, conforme fique estabelecido no termo de compromisso; V – por ocasião do desligamento do estagiário, entregar termo de realização do estágio com indicação resumida das atividades desenvolvidas, dos períodos e da avaliação de desempenho; VI – manter à disposição da fiscalização documentos que comprovem a relação de estágio; VII – enviar à instituição de ensino, com periodicidade mínima de 6 (seis) meses, relatório de atividades, com vista obrigatória ao estagiário. Parágrafo único. No caso de estágio obrigatório, a responsabilidade pela contratação do seguro de que trata o inciso IV do *caput* deste artigo poderá, alternativamente, ser assumida pela instituição de ensino."

O contrato de estágio é formal e escrito, e por prazo determinado, não podendo exceder dois anos, exceto se o estagiário for portador de deficiência (art. 11 da Lei 11.788/2008), e deve observar os seguintes requisitos obrigatórios, conforme o art. 3º, da Lei 11.788/2008:

a) matrícula e frequência regular do educando em curso de educação superior, de educação profissional, de ensino médio, da educação especial e nos anos finais do ensino fundamental, na modalidade profissional da educação de jovens e adultos e atestados pela instituição de ensino;

b) celebração de termo de compromisso entre o educando, a parte concedente do estágio e a instituição de ensino;

c) compatibilidade entre as atividades desenvolvidas no estágio e aquelas previstas no termo de compromisso;

d) acompanhamento efetivo pelo professor orientador da instituição de ensino e por supervisor da parte concedente, comprovado por vistos nos relatórios de atividades apresentados com periodicidade não superior a 06 meses, e aprovação final.

O descumprimento dos requisitos acima, caracteriza vínculo de emprego entre estagiário e entidade concedente do estágio.

No cotidiano da execução dos contratos de estágios, temos observados que muitas vezes ele se confunde com o contrato de emprego, e é difícil dizer se se trata de estagiário ou de empregado. No entanto, observados os requisitos de validade da Lei 11.788/2008, e sendo preponderante a finalidade pedagógica da prestação de serviços, deve-se dar primazia ao contrato de estágio.

Como bem adverte Maurício Godinho Delgado[31], "o mais importante não é se saber se o tomador de serviços está auferindo (ou não) ganhos econômicos com o estágio – já que tais ganhos sempre existirão em qualquer situação de prestação laborativa de alguém a outrem (mesmo prestação laborativa não onerosa, insista-se). Tais ganhos são inevitáveis a qualquer prestação de trabalho, sendo que esse fato não descaracteriza a regularidade do estágio. O fundamental, portanto, é aferir-se se o estágio está, efetivamente, cumprindo seus objetivos legais de permitir ganhos educacionais e profissionais para o estudante-obreiro. Ou seja, aferir-se o papel agregador real do estágio para a escolaridade e a formação educacional e profissional do estagiário."

Em eventual demanda judicial onde o estagiário postula vínculo de emprego, apresentando o tomador de serviços a documentação exigida pela Lei para a validade do contrato de estágio, caberá ao estagiário demonstrar o desvirtuamento do contrato por qualquer meio admitido em direito (artigo 818, I, da CLT).

31 Curso de Direito do Trabalho. 18ª ed. São Paulo: Ltr, 2019, p. 386.

No aspecto, destaca-se a seguinte ementa:

> "RECURSO DE REVISTA DA RECLAMADA. 1. CONTRATO DE ESTÁGIO. DESVIRTUAMENTO. VÍNCULO DE EMPREGO. REEXAME DE FATOS E PROVAS. SÚMULA Nº 126. NÃO CONHECIMENTO. O egrégio Tribunal Regional registrou, com base na prova testemunhal, que houve o desvirtuamento da finalidade do contrato de estágio. Consignou ainda que a reclamada não demonstrou que a instituição de ensino fazia o acompanhamento ou a avaliação do estágio, requisitos necessários à validação do contrato. Nesse contexto, para se chegar à conclusão diversa no sentido de que o termo de estágio é válido não devendo ser reconhecida a relação de emprego entre as partes, seria necessário o reexame das provas produzidas no processo, procedimento vedado nesta fase processual, nos termos da Súmula nº 126. Recurso de revista de que não se conhece. 2. DIFERENÇAS SALARIAIS. VERBAS RESCISÓRIAS. RECONHECIMENTO DO VÍNCULO DE EMPREDO EM JUÍZO. NULIDADE DE ESTÁGIO. PREJUDICADO. O Tribunal Regional registrou que, mantida a nulidade do contrato, consectário é o pagamento de diferenças salariais entre o piso da categoria e o valor da bolsa de estágio, bem como diferenças de verbas rescisórias. Prejudicado em decorrência da manutenção do vínculo de emprego entre as partes. Recurso de revista prejudicado. 3. HORAS EXTRAORDINÁRIAS. LABOR APÓS A 8ª HORA DIÁRIA. MATÉRIA FÁTICA. SÚMULA Nº 126. NÃO CONHECIMENTO. A Corte Regional manteve a condenação ao pagamento das horas extraordinárias, com base no exame das provas testemunhal e documental, consignando que nos cartões de ponto não há registro de compensação nem de pagamento das referidas horas extraordinárias. Nesse contexto, para se chegar à conclusão diversa no sentido de que o autor não excedia seu horário de trabalho ou que as horas extraordinárias prestadas foram devidamente compensadas, seria necessário o reexame das provas produzidas no processo, procedimento vedado nesta fase processual, nos termos da Súmula nº 126. Recurso de revista de que não se conhece. 4. CONTRIUIÇÕES PREVIDÊNCIÁRIAS E DEDUÇÃO DO IMPOSTO DE RENDA. PREJUDICADO. Alega a recorrente que, não sendo devida nenhuma parcela, resulta imprescindível a exclusão das contribuições ao INSS e do IRPF.

> Mantida, no entanto, a condenação, fica prejudicado o exame do tema. 5. MULTA DIÁRIA. DESCUMPRIMENTO. OBRIGAÇÃO DE FAZER. ANOTAÇÃO DA CTPS. APLICABILIDADE. NÃO CONHECIMENTO. O entendimento desta colenda Corte Superior é no sentido de ser aplicável a multa diária prevista no artigo 461 do CPC, com o objetivo de compelir o empregador a anotar a CTPS do trabalhador, ainda que o artigo 39, § 1º, da CLT estabeleça que, na eventual recusa, tal procedimento possa ser realizado pela Secretaria da Vara do Trabalho. Precedentes da SBDI-1 e de Turmas. Na hipótese, o Tribunal Regional registrou que devem ser efetuadas pela reclamada as anotações na carteira de trabalho do autor, e caso referida determinação não seja cumprida haverá aplicação de multa diária. Decisão em consonância com a jurisprudência desta Corte Superior. Incidência do óbice do artigo 896, § 7º, da CLT e da Súmula nº 333. Recurso de revista de que não se conhece" (TST - RR-410000-55.2009.5.12.0022, 4ª Turma, Relator Ministro Guilherme Augusto Caputo Bastos, DEJT 14/05/2021).

Nos termos da OJ 366 da SDI-I do TST, ainda que desvirtuada a finalidade do contrato de estágio celebrado na vigência da Constituição Federal de 1988, é inviável o reconhecimento do vínculo empregatício com ente da Administração Pública direta ou indireta, por força do art. 37, II, da CF/1988, bem como o deferimento de indenização pecuniária, exceto em relação às parcelas previstas na Súmula nº 363 do TST, se requeridas.

2.10. Do representante comercial

A Lei 4886/65 trata do representante comercial. Dispõe o art. 1º do referido diploma legal:

> "Exerce a representação comercial autônoma a pessoa jurídica ou a pessoa física, sem relação de emprego, que desempenha, em caráter não eventual por conta de uma ou mais pessoas, a mediação para a realização de negócios mercantis, agenciando propostas ou pedidos, para transmiti-los aos representados, praticando ou não atos relacionados com a execução dos negócios. Parágrafo único. Quando a representação comercial incluir poderes atinentes ao

> mandato mercantil, serão aplicáveis, quanto ao exercício deste, os preceitos próprios da legislação comercial."

O representante comercial é a pessoa física ou jurídica que exerce, de forma habitual e autônoma, a atividade de representação de uma empresa, marca ou produto, com a finalidade de intermediação de negócios, prospecção de clientes ou vendas de produtos, mediante remuneração.

O representante comercial deve ter registro no órgão de classe, segundo o art. 2º da Lei 4886/65.

O trabalho do representante comercial pessoa física, em alguns aspectos, se assemelha ao empregado, pois o representante comercial trabalha de forma habitual, pessoal, para uma pessoa jurídica e, como regra, depende economicamente do tomador dos serviços. No entanto, não há subordinação jurídica entre o representante e seu tomador.

Como nos adverte Amauri Mascaro Nascimento[32]:

> "Nos casos concretos, para se concluir se há ou não o poder de direção, portanto a subordinação, avaliam-se dados do caso como: 1) comparecer diariamente à empresa; 2)cumprimento de roteiro de visitas elaborado pelo próprio vendedor ou por uma empresa para a qual as vendas são feitas; 3) presença obrigatória de reuniões; 4) receber ordens diretas; 5) sofrer admoestações pela execução inadequada do serviço; 6) fiscalização sobre a sua atividade; 7) zona fechada e cadastro de clientes fornecido pela empresa ou pertencente ao vendedor; 8) exclusividade; 9) despesas da atividade e veículo próprio. Ex.: o ambulante que vende no Viaduto do Chá por contra própria não é empregado, mas se alguém o financia e dirige a sua atividade, ficando com os lucros e pagamento uma porcentagem, será empregado."

De nossa parte, o contrato do representante comercial pode ser verbal. O fato de o representante não ter inscrição no órgão de classe não invalida o contrato de representação verbal, desde que ausente a subordinação jurídica. No entanto, a falta de formalização do contrato do representante e a ausência do registro no órgão de classe constituem presunção favorável ao trabalhador quanto à existência do vínculo de emprego.

32 Curso de Direito do Trabalho. 29ª ed. São Paulo: Saraiva, 2014, p. 1087.

A jurisprudência do TST tem se manifestado a respeito, conforme as ementas que seguem:

> AGRAVO. AGRAVO DE INSTRUMENTO. RECURSO DE REVISTA INTERPOSTO NA VIGÊNCIA DA LEI N.º 13.467/17. RECONHECIMENTO DE VÍNCULO DE EMPREGO. REPRESENTANTE COMERCIAL. MATÉRIA FÁTICA. SÚMULA N.º 126 DO TST. TRANSCENDÊNCIA NÃO RECONHECIDA. Confirma-se a decisão agravada, porquanto não constatada a transcendência da causa do ponto de vista econômico, político, social ou jurídico que ultrapassem os interesses subjetivos do processo. O Tribunal Regional, valorando fatos e provas, reconheceu o vínculo de emprego do autor, sob os fundamentos de que não houve a formalização do contrato de representação comercial, tampouco a comprovação quanto à negativa do demandante em assiná-lo, bem como em razão à inexistência de registro do trabalhador no Conselho Regional dos Representantes Comerciais. Ademais, considerou estarem presentes os requisitos configuradores do vínculo de emprego, sobretudo a subordinação jurídica. A jurisprudência desta Corte Superior é firme no sentido de que a ausência de contrato escrito de representação comercial, bem como do registro do representante comercial no respectivo Conselho Regional, por si só, não tem o condão de tornar inválido o contrato de representação comercial autônomo, sobretudo quando ausentes os requisitos fático-jurídicos configuradores da relação de emprego. No caso dos autos, porém, embora não prevaleçam esses fundamentos da Corte de origem, esta foi categórica em relação à presença dos requisitos configuradores do vínculo de emprego, nos termos do art. 3º da CLT. Nesse contexto, revela-se inviável a admissibilidade do recurso, ante a incidência da Súmula n.º 126 do TST. Agravo a que se nega provimento (TST – Ag-AIRR-10996-77.2019.5.03.0068, 1ª Turma, Relator Ministro Amaury Rodrigues Pinto Junior, DEJT 17/12/2021).
>
> "AGRAVO. AGRAVO DE INSTRUMENTO EM RECURSO DE REVISTA. ACÓRDÃO PUBLICADO NA VIGÊNCIA DA LEI Nº 13.467/2017. PRELIMINAR DE NULIDADE POR NEGATIVA DE PRESTAÇÃO JURISDICIONAL. AUSÊNCIA DE TRANSCENDÊNCIA. A decisão regional não contraria o precedente firmado em sede de repercussão geral pelo STF (AI 791.292 QO-RG, Rel. Min. Gilmar Mendes, DJe de 12/08/2010), no qual a Excelsa Corte

decidiu "que o art. 93, IX, da Constituição Federal exige que o acórdão ou decisão sejam fundamentados. Com efeito, o e. TRT expôs fundamentação suficiente, consignando de forma explícita as razões pelas quais concluiu que não houve fraude nos contratos de representação comercial firmados entre as partes e que nos demais períodos em que estes não vigeram, persistiu a prestação de serviços da mesma forma. Assinalou expressamente não haver nos autos elementos capazes de fragilizar os depoimentos das testemunhas patronais acerca da representação comercial presente no caso, bem como ter a prova oral corroborado a tese da defesa no sentido de que o reclamante "atuava de forma autônoma, pois não havia efetiva subordinação jurídica, havendo liberdade de horário e do roteiro de visitas, além de que resta claro que o autor atuava sozinho, arcando com todos os custos das suas atividades, inclusive". Registrou, ainda, ser "inafastável a conclusão de que o de cujos deixou de atuar como representante comercial por motivos de saúde e que, diante dos termos da previsão contratual, não lhe é devida a indenização do art. 27, alínea 'j' e o aviso prévio do art. 34, ambos da Lei 4.886/65", o que evidencia, por consectário lógico, a ausência de transcendência da matéria. Agravo não provido. VÍNCULO EMPREGATÍCIO. CONTRATO DE REPRESENTAÇÃO COMERCIAL. PEDIDOS SUCESSIVOS. INDENIZAÇÃO E AVISO PRÉVIO. DESCUMPRIMENTO DA EXIGÊNCIA CONTIDA NO ART. 896, § 1º-A, DA CLT. AUSÊNCIA DE TRANSCENDÊNCIA. O art. 896, § 1º-A, I, da CLT, incluído pela Lei nº 13.015/2014, dispõe ser ônus da parte, sob pena de não conhecimento, "indicar o trecho da decisão recorrida que consubstancia o prequestionamento da controvérsia objeto do recurso de revista". Na presente hipótese, a parte recorrente não observou o requisito contido no dispositivo, o que inviabiliza o prosseguimento do recurso de revista. A existência de obstáculo processual apto a inviabilizar o exame da matéria de fundo veiculada, como no caso, acaba por evidenciar, em última análise, a própria ausência de transcendência do recurso de revista, em qualquer das suas modalidades. Precedentes. Agravo não provido, com determinação de baixa imediata dos autos à origem" (TST - Ag-AIRR-245-22.2017.5.09.0654, 5ª Turma, Relator Ministro Breno Medeiros, DEJT 08/10/2021).

Deve ser destacado, também, que o fato do representante comercial trabalhar por intermédio de pessoa jurídica, não impede o reconhecimento do vínculo de emprego, se comprovado que ele trabalha de forma pessoal e subordinada.

No aspecto, destacamos a seguinte ementa:

> "AGRAVO. AGRAVO DE INSTRUMENTO EM RECURSO DE REVISTA. PROCESSO SOB A ÉGIDE DAS LEIS 13.015/2014 E 13.467/2017. REPRESENTANTE COMERCIAL – PEJOTIZAÇÃO – PRESENÇA DOS ELEMENTOS CONFIGURADORES DA RELAÇÃO EMPREGATÍCIA – MATÉRIA FÁTICA – SÚMULA 126 DO TST. COMPENSAÇÃO. MULTA POR ED´S CONSIDERADOS PROTELATÓRIOS. No sistema processual trabalhista, o exame da matéria fática dos autos é atribuição da Instância Ordinária, quer pelo Juiz de Primeiro Grau, quer pelo TRT. Sendo o recurso de revista um apelo de caráter extraordinário, em que se examinam potenciais nulidades, a interpretação da ordem jurídica e as dissensões decisórias em face da jurisprudência do TST, somente deve a Corte Superior Trabalhista se imiscuir no assunto fático se houver manifestos desajustes ou contradições entre os dados fáticos expostos e a decisão tomada, o que não é o caso dos autos. Assim sendo, a decisão agravada foi proferida em estrita observância às normas processuais (art. 557, caput, do CPC/1973; arts. 14 e 932, IV, "a ", do CPC/2015), razão pela qual é insuscetível de reforma ou reconsideração. Agravo desprovido" (TST -Ag-AIRR-516-27.2019.5.17.0011, 3ª Turma, Relator Ministro Mauricio Godinho Delgado, DEJT 03/12/2021).

O Supremo Tribunal Federal firmou entendimento de que a relação entre representante comercial e tomador de serviços, mesmo sendo o representante pessoa física, não se trata de relação de trabalho a justificar a competência da Justiça do Trabalho, conforme o tema 550 de sua Repercussão Geral, cuja ementa segue:

> DIREITO CONSTITUCIONAL E DO TRABALHO. REPERCUSSÃO GERAL. CONTRATO DE REPRESENTAÇÃO COMERCIAL AUTÔNOMA, REGIDO PELA LEI nº 4.886/65. NÃO CONFIGURAÇÃO DE RELAÇÃO DE TRABALHO PREVISTA NO ART. 114, CF. 1. Recurso Extraordinário interposto contra decisão proferida pelo Tribunal Superior do Trabalho, em que se

alega afronta ao art. 114, incisos I e IX, da Constituição Federal, com redação dada pela EC 45/2004. Na origem, cuida-se de ação de cobrança de comissões sobre vendas decorrentes de contrato de representação comercial autônoma, ajuizada pelo representante, pessoa física, em face do representado. 2. As atividades de representação comercial autônoma configuram contrato típico de natureza comercial, disciplinado pela Lei nº 4.886/65, a qual prevê (i) o exercício da representação por pessoa jurídica ou pessoa física, sem relação de emprego, que desempenha, em caráter não eventual por conta de uma ou mais pessoas, a mediação para a realização de negócios mercantis e (ii) a competência da Justiça comum para o julgamento das controvérsias que surgirem entre representante e representado. 3. Na atividade de representação comercial autônoma, inexiste entre as partes vínculo de emprego ou relação de trabalho, mas relação comercial regida por legislação especial (Lei nº 4.886/65). Por conseguinte, a situação não foi afetada pelas alterações introduzidas pela EC nº 45/2004, que versa sobre hipótese distinta ao tratar da relação de trabalho no art. 114 da Constituição. 4. A proteção constitucional ao trabalho não impõe que toda e qualquer relação entre o contratante de um serviço e o seu prestador seja protegida por meio da relação de trabalho (CF/1988, art. 7º). Precedentes. 5. Ademais, os autos tratam de pedido de pagamento de comissões atrasadas. O pedido e a causa de pedir não têm natureza trabalhista, a reforçar a competência do Juízo Comum para o julgamento da demanda. 6. Recurso extraordinário a que se dá provimento, para assentar a competência da Justiça comum, com a fixação da seguinte tese: "*Preenchidos os requisitos dispostos na Lei 4.886/65, compete à Justiça Comum o julgamento de processos envolvendo relação jurídica entre representante e representada comerciais, uma vez que não há relação de trabalho entre as partes*" (STF RE 606003. Rel. p/ acórdão Min. Roberto Barroso. DJE 14/10/2020).

Deve-se advertir, de outro lado, que sendo o pedido de reconhecimento de vínculo de emprego fundamentado nos arts. 2º e 3º da CLT, mesmo que exista contrato formal de representação comercial, a competência será da Justiça do Trabalho nos termos do art. 114, I, da Constituição Federal.

III

DO EMPREGADO

1. CONCEITO E REQUISITOS

A CLT, em seu art. 3º, optou por definir o conceito de empregado para facilitar a aplicação da legislação trabalhista e evitar divergências mais acirradas na doutrina. Não obstante, cabe à doutrina e à jurisprudência traçar o alcance dos elementos que compõe o conceito de empregado.

Para Amauri Mascaro Nascimento, "empregado é a pessoa física que com ânimo de emprego trabalha subordinadamente e de modo não eventual para outrem, de quem recebe salário".[1]

Segundo Alice Monteiro de Barros, "empregado pode ser conceituado como a pessoa física que presta serviço de natureza não-eventual a empregador mediante salário e subordinação jurídica"[2].

Em nossa visão, empregado é a pessoa física que presta serviços em prol de um tomador de forma pessoal, não eventual, subordinada e onerosa.

A Consolidação das Leis do Trabalho nos dá a definição de empregado. Com efeito, dispõe o artigo 3º, da CLT:

> *Considera-se empregado toda pessoa física que prestar serviços de natureza não eventual a empregador, sob a dependência deste e mediante salário.*

Conforme o dispositivo acima, o legislador, por meio de interpretação autêntica, nos deu o conceito de empregado, a fim de facilitar a aplicação e intepretação deste dispositivo.

---

1 Curso de Direito do Trabalho. 23ª Edição. São Paulo: Saraiva, 2008, p. 646.

2 Curso de Direito do Trabalho. 4ª Edição. São Paulo: LTr, 2008, p. 259.

São requisitos para a configuração da relação de emprego: o trabalhador ser pessoa natural, não eventualidade na prestação dos serviços, subordinação e onerosidade. Há, ainda, o requisito da pessoalidade que está estampado no artigo 2º da CLT.

A relação de emprego está em constante mutação. Por isso, se diz que o Direito do Trabalho é impregnado, segundo a Doutrina, por grande *eletricidade social*, uma vez que sofre os impactos diretos, principalmente, da economia da mudança de hábitos da sociedade, e do incremento da tecnologia. Desse modo, A Consolidação das Leis do Trabalho, propositalmente, embora traga o conceito de empregado, não define cada elemento da sua constituição, deixando esta tarefa à doutrina e jurisprudência, a fim de que sua intepretação possa, constantemente, ser atualizada segundo as mudanças do Mundo do Trabalho.

Dos requisitos do conceito de empregado:

1.1. Pessoa natural

Somente a pessoa física pode ser considerada empregada. A pessoa jurídica não pode ser objeto de um contrato de emprego. Entretanto, se o contrato de emprego se firmar com pessoa jurídica somente para mascarar a relação de emprego, pelo princípio da primazia da realidade, o vínculo de emprego será declarado.

1.2. Serviços de natureza não eventual

A doutrina diverge quanto ao requisito da não eventualidade para a caracterização da relação de emprego. Para alguns, não eventual significa contínuo. Para outros, o trabalho não eventual é o relacionado com os fins da atividade econômica do empregador. Outros ainda sustentam que o trabalhador eventual não socorre uma necessidade permanente do empregador.

De nossa parte, o requisito da não eventualidade se faz presente quando o trabalhador se fixa a um determinado tomador de serviços de forma habitual, ou seja, por um lapso de tempo razoável.

Nesse sentido, concordamos com a visão de Otávio Pinto e Silva[3] quando assevera: "a terceira das enunciadas características do contrato de trabalho é a sua continuidade: ao contrário do que sucede nos contratos instantâneos, em que a execução coincide com a própria celebração (como a compra e venda), o decurso do tempo constitui condição para que o

---

3 Subordinação, Autonomia e Parassubordinação nas Relações de Trabalho. São Paulo: LTr, 2004, p. 21.

contrato de trabalho produza os efeitos desejados pelas partes, satisfazendo as necessidades que as induziram a contratar. Por isso, classifica-se entre os contratos de duração (ou de trato sucessivo)."

1.3. Subordinação

A CLT, no art. 3º, menciona a expressão *dependência*. Entretanto, há consenso na doutrina que o termo *dependência* deve ser lido como *subordinação*. Há várias classificações de subordinação segundo a doutrina, quais sejam:

a) **técnica**: em que o empregado depende do conhecimento técnico do empregador;

b) **econômica:** na qual o empregado depende economicamente do empregador;

c) **jurídica:** é a que advém da lei (arts. 2º e 3º da CLT) e do contrato de trabalho.

Prevalece na doutrina e jurisprudência que a subordinação jurídica é o fator decisivo para se avaliar se existe, ou não, a relação de emprego. No entanto, os critérios técnicos, e econômicos também devem ser considerados.

Subordinação é não é um conceito perfeito e acabado no Direito do Trabalho. Sua definição e interpretação sofre os efeitos das mudanças sociais e dos sistemas de produção.

Ensina Maurício Godinho Delgado[4]: "subordinação deriva de *sub* (baixo) e *ordinare* (ordenar), traduzindo a noção etimológica de estado de dependência ou obediência em relação a uma hierarquia de posição ou de valores."

Amauri Mascaro Nascimento[5] conceitua subordinação "como uma situação em que se encontra o trabalhador decorrente da limitação contratual da autonomia da sua vontade, para o fim de transferir ao empregador o poder de direção sobre a atividade que desempenhará."

A subordinação não índice sobre a pessoa do trabalhador e sim sobre o modo de realização da prestação de serviços. Por isso, a doutrina tem fixado entendimento de que a subordinação é encarada sob o aspecto objetivo e não subjetivo.

Em nossa visão, a subordinação consiste no estado jurídico do empregado de acolher a estrutura do empregador e o poder diretivo deste sobre a sua atividade, nos limites do contrato de trabalho e da legislação trabalhista.

---

4 Curso de Direito do Trabalho. 7ª Edição. São Paulo: LTr, 2008, p. 302.

5 Iniciação ao Direito do Trabalho. 33ª Edição. São Paulo: LTr, 2007, p. 164.

Nos casos de controvérsia sobre a existência da relação de emprego, a subordinação é aferida no plano fático, de acordo com o modo pelo qual o trabalho é realizado. A intensidade de sujeição do trabalhador aos comandos do empregador, e sua integração à estrutura empresarial vão revelar a existência da subordinação jurídica.

Modernamente, diante da especialização da mão de obra, da terceirização e novos sistemas e produção, autores há que defendem a ampliação do conceito de subordinação, dizendo que ela, na verdade, configura-se com a inserção do trabalhador na estrutura da empresa, a denominada *subordinação estrutural.*

No aspecto, define Maurício Godinho Delgado[6]:

> "Estrutural é, pois, a subordinação que se manifesta pela inserção do trabalhador na dinâmica do tomador de seus serviços, independentemente de receber (ou não) suas ordens diretas, mas acolhendo, estruturalmente, sua dinâmica de organização e funcionamento."

De nossa parte, a interpretação da expressão "dependência", contida no art. 3º, da CLT, e denominada pela doutrina de "subordinação", diante dos novos tempos de fragmentação e horizontalização de empresas, deve ter intepretação sob enfoque objetivo, visando ao expansionismo do direito do trabalho, bem como garantir os direitos sociais fundamentais ao trabalhador, assim como estabelecer limites ao regime capitalista de exploração do trabalho humano. Por isso, sem descartar os conceitos de subordinação tradicional, deve-se, nos casos em que há dúvidas sobre a existência da subordinação jurídica, a exemplo de trabalhadores que prestam serviços por intermédio de pessoa jurídica, motoristas agregados, cooperados, dentre outros, adotar o critério da subordinação estrutural ou integrativa como fator relevante para reconhecimento do liame empregatício, como forma de garantir a proteção à dignidade da pessoa humana do trabalhador, os valores sociais do trabalho, bem como implementar a melhoria da condição social do trabalhador (arts. 1º, 6º e 7º, da Constituição Federal).

Nesse sentido, nos advertem *Marcus Menezes Barberino Mendes* e *José Eduardo de Resende Chaves Júnior*[7] em brilhante estudo sobre a temática:

---

6 Direitos Fundamentais na Relação de Trabalho. In: Revista LTr 70/06-667.

7 Subordinação estrutural-reticular: uma perspectiva sobre a segurança jurídica. In: *Revista do Trib. Reg. Trab. 3ª Reg.*, Belo Horizonte, v. 46, n. 76, p. 197-218, jul./dez. 2007.

"Ora, se há semelhança entre o trabalhador dito 'autônomo-dependente' e o empregado clássico, manda a boa regra de hermenêutica não reduzir o potencial expansivo e protetivo do Direito do Trabalho. A isonomia dos trabalhadores decorre da própria dicção constitucional, tanto dirigida aos trabalhadores habituais (*caput* do art. 7º) como aos avulsos (inciso XXXIV), não submetidos ao trato sucessivo. Trata-se, pois, de ressignificar ou plurissignificar o conceito de subordinação jurídica, para compreendê-lo de modo dinâmico. Parafraseando o senso comum, a subordinação jurídica emerge não apenas do uso da voz do empregador, do supervisor, ou do capataz. Ela pode se formar na retina dos múltiplos agentes econômicos coordenados pela unidade central, de modo silencioso e aparentemente incolor e até indolor. A subordinação jurídica pode ser então 'reticular', também nesse sentido e através de instrumentos jurídicos de associação empresária, onde nenhuma atividade econômica especializada é desenvolvida pelo suposto empregador, que se envolve na produção de um determinado resultado pactuado com a unidade central. Suposto, não porque em verdade não o seja, mas por não ser o único empregador. A rede econômica montada pelas empresas, quer no modelo hierarquizado, como ocorre em empresas de segurança, *call centers*, quer assuma as múltiplas formas jurídicas de cooperação empresarial, é uma realidade. Partindo dessa premissa, faz-se necessário enredar o conceito de subordinação jurídica, emprestando-lhe um caráter estrutural e reticular. Nesse sentido, sempre que reconhecida a atividade econômica em rede, é necessário imputar a condição de empregador a todos os integrantes da rede econômica, atraindo assim a incidência do princípio da proteção e seus aspectos consequentes: a aplicação da regra ou da condição mais benéfica [...] Contudo, discordamos dos que entendem não haver subordinação nas hipóteses de trabalhadores 'autônomos-dependentes'. A 'subordinação' nesse contexto subsiste, ainda que difusa, latente e diferida, justificando, dessa forma, a extensão a eles dos direitos celetistas. O trabalhador supostamente autônomo, mas habitualmente inserido na atividade produtiva alheia, a despeito de ter controle relativo sobre o próprio trabalho, não detém nenhum controle sobre a atividade econômica. Exemplo disso, podemos citar a hipótese do motorista agregado, que é proprietário do caminhão em que trabalha (meio de produção) e ainda que tenha liberdade relativa sobre a execução do trabalho, nada delibera sobre os dois fatores determinantes da legítima autonomia, como, por exemplo, para quem e quando será prestado o serviço."

1.3.1. *Meios telemáticos e informatizados. Controle e supervisão*

O parágrafo único do art. 6º da CLT equipara aos meios pessoais e direitos de controle e supervisão do trabalho alheio, os meios telemáticos e informatizados de comando, controle e supervisão. Dispõe o referido dispositivo legal:

> "Os meios telemáticos e informatizados de comando, controle e supervisão se equiparam, para fins de subordinação jurídica, aos meios pessoais e diretos de comando, controle e supervisão do trabalho alheio."

Conforme destacam Juliana Carreiro Corbal Oitaven, Rodrigo de Lacerda Carelli e Cássio Luíz Casagrande[8]:

> "Enquanto o taylorismo/fordismo centrava-se na subordinação do trabalhador a uma racionalidade que lhe restava exterior, agora o foco está na sua programação, pela apresentação de metas, regras e medida dos resultados do trabalho, por meio de indicadores estatísticos. É importante, no entanto, que o sujeito se aproprie desta avaliação para reagir positivamente à lacuna que ela revela entre sua performance e seus objetivos".

Atualmente, há uma série de trabalhadores que prestam serviços e têm o controle de suas atividades por meios informatizados ou telemáticos, exteriorizados por algoritmos.

Como destaca Yuval Harari[9]: "um algoritimo é um conjunto metódico de passos que pode ser usado na realização de cálculos, na resolução de problemas e na tomada de decisões."

Os algoritmos têm sido utilizados para atribuição de tarefas e verificação de cumprimento de metas a trabalhadores.

Desse modo, o parágrafo único, inserido ao art. 6º, pela Lei 12.551/2011, permite que subordinação seja aferida por meio dos algoritmos que atribuem tarefas e fazem a avaliação do cumprimento destas tanto nos aspectos quantitativos e qualitativos. Trata-se de grande avanço que permite que os

---

8 Empresas de Transporte, plataformas digitais e a relação de emprego: Um estudo do trabalho subordinado sob aplicativos. Brasília: Gráfica Movimento, 2018, p. 29.

9 "Apud" Juliana Carreiro Corbal Oitaven, Rodrigo de Lacerda Carelli e Cássio Luíz Casagrande. Empresas de Transporte, plataformas digitais e a relação de emprego: Um estudo do trabalho subordinado sob aplicativos. Brasília: Gráfica Movimento, 2018, p. 30.

requisitos que integram a relação de emprego e o conceito de empregado (arts. 2º e 3º da CLT) estejam adequados à realidade e ao avanço da tecnologia, permitindo que os direitos sociais sejam preservados.

1.4. Pessoalidade

Manuel Alonso Olea, citado por Amauri Mascaro[10] Nascimento, destaca que a prestação do trabalho é estritamente personalíssima, sendo em duplo sentido. Primeiramente, porque pelo seu trabalho compromete o trabalhador sua própria pessoa, enquanto destina parte das energias físicas e mentais que dele emanam e que são constitutivas de sua personalidade à execução do contrato, isto é, ao cumprimento da obrigação que assumiu contratualmente. Em segundo lugar, sendo cada pessoa um indivíduo distinto do demais, cada trabalhador difere de outro qualquer, diferindo também as prestações de cada um deles, enquanto expressão de cada personalidade em singular. Em vista disso, o contrato de trabalho não conserva sua identidade se ocorrer qualquer alteração na pessoa do trabalhador. A substituição deste implica um novo e diferente contrato com o substituto.

O requisito da pessoalidade também deve estar presente para que ocorra a relação de trabalho, embora possa haver uma substituição ocasional com a concordância do tomador, sob pena de configurar, como acontece na relação de emprego, uma nova relação de trabalho entre o substituto do trabalhador e o tomador dos serviços. De outro lado, também o trabalho prestado por vários trabalhadores ao mesmo tempo pode configurar a prestação de serviços por intermédio de uma sociedade de fato ou de uma empresa, o que descaracteriza a relação de trabalho.

No aspecto, a seguinte ementa:

> "Ocasionalmente, a prestação pessoal de serviços pode ser deferida a outrem, que não o empregado. Desde que haja pactuação expressa, o empregado, com o consentimento do empregador, pode se fazer substituir na prestação pessoal do serviço contratado. No entanto, quando a substituição se torna regra, passando o pretenso empregado a ser substituído de forma permanente, não há que se falar mais em nexo empregatício. Falta a pessoalidade do exercício. Desnatura-se o liame. O contrato perde a sua característica típica, que é a subordinação" (TRT/SP Ac. 1698/62, rel. Juiz Hélio de Miranda Guimarães)[11].

10 *Curso de Direito do Trabalho,* 19ª ed., São Paulo: Saraiva, 2004, p. 579.

11 In: NASCIMENTO, Amauri Mascaro. *Curso de Direito do Trabalho.* 19ª ed., São Paulo: Saraiva, 2004, p. 578-579.

1.5. Onerosidade

Conforme Amauri Mascaro Nascimento[12], onerosidade "é um encargo bilateral próprio da relação de emprego. Significa para o empregado, o dever de exercer uma atividade por conta alheia cedendo antecipadamente ao beneficiário os direitos que eventualmente teria sobre os resultados da produção em troca de uma remuneração."

Há autores que entendem que o requisito da onerosidade só estará presente quando houve um salário estipulado ou pago.

No entanto, não é necessário que o empregado receba, efetivamente, os salários para que haja configurado o requisito da onerosidade, basta apenas que ele faça jus ao salário, ou preste serviços com intenção contraprestativa. Fará jus ao salário o trabalhador que prestar serviços de forma não eventual, subordinada e pessoal. O trabalho oneroso é a regra, o gratuito exceção. Desse modo, somente quando houver prova robusta de que o trabalho foi prestado com ânimo de gratuidade, não haverá o requisito da onerosidade.

Nesse sentindo concordamos com Jorge Luiz Souto Maior[13] quando afirma: "o mero fato de não ter sido entregue ao trabalhador a contraprestação pelos seus serviços não descaracteriza a onerosidade da relação, apenas torna o empregador devedor dessa obrigação. Mas, o fato de o trabalhado ser prestado a título de benevolência, com intuito altruístico, ou caráter religioso, ou mesmo em decorrência de vínculo familiar, pode, em princípio, negar a existência da onerosidade, impedindo, por isso, a configuração da relação de emprego, ainda que presentes a não-eventualidade e a subordinação."

2. MODALIDADES ESPECIAIS DE EMPREGADOS

2.1. Dos altos empregados

A Doutrina tem fixado entendimento de que o alto empregado é um tipo especial de empregado, em razão das limitações de direitos trabalhistas que sofre, pois detém alguns poderes de direção na empresa próprios do empregador, além de receber remuneração diferenciada.

12 Curso de Direito do Trabalho. Op. cit. p. 579.

13 Curso de Direito do Trabalho. Volume II. São Paulo: LTr, 2008, p. 56.

Na clássica visão de Amauri Mascaro Nascimento, o empregado exercente de cargo de confiança só pode ser considerado um tipo especial de empregado num ponto: a restrição de direitos trabalhistas que sofre. No mais nada difere do empregado comum, a não ser também pelas vantagens econômicas maiores do cargo.

A doutrina costuma classificar os altos empregados de empregados de confiança nos seus diversos graus, quais sejam:

a) **confiança genérica:** que é inerente a qualquer relação de emprego;

b) **confiança específica:** própria do trabalhador bancário (art. 224, parágrafo 2º, da CLT[14]);

c) **confiança estrita:** prevista no artigo 499, da CLT[15];

d) **confiança excepcional:** o qual se enquadra o gerente que detém encargos de gestão (artigo 62, II[16], da CLT).

Deve ser destacado que o simples rótulo de gerente ou de cargo de chefia não torna o empregado detentor de encargos de gestão, há necessidade de que, efetivamente, exerça encargos de gestão.

Segundo a doutrina clássica de Mário de La Cueva, são altos empregados ou de confiança extraordinária, os chamados *alter egos* do empregador, ou seja, os empregados que personificam o próprio empregador na empresa, podendo, com seus atos, colocar em risco toda a atividade econômica do empregador, sua segurança e interesses fundamentais.

Atualmente, o conceito de altos empregados é menos rígido, pois diante da descentralização da atividade empresarial, a existência de vários cargos de chefia, e da especialização da mão de obra, houve a redução dos poderes do alto empregado. Desse modo, serão considerados altos empregados (confiança extraordinária), os gerentes e chefes de filiais, ou departamentos que detém mandato legal ou tácito para representar o

---

14 Art. 224"§ 2º da CLT: "As disposições dêste artigo não se aplicam aos que exercem funções de direção, gerência, fiscalização, chefia e equivalentes ou que desempenhem outros cargos de confiança desde que o valor da gratificação não seja inferior a um têrço do salário do cargo efetivo."

15 Art. 499, da CLT: "Não haverá estabilidade no exercício dos cargos de diretoria, gerência ou outros de confiança imediata do empregador, ressalvado o cômputo do tempo de serviço para todos os efeitos legais."

16 Art. 62, II, da CLT: "os gerentes, assim considerados os exercentes de cargos de gestão, aos quais se equiparam, para efeito do disposto neste artigo, os diretores e chefes de departamento ou filial."

empregador, os quais possam contratar e demitir funcionários, tenham subordinados e a eles possam aplicar punições.

Ao empregado de confiança excepcional, conforme a doutrina majoritária, não se aplica o regime de limitação de jornada (artigo 62, II, da CLT), não há estabilidade na função (art. 499, da CLT), pode retornar ao cargo de origem e perder a gratificação de função (artigo 468, p único, da CLT), poder ser transferido, mesmo sem sua anuência se houver necessidade do serviço (artigo 469, parágrafo 1º, da CLT) e algumas parcelas "in natura" não integrarão sua remuneração (artigo 458, parágrafo 2º, da CLT).

2.2. Diretor de S/A

Conforme Carlos Zangrando[17]:

> "Diretor (francês *directeur*), significa aquele que dirige, que orienta, que guia. Sua situação junto ao Direito do Trabalho nunca foi tratada com a necessária acuidade pela jurisprudência: ora ele é considerado órgão da empresa, ora como empregado de confiança, ora como empregado comum."

O Diretor pode ser contratado com o *status* de empregado. Nesta hipótese ele será apenas considerado um alto empregado ou empregado de confiança, mas terá preservado todos os direitos trabalhistas.

Quanto ao empregado eleito diretor, a doutrina e a jurisprudência têm, de um modo geral, defendido a tese da incompatibilidade da condição de empregado com a de Diretor eleito de S/A, pois o diretor, neste caso, se confundiria com o próprio empregador.

A jurisprudência fixou entendimento majoritário de que a eleição do diretor estatutário suspende o contrato de trabalho, enquanto perdurar o seu mandato como Diretor, salvo se estiver presente a subordinação jurídica. No entanto nas Sociedades Anônimas em que há Conselho de Administração e o Diretor estiver sujeito ao Conselho, permanecerá a subordinação e, portanto, não haverá suspensão do contrato de trabalho.

Em nossa visão, mesmo o Diretor estatutário que não estiver sujeito ao Conselho, deve ter apenas a interrupção do contrato de trabalho, computando-se o tempo de serviço como diretor, e mantendo-se todos os direitos trabalhistas, mas cessando a subordinação jurídica e a obrigações

17 Curso de Direito do Trabalho. Volume II. São Paulo: LTr, 2008, p. 460.

próprias do empregado, pois presente a dependência econômica entre diretor e empresa tomadora. Nesse sentido é a posição de Evaristo de Moraes Filho:

> "O empregado que, no curso de contrato, é eleito diretor de sociedade anônima para a qual trabalha, tem simplesmente interrompido o contrato o seu contrato anterior, que subsiste, computando-se-lhe, para todos os efeitos legais, o tempo que esteve ocupando cargo de diretoria"[18].

A jurisprudência do TST adotou a tese da suspensão do contrato de trabalho no período em que o empregado ocupou a função de diretor eleito, salvo se permanecer a condição de subordinação jurídica, por entender que são incompatíveis as atribuições de empregado e diretor estatutário. Com efeito, a Súmula 269 do TST, "in verbis":

> *DIRETOR ELEITO. CÔMPUTO DO PERÍODO COMO TEMPO DE SERVIÇO (mantida) – Res. 121/2003, DJ 19, 20 e 21.11.2003*
> *O empregado eleito para ocupar cargo de diretor tem o respectivo contrato de trabalho suspenso, não se computando o tempo de serviço desse período, salvo se permanecer a subordinação jurídica inerente à relação de emprego.*

2.3. Cláusula de não concorrência do alto empregado e efeitos no contrato de trabalho

A cláusula de não concorrência é um pacto inserido no contrato de trabalho para viger após a rescisão deste, por meio do qual o empregado se obriga, mediante pagamento mensal, a não trabalhar para empresa concorrente, durante um determinado período.

A Legislação trabalhista brasileira é omissa quanto à possibilidade de pactuação da cláusula de não concorrência no contrato de trabalho.

Diante da falta de previsão legal e ainda considerando que a cláusula de não concorrência atenta contra o princípio da liberdade de exercício da profissão (artigo 5º, XIII, da CF), para parte da doutrina e jurisprudência não a admitem. Nesse sentido a seguinte ementa:

---

18 Empregado Eleito Diretor de Sociedade Anônima, *In* Pareceres de Direito do Trabalho. São Paulo: LTr, 1976, p. 189.

> Liberdade de trabalho. Cláusula pela qual o empregado, que fez cursos técnicos às expensas do empregador, obrigou-se a não servir a qualquer empresa concorrente nos 5 anos seguintes, ao fim do contrato. Não viola o artigo 153, §23 da Constituição o acórdão que declarou inválida tal avença (STF, RE 67.653, Rel. Min. Aliomar Baleeiro, DJ 3.11.70, p. 5.294, RTJ 55, 1971, p. 42).

Parte da jurisprudência a admite, considerando-se os princípios da liberdade contratual, boa-fé objetiva, razoabilidade e proporcionalidade que devem ser sopesados, destacando que, em muitas atividades, o empregado toma contato com "segredos" da empresa e pode revelá-los à empresa concorrente quando deixa o emprego, o que causará sérios prejuízo ao ex-empregador.

De outro lado, argumentam os defensores da cláusula de não concorrência que devem ser estabelecidos alguns requisitos para sua pactuação, quais sejam:

a) ser justificada pela função exercida do empregado, na qual toma contato com segredos da empresa (normalmente o alto empregado);
b) onerosidade da cláusula, ou seja: o empregado deve ser devidamente remunerado no período em que ficar em inatividade;
c) prazo de tempo determinado. Têm-se fixado, conforme o Direito Comparado, o prazo máximo de 02 anos;
d) comprovação de prejuízos potenciais do empregador caso a cláusula de não concorrência não seja firmada.

Nesse sentido, destacam-se as seguintes ementas:

> Cláusula de não-concorrência. Validade. A cláusula de não-concorrência foi estabelecida por tempo razoável e houve pagamento de indenização. Logo, está dentro dos princípios da razoabilidade e da proporcionalidade. É, portanto, considerada válida. Não há dano moral a ser reparado *(TRT. 2ª Região.* Proc. n.º 02243.2000.381.02.00-9. Relator Sérgio Pinto Martins).

> DANOS MATERIAIS- INDENIZAÇÃO – INEXISTÊNCIA. Não afronta o art. 5.º, inciso XIII, da Constituição Federal de 1988, cláusula contratual firmada por empregado, após ruptura do contrato de trabalho, comprometendo-se a não prestar serviços à empresa concorrente, quer como empregado, quer como autônomo. Inexistência de erro ou coação a anular o pactuado.

> Não há ilegalidade a macular o pactuado e nem danos materiais decorrentes da limitação expressamente aceita. Impede aqui, invocar-se também o princípio da boa-fé, presente em todos os atos da vida civil e pressupostos deles, mormente quando em ajuste, estão pessoas capazes, de mediano conhecimento jurídico e alto nível profissional, como é o caso das partes envolvidas no Termo de Confidencialidade e Compromissos Recíprocos (TRT 2ª Região, Ac n.º 20020534536, Proc. n.º 20898200290202008, 5ª T., Rel. Rita Maria Silvestre).

De nossa parte, embora seja razoável a pactuação da cláusula de não concorrência, pensamos haver óbice constitucional ao impedir o trabalho, pois o artigo 5º, XIII da CF, assegura o direito ao trabalho e, inegavelmente, a cláusula de não concorrência configura restrição a esse direito fundamental de trabalhar. Desse modo, não há como obstar o trabalhador que arrumou nova colocação no mercado de trabalho de exercer sua profissão. Entretanto, deverá indenizar o antigo empregador pelo valor fixado na cláusula de não concorrência a que estava obrigado a cumprir. Sob outro enfoque, atenta contra os valores sociais do trabalho, livre iniciativa e dignidade da pessoa humana do trabalho, impedir o trabalhador de trabalhar, por meio de pacto de natureza contratual.

Relevante, destacar a seguinte ementa da mais alta Corte Trabalhista Brasileira, "in verbis":

> "(...)CLÁSULA CONTRATUAL DE NÃO CONCORRÊNCIA. VALIDADE. No caso, a controvérsia cinge em saber se a cláusula contratual de não concorrência é abusiva. Segundo o Regional, constou do contrato de trabalho cláusula dispondo sobre a não concorrência do reclamante em relação à atividade exercida na empresa reclamada por alguns meses após a rescisão contratual, mediante o pagamento de indenização compensatória. Nos termos do acórdão regional a referida cláusula estabeleceu prazo de duração razoável, e o reclamante não ficou impedido de exercer a sua profissão de engenheiro químico, tendo, inclusive iniciado o próprio negócio no mesmo nicho empresarial. Ressalta-se que para afastar estas premissas fáticas reconhecidas pela Corte Regional seria necessário rever a valoração do conjunto probatório, providência não permitida nesta instância recursal de natureza extraordinária, ante o óbice previsto na Súmula nº 126 do TST.

> Assim, tendo em vista que o reclamante foi financeiramente compensado pela cláusula contratual de não concorrência, cujo prazo de duração era razoável, e teve o direito de exercício da sua profissão preservado, conforme asseverou o Regional, não se constata o caráter abusivo desta previsão contratual, o que afasta a alegação de ofensa ao artigo 444 da CLT. Agravo desprovido (...) (TST -Ag-ARR-1002437-53.2015.5.02.0466, 2ª Turma, Relator Ministro Jose Roberto Freire Pimenta, DEJT 11/06/2021).

2.4. Da possibilidade do alto empregado negociar cláusulas contratuais

Dispõe o parágrafo único do art. 444, da CLT, com a redação dada pela Lei 13.467/17, "a livre estipulação a que se refere o *caput* deste artigo aplica-se às hipóteses previstas no art. 611-A desta Consolidação, com a mesma eficácia legal e preponderância sobre os instrumentos coletivos, no caso de empregado portador de diploma de nível superior e que perceba salário mensal igual ou superior a duas vezes o limite máximo dos benefícios do Regime Geral de Previdência Social."

De nossa parte, a novel previsão legislativa não é boa e também não se mostra compatível com a Constituição Federal pelos seguintes argumentos:

a) o recebimento de salário em patamar consideravelmente superior à média do trabalhador brasileiro não elide a dependência, tampouco o estado de subordinação do trabalhador para negociar cláusulas contratuais previstas em legislação tutelar;

b) possuir diploma superior não significa, necessariamente, conhecimento de direitos de natureza trabalhista, tampouco permite a renúncia de direitos;

c) a Constituição Federal proíbe a discriminação entre trabalhadores (artigos 3º, e 7º, XXX).

3. EMPREGADOS DOMÉSTICOS

Doméstico vem de *domus* que significa lar. Por isso, o empregado doméstico é um trabalhador que presta serviços de forma pessoal, contínua, subordinada e remunerada para pessoa ou família, no âmbito residencial, sem finalidade lucrativa.

O trabalhador doméstico sempre esteve fora da regulamentação da CLT (art. 7º[19]). A Lei 5859/72 trouxe regulamentação mais detalhada sobre os direitos do trabalhador doméstico. Na Constituição de 1988, foram destacados, os direitos trabalhistas aplicáveis ao doméstico no parágrafo único do art. 7º, majorados pela EC 72/2013[20], e regulamentados pela LC 150/15.

O art. 1º, da LC 150/15 define, por meio de interpretação autêntica, o conceito de empregado doméstico. Dispõe o referido dispositivo legal:

> "Ao empregado doméstico, assim considerado aquele que presta serviços de forma contínua, subordinada, onerosa e pessoal e de finalidade não lucrativa à pessoa ou à família, no âmbito residencial destas, por mais de 2 (dois) dias por semana, aplica-se o disposto nesta Lei."

Nos termos do referido dispositivo, são requisitos para que haja o vínculo doméstico, além dos requisitos da **pessoalidade, subordinação e onerosidade**, os seguintes:

a) serviços de natureza contínua: continuidade é ausência de interrupção. Há quem sustente, na doutrina, que continuidade tem a mesma interpretação da não eventualidade prevista no artigo 3º, da CLT. Conforme já nos pronunciamos, não eventualidade significa habitualidade. O requisito da continuidade é mais contundente do que o da não eventualidade. Para que haja a habitualidade basta que a prestação de serviços se repita com frequência e de forma sistemática. O requisito da continuidade, tradicionalmente, tem sido valorado pela jurisprudência de acordo com o número de dias trabalhados na semana. À luz da regulamentação anterior (Lei 5859/72), tanto a doutrina como a jurisprudência divergiam sobre a valoração da

19 Art. 7º, da CLT: "Os preceitos constantes da presente Consolidação salvo quando fôr em cada caso, expressamente determinado em contrário, não se aplicam: a) aos empregados domésticos, assim considerados, de um modo geral, os que prestam serviços de natureza não-econômica à pessoa ou à família, no âmbito residencial destas(...)."

20 Art. 7º, Parágrafo único, da CF: "São assegurados à categoria dos trabalhadores domésticos os direitos previstos nos incisos IV, VI, VII, VIII, X, XIII, XV, XVI, XVII, XVIII, XIX, XXI, XXII, XXIV, XXVI, XXX, XXXI e XXXIII e, atendidas as condições estabelecidas em lei e observada a simplificação do cumprimento das obrigações tributárias, principais e acessórias, decorrentes da relação de trabalho e suas peculiaridades, os previstos nos incisos I, II, III, IX, XII, XXV e XXVIII, bem como a sua integração à previdência social."

continuidade. Alguns exigiam que o trabalhador prestasse serviços em todos os dias semana; outros sustentavam que um único dia na semana, desde que se repetisse sem variação já era suficiente para configuração do requisito da continuidade. Outros argumentavam que havia necessidade de o empregado trabalhar ao menos três dias na semana.

Diante da LC 150/15 a questão fora solucionada, dando maior segurança jurídica às partes (empregados e empregadores domésticos), para fixar o conceito de continuidade para o trabalhador doméstico como sendo o trabalho em pelo menos três dias na semana.

b) serviços de finalidade não lucrativa: a não lucratividade é aferida segundo a destinação da atividade do empregador. Desse modo, a atividade realizada pelo doméstico não pode se destinar ao lucro do tomador de serviços. Como exemplifica Amauri Mascaro Nascimento[21], "se a dona da casa vende roupas em seu lar, empregada que a ajuda nessa função não será doméstica, mas empregada pela regida pela CLT."

Se o empregador realizar atividade híbrida, qual seja: lucrativa e não lucrativa, prevalece o vínculo pela CLT, pois mais favorável ao trabalhador.

c) âmbito residencial: significa que os serviços têm que estar relacionados ao âmbito familiar (pessoa ou família).

Alguns autores defendem que somente serão domésticos os trabalhadores que prestarem serviços de natureza doméstica em sentido estrito, como por exemplo, a cozinheira, o jardineiro, etc.

O entendimento predominante na doutrina e jurisprudência, de nossa parte mais acertado, é no sentido de que os serviços não necessitam ser prestados exclusivamente dentro da residência, e sim relacionados ao o âmbito residencial. Desse modo, os serviços prestados podem ser manuais e intelectuais. São domésticos a professora particular que ministra aulas particulares em residência, a enfermeira, o motorista, etc., desde a atividade seja destinada a atender uma necessidade pessoal do tomador e não direcionada a finalidade lucrativa deste.

---

21 Iniciação ao Direito do Trabalho. 34ª Edição. São Paulo: LTr, 2009, p. 177.

Não há necessidade de que, na residência onde trabalhe o doméstico resida uma família, podendo residir uma única pessoa ou grupo de pessoas sem relação de parentesco.

O empregador doméstico deve ser, necessariamente, pessoa ou família. Desse modo, o empregador doméstico não pode ser pessoa jurídica, ainda que não tenha finalidade lucrativa. No entanto, como bem adverte Maurício Godinho Delgado[22], certo grupo unitário de pessoas físicas, atuando estritamente em função de interesses individuais de consumo pessoal, pode também tomar trabalho doméstico. É o que se passa, por exemplo com uma informal república estudantil e sua faxineira/cozinheira (caso que não se confunde, por óbvio, com o pensionato, em que alguém explora a oferta ao mercado de serviços de moradia e alimentação).

A doutrina e jurisprudência, acertadamente, têm entendido que não se aplica ao empregador doméstico, a sucessão de empresas ou de empregadores, prevista nos arts. 10 e 448, da CLT, pois o empregador doméstico é pessoa ou família e não pessoa empresa. Além disso, a CLT, no aspecto, não se mostra compatível com a LC 150/15, art. 19[23].

3.1. Direitos dos domésticos

Os direitos básicos do trabalhador domésticos estão previstos no art. 7º, parágrafo único da Constituição Federal que assim dispõe:

> "São assegurados à categoria dos trabalhadores domésticos os direitos previstos nos incisos IV, VI, VII, VIII, X, XIII, XV, XVI, XVII, XVIII, XIX, XXI, XXII, XXIV, XXVI, XXX, XXXI e XXXIII e, atendidas as condições estabelecidas em lei e observada a simplificação do cumprimento das obrigações tributárias, principais e acessórias, decorrentes da relação de trabalho e suas peculiaridades, os previstos nos incisos I, II, III, IX, XII, XXV e XXVIII, bem como a sua integração à previdência social."

Desse modo, por força da Constituição Federal, são estendidos aos domésticos: salário mínimo, fixado em lei, nacionalmente unificado;

22 Curso de Direito do Trabalho. 18ª ed. São Paulo: LTr, 2019, p. 449.

23 Art. 19, da LC 150/15: "Observadas as peculiaridades do trabalho doméstico, a ele também se aplicam as Leis nº 605, de 5 de janeiro de 1949, no 4.090, de 13 de julho de 1962, no 4.749, de 12 de agosto de 1965, e no 7.418, de 16 de dezembro de 1985, e, subsidiariamente, a Consolidação das Leis do Trabalho (CLT), aprovada pelo Decreto-Lei nº 5.452, de 1º de maio de 1943."

irredutibilidade do salário, salvo o disposto em convenção ou acordo coletivo; garantia de salário nunca inferior ao mínimo; décimo terceiro salário com base na remuneração integral ou no valor da aposentadoria; proteção do salário na forma da lei, constituindo crime a sua retenção dolosa; duração do trabalho não superior a oito horas diárias e quarenta e quatro semanais, facultada a redução e compensação de jornada mediante acordo ou convenção coletiva de trabalho; repouso semanal remunerado, preferencialmente aos domingos; remuneração do serviço extraordinário superior, no mínimo em cinquenta por cento à do normal; gozo de férias anuais remuneradas com, pelo menos, um terço a mais do que o salário normal; licença à gestante, sem prejuízo do emprego e do salário, com a duração de cento e vinte dias; licença-paternidade, nos termos fixados em lei; aviso prévio proporcional ao tempo de serviço, sendo no mínimo de trinta dias, nos termos da lei; redução dos riscos inerentes ao trabalho, por meio de normas de saúde, higiene e segurança; aposentadoria; reconhecimento das convenções e acordos coletivos de trabalho; proibição de diferenças de salários, de exercício de funções de critérios de admissão por motivo de sexo, idade, cor ou estado civil; proibição de qualquer discriminação no tocante a salário e critérios de admissão do trabalhador portador de deficiência; proibição de trabalho noturno, perigoso ou insalubre a menores de dezoito anos e de qualquer trabalho a menores de dezesseis anos, salvo na condição de aprendiz a partir do quatorze anos.

Outrossim, nos termos do que foi regulamentado pela LC 150/15 o doméstico teve estendidas as seguintes garantias: relação de emprego protegida contra despedida arbitrária ou sem justa causa; seguro desemprego; fundo de garantia do tempo de serviço; remuneração do trabalho noturno superior à do diurno; salário família; creche e pré-escola aos filhos; seguro contra acidentes de trabalho a cargo do empregador, sem excluir indenização por dolo ou culpa do empregador, e integração à previdência social.

O rol de direitos do parágrafo único do artigo 7º, da Constituição Federal não é taxativo, uma vez que a legislação infraconstitucional pode atribuir outros direitos ao doméstico com a finalidade de melhoria de sua condição social (artigo 7º, "*caput*", da Constituição Federal).

Atualmente, o trabalhador doméstico tem, praticamente, os mesmos direitos do trabalhador regido pela Consolidação das Leis do Trabalho, destacando-se algumas singularidades em razão da natureza dos serviços prestados e do próprio empregador que é pessoa física ou entidade familiar.

Não é possível a contratação de trabalhador doméstico com menos de 18 anos, conforme o parágrafo único da LC 150/15.

A Carteira de Trabalho e Previdência Social será obrigatoriamente apresentada, contra recibo, pelo empregado ao empregador que o admitir, o qual terá o prazo de 48 (quarenta e oito) horas para nela anotar, especificamente, a data de admissão, a remuneração e, quando for o caso, os contratos por prazo determinado (art. 9º, da LC 150/15).

Nos termos do art. 18, da LC 150/15, "é vedado ao empregador doméstico efetuar descontos no salário do empregado por fornecimento de alimentação, vestuário, higiene ou moradia, bem como por despesas com transporte, hospedagem e alimentação em caso de acompanhamento em viagem. § 1º É facultado ao empregador efetuar descontos no salário do empregado em caso de adiantamento salarial e, mediante acordo escrito entre as partes, para a inclusão do empregado em planos de assistência médico-hospitalar e odontológica, de seguro e de previdência privada, não podendo a dedução ultrapassar 20% (vinte por cento) do salário. § 2º Poderão ser descontadas as despesas com moradia de que trata o *caput* deste artigo quando essa se referir a local diverso da residência em que ocorrer a prestação de serviço, desde que essa possibilidade tenha sido expressamente acordada entre as partes. § 3º As despesas referidas no *caput* deste artigo não têm natureza salarial nem se incorporam à remuneração para quaisquer efeitos. § 4º O fornecimento de moradia ao empregado doméstico na própria residência ou em morada anexa, de qualquer natureza, não gera ao empregado qualquer direito de posse ou de propriedade sobre a referida moradia."

A duração do trabalho do doméstico não será superior a 8 hora diárias e 44 semanais (art. 2º, da LC 150/15), podendo ser firmado acordo individual escrito entre empregado e empregador para a compensação de horas. Diante das peculiaridades do trabalho doméstico, pensamos que é possível se admitir o acordo tácito de compensação de horas, desde que não seja prejudicial ao trabalhador e seja observado o limite de 44 horas semanais.

Nos termos do §§ 5º a 8º do art. 2º, da LC 150/15, no regime de compensação de horas: I – será devido o pagamento, como horas extraordinárias, na forma do § 1º, das primeiras 40 (quarenta) horas mensais excedentes ao horário normal de trabalho; II – das 40 (quarenta) horas referidas no inciso I, poderão ser deduzidas, sem o correspondente pagamento, as horas não trabalhadas, em função de redução do horário normal de trabalho ou de dia útil não trabalhado, durante o mês; III – o saldo de horas que excederem as 40 (quarenta) primeiras horas mensais de que trata o inciso I, com a dedução prevista no inciso II, quando for o caso, será compensado no período máximo de 1 (um) ano. Na hipótese de rescisão do contrato de trabalho sem que tenha havido a compensação integral da jornada extraordinária, o empregado fará jus ao pagamento das horas extras não compensadas, calculadas sobre o valor da remuneração na data de rescisão. Os intervalos previstos nesta Lei, o tempo de repouso, as horas não trabalhadas, os feriados e os domingos livres em que o empregado que mora no local de trabalho nele permaneça não serão computados como horário de trabalho. O trabalho não compensado prestado em domingos e feriados deve ser pago em dobro, sem prejuízo da remuneração relativa ao repouso semanal.

Conforme o art. 10, da LC 150/15, é facultado às partes, mediante acordo escrito, estabelecer horário de trabalho de 12 (doze) horas seguidas por 36 (trinta e seis) horas ininterruptas de descanso, observados ou indenizados os intervalos para repouso e alimentação. § 1º A remuneração mensal pactuada pelo horário previsto no *caput* deste artigo abrange os pagamentos devidos pelo descanso semanal remunerado e pelo descanso em feriados, e serão considerados compensados os feriados e as prorrogações de trabalho noturno, quando houver, de que tratam o art. 70 e o § 5º do art. 73 da Consolidação das Leis do Trabalho (CLT), aprovada pelo Decreto-Lei nº 5.452, de 1º de maio de 1943, e o art. 9º da Lei no 605, de 5 de janeiro de 1949.

A LC 150/15 determina que o empregador mantenha registro escrito da jornada de trabalho do doméstico (art. 12). No entanto, o art. 74, parágrafo segundo da CLT somente faz a exigência do controle escrito de jornada para os estabelecimentos com mais de 20 empregados.

A exigência do art. 12, da LC 150/15 deve ser interpretada com razoabilidade e justiça. Por isso, pensamos que, ao contrário do empregador pessoa jurídica que tenha mais de 20 empregados, caso o empregador doméstico não faça a juntada dos controles de ponto em eventual demanda judicial discutindo horas extras, este fato por si só, não acarreta a verossimilhança da jornada alegada na petição inicial pelo trabalhador doméstico.

No aspecto, destaca-se a seguinte ementa:

> CATEGORIA PROFISSIONAL ESPECIAL Doméstico Empregada doméstica. Horas extras. Indevidas. Inaplicabilidade da Súmula 338 do TST. A despeito de o art. 12 da Lei Complementar nº 150/2015 estabelecer a obrigatoriedade de registro do horário de trabalho do empregado doméstico, o fato é que a ausência do referido controle constitui mera irregularidade administrativa e, portanto, não

implica, automaticamente, em reversão do ônus da prova, muito menos no acolhimento da jornada inicial declinada. Isso porque a relação doméstica é permeada por uma singularidade ímpar, não se aplicando a Súmula 338 do TST, instituída com base no contexto estrutural, impessoal e organizacional de empresa possuidora de mais de 10 (dez) empregados, fundada na profissionalização, gestão e melhor aptidão probatória, situação que, à luz das máximas da experiência e dos princípios comezinhos do Direito, o empregador doméstico não detém. Apelo não provido. (TRT/SP – Proc. 1000283-94.2021.5.02.0064 – 18ª Turma – RORsum - Rel. Lilian Gonçalves – DeJT 20/08/2021)

Entre duas jornadas de trabalho deve haver um intervalo de descanso mínimo de 11 horas, nos termos do art. 15, da LC 150/15.

O intervalo intrajornada do doméstico será de uma hora, e no máximo duas, facultando sua redução para 30 minutos medicante acordo escrito entre empregador e empregado (art. 13, da LC 150/15).

O contrato de trabalho do doméstico pode ser por prazo determinado ou indeterminado. Nos termos do art. 4º, da LC 150/15: é facultada a contratação, por prazo determinado, do empregado doméstico: I – mediante contrato de experiência; II – para atender necessidades familiares de natureza transitória e para substituição temporária de empregado doméstico com contrato de trabalho interrompido ou suspenso. Parágrafo único. No caso do inciso II deste artigo, a duração do contrato de trabalho é limitada ao término do evento que motivou a contratação, obedecido o limite máximo de 2 (dois) anos.

O vale transporte do trabalhador doméstico poderá, mediante recibo, ser concedido em pecúnia pelo empregador (art. 19, parágrafo único da LC 15015).

O empregado doméstico tem direito a férias anuais remuneradas de 30 dias, com acréscimo de pelo menos um terço do salário normal, podendo ser fracionados, a critério do empregador, em dois períodos, sendo um deles, de no mínimo 14 dias corridos (art. 17, da LC 150/15).

O empregado doméstico tem direito ao FGTS e ao Seguro-Desemprego.

Nos termos do art. 22, da LC 150/15, o empregador doméstico depositará a importância de 3,2% (três inteiros e dois décimos por cento) sobre a remuneração devida, no mês anterior, a cada empregado, destinada ao pagamento da indenização compensatória da perda do emprego, sem justa causa ou por culpa do empregador, não se aplicando ao empregado doméstico o disposto nos §§ 1º a 3º do art. 18 da Lei nº 8.036, de 11 de maio de 1990. § 1º Nas hipóteses de dispensa por justa causa ou a pedido, de término do contrato de trabalho por prazo determinado, de aposentadoria e de falecimento do empregado doméstico, os valores previstos no *caput* serão movimentados pelo empregador. § 2º Na hipótese de culpa recíproca, metade dos valores previstos no *caput* será movimentada pelo empregado, enquanto a outra metade será movimentada pelo empregador. § 3º Os valores previstos no *caput* serão depositados na conta vinculada do empregado, em variação distinta daquela em que se encontrarem os valores oriundos dos depósitos de que trata o inciso IV do art. 34 desta Lei, e somente poderão ser movimentados por ocasião da rescisão contratual. § 4º À importância monetária de que trata o *caput*, aplicam-se as disposições da Lei nº 8.036, de 11 de maio de 1990, e da Lei nº 8.844, de 20 de janeiro de 1994, inclusive quanto a sujeição passiva e equiparações, prazo de recolhimento, administração, fiscalização, lançamento, consulta, cobrança, garantias, processo administrativo de determinação e exigência de créditos tributários federais.

O benefício do seguro-desemprego para o empregado doméstico dispensado sem justa causa é o valor de um salário mínimo, sendo no mínimo uma parcela, e no máximo três parcelas, conforme o art. 26, da LC 150/15.

Para se habilitar ao benefício do seguro-desemprego, nos termos do art. 28, da LC 150/15, o trabalhador doméstico deverá apresentar ao órgão competente do Ministério do Trabalho e Emprego: I – Carteira de Trabalho e Previdência Social, na qual deverão constar a anotação do contrato de trabalho doméstico e a data de dispensa, de modo a comprovar o vínculo empregatício, como empregado doméstico, durante pelo menos 15 (quinze) meses nos últimos 24 (vinte e quatro) meses; II – termo de rescisão do contrato de trabalho; III – declaração de que não está em gozo de benefício de prestação continuada da Previdência Social, exceto auxílio-acidente e pensão por morte; e IV – declaração de que não possui renda própria de qualquer natureza suficiente à sua manutenção e de sua família.

O aviso prévio devido ao doméstico é de 30 dias, caso o empregado tenha até um ano de tempo de serviço. Caso o contrato ultrapasse um ano, serão devidos 3 dias a mais de aviso prévio por cada ano completo de trabalho, até no máximo 60 dias, totalizando o total de 90 dias (art. 23, da LC 150/15).

Nos termos do art. 15, da LC 150/15, a empregada doméstica gestante tem direito a licença-maternidade de 120 (cento e vinte) dias, sem prejuízo do emprego e do salário, nos termos da Seção V do Capítulo III do Título III da Consolidação das Leis do Trabalho (CLT), aprovada pelo Decreto-Lei nº 5.452, de 1º de maio de 1943. Parágrafo único. A confirmação do estado de gravidez durante o curso do contrato de trabalho, ainda que durante o prazo do aviso prévio trabalhado ou indenizado, garante à empregada gestante a estabilidade provisória prevista na alínea "b" do inciso II do art. 10 do Ato das Disposições Constitucionais Transitórias.

Conforme o art. 43, da LC 150/15, o direito de ação quanto a créditos resultantes das relações de trabalho prescreve em 5 (cinco) anos até o limite de 2 (dois) anos após a extinção do contrato de trabalho.

4. EMPREGADO RURAL

Quando se fala em trabalho como essência da existência humana, deve-se lembrar, primordialmente, do trabalho agrícola, que acompanha o homem desde a época em que este se fixou a terra, deixando de lado o nomadismo, a atividade de caça e pesca, que o caracterizava até então.[24]

O empregado rural não faz parte da CLT (art. 7º[25]). Aos poucos, foi adquirindo direitos, destacando-se o Estatuto do Trabalhador Rural (Lei n. 4.214/63), posteriormente, a Lei 5.889/73 que estatuiu normas reguladoras do trabalho rural, aplicando-se, subsidiariamente a CLT[26], culminando com a Constituição de 1988 que assegurou as mesmas garantias trabalhistas aos trabalhadores urbanos e rurais (art. 7º, "*caput*").

Apesar dos direitos dos trabalhadores rurais estarem previstos na Constituição Federal em igualdade com os trabalhadores urbanos, as peculiaridades do trabalho rural estão disciplinadas, preponderantemente, na Lei 5.889/72.

Para se saber o conceito da relação de trabalho rural necessário conjugar os artigos 2º e 3º da lei 5.889/73. Dispõem os referidos dispositivos legais:

---

24 MAIOR, Jorge Luiz Souto. Curso de Direito do Trabalho. Volume II: A relação de emprego. São Paulo: LTr, 2008, p. 269.

25 Art. 7º, da CLT: "Os preceitos constantes da presente Consolidação salvo quando fôr em cada caso, expressamente determinado em contrário, não se aplicam: (...) b) aos trabalhadores rurais, assim considerados aqueles que, exercendo funções diretamente ligadas à agricultura e à pecuária, não sejam empregados em atividades que, pelos métodos de execução dos respectivos trabalhos ou pela finalidade de suas operações, se classifiquem como industriais ou comerciais(...)."

26 Art. 1º, "*caput*", da Lei 5889/72: "As relações de trabalho rural serão reguladas por esta Lei e, no que com ela não colidirem, pelas normas da Consolidação das Leis do Trabalho, aprovada pelo Decreto-lei nº 5.452, de 01/05/1943."

> Art. 2º: "Empregado rural é toda pessoa física que, em propriedade rural ou prédio rústico, presta serviços de natureza não eventual a empregador rural, sob a dependência deste e mediante salário."
>
> Art. 3º: "Considera-se empregador, rural, para os efeitos desta Lei, a pessoa física ou jurídica, proprietário ou não, que explore atividade agro-econômica, em caráter permanente ou temporário, diretamente ou através de prepostos e com auxílio de empregados. § 1º Inclui-se na atividade econômica referida no *caput* deste artigo, além da exploração industrial em estabelecimento agrário não compreendido na Consolidação das Leis do Trabalho – CLT, aprovada pelo Decreto-Lei nº 5.452, de 1º de maio de 1943, a exploração do turismo rural ancilar à exploração agroeconômica. § 2º Sempre que uma ou mais empresas, embora tendo cada uma delas personalidade jurídica própria, estiverem sob direção, controle ou administração de outra, ou ainda quando, mesmo guardando cada uma sua autonomia, integrem grupo econômico ou financeiro rural, serão responsáveis solidariamente nas obrigações decorrentes da relação de emprego."

Conforme os referidos dispositivos, a relação de trabalho rural se dará segundo a destinação da atividade econômica do empregador e não quanto à localização do imóvel. A atividade do empregador deve ser destinada ou à agricultura ou à pecuária.

Como nos adverte Gustavo Filipe Barbosa Garcia[27]: "a função, em si, desempenhada pelo empregado, não é o fator relevante na referida caracterização do empregado como rural, mas sim a natureza da atividade desempenhada pelo empregador (...)Pelo critério da lei em vigor, é empregado rural todo aquele que presta serviços ao empregador que explora atividade de natureza (finalidade) agroeconômica, mesmo que a função do empregado não seja, por exemplo, diretamente exercida no plantio, na sara, na criação de gado etc., mas sim no escritório da fazenda".

Conforme destaca Jorge Luiz Souto Maior[28]: o fato de o empregador se organizar como uma indústria não desconfiguraria o vínculo de natureza rural, se a indústria não se destinasse à produção de um bem específico, mas apenas a uma transformação primária dos bens colhidos na terra. Nessa atividade industrial primária, vários são os serviços que se executam e que se interligam para a consecução do objetivo final. Todos

27 Curso de Direito do Trabalho. 2ª ed. São Paulo: Método, 2008, p. 215.

28 Curso de Direito do Trabalho. Volume II. São Paulo: LTr, 2008, p. 279.

eles, apesar de muitos não se ligarem diretamente ao cultivo da terra ou colheita de produtos, dariam ensejo ao vínculo de emprego rural, vez que não possuem uma significação isolada, sendo, no fundo, partes do empreendimento, o qual, sendo rural, atrai para dentro de si todos os serviços que lhe digam respeito. Nesse sentido, em uma indústria rural de transformação primária de produtos, seriam trabalhadores rurais os motoristas, os 'movimentadores de mercadorias', os vigias, etc."

Diante do exposto, podemos conceituar o empregado rural, como sendo *o trabalhador que presta serviços de forma pessoal, não eventual, subordinada e onerosa a pessoa física ou jurídica, proprietário ou não, que explore atividade agroeconômica, em caráter permanente ou temporário, diretamente ou através de prepostos e com auxílio de empregados.*

4.1. Singularidades do trabalhador rural

Nos termos do art. 5º, da Lei 5.889/72, em qualquer trabalho contínuo de duração superior a seis horas, será obrigatória a concessão de um intervalo para repouso ou alimentação observados os usos e costumes da região, não se computando este intervalo na duração do trabalho. Entre duas jornadas de trabalho haverá um período mínimo de onze horas consecutivas para descanso.

O intervalo intrajornada do trabalhador rural é fixado segundo os usos e costumes da região. Entretanto, por aplicação supletiva da CLT (art. 71), ele deverá ser de no mínimo 01 horas.

Como observa, corretamente, Vólia Bomfim Cassar[29], "apesar de a lei do rural não prever qual o limite máximo para o intervalo intrajornada do rural que trabalha mais de 06 horas, entendemos pela aplicação do art. 71 da CLT, isto, é, o limite máximo é de duas horas, salvo para os trabalhadores intermitentes, quando a lei tem regra própria. A lei n. 5889/72 também não prevê o direito ao intervalo de 15 minutos para jornadas de até seis horas, como o faz o art. 71, p. 1º, da CLT. Entendemos ser aplicável o art. 71, p. 1º, da CLT ao rural, em face de sua plena compatibilidade como determina o art. 1º da Lei 5.889/72."

Nos termos do art. 7º, da Lei 5889/72, considera-se trabalho noturno o executado entre as vinte e uma horas de um dia e as cinco horas do dia seguinte, na lavoura, e entre as vinte horas de um dia e as quatro horas do

29 Direito do Trabalho. 14ª ed. São Paulo: Método, 2017, p. 400.

dia seguinte, na atividade pecuária. Parágrafo único. Todo trabalho noturno será acrescido de 25% (vinte e cinco por cento) sobre a remuneração normal.

Conforme o referido dispositivo legal, o rural tem o adicional noturno fixado em 25% sobre a remuneração normal, mas não tem direito à hora noturno reduzida.

Nos termos do art. 9º, da Lei 5889/72, salvo as hipóteses de autorização legal ou decisão judiciária, só poderão ser descontadas do empregado rural as seguintes parcelas, calculadas sobre o salário mínimo: a) até o limite de 20% (vinte por cento) pela ocupação da morada; b) até o limite de 25% (vinte por cento) pelo fornecimento de alimentação sadia e farta, atendidos os preços vigentes na região; c) adiantamentos em dinheiro. § 1º As deduções acima especificadas deverão ser previamente autorizadas, sem o que serão nulas de pleno direito. § 2º Sempre que mais de um empregado residir na mesma morada, o desconto, previsto na letra "a" deste artigo, será dividido proporcionalmente ao número de empregados, vedada, em qualquer hipótese, a moradia coletiva de famílias. § 3º Rescindido ou findo o contrato de trabalho, o empregado será obrigado a desocupar a casa dentro de trinta dias. § 4º O Regulamento desta Lei especificará os tipos de morada para fins de dedução. § 5º A cessão pelo empregador, de moradia e de sua infraestrutura básica, assim, como, bens destinados à produção para sua subsistência e de sua família, não integram o salário do trabalhador rural, desde que caracterizados como tais, em contrato escrito celebrado entre as partes, com testemunhas e notificação obrigatória ao respectivo sindicato de trabalhadores rurais.

Durante o prazo do aviso prévio, se a rescisão tiver sido promovida pelo empregador, o empregado rural terá direito a um dia por semana, sem prejuízo do salário integral, para procurar outro trabalho (art. 15 da Lei 5889/72).

Quanto ao prazo prescricional, aplica-se o art. 7º, inciso XXIX, da CF, que assim dispõe: ação, quanto aos créditos resultantes das relações de trabalho, com prazo prescricional de cinco anos para os trabalhadores urbanos e rurais, até o limite de dois anos após a extinção do contrato de trabalho.

5. DO TRABALHO FORA DO ESTABELECIMENTO DO EMPREGADOR

Atualmente, diante do avanço tecnológico, das mudanças no sistema de produção, da inserção dos portadores de necessidades especiais no mercado de trabalho, da redução dos custos e da necessidade de majoração da produção, tem sido comum a prestação de serviços fora do estabelecimento da empresa.

Dentre os trabalhadores que desempenham o trabalho fora do estabelecimento do empregador, a doutrina destaca:

a) o trabalho em domicílio: executado na residência do trabalhador, também chamado de *home office*. Não se exige nenhuma condição especial para o exercício deste trabalho. Sua previsão legal está no art. 6º da CLT;
b) teletrabalho: realizado fora das dependências do empregador. Pode ser realizado ou não na própria residência do trabalhador, mas exige utilização de tecnologia de informação ou de comunicação (arts. 75-A a 75-E da CLT);
c) trabalho externo: Previsto no art. 62, I, da CLT. Trata-se de situação clássica de realização do trabalho fora do estabelecimento do empregador em atividades incompatíveis com a fiscalização da jornada.

6. DO TRABALHO EM DOMICÍLIO (*HOME OFFICE*)

Dispõe o art. 6º, da CLT:

> "Não se distingue entre o trabalho realizado no estabelecimento do empregador, o executado no domicílio do empregado e o realizado a distância, desde que estejam caracterizados os pressupostos da relação de emprego. Parágrafo único. Os meios telemáticos e informatizados de comando, controle e supervisão se equiparam, para fins de subordinação jurídica, aos meios pessoais e diretos de comando, controle e supervisão do trabalho alheio."

Nos termos do art. 83, da CLT, "é devido o salário mínimo ao trabalhador em domicílio, considerado este como o executado na habitação do empregado ou em oficina de família, por conta de empregador que o remunere."

Os referidos arts. 6º e 83 da CLT disciplinam o trabalho realizado no domicílio do empregado, também denominado *home office*. O termo domicílio não pode ter interpretação restrita, devendo ser lido como residência, ou até mesmo como sendo um local em que o empregado possui para trabalhar, como um escritório particular.

Todos os requisitos previstos nos artigos 2º e 3º, da CLT, quais sejam: pessoalidade, subordinação, não eventualidade e onerosidade, devem estar presentes, simultaneamente para que se configure a relação de emprego.

Não obstante, o requisito da pessoalidade fica de certa forma mitigado, pois o empregado está fora das vistas do empregador. Entretanto, ele deve ser preponderante.

Quanto à subordinação, no trabalho a domicílio, ela deve ser aferida, tomando-se em consideração os seguintes critérios:

a) aspecto qualitativo do trabalho realizado, ou seja, aferição da qualidade final do produto ou do trabalho desenvolvido pelo empregado;

b) aspecto quantitativo: quantidade de produção de produto ou serviço num determinado lapso de tempo;

c) econômico: dependência econômica do trabalhador ao tomador de serviços.

Por outro lado, o empregador pode utilizar meios telemáticos e informatizados de comando para controlar o trabalho à distância, tais como telefone celular, aplicativos dentre outros. Nesta situação, a subordinação jurídica se equipara à do trabalhador que presta serviços no próprio estabelecimento do empregador.

Tem o trabalhador a domicílio todos os direitos do trabalhador que presta serviços no estabelecimento do empregador. O local de trabalho é considerado a residência do trabalhador. Também terá direito a horas extras se comprovar que ultrapassa o limite de 8 horas diárias e 44 semanais, e que sua jornada pode ser mensurável, ainda que indiretamente, como inserção de senha em computador no início e no fim da jornada, ou pela realização de determinada quantidade de trabalho que demanda jornada superior ao limite legal ou contratual.

No aspecto, relevante destacar a seguinte ementa oriunda da mais alta corte trabalhista brasileira, "in verbis":

> AGRAVO DE INSTRUMENTO. RECURSO DE REVISTA. HOME OFFICE: ENQUADRAMENTO E EFEITOS JURÍDICOS. OUTROS TEMAS: SUBSTITUIÇÃO. ACÚMULO DE FUNÇÕES. HORAS EXTRAS. ADICIONAL NOTURNO. HORAS DE SOBREAVISO. FÉRIAS INTERROMPIDAS. DECISÃO DENEGATÓRIA. MANUTENÇÃO. O teletrabalho e o trabalho em domicílio (*home office*) tornaram-se frequentes nas últimas décadas em face da invenção, aperfeiçoamento e generalização de novos meios comunicacionais,

ao lado do advento de novas fórmulas organizacionais e gerenciais de empresas e instituições. Isso não elimina, porém, necessariamente, a presença de subordinação na correspondente relação socioeconômica e jurídica entre o trabalhador e seu tomador de serviços, desde que ultrapassado o conceito tradicional desse elemento integrante da relação empregatícia em favor de sua dimensão objetiva ou, até mesmo, em favor do conceito de subordinação estrutural. Dentro deste novo, moderno e atualizado enfoque da subordinação, os trabalhadores em domicílio, mesmo enquadrando-se no parâmetro do *home office*, podem, sim, ser tidos como subordinados e, desse modo, efetivos empregados. Não obstante, não se pode negar que, de maneira geral, em princípio, tais trabalhadores enquadram-se no tipo jurídico excetivo do art. 62 da CLT, realizando o parâmetro das jornadas não controladas de que fala a ordem jurídica trabalhista (art. 62, I, CLT). Por outro lado, a possibilidade de indenização empresarial pelos gastos pessoais e residenciais efetivados pelo empregado no exercício de suas funções empregatícias no interior de seu *home office* supõe a precisa comprovação da existência de despesas adicionais realizadas em estrito benefício do cumprimento do contrato, não sendo bastante, em princípio, regra geral, a evidência de certa mistura, concorrência, concomitância e paralelismo entre atos, circunstâncias e despesas, uma vez que tais peculiaridades são inerentes e inevitáveis ao labor em domicílio e ao teletrabalho. Finalmente, havendo pagamento pelo empregador ao obreiro de valores realmente dirigidos a subsidiar despesas com telefonemas, gastos com informática e similares, no contexto efetivo do home office, não têm tais pagamentos natureza salarial, mas meramente instrumental e indenizatória. Na mesma linha, o fornecimento pelo empregador, plenamente ou de modo parcial, de equipamentos para a consecução do home office obreiro (telefones, microcomputadores e seus implementos, etc.) não caracteriza, regra geral, em princípio, salário *in natura*, em face de seus preponderantes objetivos e sentido instrumentais. Agravo de instrumento desprovido (TST -AIRR-62141-19.2003.5.10.0011, 6ª Turma, Relator Ministro Mauricio Godinho Delgado, DEJT 16/04/2010).

7. DO TELETRABALHO

O teletrabalho é realizado fora do estabelecimento do empregador, preponderantemente na residência do próprio trabalhador, realizado com tecnologias de informação e de comunicação.

Nos ensina Célio Pereira Oliveira Neto[30]:

> "O teletrabalho pode ser conceituado como trabalho prestado, ao menos em parte à distância, fora da sede da organização empresarial, mediante o uso de telemática, com flexibilidade de jornada, e ausência de fiscalização direta, empoderando o trabalhador diante da auto organização e autonomia de gestão do tempo, e em certa medida de suas atividades."

Como destaca Alice Monteiro de Barros[31] "a inovação tecnológica subverte a relação de trabalho clássico, sendo responsável por novos tipos de atividade descentralizada, que reúnem informação e comunicação. Situa-se entre esse novo tipo o teletrabalho, realizado no domicílio do trabalhador (artigo 6º, da CLT), em centros de satélites fora do estabelecimento patronal, mas em contrato com ele ou em outro local, de uso público."

O art. 75-B, por meio de interpretação autêntica, nos dá o conceito de teletrabalho da seguinte forma:

> "Considera-se teletrabalho ou trabalho remoto a prestação de serviços fora das dependências do empregador, de maneira preponderante ou não, com a utilização de tecnologias de informação e de comunicação, que, por sua natureza, não se configure como trabalho externo. § 1º O comparecimento, ainda que de modo habitual, às dependências do empregador para a realização de atividades específicas, que exijam a presença do empregado no estabelecimento, não descaracteriza o regime de teletrabalho ou trabalho remoto. § 2º O empregado submetido ao regime de teletrabalho ou trabalho remoto poderá prestar serviços por jornada ou por produção ou tarefa. § 3º Na hipótese da prestação de serviços em regime de teletrabalho ou trabalho remoto por produção ou tarefa, não se aplicará o disposto no Capítulo II do Título II desta Consolidação. § 4º O regime de teletrabalho ou trabalho remoto não se confunde e nem se equipara à ocupação de operador de telemarketing ou de teleatendimento. § 5º O tempo de uso de equipamentos tecnológicos e de infraestrutura necessária, e de softwares, de ferramentas digitais ou de aplicações de internet utilizad,os para o teletrabalho, fora da jornada de trabalho normal do empregado não constitui tempo à disposição, regime de

30 Trabalho em Ambiente Virtual: causas, efeitos e conformação. São Paulo: LTr, 2018, p. 89.

31 Curso de Direito do Trabalho. São Paulo: LTr, 5ª ed. 2009, p. 326/327.

> prontidão ou de sobreaviso, exceto se houver previsão em acordo individual ou em acordo ou convenção coletiva de trabalho. § 6º Fica permitida a adoção do regime de teletrabalho ou trabalho remoto para estagiários e aprendizes. § 7º Aos empregados em regime de teletrabalho aplicam-se as disposições previstas na legislação local e nas convenções e acordos coletivos de trabalho relativas à base territorial do estabelecimento de lotação do empregado. § 8º Ao contrato de trabalho do empregado admitido no Brasil que optar pela realização de teletrabalho fora do território nacional, aplica-se a legislação brasileira, excetuadas as disposições constantes na Lei nº 7.064, de 6 de dezembro 1982, salvo disposição em contrário estipulada entre as partes. § 9º Acordo individual poderá dispor sobre os horários e os meios de comunicação entre empregado e empregador, desde que assegurados os repousos legais."

Diante do referido dispositivo legal o teletrabalho pressupõe:

a) prestação de serviços, preponderantemente, ou não, fora das dependências do empregador;
b) o trabalho pode ser realizado na residência do empregado ou em outro local fora das dependências do empregador;
c) o trabalho pode ser realizado nas dependências do próprio empregador, ainda que de forma habitual, para atividades específicas;
d) o trabalho pressupõe a utilização de tecnologias de informação e de comunicação, como aplicativos, meios telemáticos, informática, *internet*, dentre outros;
e) o teletrabalho não está enquadrado no conceito de trabalhador externo previsto no art. 62, I, da CLT;[32]
f) o regime de teletrabalho não se confunde com a atividade de *telemarketing*, a qual tem regramento específico;
g) o teletrabalho pode ser pactuado pelo regime de horas trabalhadas, tarefa ou produção;
h) se o teletrabalho for pactuado por tarefa ou produção, há presunção de que o trabalhador não está sujeito a controle de jornada;

32 Art. 62, I, da CLT: "Os empregados que exercem atividade externa incompatível com a fixação de horário de trabalho, devendo tal condição ser anotada na Carteira de Trabalho e Previdência Social e no registro de empregados."

i) aplicam-se as normas coletivas do local da sede da empresa em que o teletrabalhador estiver vinculado, e não as do local da prestação de serviços;

j) a legislação aplicável para o trabalhador contratado no Brasil que prestar serviços no exterior será a brasileira, salvo se houver legislação especial a respeito, ou ajuste contratual entre as partes;

k) acordo individual poderá dispor sobre os horários e os meios de comunicação entre empregado e empregador, desde que assegurados os repousos legais, e os limites constitucionais e legais de limitação de jornada.

A subordinação, no teletrabalho, geralmente é aferida da mesma forma que no trabalho a domicílio. No entanto, por estar o teletrabalhador conectado a determinado aplicativo, a fiscalização do trabalho é mais contundente que no trabalho a domicílio.

O teletrabalho gera benefícios ao trabalhador, pois ele não precisa gastar tempo locomovendo-se para o trabalho, pode organizar melhor sua agenda de trabalho, ter convívio familiar mais intenso. Não obstante, o teletrabalho pode gerar o isolamento, depressão, falta de convivência com outros funcionários, falta de desconexão do trabalho, riscos de problemas ergonômicos, e confusão entre as vidas privada e profissional.

De outro lado, o teletrabalho propicia economia ao empregador em instalações empresariais, redução de despesas, bem como redução do espaço físico de empresa. Não obstante há dificuldades maiores na fiscalização do trabalho do empregado.

Conforme o art. 75-C, da CLT, "a prestação de serviços na modalidade de teletrabalho deverá constar expressamente do contrato individual de trabalho, que especificará as atividades que serão realizadas pelo empregado. § 1º Poderá ser realizada a alteração entre regime presencial e de teletrabalho desde que haja mútuo acordo entre as partes, registrado em aditivo contratual. § 2º Poderá ser realizada a alteração do regime de teletrabalho para o presencial por determinação do empregador, garantido prazo de transição mínimo de quinze dias, com correspondente registro em aditivo contratual. § 3º O empregador não será responsável pelas despesas resultantes do retorno ao trabalho presencial, na hipótese de o empregado optar pela realização do teletrabalho ou trabalho remoto fora da localidade prevista no contrato, salvo disposição em contrário estipulada entre as partes".

Diante do referido dispositivo legal, contrato de trabalho na modalidade de trabalho deve ser escrito, com cláusula expressa sobre as atividades a serem realizadas por meio de teletrabalho. A alteração do regime de trabalho para o presencial deve ser realizada de comum acordo pelas partes de forma expressa e escrita.

O empregador poderá alterar o regime de teletrabalho para o presencial de forma unilateral, mas deve garantir o prazo de transição mínimo de quinze dias, com correspondente registro em aditivo contratual.

Como bem adverte Gustavo Filipe Barbosa Garcia[33], "a norma legal, como se pode notar, não autoriza que a modificação para o regime presencial ocorra em razão apenas da vontade do empregado, mas apenas por determinação do empregador, no exercício do seu poder de direção e de organização."

Dispõe o art. 75-D da CLT:

> "As disposições relativas à responsabilidade pela aquisição, manutenção ou fornecimento dos equipamentos tecnológicos e da infraestrutura necessária e adequada à prestação do trabalho remoto, bem como ao reembolso de despesas arcadas pelo empregado, serão previstas em contrato escrito. Parágrafo único. As utilidades mencionadas no *caput* deste artigo não integram a remuneração do empregado."

Diante do referido dispositivo legal, a responsabilidade e custos pela aquisição de equipamentos para o exercício do teletrabalho, bem como as despesas para sua realização deverão constar do contrato escrito.

Caso o empregador forneça os equipamentos para a realização do trabalho, a exemplo de mesas, cadeiras e computador, estas utilidades, por indispensáveis à realização do trabalho não são consideradas salário "in natura" nos termos do art. 458 da CLT.

De nossa parte, em compasso com as críticas apontadas pela Doutrina, o art. 75-D da CLT deve ser lido e interpretado em compasso com os princípios do Direito do Trabalho e da própria sistemática da CLT no sentido de que o empregado não corre os riscos do negócio. Desse modo, pensamos que é de responsabilidade do empregador (art. 2º da

33 CLT Comentada. 7ª edição. Salvador: Editora Juspodivm, 2020, p. 175.

CLT) arcar com as despesas dos equipamentos e custos para a realização do teletrabalho.

Segundo o art. 75-E, da CLT, "o empregador deverá instruir os empregados, de maneira expressa e ostensiva, quanto às precauções a tomar a fim de evitar doenças e acidentes de trabalho. Parágrafo único. O empregado deverá assinar termo de responsabilidade comprometendo-se a seguir as instruções fornecidas pelo empregador."

Diante do referido dispositivo legal, o empregador tem a responsabilidade de instruir do trabalho e adotar medidas efetivas para evitar doenças e acidentes de trabalho, sem exclusão da responsabilidade civil do empregador quando incorrer em culpa (art. 7º, XXVIII, da CF).

Há presunção de que o teletrabalhador não está sujeito a controle de jornada (art. 62, III, da CLT), no entanto, se sua jornada puder ser mensurada e fiscalizada ainda que indiretamente, fará jus a horas extras se exceder o limite legal ou contratual de jornada.

Nos termos do parágrafo 5º do art. 75-B, da CLT: o tempo de uso de equipamentos tecnológicos e de infraestrutura necessária, e de softwares, de ferramentas digitais ou de aplicações de internet utilizados para o teletrabalho, fora da jornada de trabalho normal do empregado não constitui tempo à disposição, regime de prontidão ou de sobreaviso, exceto se houver previsão em acordo individual ou em acordo ou convenção coletiva de trabalho.

O referido dispositivo deve ser interpretado à luz do regime constitucional de limitação de jornada (art. 7º, XIII, da CF) e do art. 4º, da CLT (tempo à disposição). Desse modo, se o empregado estiver utilizando os equipamentos tecnológicos para realização de atividades em prol do empregador fora do horário de trabalho, indiscutivelmente, fará jus à jornada extraordinária.

Nos termos do art. 75-F, da CLT, os empregadores deverão dar prioridade aos empregados com deficiência e aos empregados e empregadas com filhos ou criança sob guarda judicial até 4 (quatro) anos de idade na alocação em vagas para atividades que possam ser efetuadas por meio do teletrabalho ou trabalho remoto.

IV

DO EMPREGADOR

1. CONCEITO

Segundo a Consolidação das Leis do Trabalho, empregador típico é a empresa que assumindo os riscos da atividade econômica, contrata, assalaria e dirige a prestação pessoal de serviços.

Dispõe o artigo 2º da CLT:

> "Considera-se empregador a empresa, individual ou coletiva, que, assumindo os riscos da atividade econômica, admite, assalaria e dirige a prestação pessoal de serviços. § 1º Equiparam-se ao empregador, para os efeitos exclusivos da relação de emprego, os profissionais liberais, as instituições de beneficência, as associações recreativas ou outras instituições sem fins lucrativos que admitirem trabalhadores como empregados. § 2º Sempre que uma ou mais empresas, tendo, embora, cada uma delas, personalidade jurídica própria, estiverem sob a direção, controle ou administração de outra, ou ainda quando, mesmo guardando cada uma sua autonomia, integrem grupo econômico, serão responsáveis solidariamente pelas obrigações decorrentes da relação de emprego. § 3º Não caracteriza grupo econômico a mera identidade de sócios, sendo necessárias, para a configuração do grupo, a demonstração do interesse integrado, a efetiva comunhão de interesses e a atuação conjunta das empresas dele integrantes."

Conforme Evaristo de Moraes Filho: "empresa, em direito do trabalho, é a organização do trabalho alheio, sob o regime de subordinação hierárquica, tendo em vista a produção de determinado bem econômico. Daí o espírito de lucro e a assunção do risco. A maior ou menor complexidade da organização não a desnatura, sejam quais forem o volume e a importância do conjunto de coisas e pessoas, de bens materiais ou imateriais, necessários à sua consecução, ao pleno êxito dos seus propósitos. O que importa sempre é esta diferenciação social mínima, entre direção e execução, com o objetivo de produzir para o mercado".[1]

De nossa parte, empregador é a entidade, individual, ou coletiva, que assumindo os riscos da atividade econômica, contrata, remunera e dirige a prestação pessoal de serviços. O empregador pode ser empresa devidamente constituída, ou não, que tenha ou não personalidade jurídica, que se dedique, ao lucro ou não, ou a pessoas físicas.

Empresa é unidade econômica de produção destinada ao lucro. Trata-se de entidade abstrata, cuja existência é reconhecida pelo Direito.

Nesse sentido dispõe o artigo 966 do Código Civil:

> "Considera-se empresário quem exerce profissionalmente atividade econômica organizada para a produção ou a circulação de bens ou de serviços. Parágrafo único. Não se considera empresário quem exerce profissão intelectual, de natureza científica, literária ou artística, ainda com o concurso de auxiliares ou colaboradores, salvo se o exercício da profissão constituir elemento de empresa."

O Código Civil, no artigo 1142, nos define, por meio de interpretação autêntica o conceito de estabelecimento. Dispõe o referido dispositivo legal: "Considera-se estabelecimento todo complexo de bens organizado, para exercício da empresa, por empresário, ou por sociedade empresária."

Estabelecimento é o conjunto de bens materiais e imateriais destinados a atividade econômica empresarial. É também chamado *fundo de comércio.*

Conforme destaca Rubens Requião[2], "o fundo de comércio ou estabelecimento comercial é o instrumento da atividade do empresário. Com ele o empresário comercial aparelha-se para exercer sua atividade. Forma do fundo de comércio *a base jurídica da empresa* constituindo um instrumento da atividade empresarial. O Código italiano o define como o complexo dos bens organizados pelo empresário, para o exercício da empresa."

---

1 Do contrato de trabalho como elemento da empresa. São Paulo: LTr, 1993, p. 181-182.

2 Curso de Direito Comercial. Volume 1. 21ª ed. São Paulo: Saraiva, 203-204.

2. CARACTERÍSTICAS DO EMPREGADOR

São características do empregador:

a) **despersonalização:** Como destaca a CLT, o empregador é a empresa, não os seus dirigentes ou sócios.

b) **assunção dos riscos da atividade econômica:** o empregador corre os riscos de sua atividade econômica, não podendo transferi-los para o empregado.

c) **Poder diretivo:** O artigo 2º, da CLT confere ao empregador o chamado poder *diretivo* ou *poder empregatício*[3], que abrange:

   a) **poder regulamentar:** o empregador tem a prerrogativa de regulamentar as tarefas do empregado dentro da empresa por meio do regulamento de empresa ou quadro de carreira, determinar as funções do empregado compatíveis com o "status profissional" deste;

   b) **poder disciplinar:** o empregador tem a prerrogativa de fiscalizar a execução pessoal dos serviços, dar ordens ao trabalhador, e aplicar penalidades para as faltas funcionais cometidas pelo trabalhador;

   c) **direito de variar:** o empregador detém o chamado "jus variandi" que é o direito de alterar determinadas cláusulas contratuais que não modifiquem o conteúdo do contrato de trabalho. De outro lado, o poder diretivo deve sempre respeitar os limites do contrato de trabalho, a função do trabalhador, bem como os direitos da personalidade do empregado.

3. DO EMPREGADOR POR EQUIPARAÇÃO

O parágrafo 1º do artigo 2º da CLT consagra a figura denominada pela doutrina de "empregador por equiparação"[4].

São os chamados empregadores que não constituem empresa, como os profissionais liberais, as instituições de beneficência, as associações recreativas ou outras instituições sem fins lucrativos que admitirem

3 Expressão é de Maurício Godinho Delgado.

4 Art. 2º, § 1º, da CLT: "Equiparam-se ao empregador, para os efeitos exclusivos da relação de emprego, os profissionais liberais, as instituições de beneficência, as associações recreativas ou outras instituições sem fins lucrativos, que admitirem trabalhadores como empregados."

trabalhadores como empregados. Na verdade, seria desnecessário constar da lei o empregador por equiparação uma vez que toda pessoa física ou jurídica, tenha finalidade lucrativa ou não que possua uma pessoa que lhe preste serviços com pessoalidade, não eventualidade, subordinação e onerosidade, será considerada empregadora. Não obstante, a redação se justifica, pois na época da confecção da CLT, dificilmente havia empregador no Brasil que não fosse empresa.

4. GRUPO DE EMPRESAS OU EMPREGADORES

Ensina *Mauricio Godinho Delgado*[5]:

> "O grupo econômico aventado pelo Direito do Trabalho define-se como a figura resultante da vinculação justrabalhista que se forma entre dois ou mais entes favorecidos direta ou indiretamente pelo mesmo contrato de trabalho, em decorrência de existir entre esses entes laços de direção ou coordenação em face de atividades industriais, comerciais, ou financeiras, agroindustriais ou de qualquer outra natureza econômica."

O parágrafo 2º do artigo 2º, da CLT consagra o chamado princípio da despersonalização do empregador, visando a proteger o crédito trabalhista em face das interligações empresariais que possam comprometer o capital empresarial e a quitação dos direitos trabalhistas.

Antes da alteração dos parágrafos 2º e 3º do artigo 2º, da CLT, dadas pela Lei 13.467/17, parte da doutrina exigia uma relação de hierarquia (*Holding*) entre as empresas componentes do grupo para a configuração do grupo econômico para fins trabalhistas. No entanto, a moderna doutrina, à qual nos filiamos, numa interpretação mais benéfica do parágrafo segundo do artigo 2º, da CLT, à luz dos princípios da função do contrato de trabalho e da proteção efetiva do crédito trabalhista, já vinha admitindo a formação do grupo econômico por coordenação, onde não há a supremacia de uma empresa sobre as outras, o chamado grupo por *coordenação.* O novo parágrafo 3º do artigo 2º da CLT ao se referir *ao interesse integrado, a efetiva comunhão de interesses e a atuação conjunta das empresas dele integrantes,* consagra a teoria do reconhecimento do grupo econômico horizontal.

5 Curso de Direito do Trabalho. São Paulo: LTr, 2017, p. 399.

Nesse sentido sustenta com propriedade Edilton Meirelles em recente e exaustiva monografia sobre o assunto:

> "É evidente que o referido dispositivo buscou a maior proteção dos trabalhadores e deve ser interpretado e aplicado de acordo com os fins sociais a que se dirige. Logo, não se pode afastar a possibilidade de configuração do grupo econômico trabalhista quando as empresas se agrupam de forma horizontal, sem relação de controle ou domínio entre elas. 'Seria uma injustiça negar-se a existência do grupo, para fins de fixação de responsabilidade pecuniária de todas as empresas em face dos direitos dos empregados e uma ou algumas delas".[6]

No mesmo sentido Mozart Victor Russomano: "Não nos parece que, sempre se deve pressupor uma organização piramidal de empresas, no vértice delas atuando, na plenitude do seu controle, a empresa líder. É preciso pensar-se em outras possibilidades, que a prática pode criar e que, resultando das variadas formas de aglutinação de empresas, nem por isso desfiguram a existência do grupo e, portanto, a co-responsabilidade econômica de todas as empresas que o integrarem, em face dos direitos do trabalhador. É o caso de um grupo de empresas constituído horizontalmente, isto é, sem a existência de uma empresa líder ou controladora, mas todas elas sujeitas a um controle de fato exercido através da detenção, por determinadas pessoas, do capital investido".[7]

No aspecto, destaca-se a seguinte ementa:

> "AGRAVOS DE INSTRUMENTO EM RECURSOS DE REVISTA DE ANGRA INFRA FUNDO DE INVESTIMENTO EM PARTICIPACÕES E DE ÓLEO E GÁS FUNDO DE INVESTIMENTO EM PARTICIPAÇÕES (ANÁLISE CONJUNTA). CPC/2015. INSTRUÇÃO NORMATIVA Nº 40 DO TST. LEI Nº 13.467/2017. FUNDO DE INVESTIMENTOS EM PARTICIPAÇÃO. GRUPO ECONÔMICO. CONFIGURAÇÃO. RESPONSABILIDADE SOLIDÁRIA. EFETIVA COMUNHÃO DE INTERESSES. ATUAÇÃO CONJUNTA DAS EMPRESAS. TRANSCENDÊNCIA ECONÔMICA RECONHECIDA. Em relação à transcendência econômica, esta Turma estabeleceu como referência, para o recurso da empresa, os

6 Grupo Econômico Trabalhista. São Paulo: LTr, 2002, p. 152.

7 Comentários à CLT, 13ª Edição. Rio de Janeiro: Forense, 1990, p. 8.

valores fixados no artigo 496, § 3º, do CPC, conforme seu âmbito de atuação. No caso, o Tribunal Regional manteve o valor de R$ 840.000,00, arbitrado à condenação pela sentença, e, assim, foi alcançado o patamar da transcendência. A jurisprudência desta 7ª Turma se firmou no sentido de ser possível a configuração de grupo econômico "por coordenação", mesmo diante da ausência de hierarquia, desde que as empresas integrantes do grupo comunguem dos mesmos interesses. Segundo o referido entendimento, o artigo 2º, § 2º, da CLT, em sua redação anterior, disciplinava apenas uma das modalidades de formação do grupo econômico e não impede que a sua configuração possa ser definida por outros critérios. Por sua vez, a SbDI-I desta Corte, no julgamento do E-ED-RR-214940-39.2006.5.02.0472, Relator Ministro Horácio Raymundo de Senna Pires, firmou a tese no sentido de que "o simples fato de as empresas possuírem sócios em comum não autoriza o reconhecimento de grupo econômico". Assim, no caso, mostra-se plenamente possível a aplicação analógica de outras fontes do direito que admitem a formação do grupo econômico com base na comunhão de interesses, a exemplo do artigo 3º, § 2º, da Lei nº 5.889/73, que, já antes da vigência da Lei nº 13.467/17, estabelecia a responsabilidade solidária do grupo por coordenação no âmbito rural. De todo modo, ainda que se entenda que o tema se encontra suficientemente debatido e uniformizado em sentido contrário pela SBDI-1, julga-se existir novo fundamento a justificar a manutenção da jurisprudência desta e. Turma. Com a entrada em vigor da Lei nº 13.467/17, a redação do § 2º do artigo 2º da CLT foi alterada e incluído o § 3º, para /contemplar a modalidade de grupo econômico formado a partir da comunhão de interesses e atuação conjunta das empresas. Mencionado artigo também deve ser aplicado às relações iniciadas ou já consolidadas antes da vigência da mencionada Lei nº 13.467/17. Consoante se verifica da referida norma, a regra nela estabelecida é voltada para a responsabilidade patrimonial executiva secundária das empresas integrantes do grupo, prevista no artigo 790 do CPC, que leva em consideração "tão somente, a participação de determinado sujeito no processo, sem que, necessariamente, essa participação decorra da ligação do legitimado com o direito material". É o que extrai da expressão "serão responsáveis solidariamente pelas obrigações decorrentes da relação de emprego". Tal responsabilidade, quando não admitida formalmente a constituição do grupo, somente é determinada em juízo quando constatados o descumprimento da obrigação e a ausência de patrimônio do empregador capaz de suportá-la. Isso porque, se as empresas integrantes do grupo forem demandadas, nesta condição, desde a fase de conhecimento, nenhuma dúvida haverá quanto ao fato de figurarem na relação jurídico-processual na condição de devedoras solidárias e, por conseguinte, legitimadas passivas primárias na execução, situação que permite ao credor exercer a opção que lhe assegura o artigo 275 do Código Civil. E não há novidade nesse aspecto, em face da diferença existente entre "débito" e "responsabilidade" e, mesmo nesta, a existência de responsabilidades primária e secundária, aquela atribuída ao devedor da obrigação, ou seja, quem efetivamente a contraiu (Shuld), e, esta, a terceiro que não era originariamente vinculado (Haftung). A peculiaridade do Direito Processual do Trabalho é existir um sujeito passivo específico, na condição de responsável executivo secundário – o grupo econômico empresarial –, que, na execução, ocupa o mesmo papel reservado aos demais legitimados passivos previstos no artigo 790 do CPC, alguns deles igualmente aplicáveis à seara processual trabalhista, como o sócio e demais responsáveis, nos casos da desconsideração da pessoa jurídica (incisos II e VII). Por isso, a jurisprudência desta Corte não exige que a empresa participante do grupo conste do título executivo judicial como pressuposto para integrar a lide somente na fase de execução, fato que ensejou o cancelamento da Súmula nº 205, o que se mostrou coerente na medida em que reconhece o grupo como empregador único (Súmula nº 129), tanto que não admite a configuração de múltiplas relações de emprego nas situações em que o trabalhador presta serviços para as diversas empresas que o compõem, nos mesmos local e horário de trabalho, e por elas é remunerado. Como a matéria da responsabilidade do grupo econômico é própria da execução, somente surge quando o devedor primário não dispõe de patrimônio suficiente para a garantia da execução e integra grupo econômico. Não depende, portanto, de existência pretérita. Essencial é, pois, que, ao tempo do inadimplemento da obrigação e da constatação da inexistência de patrimônio do obrigado primário capaz de garantir a execução, o novo legitimado passivo integre o grupo econômico. Terá, a partir de então, no momento processual adequado e segundo as regras pertinentes, oferecer as defesas que entender cabíveis. Não se trata, por conseguinte, de aplicação retroativa do novo regramento; ao contrário, é aplicação contemporânea à prática do ato no curso da execução, exatamente no momento processual em que se lhe atribui a responsabilidade executiva secundária. Assim, por se tratar de norma com natureza também processual, nesse ponto, nada impede sua aplicação imediata aos processos em curso, ainda que a relação jurídica material tenha se consolidado antes da vigência da Lei nº 13.467/17. No caso, o Tribunal Regional consignou que, ao contrário do que sustentaram as reclamadas, não se trata de simples participação acionária ou identidade de sócios, mas de efetiva comunhão de interesses e atuação conjunta das empresas integrantes do grupo, sendo inequívoca, portanto, a coordenação entre as empresas. Assim, concluiu que restou configurado o grupo econômico. A decisão regional, portanto, encontra-se em consonância com o teor do artigo 2º, § 2º, da CLT. O exame da tese recursal, no sentido de diverso, esbarra no teor da Súmula nº 126 do TST, pois demanda o revolvimento dos fatos e das provas. Agravos de instrumento conhecidos e não providos" (TST - AIRR-10739-17.2018.5.03.0091, 7ª Turma, Relator Ministro Claudio Mascarenhas Brandao, DEJT 24/06/2022).

Há discussões na doutrina e jurisprudência sobre ser a solidariedade que decorre do grupo econômico, além de passiva, conforme previsto textualmente no citado dispositivo legal, também ativa.

Pensamos, com suporte em sólida doutrina (Magano, Süssekind, Martins Chatarino, dentre outros), que o grupo econômico constitui empregador único, sendo a solidariedade que dele decorre, ativa e passiva, vez que o trabalho do empregado de qualquer uma das empresas beneficia todo o grupo.

Nesse sentido ensina *Octavio Bueno Magano*[8]:

"A apontada ideia de empregador único corresponde à concepção do empregador real, contraposto ao empregador aparente, consoante a qual a existência daquele fica geralmente encoberta pelo véu da personalidade jurídica atribuída a cada uma das empresas do grupo, ressurgindo, porém, toda vez que se levante o mesmo véu, *lifting the corporate veil*, para satisfazer tal ou qual

8 Os grupos de empresas no Direito Brasileiro. São Paulo, RT, 1979, P. 253.

> interesse, como o da representação de trabalhadores no âmbito do grupo (...)".

Nesse sentido é a Súmula n. 129 do C. TST, *in verbis*:

> "CONTRATO DE TRABALHO. GRUPO ECONÔMICO – A prestação de serviços a mais de uma empresa do mesmo grupo econômico, durante a mesma jornada de trabalho, não caracteriza a coexistência de mais de um contrato de trabalho, salvo ajuste em contrário".

Esse entendimento, foi firmado na redação anterior do parágrafo 2º do artigo 2º, da CLT, o qual fixava a solidariedade das empresas "para efeitos da relação de emprego", sendo certo que esta relação envolve obrigações e prestações recíprocas tanto do empregado como do empregador, o que também justifica o entendimento no sentido da solidariedade ativa.

Cumpre destacar que vários autores defendem a teoria da solidariedade apenas no aspecto passivo, argumentando que a CLT somente fixa a responsabilidade solidária das empresas do grupo. Além disso, há o argumento de que cada empresa componente do grupo que contrata um empregado tem personalidade jurídica própria e autonomia em face do grupo. Portanto, seria a única empregadora e não o grupo como um todo.

A alteração da redação do parágrafo 2º do artigo 2º, da CLT pela Lei 13467/17, ao fixar a expressão: "**pelas obrigações decorrentes da relação de emprego**", trouxe novamente a discussão sobre a natureza da solidariedade. Para muitos ela deixou de ser ativa, sendo apenas passiva, inclusive, fora revogada a teoria do grupo como empregador único.

Entendendo-se a solidariedade como ativa, o empregado tem direito à equiparação salarial com empregados de outras empresas do grupo, direito ao mesmo salário de outros empregados de empresas que compõem o grupo, direito à aplicação das mesmas normas coletivas de outras empresas do grupo, etc.

Nos termos do § 3º do artigo 2º, da CLT, "não caracteriza grupo econômico a mera identidade de sócios, sendo necessárias, para a configuração do grupo, a demonstração do interesse integrado, a efetiva comunhão de interesses e a atuação conjunta das empresas dele integrantes."

Diante do referido dispositivo legal, para a caracterização do grupo econômico:

a) duas ou mais empresas tendo, cada uma delas, personalidade jurídica própria, estiverem sob a direção, controle ou administração de outra;

b) a demonstração do interesse integrado, a efetiva comunhão de interesses e a atuação conjunta das empresas dele integrantes.

Como nos ensina Márcio Mendes Granconato[9]: **"por 'interesse integrado' deve-se compreender que as empresas mantêm uma relação de reciprocidade na forma como atuam. Ou seja, elas operam de maneira complementar ou subsidiária em seus negócios. Como exemplo, pode-se citar o caso de duas empresas, uma atuando na terceirização de serviços de limpeza e a outra de serviços de vigilância.** As negociações de seus contratos com clientes certamente são favorecidas com a oferta de um maior número de serviços, advindo daí o interesse integrado. **O requisito da 'comunhão de interesses' pode ser entendido como a necessidade de que exista entre as empresas reciprocidade de vantagens, perdas e ganhos, benefícios e prejuízos. Elas compartilham o sucesso e a ruína de seus empreendimentos, de sorte que o negócio de uma influência no da outra, surgindo daí o interesse comum. Mantendo o exemplo acima, fica claro que as duas empresas sofreriam, caso o trabalho de uma delas fosse mal prestado e ocasionasse a perda do cliente. O último requisito legal reside na 'atuação conjunta das empresas'. Isso quer dizer que elas devem necessariamente ter uma vida em comum.** Não podem atuar de forma totalmente independente uma da outra, porque se completam e interagem no exercício de suas atividades empresariais. No exemplo das empresas de limpeza e vigilância isso se evidencia com a existência de vendas 'casadas' de serviços, clientes comuns em número expressivo e até pela migração de trabalhadores de uma pessoa jurídica para outras. Mesmo a identidade de sócios entre as empresas pode levar à presunção de atuação conjunta, configurando o grupo econômico horizontal."

O grupo econômico pode ser demonstrado por qualquer meio de prova admitido em direito. Não obstante, já estava sedimentado na doutrina e jurisprudência que a existência do grupo, por parte do empregado, pode ser demonstrada por indícios e presunções. Tradicionalmente, são indícios da existência do grupo econômico: a) identidade de sócios; b) interesse comum; c) utilização de empregados comuns; mesmo estabelecimento;

9 Reforma Trabalhista: de acordo com a Lei 13.467/17. São Paulo: Foco, 2017, p. 5.

interesse integrado; preponderância acionária de uma empresa sobre outros, etc.

A Lei 13.467/17 fixou orientação no sentido de que a mera identidade de sócios não é suficiente para configuração do grupo econômico, exigindo, além disso: a demonstração do interesse integrado, a efetiva comunhão de interesses e a atuação conjunta das empresas dele integrantes.

De nossa parte, ainda que se considere a mera identidade de sócios não ser suficiente para a configuração do grupo econômico, tal elemento é um indício bastante relevante de sua existência, assim como apenas a demonstração do interesse integrado, ou a efetiva comunhão de interesses, ou atuação conjunta das empresas dele integrantes (**prova *prima facie***), podendo o Juiz do Trabalho, no caso concreto, aplicar a teoria dinâmica do ônus da prova e atribuir o encargo probatório à empresa que nega a existência do grupo econômico (nova redação do artigo 818 da CLT[10]).

4.1. Do reconhecimento do grupo de empresas na execução trabalhista

Num primeiro momento, a jurisprudência consagrou o entendimento no sentido de que a empresa do grupo econômico que não participou da fase de conhecimento não poderia ser responsabilizada na fase de execução, conforme a Súmula n. 205 do C. TST, hoje cancelada, **que assim dispunha:**

> **"GRUPO ECONÔMICO. EXECUÇÃO. SOLIDARIEDADE – CANCELADA – Res. n. 121/2003, DJ 21.11.2003 – O responsável solidário, integrante do grupo econômico, que não participou da relação processual como reclamado e que, portanto, não consta no título executivo judicial como devedor, não pode ser sujeito passivo na execução."**

Mesmo na vigência da referida Súmula, entendíamos em sentido contrário, pois o grupo econômico constitui empregador único e a

10 Art. 818, da CLT: "O ônus da prova incumbe: (...) § 1º Nos casos previstos em lei ou diante de peculiaridades da causa relacionadas à impossibilidade ou à excessiva dificuldade de cumprir o encargo nos termos deste artigo ou à maior facilidade de obtenção da prova do fato contrário, poderá o juízo atribuir o ônus da prova de modo diverso, desde que o faça por decisão fundamentada, caso em que deverá dar à parte a oportunidade de se desincumbir do ônus que lhe foi atribuído."

solidariedade é instituto de natureza econômica, e não processual. Além disso, não havia prejuízo à empresa do grupo que não tivesse participado da fase de conhecimento, pois o direito de defesa havia sido exercido por outra empresa do grupo que participou. Felizmente, a Súmula foi cancelada, atendendo à moderna doutrina e à jurisprudência mais recente.

Ainda que se possa alegar violação ao contraditório, pensamos que tal não ocorre, pois este fora exercido pela empresa do grupo que participou da fase de conhecimento. Além disso, se trata de responsabilidade solidária. De outro lado, aplica-se a teoria do grupo econômico como empregador único (Súmula 129 do TST). De toda sorte, a empresa do grupo incluída na fase de execução poderá se valer dos meios processuais legais para exercer o contraditório, como os embargos à execução ou os embargos de terceiro, e, eventualmente, a exceção de pré-executividade.

No mesmo sentido:

> Execução. Grupo econômico. A responsabilidade com fundamento no art. 2ª, parágrafo segundo, da CLT é solidária e, por isso, possibilita ao credor cobrar de qualquer um dos devedores solidários o seu crédito, inclusive no curso da execução da demanda em que se reconheceu a dívida (art. 275 do Código Civil). Agravo de Petição a que se nega provimento. (TRT/SP – 00022155620155020061 – AP – Ac. 17ªT 20170612486 – Rel. Flávio Villani Macedo – DOE 06/10/2017).

O Supremo Tribunal Federal, no entanto, no ARE 1.160.361, determinou, por meio de decisão monocrática do Ministro Gilmar Mendes, em 10/09/2021. Determinou que o Tribunal Superior do Trabalho revise a questão da responsabilidade da empresa do grupo econômico que não participou da fase de conhecimento, cujos principais fundamentos seguem abaixo destacados:

> "No entanto, a partir do advento do Código de Processo Civil de 2015, merece revisitação a orientação jurisprudencial do Juízo a quo no sentido da viabilidade de promover-se execução em face de executado que não integrou a relação processual na fase de conhecimento, apenas pelo fato de integrar o mesmo grupo econômico para fins laborais. Isso porque o §5º do art. 513 do CPC assim preconiza: 'Art. 513. O cumprimento da sentença será feito segundo as regras deste Título, observando-se, no que couber e conforme a natureza da obrigação, o disposto no Livro II da Parte Especial

deste Código. § 5º O cumprimento da sentença não poderá ser promovido em face do fiador, do coobrigado ou do corresponsável **que não tiver participado da fase de conhecimento**.' (grifos nossos) Nesse sentido, ao desconsiderar o comando normativo inferido do 3 Documento assinado digitalmente conforme MP nº 2.200-2/2001 de 24/08/2001. O documento pode ser acessado pelo endereço §5º do art. 513 do CPC, lido em conjunto com o art. 15 do mesmo diploma legal, que, por sua vez, dispõe sobre a aplicabilidade da legislação processual na ausência de normas que regulem processos eleitorais, trabalhistas ou administrativos, o Tribunal de origem afrontou a Súmula Vinculante 10 do STF e, por consequência, a cláusula de reserva de plenário, do art. 97 da Constituição Federal. Eis o teor do enunciado sumular: 'Viola a cláusula de reserva de plenário (CF, artigo 97) a decisão de órgão fracionário de tribunal que, embora não declare expressamente a inconstitucionalidade de lei ou ato normativo do Poder Público, afasta sua incidência, no todo ou em parte.' Por essa razão, o Tribunal a quo incorreu em erro de procedimento. Sendo assim, reconhecida essa questão prejudicial, faz-se imprescindível nova análise, sob a forma de incidente ou arguição de inconstitucionalidade, pelo Juízo competente, antes da apreciação, por esta Corte, em sede de recurso extraordinário, da suposta violação aos arts. 5º, II, XXXV, LIV e LV, do texto constitucional. Nessa linha, cito o RE 482.090, Rel. Min. Joaquim Barbosa, Tribunal Pleno, DJe 13.3.2009, assim ementado: 'CONSTITUCIONAL. PROCESSO CIVIL. RECURSO EXTRAORDINÁRIO. ACÓRDÃO QUE AFASTA A INCIDÊNCIA DE NORMA FEDERAL. CAUSA DECIDIDA SOB CRITÉRIOS DIVERSOS ALEGADAMENTE EXTRAÍDOS DA CONSTITUIÇÃO. RESERVA DE PLENÁRIO. ART. 97 DA CONSTITUIÇÃO. TRIBUTÁRIO. PRESCRIÇÃO. LEI COMPLEMENTAR 118/2005, ARTS. 3º E 4º. CÓDIGO TRIBUTÁRIO NACIONAL (LEI 5.172/1966), ART. 106, I. RETROAÇÃO DE NORMA AUTO-INTITULADA INTERPRETATIVA. 'Reputa-se declaratório de inconstitucionalidade o acórdão que - embora sem o explicitar - afasta a incidência da norma ordinária pertinente à lide para 4 Documento assinado digitalmente conforme MP nº 2.200-2/2001 de 24/08/2001. O documento pode ser acessado pelo endereço http://www.stf.jus.br/portal/autenticacao/autenticarDocumento.asp sob o código 55C0-0221-4DEE-0432 e senha D5C8-AF55-5FB0-1354 ARE 1160361/SP decidi-la sob critérios diversos alegadamente extraídos da Constituição' (RE 240.096, rel.

min. Sepúlveda Pertence, Primeira Turma, DJ de 21.05.1999). Viola a reserva de Plenário (art. 97 da Constituição) acórdão prolatado por órgão fracionário em que há declaração parcial de inconstitucionalidade, sem amparo em anterior decisão proferida por Órgão Especial ou Plenário. Recurso extraordinário conhecido e provido, para devolver a matéria ao exame do Órgão Fracionário do Superior Tribunal de Justiça.' (grifos nossos) Ante o exposto, dou provimento ao recurso extraordinário, nos termos do art. 21, §2º, do RISTF, com a finalidade de cassar a decisão recorrida e determinar que outra seja proferida com observância da Súmula Vinculante 10 do STF e do art. 97 da Constituição Federal, prejudicado o pedido de tutela provisória incidental."

O Tribunal Superior do Trabalho, após a decisão do STF, acompanhou o entendimento da suprema corte, conforme a ementa que segue:

"RECURSO DE REVISTA INTERPOSTO POR AMADEUS BRASIL LTDA. PROCESSO EM FASE DE EXECUÇÃO DE SENTENÇA. RESPONSABILIZAÇÃO DE EMPRESA QUE NÃO INTEGROU O PROCESSO NA FASE DE CONHECIMENTO. DECISÃO TURMÁRIA DO TST CASSADA PELA SUPREMA CORTE, POR AFRONTA AO DISPOSTO NA SÚMULA VINCULANTE Nº 10 DO STF, EM RAZÃO DA DESCONSIDERAÇÃO DO DISPOSTO NO § 5º DO ART. 513 DO CPC. I. Hipótese em que, na fase de execução de sentença, a Corte Regional reconheceu a existência de grupo econômico entre as partes Reclamadas e condenou a Recorrente ao pagamento, de forma solidária, das parcelas trabalhistas deferidas na presente demanda. II. Nos termos do § 5º do art. 513 do CPC, "o cumprimento da sentença não poderá ser promovido em face do fiador, do coobrigado ou do corresponsável que não tiver participado da fase de conhecimento". III. Nesse contexto e extraindo-se do acórdão regional que a ora Recorrente não integrou o processo na fase de conhecimento, sua condenação solidária ao pagamento das parcelas trabalhistas deferidas na presente demanda caracteriza violação do art. 5º, LIV e LV, da CF/88. IV. Recurso de revista de que se conhece e a que se dá provimento" (RR-68600-43.2008.5.02.0089, 4ª Turma, Redator Ministro Alexandre Luiz Ramos, DEJT 13/05/2022).

O Tribunal Superior do Trabalho ainda irá uniformizar sua jurisprudência a respeito.

5. CONSÓRCIO DE EMPREGADORES

Otavio Calvet[11] define consórcio como sendo *espécie de negócio jurídico que guarda estrita semelhança com o contrato, mas dele diverge principalmente porque o interesse das partes no consórcio é comum e não contraposto, como geralmente acontece na figura contratual clássica.*

Podemos dizer que o consórcio de empregadores é um agrupamento de pessoas físicas ou jurídicas que pretendem compartilhar mão de obra comum por meio de um pacto de índole contratual, que não configura sociedade. Esse agrupamento pode ser justificável no ditado popular: "a união faz a força".

Provavelmente, sem essa união, os empregadores, individualmente, não se interessariam por contratar um empregado isoladamente.

Essa espécie de contratação coletiva não consta da nossa vetusta Consolidação das Leis do Trabalho, tampouco podemos dizer que o consórcio se enquadra nas disposições do artigo 2º, da CLT (empregador típico) e empregador por equiparação (artigo 2º, p. 1º, da CLT).

Pode-se dizer que o consórcio se assemelha do grupo econômico, mas com ele não se confunde, pois o grupo econômico pressupõe uma interligação entre as empresas, de modo que uma delas exerça uma influência dominante sobre as outras, ou entre elas exista uma relação de coordenação (grupos horizontalizados).

Mesmo o grupo econômico por coordenação (horizontalizado) não se confunde com o consórcio, pois o grupo pressupõe uma unidade de objetivos, interligações entre as empresas e índole societária, conforme destaca a doutrina, enquanto o consórcio tem natureza contratual e não há interligações entre as empresas, apenas um pacto para utilização de empregados comuns.

Octavio Bueno Magano[12] distingue os grupos dos consórcios da seguinte forma:

---

11 Consórcio de Empregadores Urbanos: Uma realidade possível. São Paulo: LTr, 2002, p. 31.

12 Manual de Direito do Trabalho, Volume II, 2ª ed. São Paulo: LTr, 1988, p. 85.

> "Em qualquer de suas modalidades, os consórcios se distinguem dos grupos por não se integrarem as empresas que deles participam com a mesma intensidade da integração entre participantes do mesmo grupo. Quando são os primeiros concebidos como instrumento de limitação da concorrência recíproca, mais se distinguem ainda dos últimos, cujos objetivos se mostram, via de regra, de maior amplitude. No que tange ao modelo brasileiro, a distinção se acentua desde logo pelo fato de serem os dois institutos tratados em capítulos diferentes, na Leis de Sociedade por Ações. Por outro lado, a doutrina, enquanto realça a índole societária dos grupos, atribui aos consórcios a natureza contratual. Ademais, os consórcios são temporários e de escopo limitado, consistente na execução de um determinado empreendimento, como por exemplo, o que se forma para a aquisição de automóveis, ou que se organiza para a aquisição de unidade residenciais, ou que se constitui pra lançamento de valores mobiliários, ou que se estabelece para a licitação em concorrências públicas, etc. Força é concluir, com José Martins Catharino, que os consórcios não se compreendem na esfera do grupo trabalhista."

Podemos dizer que o consórcio de empregadores tem por objetivos: a) facilitar a contratação formal, considerando-se o alto índice de informalidade que assola nosso país; b) combater o desemprego; c) redução dos custos da contração e dos encargos sociais que oneram a folha de pagamento; d) garantir direitos aos trabalhadores e dar efetividade aos direitos sociais (artigos 6º e 7º, da CF); e) prestigiar a dignidade da pessoa humana e os valores sociais do trabalho (artigo 1º, incisos III e IV, da CF); f) proteger a livre iniciativa (artigos 1º, IV e 170, ambos da CF); g) garantir a continuidade do contrato de trabalho; h) dar garantia à solvabilidade do crédito trabalhista em razão de fixação de responsabilidade solidária de todos os tomadores, cumprindo assim a função social do contrato de trabalho e também da propriedade; i) adaptar o direito do trabalho à nova realidade econômica, sem desproteger o trabalhador e sem precarização dos direitos do trabalhador.

5.1. Consórcio de Empregadores Rurais

No meio rural, efetivamente, o consórcio de empregadores rural é uma alternativa efetiva para a fixação do trabalhador em uma fonte de trabalho, garantindo a continuidade do contrato de trabalho.

Atualmente, na esfera rural, a matéria encontra-se regulamentada pelo art. 25-A, da lei 8.212/91, "in verbis":

> "Equipara-se ao empregador rural pessoa física o consórcio simplificado de produtores rurais, formado pela união de produtores rurais pessoas físicas, que outorgar a um deles poderes para contratar, gerir e demitir trabalhadores para prestação de serviços, exclusivamente, aos seus integrantes, mediante documento registrado em cartório de títulos e documentos. § 1º O documento de que trata o *caput* deverá conter a identificação de cada produtor, seu endereço pessoal e o de sua propriedade rural, bem como o respectivo registro no Instituto Nacional de Colonização e Reforma Agrária – INCRA ou informações relativas a parceria, arrendamento ou equivalente e a matrícula no Instituto Nacional do Seguro Social – INSS de cada um dos produtores rurais. § 2º O consórcio deverá ser matriculado no INSS em nome do empregador a quem hajam sido outorgados os poderes, na forma do regulamento. § 3º Os produtores rurais integrantes do consórcio de que trata o *caput* serão responsáveis solidários em relação às obrigações previdenciárias. § 4º (VETADO)".

Conforme a referida lei que regula a matéria são requisitos para a configuração do consórcio de empregadores rurais: a) união de pessoas físicas como empregadora. Desse modo, no meio rural, segundo o referido dispositivo não é possível a instituição do consórcio por pessoas jurídicas; b) um dos componentes do consórcio deve registrar a CTPS do empregado em nome do consórcio. Embora nos pareça que o empregador é o próprio consórcio, sendo a pessoa física empregadora que registra a CTPS apenas o empregador aparente. Entendemos aplicável à espécie o Enunciado 129 do C. TST; c) registro em Cartório do Consórcio com o fito de dar publicidade da sua existência e facilitar a sua identificação, tanto para fins trabalhistas como para fins previdenciários; d) solidariedade entre os componentes do consórcio de empregadores. Pensamos ser a solidariedade do consórcio ativa e passiva, pois cada um dos componentes do consórcio pode exigir a prestação pessoal de serviços do empregado e, de outro lado, todos respondem integralmente pelos direitos trabalhistas desse empregado. A fixação de responsabilidade solidária de cada ente do consórcio dá maior credibilidade ao consórcio, facilita o cumprimento da legislação trabalhista, dá maiores garantias ao empregado e cumpre a função social do contrato de trabalho e também a função social da propriedade.

Outrossim, entendemos que o consórcio de empregadores não pode contratar empregados por prazo determinado, já que a função do consórcio é prestigiar a continuidade do contrato de trabalho e fixar o trabalhador a uma fonte fixa de trabalho.

De outro lado, mesmo no meio rural, ainda que o consórcio não esteja formalizado e registrado em cartório, ele pode ser reconhecido, já que o próprio contrato de trabalho pode ser firmado de forma tácita (artigo 442, da CLT), não há razão para não se reconhecer o consórcio de fato, o que inclusive prestigia e dá garantia aos direitos do trabalhador.

5.2. Consórcio de Empregadores Urbanos

A moderna doutrina e jurisprudência, acertadamente, vem defendendo a aplicação ao consórcio de empregadores no meio urbano.

Sustenta Maurício Godinho Delgado[13]:

> "Não há qualquer razão para se considerar circunscrita a ideia do consórcio de empregadores exclusivamente à área rural. Onde quer que haja necessidade diversificada de força de trabalho, na cidade e no campo, com descontinuidade diferenciada na prestação laborativa, segundo as exigências de cada tomador de serviços, pode o consórcio de empregadores surgir como solução jurídica e eficaz, ágil e socialmente equânime. De fato, ela é apta a não somente atender, de modo racional, às exigências dinâmicas dos consorciados, como também assegurar, ao mesmo tempo, um razoável patamar de cidadania jurídico-econômica dos trabalhadores envolvidos, que fiam, desse modo, conectados à figura do empregador único por meio do estuário civilizatório básico do Direito do Trabalho."

13 Curso de Direito do Trabalho, 4ª Edição, LTR, São Paulo, 2005, pág. 427.

Embora não exista regulamentação da matéria, há uma multiplicidade de situações na área urbana que podem ensejar a formação do consórcio de empregadores urbanos. Podemos dar os seguintes exemplos: a) o vigia de uma portaria que contém vários condomínios, todos independentes entre si; b) vigia de rua contratado por vários moradores; c) vigia de carros de uma determinada rua comercial em que há várias lojas; d) doméstica que a cada dia da semana atende a um morador diferente de um condomínio residencial; e) faxineiro que limpa o ambiente de uma loja de *fast-food* que se situa no interior de uma lanchonete que se encontra em um posto de gasolina; f) o consórcio na área urbana pode ter por escopo prestação de serviços em atividade-meio ou atividades-fim das empresas.

De outro lado, não vemos qualquer impossibilidade da formação de um consórcio de empregadores urbanos composto por pessoas jurídicas, pois não existe vedação legal (artigo 5º, II, da CF) e também sua formação atende aos princípios da livre iniciativa (artigos 1º, IV e 170, ambos da CF). De outro lado, o consórcio de empregadores urbanos não fere as disposições cogentes dos artigos 9º e 444, ambos da CLT. Além disso, o consórcio de empregadores urbanos formado por pessoas jurídicas sinaliza proteção maior aos créditos trabalhistas nos casos em que a contratação de empregado comum por diversas empresas que não configuram grupo econômico. Nesta última hipótese, aplicando-se os fundamentos do consórcio de empregadores rurais, é possível se atribuir responsabilidade solidária à todas empresas integrantes do consórcio de empregadores urbanos. Tivemos exemplos de Consórcio de Empresas na construção de grandes obras como Itaipu e o Rodoanel.

Na esfera urbana, o consórcio não precisa ser formal com registro em cartório, podendo ser reconhecido o consórcio informal (artigo 442 da CLT).

Sendo formado por pessoas físicas ou jurídicas, um dos componentes do consórcio deve efetuar o registro do contrato de trabalho do empregado, apenas para formalizar o vínculo e facilitar a identificação do empregador. De outro lado, a pessoa que registra pode consignar na CTPS, que faz o registro representando os demais empregadores.

Assim como ocorre com o grupo de empresas o consórcio de empregadores urbanos deverá ser considerado empregador único (Enunciado 129, do TST), sendo a solidariedade ativa e passiva, sendo a pessoa que faz o registro formal apenas o empregador aparente, vez que todo o consórcio é beneficiado com a prestação de serviço do empregado.

Quanto à solidariedade passiva, esta encontra suporte na interpretação analógica do artigo 942 do Código Civil, assim redigido:

> "Os bens do responsável pela ofensa ou violação do direito de outrem ficam sujeitos à reparação do dano causado; e, se a ofensa tiver mais de um autor, todos responderão solidariamente pela reparação.
>
> Tecidas estas considerações, podemos dizer que o consórcio de empregadores urbanos poderia ser aplicado pelos seguintes argumentos: a) protege o emprego, a dignidade da pessoa humana do trabalhador e a livre iniciativa (artigos 1º, IV e 170, da CF); b) não viola as normas de proteção ao trabalho e nem as normas cogentes dos artigos 9º e 444, da CLT; c) prestigia a continuidade do contrato de trabalho; d) evita a informalidade e a intermediação ilícita da mão-de-obra; e) garante a solvabilidade do crédito trabalhista com a fixação de responsabilidade solidária aos integrantes do consórcio; f) não há vedação legal (artigo 5º, II, da CF); g) aplicação analógica da lei 10.256/2001".

6. DA SUCESSÃO DE EMPREGADORES

Leciona *Mauricio Godinho Delgado*[14]:

> "Sucessão de empregadores é figura regulada pelos arts. 10 e 448 da CLT. *Consiste no instituto justrabalhista em virtude do qual se opera no contexto da transferência de titularidade de empresa ou estabelecimento, uma completa transmissão de crédito e assunção de dívidas trabalhistas entre alienante e adquirente envolvidos*".

Alguns doutrinadores preferem utilizar a expressão sucessão de empregadores[15], pois a alteração se dá em face do empregador e não da

14 DELGADO, Mauricio Godinho. *Curso de Direito do Trabalho*. 6. ed. São Paulo: LTr, 2007. p. 408.

15 Nesse sentido defende Délio Maranhão: "sucessão é substituição de sujeitos, 'empresa' é atividade e 'estabelecimento' é objeto de direito. De la Cueva, a quem não se pode imputar a 'pecha' de civilista, salienta que as consequências jurídico-trabalhistas da substituição de empregadores 'não autorizam a concluir que a relação de trabalho se estabeleça entre os empregados e a empresa, pois não é possível ignorar o direito de propriedade do empregador e menos ainda afirmar-se um direito de propriedade dos empregados sobre os bens que integram a empresa (*Instituições de Direito do Trabalho*. 22. ed. São Paulo: LTr, 2005. p. 306). No mesmo sentido Evaristo de Moraes Filho e Antonio Carlos Flores de Moraes:

empresa que continua. Outros, sustentam a possibilidade de haver sucessão de empresas[16].

Segundo a melhor doutrina a sucessão trabalhista, disciplinada nos arts. 10 e 448, da CLT tem fundamento nos princípios da continuidade do contrato de trabalho, despersonalização do empregador, e na inalterabilidade do contrato de trabalho. Por isso, quem responde pelo crédito trabalhista é a empresa e não quem esteja no seu comando.

Dispõe o art. 10, da CLT: "Qualquer alteração na estrutura jurídica da empresa não afetará os direitos adquiridos por seus empregados."

No mesmo sentido é o art. 448, da CLT: "A mudança na propriedade ou na estrutura jurídica da empresa não afetará os contratos de trabalho dos respectivos empregados."

São hipóteses típicas de sucessão para fins trabalhistas: a transferência de titularidade da empresa, fusão, incorporação e cisão de empresas, contratos de concessão e arrendamento e privatizações.

Para a doutrina clássica, são requisitos da sucessão para fins trabalhistas: a) transferência de uma unidade empresarial econômica de produção de um titular para outro; b) inexistência de solução de continuidade do contrato de trabalho, vale dizer: o empregado da empresa sucedida deve trabalhar para a empresa sucessora[17]. Para a moderna doutrina, à qual me filio, com apoio da atual jurisprudência dos Tribunais, não há necessidade de que o empregado ou o reclamante em processo trabalhista ter prestado

---

"A indevidamente chamada sucessão de empresa nada mais é do que a sucessão de empregadores – isto sim – dentro da mesma empresa" (*Introdução ao Direito do Trabalho*. 8. ed. São Paulo: LTr, 2000. p. 261).

16 Nesse sentido é a visão de Paulo Emílio Ribeiro de Vilhena: "A sucessão pode se dar na empresa, o que torna abrangente a vinculação trabalhista, ou de estabelecimento ou no estabelecimento ou na atividade hipótese em que a vinculação trabalhista seria parcial e se referiria somente aos empregados do estabelecimento ou da atividade objeto da sucessão" (*Relação de Emprego:* Estrutura Legal e Supostos. 3. ed. São Paulo: LTr, 2005. p. 330). Na visão de Amauri Mascaro Nascimento: "sucessão de empresas significa mudança na propriedade da empresa e efeitos sobre o contrato de trabalho que é protegido" (*Curso de Direito do Trabalho*. 19. ed. São Paulo: LTr, 2004. p. 680).

17 Nesse sentido é a doutrina clássica de Délio Maranhão (*Instituições de Direito do Trabalho*. vol. I. 22. ed. São Paulo: LTr, 2005. p. 309). No mesmo sentido destaca-se a seguinte ementa: *Sucessão de empregadores. Configura-se a sucessão de empregadores quando ocorre a transferência do estabelecimento de um titular para outro sem que seja interrompida a prestação de serviços*. (TRT – 12ª R – 2ª T. – Ac. n. 3.286/2001 – Rel. Moreira Cacciari – DJSC 16.4.2001 – p. 84) (RDT 5/2001, p. 67).

serviços para a empresa sucessora, basta apenas que tenha havido a transferência total ou parcial de uma unidade de produção de uma empresa para outra para que ocorra a sucessão para fins trabalhistas.

Pensamos estar correta a moderna doutrina ao exigir apenas o requisito da transferência da unidade econômica de produção de um titular para outro para que se configure a sucessão, pois os arts. 10 e 448, da CLT não exigem que o empregado tenha trabalhado para a empresa sucedida. Além disso, tal interpretação está em consonância com o princípio protetor e propicia maior garantia de solvabilidade do crédito trabalhista.

Nesse mesmo diapasão adverte *Jorge Luiz Souto Maior*[18]:

> "A circunstância de não ter o empregado prestado serviços para a nova pessoa jurídica constituída é totalmente irrelevante, apesar de se ter firmado na doutrina trabalhista o entendimento de que a sucessão trabalhista somente tem lugar quando se dá o fenômeno da continuidade da prestação de serviço por parte do trabalhador para a nova pessoa jurídica. Uma leitura atenta dos arts. 10 e 448, da CLT, entretanto, desautoriza tal entendimento."

Acompanhando o mesmo entendimento, sustenta *Mauricio Godinho Delgado*[19]:

> "(...) a sucessão pode se verificar sem que haja, necessariamente, a continuidade na prestação de serviços. Tal singularidade é que foi percebida nos últimos anos pela jurisprudência, ao examinar inúmeras situações novas criadas pelo mercado empresarial; nessas situações ocorriam mudanças significativas no âmbito da empresa, afetando significativamente (ainda que de modo indireto) os contratos de trabalho, sem que tivesse se mantido a prestação laborativa e a própria existência de tais contratos."

A doutrina tem defendido, corretamente, a existência da sucessão mesmo na transferência parcial de uma unidade econômica de produção empresarial de um titular para outro, desde que afete de forma significativa

18 SOUTO MAIOR, Jorge Luiz. *Curso de Direito do Trabalho*: a relação de emprego. vol. II. São Paulo: LTr, 2008. p. 141.

19 DELGADO, Mauricio Godinho. *Curso de Direito do Trabalho*. 7. ed. São Paulo: LTr, 2008. p. 411.

os contratos de trabalho. Por exemplo, a transferência de propriedade da produção de um determinado produto de uma empresa para outra. Nesse sentido, *Mauricio Godinho Delgado*[20]:

> "(...)Também configura a situação própria à sucessão de empregadores a alienação ou transferência de parte significativa do(s) estabelecimento(s) ou da empresa de modo a afetar significativamente os contratos de trabalho. Ou seja, a mudança na empresa que afete a garantia original dos contratos empregatícios provoca a incidência do tipo legal dos arts. 10 e 448 da CLT. Isso significa que a separação de bens, obrigações e relações jurídicas de um complexo empresarial, com o fito de se transferir parte relevante dos ativos saudáveis para outro titular (direitos, obrigações e relações jurídicas), preservando-se o restante de bens, obrigações e relações jurídicas no antigo complexo – agora significativamente empobrecido –, afeta, sim, de modo significativo, os contratos de trabalho, produzindo a sucessão trabalhista com respeito ao novo titular (arts. 10 e 448, da CLT)."

Nesse sentido, destaca-se a seguinte ementa:

> "*Sucessão parcial. Responsabilidade do sucessor pelas obrigações trabalhistas a ela relativas.* A alteração na estrutura jurídica da empresa, ainda que parcial, não afeta o direito dos empregados e dos trabalhadores já desligados da parte do empreendimento por ela abrangida. A sucessão pode ser parcial, como ocorre na cisão, caso em que o sucessor responde pelas obrigações trabalhistas que a ela dizem respeito, nos termos do art. 10 da CLT." (TRT 12ª R – 2ª T. – AG-PET n. 238.2003.009.12.00-8 – Rela. Martha M. V. Fabre – DJSC 23.4.2004 – p. 189) (RDT n. 5 – Maio de 2004).

A sucessão não exige prova formal, pode ser demonstrada por indícios e presunções, tais como: a transferência do fundo de comércio, transferência do principal bem imaterial da atividade, dentre outros elementos. De outro lado, a simples transferência de maquinários ou compra do imóvel empresarial não configuram a sucessão.

Pode a sucessão de empresas ser reconhecida pelo Juiz do Trabalho em

20 *Ibidem*, p. 412.

qualquer fase do processo, inclusive na execução **(se o reclamante estiver com advogado, exige-se requerimento da parte – art. 878, da CLT)**, ainda que o sucessor não tenha participado da fase e conhecimento do processo, uma vez que o sucessor tem a chamada responsabilidade patrimonial, independentemente de ter figurado na fase de conhecimento, seus bens podem ser atingidos. De outro lado, não há necessidade do sucessor ter o contraditório prévio para que o magistrado possa reconhecer a sucessão na execução, uma vez que os arts. 2º, 10 e 448, da CLT, consagram o princípio da despersonalização do empregador e são de observância obrigatória. O contraditório ficará postergado para os embargos de terceiro ou de execução. Nesse sentido:

> *Sucessão de empregadores. Responsabilidade patrimonial.* A legitimidade do sucessor para figurar no polo passivo da execução em nada é afetada pelo fato de não ter participado da fase de conhecimento. O direito constitucional de resposta foi devidamente resguardado, sendo concedido ao sucedido a oportunidade de defender-se amplamente, passando o novo titular a responder imediatamente pelos contratos de trabalho que lhe forem transferidos, de acordo com o que dispõe os arts. 10 e 448 da CLT." (TRT – 1ª R – 3ª T. – Ap. n. 3.542/2001 – Rela. Ma. das Graças C. V. Paranhos – DJRJ 7.2.2002 – p. 144).

A empresa sucessora poderá cobrar a empresa sucedida dos débitos trabalhista que teve que quitar do período laborado para a empresa sucedida. Desse modo, a empresa sucedida pode integrar a lide como terceira juridicamente interessada.

Como regra geral, o sucessor responderá pela integralidade da dívida, salvo em caso de fraude, em que a empresa sucedida responderá solidariamente, nos termos dos arts. 9º, da CLT e 942 do Código Civil.

Autores há que defendem a responsabilidade da empresa sucedida mesmo não havendo fraude. Nesse sentido a opinião de *Ísis de Almeida*[21]:

> "Mesmo sem fraude, o sucedido responde, solidária ou subsidiariamente, com o sucessor, pelas reparações de direitos sonegados ao empregado, não só com referência ao período anterior como ao posterior à sucessão. Isto ocorre quando o sucessor não tem possibilidade de cumprir as obrigações contratuais ou legais."

21 *Curso de Legislação do Trabalho*. 4. ed. São Paulo: Sugestões Literárias, 1981. p. 83.

Eventual cláusula no contrato de sucessão de irresponsabilidade da empresa sucessora pelos débitos trabalhistas da empresa sucedida não tem validade perante a legislação trabalhista, pois as normas dos arts. 10 e 448, da CLT, são de ordem pública.

A jurisprudência dominante fixou entendimento no sentido de que a responsabilidade do crédito trabalhista é apenas da empresa sucessora, pois é esta que possui o fundo de comércio e o patrimônio.

De nossa parte, subsiste a responsabilidade solidária da sucessora em caso de fraude (arts. 9º e 942 do CC) e também subsidiária, mesmo não havendo fraude, nas hipóteses em que a empresa sucessora não apresenta patrimônio suficiente para solver o crédito trabalhista, ou para maior efetividade do recebimento deste. A responsabilidade subsidiária da empresa sucedida se justifica como medida inibidora de fraudes e encontra suporte nos princípios constitucionais da livre-iniciativa, valores sociais do trabalho, dignidade da pessoa humana do trabalhador (arts. 1º e 170 da CF) e também da função social da empresa e da propriedade (art. 5º da CF).

Dispõe o art. 448-A da CLT:

> "Caracterizada a sucessão empresarial ou de empregadores prevista nos arts. 10 e 448 desta Consolidação, as obrigações trabalhistas, inclusive as contraídas à época em que os empregados trabalhavam para a empresa sucedida, são de responsabilidade do sucessor. Parágrafo único. A empresa sucedida responderá solidariamente com a sucessora quando ficar comprovada fraude na transferência."

O art. 448-A da CLT consagra o entendimento preponderante de que o sucessor responderá pela integralidade da dívida, salvo em caso de fraude, em que a empresa sucedida responderá solidariamente, nos termos do parágrafo único do art. 448-A da CLT.

De nossa parte, entendemos que subsiste a responsabilidade subsidiária, mesmo não havendo fraude, nas hipóteses em que a empresa sucessora não apresenta patrimônio suficiente para solver o crédito trabalhista, ou para maior efetividade do recebimento deste. A responsabilidade subsidiária da empresa sucedida se justifica como medida inibidora de fraudes e encontra suporte nos princípios constitucionais da livre-iniciativa, valores sociais do trabalho, dignidade da pessoa humana do trabalhador (arts. 1º e 170 da CF) e também da função social da empresa e da propriedade (art. 5º da CF).

7. FALÊNCIA E RECUPERAÇÃO JUDICIAL – EFEITOS NOS CRÉDITOS TRABALHISTAS E SUCESSÃO DE EMPREGADORES

A recuperação judicial "é ação judicial pela qual o devedor – empresário ou sociedade empresária – busca sua reabilitação, mediante a apresentação de um plano aos seus credores, à execução dos tributários, cuja aprovação, na forma da lei, redunda em favor legal concedido judicialmente e importa na assunção de diversos compromissos pelos interessados"[22].

Trata-se, em verdade, de um favor legal para que a empresa que esteja em situação de dificuldade temporária, possa ter um prazo mais dilatador para pagar os credores e voltar a ter saúde financeira.

Nesse sentido, dispõe o art. 47 da Lei n. 11.101/05:

> "A recuperação judicial tem por objetivo viabilizar a superação da situação de crise econômico-financeira do devedor, a fim de permitir a manutenção da fonte produtora, do emprego dos trabalhadores e dos interesses dos credores, promovendo, assim, a preservação da empresa, sua função social e o estímulo à atividade econômica."

Segundo nos adverte *Marcelo Papaléo de Souza*, a lei, na verdade, visou a preservar a atividade econômica e não a empresa. Diz o jurista[23]:

> "Como já referido, a conservação da atividade não é mais considerada como simples preservação dos interesses dos credores (diríamos interesses particulares), mas sim como uma solução da crise e preservação da empresa em dificuldade, gerando benefício a todos os envolvidos, inclusive à sociedade. Não se parte do objetivo de liquidar para repartir, mas de conservar para salvar e ter melhores resultados para todos."

Conforme o art. 47 da Lei n. 11.101/05, estão sujeitos à recuperação judicial todos os créditos existentes na data do pedido, ainda que não vencidos. Desse modo, a recuperação judicial não gera efeitos para os créditos constituídos após o pedido de recuperação judicial.

---

22 MAUAD, Marcelo. *Os direitos dos trabalhadores na Lei de Recuperação e de Falência de Empresas*. São Paulo: LTr, 2007. p. 158.

23 *A recuperação judicial e os direitos fundamentais trabalhistas*. São Paulo: Atlas, 2015. p. 26.

Nos termos do art. 54 da Lei n. 11.101/05, o plano de recuperação judicial não poderá prever prazo superior a 1 (um) ano para pagamento dos créditos derivados da legislação do trabalho ou decorrentes de acidentes de trabalho vencidos até a data do pedido de recuperação judicial. Nos termos do parágrafo único do presente dispositivo, o plano não poderá, ainda, prever prazo superior a 30 (trinta) dias para o pagamento, até o limite de 5 (cinco) salários mínimos por trabalhador, dos créditos de natureza estritamente salarial vencidos nos 3 (três) meses anteriores ao pedido de recuperação judicial.

Conforme o parágrafo 2º do art. 54, com a redação dada pela Lei 14.112/20, O prazo estabelecido no *caput* deste artigo poderá ser estendido em até 2 (dois) anos, se o plano de recuperação judicial atender aos seguintes requisitos, cumulativamente: I - apresentação de garantias julgadas suficientes pelo juiz; II - aprovação pelos credores titulares de créditos derivados da legislação trabalhista ou decorrentes de acidentes de trabalho, na forma do § 2º do art. 45 desta Lei; e III - garantia da integralidade do pagamento dos créditos trabalhistas.

Diante da novel previsão legislativa, o prazo de um ano para pagamento dos créditos derivados da legislação do trabalho ou decorrentes de acidentes de trabalho vencidos até a data do pedido de recuperação judicial, poderá ser prorrogado por mais dois anos, totalizando o prazo máximo de três anos, desde que presentes, cumulativamente, os seguintes requisitos:

a) apresentação de garantias para pagamento de todos os créditos;
b) aprovação pelos titulares em assembleia, por maioria simples dos credores presentes, independentemente do valor de seu crédito (art. 45, § 2º, da Lei 11.101/05);
c) garantia da integralidade do pagamento dos créditos trabalhistas.

Deve ser destacado que o plano não poderá prever prazo superior a 30 (trinta) dias para o pagamento, até o limite de 5 (cinco) salários mínimos por trabalhador, dos créditos de natureza estritamente salarial vencidos nos 3 (três) meses anteriores ao pedido de recuperação judicial, uma vez que se trata de previsão prevista no parágrafo 1º do art. 54 da Lei 11.101/05, créditos estes não abrangidos pelo parágrafo 2º, acrescentado pela Lei 14.112/20.

Embora o prazo para pagamentos dos créditos trabalhista tenha sido estendido, a realidade dos processos de recuperação judicial demonstra que, dificilmente, o prazo de um ano era cumprido. No entanto, para que o prazo possa ser prorrogado, há necessidade de garantias que assegurem o pagamento dos créditos no prazo prorrogado.

Nos termos do art. 6º da Lei 11.101/05, a decretação da falência ou o deferimento do processamento da recuperação judicial implica: I - suspensão do curso da prescrição das obrigações do devedor sujeitas ao regime desta Lei; II - suspensão das execuções ajuizadas contra o devedor, inclusive daquelas dos credores particulares do sócio solidário, relativas a créditos ou obrigações sujeitos à recuperação judicial ou à falência; III - proibição de qualquer forma de retenção, arresto, penhora, sequestro, busca e apreensão e constrição judicial ou extrajudicial sobre os bens do devedor, oriunda de demandas judiciais ou extrajudiciais cujos créditos ou obrigações sujeitem-se à recuperação judicial ou à falência. § 1º Terá prosseguimento no juízo no qual estiver se processando a ação que demandar quantia ilíquida. § 2º É permitido pleitear, perante o administrador judicial, habilitação, exclusão ou modificação de créditos derivados da relação de trabalho, mas as ações de natureza trabalhista, inclusive as impugnações a que se refere o art. 8º desta Lei, serão processadas perante a justiça especializada até a apuração do respectivo crédito, que será inscrito no quadro-geral de credores pelo valor determinado em sentença. § 3º O juiz competente para as ações referidas nos §§ 1º e 2º deste artigo poderá determinar a reserva da importância que estimar devida na recuperação judicial ou na falência, e, uma vez reconhecido líquido o direito, será o crédito incluído na classe própria. § 4º Na recuperação judicial, as suspensões e a proibição de que tratam os incisos I, II e III do *caput* deste artigo perdurarão pelo prazo de 180 (cento e oitenta) dias, contado do deferimento do processamento da recuperação, prorrogável por igual período, uma única vez, em caráter excepcional, desde que o devedor não haja concorrido com a superação do lapso temporal. § 4º-A. O decurso do prazo previsto no § 4º deste artigo sem a deliberação a respeito do plano de recuperação judicial proposto pelo devedor faculta aos credores a propositura de plano alternativo, na forma dos §§ 4º, 5º, 6º e 7º do art. 56 desta Lei, observado o seguinte: I - as suspensões e a proibição de que tratam os incisos I, II e III do *caput* deste artigo não serão aplicáveis caso os credores não apresentem plano alternativo no prazo de 30 (trinta) dias, contado do final do prazo referido no § 4º deste artigo ou no § 4º do art. 56 desta Lei; II - as suspensões e a proibição de que tratam os incisos I, II e III do *caput* deste artigo perdurarão por 180 (cento e oitenta) dias contados do final do prazo referido no § 4º deste artigo, ou da realização da assembleia-geral de credores referida no § 4º do art. 56 desta Lei, caso os credores apresentem plano alternativo no prazo referido no inciso I deste parágrafo ou no prazo referido no § 4º do art. 56 desta Lei.

Conforme o § 4º, do art. 6º, da Lei n. 11.101/05, na recuperação judicial, a suspensão dos créditos trabalhistas perdurará pelo prazo de 180 dias, prorrogáveis por mais 180 dias, contado do deferimento do processamento da recuperação, prorrogável por igual período, uma única vez, em caráter excepcional, desde que o devedor não haja concorrido com a superação do lapso temporal.

Confrontando-se o art. 54 e §§ 4º do 6º, ambos da Lei n. 11.101/05, há contradição quanto aos prazos, uma vez que o art. 6º fala em suspensão das dívidas, aí incluídas as trabalhistas, por 180 dias, prorrogáveis por mais 180, enquanto o art. 54 disciplina o prazo de um ano para pagamento das dívidas trabalhistas, podendo ser prorrogado por mais 2 anos.

De nossa parte, a melhor interpretação dos referidos dispositivos legais é no seguinte sentido: a empresa em recuperação judicial tem o prazo de um ano, podendo ser prorrogável por mais dois anos desde que presentes as garantias do parágrafo 2º do art. 54, da Lei 11.101/05, para pagamento das dívidas trabalhistas inscritas no plano de recuperação judicial dentro do prazo de 180 dias, podendo ser prorrogável por mais 180 dias, contados do deferimento do processamento da recuperação. Se as dívidas trabalhistas vencidas à época do deferimento da recuperação não estiverem inscritas no plano de pagamento até o prazo máximo de 360 dias, a execução prosseguirá diretamente na Justiça do Trabalho.

No entanto, na realidade dos processos de Recuperação Judicial, os prazos previstos na lei para pagamento dos créditos trabalhistas não têm sido observados. Tem entendido o Superior Tribunal de Justiça que a execução direta das empresas em Recuperação Judicial não deve prosseguir na Justiça do Trabalho em prejuízo dos demais credores, para não inviabilizar o prosseguimento da atividade empresarial, e também não prejudicar o cumprimento plano de recuperação. Portanto, os créditos reconhecidos na Justiça do Trabalho devem ser inscritos no plano de recuperação.

Nesse sentido a seguinte ementa:

> RECURSO ORDINÁRIO EM AGRAVO REGIMENTAL. MANDADO DE SEGURANÇA. EXECUÇÃO DE CRÉDITOS TRABALHISTAS. LEI N. 11.101/2005. RECUPERAÇÃO JUDICIAL. PROCESSAMENTO DEFERIDO. SUSPENSÃO DA EXECUÇÃO

TRABALHISTA. PRAZO. PRORROGAÇÃO. COMPETÊNCIA PARA PROSSEGUIMENTO DA EXECUÇÃO. 1. Deferido o processamento ou aprovado o plano de recuperação judicial, não cabe o prosseguimento automático das execuções individuais, mesmo após decorrido o prazo de 180 dias previsto no art. 6º, § 4º, da Lei n. 11.101/2005, de modo que, ao juízo trabalhista, fica vedada a alienação ou disponibilização de ativos da empresa executada. 2. As ações de natureza trabalhista, portanto, serão julgadas na Justiça do Trabalho até a apuração do respectivo crédito, cujo valor será determinado em sentença e, posteriormente, inscrito no quadro-geral de credores, a fim de que se concentrem no Juízo da Recuperação Judicial todas as decisões que afetem o patrimônio da recuperanda, para viabilizar a operacionalização do plano de recuperação. 3. Isso, porque o restabelecimento das execuções individuais, com penhoras sobre faturamento e sobre bens móveis e imóveis da empresa em recuperação, implicaria o não cumprimento do plano, comprometendo o objetivo de manter a empresa em funcionamento, com inevitável decretação da falência que, uma vez operada, resultaria, novamente, na atração de todos os créditos e na suspensão das execuções individuais, sem benefício algum para qualquer parte envolvida. 4. A finalidade da lei, ao estabelecer a suspensão das execuções em curso, pelo prazo de 180 dias, foi, portanto, definir juízo universal para onde concorressem todos os credores, visando a proporcionar tratamento isonômico aos titulares de créditos de uma mesma classe e evitar a existência concomitante de diversas execuções em juízos distintos, sem uma ordem preferencial, o que inviabilizaria a recuperação empresarial. 5. A relativização, por parte do STJ, da regra inserta no art. 6º, § 4º, da Lei n. 11.101/2005, que diz respeito ao prazo de suspensão das execuções, coaduna-se com interpretação sistêmica, à luz do princípio da preservação da empresa (art. 47), objetivando assegurar a igualdade dos credores, respeitados, evidentemente, os privilégios e preferências dos créditos, sem, contudo, permitir que o credor fique, indefinidamente, refém do plano de recuperação, ante a permissão de se extrapolar o prazo de 180 dias. 6. Nesse sentido, os precedentes jurisprudenciais do Colendo STJ e as orientações preconizadas no Provimento n. 1/CGJT. 7. Com a evidência de que a suspensão das ações e execuções movidas contra a executada havia sido prorrogada pelo Juízo Cível e de

> que a recuperanda vem atendendo aos comandos judiciais e imposições legais, deve ser suspensa a execução do processo matriz. Recurso ordinário conhecido e provido. (TST – Processo: RO – 80169-95.2016.5.07.0000 – Data de Julgamento: 11.10.2016, rel. Ministro Alberto Luiz Bresciani de Fontan Pereira, Subseção II Especializada em Dissídios Individuais, Data de Publicação: DEJT 21.10.2016).

A lei 14.112/20 acrescentou os parágrafos 7º-B e 11 ao art. 6º, da Lei 11.101/05, determinando que as execuções para pagamentos de multas administrativas relativas à fiscalização do trabalho (art. 114, VII, da CF) e execução da parcela previdenciária das condenações (art. 114, VIII, da CF) prossigam na Justiça do Trabalho, sem habilitação no Juízo da Recuperação. Com efeito, dispõem os referidos dispositivos legais:

> "§ 7º-B. O disposto nos incisos I, II e III do *caput* deste artigo não se aplica às execuções fiscais, admitida, todavia, a competência do juízo da recuperação judicial para determinar a substituição dos atos de constrição que recaiam sobre bens de capital essenciais à manutenção da atividade empresarial até o encerramento da recuperação judicial, a qual será implementada mediante a cooperação jurisdicional, na forma do art. 69 da Lei nº 13.105, de 16 de março de 2015 (Código de Processo Civil), observado o disposto no art. 805 do referido Código."
>
> "§ 11. O disposto no § 7º-B deste artigo aplica-se, no que couber, às execuções fiscais e às execuções de ofício que se enquadrem respectivamente nos incisos VII e VIII do *caput* do art. 114 da Constituição Federal, vedados a expedição de certidão de crédito e o arquivamento das execuções para efeito de habilitação na recuperação judicial ou na falência."

Houve aqui, de nossa parte, uma injustificável preferência do crédito fiscal ao trabalhista. No entanto, dificilmente, na prática, haverá sucesso de tais execuções diretas na justiça do trabalho, diante da necessidade de cumprimento do plano de recuperação a fim de evitar a falência da empresa.

A falência é um processo judicial complexo, em que são arrecadados os bens do devedor e nele são concentradas diversas execuções (tributárias, trabalhistas e civis). Posteriormente, os bens do devedor serão alienados e, com o produto desta, serão pagos os credores segundo uma ordem legal de preferência.

Sempre foi polêmica a questão da competência para a execução em face da Massa Falida na Justiça do Trabalho.

Há os defensores da competência para a execução até os seus ulteriores atos, argumentando o privilégio do crédito trabalhista e a competência jurisdicional da Justiça do Trabalho em face do que dispõe o art. 114 da CF.

Não obstante as boas intenções dos que defendem que a execução em face da Massa Falida seja processada na Justiça do Trabalho, pensamos que esta não é a melhor interpretação, pois todo o esforço do processo falimentar converge para o pagamento de todos os credores ou ao menos o pagamento de uma boa parte do crédito para cada um. Prosseguindo-se a execução na esfera do Judiciário Trabalhista, tem-se a possibilidade de pagamento integral de boa parte dos processos que tramitam na Justiça do Trabalho, mas há o risco de ficar descoberto o crédito de inúmeros outros credores do falido, cujos processos tramitam no Juízo Falimentar.

Desse modo, pensamos que a norma deve ser interpretada com bom-senso, razoabilidade e proporcionalidade. Portanto, julgamos ser mais razoável que o processo em face da massa falida tramite na Justiça do Trabalho até a fixação do crédito do reclamante em definitivo (julgamento final da liquidação). Após, deverá ser expedida certidão para habilitação no juízo universal.

Nesse sentido, dispõe o art. 6º, § 2º, da Lei n. 11.101/2005, *in verbis*:

> "A decretação da falência ou deferimento do processamento da recuperação judicial suspende o curso da prescrição e de todas as ações e execuções em face do devedor inclusive aquelas dos credores particulares do sócio solidário. [...] § 2º – É permitido pleitear, perante o administrador judicial, habilitação, exclusão ou modificação de créditos derivados da relação de trabalho, mas as ações de natureza trabalhista, inclusive as impugnações a que se refere o art. 8º desta Lei, serão processadas perante a justiça especializada até a apuração do respectivo crédito, que será inscrito no quadro geral de credores pelo valor determinado em sentença."

No mesmo sentido o inciso III acrescentado ao artigo 6º da Lei n. 11.101/05 pela Lei 14.112/20, quando assevera que a falência importa em "proibição de qualquer forma de retenção, arresto, penhora, sequestro, busca e apreensão e constrição judicial ou extrajudicial sobre os bens do devedor, oriunda de demandas judiciais ou extrajudiciais cujos créditos ou obrigações sujeitem-se à recuperação judicial ou à falência."

Pensamos, diante da clareza do disposto no art. 6º, inciso III e § 2º, da Lei n. 11.101/2005, não ser mais possível o prosseguimento da execução na Justiça do Trabalho, tampouco a declaração de desconsideração da personalidade jurídica da empresa na Justiça do Trabalho e penhora dos bens dos sócios da empresa falida, uma vez que a finalidade social da lei converge na direção de que todos os credores das empresas em recuperação judicial ou em estado falimentar, efetivamente, recebam seus créditos e que a empresa recupere suas forças e volte a operar. Isso somente será possível mediante um esforço de todos os credores e de todos os juízes que detêm processos trabalhistas em face de empresas em recuperação judicial ou em estado falimentar.

Nesse mesmo contexto, é o disposto no art. 47 da Lei n. 11.101/2005:

> "A recuperação judicial tem por objetivo viabilizar a superação da situação de crise econômico-financeira do devedor, a fim de permitir a manutenção da fonte produtora, do emprego dos trabalhadores e dos interesses dos credores, promovendo, assim, a preservação da empresa, sua função social e o estímulo à atividade econômica."

Nesse sentido, argumenta com propriedade *Marcelo Papaléo de Souza*[24]:

> "O juízo falimentar apresenta melhor solução para o litígio, pois não só privilegia um, mas todos os credores em mesma situação, em que pese, em muitas oportunidades, não garantir a satisfação total de seus haveres. Portanto, existindo a insolvência do devedor, não se justifica a continuidade da execução singular, sob pena de ser desrespeitado o princípio da igualdade assegurado na Constituição Federal. Não há como manter o direito de prelação de um credor sobre bem da massa, em execução singular, paralelamente à execução coletiva, mormente quando existam outros credores com idêntico direito de preferência (arts. 83 da LRF e 449 da CLT). Outro aspecto a ser

---

24 SOUZA, Marcelo Papaléo. *A nova lei de recuperação e falência e as suas consequências no direito e no processo do trabalho.* São Paulo: LTr, 2006. p. 278-279.

> sopesado é o previsto no art. 113 da Constituição Federal, o qual declara que 'a lei disporá sobre a constituição, investidura, jurisdição e competência, garantia e condições de exercício dos órgãos da Justiça do Trabalho'. Assim, tem-se que a limitação da competência prevista no art. 6º, § 2º da LRF, é constitucional, pois não há qualquer entrave à alteração da competência trabalhista em face da lei."

O Supremo Tribunal Federal se pronunciou a respeito, fixando a competência da Justiça Estadual, conforme a ementa que segue:

> EMBARGOS DE DECLARAÇÃO RECEBIDOS COMO RECURSO DE AGRAVO – EXECUÇÃO DE CRÉDITOS TRABALHISTAS – EMPRESA EXECUTADA EM PROCESSO DE RECUPERAÇÃO JUDICIAL – CONSTRIÇÃO DE BENS PERTENCENTES A ACIONISTA DA EMPRESA DEVEDORA, ESTRANHO À EXECUÇÃO TRABALHISTA – APLICAÇÃO, PARA ESSE EFEITO, DA TEORIA DA DESCONSIDERAÇÃO DA PERSONALIDADE JURÍDICA (CÓDIGO CIVIL, ART. 50) – COMPETÊNCIA DA JUSTIÇA ESTADUAL PARA DIRIMIR ESSA CONTROVÉRSIA, AFASTADA, DESSE MODO, A COMPETÊNCIA DA JUSTIÇA DO TRABALHO – ORIENTAÇÃO QUE PREVALECE NO SUPREMO TRIBUNAL FEDERAL EM RAZÃO DE JULGAMENTO FINAL, COM REPERCUSSÃO GERAL, DO RE N. 583.955/RJ – RECURSO DE AGRAVO IMPROVIDO." (STF. SEGUNDA TURMA EMB. DECL. NO AGRAVO DE INSTRUMENTO 796.844 RIO DE JANEIRO RELATOR: MIN. CELSO DE MELLO. J. 19.2.2013).

De outro lado, entendemos que, exceto a hipótese de desconsideração da personalidade jurídica, nas hipóteses de recuperação judicial como de falência, existindo, no processo do trabalho, responsáveis solidários ou subsidiários (empresas do mesmo grupo econômico ou tomador de serviços na terceirização), sem prejuízo da habilitação do crédito no juízo universal, deve o Juiz do Trabalho prosseguir a execução em face deles imediatamente, pois comprovado o estado de insolvência do devedor principal.

Dispõe o art. 82-A, da Lei 11.101/05, acrescentado pela Lei 14.112/20:

> "A. É vedada a extensão da falência ou de seus efeitos, no todo ou em parte, aos sócios de responsabilidade limitada, aos controladores

> e aos administradores da sociedade falida, admitida, contudo, a desconsideração da personalidade jurídica. Parágrafo único. A desconsideração da personalidade jurídica da sociedade falida, para fins de responsabilização de terceiros, grupo, sócio ou administrador por obrigação desta, somente pode ser decretada pelo juízo falimentar com a observância do art. 50 da Lei nº 10.406, de 10 de janeiro de 2002 (Código Civil) e dos arts. 133, 134, 135, 136 e 137 da Lei nº 13.105, de 16 de março de 2015 (Código de Processo Civil), não aplicada a suspensão de que trata o § 3º do art. 134 da Lei nº 13.105, de 16 de março de 2015 (Código de Processo Civil).

Diante do referido dispositivo legal, ficou claro que a desconsideração da personalidade jurídica do falido deve ser realizada no próprio juízo falimentar e não na esfera trabalhista. Pensamos, embora haja divergência doutrinária e jurisprudencial, que o mesmo raciocínio deve ser aplicado à recuperação judicial, uma vez que há concurso de credores que devem receber segundo a ordem do plano de recuperação.

Na falência, os créditos trabalhistas terão privilégio até o valor de 150 salários mínimos, conforme dispõe o art. 83 da Lei n. 11.101/05, *in verbis*:

> "A classificação dos créditos na falência obedece à seguinte ordem:
>
> [...] I – os créditos derivados da legislação do trabalho, limitados a 150 salários mínimos por credor, e os decorrentes de acidentes de trabalho."

Os créditos individuais trabalhistas que ultrapassarem o montante de 150 salários mínimos serão habilitados na falência como créditos quirografários (sem preferência).

Pensamos não ser inconstitucional a limitação do privilégio do crédito do trabalho a 150 salários mínimos, pois é um valor razoável. Além disso, cumpre a função social do processo falimentar que tem por objeto que todos os credores do falido recebam o crédito ainda que parcialmente. De outro lado, a experiência tem demonstrado que dificilmente os credores trabalhistas conseguiam receber seus créditos na falência, sendo a limitação uma possibilidade de divisão mais justa dos bens do falido, atendendo à finalidade social da lei.

Havendo alienação de bens na falência, nos termos do art. 141, II, da Lei n. 11.101/2005, não há sucessão para fins trabalhistas, *in verbis*:

> "Na alienação conjunta ou separada de ativos, inclusive da empresa ou de suas filiais, promovida sob qualquer das modalidades de que trata este artigo:
>
> [...] II – o objeto da alienação estará livre de qualquer ônus e não haverá sucessão do arrematante nas obrigações do devedor, inclusive as de natureza tributária, as derivadas da legislação do trabalho e as decorrentes de acidente de trabalho."

Confrontando-se o referido dispositivo da Lei Falimentar com os arts. 10 e 448 da CLT, constata-se, de plano, um conflito de normas, pois a legislação trabalhista não excluiu a hipótese de sucessão de empresas ou de empregadores quando a empresa estiver em estado falimentar ou em recuperação judicial.

Diante de tal conflito, autores há que pugnam pela existência da sucessão de empresa na falência ou na recuperação judicial diante do caráter cogente dos arts. 10 e 448 da CLT e também dos princípios da proteção do credor trabalhista e dos valores sociais do trabalho e dignidade da pessoa humana do trabalhador.

Nesse sentido, é a abalizada opinião de *Jorge Luiz Souto Maior*[25]:

> "Pretendeu a Lei em questão, como é fácil verificar, privilegiar a atividade econômica, imaginando que 'limpar' os bens de uma eventual dívida trabalhista é o quanto basta para recuperar a empresa. O propósito do legislador é imediatista e apenas favorece, individualmente, o descumpridor da legislação trabalhista. Não tem, por óbvio, nenhuma repercussão real no mercado econômico, pois este não vive apenas de bens livres e desembaraçados [...]."

Não obstante, a Lei de Falências estar em confronto com os arts. 10 e 448 da CLT, pensamos que a situação do comprador de bens da massa falida está em situação especial, o que justifica a ausência de sucessão. Além disso, o objeto da lei é propiciar que a empresa falida volte a funcionar, mantendo os empregos existentes e gerando outros. Dificilmente, alguém irá arrematar ou adquirir bens da massa falida se houver a sucessão para fins trabalhistas. A Lei n. 11.101/05, por ser norma especial e específica, prevalece sobre a regra geral dos arts. 10 e 448 da CLT. Além disso, há

---

25 *Curso de direito do trabalho*. São Paulo: LTr, 2008. v. II, p. 142-143.

inegável interesse social na não configuração da sucessão trabalhista na falência, como forma de impulsionar a efetividade do processo falimentar e garantia do recebimento dos créditos dos credores do falido.

Nesse lastro, sustenta *Amauri Mascaro Nascimento*[26]:

> "Não configurará, também, na falência, sucessão a alienação dos bens arrematados, nem o arrematante será considerado sucessor (art. 141, II), de modo que os trabalhadores não poderão executá-los para cobrar suas dívidas, afetado, assim também na falência, o disposto no art. 448 da CLT. Os empregados poderão usar os créditos trabalhistas para comprar ou arrendar a empresa (art. 145, § 2º)."

No mesmo sentido, argumenta *José Augusto Rodrigues Pinto*[27]:

> "É translúcida a intenção de fazer prevalecer a sobrevivência da empresa sobre a continuidade individual do contrato de emprego, que fica sacrificada em favor do suposto interesse coletivo de continuidade da fonte geradora de empregos, a própria falida – abstraída de que seja seu titular. A melhor forma de atender a tal desiderato foi, sem dúvida, tornar atraente sua aquisição por mãos capazes de reerguê-la economicamente, sem o peso da herança negativa de suas dívidas trabalhistas (...)"Sobrepõe-se, mais uma vez, a lógica do mercado à da proteção do hipossuficiente econômico para flexibilizar o conteúdo tuitivo do Direito do Trabalho."

Em se tratando de Recuperação Judicial, também há disposição legal excluindo a sucessão trabalhista na alienação de bens. Com efeito, dispõe o art. 60, § 1º, da Lei n. 11.101/2005, com a redação dada pela Lei 14.112/20, "in verbis":

> "O objeto da alienação estará livre de qualquer ônus e não haverá sucessão do arrematante nas obrigações do devedor de qualquer natureza, incluídas, mas não exclusivamente, as de natureza ambiental,

26 NASCIMENTO, Amauri Mascaro. *Curso de direito processual do trabalho.* 22. ed. São Paulo: Saraiva, 2007. p. 685.

27 RODRIGUES PINTO, José Augusto. *Tratado de direito material do trabalho*. São Paulo: LTr, 2006. p. 184.

regulatória, administrativa, penal, anticorrupção, tributária e trabalhista, observado o disposto no § 1º do art. 141 desta Lei."

O Supremo Tribunal Federal, em decisão plenária sobre controle direto da Constitucionalidade (Ação Direta de Inconstitucionalidade n. 3934-2, relator Ministro Ricardo Lewandowski, julgamento em 27.5.2009), decidiu pela Constitucionalidade dos arts. 60, parágrafo único, 83, I e IV, e também do 141, II, ambos da Lei n. 11.101/2005, conforme a ementa que segue:

> "AÇÃO DIRETA DE INCONSTITUCIONALIDADE. ARTS. 60, PARÁGRAFO ÚNICO, 83, I E IV, *c*, E 141, II, DA LEI N. 11.101/2005. FALÊNCIA E RECUPERAÇÃO JUDICIAL. INEXISTÊNCIA DE OFENSA AOS ARTS. 1º, III E IV, 6º, 7º, I, E 170, DA CONSTITUIÇÃO FEDERAL de 1988. ADI JULGADA IMPROCEDENTE. I – Inexiste reserva constitucional de lei complementar para a execução dos créditos trabalhistas decorrente de falência ou recuperação judicial. II – Não há, também, inconstitucionalidade quanto à ausência de sucessão de créditos trabalhistas. III – Igualmente não existe ofensa à Constituição no tocante ao limite de conversão de créditos trabalhistas em quirografários. IV – Diploma legal que objetiva prestigiar a função social da empresa e assegurar, tanto quanto possível, a preservação dos postos de trabalho. V – Ação direta julgada improcedente."

8. A RESPONSABILIDADE PATRIMONIAL DO SÓCIO E A DESCONSIDERAÇÃO DA PERSONALIDADE JURÍDICA NO DIREITO DO TRABALHO

A pessoa jurídica não se confunde com a do sócio (art. 20 do Código Civil de 1916, e art. 49-A do CC[28] de 2002, com a redação dada pela Lei 13.874/19), tampouco a sociedade comercial se confunde com a de seus administradores ou acionistas. Não obstante, a lei atribui ao sócio a chamada responsabilidade patrimonial (arts. 789 e 790, II, do CPC). Desse modo, os bens do sócio podem vir a ser chamados a responder

28 Art. 49-A do CC: "A pessoa jurídica não se confunde com os seus sócios, associados, instituidores ou administradores. Parágrafo único. A autonomia patrimonial das pessoas jurídicas é um instrumento lícito de alocação e segregação de riscos, estabelecido pela lei com a finalidade de estimular empreendimentos, para a geração de empregos, tributo, renda e inovação em benefício de todos."

pela execução, nos termos da lei, caso a sociedade não apresente bens que satisfaçam a execução.

Independentemente de ter figurado no polo passivo da reclamação trabalhista, os bens do sócio podem responder pela execução, pois a responsabilidade do sócio é patrimonial (econômica e de caráter processual). Nesse sentido, destaca-se a seguinte ementa que retrata com precisão esta situação:

> "EXECUÇÃO. NULIDADE PROCESSUAL. AUSÊNCIA DE INTIMAÇÃO NA FASE DE CONHECIMENTO. TEORIA DA DESCONSIDERAÇÃO DA PERSONALIDADE JURÍDICA DO EMPREGADOR. RESPONSABILIDADE DE EX-SÓCIO. 1. Consoante leciona o ilustre jurista Mauro Schiavi, não obstante a pessoa jurídica não se confundir com a do sócio, a lei atribui a este a chamada responsabilidade patrimonial, de modo que seus bens podem vir a ser chamados a responder pela execução, nos casos em que a sociedade não apresente bens que satisfaçam a execução. Nesse passo, a sujeição do sócio – responsável econômico – não depende de sua participação no processo na fase de conhecimento. 2. Correta a constrição dos bens do ora agravante, considerando sua condição de ex-sócio da executada durante a relação de emprego do autor, bem como a inexistência de patrimônio da empresa executada capaz de garantir a execução, conforme salientado na decisão proferida pelo Tribunal Regional. 3. Agravo de instrumento não provido." (TST – AIRR – 102640-11.2005.5.02.0201 – Data de Julgamento: 20.3.2013, relator Ministro: Lelio Bentes Corrêa, 1ª Turma, Data de Publicação: DEJT 26.3.2013)

O primeiro diploma legal a disciplinar a possibilidade de desconsideração da personalidade jurídica a ser utilizado pela Justiça do Trabalho foi o art. 10 da Lei n. 3.708/19, que assim dispõe:

> "Os sócios-gerentes ou que derem o nome à firma não respondem pessoalmente pelas obrigações contraídas em nome da sociedade, mas respondem para com esta e para com terceiros solidária e ilimitadamente pelo excesso de mandato e pelos atos praticados com violação do contrato ou da lei."

Posteriormente, veio a lume o Código Tributário Nacional, que disciplinou a questão no art. 135 do CTN, *in verbis*:

> "São pessoalmente responsáveis pelos créditos correspondentes a obrigações tributárias resultantes de atos praticados com excesso de poderes ou infração de lei, contrato social ou estatutos: I – as pessoas referidas no artigo anterior; II – os mandatários, prepostos e empregados; III – os diretores, gerentes ou representantes de pessoas jurídicas de direito privado."

Atualmente, a matéria está regulamentada pelo art. 28 da Lei n. 8.078/90 (Código de Defesa do Consumidor) e pelo art. 50 do Código Civil, que encamparam a teoria da *desconsideração da personalidade jurídica*, também conhecida como *disregard doctrine, disregard of legal entity, lifting the corporate veil,* oriunda do direito anglo-saxão e introduzida ao direito brasileiro por *Rubens Requião.*

Dispõe o art. 28 da Lei n. 8.078/90:

> "O juiz poderá desconsiderar a personalidade jurídica da sociedade quando, em detrimento do consumidor, houve abuso de direito, excesso de poder, infração da lei, fato ou ato ilícito ou violação dos estatutos ou contrato social. A desconsideração também será efetivada quando houver falência, estado de insolvência, encerramento ou inatividade da pessoa jurídica provocados por má administração." § 1° (Vetado). § 2° As sociedades integrantes dos grupos societários e as sociedades controladas, são subsidiariamente responsáveis pelas obrigações decorrentes deste código. § 3° As sociedades consorciadas são solidariamente responsáveis pelas obrigações decorrentes deste código. § 4° As sociedades coligadas só responderão por culpa. § 5° Também poderá ser desconsiderada a pessoa jurídica sempre que sua personalidade for, de alguma forma, obstáculo ao ressarcimento de prejuízos causados aos consumidores."

O Código Civil de 2002 encampou a teoria da desconsideração da personalidade jurídica no art. 50, com a redação dada pela Lei 13.874/19, que assim estabelece:

> "Em caso de abuso da personalidade jurídica, caracterizado pelo desvio de finalidade ou pela confusão patrimonial, pode o juiz, a

requerimento da parte, ou do Ministério Público quando lhe couber intervir no processo, desconsiderá-la para que os efeitos de certas e determinadas relações de obrigações sejam estendidos aos bens particulares de administradores ou de sócios da pessoa jurídica beneficiados direta ou indiretamente pelo abuso. § 1º Para fins do disposto neste artigo, desvio de finalidade é a utilização dolosa da pessoa jurídica com o propósito de lesar credores e para a prática de atos ilícitos de qualquer natureza. § 2º Entende-se por confusão patrimonial a ausência de separação de fato entre os patrimônios, caracterizada por: I – cumprimento repetitivo pela sociedade de obrigações do sócio ou do administrador ou vice-versa; II – transferência de ativos ou de passivos sem efetivas contraprestações, exceto o de valor proporcionalmente insignificante; e III – outros atos de descumprimento da autonomia patrimonial. § 3º O disposto no *caput* e nos § 1º e § 2º também se aplica à extensão das obrigações de sócios ou de administradores à pessoa jurídica. § 4º A mera existência de grupo econômico sem a presença dos requisitos de que trata o *caput* não autoriza a desconsideração da personalidade da pessoa jurídica. § 5º Não constitui desvio de finalidade a mera expansão ou a alteração da finalidade original da atividade econômica específica da pessoa jurídica."

Fábio Ulhoa Coelho[29] distingue a teoria da desconsideração da personalidade jurídica entre as teorias maior e menor. Assevera o jurista:

> "Há no direito brasileiro, na verdade, duas teorias da desconsideração. De um lado, a teoria mais elaborada, de maior consistência e abstração, que condiciona o afastamento episódico da autonomia patrimonial das pessoas jurídicas à caracterização da manipulação fraudulenta ou abusiva do instituto. Nesse caso, distingue-se com clareza a desconsideração da personalidade jurídica e outros institutos jurídicos que também importam a afetação de patrimônio de sócio por obrigação da sociedade (p. ex. a responsabilização por ato de má gestão, a extensão da responsabilidade tributária ao gerente etc.). Ela será chamada, aqui, de teoria maior. De outro lado, a teoria menos elaborada, que se refere à desconsideração em toda e qualquer hipótese de execução do patrimônio de sócio por obrigação social, cuja tendência é condicionar o afastamento do princípio da autonomia

29 *Curso de direito comercial*. Vol 2. São Paulo: Saraiva, 1999. p. 35.

> à simples insatisfação de crédito perante a sociedade. Trata-se da teoria menor, que se contenta com a demonstração pelo credor da inexistência de bens sociais e da solvência de qualquer sócio, para atribuir a este a obrigação da pessoa jurídica."

Preferimos classificar a teoria da desconsideração em *subjetiva* e *objetiva*.

Pela teoria subjetiva da desconsideração da personalidade jurídica, os bens do sócio podem ser atingidos quando:

a) a pessoa jurídica não apresentar bens para pagamento das dívidas;

b) atos forem praticados pelo sócio com abuso de poder, desvio de finalidade, confusão patrimonial, ou má-fé.

Atualmente, a moderna doutrina e a jurisprudência trabalhista encamparam a chamada teoria objetiva da desconsideração da personalidade jurídica que disciplina a possibilidade de execução dos bens do sócio, independentemente de os atos destes terem violado ou não o contrato, ou de haver abuso de poder. Basta a pessoa jurídica não possuir bens para ter início a execução aos bens do sócio.

No direito do trabalho, o presente entendimento se justifica em razão da hipossuficiência do trabalhador, da dificuldade que apresenta o reclamante em demonstrar a má-fé do administrador, ou o chamado ato *ultra vire*s (praticado com excesso de mandato ou abuso de poder) e do caráter alimentar do crédito trabalhista. Aplica-se, aqui, o disposto no parágrafo 5º do art. 28, da Lei 8078/90[30] que possibilita ao Juiz do Trabalho desconsiderar a personalidade jurídica, quando a existência desta constituir obstáculo à satisfação do crédito trabalhista.

Acompanhando a mesma diretriz, nos ensina Maurício Godinho Delgado[31]:

---

30 Art. 28, da Lei 8078/90: "O juiz poderá desconsiderar a personalidade jurídica da sociedade quando, em detrimento do consumidor, houver abuso de direito, excesso de poder, infração da lei, fato ou ato ilícito ou violação dos estatutos ou contrato social. A desconsideração também será efetivada quando houver falência, estado de insolvência, encerramento ou inatividade da pessoa jurídica provocados por má administração. (...) § 5° Também poderá ser desconsiderada a pessoa jurídica sempre que sua personalidade for, de alguma forma, obstáculo ao ressarcimento de prejuízos causados aos consumidores."

31 DELGADO, Maurício Godinho. Curso de Direito do Trabalho. 18ª edição. São Paulo: Ltr, 2019, p. 595-596.

(...)Na seara justrabalhista, a noção de despersonalização da figura do empregador é, sem dúvida, mais ampla, de maneira a assegurar a efetividade dos direitos sociais fundamentais trabalhistas também pelo patrimônio dos sócios das entidades societárias, em caso de frustração da execução com respeito ao patrimônio da respectiva sociedade empregadora – independentemente de comprovação de fraude ou vícios congêneres na gestão empresarial ou no uso da fórmula da pessoa jurídica."

Quanto às sociedades anônimas, é possível a responsabilização dos diretores administradores, pois detêm a administração da sociedade, não sendo possível a responsabilização dos acionistas. Nesse diapasão, destaca-se a seguinte ementa:

"Sociedade anônima – Penhora de bens dos diretores, administradores e conselheiros – Possibilidade. Empresa que fecha suas portas e não salda as dívidas existentes com seus credores é, para dizer o menos, um mal gestor de seus negócios. Mais, uma empresa que celebra um acordo judicial com treze empregados, para pagamento em 4 parcelas, e susta, sem nenhuma explicação, um dos cheques emitidos para a satisfação da avença, age muito mal, e no mínimo com culpa, não só contra os credores, mas contra o próprio Estado, que com sua chancela judicial, homologou referido acordo na expectativa de ter intermediado a pacificação de um conflito. Assim sendo, e nos estreitos limites da Lei das Sociedades Anônimas, é possível a execução de bens dos diretores e administradores das sociedades anônimas em casos como o ora analisado." (TRT – 15ª R. – 2ª T. – AP n. 138/1999.126.15.00-1 – rela Mariane Khayat – DJ 2.2.07 – p. 84) (RDT n. 04 – abril de 2007).

No mesmo diapasão, dispõe o art. 158 da Lei n. 6.404/76, *in verbis*:

"O administrador não é pessoalmente responsável pelas obrigações que contrair em nome da sociedade e em virtude de ato regular de gestão; responde, porém, civilmente, pelos prejuízos que causar, quando proceder: I. dentro de suas atribuições ou poderes com culpa ou dolo; II. com violação da lei ou do estatuto; [...] § 2º Os administradores são solidariamente responsáveis pelos prejuízos causados em virtude do não cumprimento dos deveres impostos pela lei para assegurar o funcionamento normal da companhia,

> ainda que, pelos estatutos, tais deveres não caibam a todos eles; [...] § 5º Responderá solidariamente com o administrador que, como fim de obter vantagem para si ou para outrem, concorrer para a prática de ato com violação da lei ou do estatuto."

Como destaca José Augusto Rodrigues Pinto[32]:

> "O tratamento das duas leis é o mesmo, ou seja, a responsabilidade extensiva será determinada pela gestão patológica e ensejará a aplicação da teoria da *disregard of Corporate entity.* A distinção a considerar é do direcionamento da solidariedade: na sociedade anônima é para o administrador, uma vez que o sócio pode chegar a ser uma simples sombra, desprovida até de identidade no universo dos acionistas, que chega a ser imenso nas grandes corporações, despertando a advertência de Romita: 'impraticável será invocar-se a responsabilidade dos acionistas – é evidente.'"

Com relação às sociedades sem finalidade lucrativa e entidades filantrópicas, em que pesem as opiniões em contrário no sentido de que seus sócios e administradores não responderem com o patrimônio pessoal já que tais entidades não perseguem lucro, de nossa parte também é possível a desconsideração em face do princípio da despersonalização do empregador (art. 2º da CLT) e também por estarem inseridos na categoria dos empregadores por equiparação (art. 2º, § 1º, da CLT). Além disso, não há exclusão legal nos arts. 50 do CC e 28 da Lei n. 8.078/90 quanto às referidas entidades. Não obstante, deve o magistrado trabalhista atuar com maior sensibilidade, analisando as circunstâncias do caso concreto, bem como os poderes de cada sócio ou administrador dentro de tais entidades.

No aspecto, destacamos a seguinte ementa:

> REDIRECIONAMENTO DA EXECUÇÃO PARA O DIRETOR DE ENTIDADES FILANTRÓPICAS. Os dirigentes de entidades filantrópicas encontram-se na mesma situação que os demais dirigentes das entidades com fins lucrativos, respondendo com seus bens pessoais, consoante art. 2º, § 2º, da CLT. Isto porque, a uma, a Consolidação das Leis do Trabalho (art. 2º, § 2º) não apresenta nenhuma discriminação ou privilégio de tais dirigentes e segundo o brocardo jurídico, onde a lei não distingue não cabe ao intérprete

32 *Execução trabalhista:* estática – dinâmica – prática. São Paulo: LTr, 2006. p. 122.

fazê-lo; a duas, em matéria de privilégios/imunizações ou isenções, quando o legislador quer atribuí-los, o faz expressamente; e a três, no cotejo entre as dignidades dos bens/destinatários envolvidos, ou seja, verba de natureza alimentar e hipossuficiente, de um lado; os litigantes/bens/patrimônios/direito de propriedade e dirigente de outro, as normas constitucionais e seus princípios nucleares, especialmente os da dignidade da pessoa humana, da proporcionalidade, da razoabilidade e da ponderação de interesses (pesos/medidas de Alexy e Dworkin) nos aconselham a dar guarida, no caso vertente, ao trabalhador. Agravo de petição a que se nega provimento." (TRT 1ª Região – Agravo de Petição – Processo n. 01648001320055010068 – 5ª Turma, rel. Des. Enoque Ribeiro dos Santos. DOERJ: 3.7.2013)

9. DA RESPONSABILIDADE DO SÓCIO RETIRANTE

Dispõe o art. 10-A, da CLT, com a redação dada pela Lei n. 13.467/17:

> "O sócio retirante responde subsidiariamente pelas obrigações trabalhistas da sociedade relativas ao período em que figurou como sócio, somente em ações ajuizadas até dois anos depois de averbada a modificação do contrato, observada a seguinte ordem de preferência: I – a empresa devedora; II – os sócios atuais; e III – os sócios retirantes. Parágrafo único. O sócio retirante responderá solidariamente com os demais quando ficar comprovada fraude na alteração societária decorrente da modificação do contrato."

Pela redação do novo art. 10-A da CLT, ficaram disciplinadas as seguintes regras:

a) primeiramente responde a pessoa jurídica devedora;
b) posteriormente respondem os sócios atuais pela integralidade da dívida;
c) posteriormente respondem os sócios retirantes;
d) o sócio retirante responderá subsidiariamente pelas obrigações trabalhistas da sociedade relativas ao período em que figurou como sócio;
e) a responsabilidade do sócio retirante se restringe às ações ajuizadas até dois anos depois de averbada a modificação do contrato;

f) o sócio retirante responderá solidariamente com os demais quando ficar comprovada fraude na alteração societária decorrente da modificação do contrato.

A experiência nos tem demonstrado que muitos sócios deixam a sociedade quando ela tem dívidas trabalhistas ou está prestes a sofrer execuções trabalhistas que possam levá-la à insolvência. De outro lado, a responsabilidade do ex-sócio deve ser interpretada em compasso com os arts. 10 e 448 da CLT que consagram o princípio da intangibilidade objetiva dos contratos de trabalho e manutenção de garantias trabalhistas nas alterações estruturais da empresa. Em razão disso, pensamos que o sócio retirante, pelo princípio da boa-fé objetiva que deve nortear os negócios jurídicos, ao sair da sociedade, deve retirar certidões que comprovem a inexistência de dívidas trabalhistas à época da saída, ou que, mesmo elas existentes, a sociedade tem patrimônio suficiente para quitá-las. Caso contrário, a responsabilidade do sócio retirante persistirá mesmo após o prazo fixado no art. 10-A da CLT.

No aspecto, destaca-se a seguinte ementa:

> Execução. Ex-sócio. A evidência de atos típicos de fraude, tais como a alteração do quadro societário, insolvência, acordo judicial não cumprido, citação executória frustrada, não localização do sócio administrador, bem como o reconhecimento do grupo empresarial, justifica a responsabilização do ex-sócio pelo pagamento do crédito trabalhista ante a ausência de bens da empresa e dos atuais sócios. (TRT da 2ª Região; Processo: 1002289-98.2015.5.02.0609; Data: 11-10-2021; Órgão Julgador: 13ª Turma – Cadeira 2 – 13ª Turma; Relator(a): RAFAEL EDSON PUGLIESE RIBEIRO)

10. TEORIA INVERSA DA DESCONSIDERAÇÃO DA PERSONALIDADE JURÍDICA

A moderna doutrina, diante dos princípios da boa-fé objetiva e da função social da atividade empresarial, tem defendido a aplicação da teoria inversa da desconsideração da personalidade jurídica. Vale dizer: responsabilizar o patrimônio da pessoa jurídica, por atos praticados por seus dirigentes de forma abusiva ou ilícita, por interpretação evolutiva e teleológica dos já citados arts. 50 do Código Civil e 28 do Código de Defesa do Consumidor.

Se o patrimônio do sócio pode responder por dívidas da sociedade, é justo e razoável que o patrimônio da sociedade comercial também possa responder por dívidas assumidas pelo sócio, possibilitando a implementação dos princípios de boa-fé objetiva e transparência que devem nortear os negócios jurídicos.

Conforme *Fábio Konder Comparato*[33]:

> "Aliás, a desconsideração da personalidade jurídica não atua apenas no sentido da responsabilidade do controlador por dívidas da sociedade controlada, mas também em sentido inverso, ou seja, no da responsabilidade desta última por atos do seu controlador. A jurisprudência americana, por exemplo, já firmou o princípio de que os contratos celebrados pelo sócio único, ou pelo acionista largamente majoritário, em benefício da companhia, mesmo quando não foi a sociedade formalmente parte do negócio, obrigam o patrimônio social, uma vez demonstrada a confusão patrimonial de facto."

A presente teoria se aplica ao direito material e processual do trabalho (arts. 8º, 769 e 889 da CLT), pois tem por objetivo fixar maior garantia de solvabilidade do crédito trabalhista.

No aspecto, há importante decisão do Superior Tribunal de Justiça, cuja ementa vale ser transcrita:

> PROCESSUAL CIVIL E CIVIL. RECURSO ESPECIAL. EXECUÇÃO DE TÍTULO JUDICIAL. ART. 50 DO CC/02. DESCONSIDERAÇÃO DA PERSONALIDADE JURÍDICA INVERSA. POSSIBILIDADE. I – A ausência de decisão acerca dos dispositivos legais indicados como violados impede o conhecimento do recurso especial. Súmula n. 211/STJ. II – Os embargos declaratórios têm como objetivo sanear eventual obscuridade, contradição ou omissão existentes na decisão recorrida. Inexiste ofensa ao art. 535 do CPC, quando o Tribunal *a quo* pronuncia-se de forma clara e precisa sobre a questão posta nos autos, assentando-se em fundamentos suficientes para embasar a decisão, como ocorrido na espécie. III – A desconsideração inversa da personalidade jurídica caracteriza-se pelo afastamento da autonomia patrimonial da sociedade, para, contrariamente do que ocorre na desconsideração da personalidade propriamente dita,

33 *O poder de controle na sociedade anônima*. Rio de Janeiro: Forense, 2008. p. 464.

> atingir o ente coletivo e seu patrimônio social, de modo a responsabilizar a pessoa jurídica por obrigações do sócio controlador. IV – Considerando-se que a finalidade da *disregard doctrine* é combater a utilização indevida do ente societário por seus sócios, o que pode ocorrer também nos casos em que o sócio controlador esvazia o seu patrimônio pessoal e o integraliza na pessoa jurídica, conclui-se, de uma interpretação teleológica do art. 50 do CC/02, ser possível a desconsideração inversa da personalidade jurídica, de modo a atingir bens da sociedade em razão de dívidas contraídas pelo sócio controlador, conquanto preenchidos os requisitos previstos na norma. V – A desconsideração da personalidade jurídica configura-se como medida excepcional. Sua adoção somente é recomendada quando forem atendidos os pressupostos específicos relacionados com a fraude ou abuso de direito estabelecidos no art. 50 do CC/02. Somente se forem verificados os requisitos de sua incidência, poderá o juiz, no próprio processo de execução, "levantar o véu" da personalidade jurídica para que o ato de expropriação atinja os bens da empresa. VI – À luz das provas produzidas, a decisão proferida no primeiro grau de jurisdição, entendeu, mediante minuciosa fundamentação, pela ocorrência de confusão patrimonial e abuso de direito por parte do recorrente, ao se utilizar indevidamente de sua empresa para adquirir bens de uso particular. VII – Em conclusão, a r. decisão atacada, ao manter a decisão proferida no primeiro grau de jurisdição, afigurou-se escorreita, merecendo assim ser mantida por seus próprios fundamentos. Recurso especial não provido. (STJ REsp n. 948117/MS, Recurso Especial T3 – Terceira Turma 2007/0045262-5. Ministra Nancy Andrighi – j. 22.6.2010. DJe 3.8.2010)

O art. 50 do Código Civil dispõe sobre a desconsideração inversa da personalidade jurídica em seu parágrafo 3º. Com efeito, dispõe o referido dispositivo legal:

> "Art. 50. Em caso de abuso da personalidade jurídica, caracterizado pelo desvio de finalidade ou pela confusão patrimonial, pode o juiz, a requerimento da parte, ou do Ministério Público quando lhe couber intervir no processo, desconsiderá-la para que os efeitos de certas e determinadas relações de obrigações sejam estendidos aos bens particulares de administradores ou de sócios da pessoa jurídica beneficiados direta ou indiretamente pelo abuso.

> § 1º Para os fins do disposto neste artigo, desvio de finalidade é a utilização da pessoa jurídica com o propósito de lesar credores e para a prática de atos ilícitos de qualquer natureza.
>
> § 2º Entende-se por confusão patrimonial a ausência de separação de fato entre os patrimônios, caracterizada por:
>
> I – cumprimento repetitivo pela sociedade de obrigações do sócio ou do administrador ou vice-versa;
>
> II – transferência de ativos ou de passivos sem efetivas contraprestações, exceto os de valor proporcionalmente insignificante; e
>
> III – outros atos de descumprimento da autonomia patrimonial.
>
> § 3º O disposto no *caput* e nos §§ 1º e 2º deste artigo também se aplica à extensão das obrigações de sócios ou de administradores à pessoa jurídica.
>
> § 4º A mera existência de grupo econômico sem a presença dos requisitos de que trata o *caput* deste artigo não autoriza a desconsideração da personalidade da pessoa jurídica.
>
> § 5º Não constitui desvio de finalidade a mera expansão ou a alteração da finalidade original da atividade econômica específica da pessoa jurídica."

Diante do parágrafo 3º do referido dispositivo legal, a pessoa jurídica responderá por ato praticado pelo sócio quando houver desvio de finalidade com o propósito de lesar credores, e para a prática de atos ilícitos de qualquer natureza; confusão patrimonial assim entendida pela ausência de separação de fato entre os patrimônios, caracterizada por: a) cumprimento repetitivo pela sociedade de obrigações do sócio ou do administrador ou vice-versa; b) transferência de ativos ou de passivos sem efetivas contraprestações, exceto o de valor proporcionalmente insignificante; e c) outros atos de descumprimento da autonomia patrimonial.

A jurisprudência trabalhista tem aplicado a teoria inversa da desconsideração da personalidade jurídica na execução, nas seguintes hipóteses:

a) o sócio responsável pela empresa executada no processo trabalhista que também é sócio de outra empresa que está solvente;

b) o sócio da empresa executada, também é sócio de outras empresas, na hipótese de configuração de grupo econômico;

c) confusão patrimonial entre os bens do sócio e da pessoa jurídica (art. 50 do CC).

De nossa parte, a teoria da desconsideração inversa da personalidade jurídica prevista no Código Civil é compatível com a esfera trabalhista, e se harmoniza com os princípios do direito material do trabalho, máxime o da despersonalização do empregador (art. 2º, da CLT).

11. DO INCIDENTE DE DESCONSIDERAÇÃO DA PERSONALIDADE JURÍDICA

O Código de Processo Civil de 2015 disciplina um sofisticado procedimento prévio para a desconsideração da personalidade jurídica da empresa, a fim de atingir o patrimônio dos sócios, nos arts. 133 a 137 do CPC, denominado *incidente de desconsideração da personalidade jurídica*, aplicável em todas as fases do processo civil, inclusive na execução. Com efeito, dispõem os referidos dispositivos legais:

> Art. 133: "O incidente de desconsideração da personalidade jurídica será instaurado a pedido da parte ou do Ministério Público, quando lhe couber intervir no processo. § 1º O pedido de desconsideração da personalidade jurídica observará os pressupostos previstos em lei. § 2º Aplica-se o disposto neste Capítulo à hipótese de desconsideração inversa da personalidade jurídica."
>
> Art. 134. "O incidente de desconsideração é cabível em todas as fases do processo de conhecimento, no cumprimento de sentença e na execução fundada em título executivo extrajudicial. § 1º A instauração do incidente será imediatamente comunicada ao distribuidor para as anotações devidas. § 2º Dispensa-se a instauração do incidente se a desconsideração da personalidade jurídica for requerida na petição inicial, hipótese em que será citado o sócio ou a pessoa jurídica. § 3º A instauração do incidente suspenderá o processo, salvo na hipótese do § 2º. § 4º O requerimento deve demonstrar o preenchimento dos pressupostos legais específicos para desconsideração da personalidade jurídica."
>
> Art. 135: "Instaurado o incidente, o sócio ou a pessoa jurídica será citado para manifestar-se e requerer as provas cabíveis no prazo de 15 (quinze) dias."
>
> Art. 136: "Concluída a instrução, se necessária, o incidente será resolvido por decisão interlocutória. Parágrafo único. Se a decisão for proferida pelo relator, cabe agravo interno."

> Art. 137: "Acolhido o pedido de desconsideração, a alienação ou a oneração de bens, havida em fraude de execução, será ineficaz em relação ao requerente."

Em favor da aplicação deste incidente ao processo do trabalho, destacam-se: a) a omissão da legislação processual trabalhista quanto à questão; b) a Justiça do Trabalho utiliza as regras de direito material previstas no Código de Defesa do Consumidor e no Código Civil para fundamentar a desconsideração da personalidade jurídica, tanto direta quanto inversa; c) a observância do devido processo legal, oportunizando o contraditório prévio antes de invadir a esfera patrimonial do sócio, ou da pessoa jurídica (teoria inversa); d) a justiça e o equilíbrio do procedimento.

De nossa parte, o referido incidente não é adequado ao Processo do Trabalho, na fase de execução, pois o Juiz do Trabalho promove a execução de ofício (art. 878 da CLT) e o referido incidente de desconsideração é incompatível com a simplicidade e a celeridade da execução trabalhista. De outro lado, a hipossuficiência do credor trabalhista e a natureza alimentar do crédito autorizam o Juiz do Trabalho a postergar o contraditório na desconsideração após a garantia do juízo pela penhora.

Além disso, o presente incidente provoca complicadores desnecessários à simplicidade do procedimento da execução trabalhista, atrasa o procedimento (uma vez que o art. 134, § 3º, do CPC, determina a suspensão do processo quando instaurado o incidente) e, potencialmente, em muitos casos, pode inviabilizar a efetividade da execução. Pela teoria consolidada tanto pelo CPC/73 (arts. 592, II e 596) quanto pelo Código de Processo Civil de 2015 (arts. 790, II e 795), o sócio não é parte, nem terceiro no processo, apenas responsável patrimonial. Desse modo, seus bens podem vir a ser chamados a responder, mesmo que ele não figure no processo como parte ou terceiro no processo. Além disso, faz parte da sistemática processual trabalhista postergar o contraditório quanto as decisões interlocutórias (art. 893, da CLT).

O processo do trabalho instrumentaliza o Direito Material do Trabalho e isso é sua razão de existência. Não se podem isolar as normas processuais do direito que instrumentaliza. Os princípios da natureza alimentar do crédito, da hipossuficiência do empregado, da despersonalização do empregador (arts. 2º, 10 e 448, da CLT) e da real impossibilidade do trabalhador demonstrar ato culposo do sócio a justificar a desconsideração, autorizam o Juiz do Trabalho a realizar a desconsideração da pessoa jurídica, tanto de forma direta como inversa, por meio de decisão interlocutória fundamentada (art. 93, IX, da CF), propiciando o contraditório *"a posteriori"*, por meio dos embargos à execução ou embargos de terceiro.

De nossa parte, não é correto afirmar que o sócio não tem oportunizado o direito ao contraditório, pois ele apenas fica postergado, para a fase posterior à garantia do juízo. São oportunizados ao sócio os embargos à execução, e os embargos de terceiro. Também são admitidos o Mandado de Segurança e a Exceção de Pré-Executividade para se questionar uma desconsideração abusiva da personalidade jurídica.

Pode-se ventilar a aplicação dos referidos dispositivos na fase de conhecimento no processo trabalhista (art. 769 da CLT), o que, ordinariamente, não acontece, pois os bens do sócio já respondem pela satisfação da dívida, independentemente de figurarem ou não na fase de conhecimento. Entretanto, caberá ao Juiz do Trabalho, avaliar, segundo os princípios de justiça, razoabilidade, proporcionalidade, contraditório efetivo, efetividade, e duração razoável do processo a pertinência de aplicar esse incidente na fase cognitiva do processo.

O Tribunal Superior do Trabalho, recentemente, por meio da Instrução Normativa n. 39/16 admitiu a aplicabilidade do incidente de desconsideração da personalidade jurídica no processo do trabalho, com algumas adaptações. Com efeito, dispõe o art. 6º, da referida instrução:

> "Aplica-se ao Processo do Trabalho o incidente de desconsideração da personalidade jurídica regulado no Código de Processo Civil (arts. 133 a 137), assegurada a iniciativa também do juiz do trabalho na fase de execução (CLT, art. 878). § 1º Da decisão interlocutória que acolher ou rejeitar o incidente: I – na fase de cognição, não cabe recurso de imediato, na forma do art. 893, § 1º da CLT; II – na fase de execução, cabe agravo de petição, independentemente de garantia do juízo; III – cabe agravo interno se proferida pelo Relator, em incidente instaurado originariamente no tribunal (CPC, art. 932, inciso VI). § 2º A instauração do incidente suspenderá o processo, sem prejuízo de concessão da tutela de urgência de natureza cautelar de que trata o art. 301 do CPC."

A referida instrução teve os méritos de assegurar ao magistrado trabalhista a iniciativa de instaurar de ofício o incidente, bem como a possibilidade de o juiz manejar as tutelas de urgência para garantir a efetividade da execução. De outro lado, a doutrina, com razão, tem criticado o referido posicionamento do TST, uma vez que fora admitido o efeito suspensivo ao incidente, bem como seu processamento sem a garantia do juízo, o que conflita com o sistema da execução trabalhista que exige a garantia ao juízo para utilização dos meios de impugnação, principalmente quanto ao Agravo de Petição.

Dispõe o art. 855-A, da CLT, com a redação dada pela Lei n. 13.467/17:

> "Aplica-se ao processo do trabalho o incidente de desconsideração da personalidade jurídica previsto nos arts. 133 a 137 da Lei n. 13.105, de 16 de março de 2015 – Código de Processo Civil. § 1º Da decisão interlocutória que acolher ou rejeitar o incidente: I – na fase de cognição, não cabe recurso de imediato, na forma do § 1º do art. 893 desta Consolidação; II – na fase de execução, cabe agravo de petição, independentemente de garantia do juízo; III – cabe agravo interno se proferida pelo relator em incidente instaurado originariamente no tribunal. § 2º A instauração do incidente suspenderá o processo, sem prejuízo de concessão da tutela de urgência de natureza cautelar de que trata o art. 301 da Lei n. 13.105, de 16 de março de 2015 (Código de Processo Civil)."

O referido dispositivo legal determina a aplicação do incidente de desconsideração ao processo do trabalho, previsto no CPC, com as seguintes adaptações: a) da decisão interlocutória que acolher ou rejeitar o incidente: na fase de cognição, não cabe recurso de imediato, na forma do § 1º do art. 893 desta Consolidação; na fase de execução, cabe agravo de petição, independentemente de garantia do juízo; cabe agravo interno se proferida pelo relator em incidente instaurado originariamente no tribunal; b) a instauração do incidente suspenderá o processo, sem prejuízo de concessão da tutela de urgência de natureza cautelar de que trata o art. 301 da Lei n. 13.105, de 16 de março de 2015 (Código de Processo Civil).

Nos termos do art. 17 da IN n. 41/2018 do TST, o incidente de desconsideração da personalidade jurídica, regulado pelo CPC (arts. 133 a 137), aplica-se ao processo do trabalho, com as inovações trazidas pela Lei n. 13.467/2017.

O art. 855-A, da CLT, praticamente, repete a IN n. 39/16, mas não consagra a possibilidade do Juiz do Trabalho tomar a iniciativa de instaurar o incidente. Não obstante, poderá o Juiz do Trabalho, em razão do princípio da cooperação previsto no art. 6º do CPC, consultar o reclamante se pretende a instauração do referido incidente, a fim de evitar o início do prazo para a prescrição intercorrente.

Pela sistemática do processo trabalhista, e da própria redação dada ao art. 855-A, § 2º, da CLT, uma vez instaurado o incidente pela parte, o Juiz do Trabalho poderá, de ofício, sem a necessidade de contraditório prévio (arts. 9º, parágrafo único, I, e 139, IV, ambos do CPC), determinar a tutela cautelar necessária a garantir o resultado útil do processo (art. 300 do CPC).

A concessão de tutela cautelar, com o bloqueio suficiente de bens do sócio, em muitos casos, é necessária, pois quando a execução se dirige contra o sócio já houve tentativas frustradas de se encontrar bens da pessoa jurídica, havendo um risco considerável ao resultado útil do processo e à satisfação do crédito trabalhista. Além disso, a tramitação do incidente de desconsideração pode demorar prazo considerável até o efetivo trânsito em julgado.

No processo do trabalho, o incidente pode ser instaurado nos próprios autos em que tramita a execução, devendo o exequente fundamentar o requerimento de desconsideração da personalidade jurídica, podendo juntar prova documental. O sócio ou a empresa (caso se trate da teoria inversa da desconsideração) será citado para apresentar contestação em 15 dias, podendo juntar prova documental. Após haverá a instrução do incidente. Caso haja necessidade de prova oral, o Juiz designará audiência. Concluída a instrução, o Juiz proferirá decisão.

V

DO CONTRATO DE TRABALHO

1. DO CONTRATO. DEFINIÇÃO E PRINCÍPIOS

Nos ensina Sílvio Rodrigues[1]:

> "Dentro da teoria dos negócios jurídicos, é tradicional a distinção entre os atos unilaterais e os bilaterais. Aqueles se aperfeiçoam pela manifestação da vontade de uma das partes, enquanto estes dependem da coincidência de dois ou mais consentimentos. Os negócios bilaterais, isto é, os que decorrem de acordo de mais de uma vontade, são os *contratos*. Portanto, o contrato representa uma espécie do gênero *negócio jurídico*. E a diferença específica entre ambos consiste na circunstância de o aperfeiçoamento do contrato depender da conjunção da vontade de duas ou mais partes."

Conforme Rodolfo Pamplona Filho e Pablo Stolze Gagliano[2], "contrato é um negócio jurídico por meio do qual as partes declarantes, limitadas pelos princípios da função social e da boa-fé objetiva, autodisciplinam os efeitos patrimoniais que pretendem atingir, segundo a autonomia das suas próprias vontades."

O contrato é instrumento por meio do qual, por acordo de vontades, são criados direitos e obrigações, dentro dos limites legais, entre as duas ou mais partes.

O contrato exige: a) ao menos duas partes; b) um vínculo jurídico entre elas; c) objeto.

1 Direito Civil. Volume 3. 28ª ed. São Paulo: Saraiva, 2002, p. 09.

2 Manual de Direito Civil. Volume Único. São Paulo: Saraiva, 2017, p. 331.

Valendo-nos da principiologia do Código Civil e da doutrina civilista podemos destacar os seguintes princípios que norteiam os contratos:

a) autonomia da vontade: Todo contrato tem por fundamento a vontade humana que deve ser manifestada, de forma expressa ou tácita. A liberdade contratual tem fundamento na autonomia da vontade. De acordo com a lei e os princípios dos contratos, as partes são livres para estipular as cláusulas contratuais.

Como bem adverte Orlando Gomes[3], manifesta-se a liberdade de contratar sob três facetas, quais sejam: a) liberdade de contratar propriamente dita; b) liberdade de estipular o contrato; c) liberdade de determinar o conteúdo do contrato.

Além disso, as partes têm liberdade para exigir ou não o cumprimento das cláusulas contratuais.

b) supremacia da ordem pública: A liberdade de contratar encontra limites no princípio da supremacia da ordem pública. Desse modo, as partes do contrato não podem contrariar normas de natureza cogente que visam proteger o interesse social.

Como bem adverte Orlando Gomes[4], a liberdade de contratar, propriamente dita, jamais fora ilimitada. Duas limitações de caráter geral confinaram-na: a ordem pública e os bons costumes.

c) força vinculante: O princípio da força vinculante significa dizer que o contrato faz lei entre as partes, ou seja: tem força obrigatória. Firmado o contrato, com observância do ordenamento jurídico, ele vincula as partes ao cumprimento do que foi contratado.

d) princípio da função social do contrato: Dispõem os art. 421 do Código Civil:

No aspecto, destacam-se os arts. 421 e 2035 do Código Civil, "in verbis":

3 Contratos. 17ª Edição. Rio de Janeiro: Forense, 1997, p. 22.

4 Op. cit. p. 24.

> Art. 421: "A liberdade contratual será exercida nos limites da função social do contrato. Parágrafo único. Nas relações contratuais privadas, prevalecerão o princípio da intervenção mínima e a excepcionalidade da revisão contratual."
>
> Art. 2035: "A validade dos negócios e demais atos jurídicos, constituídos antes da entrada em vigor deste Código, obedece ao disposto nas leis anteriores, referidas no art. 2.045, mas os seus efeitos, produzidos após a vigência deste Código, aos preceitos dele se subordinam, salvo se houver sido prevista pelas partes determinada forma de execução. Parágrafo único. Nenhuma convenção prevalecerá se contrariar preceitos de ordem pública, tais como os estabelecidos por este Código para assegurar a função social da propriedade e dos contratos."

A função social é norma de ordem pública. Portanto, pode ser aplicada de ofício pelo Juiz. Além disso, trata-se de importante regra limitadora da autonomia da vontade para que seja observado o princípio da socialidade, visando à justiça contratual.

Não diz a lei o que é função social do contrato. Desse modo, se trata de um conceito aberto, ou uma cláusula geral, que deverá ser interpretada pelo Juiz no caso concreto, à luz de critérios de justiça, razoabilidade e equidade, sopesando as circunstâncias do conflito.

Dizia Miguel Reale que a função social do contrato é atingida quando o contrato observa sobretudo a proteção à dignidade da pessoa humana.

Na visão de Maria Helena Diniz[5], "consagrado está o princípio da socialidade. Repelido está o individualismo, e os contratantes deverão sujeitar sua vontade às normas de ordem pública que fixam os interesses da coletividade e as bases jurídicas fundamentais em que repousam a ordem econômica e moral da sociedade e os bons costumes, relativos à moralidade social".

Nos termos do parágrafo único do artigo 2035 do Código Civil, *nenhuma convenção prevalecerá se contrariar preceitos de orem pública, tais como os estabelecidos por este Código para assegurar a função social da propriedade e dos contratos.*

---

5 Código Civil Anotado. 11ª Edição. São Paulo: Saraiva, 2005, p. 404.

Conforme o presente dispositivo, o Juiz poderá declarar a nulidade da cláusula contratual que não cumpra a função social do contrato e, de ofício, substituí-la por outra, de modo que o contrato cumpra a função social, sem a necessidade de decretar a nulidade de todo o contrato.

Embora o parágrafo único do art. 421 do CC disponha que nas relações contratuais privadas, prevalecerão o princípio da intervenção mínima e a excepcionalidade da revisão contratual, é possível modificar cláusulas contratuais que não cumpram a função social do contrato.

Como bem adverte Anderson Schreiber[6], "não há um 'princípio da intervenção mínima', a intervenção do Estado nas relações contratuais de natureza privada é imprescindível, quer para assegurar a força vinculante dos contratos, quer para garantir a incidência das normas jurídicas, inclusive das normas constitucionais, de hierarquia superior à Leis da Liberdade Econômica."

e) boa-fé objetiva: Dispõe o artigo 422, do Código Civil Brasileiro:

> "Os contratantes são obrigados a guardar, assim na conclusão do contrato, como em sua execução, os princípios de probidade e boa-fé."

A boa-fé objetiva é um padrão de comportamento leal, honesto, transparente e justo, que as partes devem observar tanto durante a contratação como na execução do contrato.

Conforme Anderson Schreiber[7], a boa-fé objetiva consiste em cláusula geral que impõe a doção de comportamento compatível com a mútua lealdade e confiança nas relações jurídicas. Do ponto de vista dogmático, tem-se, por toda parte, atribuído à boa-fé objetiva uma tríplice função no sistema jurídico, a saber: (a) função de cânone interpretativo dos negócios jurídicos; (b) função restritiva do exercício de direitos; e (c) função criadora de deveres anexos à prestação principal.

f) equilíbrio contratual: O contrato deve prever obrigações equivalentes entre os contratantes. Esse princípio não está expressamente previsto na Lei, mas é amplamente reconhecido pela doutrina e

6 Manual de Direito Civil. 3. ed. São Paulo: Saraiva, 2020, p. 438.

7 Manual de Direito Civil. 3. ed. São Paulo: Saraiva, 2020, p. 427.

jurisprudência, como forma de evitar que um contratante tenha vantagens excessivas no contrato em detrimento da parte contrária.

2. DO CONTRATO DE TRABALHO

A CLT utiliza a expressão contrato individual de trabalho, que, na verdade, é o *contrato de emprego*, ou seja, o vínculo jurídico que une empregado e empregador, tendo por objetivo a prestação pessoal, subordinada, não eventual e onerosa de serviços. Não obstante, a doutrina e a jurisprudência consagraram a expressão *contrato de trabalho.*

Na definição de Orlando Gomes e Élson Gottschalk[8]:

> "Contrato de trabalho é a convenção pela qual um ou vários empregados, mediante certa remuneração e em caráter não-eventual, prestam trabalho pessoal em proveito e sob direção do empregador."

Nos clássicos ensinamentos de *Délio Maranhão*, o contrato de trabalho *stricto sensu* é o negócio jurídico pelo qual uma pessoa física (empregado) se obriga, mediante o pagamento de uma contraprestação (salário), a prestar trabalho não eventual em proveito de outra pessoa, física ou jurídica (empregador), a quem fica juridicamente subordinada.

Dispõe o art. 442, "*caput*" da CLT:

> "Contrato individual de trabalho é o acordo tácito ou expresso, correspondente à relação de emprego.

Na definição do artigo 442, da CLT, há um misto de contratualidade e institucionalismo. Esse misto se explica porque quando da confecção da CLT, alguns membros integrantes da comissão que elaboraram seu projeto, entendiam que a natureza jurídica do contrato de trabalho era institucional e alguns entendiam que era contratual. De outro lado, o dispositivo menciona *contrato de trabalho* e após *relação de emprego*, o que denota esse misto de contrato e instituição.

Nos termos da definição acima, são requisitos para configuração de um contrato de trabalho:

8 Curso de Direito do Trabalho. 17ª Edição. Rio de Janeiro: Forense, 2005, p. 121.

a) **partes**: prestador pessoa física; tomador: pessoa física ou jurídica;

b) **continuidade** na prestação de serviço: os serviços prestados pelo trabalhador devem ser realizados com repetição sistemática em prol do tomador;

c) **subordinação:** o trabalhador deve estar sujeito aos comandos do tomador;

d) **onerosidade:** o contrato de trabalho envolve benefícios e sacrifícios para ambas as partes. O empregado recebe o salário em troca da mão de obra, e o tomador paga os salários em troca de receber o trabalho;

e) **pessoalidade:** o prestador de serviços, salvo situações excepcionais, não pode ser substituído por outro prestador;

f) **alteridade:** o empregado não corre os riscos da atividade e sim o tomador dos serviços.

Prevalece na doutrina e jurisprudência que a natureza jurídica do contrato de trabalho é contratual, já que ninguém será empregado de outrem senão por sua própria vontade. De outro lado, ninguém terá outrem como seu empregado senão também quando for da sua vontade. Assim, mesmo se uma pessoa começar a trabalhar para outra sem que expressamente nada tenha sido combinado entre ambas, isso só será possível pela vontade ou pelo interesse das duas.

Não obstante ser um negócio de natureza privada, a doutrina trabalhista costuma se referir ao *dirigismo contratual* para restringir a autonomia da vontade das partes no contrato de trabalho a fim de submetê-lo às normas de ordem pública como forma de intervenção do Estado para tutelar o trabalhador que é a parte mais vulnerável neste tipo de contrato.

No aspecto, são expressivos os arts. 9º e 444, da CLT, "*caput*":

> Art. 9º, da CLT:
>
> "Serão nulos de pleno direito os atos praticados com o objetivo de desvirtuar, impedir ou fraudar a aplicação dos preceitos contidos na presente Consolidação."
>
> Art. 444, da CLT:
>
> "As relações contratuais de trabalho podem ser objeto de livre estipulação das partes interessadas em tudo quanto não contravenha

> às disposições de proteção ao trabalho, aos contratos coletivos que lhes sejam aplicáveis e às decisões das autoridades competentes."

Além disso, o contrato de trabalho é um negócio jurídico de direito privado que segue os princípios do direito contratual previstos no Código Civil e também as singularidades do Direito do Trabalho.

Por ser um contrato bilateral, oneroso, e comutativo, o contrato de trabalho gera direitos e obrigações recíprocas entre as partes.

Como classifica com maestria Maurício Godinho Delgado[9], o contrato de trabalho é um contrato: a) de natureza privada, pois regulamentado pela CLT, além disso os sujeitos do contrato são de natureza privada (mesmo o Estado quando contrata pela CLT comporta-se como empregador privado pelo despe-se do seu poder de império); b) sinalagmático, pois disciplina obrigações contrapostas, mas equilibradas e onerosas; c) consensual, pois para o seu aperfeiçoamento, como regras, basta a manifestação da vontade, sem mais formalidade, salvo os contratos que exige a forma escrita, a exemplo do aprendiz; d) *intuito personae*: o contrato de trabalho é personalíssimo em face do empregado; e) trato sucessivo: o contrato de trabalho se prolonga no tempo, não se exaure numa única prestação, como regra é prazo indeterminado; f) contrato de atividade: pois envolve uma prestação humana de fazer; g) oneroso, pois cada parte tem obrigações e benefícios; h) alteridade: o contrato de trabalho é por conta alheia. O risco da atividade é do empregador; i) complexo: o contrato de trabalho por vir acompanhado de outros contratos.

3. DAS TRATATIVAS PRELIMINARES DO CONTRATO DE TRABALHO. MANIFESTAÇÃO DA VONTADE E PRÉ-CONTRATO

As fases preliminares de discussão da contratação, ou fase de puntuação, como regra, não obrigam as partes. No entanto, se há uma proposta formal de condições de trabalho, caso ela seja aceita pela parte contrária, obrigará o proponente caso o contrato de trabalho seja efetivado. Assim, por exemplo, tendo um executivo recebido a proposta de um determinado valor de salário, e aceitado tal condição, quando da efetiva contratação, o

9 Curso de Direito do Trabalho. 18ª ed. São Paulo: LTr, 2019, p. 615-618.

salário não poderá ser alterado em razão do princípio da boa-fé objetiva que deve nortear as tratativas preliminares de contratação.

No aspecto, dispõe o art. 427 do CC, "a proposta de contrato obriga o proponente, se o contrário não resultar dos termos dela, da natureza do negócio, ou das circunstâncias do caso."

Nos termos do art. 428 do CC, "deixa de ser obrigatória a proposta: I – se, feita sem prazo a pessoa presente, não foi imediatamente aceita. Considera-se também presente a pessoa que contrata por telefone ou por meio de comunicação semelhante; II – se, feita sem prazo a pessoa ausente, tiver decorrido tempo suficiente para chegar a resposta ao conhecimento do proponente; III – se, feita a pessoa ausente, não tiver sido expedida a resposta dentro do prazo dado; IV – se, antes dela, ou simultaneamente, chegar ao conhecimento da outra parte a retratação do proponente.

Conforme o art. 433 do CC, considera-se inexistente a aceitação, se antes dela ou com ela chegar ao proponente a retratação do aceitante.

Havendo justa expectativa de que o contrato de trabalho será concretizado após negociações, entrevistas, e processos seletivos, caso ele não se realize por vontade de uma das partes, o prejudicado poderá pedir reparação de danos, nos termos dos arts. 186 e 927 do CC, aplicáveis à esfera trabalhista por força do art. 8º, da CLT.

Como destaca Vólia Bomfim Cassar[10], "a partir das negociações preliminares as partes podem passar à minuta, reduzindo por escrito algumas cláusulas ou condições do contrato sobre as quais já consentiram, para que sirva de modelo para futuro contrato. Mesmo assim, ainda não há vínculo jurídico entre as partes (...)Apenas na hipótese de um dos participantes criar no outro a expectativa de que o contrato será realizado, a ponto de induzi-lo a praticar despesas, a não contratar ou aceitar outros negócios, a alterar seus planos futuros, a praticar ou deixar de praticar algo e, sem causa justa, desistir do negócio, causando danos e prejuízos ao adversário, deverá ressarci-lo, ante a responsabilidade pré-contratual (...)."

10 Direito do Trabalho. 14ª ed. São Paulo: Método, 2017, p. 500.

4. CONTRATO DE TRABALHO TÁTICO

Dispõe o art. 443, da CLT: "O contrato individual de trabalho poderá ser acordado tácita ou expressamente, verbalmente ou por escrito, por prazo determinado ou indeterminado, ou para prestação de trabalho intermitente."

Tácito é o contrato que não é expresso. É conhecida a frase popular: "quem cala consente". O vínculo jurídico se forma pelo comportamento das partes diante da prestação pessoal de serviços do trabalhador. O tomador dos serviços, diante de uma prestação pessoal nos moldes do artigo 3º, da CLT, não toma atitude compatível com a vontade de não aceitar o trabalho, o contrato estará configurado.

5. REQUISITOS DE VALIDADE DO CONTRATO DE TRABALHO

O contrato de trabalho por ser um negócio jurídico deve observar os requisitos de validade previstos na Lei Civil.

Nos termos do art. 104 do Código Civil:

> "A validade do negócio jurídico requer: I – agente capaz; II – objeto lícito, possível, determinado ou determinável; III – forma prescrita ou não defesa em lei."

A capacidade, segundo a doutrina civil, é a aptidão para adquirir direitos e obrigações. Adquirida a personalidade com o nascimento com vida, toda pessoa passa a ser capaz de direitos e obrigações.

Segundo a classificação da doutrina, a capacidade, se subdivide em:

a) capacidade de direito: toda pessoa, desde que tenha adquirido a personalidade, tem capacidade para ser sujeito de direito e obrigações.

Nesse sentido, dispõem os arts. 1º a 4º do CCb, *in verbis*:

> Art. 1º do CC. "Toda pessoa é capaz de direitos e deveres na ordem civil."
>
> Art. 2º do CC. "A personalidade civil da pessoa começa do nascimento com vida; mas a lei põe a salvo, desde a concepção, os direitos do nascituro."

> Art. 3º, do CC: "São absolutamente incapazes de exercer pessoalmente os atos da vida civil os menores de 16 (dezesseis) anos."
>
> Art. 4º do CC: "São incapazes, relativamente a certos atos ou à maneira de os exercer: I – os maiores de dezesseis e menores de dezoito anos; II – os ébrios habituais e os viciados em tóxico; III – aqueles que, por causa transitória ou permanente, não puderem exprimir sua vontade; IV – os pródigos. Parágrafo único. A capacidade dos indígenas será regulada por legislação especial."

Os absolutamente incapazes (art. 3º do CC) devem ser representados por seus pais, tutores ou curadores para a prática de atos jurídicos. Já os relativamente incapazes (art. 4º do CC) devem ser assistidos por seus pais, tutores ou curadores para a prática de atos jurídicos.

b) capacidade de fato ou de exercício: é a capacidade de exercer pessoalmente os direitos e praticar todos os atos da vida civil, sem necessidade de representação ou assistência. Esta capacidade é adquirida aos 18 anos de idade (art. 5º do CC).

Os menores emancipados também têm a capacidade de fato ou de exercício, nos termos do art. 5º do CCb que resta aplicável ao Direito Material e Processual do Trabalho (arts. 8º e 769 da CLT).

Dispõe o art. 5º do CCb: "A menoridade cessa aos dezoito anos completos, quando a pessoa fica habilitada à prática de todos os atos da vida civil. Parágrafo único. Cessará, para os menores, a incapacidade: I – pela concessão dos pais, ou de um deles na falta do outro, mediante instrumento público, independentemente de homologação judicial, ou por sentença do juiz, ouvido o tutor, se o menor tiver dezesseis anos completos; II – pelo casamento; III – pelo exercício de emprego público efetivo; IV – pela colação de grau em curso de ensino superior; V – pelo estabelecimento civil ou comercial, ou pela existência de relação de emprego, desde que, em função deles, o menor com dezesseis anos completos tenha economia própria."

Quanto ao inciso V do art. 5º do CC que prevê a emancipação do menor em razão da relação de emprego e desde que, em razão dela, o menor tenha economia própria, pensamos que a menoridade cessará pela existência do vínculo de emprego, caso o menor receba um salário mínimo por mês. Embora se possa dizer que o menor que recebe apenas um salário mínimo não tem economia própria, acreditamos que a finalidade da lei ao conceder a emancipação legal foi no sentido de deferir a emancipação ao menor que apresenta maior maturidade em razão das responsabilidades inerentes ao contrato de emprego.

Portanto, desde que receba um salário mínimo e exista a relação de emprego, o menor de 18 anos e maior de 16 anos estará emancipado de pleno direito, inclusive para firmar contrato de trabalho e postular em juízo sem necessidade de representação ou assistência, independentemente de declaração judicial de emancipação.

De nossa parte, apesar de o salário mínimo ser muito baixo no Brasil, segundo disposição constitucional, ele atende às necessidades do trabalhador (art. 7º, IV, da CF). De outro lado, o menor empregado estará emancipado a partir de 16 anos completos, pois o trabalho é proibido antes dessa idade (art. 7º, XXIII, da CF).

Por força do disposto no art. 7º, XXXIII, da Constituição Federal, é proibido o trabalho do menor de 16 anos, salvo na condição de aprendiz, a partir dos 14 anos.

Quanto à forma, conforme a regra geral do art. 442, da CLT, o contrato de trabalho não exige formalidade escrita, pode ser pactuado de forma expressa ou tácita. No entanto, alguns contratos exigem formalidade especial, devendo ser escritos e observar os requisitos previstos em lei especial a exemplo do contrato de aprendizagem (at. 428 da CLT), contrato de trabalho temporário (Lei 6019/74), e contrato do atleta profissional de futebol (Lei 9.615/98).

Quanto à licitude do objeto do contrato de trabalho, temos que a prestação pessoal de serviços não deve ser dirigida às atividades ilícitas ou imorais.

Como bem adverte Gustavo Filipe Barbosa Garcia[11], "o trabalho imoral, em afronta aos bons costumes, quando a imoralidade representa violação de normas, regras e princípios que regem a sociedade, também será considerado nulo, tendo em vista as mesmas consequências do trabalho ilegal."

Com relação ao trabalho proibido, mas não ilícito, a jurisprudência trabalhista vem reconhecimento a possibilidade de configuração do vínculo de emprego, pela aplicação do princípio protetivo.

11 Manual de Direito do Trabalho. 13ª ed. Salvador: Editora Juspodivm, 2020, p. 154.

6. NULIDADES DO CONTRATO DE TRABALHO

Nulidade, segundo a melhor doutrina, é a privação dos efeitos de um ato jurídico. Na esfera do direito do trabalho, a nulidade acarreta a perda do efeito de ato jurídico na esfera trabalhista.

Pensamos ser invalidade gênero, do qual as nulidades absolutas e relativas são espécies.

É consenso na doutrina que as nulidades podem ser absolutas, relativas, ou até mesmo o ato processual pode ser inexistente.

São nulos os atos jurídicos quando violem normas de ordem pública e interesse social. O ato nulo não está sujeito à preclusão e pode ser declarado de ofício pelo Juiz (art. 168 do CC). São relativas as nulidades quando não violem normas de ordem pública[12]. Dependem da iniciativa da parte não podendo ser conhecidas de ofício (art. 177 do CC). As nulidades relativas podem ser saneadas.

Dispõe o art. 166 do CC:

> "É nulo o negócio jurídico quando: I – celebrado por pessoa absolutamente incapaz; II – for ilícito, impossível ou indeterminável o seu objeto; III – o motivo determinante, comum a ambas as partes, for ilícito; IV – não revestir a forma prescrita em lei; V – for preterida alguma solenidade que a lei considere essencial para a sua validade; VI – tiver por objetivo fraudar lei imperativa; VII – a lei taxativamente o declarar nulo, ou proibir-lhe a prática, sem cominar sanção."

No Direito Civil, declarada a nulidade do ato jurídico, serão restituídas às partes o estado anterior. No aspecto, destaca-se o art. 182 do CC:

> "Anulado o negócio jurídico, restituir-se-ão as partes ao estado em que antes dele se achavam, e, não sendo possível restituí-las, serão indenizadas com o equivalente."

Na esfera trabalhista, em razão do caráter pessoal da prestação de serviços, quando se declara a nulidade, não há como se restituir as partes

12 Art. 171, do CC: "Além dos casos expressamente declarados na lei, é anulável o negócio jurídico: I – por incapacidade relativa do agente; II – por vício resultante de erro, dolo, coação, estado de perigo, lesão ou fraude contra credores.

ao estado anterior. Por isso, as nulidades são declaradas com efeitos "ex nunc", ou seja, a partir de então, sem efeitos retroativos. Por isso, mesmo tendo sido nulo o contrato de trabalho, o empregado não terá que devolver os salários recebidos, pois o empregador não terá como restituir a força de trabalho. Além disso, na seara trabalhista, sempre que possível, procura-se conservar o contrato, declarando-se a nulidade apenas da cláusula que viola norma de ordem pública.

No aspecto, a redação da Súmula 363 do TST, "in verbis":

> ***"Contrato nulo. Efeitos** (Res. 97/2000, DJ 18.09.2000 – Rep. DJ 13.10.2000 e DJ 10.11.2000. Redação alterada pela Res. 111/2002, DJ 11.04.2002. Nova redação – Res. nº 121/2003 – DJ 19.11.2003)*
> A contratação de servidor público, após a CF/1988, sem prévia aprovação em concurso público, encontra óbice no respectivo art. 37, II e § 2º, somente lhe conferindo direito ao pagamento da contraprestação pactuada, em relação ao número de horas trabalhadas, respeitado o valor da hora do salário mínimo, e dos valores referentes aos depósitos do FGTS."

De nossa parte, embora a referida Súmula do TST tenha aplicado a teoria da irretroatividade das nulidades, na ausência de concurso público, todas as verbas trabalhistas do período trabalhado devem ser pagas como forma de indenização.

Mesmo diante do princípio da proteção ao trabalho humano, se a atividade realizada pelo trabalhador for ilícita ou contrária à moral, não se formará o vínculo de emprego.

No aspecto, dispõe a OJ 199 da SDI-I do TST, "in verbis":

> ***"Jogo do bicho. Contrato de trabalho. Nulidade. Objeto ilícito.** (Inserida em 08.11.2000 – Inserção de ementa a sua redação – DeJT de 16/11/2010)* É nulo o contrato de trabalho celebrado para o desempenho de atividade inerente à prática do jogo do bicho, ante a ilicitude de seu objeto, o que subtrai o requisito de validade para a formação do ato jurídico.

No entanto, têm a jurisprudência admitido que se a atividade do trabalhador não for considerada ilícita, mesmo dentro de um estabelecimento que realiza atividade ilícita, é possível o reconhecimento do vínculo de emprego, a exemplo de uma faxineira de um estabelecimento destinado ao comércio de produtos ilícitos.

Com relação ao trabalho proibido, mas não ilícito, a jurisprudência trabalhista vem reconhecimento a possibilidade de configuração do vínculo de emprego, pela aplicação do princípio protetivo.

Em se tratando de trabalho proibido, a exemplo do menor de 16 anos, ou do próprio policial militar, a jurisprudência não tem declarado a nulidade do contrato. No aspecto, destaca-se a Súmula 386 do TST, "in verbis":

> ***"Reconhecimento de vínculo empregatício com empresa privada.*** *(Conversão da Orientação Jurisprudencial nº 167 da SDI-1 – Res. 129/2005, DJ 20.04.2005)* Preenchidos os requisitos do art. 3º da CLT, é legítimo o reconhecimento de relação de emprego entre policial militar e empresa privada, independentemente do eventual cabimento de penalidade disciplinar prevista no Estatuto do Policial Militar."

Na doutrina, há quem defenda a tese da imprescritibilidade do ato nulo, pois a nulidade acarreta a perda de efeito do ato jurídico. Entretanto, essa tese não está em compasso com o sistema da legislação trabalhista, principalmente a prescrição fixada no artigo 7º, XXIX, da CF, o qual não distingue entre ato nulo e anulável para efeitos de incidência da prescrição.

7. DIREITOS E OBRIGAÇÕES DO EMPREGADOR

7.1. Direitos inerentes ao poder diretivo

Conforme o art. 2º, da CLT, o empregador dirige a prestação pessoal de serviços. Por isso, o empregador tem o chamado *poder diretivo* ou *poder empregatício* na expressão de Maurício Godinho Delgado[13].

Esse poder diretivo dá a prerrogativa ao empregador de organizar sua atividade, realizando ajustes e alterações necessários ao exercício de sua atividade empresarial (*jus variandi*), elaborar o regulamento de empresa,

13 Curso de Direito do Trabalho. 18ª ed. São Paulo: LTr, 2019, p. 790.

controlar e fiscalizar as atividades dos seus empregados, e de aplicar punições às infrações funcionais a seus trabalhadores (poder disciplinar).

Como bem adverte Sérgio Pinto Martins[14], "decorre o poder de direção da lei e do contrato. Os limites do poder de direção do empregador são: a Constituição, a Lei, a norma coletiva, a boa-fé, o exercício regular de um direito. O poder de direção não é um direito absoluto. Só por ser um direito, tem limites. Limites externos: Constituição, leis, norma coletiva, contrato. Limites internos: boa-fé objetiva e exercício regular do direito. Se for irregular, o negócio jurídico é ilícito (art. 188, I do Código Civil)."

Nos termos o art. 456-A, da CLT, "cabe ao empregador definir o padrão de vestimenta no meio ambiente laboral, sendo lícita a inclusão no uniforme de logomarcas da própria empresa ou de empresas parceiras e de outros itens de identificação relacionados à atividade desempenhada. Parágrafo único. A higienização do uniforme é de responsabilidade do trabalhador, salvo nas hipóteses em que forem necessários procedimentos ou produtos diferentes dos utilizados para a higienização das vestimentas de uso comum."

Diante do referido dispositivo legal, é prerrogativa do empregador definir o padrão de vestimenta dos empregados no ambiente de trabalho, sendo permitida a obrigação do empregado utilizar o uniforme da empresa com a inclusão de logomarca da empresa ou de empresas parceiras.

De outro lado, segundo vem entendendo a doutrina, o padrão de vestimenta deve ser adequado, e propiciar conforto para o exercício de determinada atividade, e ainda respeitar a imagem do trabalhador.

Como bem adverte Gustavo Filipe Barbosa Garcia[15], "a vestimenta e o uniforme estabelecidos pelo empregador devem observar os direitos da personalidade do empregado, não podendo haver violação da intimidade, exposição indevida e constrangimentos ao trabalhador."

A higienização do uniforme é de responsabilidade do trabalhador, salvo nas hipóteses em que forem necessários procedimentos ou produtos diferentes dos utilizados para a higienização das vestimentas de uso comum, a exemplo dos uniformes que exigem higienização especial, como os trabalhadores de hospitais.

14 Direito do Trabalho. 25ª ed. São Paulo: Atlas 2009, p. 197.

15 CLT Comentado: artigo por artigo. 7ª ed. Salvador: Juspodivm, 2020, p. 479.

7.2. Monitoramento do *e-mail*

Muito se discutiu sobre a possibilidade de monitoramento do *e-mail* corporativo em razão do poder diretivo do empregador (art. 2º, da CLT), e também, em última análise, por ser o *e-mail* corporativo equiparado a ferramenta de trabalho, máxime em razão da proteção da propriedade da empresa e também de sua imagem.

Inegável que a utilização do *e-mail* corporativo com desvio de finalidade pode acarretar danos à imagem da empresa, e muitas vezes, um prejuízo de grande monta. De outro lado, também é verdade que a monitoração do *e-mail* corporativo concedido ao empregado viola sua privacidade e intimidade. Pode-se afirmar que há um conflito de princípios (intimidade do empregado em confronto com o direito de proteção da propriedade e imagem da empresa). A nosso ver, não existe conflito entre princípios no plano abstrato, pois cada princípio tem a sua finalidade, entretanto, em determinada hipótese concreta, pode haver um choque entre princípios, que tem sido resolvido pela doutrina e jurisprudência à luz da regra da ponderação, ou princípio da proporcionalidade, prestigiando-se, no caso concreto, o direito que merece maior proteção. No conflito entre dois direitos fundamentais, ou seja, quando há possibilidade de sacrifício de um direito fundamental em prol de outro, o juiz deve preferir o mal menor, e, no caso concreto, escolher o princípio que se mostra mais justo e razoável. Desse modo, quando há monitoração, pelo empregador, do *e-mail* corporativo utilizado pelo empregado, devem ser tomadas algumas cautelas, pois o empregador não tem o direito irrestrito de monitoramento, ou melhor dizendo: o empregador não tem esse direito, já que a utilização é privativa do empregado. De outro lado, em algumas hipóteses, a nosso ver, é possível esse monitoramento desde que presentes alguns requisitos, que passamos a elencar:

a) fundada suspeita de utilização indevida do *e-mail* pelo empregado;

b) indícios suficientes de que o empregado está desvirtuando a utilização do *e-mail*;

c) que seja extremamente necessário, não havendo possibilidade de se provar o fato por outros meios;

d) razoabilidade e boa-fé por parte do empregador.

O Tribunal Superior do Trabalho enfrentou o tema, fixando entendimento no sentido da possibilidade de monitoramento do *e-mail* coorporativo quando o empregado faz uso indevido. Relevante destacar as seguintes ementas:

> "PROVA ILÍCITA. 'E-MAIL' CORPORATIVO. JUSTA CAUSA. DIVULGAÇÃO DE MATERIAL PORNOGRÁFICO. 1. Os sacrossantos direitos do cidadão à privacidade e ao sigilo de correspondência, constitucionalmente assegurados, concernem à comunicação estritamente pessoal, ainda que virtual ('e-mail' particular). Assim, apenas o 'e-mail' pessoal ou particular do empregado, socorrendo-se de provedor próprio, desfruta da proteção constitucional e legal de inviolabilidade. 2. Solução diversa impõe-se em se tratando do chamado 'e-mail' corporativo, instrumento de comunicação virtual mediante o qual o empregado louva-se de terminal de computador e de provedor da empresa, bem assim do próprio endereço eletrônico que lhe é disponibilizado igualmente pela empresa. Destina-se este a que nele trafeguem mensagens de cunho estritamente profissional. Em princípio, é de uso corporativo, salvo consentimento do empregador. Ostenta, pois, natureza jurídica equivalente à de uma ferramenta de trabalho proporcionada pelo empregador ao empregado para a consecução do serviço. 3. A estreita e cada vez mais intensa vinculação que passou a existir, de uns tempos a esta parte, entre Internet e/ou correspondência eletrônica e justa causa e/ou crime exige muita parcimônia dos órgãos jurisdicionais na qualificação da ilicitude da prova referente ao desvio de finalidade na utilização dessa tecnologia, tomando-se em conta, inclusive, o princípio da proporcionalidade e, pois, os diversos valores jurídicos tutelados pela lei e pela Constituição Federal. A experiência subministrada ao magistrado pela observação do que ordinariamente acontece revela que, notadamente o 'e-mail' corporativo, não raro sofre acentuado desvio de finalidade, mediante a utilização abusiva ou ilegal, de que é exemplo o envio de fotos pornográficas. Constitui, assim, em última análise, expediente pelo qual o empregado pode provocar expressivo prejuízo ao empregador. 4. Se se cuida de 'e-mail' corporativo, declaradamente destinado somente para assuntos e matérias afetas ao serviço, o que está em jogo, antes de tudo, é o exercício do direito de propriedade do empregador sobre o computador capaz de acessar a INTERNET e sobre o próprio provedor. Insta ter presente também a responsabilidade do empregador, perante terceiros, pelos atos de seus empregados em serviço (Código Civil, art. 932, inc. III), bem como que está em xeque o direito à imagem do empregador,

igualmente merecedor de tutela constitucional. Sobretudo, imperativo considerar que o empregado, ao receber uma caixa de 'e-mail' de seu empregador para uso corporativo, mediante ciência prévia de que nele somente podem transitar mensagens profissionais, não tem razoável expectativa de privacidade quanto a esta, como se vem entendendo no Direito Comparado (EUA e Reino Unido). 5. Pode o empregador monitorar e rastrear a atividade do empregado no ambiente de trabalho, em *e-mail* corporativo, isto é, checar suas mensagens, tanto do ponto de vista formal quanto sob o ângulo material ou de conteúdo. Não é ilícita a prova assim obtida, visando a demonstrar justa causa para a despedida decorrente do envio de material pornográfico a colega de trabalho. Inexistência de afronta ao art. 5º, incisos X, XII e LVI, da Constituição Federal. 6. Agravo de Instrumento do Reclamante a que se nega provimento. Vistos, relatados e discutidos estes autos de Recurso de Revista n. TST--RR-613/2000-013-10-00.7" (TST, PROC: RR – 613/2000-013-10-00 PUBLICAÇÃO: DJ 10.6.2005 PROC. TST-RR-613/2000-013-10-00.7 ACÓRDÃO 1ª Turma JOD/rla/jc Rel Ministro João Oreste Dalazen). PRELIMINAR DE NULIDADE DO JULGADO POR CERCEAMENTO DE DEFESA – PROVA ILÍCITA – ACESSO PELO EMPREGADOR À CAIXA DE *E-MAIL* CORPORATIVO FORNECIDA AO EMPREGADO – ÓBICE DA SÚMULA N. 126 DO TST. 1. Consoante a diretriz da Súmula n. 126 do TST, é incabível o recurso de revista para reexame de fatos e provas. 2. *In casu*, pretende o Reclamante modificar a decisão vergastada, ao argumento de que a prova acostada aos autos é ilícita, porquanto consubstanciada no acesso à sua conta de *e-mail* pessoal, quando o Regional, ao enfrentar a questão, entendeu que a prova era lícita, porque se tratava de acesso, pela Reclamada, ao conteúdo do *e-mail* corporativo fornecido ao Reclamante para o exercício de suas atividades funcionais, do qual se utilizava de forma imprópria, recebendo fotos com conteúdo que estimulava e reforçava comportamentos preconceituosos. Além disso, os *e-mails* continham conversas fúteis que se traduziam em desperdício de tempo. 3. Com efeito, as alegações obreiras esbarram no óbice do referido verbete sumulado, porquanto pretendem o revolvimento do conjunto fático-probatório dos autos. 4. Por outro lado, ainda que o presente recurso não ultrapasse a barreira do conhecimento, a controvérsia em torno da licitude ou não da prova acostada pela Reclamada, consubstanciada no acesso à caixa de *e-mail* corporativo utilizado pelo Reclamante, é matéria que merece algumas considerações. 5. O art. 5º, X e XII, da CF garante ao cidadão a inviolabilidade da intimidade, da vida privada, da honra, da imagem das pessoas, bem como o sigilo de suas correspondências, dados e comunicações telegráficas e telefônicas. 6. A concessão, por parte do empregador, de caixa de *e-mail* a seus empregados em suas dependências tem por finalidade potencializar a agilização e eficiência de suas funções para o alcance do objeto social da empresa, o qual justifica a sua própria existência e deve estar no centro do interesse de todos aqueles que dela fazem parte, inclusive por meio do contrato de trabalho. 7. Dessa forma, como instrumento de alcance desses objetivos, a caixa do *e-mail* corporativo não se equipara às hipóteses previstas nos incisos X e XII do art. 5º da CF, tratando-se, pois, de ferramenta de trabalho que deve ser utilizada com a mesma diligência emprestada a qualquer outra de natureza diversa. Deve o empregado zelar pela sua manutenção, utilizando-a de forma segura e adequada e respeitando os fins para que se destinam. Mesmo porque, como assinante do provedor de acesso à *Internet*, a empresa é responsável pela sua utilização com observância da lei. 8. Assim, se o empregado eventualmente se utiliza da caixa de *e-mail* corporativo para assuntos particulares, deve fazê-lo consciente de que o seu acesso pelo empregador não representa violação de suas correspondências pessoais, tampouco violação de sua privacidade ou intimidade, porque se trata de equipamento e tecnologia fornecidos pelo empregador para utilização no trabalho e para alcance das finalidades da empresa. 9. Nessa esteira, entendo que não se configura o cerceamento de defesa a utilização de prova consubstanciada no acesso à caixa de *e-mail* fornecido pelo empregador aos seus empregados. Agravo de instrumento desprovido (TST Processo: AIRR 1542/2005-055-02-40.4, Data de Julgamento: 4.6.2008, Relator Ministro: Ives Gandra Martins Filho, 7ª Turma, Data de Publicação: DJ 6.6.2008).

7.3. Das revistas

Em situações peculiares, o empregador pode realizar revistas em seus empregados, no entanto, as revistas pessoais têm que observar a privacidade e intimidade do empregado, a razoabilidade, bem como só serem realizadas em atividades em que há risco de furtos de produtos da empresa. De outro lado, em compasso com o princípio da função social da empresa, deve o empregador investir em tecnologias para fiscalização de seu patrimônio sem precisar recorrer a revistas pessoais que causem grande constrangimento ao empregado.

Caso seja necessária a revista, o empregador deve tomar cautelas nas revistas, quais sejam: a) não realizar revistas íntimas; b) não obrigar que o empregado tire peças de roupa; c) realizar a revista em locais reservados; d) não tocar no corpo do empregado; e) respeitar a intimidade e privacidade do trabalhador; f) investir em tecnologia.

A CLT, no art. 373-A, veda a revista íntima para as mulheres. Dispõe o referido dispositivo legal: "Ressalvadas as disposições legais destinadas a corrigir as distorções que afetam o acesso da mulher ao mercado de trabalho e certas especificidades estabelecidas nos acordos trabalhistas, é vedado: (...) VI – proceder o empregador ou preposto a revistas íntimas nas empregadas ou funcionárias."

Embora o referido dispositivo se refira ao trabalho da mulher, pensamos, em razão do princípio da isonomia, que ele também se estende ao homem. Desse modo, são vedadas as revistas íntimas para os dois sexos.

Nesse sentido cumpre destacar o Enunciado n. 15, da 1ª Jornada de Direito Material e Processual da ANAMATRA, *in verbis:*

> REVISTA DE EMPREGADO. I – REVISTA – ILICITUDE. Toda e qualquer revista, íntima ou não, promovida pelo empregador ou seus prepostos em seus empregados e/ou em seus pertences, é ilegal, por ofensa aos direitos fundamentais da dignidade e intimidade do trabalhador. II – REVISTA ÍNTIMA – VEDAÇÃO A AMBOS OS SEXOS. A norma do art. 373-A, inc. VI, da CLT, que veda revistas íntimas nas empregadas, também se aplica aos homens em face da igualdade entre os sexos inscrita no art. 5º, inc. I, da Constituição da República.

Relevante destacar ainda a seguinte ementa da mais alta corte trabalhista brasileira, "in verbis":

> Recurso de revista – Dano moral – Revista íntima – Quantificação – Princípio da proporcionalidade. Fixado montante indenizatório que não se mostra razoável, está obrigado o julgador, à luz do princípio da proporcionalidade (art. 5º, V, da Constituição da República), e observadas as particularidades do caso concreto, a adequar a indenização – aumentando ou reduzindo o seu valor –, a fim de torná-la

> consentânea com o dano moral provocado, consoante precedentes do Superior Tribunal de Justiça. Na hipótese, submetido o autor a revistas íntimas diárias, obrigado a despir-se na presença de outros trabalhadores, sem que houvesse qualquer "presunção de prática de conduta penal típica", porquanto objetivava o empregador "o controle dos vales-refeições (como impeditivo de furto)", não se mostra proporcional a redução do valor da indenização pelo Tribunal de origem. Recurso de revista conhecido e provido. (TST – 3ª T – Relª. Minª. Rosa Maria Weber – DJe nº 260 – 25.06.09 – p. 808 – RR nº 1055/2004.041.02.00-3) (RDT nº 7 – julho de 2009).

Recentemente, a mais alta corte trabalhista brasileira pronunciou-se sobre o tema, conforme se constata do seguinte julgado:

> "RECURSO DE REVISTA INTERPOSTO NA VIGÊNCIA DA LEI Nº 13.015/2014. REVISTA PESSOAL E CORPORAL. ABUSIVIDADE. DANO MORAL. INDENIZAÇÃO. 1. A jurisprudência desta Corte Superior é firme no sentido de que o procedimento de revistas realizado nos pertences pessoais de todos os empregados, indiscriminadamente, sem contato físico, insere-se no âmbito do poder diretivo e fiscalizatório do empregador, não gerando constrangimento apto a ensejar dano moral indenizável. 2. Na hipótese em apreciação, todavia, o Tribunal Regional registrou que os encarregados apalpavam o corpo na busca de desvio de mercadorias. 3. Assim, a revista realizada mediante contato físico extrapolou os limites de seu poder diretivo, configurando situação vexatória que afronta a intimidade e a dignidade do trabalhador, ensejando, por consequência, o pagamento de indenização por dano moral. Precedentes. Recurso de revista conhecido e provido (...)(TST - RR-860-17.2014.5.09.0654, 1ª Turma, Relator Desembargador Convocado Marcelo Lamego Pertence, DEJT 23/08/2021).

8. OBRIGAÇÕES DO EMPREGADOR

As obrigações do empregador, além do pagamento dos salários, segundo a melhor doutrina e jurisprudência, são:

a) proceder à documentação do contrato de trabalho, principalmente, realizar o registro em CTPS[16];

16 Art. 29, da CLT: "O empregador terá o prazo de 5 (cinco) dias úteis para anotar na CTPS, em relação aos trabalhadores que admitir, a data de admissão, a remuneração e as condições

b) fornecimento de meios para a execução do trabalho;

c) urbanidade no tratamento do empregado;

d) preservação do meio ambiente do trabalho, bem como tomar medidas para reduzir os riscos de acidente e doenças do trabalho[17];

e) cumprimento do contrato e da legislação trabalhista;

f) exercício equilibrado do poder disciplinar;

g) facilitar os meios de ascensão profissional e social para os empregados dentro da própria empresa;

h) respeitar a intimidade, privacidade e imagem do trabalhador.

Dispõe o art. 442-A da CLT:

> "Para fins de contratação, o empregador não exigirá do candidato a emprego comprovação de experiência prévia por tempo superior a 6 (seis) meses no mesmo tipo de atividade."

O presente dispositivo, acrescentado pela Lei 11.644/08, tem por objetivo impulsionar a inserção do trabalhador no mercado de trabalho,

especiais, se houver, facultada a adoção de sistema manual, mecânico ou eletrônico, conforme instruções a serem expedidas pelo Ministério da Economia. § 1º As anotações concernentes à remuneração devem especificar o salário, qualquer que seja sua forma de pagamento, seja êle em dinheiro ou em utilidades, bem como a estimativa da gorjeta. § 2º – As anotações na Carteira de Trabalho e Previdência Social serão feitas: a) na data-base; b) a qualquer tempo, por solicitação do trabalhador; c) no caso de rescisão contratual; ou d) necessidade de comprovação perante a Previdência Social. § 3º – A falta de cumprimento pelo empregador do disposto neste artigo acarretará a lavratura do auto de infração, pelo Fiscal do Trabalho, que deverá, de ofício, comunicar a falta de anotação ao órgão competente, para o fim de instaurar o processo de anotação. § 4º É vedado ao empregador efetuar anotações desabonadoras à conduta do empregado em sua Carteira de Trabalho e Previdência Social. § 5º O descumprimento do disposto no § 4º deste artigo submeterá o empregador ao pagamento de multa prevista no art. 52 deste Capítulo. § 6º A comunicação pelo trabalhador do número de inscrição no CPF ao empregador equivale à apresentação da CTPS em meio digital, dispensado o empregador da emissão de recibo. § 7º Os registros eletrônicos gerados pelo empregador nos sistemas informatizados da CTPS em meio digital equivalem às anotações a que se refere esta Lei. § 8º O trabalhador deverá ter acesso às informações da sua CTPS no prazo de até 48 (quarenta e oito) horas a partir de sua anotação."

17 Art. 157, da CLT: "Cabe às empresas: I – cumprir e fazer cumprir as normas de segurança e medicina do trabalho; II – instruir os empregados, através de ordens de serviço, quanto às precauções a tomar no sentido de evitar acidentes do trabalho ou doenças ocupacionais; III – adotar as medidas que lhes sejam determinadas pelo órgão regional competente; IV – facilitar o exercício da fiscalização pela autoridade competente."

principalmente, o trabalhador jovem, evitando que a exigência de tempo de experiência superior a 06 meses possa evitar a contratação.

A experiência significa vivência prática da função para o qual se candidata o trabalhador.

O tempo de experiência que pode ser exigido é para o mesmo tipo de atividade, à qual se candidata o trabalhador. Entretanto, não há inviabilidade de ser exigida a qualificação profissional para o exercício da profissional quando a lei o exigir (artigo 5º, XIII, da CF) ou grau de escolaridade, conforme a complexidade da função.

Como destaca Sérgio Pinto Martins[18]: "o objetivo da norma foi facilitar o acesso dos jovens ao mercado de trabalho. As empresas, na prática, vão continuar a exigir experiência sem colocá-la em anúncios ou torná-la explícita. Poderão simplesmente não admitir o trabalhador e não dizer a razão. O empregado vai acabar não sendo contratado por não ter experiência."

Embora a lei tenha relevante caráter social, pensamos que em algumas funções que exigem maior responsabilidade e especialização da mão de obra, a experiência superior a 06 meses se justifica.

O critério adotado pela Lei é objetivo e não há inconstitucionalidade, pois não inviabiliza a atividade econômica do empregador e prestigia o acesso ao mercado de trabalho.

8.1. Proteção de dados pessoais dos empregados (Lei Geral de Proteção de Dados)

Conforme destacam Ingo Wolfgang Sarlet, Luiz Guilherme Marinoni e Daniel Mitidiero[19]:

> "A proteção dos dados pessoais alcançou uma dimensão sem precedentes no âmbito da sociedade tecnológica, notadamente a partir da introdução do uso da tecnologia da informática. Embora a proteção dos dados não se restrinja aos dados armazenados, processados e transmitidos na esfera da informática, pois em princípio ela alcança a proteção de todo e qualquer dado pessoal independentemente do local (banco de dados) e do modo pelo qual é armazenado, cada vez mais os dados disponíveis são inseridos em bancos de

18 Comentários à CLT. 13ª ed. São Paulo: Atlas, 2009, p. 374.

19 Curso de Direito Constitucional. 7ª ed. São Paulo: Saraiva, 2018.

dados informatizados. A facilidade de acesso aos dados pessoais, somada à velocidade do acesso, da transmissão e do cruzamento de tais dados, potencializa as possibilidades de afetação de direitos fundamentais das pessoas, mediante o conhecimento e o controle de informações sobre a vida pessoal, privada e social."

A Constituição Federal assegura o direito o direito ao sigilo no art. 5º, XII, "in verbis": "é inviolável o sigilo da correspondência e das comunicações telegráficas, de dados e das comunicações telefônicas, salvo, no último caso, por ordem judicial, nas hipóteses e na forma que a lei estabelecer para fins de investigação criminal ou instrução processual penal". De outro lado, a Constituição Federal, no artigo 5º, XIV, assegura a toda pessoa o acesso à informação e resguardado o sigilo da fonte, quando necessário ao exercício profissional, e disciplina no art. 5º, LXXII, a ação para acesso à informação constante e cadastros públicos, nos seguintes termos:

> "Conceder-se-á *"habeas-data"*: a) para assegurar o conhecimento de informações relativas à pessoa do impetrante, constantes de registros ou bancos de dados de entidades governamentais ou de caráter público; b) para a retificação de dados, quando não se prefira fazê-lo por processo sigiloso, judicial ou administrativo."

A Emenda Constitucional 115/2022 acrescentou o inciso LXXIX ao art. 5º da CF, assegurando, nos termos da lei, o direito à proteção dos dados pessoais, inclusive nos meios digitais.

No âmbito trabalhista, as empresas e empregadores, necessariamente, coletam e armazenam dados e informações pessoais de seus empregados, desde a fase de pré-contratação, como as informações constantes de currículos e cadastros, durante a contratação, para registro do contrato de trabalho nos órgãos competentes, durante a vigência do contrato de trabalho, e também após o encerramento do vínculo contratual, durante o prazo prescrição para fins de eventual defesa em processo trabalhista.

A Lei 13.709/18, conhecida como *Lei Geral de Proteção de Dados*, assegura a proteção dos dados das pessoas físicas, e resta aplicável às relações de trabalho (art. 8º, da CLT). Desse modo, as empresas e os empregadores devem dar o tratamento adequado aos dados pessoais dos trabalhadores, tanto na coleta, armazenamento e descarte dos dados quando não mais necessários, conforme as disposições da presente lei. Foi enfatizado que os dados, definidos como pessoais, dos empregados, a eles pertence, devendo o empregador utilizá-los nos limites constitucionais e legais, sendo importante o consentimento do empregado para a coleta e armazenamento desses dados. De outro lado, o tratamento inadequado dos dados pessoais sujeitará o empregador a multas, além de responsabilização por danos de ordem material e moral.

Conforme o art. 2º, da Lei 13.709/18, a disciplina da proteção de dados pessoais tem como fundamentos: I - o respeito à privacidade; II - a autodeterminação informativa; III - a liberdade de expressão, de informação, de comunicação e de opinião; IV - a inviolabilidade da intimidade, da honra e da imagem; V - o desenvolvimento econômico e tecnológico e a inovação; VI - a livre iniciativa, a livre concorrência e a defesa do consumidor; e VII - os direitos humanos, o livre desenvolvimento da personalidade, a dignidade e o exercício da cidadania pelas pessoas naturais.

O art. 5º da Lei define, por meio de interpretação autêntica, o conceito de dados pessoais. Com efeito, dispõe o referido dispositivo legal:

> "Para os fins desta Lei, considera-se: I - dado pessoal: informação relacionada a pessoa natural identificada ou identificável; II - dado pessoal sensível: dado pessoal sobre origem racial ou étnica, convicção religiosa, opinião política, filiação a sindicato ou a organização de caráter religioso, filosófico ou político, dado referente à saúde ou à vida sexual, dado genético ou biométrico, quando vinculado a uma pessoa natural; III - dado anonimizado: dado relativo a titular que não possa ser identificado, considerando a utilização de meios técnicos razoáveis e disponíveis na ocasião de seu tratamento; IV - banco de dados: conjunto estruturado de dados pessoais, estabelecido em um ou em vários locais, em suporte eletrônico ou físico; V - titular: pessoa natural a quem se referem os dados pessoais que são objeto de tratamento; VI - controlador: pessoa natural ou jurídica, de direito público ou privado, a quem competem as decisões referentes ao tratamento de dados pessoais; VII - operador: pessoa natural ou jurídica, de direito público ou privado, que realiza o tratamento de dados pessoais em nome do controlador; VIII - encarregado: pessoa indicada pelo controlador e operador para atuar como canal de comunicação entre o controlador, os titulares dos dados e a Autoridade Nacional de Proteção de Dados (ANPD); IX - agentes de tratamento: o controlador e o operador; X - tratamento: toda operação realizada com dados pessoais, como as que se referem a coleta, produção, recepção,

classificação, utilização, acesso, reprodução, transmissão, distribuição, processamento, arquivamento, armazenamento, eliminação, avaliação ou controle da informação, modificação, comunicação, transferência, difusão ou extração; XI - anonimização: utilização de meios técnicos razoáveis e disponíveis no momento do tratamento, por meio dos quais um dado perde a possibilidade de associação, direta ou indireta, a um indivíduo; XII - consentimento: manifestação livre, informada e inequívoca pela qual o titular concorda com o tratamento de seus dados pessoais para uma finalidade determinada; XIII - bloqueio: suspensão temporária de qualquer operação de tratamento, mediante guarda do dado pessoal ou do banco de dados; XIV - eliminação: exclusão de dado ou de conjunto de dados armazenados em banco de dados, independentemente do procedimento empregado; XV - transferência internacional de dados: transferência de dados pessoais para país estrangeiro ou organismo internacional do qual o país seja membro; XVI - uso compartilhado de dados: comunicação, difusão, transferência internacional, interconexão de dados pessoais ou tratamento compartilhado de bancos de dados pessoais por órgãos e entidades públicos no cumprimento de suas competências legais, ou entre esses e entes privados, reciprocamente, com autorização específica, para uma ou mais modalidades de tratamento permitidas por esses entes públicos, ou entre entes privados; XVII - relatório de impacto à proteção de dados pessoais: documentação do controlador que contém a descrição dos processos de tratamento de dados pessoais que podem gerar riscos às liberdades civis e aos direitos fundamentais, bem como medidas, salvaguardas e mecanismos de mitigação de risco; XVIII - órgão de pesquisa: órgão ou entidade da administração pública direta ou indireta ou pessoa jurídica de direito privado sem fins lucrativos legalmente constituída sob as leis brasileiras, com sede e foro no País, que inclua em sua missão institucional ou em seu objetivo social ou estatutário a pesquisa básica ou aplicada de caráter histórico, científico, tecnológico ou estatístico; e XIX - autoridade nacional: órgão da administração pública responsável por zelar, implementar e fiscalizar o cumprimento desta Lei em todo o território nacional."

Como destaca Selam Carloto[20], "o dado pessoal é aquela informação relacionada a pessoa natural identificada ou identificável, logo a Lei Geral de Proteção de Dados não se aplica a dados de pessoas jurídicas e nem dados anonimizados. A Lei Geral de Proteção de Dados cria um marco legal para a proteção de informações pessoais coletada e tratada, entre as quais nome, RG, CPF, número de passaporte, título e eleitor, endereço, profissão, hábitos de consumo, número de telefone, estado civil, *e-mail* e patrimônio."

Segundo Selma Carloto[21], "entre os *dados pessoais sensíveis* temos os de origem racional ou étnica, convicção religiosa, opinião política, filiação a sindicato ou organização de caráter religioso, filosófico ou político, dados referentes à saúde, ou à vida sexual, que podem trazer atos ou atitudes discriminatórias no tratamento e os dados genéticos ou biométricos, que identificam o indivíduo de forma inequívoca e que trazem um risco muito alto ao titular dos dados, caso haja algum incidente durante o tratamento".

O dado anonimizado é o relativo a titular que não possa ser identificado, considerando a utilização de meios técnicos razoáveis e disponíveis na ocasião de seu tratamento. Como bem adverte Selma Caroloto[22], "a Lei Geral de Proteção de Dados não exige a anonimização, sendo esta apenas uma opção trazida pela própria lei e, ao mesmo tempo, um grande atrativo, já que afasta a incidência da legislação de proteção de dados, mas não é um procedimento obrigatório para quem deseja tratar os dados pessoais. Se a empresa não precisar identificar os titulares dos dados pessoais, o que é mais comum fora das relações de trabalho, a mesma se resguarda, já que não corre o risco de um incidente de vazamento por falta de adequação à Lei Geral de Proteção de Dados."

Nos termos do art. 6º, da Lei 13.709/18, os dados pessoais devem ser manipulados, utilizados e armazenados pelas pessoas jurídicas, incluindo aí o empregador, devendo este último tratar os dados pessoais de seus empregados e prestadores de serviços, observando-se os princípios da boa-fé objetiva, finalidade, adequação, necessidade, livre acesso aos titulares dos dados, transparência, segurança (confiança), prevenção, não discriminação, e responsabilidade com a prestação de contas.

---

20 Lei Geral de Proteção de Dados: Enfoque nas Relações de Trabalho. 2ª ed. São Paulo: Ltr, 2021, p. 61.

21 Op. cit. p. 62.

22 Op. cit. p. 63.

A recente Lei 14.289/22 torna obrigatória a preservação do sigilo sobre a condição de pessoa que vive com infecção pelos vírus da imunodeficiência humana (HIV) e das hepatites crônicas (HBV e HCV) e de pessoa com hanseníase e com tuberculose. Dispõe o art. 2º, da referida Lei, que resta aplicável ao empregador:

> "É vedada a divulgação, pelos agentes públicos ou privados, de informações que permitam a identificação da condição de pessoa que vive com infecção pelos vírus da imunodeficiência humana (HIV) e das hepatites crônicas (HBV e HCV) e de pessoa com hanseníase e com tuberculose, nos seguintes âmbitos: I - serviços de saúde; II - estabelecimentos de ensino; III - locais de trabalho; IV - administração pública; V - segurança pública; VI - processos judiciais; VII - mídia escrita e audiovisual. Parágrafo único. O sigilo profissional sobre a condição de pessoa que vive com infecção pelos vírus da imunodeficiência humana (HIV) e das hepatites crônicas (HBV e HCV) e de pessoa com hanseníase e com tuberculose somente poderá ser quebrado nos casos determinados por lei, por justa causa ou por autorização expressa da pessoa acometida ou, quando se tratar de criança, de seu responsável legal, mediante assinatura de termo de consentimento informado, observado o disposto no art. 11 da Lei nº 13.709, de 14 de agosto de 2018 (Lei Geral de Proteção de Dados Pessoais – LGPD)."

9. DIREITOS E OBRIGAÇÕES DO EMPREGADO

O empregado não corre os riscos da atividade econômica, pois trabalha sob dependência do empregador (artigos 2º e 3º, da CLT). Por isso, tem o direito de receber a remuneração pactuada (salários) de ter os direitos trabalhistas previstos na lei, normas, coletivas e contrato observados, de ser tratado com respeito e dignidade.

São obrigações do empregado:

a) diligência na prestação pessoal de serviços;

b) observar as normas de segurança e medicina do trabalho[23];

23 Art. 158, da CLT: "Cabe aos empregados: I – observar as normas de segurança e medicina do trabalho, inclusive as instruções de que trata o item II do artigo anterior; II – colaborar com a empresa na aplicação dos dispositivos deste Capítulo. Parágrafo único – Constitui

c) obediência, exceto a ordens manifestamente ilegais e que exorbitem o *jus variandi* do empregador;
d) assiduidade e pontualidade;
e) fidelidade;
f) urbanidade e boa conduta;
g) respeitar a imagem e honra do empregador.

Como mencionado acima, além das obrigações próprias do contrato de trabalho, tanto o empregado como o empregador devem, reciprocamente, respeitar a imagem e honra de cada um. Como já pacificado na jurisprudência, embora a pessoa jurídica não tenha intimidade (honra dignidade e decoro – aspecto interior, porquanto agem segundo a vontade das pessoas que a comandam), tem o que a doutrina chama de honra objetiva, ou seja, uma imagem e reputação a zelar perante terceiros (aspecto exterior). Por isso, a empresa pode ter valores personalíssimos violados pelo empregado, como por exemplo, um gerente de uma empresa que vincula na internet imagem depreciativa sobre a qualidade dos produtos da empresa em que trabalha. Por outro lado, o empregado tem que ter respeitadas sua intimidade, privacidade e imagem. Como pessoa física, o empregado pode sofrer danos em sua honra subjetiva (honra dignidade e decoro – aspecto interior) e também em sua honra subjetiva (imagem e reputação – aspecto exterior).

10. DOS CONTRATOS POR PRAZO DETERMINADO

O princípio da continuidade do contrato de trabalho norteia o Direito do Trabalho como forma de fixar o trabalhador a uma fonte de ganho e inseri-lo no organismo empresarial. Não obstante, a lei permite, em situações excepcionais a contratação por prazo determinado.

O contrato individual de trabalho não exige formalidades (art. 443 da CLT). Pode ser pactuado de forma expressa (por escrito ou verbalmente) e pode ser por prazo indeterminado ou determinado.

Conforme o §1º, do art. 443 da CLT, considera-se como de prazo determinado o contrato de trabalho cuja vigência dependa de termo

---

ato faltoso do empregado a recusa injustificada: a) à observância das instruções expedidas pelo empregador na forma do item II do artigo anterior; b) ao uso dos equipamentos de proteção individual fornecidos pela empresa."

prefixado ou da execução de serviços especificados ou ainda da realização de certo acontecimento suscetível de previsão aproximada.

A lei não exige a formalidade escrita dos contratos por prazo determinado (salvo se houve previsão específica na lei que rege a contratação). Entretanto, toda vez que o empregador alegar que a contratação se deu a prazo, o ônus da prova recairá sobre sua pessoa em razão da presunção favorável aos contratos por prazo indeterminado.

Os contratos por prazo determinado devem ter um motivo justificável: como serviços especificados, de curta duração, como um curso por prazo determinado; acontecimento de previsão aproximada, como a como a montagem de uma máquina, ou a construção de uma residência.

Outrossim, conforme o parágrafo 2º do artigo 443 da CLT, o contrato por prazo determinado somente será válido quanto:

a) **o serviço justifique a predeterminação de prazo:** Os serviços que justificam a predeterminação de prazo são as atividades sazonais, ou cujo término é previsível, como a realização de uma obra por prazo determinado, ou para a construção de uma obra de residência civil;

b) **atividades empresariais de caráter transitório:** São atividades empresariais que somente existem em algumas épocas do ano. Como as empresas que se dedicam à fabricação de ovos de chocolate para páscoa;

c) **contrato de experiência:** para o contrato de experiência, a lei admite a pactuação por prazo determinado.

O contrato por prazo determinado não pode ultrapassar o prazo de 02 anos. Admite-se uma prorrogação desde que o prazo total não ultrapasse o tempo total de 2 anos (arts. 445 e 451, ambos da CLT).

Se o contrato de trabalho ultrapassar o prazo de dois anos, se convolará em prazo indeterminado (art. 445 da CLT).

Nos termos do art. 452 da CLT, considera-se por prazo indeterminado todo contrato que suceder, dentro de 6 (seis) meses, a outro contrato por prazo determinado, salvo se a expiração deste dependeu da execução de serviços especializados ou da realização de certos acontecimentos.

Na extinção natural do contrato de trabalho por prazo determinado, são devidos o saldo de salário, 13º salário proporcional, férias proporcionais+1/3, liberação do FGTS, sem multa de 40%.

Se a extinção do contrato por prazo determinado ocorrer antes do prazo estipulado, aplica-se o artigo 479, da CLT, "in verbis":

> "Nos contratos que tenham termo estipulado, o empregador que, sem justa causa, despedir o empregado, será obrigado a pagar-lhe, a título de indenização, e por metade, a remuneração a que teria direito até o termo do contrato. Parágrafo único. Para a execução do que dispõe o presente artigo, o cálculo da parte variável ou incerta dos salários será feito de acordo com o prescrito para o cálculo da indenização referente à rescisão dos contratos por prazo indeterminado."

Se o empregador dispensar o empregado antes do término do contrato, sem justa causa, deverá pagar indenização ao trabalhador. Esta indenização equivale à metade da remuneração faltante para o término do contrato.

Embora o dispositivo não tenha sido para o regime do FGTS, conforme já pacificado na jurisprudência, ele também é aplicável para os empregados regidos pelo regime fundiário, nos termos da Súmula 125 do TST[24].

Segundo a doutrina, a indenização prevista no presente dispositivo tem natureza jurídica de indenização antecipada de perdas e danos em razão do empregador não cumprir os termos do contrato.

Alguns autores asseveram que diante do regime do FGTS não mais subsiste a indenização do artigo 479, da CLT, aplicando-se à hipótese a indenização prevista no artigo 7º, I, da CF c/c artigo 18, da Lei 8.036/90, ou seja, a multa de 40% sobre o FGTS.

No nosso sentir, não se aplica à hipótese a multa de 40% sobre o FGTS e sim a indenização prevista no artigo 479, da CLT para a rescisão antecipada do contrato de trabalho pelo empregador, por ser norma específica (princípio da especialidade), que prevalece sobre a regra geral do artigo 7º, I, da CF.

---

24 Súmula 125 do TST: "O art. 479 da CLT, aplica-se ao trabalhador optante pelo Fundo de Garantia do Tempo de Serviço – FGTS, admitido mediante contrato por prazo determinado, nos termos do art. 30, § 3º, do Decreto 59.820, de 20/12/1966."

Conforme o art. 480, da CLT, havendo termo estipulado, o empregado não se poderá desligar do contrato, sem justa causa, sob pena de ser obrigado a indenizar o empregador dos prejuízos que desse fato lhe resultarem. § 1º A indenização, porém, não poderá exceder àquela a que teria direito o empregado em idênticas condições.

Caso o empregado rescindir (pedir demissão) o contrato por prazo determinado antes do seu vencimento, deverá indenizar o empregador pelos prejuízos. Esta indenização não é fixada pela Lei, podendo constar do contrato de trabalho. Não obstante, não poderá ultrapassar o valor fixado no artigo 479, da CLT, qual seja metade da remuneração faltante para o término do contrato.

Conforme o art. 481, da CLT, "aos contratos por prazo determinado, que contiverem cláusula assecuratória do direito recíproco de rescisão antes de expirado o termo ajustado, aplicam-se, caso seja exercido tal direito por qualquer das partes, os princípios que regem a rescisão dos contratos por prazo indeterminado."

As partes podem pactuar, no contrato por prazo determinado, cláusula assegurando a possibilidade de rescisão antecipada do contrato, tanto pelo empregado como empregador. Se houve a pactuação da referida cláusula, serão aplicados os mesmos princípios que regem o contrato de trabalho por prazo indeterminado. Desse modo, havendo rescisão antecipada por uma das partes, ela deverá pré-avisar a parte contrária, sendo cabível o instituto do aviso prévio. Além disso, se o autor tomar a iniciativa da rescisão, terá direito às verbas rescisórias que seriam devidas no contrato de trabalho por prazo indeterminado. Caso o empregador tome a iniciativa da rescisão serão devidas as verbas rescisórias que seriam devidas no contrato de trabalho por prazo indeterminado que é extinto por iniciativa do empregador (dispensa sem justa causa).

Nos termos do 472, § 2º, da CLT nos contratos por prazo determinado, o tempo de afastamento, se assim acordarem as partes interessadas, não será computado na contagem do prazo para a respectiva terminação.

Os contratos por prazo determinados terminam com o advento do termo, mesmo que o contrato de trabalho esteja suspenso. Desse modo, o período de suspensão contratual se computa para efeitos da data final do contrato de trabalho por prazo determinado. Entretanto, se as partes pactuarem, expressamente, que o tempo de afastamento não se computará no contrato por prazo determinado, a data final do contrato somente se dará após a cessação da suspensão contratual.

Como bem adverte Gustavo Filipe Barbosa Garcia[25], "na hipótese de ainda não ter chegado a termo o contrato, até que o obreiro recebe alta médica, (a qual corresponde, em tese, à cessão da incapacidade laborativa, e ao fim do benefício previdenciário), tem-se como vedada a sua dispensa sem justa causa ou arbitrária, justamente em razão da suspensão contratual. Eventual dispensa imotivada, durante essa suspensão, será nula, em razão de estar o contrato suspenso."

10.1. Contratos por prazo determinado e as garantias de emprego

Durante muito tempo, a jurisprudência do Tribunal Superior do Trabalho era no sentido de que não se aplicavam aos contratos por prazo determinado as garantias de emprego, ou estabilidades provisórias, pois nestas espécies contratuais, as partes já sabem de antemão quando o contrato irá terminar.

No aspecto, destaca-se a seguinte ementa: Ementa. Estabilidade Gestante. Contrato de experiência. O término do prazo contratual não constitui dispensa arbitrária ou sem justa causa, na medida em que as partes, ao firmarem o contrato de experiência, já estão cientes, desde o início da contratualidade, acerca do seu termo final, ou seja, já sabem a data de sua extinção. Tese Prevalecente nº 05 do E. TRT da 2ª Região. Recurso provido. (TRTSP - Processo n. 1000151-03.2021.5.02.0043 – 12ª Turma – Relator Paulo Kim Barbosa – Data de Publicação: 20-9-21).

No entanto, atualmente, a jurisprudência do TST, em razão do alto alcance social e humanitário que envolvem o trabalho da gestante e do trabalhador acidentado, firmou-se no sentido de que as estabilidades provisórias da gestante e do trabalhador acidentado são compatíveis com os contratos por prazo determinado. Dispõem as Súmulas 244, III, e 378, III, ambas do Tribunal Superior do Trabalho:

> Súmula 244, III, do TST: "A empregada gestante tem direito à estabilidade provisória prevista no art. 10, inciso II, alínea "b", do Ato das Disposições Constitucionais Transitórias, mesmo na hipótese de admissão mediante contrato por tempo determinado."
>
> A Súmula 378, III, do TST: "O empregado submetido a contrato de trabalho por tempo determinado goza da garantia provisória

25 Manual de Direito do Trabalho. 13ª ed. Salvador: Editora Juspodivm, 2020, p. 194.

> de emprego, decorrente de acidente de trabalho, prevista no art. 118 da Lei nº 8.213/91."

As referidas estabilidades provisórias ou garantias de emprego não convolam os contratos por prazo determinado em prazo indeterminado, apenas suspendem os referidos contratos enquanto perdurarem as referidas estabilidades.

Quanto ao contrato temporário, regido pela Lei 6019/74 face à suas peculiaridades e curta duração, o Tribunal Superior do Trabalho fixou entendimento de ser incompatível com as garantias de emprego, conforme a tese firmada no Incidente de Assunção de Competência n. 5639-31.2013.5.12.0051, "in verbis":

> "É inaplicável ao regime de trabalho temporário, disciplinado pela Lei n.º 6.019/74, a garantia de estabilidade provisória à empregada gestante, prevista no art. 10, II, b, do Ato das Disposições Constitucionais Transitórias".

11. CONTRATO DE EXPERIÊNCIA OU DE PROVA

O contrato de experiência, também chamado de *contrato de prova*, na legislação brasileira, tem natureza jurídica de contrato por prazo determinado, embora sua finalidade seja outra, qual seja: a avaliação das características pessoais e funcionais do empregado e a características do empregador para uma futura contração por prazo indeterminado.

Ao final do término do prazo do contrato de experiência, tanto o empregado como o empregador poderão não querer continuar o contrato, sem necessidade de motivação, ou seja, o contrato de experiência se extingue com o advento do termo. Alguns autores sustentam que há necessidade de motivação para a não contratação em definitivo em razão do contrato de experiência ser prejudicial ao empregado e atender principalmente aos interesses do empregador. Além disso, argumentam que se deve prestigiar o princípio da boa-fé objetiva.

O contrato de experiência não pode ultrapassar o prazo de 90 dias. Contudo, a jurisprudência admite a prorrogação do contrato de experiência, desde que o prazo máximo não ultrapasse 90 dias. Parte da doutrina e jurisprudência admitem a prorrogação tática do contrato de experiência desde que respeitado o prazo máximo de 90 dias. Pensamos não ser possível a prorrogação tácita do contrato de experiência, pois é prejudicial ao trabalhador e lhe gera insegurança quanto ao futuro. Desse modo, a prorrogação do contrato de experiência deve contar com a anuência expressa do trabalhador e não ultrapassar o prazo máximo de 90 dias (art. 445, parágrafo único, da CLT).

De outro lado, pensamos que o contrato de experiência, por configurar exceção ao princípio da continuidade do contrato de trabalho, deve ser escrito e registrado na CTPS do empregado (artigo 29 da CLT), constando a expressa anuência do trabalhador, não se admitindo a forma verbal, máxime em se tratando de trabalhador doméstico. A jurisprudência, entretanto, não é incisiva nesse sentido.

A jurisprudência do TST admite a prorrogação do contrato de experiência, conforme se constata de sua Súmula 188, "in verbis":

> *Súmula 188 do TST: CONTRATO DE TRABALHO. EXPERIÊNCIA. PRORROGAÇÃO (mantida) – Res. 121/2003, DJ 19, 20 e 21.11.2003. O contrato de experiência pode ser prorrogado, respeitado o limite máximo de 90 (noventa) dias.*

O contrato de experiência não pode ultrapassar o prazo de 90 dias. Contudo, a jurisprudência admite a prorrogação do contrato de experiência, desde que o prazo máximo não ultrapasse 90 dias. Pensamos não ser possível a prorrogação tácita do contrato de experiência, pois é prejudicial ao trabalhador e lhe gera insegurança quanto ao futuro. Desse modo, a prorrogação do contrato de experiência deve contar com a anuência expressa do trabalhador e não ultrapassar o prazo máximo de 90 dias.

12. DO CONTRATO DE TRABALHO INTERMITENTE

O parágrafo 3º do art. 443, da CLT, incluído pela Lei 13.4567/17 nos traz o conceito de contrato de trabalho intermitente. Com efeito, dispõe o referido dispositivo legal:

> "Considera-se como intermitente o contrato de trabalho no qual a prestação de serviços, com subordinação, não é contínua, ocorrendo com alternância de períodos de prestação de serviços e de inatividade, determinados em horas, dias ou meses, independentemente do tipo de atividade do empregado e do empregador, exceto para os aeronautas, regidos por legislação própria."

Trata-se de inovação da recente Lei 13.467/17, já existente em outros países, permitindo que um trabalhador preste serviços em períodos descontínuos. Não se trata de contrato de trabalho por prazo determinado, e sim uma contratação que prevê alternâncias de períodos de prestação de serviços e de inatividade. A regulamentação do contrato de trabalho intermitente está disciplinada no art. 452-A, da CLT, que assim dispõe:

> "O contrato de trabalho intermitente deve ser celebrado por escrito e deve conter especificamente o valor da hora de trabalho, que não pode ser inferior ao valor horário do salário mínimo ou àquele devido aos demais empregados do estabelecimento que exerçam a mesma função em contrato intermitente ou não. § 1º O empregador convocará, por qualquer meio de comunicação eficaz, para a prestação de serviços, informando qual será a jornada, com, pelo menos, três dias corridos de antecedência. § 2º Recebida a convocação, o empregado terá o prazo de um dia útil para responder ao chamado, presumindo-se, no silêncio, a recusa. § 3º A recusa da oferta não descaracteriza a subordinação para fins do contrato de trabalho intermitente. § 4º Aceita a oferta para o comparecimento ao trabalho, a parte que descumprir, sem justo motivo, pagará à outra parte, no prazo de trinta dias, multa de 50% (cinquenta por cento) da remuneração que seria devida, permitida a compensação em igual prazo. § 5º O período de inatividade não será considerado tempo à disposição do empregador, podendo o trabalhador prestar serviços a outros contratantes. § 6º Ao final de cada período de prestação de serviço, o empregado receberá o pagamento imediato das seguintes parcelas: I – remuneração; II – férias proporcionais com acréscimo de um terço; III – décimo terceiro salário proporcional; IV – repouso semanal remunerado; e V – adicionais legais. § 7º O recibo de pagamento deverá conter a discriminação dos valores pagos relativos a cada uma das parcelas referidas no § 6º deste artigo. § 8º O empregador efetuará o recolhimento da contribuição previdenciária e o depósito do Fundo de Garantia do Tempo de Serviço, na forma da lei, com base nos valores pagos no período mensal e fornecerá ao empregado comprovante do cumprimento dessas obrigações. § 9º A cada doze meses, o empregado adquire direito a usufruir, nos doze meses subsequentes, um mês de férias, período no qual não poderá ser convocado para prestar serviços pelo mesmo empregador."

Como se denota do referido dispositivo legal, que faz parte da chamada "Reforma Trabalhista" fora disciplinada a contratação formal de trabalhadores que prestam serviços descontínuos para um determinado tomador de serviços. Como destaca Homero Batista Mateus da Silva[26], este tipo de contrato também é conhecido por "contrato-zero ou popularmente chamado de *bico oficial*".

Para alguns a alteração foi positiva, pois busca trazer para formalidade milhares de trabalhadores que já prestam serviços de forma intermitente, ou eventual, para um tomador de serviços, sem proteção da legislação trabalhista.

Tradicionalmente, quando o trabalho não é habitual, falta o requisito da "não eventualidade" para o reconhecimento do vínculo empregatício. Desse modo, o trabalho intermitente não configuraria, "em tese" a relação de emprego. Como bem adverte Homero Batista Mateus da Silva[27], "embora a palavra habitualidade não conste expressamente do art. 3º, da CLT, há consenso de que esse requisito é a chave para a compreensão da essência da relação de emprego. Ao afirmar que o trabalho subordinado, pessoal e oneroso para a ser um contrato de trabalho se a atividade for 'não eventual', o art. 3º sedimentou as bases para o conteúdo da habitualidade – aquilo que se repete, de maneira razoavelmente esperada. Com efeito, repetição esperada não significa repetição cotidiana. Neste sentido, merece elogio a reforma de 2017, que, por vias indiretas, pretende albergar no direito do trabalho as atividades repetitivas não cotidianas."

De outro lado, muitos apontam precarização das relações de trabalho com o contrato intermitente, por não observar o princípio constitucional da melhoria da condição social do trabalhador (art. 7º, "*caput*", da CF), flexibilizando garantias trabalhistas, principalmente com relação aos institutos da jornada e tempo à disposição (art. 4º, da CLT) e o piso salarial mínimo (art. 7º, incisos IV e VII da CF). Além disso, este tipo de contratação não atende aos interesses do trabalhador, não há garantia de renda fixa, tampouco possibilidade de planejamento de sua rotina. Nesse sentido, nos advertem Maurício Godinho Delgado e Gabriela Neves Delgado[28]:

> "O contrato de trabalho intermitente, nos moldes em que foi proposto pela Lei da Reforma Trabalhista – caso lidas, em sua literalidade, as regras impostas por esse diploma legal –, busca

26 Comentários à Reforma Trabalhista. São Paulo: RT, 2017, p. 69.

27 CLT Comentada. 2. ed. São Paulo: RT, 2018, p. 302.

28 A Reforma Trabalhista no Brasil: com os comentários à Lei n. 13.4676/17. 2. Ed. São Paulo: Ltr, 2018, p. 162.

romper com dois direitos e garantias justrabalhistas importantes, que são da estrutura central do Direito do Trabalho: a noção de duração do trabalho (e de jornada) e a noção de salário."

Pela regulamentação do art. 452-A da CLT, o contrato intermitente tem as seguintes características:

a) deve ser pactuado por escrito: não se admite a contratação verbal ou tácita;

b) o contrato deve conter especificamente o valor da hora de trabalho, que não pode ser inferior ao valor hora do salário mínimo ou àquele devido aos demais empregados do estabelecimento que exerçam a mesma função em contrato intermitente ou não: o trabalhador intermitente tem direito ao salário mínimo hora ou àquele pago aos demais trabalhadores que exerçam na empresa a mesma função (intermitentes ou não);

c) O empregador convocará, por qualquer meio de comunicação eficaz, para a prestação de serviços, informando qual será a jornada, com pelo menos, três dias corridos de antecedência: A convocação para o trabalho deve partir do empregador, por meio de comunicação eficaz (pode ser por meio de telefone, *e-mail*, rede social ou *WhatsApp*);

d) o empregado deve responder à convocação em até um dia útil, presumindo-se, no silêncio, a recusa. A recusa da oferta não descaracteriza a subordinação para fins do contrato de trabalho intermitente: Aqui, há uma mudança significativa de rota, pois o empregado que não é intermitente, não pode recusar a convocação para o serviço, sem justificativa legal, sob consequência de estar sujeito ao poder disciplinar do empregador;

e) aceita a oferta para o comparecimento ao trabalho, a parte que descumprir, sem justo motivo, pagará à outra parte, no prazo de trinta dias, multa de 50% (cinquenta por cento) da remuneração que seria devida, permitida a compensação em igual prazo;

f) O período de inatividade não será considerado tempo à disposição do empregador, podendo o trabalhador prestar serviços a outros contratantes: Aqui, não se aplica a regra do art. 4º, da CLT. O período de inatividade será interpretado como de suspensão contratual, sem salário e sem cômputo do tempo de serviço;

g) Ao final de cada período de prestação de serviço, o empregado receberá os direitos trabalhistas devidos, quais sejam: remuneração, férias proporcionais + 1/3, 13º salário proporcional, Dsr´s e adicionais de remuneração (adicional de horas extras, adicional noturno de insalubridade/periculosidade, etc.). O recibo de pagamento deverá conter a discriminação dos valores pagos relativos a cada uma das parcelas trabalhistas pagas;

h) O empregador efetuará o recolhimento da contribuição previdenciária e o depósito do Fundo de Garantia do Tempo de Serviço, na forma da lei, com base nos valores pagos no período mensal e fornecerá ao empregado comprovante do cumprimento dessas obrigações;

i) a cada doze meses, o empregado adquire direito a usufruir, nos doze meses subsequentes, um mês de férias, período no qual não poderá ser convocado para prestar serviços pelo mesmo empregador: a interpretação aqui, há de ser benéfica ao empregado. Desse modo, a cada doze meses de vigência do contrato intermitente, não necessariamente, de prestação efetiva de serviços, ele terá direito a férias.

Há que se mencionar ainda que no contrato de trabalho intermitente, não há exclusividade na prestação de serviços para um tomador, podendo o trabalhador prestar serviços para outros tomadores. Outrossim, deve ser destacado que o trabalhador intermitente tem direitos ao piso mínimo de direitos previsto na Constituição Federal e aos direitos previstos na CLT e nas legislações extravagantes que não são incompatíveis com esta espécie de trabalho.

O contrato de trabalho intermitente será um desafio a ser enfrentado por trabalhadores, empregadores e operadores do direito do trabalho. Há que se avaliar, no caso concreto, se a finalidade social da lei e a finalidade social do direito do trabalho foram observadas. Caso existam obrigações desproporcionais, no caso concreto ou atendimento aos interesses exclusivo do tomador de serviços, este contrato pode ser anulado na Justiça do Trabalho, reconhecendo-se a contratação por prazo indeterminado.

Recentemente o Tribunal Superior do Trabalho manifestou-se pela constitucionalidade do contrato de trabalho intermitente, conforme a ementa que segue abaixo:

i) AGRAVO DE INSTRUMENTO – RITO SUMARÍSSIMO – TRABALHO INTERMITENTE – TRANSCENDÊNCIA JURÍDICA – VIOLAÇÃO DO ART. 5º, II, DA CF. Tratando-se de matéria nova a relativa ao trabalho intermitente, reconhece-se a transcendência jurídica do recurso de revista, e constatando-se a recusa do Regional na aplicação da nova Lei 13.467/17 à modalidade intermitente de contratação, a hipótese é de reconhecimento de violação do art. 5º, II, da CF, em processo submetido ao rito sumaríssimo. Agravo de instrumento provido. II) RECURSO DE REVISTA – RITO SUMARÍSSIMO – TRABALHO INTERMITENTE – MATÉRIA NOVA – TRANSCENDÊNCIA JURÍDICA – VIOLAÇÃO DO ART. 5º, II, DA CF – DESRESPEITO PATENTE À LEI 13.467/17, QUE INTRODUZIU OS ARTS. 443, § 3º, E 452-A NA CLT. 1. Constitui matéria nova no âmbito deste Tribunal, a ensejar o conhecimento de recurso de revista com base em sua transcendência jurídica (CLT, art. 896-A, § 1º, IV), aquela concernente ao regramento do trabalho intermitente, introduzido em nosso ordenamento jurídico pela Lei 13.467/17. 2. Discutida a matéria em recurso oriundo de processo submetido ao rito sumaríssimo, apenas por violação direta de dispositivo constitucional se pode conhecer do apelo, nos termos do § 9º do art. 896 da CLT. 3. É pacifica a jurisprudência do TST no sentido de que, excepcionalmente, pode-se conhecer de recurso de revista em rito sumaríssimo por violação ao princípio da legalidade insculpido no art. 5º, II, da CF, como forma de controle jurisdicional das decisões dos TRTs que deixarem flagrantemente de aplicar dispositivo legal que rege a matéria em debate (Precedentes de todas as Turmas, em variadas questões). 4. In casu, o 3º Regional reformou a sentença, que havia julgado improcedente a reclamatória, por entender que o trabalho intermitente "deve ser feito somente em caráter excepcional, ante a precarização dos direitos do trabalhador, e para atender demanda intermitente em pequenas empresas" e que "não é cabível ainda a utilização de contrato intermitente para atender posto de trabalho efetivo dentro da empresa". 5. Pelo prisma da doutrina pátria, excessos exegéticos assomam tanto nas fileiras dos que pretendem restringir o âmbito de aplicação da nova modalidade contratual, como nas dos que defendem sua generalização e maior flexibilidade, indo mais além do que a própria lei prevê. 6. Numa hermenêutica estrita, levando em conta a literalidade dos arts. 443, § 3º, e 452-A da CLT, que introduziram a normatização do trabalho intermitente no Brasil, tem-se como "intermitente o contrato de trabalho no qual a prestação de serviços, com subordinação, não é contínua, ocorrendo com alternância de períodos de prestação de serviços e de inatividade, determinados em horas, dias ou meses, independentemente do tipo de atividade do empregado e do empregador, exceto para os aeronautas, regidos por legislação própria" (§ 3º). Ou seja, não se limita a determinadas atividades ou empresas, nem a casos excepcionais. Ademais, fala-se em valor horário do salário mínimo ou daquele pago a empregados contratados sob modalidade distinta de contratação (CLT, art. 452-A). 7. Contrastando a decisão regional com os comandos legais supracitados, não poderia ser mais patente o desrespeito ao princípio da legalidade. O 3º Regional, refratário, como se percebe, à reforma trabalhista, cria mais parâmetros e limitações do que aqueles impostos pelo legislador ao trabalho intermitente, malferindo o princípio da legalidade, erigido pelo art. 5º, II, da CF como baluarte da segurança jurídica. 8. Ora, a introdução de regramento para o trabalho intermitente em nosso ordenamento jurídico deveu-se à necessidade de se conferir direitos básicos a uma infinidade de trabalhadores que se encontravam na informalidade (quase 50% da força de trabalho do país), vivendo de "bicos", sem carteira assinada e sem garantia de direitos trabalhistas fundamentais. Trata-se de uma das novas modalidades contratuais existentes no mundo, flexibilizando a forma de contratação e remuneração, de modo a combater o desemprego. Não gera precarização, mas segurança jurídica a trabalhadores e empregadores, com regras claras, que estimulam a criação de novos postos de trabalho. 9. Nesses termos, é de se acolher o apelo patronal, para restabelecer a sentença de improcedência da reclamatória trabalhista. Recurso de revista conhecido e provido "(RR-10454-06.2018.5.03.0097, 4ª Turma, Relator Ministro Ives Gandra Martins Filho, DEJT 09/08/2019).

13. TERCEIRIZAÇÃO DA PRESTAÇÃO DE SERVIÇOS E CONTRATO DE TRABALHO

Na visão de Amauri Mascaro Nascimento[29]:

29 Iniciação ao Direito do Trabalho. 24ª Edição. São Paulo: LTr, 2000, p. 161.

> "Sob o prisma empresarial, a necessidade de especialização, o desenvolvimento de novas técnicas de administração para melhor gestão dos negócios e aumento de produtividade a redução de custos fomentam a construção de serviços prestados por outras empresas, no lugar daqueles que poderiam ser prestados pelos seus próprios empregados, expediente que pode trazer problemas trabalhistas e que se denomina terceirização."

Segundo Maurício Godinho Delgado, a terceirização "é o fenômeno pelo qual se dissocia a relação econômica de trabalho da relação justrabalhista que lhe seria correspondente. Por tal fenômeno insere-se o trabalhador no processo produtivo do tomador de serviços sem que se estendam a este os laços justrabalhistas, que se preservam fixados com uma entidade interveniente".[30]

Há uma relação triangular entre empresa prestadora, o empregado e a empresa tomadora, à semelhança do que ocorre com o trabalhador temporário (Lei 6.019/74), porém não tem um prazo fixo e nem o empregado terceirizado vem acorrer necessidade transitória de substituição pessoal ou acréscimo extraordinário de serviços. Não há a formação de vínculo de emprego entre o tomador e o empregado da empresa terceirizada.

A Consolidação das Leis do Trabalho e a Legislação extraordinária não previam, expressamente, a hipótese de terceirização do contrato de trabalho, daí muitos defensores dos princípios protetores do direito do trabalho considerarem ilícita essa modalidade de contratação. A jurisprudência firmou-se, num primeiro momento, no sentido da vedação desse instituto no Direito Laboral, conforme se extrai da dicção do Súmula n. 256, do Colendo TST, editado em 10.10.1986, com a seguinte redação: "salvo os casos de trabalho temporário e de serviços de vigilância, previstos nas Leis ns. 6.019 de 3.1.74, e 7.102, de 20.6.83, é ilegal a contratação de trabalhadores por empresa interposta, formando-se o vínculo empregatício diretamente com o tomador dos serviços".

A jurisprudência considerava fraude aos direitos trabalhistas a contratação de serviços por empresa interposta, salvo os casos de trabalho temporário e serviços de vigilância.

Posteriormente, veio a lume a Súmula 331 do C. TST, "in verbis":

30 Introdução do Direito do Trabalho. 2ª Edição. São Paulo, 1999, p. 374.

> **CONTRATO DE PRESTAÇÃO DE SERVIÇOS. LEGALIDADE (nova redação do item IV e inseridos os itens V e VI à redação) – Res. 174/2011, DEJT divulgado em 27, 30 e 31.05.2011**
> I – A contratação de trabalhadores por empresa interposta é ilegal, formando-se o vínculo diretamente com o tomador dos serviços, salvo no caso de trabalho temporário (Lei nº 6.019, de 03.01.1974). II – A contratação irregular de trabalhador, mediante empresa interposta, não gera vínculo de emprego com os órgãos da Administração Pública direta, indireta ou fundacional (art. 37, II, da CF/1988). III – Não forma vínculo de emprego com o tomador a contratação de serviços de vigilância (Lei nº 7.102, de 20.06.1983) e de conservação e limpeza, bem como a de serviços especializados ligados à atividade-meio do tomador, desde que inexistente a pessoalidade e a subordinação direta. IV – O inadimplemento das obrigações trabalhistas, por parte do empregador, implica a responsabilidade subsidiária do tomador dos serviços quanto àquelas obrigações, desde que haja participado da relação processual e conste também do título executivo judicial. V – Os entes integrantes da Administração Pública direta e indireta respondem subsidiariamente, nas mesmas condições do item IV, caso evidenciada a sua conduta culposa no cumprimento das obrigações da Lei n.º 8.666, de 21.06.1993, especialmente na fiscalização do cumprimento das obrigações contratuais e legais da prestadora de serviço como empregadora. A aludida responsabilidade não decorre de mero inadimplemento das obrigações trabalhistas assumidas pela empresa regularmente contratada. VI – A responsabilidade subsidiária do tomador de serviços abrange todas as verbas decorrentes da condenação referentes ao período da prestação laboral."

A Súmula e questão veio disciplinar a terceirização de serviços de forma ampla, desde que esses serviços sejam especializados e relacionados à atividade-meio do tomador de serviços.

Diante da referida Súmula do Tribunal Superior do Trabalho, a terceirização fora admitida desde que observados os seguintes critérios:

a) a prestação de serviços especializados de uma empresa para outra tomadora;
b) a atividade terceirizada deve ser atividade-meio da empresa tomadora. A distinção entre atividade-meio e atividade-fim sempre

foi nebulosa. A atividade-fim está relacionada ao objetivo social do tomador, sendo indispensável para o exercício de sua atividade econômica. Já a atividade-meio é secundária, instrumental, normalmente uma atividade de apoio ou complementar. Nesta categoria, temos as atividades de alimentação de funcionários, conservação e limpeza, vigilância, operadores de elevador, auditoria, execução de serviços de contabilidade, assistência médica, assistência jurídica, entre outras;

c) inexistência de subordinação e pessoalidade entre empregados que prestam serviços e a tomadora. Isso revela que o Súmula teve por escopo o fato de que o que realmente interessa ao tomador é pura e simplesmente o resultado do trabalho e não quem os executa;

d) responsabilidade subsidiária do tomador de serviços.

As Leis 13.429/17 e Lei 13.467/17 alteraram a Lei 6019/74 disciplinando a terceirização de mão de obra, buscando dar mais segurança jurídica ao instituto, e permitir a utilização da utilização do instituto de forma ampla, desde que observadas as exigências legais.

A definição legal da terceirização está prevista no art. 4º-A da Lei 6.019/74:

> "Considera-se prestação de serviços a terceiros a transferência feita pela contratante da execução de quaisquer de suas atividades, inclusive sua atividade principal, à pessoa jurídica de direito privado prestadora de serviços que possua capacidade econômica compatível com a sua execução. § 1º A empresa prestadora de serviços contrata, remunera e dirige o trabalho realizado por seus trabalhadores, ou subcontrata outras empresas para realização desses serviços. § 2º Não se configura vínculo empregatício entre os trabalhadores, ou sócios das empresas prestadoras de serviços, qualquer que seja o seu ramo, e a empresa contratante."

Nos termos do art. 4º-B da Lei 6019/74 com a redação dada pela Lei 13.429/17, são requisitos para o funcionamento da empresa de prestação de serviços a terceiros: I – prova de inscrição no Cadastro Nacional da Pessoa Jurídica (CNPJ); II – registro na Junta Comercial; III – capital social compatível com o número de empregados, observando-se os seguintes parâmetros: a) empresas com até dez empregados – capital mínimo de R$ 10.000,00 (dez mil reais); b) empresas com mais de dez e até vinte empregados – capital mínimo de R$ 25.000,00 (vinte e cinco mil reais); c) empresas com mais de vinte e até cinquenta empregados – capital mínimo de R$ 45.000,00 (quarenta e cinco mil reais); d) empresas com mais de cinquenta e até cem empregados – capital mínimo de R$ 100.000,00 (cem mil reais); e e) empresas com mais de cem empregados – capital mínimo de R$ 250.000,00 (duzentos e cinquenta mil reais).

Conforme o art. 5º-A, da Lei 6.019/74, contratante é a pessoa física ou jurídica que celebra contrato com empresa de prestação de serviços relacionados a quaisquer de suas atividades, inclusive sua atividade principal. § 1º É vedada à contratante a utilização dos trabalhadores em atividades distintas daquelas que foram objeto do contrato com a empresa prestadora de serviços. § 2º Os serviços contratados poderão ser executados nas instalações físicas da empresa contratante ou em outro local, de comum acordo entre as partes. § 3º É responsabilidade da contratante garantir as condições de segurança, higiene e salubridade dos trabalhadores, quando o trabalho for realizado em suas dependências ou local previamente convencionado em contrato. § 4º A contratante poderá estender ao trabalhador da empresa de prestação de serviços o mesmo atendimento médico, ambulatorial e de refeição destinado aos seus empregados, existente nas dependências da contratante, ou local por ela designado. § 5º A empresa contratante é subsidiariamente responsável pelas obrigações trabalhistas referentes ao período em que ocorrer a prestação de serviços, e o recolhimento das contribuições previdenciárias observará o disposto no art. 31 da Lei nº 8.212, de 24 de julho de 1991.

Diante dos referidos dispositivos legais, a terceirização de mão de obra ficou disciplinada da seguinte forma:

a) permite-se a terceirização de qualquer tipo de atividade da empresa tomadora, inclusive sua atividade principal, desde que a empresa prestadora dos serviços seja pessoa jurídica, e tenha capacidade econômica compatível com a execução dos serviços;

b) a empresa prestadora dos serviços é quem contrata e dirige a prestação dos serviços do trabalhador terceirizado, podendo subcontratar outras empresas para a realização do serviço terceirizado. Permite-se a chamada subcontratação de mão de obra pela empresa prestadora para outra empresa, também denominada "quarteirização" de serviços;

c) não se exige que a empresa prestadora seja especializada na prestação do serviço terceirizado, tampouco que tenha organização própria. Apenas que tenha capacidade econômica para a prestação do serviço, capital compatível com o número de empregados, inscrição no CNPJ e registro na Junta Comercial;

d) o serviço terceirizado deve constar do objeto do contrato, e não pode ser alterado durante a vigência do contrato de prestação de serviços;

e) a prestação de serviços terceirizados poderá ocorrer na sede da empresa tomadora, nas dependências da própria empresa prestadora de serviços, ou em local diverso conforme previsão do contrato;

f) se o trabalho for executado nas dependências da empresa tomadora, os empregados terceirizado têm direito a: a) alimentação garantida aos empregados da contratante, quando oferecida em refeitórios; b) direito de utilizar os serviços de transporte; c) atendimento médico ou ambulatorial existente nas dependências da contratante ou local por ela designado; d) treinamento adequado, fornecido pela contratada, quando a atividade o exigir. II – sanitárias, de medidas de proteção à saúde e de segurança no trabalho e de instalações adequadas à prestação do serviço. Tratam-se de direitos mínimos para assegurar a saúde e segurança dos trabalhadores terceirizados;

g) a empresa contratante é subsidiariamente responsável pelas obrigações trabalhistas referentes ao período em que ocorrer a prestação de serviços, e o recolhimento das contribuições previdenciárias.

Apesar da lei expressamente disciplinar que não há vínculo de emprego entre trabalhador terceirizado e tomador de serviço, esse fato não impede que uma vez presentes os requisitos dos arts. 2º e 3º, o vínculo de emprego seja declarado em face do tomador de serviços, vale dizer: caso presentes a pessoalidade e subordinação, o vínculo deve ser reconhecido. Neste aspecto, está em plena vigência, a parte final do inciso III da Súmula 331 do TST.

Também, caso não observados os requisitos dos arts. 4º-A, 4º-B e 5º-A, todos da Lei 6019/74, o vínculo de emprego se formará com a empresa tomadora, sendo a responsabilidade da empresa prestadora solidária, por aplicação os arts. 9º, da CLT e 932, III e 942, parágrafo único, do Código Civil.

Nos termos do art. 5º-B, da Lei 6019/74, o contrato de prestação de serviços conterá: I – qualificação das partes; II – especificação do serviço a ser prestado; III – prazo para realização do serviço, quando for o caso; IV – valor.

Conforme o art. 5º C, da Lei 6.019/74, não pode figurar como contratada, nos termos do art. 4º-A desta Lei, a pessoa jurídica cujos titulares ou sócios tenham, nos últimos dezoito meses, prestado serviços à contratante na qualidade de empregado ou trabalhador sem vínculo empregatício, exceto se os referidos titulares ou sócios forem aposentados.

Segundo o art. 5º-D, da Lei 6019/74, o empregado que for demitido não poderá prestar serviços para esta mesma empresa na qualidade de empregado de empresa prestadora de serviços antes do decurso de prazo de dezoito meses, contados a partir da demissão do empregado.

Segmentos da doutrina tem tecido duras críticas à regulamentação da terceirização, principalmente, a autorização para a terceirização de qualquer atividade, inclusive a principal da empresa contratante, argumentando que isso provocará um desmonte das empresas em prejuízo aos direitos trabalhistas, provocando uma completa desorganização sindical.

No aspecto, adverte Maurício Godinho Delgado[31]:

> "(...)Tamanha amplitude para a terceirização, atingindo a própria atividade principal da empresa tomadora dos serviços entraria em choque, inquestionavelmente – a nosso ver –, com a matriz da Constituição da República (...)O segundo aspecto introduzido pela Lei 13.467/17 que chama bastante atenção – também de inequívoco direcionamento precarizante – se traduz no afastamento da imperatividade da isonomia entre os trabalhadores terceirizados e os empregados da empresa tomadora de serviços, isto é, a remuneração equivalente à percebida pelos empregados da mesma categoria da empresa tomadora de serviços, nos casos de terceirização lícita. A Lei n. 13.467/17, mesmo após ter ampliado largamente a terceirização, não considera imperativa a regra isonômica entre trabalhadores terceirizados e empregados da empresa tomadora dos serviços (empresa contratante) (...)."

31 Curso de Direito do Trabalho. 18ª ed. São Paulo: LTr, 2019, p. 557.

A questão chegou ao Supremo Tribunal Federal, o qual declarou a constitucionalidade da terceirização da atividade-fim, conforme as ementas que seguem.

> "É lícita a terceirização ou qualquer outra forma de divisão do trabalho entre pessoas jurídicas distintas, independentemente do objeto social das empresas envolvidas, mantida a responsabilidade subsidiária da empresa contratante" (STF, RE 958.252. Pleno. Rel. Ministro Luiz Fux. J. 30.08.2018).
>
> DIREITO DO TRABALHO. ARGUIÇÃO DE DESCUMPRIMENTO DE PRECEITO FUNDAMENTAL. TERCEIRIZAÇÃO DE ATIVIDADE -FIM E DE ATIVIDADE -MEIO. CONSTITUCIONALIDADE. 1. A Constituição não impõe a adoção de um modelo de produção específico, não impede o desenvolvimento de estratégias empresariais flexíveis, tampouco veda a terceirização. Todavia, a jurisprudência trabalhista sobre o tema tem sido oscilante e não estabelece critérios e condições claras e objetivas, que permitam sua adoção com segurança. O direito do trabalho e o sistema sindical precisam se adequar às transformações no mercado de trabalho e na sociedade. 2. A terceirização das atividades-meio ou das atividades-fim de uma empresa tem amparo nos princípios constitucionais da livre iniciativa e da livre concorrência, que asseguram aos agentes econômicos a liberdade de formular estratégias negociais indutoras de maior eficiência econômica e competitividade. 3. A terceirização não enseja, por si só, precarização do trabalho, violação da dignidade do trabalhador ou desrespeito a direitos previdenciários. É o abusivo da sua contratação que pode produzir tais violações. 4. Para evitar tal exercício abusivo, os princípios que amparam a constitucionalidade da terceirização devem ser compatibilizados com as normas constitucionais de tutela do trabalhador, cabendo à contratante: i) verificar a idoneidade e a capacidade econômica da terceirizada; e ii) responder subsidiariamente pelo descumprimento das normas trabalhistas, bem como por obrigações previdenciárias (art. 31 da Lei 8.212/1993). 5. A responsabilização subsidiária da tomadora dos serviços pressupõe a sua participação no processo judicial, bem como a sua inclusão no título executivo judicial. 6. Mesmo com a superveniência da Lei 13.467/2017, persiste o objeto da ação, entre outras razões porque, a despeito dela, não foi revogada ou alterada a Súmula 331 do TST, que consolidava o conjunto de decisões da Justiça do Trabalho sobre a matéria, a indicar que o tema continua

> a demandar a manifestação do Supremo Tribunal Federal a respeito dos aspectos constitucionais da terceirização. Além disso, a aprovação da lei ocorreu após o pedido de inclusão do feito em pauta. 7. Firmo a seguinte tese: "1. É lícita a terceirização de toda e qualquer atividade, meio ou fim, não se configurando relação de emprego entre a contratante e o empregado da contratada. 2. Na terceirização, compete à contratante: i) verificar a idoneidade e a capacidade econômica da terceirizada; e ii) responder subsidiariamente pelo descumprimento das normas trabalhistas, bem como por obrigações previdenciárias, na forma do art. 31 da Lei 8.212/1993". 8. ADPF julgada procedente para assentar a licitude da terceirização de atividade-fim ou meio. Restou explicitado pela maioria que a decisão não afeta automaticamente decisões transitadas em julgado (STF, Pleno, ADPF 324/DF, Rel. Min. Roberto Barroso. DJe 06.09.2019).

Em 16/06/2020, o Supremo Tribunal Federal, em controle concentrado de constitucionalidade, declarou a constitucionalidade da Lei 13.429/17, que autoriza da terceirização em atividade-fim conforme se constata da seguinte ementa:

> Ação Direta de Inconstitucionalidade. 2. Lei Federal 13.429/2017. Trabalho temporário. Prestação de serviço a terceiros. 3. Terceirização da atividade-meio e da atividade-fim. Terceirização na administração pública. 4. Ausência de inconstitucionalidade formal e material. Precedentes: ADPF 324, Rel. Min. Roberto Barroso, e RE-RG 958.252, Rel. Min. Luiz Fux. 5. Ação direta de inconstitucionalidade julgada improcedente (STF ADI 5685. Rel Min Gilmar Mendes).

De nossa parte, o instituto da terceirização deveria ser aperfeiçoado para que o trabalho terceirizado fosse realizado por prazo determinado, sendo a empresa prestadora especializada na prestação dos serviços, com organização própria. Além disso, deveria ter sido fixada a responsabilidade solidária do tomador, assegurando-se os mesmos direitos dos empregados da empresa tomadora aos trabalhadores terceirizados.

14. TERCEIRIZAÇÃO NA ADMINISTRAÇÃO PÚBLICA

A Constituição Federal (art. 37, XXI)[32] permite a terceirização na Administração Pública, desde que haja regular procedimento de licitação nos moldes da Lei 8666/93.

A jurisprudência trabalhista (Súmula 331, II, do TST) firmou-se no sentido de que a contratação irregular de trabalhador, mediante empresa interposta, não gera vínculo de emprego com os órgãos da Administração Pública direta, indireta ou fundacional, face à exigência Constitucional do curso público para o ingresso nos quadros da Administração (art. 37, II, da CF/1988[33]).

O inciso IV da Súmula 331, do TST, em sua redação original, havia atribuído responsabilidade subsidiária à Administração Pública nos contratos de terceirização de mão de obra, mesmo diante da existência de licitação. De nossa parte, a jurisprudência sedimentada do TST estava correta, pois o procedimento licitatório garante a melhor proposta e a idoneidade financeira da empresa contratada apenas no momento da contratação, mas não durante a execução do contrato, o que justifica a responsabilização em caso de culpa "in vigilando". Além disso, a jurisprudência do Tribunal Superior do Trabalho está em compasso com os princípios da moralidade e impessoalidade da Administração Pública (artigo 37, "*caput*", da CF) e dos valores sociais do trabalho e dignidade da pessoa humana do trabalhador (artigos 1º, incisos III e IV e 7º, da Constituição Federal).

O Supremo Tribunal Federal (ADC 16, em 24.11.2010), em controle concentrado de constitucionalidade, declarou a constitucionalidade do artigo 71, da Lei 8666/93 que exonera a Administração Pública de responsabilidade por créditos trabalhistas da empresa contratada. Consta do informativo 610/10, do Supremo Tribunal Federal, os principais argumentos meritórios da EDC 16, "in verbis":

---

32 Art. 37, XXI, da CF: "Ressalvados os casos especificados na legislação, as obras, serviços, compras e alienações serão contratados mediante processo de licitação pública que assegure igualdade de condições a todos os concorrentes, com cláusulas que estabeleçam obrigações de pagamento, mantidas as condições efetivas da proposta, nos termos da lei, o qual somente permitirá as exigências de qualificação técnica e econômica indispensáveis à garantia do cumprimento das obrigações."

33 Art. 37, II, da CF: "A investidura em cargo ou emprego público depende de aprovação prévia em concurso público de provas ou de provas e títulos, de acordo com a natureza e a complexidade do cargo ou emprego, na forma prevista em lei, ressalvadas as nomeações para cargo em comissão declarado em lei de livre nomeação e exoneração."

> "Quanto ao mérito, entendeu-se que a mera inadimplência do contratado não poderia transferir à Administração Pública a responsabilidade pelo pagamento dos encargos, mas reconheceu-se que isso não significaria que eventual omissão da Administração Pública, na obrigação de fiscalizar as obrigações do contratado, não viesse a gerar essa responsabilidade. Registrou-se que, entretanto, a tendência da Justiça do Trabalho não seria de analisar a omissão, mas aplicar, irrestritamente, o Enunciado 331 do TST. O Min. Marco Aurélio, ao mencionar os precedentes do TST, observou que eles estariam fundamentados tanto no § 6º do art. 37 da CF quanto no § 2º do art. 2º da CLT (§ 2º – Sempre que uma ou mais empresas, tendo, embora, cada uma delas, personalidade jurídica própria, estiverem sob a direção, controle ou administração de outra, constituindo grupo industrial, comercial ou de qualquer outra atividade econômica, serão, para os efeitos da relação de emprego, solidariamente responsáveis a empresa principal e cada uma das subordinadas.). Afirmou que o primeiro não encerraria a obrigação solidária do Poder Público quando recruta mão-de-obra, mediante prestadores de serviços, considerado o inadimplemento da prestadora de serviços. Enfatizou que se teria partido, considerado o verbete 331, para a responsabilidade objetiva do Poder Público, presente esse preceito que não versaria essa responsabilidade, porque não haveria ato do agente público causando prejuízo a terceiros que seriam os prestadores do serviço. No que tange ao segundo dispositivo, observou que a premissa da solidariedade nele prevista seria a direção, o controle, ou a administração da empresa, o que não se daria no caso, haja vista que o Poder Público não teria a direção, a administração, ou o controle da empresa prestadora de serviços. Concluiu que restaria, então, o parágrafo único do art. 71 da Lei 8.666/93, que, ao excluir a responsabilidade do Poder Público pela inadimplência do contratado, não estaria em confronto com a Constituição Federal. **ADC 16/DF, rel. Min. Cezar Peluso, 24.11.2010. (ADC-16).**"

O Supremo Tribunal Federal, no RE 760931, firmou a seguinte tese no tema 246 de sua repercussão geral:

> "O inadimplemento dos encargos trabalhistas dos empregados do contratado não transfere automaticamente ao Poder Público contratante a responsabilidade pelo seu pagamento, seja em

caráter solidário ou subsidiário, nos termos do art. 71, § 1º, da Lei nº 8.666/93."

Diante da decisão do Supremo Tribunal Federal, que é de caráter vinculante, não há mais a possibilidade de se fundamentar a responsabilidade subsidiária da Administração Pública na responsabilidade objetiva da Administração prevista no parágrafo 6º do artigo 37, da CF e na inconstitucionalidade do artigo 71, da Lei 8.666/93. Entretanto, no caso concreto, é possível responsabilizar a Administração Pública de forma subsidiária nos contratos de terceirização, pelos seguintes fundamentos:

a) garantia de solvabilidade do crédito trabalhista em compasso com os princípios da melhoria da condição social do trabalhador, e dos princípios da moralidade e impessoalidade da Administração Pública;
b) aplicação da teoria da responsabilidade civil pela culpa "in vigilando", uma vez que a licitação apenas revela a melhor proposta e a idoneidade financeira da empresa contratada no momento da contratação, devendo a Administração Pública fiscalizar a execução do contrato (artigo 67, da Lei 8666/93). Além disso, a Administração Pública, com o exercício de sua atividade, causou danos ao trabalhador (artigos 186, 927, 932, III, 933 e 942, p. único, ambos do CC);
c) a Administração Pública, uma vez sendo responsabilizada pelos créditos trabalhistas de trabalhadores terceirizados, poderá exercer seu direito de regresso em face da empresa contratada;
d) aplicação da teoria do ônus dinâmico da prova (artigo 818, parágrafos 1º a 3º, da CLT), cumprindo à Administração comprovar, no caso concreto, de forma robusta, que fiscalizou o contrato de forma periódica e não contribuiu para o inadimplemento do crédito trabalhista[34].

34 Nesse sentido, a seguinte ementa: "AGRAVO DE INSTRUMENTO. RITO SUMARÍSSIMO. RESPONSABILIDADE SUBSIDIÁRIA. TOMADOR DE SERVIÇOS. ADMINISTRAÇÃO PÚBLICA. Demonstrada possível contrariedade à Súmula 331, V, do c. TST, deve ser provido o agravo de instrumento. Agravo de instrumento de que se conhece e a que se dá provimento, para determinar o processamento do recurso de revista. RECURSO DE REVISTA. RITO SUMARÍSSIMO. RESPONSABILIDADE SUBSIDIÁRIA. TOMADOR DE SERVIÇOS. ADMINISTRAÇÃO PÚBLICA. DISTRIBUIÇÃO DO ÔNUS DA PROVA. No julgamento da ADC 16/DF, o STF decidiu que o art. 71, § 1º, da Lei 8.666/93 é constitucional e que isso não impede a responsabili-

A jurisprudência do Tribunal Superior do Trabalho após a tese firmada na ADC 16 firmou-se no seguinte sentido: "Os entes integrantes da Administração Pública direta e indireta respondem subsidiariamente, nas mesmas condições do item IV, caso evidenciada a sua conduta culposa no cumprimento das obrigações da Lei n.º 8.666, de 21.06.1993, especialmente na fiscalização do cumprimento das obrigações contratuais e legais da prestadora de serviço como empregadora. A aludida responsabilidade não decorre de mero inadimplemento das obrigações trabalhistas assumidas pela empresa regularmente contratada." (Súmula 331, V, do TST).

No aspecto, cumpre destacar as seguintes ementas:

> AGRAVO DE INSTRUMENTO. RECURSO DE REVISTA. JULGAMENTO ANTERIOR POR ESTA 3ª TURMA. DEVOLUÇÃO DOS AUTOS PARA EVENTUAL EMISSÃO DE JUÍZO DE RETRATAÇÃO. ARTIGO 1.030, INCISO II, DO CPC. TERCEIRIZAÇÃO TRABALHISTA. ENTIDADES ESTATAIS. ENTENDIMENTO FIXADO PELO STF NA ADC Nº 16-DF. SÚMULA 331, V, DO TST. ART. 71, § 1º, DA LEI 8.666/93. RESPONSABILIDADE SUBSIDIÁRIA. JURISPRUDÊNCIA VINCULANTE DO STF. NECESSIDADE DE COMPROVAÇÃO DE CONDUTA CULPOSA NO CUMPRIMENTO DAS OBRIGAÇÕES DA LEI 8.666/93. DISTRIBUIÇÃO DO ÔNUS DA PROVA NO TOCANTE À AUSÊNCIA DE FISCALIZAÇÃO. ENCARGO DA ADMINISTRAÇÃO PÚBLICA, SEGUNDO INTERPRETAÇÃO DA SBDI-1/TST À JURISPRUDÊNCIA DO STF, A PARTIR DA DECISÃO DOS EMBARGOS DE DECLARAÇÃO PROFERIDA NOS AUTOS DO RE-760.931/DF. Em observância ao entendimento fixado pelo STF na ADC nº 16-DF, passou a prevalecer a tese de que a responsabilidade subsidiária dos entes integrantes da Administração Pública direta e indireta não decorre de mero inadimplemento das obrigações trabalhistas assumidas pela empresa regularmente contratada, mas apenas quando explicitada no acórdão regional a sua conduta culposa no cumprimento das

zação subsidiária de ente público, desde que caracterizada a culpa in vigilando. No caso, a responsabilidade subsidiária da 2ª reclamada foi reconhecida de forma genérica, sem que tivesse sido atribuída e demonstrada a sua negligência no tocante à fiscalização da prestadora de serviços quanto ao cumprimento das obrigações trabalhistas. Recurso de revista de que se conhece e a que se dá provimento (TST RR-62-40.2017.5.20.0009, 6ª Turma, Relatora Desembargadora Convocada Cilene Ferreira Amaro Santos, DEJT 06/04/2018).

obrigações da Lei 8.666, de 21.6.1993, especialmente na fiscalização do cumprimento das obrigações contratuais e legais da prestadora de serviço como empregadora. E o STF, ao julgar, com repercussão geral reconhecida, o RE-760.931/DF, confirmou a tese já explicitada na anterior ADC nº 16-DF, no sentido de que a responsabilidade da Administração Pública não pode ser automática, cabendo a sua condenação apenas se houver prova inequívoca de sua conduta omissiva ou comissiva na fiscalização dos contratos. Provocado o STF, em sede de embargos de declaração, sobre o alcance da decisão proferida nos autos do RE-760.931/DF, sobretudo quanto ao ônus de prova da fiscalização do adimplemento das obrigações contratuais trabalhistas no curso do pacto celebrado entre o ente privado e a Administração Pública, o recurso foi desprovido. Em face dessa decisão, em que o Supremo Tribunal Federal não delimitou - como foi questionado nos embargos de declaração - a matéria atinente ao ônus da prova da fiscalização do contrato, compreendeu a SBDI-1 do TST, em julgamento realizado em 12.12.2019, nos autos dos Embargos E-RR-925-07.2016.5.05.0281, de relatoria do Ministro Cláudio Mascarenhas Brandão, que a deliberação acerca da matéria, dado o seu caráter eminentemente infraconstitucional, compete à Justiça do Trabalho. E, manifestando-se expressamente sobre o encargo probatório, fixou a tese de que é do Poder Público, tomador dos serviços, o ônus de demonstrar que fiscalizou de forma adequada o contrato de prestação de serviços, suplantando, assim, o entendimento de que seria do empregado tal encargo processual. Ressalte-se que, ainda que não haja transferência automática da responsabilidade (não incide, nesses casos, a culpa presumida, segundo o STF), tem o tomador de serviços estatal o ônus processual de comprovar seus plenos zelo e exação quanto ao adimplemento de seu dever fiscalizatório (art. 818, II e § 1º, CLT; art. 373, II, CPC/2015). Por essas razões, se a entidade pública não demonstra a realização do efetivo controle sobre o contrato, deve ser responsabilizada subsidiariamente pela satisfação das obrigações trabalhistas inadimplidas pela empregadora. É preciso - reitere-se - deixar claro que, se a entidade estatal fizer prova razoável e consistente, nos autos, de que exerceu, adequadamente, o seu dever fiscalizatório, não pode ocorrer a sua responsabilização, pois isso configuraria desrespeito à jurisprudência vinculante do Supremo Tribunal Federal. Consequentemente, no caso concreto, em face de a decisão do TRT estar em consonância com o atual

> posicionamento desta Corte sobre a matéria e mantida a decisão que negou provimento ao agravo de instrumento, sem proceder ao juízo de retratação, nos termos do art. 543-B, § 3º, do CPC, devolvam-se os autos à Vice-Presidência desta Corte Superior (TST - ARR-1571-69.2012.5.04.0027, 3ª Turma, Relator Ministro Mauricio Godinho Delgado, DEJT 12/03/2021).
>
> AGRAVO. AGRAVO DE INSTRUMENTO EM RECURSO DE REVISTA. ACÓRDÃO PUBLICADO NA VIGÊNCIA DA LEI Nº 13.467/2017. ADMINISTRAÇÃO PÚBLICA. RESPONSABILIDADE SUBSIDIÁRIA. CULPA IN VIGILANDO. TEMA Nº 246 DO STF. TRANSCENDÊNCIA JURÍDICA. O Supremo Tribunal Federal, em sede de repercussão geral, ao julgar o mérito do RE 760931/DF, fixou a seguinte tese a respeito da impossibilidade de transferência automática da responsabilidade subsidiária ao integrante da Administração Pública: "O inadimplemento dos encargos trabalhistas dos empregados do contratado não transfere automaticamente ao Poder Público contratante a responsabilidade pelo seu pagamento, seja em caráter solidário ou subsidiário, nos termos do art. 71, § 1º, da Lei nº 8.666/93". A egrégia SBDI-1 desta Corte, por sua vez, no julgamento do Processo E-RR-925-07.2016.5.05.0281, ocorrido em 12/12/2019, fixou o entendimento de que incumbe à Administração Pública o encargo processual de evidenciar ter exercido a fiscalização do cumprimento das obrigações trabalhistas por parte das empresas contratadas. A decisão regional está em harmonia com a compreensão do órgão uniformizador interno deste TST, segundo a qual a atribuição do encargo processual à Administração Pública não contraria o precedente firmado pelo STF no RE 760931/DF. Ressalva de entendimento do relator. Considerando a improcedência do recurso, aplica-se à parte agravante a multa prevista no art. 1.021, § 4º, do CPC. Agravo não provido, com aplicação de multa (TST - Ag-AIRR-10795-13.2018.5.03.0168, 5ª Turma, Relator Ministro Breno Medeiros, DEJT 17/09/2021).

A recente Lei 14.133/21 (Nova Lei de licitações) assevera em seu art. 48 as atividades que podem ser objeto de execução por terceiro. Dispõe o referido dispositivo legal:

> "Poderão ser objeto de execução por terceiros as atividades materiais acessórias, instrumentais ou complementares aos assuntos que

constituam área de competência legal do órgão ou da entidade, vedado à Administração ou a seus agentes, na contratação do serviço terceirizado: I - indicar pessoas expressamente nominadas para executar direta ou indiretamente o objeto contratado; II - fixar salário inferior ao definido em lei ou em ato normativo a ser pago pelo contratado; III - estabelecer vínculo de subordinação com funcionário de empresa prestadora de serviço terceirizado; IV - definir forma de pagamento mediante exclusivo reembolso dos salários pagos; V - demandar a funcionário de empresa prestadora de serviço terceirizado a execução de tarefas fora do escopo do objeto da contratação; VI - prever em edital exigências que constituam intervenção indevida da Administração na gestão interna do contratado. Parágrafo único. Durante a vigência do contrato, é vedado ao contratado contratar cônjuge, companheiro ou parente em linha reta, colateral ou por afinidade, até o terceiro grau, de dirigente do órgão ou entidade contratante ou de agente público que desempenhe função na licitação ou atue na fiscalização ou na gestão do contrato, devendo essa proibição constar expressamente do edital de licitação."

O referido dispositivo legal ressalta que a terceirização de mão de obra deve ser em serviços instrumentais e complementares, ou seja, em atividades de apoio, periféricas, desvinculadas do objeto principal da área do órgão público.

Conforme o art. 50 da Lei 14.133/21, "nas contratações de serviços com regime de dedicação exclusiva de mão de obra, o contratado deverá apresentar, quando solicitado pela Administração, sob pena de multa, comprovação do cumprimento das obrigações trabalhistas e com o Fundo de Garantia do Tempo de Serviço (FGTS) em relação aos empregados diretamente envolvidos na execução do contrato, em especial quanto ao: I - registro de ponto; II - recibo de pagamento de salários, adicionais, horas extras, repouso semanal remunerado e décimo terceiro salário; III - comprovante de depósito do FGTS; IV - recibo de concessão e pagamento de férias e do respectivo adicional; V - recibo de quitação de obrigações trabalhistas e previdenciárias dos empregados dispensados até a data da extinção do contrato; VI - recibo de pagamento de vale-transporte e vale-alimentação, na forma prevista em norma coletiva."

Nas contratações de dedicação exclusiva de mão de obra, como é o caso da terceirização de serviços para exercício de atividades instrumentais, o contratado deve apresentar comprovantes de quitação das verbas trabalhistas essenciais.

Quanto à responsabilidade pelas verbas trabalhistas, dispõe o art. 121 da Lei 14.133/21:

> "Somente o contratado será responsável pelos encargos trabalhistas, previdenciários, fiscais e comerciais resultantes da execução do contrato. § 1º A inadimplência do contratado em relação aos encargos trabalhistas, fiscais e comerciais não transferirá à Administração a responsabilidade pelo seu pagamento e não poderá onerar o objeto do contrato nem restringir a regularização e o uso das obras e das edificações, inclusive perante o registro de imóveis, ressalvada a hipótese prevista no § 2º deste artigo. § 2º Exclusivamente nas contratações de serviços contínuos com regime de dedicação exclusiva de mão de obra, a Administração responderá solidariamente pelos encargos previdenciários e subsidiariamente pelos encargos trabalhistas se comprovada falha na fiscalização do cumprimento das obrigações do contratado. § 3º Nas contratações de serviços contínuos com regime de dedicação exclusiva de mão de obra, para assegurar o cumprimento de obrigações trabalhistas pelo contratado, a Administração, mediante disposição em edital ou em contrato, poderá, entre outras medidas: I - exigir caução, fiança bancária ou contratação de seguro-garantia com cobertura para verbas rescisórias inadimplidas; II - condicionar o pagamento à comprovação de quitação das obrigações trabalhistas vencidas relativas ao contrato; III - efetuar o depósito de valores em conta vinculada; IV - em caso de inadimplemento, efetuar diretamente o pagamento das verbas trabalhistas, que serão deduzidas do pagamento devido ao contratado; V - estabelecer que os valores destinados a férias, a décimo terceiro salário, a ausências legais e a verbas rescisórias dos empregados do contratado que participarem da execução dos serviços contratados serão pagos pelo contratante ao contratado somente na ocorrência do fato gerador. § 4º Os valores depositados na conta vinculada a que se refere o inciso III do § 3º deste artigo são absolutamente impenhoráveis. § 5º O recolhimento das contribuições previdenciárias observará o disposto no art. 31 da Lei nº 8.212, de 24 de julho de 1991."

O presente dispositivo legal mantém a regra geral de que somente o contratado responde pelas verbas trabalhistas dos empregados terceirizados.

No entanto, exclusivamente, nas contratações de serviços contínuos com regime de dedicação exclusiva de mão de obra, a Administração responderá solidariamente pelos encargos previdenciários e subsidiariamente pelos encargos trabalhistas se comprovada falha na fiscalização do cumprimento das obrigações do contratado.

Desse modo, nas contratações de serviços contínuos em regime de dedicação exclusiva, como é o caso da terceirização de serviços de conservação, limpeza, vigilância, dentre outros instrumentais, a administração responderá subsidiariamente pelas verbas trabalhista, caso, comprovado, no caso concreto, que houve falha de fiscalização do cumprimento das obrigações do contrato.

No nosso entendimento, cumpre a Administração comprovar, em eventual demanda judicial trabalhista que fiscalizou, efetivamente, a execução do contrato.

15. ASPECTOS PROCESSUAIS DA TERCEIRIZAÇÃO

A terceirização tem provocado muitas discussões na Justiça do Trabalho, o que tem dificultado o recebimento dos créditos trabalhistas por parte do trabalhador terceirizado, principalmente em razão da falta de idoneidade econômica da empresa fornecedora de mão de obra e da grande resistência em satisfazer os direitos trabalhistas por parte da empresa tomadora.

Como nos adverte Jorge Luiz Souto Maior[35]:

> "Sob o prisma a realidade judiciária, a terceirização tem contribuído para dificultar, na prática, a identificação do real empregador daquele que procura a Justiça para resgatar um pouco da dignidade perdida ao perceber que prestou serviços e não sabe sequer de quem cobrar seus direitos. A Justiça do Trabalho que tradicionalmente já se podia identificar como a Justiça do ex-empregado, dada a razoável incidência desta situação, passou a Justiça do 'ex-empregado de alguém, são não se sabe quem'. Aliás, este alguém (a empresa prestadora), em geral, depois de algum tempo de atuação em uma dada realidade social, e quando seus contratos de prestação de serviços não mais se renovam, começa a não mais comparecer às audiências e vai para LINS (lugar incerto

35 Curso de Direito do Trabalho. Volume II. São Paulo: LTr, 2008, p. 145.

> e não sabido), provocando, em geral, adiamento das audiências, para que se tente a sua localização e não raras vezes a tentativa acaba, revertendo-se em citação por edital."

Havendo terceirização, o trabalhador poderá optar por demandar em juízo somente em face da empresa prestadora, pois ela, efetivamente, é a empregadora.

Em optando pelo reconhecimento de vínculo diretamente em face da tomadora, o trabalhador poderá demandar somente em face da empresa tomadora e demonstrar que a prestação de serviços se deu nos moldes dos artigos 2º e 3º, da CLT. Ao contrário do que pensa parte da jurisprudência, pensamos que não há necessidade, quando há postulação de vínculo diretamente com a tomadora, da empresa prestadora figurar no polo passivo, não havendo hipótese de litisconsórcio necessário, pois a pretensão não se dá em face da empresa prestadora. Além disso, a decisão não será uniforme para as demandadas. No entanto, o Tribunal Superior do Trabalho, apreciando o Incidente de Resolução de Demandas Repetitivas (tema 18 - **PROCESSO MATRIZ Nº TST-RR- 1000-71.2012.5.06.0018, Rel. Min. Douglas Alencar Rodrigues. DJ** 12/05/2022), firmou entendimento de ser necessária a presença da empresa tomadora como litisconsorte necessária, conforme os termos da seguinte ementa:

> **INCIDENTE DE JULGAMENTO DE RECURSOS DE REVISTA REPETITIVOS. TEMA REPETITIVO Nº 0018. DEFINIÇÃO DA ESPÉCIE E DOS EFEITOS JURÍDICOS DO LITISCONSÓRCIO PASSIVO NOS CASOS DE LIDE ACERCA DA LICITUDE DA TERCEIRIZAÇÃO DE SERVIÇOS EM ATIVIDADE-FIM. FIXAÇÃO DAS TESES JURÍDICAS, DE OBSERVÂNCIA OBRIGATÓRIA. ARTIGOS 896-C da CLT e 926, § 2º, e 927 do CPC.** O debate suscitado neste incidente envolve duas questões fundamentais: a) a natureza do litisconsórcio passivo – necessário ou facultativo, simples ou unitário – nas ações em que se discute a fraude na relação de terceirização e se pretende o reconhecimento do vínculo de emprego diretamente com a empresa contratante ou tomadora dos serviços terceirizados e b) a possibilidade de manifestação de renúncias unilaterais por parte de reclamantes, como forma de constituir cenários processuais que preservem, em alguma extensão, os efeitos das condenações impostas a um dos litisconsortes passivos, afastando-se a aplicação das teses com

efeitos vinculantes consagradas nos temas 725 e 739 da Tabela de Repercussão Geral do STF. Nos casos em que a pretensão deduzida envolve o reconhecimento do vínculo de emprego diretamente com a empresa contratante, com fundamento em fraude na terceirização, emerge evidente e insuperável a necessidade de que a empresa prestadora figure também no polo passivo da lide, sob pena de nulidade. Afinal, o debate em torno da licitude do contrato de prestação de serviços firmado entre as empresas, sob a perspectiva da fraude, não pode ser travado sem que ambas compareçam ao polo passivo. Afirmar a ilicitude daquele negócio jurídico implica, em última análise, assentar a própria ilicitude do objeto social da empresa prestadora de serviços terceirizados, vulnerando o postulado constitucional da livre iniciativa (CF, arts. 1º, IV, e 170), do que decorre a necessidade de que seja citada para a lide (CPC, art. 238). Além disso, o próprio contrato laboral celebrado entre o trabalhador e a empresa de terceirização estará com sua validade e eficácia submetida ao crivo judicial, o que ratifica a necessária presença dessa última na disputa, em razão de sua própria condição de celebrante – e, portanto, juridicamente interessada – do referido negócio jurídico. Não se pode, a um só tempo, desconstituir a validade e eficácia dos contratos de trabalho e de terceirização celebrados entre os atores da relação triangular de terceirização, sem que todos os seus protagonistas sejam convocados à lide (CPC, art. 113, I e III). Nesses casos, o interesse jurídico da empresa prestadora está cabalmente configurado, o que torna exigível a sua presença na disputa, na condição de autêntica litisconsorte passiva necessária, sem o que não será válido o provimento judicial (CPC, art. 115, I). O decreto judicial de ilicitude da relação de terceirização, com a declaração do vínculo de emprego diretamente com o tomador, não pode ser editado sem que um dos titulares originários dessas duas relações jurídicas – a laboral e a de terceirização – seja instado a se defender. De fato, o próprio exame da validade e eficácia da relação jurídica de natureza civil, ligada ao contrato de prestação de serviços terceirizados, reclama a presença de todos os seus autores, sem o que o processo padece de vício irremediável, como remarca o multicitado art. 115, I, do CPC. Por isso, é imperativo reconhecer o caráter necessário do litisconsórcio passivo nesses casos, sendo também impossível qualquer solução que não seja a mesma para todos os interessados, o que remarca o seu caráter unitário. Nesse contexto, fixam-se, com força obrigatória, as seguintes teses jurídicas: 1) Nos casos de lides decorrentes da alegação de fraude, sob o fundamento de ilicitude da terceirização de atividade-fim, o litisconsórcio passivo é necessário e unitário. Necessário, porque é manifesto o interesse jurídico da empresa de terceirização em compor essas lides e defender seus interesses e posições, entre os quais a validade dos contratos de prestação de serviços terceirizados e, por conseguinte, dos próprios contratos de trabalho celebrados; unitário, porquanto o juiz terá que resolver a lide de maneira uniforme para ambas as empresas, pois incindíveis, para efeito de análise de sua validade jurídica, os vínculos materiais constituídos entre os atores da relação triangular de terceirização. 2) A renúncia à pretensão formulada na ação não depende de anuência da parte contrária e pode ser requerida a qualquer tempo e grau de jurisdição; cumpre apenas ao magistrado averiguar se o advogado signatário da renúncia possui poderes para tanto e se o objeto envolve direitos disponíveis. Assim, é plenamente possível o pedido de homologação, ressalvando-se, porém, ao magistrado o exame da situação concreta, quando necessário preservar, por isonomia e segurança jurídica, os efeitos das decisões vinculantes (CF, art. 102, § 2º; art. 10, § 3º, da Lei 9.882/1999) e obrigatórias (CPC, art. 927, I a V) proferidas pelos órgãos do Poder Judiciário, afastando-se manobras processuais lesivas ao postulado da boa-fé processual (CPC, art. 80, I, V e VI). 2.1) Depois da homologação, parte autora não poderá deduzir pretensão contra quaisquer das empresas – e prestadora-contratada e tomadora-contratante – com suporte na ilicitude da terceirização da atividade-fim (causa de pedir). 2.2) O ato homologatório, uma vez praticado, acarreta a extinção do processo e, por ficção legal, resolve o mérito da causa (artigo 487, III, "c", do CPC), produz coisa julgada material, atinge a relação jurídica que deu origem ao processo, somente é passível de desconstituição por ação rescisória (CPC, arts. 525, § 15, 535, § 8º, e 966) ou ainda pela via da impugnação à execução (CPC, art. 525, §12) ou dos embargos à execução (CPC, art. 535, § 5º) e acarretará a perda do interesse jurídico no exame do recurso pendente de julgamento. 3) Em sede de mudança de entendimento desta Corte, por força da unitariedade imposta pela decisão do STF ("superação abrupta"), a ausência de prejuízo decorrente da falta de sucumbência cede espaço para a impossibilidade de reconhecimento da ilicitude da terceirização. Sendo assim, como

> litisconsorte necessário, a empresa prestadora que, apesar de figurar no polo passivo, não sofreu condenação, possui interesse em recorrer da decisão que reconheceu o vínculo de emprego entre a parte autora e a empresa tomadora dos serviços. 4) Diante da existência de litisconsórcio necessário e unitário, a decisão obrigatoriamente produzirá idênticos efeitos para as empresas prestadora e tomadora dos serviços no plano do direito material. Logo, a decisão em sede de juízo de retratação, mesmo quando apenas uma das Reclamadas interpôs o recurso extraordinário, alcançará os litisconsortes de maneira idêntica. **MODULAÇÃO DE EFEITO. NÃO CABIMENTO. NECESSIDADE DE OBSERVÂNCIA INTEGRAL DA DECISÃO PROFERIDA PELO STF.** "*Considerando que o efeito vinculante das decisões proferidas pelo STF nos temas já mencionados deve ser observado em sua inteireza, inclusive quanto aos aspectos temporais ou prospectivos, a modulação eventualmente feita por este Tribunal representaria indevida limitação. Assim, decidido o presente incidente, seus efeitos serão imediatos e se aplicarão a todos os processos em curso, observados os procedimentos definidos no Tema 733 da Repercussão Geral do STF.*"

Caso opte o trabalhador pela opção tradicional de demandar em juízo, qual seja: demandar em face da empresa tomadora e responsabilizar a tomadora subsidiariamente, deverá incluir no polo passivo as duas empresas. À luz do artigo 114, I e IX, a Justiça do Trabalho detém competência material para analisar os pedidos decorrentes do vínculo de emprego, bem como sobre a responsabilidade entre empresa tomadora e prestadora, já que se trata de controvérsia oriunda da relação de trabalho.

Na qualidade de litisconsorte, a defesa da empresa tomadora aproveitará a prestadora em caso de matéria comum, ou vice-versa o mesmo ocorrendo com o recurso de uma das empresas litisconsortes (art. 1005 do CPC). Em caso de revelia da empresa prestadora, a defesa da tomadora poderá elidir o efeito de presunção de veracidade dos fatos declinados na inicial, caso haja contestação específica dos pedidos pela tomadora, nos termos do artigo 345, I, do CPC.

Para que a empresa tomadora dos serviços possa ser responsabilizada, ela deve compor o polo passivo, na modalidade de litisconsórcio passivo necessário, segundo o entendimento dominante da jurisprudência (Súmula 331, IV do C. TST), e artigo 513, parágrafo 5º do CPC.

Não obstante a jurisprudência em sentido contrário, pensamos que em algumas hipóteses, a empresa tomadora poderá ser chamada na execução como responsável patrimonial secundária, mesmo que não tenha figurado no polo passivo na fase de conhecimento, uma vez que persiste sua responsabilidade patrimonial em caso de inexistência de bens que solucionem a execução pela empresa tomadora. Não haverá aqui violação do direito de defesa da empresa tomadora, pois ela poderá ser insurgir contra a execução, por meio dos embargos à execução caso pretenda discutir aspectos que envolvam o título executivo, ou por meio dos embargos de terceiro, caso pretende discutir sua legitimidade para a execução. Além disso, o chamamento da empresa tomadora na execução prestigia a efetividade processual, a dignidade da pessoa humana do trabalho e contribui para a humanização da terceirização, aperfeiçoando o instituto.

16. DA RESPONSABILIDADE NOS CONTRATOS DE SUBEMPREITADA

Dispõe o art. 455 da CLT:

> "Nos contratos de subempreitada responderá o subempreiteiro pelas obrigações derivadas do contrato de trabalho que celebrar, cabendo, todavia, aos empregados, o direito de reclamação contra o empreiteiro principal pelo inadimplemento daquelas obrigações por parte do primeiro. Parágrafo único. Ao empreiteiro principal fica ressalvada, nos termos da lei civil, ação regressiva contra o subempreiteiro e a retenção de importâncias a este devidas, para a garantia das obrigações previstas neste artigo".

Ensina *Maria Helena Diniz*[36] que "a empreitada ou locação de obra é o contrato pelo qual um dos contratantes (empreiteiro) se obriga, sem subordinação, a realizar, pessoalmente, ou por meio de terceiro, certa obra (p. ex., construção de uma casa, represa ou ponte; composição de uma música) para o outro (dono da obra), com material próprio ou por este fornecido, mediante remuneração determinada ou proporcional ao trabalho executado."

Para fins civis, o empreiteiro pode ser pessoa física ou jurídica e se obriga, mediante contrato, sem subordinação, e mediante o pagamento de remuneração, a construir uma obra. A empreitada pode ser de trabalho

36 DINIZ, Maria Helena. *Código Civil anotado*. 11. ed. São Paulo: Saraiva, 2005. p. 523.

(lavor) ou mista em que o empreiteiro se compromete a fornecer o serviço e o material.

No contrato de subempreitada, o empreiteiro principal transfere a execução do contrato para outro empreiteiro, denominado subempreiteiro.

Diz a Consolidação das Leis do Trabalho que o subempreiteiro responderá pelas obrigações derivadas do contrato de trabalho que celebrar, cabendo, todavia, aos empregados o direito de reclamação contra o empreiteiro principal pelo inadimplemento daquelas obrigações por parte do primeiro.

O dispositivo não é claro quanto à modalidade de responsabilidade do empreiteiro principal, se subsidiária ou solidária. Para alguns a responsabilidade é subsidiária, pois a responsabilidade solidária deve estar expressa. Para outros, a responsabilidade é solidária, pois propicia que os empregados do subempreiteiro possam demandar, diretamente, em face do empreiteiro principal.

De nossa parte, a responsabilidade do empreiteiro principal é solidária, pois é a modalidade de responsabilidade que melhor se encaixa com o sistema normativo de proteção ao trabalho humano e à garantia de solvabilidade do crédito trabalhista.

16.1. Da responsabilidade do dono da obra nos contratos de empreitada

O referido art. 455, da CLT não trata da responsabilidade do dono da obra nos contratos de empreitada e subempreitada. Desse modo, há entendimentos de que este não responde pelos créditos trabalhistas dos empregados do empreiteiro principal e do subempreiteiro.

Outros argumentam que o dono da obra deve responder subsidiariamente, pois teve proveito econômico e se beneficiou do trabalho dos empregados do empreiteiro principal e subempreiteiro.

Dispõe a OJ 191, da SDI-I do TST:

> "**CONTRATO DE EMPREITADA. DONO DA OBRA DE CONSTRUÇÃO CIVIL.RESPONSABILIDADE.** *(Inserida em 08.11.2000. Nova redação Res. 175/2011, DJ 27.05.2011)*
>
> Diante da inexistência de previsão legal específica, o contrato de empreitada de construção civil entre o dono da obra e o empreiteiro não enseja responsabilidade solidária ou subsidiária nas obrigações

> trabalhistas contraídas pelo empreiteiro, salvo sendo o dono da obra uma empresa construtora ou incorporadora."

Diante do referido entendimento jurisprudencial do Tribunal Superior do Trabalho, ficou excluída a responsabilidade do dono da obra, salvo que este for uma empresa construtora ou incorporadora.

No entanto, no IRDR n. 190-53.2015.5.03.0090, o Tribunal Superior do Trabalho revisou sua jurisprudência, fixando tese diversa, conforme segue:

> "EMBARGOS DE DECLARAÇÃO. OMISSÃO. EFEITO MODIFICATIVO. INCIDENTE DE RECURSO DE REVISTA REPETITIVO. TEMA Nº 0006. CONTRATO DE EMPREITADA. DONO DA OBRA. RESPONSABILIDADE. DECISÃO DE CARÁTER VINCULANTE. MODULAÇÃO DOS EFEITOS 1. A SDI-1 do TST, no julgamento de recurso de revista repetitivo, firmou a tese de que, excepcionados os entes públicos da Administração direta e indireta, o dono da obra é subsidiariamente responsável por obrigações trabalhistas não adimplidas do empreiteiro que contratar sem idoneidade econômico-financeira, por aplicação analógica do artigo 455 da CLT e com fundamento em *culpa in eligendo.* 2. Mudança de paradigma a impactar diretamente a atual diretriz sufragada na Orientação Jurisprudencial nº 191 do TST, no que, sem qualquer distinção, afasta a responsabilidade do dono da obra por obrigações decorrentes dos contratos de trabalho firmados com o empreiteiro. 3. Necessidade de modulação dos efeitos da decisão proferida sob a sistemática de recursos repetitivos, ante a profunda repercussão jurídica, econômica e social de seu conteúdo, sob pena de vulneração à segurança jurídica das relações firmadas à luz de entendimento jurisprudencial até então pacificado no Tribunal Superior do Trabalho. Aplicação dos artigos 896-C, § 17, da CLT e 17 da Instrução Normativa nº 38/2015 do TST. 4. Embargos de declaração providos para, ao sanar omissão, mediante a atribuição de efeito modificativo, acrescer ao acórdão originário a tese jurídica nº 5, de seguinte teor: "5ª) O entendimento contido na tese jurídica nº 4 aplica-se exclusivamente aos contratos de empreitada celebrados após 11 de maio de 2017, data do presente julgamento" (IRR-RR-190-53.2015.5.03.0090, Subseção I Especializada em Dissídios Individuais, Relator Ministro João Oreste Dalazen, DEJT 19/10/2018).

A atual jurisprudência do TST atribuiu responsabilidade subsidiária do dono da obra, ainda que não seja empresa incorporadora ou exerça atividade econômica, desde tenha contratado empreiteiro sem idoneidade econômico-financeira, por aplicação analógica do artigo 455 da CLT e com fundamento em culpa *in eligendo*.

VI

DA ALTERAÇÃO DO CONTRATO DE TRABALHO

1. CONCEITO DE ALTERAÇÃO CONTRATUAL E REQUISITOS

O contrato de trabalho é por trato sucessivo, ou seja, se prolonga do tempo. Por isso, está sujeito às alterações diante da dinâmica empresarial.

Não obstante, diante do princípio da intangibilidade objetiva do contrato de trabalho, as alterações contratuais não podem prejudicar os direitos dos trabalhadores.

Conforme Maurício Godinho Delgado[1], "os contratos, de maneira geral, podem altera-se subjetiva ou objetivamente. Alterações contratuais subjetivas são aquelas que atingem os sujeitos contratuais, substituindo-os ao longo do desenrolar do contrato. Alterações contratuais objetivas são aquelas que atingem as cláusulas do contrato de trabalho (o conteúdo contratual), alterando tais cláusulas ao longo do desenvolvimento do pacto."

A alteração contratual subjetiva configura-se quando há substituição do empregador, na hipótese de sucessão trabalhista (arts. 10 e 448, da CLT). O empregado, como vimos, trabalha de forma pessoal, não podendo ser substituído. As alterações contratuais objetivas são tratadas pela CLT nos arts. 468 e 470.

Segundo a doutrina, a alterações também podem ser qualitativas ou quantitativas. As primeiras dizem respeito à função do empregado e sua qualificação profissional. As segundas, reportam-se à quantidade de trabalho, como a jornada ou à produção.

---

1 Curso de Direito do Trabalho. 18ª ed. São Paulo: LTr, 2019, p. 1205.

O empregador, conforme já dito, detém o poder diretivo e pode alterar determinadas regras contratuais e ajustá-las ("jus variandi" – art. 2º, da CLT), denominadas cláusulas secundárias do contrato de trabalho, mas não cláusulas principais do contrato de trabalho. Desse modo, o empregador pode, por exemplo, unilateralmente, alterar o horário do trabalhador dentro do período diurno, pode alterar o local da prestação de serviços desde que dentro do mesmo município e não provoque alteração da residência do empregado, pode, nos limites da qualificação profissional do autor, alterar determinadas atividades do empregado, etc.

Outrossim, unilateralmente, o empregador não poderá modificar cláusulas contratuais que alterem o conteúdo do contrato de trabalho, como as referentes à função, e as cláusulas contratuais que asseguram direitos mínimos ao empregado.

Dispõe o art. 468, "*caput*" da CLT:

> "Nos contratos individuais de trabalho só é lícita a alteração das respectivas condições por mútuo consentimento, e, ainda assim, desde que não resultem, direta ou indiretamente, prejuízos ao empregado, sob pena de nulidade da cláusula infringente desta garantia."

Conforme o artigo 468, da CLT, são dois os requisitos para a admissibilidade as alterações contratuais que modifiquem o conteúdo do contrato de trabalho:

a) **mútuo consenso:** o empregado tem que concordar com a alteração contratual. Esse consentimento poder ser expresso ou tácito, escrito ou verbal (artigo 442 da CLT). Não obstante, quanto ao consenso tácito, ele deve ser aferido com mais rigor, segundo as circunstâncias do caso concreto. De outro lado, o empregado não poderá alterar o contrato de trabalho, uma vez que essa faculdade é inerente ao empregador. Entretanto, se a iniciativa da alteração contratual partir do empregado e o empregador concordar, ela poderá ser levada a efeito, presumindo-se que ela não é prejudicial ao trabalhador.

b) **ausência de prejuízo ao trabalhador:** Este requisito, que é o mais importante na questão das alterações contratuais, exige que ela não traga prejuízos ao trabalhador. O prejuízo deve ser avaliado não só quando do momento da alteração, mas também, mas em momento posterior, pois, muitas vezes, no presente a alteração não é prejudicial, mas no mês seguinte os prejuízos são evidentes. O prejuízo não é somente o econômico, mas também moral, técnico ou até mesmo social.

Como adverte Márcio Túlio Viana[2], "o prejuízo pode ser direito ou indireto, material ou imaterial, atual ou futuro, – mas sempre certo, decorrente de circunstâncias contemporâneas, ainda que seus efeitos não tenham sido previstos, desde que previsíveis."

Sobre a questão, relevante destacar a seguinte ementa da mais alta corte trabalhista do Brasil, "in verbis":

> (...)4. REMUNERAÇÃO GLOBAL. GRATIFICAÇÃO DE FUNÇÃO. REDUÇÃO. IMPOSSIBILIDADE. O princípio geral da inalterabilidade dos contratos sofreu forte e complexa adequação ao ingressar no Direito do Trabalho – tanto que passou a se melhor enunciar, aqui, através de uma diretriz específica, a da inalterabilidade contratual lesiva. Em primeiro lugar, a noção genérica de inalterabilidade perde-se no ramo justrabalhista. É que o Direito do Trabalho não contingencia – ao contrário, incentiva – as alterações contratuais favoráveis ao empregado; estas tendem a ser naturalmente permitidas (art. 468, CLT). Em segundo lugar, a noção de inalterabilidade torna-se sumamente rigorosa caso contraposta a alterações desfavoráveis ao trabalhador – que tendem a ser vedadas pela normatividade justrabalhista (arts. 444 e 468, CLT). Em terceiro lugar, a atenuação civilista da fórmula rebus sic stantibus (atenuação muito importante no Direito Civil) tende a ser genericamente rejeitada pelo Direito do Trabalho. É que este ramo jurídico especializado coloca sob ônus do empregador os riscos do empreendimento (art. 2º, *caput*, CLT), independentemente do insucesso que possa se abater sobre este. As obrigações trabalhistas empresariais preservam-se intocadas ainda que a atividade econômica tenha sofrido revezes efetivos em virtude de fatos externos à atuação do empregador. Fatores relevantes como a crise econômica geral ou a crise específica de certo segmento, mudanças drásticas na política industrial do Estado ou em sua política cambial – fatores que, obviamente, afetam a atividade da empresa – não são acolhidos como excludentes ou atenuantes da responsabilidade trabalhista do empregador. A esse propósito, aliás, a jurisprudência tem reiteradamente esclarecido que, no conceito de riscos assumidos pelo empregador, inscreve-se, sim, a profusão

2 Direito de Resistência. São Paulo: LTr, 1996, p. 245.

legislativa que sempre caracterizou a tradição jurídica e administrativa brasileira, com as modificações econômicas e monetárias daí advindas (Plano Bresser, Plano Verão, Plano Collor, Plano Real, etc.). Portanto, prejuízos derivados de tais planos econômicos oficiais não eliminam ou restringem a responsabilidade do empregador por suas obrigações laborativas. No caso concreto, o TRT, a partir da interpretação e valoração das provas colacionadas – e mantendo a sentença –, verificou que a Reclamada alterou o critério de cálculo da gratificação de função, acarretando prejuízos ao Autor. Nesse sentido, registrou que: "O plano é discriminatório porque iguala a remuneração de empregados que se encontram em situações distintas – com diferentes tempos de serviço e, portanto, com diferentes valores percebidos a título de adicional por tempo de serviço." A alteração do critério de cálculo promovida pela Reclamada causou a redução sistemática da gratificação percebida pelo Reclamante, apesar de exercer a mesma função do modelo, o que ensejou a condenação da Reclamada ao pagamento das diferenças salariais. Nesse contexto, observa-se que o TRT realizou o correto enquadramento jurídico dos fatos incontroversos extraídos dos autos, não havendo, portanto, como decidir de maneira contrária. Para tal propósito, seria necessária nova incursão no conjunto fático-probatório, o que é vedado nesta instância recursal especial, a teor do entendimento da Súmula 126/TST. Recurso de revista não conhecido quanto aos temas (...) (TST -RR-11134-06.2013.5.01.0005, 3ª Turma, Relator Ministro Mauricio Godinho Delgado, DEJT 13/03/2020).

A jurisprudência tem admitido a alteração contratual unilateral pelo empregador quando o empregado deixar de trabalhar em condições adversas ou nocivas para a sua saúde, como a supressão de horas extras, a alteração do horário noturno para diurno e a transferência de local de trabalho insalubre para salubre e de perigoso para não perigoso. Nessas situações, o empregado deixará de receber horas extras, adicional noturno e adicionais de insalubridade ou periculosidade.

No aspecto, são expressivas as Súmulas 248, 265 e 291, todas do TST:

> Súmula: 248 do TST: **"Adicional de insalubridade. Direito adquirido** *(Res. 17/1985, DJ 13.01.1986)* A reclassificação ou a descaracterização da insalubridade, por ato da autoridade competente, repercute na satisfação do respectivo adicional, sem ofensa a direito adquirido ou ao princípio da irredutibilidade salarial."

Súmula 265 do TST: "**ADICIONAL NOTURNO. ALTERAÇÃO DE TURNO DE TRABALHO. POSSIBILIDADE DE SUPRESSÃO (mantida)** – Res. 121/2003, DJ 19, 20 e 21.11.2003 A transferência para o período diurno de trabalho implica a perda do direito ao adicional noturno."

Súmula 291 do TST: "**Horas extras. Habitualidade. Supressão. Indenização.** *(Revisão da Súmula nº 76 – Res. 1/1989, DJ 14.04.1989. Nova redação – Res. 174/2011 – DeJT 27/05/2011)* A supressão total ou parcial, pelo empregador, de serviço suplementar prestado com habitualidade, durante pelo menos 1 (um) ano, assegura ao empregado o direito à indenização correspondente ao valor de 1 (um) mês das horas suprimidas, total ou parcialmente, para cada ano ou fração igual ou superior a seis meses de prestação de serviço acima da jornada normal. O cálculo observará a média das horas suplementares nos últimos 12 (doze) meses anteriores à mudança, multiplicada pelo valor da hora extra do dia da supressão."

2. DIREITO DE RESISTÊNCIA DO EMPREGADO

O empregado, diante das alterações contratuais ilícitas e também as que violem norma de ordem pública, a moral e os bons costumes, poderá se valer do chamado direito de resistência (*jus resitentiae*), e declarar extinto o contrato de trabalho por culpa do empregador (artigo 483, "d", da CLT), ou postular, judicialmente, na nulidade da alteração contratual lesiva.

Como bem adverte Jorge Luiz Souto Maior[3], não há previsão legal específica, mas é óbvio que o empregado poderá valer-se da via judicial para acautelar o seu direito quanto a outras alterações impostas pelo empregador quando as considere abusivas. Poderá, ainda, simplesmente, insurgir-se, negando-se a cumpri-las ou mesmo submeter-se a elas e depois, valendo-se do princípio da irrenunciabilidade pleitear em juízo as repercussões jurídicas da invalidação do ato."

Dificilmente, o empregado consegue fazer valer seu direito de resistência sem recorrer à Justiça do Trabalho, face ao estado de subordinação próprio da relação de emprego e da ausência de garantia de emprego (art. 7º, I, da CF).

Como destaca Maurício Godinho Delgado, "em ordens jurídicas, como a brasileira, em que o empregado não tem assegurada garantia geral de

3 Curso de Direito do Trabalho. Volume II. São Paulo: LTr, 2008, p. 419.

emprego (há apenas garantias especiais como a do dirigente sindical, da gestante, etc.), o *jus resistentiae* torna-se, na prática, mitigado, uma vez que o risco do rompimento do contrato pelo empregador inibe eventual posição defensiva do empregado em face de determinações abusivas recebidas."

3. ALTERAÇÃO DA FUNÇÃO

Como regra, nos limites da função e da qualificação profissional do trabalhador, o empregador pode exercer seu poder diretivo, realizando as adaptações necessárias na atividade do trabalhador.

Conforme destaca Messias Pereira Donato[4], "a qualificação profissional corresponde, no plano convencional, à atividade que o empregado vai desenvolver na empresa. Essa atividade é exercitada, em regra, junto a cargo ou função, decorrente da ocupação de um posto."

Função, na ótica de Maurício Godinho Delgado[5], "é o conjunto sistemático de atividades, atribuições e poderes laborativos, integrados entre si, formando um todo unitário no contexto da divisão do trabalho estruturada no estabelecimento ou empresa."

Dentro das atividades que compõem a função do empregado, o empregador pode alterá-las, de forma lícita, para adaptá-las às necessidades operacionais.

No entanto, o empregador não pode alterar a função do empregado em atividades estranhas à sua função e à sua qualificação profissional.

Ocorrendo a extinção do cargo ou função, a doutrina tem considerado lícito, o aproveitamento do empregado em outra função desde que não lhe acarrete prejuízos.

Como bem adverte Márcio Túlio Viana[6], "quanto à extinção do cargo, o deslocamento do empregado não é ascendente nem descendente, mas horizontal. Observa Magano que, na hipótese, o aproveitamento do empregado em outra função é, socialmente, a opção mais desejável, pois representa a continuidade no emprego. Por isso, tanto a doutrina como a jurisprudência têm admitido nesses casos o exercício do *ius variandi*, desde que as novas funções sejam afins. Não discrepantes."

---

4 Curso de Direito Individual do Trabalho. 6ª ed. São Paulo: LTr, 2008, p. 606.

5 Curso de Direito do Trabalho. 18ª ed. São Paulo: LTr, 2019, p. 1219.

6 Direito de Resistência. São Paulo: LTr, 1996, p. 260.

4. RETORNO OU REVERSÃO

Dispõe o parágrafo único do artigo 468, da CLT: *Não se considera alteração unilateral a determinação do empregador para que o respectivo empregado reverta ao cargo efetivo, anteriormente ocupado, deixando o exercício de função de confiança.*

O referido dispositivo trata do que a doutrina denomina de retorno ou reversão à função anteriormente ocupada pelo empregado antes de desempenhar função de confiança pelo empregador. Nesta hipótese, o empregador poderá determinar que o empregado volte à antiga função, quando está exercendo função de confiança na empresa.

Na hipótese em que o empregado já fora contratado para desempenhar função de confiança, o empregador não alterar sua função.

Embora o empregador possa, unilateralmente, determinar o retorno, a jurisprudência havia fixado entendimento de que se o empregador ficou dez ou mais anos na função de confiança, não poderá ter diminuição salarial em razão da manutenção de sua estabilidade econômica. Nesse sentido, a Súmula 372 do TST, "in verbis":

> ***Gratificação de função. Supressão ou redução. Limites.*** *(Conversão das Orientações Jurisprudenciais nºs 45 e 303 da SDI-1 – Res. 129/2005, DJ 20.04.2005)* I – Percebida a gratificação de função por dez ou mais anos pelo empregado, se o empregador, sem justo motivo, revertê-lo a seu cargo efetivo, não poderá retirar-lhe a gratificação tendo em vista o princípio da estabilidade financeira. (ex-OJ nº 45 – Inserida em 25.11.1996) II – Mantido o empregado no exercício da função comissionada, não pode o empregador reduzir o valor da gratificação. (ex-OJ nº 303 – DJ 11.08.2003).

No entanto, a Lei 13.467/17 inseriu o parágrafo 2º do artigo 468 da CLT em sentido contrário à referida Súmula do TST. Dispõe o citado dispositivo legal:

> "Nos contratos individuais de trabalho só é lícita a alteração das respectivas condições por mútuo consentimento, e ainda assim desde que não resultem, direta ou indiretamente, prejuízos ao empregado, sob pena de nulidade da cláusula infringente desta garantia. § 1º Não se considera alteração unilateral a determinação do empregador para que o respectivo empregado reverta ao cargo efetivo, anteriormente ocupado, deixando o exercício de função de confiança. § 2º A alteração de que trata o § 1º deste artigo, com ou sem justo motivo, não assegura

> ao empregado o direito à manutenção do pagamento da gratificação correspondente, que não será incorporada, independentemente do tempo de exercício da respectiva função."

Diante do que dispõe o parágrafo 2º do referido dispositivo legal, ficou superado o entendimento da Súmula 372, I, do TST.

De nossa parte, a alteração legislativa não considerou os princípios da função social do contrato de trabalho, da boa-fé objetiva e da estabilidade econômica do trabalhador. No entanto, diante da clareza do que dispõe o parágrafo 2º, do art. 468, da CLT não haverá mais incorporação da gratificação em função de confiança.

5. PROMOÇÃO

Promoção, rememorando as lições de Orlando Gomes, é o ato pelo qual o empregado passa a ocupar função de maior responsabilidade, acompanhada de ascensão hierárquica e majoração salarial.

A promoção por ser alteração qualitativa do contrato de trabalho (função), deve estar balizada pelos parâmetros do artigo 468 da CLT.

Desse modo, toda promoção deve contar com a anuência do empregado e não lhe acarretar prejuízos, diretos ou indiretos, atuais ou futuros. Portanto, o empregado pode recusar a promoção quando não lhe for favorável (ex. majoração salarial pequena) ou quando não estiver preparado para o exercício da função que lhe foi oferecida, dentre outras hipóteses.

Nesse sentido defendem Orlando Gomes e Élson Gottschalk[7]:

> "Mesmo na promoção aparentemente vantajosa, o consentimento do empregado exerce influência, pois pode não lhe interessar e ser *ad futurum* prejudicial, como no caso em que se veja obrigado a desempenhar tarefas para as quais não está habilitado, porque não correspondem à sua qualificação originária. O rendimento inferior que viesse a produzir no novo cargo poderia ser causa para a despedida. O exercício de novas funções poderia exigir nova formação profissional à qual o empregado, por motivos óbvios, não esteja disposto".

Alguns autores argumentam que a recusa à promoção deve ser motivada pelo empregado, pois, em tese, o empregador lhe oferece melhoria em seu "status" funcional.

7 Curso de Direito do Trabalho. 17ª Edição. Rio de Janeiro: Forense, 2005, p. 333.

De nossa parte, o empregado não é obrigado a motivar a recusa à promoção, pois não há obrigação legal impondo tal condição. Além disso, por ser alteração contratual, há a possibilidade de recusa sem justificativa (artigo 468 da CLT). Pensamos só haver necessidade de motivação quando o empregado se obrigou contratualmente ou por meio de regulamento empresarial a aceitar as promoções que lhe forem oferecidas pelo empregador.

Como bem adverte Jorge Luiz Souto Maior[8]: "uma vez aceita a promoção, por envolver, naturalmente, maiores responsabilidades, esta deve estar acompanhada de acréscimo salarial. Uma promoção sem acréscimo salarial ou a concessão de vantagem relevante não tem valor jurídico, possibilitando a utilização das regras contidas nos arts. 460 e 766, da CLT, para manter o equilíbrio na relação jurídica".

6. REBAIXAMENTO

Nas palavras de *Arion Sayão Romita*[9] o rebaixamento é uma modalidade de alteração das condições de trabalho, que diz respeito às funções exercidas pelo empregador. Ato ou efeito de rebaixar, isto, é, determinação do empregador para que o empregado assuma funções inferiores àquelas para as quais foi contratado ou que ultimamente vinha exercendo.

O rebaixamento traz consigo o caráter punitivo. Desse modo é ilícito, pois não é previsto pelo Direito do Trabalho e caracteriza-se como uma alteração contratual ilícita, sendo flagrantemente coibido pela legislação (art. 468 da CLT).

O empregado que ocupa função relevante na empresa e, repentinamente, passa a ocupar cargo inferior, por determinação do empregador e em caráter punitivo, evidentemente sofre prejuízo moral, ainda que o salário seja mantido. Exemplo: Um gerente operacional que é transferido para a função de telefonista na empresa, sem perder o salário que recebia na função de gerente.

7. O ACÚMULO DE FUNÇÃO

Em algumas leis específicas, como a que regulamenta a profissão de radialista, há previsão específica para o adicional por acúmulo de função

8 Curso de Direito do Trabalho: A Relação de Emprego. Volume II. São Paulo: LTr, 2008, p. 408.

9 Temas de Direito do Trabalho. São Paulo: LTr, 1998, p. 256.

dentro da mesma jornada de trabalho. Algumas normas coletivas como por exemplo de empregados em condomínios de apartamentos, fixam adicional por acúmulo de função, normalmente entre 30 ou 40% sobre o salário base.

A CLT não disciplina o acúmulo de função. Desse modo, parte significativa da jurisprudência tem defendido a tese de que, por falta de previsão legal e considerando-se o disposto no parágrafo único do artigo 456, da CLT[10], não é devido adicional por acúmulo de função, pois na falta de disposição legal ou contratual, o empregado abriga-se a todo serviço compatível com a sua condição pessoal.

No nosso entendimento, se o empregado acumula função diversa da qual foi contratado, incompatível com sua qualificação profissional, e de forma habitual, faz jus a um adicional na remuneração. Com efeito, o contrato de trabalho é bilateral e sinalagmático, envolvendo obrigações recíprocas e equivalentes para as partes. A partir do momento que o empregado acumula função, obtendo o empregador vantagem com tal situação, deve-se atribuir ao trabalhador uma compensação financeira a fim de manter o equilíbrio contratual. Esse entendimento encontra suporte na função social do contrato de trabalho, na equidade, na boa-fé objetiva, e na vedação do enriquecimento sem causa do empregador, previsto no artigo 884, do Código Civil que assim dispõe:

> "Aquele que, sem justa causa, se enriquecer à custa de outrem, será obrigado a restituir o indevidamente auferido, feita a atualização dos valores monetários. Parágrafo único. Se o enriquecimento tiver por objeto coisa determinada, quem a recebeu é obrigado a restituí-la, e, se a coisa não mais subsistir, a restituição se fará pelo valor do bem na época em que foi exigido."

Nesse sentido defende José Affonso Dallegrave Neto[11]:

> "Diante de tantos argumentos jurídicos que dão guarida ao pleito de indenização por desvio ou acúmulo de função, o julgador

10 Art. 456, da CLT: "A prova do contrato individual do trabalho será feita pelas anotações constantes da carteira profissional ou por instrumento escrito e suprida por todos os meios permitidos em direito. Parágrafo único. A falta de prova ou inexistindo cláusula expressa e tal respeito, entender-se-á que o empregado se obrigou a todo e qualquer serviço compatível com a sua condição pessoal."

11 Responsabilidade Civil no Direito do Trabalho. 3ª Edição. São Paulo: LTr, 2008, p. 188-189.

não pode deixar de restaurar a equidade no caso concreto sob o frágil argumento de que 'não há amparo legal para o pedido'. Ora conforme visto, o fundamento jurídico decorre de uma adequada interpretação sistemática dos arts. 422, 884 e 927 do Código Civil, bem como dos art. 8º, 456, 460 e 468, ambos da CLT. Findou o tempo em que o magistrado acolhia somente os pedidos fundamentados na rigorosa interpretação literal da lei. Isso ocorreu na era do Positivismo Científico do século XVIII e XIX, em que em nome da 'segurança jurídica' sequer admitia-se a existência de lacunas dentro do direito positivo. Vive-se hoje uma nova ordem jurídica em que os princípios e valores estampados na Constituição Federal e nas legislações esparsas vinculam o operador jurídico. Um tempo em que a exegese sistêmica prefere à gramatical."

8. DA TRANSFERÊNCIA DO EMPREGADO

Transferência é o ato do empregador de alterar o local de trabalho do empregado para localidade diversa do domicílio deste.

Nos termos o art. 70 do CC, "o domicílio da pessoa natural é o lugar onde ela estabelece a sua residência com ânimo definitivo."

Como sustentam Cristiano Chaves de Farias, Felipe Braga Netto e Nelson Rosenvald[12], a doutrina, tradicionalmente, aponta a existência de dois elementos ou requisitos no conceito de domicílio: a) o elemento objetivo (a residência); b) o elemento subjetivo (ânimo definitivo). O elemento objetivo, a residência, é de mais fácil verificação, pois consiste num dado externo, objetivo, aferível, consistente em saber se determinada pessoa reside, de modo permanente em determinado local. Ânimo definitivo deve ser lido como intenção de permanência em determinado lugar (situação oposta a quem está de passagem, de férias, fazendo um curso, etc.).

Dispõe o *caput* do art. 469, da CLT:

> "Ao empregador é vedado transferir o empregado, sem a sua anuência, para localidade diversa da que resultar do contrato, não se considerando transferência a que não acarretar necessariamente a mudança do seu domicílio."

---

12 Manual de Direito Civil. 4. Ed. Rio de Janeiro: Editora Juspodivm, 2019, p. 459.

A lei não define o que é localidade. A doutrina, acertadamente, tem entendido que mudança de localidade, significa mudança de município.

Nesse sentido a posição de Vólia Bomfim Cassar[13]: "entende-se por transferência a mudança do empregado para local diverso daquele inicialmente contratado, desde que importe necessariamente em mudança de município e de domicílio."[14]

Embora o art. 469 da CLT utilize a palavra *domicílio*, a doutrina, corretamente, o tem interpretado como *residência*, ou seja, o lugar em que o empregado tem sua moradia. Desse modo, para que haja transferência para fins do art. 469, da CLT, o empregado tem que alterar o local de sua moradia para município diverso.

Caso não haja mudança da residência do empregado não haverá transferência, fazendo jus apenas este ao acréscimo de despesas de transporte, conforme a Súmula 29 do TST, "in verbis":

> "**Transferência** (RA 57/1970, DO-GB 27.11.1970) Empregado transferido, por ato unilateral do empregador, para local mais distante de sua residência, tem direito a suplemento salarial correspondente ao acréscimo da despesa de transporte."

A transferência pode ser *unilateral:* levada a efeito pelo empregador, ou *bilateral:* realizada com a concordância do empregado. A transferência poderá ser unilateral quando realizada dentro do Município que reside o empregado. Será bilateral, quando provoque a alteração da residência do trabalhador para Município diverso do local do contrato de trabalho.

Por ser a transferência alteração significativa do contrato de trabalho, ela deve contar com a anuência do trabalhador e não trazer prejuízos diretos ou indiretos a ele. A anuência não necessita ser expressa, admitindo-se a modalidade tácita (art. 442 da CLT). Como exemplifica Homero Batista Mateus da Silva[15], "empregado que se candidata a procedimento interno de seleção para gerência de filial a ser inaugurada no Recife não poderá alegar que não manifestou concordância expressa à sua transferência de Brasília. Ou então: participação em entrevistas e testes internos para a

13 Direito do Trabalho. 2ª Edição. Rio de Janeiro: Impetus, 2008, p. 990.

14 No mesmo sentido defende Homero Batista Mateus da Silva. In: Curso de Direito do Trabalho Aplicado – Volume 6. 3. ed. São Paulo: RT, 2015, p. 183-184.

15 Op. cit. p. 182.

promoção de vaga de administração ou em São Paulo ou no Rio de Janeiro, pressupõe que o empregado saiba que terá de deixar a filiar de Belém ou de Manaus em que laborou por longos anos."

A transferência será considerada lícita se for solicitada pelo próprio empregado e aceita pelo empregador.

Nos termos do art. 470, da CLT, as despesas resultantes da transferência correrão por conta do empregador.

O empregador por correr os riscos da atividade econômica (art. 2º, da CLT), deve custear as despesas de transferência do empregador, como transporte, mudanças, etc.

9. EMPREGADOS EXCLUÍDOS DA PROTEÇÃO DA INTRANSFERIBILIDADE

Dispõe o § 1º do art. 469, da CLT:

> "Não estão compreendidos na proibição deste artigo: os empregados que exerçam cargo de confiança e aqueles cujos contratos tenham como condição, implícita ou explícita, a transferência, quando esta decorra de real necessidade de serviço."

Podem ser transferidos unilateralmente os empregados que exercem função de confiança extraordinária, ou seja, os altos empregados que detém poderes de gestão (art. 62, II, da CLT).

Também estão excluídos da regra da intransferibilidade os empregados que tenham *condição explícita*: quando a contratação já é realizada com cláusula de transferibilidade. Neste caso, as circunstâncias da função exercida devem justificar a possibilidade de transferência ou *condição implícita*: neste caso, a condição é tácita, pois decorre da natureza da função e da forma como ela é exercida. Por exemplo: os empregados viajantes, de espetáculos teatrais, músicos, vendedores sem região fixa, etc.

Tanto na hipótese do empregado de confiança, assim como no que tenha cláusula implícita de transferibilidade, somente autorizará a transferência a real necessidade do serviço, que deve ser comprovado pelo empregador. No aspecto, a Súmula 43 do TST, "in verbis": "presume-se abusiva a transferência de que trata o § 1º do art. 469 da CLT, sem comprovação da necessidade do serviço."

Dispõe o art. 469, § 2º da CLT, "in verbis":

> "É lícita a transferência quando ocorrer extinção do estabelecimento em que trabalhar o empregado."

Nesta hipótese, a lei considerada lícita a transferência do empregado para localidade diversa do Município de contratação do trabalhador. Embora a transferência, em princípio, seja lícita, o empregado poderá, em nossa visão se recusá-la se implicar onerosidade excessiva, tanto funcional ou pessoal e decretar a rescisão indireta do contrato de trabalho (art. 483, da CLT), como na hipótese de mudança para estado distante da federação.

10. ADICIONAL DE TRANSFERÊNCIA

Dispõe § 3º do art. 469, da CLT:

> "Em caso de necessidade de serviço o empregador poderá transferir o empregado para localidade diversa da que resultar do contrato, não obstante as restrições do artigo anterior, mas, nesse caso, ficará obrigado a um pagamento suplementar, nunca inferior a 25% (vinte e cinco por cento) dos salários que o empregado percebia naquela localidade, enquanto durar essa situação."

A lei não diz o que é transferência provisória ou definitiva. Desse modo, essa árdua tarefa compete à doutrina e à jurisprudência. A provisoriedade da transferência deve ser avaliada no caso concreto, segundo as circunstâncias de tempo e lugar, e da natureza do serviço. Se o empregado tiver uma missão a realizar, como a instalação de uma máquina, haverá indícios contundentes de transferência provisória. Se o empregado não tiver uma missão específica e ficar lapso de tempo razoável fora em localidade diversa de sua residência, será definitiva a transferência. Pensamos que se o empregado permanecer mais de um ano fora de sua residência, será definitiva a transferência.

A transferência provisória pode ser realizada por ato unilateral do empregador, mas deve ser fundamentada pela real necessidade dos serviços, por prazo determinado, e mediante pagamento de adicional de transferência.

À luz do parágrafo 3º do artigo 469 da CLT, a doutrina fixou entendimento no sentido de ser devido o adicional de transferência apenas nas transferências provisórias, pois a lei refere à expressão "enquanto perdurar a situação". Não obstante, há entendimentos na doutrina de que o adicional também é devido nas transferências definitivas em razão das vicissitudes e despesas que tem de enfrentar o empregado com a mudança de sua residência.

Dispõe a OJ 113, da SDI-I do TST, "in verbis":

> **"Adicional de transferência. Cargo de confiança ou previsão contratual de transferência. Devido. Desde que a transferência seja provisória.** (Inserida em 20.11.1997) O fato de o empregado exercer cargo de confiança ou a existência de previsão de transferência no contrato de trabalho não exclui o direito ao adicional. O pressuposto legal apto a legitimar a percepção do mencionado adicional é a transferência provisória."

No mesmo sentido a seguinte ementa:

> (...)ADICIONAL DE TRANSFERÊNCIA. RESTRUTURAÇÃO EMPRESARIAL. CARÁTER PROVISÓRIO. OJ 113 DA SBDI-1 DO TST. O Regional considerou provisória a transferência da autora de Florianópolis para Curitiba, que perdurou por cerca de três anos e meio. Consignou a peculiaridade de que essa mudança deu-se pela reestruturação no banco reclamado que centralizou os NUCACs em Curitiba, o que obrigou a autora a ir trabalhar em Curitiba, deixando sua família em Florianópolis. Consonância com a OJ 113 da SBDI-1. Recurso de revista não conhecido (TST - RR-551-59.2012.5.09.0009, 6ª Turma, Relator Ministro Augusto Cesar Leite de Carvalho, DEJT 30/04/2021).

Não obstante a jurisprudência do Tribunal Superior do Trabalho em sentido contrário, pensamos que o adicional de transferência é devido tanto nas transferências provisórias como definitivas, em razão do empregador correr os riscos da atividade econômica (artigo 2º, da CLT) e também de todas as vicissitudes que enfrenta o trabalhador com a transferência, bem como o acréscimo de despesas dela decorrentes.

Nesse sentido é a posição de Jorge Luiz Souto Maior[16]: "(...)ao contrário do que se firmou na doutrina e jurisprudência, não há uma distinção legal entre transferência definitiva e provisória, ainda mais porque a necessidade de serviço é requisito para qualquer tipo de transferência. O que diz a lei é, simplesmente, que o empregado tem direito de receber um adicional de 25%, enquanto perdurar a situação, não diz que esta situação será provisória, até porque, como já dizia o poeta, duto é infinito enquanto

16 Curso de Direito do Trabalho. Volume II. São Paulo: LTr, 2008, p. 418.

dura(...)Lembre-se que na perspectiva do empregador, uma transferência é apenas a mudança do local de trabalho por necessidade da produção. Na perspectiva do trabalhador, pode ser a mudança de sua vida, repercutindo na vida de todos os membros de sua família."

O adicional de transferência por ter caráter contraprestativo tem nítido cunho salarial (artigo 457 da CLT[17]).

11. TRANSFERÊNCIA ABUSIVA E DIREITO DE RESISTÊNCIA DO EMPREGADO

Há transferência é abusiva quando for realizada, unilateralmente, pelo empregador, sem contar com anuência do empregado, ou quando a lei autorizar a transferência de forma unilateral pelo empregador, ela não decorra de real necessidade do serviço. A abusividade da transferência gera sua nulidade, tendo direito o trabalhador ao retorno à localidade de trabalho anterior (artigo 187 do Código Civil).

Em caso de transferência abusiva, o empregado poderá ser opor, valendo-se do seu "ius resitentiae", inclusive ingressar na Justiça do Trabalho postulado liminar, nos termos do art. 659, IV, da CLT:

> "Competem privativamente aos Presidentes das Juntas, além das que lhes forem conferidas neste Título e das decorrentes de seu cargo, as seguintes atribuições: (...) IX – conceder medida liminar, até decisão final do processo, em reclamações trabalhistas que visem a tornar sem efeito transferência disciplinada pelos parágrafos do artigo 469 desta Consolidação.

A liminar prevista no citado dispositivo legal pode ter natureza inibitória (prevenir o ilícito quando este já está na iminência de ocorrer), quando a transferência ainda não foi realizada, ou de tutela antecipada (repressiva), para que o empregado retorne ao local de trabalho de sua origem quando já transferido.

17 Autores há que defendem a natureza de ajuda de custo do referido adicional face à sua transitoritoriedade, e compensação de despesas extraordinárias do empregado, nos termos do 457 § 2º da CLT, "in verbis": "As importâncias, ainda que habituais, pagas a título de ajuda de custo, auxílio-alimentação, vedado seu pagamento em dinheiro, diárias para viagem, prêmios e abonos não integram a remuneração do empregado, não se incorporam ao contrato de trabalho e não constituem base de incidência de qualquer encargo trabalhista e previdenciário."

VII

DA SUSPENSÃO E INTERRUPÇÃO DO CONTRATO DE TRABALHO

1. DOS CONCEITOS DE INTERRUPÇÃO E SUSPENSÃO DO CONTRATO DE TRABALHO E EFEITOS

O contrato de trabalho nasce por acordo tácito ou expresso das partes (artigo 442 da CLT) e para a viger para o futuro. Diante do princípio da continuidade do contrato de trabalho o contrato deve sobreviver a certos acontecimentos que decorrem, ou não, da vontade das partes, que provocam a paralização temporária do contrato de trabalho. Desse modo, o contrato de trabalho se mantém vigente mesmo nas chamadas hipóteses de suspensão e interrupção do contrato de trabalho.

Se forem cessadas, temporariamente, todas as obrigações do contrato de trabalho, tanto por parte do empregado como pelo empregador, teremos o que denomina a doutrina de **suspensão** do contrato de trabalho. Caso cessarem, temporariamente, as obrigações do empregado, mas se mantiverem as obrigações do empregador, teremos a chamada **interrupção** do contrato de trabalho.

Há ainda situações controvertidas, de cessão temporária dos efeitos do contrato de trabalho, a exemplo da licença-maternidade e do auxílio-doença acidentário.

Seguimentos da doutrina criticam as expressões suspensão e interrupção contratual, pois, na verdade, o contrato sempre se mantém vigente, o que se suspende é a prestação pessoal dos serviços do trabalhador.

Como destaca Maurício Godinho Delgado[1]: "a suspensão contratual é a sustação temporária dos principais efeitos do contrato de trabalho no

1 Curso de Direito do Trabalho. 8ª ed. São Paulo: LTr, 2009, p. 971-972.

tocante às partes, em virtude de um fato juridicamente relevante, sem ruptura, contudo, do vínculo contratual formado. É a sustação ampliada e recíproca de efeitos contratuais, preservado, porém o vínculo entre as partes. Já a interrupção contratual é a sustação temporária da principal obrigação do empregado no contrato de trabalho (prestação de trabalho e disponibilidade perante o empregador), em virtude de um fato juridicamente relevante, mantidas em vigor todas as demais cláusulas contratuais. Como se vê, é a interrupção a sustação restrita e unilateral de efeitos contratuais."

Na interrupção contratual, o empregado terá todos os direitos trabalhistas, inclusive a contagem do tempo de serviço, como se trabalhando estivesse durante o período de interrupção. Já na hipótese de suspensão, todas as cláusulas contratuais ficarão paralisadas. Não haverá contagem do tempo de serviço e o trabalhador não receberá direitos trabalhistas.

Durante os períodos de suspensão e interrupção do contrato de trabalho, permanecem as chamadas obrigações secundárias do contrato de trabalho como o mútuo respeito, fidelidade, lealdade, etc. Desse modo, havendo quebra da confiança entre as partes, mesmo durante os períodos de suspensão e interrupção do contrato de trabalho, o contrato poderá ser extinto por justa causa, ou rescisão indireta do contrato de trabalho.

De outro lado, a dispensa do empregado sem justa causa durante os períodos de suspensão e interrupção contratual não será possível. Vólia Bomfim[2], com razão, excepciona, também, a possibilidade de dispensa do empregado nas situações de extinção da empresa ou força maior.

O pedido de demissão do empregado poderá ser levado a efeito durante os períodos de suspensão ou interrupção contratual, desde que manifestado espontaneamente.

A Consolidação das Leis do Trabalho trata da suspensão e interrupção do contrato de trabalho nos arts. 471 a 476-A, da CLT, não havendo distinção específica, mas há também outras hipóteses previstas em legislação especial.

Dispõe o art. 471 da CLT:

> "Ao empregado afastado do emprego, são asseguradas, por ocasião de sua volta, todas as vantagens que, em sua ausência, tenham sido atribuídas à categoria a que pertencia na empresa."

2 Direito do Trabalho. 14. Ed. São Paulo: Método, 2017, p. 938.

Quanto do retorno à empresa, o empregado terá direito à todas as vantagens concedidas à categoria no período de afastamento (suspensão do contrato de trabalho). Na hipótese de interrupção, todos os direitos trabalhistas são preservados e mantidos durante o período de afastamento, inclusive as condições individuais do empregado são observadas.

2. PRESCRIÇÃO DURANTE OS PERÍODOS DE SUSPENSÃO E INTERRUPÇÃO

A lei não prevê a hipótese de suspensão da prescrição durante os períodos de interrupção ou suspensão contratual. Desse modo, parte significativa da doutrina e jurisprudência sustentam que o prazo prescricional flui normalmente nos períodos de suspensão e interrupção.

Nesse sentido sustenta Vólia Bomfim Cassar[3], "os prazos prescricionais estão taxativamente previstos em lei. Assim como as hipóteses de interrupção e de suspensão de sua contagem. Por isso, não podem as partes livremente ajustar prazos ou hipóteses não previstas em lei ou presumi-los, tendo em vista que prescrição é matéria de ordem pública. Dessa forma, a suspensão ou a interrupção contratual não impedem, não interrompem ou suspendem o prazo prescricional."

Somos partidários de tese diversa, pois o artigo 199, I, do Código Civil, possibilita a suspensão do prazo prescricional havendo causa suspensiva. De outro lado, diante da sistemática de proteção do trabalhador, máxime quando as obrigações contratuais estão suspensas justificam a suspensão do prazo prescricional, tanto nas hipóteses de suspensão como de interrupção contratual.

3. HIPÓTESES DE SUSPENSÃO CONTRATUAL

3.1. Afastamento em decorrência do serviço militar

Dispõe o art. 472 da CLT:

> "O afastamento do empregado em virtude das exigências do serviço militar ou de outro encargo público não constituirá motivo para a alteração ou rescisão do contrato de trabalho por parte do empregador.

3 Direito do Trabalho. 14ª ed. São Paulo: Método, 2017, p. 940.

Embora haja controvérsia, o afastamento do trabalhador para as exigências do serviço militar, ou para exercício de encargo público segundo entendimento majoritário, se trata de suspensão do contrato de trabalho.

O tempo em que o empregado estiver à disposição do Serviço Militar obrigatório será computado como tempo de serviços[4], e também são devidos os depósitos do FGTS, nos termos do art. 15, § 5º, da Lei 8.036/90. Entretanto, o empregado não fará jus às verbas trabalhistas do período de afastamento. Trata-se de hipótese de suspensão do contrato de trabalho. Alguns autores, no entanto, sustentam a defesa de se tratar de hipótese híbrida, pois na suspensão típica, não é devida a contagem do tempo de serviço, tampouco o pagamento de verbas trabalhistas.

Nos termos do § 1º do art. 472, da CLT, para que o empregado tenha direito a voltar a exercer o cargo do qual se afastou em virtude de exigências do serviço militar ou de encargo público, é indispensável que notifique o empregador dessa intenção, por telegrama ou carta registrada, dentro do prazo máximo de 30 (trinta) dias, contados da data em que se verificar a respectiva baixa ou a terminação do encargo a que estava obrigado.

3.2. Acidente de Trabalho

O conceito de acidente de trabalho está previsto no artigo 19, da Lei 8.213/91, "in verbis":

> "Acidente do trabalho é o que ocorre pelo exercício do trabalho a serviço de empresa ou de empregador doméstico ou pelo exercício do trabalho dos segurados referidos no inciso VII do art. 11 desta Lei, provocando lesão corporal ou perturbação funcional que cause a morte ou a perda ou redução, permanente ou temporária, da capacidade para o trabalho."

Nos termos do art. 4º, § 1º, da CLT, computar-se-ão, na contagem de tempo de serviço, para efeito de indenização e estabilidade, os períodos em que o empregado estiver afastado do trabalho prestando serviço militar e por motivo de acidente do trabalho.

4 Art. 4º, § 1º, da CLT: "Computar-se-ão, na contagem de tempo de serviço, para efeito de indenização e estabilidade, os períodos em que o empregado estiver afastado do trabalho prestando serviço militar e por motivo de acidente do trabalho."

Também da hipótese do art. 15, § 5º da Lei 8.036/90 diz ser obrigatório o recolhimento do FGTS durante o período de afastamento do empregado por acidente de trabalho.

Como bem adverte Gustavo Filipe Barbosa Garcia[5], não é considerada falta ao serviço, para efeito do direito de aquisição das férias, a ausência do empregado por motivo de acidente do trabalho (art. 131, inciso III, da CLT e Súmula 46 do TST).

No entanto, se o afastamento do empregado por acidente ultrapassar quinze dias, será devido o auxílio-doença, nos termos dos arts. 59[6] e 60 ambos da Lei 8.213/91, cessando a obrigação do empregador de pagar os salários.

Desse modo, conforme tem sustentado, corretamente, a doutrina, até o 15º dia de afastamento, haverá interrupção do contrato de trabalho, a partir do 16º dia, haverá suspensão do contrato de trabalho, destacando-se que serão computados o tempo de serviço no período de recebimento do auxílio-doença, realizados os depósitos do FGTS e computado o período para efeito de férias. No aspecto, dispõe o art. 476, da CLT, "in verbis":

> "Em caso de seguro-doença ou auxílio-enfermidade, o empregado é considerado em licença não remunerada, durante o prazo desse benefício."

3.3. Suspensão disciplinar

Dispõe o art. 474 da CLT:

> "A suspensão do empregado por mais de 30 dias consecutivos importa na rescisão injusta do contrato de trabalho."

O presente dispositivo trata da suspensão disciplinar, pelo empregador. Desse modo, o empregador exercendo o seu poder disciplinar, que é inerente ao poder diretivo (artigo 2º da CLT), poderá, segundo as faltas funcionais, aplicar a penalidade de suspensão. Esta suspensão, entretanto, não poderá exceder de 30 dias. Caso exceda, 30 dias, o contrato de trabalho será extinto sem justa causa.

---

5 Manual de Direito do Trabalho. 13. Ed. Salvador: Editora Juspodivm, 2020, p. 593.

6 Art. 59, *"caput"* da Lei 8.213/91: "O auxílio-doença será devido ao segurado que, havendo cumprido, quando for o caso, o período de carência exigido nesta Lei, ficar incapacitado para o seu trabalho ou para a sua atividade habitual por mais de 15 (quinze) dias consecutivos."

Como destaca a doutrina, este dispositivo consagra o que a jurisprudência reconhece como gradação das penalidades. Primeiramente, aplica-se a advertência, após a suspensão e, por último a justa causa.

É possível também ao empregador aplicar a suspensão como medida preventiva, sem descontos salariais, na hipótese em que a apuração da falta praticada demandar maior tempo e for aconselhável o empregado não estar trabalhando quando desta apuração.

3.4. Suspensão para fins de inquérito judicial para apuração de falta grave

O inquérito judicial para apuração de falta grave consiste numa ação de rito especial trabalhista, de jurisdição contenciosa destinada a pôr fim ao contrato de trabalho do empregado estável. Em razão disso, a natureza do inquérito é de ação constitutiva negativa ou desconstitutiva do contrato de trabalho.

Falta grave é todo ato doloso ou culposamente grave, previsto na lei, praticado pelo empregado, violando obrigações legais trabalhistas ou inerentes ao contrato de trabalho, tornando insuportável a manutenção do vínculo de emprego por abalar, de forma indelével, a confiança do empregador. As hipóteses de falta grave estão tipificadas no art. 482 da CLT.

A Constituição de 1988 pôs fim à estabilidade decenal e, em razão disso, o inquérito judicial para apuração de falta grave praticamente não é mais utilizado.

Atualmente, apenas os empregados que já possuíam a estabilidade decenal quando da vigência da Constituição de 1988 têm estabilidade definitiva, entretanto, a Constituição de 1988 e a Lei Ordinária preveem algumas hipóteses de estabilidades provisórias, também denominadas garantias de emprego.

Entretanto, os empregados públicos concursados, cujo regime é o da CLT, por força do art. 41 da Constituição Federal, gozam da estabilidade definitiva.

Rememorando as lições da doutrina, as estabilidades são em caráter geral e definitivo, já as estabilidades provisórias, também denominadas garantias de emprego, são em caráter provisório e atendem a determinada situação especial do empregado. Como exemplos de garantias de emprego temos a do dirigente sindical (art. 8º da CF c/c. art. 543 da CLT); gestante (art. 10, II, *b*, do ACDT), membro de CIPA (art. 10, II, *a*, do ADCT c/c. art. 165 da CLT), empregado acidentado (Lei n. 8.213/91); empregado integrante de Comissões de Conciliação Prévia (Lei n. 9.958/2000) e membro do conselho curador do FGTS (Lei n. 8.036/2000).

Há discussões na doutrina se o inquérito judicial para apuração de falta grave é aplicável somente para o empregado estável ou também para o empregado que detém alguma garantia de emprego (estabilidade provisória).

Outros defendem a necessidade do inquérito somente nas hipóteses de estabilidades definitivas, ou quando a lei o exigir, como na hipótese do dirigente sindical, porquanto o § 3º do art. 543 da CLT exige que a falta grave do dirigente sindical seja apurada *nos termos da Consolidação*, e a referida expressão reporta-se ao inquérito, que é o meio de que dispõe a CLT para apurar a falta grave.

Para nós, a razão está com os que pensam ser cabível o inquérito somente nas hipóteses que a lei expressamente o exigir, quais sejam: a) estabilidade decenal (arts. 478 e seguintes da CLT); b) dirigente sindical (art. 543, § 3º, da CLT c/c. Súmula n. 197 do STF); c) empregado público celetista concursado (art. 41 da CF), salvo quando houver previsão legal de apuração da falta grave mediante procedimento administrativo ou sindicância administrativa (ver art. 853 da CLT).

Parte da doutrina entende que a prévia suspensão do empregado é requisito para a propositura da ação de inquérito, vale dizer: trata-se de um pressuposto processual de validade do processo.

Em nosso sentir, conforme pensa, acertadamente, a doutrina dominante, a prévia suspensão do empregado não é requisito do inquérito, pois, se preferir, o empregador poderá ingressar com o inquérito sem a prévia suspensão do empregado, conforme lhe faculta o art. 494 da CLT, que assim dispõe:

> "O empregado estável, acusado de falta grave poderá ser suspenso de suas funções, mas a sua despedida só se tornará efetiva após o inquérito em que se verifique a procedência da acusação."

Não obstante, se o empregador preferir não suspender previamente o empregado, apesar de a ação poder ser ajuizada no prazo de cinco anos (art. 7º, XXIX, da CF), deverá fazê-lo logo, sob consequência de perda do requisito da imediatidade da punição, podendo o empregador correr o risco de que sua demora seja interpretada como *perdão tácito.*

Se houver a prévia suspensão do empregado, o empregador terá que propor o inquérito no prazo de 30 dias, contados da data da suspensão. Esse prazo, conforme já sedimentado na doutrina e jurisprudência, tem natureza decadencial.

3.5. Aposentadoria por invalidez

A aposentadoria por invalidez é deferida pela Previdência social quando o trabalhador perde a capacidade de trabalho antes de completar o tempo de contribuição necessário para a aposentadoria definitiva.

Nos termos do art. 42, "*caput*", da Lei 8.213/91, a aposentadoria por invalidez, uma vez cumprida, quando for o caso, a carência exigida, será devida ao segurado que, estando ou não em gozo de auxílio-doença, for considerado incapaz e insusceptível de reabilitação para o exercício de atividade que lhe garanta a subsistência, e ser-lhe-á paga enquanto permanecer nesta condição.

Esta modalidade de aposentadoria suspende o contrato de trabalho, até o empregado recuperar a capacidade do trabalho ou obter a aposentadoria definitiva.

Dispõe o art. 475 da CLT:

> "O empregado que for aposentado por invalidez terá suspenso o seu contrato de trabalho durante o prazo fixado pelas leis de previdência social para a efetivação do benefício. § 1º Recuperando o empregado a capacidade de trabalho e sendo a aposentadoria cancelada, ser-lhe-á assegurado o direito à função que ocupava ao tempo da aposentadoria, facultado, porém, ao empregador o direito de indenizá-lo por rescisão do contrato de trabalho, nos termos dos arts. 477 e 478, salvo na hipótese de ser ele portador de estabilidade, quando a indenização deverá ser paga na forma do art. 497. § 2º Se o empregador houver admitido substituto para o aposentado, poderá rescindir, com este, o respectivo contrato de trabalho sem indenização, desde que tenha havido ciência inequívoca da interinidade ao ser celebrado o contrato."

Recuperada a capacidade, o empregado tem direito a retornar ao emprego, sendo-lhe assegurada a função que ocupava. Caso a função seja extinta, tem direito o empregado a ocupar função semelhante, compatível com seu "status funcional". Entretanto, o empregador poderá dispensar, pagando as verbas rescisórias e a indenização legal (atualmente a multa de 40% sobre os depósitos do FGTS).

Caso o empregador tenha contratado substituto para a função do empregado afastado por aposentadoria por invalidez, poderá dispensá-lo quando da volta do substituído, desde que o substituto tenha sido contratado com a ciência de tal condição. Entretanto, na dispensa do substituto, o empregador deverá pagar-lhe todas as verbas rescisórias bem com indenização legal, uma vez que a contratação não é por prazo determinado, e sob condição resolutiva, subordinada a evento futuro e incerto.

Nos termos da Súmula 160 do TST, cancelada a aposentadoria por invalidez, mesmo após 5 anos, o trabalhador terá direito de retornar ao emprego, facultado, porém, ao empregador, indenizá-lo na forma da lei.

A Súmula 440 do TST, assegura o direito ao plano de saúde ao aposentado por invalidez ou ao empregado que está recebendo auxílio-doença, não obstante suspenso o contrato de trabalho.

Trata-se de medida de grande repercussão social e humanitária, objetivando proteger a saúde do trabalho quando este mais precisa.

3.6. Suspensão do contrato de trabalho em razão de violência doméstica (Lei Maria da Penha)

A Lei 11.340/06, chamada popularmente "Lei Maria da Penha" teve por objetivos coibir e prevenir a violência doméstica.

Trata-se de legislação de grande valor social e moral que tem por escopo garantir a incolumidade física e moral da mulher que está sendo objeto de violência doméstica, mas acima de tudo proteger a dignidade da pessoa humana.

Dentre as medidas para efetivar a proteção da mulher, a Lei 11340/06, em seu artigo 9º, parágrafo 2º, II, assegura a possibilidade de manutenção do vínculo trabalhista, quando necessário o afastamento da empregada do local de trabalho, por até seis meses.

Diante do referido dispositivo legal há divergências na doutrina e jurisprudência sobre os efeitos desse período de afastamento no contrato de trabalho, se há suspensão ou interrupção do contrato de trabalho.

Diante do relevante valor social da norma em questão, muitos autores sustentam que há interrupção do contrato de trabalho.

Nesse sentido é a visão de André Cremonesi[7], após minucioso trabalho a respeito:

> "(...) O legislador teve como intenção dar maior proteção possível à trabalhadora em situação de violência doméstica e familiar não apenas a afastando de seu trabalho pelo período de seis meses com a manutenção do vínculo empregatício, mas também a obrigatoriedade ao empregador do pagamento dos salários do respectivo período e bem assim os respectivos consectários decorrentes".

De nossa parte, em que pesem os argumentos acima expendidos, e os princípios constitucionais da função social da empresa, responsabilidade social do empregador e da proteção à dignidade da pessoa humana, pensamos que a hipótese de afastamento configura suspensão do contrato de trabalho, pois não se pode atribuir ao empregador o encargo de pagamento de salários e demais parcelas trabalhistas por um motivo que ele não deu causa. A violência doméstica não foi causada pelo empregador. Desse modo, quem deve pagar os salários e demais consectários do período de afastamento é o Estado e não o empregador.

Pensamos que a empregada deve sim receber salários e demais direitos trabalhistas durante o período de afastamento, pois é relevante o papel do Estado como garantidor da incolumidade física e psíquica da mulher que está em situação de violência doméstica, mas o encargo de tais pagamentos deve ficar a cargo da Previdência Social e não do empregador.

No aspecto, acompanhamos as conclusões de Gustavo Filipe Barbosa Garcia[8], quando assevera:

---

7 CREMONESI, André. Lei n. 11.340/2006. Obrigações do empregador e efeitos sobre o contrato de trabalho. In: Revista da Escola Paulista de Direito. Ano IV n. 4. Campinas, Millennium, 2008, p. 05.

8 GARCIA, Gustavo Filipe Barbosa. Curso de Direito do Trabalho. 2ª Edição. São Paulo: Método, 2008, p. 506.

> "Tendo em vista o caráter bilateral do contrato de emprego, seria necessária determinação legal impondo ao empregador o dever de permanecer pagando salário à mulher, mesmo sem ela estar trabalhando, como ocorre nas hipóteses de interrupção contratual. Além disso, cabe ao Estado assegurar e conceder os benefícios assistenciais e de saúde para a situação enfocada (de violência doméstica e familiar), até mesmo para que não ocorra discriminação contra a mulher no mercado de trabalho".

No entanto, doutrina e jurisprudência majoritárias, têm atribuído o encargo dos salários do período de afastamento ao empregador, entendendo a hipótese como interrupção do contrato de trabalho. No aspecto, relevante destacar o entendimento da jurisprudência firmado pelo Superior Tribunal de Justiça a respeito, "in verbis":

> RECURSO ESPECIAL. VIOLÊNCIA DOMÉSTICA E FAMILIAR. MEDIDA PROTETIVA. AFASTAMENTO DO EMPREGO. MANUTENÇÃO DO VÍNCULO TRABALHISTA. COMPETÊNCIA. VARA ESPECIALIZADA. VARA CRIMINAL. NATUREZA JURÍDICA DO AFASTAMENTO. INTERRUPÇÃO DO CONTRATO DE TRABALHO. PAGAMENTO. INTERPRETAÇÃO TELEOLÓGICA. INTERPRETAÇÃO EXTENSIVA. PREVISÃO LEGAL. INEXISTÊNCIA. FALTA JUSTIFICADA. PAGAMENTO DE INDENIZAÇÃO. AUXÍLIO DOENÇA. INSTITUTO NACIONAL DO SEGURO SOCIAL. RECURSO ESPECIAL PROVIDO PARCIALMENTE. 1. Tem competência o juiz da vara especializada em violência doméstica e familiar ou, caso não haja na localidade o juízo criminal, para apreciar pedido de imposição de medida protetiva de manutenção de vínculo trabalhista, por até seis meses, em razão de afastamento do trabalho de ofendida decorrente de violência doméstica e familiar, uma vez que o motivo do afastamento não advém de relação de trabalho, mas de situação emergencial que visa garantir a integridade física, psicológica e patrimonial da mulher. 2. Tem direito ao recebimento de salário a vítima de violência doméstica e familiar que teve como medida protetiva imposta ao empregador a manutenção de vínculo trabalhista em decorrência de afastamento do emprego por situação de violência doméstica e familiar, ante o fato de a natureza jurídica do afastamento ser a interrupção do contrato de trabalho, por meio de interpretação teleológica da Lei n. 11.340/2006. 3. Incide o auxílio-doença, diante

da falta de previsão legal, referente ao período de afastamento do trabalho, quando reconhecida ser decorrente de violência doméstica e familiar, pois tal situação advém da ofensa à integridade física e psicológica da mulher e deve ser equiparada aos casos de doença da segurada, por meio de interpretação extensiva da Lei Maria da Penha. 4. Cabe ao empregador o pagamento dos quinze primeiros dias de afastamento da empregada vítima de violência doméstica e familiar e fica a cargo do INSS o pagamento do restante do período de afastamento estabelecido pelo juiz, com necessidade de apresentação de atestado que confirme estar a ofendida incapacitada para o trabalho e desde que haja aprovação do afastamento pela perícia do INSS, por incidência do auxílio-doença, aplicado ao caso por meio de interpretação analógica. 5. Recurso especial parcialmente provido, para a fim de declarar competente o Juízo da 2ª Vara Criminal de Marília-SP, que fixou as medidas protetivas a favor da ora recorrente, para apreciação do pedido retroativo de reconhecimento do afastamento de trabalho decorrente de violência doméstica, nos termos do voto (STJ RECURSO ESPECIAL Nº 1.757.775 – SP (2018/0193975-8) Rela. Min. Rogério Schietti Cruz. Dje 02.09.2019.

3.7. Suspensão do contrato de trabalho para qualificação profissional

Dispõe o art. 476-A da CLT:

"O contrato de trabalho poderá ser suspenso, por um período de dois a cinco meses, para participação do empregado em curso ou programa de qualificação profissional oferecido pelo empregador, com duração equivalente à suspensão contratual, mediante previsão em convenção ou acordo coletivo de trabalho e aquiescência formal do empregado, observado o disposto no art. 471 desta Consolidação. § 1º Após a autorização concedida por intermédio de convenção ou acordo coletivo, o empregador deverá notificar o respectivo sindicato, com antecedência mínima de quinze dias da suspensão contratual. § 2º O contrato de trabalho não poderá ser suspenso em conformidade com o disposto no *caput* deste artigo mais de uma vez no período de dezesseis meses. § 3º O empregador poderá conceder ao empregado ajuda compensatória mensal, sem natureza

> salarial, durante o período de suspensão contratual nos termos do *caput* deste artigo, com valor a ser definido em convenção ou acordo coletivo. § 4º Durante o período de suspensão contratual para participação em curso ou programa de qualificação profissional, o empregado fará jus aos benefícios voluntariamente concedidos pelo empregador. § 5º Se ocorrer a dispensa do empregado no transcurso do período de suspensão contratual ou nos três meses subseqüentes ao seu retorno ao trabalho, o empregador pagará ao empregado, além das parcelas indenizatórias previstas na legislação em vigor, multa a ser estabelecida em convenção ou acordo coletivo, sendo de, no mínimo, cem por cento sobre o valor da última remuneração mensal anterior à suspensão do contrato. § 6º Se durante a suspensão do contrato não for ministrado o curso ou programa de qualificação profissional, ou o empregado permanecer trabalhando para o empregador, ficará descaracterizada a suspensão, sujeitando o empregador ao pagamento imediato dos salários e dos encargos sociais referentes ao período, às penalidades cabíveis previstas na legislação em vigor, bem como às sanções previstas em convenção ou acordo coletivo. § 7º O prazo limite fixado no *caput* poderá ser prorrogado mediante convenção ou acordo coletivo de trabalho e aquiescência formal do empregado, desde que o empregador arque com o ônus correspondente ao valor da bolsa de qualificação profissional, no respectivo período."

O presente artigo trata da chamada suspensão contratual para aperfeiçoamento profissional. Trata-se de hipótese de flexibilização do direito do trabalho a fim de propiciar ao empregado aperfeiçoamento profissional e preservação do emprego, principalmente em épocas de crise da economia.

Nesta modalidade o contrato poderá ser suspenso por período de dois a cinco meses, para qualificação profissional, desde que o haja anuência expressa do trabalhador, e haja previsão em norma coletiva. A anuência do empregado deve ser formal, isto é, por escrito.

O prazo de dois a cinco meses, poderá ser prorrogado mediante convenção ou acordo coletivo de trabalho e aquiescência formal do empregado, desde que o empregador arque com o ônus correspondente ao valor da bolsa de qualificação profissional, no respectivo período.

Pensamos que o prazo somente poderá ser prorrogado uma vez, em razão do princípio da continuidade da relação de emprego e da proteção tutelar.

Não poderá o contrato de trabalho ser suspenso mais de uma vez dentro do período de 16 meses contados do término da suspensão, sob consequência de nulidade da suspensão.

Durante a suspensão, o empregado poderá receber ajuda compensatória sem natureza salarial. O valor será definido em norma coletiva. Também durante a suspensão, o empregado fará jus aos benefícios voluntariamente concedidos pelo empregador.

No período de suspensão do contrato, deve o empregado, efetivamente, realizar o curso de qualificação profissional, que poderá ser presencial ou à distância.

Também será nula a suspensão do contrato de trabalho se não forem preenchidos os requisitos previstos em lei, quais sejam: previsão em norma coletiva, anuência formal do empregado, observância do prazo legal e realização do curso.

Caso o empregado continue trabalhando, também haverá nulidade.

Se ocorrer a dispensa do empregado no transcurso do período de suspensão contratual ou nos três meses subsequentes ao seu retorno ao trabalho, o empregador pagará ao empregado, além das parcelas indenizatórias previstas na legislação em vigor, multa a ser estabelecida em convenção ou acordo coletivo, sendo de, no mínimo, cem por cento sobre o valor da última remuneração mensal anterior à suspensão do contrato.

4. HIPÓTESES DE INTERRUPÇÃO CONTRATUAL (ARTIGO 473 DA CLT)

O art. 473, da CLT disciplina as hipóteses de interrupção do contrato do trabalho, como sendo situações de faltas justificadas, em que são devidos o pagamento dos salários e demais direitos trabalhistas.

Foram disciplinadas as seguintes hipóteses de interrupção contratual:

a) **até 2 (dois) dias consecutivos, em caso de falecimento do cônjuge, ascendente, descendente, irmão ou pessoa que, declarada em sua carteira de trabalho e previdência social, viva sob sua dependência econômica:** Trata-se, aqui, do chamado *luto*, ou *licença nojo*. Neste caso, além da falta ser justificada, há contagem do tempo de serviço e pagamento dos salários.

b) **até 3 (três) dias consecutivos, em virtude de casamento:** Em caso de casamento, o empregado poderá faltar ao trabalho, com contagem do tempo de serviço e pagamento dos salários por até 3 dias consecutivos. Trata-se da chamada *licença gala*.

c) **por cinco dias, em caso de nascimento de filho no decorrer da primeira semana:** Este dispositivo é dirigido ao homem, pois a mulher tem direito à licença-maternidade de 120 dias (art. 392, da CLT). No entanto, atualmente, a licença-paternidade é de 05 dias, nos termos do art. 10, parágrafo 1º, do ADCT, até que a lei venha regulamentar o art. 7º, XIX, da Constituição Federal.

Cumpre destacar que o empregado que adotar ou obtiver guarda judicial para fins de adoção, e não tiver cônjuge ou companheira/o terá direito à licença de 120 dias conforme os artigos 392-C, da CLT combinado com os arts. 392-A e 392-B, ambos da CLT.

d) **por um dia, em cada 12 (doze) meses de trabalho, em caso de doação voluntária de sangue devidamente comprovada:** Trata-se de dispositivo de grande alcance social e humanitário, que tem por objetivo incentivar a doação de sangue.

e) **até 2 (dois) dias consecutivos ou não, para o fim de se alistar eleitor, nos termos da lei respectiva:** O objetivo da lei aqui é propiciar que o empregado tenha tempo suficiente para ir até a Justiça Eleitoral e cadastrar como eleitor. Atualmente, diante da informatização dos procedimentos, na maioria das cidades o alistamento eleitoral se realiza em pouco tempo. O afastamento do empregado será pelo tempo suficiente para o alistamento eleitoral, que deve ser devidamente comprovado.

f) **no período de tempo em que tiver de cumprir as exigências do Serviço Militar referidas na <u>letra "c" do art. 65 da Lei nº 4.375, de 17 de agosto de 1964</u> (Lei do Serviço Militar):** Trata-se, aqui, do período em que o empregado é convocado para o serviço militar na condição de reservista. Dispõe o art. 65, <u>letra "c" da Lei nº 4.375/64:</u>

> "Constituem deveres do Reservista: (..)(c) apresentar-se, anualmente, no local e data que forem fixados, para fins de exercício de apresentação das reservas ou cerimônia cívica do Dia do Reservista."

g) **nos dias em que estiver comprovadamente realizando provas de exame vestibular para ingresso em estabelecimento de ensino superior:** A lei possibilita que o empregado possa faltar nos dias em que estiver, comprovadamente, realizando exames para o Ingresso no ensino superior. Trata-se de norma com relevante valor social.

h) **pelo tempo que se fizer necessário, quando tiver que comparecer a juízo:** As horas em que o empregado se ausentar do serviço para comparecimento necessário, como parte, normalmente, na qualidade de autor (reclamante) em processo trabalhista, mas a norma se estende para qualquer tipo de processo, seja na qualidade de autor ou de ré. Como bem adverte Gustavo Filipe Barbosa Garcia[9], este dispositivo está em sintonia com o direito de acesso à justiça (art. 5º, XXXV, da CF).

No aspecto, destaca-se a Súmula 155 do TST, "in verbis":

> "As horas em que o empregado falta ao serviço para comparecimento necessário, como parte, à Justiça do Trabalho não serão descontadas de seus salários (ex-Prejulgado nº 30)."

Na qualidade de testemunha, o empregado tem direito de se ausentar do trabalho no dia, ou nos dias em que prestará depoimento (arts. 822 da CLT e 463, parágrafo único, do CPC).

i) **pelo tempo que se fizer necessário, quando, na qualidade de representante de entidade sindical, estiver participando de reunião oficial de organismo internacional do qual o Brasil seja membro:** Aqui, a finalidade da norma, é facilitar o exercício da representação sindical, quando o representante irá participara de reunião oficial no exterior de organismo internacional do qual o Brasil é membro.

Como bem adverte Gustavo Filipe Barbosa Garcia,[10] "pode-se entender que o representante de entidade sindical engloba todos os membros da administração do ente sindical, conforme o art. 522 da CLT. Cabe ressaltar que esse dispositivo da CLT, de acordo com a jurisprudência do TST (Súmula 369, inciso II), está em vigência, pois não se refere a qualquer intervenção estatal no ente sindical, mas sim disposição da Lei (e não do Poder Executivo), regulando o tema."

9 Manual de Direito do Trabalho. 13. ed. Salvador: Editora Juspodivm, 2020.

10 Op. cit. p. 607.

j) **dispensa do horário de trabalho pelo tempo necessário para acompanhar sua esposa ou companheira em até seis consultas médicas ou exames complementares durante o período de gravidez:** Trata-se, aqui, de dispositivo de grande alcance social, acrescentado pela Lei 13.257/16, que dispõe sobre políticas públicas para a primeira infância. Também o objetivo da lei é facilitar e incentivar a participação do empregado na gravidez de sua esposa ou companheira.

k) **por 1 (um) dia por ano para acompanhar filho de até 6 (seis) anos em consulta médica:** Trata-se de norma destinada tanto ao empregado como à empregada, possibilitando a ausência ao serviço por 1 dia ao ano, sem prejuízo dos salários e dos demais direitos trabalhistas, para acompanhar o filho de até 6 anos em consulta médica.

l) **até 3 (três) dias, em cada 12 (doze) meses de trabalho, em caso de realização de exames preventivos de câncer devidamente comprovada:** Trata-se de norma de relevante alcance social destinada à proteção à saúde do trabalhador. Os dias de ausência (até) três não necessitam ser consecutivos.

As faltas decorrentes de motivo de saúde do trabalhador, atestadas por médico, também são justificáveis e provocam a interrupção do contrato de trabalho.

4.1. A questão do Limbo previdenciário-trabalhista

Como leciona Marcos Mendanha[11], "o limbo jurídico previdenciário trabalhista trata-se de uma situação frequente que possui como maior característica o não recebimento simultâneo, por parte do empregado, tanto do salário (pago pelo empregador), quanto ao respectivo benefício previdenciário (pago pela Previdência Social)".

A situação típica do limbo previdenciário-trabalhista ocorre quando o médico do INSS conclui que o empregado está apto para o trabalho, negando-lhe o benefício previdenciário, e ao mesmo tempo o médico da empresa considera o empregado inapto.

11 Limbo Previdenciário Trabalhista. São Paulo: JHMIZUNO, 2019, p. 15.

O empregado é impedido de voltar ao trabalho e fica sem receber salários no referido período.

Há divergências na doutrina e jurisprudência sobre a responsabilidade pelo pagamento dos salários no período do afastamento do empregado decorrente do limbo previdenciário-trabalhista. Alguns entendem que a responsabilidade não é do empregador, e sim da Previdência Social. No entanto, a jurisprudência trabalhista em sua vertente majoritária firmou, acertadamente, o entendimento de que a responsabilidade pelo pagamento dos salários no referido período é do empregador, configurando hipótese de interrupção do contrato de trabalho, pois o empregador corre o risco da atividade econômica (art. 2º, da CLT). Além disso, cumpre ao empregador, na hipótese de o médico da empresa considerar o trabalhador inapto, postular ao INSS ou na Justiça Federal a revisão da decisão para que o empregado obtenha o benefício previdenciário.

Como bem adverte Luciano Martinez[12], "o laudo pericial do INSS, como qualquer ato administrativo, goza de presunção de legitimidade. Assim, quem o desafia deve assumir o ônus de produzir prova em sentido contrário. Se o trabalhador, concordando com a conclusão do laudo, apresenta-se para o retorno às atividades, mas o patrão identifica situação de incapacidade, este deverá pagar os salários decorrentes do período de expectativa do recurso administrativo que visa à reativação do benefício previdenciário por incapacidade. Durante esse período o empregado estará, tecnicamente à disposição do empregador (vide o art. 4º, da CLT)."

No aspecto, destacam-se as seguintes ementas:

> AGRAVO DE INSTRUMENTO. LEI 13.467/2017. LIMBO PREVIDENCIÁRIO. EMPREGADO CONSIDERADO APTO PELO INSS E INAPTO PELO EMPREGADOR. PERÍODO COMPREENDIDO ENTRE A ALTA PREVIDENCIÁRIA E O RETORNO AO TRABALHO. TRANSCENDÊNCIA. Reconhecida a transcendência da causa e demonstrada provável violação ao art. 476 da CLT, deve ser processado o recurso de revista para melhor exame da matéria. Agravo de instrumento provido. RECURSO DE REVISTA. LEI 13.467/17. LIMBO PREVIDENCIÁRIO. EMPREGADO CONSIDERADO APTO PELO INSS E INAPTO PELO EMPREGADOR. PERÍODO COMPREENDIDO ENTRE A ALTA PREVIDENCIÁRIA E O RETORNO AO TRABALHO. TRANSCENDÊNCIA. O entendimento desta c. Corte Superior é

12 Curso de Direito do Trabalho. 10ª ed. São Paulo: Saraiva, 2019, p. 648.

de que é responsabilidade do reclamado o pagamento de salários ao empregado impedido de retornar ao trabalho pelo empregador, que o considerou inapto, não obstante a cessação do benefício e alta previdenciária. Recurso de revista conhecido e provido (TST RR-1675-64.2017.5.12.0059, 6ª Turma, Relator Ministro Aloysio Corrêa da Veiga, DEJT 13/03/2020).

AGRAVO DE INSTRUMENTO. RECURSO DE REVISTA – DESCABIMENTO. 1. RECUSA DA EMPRESA EM READMITIR O EMPREGADO CONSIDERADO APTO PARA O RETORNO AO TRABALHO PELO INSS. PAGAMENTO DE SALÁRIOS. Tendo o órgão previdenciário considerado a reclamante apta para o retorno ao trabalho, cabia ao reclamado, julgando que a empregada não reunia condições para retornar às atividades antes exercidas, zelar pela sua readaptação em função compatível com seu atual estado de saúde. No entanto, ao não permitir o retorno da autora, deixando de pagar os salários a partir da alta médica dada pelo INSS, o réu agiu de forma ilícita, o que motiva a condenação. 2. FORMA DE DISSOLUÇÃO CONTRATUAL. VÍCIO DE CONSENTIMENTO. A valoração dos meios de prova ofertados pela parte constitui prerrogativa do julgador, pelo princípio da persuasão racional (art. 371 do CPC). Assim, não há que se falar em equívoco quanto às regras de distribuição do ônus da prova, quando o julgador, confrontando o acervo instrutório dos autos, reputa comprovados os fatos constitutivos do direito postulado. 3."LIMBO JURÍDICO PREVIDENCIÁRIO". SUPRESSÃO SALARIAL. ATO ILÍCITO. DANO MORAL. CONFIGURAÇÃO. A configuração do dano moral, segundo dispõe o art. 186 do CCB, pressupõe a existência de conduta ilícita do pretenso ofensor, a qual, conforme quadro descrito no acórdão regional, restou demonstrada. Agravo de instrumento conhecido e desprovido (TST – AIRR-1001614-45.2016.5.02.0466, 3ª Turma, Relator Ministro Alberto Luiz Bresciani de Fontan Pereira, DEJT 06/03/2020).

4.2. Afastamento do empregado de isolamento para enfrentamento de emergência de saúde pública (Lei 13.979/20)

A Lei 13.979/20, de 06/02/2020 tratou de medidas de emergência para enfrentamento da emergência de saúde pública decorrente do surto do coronavírus. Dentre estas medidas, há possibilidade de isolamento e quarentena para pessoas, o que tem impactos nos contratos de trabalho.

Nos termos do art. 2º, da Lei 13.979/20:

> Para fins do disposto nesta Lei, considera-se: I – isolamento: separação de pessoas doentes ou contaminadas, ou de bagagens, meios de transporte, mercadorias ou encomendas postais afetadas, de outros, de maneira a evitar a contaminação ou a propagação do coronavírus; e II – quarentena: restrição de atividades ou separação de pessoas suspeitas de contaminação das pessoas que não estejam doentes, ou de bagagens, contêineres, animais, meios de transporte ou mercadorias suspeitos de contaminação, de maneira a evitar a possível contaminação ou a propagação do coronavírus.

Conforme o art. 3º, da Lei 13.979/20, para enfrentamento da emergência de saúde pública de importância internacional decorrente do coronavírus, poderão ser adotadas, entre outras, as seguintes medidas:

> I – isolamento; II – quarentena; III – determinação de realização compulsória de: a) exames médicos; b) testes laboratoriais; c) coleta de amostras clínicas; d) vacinação e outras medidas profiláticas; ou e) tratamentos médicos específicos; III-A – uso obrigatório de máscaras de proteção individual; (Incluído pela Lei nº 14.019, de 2020) IV – estudo ou investigação epidemiológica; V – exumação, necropsia, cremação e manejo de cadáver; VI – restrição excepcional e temporária, por rodovias, portos ou aeroportos, de: (Redação dada pela Lei nº 14.035, de 2020) a) entrada e saída do País; e (Incluído pela Lei nº 14.035, de 2020) b) locomoção interestadual e intermunicipal; (Incluído pela Lei nº 14.035, de 2020) VII – requisição de bens e serviços de pessoas naturais e jurídicas, hipótese em que será garantido o pagamento posterior de indenização justa; VIII – autorização excepcional e temporária para a importação e distribuição de quaisquer materiais, medicamentos, equipamentos e insumos da área de saúde sujeitos à vigilância sanitária sem registro na Anvisa considerados essenciais para auxiliar no combate à pandemia do coronavírus, desde que: a) registrados por pelo menos 1 (uma) das seguintes autoridades sanitárias estrangeiras e autorizados à distribuição comercial em seus respectivos países: (Redação dada pela Lei nº 14.006, de 2020) 1. Food and Drug Administration (FDA); (Incluído pela Lei nº 14.006, de 2020) 2. European Medicines Agency (EMA); (Incluído pela Lei nº 14.006, de 2020) 3. Pharmaceuticals and Medical Devices Agency (PMDA); (Incluído pela Lei nº 14.006, de 2020) 4.

National Medical Products Administration (NMPA); (Incluído pela Lei nº 14.006, de 2020)b) (revogada). (Redação dada pela Lei nº 14.006, de 2020) § 1º As medidas previstas neste artigo somente poderão ser determinadas com base em evidências científicas e em análises sobre as informações estratégicas em saúde e deverão ser limitadas no tempo e no espaço ao mínimo indispensável à promoção e à preservação da saúde pública. § 2º Ficam assegurados às pessoas afetadas pelas medidas previstas neste artigo: I – o direito de serem informadas permanentemente sobre o seu estado de saúde e a assistência à família conforme regulamento; II – o direito de receberem tratamento gratuito; III – o pleno respeito à dignidade, aos direitos humanos e às liberdades fundamentais das pessoas, conforme preconiza o Artigo 3 do Regulamento Sanitário Internacional, constante do Anexo ao Decreto nº 10.212, de 30 de janeiro de 2020. § 3º Será considerado falta justificada ao serviço público ou à atividade laboral privada o período de ausência decorrente das medidas previstas neste artigo. § 4º As pessoas deverão sujeitar-se ao cumprimento das medidas previstas neste artigo, e o descumprimento delas acarretará responsabilização, nos termos previstos em lei. § 5º Ato do Ministro de Estado da Saúde: I – disporá sobre as condições e os prazos aplicáveis às medidas previstas nos incisos I e II do **caput** deste artigo; e II – (revogado). (Redação dada pela Lei nº 14.006, de 2020) § 6º Ato conjunto dos Ministros de Estado da Saúde, da Justiça e Segurança Pública e da Infraestrutura disporá sobre as medidas previstas no inciso VI do **caput** deste artigo, observado o disposto no inciso I do § 6º-B deste artigo. (Redação dada pela Lei nº 14.035, de 2020) § 6º-B. As medidas previstas no inciso VI do **caput** deste artigo deverão ser precedidas de recomendação técnica e fundamentada: (Incluído pela Lei nº 14.035, de 2020) I – da Agência Nacional de Vigilância Sanitária (Anvisa), em relação à entrada e saída do País e à locomoção interestadual; ou (Incluído pela Lei nº 14.035, de 2020)II – do respectivo órgão estadual de vigilância sanitária, em relação à locomoção intermunicipal. (Incluído pela Lei nº 14.035, de 2020) § 6º-C. (VETADO). (Incluído pela Lei nº 14.035, de 2020) § 6º-D. (VETADO). (Incluído pela Lei nº 14.035, de 2020) § 7º As medidas previstas neste artigo poderão ser adotadas: § 7º-A. A autorização de que trata o inciso VIII do **caput** deste artigo deverá ser concedida pela Anvisa em até 72 (setenta e duas) horas após a submissão do pedido à Agência, dispensada a autorização de qualquer outro órgão da administração pública direta ou indireta para os produtos que especifica, sendo concedida automaticamente caso esgotado o prazo sem manifestação. Promulgação partes vetadas I – pelo Ministério da Saúde, exceto a constante do inciso VIII do **caput** deste artigo; (Redação dada pela Lei nº 14.006, de 2020) II – pelos gestores locais de saúde, desde que autorizados pelo Ministério da Saúde, nas hipóteses dos incisos I, II, III-A, V e VI do **caput** deste artigo; (Redação dada pela Lei nº 14.035, de 2020) III – pelos gestores locais de saúde, nas hipóteses dos incisos III, IV e VII do **caput** deste artigo. IV – pela Anvisa, na hipótese do inciso VIII do **caput** deste artigo. (Incluído pela Lei nº 14.006, de 2020) § 7º-A. A autorização de que trata o inciso VIII do **caput** deste artigo deverá ser concedida pela Anvisa em até 72 (setenta e duas) horas após a submissão do pedido à Agência, dispensada a autorização de qualquer outro órgão da administração pública direta ou indireta para os produtos que especifica, sendo concedida automaticamente caso esgotado o prazo sem manifestação. Promulgação partes vetadas (Incluído pela Lei nº 14.006, de 2020) § 7º-B. O médico que prescrever ou ministrar medicamento cuja importação ou distribuição tenha sido autorizada na forma do inciso VIII do **caput** deste artigo deverá informar ao paciente ou ao seu representante legal que o produto ainda não tem registro na Anvisa e foi liberado por ter sido registrado por autoridade sanitária estrangeira. (Incluído pela Lei nº 14.006, de 2020) § 7º-C Os serviços públicos e atividades essenciais, cujo funcionamento deverá ser resguardado quando adotadas as medidas previstas neste artigo, incluem os relacionados ao atendimento a mulheres em situação de violência doméstica e familiar, nos termos da Lei nº 11.340, de 7 de agosto de 2006, a crianças, a adolescentes, a pessoas idosas e a pessoas com deficiência vítimas de crimes tipificados na Lei nº 8.069, de 13 de julho de 1990 (Estatuto da Criança e do Adolescente), na Lei nº 10.741, de 1º de outubro de 2003 (Estatuto do Idoso), na Lei nº 13.146, de 6 de julho de 2015 (Estatuto da Pessoa com Deficiência), e no Decreto-Lei nº 2.848, de 7 de dezembro de 1940 (Código Penal). (Incluído pela Lei nº 14.022, de 2020) § 8º Na ausência da adoção de medidas de que trata o inciso II do § 7º deste artigo, ou até sua superveniência, prevalecerão as determinações: (Incluído pela Lei nº 14.035, de 2020) I – do Ministério da Saúde em relação aos incisos I, II, III, IV, V e VII do **caput** deste artigo; e (Incluído pela Lei nº 14.035, de 2020) II – do ato conjunto de que trata o § 6º em relação às medidas previstas no inciso VI do **caput** deste artigo. (Incluído pela Lei nº 14.035, de 2020) § 9º A adoção das medidas previstas neste artigo deverá resguardar o abastecimento

> de produtos e o exercício e o funcionamento de serviços públicos e de atividades essenciais, assim definidos em decreto da respectiva autoridade federativa. (Incluído pela Lei nº 14.035, de 2020) § 10. As medidas a que se referem os incisos I, II e VI do **caput**, observado o disposto nos incisos I e II do § 6º-B deste artigo, quando afetarem a execução de serviços públicos e de atividades essenciais, inclusive os regulados, concedidos ou autorizados, somente poderão ser adotadas em ato específico e desde que haja articulação prévia com o órgão regulador ou o poder concedente ou autorizador. (Incluído pela Lei nº 14.035, de 2020) § 11. É vedada a restrição à ação de trabalhadores que possa afetar o funcionamento de serviços públicos e de atividades essenciais, definidos conforme previsto no § 9º deste artigo, e as cargas de qualquer espécie que possam acarretar desabastecimento de gêneros necessários à população. (Incluído pela Lei nº 14.035, de 2020)

Conforme o § 3º do referido dispositivo legal, será considerado falta justificada ao serviço público ou à atividade laboral privada o período de ausência decorrente das medidas para enfrentamento do surto do coronavírus. Desse modo, se o empregado tiver que permanecer em quarentena, em isolamento, ou realizar exames, as faltas ao trabalho decorrentes desses períodos serão consideradas justificadas.

No entanto, discute-se sobre a responsabilidade do pagamento dos salários do período. Pode-se argumentar que como se trata de epidemia, a situação é de força maior (artigos 501 e seguintes da CLT), não cabendo ao empregador a responsabilidade por tal encargo e sim ao Governo.

Não obstante, por ter a lei considerado falta justificada ao trabalho, as situações previstas no art. 3º, da Lei 13.979/20, caberá ao empregador a responsabilidade pelo pagamento dos salários, configurando a hipótese interrupção do contrato de trabalho.

4.3. Licença-maternidade

A Constituição prevê, no art. 7º, XVIII o direito de licença à gestante, sem prejuízo do emprego e do salário, com duração de cento e vinte dias.

No mesmo sentido dispõe o art. 392, da CLT, "in verbis":

> "A empregada gestante tem direito à licença-maternidade de 120 (cento e vinte) dias, sem prejuízo do emprego e do salário. § 1º A empregada deve, mediante atestado médico, notificar o seu empregador da data do início do afastamento do emprego, que

> poderá ocorrer entre o 28º (vigésimo oitavo) dia antes do parto e ocorrência deste. § 2º Os períodos de repouso, antes e depois do parto, poderão ser aumentados de 2 (duas) semanas cada um, mediante atestado médico. § 3º Em caso de parto antecipado, a mulher terá direito aos 120 (cento e vinte) dias previstos neste artigo. § 4º É garantido à empregada, durante a gravidez, sem prejuízo do salário e demais direitos: I – transferência de função, quando as condições de saúde o exigirem, assegurada a retomada da função anteriormente exercida, logo após o retorno ao trabalho; II – dispensa do horário de trabalho pelo tempo necessário para a realização de, no mínimo, seis consultas médicas e demais exames complementares. § 5º (VETADO)."

Nos termos do art. 392-A, da CLT, "à empregada que adotar ou obtiver guarda judicial para fins de adoção de criança ou adolescente será concedida licença-maternidade nos termos do art. 392 desta Lei. §§1º a 3º (revogados pela Lei 12.010/2009) § 4º A licença-maternidade só será concedida mediante apresentação do termo judicial de guarda à adotante ou guardiã. § 5º A adoção ou guarda judicial conjunta ensejará a concessão de licença-maternidade a apenas um dos adotantes ou guardiães empregado ou empregada".

Conforme o art. 392-B, da CLT, "em caso de morte da genitora, é assegurado ao cônjuge ou companheiro empregado o gozo de licença por todo o período da licença-maternidade ou pelo tempo restante a que teria direito a mãe, exceto no caso de falecimento do filho ou de seu abandono."

A licença-maternidade é um direito social fundamental, tanto para proteção da gestante, como da criança e da própria família (arts. 6º, 227, ambos da CF).

O salário-maternidade é pago diretamente pelo empregador, salvo a empregada doméstica que recebe o benefício diretamente da Previdência Social. Não obstante, a empregada tem todos os direitos trabalhistas assegurados durante o período da licença.

Considerando-se que o salário-maternidade é um benefício previdenciário, suportado pela Previdência Social, parte significativa da doutrina considera o período de afastamento como de suspensão do contrato de trabalho.

De nossa parte, a razão está com os que consideram o período de licença-maternidade como interrupção do contrato trabalho, pois todos os direitos trabalhistas devem ser observados durante o afastamento. Além disso, cumpre ao empregador tomar as medidas necessárias para efetivar a licença.

VIII

DA EXTINÇÃO DO CONTRATO DE TRABALHO

1. CONCEITO E NOMENCLATURAS UTILIZADAS

O contrato de trabalho se inicia por manifestação de vontade tácita ou expressa (artigo 442 da CLT), se desenvolve e termina em razão de vários fatores. Embora idealizado para perdurar no tempo (princípio da continuidade), o contrato de trabalho, em determinado momento, irá se extinguir.

Não há, na doutrina, consenso sobre as nomenclaturas das hipóteses de extinção do contrato de trabalho.

A doutrina costuma denominar o término do contrato de trabalho com as expressões: *terminação, extinção* ou *dissolução* do contrato de trabalho. A CLT, a partir do artigo 477 fala utiliza a expressão *rescisão*. Nesta obra, utilizaremos o termo **extinção** como gênero que engloba todas as espécies de término do contrato de trabalho, tanto as espécies levadas a efeito por iniciativa de uma ou das duas partes, inexecução culposa do contrato de trabalho por uma ou ambas as partes, como as causas que independem da vontade das partes, como caso fortuito ou força maior, e causas naturais, como a morte do empregado e término do contrato do contrato de trabalho por prazo determinado.

Nesta obra, para fins didáticos, adota-se a seguinte classificação:

Gênero: **Extinção do contrato de trabalho**

Espécies e subespécies:

1. Extinção por iniciativa do empregador:

a) dispensa imotivada: individual e coletiva

b) dispensa motivada: justa causa; culpa recíproca

2. Extinção por iniciativa do empregado

a) iniciativa imotivada: pedido de demissão

b) iniciativa motivada: rescisão indireta; adesão ao plano de demissão voluntária

3. Extinção por acordo entre as partes

4. Extinção por motivo alheio às partes

a) fato príncipe

b) força maior

5. Extinção por causa natural

a) morte do empregado e do empregador

b) término do contrato por prazo determinado

c) aposentadoria

2. DA DISPENSA INDIVIDUAL

Quando do empregador toma a iniciativa de pôr fim ao contrato de trabalho, tal conduta é denominada dispensa imotivada.

A extinção do contrato de trabalho por iniciativa do empregador sempre é traumática para o empregado, pois perderá sua fonte de renda, e não raro ficará sem recursos para sua sobrevivência e de sua família. Por isso, sempre que possível, o contrato deve ser preservado. Não obstante, o Ordenamento Jurídico brasileiro permite a chamada *denúncia vazia* do contrato de trabalho pelo empregador, também chamada de *dispensa*.

Diante do elevado alcance social que envolve a questão, a Constituição Federal protege o contrato de trabalho contra a dispensa pelo empregador.

Dispõe o art. 7º, I, da CF:

> "São direitos dos trabalhadores urbanos e rurais, além de outros que visem à melhoria de sua condição social: I – relação de emprego protegida contra despedida arbitrária ou sem justa causa, nos termos de lei complementar, que preverá indenização compensatória, dentre outros direitos."

Conforme o texto constitucional, há proteção contra duas modalidades de dispensa, quais sejam:

a) **dispensa arbitrária**: trata-se de dispensa ilícita praticada pelo empregador, em regra, com abuso de direito (art. 187 do CC) como nas hipóteses de dispensa do empregado detentor de garantia de emprego (gestante, acidentado, etc.), ou por motivo discriminatório (orientação sexual, idade, etc.). Esta modalidade de dispensa, por ser contrária ao direito, autoriza o empregado a reintegração no emprego e receber indenização por dano moral (ou extrapatrimonial);

b) **dispensa sem justa causa:** esta modalidade de extinção do contrato de trabalho, praticada por vontade unilateral do empregador é tida, por grande parte da doutrina, como uma atitude lícita do empregador, também denominada de direito *potestativo* do empregador, ou seja, um ato que depende, para ter validade, da vontade única do empregador.

Nesse sentido, defende Maurício Godinho Delgado[1]:

> "Nos moldes prevalecentes no Direito do País, tal declaração de vontade tem natureza potestativa, receptícia e constitutiva, com efeitos imediatos, tão logo recebida pela parte adversa (efeitos *ex nunc*)."

De outro lado, há, também na doutrina, entendimentos no sentido de que a dispensa sem justa causa, é um ato ilícito do empregador (art. 186 do CC), mas que pode ser levado a efeito desde que pague ao empregado uma indenização tarifada, que ainda não está devidamente regulamentada por Lei Complementar (art. 7º, I, da CF). Atualmente, o valor da indenização está disciplinado no art. 10, I, do ADCT.

A doutrina, em geral, tem interpretado as expressões *dispensa arbitrária* ou *sem justa causa* como sinônimas, possibilitando ao empregador pôr fim ao contrato de trabalho de forma unilateral, mediante pagamento de verbas rescisórias, quais sejam: saldo de salário, férias vencidas e/ou proporcionais, 13º salários vencidos e/ou proporcional, aviso prévio, e multa de 40% sobre o FGTS. Além disso, o empregado poderá movimentar os depósitos de FGTS, e caso preenchido o requisito temporal da Lei 7.998/90, terá direito ao seguro-desemprego.

1 Curso de Direito do Trabalho. 18ª ed. São Paulo: LTr, 2019, p. 1377.

3. DA DISPENSA COLETIVA

A doutrina, em geral, tem interpretado as expressões *dispensa arbitrária* ou *sem justa causa* como sinônimas, possibilitando ao empregador pôr fim ao contrato de trabalho de forma unilateral, mediante pagamento de verbas rescisórias: saldo de salário, férias vencidas e/ou proporcionais, 13º salários vencidos e/ou proporcional, aviso prévio, e multa de 40% sobre o FGTS. Além disso, o empregado poderá movimentar os depósitos de FGTS, e caso preenchido o requisito temporal da Lei 7.998/90, terá direito ao seguro-desemprego.

Parte da doutrina também tem sustentado que na expressão *dispensa arbitrária*, prevista no art. 7º, I, da CF, enquadra-se a dispensa coletiva. No aspecto, também dispõe a Convenção n. 158, da OIT (não ratificada pelo Brasil), e o Direito Comparado.

A dispensa coletiva abrange um grupo ou uma coletividade de empregados que em evento único são dispensados e perdem o emprego. Embora o art. 7º, I, da CF traga norma de proteção contra a dispensa arbitrária ou sem justa causa, este dispositivo ainda não foi regulamentado. Não obstante, pensamos que a dispensa coletiva por envolver uma coletividade de trabalhadores, e configurar, acima de tudo um fato social, sem justificativa ou sem a tentativa de alternativas viáveis para manutenção dos empregos, deve ser enquadrada como dispensa arbitrária, fazendo jus os trabalhadores dispensados à reintegração no emprego. Por isso, necessário se faz que a dispensa coletiva seja antecedida de negociação previa com o Sindicato da Categoria profissional. Nesse sentido, a mais alta Corte Trabalhista Brasileiro havia firmado jurisprudência, conforme a seguinte ementa:

> **RECURSO ORDINÁRIO EM DISSÍDIO COLETIVO. DISPENSAS TRABALHISTAS COLETIVAS. MATÉRIA DE DIREITO COLETIVO. IMPERATIVA INTERVENIÊNCIA SINDICAL. RESTRIÇÕES JURÍDICAS ÀS DISPENSAS COLETIVAS. ORDEM CONSTITUCIONAL E INFRACONSTITUCIONAL DEMOCRÁTICA EXISTENTE DESDE 1988.** A sociedade produzida pelo sistema capitalista é, essencialmente, uma sociedade de massas. A lógica de funcionamento do sistema econômico-social induz a concentração e centralização não apenas de riquezas, mas também de comunidades, dinâmicas socioeconômicas e de problemas destas resultantes. A massificação das dinâmicas e dos problemas das pessoas e grupos sociais nas comunidades humanas,

hoje, impacta de modo frontal a estrutura e o funcionamento operacional do próprio Direito. Parte significativa dos danos mais relevantes na presente sociedade e das correspondentes pretensões jurídicas têm natureza massiva. O caráter massivo de tais danos e pretensões obriga o Direito a se adequar, deslocando-se da matriz individualista de enfoque, compreensão e enfrentamento dos problemas a que tradicionalmente perfilou-se. A construção de uma matriz jurídica adequada à massividade dos danos e pretensões característicos de uma sociedade contemporânea – sem prejuízo da preservação da matriz individualista, apta a tratar os danos e pretensões de natureza estritamente atomizada – é, talvez, o desafio mais moderno proposto ao universo jurídico, e é sob esse aspecto que a questão aqui proposta será analisada. As dispensas coletivas realizadas de maneira maciça e avassaladora, somente seriam juridicamente possíveis em um campo normativo hiperindividualista, sem qualquer regulamentação social, instigador da existência de mercado hobbesiano na vida econômica, inclusive entre empresas e trabalhadores, tal como, por exemplo, respaldado por Carta Constitucional como a de 1891, já há mais um século superada no país. Na vigência da Constituição de 1988, das convenções internacionais da OIT ratificadas pelo Brasil relativas a direitos humanos e, por consequência, direitos trabalhistas, e em face da leitura atualizada da legislação infraconstitucional do país, é inevitável concluir-se pela presença de um Estado Democrático de Direito no Brasil, de um regime de império da norma jurídica (e não do poder incontrastável privado), de uma sociedade civilizada, de uma cultura de bem-estar social e respeito à dignidade dos seres humanos, tudo repelindo, imperativamente, dispensas massivas de pessoas, abalando empresa, cidade e toda uma importante região. Em consequência, fica fixada, por interpretação da ordem jurídica, a premissa de que "a negociação coletiva é imprescindível para a dispensa em massa de trabalhadores". **DISPENSAS COLETIVAS TRABALHISTAS. EFEITOS JURÍDICOS.** A ordem constitucional e infraconstitucional democrática brasileira, desde a Constituição de 1988 e diplomas internacionais ratificados (Convenções OIT n. 11, 87, 98, 135, 141 e 151, ilustrativamente), não permite o manejo meramente unilateral e potestativista das dispensas trabalhistas coletivas, por se tratar de ato/fato coletivo, inerente ao Direito Coletivo do Trabalho, e não Direito Individual, exigindo, por consequência, a participação do(s) respectivo(s) sindicato(s) profissional(is) obreiro(s). Regras e princípios constitucionais que determinam o respeito à dignidade da pessoa humana (art. 1º, III, CF), a valorização do trabalho e especialmente do emprego (arts. 1º, IV, 6º e 170, VIII, CF), a subordinação da propriedade à sua função socioambiental (arts. 5º, XXIII e 170, III, CF) e a intervenção sindical nas questões coletivas trabalhistas (art. 8º, III e VI, CF), tudo impõe que se reconheça distinção normativa entre as dispensas meramente tópicas e individuais e as dispensas massivas, coletivas, as quais são social, econômica, familiar e comunitariamente impactantes. Nesta linha, seria inválida a dispensa coletiva enquanto não negociada com o sindicato de trabalhadores, espontaneamente ou no plano do processo judicial coletivo. A d. Maioria, contudo, decidiu apenas fixar a premissa, *para casos futuros*, de que "a negociação coletiva é imprescindível para a dispensa em massa de trabalhadores", observados os fundamentos supra. **Recurso ordinário a que se dá provimento parcial. TST Processo:** ED-RODC – 30900-12.2009.5.15.0000 **Data de Julgamento:** 10/08/2009, **Relator Ministro:** Mauricio Godinho Delgado, Seção Especializada em Dissídios Coletivos, **Data de Publicação: DEJT** 04/09/2009.

Como bem advertiu Renato Rua de Almeida[2], "na dispensa coletiva, o direito subjetivo de despedir está limitado pela obrigação prévia de informar aos empregados despedidos e ao respectivo sindicato a motivação da despedida, conforme regra prevista pelo art. 5º, inciso XIV, do texto constitucional, de que é assegurado o acesso à informação. A prerrogativa de ser também informado da motivação da despedida coletiva decorre da legitimidade que lhe é conferida pelo art. 8º, inciso III, do texto constitucional (...) Decorre também da regra do art. 8º, VI, do texto constitucional, a obrigatoriedade da participação do sindicato profissional nas negociações coletivas de trabalho."

O art. 477-A, da CLT[3], com a redação dada pela Lei 13.467/17 equiparou as dispensas individuais às coletivas não havendo necessidade de autorização prévia de entidade sindical ou de celebração de negociação. As

2 ALMEIDA, Renato. Sustentação Oral no RE 999.435. Publicada no site Consultou Jurídico em 31 de maio de 2021.

3 Art. 477-A, da CLT: "As dispensas imotivadas individuais, plúrimas ou coletivas equiparam-se para todos os fins, não havendo necessidade de autorização prévia de entidade sindical ou de celebração de convenção coletiva ou acordo coletivo de trabalho para sua efetivação."

dispensas imotivadas individuais, plúrimas ou coletivas equiparam-se para todos os fins, não havendo necessidade de autorização prévia de entidade sindical ou de negociação coletiva. Trata-se de providência que veio a facilitar as dispensas em massa, sem qualquer ônus adicional ao empregador, e teve por objetivo frear a crescente tendência da jurisprudência do Tribunal Superior do Trabalho no sentido de estabelecer requisitos adicionais para as dispensas de índole coletiva com o objetivo de proteger os empregos. Apesar do texto da lei, considerando-se a grande repercussão social que envolve a questão, as discussões continuam e há argumentos sólidos para considerar a inconstitucionalidade do presente dispositivo.

De nossa parte, as dispensas plúrimas ou coletivas, por envolverem direitos de índole coletiva e sociais, serão consideradas arbitrárias, podendo ser anuladas pelas Justiça do Trabalho caso: a) não tenham motivação comprovada; b) não tenham sido antecedidas por negociação coletiva.

O Supremo Tribunal Federal, em 08 de junho do 2022, apreciando o RE 999.435 – tema 638 de sua repercussão geral, fixou a seguinte tese:

> "Decisão: O Tribunal, por maioria, apreciando o tema 638 da repercussão geral, negou provimento ao recurso extraordinário, vencidos os Ministros Marco Aurélio (Relator), Nunes Marques e Gilmar Mendes. Por maioria, foi fixada a seguinte tese: 'A intervenção sindical prévia é exigência procedimental imprescindível para a dispensa em massa de trabalhadores, que não se confunde com autorização prévia por parte da entidade sindical ou celebração de convenção ou acordo coletivo', vencidos, em parte, os Ministros Ricardo Lewandowski, Edson Fachin e Rosa Weber. Nesta assentada, o Ministro Alexandre de Moraes reajustou seu voto para acompanhar a divergência. O Ministro André Mendonça, sucessor do Ministro Marco Aurélio, não votou no mérito, mas proferiu voto quanto à tese de repercussão geral. Redigirá o acórdão o Ministro Edson Fachin. Impedido o Ministro Luiz Fux (Presidente). Presidiu o julgamento a Ministra Rosa Weber (Vice-Presidente). Plenário, 8.6.2022."

Diante da tese fixada pelo STF, que é de repercussão geral, a qual será aplicada aos casos idênticos e nos quais se discute a mesma tese jurídica, foram fixadas as seguintes premissas:

a) houve procedimentalização para a dispensa coletiva;

b) a intervenção sindical prévia é imprescindível para a dispensa em massa de trabalhadores;

c) a negociação coletiva não se confunde com autorização prévia por parte da entidade sindical ou celebração de convenção ou acordo coletivo;

d) a falta de negociação coletiva não gera nulidade da dispensa;

e) a dispensa coletiva sem negociação coletiva é abusiva – art. 187, do CC, gerando a obrigação de indenizar;

f) a redação do art. 477-A deve ser compatibilizada com o que fora decidido pelo STF.

4. DA JUSTA CAUSA

Segundo *Evaristo de Moraes Filho* a justa causa é todo ato doloso ou culposamente grave, que faça desaparecer a confiança e boa-fé que devem entre elas existir, tornando, assim, impossível o prosseguimento da relação.

Na visão de Wagner D. Giglio[4]: "justa causa poderia ser conceituada como todo ato faltoso grave, praticado por uma das partes, que autorize a outra a rescindir o contato, sem ônus para o denunciante."

A justa causa é a extinção do contrato de trabalho de forma unilateral, pelo empregador, diante de infração funcional grave tipificada na lei trabalhista praticada pelo empregado, tornando inviável o prosseguimento da relação de emprego.

Parte da doutrina diferencia justa causa e falta grave (art. 493 da CLT[5]), argumentando que esta se tem intensidade mais acentuada que a justa causa e se aplica para o empregado estável, que somente pode ter o contrato de trabalho extinto mediante inquérito judicial para apuração de falta grave (arts. 853 a 855, da CLT). Outros autores, aos quais nos filiamos, sustentam que a justa causa (artigo 482 da CLT) e falta grave são expressões sinônimas.

Hoje, praticamente, a distinção entre falta grave e justa causa, não tem aplicação prática, em razão da estabilidade decenal ter sido extinta

4 Justa Causa. 6ª ed. São Paulo: Saraiva, 1996, p. 12.

5 Art. 493, da CLT: "Constitui falta grave a prática de qualquer dos fatos a que se refere o art. 482, quando por sua repetição ou natureza representem séria violação dos deveres e obrigações do empregado."

e apenas ser aplicável o regime da apuração da falta grave por meio do inquérito judicial ao dirigente sindical.

Tendo sido dispensado por justa causa, o empregador não fará jus a férias proporcionais+1/3, 13º salário proporcional. Também não terá direito a movimentar o FGTS e multa de 40%, tampouco receberá seguro-desemprego.

Conforme já sedimentado na doutrina e jurisprudência, são elementos para valoração da justa causa: **tipicidade, gravidade, imediatidade, proporcionalidade entre a falta e punição e determinância.**

a) tipicidade: o ato praticado tem que estar tipificado no rol de condutas fixado na lei (art. 482, da CLT). Trata-se de rol taxativo ("numerus clausus") não se admitindo interpretação extensiva. Não obstante as condutas tipificadas são abrangentes, não sendo tão herméticas como as tipificadas no Código Penal. Dificilmente, algum ato grave do trabalhador que abale de forma significativa a confiança do empregador não será enquadrado no artigo 482, da CLT. Além disso, as hipóteses mais abrangentes de condutas possibilitam que a avaliação e valoração delas possam ser atualizadas, pela doutrina e jurisprudência, de acordo com as mudanças dos costumes, valores da sociedade, e do modo capitalista de produção.

b) gravidade: o ato praticado pelo empregado além de se amoldar a uma das condutas do artigo 482, da CLT, deve ser grave.

Como bem adverte *Délio Maranhão*[6], "a gravidade da falta em relação ao empregado, deve ser avaliada de regra *in concreto*, considerando-se não apenas uma medida padrão abstrata de conduta – o bom trabalhador – mas as condições pessoais do agente e outras circunstâncias concretas de tempo, meio, costumes etc."

Há gravidade do fato tipificado na lei quando é capaz de abalar de forma contundente a confiança do empregador.

Segundo a doutrina, a gravidade deve ser avaliada no caso concreto, sob dois aspectos, quais sejam:

---

6 Direito do Trabalho. Rio de Janeiro: FGV, 1971, p. 847.

1) **subjetivo:** são analisadas as condições pessoais do trabalhador, como a função, personalidade, e passado funcional (avaliação de punições anteriores, histórico funcional, etc.). Por exemplo, uma palavra mais rude de um trabalhador braçal dita em determinadas situações funcionais, pode ser avaliada de forma mais branda, do que a de um trabalhador intelectual. A jurisprudência tem considerado bastante o chamado "passado funcional do trabalhador", na valoração da justa causa.

2) **objetivo:** são analisadas as condições de tempo e lugar da falta praticada.

c) imediatidade: a punição ao empregado faltoso tem que ser imediata, ou seja, contemporânea à conduta faltosa. Caso haja demora pelo empregador para a punição, haverá o chamado *perdão tácito*, ou renúncia tácita ao poder de punir o trabalhador.

De outro lado, conforme vem sustentando com acerto a jurisprudência, o requisito da imediatidade deve ser valorado segundo as circunstâncias do caso concreto, o porte da empresa, a complexidade de sua estrutura empresarial, e a dificuldade de se apurar a falta. Quando houver necessidade de sindicância, a demora no procedimento não desnatura o requisito da imediatidade.

d) proporcionalidade: a punição ao empregado tem que ser proporcional à falta praticada. As faltas mais leves devem ter punição mais branda e as mais graves, punição mais rígida. Valorar a falta e aplicar a penalidade é prerrogativa do empregador, pois isso decorre do poder diretivo (na modalidade do poder disciplinar) previsto no artigo 2º da CLT.

A doutrina e jurisprudência majoritárias entendem que não cabe ao Judiciário Trabalhista valorar a falta e aplicar a punição cabível. Entendendo o Juiz do Trabalho que houve excesso na punição, deve apenas anular a justa causa, mas não dizer qual seria penalidade cabível diante de uma infração funcional.

Não obstante, pensamos que em algumas situações nas quais a falta praticada foi grave, mas, diante dos demais elementos de avaliação da justa causa, for recomendável sua reversão, a Justiça do Trabalho, poderá dizer qual a penalidade cabível, que será mais branda que a justa causa. Esta postura, prestigia a justiça do no caso concreto, e reflete mais transparência a julgamento da justa causa.

Não há na lei gradação de penalidades que o empregador deverá seguir. Vale dizer: o empregador não está obrigado a primeiro advertir, depois suspender o empregado e, por último, aplicar a justa causa. Entretanto, o poder disciplinar do empregador deve ser exercido com bom senso e razoabilidade. Por outro lado, se houver regulamento empresarial fazendo gradação das penalidades, o empregador estará obrigado a observá-lo, sob consequência de nulidade da punição aplicada. No aspecto, dispõe a Súmula 77 do TST, "in verbis":

> "Nula é a punição do empregado se não precedida de inquérito ou sindicância internos a que se obrigou a empresa por norma regulamentar".

e) determinância: Deve existir um nexo de causa e efeito entre a falta praticada e a punição aplicada. Desse modo, a falta praticada deve ser o motivo da dispensa. O empregador não pode punir o trabalhador por atos pretéritos e também não pode aplicar dupla punição pelo mesmo fato (princípio do "non bis in idem"). Se apenou, por exemplo, um ato faltoso com suspensão, não pode, pelo mesmo ato, dispensar o trabalhador por justa causa.

No aspecto, importante destacar a seguinte ementa:

> JUSTA CAUSA. AGRESSÃO A CLIENTE. DUPLA PUNIÇÃO. ADVERTÊNCIA SEGUIDA DE DISPENSA. IMPOSSIBILIDADE. REVERSÃO ASSEGURADA. A confissão da empregadora é de que em razão do ato de descumprimento de ordem patronal, agredindo um cliente, o reclamante fora advertido por escrito e, depois, demitido por justa causa. A dupla punição não se justifica, devendo ser revertida. JUSTIÇA GRATUITA. REQUISITOS. GANHO INFERIOR A 40% DO TETO DOS BENEFÍCIOS DO INSS. CARÁTER OBJETIVO DA CONDIÇÃO DE NECESSIDADE. Recebendo, quando empregado, salário bruto inferior a 40% do teto dos benefícios da Previdência Social, faz jus o reclamante às prerrogativas da

justiça gratuita. A Lei dispõe, nesse capítulo, de critério objetivo, não sendo dado à contraparte, notadamente sem indício sequer, debatê-lo. HONORÁRIOS DE ADVOGADO. PEDIDO INCOMENSURÁVEL. ÚNICA PARCELA. APLICAÇÃO DO VALOR DA CAUSA. IMPOSSIBILIDADE. FERIMENTO DA PROPORCIONALIDADE. UTILIZAÇÃO DO CPC SUPLETORIAMENTE. A parte reclamante sucumbiu em um único e singelo pedido, de cancelamento da advertência de seu prontuário. O pedido não expressa valor econômico. A CLT indica que, não havendo como apurar o valor econômico, deve ser observada como base de cálculo dos honorários o valor da causa. A aplicação de tal estratégia importa teratologia, pois que a parte que sucumbiu em mínima parcela da pretensão pagará mais honorários do que a adversa. A aplicação supletória do CPC na espécie é medida adequada de colmatação. MULTA PARA CUMPRIMENTO DE OBRIGAÇÃO DE FAZER. APLICAÇÃO AO PROCESSO DO TRABALHO. O argumento não se sustenta e causaria embaraços se dito em voz alta. A aplicação supletória do CPC ao processo do trabalho emerge de previsão expressa do artigo 769, da CLT e do 15, do CPC. A própria recorrente, em contestação, pede a aplicação do CPC, tornando claro que o argumento não deve ser considerado. A multa para impor ao executado obrigação de fazer assenta-se no capítulo do CPC que trata do cumprimento de sentença, não de título executivo extrajudicial, como brande a reclamada em seu recurso. A multa é, pois, cabível. ADVERTÊNCIA. PRONTUÁRIO DO EMPREGADO. CANCELAMENTO. IMPOSSIBILIDADE. CONFIRMAÇÃO DO ATO DE DESCUMPRIMENTO DA ORDEM PATRONAL. A prova dos autos demonstrou que ele cometeu ato contrário às determinações patronais. A pré existência de tal punição prestou-se, aliás, à anulação da justa causa, por dupla punição. Não há motivo para o postulado cancelamento. Recurso patronal a que se nega provimento. Recurso do reclamante a que se dá parcial provimento. (TRT da 2ª Região; Processo: 1000983-56.2020.5.02.0080; Data: 29-07-2021; Órgão Julgador: 15ª Turma – Cadeira 3 – 15ª Turma; Relator(a): MARCOS NEVES FAVA)

4.1. Necessidade do empregador informar ao empregado os motivos da Justa Causa

Em razão do princípio da boa-fé objetiva (art. 422 do CC) que norteia o contrato de trabalho e do direito à informação, que é um direito fundamental da cidadania (art. 5º, XIV, da CF) o empregador deve informar o motivo da dispensa por justa causa ao empregado.

Nesse sentido, sustenta Jorge Luiz Souto Maior[7]: "o empregador, nos casos de cessação por necessidade, deve apresentar ao empregado os fatos motivadores da cessação e com muito mais razão deverá fazê-lo quando esses fatos são levados em consideração para inquinar um ato faltoso do empregado. Essa situação, ademais, tem repercussão de ordem processual, pois a audiência trabalhista é UNA e nela todas as provas devem ser produzidas. Assim, o empregado não pode tomar consciência, em audiência dos fatos que ensejaram a sua dispensa por justa causa, pois isso fere até mesmo o seu direito de defesa."

No aspecto, destaca-se a seguinte ementa:

> *Justa causa – Comunicação indispensável – A justa causa deve ser expressa e inequívoca na comunicação da dispensa do empregado, exatamente por se tratar de forma atípica de extinção do pacto, sendo indispensável estar clara a sua aplicação, com a indicação das faltas que a ensejaram. Não obstante a comprovação das faltas cometidas, não tendo a comunicação de dispensa feito qualquer referência quanto à justa causa, não há como reconhecê-la.* (TRT 3ª R – 6ª T – RO nº 886/2006.013.03.00-5 – Relª. Emilia Facchini – DJ 08.02.07 – p. 21) (RDT nº 04 – abril de 2007).

No entanto, se o empregador se obrigou por força de norma coletiva, ou regulamentar, a procedimentalizar a justa causa, com apuração dos fatos por comissão de empregados, deverá fazê-lo, sob consequência de invalidação da penalidade aplicada. No entanto, qualquer apuração interna dos fatos deve oportunizar ao empregado o contraditório e ampla defesa.

7 Curso de Direito do Trabalho. Volume II. São Paulo: LTr, 2008, p. 495.

5. DO ÔNUS DA PROVA DA JUSTA CAUSA

O ônus da prova pode ser conceituado como um dever processual que incumbe ao autor quanto ao fato constitutivo do seu direito e ao réu quanto aos fatos modificativos, extintivos e impeditivos do direito do autor, que, uma vez não realizado, gera uma situação desfavorável à parte que detinha o ônus e favorável à parte contrária, na obtenção da pretensão posta em juízo.

Dispõe o art. 818, da CLT, com a redação dada pela Lei n. 13.467/17 (Reforma Trabalhista): "O ônus da prova incumbe: I – ao reclamante, quanto ao fato constitutivo de seu direito; II – ao reclamado, quanto à existência de fato impeditivo, modificativo ou extintivo do direito do reclamante. § 1º Nos casos previstos em lei ou diante de peculiaridades da causa relacionadas à impossibilidade ou à excessiva dificuldade de cumprir o encargo nos termos deste artigo ou à maior facilidade de obtenção da prova do fato contrário, poderá o juízo atribuir o ônus da prova de modo diverso, desde que o faça por decisão fundamentada, caso em que deverá dar à parte a oportunidade de se desincumbir do ônus que lhe foi atribuído. § 2º A decisão referida no § 1º deste artigo deverá ser proferida antes da abertura da instrução e, a requerimento da parte, implicará o adiamento da audiência e possibilitará provar os fatos por qualquer meio em direito admitido. § 3º A decisão referida no § 1º deste artigo não pode gerar situação em que a desincumbência do encargo pela parte seja impossível ou excessivamente difícil."

Compete, como regra geral, ao empregador o ônus da prova da justa causa, pois é fato impeditivo ao recebimento das verbas rescisórias e o princípio da continuidade do contrato de trabalho milita em prol do empregado (art. 818, II, da CLT e Súmula n. 212 do TST).

Em restritas hipóteses, o ônus da prova é do empregado, como, por exemplo, no caso de briga em serviço do empregado com outro colega, mas o primeiro alega legítima defesa. Como a legítima defesa foi um fato impeditivo invocado pelo próprio trabalhador, o ônus da prova é dele.

Pela importância do tema, destacam-se as seguintes ementas:

> Discussão com superior hierárquico. Da justa causa. A briga entre a promotora de vendas da ré e a obreira é incontroversa, porém, a reclamada não se desincumbiu do seu ônus de provar (Súmula n. 212 do C. TST) que as agressões se deram por culpa da autora.

Com efeito, a única testemunha ouvida em juízo, convidada pela ré, não á apta a comprovar a tese defensiva, eis que declarou que não soube detalhes da briga, inexistindo, outrossim, prova robusta de que a reclamante cometera a falta grave indicada pela reclamada, qual seja, ocasionar, provocar tumulto nas dependências da empresa por motivos pessoais, agredindo verbal e fisicamente a promotora de vendas Sra. Carolina e convocar o seu pai para participar das agressões. Nego provimento. Da multa do art. 477, § 8º, da CLT, de acordo com o entendimento jurisprudencial consolidado por este E. Regional, por meio da Súmula n. 33, item I, é indevida a multa prevista no art. 477, § 8º, da CLT quando houver a reversão da justa causa em juízo, como é o caso dos autos. Reformo, portanto. (PJe-JT – TRT/SP – 10013035920155020702 – 2ª Turma – ROPS – Rela. Marta Casadei Momezzo – DEJT 11.2.2016).

AGRAVO DE INSTRUMENTO. RECURSO DE REVISTA. PROCESSO SOB A ÉGIDE DA LEI 13.015/2014. DESPEDIDA POR JUSTA CAUSA. REVERSÃO EM JUÍZO. MATÉRIA FÁTICA. SÚMULA 126/TST. A dispensa por justa causa é modalidade de extinção contratual por infração obreira apta a quebrar a fidúcia necessária para a continuidade do vínculo de emprego. Portanto, para a sua caracterização, devem estar presentes os seguintes requisitos: a) tipicidade da conduta; b) autoria obreira da infração; c) dolo ou culpa do infrator; d) nexo de causalidade; e) adequação e proporcionalidade; f) imediaticidade da punição; g) ausência de perdão tácito; h) singularidade da punição (*non bis in idem*); i) caráter pedagógico do exercício do poder disciplinar, com a correspondente gradação de penalidades. No caso em tela, o Tribunal Regional, atendendo aos fatos e às circunstâncias constantes dos autos, reverteu a justa causa aplicada, consignando a inexistência de razoabilidade entre a aplicação da penalidade e a falta cometida, qual seja, a utilização do telefone celular durante a execução do serviço. Observe-se, neste aspecto, que não houve sequer a comprovação, de maneira objetiva, por parte da Empregadora, do alegado declínio de produção do Reclamante em face do suposto uso exagerado do celular para fins particulares – fato que, consoante se infere do acórdão regional, ensejou a dispensa por justa causa. Desse modo, o objeto de irresignação da Reclamada está assente no conjunto fático-probatório, cujo reexame se esgota nas Instâncias Ordinárias. Adotar entendimento em sentido oposto àquele formulado pelo Tribunal Regional implicaria o revolvimento de fatos e provas, inadmissível em sede de recurso de revista, a teor da Súmula 126/TST. **Agravo de Instrumento desprovido. TST Processo:** AIRR – 847-72.2015.5.09.0657 **Data de Julgamento:** 18/04/2018, **Relator Ministro:** Mauricio Godinho Delgado, 3ª Turma, **Data de Publicação: DEJT** 27/04/2018.

Justa causa Justa Causa. Faltas Injustificadas. Ônus da Prova. A assiduidade é um dos deveres do trabalhador, cujo descumprimento importa falta grave apta a permitir a dispensa por justa causa. Apresentados documentos dessas faltas, cabe à reclamante produzir prova sobre eventual insubsistência dos registros e das punições. O descumprimento desse encargo, importa confirmação da punição. (PJe TRT/SP 10005814720175020090 – 1ªTurma – ROT – Rel. Fabio Augusto Branda – DeJT 05/02/2020)

Improbidade Recurso ordinário. Demissão por justa causa. Improbidade demonstrada. Importante salientar que, de todas as faltas elencadas na legislação trabalhista como aptas a possibilitar a dissolução contratual sem ônus indenizatório para o empregador, a improbidade é aquela que exige prova mais robusta e concludente, eis que o obreiro é tido por desonesto. Assim, o rompimento do vínculo empregatício por justa causa, eximindo o empregador dos ônus indenizatórios consequentes, deve arrimar-se em prova cabal, robusta e inequívoca do ato faltoso imputado ao obreiro, a par de configurar-se grave o bastante a ponto de tornar impossível a subsistência do liame. Nesse sentido, dos elementos de convicção coligidos aos autos, torna -se possível o acolhimento da tese patronal. (PJe TRT/SP 10002444320195020331 – 12ª Turma – ROT – Rel. Paulo Kim Barbosa – DeJT 31/01/2020)

6. HIPÓTESES QUE AUTORIZAM A DISPENSA POR JUSTA CAUSA

Dispõe o art. 482 da CLT:

"Constituem justa causa para rescisão do contrato de trabalho pelo empregador: a) ato de improbidade; b) incontinência de conduta ou mau procedimento; c) negociação habitual por conta própria ou alheia sem permissão do empregador, e quando constituir ato de concorrência à empresa para a qual trabalha o empregado, ou for prejudicial ao serviço; d) condenação criminal do

> empregado, passada em julgado, caso não tenha havido suspensão da execução da pena; e) desídia no desempenho das respectivas funções; f) embriaguez habitual ou em serviço; g) violação de segredo da empresa; h) ato de indisciplina ou de insubordinação; i) abandono de emprego; j) ato lesivo da honra ou da boa fama praticado no serviço contra qualquer pessoa, ou ofensas físicas, nas mesmas condições, salvo em caso de legítima defesa, própria ou de outrem; k) ato lesivo da honra ou da boa fama ou ofensas físicas praticadas contra o empregador e superiores hierárquicos, salvo em caso de legítima defesa, própria ou de outrem; l) prática constante de jogos de azar; m) perda da habilitação ou dos requisitos estabelecidos em lei para o exercício da profissão, em decorrência de conduta dolosa do empregado. (Incluído pela Lei nº 13.467, de 2017) Parágrafo único – Constitui igualmente justa causa para dispensa de empregado a prática, devidamente comprovada em inquérito administrativo, de atos atentatórios à segurança nacional."

Como já mencionado, para a configuração da justa causa, exige-se a tipicidade, ou seja, a conduta que autoriza a dispensa por justa causa deve estar prevista em lei. Por isso, o art. 482, da CLT, encerra rol taxativo. No corpo da CLT, há outras previsões de condutas configuram justa causa, a exemplo do empregado que se recusa a utiliza equipamento de proteção individual quando trabalhava em condições de insalubridade (art. 158 da CLT), ou do aprendiz que comete falta disciplinar grave (art. 433, II, da CLT), dentre outras.

Embora o art. 482 encerre rol taxativo, dificilmente um ato de natureza grave que abale a confiança do empregador não se amoldará às hipóteses nele previstas.

São hipóteses de justa causa:

6.1. Ato de improbidade

Improbidade significa ato de desonestidade do empregado, como, por exemplo, falsificar assinaturas em documento, adulterar jornada em cartão de ponto. A doutrina, predominantemente, tem atrelado o conceito de improbidade a ato do empregado que, dolosamente, atenta contra o patrimônio do empregador, como o furto, a apropriação indébita, etc.

6.2. Mau procedimento

É a mais genérica das hipóteses de justas causas elencadas no artigo 482, da CLT. Conforme Antonio Lamarca[8], mau procedimento é todo doloso praticado pelo empregado com o fim de prejudicar o empregador.

Na verdade, o mau procedimento é todo ato grave praticado pelo trabalhador, que abale a confiança do empregador, que não esteja tipificado nas outras hipóteses do artigo 482, da CLT.

6.3. Incontinência de conduta

Incontinência de conduta significa conduta praticada incompatível com a moral sexual do ambiente.

Trata-se a hipótese de conduta inconveniente do trabalhador, como gestos, palavras e atos de cunho sexual.

6.4. Negociação habitual por conta própria ou alheia sem permissão do empregador e quando constituir ato de concorrência à empresa para a qual trabalha o empregado, ou for prejudicial ao serviço

Durante o horário de trabalho, o empregado deve cumprir com diligência e fidelidade o contrato de trabalho. Desse modo, se o empregado realiza negociações de produtos em proveito pessoal, sem autorização do empregador durante o expediente da empresa, em razão prejudicial ao serviço pratica a justa causa.

A conduta também se configura quando o empregado pratica ato de concorrência à empresa para o qual trabalha, sem autorização do empregador.

6.5. Condenação criminal

A condenação criminal transitada em julgado, quando não tenha havido suspensão condicional da pena ("sursis") é hipótese de justa causa para rescisão do contrato de trabalho pelo empregador. Embora a condenação

8 Manual das Justas causas. São Paulo: LTr, 1977, p. 362.

não tenha relação com o contrato de trabalho, a justa causa se justifica pela impossibilidade de prestação de serviços por parte do empregado.

Caso haja suspensão condicional da pena ("sursis"), não haverá motivo para rescisão do contrato de trabalho.

Em caso de prisões antes do trânsito em julgado (temporária ou provisória), haverá suspensão do contrato de trabalho no período em que o empregado estiver preso, provisoriamente.

6.6. Desídia

A desídia, segundo a linguagem usual, é desleixo, preguiça, o chamado "corpo mole". Na linguagem técnica, é a negligência das funções, ou seja, o descumprimento, pelo trabalhador, dos devedores de pontualidade e produtividade no contrato de emprego.

Embora o art. 482, alínea "e", da CLT, mencione desídia no desempenho das funções, a jurisprudência considera como desídia, o excesso de faltas injustificadas ao trabalho.

Embora a desídia possa ser configura num único ato grave[9], normalmente, a conduta desidiosa exige reiteração dos atos praticados, sendo o último, normalmente denominado de gota d´água somado aos demais, autoriza o empregador a dispensar o empregado por justa causa.

6.7. Embriaguez habitual ou em serviço

Embriaguez é a condição em que se encontra a pessoa, decorrente de ingestão de bebida alcoólica que prejudica seus reflexos e a possibilidade de compreender a realidade.

A embriaguez em serviço, embora ocorra num único ato, é hipótese de justa causa, pois o empregado, trabalhando embriagado, gera grande risco para sua segurança pessoal e para a atividade econômica do empregador.

Como destaca Gustavo Filipe Barbosa Garcia[10], "para a prova da embriaguez, são admitidos todos os meios lícitos e legítimos, inclusive presunções, no sentido de demonstrar diversos fatos e condutas praticadas pelo empregado, típicos de alguém que se embriagou.

9 Podemos exemplificar a hipótese de um vigilante patrimonial dormir no posto de trabalho.

10 Manual de Direito do Trabalho. 13. ed. Salvador: Juspodivm, 2020, p. 674.

Já a embriaguez fora do serviço (habitual) é considerada justa causa pelo artigo 482, "f" da CLT. Não obstante, há forte entendimento doutrinário e jurisprudencial, ao qual nos filiamos, no sentido de que a embriaguez habitual, fora do serviço, não pode ser considerada justa causa, pois o alcoólatra é um doente (dependente) e assim deve ser tratado, devendo o empregador, à luz dos princípios da função social do contrato de trabalho e da propriedade, e também da proteção à dignidade humana e valores sociais do trabalho, encaminhar o empregado ao INSS para tratamento. Há, no artigo 482, da CLT, "f" a chamada lacuna axiológica da legislação (expressão utilizada por Pontes de Miranda e Vicente Rao), pois a aplicação da lei leva a uma solução manifestamente injusta e socialmente inadequada.

No aspecto, destaca-se a seguinte ementa:

> DISPENSA DESCRIMINATÓRIA. DOENÇA GRAVE. ALCOOLISMO. REINTEGRAÇÃO AO EMPREGO. Consta do acórdão regional que restou comprovado que o autor é portador de doença grave (alcoolismo), tendo sido dispensado do emprego durante internação para tratamento da referida doença. Nesse contexto, o Regional manteve a r. sentença, ante a presunção de dispensa discriminatória, e determinou a reintegração do autor ao emprego. Quanto ao tema, a jurisprudência do Tribunal Superior do Trabalho tem entendido que o alcoolismo crônico, doença catalogada no Código Internacional de Doenças (CID) da Organização Mundial de Saúde (OMS) como "Síndrome de Dependência do Álcool", não se configura como desvio de conduta passível de rescisão contratual. A propósito, sobre a "dispensa discriminatória" a Súmula nº 443 dispõe que "Presume-se discriminatória a despedida de empregado portador do vírus HIV ou de outra doença grave que suscite estigma ou preconceito. Inválido o ato, o empregado tem direito à reintegração no emprego." Precedentes. Incidem, portanto, a Súmula nº 333 desta Corte e o art. 896, § 7º, da CLT como óbices ao prosseguimento da revista. Agravo não provido. DANO MORAL. VALOR ARBITRADO. ACÓRDÃO PUBLICADO NA VIGÊNCIA DA LEI Nº 13.015/2014. INDICAÇÃO DO TRECHO DA DECISÃO RECORRIDA QUE CONSUBSTANCIA O PREQUESTIONAMENTO DA CONTROVÉRSIA OBJETO DO RECURSO. DESCUMPRIMENTO DA EXIGÊNCIA CONTIDA NO ART.

> 896, § 1º-A, DA CLT. O art. 896, § 1º-A, I, da CLT, incluído pela Lei nº 13.015/2014, dispõe ser ônus da parte, sob pena de não conhecimento, "indicar o trecho da decisão recorrida que consubstancia o prequestionamento da controvérsia objeto do recurso de revista". Na presente hipótese, a parte recorrente não observou o requisito contido no dispositivo, o que inviabiliza o prosseguimento do recurso de revista. Agravo não provido (TST. Ag-AIRR-1565-39.2013.5.05.0661, 5ª Turma, Relator Ministro Breno Medeiros, DEJT 20/09/2019).

6.8. Violação de segredo da empresa

Pela expressão *segredo* devemos interpretar toda informação confidencial do empregador que tem acesso o empregado em razão do contrato de trabalho.

A justa causa aqui deve ser interpretada considerando-se a função, o grau intelectual do empregado, bem como a relevância da função.

Como destaca Gustavo Filipe Barbosa Garcia[11], "para a caracterização da hipótese em questão, faz-se necessária a gravidade da conduta, apta a acarretar prejuízo ao empregador. Assim, mesmo que o empregado não chegue a divulgar o segredo da empresa, se a devassa, em si, já é potencialmente danosa ao empregador, configura-se a justa causa."

6.9. Ato de indisciplina

Atos de indisciplina implicam em descumprimento de ordens gerais do serviço. Como o trabalhador que não cumpre as regras fixadas em regulamento empresarial.

6.10. Insubordinação

A insubordinação consiste no descumprimento, pelo empregado, de ordem legítima e específica para o serviço, lhe dirigida de forma pessoal pelo empregador.

11 Manual de Direito do Trabalho. 13. ed. Salvador: Juspodivm, 2020, p. 674.

O ato de insubordinação cometido pelo empregado deve ser grave, ou seja, que abale de forma contundente a confiança do empregador, tornando insuportável a manutenção do contrato de trabalho.

6.11. Abandono de emprego

O abandono de emprego se configura quando o empregado, espontaneamente, deixa de trabalhar com intenção de não mais retornar. Desse modo, o empregado descumpre a principal obrigação do contrato de trabalho por parte do empregador, qual seja, o dever de trabalhar.

Segundo a doutrina, o abandono de emprego exige dois elementos basilares para sua configuração, quais sejam:

a) **Objetivo:** ausência reiterada do empregado ao trabalho;
b) **Subjetivo:** ânimo de não retornar, o chamado "animus abandonandi".

A ausência reiterada do empregado faz presumir o "animus contrahendi". A jurisprudência fixou o prazo de 30 dias para tal presunção. Com efeito, dispõe a Súmula 32 do TST:

> "ABANDONO DE EMPREGO (nova redação) – Res. 121/2003, DJ 19, 20 e 21.11.2003 Presume-se o abandono de emprego se o trabalhador não retornar ao serviço no prazo de 30 (trinta) dias após a cessação do benefício previdenciário nem justificar o motivo de não o fazer."

Como adverte, com razão, José Augusto Rodrigues Pinto[12], "ora, a ausência física do empregado por mais de trinta dias é um forte indicativo de sua intenção de deixar o emprego. Mas se ele estiver ausente por se encontrar enfermo, sem possibilidade de comunicação com o empregador, três, trinta, ou trezentos dias terão o mesmo significado, desprezível para caracterizar o abandono, pois a ausência não estará correspondendo ao propósito de ausentar-se. Em sentido contrário, se o empregado faltar um único dia, sabendo-se com segurança que viajou para o exterior, onde assumiu outro emprego, a clareza do propósito supera qualquer medida de tempo, e seria tolice aguardar trinta dias para confirmar o que se sabe, desde o primeiro."

12 Tratado de Direito Material do Trabalho. São Paulo: LTr, 2007, p. 564-565.

Nos termos da Súmula 73 do TST, "A ocorrência de justa causa, salvo a de abandono de emprego, no decurso do prazo do aviso prévio dado pelo empregador, retira do empregado qualquer direito às verbas rescisórias de natureza indenizatória."

Como destaca Gustavo Filipe Barbosa Garcia, "a ressalva quanto ao abandono de emprego, feita pela Súmula 73 justifica-se porque durante o aviso prévio o empregado, certamente, estará à procura de um novo emprego. Sendo o novo trabalho encontrado, o objetivo do aviso prévio foi alcançado, não podendo penalizar o empregado por deixar de cumprir o restando do período de aviso".

6.12. Ato lesivo da honra ou da boa fama praticado no serviço contra qualquer pessoa, ou ofensas físicas, nas mesmas condições, salvo em caso de legítima defesa, própria ou de outrem

Configura justa causa a conduta do empregado que atenta contra a honra ou reputação (injúria, calúnia e difamação) de qualquer pessoa ou ofensas físicas, desde que praticadas em serviço.

A honra, segundo a doutrina, pode ser subjetiva (valores de dignidade e decoro das pessoas, e subjetiva (reputação, imagem).

É excludente de ilicitude, se o ato fora praticado em legítima defesa própria ou de outrem.

Nos termos do art. 25 do Código Penal, "entende-se em legítima defesa quem, usando moderadamente dos meios necessários, repele injusta agressão, atual ou iminente, a direito seu ou de outrem."

Como bem adverte Homero Batista Mateus da Silva[13], "a norma excepciona a justa causa se se tratar de legítima defesa, própria ou de outrem; a dificuldade estará em tentar se estabelecer quem começou a briga por primeiro, e, às vezes, a solução passa pela tese da culpa recíproca (art. 484) quando não se consegue ter certeza de quem provocou primeiro e quando se nota proporcionalidade entre o ataque e a defesa."

13 CLT Comentada. 2. ed. São Paulo: RT, 2018, p. 361.

6.13. Ato lesivo da honra e boa fama ou ofensas físicas praticadas contra o empregador e superiores hierárquicos, salvo em caso de legítima defesa, própria ou de outrem

Aqui os atos ofensivos à honra são praticados pelo empregado contra superiores hierárquicos ou contra o empregador, salvo em legítima defesa.

A pessoa jurídica, por ter existência reconhecida pelo Direito, goza de alguns dos direitos da personalidade, como honra objetiva (reputação), nome e imagem, malgrado não tenha a honra subjetiva (dignidade e decoro). No mesmo sentido o art. 52 do Código Civil:

> "Aplica-se às pessoas jurídicas, no que couber, a proteção dos direitos da personalidade".

6.14. Prática constante de jogos de azar

Jogo de azar é aquele que depende, preponderantemente, da sorte.

A justa causa, aqui, justifica-se pela potencialidade lesiva que tal prática pode gerar no contrato de emprego.

É discutível a constitucionalidade de tal conduta como justa causa, pois a vida privada do trabalhador não compete ao empregador, salvo quando prejudicial ao serviço, mas, nesta hipótese, a situação poderá se enquadrar em outra hipótese, como a desídia ou indisciplina.

6.15. Perda da habilitação ou dos requisitos estabelecidos em lei para o exercício da profissão em decorrência de conduta dolosa do empregado

Trata-se de conduta dolosa do empregado, ou seja: intencional, ou assumindo os riscos do resultado, que gera a perda da habilitação legal para o exercício da função que desempenha junto ao empregador.

Essa hipótese de justa causa é restrita apenas aos empregados que necessitam de habilitação legal para o exercício da função para o qual foram contratados. Assim, por exemplo, a perda da licença para dirigir do motorista profissional, a perda do CRM para o médico, ou a perda da OAB, para o advogado empregado.

Em casos de suspensão temporária da habilitação para o exercício da profissão, não haverá configuração da justa causa, e sim suspensão do contrato de trabalho nesse período.

6.16. Atos atentatórios à segurança nacional (Incluído pelo Decreto-Lei nº 3/66)

O presente dispositivo não foi recepcionado pela Constituição de 1988. Como bem adverte Maurício Godinho Delgado[14], a Constituição Federal não autoriza prisões ou condenações de pessoas humanas pelo caminho meramente administrativo, conforme o art. 5º, incisos XXXV, LIII e LIV.

6.17. A ausência de vacinação do empregado contra o Covid-19 e a possibilidade de dispensa por justa causa

Há decisões da Justiça do Trabalho reconhecendo a justa causa para trabalhadores que, sem nenhum motivo justificável, recusaram a se vacinar contra a Covid-19.

Recentemente, a 13ª Turma do TRT de São Paulo (https://ww2.trt2.jus.br/noticias em 22.07.2021) ratificou a justa causa aplicada a uma auxiliar de limpeza que trabalhava em hospital infantil, à qual, podendo tomar a vacina, recusou-se, sem motivo justificável. Asseverou o acórdão:

> "Desse modo, considerando que a reclamada traçou estratégias para a prevenção da covid 19, divulgou informações e elaborou programa de conscientização para assegurar a adoção de medidas protetivas e a vacinação de seus colaboradores, não se mostra razoável aceitar que o interesse particular do empregado prevaleça sobre o interesse coletivo, pois, ao deixar de tomar a vacina, a reclamante realmente colocaria em risco a saúde dos seus colegas da empresa, bem como os demais profissionais que atuam no referido hospital, além de pacientes, e seus acompanhantes."

De nossa parte, há argumentos que justificam a conduta da pessoa em não se vacinar contra a Covid-19, a exemplo da liberdade de autodeterminação, a liberdade de escolha, bem como a privacidade intimidade, que são valores constitucionais (arts. 1º e 5º, da CF).

Entretanto, o empregado que está em contato constante com outras pessoas, e que pode contaminar-se ou contaminar outras pessoas em razão de moléstia de fácil contágio e sintomas agressivos à saúde, não

---

14 Curso de Direito do Trabalho. 18. Ed. São Paulo: LTr, 2019, p. 1440.

pode recursar-se à imunização sem justo motivo, a exemplo de possuir problema de saúde, que impeça ser vacinado.

Há valores constitucionais que prevalecem sobre a liberdade de escolha e autodeterminação do empregado, com a proteção à vida à saúde (arts. 5º e 6º, da CF), assim como a prevalência do interesse público sobre o particular (art. 8º da CLT).

De outro lado, cumpre ao empregador adotar todas as medidas necessárias à proteção do meio ambiente do trabalho e garantir a saúde do trabalhador (art. 7º, XXII, da CF e art. 157, da CLT), e ao empregado observar as normas de segurança e medicina do trabalho (art. 158 da CLT).

Conforme os estudos científicos mais recentes, a vacinação é o meio mais eficaz de conter a propagação do vírus e controlar a pandemia.

Desse modo, a pessoa pode se recusar a imunizar-se por motivos pessoais, mas um empregado que trabalha em contato com outras pessoas não pode recusar-se à imunização sem justo motivo, uma vez que seu ato individual coloca em risco tanto a sua saúde e vida, como a de outras pessoas. Além disso, o empregador tem a responsabilidade e o dever de proteger a saúde de seus empregados, sob consequência de responsabilização tanto nos âmbitos civil e trabalhista como penal.

Sendo assim, o empregado pode ser dispensado por justa causa, por praticar, a nosso ver, mau procedimento, que é definido pela doutrina como todo ato grave, doloso por parte do empregado que torna impossível o prosseguimento do vínculo empregatício.

7. DANO MORAL (EXTRAPATRIMONIAL) E JUSTA CAUSA

Sob o aspecto dos danos de ordem moral que o empregado pode sofrer na dispensa por justa causa, frequentemente são passíveis de danos morais os referentes à improbidade, e os que violarem a honra e imagem do empregado.

Para Octavio Bueno Magano[15]: "a mera invocação de dispositivos configuradores de justa causa, mesmo quando esta não fique provada, não acarreta a obrigação de ressarcir danos morais. Só ficará por estes responsável o empregador que fizer a invocação de falta grave de modo abusivo, com o desígnio de ferir o código de ética do empregado".

15 Danos Morais no Direito do Trabalho. In: Revista Trabalho & Doutrina. São Paulo: Saraiva, n. 10, 1996, p. 65.

Em sentido contrário, sustenta Jorge Luiz Souto Maior[16]:

> "A reversão da justa causa em juízo é apta a gerar a o direito à reparação por danos morais: "a dispensa por justa causa não é mera alegação, é uma imputação, uma acusação, de uma atitude jurídica e moralmente reprovável, ainda mais considerando o fascínio que a 'justa causa' gera no âmbito das relações de trabalho, a ponto de se considerar que um empregado que fora 'dispensado por justa causa' carrega consigo uma espécie de 'marca indelével', que se integra ao seu historio profissional, dificultando, sobremaneira, sua nova inserção ao mercado de trabalho. Aliás, as repercussões de mera imputação da 'justa causa' se dá por ato voluntário e unilateral do empregador sem direito a ampla defesa, e contraditório."

Apesar da reversão da justa causa em juízo, por si só não gerar o direito ao empregado de reparação do dano moral (extrapatrimonial). Quando houver abuso do empregador, ou erro inescusável, ou quando a acusação foi prematura, sem indícios suficientes de prova, haverá a responsabilidade do empregador pela reparação dos danos morais. Apesar da avaliação da falta funcional praticada pelo empregado ser ato discricionário do empregador (artigo 482 da CLT), decorrente do poder diretivo (art. 2º da CLT), como vimos, este poder deve ser exercido dentro da legalidade, com razoabilidade, proporcionalidade, sempre respeitando a dignidade do trabalhador.

A falsa acusação de ato de improbidade, por exemplo, causa ao empregado evidente prejuízo moral, porquanto, indiretamente, há a acusação de ter praticado ilícito penal. Nessa hipótese, acreditamos configurado o dano moral, pois a honra (subjetiva), ou seja, conceito que o empregado tem sobre seus valores de honestidade, é atingida, ainda que o fato não tenha publicidade, pois, o dano moral, independe da publicidade para ser caracterizado. A publicidade, somente influirá no valor da reparação.

Sobre a questão, relevante destacar a seguinte ementa, oriunda da mais alta corte trabalhista brasileira, "in verbis":

> "AGRAVO EM AGRAVO DE INSTRUMENTO EM RECURSO DE REVISTA. LEI Nº 13.015/2014. CPC/2015 DO BANCO ITAÚ.

16 Curso de Direito do Trabalho. Volume II. São Paulo: LTr, 2008, p. 493.

NEGATIVA DE PRESTAÇÃO JURISDICIONAL. O exame dos autos revela que a Corte de origem proferiu decisão completa, válida e devidamente fundamentada, razão pela qual não prospera a alegada negativa de prestação jurisdicional. Agravo conhecido e não provido. CONTRADITA DE TESTEMUNHA. Tendo sido registrado pelo Tribunal Regional que "a testemunha participou diretamente das questões que envolveram os fatos que ensejaram a despedida por justa causa da reclamante, não possuindo, portanto, a devida isenção de ânimo para depor", fica evidente seu interesse no resultado do litígio, razão pela qual correta a decisão regional que decidiu pela sua suspeição. Agravo conhecido e não provido. REVERSÃO DA JUSTA CAUSA. O Tribunal Regional, soberano na análise da matéria fática, registrou: "no caso em tela, diversamente do entendimento do magistrado de origem, não entendo que houve robusta prova contra a reclamante capaz de comprovar a tese da defesa de modo seguro. Nesse sentido, é de suma importância considerar que, apesar de ter o reclamado alegado que a situação da reclamante foi investigada por auditoria interna que apurou os fatos denunciados, concluindo que a prática da reclamante violou o código de ética da empresa, e que somente depois do resultado de tal auditoria interna, com apuração de todos os fatos, é que a reclamante foi despedida por justa causa, não juntou aos autos documentos comprovando tal prática. Causa estranheza o fato de ter o 'reclamado juntado, exclusivamente, declarações de funcionários (fls. 105/106-verso), efetuadas no dia 08/03/2013, na mesma data de despedida da reclamante. Tampouco houve comprovação do alegado prejuízo em dois processos movidos contra o banco, e sequer que ele tivesse ocorrido por causa de atos da reclamante, ônus que competia ao reclamado". O exame da tese recursal, em sentido contrário, esbarra no teor da Súmula nº 126 do TST, pois demanda o revolvimento dos fatos e das provas. Agravo conhecido e não provido. DANOS MORAIS. Na hipótese, o Tribunal Regional, soberano na análise da matéria fática, assentou que "restou constatado o procedimento manifestamente irregular do reclamado. Verifico, sem sombras de dúvidas, que a parte autora foi alvo de abuso de poder por parte da empresa, pois a justa causa foi aplicada sem qualquer comprovação da justificativa da alegada indisciplina, improbidade e mau procedimento". A mera reversão da justa causa em juízo não caracteriza, por si só, o direito à reparação por dano moral. Todavia, tendo sido demonstrado que a imputação de falta grave ocorreu de forma leviana e inconsistente, especialmente em caso de improbidade, como na hipótese dos autos, há que se reconhecer a ofensa à honra do empregado e condenar o empregador ao pagamento da respectiva indenização. Agravo conhecido e não provido. AGRAVO EM AGRAVO DE INSTRUMENTO EM RECURSO DE REVISTA. LEI Nº 13.015/2014. CPC/2015 DA AUTORA. NEGATIVA DE PRESTAÇÃO JURISDICIONAL. O exame dos autos revela que a Corte de origem proferiu decisão completa, válida e devidamente fundamentada, razão pela qual não prospera a alegada negativa de prestação jurisdicional. Agravo conhecido e não provido. DURAÇÃO DO TRABALHO. AGRAVO DE INSTRUMENTO DESFUNDAMENTADO. NORMATIZAÇÃO DO CÓDIGO DE PROCESSO CIVIL DE 2015. PRINCÍPIOS DA DIALETICIDADE E SIMETRIA. O juízo primeiro de admissibilidade do recurso de revista merece prestígio, por servir como importante filtro para a imensa gama de apelos que tendem a desvirtuar a estrutura jurisdicional, desafiando a organização de funções e competências estabelecida pelo ordenamento jurídico. Obstado o seguimento, mediante decisão fundamentada, incumbe à parte demonstrar, de forma específica e pormenorizada, o desacerto dessa decisão (Princípio da Dialeticidade). Por outro lado, a partir da vigência do Código de Processo Civil de 2015, passou-se a exigir do julgador maior rigor na fundamentação de seus atos, justamente para que a parte seja capaz de identificar e atacar, precisamente, os motivos pelos quais sua pretensão (inicial, defensiva ou recursal) foi acolhida ou rejeitada. É o que se conclui, claramente, do extenso rol de restrições impostas ao Magistrado pelo artigo 489, § 1º. Por questão de lógica e razoabilidade, bem como em razão do Princípio da Simetria, também não é possível admitir que a parte, em sede de recurso especial ou extraordinário, se utilize de argumentação vaga e conceitos genéricos para atacar as decisões. Desatendido, no presente caso, o pressuposto extrínseco da fundamentação do apelo. Agravo conhecido e não provido" (TST -Ag-AIRR-612-15.2013.5.04.0011, 7ª Turma, Relator Ministro Claudio Mascarenhas Brandao, DEJT 25/06/2021).

8. EXTINÇÃO POR CULPA RECÍPROCA

Há culpa recíproca quando empregado e empregador, praticam atos reprováveis que justificam a extinção do contrato de trabalho. Tanto o empregado pratica uma conduta tipificada no artigo 482, da CLT, como o empregador uma conduta tipificada no artigo 483, da CLT. Entre as duas faltas deve haver um nexo de causalidade, vale dizer: a falta praticada pelo empregado deve estar inter-relacionada com a praticada pelo empregador e serem praticadas dentro de um mesmo contexto.

Nesse sentido, destaca Sérgio Pinto Martins[17]: "é fundamental a existência de nexo causal nas faltas praticadas, pois, se uma independer da outra, não há culpa recíproca".

Autores há que sustentam a tese de que as condutas culposas, tanto do empregado como do empregador devem ser simultâneas, e equivalentes para que se aplique o presente artigo. No nosso sentir, para que haja a culpa recíproca são indispensáveis os seguintes elementos:

a) ato grave praticado pelo empregado (artigo 482 da CLT);
b) ato grave praticado pelo empregador (artigo 483 da CLT);
c) contemporaneidade entre os atos culposos do empregado e do empregador. Vale dizer: devem ser praticados numa mesma circunstância não necessitando ser simultâneos;
d) nexo causal entre as faltas praticadas pelo empregado e empregador;
e) intenção deliberada tanto do empregado como do empregador de extinguir o contrato de trabalho.

Conforme Maurício Godinho Delgado[18], "este tipo de término contratual, bastante raro, supõe decisão judicial a respeito, no quadro de um processo trabalhista. A concorrência de culpa das partes nos fatos envolventes à extinção do contrato não pode ser desprezada pelo Direito, conduzindo a uma resposta normativa equânime e equilibrada, com justa distribuição de vantagens e desvantagens rescisórias."

Em que pese os contundentes argumentos invocados pelo jurista Godinho Delgado, pensamos que a caracterize a culpa recíproca não há

17 Comentários à CLT. 13ª ed. São Paulo: Atlas, 2009, p. 527.

18 Curso de Direito do Trabalho. 8ª ed. São Paulo: LTr, 2009, p. 1044.

necessidade de declaração judicial, pois as partes, espontaneamente, podem reconhecê-la. Além disso, a Lei não exige declaração judicial. Não obstante, dificilmente, haverá o reconhecimento da culpa recíproca sem decisão judicial. Além disso, a culpa recíproca é instituto idealizado para a estabilidade decenal, embora possa ser aplicada também para o empregado regidos pelo FGTS.

Dispõe o art. 484 da CLT:

> "Havendo culpa recíproca no ato que determinou a rescisão do contrato de trabalho, o tribunal do trabalho reduzirá a indenização à que seria devida em caso de culpa exclusiva do empregador, por metade."

Havendo culpa as verbas rescisórias são devidas pela metade ao empregado, conforme a jurisprudência do TST, em razão de critérios de justiça e razoabilidade. O percentual da multa do FGTS também será reduzido à metade, ou seja, será de 20% (artigo 18, p. 2º, da Lei 8036/90).

No aspecto, dispõe a Súmula 14 do TST:

> *CULPA RECÍPROCA (nova redação) – Res. 121/2003, DJ 19, 20 e 21.11.2003. Reconhecida a culpa recíproca na rescisão do contrato de trabalho (art. 484 da CLT), o empregado tem direito a 50% (cinqüenta por cento) do valor do aviso prévio, do décimo terceiro salário e das férias proporcionais.*

9. DO PEDIDO DE DEMISSÃO

Pedido de demissão é a extinção contratual por iniciativa do empregado, que livre e espontaneamente toma a iniciativa de pôr fim ao contrato de trabalho sem necessidade de justiçar o motivo.

Trata-se de extinção unilateral do contrato que atende aos interesses do trabalhador.

Como destaca Maurício Godinho Delgado[19], "esta declaração de vontade do trabalhador também tem natureza potestativa receptícia e constitutiva, com efeitos imediatos, tão logo recebido pela parte adversa (efeitos

19 Curso de Direito do Trabalho. 18ª ed. São Paulo: LTr, 2019, p. 1402.

ex nunc). É direito potestativo da pessoa natural que presta serviços nos moldes empregatícios."

A lei não mais exige a homologação do pedido de demissão do empregado que tenha mais de um ano de tempo de serviço, uma vez que o parágrafo 1º do art. 477, da CLT fora revogado pela Lei 13.467/17. Não obstante, a formalidade escrita do pedido é providência probatória que deve ter observância para segurança deste ato praticado pelo empregado.

O empregado deve pré-avisar o empregador e cumprir o aviso prévio. Usualmente, o empregador dispensa o empregado do cumprimento do aviso prévio.

Nos termos do art. 487, § 2º, da CLT, a falta de aviso prévio por parte do empregado dá ao empregador o direito de descontar os salários correspondentes ao prazo respectivo.

Conforme a Súmula 276 do TST, o direito ao aviso prévio é irrenunciável pelo empregado. O pedido de dispensa de cumprimento não exime o empregador de pagar o respectivo valor, salvo comprovação de haver o prestador dos serviços obtido novo emprego.

O entendimento já sedimentado em doutrina e jurisprudência, no entanto, firmou-se no sentido de que a Súmula 276 do TST somente se aplica quando o empregador tomar a iniciativa imotivada de extinguir o contrato de trabalho. Na hipótese de pedido de demissão, caso o empregador dispense o empregado de seu cumprimento, ele será válido, pois, nesta situação, o direito ao aviso prévio pertence ao empregador e pode ser renunciado.

Por ter tomado a iniciativa da extinção do contrato de trabalho, o empregado não terá direito à multa de 40% sobre o FGTS e também não terá direito de movimentar os depósitos de FGTS. Também não faz jus ao seguro-desemprego. Outrossim, fará jus ao saldo de salário, férias vencidas e/ou proporcionais e 13º salário vencido e/ou proporcionais.

10. DA RESCISÃO INDIRETA DO CONTRATO DE TRABALHO

Rescisão indireta é a extinção do contrato de trabalho por iniciativa do empregado quando o empregador, dolosa ou culposamente violar a lei ou obrigações essenciais do contrato, tornando insuportável a continuidade do vínculo empregatício por parte do trabalhador. É, na linguagem popular, a "justa causa" do empregador, ou também chamada rescisão contratual por "falta do empregador".

Para a configuração da rescisão indireta, exigem-se os mesmos requisitos da justa causa, quais sejam:

a) **tipicidade:** o ato praticado pelo empregador deve estar previsto em lei (condutas do artigo 483, da CLT);

b) **gravidade:** o ato praticado pelo empregador deve ser grave e abalar a confiança do empregado, tornando insuportável a manutenção do vínculo de emprego;

c) **imediatidade:** a atitude do empregado ao rescindir o contrato deve ser imediata. Caso haja demora pelo empregado haverá o chamado *perdão tácito*. Parte da doutrina e jurisprudência, corretamente têm flexibilizado a exigência deste requisito para o trabalhador[20], considerando-se o estado de subordinação que ostenta o trabalhador e de sua dependência econômica em face do empregado. De nossa parte, o requisito da imediatidade continua sendo exigido, mas pode ser flexibilizado com mais intensidade, conforme as circunstâncias do caso concreto[21];

No aspecto, relevante destacar a seguinte decisão, oriunda da mais alta corte trabalhista brasileira, "in verbis":

> "I - AGRAVO DE INSTRUMENTO EM RECURSO DE REVISTA. ACÓRDÃO REGIONAL PUBLICADO NA VIGÊNCIA DAS LEIS 13.015/2014 E 13.467/2017. RESCISÃO INDIRETA. DESCUMPRIMENTO CONTRATUAL. IMEDIATIDADE. DESNECESSIDADE. Reconhece-se a transcendência política do recurso, nos termos do art. 896-A, inciso IV, da CLT. Diante de possível violação do art. 483, d, da CLT, deve-se dar provimento ao agravo de instrumento para melhor exame do recurso de revista. Agravo de instrumento conhecido e provido. II - RECURSO DE REVISTA. RESCISÃO INDIRETA. DESCUMPRIMENTO CONTRATUAL. IMEDIATIDADE. DESNECESSIDADE. Extrai-se do trecho do acórdão recorrido

20 Nesse sentido Pedro Henrique Godinho Faccioli e Paula Bueno Ravena argumentam que diante do desequilíbrio de forças decorrente da subordinação, torna-se inexigível que o empregado se insurja prontamente contra condutas patronais (Direito do Trabalho na Jurisprudência do TST: Análise de Temais Atuais e Polêmicos. Salvador. Editora Juspodivm, 2019, p. 445).

21 No mesmo sentido Homero Batista Mateus da Silva argumenta que a imediatidade deve ser previamente sopesada para saber se foi razoável a tolerância do empregado (CLT Comentada. 2. Ed. São Paulo: RT, 2018, p. 363).

transcrito pela parte que, ainda que tenha o e. TRT reconhecido o descumprimento de diversas obrigações contratuais por parte do empregador, entendeu ser indevido falar-se em rescisão indireta do contrato de trabalho em razão da ausência de imediatidade na reação do trabalhador. Esclareça-se que o empregado, na condição de hipossuficiente na relação de emprego, abstém-se de certos direitos, dentre os quais o ajuizamento de reclamações trabalhistas, com o receio de não ser contratado ou perder o emprego. Por tal razão, a configuração da rescisão indireta decorrente do inadimplemento das obrigações trabalhistas não precisa ser imediata, sem preencher certos requisitos, como o pedido de nulidade do anterior pedido de demissão. Consequentemente, não há que se falar em perdão tácito em tal hipótese. Precedentes. Desse modo, a Corte de origem, ao afastar a rescisão indireta do contrato de trabalho em virtude exclusivamente da ausência de imediatidade na imputação da falta patronal, violou o art. 483, "d", da CLT. Recurso de revista conhecido por ofensa ao art. 483, d, da CLT e provido. Conclusão: Agravo de instrumento conhecido e provido para determinar o processamento do recurso de revista, sendo este conhecido e provido" (TST - RR-11597-70.2018.5.15.0105, 3ª Turma, Relator Ministro Alexandre de Souza Agra Belmonte, DEJT 28/05/2021).

d) **determinância:** a falta praticada deve ser o motivo da rescisão indireta;

e) **proporcionalidade:** deve haver proporção entre a falta praticada pelo empregador e a rescisão indireta do contrato de trabalho. Caso o empregado, declare extinto o contrato de trabalho por falta do empregador que não seja grave, poderá dar ensejo à justa causa por abandono de emprego.

Havendo rescisão indireta do contrato de trabalho, o empregado fará jus a todas as verbas trabalhistas, como se estivesse sendo dispensado sem justa causa. Terá direito ao aviso prévio, multa de 40% sobre o FGTS e a movimentar os depósitos de FGTS. Preenchidos os requisitos legais, fará jus ao benefício do seguro-desemprego.

Pelos princípios da boa-fé objetiva e lealdade que envolvem o contrato de trabalho, o empregado deve informar o empregador, por qualquer meio de comunicação eficaz, sobre a rescisão indireta, bem como se pretende continuar trabalhando até decisão final sobre a questão em eventual processo trabalhista.

11. ÔNUS DA PROVA NA RESCISÃO INDIRETA DO CONTRATO DE TRABALHO

O ônus da prova da rescisão indireta cabe ao empregado, por ser fato constitutivo do seu direito (art. 818, I, da CLT). Não obstante, as obrigações trabalhistas que são comprovadas por meio de documentos, devem ser demonstradas pelo empregador, a exemplo dos recibos de salários, cartões de ponto e comprovantes de recolhimento de FGTS.

12. HIPÓTESES DE RESCISÃO INDIRETA DO CONTRATO DE TRABALHO

Dispõe o art. 483 da CLT:

> "O empregado poderá considerar rescindido o contrato e pleitear a devida indenização quando: a) forem exigidos serviços superiores às suas forças, defesos por lei, contrários aos bons costumes, ou alheios ao contrato; b) for tratado pelo empregador ou por seus superiores hierárquicos com rigor excessivo; c) correr perigo manifesto de mal considerável; d) não cumprir o empregador as obrigações do contrato; e) praticar o empregador ou seus prepostos, contra ele ou pessoas de sua família, ato lesivo da honra e boa fama; f) o empregador ou seus prepostos ofenderem-no fisicamente, salvo em caso de legítima defesa, própria ou de outrem; g) o empregador reduzir o seu trabalho, sendo este por peça ou tarefa, de forma a afetar sensivelmente a importância dos salários. § 1º – O empregado poderá suspender a prestação dos serviços ou rescindir o contrato, quando tiver de desempenhar obrigações legais, incompatíveis com a continuação do serviço. § 2º – No caso de morte do empregador constituído em empresa individual, é facultado ao empregado rescindir o contrato de trabalho. § 3º – Nas hipóteses das letras "d" e "g", poderá o empregado pleitear a rescisão de seu contrato de trabalho e o pagamento das respectivas indenizações, permanecendo ou não no serviço até final decisão do processo."

Diante do referido dispositivo legal, são hipóteses que autorizam a rescisão indireta do contrato de trabalho:

12.1. Forem exigidos serviços superiores às suas forças, defesos por lei, contrários aos bons costumes ou alheios ao contrato

Como já mencionado, o empregado se obriga a realizar funções compatíveis com seu status funcional e sua condição pessoal (art. 456 da CLT).

Caso o empregador exija serviços incompatíveis com o status funcional do empregado, ou diversos da função contratada, o empregado poderá rescindir o contrato de trabalho por falta do empregador.

Serviços superiores às forças do trabalhador estão relacionados não só à quantidade de trabalho, como à velocidade de sua realização, que deve ser superior ao padrão médio exigível para a função.

12.2. For tratado pelo empregador ou por seus superiores hierárquicos com rigor excessivo

Cumpre ao empregador fiscalizar a atividade realizada pelo empregado. Não obstante, o poder diretivo do empregador deve ser exercido com razoabilidade.

O rigor excessivo está atrelado ao excesso de cobranças, à aplicação de advertências por infrações pequenas, à fiscalização intensa, etc.

No aspecto, destacam-se as seguintes decisões:

> Rescisão indireta – Rigor excessivo. Pratica justa causa tipificada no artigo 483, b, da CLT o empregador que, olvidando a previsão contida no artigo 5º, LXI, da Constituição permite o encaminhamento do trabalhador a uma delegacia de polícia, sob acusação de furto, mesmo sendo certa a inexistência de mandado de prisão regularmente expedido pela autoridade competente. (TRT 3ª R – 2ª T – RO nº 289.2003.032.03.00-6 – Relª. Cristiana M. V. Fenelon – DJMG 10.9.03 – p.10) RDT nº10 -Outubro de 2003.

> Não incorre em falta justificadora da rescisão indireta do contrato de trabalho, com fundamento no art. 483, b, o empregador que pune o obreiro com advertências e suspensões, em face de reiteradas faltas injustificadas ao serviço. Não se cogita nos autos em análise de haver a empresa agido com rigor excessivo ao punir seu empregado, porquanto as repreensões e demais medidas disciplinares adotadas guardam proporção com as faltas por ele praticadas. (TRT – 12ª R – 2ª T – Ac. nº 008334/95 – Relª. Juíza Alveny de A. Bittencourt – DJSC 06.11.95 – pág. 89).

12.3. Correr perigo manifesto de mal considerável

Aqui, a situação é de risco de mal considerável, tanto para a segurança, como para a saúde do trabalhador. A situação de risco deve ser concreta. São exemplos, o trabalho em condições de insalubridade ou periculosidade sem equipamentos de proteção individual, o trabalho em atividades de excessivo risco, como em lugares de grande violência urbana, e o trabalho realizado em estabelecimento sem condições ambientais adequadas.

12.4. Não cumprir o empregador as obrigações do contrato

A hipótese aqui é de não cumprimento pelo empregador das obrigações legais e cláusulas contratuais que regem o contrato de trabalho. Embora não seja uma regra, pois conforme a importância da obrigação, a penalidade possa ser configurada num único ato, normalmente, exige-se reiteração para sua configuração, como o atraso de salário por vários meses, o não pagamento reiterado de horas extras, a não concessão habitual do intervalo intrajornada, etc.

A jurisprudência do Tribunal Superior do Trabalho vem entendendo que a falta de recolhimento do FGTS justifica a rescisão indireta do contrato de trabalho. Nesse sentido, destacam-se as seguintes ementas:

> RECURSO DE REVISTA INTERPOSTO SOB A ÉGIDE DA LEI Nº 13.015/14 – RESCISÃO INDIRETA DO CONTRATO DE TRABALHO. IRREGULARIDADE NO RECOLHIMENTO DO FGTS. A ausência ou irregularidade no recolhimento do FGTS é conduta que constitui falta grave suficiente ao enquadramento na hipótese do art. 483, "d", da CLT, ensejando, portanto, a rescisão indireta do contrato de trabalho. Precedentes. Recurso de revista conhecido e provido. (TST – RR-1041-60.2014.5.01.0421, Rel. Min. Márcio Eurico Vitral Amaro, 8ª Turma, DEJT de 16/9/2016),
>
> RECURSO DE REVISTA DA RECLAMANTE – PROCESSO SOB A ÉGIDE DA LEI Nº 13.015/2014 – RESCISÃO INDIRETA DO CONTRATO DE TRABALHO – FALTA GRAVE DA EMPREGADORA – MORA REITERADA NOS DEPÓSITOS DO FGTS. Para a possibilidade de rescisão indireta do contrato de trabalho é necessária ocorrência de falta grave cometida pelo empregador, apta a ensejar o rompimento contratual por justo motivo por parte do empregado. A rescisão indireta deve ser reconhecida diante de irregularidade contratual substancial prevista no art. 483 da CLT

> que impeça a continuidade da relação empregatícia. Nos termos do art. 483, "d", da CLT, o descumprimento de obrigações contratuais e legais pelo empregador, no caso, a mora reiterada dos depósitos do FGTS, deve ser considerada falta grave, autorizando a rescisão indireta do contrato de trabalho, com o pagamento das verbas rescisórias correlatas. Recurso de revista conhecido e provido. (...) (TST RR-1050-38.2014.5.03.0139, Rel. Min. Vieira de Mello Filho, 7ª Turma, DEJT de 18/11/2016).

12.5. Praticar o empregador ou seus prepostos, contra ele ou pessoas de sua família, ato lesivo de honra e boa fama

Aqui, a hipótese é de prática de ato do empregador ou de seus prepostos contra a honra subjetiva (dignidade, ou decoro) ou honra objetiva (reputação, imagem) do trabalhador ou de pessoas de sua família.

12.6. O empregador ou seus prepostos ofenderem-no fisicamente, salvo em caso de legítima defesa, própria ou de outrem

Esta, talvez seja a hipóteses mais grave dos atos praticados pelo empregador contra o empregado, qual seja, a ofensa física, o que pode ser justificável na hipótese de legítima defesa própria ou de outrem.

12.7. O empregador reduzir o trabalho, sendo este por peça ou tarefa, de forma a afetar sensivelmente a importância dos salários

Trata-se de hipótese em que o empregador, de forma unilateral e sem motivo justificável (ausência de força maior ou prejuízos comprovados, e não autorizado por norma coletiva) reduz o trabalho a quantidade de trabalho de forma a afetar sensivelmente o salário do trabalhador.

12.8. O empregado poderá suspender a prestação dos serviços ou rescindir o contrato quando tiver de desempenhar obrigações legais incompatíveis com a continuação do Serviço

A hipótese aqui, autoriza o empregado a rescindir indiretamente o contrato de trabalho quando em virtude de lei, tiver que realizar obrigações incompatíveis com a continuação do serviço.

12.9. No caso de morte do empregador constituído em empresa individual, é facultado ao empregado rescindir o contrato de trabalho

Na hipótese em que o empregador fora empresa individual ou pessoa física, em caso de morte do empregador, faculta-se ao empregado a rescisão indireta do contrato de trabalho.

13. OPÇÃO POR CONTINUAR NO TRABALHO ENQUANTO AGUARDA DECISÃO DE PROCESSO TRABALHISTA

Nas hipóteses das alíneas "d" e "g" do artigo 483, da CLT, quais sejam: não cumprir o empregador as obrigações do reclamante e, redução do trabalho, de modo a afetar sensivelmente o salário do empregado, a lei faculta ao empregado continuar, ou não a trabalhar. Tal opção é exclusiva do trabalhador (direito potestativo). Não obstante, é possível, para se resguardar direitos, o trabalhador postular em juízo tutela de urgência, de natureza cautelar para que o Juiz do Trabalho autorize a permanência no trabalho enquanto tramita o processo trabalhista.

14. EXTINÇÃO DO CONTRATO DE TRABALHO POR ADESÃO DO TRABALHADOR A PLANO DE DEMISSÃO VOLUNTÁRIA (PDV)

O plano de demissão voluntária, chamado de PDV, constitui um incentivo pecuniário, pago pelo empregador, desvinculado dos títulos rescisórios, para que um ou mais empregados de determinada empresa se desliguem voluntariamente do emprego.

Não se trata de transação, embora guarde semelhanças com o instituto. Com efeito, transação é o negócio jurídico pelo qual as partes, mediante concessões recíprocas, põem fim a uma relação jurídica duvidosa, ou previnem a ocorrência do litígio. No plano de demissão voluntária, não há "res dubia", ao contrário, pelos princípios que norteiam os contratos, principalmente a boa-fé objetiva (art. 422 da CC), as cláusulas do PDV devem ter clareza e ser de fácil entendimento ao trabalhador.

A jurisprudência trabalhista, principalmente a o Tribunal Superior do Trabalho, não vinha acolhendo a tese de transação de direitos trabalhistas e a consequente quitação geral de obrigações trabalhista quando o empregado adere a um Plano de Demissão Voluntária, sendo a verba paga a tal título apenas um incentivo para o trabalhador se desligar dos quadros da empresa.

Nesse sentido, a Orientação Jurisprudencial n. 270, da SDI-I, do C. TST, "in verbis":

> PROGRAMA DE INCENTIVO À DEMISSÃO VOLUNTÁRIA. TRANSAÇÃO EXTRAJUDICIAL. PARCELAS ORIUNDAS DO EXTINTO CONTRATO DE TRABALHO. EFEITOS. Inserida em 27.09.02. A transação extrajudicial que importa rescisão do contrato de trabalho ante a adesão do empregado a plano de demissão voluntária implica quitação exclusivamente das parcelas e valores constantes do recibo.

Em 2015, o Supremo Tribunal Federal enfrentou a questão referente a Plano de Demissão Voluntária fixado por norma coletiva com assistência do sindicato dos trabalhadores e validou a quitação geral de verbas trabalhistas, conforme se constata da redação da seguinte ementa:

> DIREITO DO TRABALHO. ACORDO COLETIVO. PLANO DE DISPENSA INCENTIVADA. VALIDADE E EFEITOS. 1. Plano de dispensa incentivada aprovado em acordo coletivo que contou com ampla participação dos empregados. Previsão de vantagens aos trabalhadores, bem como quitação de toda e qualquer parcela decorrente de relação de emprego. Faculdade do empregado de optar ou não pelo plano. 2. Validade da quitação ampla. Não incidência, na hipótese, do art. 477, § 2º da Consolidação das Leis do Trabalho, que restringe a eficácia liberatória da quitação aos valores e às parcelas discriminadas no termo de rescisão exclusivamente. 3. No âmbito do direito coletivo do trabalho não se verifica a mesma situação de assimetria de poder presente nas relações individuais de trabalho. Como consequência, a autonomia coletiva da vontade não se encontra sujeita aos mesmos limites que a autonomia individual. 4. A Constituição de 1988, em seu artigo 7º, XXVI, prestigiou a autonomia coletiva da vontade e a autocomposição dos conflitos trabalhistas, acompanhando a tendência mundial ao crescente reconhecimento dos mecanismos de negociação coletiva, retratada na Convenção n. 98/1949 e na Convenção n. 154/1981 da Organização Internacional do Trabalho. O reconhecimento dos acordos e convenções coletivas permite que os trabalhadores contribuam para a formulação das normas que regerão a sua própria vida. 5. Os planos

> de dispensa incentivada permitem reduzir as repercussões sociais das dispensas, assegurando àqueles que optam por seu desligamento da empresa condições econômicas mais vantajosas do que aquelas que decorreriam do mero desligamento por decisão do empregador. É importante, por isso, assegurar a credibilidade de tais planos, a fim de preservar a sua função protetiva e de não desestimular o seu uso. 7. Provimento do recurso extraordinário. Afirmação, em repercussão geral, da seguinte tese: "A transação extrajudicial que importa rescisão do contrato de trabalho, em razão de adesão voluntária do empregado a plano de dispensa incentivada, enseja quitação ampla e irrestrita de todas as parcelas objeto do contrato de emprego, caso essa condição tenha constado expressamente do acordo coletivo que aprovou o plano, bem como dos demais instrumentos celebrados com o empregado". (STF. RE 590.415. PLENO, REL Min. Roberto Barroso, Dje 28.05.2015).

A lei 13.467/17 acrescentou ao corpo da CLT, o art. 477-B[22], inspirado na referida decisão do Supremo Tribunal Federal. Doravante, o Plano de Demissão Voluntária ou Incentivada, para dispensa individual, plúrima ou coletiva, previsto em convenção coletiva ou acordo coletivo de trabalho, enseja quitação plena e irrevogável dos direitos decorrentes da relação empregatícia, salvo disposição em contrário estipulada entre as partes.

Pelo dispositivo, somente o Plano de Demissão Voluntária firmado por meio de *acordo coletivo ou convenção coletiva* contento cláusula específica de quitação plena, abrange todas a verbas decorrentes do extinto contrato de trabalho. Ainda assim, a questão não está imune à apreciação judicial, embora tenha presunção de legitimidade, pois como toda negociação coletiva, a cláusula do PDV deve ser avaliada tanto sob a perspectiva de ter preenchidos os requisitos de validade dos negócios jurídicos (capacidade, forma e objeto), como também de ter gerado efetivas vantagens ao trabalhador para o desligamento do emprego. De outro lado, as verbas rescisórias devem ser quitadas integralmente, independentemente da indenização específica pelo desligamento voluntário.

22 Art. 477-B, da CLT: "Plano de Demissão Voluntária ou Incentivada, para dispensa individual, plúrima ou coletiva, previsto em convenção coletiva ou acordo coletivo de trabalho, enseja quitação plena e irrevogável dos direitos decorrentes da relação empregatícia, salvo disposição em contrário estipulada entre as partes."

Como bem adverte Homero Batista Mateus da Silva[23], "antevendo os efeitos de eficácia liberatória geral, caberia ao sindicato se opor a essa negociação ou exigir maiores contrapartidas para os cortes rescisórios. Que a empresa eliminará postos de trabalho não resta dúvida, porque, do contrário, não iria estudar um PDV em tempos de fartura. O que se propõe com essa figura é uma espécie de simbiose em que ela, de um lado, oferte vantagens rescisórias superiores àquelas previstas pela legislação, enquanto que o sindicato e os trabalhadores, de outro lado, comprometem-se a não discutir mais os valores e as parcelas, pagos ou não pagos, decorrentes do contrato de trabalho como um todo. Para a empresa passa a ser altamente vantajoso negociar bases melhores da rescisão – inclusive com prorrogação dos benefícios assistenciais muito preciosos na sociedade brasileira, como o plano de saúde, a cesta básica – pois, na outra ponta, obterá uma rara quitação do passivo trabalhista (...)".

O Tribunal Superior do Trabalho firmou jurisprudência a respeito no sentido de que a parcela paga a título de PDV não se compensa com verbas trabalhistas deferidas em juízo, conforme se constata da OJ 356, da SDI-I do C. TST, "in verbis":

> PROGRAMA DE INCENTIVO À DEMISSÃO VOLUNTÁRIA (PDV). CRÉDITOS TRABALHISTAS RECONHECIDOS EM JUÍZO. COMPENSAÇÃO. IMPOSSIBILIDADE (DJ 14.03.2008) Os créditos tipicamente trabalhistas reconhecidos em juízo não são suscetíveis de compensação com a indenização paga em decorrência de adesão do trabalhador a Programa de Incentivo à Demissão Voluntária (PDV).

Os planos de demissões voluntárias firmados pelas empresas sem a intervenção sindical não podem fixar cláusulas envolvendo quitação plena de verbas trabalhistas decorrentes do extinto contrato de trabalho.

15. DA EXTINÇÃO DO CONTRATO DE TRABALHO POR ACORDO ENTRE AS PARTES

A lei 13.467/17, conhecida como a lei da "Reforma Trabalhista" introduziu na Consolidação das Leis do Trabalho a modalidade de extinção do contrato de trabalho por acordo entre as partes. Trata-se de previsão

---

23 CLT Comentada. 2. ed. São Paulo: RT, 2018, p. 354.

legal, que incorpora instituto já existente em diversos países, que veio suprir uma lacuna na legislação.

Há autores que enxergam a alteração positiva, pois regulariza a situação de muitos trabalhadores que pretendem deixar o emprego, mas não pretendem pedir demissão. Outros, entendem que houve retrocesso, argumentando que, dificilmente, o empregado manifestará livremente sua vontade, ao receber proposta de acordo do empregador para pôr fim ao contrato de trabalho.

De nossa parte, a extinção do contrato de trabalho por acordo das partes é positiva, desde que a vontade das partes seja manifestada livremente, e atenta não só aos interesses do empregador, mas, principalmente, aos interesses do empregado.

Dispõe o art. 484-A, da CLT, com a redação dada pela Lei 13.467/17:

> "O contrato de trabalho poderá ser extinto por acordo entre empregado e empregador, caso em que serão devidas as seguintes verbas trabalhistas: I – por metade: a) o aviso prévio, se indenizado; e b) a indenização sobre o saldo do Fundo de Garantia do Tempo de Serviço, prevista no § 1º do art. 18 da Lei no 8.036, de 11 de maio de 1990; II – na integralidade, as demais verbas trabalhistas. § 1º A extinção do contrato prevista no *caput* deste artigo permite a movimentação da conta vinculada do trabalhador no Fundo de Garantia do Tempo de Serviço na forma do inciso I-A do art. 20 da Lei no 8.036, de 11 de maio de 1990, limitada até 80% (oitenta por cento) do valor dos depósitos. § 2º A extinção do contrato por acordo prevista no *caput* deste artigo não autoriza o ingresso no Programa de Seguro-Desemprego."

Embora não exista exigência de que o acordo seja formal, a natureza do ato e seus efeitos recomendam a forma escrita. Não há necessidade de homologação junto ao Sindicato ou assistência por advogado.

As repercussões monetárias da extinção do contrato por acordo são superiores às do pedido de demissão, mas inferiores à da dispensa sem justa causa. Terá direito o empregado aos seguintes direitos rescisórios:

a) metade do aviso prévio, se indenizado;

b) metade da indenização sobre o saldo do Fundo de Garantia do Tempo de Serviço, prevista no § 1º do art. 18 da Lei no 8.036, de 11 de maio de 1990 (a chamada multa sobre os depósitos do FGTS será de 20%);

c) na integralidade, as demais verbas trabalhistas (saldo de salário, férias+1/3, 13º salário);

d) liberação dos depósitos de FGTS, limitada a 80% do valor dos depósitos;

e) não terá direito ao seguro-desemprego.

No aspecto, relevante destacar a seguinte ementa:

> COAÇÃO - CLT, ART. 484-A. INVALIDADE DO ACORDO PARA A EXTINÇÃO DO CONTRATO DE TRABALHO. AUSÊNCIA DE PROVA. As negociações entabuladas entre o empregado e o empregador, para a composição de interesses contrapostos, visando à extinção do contrato de trabalho, mediante acordo que beneficie a ambas as partes (CLT, art. 484-A), não constituem, isoladamente, coação ao trabalhador, se não provado que a manifestação de vontade é consequência única e exclusiva de conduta impositiva e irresistível do empregador. (TRT da 2ª Região; Processo: 1000775-85.2020.5.02.0302; Data: 19-08-2021; Órgão Julgador: 18ª Turma - Cadeira 1 - 18ª Turma; Relator(a): RILMA APARECIDA HEMETERIO)

16. A EXTINÇÃO DO CONTRATO DE TRABALHO POR ACORDO EXTRAJUDICIAL HOMOLOGADO EM JUÍZO

A Reforma Trabalhista (Lei n. 13.467/17) instituiu o **processo de jurisdição voluntária para homologação de acordo extrajudicial**.

As partes, empregado e empregador, para maior segurança, podem utilizar a via do acordo extrajudicial para extinção do contrato de trabalho, e postular sua homologação em juízo.

Nos termos do art. 652, *"f"*, da CLT, compete às Varas do Trabalho decidir quanto à homologação de acordo extrajudicial em matéria de competência da Justiça do Trabalho.

Os arts. 855-B a 855-E da CLT disciplinam o procedimento de homologação de acordo extrajudicial, qualificado como procedimento de jurisdição voluntária, o que sempre encontrou uma resistência grande na Justiça do Trabalho, em razão de princípios próprios do direito material do trabalho como a irrenunciabilidade de direitos, e do acesso à justiça do trabalhador economicamente fraco.

Dispõem os referidos dispositivos legais:

> Art. 855-B: "O processo de homologação de acordo extrajudicial terá início por petição conjunta, sendo obrigatória a representação das partes por advogado. § 1º As partes não poderão ser representadas por advogado comum. § 2º Faculta-se ao trabalhador ser assistido pelo advogado do sindicato de sua categoria."
>
> Art. 855-C: "O disposto neste Capítulo não prejudica o prazo estabelecido no § 6º do art. 477 desta Consolidação e não afasta a aplicação da multa prevista no § 8º art. 477 desta Consolidação."
>
> Art. 855-D: "No prazo de quinze dias a contar da distribuição da petição, o juiz analisará o acordo, designará audiência se entender necessário e proferirá sentença."
>
> Art. 855-E: "A petição de homologação de acordo extrajudicial suspende o prazo prescricional da ação quanto aos direitos nela especificados. Parágrafo único. O prazo prescricional voltará a fluir no dia útil seguinte ao do trânsito em julgado da decisão que negar a homologação do acordo."

Doravante, os Juízes do Trabalho deverão ter grande sensibilidade em analisar acordos extrajudiciais e avaliar, no caso concreto, a extensão da quitação, bem como a pertinência ou não da homologação.

A decisão que homologar o acordo não será recorrível, havendo o trânsito em julgado a partir da homologação (art. 831 da CLT), exceto quanto aos valores devidos à Previdência Social.

Da decisão que não homologar o acordo, caberá Recurso Ordinário (art. 895, I, da CLT). Uma vez homologado o acordo, caso não haja o cumprimento espontâneo, este poderá ser executado junto às Varas do Trabalho, pois tem natureza de título executivo judicial, nos termos do art. 515, III do CPC, que assim dispõe: "São títulos executivos judiciais (...): (...) III – a decisão homologatória de autocomposição extrajudicial de qualquer natureza."

Pelo procedimento previsto, a homologação de acordo extrajudicial deve obedecer aos seguintes procedimentos: a) terá início por petição conjunta, sendo obrigatória a representação das partes por advogado, que não poderá ser comum. Faculta-se ao trabalhador ser assistido pelo advogado do sindicato de sua categoria. Não será cabível se a parte se valer do *jus postulandi*; b) não há prejuízo do prazo estabelecido no § 6º do art. 477 desta Consolidação e não afasta a aplicação da multa prevista no § 8º do art. 477 desta Consolidação; c) no prazo de quinze dias a contar da distribuição da petição, o juiz analisará o acordo, designará audiência se entender necessário e proferirá sentença; d) a petição de homologação de acordo extrajudicial suspende o prazo prescricional da ação quanto aos direitos nela especificados; e) o prazo prescricional voltará a fluir no dia útil seguinte ao do trânsito em julgado da decisão que negar a homologação do acordo.

Ao contrário do que entende parte da jurisprudência, a homologação do acordo pode ser parcial por parte do magistrado, uma vez que a homologação do acordo decorre do convencimento motivado do Juiz. Caso haja homologação parcial, as partes poderão recorrer.

17. FATO PRÍNCIPE

O fato príncipe (*factum principis*), segundo a doutrina trabalhista, é espécie do gênero *força maior*. Trata-se de acontecimento extraordinário, imprevisível ao empregador, independente da vontade deste, motivado por ato de autoridade municipal, estadual ou federal, ou promulgação de lei que impeça a continuidade do contrato de trabalho e inviabilize de forma total ou parcial a atividade empresarial.

Sob a ótica do direito administrativo, ensina Hely Lopes Meirelles[24], "fato do príncipe é toda determinação estatal positiva ou negativa, geral, imprevista e imprevisível, que onera substancialmente a execução do contrato administrativo. Essa oneração, constituindo uma álea administrativa extraordinária e extracontratual, desde que intolerável e impeditiva da execução do ajuste, obriga o Poder Público contratante a compensar integralmente os prejuízos suportados pela outra parte, a fim de possibilitar o prosseguimento da execução, e, se esta fora impossível, rende ensejo à rescisão do contrato, com indenizações cabíveis."

Dispõe o art. 486 da CLT:

> "No caso de paralisação temporária ou definitiva do trabalho, motivada por ato de autoridade municipal, estadual ou federal, ou pela promulgação de lei ou resolução que impossibilite a continuação da atividade, prevalecerá o pagamento da indenização, que ficará a cargo do governo responsável. § 1º Sempre que o empregador invocar em sua defesa o preceito do presente artigo, o tribunal do

24 Direito Administrativo Brasileiro. 24ª ed. São Paulo: Malheiros, 1999, p. 221.

> trabalho competente notificará a pessoa de direito público apontada como responsável pela paralisação do trabalho, para que, no prazo de 30 dias, alegue o que entender devido, passando a figurar no processo como chamada à autoria. § 2º Sempre que a parte interessada, firmada em documento hábil, invocar defesa baseada na disposição deste artigo e indicar qual o juiz competente, será ouvida a parte contrária, para, dentro de três dias, falar sobre essa alegação. § 3º Verificada qual a autoridade responsável, a Junta de Conciliação ou Juiz dar-se-á por incompetente, remetendo os autos ao Juiz privativo da Fazenda, perante o qual correrá o feito, nos termos previstos no processo comum."

Diante do referido dispositivo legal, são requisitos para a ocorrência do fato príncipe:

a) ato legislativo ou administrativo de autoridade Municipal, Estadual ou Federal;
b) imprevisibilidade do ato pelo empregador;
c) impossibilidade de resistência aos efeitos do ato pelo empregador;
d) impossibilidade total ou parcial de continuidade da atividade empresarial.

Diante do art. 486, da CLT somente a indenização ficará por conta da autoridade pública em caso de fato príncipe, ou seja: a multa de 40% sobre o FGTS. No entanto, alguns autores realizam interpretação mais abrangente, defendendo que as rescisórias decorrentes da extinção do contrato e que tenham nexo causal com o fato príncipe devidas ao empregado ficarão a cargo da autoridade que praticou o ato.

Discute-se, se em caso de fechamento do comércio por ato governamental (Decreto de Estado de Calamidade Pública[25]), provocando a dispensa de muitos empregados em razão de epidemia de grande contágio configura o fato príncipe. De nossa parte, embora a situação se assemelhe ao fato príncipe, dele não se trata, pois o fechamento do comércio em função da necessidade de se retirar as pessoas da rua configura força maior, uma vez que o Estado não tem condições materiais de tratar de todos que fiquem doentes ao mesmo tempo. Desse modo, diante da gravidade da situação, não há discricionariedade na escolha da prática do ato administrativo pela

25 Exemplo da Pandemia do Coronavírus.

autoridade pública, a justificar a aplicação do art. 486, da CLT. De nossa parte, a situação configura força maior, nos moldes dos arts. 501, da CLT e 393 do Código Civil.

De nossa parte, não se trata a questão de fato príncipe, e sim de força maior, pois a epidemia é um evento imprevisível e irresistível, e não há alternativa para o Poder Público.

Nesse sentido dispõe a Lei 14.020/20, em seu art. 29, "in verbis":

> "Não se aplica o disposto no art. 486 da CLT, aprovada pelo Decreto-Lei nº 5.452, de 1º de maio de 1943, na hipótese de paralisação ou suspensão de atividades empresariais determinada por ato de autoridade municipal, estadual ou federal, para o enfrentamento do estado de calamidade pública reconhecido pelo Decreto Legislativo nº 6, de 20 de março de 2020, e da emergência de saúde pública de importância internacional decorrente do coronavírus, de que trata a Lei nº 13.979, de 6 de fevereiro de 2020."

Não obstante, pensamos ser possível discutir eventual responsabilidade civil do Estado (art. 196, da CF[26]), inclusive por verbas trabalhistas, se houver apuração de eventuais condutas omissivas do Estado na condução da pandemia, inclusive omissões em seu estágio inicial, a fim de reduzir os danos sociais, sanitários e econômicos gerados pela pandemia.

Como bem adverte André Ramos Tavares[27], "o Estado deve promover políticas sociais e econômicas destinadas a possibilitar o acesso universal igualitário às ações e serviços para a promoção, proteção e recuperação da saúde. Ademais, deve preocupar-se igualmente com a prevenção de doenças e outros agravos, mediante redução de riscos (art. 166 e 198, II). Por fim, o tema relaciona-se diretamente com a dignidade da pessoa humana e o direito à igualdade, que pressupõem o Estado garantidor, cujo deve é assegurar o mínimo de condições básicas para o indivíduo vier e desenvolver-se."

---

26 Art. 196 da CF: "A saúde é direito de todos e dever do Estado, garantido mediante políticas sociais e econômicas que visem à redução do risco de doença e de outros agravos e ao acesso universal e igualitário às ações e serviços para sua promoção, proteção e recuperação."

27 Curso de Direito Constitucional. 3ª ed. São Paulo: Saraiva, 728.

Como adverte Jorge Luiz Souto Maior[28], "apenas os direitos decorrentes da rescisão são transferidos, em sua totalidade, para a pessoa jurídica de direito público interno. Ao ato determinante para a paralização do estabelecimento poderá ser tanto administrativo como legislativo. A mera onerosidade, provocada por política econômica do governo, não gera o efeito do *factum principis,* pois o risco da atividade econômica é do empregador."

No aspecto, destacam-se as seguintes ementas:

> Factum principis – Ausência de responsabilidade do ente estatal. Para a caracterização do factum principis, a ordem emanada da autoridade pública que venha a impedir o prosseguimento das atividades da empresa tem que ser, principalmente, imprevisível, ou seja, impossível de ser cogitado pelas partes o seu advento. A ausência de imprevisibilidade do ato da autoridade pública que implicou paralisação definitiva do trabalho afasta a configuração do fenômeno do factum principis. (TRT 12ª R – 2ª T – ROV nº 2477/2004.014.12.00-9 – Ac. nº 11105/05 – Relª. Maria Aparecida Caitano – DJSC 09.09.05 – p. 225) (RDT nº 10 de Outubro de 2005).

> Extinção do contrato de trabalho – Bingos – Atuação – Requisitos – Preenchimento – Factum principis – Caracterização – Requisitos – Inexistência. Para a caracterização do chamado factum principis é necessário o preenchimento de alguns requisitos tais como: ato decorrente de autoridade competente ou lei; interrupção das atividades da empresa; prova de que o empregador não concorreu, culposa ou dolosamente, para a ocorrência do factum principis. Faltando quaisquer destes requisitos, não há falar em configuração de tal instituto, devendo, pois, a empregadora responsabilizar-se pelas obrigações trabalhistas decorrentes da extinção do contrato. (TRT 10ª R – 2ª T – RO nº 414/2004.811.10.00-5 – Relª. Flávia S. Falcão – DJ 21.10.05 – p. 5) (RDT nº 11 de Novembro de 2005).

Embora o § 1º do referido artigo faça alusão ao chamamento à autoria, a pensamos que se trata da figura da denunciação da lide.

O chamamento à autoria é figura que existia no CPC de 1939 e, atualmente, não mais está prevista no CPC de 1973. A figura se reporta à denunciação da lide do atual CPC. O empregador continuará no polo

28 Curso de Direito do Trabalho. Volume II. São Paulo: LTr, 2008, p. 508.

passivo, sendo denunciada à lide a autoridade competente que praticou o fato príncipe, uma vez que é a responsável direta pelo pagamento dos títulos trabalhistas.

Nesse sentido, defende Jorge Luiz Souto Maior[29]:

> "A qualificação processual da autoridade, como chamada à autoria, teve à vista a terminologia do Código de Processo Civil de 39, vigente na época da redação do citado parágrafo. Como o advento do Código civil de 73 o denominado 'chamamento à autoria', conforme lição dos mestres da ciência processual civil, passou a chamar-se 'denunciação da lide', com algumas alterações, mas guardando suas características essenciais. Dessa forma, por uma atualização hermenêutica, forçosamente deve-se considerar que a autoridade mencionada passará a integrar a lide como 'denunciada'. Ou seja, a figura da intervenção de terceiros pertinente à ocorrência de *factum principis* é a denunciação da lide."

Com a redação dada ao art. 114 pela EC n. 45/04, não resta dúvida de que a competência para apreciar a lide, quando houver a denunciação da pessoa de direito público responsável pelo fato, é da Justiça do Trabalho, nos termos dos incisos I e IX do art. 114 da CF.

Não há por que se deslocar a competência para a Justiça Estadual ou Federal (conforme a natureza da autoridade pública), pois se trata de controvérsia oriunda da relação de trabalho (art. 114, I, da CF) e, portanto, compete ao Judiciário Trabalhista dirimir integralmente a questão.

18. DA FORÇA MAIOR

Dispõe o artigo 393 do CC:

> "O devedor não responde pelos prejuízos resultantes de caso fortuito ou força maior, se expressamente não se houver por eles responsabilizado. Parágrafo único. O caso fortuito ou de força maior *verifica*-se no fato necessário, cujos efeitos não eram possíveis evitar ou impedir".

29 Curso de Direito do Trabalho. Volume II. São Paulo: LTr, 2008, p. 508.

Todos os contratos bilaterais e onerosos como o contrato de trabalho têm implícita a chamada cláusula *rebus sic stantibus,* ou seja, a possibilidade de resolução do contrato em caso de onerosidade excessiva a uma das partes em razão de motivo de caso fortuito ou força maior.

Na doutrina, já distinção entre *caso fortuito* e *força maior*. Para alguns juristas, a exemplo de Clóvis Beviláqua[30] caso fortuito seria aquilo que se deve às forças da natureza, enquanto força maior envolveria a participação do homem. Para outros juristas, o caso fortuito acarreta impossibilidade relativa de cumprimento da obrigação, enquanto que a força maior, absoluta.

Não obstante, o Código Civil não faz distinção entre *caso fortuito* e *força maior* para os efeitos que tais eventos acarretam nos contratos. Como bem advertem Gustavo Tepedino, Heloisa Helena Barboza e Maria Celina Bodin de Moraes[31], "fato é que, se existe distinção, ela é inteiramente indiferente ao direito, já que as consequências coincidem. Tanto o caso fortuito como a força maior desincumbem o devedor de responder pelas perdas e danos a que a sua inexecução deu causa."

A Consolidação das Leis do Trabalho define força maior no art. 501, "in verbis":

> "Entende-se como força maior todo acontecimento inevitável, em relação à vontade do empregador, e para a realização do qual este não concorreu, direta ou indiretamente. § 1º A imprevidência do empregador exclui a razão de força maior. § 2º À ocorrência do motivo de força maior que não afetar substancialmente, nem for suscetível de afetar, em tais condições, a situação econômica e financeira da empresa, não se aplicam as restrições desta lei referentes ao disposto neste Capítulo."

A imprevidência do empregador exclui a força maior. Como destaca Sérgio Pinto Martins[32], "imprevidência é o desleixo, a negligência. Se o empregador é negligente na manutenção do seu negócio, não pode falar em

30 In: TEPEDINO, Gustavo; BARBOZA, Heloisa Helena; MORAES, Maria Celina Bodin de. Código Civil Interpretado conforme a Constituição da República. 2. ed. Rio de Janeiro: Renovar, 2011, p. 709.

31 Código Civil Interpretado conforme a Constituição da República. 2. ed. Rio de Janeiro: Renovar, 2011, p. 709.

32 Comentários à CLT. 17ª ed. São Paulo: Atlas, 2013, p. 585.

força maior. Seria a hipótese do empregador que não cuida da instalação e vem a ocorrer a inocência por esse motivo."

Conforme o referido dispositivo legal, há a definição de forma maior tomo todo acontecimento imprevisível e inevitável, o qual, não deu causa o empregador, direta, ou indiretamente, cujos efeitos não possa resistir. Pode ser em razão de um fato da natureza, como uma catástrofe da natureza, de evento que decorra do concurso do homem, como uma epidemia (coronavírus, por exemplo). Além disso, a ocorrência do motivo de força maior deve afetar substancialmente, a situação econômica e financeira da empresa, ou do empregador.

No aspecto, destaca-se a seguinte ementa:

> Força maior. Pandemia da Covid-19. Força Maior. Supressão de direitos rescisórios. Necessidade de demonstração do enquadramento na hipótese legal. O art. 1º da MP 927/2020 estabelecia que, para fins trabalhistas, o estado de calamidade pública reconhecido pelo Decreto Legislativo nº 6 constitui hipótese de força maior de que trata o art. 501 da CLT. Entretanto, a situação de força maior não autoriza automaticamente a supressão de direitos rescisórios. É preciso que o empregador comprove o enquadramento de sua situação fática na hipótese capitulada no art. 502 da CLT (extinção da empresa ou do estabelecimento em que trabalha o empregado), específico para a hipótese de ruptura contratual. O art. 503 da CLT (prejuízos devidamente comprovados) refere-se à hipótese diversa (redução de salários e jornada). Ainda que assim não fosse, tais prejuízos não foram provados nos autos. (TRT da 2ª Região; Processo: 1001434-35.2020.5.02.0063; Data: 01-07-2021; Órgão Julgador: 6ª Turma - Cadeira 4 - 6ª Turma; Relator(a): ANTERO ARANTES MARTINS)

A Falência ou Recuperação Judicial da empresa empregadora não são consideradas pela doutrina e jurisprudência como força maior, pois são acontecimentos previsíveis a quem corre os riscos da atividade econômica (art. 2º da CLT).

No aspecto, destaca-se a seguinte ementa:

> Força maior – Descumprimento de convenção coletiva. O conceito de força maior adotado pela CLT, em seu artigo 501, filia-se à teoria subjetivista, apontando como seus elementos a irresistibilidade do

evento, sua imprevisibilidade e a inexistência de concurso direto ou indireto do empregador no acontecimento. A esses três elementos tradicionais, a Consolidação acrescentou um quarto, através do parágrafo 2º do citado art. 501: a necessidade de que a força maior afete ou, pelo menos, seja suscetível de afetar substancialmente a situação econômica e financeira da empresa. Dessa forma, inviável admitir, como motivo de força maior, crise econômica genérica, resultante de uma seqüência de normas político-econômicas que atingem indistintamente toda a classe empresarial. A situação se agrava ainda mais quando a empresa demandada sequer comprova a alegada situação econômico-financeira deficitária, deixando de demonstrar sua impossibilidade absoluta de cumprimento das obrigações assumidas em convenção coletiva de trabalho. Logo, é procedente o pedido de pagamento da multa estabelecida naquele instrumento normativo, sob pena de se transferir para o empregado os riscos do empreendimento econômico, afrontando o preceito contido no art. 2º da CLT. (TRT – 3ª R – 2ª T – RO nº 13492/97 – Relª. Alice de Barros – DJMG 20.03.98 – pág. 6).

Nos termos do art. 502, da CLT, "ocorrendo motivo de força maior que determine a extinção da empresa, ou de um dos estabelecimentos em que trabalhe o empregado, é assegurado a este, quando despedido, uma indenização na forma seguinte: I – sendo estável, nos termos dos arts. 477 e 478; II – não tendo direito à estabilidade, metade da que seria devida em caso de rescisão sem justa causa; III – havendo contrato por prazo determinado, aquela a que se refere o art. 479, desta Lei, reduzida igualmente à metade."

O citado dispositivo legal autoriza o empregador, em caso de motivo de força maior devidamente comprovado, dispensar o empregado, com redução, pela metade, da indenização decorrente da dispensa.

Atualmente, diante do que dispõe o art. 7º, I, da Constituição Federal, à qual extinguiu a estabilidade decenal, a indenização devida será de 20% sobre os depósitos de FGTS.

Nos termos do art. 504 da CLT, comprovada a falsa alegação do motivo de força maior, é garantida a reintegração aos empregados estáveis e aos não estáveis o complemento da indenização já percebida, assegurado a ambos o pagamento da remuneração atrasada.

19. DO FALECIMENTO DO EMPREGADO E DO EMPREGADOR PESSOA FÍSICA

O falecimento do empregado provoca a extinção do contrato de trabalho, pois em face do empregado o contrato de trabalho é personalíssimo.

Por ser a morte, uma causa natural de extinção do contrato de trabalho. Por isso, não são devidos o aviso prévio, tampouco a multa de 40% sobre o FGTS e o seguro-desemprego.

O empregador poderá pagar as verbas rescisórias decorrentes da morte do empregado aos dependentes do trabalhador falecido habilitados junto à Previdência Social (arts. 1º da Lei 6.858/80, e 20, IV, da Lei 8036/90) quais sejam: saldo de salário, férias vencidas e/ou proporcionais +1/3, 13º salários vencidos e/ou proporcionais +1/3, bem como providenciará a liberação do FGTS. Caso existam dúvidas sobre quais são os herdeiros, a Ação de Consignação em Pagamento é o meio mais seguro.

Na Justiça o Trabalho, a jurisprudência trabalhista tem admitido a habilitação dos sucessores do credor trabalhista por meio de certidão de dependentes junto à Previdência Social (art. 1º da Lei n. 6.858/80), ou de alvará judicial, obtido na Justiça Comum. Não obstante, se houver dúvidas sobre a legitimidade dos sucessores, deverá o Juiz do Trabalho aguardar o desfecho do inventário na Justiça Comum.

Quanto ao empregador, dispõe o art. 485 da CLT:

> "Quando cessar a atividade da empresa por morte do empregador, os empregados terão direito, conforme o caso, à indenização a que se referem os arts. 477 e 497."

O presente dispositivo somente se aplica aos casos de estabilidade decenal, ou seja, para os empregados que já possuíam a estabilidade quando da vigência da Constituição de 1988.

Diante do princípio da despersonalização do empregador (artigo 2º da CLT), dificilmente a morte de um dos sócios altera o contrato de trabalho (artigos 10 e 448, da CLT), pois o empregador típico é a empresa. Como bem adverte Valentin Carrion[33], "a morte do empregador não rescinde o contrato de trabalho. É a cessação da atividade empresarial que o faz. Se a atividade continuar com os sucessores, o empregado terá a faculdade

33 Comentários à CLT. 33ª ed. São Paulo: Saraiva, 2008, p. 392.

de, sem ônus para ele (nem para a empesa), rescindir o contrato (artigo 483, parágrafo 2º, da CLT)".

Atualmente, diante do regime do FGTS, se houver morte do empregador (pessoa física ou firma individual), o empregado fará jus à indenização equivalente à 40% do valor dos depósitos existentes na conta vinculada do trabalhador junto ao FGTS. Em caso de extinção da empresa, o empregado também fará jus à multa de 40% sobre o FGTS, pois o empregador corre os riscos da atividade econômica. Também fará jus o trabalhador a todas as parcelas rescisórias que seriam devidas se a extinção do contrato ocorresse por dispensa imotivada.

Conforme o artigo 483, parágrafo 2º, da CLT, no caso de morte do empregador constituído em empresa individual, é facultado ao empregado rescindir o contrato de trabalho.

20. EXTINÇÃO DOS CONTRATOS POR PRAZO DETERMINADO

Os contratos, como regra, por prazo determinado têm sua extinção natural determinada pelo advento do termo, que é evento futuro e certo, qual seja, com o término do prazo de sua vigência.

No entanto, o contrato de trabalho por prazo determinado pode ser extinto antes do prazo final de sua vigência, o que é denominado extinção antecipada.

Na extinção natural do contrato de trabalho por prazo determinado, são devidos o saldo de salário, 13º salários vencidos e/ou proporcional (art. 1º, parágrafo 3º da Lei 4090/62), férias vencidas e/ou proporcionais+1/3 (art. 147, da CLT e Súmula 328 do TST), liberação do FGTS, sem multa de 40%.

Na extinção antecipada do contrato por prazo determinado por iniciativa do empregador, aplica-se o artigo 479, da CLT, "in verbis":

> "Nos contratos que tenham termo estipulado, o empregador que, sem justa causa, despedir o empregado, será obrigado a pagar-lhe, a título de indenização, e por metade, a remuneração a que teria direito até o termo do contrato. Parágrafo único. Para a execução do que dispõe o presente artigo, o cálculo da parte variável ou incerta dos salários será feito de acordo com o prescrito para o cálculo da indenização referente à rescisão dos contratos por prazo indeterminado."

Se o empregador dispensar o empregado antes do término do contrato, sem justa causa, deverá pagar indenização ao trabalhador. Esta indenização equivale à metade da remuneração faltante para o término do contrato.

Embora o dispositivo não tenha sido para o regime do FGTS, conforme já pacificado na jurisprudência, ele também é aplicável para os empregados regidos pelo regime fundiário, nos termos da Súmula 125 do TST[34].

Segundo a doutrina, a indenização prevista no presente dispositivo tem natureza jurídica de indenização antecipada de perdas e danos em razão do empregador não cumprir os termos do contrato.

Desse modo, na extinção antecipada por iniciativa do empregador, deverá pagar ao empregado saldo de salário, férias vencidas e/ou proporcionais, 13º salário vencido e/ou proporcional, além de liberação dos depósitos do FGTS.

Conforme o art. 480, da CLT, havendo termo estipulado, o empregado não se poderá desligar do contrato, sem justa causa, sob pena de ser obrigado a indenizar o empregador dos prejuízos que desse fato lhe resultarem. § 1º A indenização, porém, não poderá exceder àquela a que teria direito o empregado em idênticas condições.

Caso o empregado rescindir (pedir demissão) o contrato por prazo determinado antes do seu vencimento, deverá indenizar o empregador pelos prejuízos. Esta indenização não é fixada pela Lei, podendo constar do contrato de trabalho. Não obstante, não poderá ultrapassar o valor fixado no artigo 479, da CLT, qual seja metade da remuneração faltante para o término do contrato.

Nesta hipótese, o empregado fará jus a saldo de salários, férias vencidas e/ou proporcionais+1/3 (Súmula 261 do TST), 13º salário vencido e/ou proporcional (art. 1º, parágrafo 3º da Lei 4090/62), descontada a indenização do art. 480, da CLT. Nesta hipótese, não fará jus à liberação dos depósitos de FGTS.

Conforme o art. 481, da CLT, "aos contratos por prazo determinado, que contiverem cláusula assecuratória do direito recíproco de rescisão antes de expirado o termo ajustado, aplicam-se, caso seja exercido tal direito

34 Súmula 125 do TST: "O art. 479 da CLT, aplica-se ao trabalhador optante pelo Fundo de Garantia do Tempo de Serviço – FGTS, admitido mediante contrato por prazo determinado, nos termos do art. 30, § 3º, do Decreto 59.820, de 20/12/1966."

por qualquer das partes, os princípios que regem a rescisão dos contratos por prazo indeterminado."

As partes podem pactuar, no contrato por prazo determinado, cláusula assegurando a possibilidade de rescisão antecipada do contrato, tanto pelo empregador como empregador. Se houve a pactuação da referida cláusula, serão aplicados os mesmos princípios que regem o contrato de trabalho por prazo indeterminado. Desse modo, havendo rescisão antecipada por uma das partes, ela deverá pré-avisar a parte contrária, sendo cabível o instituto do aviso prévio. Além disso, se o trabalhador tomar a iniciativa da rescisão, terá direito às verbas rescisórias que seriam devidas no contrato de trabalho por prazo indeterminado (pedido de demissão). Caso o empregador tome a iniciativa da rescisão serão devidas as verbas rescisórias que seriam devidas no contrato de trabalho por prazo indeterminado que é extinto por iniciativa do empregador (dispensa sem justa causa).

Em caso de rescisão indireta do contrato de trabalho, são devidas ao trabalhador, as mesmas parcelas rescisórias da hipótese do empregador extinguir antecipadamente o contrato de trabalho por prazo determinado.

Na hipótese de justa causa, o empregado não terá direito a 13º salário proporcional, férias proporcionais+1/3, tampouco à indenização. Receberá apenas saldo de salário e se tiver direito, férias vencidas integrais+1/3, e 13º salário integral. Também não poderá movimentar os depósitos de FGTS.

21. A QUESTÃO DA APOSENTADORIA E A EXTINÇÃO DO CONTRATO DE TRABALHO

O termo aposentadoria significa *ir para os aposentos*, que é a parte da casa destinada ao descanso.

Juridicamente, a aposentadoria é o direito do empregado de passar à inatividade mediante o preenchimento dos requisitos legais.

Dispõe o art. 453 da CLT:

> "No tempo de serviço do empregado, quando readmitido, serão computados os períodos, ainda que não contínuos, em que tiver trabalhado anteriormente na empresa, salvo se houver sido despedido por falta grave, recebido indenização legal ou se aposentado espontaneamente.
>
> §1º. Declarado inconstitucional pela ADIN 1.770-4.

> § 2º O ato de concessão de benefício de aposentadoria a empregado que não tiver completado 35 (trinta e cinco) anos de serviço, se homem, ou trinta, se mulher, importa em extinção do vínculo empregatício." (Declarado inconstitucional pela ADIN 1.721-3).

Partindo-se da premissa de que o empregado para passar a inatividade necessita se desligar do emprego, grande parte da doutrina e também da jurisprudência defendem que a aposentadoria espontânea extingue o contrato de trabalho.

Os defensores da corrente que entende a aposentadoria como causa de extinção do contrato de trabalho interpretam o artigo 453, "*caput*" da CLT de forma teleológica (finalidade social da lei) argumentando se o referido dispositivo veda a soma de períodos descontínuos ("acessio temporis") quando o empregado se aposenta, é porque, efetivamente, o evento aposentadoria causa extinção do contrato de trabalho.

Nesse sentido, a seguinte ementa:

> *Aposentadoria espontânea – Continuidade da prestação de serviços – Novo contrato de trabalho. Conforme disposto no artigo 453 da CLT, a aposentadoria espontânea do trabalhador põe termo ao seu contrato de trabalho. Por se tratar de entidade integrante da Administração Pública indireta, a eventual continuidade na prestação de serviços do aposentado somente se mostra legítima após a prévia aprovação em concurso público, nos termos da disposição contida no artigo 37, inciso II, da Constituição da República de 1988. O novo contrato de trabalho é nulo. Recurso de embargos conhecido e provido.* (TST – SBDI-1 – E-RR nº 816.673/2001-0 – Rel. Carlos A. Reis de Paula – DJ 10.09.04 – p. 872) (RDT nº 10 Outubro de 2004).

De outro lado, a aposentadoria é um benefício previdenciário e, portanto, os requisitos para a concessão desse benefício devem ser aferidos sob o prisma da legislação previdenciária.

O artigo 49, da Lei 8.213/91, assevera que a aposentadoria por idade[35] será devida ao empregado a partir: "*(...) b) da data do requerimento,*

35 Art. 54, da Lei 8.213/91: "A data do início da aposentadoria por tempo de serviço será fixada da mesma forma que a da aposentadoria por idade, conforme o disposto no art. 49."

quando não houver desligamento do emprego ou quando for requerida após o prazo previsto na alínea "a" (até 90 dias após o desligamento do emprego)".

Conforme o referido dispositivo legal, a lei previdenciária não exige o prévio desligamento do empregado para a concessão da aposentadoria.

De nossa parte, a aposentadoria espontânea não extingue o contrato de trabalho, pois a relação que o empregado mantém com a Previdência é de direito público e distinta da relação que mantém com o empregador que é de direito privado. Um evento de natureza previdenciária (a aposentadoria) não pode gerar reflexos no contrato de trabalho, quando a Lei Previdenciária não exige que o empregado se desligue do emprego para obter o benefício.

Deve ser destacado que o princípio da continuidade do contrato de trabalho milita em favor do empregado, no sentido da manutenção de sua fonte de ganho, mesmo após a aposentadoria, pois, na realidade do nosso país, dificilmente se consegue viver somente com o valor da aposentadoria.

De outro lado, a CLT não diz que a aposentadoria extingue o contrato de trabalho, pois o artigo 453 trata da vedação da soma de períodos descontínuos e não da extinção do contrato de trabalho quando o empregado obtém o benefício previdenciário enquanto vigente o contrato de emprego.

De ser destacado ainda que o Supremo Tribunal Federal, recentemente, em julgamento de mérito (ADIns 1770-4-DF e 1723-3-DF), julgou inconstitucional o § 1º do artigo 453, da CLT e suspendeu a vigência do parágrafo 2º, do artigo 453, da CLT, sinalizando a Suprema Corte Brasileira que a aposentadoria não é causa de extinção do contrato de trabalho.

Nesse sentido é a visão de Jorge Luiz Souto Maior[36]:

> "A aposentadoria por tempo de serviço não é motivo de cessação da relação de emprego. O STF no julgamento da Adin sobre a constitucionalidade do § 2º do art. 453 assim se pronunciou: 'APOSENTADORIA ESPONTÂNEA NÃO IMPLICA, POR SI SÓ, EXTINÇÃO DO CONTRATO DE TRABALHO. 1.Despedida arbitrária ou sem justa causa (CF, art. 7º, I): viola a garantia constitucional o acórdão que, partindo de premissa derivada de interpretação conferida ao art. 453, *caput*, da CLT (redação

36 Curso de Direito do Trabalho: A Relação de Emprego. Volume II. São Paulo: LTr, 2008, p. 512.

> dada pela L. 6.204/75), decide que a aposentadoria espontânea extingue o contrato de trabalho, mesmo quando o empregado continua a trabalhar na empresa após a concessão do benefício previdenciário. 2. A aposentadoria espontânea pode ou não ser acompanhada de afastamento do empregado de seu trabalho: só há readmissão quando o trabalhador aposentado tiver encerrado a relação de trabalho e posteriormente iniciado outra; caso haja continuidade do trabalho, mesmo após a aposentadoria espontânea, não se pode falar em extinção do contrato de trabalho, e portanto, em readmissão' (STF – Ministro Relator Sepúlveda Pertence. Publicado no DJU de 16.12.05 (DT – Março/2006, v. 140, p. 90)".

A atual jurisprudência do Tribunal Superior do Trabalho entende que a aposentadoria espontânea do trabalhador não extingue o contrato de trabalho. Com efeito, dispõe a OJ 361, da SDI-I do TST, "in verbis":

> ***Aposentadoria espontânea. Unicidade do contrato de trabalho. Multa de 40% do FGTS sobre todo o período.*** *(DJ 20.05.2008)* A aposentadoria espontânea não é causa de extinção do contrato de trabalho se o empregado permanece prestando serviços ao empregador após a jubilação. Assim, por ocasião da sua dispensa imotivada, o empregado tem direito à multa de 40% do FGTS sobre a totalidade dos depósitos efetuados no curso do pacto laboral.

22. DAS VERBAS RESCISÓRIAS (FORMALIDADES E PAGAMENTO)

Dispõe o art. 477, da CLT, com a redação dada pela Lei 13.467/17:

> "Na extinção do contrato de trabalho, o empregador deverá proceder à anotação na Carteira de Trabalho e Previdência Social, comunicar a dispensa aos órgãos competentes e realizar o pagamento das verbas rescisórias no prazo e na forma estabelecidos neste artigo. (Redação dada pela Lei nº 13.467, de 2017) § 1º (Revogado). (Redação dada pela Lei nº 13.467, de 2017) § 2º – O instrumento de rescisão ou recibo de quitação, qualquer que seja a causa ou forma de dissolução do contrato, deve ter especificada a natureza de cada parcela paga ao empregado e discriminado o seu valor, sendo válida a quitação, apenas,

> relativamente às mesmas parcelas. (Redação dada pela Lei nº 5.584, de 26.6.1970) § 3º (Revogado). (Redação dada pela Lei nº 13.467, de 2017) § 4º O pagamento a que fizer jus o empregado será efetuado: (Redação dada pela Lei nº 13.467, de 2017) I – em dinheiro, depósito bancário ou cheque visado, conforme acordem as partes; ou (Incluído pela Lei nº 13.467, de 2017) II – em dinheiro ou depósito bancário quando o empregado for analfabeto. (Incluído pela Lei nº 13.467, de 2017) § 5º – Qualquer compensação no pagamento de que trata o parágrafo anterior não poderá exceder o equivalente a um mês de remuneração do empregado. (Redação dada pela Lei nº 5.584, de 26.6.1970) § 6º A entrega ao empregado de documentos que comprovem a comunicação da extinção contratual aos órgãos competentes bem como o pagamento dos valores constantes do instrumento de rescisão ou recibo de quitação deverão ser efetuados até dez dias contados a partir do término do contrato. (Redação dada pela Lei nº 13.467, de 2017) a) (revogado); (Redação dada pela Lei nº 13.467, de 2017) b) (revogado). (Redação dada pela Lei nº 13.467, de 2017) § 7º (Revogado). (Redação dada pela Lei nº 13.467, de 2017) § 8º – A inobservância do disposto no § 6º deste artigo sujeitará o infrator à multa de 160 BTN, por trabalhador, bem assim ao pagamento da multa a favor do empregado, em valor equivalente ao seu salário, devidamente corrigido pelo índice de variação do BTN, salvo quando, comprovadamente, o trabalhador der causa à mora. § 9º (vetado). (Incluído pela Lei nº 7.855, de 24.10.1989) § 10. A anotação da extinção do contrato na Carteira de Trabalho e Previdência Social é documento hábil para requerer o benefício do seguro-desemprego e a movimentação da conta vinculada no Fundo de Garantia do Tempo de Serviço, nas hipóteses legais, desde que a comunicação prevista no *caput* deste artigo tenha sido realizada." (Incluído pela Lei nº 13.467, de 2017)

A Lei n. 13.467/17 revogou o § 1º do art. 477, da CLT[37]. Doravante, para as rescisões contratuais levadas a efeito após a vigência da referida lei não se exige mais a homologação.

37 Dispunha o referido dispositivo legal que o pedido de demissão ou recibo de quitação para o empregado com mais de um ano de serviço só seria valido com assistência sindical ou do Ministério do Trabalho.

Há aspectos positivos e negativos nessa alteração legislativa. A falta de homologação, segundo segmentos da doutrina provoca um certo distanciamento do empregado de seu Sindicato e também propicia maiores incorreções no pagamento dos títulos rescisórios. De outro lado, é uma medida que reduz a burocracia e também acelera o recebimento das verbas rescisórias, soerguimento do FGTS e pagamento do seguro-desemprego. Adverte-se, porém, que a rescisão contratual deve mencionar de forma expressa as parcelas e valores pagos, somente considerando-se quitados o que está discriminado no termo rescisório, nos termos do art. 477, § 2º, da CLT e art. 320 do Código Civil.

Cumpre ao empregador tomar as providências rescisórias do contrato de trabalho, quais sejam:

a) proceder à anotação na Carteira de Trabalho e Previdência Social;

b) comunicar ao CAGED sobre a dispensa. Nesse sentido dispõe o art. Artigo 1º, § 1º, da Lei 4925/65:

> "As empresas que dispensarem ou admitirem empregados ficam obrigadas a fazer a respectiva comunicação às Delegacias Regionais do Trabalho, mensalmente, até o dia sete do mês subseqüente ou como estabelecido em regulamento, em relação nominal por estabelecimento, da qual constará também a indicação da Carteira de Trabalho e Previdência Social ou, para os que ainda não a possuírem, nos termos da lei, os dados indispensáveis à sua identificação pessoal;

c) realizar o pagamento das verbas rescisórias em dinheiro, depósito bancário ou cheque visado, conforme acordem as partes (em dinheiro ou depósito bancário quando o empregado for analfabeto);

d) entregar ao empregado documentos que comprovem a comunicação da extinção contratual aos órgãos competentes bem como o pagar dos valores constantes do instrumento de rescisão ou recibo (TRCT) de quitação em até dez dias contados a partir do término do contrato.

Após a comunicação da extinção contratual junto ao CAGED, a anotação do término do contrato na Carteira de Trabalho e Previdência Social constitui documento hábil para requerer o benefício do seguro-desemprego e a movimentação da conta vinculada no Fundo de Garantia do Tempo de Serviço.

O instrumento de rescisão contratual (TRCT) deve mencionar a modalidade da extinção contratual (dispensa sem justa causa, pedido de demissão, etc.) e ter especificada a natureza de cada parcela paga ao empregado e discriminado o seu valor, sendo válida a quitação, apenas, relativamente às mesmas parcelas.

Qualquer compensação no pagamento das verbas rescisórias não poderá exceder o equivalente a um mês de remuneração do empregado.

Assevera o art. 368 do CC:

> "Se duas pessoas forem ao mesmo tempo credor e devedor uma da outra, as duas obrigações extinguem-se, até onde se compensarem."

A compensação é instituto de Direito Civil que faz parte do capítulo da extinção das obrigações.

São requisitos para a compensação, no Processo do Trabalho:

a) duas pessoas, ao mesmo tempo, credora e devedora uma da outra;

b) dívidas líquidas, vencidas e de coisas fungíveis (art. 369 do CC).

A compensação não se confunde com a dedução, embora sejam semelhantes.

Consiste a dedução na possibilidade de o empregador, já tendo antecipado verbas trabalhistas, fim de evitar o enriquecimento sem causa do reclamante, descontar os valores já quitados na rescisão, ainda que não sejam da mesma natureza. No entanto, diante do que dispõe o § 5º do art. 477, da CLT, também a dedução deve ser limitada a um salário do empregado.

Em processo trabalhista, a dedução pode ser determinada de ofício pelo Juiz do Trabalho, enquanto a compensação depende de requerimento em defesa (art. 767, da CLT e Súmula 48 do TST).

Nesse sentido, destacamos a OJ n. 415, da SDI-I, do TST, *in verbis*:

> "Horas extras. Reconhecimento em Juízo. Critério de dedução/abatimento dos valores comprovadamente pagos no curso do contrato de trabalho. A dedução das horas extras comprovadamente pagas daquelas reconhecidas em juízo não pode ser limitada ao

> mês de apuração, devendo ser integral e aferida pelo total das horas extraordinárias quitadas durante o período imprescrito do contrato de trabalho."

A não observância do prazo de 10 dias para pagamento das verbas rescisórias, sujeitará o empregador a pagamento de multa em favor do empregado, em valor equivalente ao seu salário, exceto quando, comprovadamente, o empregado der causa à mora.

Parte significativa da doutrina e jurisprudência entendiam que se houvesse controvérsia sobre a existência do vínculo de emprego em juízo, e este fosse reconhecido em sentença, não caberia a multa o art. 477, parágrafo 8º, da CLT, face à fundada controvérsia sobre a existência do vínculo empregatício. No entanto, atualmente a jurisprudência do TST, fixou entendimento em sentido contrário, qual seja, de reconhecer o direito à multa quando o vínculo de emprego for reconhecido em juízo. Com efeito, dispõe a Súmula 462 do TST:

> "A circunstância de a relação de emprego ter sido reconhecida apenas em juízo não tem o condão de afastar a incidência da multa prevista no art. 477, § 8º, da CLT. A referida multa não será devida apenas quando, comprovadamente, o empregado der causa à mora no pagamento das verbas rescisórias."

Verbas rescisórias são todas as verbas devidas ao empregado quando da extinção do contrato de trabalho, conforme a modalidade de extinção.

De nossa parte, as verbas rescisórias abrangem: saldo de salário, aviso prévio, férias vencidas e/ou proporcionais, acrescidas de 1/3, 13º salários vencidos e/ou proporcionais, e multa de 40% sobre o FGTS.

Os depósitos de FGTS e o seguro-desemprego não estão incluídos no conceito de verbas rescisórias.

Nos termos do art. 467 da CLT, "em caso de rescisão de contrato de trabalho, havendo controvérsia sobre o montante das verbas rescisórias, o empregador é obrigado a pagar ao trabalhador, à data do comparecimento à Justiça do Trabalho, a parte incontroversa dessas verbas, sob pena de pagá-las acrescidas de cinqüenta por cento."

Verbas incontroversas são as que não foram contestadas, ou admitidas, expressamente, em defesa, como não quitadas. Havendo contestação em parte das verbas rescisórias, o artigo 467 será aplicável à parte não contestada.

Embora existam entendimentos da doutrina de que há necessidade de requerimento para o Juiz do Trabalho aplicar o artigo 467, da CLT, entendemos que tal dispositivo é de ordem pública, uma vez que determina obrigação do empregador de pagar as verbas rescisórias na primeira audiência. Além disso, tal dispositivo tem grande caráter social, considerando-se a natureza alimentar das verbas rescisórias.

Pensamos, em compasso com a doutrina de Valentin Carrion, que o referido dispositivo somente se aplica quando o empregador, efetivamente, comparecer na audiência. Por ser norma de natureza punitiva, a interpretação deve ser restrita, não se estendendo à hipótese de revelia. Além disso, o artigo 467, da CLT faz alusão à expressão *comparecimento* à Justiça do Trabalho, e na revelia, não há o comparecimento do empregador em audiência. No entanto a jurisprudência do TST, consagrou o entendimento de ser devido o adicional o dispositivo em caso de revelia. Dispõe a Súmula 69 do TST:

> "RESCISÃO DO CONTRATO (nova redação) – Res. 121/2003, DJ 19, 20 e 21.11.2003 A partir da Lei nº 10.272, de 05.09.2001, havendo rescisão do contrato de trabalho e sendo revel e confesso quanto à matéria de fato, deve ser o empregador condenado ao pagamento das verbas rescisórias, não quitadas na primeira audiência, com acréscimo de 50% (cinqüenta por cento)."

22.1. Termo de quitação anual de obrigações trabalhistas

Dispõe o art. 577-B da CLT:

> "É facultado a empregados e empregadores, na vigência ou não do contrato de emprego, firmar o termo de quitação anual de obrigações trabalhistas, perante o sindicato dos empregados da categoria. Parágrafo único. O termo discriminará as obrigações de dar e fazer cumpridas mensalmente e dele constará a quitação anual dada pelo empregado, com eficácia liberatória das parcelas nele especificadas".

O presente dispositivo, acrescentado ao corpo da CLT, pela Lei 13.467/17, instituiu o chamado *termo de quitação anual de obrigações trabalhistas*. Trata-se de um instrumento firmado entre empregado e empregador, na vigência, ou não do contrato de trabalho, com a participação do sindicato da categoria do empregado, destinado à quitação anual de obrigações trabalhistas. O termo deve discriminar a natureza das parcelas quitadas e valores bem como as eventuais obrigações de dar e fazer cumpridas mensalmente, a exemplo a concessão de cestas básicas e vale transporte. O termo tem eficácia liberatória quanto a parcelas expressamente quitadas.

O termo de quitação anual deve preenche as seguintes formalidades:

a) manifestação espontânea da vontade do empregado;
b) ser firmado por escrito;
c) contar com a assistência do sindicato dos trabalhadores;
d) informações e esclarecimentos do procedimento ao trabalhador;
e) discriminação dos direitos pagos e valores correspondentes.

Apesar das críticas que o presente dispositivo tem recebido, não se trata de dispositivo prejudicial do trabalhador, embora seu objetivo tenha sido facilitar a vida do empregador quanto às obrigações de documentar quitações de parcelas trabalhistas realizadas durante o contrato de trabalho, dando maior segurança ao empregador quanto às parcelas quitadas. Não obstante, a interpretação do presente artigo deve estar em compasso com os arts. 477, p. 2º, da CLT e 320 do Código Civil[38], uma vez que a quitação deve discriminar, expressamente, a natureza das parcelas e o valor. De outro lado, não inibe o acesso ao Judiciário (art. 5º, XXXV, da CF) ao trabalhador que pretenda discutir eventuais diferenças não pagas, pois a quitação extrajudicial (apesar de estar mencionado no texto a "eficácia liberatória") não tem a natureza de coisa julgada, tampouco inibe o Judiciário de avaliar se a quitação foi correta ou não.

38 Art. 320 do CC: "A quitação, que sempre poderá ser dada por instrumento particular, designará o valor e a espécie da dívida quitada, o nome do devedor, ou quem por este pagou, o tempo e o lugar do pagamento, com a assinatura do credor, ou do seu representante. Parágrafo único. Ainda sem os requisitos estabelecidos neste artigo valerá a quitação, se de seus termos ou das circunstâncias resultar haver sido paga a dívida."

23. DO AVISO PRÉVIO: CONCEITO E MODALIDADES

Aviso prévio é comunicação expressa que faz a parte que deseja rescindir, unilateralmente, e imotivadamente, o contrato de trabalho por prazo indeterminado à outra parte.

Como bem adverte Gustavo Filipe Barbosa Garcia[39], "o aviso prévio corresponde a uma declaração unilateral de vontade, pois não depende de aceitação da parte contrária."

Embora o aviso prévio deve ser concedido de forma expressa, não se exige a formalidade escrita. No entanto, a formalidade escrita é mais segura para a prova do ato.

Excepcionalmente o aviso prévio é devido nos contratos por prazo determinado, conforme o art. 481, da CLT, "in verbis":

> "Aos contratos por prazo determinado, que contiverem cláusula asseguratória do direito recíproco de rescisão antes de expirado o termo ajustado, aplicam-se, caso seja exercido tal direito por qualquer das partes, os princípios que regem a rescisão dos contratos por prazo indeterminado."

No mesmo sentido a Súmula 163 do TST, "Cabe aviso prévio nas rescisões antecipadas dos contratos de experiência, na forma do art. 481 da CLT".

Conforme Maurício Godinho Delgado[40]:

> "Aviso prévio, no Direito do Trabalho, é instituto de natureza multidimensional, que cumpre as funções de declarar à parte contratual adversa a vontade unilateral de um dos sujeitos contratuais no sentido de romper, sem justa causa, o pacto, fixando, ainda, prazo tipificado para a respectiva extinção com o correspondente pagamento do período do aviso."

Segundo a doutrina, o aviso prévio cumpre as seguintes funções:

a) avisar a parte contrária da intenção de um dos contratantes em pôr fim ao contrato de trabalho;

b) fixar um prazo para a efetiva extinção do contrato;

39 Manual de Direito do Trabalho. 13ª ed. Salvador: Juspodivm, 2020.

40 Curso de Direito do Trabalho. 19ª ed. São Paulo: LTr, 2020, p. 1436.

c) obrigatoriedade do pagamento do período do aviso prévio;

d) propiciar que empregado possa procurar outro emprego no período, se o aviso for do empregador, ou o empregador possa arrumar outro empregado, se o aviso for do empregado.

O aviso prévio pode ser:

a) trabalhado: cuja natureza é eminentemente salarial;

b) indenizado: quando não há o seu cumprimento, mas há o pagamento de forma indenizada.

Conforme a OJ 82, da SDI-I do TST, "a data de saída a ser anotada na CTPS deve corresponder à do término do prazo do aviso prévio, ainda que indenizado."

Diante da OJ 83, da SDI-I do TST, "a prescrição começa a fluir no final da data do término do aviso prévio. Art. 487, § 1º, da CLT."

Nos termos da Súmula 305 do TST, "o pagamento relativo ao período de aviso prévio, trabalhado ou não, está sujeito a contribuição para o FGTS."

A modalidade do aviso prévio cumprido em casa, praticado por alguns empregadores, não fora acolhida pela jurisprudência brasileira, face à ausência de previsão legal e por não ser benéfica ao empregado. Nesse sentido, a OJ 14 da SDI-I do TST, "in verbis":

> **"AVISO PRÉVIO CUMPRIDO EM CASA. VERBAS RESCISÓRIAS. PRAZO PARA PAGAMENTO. (título alterado e inserido dispositivo) – Res. 129/2005, DJ 20, 22 e 25.04.2005**
> Em caso de aviso prévio cumprido em casa, o prazo para pagamento das verbas rescisórias é até o décimo dia da notificação de despedida."

A jurisprudência tem entendido que nas dispensas sem justa causa, o aviso prévio constitui direito irrenunciável pelo trabalhador, pois tem por objetivo propiciar que ele tenha um tempo para organizar sua vida pessoal e procurar outra colocação.

Nesse sentido a Súmula 276 do TST, "in verbis":

> **"AVISO PRÉVIO. RENÚNCIA PELO EMPREGADO (mantida) – Res. 121/2003, DJ 19, 20 e 21.11.2003** O direito ao aviso prévio é irrenunciável pelo empregado. O pedido de dispensa de cumprimento

não exime o empregador de pagar o respectivo valor, salvo comprovação de haver o prestador dos serviços obtido novo emprego."

No entanto, entende-se que o empregador pode renunciar ao aviso prévio quando o empregado pede demissão, caso não seja o seu interesse o cumprimento do período pelo trabalhador.

Dispõe o art. 487, da CLT: "não havendo prazo estipulado, a parte que, sem justo motivo, quiser rescindir o contrato deverá avisar a outra da sua resolução com a antecedência mínima de: I – oito dias, se o pagamento for efetuado por semana ou tempo inferior; II – trinta dias aos que perceberem por quinzena ou mês, ou que tenham mais de 12 (doze) meses de serviço na empresa. § 1º – A falta do aviso prévio por parte do empregador dá ao empregado o direito aos salários correspondentes ao prazo do aviso, garantida sempre a integração desse período no seu tempo de serviço. § 2º – A falta de aviso prévio por parte do empregado dá ao empregador o direito de descontar os salários correspondentes ao prazo respectivo. § 3º – Em se tratando de salário pago na base de tarefa, o cálculo, para os efeitos dos parágrafos anteriores, será feito de acordo com a média dos últimos 12 (doze) meses de serviço. § 4º – É devido o aviso prévio na despedida indireta. § 5º O valor das horas extraordinárias habituais integra o aviso prévio indenizado. § 6º O reajustamento salarial coletivo, determinado no curso do aviso prévio, beneficia o empregado pré-avisado da despedida, mesmo que tenha recebido antecipadamente os salários correspondentes ao período do aviso, que integra seu tempo de serviço para todos os efeitos legais."

Diante do referido dispositivo legal, confrontado com o art. 7º, XXI, da CF[41]:

a) o aviso prévio terá duração mínima de 30 (trinta dias) para todos os tipos de trabalhadores, uma vez que o inciso I não fora recepcionado pela Constituição;
b) a falta do aviso prévio por parte do empregador dá ao empregado o direito aos salários correspondentes ao prazo do aviso, garantida sempre a integração desse período no seu tempo de serviço. Neste caso o aviso prévio será indenizado;

41 Art. 7º, XXI, da CF: XXI: "Aviso prévio proporcional ao tempo de serviço, sendo no mínimo de trinta dias, nos termos da lei."

c) a falta de aviso prévio por parte do empregado dá ao empregador o direito de descontar os salários correspondentes ao prazo respectivo;

d) é devido o aviso prévio na rescisão indireta.

Nos termos da Súmula 380 do TST, "aplica-se a regra prevista no "*caput*" do art. 132 do Código Civil de 2002 à contagem do prazo do aviso prévio, excluindo-se o dia do começo e incluindo o do vencimento."

Conforme o art. 488 da CLT: "O horário normal de trabalho do empregado, durante o prazo do aviso, e se a rescisão tiver sido promovida pelo empregador, será reduzido de 2 (duas) horas diárias, sem prejuízo do salário integral. Parágrafo único – É facultado ao empregado trabalhar sem a redução das 2 (duas) horas diárias previstas neste artigo, caso em que poderá faltar ao serviço, sem prejuízo do salário integral, por 1 (um) dia, na hipótese do inciso I, e por 7 (sete) dias corridos, na hipótese do inciso II do art. 487 desta Consolidação."

Diante do referido dispositivo legal, durante o aviso prévio, o empregado poderá optar por:

a) redução de duas horas diárias sem prejuízo da remuneração integral;

b) faltar nos últimos 7 (sete) dias do período.

Caso não haja redução da jornada de trabalho ou ausência do trabalhador nos últimos 7 dias do prazo do aviso prévio, haverá nulidade do aviso prévio. A jurisprudência não tem permitido a substituição do pagamento das horas suprimidas pelo pagamento das horas extras, pois desnatura a finalidade do aviso prévio. Nesse sentido, dispõe a Súmula 230 do TST, "in verbis":

> **"AVISO PRÉVIO. SUBSTITUIÇÃO PELO PAGAMENTO DAS HORAS REDUZIDAS DA JORNADA DE TRABALHO (mantida) – Res. 121/2003, DJ 19, 20 e 21.11.2003.** É ilegal substituir o período que se reduz da jornada de trabalho, no aviso prévio, pelo pagamento das horas correspondentes."

Nos termos do art. 489 da CLT, "dado o aviso prévio, a rescisão torna-se efetiva depois de expirado o respectivo prazo, mas, se a parte notificante reconsiderar o ato, antes de seu termo, à outra parte é facultado aceitar ou não a reconsideração. Parágrafo único – Caso seja aceita a reconsideração ou continuando a prestação depois de expirado o prazo, o contrato continuará a vigorar, como se o aviso prévio não tivesse sido dado."

Uma vez dado o aviso prévio, este somente poderá ser reconsiderado se a outra parte aceitar. Se, no entanto, após expirado o prazo do aviso prévio, o empregado continuar trabalhando, entende-se, que tacitamente, a reconsideração fora aceita.

O durante o aviso prévio, trabalhado ou indenizado, considera-se vigente o contrato de trabalho, com todos os direitos e obrigações, podendo o trabalhador ser dispensado por justa causa no período do aviso, ou também o empregado considerar rescindido, indiretamente, o contrato de trabalho por culpa do empregador.

Nesse sentido, dispõem os arts. 490 e 491 da CLT:

> Art. 490 da CLT: "O empregador que, durante o prazo do aviso prévio dado ao empregado, praticar ato que justifique a rescisão imediata do contrato, sujeita-se ao pagamento da remuneração correspondente ao prazo do referido aviso, sem prejuízo da indenização que for devida."
>
> Art. 491 da CLT: "O empregado que, durante o prazo do aviso prévio, cometer qualquer das faltas consideradas pela lei como justas para a rescisão, perde o direito ao restante do respectivo prazo."

No aspecto, dispõe a Súmula 73 do TST, "in verbis":

> **"DESPEDIDA. JUSTA CAUSA (nova redação) – Res. 121/2003, DJ 19, 20 e 21.11.2003** A ocorrência de justa causa, salvo a de abandono de emprego, no decurso do prazo do aviso prévio dado pelo empregador, retira do empregado qualquer direito às verbas rescisórias de natureza indenizatória."

23.1. Da proporcionalidade do aviso prévio (Lei 12.506/2011)

A Constituição Federal dispõe em seu art. 7º, inciso XXI, "in verbis":

> "Aviso prévio proporcional ao tempo de serviço, sendo no mínimo de trinta dias, nos termos da lei".

Diante do referido dispositivo constitucional, o prazo mínimo do aviso prévio é de 30 dias, para todos as espécies de trabalhadores, sendo sua proporcionalidade a ser regulamentada por lei.

A lei regulamentou o aviso prévio proporcional ao tempo de serviço, em seu art. 1º, da seguinte forma:

> "O aviso prévio, de que trata o Capítulo VI do Título IV da Consolidação das Leis do Trabalho – CLT, aprovada pelo Decreto-Lei nº 5.452, de 1º de maio de 1943, será concedido na proporção de 30 (trinta) dias aos empregados que contem até 1 (um) ano de serviço na mesma empresa. Parágrafo único. Ao aviso prévio previsto neste artigo serão acrescidos 3 (três) dias por ano de serviço prestado na mesma empresa, até o máximo de 60 (sessenta) dias, perfazendo um total de até 90 (noventa) dias."

Há entendimento de que a presente regulamentação se aplica tanto para o empregado como ao empregador, uma vez que a lei não faz distinção expressa. Nesse sentido, destaca-se a seguinte ementa:

> RECURSO DE REVISTA INTERPOSTO NA VIGÊNCIA DA LEI Nº 13.015/2014. AVISO-PRÉVIO. PROPORCIONALIDADE AO TEMPO DE SERVIÇO. DIREITO DO EMPREGADO E DO EMPREGADOR. BILATERALIDADE 1. O aviso-prévio é obrigação recíproca de empregado e de empregador, em caso de rescisão unilateral do contrato de trabalho, sem justa causa, como deriva do art. 487, *caput*, da CLT. A circunstância de o art. 1º da Lei nº 12.506/2011 haver regulamentado o aviso-prévio proporcional ao tempo de serviço dos empregados não significa que não se aplica a referida proporcionalidade também em favor do empregador. A própria Lei nº 12.506/2011 reporta-se expressamente ao aviso – prévio de que trata "o Capítulo VI do Título IV da Consolidação das Leis do Trabalho", cujo art. 487 alude "à parte" que, sem justo motivo, "quiser rescindir", aplicando a ambos os sujeitos do contrato de emprego a mesma duração do aviso – prévio. A nova lei somente mudou a duração do aviso – prévio, tomando em conta o maior ou menor tempo de serviço do empregado. 2. Afrontaria o princípio constitucional da isonomia reconhecer, sem justificativa plausível para tal discrímen, a duração diferenciada para o aviso – prévio conforme fosse concedido pelo empregador ou pelo empregado. Assim como é importante o aviso – prévio para o empregado, a fim

> de buscar recolocação no mercado de trabalho, igualmente o é para o empregador, que se vê na contingência de recrutar e capacitar um novo empregado. 3. Ademais, ainda que assim não se entendesse, o prolongamento do aviso – prévio concedido pelo empregado ao empregador, observada sempre a mesma duração proporcional ao tempo de serviço, não causa prejuízo ao empregado passível de gerar direito à indenização. Há pagamento de salário correspondente aos dias supostamente trabalhados sem exigência legal e há a própria projeção do contrato de emprego, asseguradas todas as demais obrigações contratuais e legais. 4. Recurso de revista da Reclamante de que não se conhece (TST -RR-1964-73.2013.5.09.0009, 4ª Turma, Relator Ministro Joao Oreste Dalazen, DEJT 25/11/2016).

No entanto, o entendimento dominante na doutrina e jurisprudência, corretamente, é no sentido de que a proporcionalidade do aviso prévio, é um direito que visa à melhoria da condição social do trabalhador, inserido no "*caput*" do art. 7º, da Constituição Federal.

Nesse sentido sustenta Maurício Godinho Delgado[42]:

> "A Lei 12.506/2011 é clara em considerar a proporcionalidade uma vantagem estendida aos empregados (*caput* do art. 1º do diploma legal), sem bilateralidade que caracteriza o instituo original, fixado em 30 dias desde 05.10.1988. A bilateralidade restringe-se ao aviso prévio de 30 dias (...)".

Nesse sentido, também o entendimento da Seção de Dissídios Individuais do TST, "in verbis":

> RECURSO DE EMBARGOS EM RECURSO DE REVISTA. INTERPOSIÇÃO SOB A ÉGIDE DA LEI 13.015/2014. AVISO PRÉVIO PROPORCIONAL. ALTERAÇÃO DA LEI 12.506/2011. OBRIGAÇÃO LIMITADA AO EMPREGADOR. AUSÊNCIA DE RECIPROCIDADE. A proporcionalidade do aviso prévio a que se refere a Lei 12.506/2001 apenas pode ser exigida da empresa, uma vez que entendimento em contrário, qual seja, exigir que também o trabalhador cumpra aviso prévio superior aos originários 30 dias, constituiria alteração legislativa prejudicial ao

42 Curso de Direito do Trabalho. 19ª ed. São Paulo: LTr, 2020, p. 1445.

> empregado, o que, pelos princípios que norteiam o ordenamento jurídico trabalhista, não se pode admitir. Dessarte, conclui-se que a norma relativa ao aviso prévio proporcional não guarda a mesma bilateralidade característica da exigência de 30 dias, essa sim obrigatória a qualquer das partes que intentarem resilir o contrato de emprego. Recurso de embargos conhecido e provido (TST – E-RR-1964-73.2013.5.09.0009, Subseção I Especializada em Dissídios Individuais, Relator Ministro Hugo Carlos Scheuermann, DEJT 29/09/2017).

Diante da Lei 12.506/2011 após cada ano completo de tempo de serviço, o empregado tem direito a mais 3 (três) dias indenizados de aviso prévio, limitado a 60 (sessenta) dias. Sendo assim, o período total do aviso prévio é de 90 (noventa) dias, no 20º ano de serviço do trabalhador, sendo os primeiros 30 (trinta) dias trabalhados ou indenizados, independentemente do tempo de serviço.

IX

ESTABILIDADE E GARANTIA DE EMPREGO

1. CONCEITOS: ESTABILIDADE E GARANTIA DE EMPREGO

Sempre foi preocupação do Direito do Trabalho a manutenção dos empregos, face à importância social e econômica do contrato de trabalho. Em razão disso, muitos sistemas jurídicos estabeleceram mecanismos para manutenção dos empregos, mesmo contra a vontade do empregador.

Nos ensina Amauri Mascaro Nascimento[1]:

> "Há duas acepções da palavra *estabilidade*. Primeira, a de estabilidade *do* emprego, fruto de uma política geral que se caracteriza pelo conjunto de medidas do Governo destinadas a fazer com que não falte trabalho na sociedade. Sendo um dever social, o trabalho deve merecer posição especial nos programas estatais, com a abertura de frentes de trabalho, serviços públicos de emprego, assistência pecuniária aos desempregados etc. É a estabilidade no sentido econômico. Segunda, a de estabilidade *no* emprego, assim considerado o direito do empregado de manter o emprego mesmo contra a vontade do empregador, salvo causas prevista em lei. É a estabilidade no sentido jurídico."

Segundo a doutrina, estabilidade é um direito do trabalhador de se manter no emprego contra a vontade do empregador, ao menos que exista um motivo previsto em lei que autorize o término do vínculo de emprego. A Estabilidade é prevista é caráter geral e por tempo indeterminado.

---

1 Curso de Direito do Trabalho. 29ª ed. São Paulo: Saraiva, 2014, p. 1226-1227.

A garantia de emprego (também denominada pela doutrina de estabilidade provisória) é o direito de manutenção do emprego, pelo trabalhador, contra a vontade do empregador, em caráter especial, ou seja, em razão de uma condição específica do empregado, e por tempo determinado.

Destaca-se que é permitido ao empregado tomar a iniciativa de pôr fim ao contrato de trabalho por pedido de demissão, mesmo sendo detentor de estabilidade ou garantia de emprego. Também, havendo justa causa (art. 482 da CLT), o empregador pode dispensar empregado detentor de estabilidade ou garantia de emprego.

Quanto ao pedido de demissão do detentor de estabilidade ou garantia de emprego, por implicar renúncia ao período estabilitário, pensamos que este deve ser acompanhado de assistência sindical, nos termos do art. 500, da CLT[2], que resta aplicável para as estabilidades e, analogicamente para as garantias de emprego.

O regime da chamada estabilidade decenal, previsto nos arts. 492 a 500, da CLT[3], vigorou no ordenamento jurídico trabalhista brasileiro até a Constituição de 1988, que o substituiu pelo regime do FGTS. Nesse sistema, a partir de dez anos de tempo de serviço, o empregado adquiria a estabilidade decenal, somente podendo ser dispensado por justo motivo, ou por força maior, mediante Inquérito Judicial para Apuração de Falta Grave[4].

Como destaca Maurício Godinho Delgado[5], "o modelo celetista clássico impunha forte contingenciamento à vontade empresarial quanto à ruptura

2 Art. 500, da CLT: "O pedido de demissão do empregado estável só será válido quando feito com a assistência do respectivo Sindicato e, se não o houver, perante autoridade local competente do Ministério do Trabalho e Previdência Social ou da Justiça do Trabalho."

3 Art. 492, da CLT: "O empregado que contar mais de dez anos de serviço na mesma empresa não poderá ser despedido senão por motivo de falta grave ou circunstância de força maior, devidamente comprovadas.

Parágrafo único. Considera-se como de serviço todo o tempo em que o empregado esteja à disposição do empregador."

4 Art. 493, da CLT: "Constitui falta grave a prática de qualquer dos fatos a que se refere o art. 482, quando por sua repetição ou natureza representem séria violação dos deveres e obrigações do empregado." Art. 494, da CLT: "O empregado acusado de falta grave poderá ser suspenso de suas funções, mas a sua despedida só se tornará efetiva após o inquérito e que se verifique a procedência da acusação. Parágrafo único – A suspensão, no caso deste artigo, perdurará até a decisão final do processo." Art. 495, da CLT "Reconhecida a inexistência de falta grave praticada pelo empregado, fica o empregador obrigado a readmiti-lo no serviço e a pagar-lhe os salários a que teria direito no período da suspensão."

5 Curso de Direito do Trabalho. 19ª ed. São Paulo: LTr, 2020, p. 1508.

desmotivada do contrato de emprego. Previa esse modelo a combinação de suas sistemáticas: em primeiro lugar a presença de indenização crescentes em virtude do tempo de serviço, em situações de dispensas desmotivadas anteriores a dez anos (antigo art. 477, *caput*, e art. 478, *caput*, da CLT, os quais foram recepcionados pelo art. 7º, I, c./c. art. 10, *caput* e inciso I, do ACDT); em segundo lugar, a presença da estabilidade no emprego, após dez anos de serviço junto ao mesmo empregador – prazo que fora jurisprudencialmente reduzido para os efetivos nove anos de serviço (art. 492, da CLT; antigo Enunciado 26, TST)."

2. A CONSTITUIÇÃO DE 1988, A CONVENÇÃO 158 DA OIT E O FIM DA ESTABILIDADE

Dispõe o art. 7º, I, da Constituição Federal:

> "Relação de emprego protegida contra despedida arbitrária ou sem justa causa, nos termos de lei complementar, que preverá indenização compensatória, dentre outros direitos."

Diante do referido dispositivo constitucional, fora fixada proteção contra a dispensa arbitrária ou sem justa causa nos termos de lei complementar, que jamais fora editada e que preveria indenização compensatória, dentre outros direitos.

Nos termos do art. 10, I do ADCT, até que seja promulgada a lei complementar a que se refere o art. 7º, I, da Constituição, I – fica limitada a proteção nele referida ao aumento, para quatro vezes, da porcentagem prevista no art. 6º, "*caput*" e § 1º, da Lei 5.107 de 13 de setembro de 1966 (atual art. 18, da Lei 8036/90).

Dispõe art. 18, da Lei 8036/90, "in verbis":

> "Ocorrendo rescisão do contrato de trabalho, por parte do empregador, ficará este obrigado a depositar na conta vinculada do trabalhador no FGTS os valores relativos aos depósitos referentes ao mês da rescisão e ao imediatamente anterior, que ainda não houver sido recolhido, sem prejuízo das cominações legais. § 1º Na hipótese de despedida pelo empregador sem justa causa, depositará este, na conta vinculada do trabalhador no FGTS, importância igual a quarenta por cento do montante de todos os depósitos realizados na conta vinculada durante a vigência do

> contrato de trabalho, atualizados monetariamente e acrescidos dos respectivos juros. § 2º Quando ocorrer despedida por culpa recíproca ou força maior, reconhecida pela Justiça do Trabalho, o percentual de que trata o § 1º será de 20 (vinte) por cento. § 3º As importâncias de que trata este artigo deverão constar da documentação comprobatória do recolhimento dos valores devidos a título de rescisão do contrato de trabalho, observado o disposto no art. 477 da CLT, eximindo o empregador, exclusivamente, quanto aos valores discriminados. (Redação dada pela Lei nº 9.491, de 1997) (Vide Lei complementar nº 150, de 2015)

Diante do art. 10, I, do ADCT e do art. 18, da Lei 8036/90, enquanto não editada a Lei Complementar a que se refere o inciso I do art. 7º, da CF, a indenização pela dispensa sem justa causa é o valor de 40% dos depósitos de FGTS existentes na conta vinculada do trabalhador à época da rescisão do contrato de trabalho, chamada de multa de 40% sobre o FGTS.

Para parte da doutrina, o art. 7º, I, da Constituição Federal tem eficácia imediata, e assegura garantia de emprego ao trabalhador, podendo a futura Lei Complementar estabelecer parâmetros, mas não restringir esse direito. Nesse sentido, sustenta José Afonso da Silva[6]:

> "A Constituição não conferiu uma garantia absoluta do emprego. Os debates na Constituinte, neste tema, foram os mais acirrados, variando de uma postura de livre desfazimento unilateral do contrato de trabalho até uma vedação quase absoluta ao desfazimento. Prevaleceu uma fórmula que não é de todo satisfatória, conforme disposto no art. 7º, I (...)Protege-se a relação de emprego contra a despedida arbitrária ou sem justa causa, nos termos de lei complementar. O que é que fica dependendo da lei complementar: a definição da proteção à relação de emprego ou a definição do que seja despedida arbitrária ou sem justa causa? Temos para nós que a garantia do emprego é um direito, por si bastante, nos termos da Constituição, ou seja, a norma do art. 7º, I, é por si só suficiente para gera o direito nela previsto (...)Indenização não é garantia da relação de emprego."

6 Curso de Direito Constitucional Positivo. 43ª ed. São Paulo: Malheiros e Juspodivm, 2020, p. 292-293.

Em nossa visão, como já nos pronunciamos, há proteção contra duas modalidades de dispensa, quais sejam: **a) dispensa arbitrária**: trata-se de dispensa ilícita praticada pelo empregador, em regra, com abuso de direito (art. 187 do CC) como nas hipóteses de dispensa do empregado detentor de garantia de emprego (gestante, acidentado, etc.), ou por motivo discriminatório (orientação sexual, idade, etc.). Esta modalidade de dispensa, por ser contrária ao direito, autoriza o empregado a reintegração no emprego e receber indenização por dano moral (ou extrapatrimonial); **b) dispensa sem justa causa:** esta modalidade de extinção do contrato de trabalho, praticada por vontade unilateral do empregador é tida, por grande parte da doutrina, como uma atitude lícita do empregador, também denominada de direito *potestativo* do empregador, ou seja, um ato que depende, para ter validade, da vontade única do empregador.

A doutrina, em geral, tem interpretado as expressões *dispensa arbitrária* ou *sem justa causa* como sinônimas, possibilitando ao empregador pôr fim ao contrato de trabalho de forma unilateral, mediante pagamento de verbas rescisórias: saldo de salário, férias vencidas e/ou proporcionais, 13º salários vencidos e/ou proporcional, aviso prévio, e multa de 40% sobre o FGTS. Além disso, o empregado poderá movimentar os depósitos de FGTS, e caso preenchido o requisito temporal da Lei 7.998/90, terá direito ao seguro-desemprego.

O Brasil chegou a ratificar a Convenção 158 da OIT que trata da proteção contra a dispensa, regulamentando o art. 7º, I, da CF.

Dispõe o art. 4º, da Convenção 158, da OIT:

> "Não se dará término à relação de trabalho de um trabalhador a menos que exista para isso uma causa justificada relacionada com sua capacidade ou seu comportamento ou baseada nas necessidades de funcionamento da empresa, estabelecimento ou serviço."

Diante do referido dispositivo, o empregador somente pode tomar a inciativa de pôr fim ao contrato de trabalho, se houver uma causa justificada relacionada ao comportamento do empregado ou baseadas nas necessidades de funcionamento da empresa.

A referida Convenção foi aprovada pelo Brasil, pelo Decerto Legislativo 68, de 16 de setembro de 1992. No entanto fora denunciada pelo Estado Brasileiro pelo DECRETO Nº 1.855, de 10 de abril de 1996.

Os juristas apontaram incompatibilidades entre a Convenção 158, e o sistema constitucional brasileiro, destacando-se os seguintes argumentos:

a) A Convenção n. 158 da OIT ingressou no ordenamento jurídico brasileiro com *status* de Lei Ordinária (posição do Supremo Tribunal Federal na época), enquanto o art. 7º, I, da CF, exige Lei Complementar;

b) A Constituição Brasileira, no art. 7º, I, não assegura a estabilidade como forma de proteção da relação de emprego, e sim indenização, enquanto a Convenção n. 158 assegura a Estabilidade no Emprego como forma de proteção contra a dispensa.

Nesse sentido, sustenta Amauri Mascaro Nascimento[7]:

> "O sistema brasileiro não segue a teoria da dispensa causada recomendada pela OIT. Segundo o sistema constitucional brasileiro a proteção contra dispensa arbitrária ou sem justa causa faz-se mediante o pagamento de indenização (ADCT, 10), garantida a estabilidade para casos especiais, como os do dirigente sindical (V, art. 8º, VIII), da gestante e do cipeiro (ADCT, art. 10). Logo, o direito do empregado despedido, nas dispensas individuais, é à indenização, como regra constitucional geral, no caso o acréscimo sobre o FGTS, abolida que foi, pela Constituição de 1988, a estabilidade decenal e generalizado, independentemente de opção, o enquadramento dos empregados no regime do FGTS, substitutivo da estabilidade decenal, salvo para os que antes de 1988 adquiriram o direito. A reintegração cabe apenas para os portadores das estabilidades especiais."

3. GARANTIAS DE EMPREGO

Nas palavras de Maurício Godinho Delgado[8], garantia de emprego "é vantagem jurídica de caráter transitório deferida ao empregado em virtude de uma circunstância contratual ou pessoal obreira de caráter especial, de modo a assegurar a manutenção do vínculo empregatício por um lapso temporal definido, independentemente da vontade do empregador."

A previsão de garantias de emprego por lei infraconstitucional ou até mesmo por norma regulamentar ou convencional (acordos e convenções

7 Curso de Direito do Trabalho. 29ª ed. São Paulo: Saraiva, 2014, p. 1224.

8 Curso de Direito do Trabalho. 19ª ed. São Paulo: LTr, 2020, p. 1525.

coletivas de trabalho) em situações específicas não violam a Constituição Federal, pois o art. 7º, I, da CF somente exige Lei Complementar para a instituição de Estabilidades, que são em caráter geral e por prazo indeterminado.

Conforme vem entendendo a jurisprudência trabalhista dominante, as garantias de emprego só asseguram a reintegração no emprego, se o prazo ainda estiver em curso. Uma vez exaurido o prazo estabilitário, somente são devidos os salários e demais vantagens (a exemplos de férias+1/3, 13º salário, FGTS+40%, benefícios convencionais, etc.) do período de garantia de emprego. No aspecto, dispõe a Súmula 396 do TST, "in verbis":

> **"ESTABILIDADE PROVISÓRIA. PEDIDO DE REINTEGRAÇÃO. CONCESSÃO DO SALÁRIO RELATIVO AO PERÍODO DE ESTABILIDADE JÁ EXAURIDO. INEXISTÊNCIA DE JULGAMENTO "EXTRA PETITA" (conversão das Orientações Jurisprudenciais nºs 106 e 116 da SBDI-1) – Res. 129/2005, DJ 20, 22 e 25.04.2005.**
>
> I – Exaurido o período de estabilidade, são devidos ao empregado apenas os salários do período compreendido entre a data da despedida e o final do período de estabilidade, não lhe sendo assegurada a reintegração no emprego. (ex-OJ nº 116 da SBDI-1 – inserida em 01.10.1997)
>
> II – Não há nulidade por julgamento "extra petita" da decisão que deferir salário quando o pedido for de reintegração, dados os termos do art. 496 da CLT. (ex-OJ nº 106 da SBDI-1 – inserida em 20.11.1997)."

Há entendimentos em sede doutrinária e jurisprudencial no sentido de que se o trabalhador vier postular em juízo reintegração no emprego, ou indenização pelo período estabilitário quando já exaurido o prazo estabilitário ao tempo da propositura da demanda trabalhista, não será devida a indenização, pois não será possível a reintegração e tal situação configura abuso de direito, uma vez que se pede salários e vantagens, sem a devida contraprestação dos serviços. A jurisprudência majoritária, no entanto, firmou entendimento no sentido de que a situação não configura abuso de direito, pois cumpria ao empregador dar efetividade à garantia de emprego, e não há perda do direito caso o empregado não o postule quando já exaurido o prazo de garantia de emprego, desde que observe o prazo prescricional. No aspecto, dispõe a OJ 399, da SDI-I do C. TST, "in verbis":

> **"ESTABILIDADE PROVISÓRIA. AÇÃO TRABALHISTA AJUIZADA APÓS O TÉRMINO DO PERÍODO DE GARANTIA NO EMPREGO. ABUSO DO EXERCÍCIO DO DIREITO DE AÇÃO. NÃO CONFIGURAÇÃO. INDENIZAÇÃO DEVIDA. (DEJT divulgado em 02, 03 e 04.08.2010)**
>
> O ajuizamento de ação trabalhista após decorrido o período de garantia de emprego não configura abuso do exercício do direito de ação, pois este está submetido apenas ao prazo prescricional inscrito no art. 7º, XXIX, da CF/1988, sendo devida a indenização desde a dispensa até a data do término do período estabilitário."

O magistrado trabalhista poderá, também, no caso concreto, quando for incompatível a reintegração em razão da animosidade entre as partes, convertê-la, de ofício, em indenização, conforme faculta o art. 496, da CLT, "in verbis":

> "Quando a reintegração do empregado estável for desaconselhável, dado o grau de incompatibilidade resultante do dissídio, especialmente quando for o empregador pessoa física, o tribunal do trabalho poderá converter aquela obrigação em indenização devida nos termos do artigo seguinte."

Segundo a doutrina, há as garantias de emprego:

a) em caráter personalíssimo, em razão de condição pessoal do trabalhador, são irrenunciáveis pelo trabalhador, e subsistem em caso de fechamento da empresa, a exemplo da gestante e do acidentado;

b) em caráter coletivo, em razão da representação, pelo trabalhador, de sua categoria, ou dos trabalhadores da empresa, são renunciáveis, e não subsistem com o fechamento da empresa, a exemplo do dirigente sindical e do membro de CIPA.

4. GARANTIA DE EMPREGO DA GESTANTE E MÃE ADOTANTE

A garantia de emprego da empregada gestante, tem relevante aspecto social e humanitário, pois tem por objeto proteger a dignidade da pessoa humana da mulher e do nascituro[9], facilitar o acesso à mulher ao mercado de trabalho, evitar discriminações, e dar efetividade ao direito social de proteção à maternidade[10].

Dispõe o art. 10, II, letra "b", do ADCT:

> "Até que seja promulgada a lei complementar a que se refere o art. 7º, I, da Constituição: II – fica vedada a dispensa arbitrária ou sem justa causa: (...)b) da empregada gestante, desde a confirmação da gravidez até cinco meses após o parto."

Diante do referido dispositivo legal, são requisitos para a estabilidade gestante:

a) **confirmação da gravidez:** Parte da doutrina exige a comprovação da gravidez, por exame médico ou laboratorial. Outra parte da doutrina, não exige a comprovação da gravidez, apenas que a concepção tenha ocorrido.

A corrente jurisprudencial e doutrinária que defende o direito desde a concepção argumenta que o art. 10, II, "b" do ADCT visou proteger o nascituro, bem como a privacidade e intimidade da gestante. Desse modo, não há necessidade de a empregada comprovar a gravidez, tampouco informá-la ao empregador, uma vez que o texto constitucional assegurou responsabilidade objetiva do empregador.

De nossa parte, embora a gestante não tenha que comunicar ao empregador sobre o estado gravídico, diante do art. 10, II, "b", do ADCT, pensamos que a empregada teve ter para si a confirmação da gravidez por exame médico ou laboratorial durante a vigência do contrato de trabalho, pois o texto constitucional é claro ao mencionar "confirmação da gravidez". Se a própria empregada não tem conhecimento da gravidez não há o direito à garantia de emprego.

---

9 Art. 227, da CF: "É dever da família, da sociedade e do Estado assegurar à criança, ao adolescente e ao jovem, com absoluta prioridade, o direito à vida, à saúde, à alimentação, à educação, ao lazer, à profissionalização, à cultura, à dignidade, ao respeito, à liberdade e à convivência familiar e comunitária, além de colocá-los a salvo de toda forma de negligência, discriminação, exploração, violência, crueldade e opressão."

10 Art. 6º, da CF: "São direitos sociais a educação, a saúde, a alimentação, o trabalho, a moradia, o transporte, o lazer, a segurança, a previdência social, a proteção à maternidade e à infância, a assistência aos desamparados, na forma desta Constituição."

Em sentido contrário, defendendo interpretação mais benéfica à empregada, argumenta Gustavo Filipe Barbosa Garcia[11]:

> "Quanto à ausência de ciência pela própria empregada, quando a seu estado gestacional, no momento da dispensa sem justa causa, a disposição constitucional menciona que o direito surge a partir da 'confirmação' da gravidez, devendo ser interpretado de forma ampla e benéfica à gestante, por se tratar de norma de proteção, inclusive em conformidade com o princípio *in dubio pro operário*. Desse modo, entende-se que a referida confirmação significa a existência da gravidez, ou seja, termos médicos e científicos, o momento inicial da gestação."

No mesmo sentido, decidiu o Supremo Tribunal Federal no RE 629.053/SP, com repercussão geral, cuja ementa segue abaixo:

> DIREITO À MATERNIDADE. PROTEÇÃO CONSTITUCIONAL CONTRA DISPENSA ARBITRÁRIA DA GESTANTE. EXIGÊNCIA UNICAMENTE DA PRESENÇA DO REQUISITO BIOLÓGICO. GRAVIDEZ PREEXISTENTE À DISPENSA ARBITRÁRIA. MELHORIA DAS CONDIÇÕES DE VIDA AOS HIPOSSUFICIENTES, VISANDO À CONCRETIZAÇÃO DA IGUALDADE SOCIAL. DIREITO À INDENIZAÇÃO. RECURSO EXTRAORDINÁRIO DESPROVIDO. 1. O conjunto dos Direitos sociais foi consagrado constitucionalmente como uma das espécies de direitos fundamentais, se caracterizando como verdadeiras liberdades positivas, de observância obrigatória em um Estado Social de Direito, tendo por finalidade a melhoria das condições de vida aos hipossuficientes, visando à concretização da igualdade social, e são consagrados como fundamentos do Estado democrático, pelo art. 1º, IV, da Constituição Federal. 2. A Constituição Federal proclama importantes direitos em seu artigo 6º, entre eles a proteção à maternidade, que é a ratio para inúmeros outros direitos sociais instrumentais, tais como a licença-gestante e, nos termos do inciso I do artigo 7º, o direito à segurança no emprego, que compreende a proteção da relação de emprego contra despedida arbitrária ou sem justa causa da gestante. 3. A proteção constitucional somente exige a presença do requisito biológico: gravidez preexistente a dispensa arbitrária,

11 Manual de Direito do Trabalho. 13ª ed. Salvador: Juspodivm, 2020, p. 762.

independentemente de prévio conhecimento ou comprovação. 4. A proteção contra dispensa arbitrária da gestante caracteriza-se como importante direito social instrumental protetivo tanto da mulher, ao assegurar-lhe o gozo de outros preceitos constitucionais – licença maternidade remunerada, princípio da paternidade responsável –; quanto da criança, permitindo a efetiva e integral proteção ao recém-nascido, possibilitando sua convivência integral com a mãe, nos primeiros meses de vida, de maneira harmônica e segura – econômica e psicologicamente, em face da garantia de estabilidade no emprego –, consagrada com absoluta prioridade, no artigo 227 do texto constitucional, como dever inclusive da sociedade (empregador). 5. Recurso Extraordinário a que se nega provimento com a fixação da seguinte tese: A incidência da estabilidade prevista no art. 10, inc. II, do ADCT, somente exige a anterioridade da gravidez à dispensa sem justa causa (STF, Pleno, RE 629.053/SP, Rel. Min. Alexandre de Moraes. J 10.10.18. DJE: 27.02.19).

b) confirmação ocorra no período de vigência do contrato de trabalho: A jurisprudência tem entendido que a confirmação pode ser realizada até mesmo durante o prazo do aviso prévio indenização, pois ainda vigente o contrato de trabalho. No mesmo sentido, o recente art. 391-A, da CLT, "in verbis":

> "A confirmação do estado de gravidez advindo no curso do contrato de trabalho, ainda que durante o prazo do aviso prévio trabalhado ou indenizado, garante à empregada gestante a estabilidade provisória prevista na alínea *b* do inciso II do art. 10 do Ato das Disposições Constitucionais Transitórias."

O Tribunal Superior do Trabalho, uniformizou sua jurisprudência a respeito por meio da Súmula 244, "in verbis":

> **"GESTANTE. ESTABILIDADE PROVISÓRIA (redação do item III alterada na sessão do Tribunal Pleno realizada em 14.09.2012) – Res. 185/2012, DEJT divulgado em 25, 26 e 27.09.2012**
>
> I – O desconhecimento do estado gravídico pelo empregador não afasta o direito ao pagamento da indenização decorrente da estabilidade (art. 10, II, "b" do ADCT).

> II – A garantia de emprego à gestante só autoriza a reintegração se esta se der durante o período de estabilidade. Do contrário, a garantia restringe-se aos salários e demais direitos correspondentes ao período de estabilidade.
>
> III – A empregada gestante tem direito à estabilidade provisória prevista no art. 10, inciso II, alínea "b", do Ato das Disposições Constitucionais Transitórias, mesmo na hipótese de admissão mediante contrato por tempo determinado."

Diante da referida Súmula, ficou consagrado o entendimento firmado pelo Supremo Tribunal Federal no sentido de que é desnecessária a ciência do empregador sobre o estado gravídico para o direito à estabilidade. Também ficou consagrado o entendimento majoritário da jurisprudência trabalhista de que a estabilidade provisória somente garante a reintegração se à época da propositura da demanda, o prazo estabilitário ainda estiver vigente. Se o período já estiver exaurido à época da propositura da ação, ou até mesmo durante à época da execução de sentença, a garantia restringe-se aos salários e demais direitos correspondentes ao período de estabilidade.

O inciso III da Súmula 244, assegurou a estabilidade mesmo para os contratos a prazo determinado, alterando o paradigma anterior no sentido de que os contratos a termo em razão das partes já saberem de antemão a data do término, não havia compatibilidade com as estabilidades provisórias ou garantias de emprego.

Diante do referido verbete sumular, o advento da estabilidade gestante durante a vigência do contrato de trabalho por prazo determinado não o transforma em prazo indeterminado, somente haverá necessidade de observância do período de estabilidade.

Nos termos do art. 391-A, da CLT, "a confirmação do estado de gravidez advindo no curso do contrato de trabalho, ainda que durante o prazo do aviso prévio trabalhado ou indenizado, garante à empregada gestante a estabilidade provisória prevista na alínea *b* do inciso II do art. 10 do Ato das Disposições Constitucionais Transitórias. Parágrafo único. O disposto no *caput* deste artigo aplica-se ao empregado adotante ao qual tenha sido concedida guarda provisória para fins de adoção."

Diante do referido dispositivo legal, aplica-se a estabilidade do art. 10, II, letra "b" do ADCT, ao empregado que adotar ou obter a guarda provisória para fins de adoção. Pelo princípio da isonomia, haverá, também, estabilidade provisória para a empregada que adotar ou obtiver a guarda de criança.

Como destaca Gustavo Filipe Barbosa Garcia[12]:

> "O art. 391-A, parágrafo único da CLT não é explícito quanto à hipótese de adoção ou guarda judicial para fins de adoção *conjunta*. Tendo em vista que a lei não faz restrição a respeito do direito à estabilidade provisória, pode-se dizer que ambos os adotantes ou guardiães para fins de adoção, caso sejam empregado ou empregada, têm direito à referida garantia de emprego."

Conforme o art. 392-A, da CLT, "à empregada que adotar ou obtiver guarda judicial para fins de adoção de criança ou adolescente será concedida licença-maternidade nos termos do art. 392 desta Lei. § 4º A licença-maternidade só será concedida mediante apresentação do termo judicial de guarda à adotante ou guardiã. § 5º A adoção ou guarda judicial conjunta ensejará a concessão de licença-maternidade a apenas um dos adotantes ou guardiães empregado ou empregada."

A adoção ou guarda judicial conjunta, ensejará a concessão de licença-maternidade a apenas um dos adotantes ou guardiães empregado ou empregada.

Conforme o art. 392-B, da CLT, em caso de morte da genitora, é assegurado ao cônjuge ou companheiro empregado o gozo de licença por todo o período da licença-maternidade ou pelo tempo restante a que teria direito a mãe, exceto no caso de falecimento do filho ou de seu abandono.

Diante do art. 392-C, aplica-se, no que couber, o disposto nos arts. 392-A e 392-B ao empregado que adotar ou obtiver guarda judicial para fins de adoção.

5. MEMBRO DE CIPA

Dispõe o art. 10, II, letra "a" do ADCT:

> "Até que seja promulgada a lei complementar a que se refere o art. 7º, I, da Constituição: II – fica vedada a dispensa arbitrária ou sem justa causa: a) do empregado eleito para cargo de direção de comissões internas de prevenção de acidentes, desde o registro de sua candidatura até um ano após o final de seu mandato."

12 CLT Comentada. 7ª ed. Salvador: Juspodivm, 2020, p. 365.

O empregado eleito para as Comissões Internas de Prevenção de Acidentes (CIPA) detém estabilidade em caráter coletivo, desde o registro de sua candidatura até um ano após o final do mandato.

A Comissão Interna de Prevenção de Acidentes integra os serviços especializados em segurança e em medicina do trabalho, conforme as Normas do Ministério do Trabalho – atual Ministério da Economia (art. 162 da CLT).

Segundo o art. 163, "será obrigatória a constituição de Comissão Interna de Prevenção de Acidentes (CIPA), de conformidade com instruções expedidas pelo Ministério do Trabalho, nos estabelecimentos ou locais de obra nelas especificadas. Parágrafo único – O Ministério do Trabalho regulamentará as atribuições, a composição e o funcionamento das CIPA (s)."

Nos termos do art. 164, da CLT, "cada CIPA será composta de representantes da empresa e dos empregados, de acordo com os critérios que vierem a ser adotados na regulamentação de que trata o parágrafo único do artigo anterior. § 1º – Os representantes dos empregadores, titulares e suplentes, serão por eles designados. § 2º – Os representantes dos empregados, titulares e suplentes, serão eleitos em escrutínio secreto, do qual participem, independentemente de filiação sindical, exclusivamente os empregados interessados. § 3º – O mandato dos membros eleitos da CIPA terá a duração de 1 (um) ano, permitida uma reeleição. § 4º – O disposto no parágrafo anterior não se aplicará ao membro suplente que, durante o seu mandato, tenha participado de menos da metade do número de reuniões da CIPA. § 5º – O empregador designará, anualmente, dentre os seus representantes, o Presidente da CIPA e os empregados elegerão, dentre eles, o Vice-Presidente."

Conforme o referido dispositivo, as CIPA(s) são compostas por representantes dos empregados e empregadores, com mandato de um ano, permitida uma reeleição. Os representantes dos empregados são eleitos, e os representantes do empregador, indicados pelo próprio empregador. Somente são detentores de estabilidade os membros eleitos, os quais representam os empregados (art. 10, II, letra "a", da CF).

Conforme já pacificado pela jurisprudência[13], o membro eleito suplente de CIPA também detém estabilidade provisória no emprego. No aspecto, dispõe a Súmula 339 do TST, "in verbis":

---

13 Súmula 676 do STF: "A garantia da estabilidade provisória prevista no art. 10, II, a, do Ato das Disposições Constitucionais Transitórias, também se aplica ao suplente do cargo de direção de comissões internas de prevenção de acidentes (CIPA)."

> **"CIPA. SUPLENTE. GARANTIA DE EMPREGO. CF/1988 (incorporadas as Orientações Jurisprudenciais nºs 25 e 329 da SBDI-1) – Res. 129/2005, DJ 20, 22 e 25.04.2005**
>
> I – O suplente da CIPA goza da garantia de emprego prevista no art. 10, II, "a", do ADCT a partir da promulgação da Constituição Federal de 1988. (ex-Súmula nº 339 – Res. 39/1994, DJ 22.12.1994 – e ex-OJ nº 25 da SBDI-1 – inserida em 29.03.1996).
>
> II – A estabilidade provisória do cipeiro não constitui vantagem pessoal, mas garantia para as atividades dos membros da CIPA, que somente tem razão de ser quando em atividade a empresa. Extinto o estabelecimento, não se verifica a despedida arbitrária, sendo impossível a reintegração e indevida a indenização do período estabilitário. (ex-OJ nº 329 da SBDI-1 – DJ 09.12.2003)."

No aspecto, destaca-se a seguinte ementa:

> RECURSO ORDINÁRIO DO IMPETRANTE. MANDADO DE SEGURANÇA. DECISÃO PROFERIDA NA VIGÊNCIA DO CPC/15. DISPENSA SEM JUSTA CAUSA NO PERÍODO DE ESTABILIDADE PROVISÓRIA DE EMPREGADO ELEITO MEMBRO SUPLENTE DA CIPA. INDEFERIMENTO DA TUTELA DE URGÊNCIA QUE VISAVA A REINTEGRAÇÃO NO EMPREGO. EXISTÊNCIA DE DIREITO LÍQUIDO E CERTO A SER RESGUARDADO. CONCESSÃO DA SEGURANÇA. Trata-se de mandado de segurança impetrado contra ato jurisdicional pelo qual foi indeferida a tutela de urgência que visava à reintegração de empregado integrante da CIPA, a pretexto de que a decisão liminar precária que o manteria no emprego havia sido cassada por sentença definitiva prolatada em processo diverso. O eg. Tribunal Regional denegou a segurança, sob o fundamento de que, em síntese, "se o impetrante não mais ostenta a condição de empregado da litisconsorte, uma vez cassada a liminar que garantia essa qualidade, não há se falar em lhe garantir estabilidade provisória decorrente de eleição para CIPA, nem determinar sua reintegração". O exame da prova pré-constituída, todavia, conduz à conclusão de que o empregado era detentor de garantia provisória de emprego no ato da demissão, assegurada por normas legal e constitucional, porque legitimamente eleito membro suplente da CIPA enquanto ostentava a condição de empregado da empresa ora recorrida. Não há controvérsia no processado em torno do

> fato de a dispensa ter se dado sem justo motivo, daí exsurgindo a convicção de que foi ilegal e arbitrária a despedida do impetrante. Não tendo a litisconsorte passiva necessária invocado alguma das hipóteses expressamente elencadas no artigo 482 da CLT para demissão por justa causa, não se cuida de questão que demande dilação probatória exauriente no processo principal, podendo ser apreciada pela via estreita e excepcionalíssima do mandado de segurança. Assim sendo, a apreciação envolvendo a validade da dispensa sem justa causa na vigência de tal garantia adquirida legitimamente durante o contrato de trabalho faz-se possível diante da documentação acostada aos autos no feito de origem e replicada nesta demanda, que atesta ser o empregado portador de estabilidade provisória, porque comprovada a sua posse como membro suplente da CIPA, anteriormente à referida dispensa, nos termos dos arts. 165 da CLT e 10, inciso II, "a", do ADCT e da Súmula 339 do TST. Como a demonstração do justo motivo para a demissão precisa ser indiscutível, inconteste, diante do princípio da continuidade da relação de trabalho, mais ainda se agiganta o direito do impetrante de ver mantido o vínculo com a litisconsorte. Dessa forma, evidenciada a presença dos elementos que justificam o deferimento da tutela de urgência requerida na ação originária, conforme disposto no artigo 300 do CPC/2015, conclui-se que há ofensa a direito líquido e certo do impetrante. Segurança que deve ser concedida. Precedentes. Recurso ordinário conhecido e provido (TST – RO-564-25.2019.5.06.0000, Subseção II Especializada em Dissídios Individuais, Relator Ministro Alexandre de Souza Agra Belmonte, DEJT 11/09/2020).

O inciso II da Súmula 339 do TST consagrou o entendimento de que a estabilidade do membro de CIPA por não ser personalíssima, e sim em razão da representação dos empregados dentro da empresa, a extinção da empresa, provoca, necessariamente, a extinção da estabilidade.

Nos termos do art. 165, da CLT, "os titulares da representação dos empregados nas CIPA (s) não poderão sofrer despedida arbitrária, entendendo-se como tal a que não se fundar em motivo disciplinar, técnico, econômico ou financeiro. Parágrafo único – Ocorrendo a despedida, caberá ao empregador, em caso de reclamação à Justiça do Trabalho, comprovar a existência de qualquer dos motivos mencionados neste artigo, sob pena de ser condenado a reintegrar o empregado."

Embora o referido dispositivo legal se refira a motivo disciplinar, técnico, econômico ou financeiro, entende-se, diante do disposto no art. 7º, I, da CF, que o empregador não poderá dispensar o membro suplemente de CIPA sem justa causa. Somente poderá fazê-lo por justa causa (art. 482, da CLT).

6. DIRIGENTE SINDICAL

Dispõe o art. 8º, VIII, da Constituição Federal:

> "É livre a associação profissional ou sindical, observado o seguinte: (...)VIII – é vedada a dispensa do empregado sindicalizado a partir do registro da candidatura a cargo de direção ou representação sindical e, se eleito, ainda que suplente, até um ano após o final do mandato, salvo se cometer falta grave nos termos da lei."

A estabilidade provisória do empregado eleito dirigente sindical, constitui uma garantia de emprego em caráter coletivo, a fim de que não sofra transtornos em razão da defesa dos interesses coletivos.

Por ser a estabilidade em caráter coletivo e não personalíssimo, nos termos do § 1º, do art. 543, da CLT, "o empregado perderá o mandato se a transferência for por ele solicitada ou voluntariamente aceita." Trata-se de hipótese de renúncia à estabilidade permitida pela legislação trabalhista.

Nos termos do parágrafo § 4º, do art. 543, da CLT, "considera-se cargo de direção ou de representação sindical aquele cujo exercício ou indicação decorre de eleição prevista em lei."

Os dirigentes sindicais que detêm estabilidade estão mencionados no art. 522, da CLT[14], quais sejam: os membros da Administração (diretoria). Com efeito, dispõe o referido dispositivo legal:

> "A administração do sindicato será exercida por uma diretoria constituída no máximo de sete e no mínimo de três membros e de um Conselho Fiscal composto de três membros, eleitos esses órgãos pela Assembléia Geral. § 1º A diretoria elegerá, dentre os seus membros, o presidente do sindicato. § 2º A competência do

14 O art. 522, da CLT, conforme entendimento do STF fora recepcionado pela Constituição Federal, mesmo diante do princípio da Liberdade Sindical, sob o enfoque da livre administração dos sindicatos.

Conselho Fiscal é limitada à fiscalização da gestão financeira do sindicato. § 3º – Constituirão atribuição exclusiva da Diretoria do Sindicato e dos Delegados Sindicais, a que se refere o art. 523, a representação e a defesa dos interesses da entidade perante os poderes públicos e as empresas, salvo mandatário com poderes outorgados por procuração da Diretoria, ou associado investido em representação prevista em lei."

Dispõe a Súmula 369 do TST:

"**DIRIGENTE SINDICAL. ESTABILIDADE PROVISÓRIA (redação do item I alterada na sessão do Tribunal Pleno realizada em 14.09.2012) – Res. 185/2012, DEJT divulgado em 25, 26 e 27.09.2012**

I – É assegurada a estabilidade provisória ao empregado dirigente sindical, ainda que a comunicação do registro da candidatura ou da eleição e da posse seja realizada fora do prazo previsto no art. 543, § 5º, da CLT, desde que a ciência ao empregador, por qualquer meio, ocorra na vigência do contrato de trabalho.

II – O art. 522 da CLT foi recepcionado pela Constituição Federal de 1988. Fica limitada, assim, a estabilidade a que alude o art. 543, § 3.º, da CLT a sete dirigentes sindicais e igual número de suplentes.

III – O empregado de categoria diferenciada eleito dirigente sindical só goza de estabilidade se exercer na empresa atividade pertinente à categoria profissional do sindicato para o qual foi eleito dirigente.

IV – Havendo extinção da atividade empresarial no âmbito da base territorial do sindicato, não há razão para subsistir a estabilidade.

V – O registro da candidatura do empregado a cargo de dirigente sindical durante o período de aviso prévio, ainda que indenizado, não lhe assegura a estabilidade, visto que inaplicável a regra do § 3º do art. 543 da Consolidação das Leis do Trabalho."

Os membros do Conselho Fiscal do Sindicatos não detêm estabilidade, conforme entendimento majoritário do TST. Nesse sentido, dispõe a OJ 365 do TST, "in verbis":

"**ESTABILIDADE PROVISÓRIA. MEMBRO DE CONSELHO FISCAL DE SINDICATO. INEXISTÊNCIA (DJ 20, 21 e 23.05.2008)**

Membro de conselho fiscal de sindicato não tem direito à

> estabilidade prevista nos arts. 543, § 3º, da CLT e 8º, VIII, da CF/1988, porquanto não representa ou atua na defesa de direitos da categoria respectiva, tendo sua competência limitada à fiscalização da gestão financeira do sindicato (art. 522, § 2º, da CLT)."

A doutrina tem negado o direito à estabilidade dos dirigentes sindicais que representam a categoria econômica, pois não haveria conflito de interesses entre eles e as empresas. No entanto, nos parece que eles também são detentores de estabilidade provisórias, pois nem o texto da Constituição Federal, nem da CLT fazem distinção nesse sentido, e também em determinado momento, poderá haver conflito de interesses com o empregador.

6.1. Do inquérito judicial para apuração de falta grave pelo dirigente sindical

Dispõe a Súmula nº 379 do TST:

> **"DIRIGENTE SINDICAL. DESPEDIDA. FALTA GRAVE. INQUÉRITO JUDICIAL. NECESSIDADE (conversão da Orientação Jurisprudencial nº 114 da SBDI-1) - Res. 129/2005, DJ 20, 22 e 25.04.2005**
>
> O dirigente sindical somente poderá ser dispensado por falta grave mediante a apuração em inquérito judicial, inteligência dos arts. 494 e 543, §3º, da CLT. (ex-OJ nº 114 da SBDI-1 – inserida em 20.11.1997)."

O inquérito judicial para apuração de falta grave consiste numa ação de rito especial trabalhista, de jurisdição contenciosa destinada a pôr fim ao contrato de trabalho do empregado estável. Em razão disso, a natureza do inquérito é de ação constitutiva negativa ou desconstitutiva do contrato de trabalho.

Falta grave é todo ato doloso ou culposamente grave, previsto na lei, praticado pelo empregado, violando obrigações legais trabalhistas ou inerentes do contrato de trabalho, tornando insuportável a manutenção do vínculo de emprego por abalar, de forma indelével, a confiança do empregador.

Parte da doutrina distingue a falta grave da justa causa, argumentando que a falta grave tem intensidade maior que a justa causa. Filiamo-nos à corrente que não faz distinção entre justa causa e falta grave, entendendo as expressões como sinônimas, considerando-se que o rol de condutas que ensejam a justa causa e a falta grave está previsto no art. 482 da CLT.

Outros defendem a necessidade do inquérito somente nas hipóteses de estabilidades definitivas, ou quando a lei o exigir, como na hipótese do dirigente sindical, porquanto o § 3º do art. 543 da CLT exige que a falta grave do dirigente sindical seja apurada *nos termos da Consolidação*, e a referida expressão reporta-se ao inquérito, que é o meio de que dispõe a CLT para apurar a falta grave.

Dispõe o art. 853 da CLT:

> "Para a instauração de inquérito para apuração de falta grave contra empregado garantido com estabilidade, o empregador apresentará reclamação por escrito à Junta ou Juízo de Direito, dentro de 30 dias, contados da data da suspensão do empregado."

Caso seja julgado procedente o pedido do inquérito, o contrato de trabalho restará rescindido por culpa do empregado na data da suspensão do contrato de trabalho, se tiver havido suspensão prévia ou, na data da sentença, caso não tenha havido suspensão prévia do empregado.

No inquérito judicial para apuração de falta grave com prévia suspensão do empregado, se o pedido do requerente for julgado improcedente, vale dizer: o juiz entender que não houve falta grave, condenará o requerente a pagar ao requerido os salários do período de afastamento, que podem ser executados nos próprios autos de inquérito, sem a necessidade de reconvenção, uma vez que tal ação tem a chamada "natureza dúplice."

Discute-se na doutrina e na jurisprudência se a reconvenção pode ser cabível no inquérito judicial. Conforme já nos pronunciamos anteriormente, acreditamos que a reconvenção seja compatível com o inquérito judicial para apuração de falta grave, quando o objeto da reconvenção seja mais amplo do que o recebimento dos salários do período de afastamento ou da reintegração do empregado estável, como em razão dos motivos da falta grave, o requerido (empregado), por meio de reconvenção, pleiteia a reparação de danos morais e patrimoniais que tenham conexão com a matéria versada no Inquérito.

7. EMPREGADO ACIDENTADO

A estabilidade do trabalhador acidentado, que é em caráter personalíssimo, tem por objetivo manter o emprego por um determinado período a fim de que o trabalhador possa se recuperar das consequências do acidente (físicas e psicológicas).

Dispõe o art. 118 da Lei 8.213/91:

> "O segurado que sofreu acidente do trabalho tem garantida, pelo prazo mínimo de doze meses, a manutenção do seu contrato de trabalho na empresa, após a cessação do auxílio-doença acidentário, independentemente de percepção de auxílio-acidente."

Diante do referido dispositivo legal, para que o empregado acidentado tenha direito à garantia de emprego, devem estar presentes os seguintes requisitos:

a) que tenha sofrido acidente de trabalho[15];

b) que em razão do acidente tenha recebido auxílio-doença acidentário[16]: Nos casos de doenças relacionadas ao trabalho tem

---

15 Art. 19, da Lei 8.213/91: "Acidente do trabalho é o que ocorre pelo exercício do trabalho a serviço de empresa ou de empregador doméstico ou pelo exercício do trabalho dos segurados referidos no inciso VII do art. 11 desta Lei, provocando lesão corporal ou perturbação funcional que cause a morte ou a perda ou redução, permanente ou temporária, da capacidade para o trabalho." Art. 20, da Lei 8.213/91: "Consideram-se acidente do trabalho, nos termos do artigo anterior, as seguintes entidades mórbidas: I – doença profissional, assim entendida a produzida ou desencadeada pelo exercício do trabalho peculiar a determinada atividade e constante da respectiva relação elaborada pelo Ministério do Trabalho e da Previdência Social; II – doença do trabalho, assim entendida a adquirida ou desencadeada em função de condições especiais em que o trabalho é realizado e com ele se relacione diretamente, constante da relação mencionada no inciso I. § 1º Não são consideradas como doença do trabalho: a) a doença degenerativa; b) a inerente a grupo etário; c) a que não produza incapacidade laborativa; d) a doença endêmica adquirida por segurado habitante de região em que ela se desenvolva, salvo comprovação de que é resultante de exposição ou contato direto determinado pela natureza do trabalho.§ 2º Em caso excepcional, constatando-se que a doença não incluída na relação prevista nos incisos I e II deste artigo resultou das condições especiais em que o trabalho é executado e com ele se relaciona diretamente, a Previdência Social deve considerá-la acidente do trabalho."

16 Art. 59, da Lei 8.213/91: "O auxílio-doença será devido ao segurado que, havendo cumprido, quando for o caso, o período de carência exigido nesta Lei, ficar incapacitado para o seu trabalho ou para a sua atividade habitual por mais de 15 (quinze) dias consecutivos.§ 1º Não será devido o auxílio-doença ao segurado que se filiar ao Regime Geral de Previdência Social já portador da doença ou da lesão invocada como causa para o benefício, exceto quando a incapacidade sobrevier por motivo de progressão ou agravamento da doença ou da lesão. § 2º Não será devido o auxílio-doença para o segurado recluso em regime fechado. § 3º O segurado em gozo de auxílio-doença na data do recolhimento à prisão terá o benefício suspenso. § 4º A suspensão prevista no § 3º deste artigo será de até 60 (sessenta) dias, contados da data do recolhimento à prisão, cessado o benefício após o referido prazo. § 5º Na hipótese de o segurado ser colocado em liberdade antes do prazo previsto no § 4º deste artigo, o benefício será restabelecido a partir da data da soltura.

entendido a jurisprudência, corretamente, que não há necessidade de recebimento de auxílio-doença acidentário, desde que se faça prova em juízo da existência do nexo causal entre doença e a atividade desempenhada na empresa, bem como a redução parcial/total e temporária/definitiva da capacidade de trabalho, uma vez que a doença muitas vezes surge de forma paulatina e insidiosa, e na maioria das vezes tendo suas lesões consolidadas após o término do contrato de trabalho;

c) não há necessidade de ter tido sequelas do acidente a justificar o recebimento de auxílio-acidente[17].

A Súmula 378 do TST uniformizou a jurisprudência do TST sobre a presente garantia de emprego, "in verbis":

> "**ESTABILIDADE PROVISÓRIA. ACIDENTE DO TRABALHO. ART. 118 DA LEI Nº 8.213/1991. (inserido item III) – Res. 185/2012, DEJT divulgado em 25, 26 e 27.09.2012**
>
> I – É constitucional o artigo 118 da Lei nº 8.213/1991 que assegura o direito à estabilidade provisória por período de 12 meses após a cessação do auxílio-doença ao empregado acidentado. (ex-OJ nº 105 da SBDI-1 – inserida em 01.10.1997)
>
> II – São pressupostos para a concessão da estabilidade o afastamento superior a 15 dias e a conseqüente percepção do auxílio-doença

---

§ 6º Em caso de prisão declarada ilegal, o segurado terá direito à percepção do benefício por todo o período devido. § 7º O disposto nos §§ 2º, 3º, 4º, 5º e 6º deste artigo aplica-se somente aos benefícios dos segurados que forem recolhidos à prisão a partir da data de publicação desta Lei. § 8º O segurado recluso em cumprimento de pena em regime aberto ou semiaberto terá direito ao auxílio-doença."

17 Art. 86, da Lei 8.213/91: "O auxílio-acidente será concedido, como indenização, ao segurado quando, após consolidação das lesões decorrentes de acidente de qualquer natureza, resultarem seqüelas que impliquem redução da capacidade para o trabalho que habitualmente exercia. § 1º O auxílio-acidente mensal corresponderá a cinqüenta por cento do salário-de-benefício e será devido, observado o disposto no § 5º, até a véspera do início de qualquer aposentadoria ou até a data do óbito do segurado. § 2º O auxílio-acidente será devido a partir do dia seguinte ao da cessação do auxílio-doença, independentemente de qualquer remuneração ou rendimento auferido pelo acidentado, vedada sua acumulação com qualquer aposentadoria. § 3º O recebimento de salário ou concessão de outro benefício, exceto de aposentadoria, observado o disposto no § 5º, não prejudicará a continuidade do recebimento do auxílio-acidente. § 4º A perda da audição, em qualquer grau, somente proporcionará a concessão do auxílio-acidente, quando, além do reconhecimento de causalidade entre o trabalho e a doença, resultar, comprovadamente, na redução ou perda da capacidade para o trabalho que habitualmente exercia."

> acidentário, salvo se constatada, após a despedida, doença profissional que guarde relação de causalidade com a execução do contrato de emprego. (primeira parte – ex-OJ nº 230 da SBDI-1 – inserida em 20.06.2001)
>
> III – O empregado submetido a contrato de trabalho por tempo determinado goza da garantia provisória de emprego decorrente de acidente de trabalho prevista no art. 118 da Lei nº 8.213/91."

Diante da referida Súmula, ficou consagrado o entendimento da constitucionalidade do art. 118 da Lei 8.213/91 por assegurar garantia de emprego a trabalhadores em situações peculiares, não havendo atrito com o art. 7º, I, da CLT; que o nexo de causa e efeito entre doença e trabalho possa ser comprovado em juízo por todos os meios admitidos em direito, principalmente a perícia médica, independentemente do recebimento de auxílio-doença acidentário, e que a presente estabilidade é compatível com os contratos de trabalho por prazo determinado, mas sem alterar na natureza desses contratos.

8. EMPREGADO REABILITADO E PORTADOR DE NECESSIDADES ESPECIAIS

O art. 93 da Lei 8.213/91 é de grande alcance social e humanitário, pois tem por objetivo a inserção do portador de necessidades especiais e o trabalhador reabilitado ao mercado de trabalho.

Não se trata propriamente de uma garantia de emprego, mas de restrição ao direito de dispensa do empregador, enquanto não contratar outro empregado nas mesmas condições ou em condições semelhantes do que será dispensado. Se a empresa não comprovar que contratou trabalhador portador de necessidades especiais ou reabilitado para preencher a vaga do trabalhador dispensado, o trabalhador que ocupava a vaga tem direito a ser reintegrado na função. Dispõe o referido dispositivo legal:

> "A empresa com 100 (cem) ou mais empregados está obrigada a preencher de 2% (dois por cento) a 5% (cinco por cento) dos seus cargos com beneficiários reabilitados ou pessoas portadoras de deficiência, habilitadas, na seguinte proporção: I – até 200 empregados...2%; II – de 201 a 500...3%; III – de 501 a 1.000...4%;

> IV – de 1.001 em diante. ....5%. V – (VETADO). (Incluído pela Lei nº 13.146, de 2015) § 1º A dispensa de pessoa com deficiência ou de beneficiário reabilitado da Previdência Social ao final de contrato por prazo determinado de mais de 90 (noventa) dias e a dispensa imotivada em contrato por prazo indeterminado somente poderão ocorrer após a contratação de outro trabalhador com deficiência ou beneficiário reabilitado da Previdência Social. (Redação dada pela Lei nº 13.146, de 2015) § 2º Ao Ministério do Trabalho e Emprego incumbe estabelecer a sistemática de fiscalização, bem como gerar dados e estatísticas sobre o total de empregados e as vagas preenchidas por pessoas com deficiência e por beneficiários reabilitados da Previdência Social, fornecendo-os, quando solicitados, aos sindicatos, às entidades representativas dos empregados ou aos cidadãos interessados. (Redação dada pela Lei nº 13.146, de 2015) § 3º Para a reserva de cargos será considerada somente a contratação direta de pessoa com deficiência, excluído o aprendiz com deficiência de que trata a Consolidação das Leis do Trabalho (CLT), aprovada pelo Decreto-Lei no 5.452, de 1º de maio de 1943. (Incluído pela Lei nº 13.146, de 2015) § 4º (VETADO). (Incluído pela Lei nº 13.146, de 2015) (Vigência)."

A jurisprudência trabalhista tem entendido que se o total da cota de reabilitados e portadores de necessidades especiais já estiver preenchido[18], há possibilidade de dispensa de empregado sem contratação de outro em seu lugar, uma vez que a finalidade da lei é impulsionar o preenchimento de todas as vagas. No aspecto, destaca-se a seguinte ementa do TST, "in verbis":

> RECURSO DE EMBARGOS REGIDO PELA LEI Nº 11.496/2007. REINTEGRAÇÃO – DISPENSA SEM JUSTA CAUSA – TRABALHADOR PORTADOR DE DEFICIÊNCIA – MANUTENÇÃO PELA EMPRESA EM SEU QUADRO DE PESSOAL DO PERCENTUAL EXIGIDO PELA LEI Nº 8.213/91. O escopo da Lei nº 8.213/91, em estrita observância ao princípio constitucional de

18 A Doutrina tem entendido, corretamente, que a dificuldade no preenchimento das cotas de portadores de necessidades especiais e reabilitados não exime a obrigação do empregador, pois cabe à empresa cumprir sua função social e tomar posturas ativas para preenchimento das vagas.

proteção ao empregador portador de deficiência (art. 7º, XXXI), é assegurar aos beneficiários reabilitados ou pessoas portadoras de deficiência habilitadas a inserção no mercado de trabalho. Daí a disposição expressa no art. 93, *caput* e incisos, no sentido de assegurar, no âmbito da empresa, a manutenção desses trabalhadores no percentual mínimo proporcionalmente fixado. Em relação ao §1º do art. 93, note-se que o seu objetivo é garantir que a empresa efetivamente cumpra o sistema de cotas que lhe foi imposto, assegurando a vigência do contrato de trabalho dos beneficiários reabilitados ou das pessoas portadoras de deficiência habilitada até que haja a substituição desses por outros empregados nas mesmas condições. Assim, o sistema jurídico, por meio do art. 93, *caput*, combinado com o § 1º, visando à proteção de um grupo de trabalhadores, estabelece a obrigatoriedade de a empresa preencher determinado percentual de cargos com essas pessoas, conforme o número total de empregados. No caso concreto, infere-se do acórdão regional que a empregadora, por ocasião da dispensa do empregado, na condição de deficiente físico, não comprovou a contratação de substituto em situação análoga. Tal circunstância, contudo, não autoriza a conclusão pela ilegalidade da dispensa havida, e, consequentemente, pela determinação de reintegração, uma vez que não restou descumprida a exigência legal de se manter um percentual mínimo de pessoas portadoras de deficiência ou beneficiários reabilitados nos quadros da empresa. Ou seja, não obstante a dispensa do empregado, a empresa manteve em seu quadro de pessoal o percentual exigido pelo art. 93 da Lei nº 8.213/91. Da interpretação da referida norma legal, a resilição sem justa causa do contrato de trabalho do beneficiário reabilitado ou portador de deficiência, sem a contratação de outro empregado nas mesmas condições, só é possível quando mantido o percentual de participação desses trabalhadores do total de empregados da empresa, como ocorreu na hipótese. Considerando que, mesmo após a dispensa do reclamante, a reclamada manteve, em seu quadro de pessoal, o percentual de reabilitados e portadores de deficiência nos limites fixados pela Lei nº 8.213/91, não há óbice à dispensa sem justa causa e, portanto, não se justifica a reintegração determinada. Precedentes de Turmas do TST. Recurso de embargos conhecido e provido (TST – E-ED-ED-RR-10740-12.2005.5.17.0012, Subseção I Especializada em Dissídios Individuais, Relator Ministro Renato de Lacerda Paiva, DEJT 12/05/2017).

9. FUNDO DE GARANTIA POR TEMPO DE SERVIÇO (FGTS)

O Fundo de Garantia por tempo de Serviços (FGTS), conforme destaca Amauri Mascaro Nascimento[19], "substituiu a indenização e a estabilidade no emprego prevista pela CLT."

Trata-se de um direito social trabalhista previsto na Constituição Federal. Com efeito, dispõe o art. 7º, III, da CF:

> "São direitos dos trabalhadores urbanos e rurais, além de outros que visem à melhoria de sua condição social: (...)III – fundo de garantia do tempo de serviço."

Segundo o art. 2º, da Lei 8.036/90, "o FGTS é constituído pelos saldos das contas vinculadas a que se refere esta lei e outros recursos a ele incorporados, devendo ser aplicados com atualização monetária e juros, de modo a assegurar a cobertura de suas obrigações. § 1º Constituem recursos incorporados ao FGTS, nos termos do *caput* deste artigo: a) eventuais saldos apurados nos termos do art. 12, § 4º; b) dotações orçamentárias específicas; c) resultados das aplicações dos recursos do FGTS; d) multas, correção monetária e juros moratórios devidos; e) demais receitas patrimoniais e financeiras. § 2º As contas vinculadas em nome dos trabalhadores são absolutamente impenhoráveis."

Segundo a definição de Sérgio Pinto Martins[20], "O FGTS é um depósito bancário destinado a formar uma poupança para o trabalhador, que poderá ser sacada nas hipóteses previstas na lei, principalmente quando é dispensado sem justa causa. Servem os depósitos como forma de financiamento para aquisição de moradia pelo Sistema Financeiro da Habitação."

Com o fim da estabilidade decenal pela Constituição de 1988, não há mais opção pelo sistema do FGTS sendo obrigatório para todos os trabalhadores urbanos e rurais com vínculo de emprego.

Há vários entendimentos sobre a natureza jurídica do FGTS, no entanto, nos parece que ele tem tripla natureza jurídica:

a) para o empregado trata-se de salário diferido, pois num determinado momento ele fará saque dos depósitos após a extinção do contrato de trabalho;

---

19 Curso de Direito do Trabalho. 29ª ed. São Paulo: Saraiva, 2014, p. 891.

20 Direito do Trabalho. 36ª ed. São Paulo: Saraiva, 2020, p. 718.

b) para o empregador é uma espécie de tributo, pois compulsório. No entanto, a jurisprudência tem dito que se trata de uma contribuição social;

c) para o Estado é um Fundo Social de Destinação Variada[21], uma vez que os recursos do FGTS podem ser utilizados pelo Poder Público para programas sociais.

No entanto, para o trabalhador se trata de um direito e para o empregador uma obrigação legal.

A gestão do FGTS cabe à Caixa Econômica Federal (art. 4º da Lei 8036/90), cuja diretrizes são elaboradas pelo Conselho Curador (art. 5º da Lei 8036/90).

Quanto ao recolhimento do FGTS, dispõe o art. 15 da Lei 8036/90:

> "Para os fins previstos nesta lei, todos os empregadores ficam obrigados a depositar, até o dia 7 (sete) de cada mês, em conta bancária vinculada, a importância correspondente a 8 (oito) por cento da remuneração paga ou devida, no mês anterior, a cada trabalhador, incluídas na remuneração as parcelas de que tratam os arts. 457 e 458 da CLT e a gratificação de Natal a que se refere a Lei nº 4.090, de 13 de julho de 1962, com as modificações da Lei nº 4.749, de 12 de agosto de 1965. § 1º Entende-se por empregador a pessoa física ou a pessoa jurídica de direito privado ou de direito público, da administração pública direta, indireta ou fundacional de qualquer dos Poderes, da União, dos Estados, do Distrito Federal e dos Municípios, que admitir trabalhadores a seu serviço, bem assim aquele que, regido por legislação especial, encontrar-se nessa condição ou figurar como fornecedor ou tomador de mão-de-obra, independente da responsabilidade solidária e/ou subsidiária a que eventualmente venha obrigar-se. § 2º Considera-se trabalhador toda pessoa física que prestar serviços a empregador, a locador ou tomador de mão-de-obra, excluídos os eventuais, os autônomos e os servidores públicos civis e militares sujeitos a regime jurídico próprio. § 3º Os trabalhadores domésticos poderão ter acesso ao regime do FGTS, na forma que vier a ser prevista em lei. § 4º Considera-se remuneração as retiradas de diretores não empregados, quando haja deliberação

21 Expressão de Maurício Godinho Delgado. In: Curso de Direito do Trabalho. 19ª ed. São Paulo: LTr, 2020, p. 1551.

> da empresa, garantindo-lhes os direitos decorrentes do contrato de trabalho de que trata o art. 16. § 5º O depósito de que trata o **caput** deste artigo é obrigatório nos casos de afastamento para prestação do serviço militar obrigatório e licença por acidente do trabalho. § 6º Não se incluem na remuneração, para os fins desta Lei, as parcelas elencadas no § 9º do art. 28 da Lei nº 8.212, de 24 de julho de 1991."

Nos termos do art. 18 da Lei 8036/90, "Ocorrendo rescisão do contrato de trabalho, por parte do empregador, ficará este obrigado a depositar na conta vinculada do trabalhador no FGTS os valores relativos aos depósitos referentes ao mês da rescisão e ao imediatamente anterior, que ainda não houver sido recolhido, sem prejuízo das cominações legais. § 1º Na hipótese de despedida pelo empregador sem justa causa, depositará este, na conta vinculada do trabalhador no FGTS, importância igual a quarenta por cento do montante de todos os depósitos realizados na conta vinculada durante a vigência do contrato de trabalho, atualizados monetariamente e acrescidos dos respectivos juros. § 2º Quando ocorrer despedida por culpa recíproca ou força maior, reconhecida pela Justiça do Trabalho, o percentual de que trata o § 1º será de 20 (vinte) por cento. § 3° As importâncias de que trata este artigo deverão constar da documentação comprobatória do recolhimento dos valores devidos a título de rescisão do contrato de trabalho, observado o disposto no art. 477 da CLT, eximindo o empregador, exclusivamente, quanto aos valores discriminados."

Os depósitos de FGTS podem ser movimentados pelo trabalhador nas hipóteses do art. 20, da Lei 8036/90, dentre as quais destacam-se: a) despedida sem justa causa, inclusive a indireta, de culpa recíproca e de força maior; b) extinção do contrato de trabalho prevista no art. 484-A da Consolidação das Leis do Trabalho (CLT), aprovada pelo Decreto- Lei no 5.452, de 1º de maio de 1943; c) extinção total da empresa, fechamento de quaisquer de seus estabelecimentos, filiais ou agências, supressão de parte de suas atividades, declaração de nulidade do contrato de trabalho nas condições do art. 19-A, ou ainda falecimento do empregador individual sempre que qualquer dessas ocorrências implique rescisão de contrato de trabalho, comprovada por declaração escrita da empresa, suprida, quando for o caso, por decisão judicial transitada em julgado; d) III – aposentadoria concedida pela Previdência Social; e) extinção normal do contrato a termo, inclusive o dos trabalhadores temporários regidos pela Lei nº 6.019, de 3 de janeiro de 1974.

A Lei 8036/90 consagrou a prescrição trintenária para reclamar as diferenças de FGTS. No mesmo sentido a redação original da Súmula 362 do TST e da Súmula 210 do STJ). No entanto, em 13.11.2014, o STF no ARE 709212/DF fixou entendimento de que a prescrição para o FGTS é quinquenal.

Atualmente, a prescrição do FGTS está disciplinada na Súmula 362 do TST, que está em consonância com o atual entendimento do STF no sentido de ser quinquenal a prescrição do FGTS.

> **"FGTS. PRESCRIÇÃO (nova redação) – Res. 198/2015, republicada em razão de erro material – DEJT divulgado em 12, 15 e 16.06.2015**
>
> I – Para os casos em que a ciência da lesão ocorreu a partir de 13.11.2014, é quinquenal a prescrição do direito de reclamar contra o não-recolhimento de contribuição para o FGTS, observado o prazo de dois anos após o término do contrato;
>
> II – Para os casos em que o prazo prescricional já estava em curso em 13.11.2014, aplica-se o prazo prescricional que se consumar primeiro: trinta anos, contados do termo inicial, ou cinco anos, a partir de 13.11.2014 (STF-ARE-709212/DF)."

Conforme a Súmula 206 do TST, "a prescrição da pretensão relativa às parcelas remuneratórias alcança o respectivo recolhimento da contribuição para o FGTS."

Diante da Súmula 305 do TST, o pagamento relativo ao período de aviso prévio, trabalhado ou não, está sujeito a contribuição para o FGTS.

Embora a doutrina ainda não tenha chegado a um consenso sobre a natureza jurídica do FGTS, para alguns, a natureza é tributária, para outros, é espécie de salário diferido; inegavelmente, o FGTS é um direito trabalhista, pois previsto no art. 7º, III, da CF.

No regime da competência anterior à EC n. 45, a jurisprudência, à luz do art. 114, que se referia às controvérsias entre trabalhador e empregador, fixou entendimento pela não competência da Justiça do Trabalho para apreciar as ações movidas por empregados ou empregadores em face da CEF. Nesse sentido, a Súmula n. 176 do C. TST: "A Justiça do Trabalho só tem competência para autorizar o levantamento do depósito do Fundo de Garantia do Tempo de Serviço na ocorrência de dissídio entre empregado e empregador."

Recentemente, o TST, diante da EC n. 45, cancelou a referida Súmula[22]. A nosso ver, o cancelamento da Súmula n. 176 pelo Tribunal Superior do Trabalho foi oportuno, pois o FGTS é um direito oriundo do contrato de emprego. Além disso, como destaca *Antônio Álvares da Silva*[23], a verificação do recolhimento do FGTS é tarefa típica de fiscalização.

Como bem adverte *Reginaldo Melhado*[24]: "[...] Se não reconhecesse essa competência para a ação que visa à cobrança ou execução do próprio depósito do Fundo de Garantia, haveria uma insólita e absurda situação: as multas seriam discutidas no Judiciário do Trabalho e o principal, na Justiça Federal."

Desse modo, no nosso sentir, as ações movidas por empregados e empregadores em face da Caixa Econômica Federal que envolvam o FGTS são da competência da Justiça do Trabalho, por interpretação sistemática dos incisos I e VII, do art. 114, da CF.

Nesse diapasão, destaca-se a seguinte ementa:

> "Alvará. FGTS. Emenda Constitucional n. 45/2004. Competência da Justiça do Trabalho. Nos moldes de decisão proferida pelo C. TST, em Incidente de Uniformização de Jurisprudência: 1. Inscreve-se na competência material da Justiça do Trabalho, no exercício de jurisdição voluntária, apreciar pretensão de ex-empregado de expedição de alvará judicial para fins de saque dos depósitos do FGTS junto à CEF, tendo em vista a vinculação do pleito a uma relação de emprego, espécie de relação de trabalho de que cogita o novel art. 114, inciso I, da Constituição Federal de 1988, com a redação da Emenda Constitucional n. 45/04. 2. O aspecto central para a determinação da nova competência material da Justiça do Trabalho, desde o advento da EC n. 45/04, repousa na circunstância de o pedido e a causa de pedir dimanarem de uma relação de trabalho, ainda que não entre os respectivos sujeitos. Superada a estreita e arraigada vinculação de tal competência meramente aos dissídios entre empregado e empregador. Recurso provido por maioria." Proc. 01850/2005-005-24-00-9-RO.1 – 24ª R. – MS – João de Deus Gomes de Souza – Juiz relator. DO/MS de 18.8.2006 – (DT – Novembro/2006 – vol. 148, p. 72).

22 TST-Pleno, IUJ-RR n. 619.872/2000-2, rel. Min. João Oreste Dalazen, julg. de 13 de maio de 2005.

23 SILVA, Antônio Álvares da. *Pequeno tratado da nova competência da Justiça do Trabalho*. São Paulo: LTr, 2005. p. 275.

24 MELHADO, Reginaldo. *Metamorfoses do capital e do trabalho*. São Paulo: LTr, 2006. p. 186-187.

X

DA DURAÇÃO DO TRABALHO

1. DO DIREITO FUNDAMENTAL À LIMITAÇÃO DE JORNADA DE TRABALHO

O tempo, como dizem os filósofos, é *dimensão fundamental da condição humana*. Por isso, a duração do trabalho, ao lado da remuneração, é um instituto fundamental do Direito do Trabalho, e também um instituto destinado à proteção da dignidade da pessoa humana do trabalhador. Historicamente, as primeiras leis trabalhistas foram destinadas estabelecer uma jornada compatível com o organismo humano.

Como bem adverte Arnaldo Süssekind[1], "as disposições legais vigentes, relativas à duração do trabalho, são de caráter imperativo, não podendo, em princípio, ser violadas por qualquer ajuste estipulado entre empregado e empregador, nem pelas convenções e acordos coletivos que lhes sejam aplicáveis (arts. 9º e 444, da CLT). A nova Constituição brasileira permite, no entanto, em dois pontos, a flexibilização das normas que editou sobre duração do trabalho: a) compensação dos horários com redução das jornadas (at. 7º, XIII), b) adoção de regras especiais de trabalho para turnos ininterruptos de revezamento (art. 7º, XIV)."

A expressão direito *à desconexão do trabalho* foi utilizada pelo professor *Jorge Luiz Souto Maior*, como sendo um direito fundamental do trabalhador de se desconectar do trabalho, ou seja, de se desligar do ambiente de trabalho, a fim de poder ter direito ao lazer e à reposição de suas energias física e mental.

---

1 Instituições de Direito do Trabalho. Volume II. 22ª ed. São Paulo: LTr, 2005, p. 809.

O direito à desconexão do trabalho está intimamente ligado ao direito ao lazer previsto na Constituição Federal (artigo 6º) e também com limitação da jornada de trabalho (artigo 7º, XIII, da CF).

Otávio Amaral Calvet[2], sob o prisma jurídico, nos traz o seguinte conceito de lazer: "o direito do ser humano se desenvolver existencialmente, alcançando o máximo das suas aptidões, tanto nas relações que mantém como outros indivíduos e como o Estado, quanto pelo gozo de seu tempo livre como bem entender".

A regulamentação da duração do trabalho tem por objetivo dar efetividades aos seguintes direitos fundamentais:

a) direito ao descanso e ao lazer (art. 6º, da CF);
b) direito à convivência familiar (arts. 226 e seguintes da CF);
c) direito à saúde e à prevenção de acidentes de trabalho e doenças ocupacionais (art. 7º, XXII, da CF);
d) possibilitar o pleno emprego (art. 170, VIII, da CF);
e) proteger a intimidade e privacidade do empregado (art. 5º, X, da CF).

Como bem adverte Sebastião Geraldo de Oliveira[3], "a grande conquista dos trabalhadores no século XX foi a redução progressiva da duração da jornada de trabalho. A história do Direito do Trabalho dá notícia das extenuantes jornadas de até 16 horas ou do trabalho de sol a sol. A primeira Convenção da OIT, adotada em 1919, limitou o trabalho em 8 horas por dia, ressalvando que esse limite só poderia ser ultrapassado em caso de acidente ou grave perigo de acidente, no caso de trabalhos urgentes ou no caso de força maior, mas somente no período indispensável para evitar uma grave perturbação no funcionamento normal da empresa."

Nos termos do art. XXIV, da Declaração Universal dos Direitos Humanos: Todo ser humano tem direito a repouso e lazer, inclusive à limitação razoável das horas de trabalho e férias periódicas remuneradas.

---

2 Calvet, Otávio Amaral. O Direito ao Lazer nas Relações de Trabalho, São Paulo, LTr, 2006, pág. 75.

3 Proteção Jurídica à Saúde do Trabalhador. 5. ed. São Paulo: LTr, 2010, p. 153.

2. DA JORNADA DE TRABALHO

Duração do trabalho "é o tempo de labor legalmente outorgado ou contratualmente oferecido a um empregado. Exemplo: duração legal do trabalho dos bancários é de seis horas diárias e trinta horas semanais."[4]

O vocábulo *giornata*, em italiano, significa dia. Em francês, usa-se a expressão *jour*, dia. Jornada significa o que é diário.[5]

Jornada de trabalho é o limite diário de tempo em que o empregado está trabalhando ou à disposição do empregador.

Horário se reporta ao início e final da jornada diária. Exemplo: o trabalho se inicia às 8:00 e termina às 18:00 horas.

Como bem adverte Maurício Godinho Delgado[6], "a jornada mede a principal obrigação do empregado no contrato – o tempo de prestação de trabalho ou, pelo menos, de disponibilidade perante o empregador. Por ela mensura-se, também, em princípio, objetivamente, a extensão de transferência de força de trabalho em favor do empregador no contexto de uma relação empregatícia. É a jornada, portanto, ao mesmo tempo, a medida da principal obrigação obreira (prestação de serviços ou disponibilidade do trabalhador perante o seu empregador) e a medida da principal vantagem empresarial (apropriação dos serviços pactuados). Daí sua grande relevância no cotidiano trabalhista e no conjunto das regras inerentes do Direito do Trabalho."

Dispõe o art. 7º, XIII, da CF:

> "Duração do trabalho normal não superior a oito horas diárias e quarenta e quatro semanais, facultada a compensação de horários e a redução da jornada, mediante acordo ou convenção coletiva de trabalho".

Na Consolidação das Leis do Trabalho, dispõe o art. 58:

> "A duração normal do trabalho, para os empregados em qualquer atividade privada, não excederá de 8 (oito) horas diárias, desde

4 In: MARTINEZ, Luciano. Curso de Direito do Trabalho. 10ª. ed. São Paulo: Saraiva, 2019, p. 402.

5 In: MARTINS, Sérgio Pinto. Direito do Trabalho. 25ª ed. São Paulo: Atlas, 2009, p. 487.

6 Curso de Direito do Trabalho. 18ª ed. São Paulo: LTr, 2019, p. 1024.

> que não seja fixado expressamente outro limite. § 1º Não serão descontadas nem computadas como jornada extraordinária as variações de horário no registro de ponto não excedentes de cinco minutos, observado o limite máximo de dez minutos diários. § 2º O tempo despendido pelo empregado desde a sua residência até a efetiva ocupação do posto de trabalho e para o seu retorno, caminhando ou por qualquer meio de transporte, inclusive o fornecido pelo empregador, não será computado na jornada de trabalho, por não ser tempo à disposição do empregador."

A *duração normal* de trabalho fixada no texto constitucional e no art. 58, da CLT é a de 08 horas diárias e 44 semanais. A duração que não é normal, e sim especial, é a fixada em norma especial, como, por exemplo a duração do bancário (06 horas diárias e 30 semanais – art. 224 da CLT), do contrato a termo parcial (30 horas semanais – art. 58-A da CLT), do aprendiz (06 horas diárias – art. 432), etc.

As partes, no contrato de trabalho, podem fixar a duração do trabalho de trabalho inferior ao limite constitucional de 8 horas diárias e 44 semanais. Nessa hipótese, prevalecerá a jornada contratual. A lei, diante das peculiaridades de determinada atividade, poderá fixar a jornada diária acima da 8ª diária, mas dentro do módulo semanal de 44 horas (art. 7º, XIII, da CF).

Segundo a doutrina, a jornada de trabalho abrange três eventos, quais sejam:

a) as horas efetivamente trabalhadas, nas quais o empregado está produzindo, excluindo-se o tempo em que o empregado está à disposição do empregador;

b) o tempo em que o empregado está à disposição do empregador, aguardando determinações "no centro de trabalho, independentemente de ocorrer ou não a efetiva prestação de serviços;"[7]

c) as horas de percurso, também denominadas "in itinere", nas quais o empregado está se deslocando para o trabalho, tendo saído de sua residência (indo ou retornando).

A Consolidação das Leis do Trabalho adotou a teoria do tempo à disposição como critério preponderante de abrangência da jornada de trabalho. Com efeito, dispõe o art. 4º da CLT:

---

7 DELGADO, Maurício Godinho. Curso de Direito do Trabalho. 18ª ed. São Paulo: LTr, 2019, p. 1032.

> "Considera-se como de serviço efetivo o período em que o empregado esteja à disposição do empregador, aguardando ou executando ordens, salvo disposição especial expressamente consignada. § 1º Computar-se-ão, na contagem de tempo de serviço, para efeito de indenização e estabilidade, os períodos em que o empregado estiver afastado do trabalho prestando serviço militar e por motivo de acidente do trabalho. § 2º Por não se considerar tempo à disposição do empregador, não será computado como período extraordinário o que exceder a jornada normal, ainda que ultrapasse o limite de cinco minutos previsto no § 1º do art. 58 desta Consolidação, quando o empregado, por escolha própria, buscar proteção pessoal, em caso de insegurança nas vias públicas ou más condições climáticas, bem como adentrar ou permanecer nas dependências da empresa para exercer atividades particulares, entre outras: I – práticas religiosas; II – descanso; III – lazer; IV – estudo; V – alimentação; VI – atividades de relacionamento social; VII – higiene pessoal; VIII – troca de roupa ou uniforme, quando não houver obrigatoriedade de realizar a troca na empresa."

Nos termos do presente dispositivo, considera-se tempo de serviço, não só o tempo em que o empregado está trabalhando, mas também aguardando ordens, à disposição do empregador. Quando houver disposição especial, o tempo do intervalo intrajornada, também integra a jornada de trabalho.

A Lei 13.467/17, conhecida como a Lei da Reforma Trabalhista inseriu o parágrafo 2º do artigo 4º, da CLT, elencado hipóteses que não são consideradas tempo à disposição do empregador, quais sejam: quando o empregado, por escolha própria, buscar proteção pessoal, em caso de insegurança nas vias públicas ou más condições climáticas, bem como adentrar ou permanecer nas dependências da empresa para exercer atividades particulares, entre outras: I – práticas religiosas; II – descanso; III – lazer; IV – estudo; V – alimentação; VI – atividades de relacionamento social; VII – higiene pessoal; VIII – troca de roupa ou uniforme, quando não houver obrigatoriedade de realizar a troca na empresa.

As hipóteses previstas no referido parágrafo somente não integrarão a jornada de trabalho do empregado quando, de forma inequívoca, a escolha por permanecer nas dependências da empresa fora do horário de trabalho, for do empregado. Embora o dispositivo não faça menção, a permanência do empregado nas dependências da empresa nas condições do parágrafo 2º, do art. 4º, da CLT depende da anuência expressa ao tácita do empregador.

Nos termos da Súmula 429 do TST, considera-se à disposição do empregador, na forma do art. 4º da CLT, o tempo necessário ao deslocamento do trabalhador entre a portaria da empresa e o local de trabalho, desde que supere o limite de 10 (dez) minutos diários.

3. HORAS DE PERCURSO OU "IN ITINERE"

As horas de percurso ou "in itinere" são aquelas que o empregado gasta no trajeto de ida e volta para o trabalho dentro da condução fornecida pelo empregador, quando o local de trabalho está em local de difícil acesso ou não servido por transporte público regular.

O reconhecimento das horas "in itinere" como componentes da jornada de trabalho decorreu de grande amadurecimento jurisprudencial, conforme se constata da redação da Súmula 90 do TST, "in verbis":

> **HORAS "IN ITINERE". TEMPO DE SERVIÇO (incorporadas as Súmulas nºs 324 e 325 e as Orientações Jurisprudenciais nºs 50 e 236 da SBDI-1) – Res. 129/2005, DJ 20, 22 e 25.04.2005**
>
> I – O tempo despendido pelo empregado, em condução fornecida pelo empregador, até o local de trabalho de difícil acesso, ou não servido por transporte público regular, e para o seu retorno é computável na jornada de trabalho. (ex-Súmula nº 90 – RA 80/1978, DJ 10.11.1978)
>
> II – A incompatibilidade entre os horários de início e término da jornada do empregado e os do transporte público regular é circunstância que também gera o direito às horas "in itinere". (ex-OJ nº 50 da SBDI-1 – inserida em 01.02.1995)
>
> III – A mera insuficiência de transporte público não enseja o pagamento de horas "in itinere". (ex-Súmula nº 324 – Res. 16/1993, DJ 21.12.1993)
>
> IV – Se houver transporte público regular em parte do trajeto percorrido em condução da empresa, as horas "in itinere" remuneradas limitam-se ao trecho não alcançado pelo transporte público. (ex-Súmula nº 325 – Res. 17/1993, DJ 21.12.1993)
>
> V – Considerando que as horas "in itinere" são computáveis na jornada de trabalho, o tempo que extrapola a jornada legal é considerado como extraordinário e sobre ele deve incidir o adicional respectivo. (ex-OJ nº 236 da SBDI-1 – inserida em 20.06.2001)".

Posteriormente, a Lei 10.243/01 trouxe para o corpo da CLT o posicionamento jurisprudencial do TST, no § 2º do art. 58, "in verbis":

> "O tempo despendido pelo empregado até o local de trabalho e para o seu retorno, por qualquer meio de transporte, não será computado na jornada de trabalho, salvo quando, tratando-se de local de difícil acesso ou não servido por transporte público.

Posteriormente, da Lei 13.457/17 deu nova redação ao § 2º do art. 58, da CLT, para excluir da jornada de trabalho o tempo "in itinere". Dispõe o referido dispositivo legal:

> "O tempo despendido pelo empregado desde a sua residência até a efetiva ocupação do posto de trabalho e para o seu retorno, caminhando ou por qualquer meio de transporte, inclusive o fornecido pelo empregador, não será computado na jornada de trabalho, por não ser tempo à disposição do empregador."

Diante da clareza da redação do referido dispositivo legal, as horas de percurso não integram mais a jornada de trabalho e não devem ser pagas como extras, caso a jornada diária extrapole o limite legal em razão delas.

Sem dúvida, houve supressão de uma garantia trabalhista que visava à melhoria da condição social do trabalho.

As horas "in itinere" deixaram de ser um direito previsto em lei. No entanto, mediante negociação coletiva, as horas de percurso podem estar previstas como integrantes da jornada por meio de convenção ou acordo coletivo de trabalho.

4. HORAS DE SOBREAVISO E PRONTIDÃO

O sobreaviso é o período em que o trabalhador permanece aguardando chamado para o serviço, em período destinado ao descanso, fora do local de trabalho, podendo ser convocado a qualquer momento para o trabalho.

Na Consolidação das Leis do Trabalho, o sobreaviso está disciplinado para o serviço ferroviário. Com efeito, dispõe o art. 244, § 2º da CLT:

> "As estradas de ferro poderão ter empregados extranumerários, de sobre-aviso e de prontidão, para executarem serviços imprevistos

> ou para substituições de outros empregados que faltem à escala organizada.
>
> (...) § 2º Considera-se de "sobreaviso" o empregado efetivo, que permanecer em sua própria casa, aguardando a qualquer momento o chamado para o serviço. Cada escala de "sobreaviso" será, no máximo, de vinte e quatro horas. As horas de "sobreaviso", para todos os efeitos, serão contadas à razão de 1/3 (um terço) do salário normal."

O referido dispositivo legal determina, para configuração do sobreaviso, que o empregado permaneça em sua própria residência, aguardando chamado, tendo, com isso, restrição em sua liberdade de locomoção.

A jurisprudência majoritária, principalmente a do Tribunal Superior do Trabalho, corretamente, tem estendido a aplicação do presente dispositivo, a outras categorias de trabalhadores, por analogia ao trabalho dos ferroviários. No entanto, durante muito tempo a jurisprudência foi refratária a admitir o sobreaviso se não houvesse restrição à liberdade de locomoção do trabalhador.

No aspecto a Súmula 229 do TST:

> "**SOBREAVISO. ELETRICITÁRIOS (nova redação) – Res. 121/2003, DJ 19, 20 e 21.11.2003.** Por aplicação analógica do art. 244, § 2º, da CLT, as horas de sobreaviso dos eletricitários são remuneradas à base de 1/3 sobre a totalidade das parcelas de natureza salarial."

De nossa parte, diante do avanço da tecnologia e da evolução dos meios de comunicação, se o trabalhador puder ser chamado para o serviço por meio de aparelhos que permitam sua locomoção, como BIPs, PAGERs, ou Telefone Celular o regime de sobreaviso deve ser aplicado, uma vez que o trabalhador, indiscutivelmente, está conectado ao trabalho e à disposição do empregador.

Nesse sentido, destaca-se a seguinte ementa:

> "(...)HORAS DE SOBREAVISO. CARACTERIZAÇÃO. USO DE TELEFONE CELULAR. Na hipótese, a Turma adotou o entendimento de que não é devido o sobreaviso àqueles empregados que, por meio de telefone celular ou bip, ficam aguardando ordens, pois, nessas circunstâncias, não são impedidos de se locomoverem. A

Súmula nº 428, itens I e II, do TST estabelece que "o uso de instrumentos telemáticos ou informatizados fornecidos pela empresa ao empregado, por si só, não caracteriza o regime de sobreaviso", bem como que "considera-se de sobreaviso o empregado que, à distância e submetido a controle patronal por instrumentos telemáticos ou informatizados, permanecer em regime de plantão ou equivalente, aguardando a qualquer momento o chamado para o serviço durante o período de descanso". Assim, o uso de telefone celular, a exemplo do aparelho de bip, por si só, não configura o regime de sobreaviso, podendo o empregado nessa condição, pois, deslocar-se livremente ou até dedicar-se a outra atividade em seu período de descanso. Todavia, a jurisprudência desta Corte, ao introduzir o item II à sua Súmula nº 428, evoluiu para entender que é devido o pagamento do período de sobreaviso no caso de o trabalhador cumprir escalas de sobreaviso, ficando caracterizada a restrição de sua locomoção, podendo ser chamado para prestar serviço a qualquer momento. Da mesma forma, considera-se caracterizado o sobreaviso, nos termos da citada súmula, quando o empregado, fora do seu horário normal de trabalho, permanece em estado de alerta aguardando ordens do empregador por meio de aparelho celular, ainda que não seja obrigado a ficar em casa, pois essa situação equivale ao regime de plantão, uma vez que, nessa condição, o empregado não tem, efetivamente, plena liberdade de locomoção nem pode dispor, livremente, do seu tempo em proveito próprio, ficando impedido de realizar atividades que o impossibilitem de atender prontamente a chamados. Logo, para os fins de pagamento de horas de sobreaviso, não é necessário que o empregado fique em casa aguardando ordens, contanto que permaneça em local onde haja sinal de telefone celular e possa atender o chamado com brevidade. Na hipótese dos autos, consta do acórdão regional transcrito pela Turma que o reclamante era responsável pelo autoatendimento do banco e que, por isso, era obrigado a se colocar à disposição deste a qualquer dia e hora para atender os seus chamados, fora da sua jornada de trabalho, inclusive nos finais de semana. Essa circunstância demonstra a existência de controle do empregador sobre o empregado, que, embora não estivesse obrigado a permanecer em sua residência nem estivesse impedido de se locomover pelo simples fato de portar aparelho celular, certamente, tinha sua liberdade de locomoção limitada a um raio determinado de ação que lhe permitisse o deslocamento, em tempo hábil, para atender ao chamado patronal. Com efeito, ainda que o empregado portador de aparelho telefônico celular tenha mais liberdade de locomoção do que aquele que antes permanecia de sobreaviso na própria residência, aguardando eventual chamado, submete-se ao mesmo estado de alerta, apreensão e disposição ao empregador, sendo estas as características a serem consideradas relevantes para fins de caracterização do regime de sobreaviso. Precedentes da SbDI-1 e de Turmas. Embargos conhecidos e providos (TST E-ED-RR-241900-80.2006.5.04.0341, Subseção I Especializada em Dissídios Individuais, Relator Ministro José Roberto Freire Pimenta, DEJT 14/09/2018)."

De outro lado, o empregador poderá contar com um trabalhador à sua disposição sem ter que dispender nada por isto, o que configura enriquecimento sem causa do empregador (artigo 884 da CLT) e também desequilíbrio contratual (princípio da comutatividade do contrato de trabalho).

No aspecto, dispõe a Súmula 428 do TST:

> **"SOBREAVISO APLICAÇÃO ANALÓGICA DO ART. 244, § 2º DA CLT (redação alterada na sessão do Tribunal Pleno realizada em 14.09.2012) – Res. 185/2012, DEJT divulgado em 25, 26 e 27.09.2012**
>
> I – O uso de instrumentos telemáticos ou informatizados fornecidos pela empresa ao empregado, por si só, não caracteriza o regime de sobreaviso.
>
> II – Considera-se em sobreaviso o empregado que, à distância e submetido a controle patronal por instrumentos telemáticos ou informatizados, permanecer em regime de plantão ou equivalente, aguardando a qualquer momento o chamado para o serviço durante o período de descanso."

Conforme o entendimento firmado pelo Tribunal Superior do Trabalho, o empregado que estiver na posse de instrumento telemático ou informatizados fornecido pelo empregador fora do local de trabalho em horário de descanso, mas for obrigado a permanecer em regime de plantão ou equivalente, podendo ser chamado a qualquer momento para o serviço, está em sobreaviso, mesmo que não tenha que permanecer em sua residência.

"As horas de sobreaviso, para todos os efeitos, serão contadas à razão de 1/3 (um terço) do salário normal."

Conforme o art. 244 § 3º, da CLT considera-se de "prontidão" o empregado que ficar nas dependências da estrada, aguardando ordens. A escala de prontidão será, no máximo, de doze horas. As horas de prontidão serão, para todos os efeitos, contadas à razão de 2/3 (dois terços) do salário-hora normal.

Horas de prontidão, são aquelas em que o empregado fica nas dependências do empregador, fora de seu horário de trabalho, aguardando determinações para o serviço. Nesta circunstância, o trabalhador será escalado para ficar, no máximo 12 horas por dia em regime de prontidão.

As horas de prontidão serão, para todos os efeitos, contadas à razão de 2/3 (dois terços) do salário-hora normal.

5. TURNOS ININTERRUPTOS DE REVEZAMENTO

Conforme Vólia Bomfim Cassar[8], "entende-se por revezamento a troca contínua de horários de trabalho de forma que um empregado trabalhe todos os horários de um dia em períodos diferentes: manhã, tarde, noite e madrugada."

A alterações dos horários dos turnos pode ser diária, semanal, mensal, ou até semestral, de modo que as variações tenham abrangência nas 24 horas do dia (ou seja, o trabalhador tem que trabalhar nos períodos da manhã, tarde, noite e madrugada).

Como destacam Pedro Henrique Godinho Faccioli e Paula Bueno Ravena[9], "o C. TST possui firme entendimento no sentido de que alterações semestrais são capazes de configurar este regime especial de trabalho. Disso se concluiu que qualquer periodicidade de alternância inferior a um semestre caracterizará o regime de turnos ininterruptos de revezamento". No aspecto, importante destacar as seguintes ementas da mais alta corte trabalhista brasileira:

> RECURSO DE EMBARGOS EM EMBARGOS DE DECLARAÇÃO EM RECURSO DE REVISTA REGIDO PELA LEI Nº 11.496/2007. NEGATIVA DE PRESTAÇÃO JURISDICIONAL DO ACÓRDÃO

8 Direito do Trabalho. 14. ed. São Paulo: Método, 2017, p. 625.

9 Direito do Trabalho na Jurisprudência do TST. Salvador: Editora Juspodivm, 2019, p. 294.

> EMBARGADO. Resulta imprópria a alegação de afronta aos dispositivos de lei federal e da Constituição da República indicados pela embargante, em decorrência da redação do artigo 894, II, da CLT conferida pela Lei nº 11.496/2007, que excluiu das hipóteses de cabimento dos embargos a violação de preceito de lei. Recurso de embargos de que não se conhece. TURNOS ININTERRUPTOS DE REVEZAMENTO. ALTERNÂNCIA QUADRIMESTRAL. CONFIGURAÇÃO. É sabido que o labor com a alternância de turnos gera ao trabalhador maior desgaste físico e mental, em virtude de desregular diversos fatores biológicos e comprometer a sua higidez. Além dos danos à saúde, tal prática afeta seriamente o campo psicossocial do indivíduo, pois dificulta o convívio familiar e impede a realização de atividades que exijam regularidade. Com isso, havendo o trabalho com a alternância periódica de horário, de modo que esteja o empregado submetido, no todo ou em parte, ao horário diurno e noturno, será aplicável a jornada especial prevista no artigo 7º, XIV, da Constituição Federal. Frise-se que o simples fato de a alternância de turno ocorrer de forma mensal, trimestral, quadrimestral ou semestral não é suficiente, por si só, para descaracterizar a jornada especial. Precedentes. Recurso de embargos de que não se conhece (TST E-ED-RR-2706-78.2010.5.02.0048, Subseção I Especializada em Dissídios Individuais, Relator Ministro Cláudio Mascarenhas Brandão, DEJT 31/10/2017).
>
> RECURSO DE REVISTA DO RECLAMANTE INTERPOSTO SOB A ÉGIDE DA LEI Nº 13.467/2017 – TURNOS ININTERRUPTOS DE REVEZAMENTO – CARACTERIZAÇÃO – LABOR EM DOIS TURNOS – ALTERNÂNCIA TRIMESTRAL/SEMESTRAL A jurisprudência desta Corte firmou-se no sentido de ser suficiente à caracterização do regime de turnos ininterruptos de revezamento a alternância de horários em dois turnos de trabalho, desde que compreendam, no todo ou em parte, os horários diurno e noturno (Orientação Jurisprudencial nº 360 da SBDI-1), sendo irrelevante a frequência de alteração do horário ser semanal, mensal, bimestral ou até semestral. Julgados. Recurso de Revista conhecido e provido (TST RR-1472-37.2016.5.09.0022, 8ª Turma, Relatora Ministra Maria Cristina Irigoyen Peduzzi, DEJT 09/11/2018).

A existência de dois turnos fixos, um no horário diurno e outro no horário noturno, de modo que as variações tenham abrangência sobre as 24 horas do dia, também configuram os turnos ininterruptos de revezamento, conforme, corretamente, se firmou a jurisprudência do TST. No aspecto a OJ 360 da SDI-I do TST, "in verbis":

> **"TURNO ININTERRUPTO DE REVEZAMENTO. DOIS TURNOS. HORÁRIO DIURNO E NOTURNO. CARACTERIZAÇÃO (DJ 14.03.2008)** Faz jus à jornada especial prevista no art. 7º, XIV, da CF/1988 o trabalhador que exerce suas atividades em sistema de alternância de turnos, ainda que em dois turnos de trabalho, que compreendam, no todo ou em parte, o horário diurno e o noturno, pois submetido à alternância de horário prejudicial à saúde, sendo irrelevante que a atividade da empresa se desenvolva de forma ininterrupta."

A constante alteração da jornada de trabalho impede que o trabalhador tenha um ritmo cadenciado de vida, é prejudicial à sua saúde, e às suas atividades privadas. Em razão disso, a Constituição fixou a duração do trabalho de 06 horas, para os trabalhadores que trabalhavam em regime de turnos ininterruptos de revezamento. Com efeito, dispõe o art. 7º, XIV, da CF:

> "Jornada de seis horas para o trabalho realizado em turnos ininterruptos de revezamento, salvo negociação coletiva."

Como já está pacificado tanto pelo TST como pelo STF, a concessão de intervalo intrajornada e o intervalo para repouso semanal não são incompatíveis com a redução da jornada nos turnos ininterruptos de revezamento. Nesse sentido, a Súmula 360 do C. TST:

> **"TURNOS ININTERRUPTOS DE REVEZAMENTO. INTERVALOS INTRAJORNADA E SEMANAL (mantida) – Res. 121/2003, DJ 19, 20 e 21.11.2003** A interrupção do trabalho destinada a repouso e alimentação, dentro de cada turno, ou o intervalo para repouso semanal, não descaracteriza o turno de revezamento com jornada de 6 (seis) horas previsto no art. 7º, XIV, da CF/1988."

O trabalho realizado em horário noturno, mesmo em se tratando de turnos de revezamento, é mais nocivo à saúde do trabalhador, portanto, resta justificável o pagamento do adicional noturno e a consideração da hora noturna reduzida, como normas de proteção à saúde do trabalhador (artigo 7º, XXII, da CF). De outro lado, não há na CF e tampouco na

CLT, qualquer norma que exclua o pagamento do adicional noturno e consideração da hora noturna reduzida quando o trabalho for prestado no regime de turnos ininterruptos de revezamento. Nesse sentido a OJ 395, da SDI-I do TST, "in verbis":

> "**TURNO ININTERRUPTO DE REVEZAMENTO. HORA NOTURNA REDUZIDA. INCIDÊNCIA. (DEJT divulgado em 09, 10 e 11.06.2010)** O trabalho em regime de turnos ininterruptos de revezamento não retira o direito à hora noturna reduzida, não havendo incompatibilidade entre as disposições contidas nos arts. 73, § 1º, da CLT e 7º, XIV, da Constituição Federal."

Como visto, a Constituição Federal (art. 7º, XIX) possibilita a majoração da jornada nos turnos ininterruptos de revezamento mediante negociação coletiva, vale dizer: mediante convenção ou acordo coletivo. O Tribunal Superior do trabalho firmou entendimento no sentido de que, as horas do turno podem ser majoradas para oito mediante negociação coletiva sem o pagamento de horas extras, conforme a redação da Súmula 423 de sua jurisprudência, "in verbis":

> "TURNO ININTERRPUTO DE REVEZAMENTO. FIXAÇÃO DE JORNADA DE TRABALHO MEDIANTE NEGOCIAÇÃO COLETIVA. Estabelecida jornada superior a seis horas e limitada a oito horas por meio de regular negociação coletiva, os empregados submetidos a turnos ininterruptos de revezamento não têm direito ao pagamento das 7ª e 8ª horas como extras".

Nos termos da OJ 275, da SDI-I do TST, "inexistindo instrumento coletivo fixando jornada diversa, o empregado horista submetido a turno ininterrupto de revezamento faz jus ao pagamento das horas extraordinárias laboradas além da 6ª, bem como ao respectivo adicional."

Conforme o entendimento Sumulado do TST, desde que haja autorização em norma coletiva, o turno ininterrupto de revezamento pode ser majorado, independentemente de concessão de qualquer outro benéfico à classe trabalhadora, e sem pagamento da 7ª e 8ª horas como extras. Caso não exista negociação coletiva, são devidas as horas acima da 6º como extras.

Em que pese o respeito que merece a referida Súmula do TST, ousamos divergir, pois o artigo 7º, XIV da CF alude à negociação coletiva e "negociação" pressupõe concessões recíprocas, e não apenas o empregado ceder diante do temor da perda do emprego. A redução da jornada nos turnos ininterruptos de revezamento é norma de segurança e medicina do trabalho (artigo 7º, XXII, da CF) e também de meio ambiente de trabalho, já que o empregado que trabalha com variações de horários tem o seu relógio biológico alterado e não pode ter um ritmo de vida cadenciado. Admitir-se a majoração da jornada nos turnos sem o correspondente pagamento de horas extras implicaria uma renúncia de direitos e uma espécie de "flexibilização perversa".

Vólia Bomfim Cassar[10] sustenta posição intermediária ao analisar a Súmula 423 do TST, com os seguintes argumentos:

> "Discordamos da posição sumulada, pois a Constituição apenas permitiu a prorrogação temporária da jornada através de norma coletiva, e não a redução salarial, pois ao majorar a jornada sem aumentar o salário, o empregador estará reduzindo o salário-hora do empregado. Um trabalhador que ganha R$2.000,00 por seis horas diárias e tem sua jornada ampliada para oito horas, sem acréscimo salarial, tem seu salário-hora reduzido."

6. JORNADA DE TRABALHO A TEMPO PARCIAL

Dispõe o art. 58-A da CLT:

> "Considera-se trabalho em regime de tempo parcial aquele cuja duração não exceda a trinta horas semanais, sem a possibilidade de horas suplementares semanais, ou, ainda, aquele cuja duração não exceda a vinte e seis horas semanais, com a possibilidade de acréscimo de até seis horas suplementares semanais. § 1º O salário a ser pago aos empregados sob o regime de tempo parcial será proporcional à sua jornada, em relação aos empregados que cumprem, nas mesmas funções, tempo integral. § 2º Para os atuais empregados, a adoção do regime de tempo parcial será feita mediante opção manifestada perante a empresa, na forma prevista em instrumento decorrente de negociação coletiva. § 3º As horas suplementares à duração do trabalho semanal normal serão pagas

10 Direito do Trabalho. 14ª. ed. São Paulo: Método, 2017, p. 627.

> com o acréscimo de 50% (cinquenta por cento) sobre o salário-hora normal. § 4º Na hipótese de o contrato de trabalho em regime de tempo parcial ser estabelecido em número inferior a vinte e seis horas semanais, as horas suplementares a este quantitativo serão consideradas horas extras para fins do pagamento estipulado no § 3º, estando também limitadas a seis horas suplementares semanais. § 5º As horas suplementares da jornada de trabalho normal poderão ser compensadas diretamente até a semana imediatamente posterior à da sua execução, devendo ser feita a sua quitação na folha de pagamento do mês subsequente, caso não sejam compensadas. § 6º É facultado ao empregado contratado sob regime de tempo parcial converter um terço do período de férias a que tiver direito em abono pecuniário. § 7º As férias do regime de tempo parcial são regidas pelo disposto no art. 130 desta Consolidação."

O trabalho a tempo parcial é uma hipótese de flexibilização da jornada de trabalho, visando a assegurar os empregos, principalmente, durante período de crise empresarial.

O próprio artigo 58-A, da CLT, por meio de interpretação autêntica, define o contrato a tempo parcial como sendo aquele cuja dura semanal não ultrapasse 30 horas, sem a possibilidade de horas suplementares semanais, ou, ainda, aquele cuja duração não exceda a vinte e seis horas semanais, com a possibilidade de acréscimo de até seis horas suplementares semanais.

As horas suplementares da jornada de trabalho normal poderão ser compensadas diretamente até a semana imediatamente posterior à da sua execução, devendo ser feita a sua quitação na folha de pagamento do mês subsequente, caso não sejam compensadas.

Na hipótese de o contrato de trabalho em regime de tempo parcial ser estabelecido em número inferior a vinte e seis horas semanais, as horas suplementares a este quantitativo serão consideradas horas extras, limitadas a seis horas suplementares semanais, sem possibilidade de compensação.

Como visto, a Constituição Federal no artigo 7º, XIII, fixa limite máximo da duração do trabalho como sendo 8 horas diária e 44 semanais. Por isso, o empregado pode ser contratado para cumprir jornada inferior ao limite constitucional.

Para os empregados que já foram contratados para o regime de 08 horas diária e 44 semanais, a redução da jornada para o regime de trabalho a tempo parcial depende de previsão em instrumento coletivo normativo (acordos coletivos ou convenções coletivas) e opção formal do trabalhador (pela forma escrita).

Nos termos do parágrafo 1º do artigo 58, da CLT, o salário dos empregados a tempo parcial será proporcional à jornada cumprida pelos trabalhadores em regime integral, nas mesmas funções.

De nossa parte, em que pesem os argumentos em sentido contrário, o salário mínimo deve sempre ser respeitado independentemente da jornada cumprida, pois a Constituição Federal não vincula o salário mínimo à jornada cumprida. Além disso, o recebimento do salário mínimo compõe o piso vital mínimo de direitos para proteção da dignidade da pessoa humana do trabalhador. O TST, entretanto, exceto para o empregado vinculado à Administração Pública direta, autárquica e fundacional, fixou entendimento diverso, conforme a OJ 358, de sua SDI-I, "in verbis":

> **"SALÁRIO MÍNIMO E PISO SALARIAL PROPORCIONAL À JORNADA REDUZIDA. EMPREGADO. SERVIDOR PÚBLICO (redação alterada na sessão do Tribunal Pleno realizada em 16.02.2016) – Res. 202/2016, DEJT divulgado em 19, 22 e 23.02.2016**
> I – Havendo contratação para cumprimento de jornada reduzida, inferior à previsão constitucional de oito horas diárias ou quarenta e quatro semanais, é lícito o pagamento do piso salarial ou do salário mínimo proporcional ao tempo trabalhado.
> II – Na Administração Pública direta, autárquica e fundacional não é válida remuneração de empregado público inferior ao salário mínimo, ainda que cumpra jornada de trabalho reduzida. Precedentes do Supremo Tribunal Federal."

7. DA PRORROGAÇÃO DA JORNADA DE TRABALHO

Prorrogação da jornada significa trabalhar um número de horas acima da jornada fixada na lei ou no contrato de trabalho.

A prorrogação da jornada depende de acordo entre empregado e empregador. Este acordo, segundo a doutrina, deve ser escrito. No entanto, a redação dada ao art. 59 da CLT pela Lei 13.4676/17 não exige a forma escrita: ele pode ser verbal ou escrito, tácito ou expresso, mas a forma escrita é mais segura ao empregador. O acordo de prorrogação também pode ser coletivo, com a chancela do Sindicato dos Trabalhadores.

Nesse sentido, dispõe o "*caput*" do art. 59, da CLT, "in verbis":

> "A duração diária do trabalho poderá ser acrescida de horas extras, em número não excedente de duas, por acordo individual, convenção coletiva ou acordo coletivo de trabalho."

O número máximo de horas suplementares não poderá ser superior a duas. De outro lado, caso o trabalhador realize jornada superior a duas horas, as receberá como extra.

Nesse sentido, dispõe a Súmula 376 do TST, "in verbis":

> **"HORAS EXTRAS. LIMITAÇÃO. ART. 59 DA CLT. REFLEXOS (conversão das Orientações Jurisprudenciais nºs 89 e 117 da SBDI-1) – Res. 129/2005, DJ 20, 22 e 25.04.2005**
>
> I – A limitação legal da jornada suplementar a duas horas diárias não exime o empregador de pagar todas as horas trabalhadas. (ex-OJ nº 117 da SBDI-1 – inserida em 20.11.1997)
>
> II – O valor das horas extras habitualmente prestadas integra o cálculo dos haveres trabalhistas, independentemente da limitação prevista no "*caput*" do art. 59 da CLT. (ex-OJ nº 89 da SBDI-1 – inserida em 28.04.1997)."

A limitação da prorrogação da jornada a duas horas diárias é norma de ordem pública, destinada à proteção da saúde do trabalhador. Desse modo, este limite só poderá ser ultrapassado se houver motivo justificável previsto em lei, ou diante das circunstâncias do trabalho realizado, não for nocivo à saúde do trabalhador.

Embora a realização das horas extras devesse configurar exceção, face a todos os direitos fundamentais decorrentes do regime de limitação da Duração do Trabalho, a realidade demonstra o contrário, em diversos segmentos da atividade produtiva, a prorrogação da jornada é a regra. Também a doutrina e jurisprudência têm entendido que a realização habitual de horas extras, desde que elas sejam devidamente remuneradas com o adicional legal, ou outro mais benéfico, configura apenas uma irregularidade, não sendo apta a gerar a nulidade da realização das horas extras.

A jurisprudência não tem aceitado acordos de prorrogação de horas assinados pelo trabalhador quando da contratação, pois, dificilmente haverá manifestação espontânea da vontade do empregado. Nesse sentido, a Súmula 199 do TST, "in verbis":

> **"BANCÁRIO. PRÉ-CONTRATAÇÃO DE HORAS EXTRAS (incorporadas as Orientações Jurisprudenciais nºs 48 e 63 da SBDI-1) – Res. 129/2005, DJ 20, 22 e 25.04.2005** I – A contratação do serviço suplementar, quando da admissão do trabalhador bancário, é nula. Os valores assim ajustados apenas remuneram a jornada normal, sendo devidas as horas extras com o adicional de, no mínimo, 50% (cinqüenta por cento), as quais não configuram pré-contratação, se pactuadas após a admissão do bancário. (ex-Súmula nº 199 – alterada pela Res. 41/1995, DJ 21.02.1995 – e ex-OJ nº 48 da SBDI-1 – inserida em 25.11.1996) II – Em se tratando de horas extras pré-contratadas, opera-se a prescrição total se a ação não for ajuizada no prazo de cinco anos, a partir da data em que foram suprimidas. (ex-OJ nº 63 da SBDI-1 – inserida em 14.03.1994)."

Embora a prorrogação das horas extras tenha que ser levada a efeito por acordo, por configurar situação excepcional, não integra o patrimônio jurídico do trabalhador. Vale dizer: as horas extras podem ser suprimidas de forma unilateral pelo empregador, sem que com isso configure alteração contratual lesiva, fazendo jus o trabalhador se as horas extras perduraram por no mínimo um ano, a uma indenização. O Tribunal Superior do Trabalho tratou da questão por meio da Súmula 291 de sua jurisprudência, "in verbis":

> **"HORAS EXTRAS. HABITUALIDADE. SUPRESSÃO. INDENIZAÇÃO. (nova redação em decorrência do julgamento do processo TST-IUJERR 10700-45.2007.5.22.0101) – Res. 174/2011, DEJT divulgado em 27, 30 e 31.05.2011** A supressão total ou parcial, pelo empregador, de serviço suplementar prestado com habitualidade, durante pelo menos 1 (um) ano, assegura ao empregado o direito à indenização correspondente ao valor de 1 (um) mês das horas suprimidas, total ou parcialmente, para cada ano ou fração igual ou superior a seis meses de prestação de serviço acima da jornada normal. O cálculo observará a média das horas suplementares nos últimos 12 (doze) meses anteriores à mudança, multiplicada pelo valor da hora extra do dia da supressão."

O empregado pode se recusar a realizar horas extras, salvo se estiver em regime de compensação de horas, ou para atender necessidade imperiosa do serviço (art. 61 da CLT).

O art. 61 da CLT trata das hipóteses em que as horas extras podem ser exigidas do empregado de forma lícita, mesmo sem a existência de acordo de prorrogação de horas. Com efeito, dispõe o referido dispositivo legal:

> "Ocorrendo necessidade imperiosa, poderá a duração do trabalho exceder do limite legal ou convencionado, seja para fazer face a motivo de força maior, seja para atender à realização ou conclusão de serviços inadiáveis ou cuja inexecução possa acarretar prejuízo manifesto.
>
> § 1º O excesso, nos casos deste artigo, pode ser exigido independentemente de convenção coletiva ou acordo coletivo de trabalho.
>
> § 2º – Nos casos de excesso de horário por motivo de força maior, a remuneração da hora excedente não será inferior à da hora normal. Nos demais casos de excesso previstos neste artigo, a remuneração será, pelo menos, 25% (vinte e cinco por cento) superior à da hora normal, e o trabalho não poderá exceder de 12 (doze) horas, desde que a lei não fixe expressamente outro limite.
>
> § 3º – Sempre que ocorrer interrupção do trabalho, resultante de causas acidentais, ou de força maior, que determinem a impossibilidade de sua realização, a duração do trabalho poderá ser prorrogada pelo tempo necessário até o máximo de 2 (duas) horas, durante o número de dias indispensáveis à recuperação do tempo perdido, desde que não exceda de 10 (dez) horas diárias, em período não superior a 45 (quarenta e cinco) dias por ano, sujeita essa recuperação à prévia autorização da autoridade competente."

Diante do referido dispositivo, as horas extras poderão ser exigidas nas seguintes hipóteses:

a) força maior ou caso fortuito (art. 501 da CLT);

b) ocorrendo necessidade imperiosa em razão de acontecimento excepcional;

c) para a realização ou conclusão de serviços inadiáveis ou cuja inexecução possa acarretar prejuízo manifesto;

d) para compensar interrupção do trabalho, resultante de causas acidentais, ou de força maior, que determinem a impossibilidade de sua realização.

A obrigação do empregado de prestar horas extras na hipótese do presente artigo se funda no dever de colaboração inerente do vínculo empregatício.

Nos termos do art. 58, § 1º, da CLT, "não serão descontadas nem computadas como jornada extraordinária as variações de horário no registro de ponto não excedentes de cinco minutos, observado o limite máximo de dez minutos diários."

Diante do art. 7º, XVI, da Constituição Federal, a jornada extraordinária realizada em todas as hipóteses do art. 61 deve ser remunerada com o adicional de 50%.

8. DA PRORROGAÇÃO DE HORAS DECORRENTES DE ATIVIDADE INSALUBRE

Para o empregado que trabalhava em ambiente insalubridade, a compensação e prorrogações de horas somente poderão ser efetivadas por ato do Ministério do Trabalho e Previdência, o qual incorporou o Ministério do Trabalho, após ouvidas as autoridades sanitárias.

Dispõe o art. 60 da CLT:

> "Nas atividades insalubres, assim consideradas as constantes dos quadros mencionados no capítulo 'Da Segurança e da Medicina do Trabalho', ou que neles venham a ser incluídas por ato do Ministro do Trabalho, Industria e Comercio, quaisquer prorrogações só poderão ser acordadas mediante licença prévia das autoridades competentes em matéria de higiene do trabalho, as quais, para esse efeito, procederão aos necessários exames locais e à verificação dos métodos e processos de trabalho, quer diretamente, quer por intermédio de autoridades sanitárias federais, estaduais e municipais, com quem entrarão em entendimento para tal fim.
> Parágrafo único. Excetuam-se da exigência de licença prévia as jornadas de doze horas de trabalho por trinta e seis horas ininterruptas de descanso."

Os arts. 64 a 71 da Portaria 671/21 do Ministério do Trabalho e Previdência disciplinam os requisitos para o deferimento da autorização, valendo ser transcrito o art. 67, "in verbis":

> "O deferimento do pedido está condicionado ao atendimento dos seguintes requisitos: I - inexistência de autos de infração às normas

> regulamentadoras, de graduação I3 e I4 nos termos da NR-28, no setor da empresa abrangido pelo pedido de autorização, no período de dois anos; II - inexistência de acidente de trabalho no setor da empresa abrangido pelo pedido de autorização, no período de dois anos, com consequências: a) significativa - lesão à integridade física ou à saúde, que implique em incapacidade temporária por prazo superior a quinze dias; b) severa - que prejudique a integridade física ou a saúde, que provoque lesão ou sequela permanentes; ou c) fatal; III - adoção de sistema de pausas durante o trabalho, quando previstas em norma regulamentadora, e cumprimento das condições para concessão dessas pausas; e IV - cumprimento dos intervalos previstos na legislação."

Há quem entenda que o presente artigo não foi recepcionado pela Constituição Federal (artigo 7º, XIII), que exige apenas acordo e convenção coletiva para a compensação da jornada.

De nossa parte, o presente dispositivo foi recepcionado pela Constituição Federal de 1988, pois não deve ser lido tão somente em cotejo com o artigo 7º, XIII, da CF, mas com o sistema da Constituição Federal de proteção à vida, dignidade, segurança e saúde do trabalhador e meio ambiente do trabalho. Desse modo, nas atividades insalubres, somente poderá ser prorrogado o horário mediante autorização do ministerial, ouvidas as autoridades de proteção de higiene e medicina do trabalho.

Nesse sentido, dispõe a Súmula 85, VI, do TST:

> "Não é válido acordo de compensação de jornada em atividade insalubre, ainda que estipulado em norma coletiva, sem a necessária inspeção prévia e permissão da autoridade competente, na forma do art. 60 da CLT."

Nos termos do parágrafo único do art. 60 da CLT, excetuam-se da exigência de licença prévia as jornadas de doze horas de trabalho por trinta e seis horas ininterruptas de descanso.

O referido dispositivo fora acrescentado ao art. 60 da CLT pela Lei 13.467/17. O melhor teria sido manter a necessidade de licença prévia a jornada 12 por 36, uma vez que há prorrogação da jornada por duas horas acima do limite legal (art. 59, da CLT).

Dispõe o art. 611-A, da CLT, incluído pela Lei 13.467/17:

> Art. 611-A. A convenção coletiva e o acordo coletivo de trabalho têm prevalência sobre a lei quando, entre outros, dispuserem sobre:
>
> (...)XIII – prorrogação de jornada em ambientes insalubres, sem licença prévia das autoridades competentes do Ministério do Trabalho."

Embora o referido dispositivo possibilite a flexibilização da jornada de trabalho em condições de insalubridade, possibilitando sua prorrogação mediante negociação coletiva, independentemente de autorização de autoridade competente, ele deve ser harmonizado com o sistema normativo de proteção à saúde do trabalhador (art. 7º, XXII, da CF, e art. 60, da CLT). Desse modo, a prorrogação somente será válida, se o local de trabalho observar as mesmas condições que seriam exigidas pela autoridade pública competente (como equipamentos de proteção individual, ventilação, roupas adequadas, etc.).

9. COMPENSAÇÃO DE HORAS

Compensação de horas é o regime de duração do trabalho onde o empregado prorroga as horas em determinados dias na semana e folga em outros.

Ensina Amauri Mascaro Nascimento[11] que compensação "consiste na distribuição das horas de um dia pelos demais dias da semana. Assim, o empregado não trabalha, por exemplo, no sábado, e cumprirá essas horas de 2ª a 6ª feira."

Dispõe o art. 7º, XIII, da CF:

> "Duração do trabalho normal não superior a oito horas diárias e quarenta e quatro semanais, facultada a compensação de horários e a redução da jornada, mediante acordo ou convenção coletiva de trabalho."

Conforme o texto Constitucional, a compensação de horários deve ser levada a efeito mediante *acordo* ou *convenção coletiva* de trabalho.

Parte da doutrina sustentou que a Constituição exige negociação coletiva para a compensação de horários. A jurisprudência, no entanto, se firmou

11 Curso de Direito do Trabalho. 29ª ed. São Paulo: Saraiva, 2014, p. 803.

no sentido de que para a compensação de horário durante a semana, basta o acordo individual escrito. Nesse sentido, a Súmula 85 do TST, "in verbis":

> "**COMPENSAÇÃO DE JORNADA (inserido o item VI) – Res. 209/2016, DEJT divulgado em 01, 02 e 03.06.2016**
>
> I. A compensação de jornada de trabalho deve ser ajustada por acordo individual escrito, acordo coletivo ou convenção coletiva. (ex-Súmula nº 85 – primeira parte – alterada pela Res. 121/2003, DJ 21.11.2003)
> II. O acordo individual para compensação de horas é válido, salvo se houver norma coletiva em sentido contrário. (ex-OJ nº 182 da SBDI-1 – inserida em 08.11.2000)
>
> III. O mero não atendimento das exigências legais para a compensação de jornada, inclusive quando encetada mediante acordo tácito, não implica a repetição do pagamento das horas excedentes à jornada normal diária, se não dilatada a jornada máxima semanal, sendo devido apenas o respectivo adicional. (ex-Súmula nº 85 – segunda parte – alterada pela Res. 121/2003, DJ 21.11.2003)
>
> IV. A prestação de horas extras habituais descaracteriza o acordo de compensação de jornada. Nesta hipótese, as horas que ultrapassarem a jornada semanal normal deverão ser pagas como horas extraordinárias e, quanto àquelas destinadas à compensação, deverá ser pago a mais apenas o adicional por trabalho extraordinário. (ex-OJ nº 220 da SBDI-1 – inserida em 20.06.2001)
>
> V. As disposições contidas nesta súmula não se aplicam ao regime compensatório na modalidade "banco de horas", que somente pode ser instituído por negociação coletiva.
>
> VI – Não é válido acordo de compensação de jornada em atividade insalubre, ainda que estipulado em norma coletiva, sem a necessária inspeção prévia e permissão da autoridade competente, na forma do art. 60 da CLT."

Sempre foi discutível na doutrina e jurisprudência a possibilidade de compensação de horas que excede o módulo semanal de 44 horas. Há a vertente restritiva, argumentando que a Constituição Federal no art. 7º, XIII, limitou a compensação da jornada a 44 horas semanais. Tudo que ultrapassar esse limite deve ser considerado hora extraordinária. Para outra vertente, vencedora na doutrina e jurisprudência, a Constituição não limitou a compensação de horas a 44 horas semanais, apenas estabeleceu um módulo de compensação semanal de 44 horas que deve ser observado, mas há a necessidade de negociação coletiva. Nesse sentido, dispõe o art. 59, § 2º da CLT, "in verbis":

> "A duração diária do trabalho poderá ser acrescida de horas extras, em número não excedente de duas, por acordo individual, convenção coletiva ou acordo coletivo de trabalho (...) § 2º Poderá ser dispensado o acréscimo de salário se, por força de acordo ou convenção coletiva de trabalho, o excesso de horas em um dia for compensado pela correspondente diminuição em outro dia, de maneira que não exceda, no período máximo de um ano, à soma das jornadas semanais de trabalho previstas, nem seja ultrapassado o limite máximo de dez horas diárias."

A jurisprudência do TST, também permitiu, por meio de norma coletiva, a compensação de horas, na chamada "semana espanhola", conforme a OJ 323, da SDI-I do TST, "in verbis":

> **"ACORDO DE COMPENSAÇÃO DE JORNADA. "SEMANA ESPANHOLA". VALIDADE (DJ 09.12.2003)**
>
> É válido o sistema de compensação de horário quando a jornada adotada é a denominada "semana espanhola", que alterna a prestação de 48 horas em uma semana e 40 horas em outra, não violando os arts. 59, § 2º, da CLT e 7º, XIII, da CF/88 o seu ajuste mediante acordo ou convenção coletiva de trabalho."

No aspecto, importante destacar a seguinte ementa da mais alta Corte Trabalhista do Brasil:

> a) AGRAVO DE INSTRUMENTO EM RECURSO DE REVISTA INTERPOSTO PELA RECLAMANTE. ACÓRDÃO REGIONAL PUBLICADO ANTES DA VIGÊNCIA DA LEI Nº 13.015/2014. 1. HORAS EXTRAS. JORNADA EM REGIME 2X2. AUSÊNCIA DE PREVISÃO EM NORMA COLETIVA. PROVIMENTO. (...) II. A jurisprudência atual e notória desta Corte Superior é no sentido de que a jornada de trabalho no regime 2x2 (acima do limite constitucional fixado no art. 7º, XIII, da CF), deve ser estipulada via norma coletiva ou mediante lei, de modo que a sua invalidação acarreta o pagamento de horas extras a partir da jornada máxima legal ou contratual sendo inaplicável o entendimento da Súmula 85 do TST. III. Demonstrada violação do art. 7º, XIII, da CF. IV. Agravo

de instrumento de que se conhece e a que se dá provimento, para determinar o processamento do recurso de revista, observando-se o disposto no ATO SEGJUD.GP Nº 202/2019 do TST. B) RECURSO DE REVISTA INTERPOSTO PELA RECLAMANTE. ACÓRDÃO REGIONAL PUBLICADO ANTES DA VIGÊNCIA DA LEI Nº 13.015/2014. 1. NULIDADE PROCESSUAL. NEGATIVA DE PRESTAÇÃO JURISDICIONAL. DECISÃO DE MÉRITO EM FAVOR DA PARTE RECORRENTE. APLICAÇÃO DO ART. 282, § 2º, DO CPC/2015. NÃO APRECIAÇÃO. I. Tendo em vista a possibilidade de julgamento do mérito em favor da parte ora Recorrente, deixa-se de apreciar o recurso quanto à alegação de nulidade processual. Aplicação da regra do § 2º do art. 282 do CPC/2015. II. Recurso de revista de que se deixa de apreciar, quanto ao tema. (...) 2. HORAS EXTRAS. JORNADA EM REGIME 2X2. AUSÊNCIA DE PREVISÃO EM NORMA COLETIVA. CONHECIMENTO E PROVIMENTO. I. A Corte Regional consignou que "a regulamentação da escala de trabalho dos servidores por meio da Portaria Normativa 129/2007 não suplanta a necessária autorização legal, no caso de ente público, para a adoção da escala 2x2, por se tratar aludida norma de mera regulamentação interna, e não de lei em sentido estrito" e decidiu que "considerando a ausência de formalidade legal para a implantação da chamada 'semana espanhola', bem como a prestação habitual de horas extras, faz jus a reclamante às diferenças de horas extras, observando-se o disposto na Súmula 85 do C. TST, isto é, para aquelas horas destinadas à compensação até o limite semanal de 40 horas, é devido apenas o adicional de 50%, para as duas primeiras horas, e de 100%, para as demais (fl. 373-verso, não impugnando pela reclamada, fl. 392-verso); e para aquelas horas excedentes da 40ª semanal, é devido o pagamento de horas extras mais os adicionais, conforme o caso". II. A jurisprudência atual e notória desta Corte Superior é no sentido de que a jornada de trabalho no regime 2x2 (acima do limite constitucional fixado no art. 7º, XIII, da CF), deve ser estipulada via norma coletiva ou mediante lei, de modo que a sua invalidação acarreta o pagamento de horas extras a partir da jornada máxima legal ou contratual sendo inaplicável o entendimento da Súmula 85 do TST. III. Recurso de revista de que se conhece, por violação do art. 7º, XIII, da CF, e a que se dá provimento (TST – RR-1471-44.2012.5.15.0113, 4ª Turma, Relator Ministro Alexandre Luiz Ramos, DEJT 31/01/2020).

A Lei 13.467/17 (Reforma Trabalhista) inseriu o parágrafo 6º do art. 59, da CLT, que assim dispõe:

> "É lícito o regime de compensação de jornada estabelecido por acordo individual, tácito ou escrito, para a compensação no mesmo mês."

Diante do referido dispositivo legal ficou consagrada a possibilidade de acordo individual para compensação de horas que pode ser firmado de forma tácita, para a compensação de horas no mês. Ficou consagrada a tese de que o acordo de compensação não está limitado à semana, podendo ser a compensação mensal. A modalidade tácita não era admitida pela jurisprudência. No entanto, deve-se avaliar se o acordo de compensação mensal não ultrapassou o limite de duas horas diárias e se não trouxe prejuízo ao trabalhador. No caso concreto, é possível se invalidar o acordo de compensação mensal.

Como bem adverte Gustavo Filipe Barbosa Garcia[12] "o acordo de compensação deve observar, ainda, o limite de dez horas de trabalho por dia, o que significa o máximo de duas horas prorrogadas (considerando a jornada normal de oito horas). O entendimento majoritário é no sentido de que, mesmo se a jornada de trabalho normal for inferior a oito horas, deve-se observar o limite máximo de duas horas prorrogadas por dia, para não expor o empregador a longas prorrogações de jornada, em prejuízo à sua saúde e segurança no trabalho."

10. DO BANCO DE HORAS

O Banco de horas é um sistema de compensação de horas que excede o módulo semanal, firmado mediante acordo ou convenção coletiva de trabalho, no qual o excesso de horas em um dia for compensado pela correspondente diminuição em outro dia, de maneira que não exceda, no período máximo de um ano, à soma das jornadas semanais de trabalho previstas, nem seja ultrapassado o limite máximo de dez horas diárias.

A previsão legal do banco de horas está no art. 59, parágrafos 2º e 3º, ambos da CLT, "in verbis":

12 Manual de Direito do Trabalho. 13ª ed. Salvador: Editora Juspodivm, 2020, p. 908.

> "A duração diária do trabalho poderá ser acrescida de horas extras, em número não excedente de duas, por acordo individual, convenção coletiva ou acordo coletivo de trabalho.
>
> (...) § 2º Poderá ser dispensado o acréscimo de salário se, por força de acordo ou convenção coletiva de trabalho, o excesso de horas em um dia for compensado pela correspondente diminuição em outro dia, de maneira que não exceda, no período máximo de um ano, à soma das jornadas semanais de trabalho previstas, nem seja ultrapassado o limite máximo de dez horas diárias.
>
> § 3º Na hipótese de rescisão do contrato de trabalho sem que tenha havido a compensação integral da jornada extraordinária, na forma dos §§ 2º e 5º deste artigo, o trabalhador terá direito ao pagamento das horas extras não compensadas, calculadas sobre o valor da remuneração na data da rescisão."

Há argumentos favoráveis e desfavoráveis ao banco de horas.

Dentre os argumentos desfavoráveis, destacam-se:

a) o sistema de compensação atende apenas aos interesses do empregador;
b) está em descompasso com o princípio do pleno emprego;
c) desconsidera o módulo semanal de compensação previsto na Constituição Federal;
d) possibilita que o empregador tenha até um ano de prazo para pagamento das horas extras ao trabalhador;
e) é muito genérico, gerando insegurança ao trabalhador, pois não há dias pré-determinados para prorrogações ou folgas;
f) torna a prestação de horas extras uma regra e não exceção.

Dentre os argumentos favoráveis, destacam-se:

a) possibilita que as empresas possam adaptar sua produção em época de crise financeira;
b) evita demissões;
c) apesar da compensação não ser dentro da semana, a compensação observa o módulo semanal previsto no art. 7º, XIII, da CF.

De acordo com a CLT a validade do banco de horas exige:

a) negociação coletiva (acordo coletivo ou convenção coletiva de trabalho);

b) a jornada deve ter duração máxima de 10 horas diárias;

c) a compensação não pode exceder, no período máximo de um ano, à soma das jornadas semanais de trabalho previstas: O trabalhador não pode trabalhar número superior de horas que devem ser realizadas durante a duração normal de trabalho referente à soma das semanas que compõe o ano. Se um trabalhador cumpre jornada de 8 horas diárias e 44 horas semanais, como o ano tem 52 semanas e um dia, durante o período de um ano, ele não pode ultrapassar o número de 2.296 horas de trabalho. O que ultrapassar esse limite deve ser pago como hora extra;

d) na hipótese de rescisão do contrato de trabalho sem que tenha havido a compensação integral da jornada extraordinária, o trabalhador terá direito ao pagamento das horas extras não compensadas, calculadas sobre o valor da remuneração na data da rescisão.

Se o trabalhador ficar devendo horas ao empregador no momento da rescisão, entende-se que tais horas não podem ser compensadas ou deduzidas das verbas rescisórias, em face do princípio da irredutibilidade salarial e por não existir previsão legal nesse sentido.

No mesmo sentido a visão de Valentin Carrion[13], "rescindido o contrato, as horas trabalhadas não compensadas deverão ser pagas, como extras, pelo valor vigente quando da rescisão. Contrariamente, as folgas em favor do empregador não serão descontadas, por não haver apoio em lei e porque a situação criada atende aos interesses da produção empresarial."

A Lei 13.467/17 acrescentou o § 5º ao art. 59, da CLT que assim dispõe:

> "O banco de horas de que trata o § 2º deste artigo poderá ser pactuado por acordo individual escrito, desde que a compensação ocorra no período máximo de seis meses."

Conforme dispõe o referido dispositivo legal o "banco de horas" pode ser pactuado por acordo individual escrito, desde que a compensação dure, no máximo, 06 meses.

13 Comentários à CLT. 39ª ed. São Paulo: Saraiva, 2014, p. 151.

A previsão de instituição do banco de horas por acordo individual contraria matéria já sumulada pelo TST[14].

De nossa parte, a instituição de "banco de horas" por acordo individual é prejudicial ao trabalhador, uma vez que este, individualmente, não tem forças para negociar um regime compensatório de jornada tão extenso. Além disso, esse regime de compensação atente preponderantemente aos interesses do empregador e da produção. Por isso, reputamos inconstitucional a instituição do banco de horas por acordo individual por atentar contra os princípios da melhoria da condição social do trabalhador (art. 7º, "*caput*", da CF e também por contrariar a finalidade social do art. 7º, XIII, da CF).

Nesse sentido, destaca-se a opinião de Maurício Godinho Delgado[15]:

> "Conforme se percebe, o desrespeito à Constituição da República (art. 7º, XIII, CF) mostra-se claro. Afinal, trata-se de regime compensatório potencialmente desfavorável (banco de horas), sem garantias significativas para o trabalhador – o que torna imprescindível a intervenção do ser coletivo obreiro, o sindicato, via negociação coletiva trabalhista. A flexibilização trabalhista autorizada pela Constituição, em especial no art. 7º, XIII, tem de ser realizada mediante os instrumentos coletivos negociados."

11. EFEITOS DA IRREGULARIDADE DO ACORDO DE COMPENSAÇÃO DE HORAS

Dispõe o art. 59-B, da CLT, com a redação dada pela Lei 13.467/17:

> "O não atendimento das exigências legais para compensação de jornada, inclusive quando estabelecida mediante acordo tácito, não implica a repetição do pagamento das horas excedentes à jornada normal diária se não ultrapassada a duração máxima semanal, sendo devido apenas o respectivo adicional. Parágrafo único. A prestação de horas extras habituais não descaracteriza o acordo de compensação de jornada e o banco de horas."

14 Súmula 85, V, do TST: "As disposições contidas nesta súmula não se aplicam ao regime compensatório na modalidade "banco de horas", que somente pode ser instituído por negociação coletiva."

15 Curso de Direito do Trabalho. 18. Ed. São Paulo: LTr, 2019, p. 1056.

A finalidade do acordo de compensação de horas, é evitar as horas extras, e atender aos interesses de empregados e empregadores. Por isso, em nossa visão, a prestação de horas habituais descaracteriza o acordo de compensação por atentar contra sua finalidade.

Nesse sentido, o inciso V da Súmula 85 do TST:

> "A prestação de horas extras habituais descaracteriza o acordo de compensação de jornada. Nesta hipótese, as horas que ultrapassarem a jornada semanal normal deverão ser pagas como horas extraordinárias e, quanto àquelas destinadas à compensação, deverá ser pago a mais apenas o adicional por trabalho extraordinário. (ex-OJ nº 220 da SBDI-1 - inserida em 20.06.2001)."

No entanto, o citado parágrafo único do art. 59-B, da CLT assevera que as horas extras habituais não descaracterizam o acordo de compensação. Não obstante, o referido dispositivo deve ser interpretado à luz dos fundamentos que regem a duração do trabalho e da limitação de jornada. Desse modo, nesta situação, as horas que ultrapassarem a jornada semanal normal deverão ser pagas como horas extraordinárias e, quanto àquelas destinadas à compensação, deverá ser pago a mais apenas o adicional por trabalho extraordinário.

O não atendimento das exigências legais para compensação de jornada, inclusive quando estabelecida mediante acordo tácito, não implica a repetição do pagamento das horas excedentes à jornada normal diária se não ultrapassada a duração máxima semanal, sendo devido apenas o respectivo adicional (art. 59-B, "*caput*", da CLT).

O texto legal, praticamente, repete o entendimento firmado na Súmula 85, III do TST[16], no sentido de que, se o acordo de compensação não observou os requisitos legais, mas o limite semanal não fora ultrapassado, não haverá a repetição do pagamento das horas extras excedentes à jornada diária, sendo devido apenas o adicional de horas extras para as horas diárias que ultrapassarem o limite legal.

---

16 Súmula 85, III, do TST: "O mero não atendimento das exigências legais para a compensação de jornada, inclusive quando encetada mediante acordo tácito, não implica a repetição do pagamento das horas excedentes à jornada normal diária, se não dilatada a jornada máxima semanal, sendo devido apenas o respectivo adicional. (ex-Súmula nº 85 – segunda parte – alterada pela Res. 121/2003, DJ 21.11.2003)."

12. A COMPENSAÇÃO DA JORNADA NO REGIME 12X36

A jornada 12 X 36, vale dizer: 12 horas de trabalho por 36 horas de descanso, também denominada de *jornada de plantão*[17], tradicional entre os funcionários da área de saúde, segurança e hotelaria, em razão da característica ininterrupta dessas atividades, fora reconhecida pela jurisprudência trabalhista, inclusive do TST, por meio da Súmula 444 do TST, "in verbis":

> **"JORNADA DE TRABALHO. NORMA COLETIVA. LEI. ESCALA DE 12 POR 36. VALIDADE. – Res. 185/2012, DEJT divulgado em 25, 26 e 27.09.2012 – republicada em decorrência do despacho proferido no processo TST-PA-504.280/2012.2 – DEJT divulgado em 26.11.2012**
>
> É válida, em caráter excepcional, a jornada de doze horas de trabalho por trinta e seis de descanso, prevista em lei ou ajustada exclusivamente mediante acordo coletivo de trabalho ou convenção coletiva de trabalho, assegurada a remuneração em dobro dos feriados trabalhados. O empregado não tem direito ao pagamento de adicional referente ao labor prestado na décima primeira e décima segunda horas."

Pela referida Súmula a jornada 12 X 36 ficou condicionada aos seguintes requisitos:

a) o regime 12X36 é excepcional, vale dizer: não deve ser aplicado indistintamente. A natureza da atividade e as condições de sua realização devem justificá-lo;

b) a jornada deve estar prevista em Lei ou ser ajustada mediante negociação coletiva de trabalho;

c) as horas laboradas em feriados devem ser remuneradas em dobro;

d) o empregado não tem direito ao pagamento de adicional referente ao labor prestado na décima primeira e décima segunda horas.

Como bem adverte Homero Batista Mateus da Silva[18], "há vários argumentos favoráveis (como redução dos deslocamentos ao longo do mês e concentração do trabalho em 15 dias mensais) e desfavoráveis (como o

17 DELGADO, Maurício Godinho. Curso de Direito do Trabalho. 18ª ed. São Paulo: LTr, 2019, p. 1077.

18 CLT Comentada. 2. ed. São Paulo: RT, 2018, p. 105.

aumento de acidentes de trabalho na 12ª hora e a fadiga acumulada em profissões que exigem elevado grau de atenção e acuidade visual)."

Atualmente, dispõe o art. 59-A, da CLT, com a redação dada pela Lei 13.467/17:

> "Em exceção ao disposto no art. 59 desta Consolidação, é facultado às partes, mediante acordo individual escrito, convenção coletiva ou acordo coletivo de trabalho, estabelecer horário de trabalho de doze horas seguidas por trinta e seis horas ininterruptas de descanso, observados ou indenizados os intervalos para repouso e alimentação. Parágrafo único. A remuneração mensal pactuada pelo horário previsto no *caput* deste artigo abrange os pagamentos devidos pelo descanso semanal remunerado e pelo descanso em feriados, e serão considerados compensados os feriados e as prorrogações de trabalho noturno, quando houver, de que tratam o art. 70 e o § 5º do art. 73 desta Consolidação."

Diante do referido legal, doravante, a jornada 12X36 pode ser pactuada mediante os seguintes requisitos:

a) o regime deve ser pactuado em regime excepcional;
b) deve ser firmado mediante acordo individual escrito, convenção coletiva ou acordo coletivo de trabalho;
c) devem ser observados ou indenizados os intervalos para repouso e alimentação;
d) a remuneração mensal abrange os pagamentos devidos pelo descanso semanal remunerado e pelo descanso em feriados, e serão considerados compensados os feriados e as prorrogações de trabalho noturno, quando houver, de que tratam o art. 70[19] e o § 5º do art. 73 desta Consolidação[20].

---

19 Art. 70, da CLT: "O trabalho aos domingos e aos feriados será remunerado em dobro, exceto se o empregador determinar outro dia de folga compensatória. Parágrafo único. A folga compensatória para o trabalho aos domingos corresponderá ao repouso semanal remunerado."

20 Art. 73, da CLT: "Salvo nos casos de revezamento semanal ou quinzenal, o trabalho noturno terá remuneração superior a do diurno e, para esse efeito, sua remuneração terá um acréscimo de 20 % (vinte por cento), pelo menos, sobre a hora diurna. (...)§ 5º Às prorrogações do trabalho noturno aplica-se o disposto neste capítulo."

Diante da novel previsão, ficou mais flexível a pactuação do regime de compensação 12 X 36, inclusive por acordo individual escrito entre empregado e empregador. Ficou autorizada a indenização dos intervalos, principalmente o intrajornada e já abrangidos pela remuneração mensal o descanso semanal remunerado, feriados e as prorrogações do horário noturno.

Em nossa visão, o art. 59-A da CLT deve ser interpretado à luz do sistema constitucional e infraconstitucional de limitação da jornada de trabalho, e também das medidas protetivas da saúde do trabalhador (arts. 6º e 7º, XXII, da CF). Desse modo, em nossa visão, a jornada 12X36 por ser excepcional e cansativa, deve ser pactuado por meio de negociação coletiva (acordo e convenção coletiva de trabalho), deve observar os intervalos intra e interjornada, e também a hora noturna reduzida. Além disso, caso haja trabalho em feriados, eles devem ser pagos em dobro.

13. DOS EMPREGADOS EXCLUÍDOS DO REGIME DE LIMITAÇÃO DA JORNADA DE TRABALHO

A Consolidação das Leis do Trabalho, disciplina, no art. 62, da CLT, situações específicas, em que a jornada de trabalho do empregado não é controlada pelo empregador. E por não haver esse controle ou fiscalização, o regime da duração de trabalho previsto na Consolidação (O Capítulo II da CLT trata da jornada de trabalho, períodos de descanso e trabalho noturno) não é aplicável aos trabalhadores mencionados no referido dispositivo legal. No entanto, conforme, corretamente tem defendido a doutrina, o descanso semanal remunerado deve ser aplicável, por ser um direito fundamental disciplinado na Constituição Federal (art. 7º, XV, da CF).

Dispõe o art. 62 da CLT:

> "Não são abrangidos pelo regime previsto neste capítulo:
>
> I – os empregados que exercem atividade externa incompatível com a fixação de horário de trabalho, devendo tal condição ser anotada na Carteira de Trabalho e Previdência Social e no registro de empregados; II – os gerentes, assim considerados os exercentes de cargos de gestão, aos quais se equiparam, para efeito do disposto neste artigo, os diretores e chefes de departamento ou filial; III – os empregados em regime de teletrabalho que prestam serviço por

> produção ou tarefa. Parágrafo único – O regime previsto neste capítulo será aplicável aos empregados mencionados no inciso II deste artigo, quando o salário do cargo de confiança, compreendendo a gratificação de função, se houver, for inferior ao valor do respectivo salário efetivo acrescido de 40% (quarenta por cento)."

Há fortes discussões na doutrina e jurisprudência sobre a Constitucionalidade do referido dispositivo legal.

Partindo-se da premissa de que o artigo 7º, XIII, da Constituição Federal de refere à jornada "normal" de trabalho não superior a 8 horas diárias e 44 semanais, a doutrina e jurisprudência dominantes sustentam a constitucionalidade do art. 62, da CLT, uma vez que os trabalhadores externos, os que exercem encargos de gestão e os teletrabalhadores estão em situações especiais.

A jurisprudência e doutrina minoritárias defendem a inconstitucionalidade do art. 62, argumentando que a Constituição Federal não exclui de forma expressa nenhum trabalhador do regime de limitação de jornada, ao contrário, traça um limite máximo de jornada para todos os trabalhadores. Ainda que a Constituição o fizesse, tal seria inconstitucional, pois não se pode interpretar, isoladamente, o inciso XIII, do artigo 7º, da CLT e sim em compasso com outros direitos fundamentais do trabalhador como o direito ao lazer (artigo 6º), à privacidade e intimidade (artigo 5º, V e X), bem como à prevenção de riscos e doenças inerentes ao trabalho (inciso XXII, do artigo 7º).

No mesmo sentido defende Marcelo Moura[21]:

> "A nosso ver, a ausência de qualquer limite na duração do trabalho é inconstitucional, seja por afrontar o princípio da não discriminação, já que impõe um tratamento desigual aos empregados excluídos, seja por afastar estes empregados especiais do regime de proteção deste capítulo, violando, frontalmente, o artigo 7º, incisos IX, XIII, XV e XVI, da CRFB/88."

Nesse sentido, o Enunciado n. 17 da 1ª Jornada de Direito Material e Processual do Trabalho realizada em 2017 pela ANAMATRA (Associação Nacional dos Magistrados Trabalhistas, que assim dispõe:

21 Consolidação das Leis do Trabalho. 7. ed. Salvador: Editora Juspodivm, 2017, p. 144.

> **"LIMITAÇÃO DA JORNADA. REPOUSO SEMANAL REMUNERADO. DIREITO CONSTITUCIONALMENTE ASSEGURADO A TODOS OS TRABALHADORES. INCONSTITUCIONALIDADE DO ART. 62 DA CLT.** A proteção jurídica ao limite da jornada de trabalho, consagrada nos incisos XIII e XV do art. 7º da Constituição da República, confere, respectivamente, a todos os trabalhadores, indistintamente, os direitos ao repouso semanal remunerado e à limitação da jornada de trabalho, tendo-se por inconstitucional o art. 62 da CLT."

De nossa parte, os argumentos para a inconstitucionalidade são muito robustos, mas não há vedação, pela Constituição, que a Lei Ordinária discipline situações especiais, desde que justas e razoáveis, para exclusão de determinados trabalhadores do regime de limitação de jornada. Não obstante, a interpretação do art. 62, da CLT deve ser restritiva. Somente quando for absolutamente justiçável, o trabalhador deve ser excluído do regime de limitação de jornada.

De outro lado, se a situação concreta demonstrar que o trabalhador que exerce atividade externa, o empregado que detém função de gestão, e o teletrabalhador estiverem com jornada de trabalho fixada e fiscalizada pelo empregador, estarão sujeitos ao regime de limitação de jornada, com direito a pagamento de horas extras caso a jornada contratual ou legal for ultrapassada.

13.1. Da jornada externa

A atividade externa incompatível com a fixação de horário prevista no artigo 62, I, da CLT é aquela que é cumprida fora do estabelecimento empresarial e cuja fiscalização, pelo empregador, é impraticável.

Atualmente, a jurisprudência tem sido restritiva ao interpretar o presente dispositivo. Somente quando houver impossibilidade absoluta de mensurar a jornada, o trabalhador deve ser excluído da limitação de jornada. Caso a jornada puder ser mensurável e exista fiscalização por parte do empregador, ainda que indiretamente, o trabalhador ao regime de limitação da jornada.

São exemplos de fiscalização do trabalho a existência de rastreamento de veículos automotores utilizados pelo empregado, a necessidade de iniciar e terminar a jornada num determinado local, a existência de uma quantidade fixa de trabalho para cumprimento, a necessidade constante de prestação de contas do serviço realizado, etc.

Pode-se, hoje, questionar a aplicabilidade do presente dispositivo, diante do avanço da tecnologia e dos recursos de baixo custo de que dispõe o empregador para controlar a jornada do empregado. De outro lado dispõe § 3º, do artigo 74, da CLT, que se o trabalho for executado fora do estabelecimento, o horário dos empregados constará do registro manual, mecânico ou eletrônico em seu poder, sem prejuízo de anotação do horário no registro de empregados.

Diante do exposto, a intepretação do inciso I do art. 62 da CLT deve ser restrita. Somente em casos de impossibilidade absoluta de fiscalização e quantificação da jornada por parte do empregador, ele deve ser aplicável.

A anotação da condição do art. 62, I na CTPS e na ficha de registro do empregado gera uma mera presunção relativa de impossibilidade de fixação de jornada. De outro lado, conforme vem defendendo a jurisprudência, a falta de anotação de tal condição, também não invalida o regime de trabalho do art. 62, I, da CLT.

No aspecto, destaca-se a seguinte ementa:

> Trabalho externo. No trabalho externo, de forma a excepcionar a sujeição do empregado à jornada legal, nos termos do inciso I do artigo 62/CLT, o comando legal é de que exista a previsão formal, com a anotação da condição de atividade externa, sem controle de jornada, na CTPS e na ficha de registro. Mas, mesmo existindo prova de atendimento de tal formalidade, se o conjunto probatório demonstrar que, na realidade contratual, o empregado tinha seu horário de trabalho controlado, não há como aplicar a exceção legal e deixar de sujeitar o obreiro à jornada legal de oito horas e ao limite semanal de quarenta e quatro. O contrário também vale: mesmo que não atendida aquela formalidade, se na realidade contratual ficar provado não existir o controle de jornada ou ser este inviável, reconhece-se a exceção legal. Enfim, de qualquer forma, a regra é da validade relativa da prova documental, importando o princípio da primazia da realidade. (TRT 3ª R – 2ª T – RO nº 1330/2004.041.03.00-3 – Rel. Hegel de B. Boson – DJMG 02.02.05 – p. 9) (RDT nº 03 de Março de 2005).

13.2. Cargos de gestão

Dispõe o art. 62, II, da CLT: "Não são abrangidos pelo regime previsto neste capítulo: (...) II – os gerentes, assim considerados os exercentes de cargos de gestão, aos quais se equiparam, para efeito do disposto neste artigo, os diretores e chefes de departamento ou filial. (...) Parágrafo único – O regime previsto neste capítulo será aplicável aos empregados mencionados no inciso II deste artigo, quando o salário do cargo de confiança, compreendendo a gratificação de função, se houver, for inferior ao valor do respectivo salário efetivo acrescido de 40% (quarenta por cento).

Somente são enquadrados no inciso II do artigo 62, da Constituição Federal, os empregados de confiança extraordinária, com encargos de gestão.

Atualmente, o conceito de trabalhadores com cargos de gestão é menos rígido, pois diante da descentralização da atividade empresarial, a existência de vários cargos de chefia, e da especialização da mão de obra, houve a diminuição dos poderes do alto empregado. Desse modo, serão considerados altos empregado (confiança extraordinária), os gerentes e chefes de filiais, ou departamentos que detém mandato legal ou tácito para representar o empregador, podem contratar e demitir funcionários, têm subordinados e a eles podem aplicar punições. Há necessidade, ainda, que o empregado receba patamar salarial diferenciado. A gratificação de função, se houver, não pode ser inferior a 40% do salário.

Como bem exemplifica Homero Batista Mateus da Silva[22]:

> "São situações de poder de mando e de gestão a admissão e dispensa de empregados, sem consulta prévia ao empregador, respeitando-se apenas alguma diretriz geral, como o número de empregados, contenção de gastos e projetos de expansão ou contenção; o exercício de atividades comerciais, em qualquer setor de atuação da empresa, assim entendidas as atividades de contratação de despesas, trato com clientes e sobretudo com fornecedores, autonomia para comparar e vender produtos e serviços, inclusive quanto a variação de preços e de condições de pagamento; tratamento direto com autoridades administrativas e de fiscalização do trabalho, vigilância sanitária e autoridades judiciais, inclusive contratação de advogados e subscrição de acordos."

22 Curso de Direito do Trabalho Aplicado. 3. ed. Volume 2. Jornada e pausas. São Paulo: RT, 2015, p. 143.

Destaca-se, que a existência de gratificação de função não é compulsória, pois o parágrafo único do artigo 62 ao se referir à gratificação utiliza a expressão: "se houver".

13.3. Empregados em regime de teletrabalho

A CLT, no art. 62, III, diz não se aplicar o regime de limitação de jornada aos empregados em regime de teletrabalho que prestam serviço por produção ou tarefa.

O trabalhado por produção leva em contra o produto ou a obra produzia pelo empregador em determinado lapso de tempo.

O trabalho por tarefa é uma fusão do trabalho por produção e do realizado por unidade de tempo.

Diante da redação atual da lei, os empregados sob regime de teletrabalho contratados por unidade de tempo estão sujeitos à limitação de jornada.

Não obstante, a aplicação do art. 62 para o teletrabalhador somente será aplicável quando for inviável a fixação de uma jornada de trabalho e sua fiscalização por parte do empregador.

Se a jornada for fixada ou fiscalizada, ainda que indiretamente, mesmo em regime de produção ou tarefa, pelo registro do início e término do trabalho no aplicativo, ou das conexões, o empregado fará jus ao regime de limitação de jornada previsto na CLT.

Como bem destaca Gustavo Filipe Barbosa Garcia[23], "se o empregado estiver em conexão permanente com a empresa, com a existência de controle do tempo de labor e da atividade desempenhada, as regras sobre a duração do trabalho devem incidir normalmente, o que não pode ser validamente excluído nem mesmo por meio de negociação coletiva."

13.4. A questão da jornada do bancário que desempenha função de confiança

Dispõe o art. 224 da CLT:

> "A duração normal do trabalho dos empregados em bancos, casas bancárias e Caixa Econômica Federal será de 6 (seis) horas

23 Manual de Direito do Trabalho. 13. Ed. Salvador: Juspodivm, 2020, p. 885.

> continuas nos dias úteis, com exceção dos sábados, perfazendo um total de 30 (trinta) horas de trabalho por semana.
>
> § 1º A duração normal do trabalho estabelecida neste artigo ficará compreendida entre sete e vinte e duas horas, assegurando-se ao empregado, no horário diário, um intervalo de quinze minutos para alimentação.
>
> § 2º As disposições deste artigo não se aplicam aos que exercem funções de direção, gerência, fiscalização, chefia e equivalentes ou que desempenhem outros cargos de confiança desde que o valor da gratificação não seja inferior a um têrço do salário do cargo efetivo."

Bancário é o empregado que trabalha em agências bancárias. A jornada reduzida se justifica em razão do *stress* funcional a que é submetido, principalmente, por lidar com dinheiro e realizar inúmeras operações repetidas e exigindo grande atenção.

Como destaca Eduardo Gabriel Saad[24]: "no caso dos bancários, o fator determinante do tratamento diferenciado que recebe na Consolidação é de natureza biológica. É inegável que ele está sujeito ao que se chama de fadiga psíquica. Seu trabalho exige, permanentemente, atenção e o faz sob extenuante tensão".

A jornada do bancário é de 06 horas diárias e 30 semanais, sendo o divisor de 180. Outrossim, a jornada deverá ser cumprida entre sete e vinte e duas horas, com quinze minutos de intervalo. Nos termos da OJ 178, da SDI-I do TST, não se computa, na jornada do bancário sujeito a seis horas diárias de trabalho, o intervalo de quinze minutos para lanche ou descanso.

Nos termos do art. 225, da CLT, "a duração normal de trabalho dos bancários poderá ser excepcionalmente prorrogada até 8 (oito) horas diárias, não excedendo de 40 (quarenta) horas semanais, observados os preceitos gerais sobre a duração do trabalho."

Conforme a Súmula 199 do TST: "I – A contratação do serviço suplementar, quando da admissão do trabalhador bancário, é nula. Os valores assim ajustados apenas remuneram a jornada normal, sendo devidas as horas extras com o adicional de, no mínimo, 50% (cinqüenta

---

24 CLT, 40ª Edição. São Paulo: LTr, 2007, p. 318.

por cento), as quais não configuram pré-contratação, se pactuadas após a admissão do bancário. (ex-Súmula nº 199 – alterada pela Res. 41/1995, DJ 21.02.1995 – e ex-OJ nº 48 da SBDI-1 – inserida em 25.11.1996) II – Em se tratando de horas extras pré-contratadas, opera-se a prescrição total se a ação não for ajuizada no prazo de cinco anos, a partir da data em que foram suprimidas. (ex-OJ nº 63 da SBDI-1 – inserida em 14.03.1994)".

O regime especial de limitação de jornada não se aplica aos bancários que desempenham funções de direção, gerência, fiscalização, chefia ou equivalentes e que recebam gratificação de função não inferior a um terço do salário efetivo.

Há que se fazer a divisão, conforme a doutrina e jurisprudência, a divisão entre empregados que detém confiança estrita e confiança extraordinária.

Os chamados bancários de confiança estrita, estão enquadrados no parágrafo 2º do artigo 224, da CLT. Recebem gratificação de função e detém algum proceder de mando. Esses empregados têm subordinados, podem aplicar punições a subalternos, assinatura autorizada e, normalmente chefiam um setor do banco. O simples fato de receber gratificação de função não subsume o trabalhador ao presente artigo. Há necessidade de que, efetivamente, o trabalhador desempenhe função de confiança.

No aspecto, dispõe a Súmula 102 do TST, "in verbis":

> "**BANCÁRIO. CARGO DE CONFIANÇA (mantida) – Res. 174/2011, DEJT divulgado em 27, 30 e 31.05.2011** I – A configuração, ou não, do exercício da função de confiança a que se refere o art. 224, § 2º, da CLT, dependente da prova das reais atribuições do empregado, é insuscetível de exame mediante recurso de revista ou de embargos. (ex-Súmula nº 204 – alterada pela Res. 121/2003, DJ 21.11.2003) II – O bancário que exerce a função a que se refere o § 2º do art. 224 da CLT e recebe gratificação não inferior a um terço de seu salário já tem remuneradas as duas horas extraordinárias excedentes de seis. (ex-Súmula nº 166 – RA 102/1982, DJ 11.10.1982 e DJ 15.10.1982) III – Ao bancário exercente de cargo de confiança previsto no artigo 224, § 2º, da CLT são devidas as 7ª e 8ª horas, como extras, no período em que se verificar o pagamento a menor da gratificação de 1/3. (ex-OJ nº 288 da SBDI-1 – DJ 11.08.2003) IV – O bancário sujeito à regra do art. 224, § 2º, da CLT cumpre jornada de

> trabalho de 8 (oito) horas, sendo extraordinárias as trabalhadas além da oitava. (ex-Súmula nº 232- RA 14/1985, DJ 19.09.1985) V – O advogado empregado de banco, pelo simples exercício da advocacia, não exerce cargo de confiança, não se enquadrando, portanto, na hipótese do § 2º do art. 224 da CLT. (ex-OJ nº 222 da SBDI-1 – inserida em 20.06.2001) VI – O caixa bancário, ainda que caixa executivo, não exerce cargo de confiança. Se perceber gratificação igual ou superior a um terço do salário do posto efetivo, essa remunera apenas a maior responsabilidade do cargo e não as duas horas extraordinárias além da sexta. (ex-Súmula nº 102 – RA 66/1980, DJ 18.06.1980 e republicada DJ 14.07.1980) VII – O bancário exercente de função de confiança, que percebe a gratificação não inferior ao terço legal, ainda que norma coletiva contemple percentual superior, não tem direito às sétima e oitava horas como extras, mas tão somente às diferenças de gratificação de função, se postuladas. (ex-OJ nº 15 da SBDI-1 – inserida em 14.03.1994)."

O bancário exercente de confiança extraordinária, está enquadrado, segundo a doutrina e jurisprudência, na exceção do artigo 62, II, da CLT, não fazendo jus à jornada extraordinária. É o gerente bancário que é a autoridade máxima na agência. Detém encargos de gestão, tendo como subordinados os gerentes de setor, procuração, amplos poderes de representação, autonomia para conceder empréstimos, para alteração da rotina da agência, etc.

No aspecto, dispõe a Súmula 287 do TST, "in verbis":

> "**JORNADA DE TRABALHO. GERENTE BANCÁRIO (nova redação) – Res. 121/2003, DJ 19, 20 e 21.11.2003** A jornada de trabalho do empregado de banco gerente de agência é regida pelo art. 224, § 2º, da CLT. Quanto ao gerente-geral de agência bancária, presume-se o exercício de encargo de gestão, aplicando-se-lhe o art. 62 da CLT."

Conforme a referida Súmula da mais alta corte trabalhista do país, há uma presunção relativa de que o gerente geral de agência está enquadrado na exceção do art. 62, II, da CLT. No entanto, se a prova judicial, no caso concreto, demonstrar que ele não detém todos as prerrogativas do cargo de gestão, estará sujeito ao regime de limitação de jornada previsto no artigo 224, parágrafo 2º, da CLT.

Pela importância do tema, destacamos as seguintes ementas:

> "AGRAVO DE INSTRUMENTO EM RECURSO DE REVISTA. RECURSO DE REVISTA. ACÓRDÃO PUBLICADO NA VIGÊNCIA DA LEI 13.015/2014. INTRAJORNADA. NATUREZA JURÍDICA DA PARCELA. REPERCUSSÃO. Após a edição da Lei nº 8.923/94, a não concessão ou a concessão parcial do intervalo intrajornada mínimo, para repouso e alimentação, a empregados urbanos e rurais, implica o pagamento total do período correspondente, e não apenas daquele suprimido, com acréscimo de, no mínimo, 50% sobre o valor da remuneração da hora normal de trabalho (art. 71 da CLT), sem prejuízo do cômputo da efetiva jornada de labor para efeito de remuneração. Possui natureza salarial a parcela prevista no art. 71, § 4º, da CLT, com redação introduzida pela Lei nº 8.923, de 27 de julho de 1994, quando não concedido ou reduzido pelo empregador o intervalo mínimo intrajornada para repouso e alimentação, repercutindo, assim, no cálculo de outras parcelas salariais. Inteligência da Súmula nº 437, I e III. ASSISTÊNCIA JUDICIÁRIA GRATUITA. AUSÊNCIA DE INDICAÇÃO DO TRECHO DA DECISÃO QUE CONFIGURA O PREQUESTIONAMENTO. ART. 896, § 1º-A, DA CLT. ADMISSIBILIDADE. Deve ser confirmada a negativa de seguimento do recurso de revista quando verificada a correção do despacho denegatório que consigna como óbice ao prosseguimento da revista a não indicação do trecho da decisão que configura o prequestionamento da matéria abordada, com sua transcrição e cotejamento analítico nas razões recursais, a teor do que dispõe o art. 896, § 1º-A, I e III, da CLT. Agravo a que se nega provimento ". BANCÁRIO. GERENTE. CARGO DE CONFIANÇA. ARTIGO 62, II, DA CLT. Em razão de provável violação do art. 62, II, da CLT, dá-se provimento ao agravo de instrumento para determinar o prosseguimento do recurso de revista. RECURSO DE REVISTA. ACÓRDÃO PUBLICADO NA VIGÊNCIA DA LEI 13.015/2014. BANCÁRIO. GERENTE. CARGO DE CONFIANÇA. ARTIGO 62, II, DA CLT. Conforme se extrai do acórdão impugnado, apesar de o reclamante exercer o cargo de gerente na agência bancária, estava submetido à superintendência regional. Ocorre que o próprio reclamante admite em seu depoimento

pessoal que "na agência da reclamada, nesta cidade, local onde trabalhava o reclamante, não havia nenhum superior hierárquico, sendo que o reclamante exercia a função de gerente coordenador da área comercial". Nos termos da Súmula n.º 287 desta Corte Superior, "a jornada de trabalho do empregado de banco gerente de agência bancária é regida pelo art. 224, § 2.º, da CLT. Quanto ao gerente-geral de agência bancária, presume-se o exercício de cargo de gestão, aplicando-se-lhe o art. 62 da CLT" (Sem grifos no original). À luz dos elementos constantes no acórdão impugnado, dessume-se que o reclamante detinha, sim, fidúcia especial, nos termos do art. 62, II, da CLT. Isso porque no exercício da função de gerente-geral efetivamente desempenhava atividade de gestão, porquanto, por exemplo, participava do processo de seleção, podia deliberar sobre as férias dos empregados, bem como era autoridade máxima da agência, com percepção de gratificação de função. Não há, portanto, como afastar o enquadramento na hipótese prevista no artigo 62, II, da CLT, sob o fundamento de que não havia autonomia suficiente em virtude da subordinação em face do gerente regional e do superintendente. É que o reclamante era autoridade máxima dentro da agência, não afastando tal conclusão o fato de haver um superintendente hierarquicamente superior, porquanto tal limitação decorre da própria estrutura hierárquica e organizacional da empresa. Precedentes. Recurso de revista conhecido e provido (TST RR-752-34.2010.5.15.0048, 5ª Turma, Relator Ministro Breno Medeiros, DEJT 19/12/2018).

I – AGRAVO DE INSTRUMENTO DO RECLAMANTE. RECURSO DE REVISTA. VIGÊNCIA DA LEI Nº 13.015/2014 E DA IN Nº 40/2016. ANTERIOR À LEI Nº 13.467/2017. PRELIMINARES DE NULIDADE POR NEGATIVA DE PRESTAÇÃO JURISDICIONAL E POR CERCEAMENTO DE DEFESA. Supera-se o exame das preliminares ante a possibilidade de provimento quanto ao tema de fundo. Agravo de instrumento a que se nega provimento. HORAS EXTRAS. JORNADA DE TRABALHO. BANCÁRIO. GERÊNCIA COMPARTILHADA. Deve ser provido o agravo de instrumento para melhor exame do recurso de revista quanto à alegada violação do art. 62, II, da CLT. Agravo de instrumento a que se dá provimento. II – RECURSO DE REVISTA DO RECLAMANTE. VIGÊNCIA DA LEI Nº 13.015/2014 E DA IN Nº 40/2016. ANTERIOR À LEI Nº 13.467/2017. HORAS EXTRAS. JORNADA DE TRABALHO. BANCÁRIO. GERÊNCIA COMPARTILHADA. 1

– A jurisprudência do TST, nos casos em que a administração da agência bancária é exercida de forma compartilhada entre gerente comercial e gerente operacional, se firmou no sentido de que não há incidência do art. 62, II, da CLT. Julgados. 2 – Caso em que a decisão regional anotou ser incontroverso que o reclamante exercia a função de gerente comercial e que a estrutura administrativa da agência apresentava, no topo, o próprio reclamante, juntamente e de forma compartilhada, com o gerente operacional. Tais fatos afastam a incidência do art. 62, II, da CLT e atraem a aplicação do art. 224, § 2º, da CLT, em razão da fidúcia especial de que gozava o empregado. 3 – Recurso de revista a que se dá provimento. Prejudicados os demais temas. III – RECURSO DE REVISTA DO RECLAMADO. Prejudicado o recurso de revista do reclamado ante o provimento do recurso de revista do reclamante (TST – ARR-10671-39.2015.5.03.0005, 6ª Turma, Relatora Ministra Kátia Magalhães Arruda, DEJT 01/03/2019)".

RECURSO DE EMBARGOS EM RECURSO DE REVISTA. INTERPOSIÇÃO SOB A ÉGIDE DA LEI 13.015/2014. EMPREGADO EXERCENTE DE CARGO DE CONFIANÇA NA FORMA DO ART. 62, II, DA CLT. HORAS DE SOBREAVISO. PAGAMENTO INDEVIDO. 1. Nos termos do art. 62, II, da CLT, os gerentes, assim considerados os exercentes de cargos de gestão, aos quais se equiparam, para efeito do disposto neste artigo, os diretores e chefes de departamento e filial, não são abrangidos pelo regime previsto no capítulo II da CLT, que trata da "duração do trabalho". 2. Isso porque, pela natureza e pelas prerrogativas do cargo ocupado, presume-se que há incompatibilidade entre a atividade exercida pelo empregado enquadrado no art. 62, II, da CLT e a sistemática de controle da jornada de trabalho. E, não havendo fiscalização dos horários de trabalho, não há como aferir a prestação de horas extraordinárias pelo trabalhador. 3. No caso, o reclamante, prestando serviços como "Coordenador de TI", exercia cargo de confiança nos moldes de confiança nos moldes do art. 62, II, da CLT. E a questão devolvida à apreciação do TST diz respeito ao direito desse empregado ao pagamento de horas de sobreaviso. 4. É certo que o art. 244, § 2º, da CLT, que disciplina o pagamento de horas de sobreaviso aos ferroviários e que é analogicamente aplicável às demais categorias profissionais, não está inserido no capítulo II da CLT. Não obstante, a previsão nele contida diz respeito aos limites da jornada laboral, sendo exigível, para a sua aplicação, horários

> de trabalho sejam controlados. Com efeito, nos termos do item II da Súmula 428 do TST, "considera-se em sobreaviso o empregado que, à distância e submetido a controle patronal por instrumentos telemáticos ou informatizados, permanecer em regime de plantão ou equivalente, aguardando a qualquer momento o chamado para o serviço durante o período de descanso". 5. Conclui-se, assim, que o empregado exercente do cargo de confiança de que trata o art. 62, II, da CLT não faz jus ao pagamento de horas de sobreaviso. 6. Precedente da SDI-I do TST. Recurso de embargos conhecido e não provido (TST - E-RR-10070-04.2015.5.01.0065, Subseção I Especializada em Dissídios Individuais, Relator Ministro Hugo Carlos Scheuermann, DEJT 20/08/2021).

O Tribunal Superior do Trabalho, por meio da Súmula 109 de sua jurisprudência, firmou entendimento no sentido de que o bancário não enquadrado no § 2º do art. 224 da CLT, que receba gratificação de função, não pode ter o salário relativo a horas extraordinárias compensado com o valor daquela vantagem.

No mesmo sentido:

> "RECURSO DE REVISTA. LEI 13.467/2017. HORAS EXTRAORDINÁRIAS. GRATIFICAÇÃO DE FUNÇÃO. COMPENSAÇÃO. SÚMULA 109 DO TST. IMPOSSIBILIDADE. INAPLICABILIDADE DA ORIENTAÇÃO JURISPRUDENCIAL Nº 70 DA SDI-1. TRANSCENDÊNCIA POLÍTICA RECONHECIDA. A causa apresenta transcendência política, nos termos do art. 896-A, § 1º, II, da CLT, uma vez que a decisão regional, que determina a compensação da gratificação de função com a remuneração das horas extras, contraria a jurisprudência pacífica desta Corte, cristalizada na Súmula nº 109, no sentido de ser indevida a compensação das horas extraordinárias do bancário não enquadrado no § 2º do artigo 224 da CLT com a gratificação de função porventura recebida. Isso porque não se pode confundir a gratificação de função, que remunera a maior responsabilidade do cargo, com o trabalho extraordinário realizado pelo empregado. Por outro lado, não há falar em aplicação analógica da Orientação Jurisprudencial Transitória nº 70 da SBDI-1, uma vez que no presente caso não consta a premissa da opção do empregado à jornada de oito horas no PCC da Caixa Econômica Federal. Recurso de revista conhecido

e provido" (TST RR-1097-85.2018.5.06.0010, 8ª Turma, Relator Ministro Aloysio Correa da Veiga, DEJT 04/07/2022).

No entanto, atualmente, muitas normas coletivas firmadas por Sindicatos que representam bancários e entidades bancárias têm estabelecido cláusulas no sentido de que, se o cargo de confiança fora desconsiderado em juízo, com condenação das 7ª e 8ª horas como extras, haverá a compensação do valor pago da gratificação de função, com o valor das horas extras. Argumentam a licitude desta cláusula com suporte no art. 611-A, I, V, da CLT.

Parte da doutrina argumenta que, mesmo diante de negociação coletiva, não há possibilidade de tal compensação, pois jornada e gratificação de função são verbas de naturezas distintas. Além disso, a Constituição Federal, no art. 7º, não permite tal flexibilização.

De nossa parte, desde que a cláusula coletiva tenha sido firmado pelos sindicatos que representam bancários e entidades bancárias, com contrapartidas recíprocas, caso a função de confiança seja desconsiderada em eventual processo trabalhista, é devida a dedução do valor pago a título da gratificação de função com o valor das 7ª e 8º horas como extras, pois há que se considerar o equilíbrio contratual e boa-fé objetiva no contrato de trabalho do bancário. Além disso, a realidade nos tem demonstrado que a jornada de 06 horas somente aplica-se aos caixas e escriturários. O julgamento do tema 1046 de Repercussão Geral do STF possibilita esta intepretação, conforme segue: "São constitucionais os acordos e as convenções coletivos que, ao considerarem a adequação setorial negociada, pactuam limitações ou afastamentos de direitos trabalhistas, independentemente da explicitação especificada de vantagens compensatórias, desde que respeitados os direitos absolutamente indisponíveis."

Quanto à Caixa Econômica Federal, O TST firmou entendimento conforme a OJ 70, da SDI-I transitória, "in verbis":

> "CAIXA ECONÔMICA FEDERAL. BANCÁRIO. PLANO DE CARGOS EM COMISSÃO. OPÇÃO PELA JORNADA DE OITO HORAS. INEFICÁCIA. EXERCÍCIO DE FUNÇÕES MERAMENTE TÉCNICAS. NÃO CARACTERIZAÇÃO DE EXERCÍCIO DE FUNÇÃO DE CONFIANÇA. (DEJT divulgado em 26, 27 e 28.05.2010)
> Ausente a fidúcia especial a que alude o art. 224, § 2º, da CLT, é ineficaz a adesão do empregado à jornada de oito horas constante

do Plano de Cargos em Comissão da Caixa Econômica Federal, o que importa no retorno à jornada de seis horas, sendo devidas como extras a sétima e a oitava horas laboradas. A diferença de gratificação de função recebida em face da adesão ineficaz poderá ser compensada com as horas extraordinárias prestadas.

14. DA PROVA DA JORNADA DE TRABALHO E DO ÔNUS DA PROVA

Dispõe o art. 74 da CLT:

> "O horário de trabalho será anotado em registro de empregados. (Redação dada pela Lei nº 13.874, de 2019) § 1º (Revogado). (Redação dada pela Lei nº 13.874, de 2019) § 2º Para os estabelecimentos com mais de 20 (vinte) trabalhadores será obrigatória a anotação da hora de entrada e de saída, em registro manual, mecânico ou eletrônico, conforme instruções expedidas pela Secretaria Especial de Previdência e Trabalho do Ministério da Economia, permitida a pré-assinalação do período de repouso. (Redação dada pela Lei nº 13.874, de 2019) § 3º Se o trabalho for executado fora do estabelecimento, o horário dos empregados constará do registro manual, mecânico ou eletrônico em seu poder, sem prejuízo do que dispõe o *caput* deste artigo. (Redação dada pela Lei nº 13.874, de 2019) § 4º Fica permitida a utilização de registro de ponto por exceção à jornada regular de trabalho, mediante acordo individual escrito, convenção coletiva ou acordo coletivo de trabalho." (Incluído pela Lei nº 13.874, de 2019)

A Lei 13.874/2019 deu nova redação ao art. 74, da CLT, para fixar as seguintes premissas:

a) obrigatoriedade do registro da jornada para as empresas com mais de 20 trabalhadores;

b) permissão expressa da pré-assinalação do período de intervalo;

c) permissão da anotação da jornada por exceção, mediante acordo individual, ou norma coletiva;

d) se o trabalho for executado fora do estabelecimento, o horário dos empregados constará do registro manual, mecânico ou eletrônico em seu poder.

Em processo judicial, a prova da jornada é do empregador e documental, caso ele tenha mais de vinte empregados. A não juntada dos cartões faz presumir a jornada declinada pelo empregado na petição inicial.

De outro lado, os controles de ponto devem refletir a realidade. Dessa forma, a jurisprudência uniformizada do TST não tem admitido controles britânicos ou invariáveis, uma vez que não presumido, segundo as máximas de experiência, que o empregado anote os cartões de ponto todos os dias no mesmo horário.

Nesse sentido, dispõe a Súmula n. 338 do C. TST, *in verbis*:

> "JORNADA DE TRABALHO. REGISTRO. ÔNUS DA PROVA. I – É ônus do empregador que conta com mais de 10 (dez) empregados o registro da jornada de trabalho na forma do art. 74, § 2º, da CLT. A não apresentação injustificada dos controles de frequência gera presunção relativa de veracidade da jornada de trabalho, a qual pode ser elidida por prova em contrário; II – A presunção de veracidade da jornada de trabalho, ainda que prevista em instrumento normativo, pode ser elidida por prova em contrário; III – Os cartões de ponto que demonstram horários de entrada e saída uniformes são inválidos como meio de prova, invertendo-se o ônus da prova, relativo às horas extras, que passa a ser do empregador, prevalecendo a jornada da inicial se dele não se desincumbir." (Res. n. 129/2005 – DJ 22.4.2005).

Não é pacífico, na doutrina e jurisprudência, se os controles de ponto, para terem validade, devem estar assinados pelo empregado. Para alguns, a assinatura é requisito essencial para validade, para outros, a lei não exige tal formalidade.

De nossa parte, a assinatura do empregado não é requisito de validade dos controles de ponto, desde que, efetivamente, eles reflitam a realidade da jornada de trabalho. A jurisprudência atual do Tribunal Superior do Trabalho vem se firmando no mesmo sentido. A título de exemplo, cita-se a seguinte ementa:

> I – AGRAVO DE INSTRUMENTO DA RECLAMANTE. RECURSO DE REVISTA – DESCABIMENTO. DIFERENÇAS SALARIAIS. ACÚMULO DE FUNÇÕES. A teor do art. 456, parágrafo único, da CLT, "à falta de prova ou inexistindo cláusula expressa a tal respeito, entender-se-á que o empregado se obrigou a todo e qualquer

serviço compatível com a sua condição pessoal". Não se pondo sob foco alteração ilícita do contrato de trabalho (CLT, art. 468), descabe cogitar-se de acréscimo remuneratório para subgerente, que realiza outras incumbências que não extrapolam a órbita da sua condição pessoal. Agravo de instrumento conhecido e desprovido. II – RECURSO DE REVISTA DA RECLAMADA. HORAS EXTRAS. CARTÕES DE PONTO APÓCRIFOS. VALIDADE. A ausência de assinatura do trabalhador nos cartões de ponto traduz vício formal, que não enseja, por si só, sua invalidação, na medida em que tal exigência não encontra respaldo legal. Precedentes desta Corte. Assim, não comprovada a irregularidade dos registros de frequência quanto aos horários de entrada e saída, imperativa será a confirmação de validade dos documentos, sem que com isso reste configurada contrariedade à Súmula n. 338, I, do TST. Recurso de revista conhecido e provido. (TST – Processo: ARR – 10024-16.2013.5.01.0055 – Data de Julgamento: 8.6.2016, rel. Ministro: Alberto Luiz Bresciani de Fontan Pereira, 3ª Turma, Data de Publicação: DEJT 17.6.2016)

Quanto ao controle da jornada por exceção, vale dizer: somente haverá anotação da jornada que exceder o limite legal ou pactuado, este pode ser levado a efeito mediante acordo individual escrito, convenção coletiva ou acordo coletivo de trabalho, ficando em parte mitigado o entendimento firmado no inciso III da Súmula 338 do TST.

No aspecto, vale destacar a seguinte ementa:

"AGRAVO DE INSTRUMENTO INTERPOSTO PELO RECLAMANTE 1. FÉRIAS EM DOBRO. NÃO REITERAÇÃO DOS ARGUMENTOS EXPENDIDOS NO RECURSO DE REVISTA. NÃO PROVIMENTO. Não se mostra viável o destrancamento de recurso de revista, na hipótese em que a parte não renova os argumentos pelos quais entende que o v. acórdão deve ser reformado, limitando-se a reiterar a indicação dos artigos que entende violados. Agravo de instrumento a que se nega provimento. RECURSO DE REVISTA INTERPOSTO PELA RECLAMADA 1. SISTEMA DE CONTROLE ALTERNATIVO DE JORNADA. NORMA COLETIVA QUE DETERMINA A AUTOGESTÃO DA JORNADA PELO EMPREGADO. VALIDADE. PROVIMENTO. A teor do preceito insculpido no artigo 7º, XXVI, da Constituição Federal, é dever desta Justiça Especializada incentivar e garantir o cumprimento das decisões tomadas a partir da autocomposição coletiva, desde que formalizadas nos limites da lei. A negociação coletiva, nessa perspectiva, é um instrumento valioso que nosso ordenamento jurídico coloca à disposição dos sujeitos trabalhistas para regulamentar as respectivas relações de trabalho, atendendo às particularidades e especificidades de cada caso. É inequívoco que, no âmbito da negociação coletiva, os entes coletivos atuam em igualdade de condições, o que torna legítimas as condições de trabalho por eles ajustadas, na medida em que afasta a hipossuficiência ínsita ao trabalhador nos acordos individuais de trabalho. Assim, as normas autônomas oriundas de negociação coletiva, desde que resguardados os direitos indisponíveis, devem prevalecer sobre o padrão heterônomo justrabalhista, já que a transação realizada em autocomposição privada resulta de uma ampla discussão havida em um ambiente paritário, no qual as perdas e ganhos recíprocos têm presunção de comutatividade. Na hipótese, a Corte Regional reputou inválida a norma coletiva em que autorizada a dispensa de controle formal de horário, sob o fundamento de que tal previsão não se sobrepõe ao disposto no artigo 74, § 2º, da CLT, e, por isso, não exime a reclamada do cumprimento do disposto no aludido artigo. Conforme acima aduzido, a Constituição Federal reconhece a validade e a eficácia dos instrumentos de negociação coletiva, desde que respeitados os direitos indisponíveis dos trabalhadores. Ocorre que a forma de marcação da jornada de trabalho não se insere no rol de direitos indisponíveis, de modo que não há qualquer óbice na negociação para afastar a incidência do dispositivo que regula a matéria, com o fim de atender aos interesses das partes contratantes. Impende destacar, inclusive, que o artigo 611-A, X, da CLT, inserido pela Lei nº 13.467/2017, autoriza a prevalência das normas coletivas que disciplinam a modalidade de registro de jornada de trabalho em relação às disposições da lei. É bem verdade que o aludido preceito, por ser de direito material, não pode ser invocado para disciplinar as relações jurídicas já consolidadas. Não se pode olvidar, entretanto, que referido dispositivo não trouxe qualquer inovação no mundo jurídico, apenas declarou o fato de que essa matéria não se insere no rol das garantias inegociáveis. Ante o exposto, mostra-se flagrante a afronta ao artigo 7º, XXVI, da Constituição Federal. Recurso de revista de que se conhece e a que se dá provimento" (ARR-80700-33.2007.5.02.0261, 4ª Turma, Relator Ministro Guilherme Augusto Caputo Bastos, DEJT 26/10/2018).

15. DO TRABALHO NOTURNO

Conforme Sebastião Geraldo de Oliveira[25], "os seres vivos estão ajustados aos ritmos da natureza com períodos alternados de atividade e inatividade, obedecendo ciclos perfeitamente delimitados. O ser humano não foge a essa regra, ligando-se à atividade durante o dia e ao descanso-sono no período da noite. Ao alterar esse ritmo pela introdução do trabalho noturno, o homem passa a transitar no sentido contrário ao da fluência normal da sociedade."

Sempre houve preocupação da legislação trabalhista em proteger o trabalhador que realizada sua jornada de trabalho em horário noturno, face ao natural transtorno que tal regime de trabalho provoca em seu relógio biológico, com maior potencialidade de doenças por diminuição da imunidade, maior desgaste físico e emocional, e restrições ao convívio social.

Como destaca Maurício Godinho Delgado[26], "de fato, o trabalho noturno provoca no indivíduo agressão física e psicológica intensas, por supor o máximo de dedicação de suas forças físicas e mentais em período em que o ambiente físico externo induz ao repouso. Somado a isso, ele também tende a agredir, com substantiva intensidade, a inserção pessoal, familiar e social do indivíduo nas micro e macrocomunidades em que convive, tornando especialmente penosa para o obreiro a transferência de energia que procede em benefício do empregador."

A Constituição Federal proíbe, no art. 7º, inciso XXXIII, o trabalho noturno perigoso ou insalubre a menores de dezoito, como forma de proteção à saúde e ao desenvolvimento biológico do menor.

Como forma de compensação aos naturais transtornos que o trabalho noturno provoca, a Constituição Federal o direito à remuneração do trabalho noturno superior à do diurno.

A jurisprudência tem entendimento firmado de que a jornada noturna pode ser alterada para a diurna, sendo uma alteração contratual lícita (Súmula 265 do TST).

A Consolidação das Leis do Trabalho disciplina o trabalho noturno no artigo 73, que assim dispõe:

25 Proteção Jurídica à Saúde do Trabalhador. 10ª. ed. São Paulo: LTr, 2010, p. 158.

26 Curso de Direito do Trabalho. 18ª ed. São Paulo: LTr, 2019, p. 1113.

> "Salvo nos casos de revezamento semanal ou quinzenal, o trabalho noturno terá remuneração superior a do diurno e, para esse efeito, sua remuneração terá um acréscimo de 20 % (vinte por cento), pelo menos, sobre a hora diurna. § 1º A hora do trabalho noturno será computada como de 52 minutos e 30 segundos. § 2º Considera-se noturno, para os efeitos deste artigo, o trabalho executado entre as 22 horas de um dia e as 5 horas do dia seguinte. § 3º O acréscimo, a que se refere o presente artigo, em se tratando de empresas que não mantêm, pela natureza de suas atividades, trabalho noturno habitual, será feito, tendo em vista os quantitativos pagos por trabalhos diurnos de natureza semelhante. Em relação às empresas cujo trabalho noturno decorra da natureza de suas atividades, o aumento será calculado sobre o salário mínimo geral vigente na região, não sendo devido quando exceder desse limite, já acrescido da percentagem. § 4º Nos horários mistos, assim entendidos os que abrangem períodos diurnos e noturnos, aplica-se às horas de trabalho noturno o disposto neste artigo e seus parágrafos. § 5º Às prorrogações do trabalho noturno aplica-se o disposto neste capítulo."

Diante do referido dispositivo legal, foram fixados os seguintes critérios para o trabalho noturno:

a) o trabalho noturno urbano é executado entre as 22 horas de um dia e as 5 horas do dia seguinte. Para o trabalhador rural o trabalho noturno é o realizado de entre as vinte e uma horas de um dia e as cinco horas do dia seguinte, na lavoura, e entre as vinte horas de um dia e as quatro horas do dia seguinte, na atividade pecuária (art. 7º, da Lei 5.889/73);

b) há um acréscimo de 20 % (vinte por cento), pelo menos, sobre a hora diurna. Trata-se do conhecido adicional noturno, que deve ser, no mínimo vinte por cento, cuja natureza é salarial. Para o trabalhador rural, o adicional noturno é de 20% (Parágrafo único do art. 7º, da Lei 5889/73);

c) a hora do trabalho noturno será computada como de 52 minutos e 30 segundos. Para o trabalhador urbano, há a chamada *hora noturna reduzida,* a qual tem uma redução de 7 minutos e trinta segundos. Para o trabalhado rural não há redução da hora noturna;

d) às prorrogações do trabalho noturno aplica-se o regime de trabalho noturno. Desse modo, se houver cumprimento de jornada no horário noturno, as prorrogações que atingem o horário diurno também são consideradas horas noturnas, com direito à redução e pagamento do adicional noturno.

O Tribunal Superior do Trabalho consolidou sua jurisprudência no aspecto, por meio da Súmula 60, "in verbis":

> **"ADICIONAL NOTURNO. INTEGRAÇÃO NO SALÁRIO E PRORROGAÇÃO EM HORÁRIO DIURNO** (incorporada a **Orientação Jurisprudencial nº 6 da SBDI-1) – Res. 129/2005, DJ 20, 22 e 25.04.2005**
>
> I – O adicional noturno, pago com habitualidade, integra o salário do empregado para todos os efeitos. (ex-Súmula nº 60 – RA 105/1974, DJ 24.10.1974)
>
> II – Cumprida integralmente a jornada no período noturno e prorrogada esta, devido é também o adicional quanto às horas prorrogadas. Exegese do art. 73, § 5º, da CLT. (ex-OJ nº 6 da SBDI-1 – inserida em 25.11.1996)"

No aspecto, importante destacar a seguinte ementa oriunda da mais alta Corte Trabalhista do país, "in verbis":

> "(...) ADICIONAL NOTURNO. PRORROGAÇÃO DA JORNADA. SÚMULA 60, II, TST. Dispõe a Súmula 60, II, do TST que 'cumprida integralmente a jornada no período noturno e prorrogada esta, devido é também o adicional quanto às horas prorrogadas. Exegese do art. 73, § 5º, da CLT.' Desse modo, havendo prorrogação da jornada de trabalho para além das 5 horas da manhã, resta devido o adicional noturno quanto às horas prorrogadas, bem como o reconhecimento da hora ficta noturna. O acórdão regional encontra-se em desconformidade com a Súmula 60, II/TST. Recurso de revista conhecido e provido (TST – ARR-1000146-12.2016.5.02.0251, 5ª Turma, Relator Ministro Douglas Alencar Rodrigues, DEJT 30/11/2018)."

Mesmo diante do art. 59-A, da CLT[27], aplica-se ao regime 12X36, o regime de trabalho noturno, com hora noturna reduzida e adicional noturno. No aspecto, destaca-se a seguinte ementa:

> JORNADA 12X36. ADICIONAL NOTURNO. PRORROGAÇÃO. HORA NOTURNA REDUZIDA. A jurisprudência desta Corte tem se manifestado no sentido de que o empregado que labora no regime especial de jornada 12x36 faz jus à hora ficta noturna prevista no artigo 73, § 1º, da CLT. Por sua vez, consoante os fundamentos que embasaram a elaboração da Orientação Jurisprudencial nº 388 da SBDI-1, segundo a qual "O empregado submetido à jornada de 12 horas de trabalho por 36 de descanso, que compreenda a totalidade do período noturno, tem direito ao adicional noturno, relativo às horas trabalhadas após as 5 horas da manhã", revela-se inconteste, igualmente, a aplicação da redução ficta e do adicional noturno para aquelas horas diurnas prestadas em prorrogação ao período noturno. Recurso de revista de que não se conhece" (TST – RR-396-36.2013.5.09.0651, 7ª Turma, Relator Ministro Cláudio Mascarenhas Brandão, DEJT 23/03/2018).

16. DOS PERÍODOS DE DESCANSO

A Consolidação das Leis do Trabalho, nos arts. 66 a 72 trata dos **Períodos de Descansos**, que abrangem os intervalos intra e interjornadas e os descanso semanal remunerado e feriados.

Os períodos de descanso são lapsos de tempo em que o empregado não está trabalhando, tampouco está à disposição do empregador, destinados à alimentação, ao descanso, ao lazer é à privacidade do trabalhador.

Nos ensina Leonel Maschietto[28], "os períodos de descanso, no sentido amplo, conceituam-se como lapsos temporais regulares, remunerados ou

---

27 Art. 59-A, da CLT: "Em exceção ao disposto no art. 59 desta Consolidação, é facultado às partes, mediante acordo individual escrito, convenção coletiva ou acordo coletivo de trabalho, estabelecer horário de trabalho de doze horas seguidas por trinta e seis horas ininterruptas de descanso, observados ou indenizados os intervalos para repouso e alimentação. Parágrafo único. A remuneração mensal pactuada pelo horário previsto no **caput** deste artigo abrange os pagamentos devidos pelo descanso semanal remunerado e pelo descanso em feriados, e serão considerados compensados os feriados e as prorrogações de trabalho noturno, quando houver, de que tratam o art. 70 e o § 5º do art. 73 desta Consolidação."

28 Direito ao Descanso nas Relações de Trabalho. São Paulo: LTr, 2015, p. 17.

não, situados intra ou intermódulos diários, semanais ou anuais do período de labor, em que o empregado pode sustar a prestação de serviços e sua disponibilidade perante o empregador, com o objetivo de recuperação e implementação de suas energias ou de sua inserção familiar, comunitária e política."

Constituem os descansos normas de ordem pública, destinadas à proteção à saúde do trabalhador e à segurança no meio ambiente de trabalho.

17. DO INTERVALO INTERJORNADA

Intervalo é lapso de tempo de descanso em que o empregado não está trabalhando ou à disposição do empregador.

O chamado **intervalo interjornada** é o período de tempo entre uma jornada e outra, no qual o empregado não está trabalhando, tampouco está à disposição do empregador.

Trata-se de norma de segurança e medicina do trabalho que tem por escopo resguardar a saúde o trabalhador, prevendo um período de descanso entre uma jornada de trabalho e outra de no mínimo, de 11 horas.

Dispõe o art. 66 da CLT:

> "Entre duas jornadas de trabalho haverá um período mínimo de onze horas consecutivas para descanso."

Caso não observado o intervalo interjornada de 11 horas, o período suprimido deve ser remunerado com o adicional de 50%, nos termos do artigo 71, p. 4º, da CLT[29], a fim de que seja cumprida a finalidade social da norma e o efetivo descanso do trabalhador.

Nesse sentido é OJ 355, da SDI-I do TST, "in verbis":

> "INTERVALO INTERJORNADAS. INOBSERVÂNCIA. HORAS EXTRAS. PERÍODO PAGO COMO SOBREJORNADA. ART. 66 DA CLT. APLICAÇÃO ANALÓGICA DO § 4º DO ART. 71 DA CLT. DJ 14.03.2008

29 Art. 71 § 4 o da CLT: "A não concessão ou a concessão parcial do intervalo intrajornada mínimo, para repouso e alimentação, a empregados urbanos e rurais, implica o pagamento, de natureza indenizatória, apenas do período suprimido, com acréscimo de 50% (cinquenta por cento) sobre o valor da remuneração da hora normal de trabalho."

> O desrespeito ao intervalo mínimo interjornadas previsto no art. 66 da CLT acarreta, por analogia, os mesmos efeitos previstos no § 4º do art. 71 da CLT e na Súmula nº 110 do TST, devendo-se pagar a integralidade das horas que foram subtraídas do intervalo, acrescidas do respectivo adicional."

Importa destacar ainda, que o intervalo interjornada se cumula com o chamado intervalo *intersemanal* ou *descanso semanal remunerado* de 24 horas consecutivas previsto no art. 67, da CLT[30]. Como, nos adverte Leonel Maschietto[31], "importante observar que os dois intervalos não se deduzem ou se compensam. Deste modo, o trabalhador, ao final da semana laborada, terá não somente um intervalo interjornada (de onze horas, conforme o padrão), como ainda terá direito ao intervalo intersemanal (de 24 horas). Neste quadro, o lapso temporal secionador de suas semanas de trabalho atingirá o mínimo de 35 horas."

No mesmo sentido, dispõe a Súmula 110 do TST, "in verbis":

> "No regime de revezamento, as horas trabalhadas em seguida ao repouso semanal de 24 horas, com prejuízo do intervalo mínimo de 11 horas consecutivas para descanso entre jornadas, devem ser remuneradas como extraordinárias, inclusive com o respectivo adicional".

18. DO INTERVALO INTRAJORNADA

O intervalo intrajornada é o período de tempo, remunerado ou não, em que o empregado não está trabalhando, nem está à disposição do empregador, destinado à alimentação, descanso, lazer, e privacidade do trabalhador durante a jornada de trabalho.

Conforme Alice Monteiro de Barros[32], "a finalidade os intervalos intra e interjornada é proporcionar ao trabalhador oportunidade de alimentar-se, descansar e repor suas energias. Sua manutenção é indispensável na

---

30 Art. 67, da CLT: "Será assegurado a todo empregado um descanso semanal de 24 (vinte e quatro) horas consecutivas, o qual, salvo motivo de conveniência pública ou necessidade imperiosa do serviço, deverá coincidir com o domingo, no todo ou em parte."

31 Direito ao Descanso nas Relações de Trabalho. São Paulo: LTr, 2015, p. 42-43.

32 Curso de Direito do Trabalho. São Paulo: LTr, 2005, p. 642.

medida em que o trabalho realizado em jornadas prolongadas contribui para a fadiga física e psíquica, conduzindo à insegurança no ambiente de trabalho".

Dispõe o art. 71 da CLT:

> "Em qualquer trabalho contínuo, cuja duração exceda de 6 (seis) horas, é obrigatória a concessão de um intervalo para repouso ou alimentação, o qual será, no mínimo, de 1 (uma) hora e, salvo acordo escrito ou contrato coletivo em contrário, não poderá exceder de 2 (duas) horas. § 1º – Não excedendo de 6 (seis) horas o trabalho, será, entretanto, obrigatório um intervalo de 15 (quinze) minutos quando a duração ultrapassar 4 (quatro) horas. § 2º – Os intervalos de descanso não serão computados na duração do trabalho. § 3º O limite mínimo de uma hora para repouso ou refeição poderá ser reduzido por ato do Ministro do Trabalho, Indústria e Comércio, quando ouvido o Serviço de Alimentação de Previdência Social, se verificar que o estabelecimento atende integralmente às exigências concernentes à organização dos refeitórios, e quando os respectivos empregados não estiverem sob regime de trabalho prorrogado a horas suplementares. § 4º A não concessão ou a concessão parcial do intervalo intrajornada mínimo, para repouso e alimentação, a empregados urbanos e rurais, implica o pagamento, de natureza indenizatória, apenas do período suprimido, com acréscimo de 50% (cinquenta por cento) sobre o valor da remuneração da hora normal de trabalho. § 5º O intervalo expresso no *caput* poderá ser reduzido e/ou fracionado, e aquele estabelecido no § 1º poderá ser fracionado, quando compreendidos entre o término da primeira hora trabalhada e o início da última hora trabalhada, desde que previsto em convenção ou acordo coletivo de trabalho, ante a natureza do serviço e em virtude das condições especiais de trabalho a que são submetidos estritamente os motoristas, cobradores, fiscalização de campo e afins nos serviços de operação de veículos rodoviários, empregados no setor de transporte coletivo de passageiros, mantida a remuneração e concedidos intervalos para descanso menores ao final de cada viagem."

Conforme o referido dispositivo legal o intervalo intrajornada:

a) deve ser concedido em qualquer tipo de trabalho contínuo, vale dizer, aquele em que não há interrupções;

b) se a jornada de trabalho não exceder de 6 (seis) horas de trabalho, será obrigatório um intervalo de 15 (quinze) minutos quando a duração ultrapassar 4 (quatro) horas: Se a jornada de trabalho não ultrapassar 04 horas, não será obrigatória a concessão do intervalo intrajornada;

c) excedendo a jornada 06 horas de trabalho é obrigatória a concessão de um intervalo para repouso ou alimentação, o qual será, no mínimo, de 1 (uma) hora e, salvo acordo escrito ou contrato coletivo em contrário, não poderá exceder de 2 (duas) horas: O período deve ser, no mínimo de 01 hora e no máximo 02 horas. Se o intervalo exceder de 2 horas, deve ser pactuado por meio acordo escrito entre empregado e empregador ou mediante negociação coletiva (convenção ou acordo coletivo de trabalho). Nos termos da Súmula 118 do TST, "os intervalos concedidos pelo empregador na jornada de trabalho, não previstos em lei, representam tempo à disposição da empresa, remunerados como serviço extraordinário, se acrescidos ao final da jornada";

d) os intervalos de descanso não serão computados na duração do trabalho: Vale dizer: não integram, como regra, a jornada de trabalho.

Quanto à redução dos períodos mínimos de intervalo, dispõe o § 3º do art. 71, da CLT que "o limite mínimo de uma hora para repouso ou refeição poderá ser reduzido por ato do Ministro do Trabalho, Indústria e Comércio, quando ouvido o Serviço de Alimentação de Previdência Social, se verificar que o estabelecimento atende integralmente às exigências concernentes à organização dos refeitórios, e quando os respectivos empregados não estiverem sob regime de trabalho prorrogado a horas suplementares."

Diante do referido dispositivo legal, a redução do intervalo somente pode ser levada a efeito mediante autorização do atual Ministério da Economia, quando, após inspeção do local de trabalho, verificar que o estabelecimento atende integralmente às exigências concernentes à organização dos refeitórios, e quando os respectivos empregados não estiverem sob regime de trabalho prorrogado a horas suplementares.

Sempre foi polêmica a questão da possibilidade da redução do intervalo por meio de acordo individual ou norma coletiva. Entendem alguns que a redução do intervalo pode ser levada a efeito mediante negociação coletiva em razão do princípio da autonomia coletiva dos particulares (artigo 7º, XXVI, da CF), uma vez que se a jornada pode ser compensada, o intervalo também poderá (artigo 7º, XIII, da CF). Além disso, argumentam que ninguém melhor que os Sindicatos para conhecer a realidade das categorias profissional e econômica, para negociarem a redução do intervalo.

O Tribunal Superior do Trabalho pacificou entendimento no sentido de que a redução do intervalo não pode ser elevada a efeito por norma coletiva, por ser regra destinada à proteção à saúde do trabalhador. Com efeito, dispões a Súmula 437, II, do TST:

> "É inválida cláusula de acordo ou convenção coletiva de trabalho contemplando a supressão ou redução do intervalo intrajornada porque este constitui medida de higiene, saúde e segurança do trabalho, garantido por norma de ordem pública (art. 71 da CLT e art. 7º, XXII, da CF/1988), infenso à negociação coletiva."

O art. 611-A, III, da CLT, acrescentado pela Lei 13.467/17, permitiu a redução do intervalo intrajornada, mediante negociação coletiva (convenção ou acordo coletivo de trabalho), respeitado o limite mínimo de trinta minutos para jornadas superiores a seis horas. De outro lado, o art. 611-B, parágrafo único, da CLT, com a redação dada pela Lei 13.467/17 afirma que regras sobre duração do trabalho e intervalos não são consideradas como normas de saúde, higiene e segurança do trabalho para os fins do disposto neste artigo.

Diante dos referidos dispositivos legais, ficou superado o entendimento firmado na Súmula 437, II do TST. No entanto, a interpretação dos referidos arts. 611-A e 611-B, parágrafo único da CLT, não pode ser isolada e sim compatibilizadas com o ordenamento jurídico constitucional e infraconstitucional de proteção do trabalho humano, principalmente, os dispositivos relacionados ao direito ao descanso, ao lazer e à saúde do trabalhador. Diante disso, a redução do intervalo por meio de norma coletiva somente deve ser validada, se a redução ao intervalo permitir que o trabalhador possa ter efetivo direito ao descanso à alimentação durante a jornada de trabalho.

Quanto à natureza da hora de intervalo suprimida, diverge a doutrina. Há entendimentos no sentido de que a hora de supressão intervalar tem natureza jurídica de indenizatória, pois visa a compensar o empregado em razão da violação do direito ao intervalo. A vertente majoritária da doutrina atribuiu a natureza de hora extraordinária à hora de intervalo suprimida, sendo uma verba salarial refletindo nas demais parcelas de índole salarial, caso habitual. Além disso, argumentam que, se o intervalo não é concedido, o empregado está trabalhando e, portanto, realiza uma hora a mais de trabalho.

De nossa parte, a hora de supressão intervalar não tem a mesma natureza jurídica das horas extras, pois no intervalo, o empregado não está trabalhando, nem está à disposição do empregador (artigo 4º, da CLT). Não obstante, pensamos que a natureza é salarial, pois habitual e contraprestativo o pagamento, nos termos do artigo 457, da CLT.

A Súmula 437, incisos III e IV do TST atribuiu às horas de supressão intervala a mesma natureza das horas extras. Com efeito, dispõem os referidos incisos do referido verbete sumular:

> Inciso III: "Possui natureza salarial a parcela prevista no art. 71, § 4º, da CLT, com redação introduzida pela Lei nº 8.923, de 27 de julho de 1994, quando não concedido ou reduzido pelo empregador o intervalo mínimo intrajornada para repouso e alimentação, repercutindo, assim, no cálculo de outras parcelas salariais."
>
> Inciso IV: "Ultrapassada habitualmente a jornada de seis horas de trabalho, é devido o gozo do intervalo intrajornada mínimo de uma hora, obrigando o empregador a remunerar o período para descanso e alimentação não usufruído como extra, acrescido do respectivo adicional, na forma prevista no art. 71, *caput* e § 4º da CLT."

O parágrafo 4º do art. 71, da CLT com a redação da pela Lei 13.467/17 (Reforma Trabalhista) atribui natureza indenizatória à hora de supressão intervalar, sendo devido apenas o período de supressão, e não a hora integral quando houver concessão parcial do intervalo[33].

Diante do referido dispositivo legal, ficou superado o entendimento no sentido da natureza salarial da hora de intervalo suprimida, sendo fixada na natureza **indenizatória** do período de intervalo suprimido. Por ter

33 No aspecto, ficou superado o entendimento firmado no inciso I da Súmula 437 do TST, "in verbis": "Após a edição da Lei nº 8.923/94, a não-concessão ou a concessão parcial do intervalo intrajornada mínimo, para repouso e alimentação, a empregados urbanos e rurais, implica o pagamento total do período correspondente, e não apenas daquele suprimido, com acréscimo de, no mínimo, 50% sobre o valor da remuneração da hora normal de trabalho (art. 71 da CLT), sem prejuízo do cômputo da efetiva jornada de labor para efeito de remuneração."

natureza indenizatória, caso a supressão seja habitual, não haverá reflexos nas demais parcelas de índole trabalhista a exemplo dos Dsr, férias+1/3, 13º salário e FGTS.

Também ficou fixado o entendimento de que a supressão parcial, somente gera o pagamento do período suprimido. Vale dizer: Se o intervalo for de uma hora e houver a concessão de vinte minutos, será devido o pagamento de quarenta minutos, com o adicional de 50%. Ficaram assim superados os incisos III e IV da Súmula 437 do TST.

O Tribunal Superior do Trabalho, em Incidente de Demandas Repetitivas (IRR – 1384-61.2012.5.04.0512, Rel Min. Kátia Magalhães Arruda, j. 15.03.2019), firmou a seguinte tese:

> "A redução eventual e ínfima do intervalo intrajornada, assim considerada aquela de até 5 (cinco) minutos no total, somados os do início e término do intervalo, decorrentes de pequenas variações de sua marcação nos controles de ponto, não atrai a incidência do artigo 71, § 4º, da CLT. A extrapolação desse limite acarreta as consequências jurídicas previstas na lei e na jurisprudência".

Nos termos do parágrafo 5º do art. 71, da CLT, é possível a redução ou fracionamento do intervalo intrajornada, por meio de convenção ou acordo coletivo para empregados no setor de transporte coletivo de passageiros (motoristas e cobradores), observados os seguintes requisitos:

a) o intervalo mínimo de uma hora pode ser reduzido, ou fracionado, observado o limite de 30 minutos para a jornada superior a 06 horas (art. 611-A, III, da CLT);

b) o fracionamento deve observar o intervalo mínimo de 5 minutos (art. 235-E, da CLT);

c) o intervalo de 15 minutos para as jornadas de até 06 horas, quando superior a 04 diárias, pode ser fracionado, mas não reduzido, quando compreendidos entre o término da primeira hora trabalhada e o início da última hora trabalhada;

d) o intervalo não se computa na jornada de trabalho.

De nossa parte, a redução e o fracionamento do intervalo dos trabalhadores nos serviços de operação de veículos rodoviários, empregados no setor de transporte coletivo de passageiros, devem ser avaliados com muito critério pelas categorias profissional e econômica, principalmente se a redução e/ou fracionamento possibilita o descanso e a alimentação durante a jornada de trabalho, sob consequência de invalidade. O ideal seria se o intervalo não fosse reduzido e o fracionamento observasse um limite superior a 5 minutos.

Quanto ao trabalhador rural, dispõe o art. 5º da Lei 5.889/73:

> "Em qualquer trabalho contínuo de duração superior a seis horas, será obrigatória a concessão de um intervalo para repouso ou alimentação observados os usos e costumes da região, não se computando este intervalo na duração do trabalho. Entre duas jornadas de trabalho haverá um período mínimo de onze horas consecutivas para descanso."

Diante do referido dispositivo legal, a jurisprudência vem entendendo, acertadamente, que o intervalo do trabalhador rural pode ser fracionado em dois intervalos de 30 minutos, conforme os usos e costumes da região, se tal for mais benéfico ao trabalhador e se o fracionamento permitir a efetividade da norma.

No aspecto, destacam-se as seguintes ementas da mais alta Corte Trabalhista do país, "in verbis":

> RECURSO DE EMBARGOS REGIDO PELA LEI Nº 13.015/2014. TRABALHADOR RURAL – HORAS EXTRAS – INTERVALO FRACIONADO – INTERVALO PARA O CAFÉ. No caso, r estou incontroverso que o embargado usufruía de dois intervalos intrajornadas, a saber: o primeiro, para o almoço, e o segundo, de 30 minutos, para o café. O artigo 5º da Lei nº 5.889/73, que estatui normas reguladoras do trabalho rural, dispõe expressamente que: "Em qualquer trabalho contínuo de duração superior a seis horas, será obrigatória a concessão de um intervalo para repouso ou alimentação observados os usos e costumes da região, não se computando este intervalo na duração do trabalho.". Da análise do dispositivo legal acima, extrai-se que não houve vedação para a concessão de intervalo intrajornada de forma fracionada, como na presente hipótese, onde havia a concessão de dois intervalos, o primeiro para o almoço e o segundo, de 30 minutos, para o café. Pelo contrário, o referido preceito legal estabelece a possibilidade de concessão do período destinado ao repouso e alimentação do trabalhador rural, tomando-se o cuidado de observar os usos e costumes da região. É notório que no meio rural o costume

é a concessão de mais de um intervalo para alimentação, sendo que o segundo intervalo é condição mais benéfica ao trabalhador, por se tratar de trabalho braçal que causa enorme desgaste físico ao mesmo. Na realidade, o que o legislador ordinário visava garantir é que o período destinado a repouso e alimentação do trabalhador rural não pode ser inferior a uma hora e não vedar a possibilidade de fracionar esse intervalo em duas vezes ou mais. Assim, não há que se falar que o artigo 5º da Lei nº 5.889/1973 não autoriza a dedução de mais de um intervalo intrajornada, pelo que, no presente caso, válido o segundo intervalo concedido para café, de 30 minutos, não devendo este ser computado na jornada de trabalho do empregado. De outra parte, a diretriz inscrita na Súmula/TST n.º 118 não guarda pertinência com a hipótese, pois o intervalo referido nos autos é remunerado e está previsto em norma legal. Precedentes do TST. Recurso de embargos conhecido e provido (TST – E-RR-932-60.2010.5.09.0325, Subseção I Especializada em Dissídios Individuais, Relator Ministro Renato de Lacerda Paiva, DEJT 12/05/2017).

19. DO INTERVALO DO DIGITADOR E *TELEMARKETING*

Dispõe o art. 72 da CLT:

> "Nos serviços permanentes de mecanografia (datilografia, escrituração ou cálculo), a cada período de noventa minutos de trabalho consecutivos corresponderá um repouso de dez minutos não deduzidos da duração normal do trabalho."

Nos termos do Súmula 346 do TST, os digitadores, por aplicação analógica do art. 72 da CLT, equiparam-se aos trabalhadores nos serviços de mecanografia (datilografia, escrituração ou cálculo), razão pela qual têm direito a intervalos de descanso de 10 (dez) minutos a cada 90 (noventa) de trabalho consecutivo.

O intervalo dos datilógrafos e digitadores de 10 minutos a cada 90 minutos de trabalho é essencial para prevenir a fadiga e as doenças profissionais a que estão sujeitos os empregados que desempenham tais funções.

Como bem adverte Valentin Carrion[34]: "o digitador permanente, cujo trabalho consta ser até mais penoso que os expressamente mencionados,

34 Comentários à CLT. 33ª Edição. São Paulo: Saraiva, 2008, p. 132.

reúne requisitos fáticos para que se lhe aplique a norma por interpretação analógica finalística. A inflamação da bainha dos tendões (tenossinovite), quando resultante da atividade do digitador, datilógrafo ou pianista profissional, foi considerada como passível causa de doença do trabalho."

Em razão de ser norma tutelar, o presente intervalo é computado na jornada de trabalho.

Com relação ao trabalhador de *telemarketing*, tem prevalecido o entendimento na jurisprudência de que, por não exercer a digitação de forma contínua e ininterrupta, e não ser ela sua atividade principal, não faz jus ao intervalo do digitador.

Pensamos de forma diversa, pois o operador de telemarketing que digita e fala ao telefone tem *stress* mais acentuado que o digitador. Além disso, em muitas situações, a digitação tem que ser realizada de forma contínua e mais rápida que o normal. De outro lado, diante do avanço da tecnologia, a interpretação da legislação do trabalho tem que ser atualizada por meio de interpretação construtiva e evolutiva a fim de proteção da saúde do trabalhador.

Caso os intervalos não sejam concedidos, deverão ser pagos com o adicional de 50%, nos termos do parágrafo 4º do art. 71, da CLT.

Para o operador de *telemarketing*, o anexo II da NR 17 do Ministério do Trabalho, com a redação dada pela PORTARIA/MTP Nº 423, DE 7 DE OUTUBRO DE 2021, estabelece:

> "6.4 Para prevenir sobrecarga psíquica e muscular estática de pescoço, ombros, dorso e membros superiores, a organização deve permitir a fruição de pausas de descanso e intervalos para repouso e alimentação aos trabalhadores.
>
> 6.4.1 As pausas devem ser concedidas: a) fora do posto de trabalho; b) em 02 (dois) períodos de 10 (dez) minutos contínuos; e c) após os primeiros e antes dos últimos 60 (sessenta) minutos de trabalho em atividade de teleatendimento/telemarketing.
>
> 6.4.1.1 A instituição de pausas não prejudica o direito ao intervalo obrigatório para repouso e alimentação previsto no §1° do art. 71 da CLT.
>
> 6.4.2 O intervalo para repouso e alimentação para a atividade de teleatendimento/telemarketing deve ser de 20 (vinte) minutos.

> 6.4.3 Para tempos de trabalho efetivo de teleatendimento/telemarketing de até 4 (quatro) horas diárias, deve ser observada a concessão de 1 (uma) pausa de descanso contínua de 10 (dez) minutos."

A Referida NR estabelece Normas de Segurança e Medicina para o empregado que exerce a função de telemarketing. Portanto, não há violação do princípio da legalidade, pois os intervalos nela previstos visam proteger a saúde e evitar a fadiga do trabalhador.

Desse modo, há a necessidade de concessão, além do intervalo intrajornada de 20 minutos (que não se computa na jornada), de duas pausas de 10 minutos, às quais integram a jornada de trabalho, por ser norma destinada à saúde e segurança do trabalhador. No aspecto, vale destacar as seguintes ementas da mais alta corte trabalhista brasileira, "in verbis":

> EMPREGADO DE TELEMARKETING. INOBSERVÂNCIA DAS PAUSAS PARA DESCANSO E ALIMENTAÇÃO PREVISTAS NA NORMA REGULAMENTAR Nº 17 DO MINISTÉRIO DO TRABALHO E EMPREGO. As pausas para descanso previstas no Anexo II da NR nº 17 da Portaria 3.214/78 do Ministério do Trabalho e Emprego têm como escopo a prevenção de sobrecarga psíquica, muscular estática do pescoço, ombros, dorso e membros superiores, e a sua fruição não interfere no direito ao intervalo para repouso e alimentação previsto no § 1º do artigo 71 da CLT, *in verbis:* "5.4. Para prevenir sobrecarga psíquica, muscular estática de pescoço, ombros, dorso e membros superiores, as empresas devem permitir a fruição de pausas de descanso e intervalos para repouso e alimentação aos trabalhadores. 5.4.1. As pausas deverão ser concedidas: a) fora do posto de trabalho; b) em 02 (dois) períodos de 10 (dez) minutos contínuos; após os primeiros e antes dos últimos 60 (sessenta) minutos de trabalho em atividade de teleatendimento/telemarketing. 5.4.1.1. A instituição de pausas não prejudica o direito ao intervalo obrigatório para repouso e alimentação previsto no §1º do Artigo 71 da CLT" (destacou-se). Nesse contexto, não procede a alegação da reclamada de que os 20 minutos destinados a repouso e alimentação torna indevido o pagamento como extra de 20 minutos a título de pausa (devidos em 2 (dois) períodos de 10 (dez) minutos contínuos), visto que as referidas pausas não se confundem com o intervalo obrigatório para repouso e alimentação, previsto no artigo 71, § 1º, da CLT, conforme expressamente estabelecido na NR nº

17 do MTE. Agravo de instrumento desprovido (...)(TST – AIRR-3429-68.2015.5.10.0802, 2ª Turma, Relator Ministro José Roberto Freire Pimenta, DEJT 27/10/2017).

INTERVALO INTRAJORNADA DE 20 MINUTOS. PAUSAS DE 10 MINUTOS. CÔMPUTO NA JORNADA DE TRABALHO. OPERADOR DE TELEMARKETING/TELEATENDIMENTO. NR-17. Extrai-se do Anexo II da NR-17, aplicável aos operadores de telemarketing, que as pausas de dez minutos se integram à jornada de trabalho do empregado. No entanto, o intervalo intrajornada de vinte minutos não será computado na jornada, nos termos do § 2º do art. 71 da CLT. Julgados. A decisão do Regional, que deferiu o pagamento de vinte minutos a título de horas extras, em virtude do intervalo intrajornada do empregado operador de telemarketing, violou o § 2º do artigo 71 da CLT. Recurso de revista a que se dá provimento. INTERVALO DO DIGITADOR. O reclamado sustenta que as atividades do reclamante não se confundem com as de um digitador ou de um mecanógrafo, razão por que são indevidas as pausas do art. 72 da CLT. O TRT entendeu que o reclamante fazia jus às pausas previstas na NR-17 e não no art. 72 da CLT. Nesse contexto, verifica-se que o recorrente impugna fundamento não utilizado pelo Regional. Incidente a Súmula nº 422, I, do TST. Recurso de revista de que não se conhece. INTERVALO INTRAJORNADA. PRORROGAÇÃO DA JORNADA CONTRATUAL DE SEIS HORAS. Prejudicado o exame, ante o provimento do recurso de revista para excluir da condenação o pagamento de horas extras, ante o reconhecimento de que a jornada de seis horas não foi extrapolada. Recurso de revista prejudicado quanto ao tema. PAGAMENTO DAS VERBAS RESCISÓRIAS. DENTRO DO PRAZO PREVISTO EM LEI. HOMOLOGAÇÃO POSTERIOR AO TERMO DE RESCISÃO. MULTA DO ART. 477 DA CLT INCABÍVEL. Se o pagamento das verbas rescisórias ocorreu no prazo previsto no § 6º do art. 477 da CLT, quitando-se aquelas discriminadas no termo de rescisão contratual, não incide a multa prevista no § 8º do mesmo dispositivo, ainda que a homologação do termo de rescisão, com a entrega das guias para o recebimento do FGTS e do seguro-desemprego tenha ocorrido após o prazo. A multa prevista no art. 477, § 8º, da CLT somente é devida quando as parcelas salariais não são quitadas no prazo legal. Julgados. Recurso de revista a que se dá provimento (TST RR-449-39.2012.5.01.0242, 6ª Turma, Relatora Ministra Kátia Magalhães Arruda, DEJT 15/06/2018).

20. DO DESCANSO SEMANAL REMUNERADO E FERIADOS

Ensina Maurício Godinho Delgado[35]:

> "O descanso semanal (ou repouso semanal) define-se como o lapso temporal de 24 horas consecutivas situado entre os módulos semanais de duração do trabalho do empregado, coincidindo preferencialmente com o domingo, em que o obreiro pode sustar a prestação de serviços e sua disponibilidade perante o empregador, com o objetivo de recuperação e implementação de suas energias e aperfeiçoamento em sua inserção familiar, comunitária e política."

O descanso semanal remunerado, preferencialmente aos domingos, que tem origem no costume religioso, não é só um evento trabalhista, mas um direito atrelado à própria condição humana do trabalhador, pois, por meio dele, se materializam direitos fundamentais, dentro os quais podemos destacar:

a) direito à privacidade e à intimidade (art. 5º, X, da CF);
b) direito ao lazer (art. 6º da CF);
c) direito ao descanso (art. 7º, XV, da CF);
d) liberdade de culto (art. 5º, VIII, da CF);
e) convivência familiar (art. 226 e seguintes da CF).

A Constituição Federal assegura o direito ao descanso semanal remunerado no art. 7º, XV, que assim dispõe:

> "Repouso semanal remunerado preferencialmente aos domingos".

Conforme o texto constitucional, o repouso semanal será, preferencialmente, mas não obrigatoriamente aos domingos. O ideal seria que fosse, obrigatoriamente, aos domingos, para que os direitos fundamentais de cidadania ou da condição humana do trabalhador fossem efetivados, mas, em razão do interesse público e do próprio sistema do mundo capitalista, muitas atividades necessitam funcionar aos domingos e, em razão disso, a Constituição Federal, permite, por exceção, que o descanso possa ser concedido em outro dia na semana.

35 Curso de Direito do Trabalho. 18ª ed. São Paulo: LTr, 2019, p. 1142.

Os feriados não se confundem com o descanso semanal remunerado. Como destaca Maurício Godinho Delgado[36], os feriados são "lapsos temporais de um dia, situados ao longo do ano-calendário, eleitos pela legislação em face de datas comemorativas cívicas ou religiosas específicas, em que o empregado pode sustar a prestação de serviços e sua disponibilidade perante o empregador".

É possível estabelecer, como gênero, os chamados dias de repouso remunerado, tendo como espécies o descanso semanal remunerado e os feriados legais.[37]

Segundo a classificação doutrinária, os descansos semanais e os feriados constituem hipóteses de interrupção do contrato de trabalho, pois o empregado não está trabalhando, tampouco está à disposição do empregador, mas receberá salário e terá computado o tempo de serviço.

Dispõe o art. 67 da CLT:

> "Será assegurado a todo empregado um descanso semanal de 24 (vinte e quatro) horas consecutivas, o qual, salvo motivo de conveniência pública ou necessidade imperiosa do serviço, deverá coincidir com o domingo, no todo ou em parte. Parágrafo único – Nos serviços que exijam trabalho aos domingos, com exceção quanto aos elencos teatrais, será estabelecida escala de revezamento, mensalmente organizada e constando de quadro sujeito à fiscalização."

Conforme o referido dispositivo legal, o trabalho aos domingos fora autorizado por exceção, nas hipóteses de conveniência pública ou necessidade imperiosa do serviço.

A lei 10.101/00 nos arts. 6º e 6º-A, autorizou o trabalho aos domingos no comércio. Com efeito, dispõem os referidos dispositivos legais:

> Art. 6º: "Fica autorizado o trabalho aos domingos nas atividades do comércio em geral, observada a legislação municipal, nos termos do art. 30, inciso I, da Constituição. Parágrafo único. O repouso semanal remunerado deverá coincidir, pelo menos uma vez no

36 Curso de Direito do Trabalho. 18ª ed. São Paulo: LTr, 2019, p. 1142.

37 GARCIA, Gustavo Filipe Barbosa. Manual de Direito do Trabalho. 13. ed. Salvador: Editora Juspodivm, 2020, p. 941.

> período máximo de três semanas, com o domingo, respeitadas as demais normas de proteção ao trabalho e outras a serem estipuladas em negociação coletiva."
>
> Art. 6º-A: "É permitido o trabalho em feriados nas atividades do comércio em geral, desde que autorizado em convenção coletiva de trabalho e observada a legislação municipal, nos termos do art. 30, inciso I, da Constituição."

Diante dos referidos dispositivos legais, ao menos uma vez por mês, o repouso semanal deve coincidir com o domingo, observada a legislação municipal.

Conforme o art. 68 da CLT, "O trabalho em domingo, seja total ou parcial, na forma do art. 67, será sempre subordinado à permissão prévia da autoridade competente em matéria de trabalho. Parágrafo único – A permissão será concedida a título permanente nas atividades que, por sua natureza ou pela conveniência pública, devem ser exercidas aos domingos, cabendo ao Ministro do Trabalho, Industria e Comercio, expedir instruções em que sejam especificadas tais atividades. Nos demais casos, ela será dada sob forma transitória, com discriminação do período autorizado, o qual, de cada vez, não excederá de 60 (sessenta) dias."

A autoridade competente para a autorização do trabalho aos domingos é o Ministério do Trabalho e Previdência.

A Portaria 671/2021 do Ministério do Trabalho e Previdência trata da autorização transitória para o trabalho em domingos e feriados, nos arts. 56 a 61, os quais, pela importância, são transcritos abaixo:

> "Art. 56. A autorização transitória para trabalho aos domingos e feriados civis e religiosos a que se refere o parágrafo único do art. 68 do Decreto-Lei nº 5.452, de 1943 - CLT, será regida de acordo com os procedimentos previstos nesta Seção. Parágrafo único. A autorização a que se refere o caput poderá ser concedida nas seguintes hipóteses: I - para atender à realização ou conclusão de serviços inadiáveis ou necessidade imperiosa de serviço; e II - quando a inexecução das atividades puder acarretar prejuízo manifesto."
>
> "Art. 57. A autorização de que trata o art. 56 será concedida pelo chefe da unidade descentralizada da Inspeção do Trabalho, com circunscrição no local da prestação de serviço, mediante

fundamentação técnica que leve à conclusão pela realização ou conclusão de serviços inadiáveis ou cuja inexecução possa acarretar prejuízo manifesto à requerente. Parágrafo único. A autorização transitória poderá ser concedida pelo prazo de até sessenta dias."

"Art. 58. O requerimento para solicitar a autorização transitória deverá ser instruído por laudo técnico fundamentado, com indicação da necessidade de ordem técnica e os setores que exigem a continuidade do trabalho. § 1º Nos serviços que exijam trabalho aos domingos, com exceção quanto aos elencos teatrais, será estabelecida escala de revezamento, mensalmente organizada e sujeito à fiscalização. § 2º O repouso semanal remunerado deverá coincidir, pelo menos uma vez no período máximo de sete semanas, com o domingo, respeitadas as demais normas de proteção ao trabalho. § 3º Nas atividades do comércio em geral, o repouso semanal remunerado deverá coincidir, pelo menos uma vez no período máximo de três semanas, com o domingo, respeitadas as demais normas de proteção ao trabalho e outras a serem estipuladas em negociação coletiva, nos termos da Lei nº 10.101, de 19 de dezembro de 2000."

"Art. 59. A autorização transitória poderá ser cancelada a qualquer momento pelo chefe da unidade descentralizada da Inspeção do Trabalho, após oitiva da empresa, mediante despacho fundamentado e baseado em relatório da Inspeção do Trabalho, desde que observada a ocorrência de uma das seguintes hipóteses no curso da referida autorização: I - descumprimento das exigências constantes desta Seção; II - infração nos atributos de jornada e descanso, constatada pela Inspeção do Trabalho; ou III - situação de grave e iminente risco à segurança e saúde do trabalhador constatada pela Inspeção do Trabalho."

"Art. 60. Deferida a autorização transitória para trabalho aos domingos e feriados, o início das atividades das empresas nestes dias independe de inspeção prévia."

"Art. 61. A escala de revezamento será efetuada por livre escolha do empregador."

A autorização permanente para o trabalho em domingos e feriados foi autorizada para as atividades previstas no Anexo IV da Portaria 621/21 do Ministério do Trabalho e Previdência, desde que observados os requisitos dos parágrafos 1º, 2º e 3º do art. 58 da Portaria 671/21 do Ministério do Trabalho, conforme disposição dos arts. 62 e 63 da Referida Portaria.

Nos termos do art. 69 da CLT, "na regulamentação do funcionamento de atividades sujeitas ao regime deste Capítulo, os municípios atenderão aos preceitos nele estabelecidos, e as regras que venham a fixar não poderão contrariar tais preceitos nem as instruções que, para seu cumprimento, forem expedidas pelas autoridades competentes em matéria de trabalho."

O art. 6º da Lei 605/49 trata dos requisitos para a remuneração do descanso semanal remunerado. Com efeito, dispõe o referido dispositivo legal:

> "Não será devida a remuneração quando, sem motivo justificado, o empregado não tiver trabalhado durante toda a semana anterior, cumprindo integralmente o seu horário de trabalho. § 1º São motivos justificados: a) os previstos no artigo 473 e seu parágrafo único da Consolidação das Leis do Trabalho; b) a ausência do empregado devidamente justificada, a critério da administração do estabelecimento; c) a paralisação do serviço nos dias em que, por conveniência do empregador, não tenha havido trabalho; d) a ausência do empregado, até três dias consecutivos, em virtude do seu casamento; e) a falta ao serviço com fundamento na lei sobre acidente do trabalho; f) a doença do empregado, devidamente comprovada. § 2º A doença será comprovada mediante atestado de médico da instituição da previdência social a que estiver filiado o empregado, e, na falta deste e sucessivamente, de médico do Serviço Social do Comércio ou da Indústria; de médico da emprêsa ou por ela designado; de médico a serviço de representação federal, estadual ou municipal incumbido de assuntos de higiene ou de saúde pública; ou não existindo êstes, na localidade em que trabalhar, de médico de sua escolha. § 3º Nas empresas em que vigorar regime de trabalho reduzido, a freqüência exigida corresponderá ao número de dias em que o empregado tiver de trabalhar. § 4º Durante período de emergência em saúde pública decorrente da Covid-19, a imposição de isolamento dispensará o empregado da comprovação de doença por 7 (sete) dias. § 5º No caso de imposição de isolamento em razão da Covid-19, o trabalhador poderá apresentar como justificativa válida, no oitavo dia de afastamento, além do disposto neste artigo, documento de unidade de saúde do Sistema Único

de Saúde (SUS) ou documento eletrônico regulamentado pelo Ministério da Saúde."(NR)

A lei 14.128/21 acrescentou os parágrafos 4º e 5º ao art. 6º da Lei 605/49, possibilitando, durante o período de emergência decorrente da Covid-19, no caso de imposição de isolamento:

a) dispensar o empregado da comprovação de doença por 7 (sete) dias;
b) o trabalhador poderá apresentar como justificativa válida, no oitavo dia de afastamento documento de unidade de saúde do Sistema Único de Saúde (SUS) ou documento eletrônico regulamentado pelo Ministério da Saúde.

Diante do art. 6º, da Lei 605/49, são requisitos para o pagamento do repouso semanal remunerado:

a) **assiduidade:** o empregado deve ter trabalhado todos os dias da semana anterior para ter direito ao pagamento do repouso, salvo as hipóteses de faltas justificadas (art. 6º; §§ 1º e 2º da Lei 605/49 e art. 473, da CLT);
b) **pontualidade:** cumprir integralmente o horário de trabalho.

Caso não observados os requisitos cumulativos de assiduidade e pontualidade, o empregado terá direito do descanso semanal, mas não à sua remuneração.

O art. 7º, da Lei 605/49 trata da remuneração do repouso semanal remunerado. Dispõe o referido dispositivo legal:

> "A remuneração do repouso semanal corresponderá: a) para os que trabalham por dia, semana, quinzena ou mês, à de um dia de serviço, computadas as horas extraordinárias habitualmente prestadas; b) para os que trabalham por hora, à sua jornada norma de trabalho, computadas as horas extraordinárias habitualmente prestadas; c) para os que trabalham por tarefa ou peça, o equivalente ao salário correspondente às tarefas ou peças feitas durante a semana, no horário normal de trabalho, dividido pelos dias de serviço efetivamente prestados ao empregador; d) para o empregado em domicílio, o equivalente ao quociente da divisão por 6 (seis) da importância total da sua produção na semana. § 1º Os empregados cujos salários não sofram descontos por motivo de feriados civis ou religiosos são considerados já remunerados nesses

> mesmos dias de repouso, conquanto tenham direito à remuneração dominical. § 2º Consideram-se já remunerados os dias de repouso semanal do empregado mensalista ou quinzenalista cujo cálculo de salário mensal ou quinzenal, ou cujos descontos por falta sejam efetuados na base do número de dias do mês ou de 30 (trinta) e 15 (quinze) diárias, respectivamente."

Conforme o art. 70, da CLT, salvo o disposto nos artigos 68 e 69, é vedado o trabalho em dias feriados nacionais e feriados religiosos, nos termos da legislação própria.

No mesmo sentido o art. 1º, da Lei 605/49, "in verbis":

> "Todo empregado tem direito ao repouso semanal remunerado de vinte e quatro horas consecutivas, preferentemente aos domingos e, nos limites das exigências técnicas das empresas, nos feriados civis e religiosos, de acordo com a tradição local."

A autorização para o trabalho em feriados segue a mesma sistemática para o trabalho aos domingos.

Nos termos do art. 9º, da Lei 605/49: "Nas atividades em que não for possível, em virtude das exigências técnicas das empresas, a suspensão do trabalho, nos dias feriados civis e religiosos, a remuneração será paga em dobro, salvo se o empregador determinar outro dia de folga."

Diante do referido dispositivo legal, se não houve concessão de folga compensatória para o trabalho em domingos ou feriados, o empregador deverá remunerá-los em dobro, sem prejuízo da remuneração relativa ao repouso semanal[38]. De nossa parte, a fim de que a finalidade do instituto do descanso aos domingos e feriados seja cumprida, a folga compensatória deve ser nos sete dias que sucedem dia do repouso semanal ou do feriado trabalhado. No aspecto, dispõe a OJ 410, da SDI-I do TST, "in verbis":

> **REPOUSO SEMANAL REMUNERADO. CONCESSÃO APÓS O SÉTIMO DIA CONSECUTIVO DE TRABALHO. ART. 7º, XV,**

---

38 No mesmo sentido a Súmula 146 do TST, "in verbis": "**TRABALHO EM DOMINGOS E FERIADOS, NÃO COMPENSADO (incorporada a Orientação Jurisprudencial nº 93 da SBDI-1) – Res. 121/2003, DJ 19, 20 e 21.11.2003** O trabalho prestado em domingos e feriados, não compensado, deve ser pago em dobro, sem prejuízo da remuneração relativa ao repouso semanal."

> **DA CF. VIOLAÇÃO. (DEJT divulgado em 22, 25 e 26.10.2010)**
> Viola o art. 7º, XV, da CF a concessão de repouso semanal remunerado após o sétimo dia consecutivo de trabalho, importando no seu pagamento em dobro."

Nos termos do art. 611-A, XI, da CLT é permitida a troca de feriado por meio de negociação coletiva.

21. DAS FÉRIAS: CONCEITO E NATUREZA JURÍDICA

Nos ensina Fabíola Marques[39]:

> "As férias anuais remuneradas são a paralização dos serviços pelo empregado, durante um determinado período contínuo, sem prejuízo de sua remuneração, desde que cumpridas as condições mínimas de trabalho exigidas em período anterior por motivos higiênicos, sociais e econômicas."

As férias constituem direito fundamental do trabalhador de descansar por um lapso de tempo razoável após 12 meses de trabalho contínuo.

Dispõe o artigo 7º, XVII, da Constituição Federal: "gozo de férias anuais remuneradas com, pelo menos, um terço a mais do que o salário normal."

No mesmo sentido, acervar o artigo 129, da CLT: Art. 129 - Todo empregado terá direito anualmente ao gozo de um período de férias, sem prejuízo da remuneração.

Como nos adverte Homero Batista Mateus da Silva[40], "embora o art. 129 faça menção apenas as férias como direito, elas também representam um dever, pois o empregado não pode prescindir das férias, acumular longos períodos para seus estudos ou para coincidência com planos de viagens ou simplesmente vender as férias para auferir maior renda. As férias correspondem a uma forma de aumento da produtividade e diminuição dos acidentes de trabalho e devem ser valorizadas pela sociedade e não vistas como artigo de luxo ou de preguiça."

Ao lado da limitação de jornada e do descanso semanal remunerado, as férias constituem o núcleo dos direitos que compõe o direito social ao

39 Férias: Novo Regime da Convenção n. 132 da OIT. São Paulo: LTr, 2007, p. 37.

40 CLT Comentada, 2. Ed. São Paulo: RT, 2018.

lazer previsto no artigo 6º, da Constituição Federal. Portanto, trata-se de direito fundamental de segunda geração, sendo as normas que disciplinam as férias na CLT de ordem pública e interesse social. Além disso, as férias pertencem ao direito tutelar do trabalho tendo por escopo resguardar a saúde e a higidez física e mental do trabalhador. De outro lado, também há fatores econômicos que justificam as férias, como o incentivo ao turismo e ao comércio.

Como destaca Maurício Godinho Delgado[41], "as férias atendem, inquestionavelmente, a todos os objetivos justiçadores dos demais intervalos e descansos trabalhistas, quais sejam: metas de saúde e segurança laborativas e de reinserção familiar, comunitária e política do trabalhador. De fato, elas fazem parte de uma estratégia concertada de enfrentamento dos problemas relativos à saúde, à segurança no trabalho à medida que favorecem ampla recuperação das energias físicas e mentais do empregado após longo período de prestação de serviços".

Quanto à natureza jurídica das férias, estas constituem período de interrupção do contrato de trabalho, por meio do qual o empregado não prestará serviços pelo prazo de 30 dias, mas terá assegurado todos os direitos trabalhistas do período de afastamento. Nesse sentido, dispõe o § 2º, do art. 130, da CLT, "in verbis":

> "O período das férias será computado, para todos os efeitos, como tempo de serviço."

22. DA AQUISIÇÃO DO DIREITO A FÉRIAS

O período aquisitivo das férias se dá a cada 12 meses de vigência do contrato de trabalho, contados, incialmente, a partir do ingresso do trabalhador na empresa.

Dispõe o art. 130 da CLT:

> "Após cada período de 12 (doze) meses de vigência do contrato de trabalho, o empregado terá direito a férias, na seguinte proporção: I – 30 (trinta) dias corridos, quando não houver faltado ao serviço mais de 5 (cinco) vezes; II – 24 (vinte e quatro) dias corridos, quando houver tido de 6 (seis) a 14 (quatorze) faltas; III

41 Curso de Direito do Trabalho. 7ª Edição. São Paulo: LTr, 2008, p. 952.

> – 18 (dezoito) dias corridos, quando houver tido de 15 (quinze) a 23 (vinte e três) faltas; IV – 12 (doze) dias corridos, quando houver tido de 24 (vinte e quatro) a 32 (trinta e duas) faltas. § 1º É vedado descontar, do período de férias, as faltas do empregado ao serviço. § 2º O período das férias será computado, para todos os efeitos, como tempo de serviço.

Conforme o referido dispositivo legal, o número de **faltas injustificadas**, influi na proporcionalidade da duração das férias, quais sejam: até 5 faltas: 30 dias; de 6 a 14 faltas: 24 dias; de 15 a 23 faltas: 18 dias; de 24 a 32: 12 dias; mais de 32 faltas: não terá direito a férias.

A duração das férias se computa em dias corridos e não em dias úteis.

Nos termos do artigo 131 da CLT, não será considerada falta para fins de repercussão na duração das férias:

a) nos casos referidos no art. 473[42];

b) durante o licenciamento compulsório da empregada por motivo de maternidade ou aborto, observados os requisitos para percepção do salário-maternidade custeado pela Previdência Social;

---

42 Art. 473, da CLT: "O empregado poderá deixar de comparecer ao serviço sem prejuízo do salário: I – até 2 (dois) dias consecutivos, em caso de falecimento do cônjuge, ascendente, descendente, irmão ou pessoa que, declarada em sua carteira de trabalho e previdência social, viva sob sua dependência econômica; II – até 3 (três) dias consecutivos, em virtude de casamento; III – por um dia, em caso de nascimento de filho no decorrer da primeira semana; IV – por um dia, em cada 12 (doze) meses de trabalho, em caso de doação voluntária de sangue devidamente comprovada; V – até 2 (dois) dias consecutivos ou não, para o fim de se alistar eleitor, nos têrmos da lei respectiva. VI – no período de tempo em que tiver de cumprir as exigências do Serviço Militar referidas na letra "c" do art. 65 da Lei nº 4.375, de 17 de agosto de 1964 (Lei do Serviço Militar). VII – nos dias em que estiver comprovadamente realizando provas de exame vestibular para ingresso em estabelecimento de ensino superior. VIII – pelo tempo que se fizer necessário, quando tiver que comparecer a juízo. IX – pelo tempo que se fizer necessário, quando, na qualidade de representante de entidade sindical, estiver participando de reunião oficial de organismo internacional do qual o Brasil seja membro. X – até 2 (dois) dias para acompanhar consultas médicas e exames complementares durante o período de gravidez de sua esposa ou companheira; XI – por 1 (um) dia por ano para acompanhar filho de até 6 (seis) anos em consulta médica. XII – até 3 (três) dias, em cada 12 (doze) meses de trabalho, em caso de realização de exames preventivos de câncer devidamente comprovada."

c) por motivo de acidente do trabalho[43] ou enfermidade, atestada pelo Instituto Nacional do Seguro Social – INSS, excetuada a hipótese do inciso IV do art. 133[44];

d) justificada pela empresa, entendendo-se como tal a que não tiver determinado o desconto do correspondente salário;

e) durante a suspensão preventiva para responder a inquérito administrativo ou de prisão preventiva, quando for impronunciado ou absolvido.

> VI – nos dias em que não tenha havido serviço, salvo na hipótese do inciso III do art. 133[45].

Destaca-se, o empregador pode, simplesmente, não descontar do empregado eventuais faltas injustificadas do salário do empregado, o que a doutrina denomina de *perdão tácito*[46]. Se não houver desconto, a falta não influirá na duração das férias.

Nos termos do art. 132, da CLT o tempo de trabalho anterior à apresentação do empregado para serviço militar obrigatório será computado no período aquisitivo, desde que ele compareça ao estabelecimento dentro de 90 (noventa) dias da data em que se verificar a respectiva baixa.

O art. 134 da CLT trata das hipóteses nas quais o empregado não terá direito a férias, quais sejam:

> I – deixar o emprego e não for readmitido dentro dos 60 (sessenta) dias subseqüentes à sua saída: O dispositivo, aqui, tem por finalidade prestigir o direito ao descanso, permitindo que empregado que deixou o emprego (pedido de demissão), compute

43 Súmula 46 do TST: "**ACIDENTE DE TRABALHO (mantida) – Res. 121/2003, DJ 19, 20 e 21.11.2003**
As faltas ou ausências decorrentes de acidente do trabalho não são consideradas para os efeitos de duração de férias e cálculo da gratificação natalina." No mesmo sentido a Súmula 198 do STF: "As ausências motivadas por acidente do trabalho não são descontáveis do período aquisitivo de férias."

44 Inciso IV do art. 133, da CLT: "tiver percebido da Previdência Social prestações de acidente de trabalho ou de auxílio-doença por mais de 6 (seis) meses, embora descontínuos."

45 Inciso III do art. 133, da CLT: "deixar de trabalhar, com percepção do salário, por mais de 30 (trinta) dias em virtude de paralisação parcial ou total dos serviços da empresa."

46 Nesse sentido Homero Batista Mateus da Silva. In: CLT Comentada, 2. Ed. São Paulo: RT, 2018, p. 154.

> a fração do período anterior, quando retornar ao empregado dentro de 60 dias;
>
> II – permanecer em gozo de licença, com percepção de salário, por mais de 30 (trinta) dias: Neste caso a licença deve ter um motivo justificável;
>
> III – deixar de trabalhar, com percepção do salário, por mais de 30 (trinta) dias em virtude de paralisação parcial ou total dos serviços da empresa: O presente dispositivo tem aplicação em casos de força maior e caso fortuito (arts. 501, da CLT e 393 do CC), que provocam paralização da atividade empresarial, com a consequente licença do empregado. Exemplo típico é a paralização da atividade empresarial em razão da quarentena fixada pelo Poder Público em razão da pandemia da COVID-19;
>
> IV – tiver percebido da Previdência Social prestações de acidente de trabalho ou de auxílio-doença por mais de 6 (seis) meses, embora descontínuos: Aqui, a licença se dá por motivo de saúde. A prestação previdenciária teve ser por mais de seis meses, ainda que descontínuos dentro do mesmo período aquisitivo de férias.

A doutrina tem apontado que as hipóteses dos incisos II, III e IV do art. 133, da CLT são de duvidosa constitucionalidade, pois o empregado nas referidas hipóteses não está em descanso voluntário, tampouco está usufruindo dos direitos fundamentais que as férias propiciam (lazer, turismo, descanso, reposição de energias). De outro lado, também o empregado fica privado do direito ao adicional de 1/3 de férias. No entanto, o entendimento majoritário é de que os referido dispositivos encontram-se vigentes.

Nos termos do § 1º, do art. 133, da CLT, a interrupção da prestação de serviços deverá ser anotada na Carteira de Trabalho e Previdência Social.

Nos termos do § 3º, do art. 133, da CLT, no caso do empregado deixar de trabalhar, com percepção do salário, por mais de 30 (trinta) dias em virtude de paralisação parcial ou total dos serviços da empresa, o empregador comunicará ao órgão local do Ministério do Trabalho (atual Ministério da Economia), com antecedência mínima de quinze dias, as datas de início e fim da paralisação total ou parcial dos serviços da empresa, e, em igual prazo, comunicará, nos mesmos termos, ao sindicato representativo da categoria profissional, bem como afixará aviso nos respectivos locais de trabalho.

23. DO PERÍODO CONCESSIVO DAS FÉRIAS

O período concessivo ou de fruição das férias deve ser dentro dos 12 meses subsequentes, contados a partir do término do período aquisitivo das férias, ou seja, após 12 meses de trabalho contínuo.

O período de concessão de férias compete ao empregador. Vale dizer: é prerrogativa do empregador escolher, dentro do período concessivo, aquele que melhor atenda aos interesses da produção ou de sua atividade econômica. Algumas empresas, estabelecem escalas de férias por meio de regulamento de empresarial, procurando atender também aos interesses do empregado quanto ao melhor período para fruição dentro do período de concessão legal. Essa questão também pode ser objeto de negociação coletiva. Como bem adverte Marcelo Moura[47], a norma celetista do art. 136 não pode permitir abusos pelo empregador. É imperativo que se contemporize o poder empregatício do empregador com o interesse do empregado em gozar férias.

Dispõe o art. 134 da CLT:

> "As férias serão concedidas por ato do empregador, em um só período, nos 12 (doze) meses subseqüentes à data em que o empregado tiver adquirido o direito. § 1º Desde que haja concordância do empregado, as férias poderão ser usufruídas em até três períodos, sendo que um deles não poderá ser inferior a quatorze dias corridos e os demais não poderão ser inferiores a cinco dias corridos, cada um. § 2º <u>(Revogado)</u>. <u>(Redação dada pela Lei nº 13.467, de 2017)</u> § 3º É vedado o início das férias no período de dois dias que antecede feriado ou dia de repouso semanal remunerado."

O período de fruição ou de gozo de férias, como regra geral, deve ser num único período contínuo de 30 dias corridos.

Com expressa concordância do empregado, as férias podem ser fracionadas em até três períodos, sendo que um deles não poderá ser inferior a quatorze dias corridos e os demais não poderão ser inferiores a cinco dias

47 Curso de Direito do Trabalho. 2ª. ed. São Paulo: Saraiva, 2016, p. 518.

corridos, cada um. Embora a lei não mencione que a concordância deve ser escrita, esta providência é mais segura aos empregados e empregadores e facilita sua comprovação.

Conforme o § 3º do art. 134, da CLT, com a redação dada pela Lei 13.467/17, é vedado o início das férias no período de dois dias que antecede feriado ou dia de repouso semanal remunerado. Trata-se de providência benéfica ao empregado, de não iniciar o período de férias em proximidade de feriado ao do descanso semanal remunerado.

Nos termos do art. 135, da CLT, a concessão das férias será participada, por escrito, ao empregado, com antecedência, de no mínimo, 30 (trinta) dias. Dessa participação o interessado dará recibo. § 1º O empregado não poderá entrar no gozo das férias sem que apresente ao empregador sua CTPS, para que nela seja anotada a respectiva concessão. 2º A concessão das férias será igualmente anotada no livro ou nas fichas de registro dos empregados. § 3º Nos casos em que o empregado possua a CTPS em meio digital, a anotação será feita nos sistemas a que se refere o § 7º do art. 29 desta Consolidação, na forma do regulamento, dispensadas as anotações de que tratam os §§ 1º e 2º deste artigo.

Deve o empregador informar o empregado sobre o período concessivo de férias por escrito, bem como o valor do pagamento, com antecedência mínima de 30 dias do início da fruição. Além disso, as férias serão lançadas na CTPS do empregado.

Pensamos não ser o recibo de aviso de férias formalidade essencial e sim probatória do pagamento das férias e sua fruição. O pagamento e a fruição podem ser provados pelo empregador por outros meios admitidos em direito. Como bem adverte Gustavo Filipe Barbosa Garcia[48], "se as férias forem efetivamente gozadas pelo empregado, não há como considerar ineficaz a fruição, de modo que o empregador fica sujeito a penalidade administrativa."

A fruição das férias se prova, ordinariamente, como o documento de concessão e a juntada do controle de frequência do mês da concessão.

Nos termos do art. 136, da CLT, a época da concessão das férias será a que melhor consulte os interesses do empregador. § 1º Os membros de uma família, que trabalharem no mesmo estabelecimento ou empresa, terão direito a gozar férias no mesmo período, se assim o desejarem e se

48 Manual de Direito do Trabalho. 13ª. ed. Salvador: Editora Juspodivm, 2020, p. 977.

disto não resultar prejuízo para o serviço. § 2º O empregado estudante, menor de 18 (dezoito) anos, terá direito a fazer coincidir suas férias com as férias escolares.

Para melhor aproveitamento das férias pelo empregado, e para que haja efetividade ao direito fundamental ao lazer e ao convívio familiar, há uma restrição à prerrogativa do empregador de indicar o período de férias dentro do período concessivo aos membros de uma família, que trabalharem no mesmo estabelecimento ou empresa, os quais terão direito a gozar férias no mesmo período, se assim o desejarem e se disto não resultar prejuízo para o serviço, e ao empregado estudante, menor de 18 (dezoito) anos, que terá direito a fazer coincidir suas férias com as férias escolares.

Dispõe o art. 137 da CLT:

> "Sempre que as férias forem concedidas após o prazo de que trata o art. 134, o empregador pagará em dobro a respectiva remuneração. § 1º Vencido o mencionado prazo sem que o empregador tenha concedido as férias, o empregado poderá ajuizar reclamação pedindo a fixação, por sentença, da época de gozo das mesmas. § 2º A sentença cominará pena diária de 5% (cinco por cento) do salário mínimo da região, devida ao empregado até que seja cumprida. § 3º Cópia da decisão judicial transitada em julgado será remetida ao órgão local do Ministério do Trabalho, para fins de aplicação da multa de caráter administrativo."

Diante do referido dispositivo legal, caso o empregador não conceda as férias dentro dos doze meses subsequentes ao período aquisitivo, além de conceder as férias, deverá pagá-las em dobro ao empregado.

O empregado, uma vez vencido o período concessivo, poderá ajuizar demanda trabalhista postulando a obrigação de fazer, que o magistrado fixe o período de férias, e obrigue o empregador a concedê-las, sob consequência de multa diária (parágrafo 2º do art. 137 da CLT), aplicando-se também supletivamente (arts. 769, da CLT e 15 do CPC) o art. 536 do CPC[49], além do pagamento em dobro das férias acrescidas do adicional de 1/3.

---

49 Art. 536 do CPC: "No cumprimento de sentença que reconheça a exigibilidade de obrigação de fazer ou de não fazer, o juiz poderá, de ofício ou a requerimento, para a efetivação da tutela específica ou a obtenção de tutela pelo resultado prático equivalente, determinar as

Cópia da decisão que condenar o empregador a fixar o período de férias será encaminhada à autoridade competente (parágrafo 3º do art. 137 da CLT) para que esta fixe penalidade administrativa ao empregador.

Nos termos do art. 138, da CLT, durante as férias, o empregado não poderá prestar serviços a outro empregador, salvo se estiver obrigado a fazê-lo em virtude de contrato de trabalho regularmente mantido com aquele.

O empregado não poderá trabalhar durante as férias, pois a finalidade destas é propiciar ao trabalhador descanso e lazer. Entretanto, permite a lei que o empregado trabalhe durante as férias se estiver vinculado a outro empregador, uma vez que a exclusividade, como regra, não é requisito para configuração do vínculo de emprego.

Pensamos que o empregado poderá realizar atividades autônomas durante as férias, uma vez que não há vedação legal a respeito, desde que não conflite com as atividades realizadas em seu empregador e também que não configurem concorrência desleal. Como bem adverte Homero Batista Mateus da Silva[50], "o lazer não deve ser visto como item inacessível e é parte integrante da vida. No entanto, pelas dificuldades econômicas, é comum que se tirem férias em busca de renda em outros postos de trabalho, reforma da residência, alavancagem de estudos, baterias de exames médicos e um sem-número de outras atividades que ocuparão todo o tempo e farão perecer a essência das férias."

Não é obrigação do empregador fiscalizar o empregado durante o período de férias deste, entretanto, caso o empregado trabalhe durante as férias sem estiver vinculado a outro empregador, não poderá ser dispensado

---

medidas necessárias à satisfação do exequente.§ 1º Para atender ao disposto no *caput*, o juiz poderá determinar, entre outras medidas, a imposição de multa, a busca e apreensão, a remoção de pessoas e coisas, o desfazimento de obras e o impedimento de atividade nociva, podendo, caso necessário, requisitar o auxílio de força policial. § 2º O mandado de busca e apreensão de pessoas e coisas será cumprido por 2 (dois) oficiais de justiça, observando-se o disposto no art. 846, §§ 1º a 4º, se houver necessidade de arrombamento. § 3º O executado incidirá nas penas de litigância de má-fé quando injustificadamente descumprir a ordem judicial, sem prejuízo de sua responsabilização por crime de desobediência. § 4º No cumprimento de sentença que reconheça a exigibilidade de obrigação de fazer ou de não fazer, aplica-se o art. 525, no que couber. § 5º O disposto neste artigo aplica-se, no que couber, ao cumprimento de sentença que reconheça deveres de fazer e de não fazer de natureza não obrigacional."

50 CLT Comentada. 2. ed. São Paulo: RT, 2018, p. 162.

por justa causa ou perder o direito a férias. Poderá sofrer, no nosso sentir, eventual advertência para que não desvirtue a finalidade das férias.

24. DAS FÉRIAS COLETIVAS

Férias coletivas são aquelas concedidas a um grupo de trabalhadores. Podem abranger todos os trabalhadores de uma empresa, ou de determinados estabelecimentos ou setores.

As férias coletivas são um importante instrumento de que o empregador pode se valer em época de queda de produção a fim de preservar os contratos de trabalho em época de crise.

Como bem adverte Homero Batista Mateus da Silva[51], "as férias coletivas são preponderantemente regradas nas negociações coletivas de modo que o legislador desonerou o empregador de avisar com 30 dias de antecedência ou de efetuar dois dias antes do descanso (art. 145, da CLT), como ocorre nas individuais. O sindicato pode flexionar ou não esses parâmetros. O acréscimo de um terço é inegociável (art. 7º, XVII) assim como eventual fracionamento em etapas deve sempre manter o patamar mínimo de dez dias, em qualquer dos períodos, sob pena de nenhuma utilidade prática nessa paralização coletiva forçada. A conversão de um terço dos dias de férias em pecúnia também é matéria remetida para a negociação coletiva (art. 143, § 2º)."

Dispõe o art. 139 da CLT:

> "Poderão ser concedidas férias coletivas a todos os empregados de uma empresa ou de determinados estabelecimentos ou setores da empresa. § 1º As férias poderão ser gozadas em dois períodos anuais, desde que nenhum deles seja inferior a 10 (dez) dias corridos. § 2º Para os fins previstos neste artigo, o empregador comunicará, ao órgão local do Ministério do Trabalho com a antecedência mínima de 15 (quinze) dias, as datas de início e fim das férias, precisando quais os estabelecimentos ou setores abrangidos pela medida. § 3º Em igual prazo, o empregador enviará cópia da aludida comunicação aos sindicatos representativos da respectiva categoria profissional e providenciará a afixação de aviso nos locais de trabalho."

51 CLT Comentada. 2. ed. São Paulo: RT, 2018, p. 163.

Diante do referido dispositivo legal as férias coletivas:

a) constituem faculdade do empregador;

b) podem ser concedidas a todos os empregados de uma empresa, ou de determinados estabelecimentos ou setores da empresa;

c) podem ser fracionadas em dois períodos, desde que nenhum deles seja inferior a dez dias corridos;

d) o empregador deve comunicar as férias coletivas ao Ministério do Trabalho (atual Ministério da Economia), e aos Sindicatos das respectivas categorias profissionais.

Nos termos do art. 140 da CLT, os empregados contratados há menos de 12 (doze) meses gozarão, na oportunidade, férias proporcionais, iniciando-se, então, novo período aquisitivo.

Diante do que dispõe o referido dispositivo legal, os empregados que ainda não tenham prestado serviços em todo o período aquisitivo, usufruirão de férias proporcionais. O novo período aquisitivo de férias inicia-se a partir do momento da concessão das férias, e não do momento imediatamente posterior ao gozo das férias, pois o período de férias configura interrupção do contrato de trabalho.

Como bem adverte Gustavo Filipe Barbosa Garcia[52], "se as férias coletivas forem concedidas em período superior àquele que o empregado tem direito, os dias restantes devem ser considerados como licença remunerada, pois o risco da atividade é do empregador. Este, ao decidir pela concessão de férias coletivas, não pode prejudicar o empregado, em seus direitos de receber a remuneração."

25. DA REMUNERAÇÃO E DO ABONO DE FÉRIAS

O pagamento das férias tem por base de cálculo a remuneração do empregado, à época da concessão. Desse modo, todas as parcelas salariais pagas pelo empregador ou por terceiros, em caráter habitual e contraprestativo, em razão da prestação pessoal de serviços do trabalhador (art. 457, da CLT), integração do valor das férias.

Dispõe o art. 142 da CLT:

52 Manual de Direito do Trabalho. 13. ed. Salvador: Editora Juspodivm, 2020, p. 956-957.

> "O empregado perceberá, durante as férias, a remuneração que lhe for devida na data da sua concessão. § 1º Quando o salário for pago por hora, com jornadas variáveis, apurar-se-á a média do período aquisitivo, aplicando-se o valor do salário na data da concessão das férias. § 2º Quando o salário for pago por tarefa, tomar-se-á por base a média da produção no período aquisitivo do direito a férias, aplicando-se o valor da remuneração da tarefa na data da concessão das férias. § 3º Quando o salário for pago por percentagem, comissão ou viagem, apurar-se-á a média percebida pelo empregado nos 12 (doze) meses que precederem à concessão das férias. § 4º A parte do salário paga em utilidades será computada de acordo com a anotação na CTPS. § 5º Os adicionais por trabalho extraordinário, noturno, insalubre ou perigoso serão computados no salário que servirá de base ao cálculo da remuneração das férias. § 6º Se, no momento das férias, o empregado não estiver percebendo o mesmo adicional do período aquisitivo, ou quando o valor deste não tiver sido uniforme, será computada a média duodecimal recebida naquele período, após a atualização das importâncias pagas, mediante incidência dos percentuais dos reajustamentos salariais supervenientes."

Nos termos da Súmula 328 do TST, o pagamento das férias, integrais ou proporcionais, gozadas ou não, na vigência da CF/1988, sujeita-se ao acréscimo do terço previsto no respectivo art. 7º, XVII.

Conforme a Súmula 149 do TST, a remuneração das férias do tarefeiro deve ser calculada com base na média da produção do período aquisitivo, aplicando-se-lhe a tarifa da data da concessão.

Dispõe o art. 143 da CLT:

> "É facultado ao empregado converter 1/3 (um terço) do período de férias a que tiver direito em abono pecuniário, no valor da remuneração que lhe seria devida nos dias correspondentes. § 1º O abono de férias deverá ser requerido até 15 (quinze) dias antes do término do período aquisitivo. § 2º Tratando-se de férias coletivas, a conversão a que se refere este artigo deverá ser objeto de acordo coletivo entre o empregador e o sindicato representativo da respectiva categoria profissional, independendo de requerimento individual a concessão do abono. § 3º (Revogado pela Lei 13.467/17)."

A conversão do período de 1/3 das férias em abono pecuniário é faculdade do empregado, não podendo o empregador exigir tal conversão. Trata-se, indiscutivelmente, de *venda* de 1/3 do período de férias pelo empregado. O valor do abono pecuniário é o mesmo do valor das férias do respectivo período. O requerimento de abono deve ser feito pelo empregado no prazo de até 15 dias antes do término do período aquisitivo de férias. Tratando-se de férias coletivas, a conversão a que se refere este artigo deverá ser objeto de acordo coletivo entre o empregador e o sindicato representativo da respectiva categoria profissional, independendo de requerimento individual a concessão do abono.

A conversão integral das férias em abono pecuniário não tem sido admitida pela doutrina e jurisprudência, pois atenta contra a natureza e finalidade das férias que são propiciar ao empregado descanso e lazer, bem como proteção à sua saúde. Por isso, têm a doutrina, acertadamente, entendido que as férias constituem direito irrenunciável do trabalhador, exatamente por pertencer ao direito tutelar do trabalho.

Nos termos do art. 144, da CLT, o abono de férias de que trata o artigo 143, bem como o concedido em virtude de cláusula do contrato de trabalho, do regulamento da empresa, de convenção ou acordo coletivo, desde que não excedente de vinte dias do salário, não integrarão a remuneração do empregado para os efeitos da legislação do trabalho.

Conforme o referido dispositivo legal, o abono de férias de 1/3 do período previsto no art. 143, ou o concedido em virtude de cláusula contratual, regulamento empresarial ou acordo ou convenção coletiva de trabalho, não excedentes de 20 dias de salário não integrarão a remuneração do trabalhador para fins trabalhistas, vale dizer: o abono, nestas condições, não terá natureza salarial. Caso o abono exceda de 20 dias, o total do período terá natureza salarial.

Conforme o art. 145, da CLT, o pagamento da remuneração das férias e, se for o caso, o do abono referido no art. 143, serão efetuados até 2 (dois) dias antes do início do respectivo período.

O pagamento das férias (que incluiu a antecipação do salário dos dias de férias, com o adicional de 1/3) deve ser realizado, pelo empregador, ao empregado, até dois dias antes do início do período de fruição (art. 145, da CLT), inclusive o abono devido em razão da venda de 1/3 das férias pelo empregado ou empregador. O empregado dará quitação do pagamento, com indicação do início e do termo das férias.

Nos termos da Súmula 450, do TST, é devido o pagamento em dobro da remuneração de férias, incluído o terço constitucional, com base no art. 137 da CLT, quando, ainda que gozadas na época própria, o empregador tenha descumprido o prazo previsto no art. 145 do mesmo diploma legal.

Conforme o referido entendimento jurisprudencial sedimentado pela mais alta corte trabalhista do país, caso o empregador não pague a remuneração das férias no prazo do art. 145, deve pagá-las em dobro, ainda que o empregado tenha usufruído as férias corretamente. Trata-se de medida que tem por objetivo que o empregado, efetivamente, receba o valor das férias, adicional de 1/3, e eventual abono de férias, antes do início da fruição das férias.

De nossa parte, melhor seria que a penalidade pela não observância do pagamento no prazo do art. 145, da CLT fosse um percentual por dia de atraso e não o pagamento em dobro. Em nossa visão se houve fruição das férias regularmente, o atraso no pagamento, deve gerar multa proporcional ao atraso e não o pagamento em dobra das férias, pois configura punição exacerbada e desequilíbrio contratual.

No aspecto, destaca-se a seguinte ementa:

> "FÉRIAS Em dobro Remuneração de férias. Prazo para pagamento. Atraso ínfimo. Não incidência do art. 137 da CLT, nem por analogia. O atraso de dois dias no pagamento da remuneração das férias concedidas no prazo legal é ínfimo e não chega a frustrar o efetivo gozo, porque usufruídas com a respectiva remuneração desde o 1º dia, circunstância que se alinha ao art. 7º, XVII, da Constituição da República e afasta a aplicação analógica do art. 137 da CLT. Recurso ordinário da ré a que se dá provimento nesse ponto. (PJe TRT/SP 1000603-41.2018.5.02.0003 – 14ª Turma – RO – Rel. Raquel Gabbai de Oliveira – DeJT 4/03/2020)."

26. DOS EFEITOS DA EXTINÇÃO DO CONTRATO DE TRABALHO NAS FÉRIAS

Dispõe o art. 146 da CLT:

> "Na cessação do contrato de trabalho, qualquer que seja a sua causa, será devida ao empregado a remuneração simples ou em dobro, conforme o caso, correspondente ao período de férias cujo direito tenha adquirido. Parágrafo único. Na cessação do contrato de trabalho, após 12 (doze) meses de serviço, o empregado,

> desde que não haja sido demitido por justa causa, terá direito à remuneração relativa ao período incompleto de férias, de acordo com o art. 130, na proporção de 1/12 (um doze avos) por mês de serviço ou fração superior a 14 (quatorze) dias."

As férias constituem direito que vai sendo adquirido paulatinamente pelo trabalhador, após trabalhar um mês completo ou fração superior a 14 dias. Por isso, havendo extinção do contrato de trabalho, o empregado conserva o direito às férias vencidas e proporcionais. Seja qual for o motivo da extinção do contrato de trabalho, serão devidas as férias não usufruídas, quer simples ou proporcionais. Exceção deve ser destacada quanto à hipótese de justa causa, em que o empregado perde o direito às férias proporcionais. Se já ultrapassado o prazo legal de concessão, serão devidas as férias em dobro.

No mesmo sentido a Súmula 171 do TST, "in verbis":

> "Salvo na hipótese de dispensa do empregado por justa causa, a extinção do contrato de trabalho sujeita o empregador ao pagamento da remuneração das férias proporcionais, ainda que incompleto o período aquisitivo de 12 (doze) meses (art. 147 da CLT)."

Conforme a Súmula 261 do TST, o empregado que se demite antes de complementar 12 (doze) meses de serviço tem direito a férias proporcionais.

Nos termos do art. 147, da CLT, o empregado que for despedido sem justa causa, ou cujo contrato de trabalho se extinguir em prazo predeterminado, antes de completar 12 (doze) meses de serviço, terá direito à remuneração relativa ao período incompleto de férias, de conformidade com o disposto no artigo anterior.

Como as férias constituem direito que vai se incorporando, paulatinamente ao patrimônio jurídico do empregador, salvo a hipótese de extinção do contrato de trabalho por justa causa, as férias proporcionais são devidas para o empregado que tenha menos de um ano de tempo de serviço à época da rescisão contratual.

Conforme o art. 148, da CLT, a remuneração das férias, ainda quando devida após a cessação do contrato de trabalho, terá natureza salarial, para os efeitos do art. 449.

As férias, quando usufruídas têm nítida natureza salarial. Após a rescisão do contrato de trabalho, a doutrina e a jurisprudência têm fixado entendimento de não ser salarial a natureza jurídica das férias e sim verba indenizatória.

Para fins de falência ou recuperação judicial, as férias terão a mesma natureza jurídica salarial, para fins de habilitação junto à massa falida, nos termos do artigo 449, da CLT, inclusive para fins de privilégio do crédito trabalhista.

De outro lado, para fins de incidência previdenciária, as férias indenizadas não têm natureza salarial (artigo 28, parágrafo 9º, alínea d, da Lei 8212/91).

No mesmo sentido a OJ 195, da SDI-I do TST, "in verbis": "Não incide a contribuição para o FGTS sobre as férias indenizadas."

27. DA PRESCRIÇÃO DAS FÉRIAS

Dispõe o art. 149 da CLT:"

> "A prescrição do direito de reclamar a concessão das férias ou o pagamento da respectiva remuneração é contada do término do prazo mencionado no art. 134 ou, se for o caso, da cessação do contrato de trabalho."

O prazo prescricional das férias se inicia a partir do momento em que as férias de tornam exigíveis pelo empregado, qual seja, após 12 meses do término do período aquisitivo, se o contrato estiver em vigor, ou da data da cessão do contrato de trabalho. Outrossim, o prazo prescricional é o fixado no artigo 7º, XXIX, da Constituição Federal.

XI

DO SALÁRIO E REMUNERAÇÃO

1. CONCEITOS DE SALÁRIO E REMUNERAÇÃO E CARACTERES

Conforme Carlos Henrique Bezerra Leite[1], "a palavra salário provém do grego *hals* e do latim *sal*, *salis*, de que derivou *salarium*. Antigamente, a retribuição do trabalho dos domésticos e dos soldados romanos era feita mediante troca de determinada quantidade de sal."

Na definição clássica de José Martins Catharino[2], "salário é contraprestação devida a quem põe seu esforço pessoal à disposição de outrem em virtude do vínculo jurídico de trabalho, contratual ou instituído."

Na visão de Amauri Mascaro Nascimento[3]:

> "Salário é a principal obrigação do empregador no contrato de trabalho. Para o empregado é o mais importante direito trabalhista. Para este é um crédito e para aquele é um débito. Duas ideias centrais permitem identificar, entre os pagamentos efetuados pelo empregador ao seu pessoal, o salário, afastando do seu âmbito outras atribuições patrimoniais desvinculadas do mesmo: a habitualidade e a contraprestatividade dos pagamentos".

O salário é conjunto de parcelas contraprestativas e habituais pagas, diretamente, pelo empregador, ao empregado, em razão da prestação pessoal de serviços.

1 Curso de Direito do Trabalho. 12. Ed. São Paulo: Saraiva, 2020, p. 506.

2 CATHARINO, José Martins. Tratado Jurídico do Salário. São Paulo: LTr, 1997, p. 90.

3 NASCIMENTO, Amauri Mascaro. Salário: Conceito & Proteção. São Paulo: LTr, 2008, p. 23.

Dispõe o art. 457, "*caput*", da CLT:

> "Compreendem-se na remuneração do empregado, para todos os efeitos legais, além do salário devido e pago diretamente pelo empregador, como contraprestação do serviço, as gorjetas que receber."

Conforme o artigo 457, da CLT, a remuneração é composta pelo salário mais as gorjetas.

As gorjetas são típicas dos serviços e hotelaria e restaurantes, constituindo importâncias pagas, espontaneamente, pelos clientes em razão da prestação de serviços.

Há também as chamadas gorjetas impróprias, que são cobradas na nota de serviços pela empresa.

Podemos dizer que a remuneração é gênero, que abrange todas as partes pagas diretamente pelo empregador ou por terceiros, em razão da prestação pessoal de serviços do trabalhador.

Alguns autores chegam a sustentar a tese que não há mais sentido em se fazer a distinção entre remuneração e salário, sendo, na verdade, de natureza salarial todas as parcelas recebidas pelo empregado, sejam provenientes de terceiros ou do próprio empregador em razão da prestação pessoal de serviços.

Não obstante, a CLT faz distinção entre remuneração e salário, inclusive para fins de cálculo de parcelas trabalhistas.

Segundo a doutrina, o salário, tem as seguintes características:

a) **alimentar:** o salário, indiscutivelmente, constitui verba de natureza alimentar, com todos os privilégios que a legislação atribui ao pagamento do salário;

b) **irredutibilidade:** o valor nominal do salário não pode ser reduzido, salvo mediante negociação coletiva, com a concessão de outra garantia equivalente (art. 7º, VI, da CF);

c) **continuidade e periodicidade:** o pagamento do salário deve ser contínuo e pago em frequência pré-determinada;

d) **caráter *fortefário*:** Conforme Maurício Godinho Delgado[4], essa característica traduz a circunstância de o salário qualificar-se como obrigação absoluta do empregador, independentemente da sorte de seu empreendimento;

4 Curso de Direito de Trabalho. 18ª ed. São Paulo: LTr, 2019, p. 875.

e) **indisponibilidade:** o salário não pode ser objeto de renúncia e transação pelo empregado;

f) **pós-numeração:** Os salários somente são pagos após a prestação pessoal de serviços pelo empregado. Conforme Maurício Godinho Delgado[5], "os salários são, desse modo, parcelas devidas e pagas depois de ultrapassada a dilação temporal correspondente a seus cômputos (hora, dia, mês)."

2. DAS GORJETAS E SUA NATUREZA JURÍDICA

Dispõe o art. 457, § 3º, da CLT:

> "Considera-se gorjeta não só a importância espontaneamente dada pelo cliente ao empregado, como também o valor cobrado pela empresa, como serviço ou adicional, a qualquer título, e destinado à distribuição aos empregados."

O referido dispositivo legal trata das gorjetas próprias e impróprias. Como visto, as gorjetas podem ser:

a) **próprias:** dadas espontaneamente pelo cliente;

b) **impróprias:** cobradas na nota de serviço.

Tem a jurisprudência entendido, inclusive a do TST que a taxa de 10% cobrada na nota de serviço (gorjeta imprópria) não integra o salário e sim a remuneração do empregador, tendo natureza jurídica de gorjeta.

No aspecto, dispõe a Súmula 354 do TST:

> "GORJETAS. NATUREZA JURÍDICA. REPERCUSSÕES (mantida) – Res. 121/2003, DJ 19, 20 e 21.11.2003
>
> As gorjetas, cobradas pelo empregador na nota de serviço ou oferecidas espontaneamente pelos clientes, integram a remuneração do empregado, não servindo de base de cálculo para as parcelas de aviso-prévio, adicional noturno, horas extras e repouso semanal remunerado."

Ousamos divergir do entendimento acima, pois a taxa inserida na nota fiscal (gorjeta imprópria), apesar de não ser compulsória, já faz parte

5 Curso de Direito do Trabalho. 18ª ed. São Paulo: LTr, 2019, p. 877.

do cotidiano dos serviços de hotelaria e restaurantes, sendo certo que há expectativa por parte do cliente em pagá-la. A experiência nos tem mostrado que ordinário é o cliente pagar a taxa de serviços. Desse modo, pensamos ser salarial a natureza da taxa de serviços e não de gorjeta.

Os parágrafos 6º a 11 do art. 457 da CLT tratam do rateio da gorjeta. Dispõe os referidos dispositivos legais:

> "Compreendem-se na remuneração do empregado, para todos os efeitos legais, além do salário devido e pago diretamente pelo empregador, como contraprestação do serviço, as gorjetas que receber. (...)§ 6º As empresas que cobrarem a gorjeta de que trata o § 3º deverão: ***(Parágrafo acrescentado pela*** Lei nº 13.419/2017 – ***DOU 14/03/2017)***
>
> I – para as empresas inscritas em regime de tributação federal diferenciado, lançá-la na respectiva nota de consumo, facultada a retenção de até 20% (vinte por cento) da arrecadação correspondente, mediante previsão em convenção ou acordo coletivo de trabalho, para custear os encargos sociais, previdenciários e trabalhistas derivados da sua integração à remuneração dos empregados, devendo o valor remanescente ser revertido integralmente em favor do trabalhador;
>
> II – para as empresas não inscritas em regime de tributação federal diferenciado, lançá-la na respectiva nota de consumo, facultada a retenção de até 33% (trinta e três por cento) da arrecadação correspondente, mediante previsão em convenção ou acordo coletivo de trabalho, para custear os encargos sociais, previdenciários e trabalhistas derivados da sua integração à remuneração dos empregados, devendo o valor remanescente ser revertido integralmente em favor do trabalhador;
>
> III – anotar na Carteira de Trabalho e Previdência Social e no contracheque de seus empregados o salário contratual fixo e o percentual percebido a título de gorjeta.
>
> § 7º A gorjeta, quando entregue pelo consumidor diretamente ao empregado, terá seus critérios definidos em convenção ou acordo coletivo de trabalho, facultada a retenção nos parâmetros do § 6º deste artigo.
>
> 8º As empresas deverão anotar na Carteira de Trabalho e Previdência Social de seus empregados o salário fixo e a média dos valores das gorjetas referente aos últimos doze meses.

> § 9° Cessada pela empresa a cobrança da gorjeta de que trata o § 3° deste artigo, desde que cobrada por mais de doze meses, essa se incorporará ao salário do empregado, tendo como base a média dos últimos doze meses, salvo o estabelecido em convenção ou acordo coletivo de trabalho.
>
> § 10. Para empresas com mais de sessenta empregados, será constituída comissão de empregados, mediante previsão em convenção ou acordo coletivo de trabalho, para acompanhamento e fiscalização da regularidade da cobrança e distribuição da gorjeta de que trata o § 3° deste artigo, cujos representantes serão eleitos em assembleia geral convocada para esse fim pelo sindicato laboral e gozarão de garantia de emprego vinculada ao desempenho das funções para que foram eleitos, e, para as demais empresas, será constituída comissão intersindical para o referido fim.
>
> §11. Comprovado o descumprimento do disposto nos §§ 4°, 6°, 7° e 9° deste artigo, o empregador pagará ao trabalhador prejudicado, a título de multa, o valor correspondente a 1/30 (um trinta avos) da média da gorjeta por dia de atraso, limitada ao piso da categoria, assegurados em qualquer hipótese o contraditório e a ampla defesa, observadas as seguintes regras: ***(Parágrafo acrescentado pela** Lei nº 13.419/2017 – **DOU 14/03/2017)***
>
> I – a limitação prevista neste parágrafo será triplicada caso o empregador seja reincidente;
>
> II – considera-se reincidente o empregador que, durante o período de doze meses, descumpre o disposto nos §§ 4°, 6°, 7° e 9° deste artigo por mais de sessenta dias.

Os parágrafos 6º a 11 do art. 457, não revogados expressamente pela Lei 13.467/17[6] estão em vigor e estabelecer critérios para rateio de gorjeta, bem como percentuais de retenção do valor da gorjeta, que devem ser fixados mediante negociação coletiva conforme o regime tributário da empresa, para custeio dos encargos previdenciários e trabalhistas da referida verba, sendo o valor remanescente devido integralmente ao trabalhador

6 Há controvérsias na doutrina. Há quem sustente que os parágrafos 5º a 11, do art. 457, da CLT não está em vigor, pois a Lei 13.467/17 ao alterar o art. 457, da CLT não manteve nem fez constar os referidos dispositivos legais. Não obstante, não houve revogação expressa.

3. PARCELAS QUE INTEGRAM O SALÁRIO

Como mencionado, o salário se compõe do conjunto de parcelas devidas e pagas diretamente pelo empregador em razão da prestação pessoal de serviços do trabalhador.

Dispõe o art. 457, § 1º, da CLT:

> "Compreendem-se na remuneração do empregado, para todos os efeitos legais, além do salário devido e pago diretamente pelo empregador, como contraprestação do serviço, as gorjetas que receber. § 1º Integram o salário a importância fixa estipulada, as gratificações legais e as comissões pagas pelo empregador."

Diante do referido dispositivo legal, integram o salário, as parcelas que a **lei** atribui caráter salarial e também aquelas decorrentes do **ajuste** individual entre empregado e empregador, pagas em caráter habitual e contraprestativo.

Como bem adverte Mauricio Godinho Delgado[7], há ainda parcelas salariais **dissimuladas**, as quais "não tendo originariamente previsão pelo empregador para cumprimento de função salarial (ou aparentemente não o façam), cumprem efetivamente esse papel, de modo disfarçado, na prática contratual trabalhista. É o que se passa, ilustrativamente, com as diárias para viagem e ajudas de custo que sejam fraudulentas."

A fim de evitar fraudes e proteger o salário, a jurisprudência fixou entendimento de que uma determinada parcela salarial não pode abranger o pagamento de outras parcelas. Vale dizer: cada parcela salarial deve ser paga sob rubrica específica, sob consequência de configuração de salário complessivo.

Nesse sentido, dispõe a Súmula 91 do TST, "in verbis"

> **"SALÁRIO COMPLESSIVO (mantida) – Res. 121/2003, DJ 19, 20 e 21.11.2003**
>
> Nula é a cláusula contratual que fixa determinada importância ou percentagem para atender englobadamente vários direitos legais ou contratuais do trabalhador."

São parcelas que integram o salário:

---

7 Curso de Direito de Trabalho. 18ª ed. São Paulo: Ltr, 2019, p. 857.

3.1. Comissões

Conforme Amauri Mascaro Nascimento[8], as comissões são "frequentes nos empregos do comércio, a retribuição com base em percentuais sobre os negócios que o vendedor efetua, ou seja, o salário por comissão. Para Orlando Gomes é uma feição especial da remuneração por unidade de obra. Segundo Süssekind, constitui modalidade retribuição condicionada ao serviço realizado pelo trabalhador. Catharino entende que o salário por comissão reentra no conceito amplo de percentagens. Não se duvida, em qualquer caso, trata-se de típica prestação salarial."

As comissões são percentuais devidos sobre o resultado do trabalho do empregado. Sua função principal é incentivar o desempenho do trabalhador.

É possível ser pactuado exclusivamente o salário por comissão, no entanto, deve ser garantido o piso profissional (fixado em lei ou em norma coletiva), ou o salário mínimo caso não exista o salário profissional.

Dispõe o art. 466 da CLT:

> "O pagamento de comissões e percentagens só é exigível depois de ultimada a transação a que se referem. § 1º Nas transações realizadas por prestações sucessivas, é exigível o pagamento das percentagens e comissões que lhes disserem respeito proporcionalmente à respectiva liquidação. § 2º A cessação das relações de trabalho não prejudica a percepção das comissões e percentagens devidas na forma estabelecida por este artigo."

A doutrina, de forma majoritária, acertadamente, não tem aceitado a chamada cláusula *star del credere*, que transfere ao empregado parte dos riscos do negócio quando o cliente se torna inadimplente quanto ao objeto da venda. Desse modo, caso o vendedor empregado tenha tomado as cautelas necessárias para realização do negócio, o não pagamento, pelo comprador, não lhe retira o direito às comissões, uma vez que o empregado não corre os riscos da atividade econômica (art. 2º da CLT).

8 Iniciação ao Direito do Trabalho. 39ª ed. São Paulo: Ltr, 2014, p. 375.

3.2. Gratificações

Nos ensina Amauri Mascaro Nascimento[9]:

> "Gratificações são, na sua origem, liberalidades do empregador que pretende obsequiar o empregado por ocasião das festas de fim de ano. São 'somas em dinheiro de tipo variável, outorgadas voluntariamente pelo patrão aos seus empregados, a título de prêmio ou incentivo, para lograr a maior dedicação e perseverança deste' (*Plá Rodriguez*). Por sua etimologia, gratificação equivale à demonstração de agradecimento, ou de reconhecimento, sendo, portanto, um ato não obrigatório, fruto de espontaneidade."

Como visto, gratificações são liberalidades concedidas espontaneamente pelo empregador em sinal de reconhecimento ao empregado. Se a gratificação for eventual, vale dizer, for paga em razão de determinado evento específico, não terá natureza salarial por ausência do requisito da habitualidade. No entanto, se houver habitualidade no pagamento, a gratificação, ainda que tenha sua origem em liberalidade do empregador, integrará o patrimônio jurídico do empregado, configurando-se um ajuste tácito.

No aspecto, destaca-se a Súmula 152 do TST, "in verbis":

> "**GRATIFICAÇÃO. AJUSTE TÁCITO (mantida) – Res. 121/2003, DJ 19, 20 e 21.11.2003.** O fato de constar do recibo de pagamento de gratificação o caráter de liberalidade não basta, por si só, para excluir a existência de ajuste tácito (ex-Prejulgado nº 25)."

No mesmo sentido dispõe a Súmula 207 do TST:

> "As gratificações habituais, inclusive a de Natal, consideram-se tacitamente convencionadas, integrando o salário."

Conforme a Súmula 202 do TST, existindo, ao mesmo tempo, gratificação por tempo de serviço outorgada pelo empregador e outra da mesma natureza prevista em acordo coletivo, convenção coletiva ou sentença normativa, o empregado tem direito a receber, exclusivamente, a que lhe seja mais benéfica.

---

9 Iniciação ao Direito do Trabalho. 30ª ed. São Paulo: LTr, 2014, p. 375.

3.3. Utilidades (salário "in natura")

O salário em utilidades, ou "in natura" é aquele pago em bens, ou coisas diversos de dinheiro. É o salário pago em coisas que tenham utilidade e valor econômico ao ser humano.

Dispõe o art. 458 da CLT:

> "Além do pagamento em dinheiro, compreende-se no salário, para todos os efeitos legais, a alimentação, habitação, vestuário ou outras prestações "in natura" que a empresa, por força do contrato ou do costume, fornecer habitualmente ao empregado. Em caso algum será permitido o pagamento com bebidas alcoólicas ou drogas nocivas. § 1º Os valores atribuídos às prestações "in natura" deverão ser justos e razoáveis, não podendo exceder, em cada caso, os dos percentuais das parcelas componentes do salário-mínimo (arts. 81 e 82). (Incluído pelo Decreto-lei nº 229, de 28.2.1967) § 2º Para os efeitos previstos neste artigo, não serão consideradas como salário as seguintes utilidades concedidas pelo empregador: (Redação dada pela Lei nº 10.243, de 19.6.2001) I – vestuários, equipamentos e outros acessórios fornecidos aos empregados e utilizados no local de trabalho, para a prestação do serviço; (Incluído pela Lei nº 10.243, de 19.6.2001) II – educação, em estabelecimento de ensino próprio ou de terceiros, compreendendo os valores relativos a matrícula, mensalidade, anuidade, livros e material didático; (Incluído pela Lei nº 10.243, de 19.6.2001) III – transporte destinado ao deslocamento para o trabalho e retorno, em percurso servido ou não por transporte público; (Incluído pela Lei nº 10.243, de 19.6.2001) IV – assistência médica, hospitalar e odontológica, prestada diretamente ou mediante seguro-saúde; (Incluído pela Lei nº 10.243, de 19.6.2001) V – seguros de vida e de acidentes pessoais; (Incluído pela Lei nº 10.243, de 19.6.2001) VI – previdência privada; (Incluído pela Lei nº 10.243, de 19.6.2001) VII – (VETADO) (Incluído pela Lei nº 10.243, de 19.6.2001) VIII – o valor correspondente ao vale-cultura. (Incluído pela Lei nº 12.761, de 2012) § 3º – A habitação e a alimentação fornecidas como salário-utilidade deverão atender aos fins a que se destinam e não poderão exceder, respectivamente, a 25% (vinte e cinco por cento) e 20% (vinte por cento) do salário-contratual. (Incluído pela Lei nº 8.860, de 24.3.1994) § 4º – Tratando-se de habitação coletiva, o valor do salário-utilidade a ela correspondente será

obtido mediante a divisão do justo valor da habitação pelo número de co-habitantes, vedada, em qualquer hipótese, a utilização da mesma unidade residencial por mais de uma família. (Incluído pela Lei nº 8.860, de 24.3.1994) § 5º O valor relativo à assistência prestada por serviço médico ou odontológico, próprio ou não, inclusive o reembolso de despesas com medicamentos, óculos, aparelhos ortopédicos, próteses, órteses, despesas médico-hospitalares e outras similares, mesmo quando concedido em diferentes modalidades de planos e coberturas, não integram o salário do empregado para qualquer efeito nem o salário de contribuição, para efeitos do previsto na alínea *q* do § 9º do art. 28 da Lei no 8.212, de 24 de julho de 1991." (Incluído pela Lei nº 13.467, de 2017)

Diante do referido dispositivo legal, e conforme já sedimentado em doutrina, são requisitos para que uma utilidade seja considerada salário "in natura":

a) que a utilidade seja fornecida de forma gratuita pelo empregador;
b) que o fornecimento seja concedido por força do contrato ou do costume;
c) que a utilidade seja concedida de forma habitual;
d) que a utilidade tenha caráter contraprestativo, vale dizer: seja fornecida **pelo** trabalho. Se a utilidade for fornecida **para** a realização do trabalho, como um instrumento de trabalho (ex. veículo, equipamento eletrônico, etc.) não haverá natureza salarial.

Conforme vem entendendo, corretamente, a jurisprudência trabalhista, se a utilidade for fornecida para a realização do trabalho, ainda que haja tolerância do empregador que ela possa ser utilizada em atividades pessoais, isso não desnatura a natureza do benefício, o qual não terá natureza salarial.

Nesse sentido, dispõe a Súmula 367 do TST, "in verbis":

UTILIDADES "IN NATURA". HABITAÇÃO. ENERGIA ELÉTRICA. VEÍCULO. CIGARRO. NÃO INTEGRAÇÃO AO SALÁRIO (conversão das Orientações Jurisprudenciais nºs 24, 131 e 246 da SBDI-1) – Res. 129/2005, DJ 20, 22 e 25.04.2005

I – A habitação, a energia elétrica e veículo fornecidos pelo empregador ao empregado, quando indispensáveis para a realização do trabalho, não têm natureza salarial, ainda que, no caso de

> veículo, seja ele utilizado pelo empregado também em atividades particulares. (ex-Ojs da SBDI-1 nºs 131 – inserida em 20.04.1998 e ratificada pelo Tribunal Pleno em 07.12.2000 – e 246 – inserida em 20.06.2001)
>
> II – O cigarro não se considera salário utilidade em face de sua nocividade à saúde. (ex-OJ nº 24 da SBDI-1 – inserida em 29.03.1996).

Nos termos do § 1º do art. 458, da CLT, os valores atribuídos às prestações "in natura" deverão ser justos e razoáveis, não podendo exceder, em cada caso, os dos percentuais das parcelas componentes do salário-mínimo (arts. 81[10] e 82[11]).

Nos § 3º do art. 458, da CLT, a habitação e a alimentação fornecidas como salário-utilidade deverão atender aos fins a que se destinam e não poderão exceder, respectivamente, a 25% (vinte e cinco por cento) e 20% (vinte por cento) do salário-contratual.

Nos termos da Súmula 258 do TST, "os percentuais fixados em lei relativos ao salário "in natura" apenas se referem às hipóteses em que o empregado percebe salário mínimo, apurando-se, nas demais, o real valor da utilidade."

Diante do que dispõe a referida Súmula do TST, para os empregados que recebem valores superiores ao salário mínimo, deve-se considerar o real valor da utilidade, independentemente dos percentuais fixado no § 3º do art. 458, da CLT.

---

10 Art. 81, da CLT: "O salário mínimo será determinado pela fórmula Sm = a + b + c + d + e, em que "a", "b", "c", "d" e "e" representam, respectivamente, o valor das despesas diárias com alimentação, habitação, vestuário, higiene e transporte necessários à vida de um trabalhador adulto. § 1º – A parcela correspondente à alimentação terá um valor mínimo igual aos valores da lista de provisões, constantes dos quadros devidamente aprovados e necessários à alimentação diária do trabalhador adulto. § 2º – Poderão ser substituídos pelos equivalentes de cada grupo, também mencionados nos quadros a que alude o parágrafo anterior, os alimentos, quando as condições da região, zona ou subzona o aconselharem, respeitados os valores nutritivos determinados nos mesmos quadros. § 3º – O Ministério do Trabalho, Industria e Comercio fará, periodicamente, a revisão dos quadros a que se refere o § 1º deste artigo."

11 Art. 82, da CLT: "Quando o empregador fornecer, in natura, uma ou mais das parcelas do salário mínimo, o salário em dinheiro será determinado pela fórmula Sd = Sm – P, em que Sd representa o salário em dinheiro, Sm o salário mínimo e P a soma dos valores daquelas parcelas na região, zona ou subzona. Parágrafo único – O salário mínimo pago em dinheiro não será inferior a 30% (trinta por cento) do salário mínimo fixado para a região, zona ou subzona."

Desse modo, o salário não pode ser integralmente pago em utilidade, devendo um percentual ser pago em dinheiro, de no mínimo 30% (art. 82, § único da CLT).

Como a utilidade constitui benefício ao trabalhador, em algumas situações a lei tem por objetivo incentivar que o empregador forneça determinados benefícios ao empregado, sem considerar a natureza salarial destes, mesmo havendo o caráter contraprestativo. É o que faz o parágrafo 2º do art. 457, da CLT. Segundo o referido dispositivo legal, não terão caráter salarial as seguintes utilidades:

a) vestuários, equipamentos e outros acessórios fornecidos aos empregados e utilizados no local de trabalho, para a prestação do serviço;

b) educação, em estabelecimento de ensino próprio ou de terceiros, compreendendo os valores relativos à matrícula, mensalidade, anuidade, livros e material didático;

c) transporte destinado ao deslocamento para o trabalho e retorno, em percurso servido ou não por transporte público;

d) assistência médica, hospitalar e odontológica, prestada diretamente ou mediante seguro-saúde;

e) seguros de vida e de acidentes pessoais;

f) previdência privada;

g) o valor correspondente ao vale-cultura;

h) O valor relativo à assistência prestada por serviço médico ou odontológico, próprio ou não, inclusive o reembolso de despesas com medicamentos, óculos, aparelhos ortopédicos, próteses, órteses, despesas médico-hospitalares e outras similares, mesmo quando concedido em diferentes modalidades de planos e coberturas.

O Tribunal Superior do Trabalho, fixou entendimento de que o vale refeição, fornecido, espontaneamente, pelo empregador, integra o salário. Nesse sentido, a Súmula 241 do TST, "in verbis":

> **"SALÁRIO-UTILIDADE. ALIMENTAÇÃO (mantida) – Res. 121/2003, DJ 19, 20 e 21.11.2003**

> O vale para refeição, fornecido por força do contrato de trabalho, tem caráter salarial, integrando a remuneração do empregado, para todos os efeitos legais."

No entanto, o TST fixou entendimento de que a ajuda alimentação ou o vale-refeição fornecidos por norma coletiva, ou se a empresa estiver inscrita no Programa de Alimentação ao Trabalhador (PAT), não têm caráter salarial.

Nesse sentido a OJ 133, da SDI-I do TST:

> **"AJUDA ALIMENTAÇÃO. PAT. LEI Nº 6.321/76. NÃO INTEGRAÇÃO AO SALÁRIO (inserida em 27.11.1998)** A ajuda alimentação fornecida por empresa participante do programa de alimentação ao trabalhador, instituído pela Lei nº 6.321/76, não tem caráter salarial. Portanto, não integra o salário para nenhum efeito legal."

Nos termos da OJ 413 da SDI-I do TST, a pactuação em norma coletiva conferindo caráter indenizatório à verba "auxílio-alimentação" ou a adesão posterior do empregador ao Programa de Alimentação do Trabalhador – PAT – não altera a natureza salarial da parcela, instituída anteriormente, para aqueles empregados que, habitualmente, já percebiam o benefício, a teor das Súmulas n. 51, I, e 241 do TST.

Nos termos do § 2º do art. 457, da CLT, com a redação dada pela Lei 13.467/17 § 2º as importâncias, ainda que habituais, pagas a título de ajuda de custo, auxílio-alimentação, vedado seu pagamento em dinheiro, diárias para viagem, prêmios e abonos não integram a remuneração do empregado, não se incorporam ao contrato de trabalho e não constituem base de incidência de qualquer encargo trabalhista e previdenciário.

Desse modo, o auxílio-alimentação, que não deve ser pago em dinheiro, não tem natureza salarial, ainda que tenha caráter contraprestativo.

Dispõem os arts. 2º e 3º da Medida Provisória 1108/22, aprovada pelo Parlamento:

> Art. 2º "As importâncias pagas pelo empregador a título de auxílio-alimentação de que trata o § 2º do art. 457 da Consolidação das Leis do Trabalho, aprovada pelo Decreto-Lei nº 5.452, de 1º de maio de 1943, deverão ser utilizadas para o pagamento de

refeições em restaurantes e estabelecimentos similares ou para a aquisição de gêneros alimentícios em estabelecimentos comerciais."

Art. 3º "O empregador, ao contratar pessoa jurídica para o fornecimento do auxílio-alimentação de que trata o art. 2º desta Lei, não poderá exigir ou receber: I - qualquer tipo de deságio ou imposição de descontos sobre o valor contratado; II - prazos de repasse ou pagamento que descaracterizem a natureza pré-paga dos valores a serem disponibilizados aos empregados; ou III - outras verbas e benefícios diretos ou indiretos de qualquer natureza não vinculados diretamente à promoção de saúde e segurança alimentar do empregado, no âmbito de contratos firmados com empresas emissoras de instrumentos de pagamento de auxílio-alimentação. § 1º A vedação de que trata o *caput* deste artigo não se aplica aos contratos de fornecimento de auxílio-alimentação vigentes, até seu encerramento ou até que tenha decorrido o prazo de 14 (quatorze) meses, contado da data de publicação desta Lei, o que ocorrer primeiro. § 2º É vedada a prorrogação de contrato de fornecimento de auxílio-alimentação em desconformidade com o disposto no *caput* deste artigo."

3.4. Décimo terceiro salário

O décimo terceiro salário, conhecido como gratificação natalina, paga tradicionalmente, no mês de dezembro, devido com base na remuneração integral, ou da aposentadoria, constitui direito fundamental da classe trabalhadora. No aspecto, dispõe o art. 7º, VIII, da CF:

"São direitos dos trabalhadores urbanos e rurais, além de outros que visem à melhoria de sua condição social:

"décimo terceiro salário com base na remuneração integral ou no valor da aposentadoria."

As Leis 4090/62 e 4.749/65, regulamentam o 13º salário, e foram recepcionadas pela Constituição Federal.

Dispõe o art. 1º da Lei 4090/62:

"No mês de dezembro de cada ano, a todo empregado será paga, pelo empregador, uma gratificação salarial, independentemente da

> remuneração a que fizer jus. § 1º – A gratificação corresponderá a 1/12 avos da remuneração devida em dezembro, por mês de serviço, do ano correspondente. § 2º – A fração igual ou superior a 15 (quinze) dias de trabalho será havida como mês integral para os efeitos do parágrafo anterior. § 3º – A gratificação será proporcional: I – na extinção dos contratos a prazo, entre estes incluídos os de safra, ainda que a relação de emprego haja findado antes de dezembro; e II – na cessação da relação de emprego resultante da aposentadoria do trabalhador, ainda que verificada antes de dezembro."

O décimo terceiro salário constitui direito que vai sendo adquirido mensalmente, 1/12 por mês trabalhado, ou a fração igual ou superior a 15 (quinze) dias de trabalho será havida como mês integral.

O 13º salário proporcional é devido na dispensa imotivada (art. 3º, da Lei 4.090/62), no pedido de demissão (Súmula 157 do TST), nas extinções naturais dos contratos por prazo determinado, (§ 3º, do art. 4090/62). Não é devida a proporcionalidade do 13º salário quando há dispensa por justa causa.

Nos termos dos arts. 1º e 2º, da Lei 4.749/65, a gratificação natalina, será paga pelo empregador:

a) até o dia 20 de dezembro de cada ano;

b) entre os meses de fevereiro e novembro de cada ano, o empregador pagará, como adiantamento metade do salário recebido no mês anterior como adiantamento da gratificação natalina;

c) o adiantamento será pago ao ensejo das férias do empregado, sempre que este o requerer no mês de janeiro do correspondente ano.

3.5. Adicionais

Conforme Amauri Mascaro Nascimento[12], "adicional, no sentido comum, significa algo que se acrescenta. No sentido jurídico, adicional é um acréscimo salarial que tem como causa o trabalho em condições mais gravosas para que o presta."

12 Iniciação ao Direito do Trabalho. 39ª ed. São Paulo: LTr, 2014, p. 373.

O empregado que trabalha em condições especiais, como o trabalho em sobrejornada, em condições de insalubridade ou periculosidade, faz jus a adicionais legais de remuneração. Como regra, os adicionais podem ser suprimidos da remuneração, sem que tal situação configure alteração contratual lesiva (art. 468 da CLT), pois eles somente são devidos enquanto perdurarem as condições especiais e mais gravosas do empregado.

3.5.1. *Adicionais de horas extras e noturno*

O trabalho em sobrejornada, vale dizer: com prestação de horas extras, gera o direito ao adicional de horas extras, de no mínimo 50% sobre a hora normal (art. 7º, XVI, da CF).

O adicional de horas extra integra a remuneração do empregado, refletindo nas demais parcelas de natureza remuneratória.

No aspecto, dispões a Súmula 264 do TST, "in verbis":

> "**HORA SUPLEMENTAR. CÁLCULO (mantida) – Res. 121/2003, DJ 19, 20 e 21.11.2003.** A remuneração do serviço suplementar é composta do valor da hora normal, integrado por parcelas de natureza salarial e acrescido do adicional previsto em lei, contrato, acordo, convenção coletiva ou sentença normativa."

Nos termos da Súmula 347 do TST, o cálculo do valor das horas extras habituais, para efeito de reflexos em verbas trabalhistas, observará o número de horas efetivamente prestadas e a ele aplica-se o valor do salário-hora da época do pagamento daquelas verbas.

O adicional noturno está previsto no art. 7º, IX, da CF, que assim dispõe:

> "Remuneração do trabalho noturno superior do diurno."

O percentual ao adicional noturno é previsto na legislação infraconstitucional (por exemplo, no art. 73, da CLT (trabalhador urbano), e art. 7º, parágrafo único do art. 5.889/73 (trabalhador rural), e tem natureza remuneratória à luz da Constituição Federal.

Nos termos da Súmula 60, I do TST, o adicional noturno, pago com habitualidade, integra o salário do empregado para todos os efeitos.

3.5.2. Adicional de transferência

O adicional de transferência está previsto no art. 469, parágrafo 3º da CLT:

> "Em caso de necessidade de serviço o empregador poderá transferir o empregado para localidade diversa da que resultar do contrato, não obstante as restrições do artigo anterior, mas, nesse caso, ficará obrigado a um pagamento suplementar, nunca inferior a 25% (vinte e cinco por cento) dos salários que o empregado percebia naquela localidade, enquanto durar essa situação."

Segundo a OJ 113, da SDI-I do TST, o fato de o empregado exercer cargo de confiança ou a existência de previsão de transferência no contrato de trabalho não exclui o direito ao adicional. O pressuposto legal apto a legitimar a percepção do mencionado adicional é a transferência provisória.

3.5.3. Do adicional de insalubridade

O adicional de insalubridade é devido em razão do trabalho em condições nocivas para a saúde.

Dispõe o art. 7º, XXIII, da CF:

> "Adicional de remuneração para as atividades penosas, insalubres ou perigosas, na forma da lei."

Assevera o art. 189 da CLT:

> "Serão consideradas atividades ou operações insalubres aquelas que, por sua natureza, condições ou métodos de trabalho, exponham os empregados a agentes nocivos à saúde, acima dos limites de tolerância fixados em razão da natureza e da intensidade do agente e do tempo de exposição aos seus efeitos."

Nos termos do 190, da CLT, o Ministério do Trabalho (atual Ministério da Economia) aprovará o quadro das atividades e operações insalubres e adotará normas sobre os critérios de caracterização da insalubridade, os limites de tolerância aos agentes agressivos, meios de proteção e o tempo máximo de exposição do empregado a esses agentes. Parágrafo único – As normas referidas neste artigo incluirão medidas de proteção do organismo do trabalhador nas operações que produzem aerodispersóides tóxicos, irritantes, alérgicos ou incômodos.

O Ministério do Trabalho e Emprego (atual Ministério da Economia) em sua NR15, e seus anexos disciplinam os agentes insalubres, bem como o grau da insalubridade, destacando-se a umidade, álcalis cáusticos e cimento, frio, agentes biológicos, calor e ruído.

A doutrina tem classificado o adicional de insalubridade como salário-condição, sendo somente devido enquanto perdurar as condições de insalubridade, podendo ser suprimido caso cesse o agente insalubre.

Nos termos do art. 191, da CLT, a eliminação ou a neutralização da insalubridade ocorrerá: I – com a adoção de medidas que conservem o ambiente de trabalho dentro dos limites de tolerância; II – com a utilização de equipamentos de proteção individual ao trabalhador, que diminuam a intensidade do agente agressivo a limites de tolerância. Parágrafo único – Caberá às Delegacias Regionais do Trabalho, comprovada a insalubridade, notificar as empresas, estipulando prazos para sua eliminação ou neutralização, na forma deste artigo.

Nos termos do art. 192, da CLT, o exercício de trabalho em condições insalubres, acima dos limites de tolerância estabelecidos pelo Ministério do Trabalho, assegura a percepção de adicional respectivamente de 40% (quarenta por cento), 20% (vinte por cento) e 10% (dez por cento) do salário-mínimo da região, segundo se classifiquem nos graus máximo, médio e mínimo.

A apuração da insalubridade, segue, como regra, o caráter quantitativo, vale dizer: o tempo de exposição do trabalhador ao agente insalubre é determinante para ser reconhecido o direito ao adicional de insalubridade. A exposição eventual não gera o direito ao presente adicional. No entanto, o trabalho intermitente em local insalubre não afasta o direito ao adicional, conforme dispõe a Súmula 47 do TST, "in verbis":

> "**INSALUBRIDADE (mantida) – Res. 121/2003, DJ 19, 20 e 21.11.2003** O trabalho executado em condições insalubres, em caráter intermitente, não afasta, só por essa circunstância, o direito à percepção do respectivo adicional."

Conforme a Súmula 289 do TST, "o simples fornecimento do aparelho de proteção pelo empregador não o exime do pagamento do adicional de insalubridade. Cabe-lhe tomar as medidas que conduzam à diminuição ou eliminação da nocividade, entre as quais as relativas ao uso efetivo do equipamento pelo empregado."

Desse modo, deve o empregador fornecer o equipamento de proteção adequado, que neutralize o agente insalubre, e fiscalizar sua utilização.

Discutível se a base de cálculo prevista no art. 192, da CLT (salário mínimo) fora recepcionada pela Constituição Federal, uma vez que o art. 7º, XXIII, da CF dispõe ser devido adicional de remuneração para as atividades insalubres.

De nossa parte, a melhor interpretação da Constituição Federal sinaliza no sentido de que a base de cálculo do adicional de insalubridade é a remuneração do empregado, pois compatível com a proteção do direito fundamental à saúde do trabalhador (art. 6º, da CF) e por ser medida de redução dos riscos inerentes ao trabalho (art. 7º, XXII, da CF).

A doutrina e jurisprudência divergem a respeito. O entendimento dominante se firmou no sentido de que a base de cálculo deve ser o salário mínimo, uma vez que o art. 7º, XXIII, da CF remete à lei ordinária a fixação do valor do adicional.

A Súmula 228 do TST, firmou o entendimento de ser o salário base do empregado a base de cálculo para o adicional de insalubridade. No entanto, a referida Súmula está suspensa, por decisão liminar do STF. Dispõe a referida Súmula do TST:

> **"ADICIONAL DE INSALUBRIDADE. BASE DE CÁLCULO (redação alterada na sessão do Tribunal Pleno em 26.06.2008) – Res. 148/2008, DJ 04 e 07.07.2008 – Republicada DJ 08, 09 e 10.07.2008. SÚMULA CUJA EFICÁCIA ESTÁ SUSPENSA POR DECISÃO LIMINAR DO SUPREMO TRIBUNAL FEDERAL – Res. 185/2012, DEJT divulgado em 25, 26 e 27.09.2012**
>
> A partir de 9 de maio de 2008, data da publicação da Súmula Vinculante nº 4 do Supremo Tribunal Federal, o adicional de insalubridade será calculado sobre o salário básico, salvo critério mais vantajoso fixado em instrumento coletivo."

Atualmente, o TST, diante da suspensão da Súmula 228, tem aplicado o salário mínimo como base de cálculo do adicional de insalubridade. No aspecto, destaca-se, a seguinte ementa:

AGRAVO INTERPOSTO CONTRA DECISÃO DENEGATÓRIA DE SEGUIMENTO DE EMBARGOS PROFERIDA POR MINISTRO PRESIDENTE DE TURMA SOB A ÉGIDE DA LEI 13.015/2014. BASE DE CÁLCULO DO ADICIONAL DE INSALUBRIDADE. Não merece reparos a decisão singular por meio da qual se denegou seguimento aos embargos. A Turma julgadora, ao determinar que o salário mínimo seja a base de cálculo do adicional de insalubridade adotou posicionamento em harmonia com o entendimento deste Tribunal Superior e do Supremo Tribunal Federal, não havendo falar em contrariedade à Súmula Vinculante 4 do STF. A jurisprudência desta Corte Superior, retratada nas Súmulas 17 e 228, era no sentido de que o adicional em questão deveria ser calculado sobre o salário mínimo ou sobre o salário profissional ou piso convencional, caso existente. Ocorre que, em 09/05/2008, o Supremo Tribunal Federal editou a Súmula Vinculante 04, com o seguinte teor: "Salvo nos casos previstos na Constituição, o salário mínimo não pode ser usado como indexador de base de cálculo de vantagem de servidor público ou de empregado, nem ser substituído por decisão judicial". Em consequência da vedação de uso do salário mínimo para o cálculo da parcela, este Tribunal Superior, por meio da Resolução 148, de 07/07/2008, alterou seu entendimento, cancelou a Súmula 17 e deu nova redação à Súmula 228, que passou a dispor: "A partir de 9 de maio de 2008, data da publicação da Súmula Vinculante nº 4 do Supremo Tribunal Federal, o adicional de insalubridade será calculado sobre o salário básico, salvo critério mais vantajoso fixado em instrumento coletivo". No entanto, na Reclamação 6.266/STF, o Ministro Gilmar Mendes deferiu liminar, "para suspender a aplicação da Súmula 228/TST na parte em que permite a utilização do salário básico para calcular o adicional de insalubridade" (DJe 05/08/2008). Nesse contexto, ainda que reconhecida a não recepção do art. 192 da CLT pela Constituição Federal de 1988, tem-se que a parte final da Súmula Vinculante 4 do STF não permite criar outro critério por decisão judicial, razão pela qual, até que se edite norma legal ou convencional estabelecendo base de cálculo distinta do salário mínimo para o adicional de insalubridade, continuará a ser aplicado esse critério para o cálculo do referido adicional. Esse entendimento tem sido reiterado por esta Subseção I Especializada em Dissídios Individuais. Tampouco foi demonstrada divergência jurisprudencial hábil a impulsionar o recurso de embargos, pois

> o aresto trazido à colação pelo Agravante revela-se inespecífico, nos termos da Súmula 296, I, do TST. Agravo conhecido e não provido" (Ag-E-ED-RR-479-82.2012.5.04.0471, Subseção I Especializada em Dissídios Individuais, Relator Ministro Alexandre Luiz Ramos, DEJT 03/07/2020).

3.5.4. Do adicional de periculosidade

O adicional de periculosidade constitui parcela de natureza salarial visando compensar o trabalhador em razão de estar sujeito a condições de risco em sua prestação pessoal de serviços.

Trata-se de salário-condição (art. 194 da CLT[13]), sendo devido enquanto perdurar a situação de risco. Pela CLT, o adicional de periculosidade é devido nas hipóteses do art. 193, da CLT, regulamentadas pela NR16 e seus anexos da Portaria n. 3.214/78, da Portaria n. 3.214/78 do Ministério do Trabalho e Previdência, quais sejam:

a) inflamáveis, explosivos;
b) energia elétrica;
c) roubos ou outras espécies de violência física nas atividades profissionais de segurança pessoal ou patrimonial;
d) atividades de trabalhador em motocicleta.

O adicional de periculosidade é devido desde que o empregado permaneça durante uma quantidade de tempo juridicamente relevante (não eventual) para estar em situação de risco. No entanto, ao contrário da insalubridade, a periculosidade adota o critério qualitativo para sua aferição, pois em determinadas condições (ex. ambiente com inflamáveis ou energia elétrica), uma fração de segundo pode acarretar a perda da vida do trabalhador.

No aspecto, dispõe a Súmula 364 do TST, "in verbis":

> **"ADICIONAL DE PERICULOSIDADE. EXPOSIÇÃO EVENTUAL, PERMANENTE E INTERMITENTE (inserido o item II) – Res. 209/2016, DEJT divulgado em 01, 02 e 03.06.2016**

13 Art.194, da CLT: "O direito do empregado ao adicional de insalubridade ou de periculosidade cessará com a eliminação do risco à sua saúde ou integridade física, nos termos desta Seção e das normas expedidas pelo Ministério do Trabalho."

> I – Tem direito ao adicional de periculosidade o empregado exposto permanentemente ou que, de forma intermitente, sujeita-se a condições de risco. Indevido, apenas, quando o contato dá-se de forma eventual, assim considerado o fortuito, ou o que, sendo habitual, dá-se por tempo extremamente reduzido. (ex-Ojs da SBDI-1 nºs 05 – inserida em 14.03.1994 – e 280 – DJ 11.08.2003)
> II – Não é válida a cláusula de acordo ou convenção coletiva de trabalho fixando o adicional de periculosidade em percentual inferior ao estabelecido em lei e proporcional ao tempo de exposição ao risco, pois tal parcela constitui medida de higiene, saúde e segurança do trabalho, garantida por norma de ordem pública (arts. 7º, XXII e XXIII, da CF e 193, §1º, da CLT)."

No mesmo sentido a Súmula 361 do TST:

> **"ADICIONAL DE PERICULOSIDADE. ELETRICITÁRIOS. EXPOSIÇÃO INTERMITENTE (mantida) – Res. 121/2003, DJ 19, 20 e 21.11.2003**
>
> O trabalho exercido em condições perigosas, embora de forma intermitente, dá direito ao empregado a receber o adicional de periculosidade de forma integral, porque a Lei nº 7.369, de 20.09.1985, não estabeleceu nenhuma proporcionalidade em relação ao seu pagamento."

Quanto à base de cálculo do adicional de periculosidade, dispõe o § 1º – O trabalho em condições de periculosidade assegura ao empregado um adicional de 30% (trinta por cento) sobre o salário sem os acréscimos resultantes de gratificações, prêmios ou participações nos lucros da empresa.

Diante do referido dispositivo legal, a base de cálculo do adicional de periculosidade é o salário base do empregado, sem acrescimento de outras parcelas de natureza salarial.

No aspecto, dispõe a Súmula 191 do TST, "in verbis":

> **"ADICIONAL DE PERICULOSIDADE. INCIDÊNCIA. BASE DE CÁLCULO (cancelada a parte final da antiga redação e inseridos os itens II e III) – Res. 214/2016, DEJT divulgado em 30.11.2016 e 01 e 02.12.2016**
>
> I – O adicional de periculosidade incide apenas sobre o salário básico e não sobre este acrescido de outros adicionais. II – O adicional

> de periculosidade do empregado eletricitário, contratado sob a égide da Lei nº 7.369/1985, deve ser calculado sobre a totalidade das parcelas de natureza salarial. Não é válida norma coletiva mediante a qual se determina a incidência do referido adicional sobre o salário básico. III – A alteração da base de cálculo do adicional de periculosidade do eletricitário promovida pela Lei nº 12.740/2012 atinge somente contrato de trabalho firmado a partir de sua vigência, de modo que, nesse caso, o cálculo será realizado exclusivamente sobre o salário básico, conforme determina o § 1º do art. 193 da CLT."

Nos termos do art. 195 da CLT, a perícia é obrigatória quando for arguida em juízo insalubridade ou periculosidade. Com efeito, dispõe o § 2º do referido dispositivo legal:

> "Arguida em juízo insalubridade ou periculosidade, seja por empregado, seja por Sindicato, em favor de grupo de associados, o juiz designará perito habilitado na forma deste artigo e, onde não houver, requisitará perícia ao órgão competente do Ministério do Trabalho."

Discute-se na doutrina e na jurisprudência se a confissão da parte supre a prova técnica, como no exemplo de o empregador confessar o trabalho em condições de insalubridade ou periculosidade. No aspecto, se a confissão foi expressa do reclamado sobre o fato que depende de perícia, esta se torna desnecessária, salvo nas hipóteses em que há controvérsia sobre o grau de eventual insalubridade. Em casos de presunção de veracidade decorrente da revelia ou confissão ficta, pensamos, em compasso com a jurisprudência dominante, que a perícia se faz necessária. O Tribunal Superior do Trabalho, corretamente, editou algumas súmulas, onde há presunção do trabalho em condições de periculosidade ou não. São elas:

> Súmula 453 do TST: "o pagamento de adicional de periculosidade efetuado por mera liberalidade da empresa, ainda que de forma proporcional ao tempo de exposição ao risco ou em percentual inferior ao máximo legalmente previsto, dispensa a realização da prova técnica exigida pelo art. 195 da CLT, pois torna incontroversa a existência do trabalho em condições perigosas."

Súmula 39 do TST, "in verbis": "os empregados que operam em bomba de gasolina têm direito ao adicional de periculosidade".

Súmula 337 do TST: "os tripulantes e demais empregados em serviços auxiliares de transporte aéreo que, no momento do abastecimento da aeronave, permanecem a bordo não têm direito ao adicional de periculosidade a que aludem o art. 193 da CLT e o Anexo 2, item 1, "c", da NR 16 do MTE."

No mesmo sentido a seguinte decisão:

> Periculosidade Fundação casa. Periculosidade para os agentes sócios educativos. Parcela devida face ao enquadramento dos trabalhadores nas hipóteses do artigo 193 da CLT. A própria reclamada reconheceu, expressamente, na contestação, que o trabalho realizado nas dependências da ré envolve "...Realizar revistas periódicas nas Unidades e nos adolescentes quantas vezes forem necessárias, atuando na prevenção e na contenção, procurando minimizar as ocorrências de faltas disciplinares de natureza leve e média ou a grave como, tentativas de fuga e evasão individuais e ou coletivos e nos movimentos iniciais de rebelião, de modo a garantir a segurança e disciplina, zelando pela integridade física e mental dos adolescentes. Essa informação confirma o que é público e notório e que já constou, inclusive, de decisões do TST, ou seja, que o desempenho de atividades no ramo socioeducativo, na demandada, se insere na hipótese contida no artigo 193 da CLT, vez que os agentes de apoio, na execução das funções de acompanhamento da rotina dos menores infratores, estão sujeitos à violência física, ao tentar conter tumultos, motins, rebeliões ou tentativas de fugas. Nesse contexto, ciente de Boletim de Jurisprudência do TRT2 Secretaria de Gestão Jurisprudencial, Normativa e Documental – SGJND 6 que o Reclamante exercia suas funções exposto à violência física em atividades de segurança patrimonial ou pessoal, devido é o adicional em exame. (PJe TRT/SP 1000777-22.2019.5.02.0292 – 4ª Turma – RO – Rel. Paulo Sergio Jakutis – DeJT 03/03/2020).

Caso a verificação do fato por perícia seja impraticável, em razão, por exemplo, da desativação do local de trabalho nas hipóteses de insalubridade e de periculosidade, a jurisprudência tem admitido, acertadamente, a prova pericial emprestada. Nesse sentido é a OJ n. 278, da SDI-I, do C. TST, *in verbis*:

"Adicional de insalubridade. Perícia. Local de trabalho desativado. A realização de perícia é obrigatória para a verificação de insalubridade. Quando não for possível sua realização como em caso de fechamento da empresa, poderá o julgador utilizar-se de outros meios de provas."

Nos termos da Súmula 132 do TST: "I – O adicional de periculosidade, pago em caráter permanente, integra o cálculo de indenização e de horas extras (ex-Prejulgado nº 3). (ex-Súmula nº 132 – RA 102/1982, DJ 11.10.1982/ DJ 15.10.1982 – e ex-OJ nº 267 da SBDI-1 – inserida em 27.09.2002) II – Durante as horas de sobreaviso, o empregado não se encontra em condições de risco, razão pela qual é incabível a integração do adicional de periculosidade sobre as mencionadas horas. (ex-OJ nº 174 da SBDI-1 – inserida em 08.11.2000)."

3.5.5. *Da cumulatividade dos adicionais de insalubridade e periculosidade*

A doutrina diverge sobre a possibilidade de cumulação dos adicionais de insalubridade e periculosidade.

O parágrafo 2º do art. 193, da CLT, ao tratar do adicional de periculosidade, assevera que empregado poderá optar pelo adicional de insalubridade que porventura lhe seja devido. Desse modo, pelo texto legal, entende-se que os adicionais de insalubridade e periculosidade não são cumuláveis.

Nesse sentido, já decidiu a mais alta Corte Trabalhista do Brasil, "in verbis":

"RECURSO DE EMBARGOS REGIDO PELA LEI Nº 13.015/2014. CUMULAÇÃO DOS ADICIONAIS DE INSALUBRIDADE E PERICULOSIDADE – IMPOSSIBILIDADE. Incontroverso nos autos que a reclamada foi condenada ao pagamento do adicional de insalubridade em grau médio no percentual de 20% e do adicional de periculosidade equivalente a 30% do salário base do reclamante. O ordenamento jurídico brasileiro prevê a percepção do adicional de periculosidade, de que trata o artigo 193 da CLT, ao trabalhador exposto à situação de risco, conferindo-lhe, ainda, o direito de optar pelo adicional de insalubridade previsto no

> artigo 192 do mesmo diploma legal, quando este também lhe for devido. É o que dispõe o artigo 193, § 2º, da Consolidação das Leis do Trabalho: "§ 2º O empregado poderá optar pelo adicional de insalubridade que porventura lhe seja devido." Desse modo, o referido dispositivo legal veda a cumulação dos adicionais de periculosidade e insalubridade, podendo, no entanto, o empregado fazer a opção pelo que lhe for mais benéfico. Precedentes da SBDI-1 do TST. Recurso de embargos conhecido e provido" (E-RR-1072-72.2011.5.02.0384, Subseção I Especializada em Dissídios Individuais, Relator Ministro Renato de Lacerda Paiva, DEJT 08/09/2017).

De nossa parte, o art. 193, parágrafo 2º, da CLT não pode ser interpretado de forma isolada e literal, mas em conformidade com a Constituição Federal, que nos incisos XXII e XXIII do art. 7º, asseguram, ao empregado, como direito fundamental, respectivamente, *a redução dos riscos inerentes ao trabalho, por meio de normas de saúde, higiene e segurança*; e o *adicional de remuneração para as atividades penosas, insalubres ou perigosas, na forma da lei.*

Desse modo, a cumulação dos adicionais e insalubridade e periculosidade tem por objetivo a proteção à saúde do trabalhador e estimular o empregador a eliminar os agentes nocivos à saúde do trabalhador.

Por outro lado, os adicionais de insalubridade e periculosidade têm causas distintas, pois o primeiro protege a saúde e o segundo a vida.

No aspecto, destacamos a seguinte ementa da mais alta Corte Trabalhista do Brasil, "in verbis":

> "RECURSO DE REVISTA. CUMULAÇÃO DOS ADICIONAIS DE INSALUBRIDADE E PERICULOSIDADE. POSSIBILIDADE. PREVALÊNCIA DAS NORMAS CONSTITUCIONAIS E SUPRALEGAIS SOBRE A CLT. JURISPRUDÊNCIA CONSOLIDADA DO STF QUANTO AO EFEITO PARALISANTE DAS NORMAS INTERNAS EM DESCOMPASSO COM OS TRATADOS INTERNACIONAIS DE DIREITOS HUMANOS. INCOMPATIBILIDADE MATERIAL. CONVENÇÕES NOS 148 E 155 DA OIT. NORMAS DE DIREITO SOCIAL. CONTROLE DE CONVENCIONALIDADE. NOVA FORMA DE VERIFICAÇÃO DE COMPATIBILIDADE DAS NORMAS INTEGRANTES DO ORDENAMENTO JURÍDICO. A previsão contida no artigo

193, § 2º, da CLT não foi recepcionada pela Constituição Federal de 1988, que, em seu artigo 7º, XXIII, garantiu de forma plena o direito ao recebimento dos adicionais de penosidade, insalubridade e periculosidade, sem qualquer ressalva no que tange à cumulação, ainda que tenha remetido sua regulação à lei ordinária. A possibilidade da aludida cumulação se justifica em virtude de os fatos geradores dos direitos serem diversos. Não se há de falar em *bis in idem*. No caso da insalubridade, o bem tutelado é a saúde do obreiro, haja vista as condições nocivas presentes no meio ambiente de trabalho; já a periculosidade traduz situação de perigo iminente que, uma vez ocorrida, pode ceifar a vida do trabalhador, sendo este o bem a que se visa proteger. A regulamentação complementar prevista no citado preceito da Lei Maior deve se pautar pelos princípios e valores insculpidos no texto constitucional, como forma de alcançar, efetivamente, a finalidade da norma. Outro fator que sustenta a inaplicabilidade do preceito celetista é a introdução no sistema jurídico interno das Convenções Internacionais nos 148 e 155, com status de norma materialmente constitucional ou, pelo menos, supralegal, como decidido pelo STF. A primeira consagra a necessidade de atualização constante da legislação sobre as condições nocivas de trabalho e a segunda determina que sejam levados em conta os riscos para a saúde decorrentes da exposição simultânea a diversas substâncias ou agentes. Nesse contexto, não há mais espaço para a aplicação do artigo 193, § 2º, da CLT. Recurso de revista de que se conhece e a que se nega provimento" (RR-1072-72.2011.5.02.0384, 7ª Turma, Relator Ministro Claudio Mascarenhas Brandao, DEJT 03/10/2014).

O Tribunal Superior do Trabalho, em Incidente de Demandas Repetitivas (IRR 239-55.2011.5.02.0319. Relator: Luiz Philippe Vieira de Mello Filho j. 26/09/2019), firmou, por maioria, a seguinte tese:

> "O art. 193, § 2º, da CLT foi recepcionado pela Constituição Federal e veda a cumulação dos adicionais de insalubridade e de periculosidade, ainda que decorrentes de fatos geradores distintos e autônomos."

4. PARCELAS QUE NÃO INTEGRAM O SALÁRIO

4.1. Prêmios

Prêmios constituem parcelas pagas pelo empregador ou por terceiros, ao empregado em razão da prestação pessoal de serviços pelo atingimento de determinada meta, objetivo ou desempenho.

Nos termos do parágrafo 4º do art. 457, da CLT, com a redação dada pela Lei 13.467/17, "consideram-se prêmios as liberalidades concedidas pelo empregador em forma de bens, serviços ou valor em dinheiro a empregado ou a grupo de empregados, em razão de desempenho superior ao ordinariamente esperado no exercício de suas atividades."

A doutrina, tradicionalmente, utilizou o critério da habitualidade para se aferir a natureza salarial ou não do prêmio. Caso o prêmio seja eventual, vinculado a determinado evento esporádico, ele não terá natureza salarial. Se for habitual, integrará o salário.

O § 2º do art. 457, da CLT, com a redação dada pela lei 13.467/17, assevera que as importâncias, ainda que habituais, pagas a título de ajuda de custo, auxílio-alimentação, vedado seu pagamento em dinheiro, diárias para viagem, prêmios e abonos não integram a remuneração do empregado, não se incorporam ao contrato de trabalho e não constituem base de incidência de qualquer encargo trabalhista e previdenciário.

Embora a Lei 13.467/17 tenha sofrido severas críticas da doutrina, os prêmios perderam a feição salarial, ainda que habituais. Não obstante, há que se verificar, no caso concreto, se a parcela se trata ou não de prêmio, pois se desvinculada de uma meta ou resultado, terá feição salarial, caso paga de forma habitual.

4.2. Abono

Conforme Amauri Mascaro Nascimento[14], "abono significa adiantamento em dinheiro, antecipação salarial. Situações de momento criam certas necessidades para as quais são estabelecidas medidas transitórias. Como o tempo, cessada a causa, cessam os seus efeitos ou se processa a absorção pelo salário."

---

14 Iniciação ao Direito do Trabalho. 39ª ed. São Paulo: LTr, 2014, p. 373.

Na redação anterior do art. 457, da CLT, o abono tinha natureza salarial. Com a nova redação do art. 457, parágrafo 2º, da CLT, o abono deixou de ter natureza salarial.

4.3. Ajuda de custo

Ajuda de custo constitui parcela paga pelo empregador em razão da prestação pessoal de serviços para custear despesas do emprego para a prestação de serviços.

A doutrina faz diferenciação entre ajuda de custo paga após a comprovação dos gastos pelo empregado (onde há a prestação de contas), e a ajuda de custo paga antecipadamente, onde não há a prestação de contas.

No entanto, caso a ajuda de custo seja, paga, efetivamente, para custear despesas de trabalho, ela não terá feição salarial, sendo classificada como verba de natureza indenizatória (art., 457, parágrafo 2º, da CLT).

4.4. Diárias para viagem

Diárias para viagem constituem valores adiantados pelo empregador para despesas do trabalho quando em viagem (deslocamentos, alimentação e pernoite). As diárias para viagem têm nítida natureza indenizatória (art. 457, parágrafo 2º, da CLT). O desvirtuamento da finalidade das diárias configura parcela salarial.

4.5. Participação nos lucros

Dispõe o art. 7º, XI, da Constituição Federal:

> "participação nos lucros, ou resultados, desvinculada da remuneração, e, excepcionalmente, participação na gestão da empresa, conforme definido em lei".

A Constituição Federal desvinculou a participação nos lucros ou resultados da remuneração. Desse modo, as referidas parcelas não têm índole salarial. Não obstante, em caso de desvirtuamento da finalidade do instituto, ou não observância dos requisitos legais, a parcela poderá ser reconhecida como salário.

Trata-se de instituto que tem por objetivo destacar a função social da empresa moderna, estimular a produtividade e integrar o empregado no organismo empresarial, influindo e contribuindo, para sucesso empresarial.

Como bem adverte Sérgio Pinto Martins[15], "a participação nos lucros pode ser decorrente de lei (lei n. 10.101), do contrato de trabalho, do regulamento da empresa, de acordos ou convenções coletivas ou outras determinações da empresa. Não poderá, entretanto, a participação nos lucros ser imposta mediante dissídio coletivo, por falta de norma autorizadora nesse sentido."

A Lei 10.101/00, que decorre da conversão de sucessivas Medidas Provisórias sobre o tema, é o diploma básico que regulamenta a participação nos lucros do empregador.

Conforme o art. 2º, da Lei 10.101/00, a participação nos lucros pode ser fixada por meio dos seguintes mecanismos, com critérios claros e objetivos, escolhidos pelas partes, de comum acordo:

a) comissão paritária escolhida pelas partes, integrada, também, por um representante indicado pelo sindicato da respectiva categoria;

b) convenção ou acordo coletivo.

Por ter caráter facultativo e variável, a participação nos lucros não pode ser instituída por Sentença Normativa. A jurisprudência do TST, entretanto, tem admitido a apreciação judicial da controvérsia sobre a participação nos lucros por meio do sistema da arbitragem de ofertas finais (quando há intenção das partes no conflito em instituir o benefício). Nesse sentido, destaca-se a seguinte ementa:

> "(...)DA PARTICIPAÇÃO NOS LUCROS OU RESULTADOS. ARBITRAGEM DE OFERTAS FINAIS. NÃO APRESENTAÇÃO DE PROPOSTAS PELAS PARTES. O entendimento desta Seção Especializada em Dissídios Coletivos é de que não cabe à Justiça do Trabalho conceder vantagem a título de Participação nos Lucros ou Resultados – PLR, ressalvadas as hipóteses de apresentação de contraproposta pela categoria econômica ou quando há norma preexistente. Por outro lado, ressalvado entendimento pessoal desta Relatora, a jurisprudência desta Corte, com amparo no art. 4º, II e § 1º da Lei nº 10.101/2000, admite a atuação da Justiça do

15 Direito do Trabalho. 36ª ed. São Paulo: Saraiva, 2020, p. 471.

> Trabalho, para decidir conflito que envolva participação nos lucros ou resultados, por meio do sistema da arbitragem de ofertas finais, quando as partes assim pactuarem. No caso em concreto, conforme consta expressamente na ata de audiência, as partes, de comum acordo, optaram pelo sistema da arbitragem de ofertas finais, elegendo a Justiça do Trabalho para dirimir o conflito referente à questão da participação nos lucros ou resultados. Porém, diante da expressa delimitação ajustada pelas partes interessadas, a atuação do Tribunal do Trabalho, no exercício do poder normativo, fica restrita ao sistema da arbitragem de ofertas finais, ou seja, escolher uma entre as propostas finais apresentadas pelo suscitante e pelo suscitado, na forma da lei. O § 1º do art. 4º da Lei nº 10.101/2000 estabelece que a arbitragem de ofertas finais é aquela em que o árbitro deve restringir-se a optar pela proposta apresentada, em caráter definitivo, por uma das partes. No caso em comento, diante do quadro em que nenhuma das partes apresentou proposta final, a Corte Regional atuou como mediador do conflito e arbitrou uma solução para o litígio, fixando o valor de R$ 2.000,00 (dois mil reais) para cada trabalhador, a título de participação nos lucros ou resultados. Embora motivada pelo objetivo de pacificar o conflito, infere-se que a decisão do TRT extrapolou o limite firmado pelos interessados para a atuação do poder normativo, no caso, o sistema de arbitragem de ofertas finais, que se restringe a escolha da proposta apresentada, em caráter definitivo, por uma das partes. Não comportando a criação de uma terceira proposta, como fez a Corte regional. Nessa condição, deve ser reformada a decisão do Tribunal a quo. Recurso ordinário a que se dá provimento, neste aspecto, para excluir a condenação relativa ao pagamento de R$ 2.000,00 (dois mil reais) para cada trabalhador da recorrente a título de Participação nos Lucros ou Resultados – PLR, resguardadas, entretanto, as situações fáticas já estabelecidas, ao teor do art. 6º, § 3º, da Lei nº 4.725/65 (TSTRO-5902-33.2016.5.15.0000, Seção Especializada em Dissídios Coletivos, Relatora Ministra Katia Magalhaes Arruda, DEJT 22/06/2018)."

Conforme o art. 3º, da Lei 11.101/00, a participação nos lucros não substitui ou complementa a remuneração devida a qualquer empregado, nem constitui base de incidência de qualquer encargo trabalhista, não se lhe aplicando o princípio da habitualidade.

Diante do referido dispositivo legal, a participação nos lucros não pode ser concedida como complementação de remuneração, ou para reajuste salarial. Embora a participação nos lucros ou resultados seja paga em função do contrato de trabalho e tenha caráter contraprestativo, ela não integra a remuneração ou o salário do empregado. No entanto, trata-se de parcela condicional, uma vez que se condiciona à existência de lucros por parte do empregador. A inexistência de lucros a justificar o não pagamento da parcela é encargo do empregador.

Como bem adverte Carlos Henrique Bezerra Leite[16], "a natureza não salarial da participação nos lucros depende – é claro – da licitude ou ilicitude da sua instituição. Vale dizer, se observados todos os critérios objetivos fixados na Lei 10.101/00, a parcela paga a título de participação nos lucros não terá natureza salarial e, por via de consequência, não pode ser vinculadas à remuneração do trabalhador. De tal arte, uma vez instituída validamente a participação nos lucros, o empregador só estará obrigado a efetuar o pagamento respectivo na hipótese efetiva de existência de lucros, o que bem demonstra o seu caráter condicional. Caso seja detectada fraude na instituição da participação nos lucros, ou se não forem observado os critérios objetivos previstos na CF e na Lei 10.101, perde ela o *status* de participação nos lucros, transmudando a sua natureza *ipso facto* a condição de parcela salarial (art. 9º, da CLT)."

Nos termos do parágrafo 2º do art. 3º, da Lei 11.101/00, é vedado o pagamento de qualquer antecipação ou distribuição de valores a título de participação nos lucros ou resultados da empresa em mais de 2 (duas) vezes no mesmo ano civil e em periodicidade inferior a 1 (um) trimestre civil.

Não obstante a vedação da Lei quanto ao pagamento da participação nos lucros em mais de duas parcelas no mesmo ano civil, o Tribunal Superior do Trabalho tem aceitado o pagamento da participação de forma mensal, desde que tal cláusula tenha sido firmada por acordo coletivo ou convenção coletiva de trabalho, e não traga prejuízos ao trabalhador, tampouco desnature a finalidade do instituto. Nesse sentido a OJ 73, da SDI-Transitória do TST, "in verbis":

> **"VOLKSWAGEN DO BRASIL LTDA. PARTICIPAÇÃO NOS LUCROS E RESULTADOS. PAGAMENTO MENSAL EM DECORRÊNCIA DE NORMA COLETIVA. NATUREZA**

16 Curso de Direito do Trabalho. 12. Ed. São Paulo: Saraiva, 2020, p. 542.

INDENIZATÓRIA. (DEJT divulgado em 09, 10 e 11.06.2010)
A despeito da vedação de pagamento em periodicidade inferior a um semestre civil ou mais de duas vezes no ano cível, disposta no art. 3º, § 2º, da Lei n.º 10.101, de 19.12.2000, o parcelamento em prestações mensais da participação nos lucros e resultados de janeiro de 1999 a abril de 2000, fixado no acordo coletivo celebrado entre o Sindicato dos Metalúrgicos do ABC e a Volkswagen do Brasil Ltda., não retira a natureza indenizatória da referida verba (art. 7º, XI, da CF), devendo prevalecer a diretriz constitucional que prestigia a autonomia privada coletiva (art. 7º, XXVI, da CF)."

Em havendo extinção do contrato de trabalho em data anterior à da distribuição dos lucros, é devido o pagamento proporcional da parcela, pois o empregado contribuiu para a existência dos lucros, ainda que parcialmente, aplicando-se aqui as regras de isonomia e equidade. Além disso, o benefício se incorpora de forma progressiva ao patrimônio jurídico do trabalhador. Nesse sentido a Súmula 451 do TST, "in verbis":

> **"PARTICIPAÇÃO NOS LUCROS E RESULTADOS. RESCISÃO CONTRATUAL ANTERIOR À DATA DA DISTRIBUIÇÃO DOS LUCROS. PAGAMENTO PROPORCIONAL AOS MESES TRABALHADOS. PRINCÍPIO DA ISONOMIA. (conversão da Orientação Jurisprudencial nº 390 da SBDI-1) – Res. 194/2014, DEJT divulgado em 21, 22 e 23.05.2014**
> Fere o princípio da isonomia instituir vantagem mediante acordo coletivo ou norma regulamentar que condiciona a percepção da parcela participação nos lucros e resultados ao fato de estar o contrato de trabalho em vigor na data prevista para a distribuição dos lucros. Assim, inclusive na rescisão contratual antecipada, é devido o pagamento da parcela de forma proporcional aos meses trabalhados, pois o ex-empregado concorreu para os resultados positivos da empresa."

5. PARCELAS SALARIAIS DE NATUREZA CONTROVERTIDA

5.1. Gueltas

Gueltas, tradicionalmente, são importâncias pagas a trabalhadores do ramo farmacêutico, realizados por fabricantes de determinadas marcas de medicamentos, para um trabalhador, empregado de outra empresa que revende estes medicamentos no mercado de consumo, a fim de impulsionar a venda dos produtos do fabricante.

Entretanto, as gueltas também são pagas em outros ramos do mercado de consumo. O fator determinante é que o pagamento seja realizado por terceiro que tem interesse em impulsionar a venda de seus produtos.

As gueltas não se enquadram, de forma específica nos conceitos de salário e remuneração fixados no art. 457, da CLT, uma vez que não são importâncias devidas e pagas pelo empregador ou pelo cliente (gorjetas) em razão da prestação pessoal de serviços. Em razão disso, muitos entendem que não se trata de parcela salarial ou remuneratória.

De nossa parte, as gueltas têm natureza jurídica de gorjetas, aplicando-se analogicamente o conceito fixado no art. 457, parágrafo 3º, da CLT, uma vez que o pagamento é feito por terceiro (de forma espontânea) em razão da prestação pessoal de serviços, e em função da existência do contrato de trabalho. Portanto, a natureza é de remuneração.

No aspecto, destaca-se a seguinte ementa:

> "GORJETA Configuração Gueltas. Natureza jurídica. Em que pese ser paga por terceiros, a parcela denominada 'guelta' tem a mesma natureza jurídica das gorjetas e, uma vez recebida habitualmente pelo empregado, compõe a remuneração deste, em face do seu nítido caráter salarial. (PJe TRT/SP 1000985-73.2018.5.02.0087 – 6ª Turma – RO – Rel. Wilson Fernandes – DeJT 3/03/2020).
>
> No mesmo sentido, sustenta Carlos Henrique Bezerra Leite[17], "como se trata de pagamento feito por terceiro ao empregado, as gueltas, à mingua de disciplinamento legal específico, são equiparadas às gorjetas, de modo que têm natureza remuneratória, mas não salarial."

17 Curso de Direito do Trabalho. 12ª ed. São Paulo: Saraiva, 2020, p. 558.

5.2. *Stock options*

São comuns em algumas empresas, principalmente multinacionais, o alto empregado fazer parte de um sistema de compra de ações da empresa com possibilidade de venda futura, denominado *stock options*.

Ensina Alice Monteiro de Barros[18] que "*as stock options* constituem um regime de compra ou de subscrição de ações e foram introduzidas na França em 1970, cujas novas regras encontram-se na Lei 420, de 2001. Não se identificam com a poupança salarial. O regime das *stock options* permite que os empregados comprem ações da empresa em um determinado período e por preço ajustado previamente. Se o valor da ação ultrapassa o preço, o beneficiário obtém o lucro e, em consequência, duas alternativas lhe são oferecidas: revender de imediato a mais valia ou guardar os seus títulos e se tornar um empregado acionista".

Segundo Adriana Calvo[19], "o sistema de '*stock options*' consiste no direito de comprar lotes de ações por um preço fixo dentro de um prazo determinado. A empresa confere ao seu titular o direito de, num determinado prazo, subscrever ações da empresa para o qual trabalhava ou na grande maioria da sua controladora no exterior, a um preço determinado ou determinável, segundo critérios estabelecidos por ocasião da outorga, por meio de um plano previamente aprovado pela assembleia geral da empresa".

Discute-se na doutrina e jurisprudência se a *stock options* tem feição salarial.

É possível se sustentar a natureza salarial do *stock options*, pois ele é pactuado em razão de um contrato de trabalho.

Nesse sentido, o presente julgado:

> *Salário (em geral) Configuração – A promessa de venda, pelo empregador, de ações da companhia a preço prefixado, para que o empregado opte por sua comprova a qualquer tempo, auferindo lucro sem enfrentar qualquer risco implica em retribuição de natureza salarial, impondo-se a integração do resultado obtido pelo empregado na operação em todos os títulos contratuais pertinentes*

---

18 Curso de Direito do Trabalho. 3ª Edição. São Paulo: LTr, 2007, p. 763.

19 CALVO, Adriana. A natureza jurídica do Planos de opções de compra de ações no Direito do Trabalho ("*Employée Stock option plans*"). In: Revista LTr 69-09/1126.

(34ª Vara do Trabalho/SP, Processo n. 2.339/99, Juiz Marcos Neves Fava, 18.12.00)[20].

De nossa parte, o sistema *stock options* não tem feição salarial, pois não se amolda no conceito de salário previsto no artigo 457, da CLT, uma vez o empregado faz a compra das ações, e corre os riscos de eventual valorização ou desvalorização das ações. O benefício não é gratuito, correndo o empregado os riscos da atividade. Além disso, o benéfico é dirigido ao alto empregado, que tem maiores restrições de direitos, não configurando o *stock options* fraude à legislação social (artigo 9º da CLT).

No mesmo sentido, destaca Gustavo Filipe Barbosa Garcia[21]:

> "Trata-se, na realidade, de negócio jurídico de natureza comercial, pois o empregado tem a faculdade de vender, ou não, as referidas ações, podendo, ou não, alcançar eventual lucro na operação em questão. Assim, pode-se verificar até mesmo eventual risco no mercado financeiro, assumido pelo empregado, quando à 'flutuação' do valor das ações. Como se nota, o valor não é concedido pelo empregador, mas apenas possível de ser obtido pelo empregado, na transação mercantil em destaque. Não se verificam, assim, os requisitos do salário, das parcelas salariais ou remuneratórias (..)".

5.3. Direitos de imagem e arena

A imagem, como sendo um direito inerente à personalidade, não integra o contrato de trabalho, não podendo o empregador se utilizar da imagem do trabalhador. Por isso, antes, durante e depois do contrato de trabalho tanto o empregado como o empregador devem respeitar, reciprocamente, a imagem um do outro. Desse modo, sem autorização, o empregador não pode utilizar a imagem do empregado, ainda que em campanhas educativas ou sem fins lucrativos.

O direito de imagem, embora faça parte dos direitos da personalidade, pode ser objeto de cessão e exploração comercial.

Nas competições esportivas, a imagem do atleta nos jogos pode ser utilizada mesmo sem a sua anuência, pois é inerente ao exercício desta

20 In: Revista LTr 69-09-1128.

21 GARCIA, Gustavo Filipe Barbosa. Curso de Direito do Trabalho. São Paulo: Método, 2007, p. 209.

profissão o atleta estar em contato com o público, pois sua atividade é equiparada ao trabalho artístico.

A Constituição, no art. 5º, inciso XXVIII, letra *a*, assegura o direito de arena. Dispõe o referido dispositivo legal: "são assegurados, nos termos da lei: a) a proteção às participações individuais em obras coletivas e à reprodução da imagem e voz humanas, inclusive nas atividades desportivas".

A Constituição Federal disciplina o chamado *direito de arena* como forma de proteção da imagem do atleta e também retribuição pecuniária pela sua utilização.

Doutrina e jurisprudência de forma majoritária têm entendido que o valor pago a título de direito de arena integra a remuneração do empregado e se equipara às gorjetas, pois esse valor é pago por terceiros e não diretamente pelo empregador. Outros entendem que o valor pago a título do direito de arena não tem feição salarial, se aproximando da natureza jurídica de participação nos lucros.

De nossa parte, a importância paga a título do direito de arena decorre da utilização da imagem do atleta na sua atividade principal, que se dá durante a partida de futebol. Embora não seja paga pelo empregador, é devida em razão do contrato de trabalho e da prestação pessoal de serviços do atleta. Por isso, acreditamos que a natureza jurídica seja de gorjeta.

Nos termos da Lei 14.205/21, que acrescentou o art. 42-A à lei 9615/98:

> "pertence à entidade de prática desportiva de futebol mandante o direito de arena sobre o espetáculo desportivo. § 1º Para fins do disposto no *caput* deste artigo, o direito de arena consiste na prerrogativa exclusiva de negociar, de autorizar ou de proibir a captação, a fixação, a emissão, a transmissão, a retransmissão ou a reprodução de imagens do espetáculo desportivo, por qualquer meio ou processo. § 2º Serão distribuídos aos atletas profissionais, em partes iguais, 5% (cinco por cento) da receita proveniente da exploração de direitos desportivos audiovisuais do espetáculo desportivo de que trata o *caput* deste artigo. § 3º A distribuição da receita de que trata o § 2º deste artigo terá caráter de pagamento de natureza civil, exceto se houver disposição em contrário constante de convenção coletiva de trabalho. § 4º O pagamento da verba de que trata o § 2º deste artigo será realizado por intermédio dos sindicatos das respectivas categorias, que serão responsáveis pelo recebimento e pela logística de repasse aos participantes do espetáculo, no prazo de até 72 (setenta e duas) horas, contado do recebimento das verbas pelo sindicato. § 5º Para

> fins do disposto no § 2º deste artigo, quanto aos campeonatos de futebol, consideram-se atletas profissionais todos os jogadores escalados para a partida, titulares e reservas. § 6º Na hipótese de realização de eventos desportivos sem definição do mando de jogo, a captação, a fixação, a emissão, a transmissão, a retransmissão ou a reprodução de imagens, por qualquer meio ou processo, dependerão da anuência das entidades de prática desportiva de futebol participantes. § 7º As disposições deste artigo não se aplicam a contratos que tenham por objeto direitos de transmissão celebrados previamente à vigência deste artigo, os quais permanecem regidos pela legislação em vigor na data de sua celebração. § 8º Os contratos de que trata o § 7º deste artigo não podem atingir as entidades desportivas que não cederam seus direitos de transmissão para terceiros previamente à vigência deste artigo, as quais poderão cedê-los livremente, conforme as disposições previstas no *caput* deste artigo."

No nosso entendimento, ainda que a referida lei tenha dado caráter preponderantemente civil ao direito de arena, de nossa parte, diante da força atrativa do salário, do princípio da melhoria da condição social do trabalhador, e considerando-se que o direito de arena é pago em razão da existência de prestação pessoal de serviços do jogador para a entidade esportiva nos moldes dos arts. 2º e 3º da CLT, não há como afastar a natureza trabalhista de tal verba.

O direito de explorar a imagem do atleta profissional pode ser cedido ao clube empregador por meio de cláusula constante do contrato de trabalho, ou por meio de um contrato de natureza civil.

Discute-se tanto na doutrina como na jurisprudência qual a natureza jurídica do contrato em que o atleta cede a exploração de sua imagem ao clube empregador.

A imagem de determinado atleta muitas vezes propicia ao clube de futebol fonte de lucro na venda de camisas, álbuns de figurinhas, bolas e até mesmo maior arrecadação nos jogos.

Autores há que consideram o direito de imagem como constante do salário do atleta. Efetivamente, se constar como cláusula integrante do próprio contrato de trabalho, a cessão do direito de imagem do atleta ao clube empregador terá natureza salarial em razão da força atrativa do salário. Mas e se for firmado um contrato autônomo de cessão da imagem do atleta ao clube empregador? Parte da doutrina tem considerado que este contrato é, na verdade, um verdadeiro salário.

Outros consideram que o contrato de cessão de imagem tem natureza civil, não se confundindo com o contrato de trabalho, uma vez que o direito de imagem do atleta é autônomo, não se inserindo no contrato de trabalho.

A questão é complexa, pois o direito de imagem tem natureza distinta das obrigações das partes inerentes ao contrato de trabalho, vez que integra um direito da personalidade do atleta e pode ser cedido. Não há contraprestação laboral por parte do atleta ao ceder a utilização de sua imagem ao empregador. Desse modo, como pode um contrato de cessão de imagem ter natureza salarial?

Salário é a contraprestação devida ao empregado paga diretamente pelo empregador em razão da prestação de serviços. Nos termos do art. 457, da CLT: "compreendem-se na remuneração do empregado, para todos os efeitos legais, além do salário devido e pago diretamente pelo empregador, como contraprestação do serviço, as gorjetas que receber".

Diante dos conceitos acima mencionados, a cessão do direito de imagem não se confunde com o salário. Mas é bem verdade que se não há o contrato de trabalho, também não há o contrato de cessão de imagem.

De outro lado, há muitos casos em que os clubes com a anuência dos atletas pactuam o pagamento de salários por meio de contrato de cessão de imagem em nome de pessoa jurídica que pertence ao jogador para desvirtuar o caráter salarial da parcela e se exoneram tanto o empregador com o empregado dos encargos sociais e fiscais dessa parcela.

Entendemos que, salvo os casos de fraude, que é possível o contrato de cessão de imagem conviver com o contrato de trabalho do atleta profissional, como um contrato acessório de natureza civil, desde que tal contrato tenha destinação específica e real, como, por exemplo: as vendas de camisas do time, figurinhas, comerciais de televisão, etc., e em valores razoáveis e não sirva para mascarar o pagamento de salários[22]. Além disso, como a imagem é um direito personalíssimo do atleta, o contrato de cessão da exploração de sua imagem tem que ser realizado com o próprio atleta e não com pessoa

---

22 Nesse sentido dispõe o art. 87-A, da Lei 9.615/98, "in verbis": "O direito ao uso da imagem do atleta pode ser por ele cedido ou explorado, mediante ajuste contratual de natureza civil e com fixação de direitos, deveres e condições inconfundíveis com o contrato especial de trabalho desportivo. Parágrafo único. Quando houver, por parte do atleta, a cessão de direitos ao uso de sua imagem para a entidade de prática desportiva detentora do contrato especial de trabalho desportivo, o valor correspondente ao uso da imagem não poderá ultrapassar 40% (quarenta por cento) da remuneração total paga ao atleta, composta pela soma do salário e dos valores pagos pelo direito ao uso da imagem."

jurídica pertencente ao atleta. Outrossim, tal contrato deve ser pactuado por prazo determinado, assim como é o contrato de trabalho do jogador de futebol à luz da Lei n. 9.615/98. Desse modo, em compasso com os requisitos acima fixados, o contrato de cessão de imagem tem natureza civil, autônoma e acessória ao contrato de trabalho, e o pagamento pela utilização da imagem do atleta, salvo hipótese de fraude, não se confunde com o salário.

6. REGRAS PROTETIVAS DO SALÁRIO

O Ordenamento jurídico trabalhista, diante da importância social do salário, assegura garantias protetivas, visando não só a assegurar o pagamento, como também que ela cumpra as funções a Constituição Federal destaca. Por isso, a doutrina elenca verdadeiros princípios de proteção ao salário previstos tanto, no texto constitucional, como na legislação infraconstitucional, quais sejam:

6.1. Irredutibilidade do salário

O artigo 7º, VI, da CF[23] da Constituição Federal assegura a irredutibilidade do salário. Não obstante, tal irredutibilidade é apenas a *nominal*, ou seja, do valor numérico do salário e não do seu poder de compra. A irredutibilidade *real* deve ser buscada por meio da negociação coletiva, ou do dissídio coletivo de natureza econômica.

Como bem adverte Maurício Godinho Delgado[24]:

> "Prevalece, ainda, hoje, a pacífica intepretação jurisprudencial e doutrinária de que a regra da irredutibilidade salarial restringe-se, exclusivamente, à noção do valor nominal do salário (art. 468, *caput*, CLT, combinado com art. 7º, IV, CF/88). Interpreta-se ainda hoje, portanto, que a regra não assegura apenas a garantia de percepção do mesmo patamar de salário nominal anteriormente ajustado entre as partes, sem viabilidade à sua diminuição nominal. Noutras palavras, a ordem jurídica heterônoma estatal, nesse quadro hermenêutico, teria restringido a presente proteção ao critério estritamente formal de aferição do valor do salário."

23 Art. 7º, VI, da CLT: "Irredutibilidade do salário, salvo o disposto em convenção ou acordo coletivo."

24 Curso de Direito do Trabalho. 18ª ed. São Paulo: Ltr, 2019, p. 932-933.

Não obstante, mediante negociação coletiva, o salário poderá ser reduzido em troca de outro direito concedido à classe trabalhadora.

Dispõe o art. 503, da CLT: "É lícita, em caso de força maior ou prejuízos devidamente comprovados, a redução geral dos salários dos empregados da empresa, proporcionalmente aos salários de cada um, não podendo, entretanto, ser superior a 25% (vinte e cinco por cento), respeitado, em qualquer caso, o salário mínimo da região. Parágrafo único – Cessados os efeitos decorrentes do motivo de força maior, é garantido o restabelecimento dos salários reduzidos."

Segundo entendimento já sedimentado em doutrina e jurisprudência, o artigo 503 da CLT não restou recepcionado pela Constituição Federal, pois a redução de salário somente é possível por acordo coletivo.

De outro lado, a doutrina e a jurisprudência vêm entendendo que a negociação coletiva de trabalho para a redução do salário deve vir acompanhada da redução proporcional da jornada, devendo ser mantido o valor do salário-hora.

A Lei 14.020/20, oriunda da Conversão da Medida Provisória 936/90, possibilitou a redução do salário com a consequente redução da jornada de trabalho, e a suspensão do contrato de trabalho mediante acordos individuais entre empregados e empregadores durante o estado de calamidade pública provocado pela pandemia do coronavírus.

Com efeito, dispõe o art. 7º da Lei 14.020/20:

> "Durante o estado de calamidade pública a que se refere o art. 1º desta Lei, o empregador poderá acordar a redução proporcional de jornada de trabalho e de salário de seus empregados, de forma setorial, departamental, parcial ou na totalidade dos postos de trabalho, por até 90 (noventa) dias, prorrogáveis por prazo determinado em ato do Poder Executivo, observados os seguintes requisitos: I – preservação do valor do salário-hora de trabalho; II – pactuação, conforme o disposto nos arts. 11 e 12 desta Lei, por convenção coletiva de trabalho, acordo coletivo de trabalho ou acordo individual escrito entre empregador e empregado; e III – na hipótese de pactuação por acordo individual escrito, encaminhamento da proposta de acordo ao empregado com antecedência de, no mínimo, 2 (dois) dias corridos, e redução da jornada de trabalho e do salário exclusivamente nos seguintes percentuais: a) 25% (vinte e cinco por cento); b) 50% (cinquenta por cento); c) 70% (setenta por cento). § 1º A jornada

de trabalho e o salário pago anteriormente serão restabelecidos no prazo de 2 (dois) dias corridos, contado da: I – cessação do estado de calamidade pública; II – data estabelecida como termo de encerramento do período de redução pactuado; ou III – data de comunicação do empregador que informe ao empregado sua decisão de antecipar o fim do período de redução pactuado. § 2º Durante o período de redução proporcional de jornada de trabalho e de salário, a contribuição de que tratam o art. 20 da Lei nº 8.212, de 24 de julho de 1991, e o art. 28 da Emenda Constitucional nº 103, de 12 de novembro de 2019, poderá ser complementada na forma do art. 20 desta Lei. § 3º Respeitado o limite temporal do estado de calamidade pública a que se refere o art. 1º desta Lei, o Poder Executivo poderá prorrogar o prazo máximo de redução proporcional de jornada de trabalho e de salário previsto no **caput** deste artigo, na forma do regulamento."

O Supremo Tribunal Federal, em controle concentrado de constitucionalidade (ADI 6363) indeferiu a liminar que pretendia a inconstitucionalidade do referido dispositivo, por violar o art. 7º, VI, que exige a negociação coletiva de trabalho para redução do salário. Importante destacar a seguinte passagem do voto do Relator da referida Ação, Ministro Alexandre de Moraes[25]:

> "Essa medida provisória, a meu ver, não tem como objetivo prever uma hipótese específica de redução salarial, sobre a qual incidiria, de forma única e específica o art. 7º, VII, da Constituição Federal. Não, o objetivo não foi prever hipóteses de redução salarial. O objetivo foi estabelecer mecanismos de preservação do emprego e da renda do trabalhador. Por isso é que, como vetores de interpretação, o art. 1º, o art. 3º, o *caput* do art. 6º me parecem mais importantes do que uma leitura, uma interpretação meramente literal e restrita do art. 7º, VI. E por que isso? Não se pretende aqui, nos termos do art. 7º, VI, reduzir, permanentemente, a partir de um conflito entre empregado e empregador, os salários. E essa é a ratio da norma prevista no art. 7º, VI. Quando o art. 7º, VI, estabelece que a redutibilidade salarial só é possível com acordo ou convenção coletiva, prevê a normalidade, a regra onde há uma

25 In: http://portal.stf.jus.br/processos/downloadPeca.asp?id=15345059901&ext=.pdf. Consulta em 05.10.21.

> divergência entre os interesses do empregado e dos empregadores, ou seja - e toda doutrina trabalhista e a jurisprudência trabalhista assim apontam -, a norma se aplica quando prevê a real existência de conflito coletivo de trabalho, ou seja, um conflito entre empregados e empregadores, e aí há necessidade e obrigatoriedade da participação dos sindicatos. Aqui não existe conflito. Aqui existe a necessidade de uma convergência, a convergência pela sobrevivência, a convergência pela sobrevivência da empresa, do empregador e do empregado, com o auxílio do governo. Sem o auxílio do governo e sem essa convergência de interesses de empregado e empregador, as empresas não sobreviverão a esse período de pandemia. Ou muitas, principalmente as micro, pequenas e médias empresas, não sobreviverão. Consequentemente, nós teremos um desemprego em massa."

A interpretação que prevaleceu, no nosso entendimento correta, foi no sentido de que a pandemia exigia urgência para preservação dos empregos, sendo a redução de salário com a consequente jornada, com parte da remuneração paga pelo governo (benefício emergencial), por meio de acordos individuais, era razoável e justificável diante dos efeitos drásticos provocados pela pandemia. Além disso, entendeu-se que era necessário, neste momento excepcional, adaptar o direito à realidade (realismo jurídico), pois não havia um conflito de interesses entre empregado e empregador que justificasse a pronta intervenção sindical.

6.2. Impenhorabilidade do salário

Ao contrário do CPC de 1973 que consagrava, no inciso IV do art. 649, a teoria da impenhorabilidade absoluta do salário, salvo dívida alimentar que decorria do parentesco, o CPC atual, permite a penhora de salário em algumas hipóteses.

A CLT não disciplina as hipóteses de impenhorabilidade do salário. Desse modo, por força dos arts. 769 e 889, aplica-se à execução trabalhista o art. 833, IV, do CPC.

O Código de Processo Civil de 2015, entretanto, no referido § 2º do art. 833, permite a penhora do salário para pagamento de prestação alimentícia, independentemente de sua origem, bem como as importâncias excedentes a 50 (cinquenta) salários mínimos mensais.

A expressão *prestação alimentícia, independentemente de sua origem*, pode ser interpretada como abrangente de dívida trabalhista alimentar (art. 100 da CF). Não obstante, pensamos que a jurisprudência não se inclinará nesse sentido, uma vez que a OJ n. 153 da SDI-II do C. TST: à luz do § 2º do art. 649 do CPC/73 utiliza a expressão *prestação alimentícia* como espécie e não gênero de crédito de natureza alimentícia, não englobando o crédito trabalhista. Não obstante, é positiva a abertura da possibilidade de penhora de importâncias excedentes a 50 (cinquenta) salários mínimos mensais.

Na esfera trabalhista, pensamos que o Juiz do Trabalho possa, à luz dos princípios de justiça, da razoabilidade e da proporcionalidade, considerando a natureza alimentar do crédito trabalhista, flexibilizar a interpretação do § 2º do art. 833, do CPC, e permitir a penhora de salário em valores inferiores a 50 salários mínimos, atendendo aos princípios da efetividade da execução e da não prejudicialidade do sustento do devedor.

O Tribunal Superior do Trabalho, recentemente, tem se pronunciado nesse sentido, conforme a ementa que segue:

> "**RECURSO ORDINÁRIO EM MANDADO DE SEGURANÇA. ATO IMPUGNADO PRATICADO NA VIGÊNCIA DO CÓDIGO DE PROCESSO CIVIL DE 2015. DETERMINAÇÃO DE BLOQUEIO DE VALORES RELATIVOS AOS PROVENTOS DE APOSENTADORIA PERCEBIDOS PELA SÓCIA DA EMPRESA EXECUTADA. LEGALIDADE. ART. 833, § 2º, DO CPC DE 2015. INAPLICABILIDADE DA ORIENTAÇÃO JURISPRUDENCIAL N. 153 DA SBDI-II DO TRIBUNAL SUPERIOR DO TRABALHO.** 1. Consoante disposto no art. 833, § 2º, do Código de Processo Civil de 2015, a impenhorabilidade de vencimentos, subsídios, soldos, salários, remunerações, proventos de aposentadoria, pensões, pecúlios e montepios "não se aplica à hipótese de penhora para pagamento de prestação alimentícia, independentemente de sua origem", observado o limite máximo de 50%. Cuida-se de inovação legislativa, visto que no Código de Processo Civil de 1973 somente se excepcionava a referida penhora para os casos de prestação de alimentos. Ante a alteração legislativa, houve por bem o Tribunal Pleno desta Corte superior, mediante a Resolução n. 220, de 18 de setembro de 2017, modificar a redação da Orientação Jurisprudencial n. 153 da SBDI-II para limitar a sua incidência aos atos praticados na vigência do CPC de 1973. 2. No

> caso dos autos, extrai-se das provas que o MM. Juízo da 9ª Vara do Trabalho de Salvador/BA determinou, em 30.5.2016, o bloqueio de valores relativos a 20% dos proventos de aposentadoria percebidos mensalmente pela impetrante. Constata-se, assim, que a decisão impugnada foi proferida na vigência do Código de Processo Civil de 2015 e limitou a penhora a 20% das referidas parcelas. Escorreita, daí, a decisão por meio da qual se denegou a segurança para se manter a ordem de bloqueio proferida pelo MM. Juízo da Vara do Trabalho de origem. Precedente. 3. Recurso Ordinário conhecido e não provido." (Processo: RO – 1123-14.2016.5.05.0000 – Data de Julgamento: 7.11.2017, rel. Ministro Lelio Bentes Corrêa, Subseção II Especializada em Dissídios Individuais, Data de Publicação: DEJT 10.11.2017).

Se o salário for transferido para caderneta de poupança e aplicações financeiras, pensamos que ele não estará protegido pela impenhorabilidade, uma vez que perde a sua natureza alimentar. Não obstante, dispõe o inciso X do art. 833 do CPC: "São impenhoráveis: (...) X – *a quantia depositada em caderneta de poupança, até o limite de 40 (quarenta) salários mínimos.*"

Pensamos que o inciso X, do art. 833, do CPC, não se aplica ao Processo do Trabalho, em razão do caráter alimentar do crédito trabalhista. De outro lado, o referido dispositivo mostra-se incompatível com os princípios da execução trabalhista, devendo não ser aplicável (arts. 769 e 889, da CLT).

Ainda que se entenda aplicável a impenhorabilidade do inciso X, do art. 833, do CPC, deve o Juiz do Trabalho interpretá-lo com extrema cautela, pois, muitas vezes, o dinheiro em caderneta de poupança possibilita fraudes e é uma válvula de escape para o inadimplemento do crédito trabalhista.

6.3. Intangibilidade salarial

Dispõe o art. 462 da CLT:

> "Ao empregador é vedado efetuar qualquer desconto nos salários do empregado, salvo quando este resultar de adiantamentos, de dispositivos de lei ou de contrato coletivo. § 1º – Em caso de dano causado pelo empregado, o desconto será lícito, desde de que esta possibilidade tenha sido acordada ou na ocorrência de dolo do empregado. § 2º – É vedado à empresa que mantiver armazém para

> venda de mercadorias aos empregados ou serviços estimados a proporcionar-lhes prestações "in natura" "exercer qualquer coação ou induzimento no sentido de que os empregados se utilizem do armazém ou dos serviços. § 3º – Sempre que não fôr possível o acesso dos empregados a armazéns ou serviços não mantidos pela Emprêsa, é lícito à autoridade competente determinar a adoção de medidas adequadas, visando a que as mercadorias sejam vendidas e os serviços prestados a preços razoáveis, sem intuito de lucro e sempre em benefício das empregados. § 4º – Observado o disposto neste Capítulo, é vedado às emprêsas limitar, por qualquer forma, a liberdade dos empregados de dispôr do seu salário."

O presente dispositivo, conforme já sedimentado em doutrina, consagra o chamado princípio da intangibilidade salarial, ou seja, a impossibilidade do salário ser objeto de descontos, salvo quando este resultar de adiantamentos, de dispositivos de lei ou de contrato coletivo.

Como bem adverte Maurício Godinho Delgado[26]:

> "Essa garantia da intangibilidade salarial ampliou-se a contar de 5.10.1988. De fato, a Constituição da República estipula que a retenção dolosa do salário constitui crime (art. 7º, X, CF/88). A norma insculpida na Constituição obviamente não pode merecer intepretação extensiva – como qualquer norma fixadora de ilícito ou punição. Desse modo, deve-se compreender no sentido da norma constitucional a ideia de retenção do salário *stricto sensu*. Nessa linha, excluem-se dessa noção de salário retido (para fins penais) as parcelas salariais acessórias e ainda as verbas salariais controvertidas (a controvérsia sobre o débito exclui o próprio dolo em tais casos)."

É sabido que o empregador corre os riscos da atividade econômica (artigo 2º da CLT). Também, como regra geral, os princípios da irredutibilidade e intangibilidade salariais protegem o salário contra eventuais reduções ou descontos. Não obstante, esses princípios de proteção ao salário e também o fato do empregador suportar os riscos da atividade econômica, não isentam o empregado de responder pelos danos causados ao empregador quando sua conduta for culposa (falta de um dever de

26 Curso de Direito do Trabalho. 18ª ed. São Paulo: LTr, 2019, p. 950.

cuidado), ou dolosa (intencional), restando aplicável também a regra geral do artigo 186 do CC, por força do artigo 8º da CLT.

Na hipótese de culpa, conforme o parágrafo 1º, do artigo 462, da CLT, o empregado somente responderá se tal cláusula constar expressamente de forma escrita do contrato de trabalho. De nossa parte, não basta o ajuste tácito diante das consequências que podem acarretar ao empregado, máxime em razão dos princípios de proteção ao salário, como fonte de renda do trabalhador. Quando houver dolo do empregado, torna-se desnecessária a previsão contratual.

Sob outro enfoque, quando os prejuízos causados ao empregador forem em razão da natureza da atividade, ou quando o empregado trabalhe em atividade de risco (artigo 927, § único do CC), onde há probabilidade mais acentuada de causar danos aos equipamentos de trabalho, mesmo havendo previsão contratual de desconto salarial em razão de conduta culposa do empregado, nessa hipótese, o empregador corre os riscos da atividade, isentando o empregado de tal responsabilidade.

Como bem adverte Francisco Antonio de Oliveira[27], "todavia, em ambos, no ato culposo, como no ato doloso a empresa deverá comprovar o fato. Temos para nós que não é qualquer culpa que autoriza o ressarcimento. Existem certos trabalhos em que a monotonia envolve o trabalhador, quer pelo ruído causado, quer pela luminosidade excessiva, que o descuido se transforma em consequência inarredável e, por isso, mesmo o dano que vier a ser causado em tais situações estará contido no próprio risco do empreendimento. Por isso mesmo, a culpa deverá ser grave para responsabilizar o trabalhador".

No aspecto, valem ser transcritas as seguintes ementas:

> Descontos salariais – Danos culposos – Acidente automobilístico – Reconhecimento da culpa do empregado – Autorização dos descontos – Possibilidade. O reconhecimento da culpa do empregado em acidente automobilístico envolvendo veículo da empresa que conduzia legitima o desconto salarial pelos danos que ocasionou, a fim de se assegurar o ressarcimento ao empregador, desde que tal possibilidade tenha sido previamente acordada. Inteligência do art. 462, § 1º, CLT. (TRT – 15ª R – 2ª T – RO nº

27 Comentários à CLT. 2. Ed. São Paulo: RT, 2000, p. 453.

> 2298/2004.066.15.00-4 – Rel. Luís Carlos Cândido M. S. da Silva – DJ 23.11.07 – p. 63) (RDT nº 1 – Janeiro de 2008).
>
> Descontos salariais – Princípio da alteridade. O art. 2º da CLT consagra o princípio da alteridade, no sentido de impor na esfera jurídico-trabalhista a assunção pelo empregador dos riscos econômicos inerentes à sua atividade empresarial. Esse mesmo princípio conduz à vedação de descontos nos salários dos trabalhadores, excetuadas as hipóteses preconizadas no art. 462 da CLT, ou mesmo eventualmente estabelecidas nos instrumentos normativos. Destarte, revelam-se indevidos os descontos salariais decorrentes de extravio e danos em mercadorias, quando não constatado nos autos o dolo do empregado, já que tal situação não se enquadra nas exceções estabelecidas na norma consolidada retromencionada. (TRT 3ª R – 2ª T – RO nº 1356/2007.129.03.00-9 – Rel. Sebastião Geraldo de Oliveira – DJ 18.06.08 – p. 16) (RDT nº 08 – agosto de 2008).

Dispõe a Súmula 342 do TST:

> **"DESCONTOS SALARIAIS. ART. 462 DA CLT (mantida) – Res. 121/2003, DJ 19, 20 e 21.11.2003**
>
> Descontos salariais efetuados pelo empregador, com a autorização prévia e por escrito do empregado, para ser integrado em planos de assistência odontológica, médico-hospitalar, de seguro, de previdência privada, ou de entidade cooperativa, cultural ou recreativo-associativa de seus trabalhadores, em seu benefício e de seus dependentes, não afrontam o disposto no art. 462 da CLT, salvo se ficar demonstrada a existência de coação ou de outro defeito que vicie o ato jurídico."

Diante do disposto no referido verbete sumular, caso o empregado autorize, por escrito, descontos no salário para adesão a plano de saúde, odontológico, seguro de entidade privada, ou cultural-recreativa, e não exista vício de consentimento na manifestação de vontade, são lícitos os descontos.

No entanto, deve-se avaliar se o benefício concedido ao empregado em razão do desconto salarial lhe é útil, e se tal adesão não ocorreu quando de sua contratação. De outro lado, a concessão de plano de saúde em condições muito mais favoráveis ao empregado do que no mercado de consumo fornecido pela empresa, o qual é utilizado pelo empregado e sua família, justifica o desconto, mesmo sem a anuência expressa do trabalhador, bastando, em nosso entendimento, a concordância tácita.

7. MODALIDADES DE SALÁRIO

O salário pode ser pactuado nas seguintes modalidades:

a) **unidade de tempo:** é o tradicional. Leva em consideração o número de dias trabalhados, ou o número de horas trabalhadas. É mais protetivo ao trabalhador, pois não há nenhum risco.

b) **unidade de obra:** tem por base a produção de determinada obra produzida. É aferido pelo resultado do trabalho. Não é benéfico ao trabalhador, pois este acaba assumindo parte dos riscos do negócio.

c) **tarefa:** caracteriza-se por um misto dos critérios de unidade de tempo e produção. Normalmente, é utilizado para estimular a produção.

Qualquer que seja a forma de pactuação do salário, deve-se garantir ao trabalhador o salário mínimo ou o mínimo profissional ou convencional.

8. SALÁRIO MÍNIMO

O salário mínimo é a contraprestação mínima que deve ser paga ao trabalhador em razão da prestação pessoal de serviços. É previsto em lei e nacionalmente unificado.

Dispões o art. 7º, V, da Constituição Federal:

> "Salário mínimo, fixado em lei, nacionalmente unificado, capaz de atender a suas necessidades vitais básicas e às de sua família com moradia, alimentação, educação, saúde, lazer, vestuário, higiene, transporte e previdência social, com reajustes periódicos que lhe preservem o poder aquisitivo, sendo vedada sua vinculação para qualquer fim."

O salário mínimo deve ser:

a) nacionalmente unificado;

b) é a contraprestação mínima para qualquer tipo de trabalho assalariado e regido pelas normas trabalhistas;

c) deve atender as necessidades básicas do trabalhador e de sua família;

d) deve ter reajustes periódicos;

e) sua vinculação é vedada para qualquer fim.

A jurisprudência trabalhista se firmou no sentido de que se o trabalhador cumpriu jornada inferior a 44 horas semanais e a 20 horas mensais, é possível receber salário inferior ao mínimo legal. Nesse sentido, é a OJ 358, da SDI-I do C. TST, "in verbis":

> **"SALÁRIO MÍNIMO E PISO SALARIAL PROPORCIONAL À JORNADA REDUZIDA. EMPREGADO. SERVIDOR PÚBLICO (redação alterada na sessão do Tribunal Pleno realizada em 16.02.2016) – Res. 202/2016, DEJT divulgado em 19, 22 e 23.02.2016** I – Havendo contratação para cumprimento de jornada reduzida, inferior à previsão constitucional de oito horas diárias ou quarenta e quatro semanais, é lícito o pagamento do piso salarial ou do salário mínimo proporcional ao tempo trabalhado. II – Na Administração Pública direta, autárquica e fundacional não é válida remuneração de empregado público inferior ao salário mínimo, ainda que cumpra jornada de trabalho reduzida. Precedentes do Supremo Tribunal Federal."

No mesmo sentido, o art. 58-A, da CLT, § 1º, da CLT, "o salário a ser pago aos empregados sob o regime de tempo parcial será proporcional à sua jornada, em relação aos empregados que cumprem, nas mesmas funções, tempo integral."

Como já nos pronunciamos, em que pese a jurisprudência do TST, pensamos que o salário mínimo não tem vinculação com a jornada de trabalho, uma vez que é contraprestação mínima, independentemente do número de horas trabalhadas.

Como bem adverte Maurício Godinho Delgado[28], "a Constituição de 1988 buscou meios de favorecer a garantia do valor real do salário mínimo. Assim, de um lado, vedou 'sua vinculação para qualquer fim' – proibição que objetivava evitar a utilização da figura como medida de valor, prática que historicamente sempre conspirou contra sua efetiva valorização no contexto econômico. De outro lado, a Constituição determinou a incidência sobre a parcela de 'reajustes periódicos que lhes preservem o poder aquisitivo' (art. 7º, CF/88). Por fim, determinou que fosse fixado em lei,

28 Curso de Direito do Trabalho. 18ª ed. São Paulo: Ltr, 2019, p. 940-941.

ao invés da antiga prática, anterior à CF/88, de ser fixado por intermédio de decreto do Poder Executivo."

A existência do salário mínimo nacional não impede que os Estados estabeleçam o salário mínimo estadual, ou o piso estadual, compatível com o custo de vida de determinado Estado, desde que seja superior ao mínimo nacional.

Nesse sentido dispõe o art. 1º, da LC 103/2000, "in verbis":

> "Os Estados e o Distrito Federal ficam autorizados a instituir, mediante lei de iniciativa do Poder Executivo, o piso salarial de que trata o inciso V do art. 7º da Constituição Federal para os empregados que não tenham piso salarial definido em lei federal, convenção ou acordo coletivo de trabalho. § 1º A autorização de que trata este artigo não poderá ser exercida: I – no segundo semestre do ano em que se verificar eleição para os cargos de Governador dos Estados e do Distrito Federal e de Deputados Estaduais e Distritais; II – em relação à remuneração de servidores públicos municipais. § 2º O piso salarial a que se refere o *caput* poderá ser estendido aos empregados domésticos."

9. DO SALÁRIO PROFISSIONAL

O salário mínimo profissional é a contraprestação mínima devida em razão da prestação pessoal de serviços de um trabalhador legalmente habilitado para o exercício de determinada profissão, a exemplo dos médicos (Lei 3.999/61), engenheiros (Lei 4.960-A/66), etc.

Como destaca o art. 7º, V da Constituição Federal, o piso salarial deve ser proporcional à extensão e à complexidade do trabalho.

Geralmente, o salário profissional é previsto em Lei, mas pode ser objeto, também de previsão em norma coletiva.

O piso salário mínimo profissional, conforme entendimento dominante na doutrina e jurisprudência trabalhista, pode ser fixado em salários mínimos. No aspecto, dispõe a Súmula 370 do TST, "in verbis":

> **"MÉDICO E ENGENHEIRO. JORNADA DE TRABALHO. LEIS NºS 3.999/1961 E 4.950-A/1966 (conversão das Orientações Jurisprudenciais nºs 39 e 53 da SBDI-1) – Res. 129/2005, DJ 20,**

22 e 25.04.2005 Tendo em vista que as Leis nº 3.999/1961 e 4.950-A/1966 não estipulam a jornada reduzida, mas apenas estabelecem o salário mínimo da categoria para uma jornada de 4 horas para os médicos e de 6 horas para os engenheiros, não há que se falar em horas extras, salvo as excedentes à oitava, desde que seja respeitado o salário mínimo/horário das categorias. (ex-OJs nºs 39 e 53 da SBDI-1 – inseridas, respectivamente, em 07.11.1994 e 29.04.1994)".

Nesse sentido, destaca Maurício Godinho Delgado:

> "(...)Tem prevalecido o entendimento de que a proibição à utilização do salário mínimo como medida de valor dirige-se ao campo exterior ao Direito do Trabalho, não inviabilizando seu uso como critério de preservação continua do valor real do salário efetivo do obreiro".

O Supremo Tribunal Federal, no entanto, restringiu este entendimento, conforme a Súmula Vinculante 04, "in verbis":

> "Salvo nos casos previstos na Constituição, o salário mínimo não pode ser usado como indexador de base de cálculo de vantagem de servidor público ou de empregado, nem ser substituído por decisão judicial."

Como adverte Maurício Godinho Delgado[29], "para se compatibilizar o critério salarial fixado em múltiplos de salários mínimos (acolhido pela Súmula 370 do TST) com a proibição indexadora advinda do art. 7º, IV/88 – observada a leitura mais rigorosa feita pela Súmula Vinculante n. 4 –, é necessário que o salário efetivo do empregado seja convertido em moeda real (conversão em reais), recebendo em seguida os reajustes normativos aplicáveis que despontarem. Apenas o salário contratual inicial é que poderia, dessa maneira, seguir o piso fixado em lei profissional."

10. DO SALÁRIO NORMATIVO OU CONVENCIONAL

O salário convencional é o valor mínimo previsto em norma coletiva (acordo ou convenção coletiva), para determinada em função ou funções de determinadas categoria profissional ou de empresa.

---

29 *Curso de Direito do Trabalho*. 18ª ed. São Paulo: LTr, 2019, p. 943.

Já o salário normativo é o mínimo previsto para determinada categoria profissional fixada em sentença normativa.

11. DA CORREÇÃO MONETÁRIA DO SALÁRIO

A correção monetária tem por objetivo manter o valor atualizado do crédito trabalhista. Como assevera *Mauricio Godinho Delgado*[30], "a correção monetária é efeito automático, inerente à preservação do valor real dos créditos resultantes da condenação".

Conforme a Súmula n. 211 do TST, os juros de mora e a correção monetária incluem-se na liquidação, ainda que omisso o pedido inicial ou a condenação.

O art. 39 da Lei n. 8.177/91 disciplina a correção monetária no âmbito trabalhista. Dispõe o referido dispositivo legal:

> "Os débitos trabalhistas de qualquer natureza, quando não satisfeitos pelo empregador nas épocas próprias assim definidas em lei, acordo ou convenção coletiva, sentença normativa ou cláusula contratual sofrerão juros de mora equivalentes à TRD acumulada no período compreendido entre a data de vencimento da obrigação e o seu efetivo pagamento. § 1º Aos débitos trabalhistas constantes de condenação pela Justiça do Trabalho ou decorrentes dos acordos feitos em reclamatória trabalhista, quando não cumpridos nas condições homologadas ou constantes do termo de conciliação, serão acrescidos, nos juros de mora previstos no *caput* juros de um por cento ao mês, contados do ajuizamento da reclamatória e aplicados *pro rata die*, ainda que não explicitados na sentença ou no termo de conciliação. § 2º Na hipótese de a data de vencimento das obrigações de que trata este artigo ser anterior a 1º de fevereiro de 1991, os juros de mora serão calculados pela composição entre a variação acumulada do BTN Fiscal no período compreendido entre a data de vencimento da obrigação e 31 de janeiro de 1991, e a TRD acumulada entre 1º de fevereiro de 1991 e seu efetivo pagamento."

A atualização do crédito trabalhista pela TR, notoriamente, não atualiza os créditos trabalhistas pelo valor real, estando muito aquém de outros índices de correção monetária, como o IPC, INPC, IPCA, dentro outros.

---

30 *Curso de direito do trabalho*. 16. ed. São Paulo: LTr, 2017. p. 969.

O Tribunal Superior do Trabalho, em decisão plenária, havia declarado a inconstitucionalidade da TR e determinado a correção dos débitos trabalhistas pelo IPCA, conforme a seguinte decisão:

> ARGUIÇÃO DE INCONSTITUCIONALIDADE. EXPRESSÃO "EQUIVALENTES À TRD" CONTIDA NO ART. 39 DA LEI N. 8.177/91. *RATIO DECIDENDI* DEFINIDA PELO SUPREMO TRIBUNAL FEDERAL. INTERPRETAÇÃO CONFORME A CONSTITUIÇÃO. DECLARAÇÃO DE INCONSTITUCIONALIDADE POR ARRASTAMENTO, POR ATRAÇÃO, CONSEQUÊNCIA, DECORRENTE OU REVERBERAÇÃO NORMATIVA. INTERPETAÇÃO CONFORME A CONSTITUIÇÃO. MODULAÇÃO DE EFEITOS AUTORIZADA PELA INTEGRAÇÃO ANALÓGICA PREVISTA NO ART. 896-C,M § 17, DA CLT, INTRODUZIDO PELA LEI N. 13.015/2014. RESPEITO AO ATO JURÍDICO PERFEITO. Na decisão proferida pelo Supremo Tribunal Federal nas ADIs ns. 4.357, 4.372, 4.400 e 4.425, foi declarada inconstitucional a expressão "índice oficial da remuneração básica da caderneta de poupança", constante do § 12 do art. 100 da Constituição Federal. Mais recentemente e na mesma linha, desta feita por meio da decisão proferida nos autos da Ação Cautelar n. 3764 MC/DF, em 24.3.2015, o entendimento foi reafirmado pela Suprema Corte, e fulminou a aplicação da TR como índice de correção monetária. A ratio decidendi desses julgamentos pode ser assim resumida: a atualização monetária incidente sobre obrigações expressas em pecúnia constitui direito subjetivo do credor e deve refletir a exata recomposição do poder aquisitivo decorrente da inflação do período em que apurado, sob pena de violar o direito fundamental de propriedade, protegido no art. 5º, XXII, a coisa julgada (art. 5º, XXXVI), a isonomia (art. 5º, *caput*), o princípio da separação dos Poderes (art. 2º) e o postulado da proporcionalidade, além da eficácia e efetividade do título judicial, a vedação ao enriquecimento ilícito do devedor. Diante desse panorama, inevitável reconhecer que a expressão "equivalentes à TRD", contida no art. 39 da Lei n. 8.177/91, também é inconstitucional, pois impede que se restabeleça o direito à recomposição integral do crédito reconhecido pela sentença transitada em julgado. O reparo, portanto, dessa iníqua situação se impõe e com urgência, na medida em que, ao permanecer essa regra, a cada dia o trabalhador amargará perdas crescentes resultantes da utilização de índice de

atualização monetária do seu crédito que não reflete a variação da taxa inflacionária. A solução para a questão emana do próprio Supremo Tribunal Federal e recai sobre a declaração de Inconstitucionalidade por Arrastamento (ou por Atração, Consequência, Decorrente, Reverberação Normativa), caracterizada quando a declaração de inconstitucionalidade de uma norma impugnada se estende aos dispositivos normativos que apresentam com ela relação de conexão ou de interdependência. A técnica já foi utilizada pela Corte Maior, em inúmeros casos e, especificamente na discussão em exame, em relação à regra contida no art. 1º-F da Lei n. 9.494/97, a partir do reconhecimento de que os fundamentos da *ratio decidendi* principal também se encontravam presentes para proclamar o mesmo "atentado constitucional" em relação a este dispositivo que, na essência, continha o mesmo vício. A consequência da declaração da inconstitucionalidade pretendida poderá acarretar, por sua vez, novo debate jurídico, consistente em definir o índice a ser aplicável e, também, o efeito repristinatório de distintas normas jurídicas, considerando haverem sido diversas as leis que, ao longo da história, regularam o tema. Porém, a simples declaração de que as normas anteriores seriam restabelecidas, de pronto, com a retirada do mundo jurídico da lei inconstitucional, ainda que possível, não permitiria encontrar a solução, diante da extinção da unidade de referência de cuja variação do valor nominal se obtinha a definição do fator de reajuste, além de, de igual modo, haver sido assegurado no comando do STF a indicação do índice que reflete a variação plena da inflação. Nessa mesma linha de argumentação e como solução que atenda à vontade do legislador e evite a caracterização do "vazio normativo", pode ser adotada a técnica de interpretação conforme a Constituição para o texto remanescente do dispositivo impugnado, que mantém o direito à atualização monetária dos créditos trabalhistas. Pretende-se, pois, expungir do texto legal a expressão que atenta contra a Constituição e, uma vez mantida a regra que define direito à atualização monetária (o restante do art. 39), interpretá-la em consonância com as diretrizes fixadas na Carta, para assegurar o direito à incidência do índice que reflita a variação integral da "corrosão inflacionária", dentre os diversos existentes (IPC, IGP, IGP-M, ICV, INPC e IPCA, por exemplo), acolhendo-se o IPCA-E, tal como definido pela Corte Maior. Mas isso também não basta. Definido o novo índice de correção, consentâneo com os princípios

> constitucionais que levaram à declaração de inconstitucionalidade do parâmetro anterior, ainda será necessária a modulação dos efeitos dessa decisão, autorizada esta Corte por integração analógica do art. 896-C, § 17, da CLT, introduzido pela Lei n. 13.015/2014, a fim de que se preservem as situações jurídicas consolidadas resultantes dos pagamentos efetuados nos processos judiciais em virtude dos quais foi adimplida a obrigação, sobretudo em decorrência da proteção ao ato jurídico perfeito, resguardado desde o artigo 5º, XXXVI, da Constituição, até o artigo 6º da Lei de Introdução ao Direito Brasileiro – LIDB. Em conclusão: declara-se a inconstitucionalidade por arrastamento da expressão "equivalentes à TRD", contida no *caput* do art. 39 da Lei n. 8.177/91; adota-se a técnica de interpretação conforme a Constituição para o texto remanescente do dispositivo impugnado, a preservar o direito à atualização monetária dos créditos trabalhistas; define-se a variação do Índice de Preços ao Consumidor Amplo Especial (IPCA-E) como fator de atualização a ser utilizado na tabela de atualização monetária dos débitos trabalhistas na Justiça do Trabalho; e atribui-se efeito modulatório à decisão, que deverá prevalecer a partir de 30 de junho de 2009 (data de vigência da Lei n. 11.960/2009, que acresceu o art. 1º-F à Lei n. 9.494/1997, declarado inconstitucional pelo STF, com o registro de que essa data corresponde à adotada no Ato de 16.4.2015, da Presidência deste Tribunal, que alterou o ATO.TST.GDGSET.GP.N. 188, de 22/4/2010, publicado no BI n. 16, de 23.4.2010, que estabelece critérios para o reconhecimento administrativo, apuração de valores e pagamento de dívidas de exercícios anteriores — passivos — a magistrados e servidores do Tribunal Superior do Trabalho), observada, porém, a preservação das situações jurídicas consolidadas resultantes dos pagamentos efetuados nos processos judiciais em virtude dos quais foi adimplida a obrigação, em respeito à proteção ao ato jurídico perfeito, também protegido constitucionalmente (art. 5º, XXXVI). (TST – Processo: ArgInc – 479-60.2011.5.04.0231 Data de Julgamento: 4.8.2015, rel. Ministro Cláudio Mascarenhas Brandão, Tribunal Pleno, Data de Publicação: DEJT 14.8.2015)

A Lei n. 13.467/17 acrescentou o § 7º ao art. 879, da CLT, buscando frear a tendência da jurisprudência trabalhista em aplicar outros índices mais efetivos de atualização dos créditos trabalhistas.

O fato da reforma trabalhista (Lei n. 13467/17) ter trazido para o corpo da CLT o índice de correção monetária, não alterou a discussão sobre a Constitucionalidade da TR como fator de correção dos créditos trabalhista.

O § 7º, do art. 879, da CLT, ao determinar a atualização monetária pela TR, contraria de forma injusta o crescente entendimento jurisprudencial, inclusive do TST em aplicar outros índices que atualizam de forma mais adequada os créditos trabalhistas, como o IPCA.

O Supremo Tribunal Federal, em decisão proferida nas ADCs 58 e 59, finalmente resolveu a questão da constitucionalidade da taxa TR como fator de atualização dos créditos trabalhista, conforme a ementa que segue:

> Ações diretas de inconstitucionalidade e ações declaratórias de constitucionalidade. 2. Art. 879, §7º, e art. 899, §4º, da CLT, na redação dada pela Lei 13. 467, de 2017. Art. 39, *caput* e §1º, da Lei 8.177 de 1991. 3. Constitucionalidade dos índices de correção dos depósitos recursais e dos débitos trabalhistas na justiça do trabalho. 4. Política de correção monetária e tabelamento de juros. Institucionalização da Taxa Referencial – TR como política de desindexação da economia. Combate histórico a processos inflacionários. Risco de constitucionalização de normas financeiras e do sistema monetário nacional. 5. TR como índice de correção monetária. Inconstitucionalidade. Precedentes do STF. 6. Apelo ao legislador. Aplicação, até que sobrevenha solução legislativa, dos mesmos índices de correção monetária e de juros vigentes para as hipóteses de condenações cíveis em geral: IPCA-E na fase pré-judicial e SELIC a partir da citação. 7. Ações diretas de inconstitucionalidade e ações declaratórias de constitucionalidade julgadas parcialmente procedentes, para conferir interpretação conforme à Constituição ao art. 879, §7º, e ao art. 899, §4º, da CLT, na redação dada pela Lei 13.467, de 2017. 8. Modulação de efeitos. (STF Pleno ADC 59 Rel. Min Gilmar Mendes. DJe: 07/04/2021).

Diante da decisão do STF:

a) ficou disciplinado o índice de correção pelo IPCA-E na fase pré-judicial (os juros de mora nesta fase continuam pela TR), ou seja, desde o vencimento da obrigação até o momento imediatamente interior ao da propositura da ação trabalhista;

b) a partir da propositura do processo trabalhista, a incidência da taxa SELIC, conforme o art. 406 do Código Civil, “in verbis”:

> "Quando os juros moratórios não forem convencionados, ou o forem sem taxa estipulada, ou quando provierem de determinação da lei, serão fixados segundo a taxa que estiver em vigor para a mora do pagamento de impostos devidos à Fazenda Nacional."

Conforme entendimento já pacificado junto ao STJ, a Taxa Selic, engloba tanto os juros de mora como a correção monetária. Nesse sentido, destaca-se a seguinte ementa:

> EMBARGOS DE DECLARAÇÃO. SUBSCRIÇÃO DE AÇÕES. BRASIL TELECOM. CONVERSÃO DE OBRIGAÇÃO DE FAZER EM PERDAS E DANOS. JUROS MORATÓRIOS DESDE A CITAÇÃO. SELIC. PRECEDENTE DA CORTE ESPECIAL. NOVA CORREÇÃO MONETÁRIA A PARTIR DA CONVERSÃO. IMPOSSIBILIDADE. EMBARGOS PARCIALMENTE ACOLHIDOS. 1. Em relação ao mérito, a Segunda Seção decidiu que não sendo possível a entrega das ações, seja em relação à telefonia fixa, seja em referência à telefonia móvel, uma forma de se resolver o problema é estabelecer-se que o valor da indenização será o resultado do produto da quantidade de ações multiplicado pela sua cotação na Bolsa de Valores, exatamente do dia do trânsito em julgado da demanda, ou seja, o valor da ação na Bolsa de Valores no dia em que o acionista passou a ter o direito irrecorrível de comercializá-las ou aliená-las. 2. Nesse ponto, a ciência por parte do devedor em relação ao valor da cobrança - no caso concreto, aquele decorrente da conversão da obrigação de entregar ações em indenização pecuniária - não é relevante para determinar o termo inicial de fluência dos juros moratórios, os quais devem correr tão logo seja verificado o marco legal de constituição do devedor em mora, por força de expressa previsão legal. A impossibilidade inicial de cumprir obrigação posteriormente reconhecida em sentença, seja pela iliquidez, seja por ausência de parâmetros seguros acerca do valor devido, não pode ser óbice à fluência dos juros moratórios, muito embora essa perplexidade não seja nova na doutrina e na jurisprudência. Precedentes. Incidência das Súmulas n. 163 e n. 254 do Supremo Tribunal Federal. Assim, os juros moratórios contam-se desde a citação, incidindo no valor apurado para a indenização. 3. A taxa de juros moratórios a que se refere o art. 406 do Código Civil de 2002, segundo precedente da Corte Especial (EREsp 727842/SP, Rel. Ministro TEORI ALBINO ZAVASCKI, CORTE ESPECIAL, julgado em 08/09/2008), é a SELIC, não sendo possível cumulá-la

com correção monetária, porquanto já embutida em sua formação. 4. Embargos de declaração parcialmente acolhidos para determinar a atualização do valor exclusivamente pela SELIC (desde a citação até o efetivo pagamento) e afastar a incidência de nova correção monetária a partir da conversão da obrigação em indenização. (STJ. EDcl no REsp 1025298/RS, Rel. Ministro MASSAMI UYEDA, Rel. p/ Acórdão Ministro LUIS FELIPE SALOMÃO, SEGUNDA SEÇÃO, julgado em 28/11/2012, DJe 01/02/2013).

Desse modo, a partir da propositura da demanda, o crédito trabalhista será corrigido pela taxa Selic (correção monetária e juros), ficando, com isso, sem efeito o disposto no art. 883, da CLT[31], quanto aos juros a partir da propositura da ação, no montante de 1% ao mês;

c) Houve modulação dos efeitos da decisão da decisão STF, nos seguintes termos: "Por maioria de votos, o Tribunal modulou os efeitos da decisão para determinar que todos os pagamentos realizados em tempo e modo oportunos mediante a aplicação da TR, do IPCA-E ou de qualquer outro índice deverão ser reputados válidos e não ensejarão qualquer rediscussão. Por outro lado, aos processos em curso que estejam sobrestados na fase de conhecimento, independentemente de haver sentença, deverão ser aplicados, de forma retroativa, a taxa Selic, juros e correção monetária."

12. DO *TRUCK SYSTEM*

Conforme Luiz Eduardo Günther[32], "a expressão *truck system* originária da Inglaterra, significa o pagamento dos salários integralmente por meio de utilidades e também por intermédio de papéis com aceitação restrita na localidade do trabalho (...)A Convenção n. 95 da OIT, vigente no Brasil, estabelece que o salário deve ser pago em moeda de curso legal. Proíbe assim, o pagamento do salário sob a forma de bônus, cupons ou

31 Art. 883, da CLT: "Não pagando o executado, nem garantindo a execução, seguir-se-á penhora dos bens, tantos quantos bastem ao pagamento da importância da condenação, acrescida de custas e juros de mora, sendo estes, em qualquer caso, devidos a partir da data em que for ajuizada a reclamação inicial".

32 In: Dicionário Brasileiro de Direito do Trabalho. Academia Brasileira de Direito do Trabalho. São Paulo: LTr, 2013, p. 474.

outra forma que se suponha representar a moeda de curso legal. Segundo esse tratado, os salários devem ser pagos diretamente ao trabalhador. A Convenção protege a liberdade do trabalhador de dispor livremente do seu salário, sem que se exerça qualquer coação para que ele utilize os armazéns da empresa."

Segundo a doutrina, da legislação brasileira proteger a prática do *truck system*, no art. 462, nos §§ 2º, 3º e 4º, da CLT, "in verbis":

> § 2º: "É vedado à empresa que mantiver armazém para venda de mercadorias aos empregados ou serviços estimados a proporcionar-lhes prestações "in natura" "exercer qualquer coação ou induzimento no sentido de que os empregados se utilizem do armazém ou dos serviços."
>
> § 3º: Sempre que não for possível o acesso dos empregados a armazéns ou serviços não mantidos pela Emprêsa, é lícito à autoridade competente determinar a adoção de medidas adequadas, visando a que as mercadorias sejam vendidas e os serviços prestados a preços razoáveis, sem intuito de lucro e sempre em benefício dos empregados.
>
> § 4º: Observado o disposto neste Capítulo, é vedado às emprêsas limitar, por qualquer forma, a liberdade dos empregados de dispôr do seu salário."

A CLT, no art. 463, determina que a prestação, em espécie, do salário será paga em moeda corrente do País. Parágrafo único – O pagamento do salário realizado com inobservância deste artigo considera-se como não feito.

13. PERIODICIDADE DE PAGAMENTO DO SALÁRIO

O salário não pode ser pago em lapso de tempo superior a um mês da prestação de serviço. Como regra, deve ser pago até o quinto dia útil do mês subsequente ao da prestação pessoal de serviços.

Dispõe o art. 459 da CLT:

> "O pagamento do salário, qualquer que seja a modalidade do trabalho, não deve ser estipulado por período superior a um mês, salvo o que concerne a comissões, percentagens e gratificações. Parágrafo único. Quando o pagamento houver sido estipulado

> por mês, deverá ser efetuado, o mais tardar, até o quinto dia útil do mês subsequente ao vencido."

Diante do referido dispositivo legal, a lei concede um favor legal ao empregador para pagamento do salário até o quinto dia útil do mês subsequente ao vencido. Entretanto, o salário pode ser pago diariamente, quinzenalmente, no próprio mês da prestação, etc. Se a data limite for ultrapassada, a correção monetária incide a partir do primeiro dia do mês subsequente ao trabalhado. Se o salário for pago no próprio mês (condição mais benéfica) a correção monetária incide a partir do próprio mês trabalhado. Nesse sentido, dispõe a Súmula 381 do TST, "in verbis":

> CORREÇÃO MONETÁRIA. SALÁRIO. ART. 459 DA CLT (conversão da Orientação Jurisprudencial nº 124 da SBDI-1) - Res. 129/2005, DJ 20, 22 e 25.04.2005 O pagamento dos salários até o 5º dia útil do mês subseqüente ao vencido não está sujeito à correção monetária. Se essa data limite for ultrapassada, incidirá o índice da correção monetária do mês subseqüente ao da prestação dos serviços, a partir do dia 1º. (ex-OJ nº 124 da SBDI-1 - inserida em 20.04.1998).

14. NÃO DISCRIMINAÇÃO SALARIAL

Segundo Firmino Alves Lima[33]:

> "Há discriminação nas relações de trabalho quando um ato ou comportamento do empregador, ocorrido, antes, durante e depois da relação de trabalho, implica uma distinção, exclusão, restrição ou preferência, baseado em uma característica pessoal ou social, sem motivo razoável ou justificável, que tenha por resultado a quebra do igual tratamento e a destruição, o comprometimento, o impedimento, o reconhecimento ou o usufruto de direitos e vantagens trabalhistas assegurados, bem como direitos fundamentais de qualquer natureza, ainda que não vinculados ou integrantes da relação de trabalho."

Quanto ao salário, a CLT destaca o princípio da não discriminação dos salários nos arts. 5º e 461, da CLT, "in verbis":

33 *Mecanismos antidiscriminatórios nas relações de trabalho*. São Paulo: LTr, 2006. p. 135.

> Art. 5º: "A todo trabalho de igual valor corresponderá salário igual, sem distinção de sexo."
>
> Art. 461, "*caput*", da CLT: "Sendo idêntica a função, a todo trabalho de igual valor, prestado ao mesmo empregador, no mesmo estabelecimento empresarial, corresponderá igual salário, sem distinção de sexo, etnia, nacionalidade ou idade."

15. FORMALIDADES DE PAGAMENTO

A Consolidação das Leis do Trabalho disciplina formalidades do pagamento do salário como medidas protetivas, a fim de que o empregado, efetivamente receba o valor devido, sem entraves, e o empregador tenha segurança na realização do pagamento.

Dispõe o art. 463, da CLT: "A prestação, em espécie, do salário será paga em moeda corrente do País. Parágrafo único. O pagamento do salário realizado com inobservância deste artigo considera-se como não feito."

Se o contrato de trabalho fora firmado em outro país, ou teve por base o salário em moeda estrangeira, se o trabalho é realizado no Brasil, a moeda deve ser convertida para a corrente no Brasil.

No aspecto, destaca-se a seguinte ementa:

> Contrato de trabalho – Legislação aplicada – Remuneração em moeda estrangeira. 1. Se o contrato de trabalho foi firmado em território brasileiro, e aqui executado, não tendo as partes ajustado cláusula extraordinária ou especial em sentido contrário, a legislação a ser aplicada é a nacional. 2. A fixação da remuneração em moeda estrangeira não é o bastante para afastar a aplicação da lei nacional, já que o contrário não restou expressamente pactuado entre as partes. O disposto no artigo 463, CLT, e em especial no seu parágrafo único, encerra uma garantia ao empregado, não servindo tal dispositivo para invalidar o pagamento feito, se isso não for evocado pelo empregado, tampouco serve para afastar a aplicação da lei brasileira ao contrato havido. Recurso a que se nega provimento. (TRT 10ª R – 2ª T – RO nº 306/2003.010.10.00-0 – Rel. José Leone C. Leite – DJDF 1º.10.04 – p. 38) (RDT nº 11 Novembro de 2004).

Conforme o art. 464, da CLT, o pagamento do salário deverá ser efetuado contra recibo, assinado pelo empregado; em se tratando de analfabeto, mediante sua impressão digital, ou, não sendo esta possível, a seu rogo. Parágrafo único. Terá força de recibo o comprovante de depósito em conta bancária, aberta para esse fim em nome de cada empregado, com o consentimento deste, em estabelecimento de crédito próximo ao local de trabalho.

Como bem adverte Homero Batista Mateus da Silva[34], "o direito do trabalho, como visto, admite o contrato verbal, mas não admite o pagamento verbal."

Conforme o artigo 320 do Código Civil, a quitação deve se dar por escrito, e mencionar a parcela e o valor pago. Ao exigir recibo assinado pelo empregado, a CLT apresenta regra protetiva ao trabalhador, considerando o caráter alimentar do salário. Se o trabalhador for analfabeto, aporá sua impressão digital no recibo, ou se não puder fazê-lo, testemunhas poderão atestar o pagamento, assinando o recibo.

O parágrafo único do artigo 464, da CLT atribui ao comprovante de depósito bancário do salário depositado na conta corrente do empregado, força de recibo, desde que seja identificado em nome do trabalhador, bem como o valor.

Diante do avanço tecnológico e de todas as vicissitudes do porte de dinheiro, o depósito bancário tem sido a melhor forma do pagamento do salário.

Não havendo recibo de pagamento do salário, há presunção de que não houve o pagamento. Parte significativa da jurisprudência não tem admitido a prova do salário por outro meio que não seja o recibo assinado pelo trabalhador. Não obstante, a clareza do artigo 464, da CLT, a interpretação não pode ser literal, considerando o princípio da primazia da realidade que norteia do Direito do Trabalho. Desse modo, entendemos que a prova do salário possa ser suprida por confissão do próprio trabalhador, ou, em alguns casos, por prova testemunhal robusta do pagamento. Se o empregado pode provar com testemunhas que não recebeu o salário, mesmo havendo recibo assinado, ao empregador também deve ser dado o direito de produzir prova do pagamento do salário quando não há recibo assinado.

Nesse sentido é a posição de Eduardo Gabriel Saad[35]: "o recibo não é da essência do ato. Entendemos que não está sujeito à repetição o empregador

34 CLT Comentada. 2. ed. São Paulo: RT, 2018, p. 466.

35 *Comentários à CLT*. 40ª Ed. São Paulo: LTr, 2007, p. 503.

que provar o pagamento do salário por meio de lançamento contábil, de cheque ou de prova testemunhal. Os repertórios de jurisprudência trabalhista registram numerosos decisórios a favor desse ponto de vista."

Para o doméstico, a jurisprudência tem flexibilizado a exigência do recibo para permitir a prova do salário por todos os meios admitidos em direito, em razão do trabalhador doméstico trabalhar no ambiente familiar, sendo mais acentuado o laço de confiança entre empregado e empregador doméstico.

Admite-se o pagamento em cheque, embora em desuso, desde que o numerário esteja à disposição do empregado e que ele possa descontá-lo durante o horário de expediente bancário.

Dispõe o art. 465, da CLT, "o pagamento dos salários será efetuado em dia útil e no local do trabalho, dentro do horário do serviço ou imediatamente após o encerramento deste, salvo quando efetuado por depósito em conta bancária, observado o disposto no artigo anterior."

Se o pagamento do salário, for realizado em dinheiro, ele deve ser pago em dia útil, dentro do horário de trabalho, salvo depósito em conta bancária. O objetivo da lei é facilitar o recebimento ao empregado.

16. DA EQUIPARAÇÃO SALARIAL

A Constituição Federal veda qualquer forma de discriminação entre trabalhadores e trabalhadoras (arts. 3º, IV e art. 7º, XXX). Desse modo, não pode haver distinção salarial entre trabalhadores que estão na mesma condição jurídica.

Na Consolidação das Leis do Trabalho, a questão a isonomia salarial ou do chamado direito à equiparação salarial, está disciplinado nos arts. 5º e 461, da CLT, como forma de implementar o princípio da isonomia e proibir a discriminação. Dispõem os referidos dispositivos legais:

> Art. 5º, da CLT, da CLT: "A todo trabalho de igual valor corresponderá salário igual, sem distinção de sexo."
>
> Art. 461, da CLT. "Sendo idêntica a função, a todo trabalho de igual valor, prestado ao mesmo empregador, no mesmo estabelecimento empresarial, corresponderá igual salário, sem distinção de sexo, etnia, nacionalidade ou idade. (Redação dada pela Lei nº 13.467, de 2017) § 1º Trabalho de igual valor, para os fins deste Capítulo, será o que for feito com igual produtividade e

com a mesma perfeição técnica, entre pessoas cuja diferença de tempo de serviço para o mesmo empregador não seja superior a quatro anos e a diferença de tempo na função não seja superior a dois anos. (Redação dada pela Lei nº 13.467, de 2017) § 2º Os dispositivos deste artigo não prevalecerão quando o empregador tiver pessoal organizado em quadro de carreira ou adotar, por meio de norma interna da empresa ou de negociação coletiva, plano de cargos e salários, dispensada qualquer forma de homologação ou registro em órgão público. (Redação dada pela Lei nº 13.467, de 2017) § 3º No caso do § 2º deste artigo, as promoções poderão ser feitas por merecimento e por antiguidade, ou por apenas um destes critérios, dentro de cada categoria profissional. (Redação dada pela Lei nº 13.467, de 2017) § 4º – O trabalhador readaptado em nova função por motivo de deficiência física ou mental atestada pelo órgão competente da Previdência Social não servirá de paradigma para fins de equiparação salarial. (Incluído pela Lei nº 5.798, de 31.8.1972) § 5º A equiparação salarial só será possível entre empregados contemporâneos no cargo ou na função, ficando vedada a indicação de paradigmas remotos, ainda que o paradigma contemporâneo tenha obtido a vantagem em ação judicial própria. (Incluído pela Lei nº 13.467, de 2017) § 6º No caso de comprovada discriminação por motivo de sexo ou etnia, o juízo determinará, além do pagamento das diferenças salariais devidas, multa, em favor do empregado discriminado, no valor de 50% (cinquenta por cento) do limite máximo dos benefícios do Regime Geral de Previdência Social." (Incluído pela Lei nº 13.467, de 2017)

Na definição de Maurício Godinho Delgado[36], "equiparação salarial é a figura jurídica mediante a qual se assegura ao trabalhador idêntico salário ao do colega perante o qual tenha exercido, simultaneamente, função idêntica, na mesma localidade, para o mesmo empregador."

Para que exista o direito à equiparação salarial entre dois empregados, o que pretende a equiparação também denominado *equiparando* ou *paragonado*, e o empregado ao qual se pretende a equiparação também chamado de *paradigma*, *espelho* ou *modelo*, há necessidade da presença simultânea dos presentes requisitos:

36 Curso de Direito do Trabalho. 18ª ed. São Paulo: LTr, 2019, p. 979.

a) **mesmo empregador:** Há necessidade que dois empregados trabalhem para o mesmo empregador. Discute-se se há possibilidade de equiparação em se tratando de empregados que trabalham para empresas distintas, mas pertencentes ao mesmo grupo econômico. Conforme já nos pronunciamos, por ser o grupo econômico empregador único (Súmula 129 do TST), sendo a empresa que efetua o registro, apenas o empregador aparente, pensamos ser possível a equiparação salarial, caso presentes os demais requisitos[37];

b) **mesma localidade:** a CLT, com a redação dada pela Lei 13.467/17, no art. 461, utiliza a expressão: *mesmo estabelecimento empresarial*, o que restringe o conceito de mesma localidade ao mesmo estabelecimento. A jurisprudência anterior, havia firmado entendimento no sentido de que mesmo estabelecimento se referia ao mesmo Município, ou à mesma Região Metropolitana, onde o custo de vista é equiparado. Nesse sentido, o inciso X, da Súmula 06 do TST, "in verbis":

> "O conceito de 'mesma localidade' de que trata o art. 461 da CLT refere-se, em princípio, ao mesmo município, ou a municípios distintos que, comprovadamente, pertençam à mesma região metropolitana."

Diante da alteração legislativa, levada a efeito pela Lei 13.467/17, o conceito de *mesma localidade* ficou restrito ao mesmo estabelecimento. Desse modo, para o direito à equiparação salarial, dois empregados devem prestar serviços no mesmo espaço físico (estabelecimento), embora possam trabalhar em setores diferentes. No entanto, se dois empregados trabalham para o mesmo empregador, na mesma função, na mesma cidade, onde as condições de vida são idênticas, pensamos ser possível a equiparação, a fim de dar efetividade dos princípios constitucionais da isonomia e não discriminação;

---

37 Há, no entanto, entendimentos na doutrina e jurisprudência que sustentam a inviabilidade de equiparação salarial entre empregados de empresas diferentes pertencentes ao mesmo grupo econômico, argumentando que a Lei 13.4676/17, apenas fixou a solidariedade passiva entre as empresas do grupo, mantendo-se a autonomia de cada empresa.

c) **identidade de funções:** as funções entre dois empregados devem ser idênticas, não basta a similitude. Independentemente da nomenclatura do cargo, as tarefas realizadas dentro da função devem ser idênticas. No entanto, se dois empregados ocupam cargos de mesma nomenclatura, de nossa parte, presume-se a identidade de funções. O contrário, deve ser demonstrado por parte do empregador. No aspecto a Súmula 06, inciso III do TST, "in verbis":

> "A equiparação salarial só é possível se o empregado e o paradigma exercerem a mesma função, desempenhando as mesmas tarefas, não importando se os cargos têm, ou não, a mesma denominação".

No mesmo sentido o § 5º, do art. 461, da CLT;

Além disso, o trabalho entre dois empregados deve ser desempenhado com a mesma produtividade e perfeição técnica. Ou seja, os dois empregados devem produzir a mesma quantidade de trabalho com a mesma qualidade.

Em eventual demanda judicial, a maior produtividade e melhor perfeição técnica do paradigma é encargo probatório do empregador, por ser fato modificativo da equiparação salarial (art. 818, II, da CLT).

Como bem adverte Maurício Godinho Delgado[38], "o exercício de cargo/função de confiança não inviabiliza pleitos equiparatórios. Da mesma maneira, essa inviabilidade não ocorre em situações envolventes a trabalho qualificado ou altamente qualificado. Tais situações podem, é claro, tornar mais difícil a comprovação da identidade funcional (ou ensejar a comprovação do fato modificativo da diferença de qualidade técnica ou de produtividade no trabalho exercido). Contudo, a presença dos requisitos da figura jurídica equiparatória (sem comprovação dos fatos modificativos, impeditivos ou extintivos da equiparação), levará, inevitavelmente, à aplicação de mesma regra do art. 461 celetista nessas duas situações enfocadas."

A jurisprudência, corretamente, fixou o entendimento de ser possível a equiparação salarial entre trabalhadores que desempenham funções de natureza intelectual como professores, advogados, etc. Neste caso, equiparação deve-se pautar por critérios objetivos.

---

38 Curso de Direito do Trabalho. 18ª ed. São Paulo: LTr, 2019, p. 980.

No aspecto, dispõe a Súmula 6, inciso VII do TST, "in verbis":

> "Desde que atendidos os requisitos do art. 461 da CLT, é possível a equiparação salarial de trabalho intelectual, que pode ser avaliado por sua perfeição técnica, cuja aferição terá critérios objetivos."

Tratando-se que função que exige habilitação legal, não há possibilidade de equiparação, caso um deles não possua tal habilitação. No aspecto, dispõe a OJ 296, da SDI-I do TST, "in verbis":

> **"EQUIPARAÇÃO SALARIAL. ATENDENTE E AUXILIAR DE ENFERMAGEM. IMPOSSIBILIDADE (DJ 11.08.2003)**
> Sendo regulamentada a profissão de auxiliar de enfermagem, cujo exercício pressupõe habilitação técnica, realizada pelo Conselho Regional de Enfermagem, impossível a equiparação salarial do simples atendente com o auxiliar de enfermagem."

d) **simultaneidade no exercício da função:** para o direito à equiparação salarial, dois empregados devem desempenhar as funções de forma contemporânea, ainda que em parte do período, vale dizer: devem ter trabalhado ao mesmo tempo para o mesmo empregador. No aspecto, o inciso IV da Súmula 06 do TST, "in verbis":

> "É desnecessário que, ao tempo da reclamação sobre equiparação salarial, reclamante e paradigma estejam a serviço do estabelecimento, desde que o pedido se relacione com situação pretérita."

Como já destacado, o paradigma deve ser contemporâneo no cargo ou na função do reclamante. Não é mais possível a equiparação em cadeia, utilizando o chamado paradigma remoto (§ 5º do art. 461, da CLT). O paradigma remoto é o modelo utilizado para a equiparação em ação judicial pelo paradigma atual. Ou seja, o paradigma ao qual pretende equiparação o empregado, obteve majoração salarial com base no salário do paradigma remoto.[39]

39 Com isso, ficou superado o entendimento constante da Súmula 06, inciso VI, do TST, "in verbis": "Presentes os pressupostos do art. 461 da CLT, é irrelevante a circunstância de que o desnível salarial tenha origem em decisão judicial que beneficiou o paradigma, exceto: a) se decorrente de vantagem pessoal ou de tese jurídica superada pela jurisprudência de

Como destaca Luciano Martinez[40], "paradigmas remotos são aqueles que trabalharam em um momento do passado na empresa, sem nenhum ponto de contato temporal com o equiparando, aquele que ajuíza a ação de equiparação salarial (chamado nesse momento de empregado 'C', tal paradigma remoto (chamado aqui de empregado 'A'), pode ter sido no passado, o referencial para a aquisição da equiparação salarial em favor de algum determinado trabalhador (aqui identificado como empregado 'B'), ou seja, aquele que serve de modelo atual para o pedido de equiparação salarial (...)O novo texto legal veda que esse empregado 'B' seja paradigma do operário 'C', ainda que 'B' e 'A' tenham sido contemporâneos.(...) O novo texto legal veda que esse empregado 'B' seja empregado do paradigma do empregado 'C', ainda que 'B' e 'A' tenham sido contemporâneos. Isso evitará o fenômeno da chamada 'equiparação em cadeia' em que B conseguiu equiparações em face de A, permitindo assim que C (que não foi contemporâneo de A, mas apenas de B) consigna nova equiparação."

São requisitos elidentes da equiparação salarial:

a) **existência e quadro de carreira:** Conforme os §§ 2º e 3º do art. 461, da CLT, os dispositivos deste artigo não prevalecerão quando o empregador tiver pessoal organizado em quadro de carreira ou adotar, por meio de norma interna da empresa ou de negociação coletiva, plano de cargos e salários, dispensada qualquer forma de homologação ou registro em órgão público. O quadro de carreira deve disciplinar que as promoções poderão ser feitas por merecimento e por antiguidade, ou por apenas um destes critérios, dentro de cada categoria profissional.

   O ideal é que o quadro de carreira discipline as promoções por antiguidade e merecimento. No entanto, é possível, por norma coletiva, a fixação de quadro de carreira apenas com promoções por antiguidade, ou apenas por merecimento. No entanto, a promoção por merecimento deve disciplinar critérios objetivos de aferição.

Corte Superior; b) na hipótese de equiparação salarial em cadeia, suscitada em defesa, se o empregador produzir prova do alegado fato modificativo, impeditivo ou extintivo do direito à equiparação salarial em relação ao paradigma remoto, considerada irrelevante, para esse efeito, a existência de diferença de tempo de serviço na função superior a dois anos entre o reclamante e os empregados paradigmas componentes da cadeia equiparatória, à exceção do paradigma imediato."

40 Curso de Direito de Trabalho. 11ª ed. São Paulo: Saraiva, 2020, p. 618.

b) **tempo de serviço e tempo no exercício da função:** A Lei 13.467/17 deu nova redação ao § 1º do art. 461, da CLT para estabelecer que não será possível a equiparação se houve diferença de tempo de serviço para o mesmo empregador não seja superior a quatro anos e a diferença de tempo na função não seja superior a dois anos.

Desse modo, se houve diferença de tempo de serviços entre dois empregados da mesma empresa superior a 4 anos, não haverá direito à isonomia salarial. Além disso, cumulativamente, a diferença de tempo na função entre dois empregados da mesma empresa não pode ser superior a dois anos.

Assim, para a equiparação salarial, a diferença de tempo de serviço não pode ser superior a quatro anos e tempo de exercício na função também não pode ser superior a dois anos.

Nos processos trabalhistas em que se postula a equiparação salarial, o reclamante deve indicar um paradigma, também chamado "modelo", e deve demonstrar que realizava as mesmas funções do paradigma. Caso o reclamante não indique o paradigma, há inépcia da inicial, pois falta a causa de pedir está adequada. Não é vedado a indicação de mais de um paradigma, mas, neste caso, pensamos que devem ser individualizados períodos de trabalho distintos com cada paradigma.

Caso o reclamado admita a identidade de funções, deve demonstrar a existência dos fatos impeditivos e modificativos da equiparação salarial, quais sejam: que não trabalham no mesmo estabelecimento; maior produtividade ou perfeição técnica do paradigma, existência de quadro de carreira, tempo superior de tempo de serviço e na função do paradigma, conforme dispõe a Súmula 06, VIII do TST, "in verbis": "É do empregador o ônus da prova do fato impeditivo, modificativo ou extintivo da equiparação salarial."

Conforme o § 4º do art. 461, da CLT, o trabalhador readaptado em nova função por motivo de deficiência física ou mental atestada pelo órgão competente da Previdência Social não servirá de paradigma para fins de equiparação salarial.

Como bem adverte Luciano Martinez[41]: "isso acontece diante de situações de impossibilidade de desempenho da atividade que o empregado

41 Curso de Direito do Trabalho. 11ª ed. São Paulo: Saraiva, 2020, p. 623.

exercia na época em que se afastou em gozo de auxílio-doença ou aposentadoria por invalidez. Neste caso, sendo possível o desempenho de outra atividade que o empregado exercia na época em que se afastou em gozo de auxílio-doença ou aposentadoria por invalidez. Neste caso, sendo possível o desempenho de outra atividade, após o processo de reabilitação profissional, nos casos indicados pela perícia médica o Instituto Nacional de Seguro Social, o trabalhador pode conviver, recebendo seu salário originário, com outros empregados exercentes da função em que foi adaptado".

Segundo o § 6º do art. 461, da CLT, "no caso de comprovada discriminação por motivo de sexo ou etnia, o juízo determinará, além do pagamento das diferenças salariais devidas, multa, em favor do empregado discriminado, no valor de 50% (cinquenta por cento) do limite máximo dos benefícios do Regime Geral de Previdência Social." Trata-se de uma indenização tarifada por discriminação por motivo de sexo ou etnia. Visou o referido dispositivo reparação a violação de um direito de cidadania do trabalho no local de trabalho. Em nossa visão, a presente indenização se cumulava com eventual pedido de reparação por danos extrapatrimoniais (ou morais).

Dispõe o art. 37, XIII, da Constituição Federal:

> "A administração pública direta e indireta de qualquer dos Poderes da União, dos Estados, do Distrito Federal e dos Municípios obedecerá aos princípios de legalidade, impessoalidade, moralidade, publicidade e eficiência e, também, ao seguinte: (...)XIII – é vedada a vinculação ou equiparação de quaisquer espécies remuneratórias para o efeito de remuneração de pessoal do serviço público."

Diante do que dispões o referido dispositivo constitucional, é inviável a equiparação salarial entre empregados da Administração Pública direta ou indireta. No aspecto, dispões a OJ 297, da SDI-I do TST, "in verbis":

> **"EQUIPARAÇÃO SALARIAL. SERVIDOR PÚBLICO DA ADMINISTRAÇÃO DIRETA, AUTÁRQUICA E FUNDACIONAL. ART. 37, XIII, DA CF/1988 (DJ 11.08.2003)**
> O art. 37, inciso XIII, da CF/1988, veda a equiparação de qualquer natureza para o efeito de remuneração do pessoal do serviço público, sendo juridicamente impossível a aplicação da norma infraconstitucional prevista no art. 461 da CLT quando se pleiteia

> equiparação salarial entre servidores públicos, independentemente de terem sido contratados pela CLT."

Nos termos da Súmula Vinculante n. 37 do STF, "não cabe ao Poder Judiciário, que não tem função legislativa, aumentar vencimentos de servidores públicos sob o fundamento a isonomia."

Para a sociedade de economia mista, o Tribunal Superior do Trabalho permite a equiparação, conforme dispõe a Súmula 455 de sua jurisprudência, "in verbis":

> **"EQUIPARAÇÃO SALARIAL. SOCIEDADE DE ECONOMIA MISTA. ART. 37, XIII, DA CF/1988. POSSIBILIDADE. (conversão da Orientação Jurisprudencial nº 353 da SBDI-1 com nova redação) – Res. 194/2014, DEJT divulgado em 21, 22 e 23.05.2014**
>
> À sociedade de economia mista não se aplica a vedação à equiparação prevista no art. 37, XIII, da CF/1988, pois, ao admitir empregados sob o regime da CLT, equipara-se a empregador privado, conforme disposto no art. 173, § 1º, II, da CF/1988."

17. SALÁRIO NÃO ESTIPULADO E EQUIPARAÇÃO SALARIAL POR EQUIVALÊNCIA

A não estipulação do valor do salário, não impede a existência do vínculo de emprego, desde que presente o requisito da onerosidade. Não obstante, nesta hipótese o empregado terá direito ao salário de outro trabalhador da mesma empresa ou de outra empresa que realizar serviço equivalente ou semelhante.

Dispõe o art. 460 da CLT:

> "Na falta de estipulação do salário ou não havendo prova sobre a importância ajustada, o empregado terá direito a perceber salário igual ao daquele que, na mesma empresa, fizer serviço equivalente, ou do que for habitualmente pago para serviço semelhante."

Caso o salário seja arbitrado em juízo, deverá o magistrado trabalhista se valer de critérios de justiça e razoabilidade e fixar justo salário para a função do empregado, tomando-se por base o salário ordinariamente pago no mercado de trabalho para função equivalente ou semelhante à do reclamante (artigo 766 da CLT).

Alguns autores, sustentam que o referido art. 460 da CLT possibilita a chamada equiparação salarial por equivalência. Nesse sentido, sustenta Octavio Bueno Magano[42]:

> "Embora não contando com amplo reconhecimento doutrinário, a equiparação por equivalência constitui, sem dúvida, uma das modalidades de realização do referido direito. O seu embasamento legal é a regra constante do artigo 460 da CLT (...)Referindo-se a essa modalidade de equiparação, afirma Aluysio Sampaio que o seu pressuposto é a 'falta de estipulação do salário ou a inexistência de prova sobre a importância ajustada', chamando, ainda, a atenção para o fato de que o serviço equivalente é o prestado não no mesmo estabelecimento, porém na mesma empresa, isto é, ao mesmo empregador"'.

Não obstante, a doutrina majoritária e a jurisprudência não têm reconhecido a equiparação salarial por equivalência, argumentando que a incidência do presente dispositivo somente se dá em caso de salário não estipulado, e que a equiparação salarial fixada na CLT é por identidade (artigo 461). De nossa parte, a razão está com o professor Magano, pois, ainda que o salário já tenha sido estipulado, se o empregado mudou de função e não existe previsão salarial para a nova função, o Juiz poderá o salário, considerando uma função equivalente ou semelhante existente na empresa ou fora dela.

18. DESVIO DE FUNÇÃO

O desvio de função se caracteriza quando o empregado contratado para determinada função, passa a desempenhar outra função da empresa, compatível ou incompatível com o seu "status" funcional. Havendo desvio de função o empregado fará jus ao salário pagos para a função, efetivamente, desempenhada na empresa, proibida qualquer redução salarial (artigos 7º, VI, da CF e 462, da CLT).

---

42 Manual de Direito do Trabalho. Volume II. 2ª Edição. 3ª Tiragem. São Paulo: LTr, 1988, p. 231-232.

Nas demandas, em que postula diferenças salariais por desvio não há necessidade de indicação de paradigma, mas é necessário que na empresa exista função à qual se pretende o salário, bem como o exercício da efetiva função.

XII

PRESCRIÇÃO E DECADÊNCIA

1. DOS CONCEITOS DE PRESCRIÇÃO E DECADÊNCIA

O tempo, segundo os juristas, é *dimensão fundamental da condição humana*. Todos os seres humanos se submetem ao tempo, e o direito, como criação humana, também.

Os institutos da prescrição e decadência atuam no direito, acarretando, em razão do transcurso do tempo, a própria perda do direito ou sua exigibilidade.

Nas palavras de *Pontes de Miranda*[1], "a prescrição é a exceção, que alguém tem, contra o que não exerceu, durante certo tempo, que alguma regra jurídica fixa a sua pretensão ou ação. Serve à segurança e à paz públicas, para limite temporal à eficácia das pretensões e das ações."

O Código Civil nos traz, por meio de interpretação autêntica, o conceito de prescrição. Com efeito, dispõe o art. 189 do CC:

> "Violado o direito, nasce para o titular a pretensão, a qual se extingue pela prescrição, nos prazos a que aludem os arts. 205 e 206."

Conforme o referido dispositivo legal, o Código Civil brasileiro adota o conceito de prescrição como sendo a perda da pretensão, que é, segundo *Carnelutti*, a exigência de subordinação do interesse alheio ao interesse próprio. Estando prescrita a pretensão, não se pode exigir em juízo o direito violado, tampouco invocá-lo em defesa, pois a exceção prescreve no mesmo prazo que a pretensão, segundo o art. 190 do CC.

---

1 MIRANDA, Pontes de. *Tratado de direito privado*. v. 6. Campinas: Bookseller, 2000. p. 135.

De acordo com *Carlos Roberto Gonçalves*[2], "o novo Código Civil, evitando essa polêmica, adotou o vocábulo 'pretensão' para indicar que não se trata do direito subjetivo público abstrato de ação. E, no art. 189, enunciou que a prescrição se inicia no momento em que há violação do direito." Prossegue o autor[3]:

> "Hoje predomina o entendimento na moderna doutrina, de que a prescrição extingue a pretensão, que é a exigência de subordinação de um interesse alheio ao interesse próprio. O direito material, violado, dá origem à pretensão (CC, art. 189), que é deduzida em juízo por meio da ação. Extinta a pretensão, não há ação. Portanto, a prescrição extingue a pretensão, atingindo também a ação. O instituto que extingue somente a ação, conservando o direito material e a pretensão, que só podem ser opostos em defesa, é perempção."

A decadência consiste na perda do direito em razão da inércia de seu titular.

Como bem advertem Rodolfo Pamplona Filho e Pablo Stolze Gagliano[4] que a decadência "consiste na perda efetiva de um direito potestativo, pela falta de seu exercício, no período de tempo determinado em lei ou pela vontade das próprias partes. Sendo, literalmente, a extinção do direito é também chamada, em sentido estrito, consoante já se disse, de caducidade, não remanescendo qualquer sombra de direito em favor do titular, que não terá como exercer mais, de forma alguma, o direito caduco."

Na esfera trabalhista, destacam-se três prazos decadenciais típicos, quais sejam:

a) 30 dias para instauração do inquérito judicial para apuração de falta grave, tendo havido a prévia suspensão do empregado (arts. 494 e 853, da CLT)[5];

b) 2 anos para propor a ação rescisória, contados do trânsito em julgado da decisão[6];

---

2 GONÇALVES, Carlos Roberto. *Direito civil*. Parte Geral. v. 1. 10. ed. São Paulo: Saraiva, 2003. p. 181.

3 *Ibidem*, p. 183.

4 *Novo curso de direito processual civil*. v. 1, 4. ed. São Paulo: Saraiva, 2003. p. 480.

5 Súmula 403 do STF: "É de decadência o prazo de trinta dias para instauração do inquérito judicial a contar da suspensão, por falta grave, do empregado estável."

6 Súmula 100, I, do TST: "O prazo de decadência, na ação rescisória, conta-se do dia imediatamente subseqüente ao trânsito em julgado da última decisão proferida na causa, seja de mérito ou não. (ex-Súmula nº 100 – alterada pela Res. 109/2001, DJ 20.04.2001)."

c) 120 dias para proposição do Mandado de Segurança, contados a partir da ciência do ato de autoridade praticado com ilegalidade ou abuso de poder[7].

Segundo a melhor doutrina, podemos elencar as seguintes distinções entre decadência e prescrição:

a) a prescrição extingue a pretensão e por via oblíqua o direito, enquanto a decadência extingue o direito e por via oblíqua a pretensão;

b) o prazo decadencial pode ser fixado na lei ou pela vontade das partes (contrato), enquanto os prazos prescricionais somente são fixados em lei;

c) o prazo decadencial corre contra todos, não sendo, como regra, objeto de suspensão, interrupção ou causa impeditiva (art. 207 do CC), salvo as exceções do art. 208 do CC[8], já a prescrição pode não correr contra algumas pessoas, pode sofrer causas de impedimento, suspensão ou interrupção;

d) a prescrição, uma vez consumada, pode ser objeto de renúncia. A decadência é irrenunciável quando fixada em lei (art. 209 do CC).

A Consolidação das Leis do Trabalho, em sintonia com a Constituição Federal, dispõe sobre a prescrição em seu art. 11, "in verbis":

> "A pretensão quanto a créditos resultantes das relações de trabalho prescreve em cinco anos para os trabalhadores urbanos e rurais, até o limite de dois anos após a extinção do contrato de trabalho. I – (revogado); II – (revogado). § 1º O disposto neste artigo não se aplica às ações que tenham por objeto anotações para fins de prova junto à Previdência Social. § 2º Tratando-se de pretensão que envolva pedido de prestações sucessivas decorrente de alteração ou descumprimento do pactuado, a prescrição é total, exceto quando o direito à parcela esteja também assegurado por preceito de lei. § 3º A interrupção da prescrição somente ocorrerá pelo ajuizamento de reclamação trabalhista, mesmo que em juízo incompetente, ainda que venha a ser extinta sem resolução do mérito, produzindo efeitos apenas em relação aos pedidos idênticos."

7 Súmula 632 do STF: "É constitucional lei que fixa o prazo de decadência para a impetração de mandado de segurança."

8 Art. 208 do CC: "Aplica-se à decadência o disposto nos arts. 195 e 198, I do CC."

2. O REGRAMENTO CONSTITUCIONAL DA PRESCRIÇÃO TRABALHISTA

Diante da sua importância para o direito do trabalho, a prescrição trabalhista está prevista no art. 7º, XXIX, da Constituição, que trata dos direitos fundamentais trabalhistas, tendo a seguinte redação:

> "Ação, quanto aos créditos resultantes das relações de trabalho, com prazo prescricional de cinco anos para os trabalhadores urbanos e rurais, até o limite de dois anos após a extinção do contrato de trabalho."

O prazo prescricional é o mesmo para os trabalhadores urbanos e rurais, não havendo mais qualquer distinção. Quanto ao empregado doméstico, a LC 150/15, pacificando as discussões da doutrina e jurisprudência, em seu art. 43, igualou os prazos prescricionais do trabalhador doméstico ao regido pela CLT.

O prazo mencionado na Constituição Federal (art. 7º, XXIX) aplica-se tanto ao empregado como ao empregador quando este for ingressar com uma reclamação trabalhista em face do empregado. Nesse sentido, advertem *Irany Ferrari* e *Melchíades Rodrigues Martins*[9]:

> "Aplica-se o mesmo prazo prescricional previsto para os trabalhadores (arts. 7º, XXIX, da CF e 11, da CLT) ao empregador quando a questão em discussão envolve conflito deste com o empregado ou ex-empregado, cuja matéria tem pertinência com o contrato de trabalho. A regra vale, portanto, para ambos, empregado e empregador, mesmo porque a competência no caso é da Justiça do Trabalho."

A Constituição Federal traça dois prazos prescricionais: um após a extinção do contrato de trabalho (prescrição bienal) e outro durante o contrato de trabalho (prescrição quinquenal). Estes prazos são distintos, não obstante, uma vez extinto o contrato de trabalho, deve o trabalhador trazer sua pretensão a juízo dentro do prazo de dois anos contados da data da terminação do contrato. Caso este prazo seja observado, terá

9 *CLT:* doutrina – jurisprudência predominante e procedimentos administrativos. Introdução arts. 1º a 12. São Paulo: LTr, 2006. p. 131.

direito de postular as verbas trabalhistas dos últimos cinco anos, contados retroativamente da data da propositura da reclamação trabalhista.

Nesse sentido, dispõe a Súmula n. 308 do TST, *in verbis*:

> "PRESCRIÇÃO QUINQUENAL. I – Respeitado o biênio subsequente à cessação contratual, a prescrição da ação trabalhista concerne às pretensões imediatamente anteriores a cinco anos, contados da data do ajuizamento da reclamação e, não, às anteriores ao quinquênio da data da extinção do contrato; II – A norma constitucional que ampliou o prazo de prescrição da ação trabalhista para 5 (cinco) anos é de aplicação imediata e não atinge pretensões já alcançadas pela prescrição bienal quando da promulgação da CF/1988."

De outro lado, há entendimento minoritário no sentido de que o prazo da prescrição quinquenal deve ser contado a partir da extinção do contrato de trabalho, se proposta a reclamação trabalhista dentro do prazo de dois anos. Neste sentido, destaca-se a seguinte ementa:

> "O prazo de dois anos após a extinção do contrato de trabalho, previsto no art. 7º, item XXIX, letra *a* da CF/88, é o limite dado pelo legislador constitucional ao trabalhador urbano para propor ação em que reivindicará direitos trabalhistas até os últimos 5 anos. Portanto, não se pode incluí-lo neste lapso temporal, pois ele seria diminuído para 3, contrariando, desta forma, a vontade expressa do legislador constitucional, que foi a de conferir ao trabalhador o prazo prescricional de 5 anos para fazer valer direitos oriundos da relação de emprego. Ao intérprete não cabe limitar a eficácia das normas constitucionais de tutela ao empregado através de exegese restritiva, principalmente quando se trata de prescrição de créditos provenientes de relação de trabalho, de natureza alimentar e considerado por ela própria como valor fundamental da República Federativa (art. 5º, § 1º, item IV), base da ordem econômica (art. 170) e primado da ordem social (art. 193)." (TRT – 3ª R. – 3ª T. – RO 16.634/94 – rel. Álvares da Silva – DJMG 7.3.95 – p. 58).

Parte da doutrina sustenta que o prazo de dois anos contados da extinção do contrato de trabalho tem natureza decadencial, podendo, por isso, o Juiz do Trabalho conhecê-lo de ofício, pois o referido art. 7º,

XXIX, da CF, dispõe que o prazo de dois anos é o limite para postulação de eventuais direitos trabalhistas.

De nossa parte, o prazo de dois anos tem natureza prescricional, pois a própria Constituição assim determina. Além disso, a interpretação no sentido de ser um prazo prescricional é mais benéfica ao trabalhador. De outro lado, como os institutos da prescrição e decadência visam à extinção de direitos, a interpretação deve ser restritiva, não cabendo ao intérprete distinguir onde a lei não distingue.

Leis específicas podem criar prazos prescricionais mais benéficos que o previsto na Constituição Federal para verbas de natureza trabalhista, a exemplo do que ocorria com o FGTS, que apesar de ser considerado verba trabalhista, tinha regramento de prescrição trintenária previsto na Lei 8036/90.

No entanto, diante do entendimento fixado no STF em controle concentrado de constitucionalidade, a prescrição para o FGTS também passou a ser regida pela prescrição dos demais direitos trabalhistas. No aspecto, a questão fora uniformizada pela Súmula 362 do TST, "in verbis":

> **"FGTS. PRESCRIÇÃO (nova redação) – Res. 198/2015, republicada em razão de erro material – DEJT divulgado em 12, 15 e 16.06.2015**
>
> I – Para os casos em que a ciência da lesão ocorreu a partir de 13.11.2014, é quinquenal a prescrição do direito de reclamar contra o não-recolhimento de contribuição para o FGTS, observado o prazo de dois anos após o término do contrato;
>
> II – Para os casos em que o prazo prescricional já estava em curso em 13.11.2014, aplica-se o prazo prescricional que se consumar primeiro: trinta anos, contados do termo inicial, ou cinco anos, a partir de 13.11.2014 (STF-ARE-709212/DF)."

Conforme a Súmula 206 do TST, "a prescrição da pretensão relativa às parcelas remuneratórias alcança o respectivo recolhimento da contribuição para o FGTS." Adotou, aqui, o TST, a regra de acessório segue o principal. Desse modo, se a parcela remuneratória objeto de incidência do FGTS estiver prescrita (principal), o recolhimento do FGTS também estará prescrito.

3. DA PRESCRIÇÃO DE PARCELAS SUCESSIVAS

Dispõe o § 2º do art. 11, da CLT, com a redação dada pela Lei n. 13.467/17:

> "Tratando-se de pretensão que envolva pedido de prestações sucessivas decorrente de alteração ou descumprimento do pactuado, a prescrição é total, exceto quando o direito à parcela esteja também assegurado por preceito de lei."

Parcelas sucessivas são decorrentes do ajuste direto entre empregado e empregador, pagas com habitualidade (gratificação, prêmios, etc.), ou pagas em decorrência de mandamento legal (horas extras habituais).

A partir da alteração contratual, ou do descumprimento da obrigação, começa a fluir o prazo prescricional. Como bem adverte Gustavo Filipe Barbosa Garcia, "se o contrato estiver em vigor quando da alteração ou descumprimento do pactuado, somente corre o prazo prescricional quinquenal, nos termos do art. 7º, inciso XXIX, primeira parte, da Constituição Federal de 1988."

O § 2º do art. 11, da CLT, consagra o entendimento sedimentado na Súmula n. 294, do TST[10], que disciplina a prescrição total para a supressão de parcelas sucessivas decorrentes da alteração do pactuado, salvo se o direito estiver previsto em lei.

Em que pese a previsão legal, de nossa parte o § 2º do art. 11, da CLT, é inconstitucional, pois estabelece a fluência de prazo prescricional no curso do contrato de trabalho, em contrariedade ao disposto no art. 7º, XXIX, da Constituição Federal, e ainda viola também o próprio art. 468, da CLT que não faz distinção entre alterações decorrentes da lei ou de acordo entre as partes.

Nesse sentido, é a posição de *Jorge Luiz Souto Maior* e *Vaudete Severo*[11]:

> "Ora, se é a exigibilidade que perece, quando o juiz pronuncia a prescrição, não há que se falar em "prescrição total". Esse posicionamento equivocado do TST, como dito, já vinha sendo

---

10 **Súmula nº 294 do TST:** "*PRESCRIÇÃO. ALTERAÇÃO CONTRATUAL. TRABALHADOR URBANO (mantida) – Res. 121/2003, DJ 19, 20 e 21.11.2003* Tratando-se de ação que envolva pedido de prestações sucessivas decorrente de alteração do pactuado, a prescrição é total, exceto quando o direito à parcela esteja também assegurado por preceito de lei."

11 *O acesso à justiça sob a mira da reforma trabalhista – ou como garantir o acesso à justiça diante da reforma trabalhista*. Disponível em: <http://www.jorgesoutomaior.com/blog>. Acesso em: 28 jul. 2017.

revertido, conforme fixado expressamente na Súmula n. 409: "Não procede ação rescisória calcada em violação do art. 7º, XXIX, da CF/1988 quando a questão envolve discussão sobre a espécie de prazo prescricional aplicável aos créditos trabalhistas, se total ou parcial, porque a matéria tem índole infraconstitucional, construída, na Justiça do Trabalho, no plano jurisprudencial. A prescrição poderá incidir apenas sobre as parcelas que se tornaram exigíveis há mais de cinco anos da data da propositura da demanda. Compreender de forma diversa seria corromper o próprio conceito de prescrição."

O Tribunal Superior do Trabalho entende ser total a prescrição decorrente de parcelas sucessivas nas seguintes hipóteses:

Orientação Jurisprudencial 76, da SDI-I do TST: "A alteração contratual consubstanciada na substituição dos avanços trienais por qüinqüênios decorre de ato único do empregador, momento em que começa a fluir o prazo fatal de prescrição".

Orientação Jurisprudencial 242, da SDI-I do TST: "Embora haja previsão legal para o direito à hora extra, inexiste previsão para a incorporação ao salário do respectivo adicional, razão pela qual deve incidir a prescrição total."

Orientação Jurisprudencial 243: "Aplicável a prescrição total sobre o direito de reclamar diferenças salariais resultantes de planos econômicos."

A jurisprudência do Tribunal Superior do Trabalho destaca ser parcial a prescrição diante de parcelas sucessivas, nas seguintes hipóteses:

Súmula 6, IX do TST: "Na ação de equiparação salarial, a prescrição é parcial e só alcança as diferenças salariais vencidas no período de 5 (cinco) anos que precedeu o ajuizamento."

Súmula 373 do TST: "Tratando-se de pedido de diferença de gratificação semestral que teve seu valor congelado, a prescrição aplicável é a parcial.

Súmula 452 do TST: "tratando-se de pedido de pagamento de diferenças salariais decorrentes da inobservância dos critérios de promoção estabelecidos em Plano de Cargos e Salários criado pela empresa, a prescrição aplicável é a parcial, pois a lesão é sucessiva e se renova mês a mês."

3.1. Complementação de Aposentadoria

Complementação de aposentadoria é benefício de natureza contratual, que se assemelha ao benefício previdenciário da aposentadoria, pago pelo empregador, após a aposentadoria do empregado, consistente na diferença entre o valor pago de aposentadoria pela Previdência social e o salário que o empregado recebia na ativa. O benefício é custeado mensalmente pelo empregado com parte de seu salário.

Segundo a jurisprudência do TST, se há controvérsia de ser devida ou não a complementação de aposentadoria, vale dizer: o direito é controvertido, a prescrição é total e incide a partir da extinção do contrato de trabalho, que é o momento em que o direito passa a ser exigível. No aspecto, dispõe a Súmula 326 do TST, "in verbis":

> **"COMPLEMENTAÇÃO DE APOSENTADORIA. PRESCRIÇÃO TOTAL (nova redação) – Res. 174/2011, DEJT divulgado em 27, 30 e 31.05.2011**
>
> A pretensão à complementação de aposentadoria jamais recebida prescreve em 2 (dois) anos contados da cessação do contrato de trabalho."

Se o direito à complementação não se questiona, mas são postuladas apenas diferenças pela integração de parcelas salariais concedidas em processo trabalhista, a prescrição é parcial, conforme a Súmula 327 do TST, "in verbis":

> **"COMPLEMENTAÇÃO DE APOSENTADORIA. DIFERENÇAS. PRESCRIÇÃO PARCIAL (nova redação) – Res. 174/2011, DEJT divulgado em 27, 30 e 31.05.2011**
>
> A pretensão a diferenças de complementação de aposentadoria sujeita-se à prescrição parcial e quinquenal, salvo se o pretenso direito decorrer de verbas não recebidas no curso da relação de emprego e já alcançadas pela prescrição, à época da propositura da ação."

Recentemente, o STF no RE 1.265.564, Plenário, Rel. Ministro Luiz Fux, DJe 14.09.21, reconheceu a competência da Justiça do Trabalho para apreciar os pedidos de diferenças de complementação de aposentadoria, conforme se extrai da seguinte ementa:

> "RECURSO EXTRAORDINÁRIO. TRABALHISTA. COMPETÊNCIA. PEDIDO DE CONDENAÇÃO DA EMPRESA

> EMPREGADORA AO PAGAMENTO DE VERBAS TRABALHISTAS E AO CONSEQUENTE REFLEXO DAS DIFERENÇAS SALARIAIS NAS CONTRIBUIÇÕES AO PLANO DE PREVIDÊNCIA COMPLEMENTAR. COMPETÊNCIA DA JUSTIÇA DO TRABALHO. INAPLICABILIDADE DO TEMA 190 DA REPERCUSSÃO GERAL. PRECEDENTES. MULTIPLICIDADE DE RECURSOS EXTRAORDINÁRIOS. CONTROVÉRSIA CONSTITUCIONAL DOTADA DE REPERCUSSÃO GERAL. REAFIRMAÇÃO DA JURISPRUDÊNCIA DO SUPREMO TRIBUNAL FEDERAL. RECURSO EXTRAORDINÁRIO DESPROVIDO."

4. CAUSAS DE INTERRUPÇÃO, IMPEDIMENTO E SUSPENSÃO DA PRESCRIÇÃO

Há causas que impedem o início do curso do prazo prescricional, chamadas impeditivas. Ocorrendo uma destas hipóteses, o prazo prescricional não se inicia.

Quanto às causas suspensivas, nestas, o prazo prescricional que começou a fluir fica suspenso a partir de um evento que o suspende, voltando a correr o prazo pelo período faltante, expirado o evento que lhe suspendeu o curso do prazo.

O Código Civil brasileiro disciplina as causas impeditivas e suspensivas da prescrição nos arts. 197 a 199, que restam aplicáveis ao Processo do Trabalho. Dispõem os referidos dispositivos legais:

> Art. 197, do CC: "Não corre a prescrição: I – entre os cônjuges, na constância da sociedade conjugal; II – entre ascendentes e descendentes, durante o poder familiar; III – entre tutelados ou curatelados e seus tutores ou curadores, durante a tutela ou curatela."
>
> Art. 198, da CC: "Também não corre a prescrição: I – contra os incapazes de que trata o art. 3º; II – contra os ausentes do País em serviço público da União, dos Estados ou dos Municípios; III – contra os que se acharem servindo nas Forças Armadas, em tempo de guerra."
>
> Art. 199, do CC: "Não corre igualmente a prescrição: I – pendendo condição suspensiva; II – não estando vencido o prazo; III – pendendo ação de evicção."

A CLT contém causa impeditiva do prazo prescricional no art. 440, *in verbis*: "Contra os menores de 18 anos não corre nenhum prazo de prescrição."

Desse modo, para o menor empregado, não corre a prescrição enquanto ele não fizer 18 anos. O art. 440 da CLT não se aplica ao caso em que o menor é herdeiro de um empregado falecido. Nesta hipótese, aplica-se o Código Civil.

Segundo o Código Civil, quanto aos absolutamente incapazes, não haverá o curso da prescrição, conforme o art. 198, I, do CC. Quanto aos incapazes, relativamente, correrá a prescrição, aplicando-se a regra do art. 195 do CC, que assim dispõe: "Os relativamente incapazes e as pessoas jurídicas têm ação contra os seus assistentes ou representantes legais, que derem causa à prescrição, ou não a alegarem oportunamente."

A CLT contém causa de suspensão da prescrição no art. 625-G, que assim dispõe:

> "O prazo prescricional será suspenso a partir da provocação da Comissão de Conciliação Prévia, recomeçando a fluir, pelo que lhe resta, a partir da tentativa frustrada de conciliação ou do esgotamento do prazo previsto no art. 625-F."

Desse modo, uma vez provocada a Comissão de Conciliação Prévia, o prazo prescricional ficará suspenso até que a Comissão designe audiência para tentativa de conciliação, ou se transcorrer o prazo de 10 dias para tal finalidade.

No mesmo sentido, a seguinte ementa:

> "Prazo prescricional. Submissão da controvérsia à Comissão de Conciliação Prévia. Suspensão do prazo prescricional. A submissão da controvérsia à Comissão de Conciliação Prévia tem o condão de suspender o prazo prescricional, na forma do que dispõe o art. 635-G da CLT, que recomeçará a fluir pelo que lhe resta a partir da data da sessão da tentativa conciliatória, salvo se esgotado prazo de 10 dias." (TRT – 12ª R. – RO-V 01197- 2005-009-12-00-9 – (Ac. 3ª T. – 06297/06, 4.4.06) – rel. Gracio Ricardo Barboza Petrone. DJSC 25.5.2006, p. 245)[12]

O procedimento de homologação de acordo extrajudicial previsto na Lei n. 13.467/17 (arts. 855-B a 855-E, da CLT), também suspende

12 *In:* FERRARI, Irany; MARTINS, Melchíades Rodrigues. *Op. cit.*, p. 115.

o prazo prescricional no processo trabalhista. Com efeito, dispõe o art. 855-E da CLT:

> "A petição de homologação de acordo extrajudicial suspende o prazo prescricional da ação quanto aos direitos nela especificados. Parágrafo único. O prazo prescricional voltará a fluir no dia útil seguinte ao do trânsito em julgado da decisão que negar a homologação do acordo."

Discute-se na doutrina e na jurisprudência: enquanto suspenso o contrato de trabalho, o prazo prescricional também se suspenderá?

Segundo a doutrina, na suspensão do contrato de trabalho, todas as cláusulas contratuais permanecem paralisadas (v. art. 471 e ss. da CLT), ou seja, cessam tanto as obrigações do empregado como as do empregador. Não obstante, o contrato de trabalho permanece vigente. Portanto, o empregador não pode exercer o seu direito potestativo de dispensar o empregado imotivadamente, durante o prazo de suspensão contratual (art. 7º, I, da CF), pois as cláusulas contratuais se encontram paralisadas. A doutrina admite a possibilidade de dispensa motivada (justa causa) se o empregado cometer alguma das condutas do art. 482 da CLT, pois o contrato de trabalho ainda está vigente, assim como as obrigações assessórias do contrato de trabalho como o respeito recíproco, durante a suspensão contratual.

Há duas vertentes de entendimento sobre a suspensão do prazo prescricional no período de suspensão do contrato de trabalho.

Argumentam alguns que a Lei não prevê a possibilidade de suspensão do prazo prescricional durante a suspensão do contrato de trabalho, nem a CLT nem o Código Civil tratam da matéria. Além disso, o contrato de trabalho continua vigente no período de suspensão do contrato.

Em que pese as razões acima, pensamos que durante a suspensão do contrato de trabalho, máxime em razão de doença do empregado, o prazo prescricional ficará suspenso, por aplicação do art. 199, I, do CC. De mais a mais, prestigia o acesso do trabalhador à justiça, imprime maior equilíbrio ao processo do trabalho, destacando o caráter humanista da Justiça trabalhista.

Nesse contexto, destacamos a seguinte ementa:

> "Prescrição – Suspensão do contrato de trabalho. Estando suspenso o contrato de trabalho, em virtude de percepção de auxílio-doença

> acidentário, não corre prescrição (art. 199, I, do novo CCB, de aplicação subsidiária)." (TRT – 3ª R. – 8ª T. – RO n. 3.439/2002.079.03.00-6 – rel. José M. de Freitas – DJMG 9.8.03 – p. 18)

Concordamos, no aspecto, com *Valentin Carrion*[13], quando preconiza:

> "As circunstâncias fáticas que rodeiam o trabalhador, quando da licença por doença, na realidade lhe impedem de ajuizar a ação que ponha termo à prescrição. Isso em virtude não só de suas dificuldades primárias, como a de arcar com os custos dos remédios, de subsistência, de locomoção e de incertezas de saúde, como pela sua inexperiência e isolamento de seu mundo laborativo, que é mais evoluído do que o de seu círculo pessoal. Tudo isso convence para que essa anomalia, a da licença por doença, deve ser incluída como de impedimento. Tal como ocorre com outras situações previstas pelo CC, art. 197 (incapacidade jurídica, ausência do País, etc.). Não se interrompe a prescrição, mas se suspende, contando-se o período anterior e continuando a fluir depois que cessar o impedimento."

Nesse sentido, destacamos a seguinte ementa:

> "Prescrição. Afastamento previdenciário. Contrato de trabalho suspenso por motivo de doença. O efeito suspensivo das obrigações contratuais remonta a motivos de ordem prática e humana, deles não se dissociando a aferição do prazo prescricional que vincula, tal como o contrato, uma atitude comissiva, uma atividade que exige ação do sujeito de direito. Paralisado no tempo o contrato de trabalho, fica igualmente paralisada a fluência da prescrição por força suspensiva prevista no art. 199, I, do Código Civil. A prescrição parcial não é contada do ajuizamento da ação, mas do dia anterior à data do afastamento (suspensão contratual)." (TRT/SP – 01235200938202000 – RO – Ac. 6ª T. – 20100146435 – rel. Rafael E. Pugliese Ribeiro – DOE 17.3.2010)

O Tribunal Superior do Trabalho, recentemente, se posicionou no sentido de que a suspensão do contrato de trabalho não acarreta a

13 CARRION, Valentin. *Comentários à Consolidação das Leis do Trabalho*. 32. ed. São Paulo: Saraiva, 2007. p. 75.

suspensão do prazo prescricional, salvo impossibilidade do empregado, ou do trabalhador, procurar o Judiciário Trabalhista, conforme se constata da OJ n. 375, de sua SDI-I, *in verbis*:

> "Auxílio-doença. Aposentadoria por invalidez. Suspensão do contrato de trabalho. Prescrição. Contagem (Divulgada em 19.4.2010 e publicada DeJT 20.4.2010) A suspensão do contrato de trabalho, em virtude da percepção do auxílio-doença ou da aposentadoria por invalidez, não impede a fluência da prescrição quinquenal, ressalvada a hipótese de absoluta impossibilidade de acesso ao Judiciário."

As causas de interrupção bloqueiam o curso do prazo prescricional já iniciado, voltando o prazo a correr por inteiro, uma vez expirada a causa de interrupção.

Como destacam *Rodolfo Pamplona Filho* e *Pablo Stolze Gagliano*[14]: "A diferença entre a interrupção e a suspensão da prescrição é que, enquanto na segunda o prazo fica paralisado, na primeira 'zera-se' todo o prazo decorrido, recomeçando a contagem da 'data do ato que a interrompeu, ou do último ato do processo para interromper'".

Assevera o art. 202 do CC:

> "A interrupção da prescrição, que somente poderá ocorrer uma vez, dar-se-á: I – por despacho do juiz, mesmo incompetente, que ordenar a citação, se o interessado a promover no prazo e na forma da lei processual; II – por protesto, nas condições do inciso antecedente; III – por protesto cambial; IV – pela apresentação do título de crédito em juízo de inventário ou em concurso de credores; V – por qualquer ato judicial que constitua em mora o devedor; VI – por qualquer ato inequívoco, ainda que extrajudicial, que importe reconhecimento do direito pelo devedor. Parágrafo único – A prescrição interrompida recomeça a correr da data do ato que a interrompeu, ou do último ato do processo para a interromper."

Pelo referido dispositivo, a prescrição interrompe-se somente uma vez. Pensamos que tal dispositivo se mostra compatível com o Processo

14 *Novo curso de direito civil*. v. I, 4. ed. São Paulo: Saraiva, 2003. p. 497.

do Trabalho (art. 769 da CLT), como medida moralizadora da Jurisdição Trabalhista, evitando abusos e também a perpetuação do conflito.

Nesse sentido, destacamos as seguintes ementas:

> "AGRAVO DE INSTRUMENTO. RECURSO DE REVISTA. INTERRUPÇÃO DA PRESCRIÇÃO POR UMA ÚNICA VEZ. PERTINÊNCIA DO ART. 202, *CAPUT*, DO CÓDIGO CIVIL, APLICADO SUBSIDIARIAMENTE AO PROCESSO DO TRABALHO. DECISÃO DENEGATÓRIA. MANUTENÇÃO. Produzindo as causas interruptivas efeito significativamente favorável ao credor, preferiu o novo Código Civil estabelecer que a interrupção da prescrição dar-se-á por uma única vez (art. 202, *caput*), devendo ser frisado que o antigo CCB era silente no que tange a esse aspecto. Sendo a nova regra civilista compatível com o Direito Material e Processual do Trabalho, torna-se aplicável também nesse campo normativo (art. 8º, *caput* e parágrafo único, CLT), embora sem efeito retroativo (art. 5º, XXXVI, CF). Não há, portanto, como assegurar o processamento do recurso de revista quando o agravo de instrumento interposto não desconstitui os termos da decisão denegatória, que subsiste por seus próprios fundamentos. Agravo de instrumento desprovido." (TST – Processo: AIRR – 989-12.2010.5.15.0002 – Data de Julgamento: 5.9.2012 – rel. Ministro Mauricio Godinho Delgado – 3ª Turma – Data de Publicação: DEJT 14.9.2012)
>
> "INTERRUPÇÃO ÚNICA DA CONTAGEM DO PRAZO PRESCRICIONAL. ART. 202, CABEÇA, DO CÓDIGO CIVIL. O art. 202, cabeça, do Código Civil – aplicável subsidiariamente ao Processo do Trabalho, por força do parágrafo único do art. 8º da Consolidação das Leis do Trabalho – estabelece que a interrupção do lapso extintivo '*somente poderá ocorrer uma vez*'. Considerando a distribuição da primeira reclamação em 10.7.2009, cujo último ato processual corresponde a seu arquivamento, ocorrido em 24.8.2009, conclui-se que a pretensão ora formulada encontra-se fulminada pela prescrição, porquanto ajuizada a presente ação somente em 1º.11.2011. Precedentes. Agravo de instrumento a que se nega provimento." (TST – Processo: AIRR – 2209-09.2011.5.18.0008 – Data de Julgamento: 23.4.2014, relator Ministro: Lelio Bentes Corrêa, 1ª Turma, Data de Publicação: DEJT 2.5.2014)

Dispõe o § 3º do art. 11, da CLT, com a redação dada pela Lei n. 13.467/17:

> "§ 3º A interrupção da prescrição somente ocorrerá pelo ajuizamento de reclamação trabalhista, mesmo que em juízo incompetente, ainda que venha a ser extinta sem resolução do mérito, produzindo efeitos apenas em relação aos pedidos idênticos."

O § 3º do art. 11, da CLT, praticamente, consagra o entendimento da Súmula n. 268 do TST, que assim dispõe:

> "PRESCRIÇÃO. INTERRUPÇÃO. AÇÃO TRABALHISTA ARQUIVADA. A ação trabalhista, ainda que arquivada, interrompe a prescrição somente em relação aos pedidos idênticos."

Conforme disciplinado pela Lei n. 13.467/17 e sedimentado pela mais alta Corte Trabalhista do país, a ação trabalhista, ainda que arquivada, sem a necessidade de citação válida do reclamado, interrompe a prescrição. Pensamos que a nova legislação e o Tribunal Superior do Trabalho seguiram a melhor diretriz, pois a partir da propositura da ação já há interações entre juiz e parte, e há ato inequívoco do credor trabalhista pretendendo a satisfação do seu direito.

Não obstante, a interrupção se dá somente com relação às verbas expressamente postuladas, e não em face de outras parcelas, ainda que decorram de um mesmo contrato de trabalho.

De nossa parte, a demanda trabalhista arquivada interrompe tanto os prazos de prescrição bienal quanto quinquenal de prescrição, já que tais prazos são interdependentes.

Nesse sentido, destaca-se a seguinte ementa:

> "Ação anterior interrompe o prazo prescricional. Aplicando-se a Súmula n. 268 do C. TST, pode-se afirmar que o mero ajuizamento de reclamatória trabalhista opera efeitos interruptivos tanto para a prescrição bienal quanto para a quinquenal, reiniciando-se a partir do término da condição interruptiva, ou seja, da extinção do processo com ou sem resolução do mérito. Importante frisar que, para tanto, as partes e pedidos devem ser idênticos nas duas demandas." (TRT/

SP – 00001569020105020087 – RO – Ac. 4ª T. – 20120379583 – rel. Sergio Winnik – DOE 20.4.2012)

A doutrina e jurisprudência têm admitido o protesto judicial no processo do trabalho como modalidade de interrupção da prescrição. Trata-se de tutela de natureza cautelar (art. 301, do CPC) tendo por objetivo, unicamente, resguardar direitos e provocar a interrupção do prazo prescricional em curso. O simples ajuizamento da presente ação tem o condão de interromper a prescrição, independentemente da citação do demandado.

Nesse sentido a recente OJ n. 392 da SDI-I do C. TST, *in verbis*:

> PRESCRIÇÃO. INTERRUPÇÃO. AJUIZAMENTO DE PROTESTO JUDICIAL. MARCO INICIAL. O protesto judicial é medida aplicável no processo do trabalho, por força do art. 769 da CLT e do art. 311 do CPC de 2015. O ajuizamento da ação, por si só, interrompe o prazo prescricional, em razão da inaplicabilidade do § 2º do art. 240 do CPC de 2015 (§ 2º do art. 219 do CPC de 1973), incompatível com o disposto no art. 841 da CLT.

5. PRESCRIÇÃO DA PRETENSÃO DECLARATÓRIA

A ação declaratória tem por objeto exclusivamente declarar a existência ou não de um fato, uma relação jurídica ou a autenticidade ou não de um determinado documento.

Se o pedido for exclusivamente declaratório, segundo tem defendido a melhor doutrina, não há se falar em prescrição, pois despido de sanção *(Pontes de Miranda, Ferrara* e *Liebman)*. Embora se possa argumentar, no Processo do Trabalho, por exemplo, que o reconhecimento da vinculação empregatícia gera o direito à anotação na CTPS do empregado (que é obrigação de fazer), tal providência pode ser levada a efeito pela Secretaria da Vara (§ 2º do art. 39 da CLT).

Conforme *Celso Agrícola Barbi*[15]: "A prescrição tem por finalidade consolidar um estado de fato contrário ao direito, ou um estado jurídico defeituoso, consolidação essa decorrente do curso de certo tempo e da inércia

15 BARBI, Celso Agrícola. *Comentários ao Código de Processo Civil.* v. 1, 11. ed. Rio de Janeiro: Forense, 2002. p. 54.

do titular do direito. Como a ação declaratória não tem por finalidade fazer cessar um estado de fato contrário ao direito, e sim declarar qual o estado de fato conforme o direito, conclui-se que não há na declaratória esse elemento básico do instituto da prescrição."

Nesse sentido, o § 1º do art. 11 da CLT, *in verbis*:

> "O disposto neste artigo não se aplica às ações que tenham por objeto anotações para fins de prova junto à Previdência Social."

Conforme, recentemente, vem defendendo a jurisprudência, a propositura de ação declaratória referente à mesma relação jurídica tem o condão de interromper a prescrição para a futura ação condenatória.

Nesse sentido, a Orientação Jurisprudencial n. 401, de SDI-I, do C. TST, *in verbis*:

> "Prescrição. Marco inicial. Ação condenatória. Trânsito em julgado da ação declaratória com mesma causa de pedir remota ajuizada antes da extinção do contrato de trabalho. (DeJT 2.8.2010) O marco inicial da contagem do prazo prescricional para o ajuizamento de ação condenatória, quando advém a dispensa do empregado no curso de ação declaratória que possua a mesma causa de pedir remota, é o trânsito em julgado da decisão proferida na ação declaratória e não a data da extinção do contrato de trabalho."

6. DA PRESCRIÇÃO INTERCORRENTE

Chama-se intercorrente a prescrição que se dá no curso do processo, após a propositura da ação, mais especificamente depois do trânsito em julgado, pois, na fase de conhecimento, se o autor não promover os atos do processo, o juiz o extinguirá sem resolução do mérito, valendo-se do disposto no art. 485 do CPC.

Autores há que distinguem a prescrição intercorrente de prescrição da execução. Nesse sentido sustenta Manoel Jorge e Silva Neto[16]:

> "Aqui, torna-se necessário informar que duas espécies de prescrição são mencionadas no contexto do processo trabalhista: a prescrição

16 *Constituição e Processo do Trabalho*. São Paulo: LTr, 2007, p. 118.

> da execução e a prescrição intercorrente. A primeira conta-se a partir do trânsito em julgado da decisão. A segunda se refere à inércia prolongada da parte no curso da ação."

De nossa parte, estamos convencidos de que prescrição intercorrente e prescrição da execução são expressões sinônimas no processo do trabalho, pois, na fase de conhecimento, se houver inércia do reclamante, o Juiz do Trabalho extinguirá a relação jurídica processo sem resolução de mérito (*vide* a respeito os arts. 732, 844, ambos da CLT, e 485, do CPC), não havendo espaço para reconhecimento de prescrição intercorrente. A prescrição intercorrente somente se verifica no curso da execução.

O art. 11-A, com redação dada pela Lei n. 13.467/17, dispõe sobre a prescrição intercorrente no processo trabalhista. Com efeito, dispõe o referido dispositivo legal:

> "Ocorre a prescrição intercorrente no processo do trabalho no prazo de dois anos. § 1º A fluência do prazo prescricional intercorrente inicia-se quando o exequente deixa de cumprir determinação judicial no curso da execução. § 2º A declaração da prescrição intercorrente pode ser requerida ou declarada de ofício em qualquer grau de jurisdição."

Sempre foi polêmica a questão da prescrição intercorrente no Processo do Trabalho, diante da natureza alimentar do crédito trabalhista e do princípio da irrenunciabilidade do crédito trabalhista. Em favor da não aplicabilidade da prescrição intercorrente no Processo do Trabalho, era invocado o argumento de que a execução é promovida de ofício pelo Juiz do Trabalho, nos termos do art. 878 da CLT, não havendo espaço para a aplicabilidade de tal instituto. Além disso, também é possível invocar aqui o princípio protetor, visto sob o aspecto instrumental (igualdade substancial das partes no processo do trabalho), e a existência do *jus postulandi* da parte na execução trabalhista, como argumentos aptos a inviabilizar o reconhecimento da prescrição intercorrente no processo trabalhista. Nesse sentido, a Súmula n. 114 do C. TST, *in verbis*: "Prescrição intercorrente. É inaplicável na Justiça do Trabalho a prescrição intercorrente."

Em sentido oposto, a Súmula n. 327 do C. STF: *"Prescrição Intercorrente. O direito trabalhista admite prescrição intercorrente"*.

No sentido da referida Súmula do STF, é a própria redação do art. 884 da CLT que disciplina em seu § 1º a prescrição como sendo uma das matérias passíveis de alegação nos embargos à execução. Ora, a prescrição prevista no § 1º do art. 884 da CLT, só pode ser a intercorrente, pois a prescrição própria da pretensão deve ser invocada antes do trânsito em julgado da decisão (Súmula n. 153 do C. TST).

A redação do art. 11-A, da CLT, deixa expresso o cabimento da prescrição intercorrente no processo do trabalho, quando o exequente não cumpre determinação judicial no curso da execução, como por exemplo: não dá início à execução, não promove a liquidação por artigos (pelo procedimento comum no CPC/15), não fornece informações necessárias para o registro de penhora, não requer a instauração do incidente de consideração da personalidade jurídica etc.

Houve mudança de rota significativa no direito e no processo do trabalho processo do trabalho, pois até então o entendimento era pela não aplicação da prescrição intercorrente na execução trabalhista. A questão se torna mais agressiva ainda ao exequente, pois o princípio do impulso oficial fora extremamente mitigado, com a nova redação do art. 878, da CLT, que o limitou às hipóteses em que o exequente estiver sem advogado.

Mesmo que a prescrição intercorrente possa ser reconhecida de ofício, considerando-se as principiologia e singularidades do processo do trabalho, e também os direitos fundamentais de acesso à justiça, à tutela executiva (art. 5º, XXXV, da CF) e cooperação processual (art. 6º do CPC[17]), pensamos cumprir ao magistrado, antes de reconhecer a prescrição intimar o exequente, por seu advogado e, sucessivamente, pessoalmente, para que pratique o ato processual adequado ao prosseguimento da execução, sob consequência de se iniciar o prazo prescricional.

De outro lado, quando o executado não possuir bens penhoráveis, ou não for localizado, pensamos que as providências preliminares do artigo 40 da Lei 6.830/80 (suspensão da execução por um ano, sem manifestação do

---

17 Como nos traz *Cássio Scarpinella Bueno*, é comum (e absolutamente pertinente) entre nós a difusão da doutrina de Miguel Teixeira de Sousa, Professor Catedrático da Faculdade de Direito da Universidade de Lisboa, que ensina que a cooperação toma como base determinados deveres a serem observados, inclusive pelo magistrado. Esses deveres são de *esclarecimento* (no sentido de o juiz solicitar às partes explicações sobre o alcance de suas postulações e manifestações), de *consulta* (no sentido de o juiz colher manifestação das partes preparatórias de sua própria manifestação ou decisão), de *prevenção* (no sentido de as partes serem alertadas do uso inadequado do processo e a inviabilidade de julgamento de mérito), e, de *auxílio* (no sentido de incentivar as partes a superar dificuldades relativas ao cumprimento adequado de seus direitos, faculdades, ônus ou deveres processuais). In: *Manual de direito processual civil*. São Paulo: Saraiva, 2015. p. 85.

exequente), devem ser aplicadas pela Justiça do Trabalho antes do início da fluência do prazo prescricional.

O Código de Processo Civil de 2015, disciplina, expressamente, a possibilidade do reconhecimento da prescrição intercorrente no curso da execução civil, com redação muito semelhante à do art. 40, da Lei n. 6.830/90[18]. Com efeito, dispõe o art. 921 do CPC, com a redação dada pela Lei 14.195/2021:

> "Suspende-se a execução: I - nas hipóteses dos arts. 313 e 315, no que couber; II - no todo ou em parte, quando recebidos com efeito suspensivo os embargos à execução; III - quando não for localizado o executado ou bens penhoráveis; (Redação dada pela Lei nº 14.195, de 2021) IV - se a alienação dos bens penhorados não se realizar por falta de licitantes e o exequente, em 15 (quinze) dias, não requerer a adjudicação nem indicar outros bens penhoráveis; V - quando concedido o parcelamento de que trata o art. 916. § 1º Na hipótese do inciso III, o juiz suspenderá a execução pelo prazo de 1 (um) ano, durante o qual se suspenderá a prescrição. § 2º Decorrido o prazo máximo de 1 (um) ano sem que seja localizado o executado ou que sejam encontrados bens penhoráveis, o juiz ordenará o arquivamento dos autos. § 3º Os autos serão desarquivados para prosseguimento da execução se a qualquer tempo forem encontrados bens penhoráveis. § 4º O termo inicial da prescrição no curso do processo será a ciência da primeira tentativa infrutífera de localização do devedor ou de bens penhoráveis, e será suspensa, por uma única vez, pelo prazo máximo previsto no § 1º deste artigo. (Redação dada pela Lei nº 14.195, de 2021). § 4º-A A efetiva citação, intimação do devedor ou

---

18 Art. 40, da Lei n. 6.830/80: "O juiz suspenderá o curso da execução, enquanto não for localizado o devedor ou encontrados bens sobre os quais possa recair a penhora, e, nesses casos, não correrá o prazo de prescrição. § 1º Suspenso o curso da execução, será aberta vista dos autos ao representante judicial da Fazenda Pública. § 2º Decorrido o prazo máximo de 1 (um) ano, sem que seja localizado o devedor ou encontrados bens penhoráveis, o juiz ordenará o arquivamento dos autos. § 3º Encontrados que sejam, a qualquer tempo, o devedor ou os bens, serão desarquivados os autos para prosseguimento da execução. § 4º Se da decisão que ordenar o arquivamento tiver decorrido o prazo prescricional, o juiz, depois de ouvida a Fazenda Pública, poderá, de ofício, reconhecer a prescrição intercorrente e decretá-la de imediato. (Incluído pela Lei n. 11.051, de 2004) § 5º A manifestação prévia da Fazenda Pública prevista no § 4º deste artigo será dispensada no caso de cobranças judiciais cujo valor seja inferior ao mínimo fixado por ato do Ministro de Estado da Fazenda" (Incluído pela Lei n. 11.960, de 2009).

> constrição de bens penhoráveis interrompe o prazo de prescrição, que não corre pelo tempo necessário à citação e à intimação do devedor, bem como para as formalidades da constrição patrimonial, se necessária, desde que o credor cumpra os prazos previstos na lei processual ou fixados pelo juiz. § 5º O juiz, depois de ouvidas as partes, no prazo de 15 (quinze) dias, poderá, de ofício, reconhecer a prescrição no curso do processo e extingui-lo, sem ônus para as partes. (Redação dada pela Lei nº 14.195, de 2021) § 6º A alegação de nulidade quanto ao procedimento previsto neste artigo somente será conhecida caso demonstrada a ocorrência de efetivo prejuízo, que será presumido apenas em caso de inexistência da intimação de que trata o § 4º deste artigo. (Incluído pela Lei nº 14.195, de 2021) § 7º Aplica-se o disposto neste artigo ao cumprimento de sentença de que trata o art. 523 deste Código. (Incluído pela Lei nº 14.195, de 2021)

Pelo referido dispositivo legal, a prescrição intercorrente poderá ser reconhecida, inclusive de ofício, pelo Juiz de Direito, quando o executado não possuir bens penhoráveis, ou o executado não for localizado, ocasião em que o processo ficará suspenso por um ano. Decorrido o referido prazo sem manifestação do exequente, começará a correr o prazo de prescrição intercorrente.

Parte da doutrina sustentou compatibilidade do referido art. 921 do CPC ao processo do trabalho, considerando-se a omissão da CLT, e que o art. 884, § 1º, prevê a possibilidade do reconhecimento da prescrição intercorrente, mas não diz em quais situações. Além disso, pode-se argumentar que a Súmula n. 114 do C. TST é muito antiga e não mais reflete o estágio atual do processo trabalhista, não podendo a execução ficar sobrestada por tempo indeterminado até se aguardar uma futura existência de patrimônio do devedor no processo trabalhista.

De nossa parte, mesmo diante do referido art. 921, do CPC e do art. 40 da Lei n. 6.830/90, continuamos a pensar que a prescrição intercorrente somente pode ser reconhecida no processo trabalhista na hipótese em que o ato a ser praticado dependa exclusivamente o exequente, e não possa ser suprido de ofício pelo juiz.

O Tribunal Superior do Trabalho, por meio da Instrução Normativa n. 39/16, em seu art. 2º, inciso VIII, pronunciou-se pela inaplicabilidade da prescrição intercorrente prevista no ar. 921 do CPC, por incompatibilidade com o processo trabalhista.

Por incompatibilidade sistêmica, entendemos não aplicáveis as disposições do art. 921, com a redação dada pela Lei 14.195/21, principalmente a suspensão da prescrição por uma única vez, uma vez que se trata a execução trabalhista de crédito alimentar, sendo o credor trabalhista hipossuficiente.

Cabe à jurisprudência trabalhista avaliar com muita sensibilidade e bom senso, quais determinações judiciais descumpridas pelo exequente no curso da execução justificam o início da fluência do prazo prescricional.

Nesse sentido, advertem com propriedade *Mauricio Godinho Delgado* e *Gabriela Neves Delgado*[19]:

> "(...) a fluência do prazo prescricional intercorrente inicia-se quando o exequente deixa de cumprir determinação judicial no curso da execução (texto do § 1º do art. 11-A da CLT). Porém, é claro, não se trata de qualquer determinação ou de qualquer tipo de ato sobre o qual o exequente tenha sido intimado: *é necessário que se trate de determinação relativa a ato estritamente pessoal do exequente, sem cuja atuação o fluxo do processo se torna inviável.* Ilustrativamente, a indicação de bens do devedor inadimplente para a continuidade da execução judicial (este, em geral, o grande embaraço ao bom desenvolvimento da fase executória processual) não constitui ato estritamente pessoal do exequente, sem cuja atuação o fluxo do processo se trona inviável (...)."

A possibilidade de reconhecimento de ofício da prescrição intercorrente, ao contrário do que sustentam alguns doutrinadores se restringe à fase executiva, não podendo ser aplicada à fase de conhecimento.

7. DO MOMENTO DE ARGUIÇÃO DA PRESCRIÇÃO

A prescrição é matéria de mérito, conforme dispõe o art. 487, IV, do CPC. Partindo-se dessa premissa, muitos sustentam que o momento de se invocar a prescrição é na contestação. Não obstante, o Código Civil dispõe no art. 193:

> "A prescrição pode ser alegada em qualquer grau de jurisdição, pela parte a quem aproveita".

19 *A reforma trabalhista no Brasil*. São Paulo: LTr, 2017. p. 115.

Adverte *Nelson Nery Junior*[20] que "a expressão 'em qualquer grau de jurisdição', constante da norma sob comentário, deve ser entendida acrescida da locução 'ordinária', porque não se pode alegar a prescrição, pela primeira vez, em grau de recurso especial nem de recurso extraordinário. A CF 102, III e 105, III exigem, para a admissibilidade do RE e do REsp, que a matéria tenha sido decidida em única ou última instância, razão por que o STF e o STJ, apreciando o RE e o REsp, só podem rejulgá-la e nunca julgá-la. Esta é a razão pela qual se a prescrição não tiver sido efetivamente decidida nas instâncias ordinárias, não poderá ser apreciada em grau de recursos excepcionais."

Nesse sentido, dispõe a Súmula n. 153 do C. TST:

> "PRESCRIÇÃO – Não se conhece de prescrição não arguida na instância ordinária."

Mesmo diante do art. 193 do CC, pensamos que a referida Súmula n. 153 permanece inalterável, pois a prescrição somente poderá ser invocada até o segundo grau de jurisdição, ou seja, até o recurso ordinário, ou, no máximo, nas contrarrazões ao recurso ordinário, mas não no recurso de revista (jurisdição extraordinária), pois, para o conhecimento deste recurso de natureza extraordinária, a matéria deve estar prequestionada no segundo grau de jurisdição. No aspecto, dispõe a OJ 62, da SDI-I do TST:

> **"PREQUESTIONAMENTO. PRESSUPOSTO DE ADMISSIBILIDADE EM APELO DE NATUREZA EXTRAORDINÁRIA. NECESSIDADE, AINDA QUE SE TRATE DE INCOMPETÊNCIA ABSOLUTA (republicada em decorrência de erro material) – DEJT divulgado em 23, 24 e 25.11.2010** É necessário o prequestionamento como pressuposto de admissibilidade em recurso de natureza extraordinária, ainda que se trate de incompetência absoluta."

8. RECONHECIMENTO DA PRESCRIÇÃO DE OFÍCIO

Diante do § 5º do art. 219 do CPC/73[21], que revogou o art. 194 do CC[22], a prescrição pode ser conhecida de ofício pelo Juiz de Direito. Desse

20 *Código Civil comentado*. 3. ed. São Paulo: RT, 2005. p. 288.

21 Art. 219, § 5º, do CPC/73: "O juiz pronunciará de ofício a prescrição."

22 Art. 194 do CC/2002: "O juiz não pode suprir, de ofício, a alegação da prescrição, salvo se favorecer absolutamente incapaz."

modo, independentemente de requerimento do réu, a prescrição pode ser reconhecida pelo juiz em qualquer grau de jurisdição.

Inegavelmente, à luz do CPC/73, com o conhecimento de ofício pelo juiz da prescrição, esta ganhou contornos de matéria de ordem pública e interesse social, de modo que a prescrição deixa de ser um instituto renunciável, para adquirir contornos de irrenunciabilidade, destacando o caráter publicista do processo.

Nota-se que o legislador, motivado pelos novos rumos da celeridade e efetividade processual, priorizou a segurança e estabilidade das relações jurídicas, bem como a tranquilidade do devedor, em detrimento do titular da pretensão.

Como destaca *Luciano Athayde Chaves*[23], "o atual desenho da prescrição no plano processual, como matéria afeta à defesa indireta contra o mérito da causa, apresenta-se como mais uma demonstração da tendência publicista que se incorpora à atuação jurisdicional, atribuindo ao juiz um papel mais ativo na composição dos conflitos."

Pode-se questionar o acerto do legislador em alterar a natureza jurídica da prescrição para matéria de ordem pública, pois a prescrição é um instituto que beneficia o réu, pode ser renunciada, ainda que tacitamente; é matéria de mérito (art. 487, IV, do CPC) e, portanto, deve ser invocada em defesa; pode, ainda, em determinadas hipóteses legais, sofrer suspensão e interrupção. Além disso, pode-se até invocar o fato de quebra da imparcialidade do juiz ao pronunciar de ofício a prescrição, aniquilando a pretensão do autor e por via reflexa o próprio mérito.

Mesmo sendo aplicável de ofício a prescrição pelo Juiz de Direito, acreditamos que ele deva tomar algumas cautelas ao adotar tal providência. Acredito que deva propiciar o contraditório e observar as hipóteses de interrupção e suspensão da prescrição, bem como, se o direito for patrimonial disponível, tentar a conciliação, uma vez que a finalidade do processo, diante do seu caráter publicista de ser um instrumento de pacificação social, sempre que possível, deve o juiz tentar a conciliação, objetivando a pacificação do conflito, ao invés de aplicar, de forma incisiva, a legislação processual.

---

23 CHAVES, Luciano Athayde. *A recente reforma no processo comum. Reflexos no direito judiciário do trabalho*. São Paulo: LTr, 2006. p. 136.

Nesse sentido, aliás, dispõem o art. 487, II, e parágrafo único do CPC atual, *in verbis*:

> "Haverá resolução de mérito quando o juiz: (...) II – decidir, de ofício ou a requerimento, sobre a ocorrência de decadência ou prescrição (...) Parágrafo único. Ressalvada a hipótese do § 1º do art. 332, a prescrição e a decadência não serão reconhecidas sem que antes seja dada às partes oportunidade de manifestar-se."

Estabelece o art. 332, § 1º do CPC:

> "Nas causas que dispensem a fase instrutória, o juiz, independentemente da citação do réu, julgará liminarmente improcedente o pedido que contrariar: (...) § 1º O juiz também poderá julgar liminarmente improcedente o pedido se verificar, desde logo, a ocorrência de decadência ou de prescrição."

Conforme o referido dispositivo, o Juiz não está obrigado a pronunciar, de ofício a prescrição, sendo uma faculdade fazê-lo. Esse entendimento se fortifica em razão da regra do § 5º do art. 219 do CPC/73 não ter sido consagrada no CPC atual. Entretanto, o Juiz, no processo civil, tem a prerrogativa de conhecer da prescrição de ofício, ainda que não tenha sido invocada pelo réu, desde que propicie o contraditório prévio às partes (arts. 332 e 487 do CPC).

Com a mudança do CPC, o Juiz do Trabalho poderá reconhecer, de ofício, a prescrição?

Em trabalho anterior, à luz do CPC/73, com suporte nas primeiras manifestações da doutrina e das primeiras reflexões a respeito, sustentamos a possibilidade de o Juiz do Trabalho pronunciar de ofício a prescrição, pelos seguintes argumentos[24]:

a) no Processo do Trabalho, não se aplica o princípio da irrenunciabilidade de direitos;

b) a prescrição ganhou contornos de matéria de ordem pública e interesse social;

24 SCHIAVI, Mauro. *A revelia no direito processual do trabalho:* legalidade, justiça e poderes do juiz na busca da verdade. São Paulo: LTr, 2006. p. 94.

c) a CLT é omissa a respeito do momento em que se deve pronunciar a prescrição e quem pode invocá-la, restando aplicáveis as regras do CC (art. 8º da CLT e art. 769 da CLT);

d) embora a prescrição tenha natureza jurídica de mérito e pertença ao Direito Material, é a lei processual que deverá dizer o momento de sua alegação em juízo;

e) se, em razão da natureza irrenunciável do crédito trabalhista, não se puder invocar a prescrição de ofício, também não poderemos aplicar a decadência, diante das similitudes entre os dois institutos[25], já que a prescrição fulmina a pretensão e a decadência, o próprio direito;

f) há compatibilidade da norma processual civil com o Processo do Trabalho, pois a CLT é omissa e não há violação dos princípios que regem o Direito Processual do Trabalho, restando aplicável o art. 769 da CLT[26].

Após muita reflexão a respeito, e estudos mais aprofundados sobre o tema, estamos convencidos de que o Juiz do Trabalho não deve pronunciar de ofício a prescrição.

Com efeito, primeiramente, destaca-se que a prescrição tem natureza híbrida, pois se entrelaçam tanto o direito material como o processual do trabalho. Embora, hoje, o conceito de prescrição esteja vinculado à extinção de uma pretensão, tal efeito provoca a inexigibilidade do direito, acarretando a extinção do processo com resolução de mérito.

Em tendo o instituto contornos de Direito Material, a interpretação da prescrição no Direito Material do Trabalho não pode estar divorciada

25 Como adverte com propriedade Manoel Antonio Teixeira Filho referindo-se à atual redação do § 5º, do art. 219, do CPC, "o texto legal em exame é de grande importância prática para o réu, por evitar que ele seja prejudicado pelo fato de não alegar a prescrição (extintiva). A norma incidirá no processo do trabalho, pelo mesmo motivo que o art. 219, § 5º, do CPC, em sua redação anterior, era pacificamente aplicado ao processo do trabalho. Não haverá antagonismo com o art. 7º, inciso XXIX, da Constituição Federal (As novas leis alterantes do processo civil e sua repercussão no processo do trabalho. *In: Revista LTr* 70-03/298).

26 No sentido da aplicabilidade do instituto do reconhecimento da prescrição de ofício ao Processo do Trabalho, encontramos os recentes estudos de Sebastião Geraldo de Oliveira (Prescrição nas ações indenizatórias decorrentes de acidente de trabalho ou doença ocupacional. *In: Revista LTr* 70-05/523); José Augusto Rodrigues Pinto (Reconhecimento *ex officio* da prescrição e processo do trabalho. *In: Revista LTr* 70-04/391); Francisco Antonio de Oliveira (Prescrição com nova cara. *In: Revista LTr* 70-05/519).

dos princípios do Direito Material do Trabalho, dos quais se destacam os da proteção tutelar e irrenunciabilidade de direitos.

Ensina *Américo Plá Rodriguez*[27] que o fundamento do princípio protetor "está ligado à própria razão de ser do Direito do Trabalho. Historicamente, o Direito do Trabalho surgiu como consequência de que a liberdade de contrato entre pessoas com poder e capacidade econômica desiguais conduzia a diferentes formas de exploração. Inclusive as mais abusivas e iníquas. O legislador não pôde mais manter a ficção de igualdade existente entre as partes do contrato de trabalho e inclinou-se para uma compensação dessa desigualdade econômica desfavorável ao trabalhador com uma proteção jurídica a ele favorável. O Direito do Trabalho responde fundamentalmente ao propósito de nivelar desigualdades. Como dizia Couture: 'o procedimento lógico de corrigir desigualdades é o de criar outras desigualdades.'"

Quanto à irrenunciabilidade de direitos, este princípio impede que o trabalhador abandone um direito, de forma definitiva, que já está incorporado ao seu patrimônio jurídico.

Deve ser destacado que o Processo do Trabalho e o judiciário trabalhista têm por finalidade e função institucional dar efetividade aos direitos trabalhistas e garantir a dignidade da pessoa humana do trabalhador, bem como facilitar o acesso do trabalhador à Justiça do Trabalho. Estes fatores, que são a razão da existência da Justiça do Trabalho, impedem que a prescrição seja pronunciada de ofício pelo Juiz do Trabalho.

Por outro lado, embora o Direito do Trabalho e o Processo do Trabalho sempre se tenham valido tanto do Código Civil (art. 8º da CLT), como do Código de Processo Civil (art. 769 da CLT) para disciplinar as hipóteses de interrupção, suspensão e até o momento da alegação da prescrição pelo demandado, esse argumento não autoriza que o CPC seja automaticamente aplicável ao Processo do Trabalho, pois, embora a CLT, aparentemente, não discipline tais questões, há necessidade de uma filtragem prévia pelo juiz acerca da compatibilidade de tal instituto com os princípios que regem o Direito Processual do Trabalho e o Direito Material do Trabalho.

Além disso, o reconhecimento da prescrição, de ofício, pelo Juiz do Trabalho, não propicia a melhoria da condição social do trabalhador[28],

---

27 RODRIGUEZ, Américo Plá. *Princípios de direito do trabalho*. 3. ed. São Paulo: LTr, 2000. p. 85.

28 Como destaca Jorge Luiz Souto Maior: "A prescrição, dizem, é um mal necessário. No que diz respeito ao direito do trabalho é apenas um mal. Não há necessidade nenhuma para a

prevista no *caput* do art. 7º da CF[29]. Vale lembrar que a prescrição é um direito social da classe trabalhadora previsto no inciso XXIX do art. 7º da CF. Parece haver uma antinomia entre o *caput* do art. 7º da CF e seu inciso XXIX, pois a prescrição extingue direito, e se extingue, como se trata de um direito? Considerando-se os princípios da interpretação constitucional da máxima efetividade e da unidade da Constituição, o fato de a prescrição constar no rol dos direitos sociais do trabalhador significa dizer que esse prazo não pode ser reduzido por lei ordinária e até mesmo por Emenda Constitucional, pois se trata de uma garantia fundamental do trabalhador.

Além dos argumentos principiológicos acima mencionados, há um dispositivo previsto na CLT que pode impedir o alento subsidiário do CPC. Trata-se do § 1º do art. 884, que tem a seguinte redação: "A matéria de defesa será restrita às alegações de cumprimento da decisão ou do acordo, quitação ou prescrição da dívida." Embora o referido dispositivo trate dos embargos à execução e à fase de execução, pode ser transportado para a fase de conhecimento por meio da interpretação analógica, e se afirmar que, no Processo do Trabalho, por força do citado dispositivo consolidado, a prescrição depende de iniciativa do demandado, não havendo lacuna na legislação, o que impediria a aplicação do CPC.

Por fim, ao aplicar a lei, o juiz deve atender aos fins sociais a que ela se destina e às exigências do bem comum (art. 5º da LINDB). Ainda que se possa sustentar que há compatibilidade entre o CPC e o Direito Processual do Trabalho, acreditamos que o Juiz do Trabalho possa deixar de aplicá-lo, por ser socialmente inadequado e injusto, considerando-se os princípios do Direito Material e Processual do Trabalho. Como destaca *Vicente Ráo*[30], sem dúvida, casos ocorrem nos quais o juiz pode encontrar-se diante de lei manifestamente injusta, a qual não corresponde às condições sociais do momento e cuja aplicação rígida poderá causar dano

---

sociedade em geral, que direitos trabalhistas percam efetividade pela regra da prescrição" (Reflexos das alterações do Código de Processo Civil no processo do trabalho. *In: Revista LTr* 70-08/928). No mesmo sentido, sustentando a aplicabilidade do princípio protetor, *vide* José Antonio R. Oliveira Silva. In: *Revista LTr* 70-12/484.

29 Conforme a definição clássica de Octavio Bueno Magano, o direito do trabalho "conceitua-se como o conjunto de princípios, normas e instituições, que se aplicam à relação de trabalho, tendo em vista a proteção do trabalhador e a melhoria de sua condição social." Ensina Magano que "a referência à melhoria da condição social do trabalhador indica o fundamento do direito do trabalho, o fim para o qual convergem suas normas e instituições" (*Abc do direito do trabalho*. São Paulo: RT, 1998. p. 10-11).

30 RÁO, Vicente. *O direito e a vida dos direitos*. v. 1, 3. ed. São Paulo: RT, 1991. p. 68.

à ordem pública ou social. Nessa hipótese, melhor será considerar a lei inadaptável ao caso concreto, por dissonância com os elementos de fato, e socorrer-se, para a solução do conflito, das demais fontes do direito. No mesmo sentido, pronuncia-se *Mauricio Godinho Delgado*[31]:

> "O novo dispositivo não tem qualquer compatibilidade com o estuário normativo do Direito do Trabalho – e mesmo Direito Processual do Trabalho – a par de agredir a própria Constituição, que no *caput* de seu art. 7º (onde se inclui a prescrição: inciso XXIX) repele norma menos favorável ('... direitos dos trabalhadores urbanos e rurais, além de outros que visem à melhoria de sua condição social') [...] A pronúncia oficial da prescrição pelo juiz, principalmente em situações que não envolvam o patrimônio público, subverte toda a estrutura normativa do Direito Material e Processual do Trabalho, não só seus princípios como também a lógica que cimenta suas regras jurídicas. Tão grave quanto tudo isso – se tal não fosse suficiente – atinge postura diretora do Magistrado no processo trabalhista, em contraposto às próprias razões de existência do Direito do Trabalho e Direito Processual do Trabalho."

Ao contrário do que sustentam alguns autores, a possibilidade de reconhecimento da prescrição intercorrente de ofício, prevista no § 2º, do art. 11-A, da CLT, não se estende para a fase de conhecimento, uma vez que a prescrição como disposição de restrição de direitos, deve ser interpretada restritivamente. Além disso, como mencionado no tópico anterior, ao analisar a prescrição intercorrente de ofício o magistrado trabalhista deve ter muita cautela.

9. PRESCRIÇÃO APLICÁVEL PARA AS AÇÕES QUE NÃO ENVOLVEM UMA PARCELA TRABALHISTA *STRICTO SENSU*

Partindo-se da premissa de que a prescrição é regida pela competência do órgão julgador, parte considerável da doutrina vem se posicionando no sentido de que a prescrição para as ações que não envolvem uma parcela trabalhista *stricto sensu*, vale dizer, que não decorrem de uma relação de

31 DELGADO, Mauricio Godinho. A prescrição na Justiça do Trabalho: Novos desafios. *In: Revista do Tribunal Superior do Trabalho*. Porto Alegre: Magister, 2008. p. 52-53.

emprego, é a mesma disciplinada no art. 7º, inciso XXIX, da CF, e art. 11 da CLT.

Para se aquilatar qual o prazo prescricional de determinado direito, mister se faz investigar, primeiramente, a natureza da relação jurídica controvertida. Se a relação jurídica for trabalhista, aplica-se a prescrição prevista no Direito do Trabalho (art. 7º, XXIX, da CF, e art. 11 da CLT). Se a natureza for civil, aplicam-se as regras disciplinadas no Código Civil.

Nesse sentido, a lição abalizada de *Pontes de Miranda*[32]:

> "O ramo do direito em que nasce a pretensão é o que lhe marca a prescrição, ou estabelece prazo preclusivo ao direito. Se essa regra jurídica não foi prevista, rege o que o ramo do direito aponta como fundo comum a ele e a outros ramos do direito. No plano internacional, o sistema jurídico que é estatuto da pretensão também é da prescrição."

Desse modo, julgando uma controvérsia que não é oriunda de uma relação de emprego, o Juiz do Trabalho deverá aplicar a prescrição referente ao ramo do direito ao qual pertence a pretensão. Se a relação de trabalho tiver natureza jurídica civil (contrato de empreitada ou prestação de serviços), o Juiz do Trabalho aplicará a prescrição prevista no Código Civil, e se a natureza jurídica da relação de trabalho for de consumo, o Juiz do Trabalho aplicará a prescrição prevista na Lei n. 8.078/90, e assim por diante.

10. DA PRESCRIÇÃO DO DANO MORAL (EXTRAPATRIMONIAL) DECORRENTE DA RELAÇÃO DE TRABALHO

Partindo-se da premissa de que a prescrição é regida pela competência do órgão julgador, parte considerável da doutrina vem se posicionando no sentido de que a prescrição do dano moral oriundo da relação de trabalho é a mesma prevista para os demais direitos trabalhistas, ou seja, a disciplinada no art. 7º, inciso XXIX, da CF, e art. 11 da CLT.

Há ainda entendimentos no sentido de que o dano moral oriundo da relação de trabalho tem índole de verba trabalhista e, desse modo, deve-se aplicar a prescrição do inciso XXIX, do art. 7º, da CF.

32 MIRANDA, Pontes de. *Op. cit.*, p. 136.

A Lei 13.467/17 inseriu, no corpo da CLT o TÍTULO II-A intitulado "Do dano extrapatrimonial" (arts. 223-A a 223-G).

Assevera o art. 223-A da CLT:

> "Aplicam-se à reparação de danos de natureza extrapatrimonial decorrentes da relação de trabalho apenas os dispositivos deste Título."

Diante do presente dispositivo legal, cresce, na doutrina, o entendimento de que há um chamado *dano moral (extrapatrimonial) trabalhista*, agora regido pela própria CLT, devendo ser aplicável a prescrição trabalhista para reger essa espécie de dano.

De nossa parte, em que pese a previsão legal do dano extrapatrimonial no corpo da CLT, não se trata de verba de natureza trabalhista e sim de um direito da personalidade do trabalhador de natureza civil-constitucional. Além disso, ser um direito pertinente à cidadania do trabalhador, a reparação por danos extrapatrimoniais não pode impedir a incidência da Constituição Federal e do próprio Código Civil para disciplinar o instituto ao lado das regras da CLT.

Para se aferir o prazo prescricional para determinado direito, mister se faz investigar, primeiramente, a natureza da relação jurídica controvertida. Se a relação jurídica for trabalhista, aplicar-se-á a prescrição prevista no Direito do Trabalho (art. 7º, XXIX, da CF, e art. 11 da CLT). Se a natureza foi civil, aplicar-se-ão as regras disciplinadas no Código Civil.

Quando o dano moral decorre da relação de trabalho, a competência, como vimos, é da Justiça do Trabalho, entretanto, o Juiz do Trabalho deve aplicar a prescrição disciplinada no Código Civil, pois a natureza da relação jurídica é de direito constitucional (art. 5º, V e X, da CF) e civil (art. 11 e ss. do CC e 186 do CC), pois o dano moral não é um crédito trabalhista.

O próprio Supremo Tribunal Federal, ao atribuir competência a esta Justiça Especializada para a apreciação do dano moral, consignou que a controvérsia deve ser dirimida à luz do Direito Civil, consoante voto da lavra do Ministro Sepúlveda Pertence, que segue: "Justiça do Trabalho. Competência. Ação de reparação de danos decorrentes da imputação caluniosa irrogada ao trabalhador pelo empregador a pretexto de justa causa para a despedida e, assim, decorrente da relação de trabalho, não importando deva a controvérsia ser dirimida à luz do Direito Civil."[33] (RE n. 238.737-SP – julg. 17.11.98).

Ora, se a matéria tem índole constitucional-civil e será dirimida à luz do Direito Constitucional e Direito Civil, a prescrição deverá ser a deste último diploma legal.

O dano moral nem sequer é indenizável, mas sim compensável, porquanto a dor, o sofrimento, a imagem, etc. não são suscetíveis de valoração econômica. Conclui-se, pois, que o dano moral não é um crédito trabalhista, mas sim uma compensação pelo sofrimento, que tem índole de Direito Civil.

A competência da Justiça do Trabalho justifica-se por estar mais bem aparelhada para apreciação do dano moral, oriundo das relações de trabalho, em face das peculiaridades do trabalho subordinado, entretanto, isso não quer dizer que o dano moral deva ser encarado como verba trabalhista. Desse modo, deve-se aplicar a prescrição do Código Civil. Entendimento diverso levaria à antinomia de haver dois prazos prescricionais, sobre a mesma matéria, quais sejam: 2 anos após a extinção do contrato e cinco anos durante o contrato de trabalho, se se entender que a competência é da Justiça do Trabalho, e 10 anos (pois o dano moral se encaixa no conceito de dano pessoal, sendo, portanto, um direito pessoal, restando aplicável a regra geral do art. 205 do CC), se se entender que a controvérsia é da competência da Justiça Comum.

Nesse sentido, também se posiciona *Raimundo Simão de Melo*[34]:

> "... Com o devido respeito àqueles que pensam de forma contrária, o entendimento mais adequado e consentâneo para o caso é de que a prescrição do dano moral praticado pelo empregado ou empregador em decorrência da relação de emprego é vintenária. Dessa maneira, o prazo para acionar o autor do dano moral é de vinte anos, seja perante a Justiça comum, seja perante a Justiça do Trabalho, porque: a) a importância da reparação do dano moral, que não tem natureza trabalhista, interessa não somente ao ofendido, mas a toda a sociedade, como reconhece a melhor doutrina; b) prazo prescricional do direito de ação não se afirma pela competência do órgão julgador, mas em razão da natureza

33 RE n. 238.737-SP, julg. 17.11.98.

34 MELO, Raimundo Simão de. *In: Revista LTr* n. 64-11/1375.

> da matéria discutida; c) a Constituição Federal, quando fala em créditos resultantes da relação de trabalho, está a se referir aos créditos trabalhistas *stricto sensu*; d) a indenização do dano moral constitui crédito de natureza pessoal; e) um dos mais importantes princípios que informam o Direito do Trabalho é o da norma favorável ao trabalhador, que ainda deve continuar norteando o intérprete moderno; a subordinação, como marca deste ramo do Direito, nunca vai desaparecer, apenas pode diminuir conforme a atividade desempenhada pelo trabalhador; f) finalmente, embora adaptados a uma nova realidade, é preciso superar preconceitos e resgatar os princípios informadores do Direito do Trabalho, na busca da dignificação da pessoa humana."

Portanto, no nosso sentir, a prescrição do dano moral decorrente da relação de trabalho é a do Código Civil e o prazo é de 10 anos, pelas seguintes conclusões:

a) trata-se de reparação de índole constitucional e civil;

b) a natureza da reparação é referente a um dano pessoal.

No entanto, a jurisprudência do Tribunal Superior do Trabalho pacificou-se no sentido de se aplicar a prescrição trabalhista para as demandas envolvendo reparação de danos morais e patrimoniais decorrentes da relação de trabalho. Destaca-se, como exemplo desse entendimento, a seguinte ementa:

> RECURSO DE EMBARGOS INTERPOSTO SOB A ÉGIDE DA LEI Nº 11.496/2007 – DOENÇA OCUPACIONAL – CIÊNCIA DA LESÃO EM DATA POSTERIOR À PROMULGAÇÃO DA EMENDA CONSTITUCIONAL Nº 45/2004 – DANOS MORAIS E MATERIAIS – PRESCRIÇÃO TRABALHISTA. A SBDI-1 desta Corte firmou entendimento que, em relação à pretensão de indenização por dano moral e/ou material decorrente de acidente de trabalho, ou na hipótese em que a lesão, ou a ciência da lesão, ocorre em momento posterior ao advento da Emenda Constitucional nº 45/2004, por meio da qual se definiu a competência da Justiça do Trabalho para processar e julgar tais demandas, a prescrição incidente é a prevista no artigo 7º, XXIX, da Constituição da República, porquanto indiscutível a natureza trabalhista reconhecida ao evento. Na presente hipótese, incontroversa que a ciência inequívoca da lesão ocorreu em 3/05/2005, e que a ação

foi ajuizada em 4/07/2007, a pretensão encontra-se fulminada pela prescrição, pois ultrapassado o biênio legal de que trata o mencionado dispositivo constitucional. Recurso de embargos conhecido e desprovido (TST -RR-674700-82.2007.5.12.0036, Subseção I Especializada em Dissídios Individuais, Relator Ministro Luiz Philippe Vieira de Mello Filho, DEJT 03/11/2015).

11. PRESCRIÇÃO DOS DANOS MATERIAIS E MORAIS DECORRENTES DO ACIDENTE DE TRABALHO

Há entendimentos no sentido de que a indenização pelos danos morais e materiais oriundos do acidente de trabalho tem índole de verba trabalhista por ser um direito previsto no art. 7º, XXVIII, da CF.

Nesse mesmo diapasão, foram as conclusões de *Eduardo Fornazzari Alencar*[35], ao defender tese sobre o tema, com os seguintes argumentos:

> "A pretensão da reparação de dano moral defluente de acidente do trabalho a que alude o inciso XXVIII do art. 7º, da Constituição, consiste em um direito (crédito – no sentido lato) do trabalhador resultante da relação de trabalho, de modo que a prescrição aplicável é a prevista no inciso XXIX, do mesmo preceito constitucional; Não há razão para aplicação supletiva ou subsidiária do prazo prescricional estabelecido pelo Código Civil (velho e novo), mormente porque a norma constitucional que prevê a prescrição trabalhista, ao encerrar um único prazo prescricional para as pretensões deduzidas perante a Justiça do Trabalho, não permite a invocação de outros prazos fixados pelo diploma civil. O prazo da prescrição trabalhista (de 5 anos durante o contrato, até 2 anos após a extinção deste) se mostra preferível ao trabalhador, notadamente em relação àquele atualmente previsto pelo Código Civil (3 anos)."[36]

Em que pese os posicionamentos acima mencionados, para se aquilatar qual o prazo prescricional para determinado direito, mister se faz investigar, primeiramente, a natureza da relação jurídica controvertida.

35 ALENCAR, Eduardo Fornazzari. *A prescrição do dano moral decorrente de acidente de trabalho*. São Paulo: LTr, 2004. p. 127.

36 A esta mesma conclusão chega Sebastião Geraldo de Oliveira (*Indenizações por acidente do trabalho ou doença ocupacional*. São Paulo: LTr, 2005).

Se a relação jurídica for trabalhista, aplicar-se-á a prescrição prevista no Direito do Trabalho (art. 7º, XXIX, da CF, e art. 11 da CLT). Se a natureza for civil, aplicar-se-ão as regras disciplinadas no Código Civil.

Para nós, o dano decorrente do acidente de trabalho, seja moral, patrimonial ou estético, trata-se de um dano de ordem pessoal, cuja natureza é um misto de Direito Constitucional (arts. 1º, III, IV e 5º, V e X, da CF) e Civil (arts. 11 a 21, 186, 927 e ss. do CC). Em que pese estar topograficamente mencionado no art. 7º, XXVIII, da CF, "seguro contra acidentes de trabalho, a cargo do empregador, sem excluir a indenização a que este está obrigado, quando incorrer em dolo ou culpa", de direito trabalhista não se trata, pois o referido inciso visou apenas a não excluir a indenização decorrente de culpa do empregador quando o empregado recebe uma parcela decorrente da Previdência Social. Vale dizer: objetivou o Constituinte assegurar que a indenização decorrente de culpa *lato sensu* do empregador tem natureza distinta da indenização devida pela Previdência Social. Portanto, para nós, a prescrição aplicável é a decenal do art. 205 do CC, por tratar-se de dano pessoal[37], e não os prazos previstos no art. 206, § 3º, V, do CC, tampouco a prescrição trabalhista, prevista nos arts. 7º, XXIX, da CF, e 11 da CLT[38].

Ainda que se possa ventilar a existência de dúvida objetiva sobre a efetiva natureza jurídica da indenização decorrente do acidente de trabalho por culpa *lato sensu* do empregador ser um direito pessoal ou um direito trabalhista, resta aplicável à hipótese o princípio do *in dubio pro operario* e, desse modo, aplica-se à hipótese o lapso prescricional

---

37 "Estamos a falar de direitos humanos fundamentais decorrentes da violação dos direitos da personalidade (integridade física e psíquica, intimidade, vida privada, dor, vergonha, honra e imagem das pessoas) a quem a Constituição Federal, pela primeira vez, assegurou o direito à indenização pelo dano material, moral ou estético pertinente" (MELO, Raimundo Simão de. *Direito ambiental do trabalho e a saúde do trabalhador.* São Paulo: LTr, 2004. p. 462).

38 Nesse sentido, destacam-se as seguintes ementas: "DANO MORAL – PRESCRIÇÃO VINTENÁRIA – JUSTIÇA DO TRABALHO. O prazo prescricional aplicável à reparação dos danos morais é de 20 anos (art. 177 do Código Civil), mesmo quando ajuizada a ação na Justiça do Trabalho. A definição dos prazos prescricionais decorre da natureza do direito material controvertido, pouco importando a competência do órgão que irá julgar a ação." (TRT – 13ª R. – RO n. 00095/2001 – rel. Juiz Edvaldo de Andrade – j. 3.4.2001). DANO MORAL – 1. Em sendo o dano moral resultante da relação de emprego, é competente a Justiça do Trabalho para apreciar o pedido formulado. Embora a competência seja da Justiça Obreira, a prescrição a ser aplicada é a do Código Civil, por não se tratar de verba trabalhista propriamente dita [...]" (TRT – 21ª R. – RO n. 27-00378-96-5 – rela Juíza Ceneide Maria Maia de Oliveira).

mais benéfico ao trabalhador, que é o prazo de 10 anos previsto no Código Civil.

Na visão de *Raimundo Simão de Melo*[39], "no caso dos acidentes de trabalho, os danos causados são pessoais, com prejuízo à vida, à saúde física e/ou psíquica, à imagem, à intimidade etc. do cidadão trabalhador, porquanto assegura a Constituição Federal, como fundamentos da República Federativa do Brasil e da livre-iniciativa, a dignidade da pessoa humana, os valores sociais do trabalho, o trabalho com qualidade e o respeito ao meio ambiente (arts. 1º e 170), além de assegurar a redução dos riscos inerentes ao trabalho, por meio de normas de saúde, higiene e segurança.

Portanto, se não se trata de direito de natureza trabalhista nem civil, e como não existe qualquer dispositivo legal regulando de outra forma o prazo de prescrição para as pretensões decorrentes, por exclusão aplica-se o prazo geral de 10 anos, como previsto no art. 205 do Código Civil. O Código Civil está sendo aplicado, repita-se, não porque se trata de uma pretensão de reparação civil no sentido estrito, mas porque é a lei civil que socorre nos casos de omissão regulatória sobre a prescrição no Direito brasileiro."

Nesse sentido, dispõe o Enunciado n. 45 da 1ª Jornada de Direito Material e Processual do Trabalho, realizada no TST, *in verbis*:

> "RESPONSABILIDADE CIVIL. ACIDENTE DO TRABALHO. PRESCRIÇÃO. A prescrição da indenização por danos materiais ou morais resultantes de acidente do trabalho é de 10 anos, nos termos do art. 205, ou de 20 anos, observado o art. 2.028 do Código Civil de 2002."

Sob outro enfoque o prazo prescricional da ação para reparação de danos morais decorrentes do acidente de trabalho tem início a partir da consolidação das lesões.

Nesse sentido, é a Súmula n. 278 do STJ: "O termo inicial do prazo prescricional, na ação de indenização, é a data em que o segurado teve inequívoca ciência da incapacidade laboral."

39 MELO, Raimundo Simão de. *Direito ambiental do trabalho e a saúde do trabalhador.* São Paulo: LTr, 2004. p. 462.

Nesse sentido bem entendendo a jurisprudência do Tribunal Superior do Trabalho, "in verbis":

> AGRAVO. AGRAVO DE INSTRUMENTO. RECURSO DE REVISTA. PRESCRIÇÃO. DOENÇA OCUPACIONAL. A Corte de origem adotou o entendimento de que apenas com a extinção do contrato de trabalho começou a correr o prazo prescricional total para fulminar a pretensão do reclamante. Conforme se extrai da decisão regional, a partir de 2003 houve o desencadeamento da perda auditiva ocupacional do reclamante, havendo agravamento em 2004, mas tal patologia continuou a ser observada pelo setor médico da empresa até o fim do período contratual. Do exposto, para se concluir que o reclamante teve ciência inequívoca da lesão em 2004, seria necessário revolver o conjunto fático-probatório dos autos, expediente vedado nesta instância recursal, nos termos da Súmula n.º 126 do TST. Verifica-se, ainda, da decisão recorrida que a ação foi ajuizada tempestivamente, menos de um ano após a dispensa, razão pela qual inexiste prescrição total a ser declarada. Incólume o art. 7º, XXIX, da CF, bem como a Súmula no 294 do TST. Agravo a que se nega provimento. INDENIZAÇÃO POR DANOS MORAIS. DOENÇA OCUPACIONAL. Extrai-se do acórdão regional que estão presentes o dano, a culpa e o nexo de causalidade entre a perda auditiva do reclamante e suas atividades laborais, pressupostos para a responsabilização civil da empresa. Por tais razões foi deferida a indenização por danos morais ao reclamante. Nessa linha, para se decidir de maneira diversa seria necessário revolver o conjunto fático-probatório dos autos, expediente vedado nesta instância recursal, nos termos da Súmula n.º 126 do TST. Incólumes os arts. 7º, XXVIII, da CF e 186 do CC. Agravo a que se nega provimento (Ag-AIRR-1175-08.2014.5.21.0041, 2ª Turma, Relatora Ministra Maria Helena Mallmann, DEJT 26/06/2020).
>
> PRESCRIÇÃO. DOENÇA PROFISSIONAL. MARCO INICIAL. ACTIO NATA. A jurisprudência desta Corte consolidou entendimento no sentido de que o termo inicial do lapso prescricional para o ajuizamento da ação trabalhista, cuja pretensão consista na reparação de danos morais, e/ou materiais decorrentes de acidente de trabalho, é a do conhecimento inequívoco dos efeitos da lesão e de sua extensão. Aplica-se o conceito de actio nata insculpido na Súmula nº 278 do Superior Tribunal de

Justiça. No caso dos autos, o autor foi afastado definitivamente do trabalho, em razão de sua aposentadoria por invalidez decorrente de doença profissional equiparada a acidente de trabalho, em 16/3/2002 e ajuizou a ação em 16/3/2005. Nesse contexto, se a ciência inequívoca dos efeitos decorrentes da doença profissional somente se concretizou com a aposentadoria por invalidez, não há prescrição a ser declarada, visto que a ação foi ajuizada no último dia do prazo prescricional de três anos. Precedentes. Recurso de embargos conhecido e provido "(E-ED-ED-RR-197600-51.2005.5.01.0341, Subseção I Especializada em Dissídios Individuais, Relator Ministro Claudio Mascarenhas Brandao, DEJT 19/12/2018).

De outro lado, para os que entendem que a prescrição aplicável é a trabalhista, prevista nos arts. 7º, XXIX, da CF, e 11 da CLT, o prazo é de cinco anos até o limite de dois anos após a rescisão do contrato de trabalho, vez que as lesões do acidente ou doença profissionais, aptas a gerar o dano moral, são sucessivas, não se aplicando à hipótese a Súmula n. 294 do C. TST, que trata da prescrição do ato único. Além disso, o direito à reparação está albergado por lei, o que também afasta a aplicação da referida Súmula.

12. O NÃO DECURSO DO PRAZO PRESCRICIONAL ENQUANTO A RESPONSABILIDADE PELO FATO LESIVO ESTIVER SENDO APURADA NO JUÍZO CRIMINAL

Pela teoria da *actio nata*, o prazo prescricional para se pleitear a indenização (*rectius* compensação) pelo dano moral começa a fluir a partir da lesão do direito. Por isso, quando há sentença afastando a justa causa imputada ao empregado, não flui a partir do trânsito em julgado que afastou a justa causa, e sim do próprio ato do empregador que comunicou a justa causa ao empregado. Nesse caso, a sentença trabalhista não cria o direito, somente o reconhece, vale dizer: declara uma situação preexistente, qual seja, a ausência de justa causa.

De outro lado, quando a justa causa imputada ao empregado também ensejar processo criminal, o empregado não deve aguardar a solução do referido processo para postular a reparação do dano moral na esfera trabalhista, porquanto a responsabilidade civil é independente da penal (art. 935 do CC).

O Juiz do Trabalho poderá sobrestar o andamento do processo trabalhista até a solução do processo criminal, a fim de se evitar decisões conflitantes, nos termos dos arts. 313, V, alínea *a* do CPC, e 315, do mesmo Diploma Legal.

Sob outro enfoque, no nosso sentir, quando a culpa ou existência do fato do acidente de trabalho, ou algum crime que tenha nexo causal com o dano moral decorrente da relação de trabalho, estiverem sendo apuradas no juízo criminal, a prescrição não correrá em relação à ação de reparação por danos morais e materiais a ser proposta na Justiça do Trabalho. Em que pese a disposição do art. 935 do CC, no sentido de serem independentes as responsabilidades criminal e civil, quando se apura a culpa na esfera criminal, esta não mais precisa ser demonstrada no juízo trabalhista, tampouco a existência do fato ou quem seja o seu autor. Também, na esfera criminal, que é pautada pela verdade real, a valoração da culpa tem rigor mais acentuado do que na esfera trabalhista. Além disso, uma vez fixada a culpa do empregador no juízo criminal, a obrigação de reparar os prejuízos civis está constituída de pleno direito, podendo a sentença criminal ser executada na Justiça do Trabalho, e a liquidação dar-se por artigos na esfera trabalhista, já que a sentença penal condenatória é título executivo judicial na esfera cível à luz do art. 584, II, do CPC[40].

Pelos argumentos acima mencionados, entendemos que vítima do acidente de trabalho pode propor diretamente a ação trabalhista na Justiça do Trabalho, mesmo que haja procedimento criminal em curso, ou esperar o resultado da ação criminal e depois propor a execução dos danos civis na esfera trabalhista valendo-se do permissivo do art. 200 do CC, assim redigido:

> "Quando a ação se originar de fato que deva ser apurado no juízo criminal, não correrá a prescrição antes da respectiva sentença condenatória."

40 Em razão disso, entendemos que a competência da Justiça do Trabalho para as ações de reparação de danos materiais e morais decorrentes da relação de trabalho, aí inclusas as ações indenizatórias decorrentes do acidente de trabalho, fez gerar mais um título executivo judicial na Justiça do Trabalho, que é a sentença penal condenatória em apuração de responsabilidade criminal do empregador pelo mesmo fato a ser apurado também na esfera trabalhista.

O Tribunal Superior do Trabalho, apreciou a questão, cuja ementa vale ser transcrita:

> "RECURSO DE REVISTA. PRESCRIÇÃO. DANO MORAL. INÍCIO DA CONTAGEM DO PRAZO. ARQUIVAMENTO DO INQUÉRITO POLICIAL. SUSPENSÃO DO PRAZO. FATO QUE DEPENDE DE APURAÇÃO NO JUÍZO CRIMINAL. Em ação de indenização por danos morais decorrentes de lesão que se perpetua no tempo, para além da data de extinção do contrato de trabalho, não viola a literalidade dos arts. 7º, XXIX, da Constituição da República e 11 da CLT, a decisão regional que fixa como termo *a quo* do prazo prescricional bienal a data do arquivamento do inquérito policial, em 20.1.2003, e não a da extinção do contrato de trabalho por iniciativa do empregado (pedido de demissão), em 1997, em interpretação razoável, ainda, do art. 200 do CC, atrativa da Súmula n. 221, II, do TST, datando a propositura da demanda de 2004. Aplicação da Súmula n. 296/TST quanto aos arestos válidos para o cotejo. SUPRESSÃO DE INSTÂNCIA. CERCEAMENTO DE DEFESA. ÔNUS DA PROVA. A Corte de Origem, ao adentrar a matéria de fundo, consignando estarem presentes as condições para o imediato julgamento da lide, não ofendeu os arts. 5º, LV, da Constituição da República e 515, §§ 1º e 3º, do CPC, porquanto também aplicável o parágrafo terceiro do art. 515 do CPC à hipótese de extinção do processo com resolução de mérito. Não dirimida, a lide, pela Corte regional, à luz dos princípios disciplinadores da repartição do ônus da prova, e sim com base na prova produzida, não há falar em violação dos arts. 818 da CLT e 333 do CPC." (TST. 3ª Turma. Proc. n. TST-RR-7179/2004-013-09-00.5. Rela Mina Rosa Maria Weber Candiota da Rosa. Publicação: DEJT 29.10.2009)

XIII

DA RESPONSABILIDADE CIVIL NO DIREITO DO TRABALHO

1. DO DANO

Ensina *Agostinho Alvim*[1] "nós entendemos que o termo dano, em sentido amplo, vem a ser a lesão de qualquer bem jurídico, e aí se inclui o dano moral. Mas em sentido estrito, dano é, para nós, a lesão do patrimônio; e patrimônio é o conjunto das relações jurídicas de uma pessoa, apreciáveis em dinheiro. Aprecia-se o dano tendo em vista a diminuição sofrida no patrimônio. Logo, a matéria do dano prende-se à da indenização, de modo que só interessa o estudo do dano indenizável".

Dano, na ótica de *Maria Helena Diniz*[2], "é um dos pressupostos da responsabilidade civil, contratual ou extracontratual, pois não pode haver ação de indenização sem a existência de um prejuízo. Consiste na lesão (diminuição ou destruição) que, devido a certo evento, sofre uma pessoa, contra a sua vontade, em qualquer bem ou interesse jurídico, patrimonial ou moral".

O dano é a lesão de um bem jurídico, material ou imaterial ou ainda moral, tutelado pelo direito, que acarreta prejuízo à vítima.

Se o dano causa prejuízos no patrimônio da pessoa, ele é considerado material e pode ser reparado por um montante em pecúnia para tornar indene o prejuízo sofrido, ressarcindo o lesado dos danos emergentes (imediatos e atuais) e lucros cessantes (mediatos e futuros), o que o lesado razoavelmente ganharia se não houvesse o dano sofrido.

---

1 Da inexecução das obrigações. 3ª ed. São Paulo: Jurídica e Universitária, 1965, p. 171.

2 Dicionário Jurídico. 4ª. ed. São Paulo: Saraiva, 1998, v. 2, p. 3.

O dano é um dos pressupostos da responsabilidade civil, pois sem ocorrência de prejuízo, não há o dever de indenizar.

No Direito italiano e também no Direito brasileiro, costuma-se classificar o dano, não pela sua origem, mas pela extensão dos seus efeitos, ou seja, pelos resultados que produz. Se o dano atingir o patrimônio, estaremos diante de um dano patrimonial; caso atinja um direito da personalidade sem conteúdo econômico, o dano será de ordem moral.

2. A RESPONSABILIDADE CIVIL

Segundo Maria Helena Diniz[3], "responsabilidade é o dever de responder por atos que impliquem dano a terceiro ou violação da norma jurídica."

Conforme sedimentado em doutrina, a responsabilidade civil é o tema mais importante do Direito Civil, mas não está adstrita a esse ramo do Direito, irradiando efeitos em praticamente todas as esferas jurídicas, inclusive no Direito do Trabalho, que é um ramo especializado do direito, cujos conceitos e pressupostos da responsabilidade civil são aplicáveis por força do art. 8º da CLT.

Na esfera trabalhista, a responsabilidade civil é o instituto que disciplina a reparação de danos ao empregado, ou ao empregador decorrente de violação de dever legal ou contratual em razão de conduta culposa.

O art. 186, do Código Civil, consagra uma regra universalmente aceita sob os pressupostos da responsabilidade civil.

Com efeito, aduz o referido dispositivo legal, *in verbis*:

> "Aquele que, por ação ou omissão voluntária, negligência ou imprudência, violar direito e causar dano a outrem, ainda que exclusivamente moral, comete ato ilícito".

O Código Civil Brasileiro adotou, como regra geral, a teoria subjetiva da responsabilidade civil, fundada existência da culpa em sentido amplo.

Diante do referido dispositivo legal, são quatro pressupostos fundamentais da responsabilidade civil, quais sejam:

---

3 Dicionário Jurídico. 4. ed. São Paulo: Saraiva, 1998, v. 4. p. 170.

a) **ação ou omissão:** Pressupõe um ato (agir) ou uma omissão do agente, quando a prática de tal ato era exigível. A responsabilidade pode derivar de ato próprio, de ato de terceiro que esteja sob a guarda do agente, ou ainda de danos causados por coisa e animais que lhe pertençam. Por exemplo, se um cão bravo atacar um transeunte na via pública, o dono responderá por omissão de vigilância do animal, já que tinha o dever jurídico de manter sua guarda.[4]

b) **culpa ou dolo do agente:** Em sentido genérico, a culpa engloba o dano e a culpa em sentido estrito.

O dolo consiste livre e consciente de praticar uma conduta para violar o direito.

Culpa é a falta de um dever de cuidado. Falta de diligência. Manifesta-se, pela imprudência, negligência e imperícia.

Conforme *José de Aguiar Dias*[5] a "culpa genérica, que se desdobra em dolo e culpa propriamente dita; aquele não é o vício de vontade, mas o elemento interno, que reveste o ato da intenção de vontade, mas o elemento interno, que reveste o ato da intenção de causar o resultado, ao passo que na culpa, em sentido restrito, a vontade é dirigida ao fato causador da lesão, mas o resultado não é querido pelo agente. A culpa é falta de diligência na observância da norma de conduta, isto é, o desprezo, por parte do agente, do esforço necessário para observá-la, com resultado, não objetivado, mas previsível desde que o agente se detivesse na consideração das consequências eventuais da sua atitude. A teoria subjetiva desce a várias distinções sobre a natureza da culpa. Culpa lata ou 'grave' é a falta imprópria ao comum dos homens, é a modalidade que mais se avizinha do dolo. Culpa 'leve' é a falta evitável com atenção ordinária. Culpa 'levíssima' é a falta evitável com atenção extraordinária, com especial habilidade ou conhecimento singular. Na responsabilidade aquiliana a mais ligeira culpa produz a obrigação de indenizar (*in lege quilia et levíssima culpa venit*)".

Segundo a teoria da responsabilidade objetiva, não há necessidade de demonstração de culpa por parte do ofensor, sendo suficiente a existência do dano e do nexo causal da conduta do agente e dano.

---

4 GONÇALVES, Carlos Roberto. Responsabilidade civil. 2ª ed. São Paulo: Saraiva, 2002, p. 31.

5 Responsabilidade Civil. 10. ed. Rio de Janeiro: Forense, 1995. v. 1. p. 130.

c) **Relação de causalidade:** É a relação de causa e efeito entre a ação ou omissão do agente e o dano verificado.

d) **Dano:** pode ser material ou moral, ou seja, sem repercussão na órbita financeira do ofendido. Sem a prova do dano ninguém pode ser responsabilizado civilmente. Quanto ao dano moral, este decorre da prova do fato lesivo ("in re ipsa"), ou seja, da ofensa, da perda da capacidade laboral, etc.

3. DA RESPONSABILIDADE CIVIL DO EMPREGADOR POR DANOS CAUSADOS A SEUS EMPREGADOS

A responsabilidade civil do empregador por danos causados a seus empregados, como regra geral, é subjetiva, seguindo a regra do art. 186 do Código Civil.

Embora o empregador corra os riscos da sua atividade econômica (art. 2º da CLT), esse fato não faz eclodir a responsabilidade objetiva, como regra geral, oriunda da teoria do risco da atividade, ou do risco criado. Sendo assim, a responsabilidade civil do empregador pela reparação dos danos causados ao empregado, sejam materiais, ou morais, é subjetiva como regra geral, vale dizer: responderá se presentes os pressupostos do art. 186 do Código Civil, quais sejam: ação ou omissão, culpa, o dano e nexo causal entre a ação e omissão e o dano.

Entretanto, hipóteses há em que a responsabilidade do empregador é objetiva.

Como bem assevera José Affonso Dallegrave Neto[6] "o art. 2º da CLT conceitua empregador como a empresa que 'assume a atividade econômica'. Desse modo, não há dúvida que ao preconizar a assunção do risco pelo empregador, a CLT está adotando a teoria objetiva, não para a responsabilidade proveniente de qualquer inexecução do contrato de trabalho, mas para a responsabilidade concernente aos danos sofridos pelo empregado em razão da mera execução regular do contrato de trabalho. Dessarte, o empregado não pode sofrer qualquer dano pelos simples fato de executar o contrato de trabalho".

6 Responsabilidade Civil no Direito do Trabalho. São Paulo: LTr, 2005, p. 120.

Dallegrave Neto[7], elenca hipóteses de responsabilidade objetiva do empregador. São elas: "a) incidente sobre aquela decorrente da inexecução de resultado (teoria da culpa contratual presumida e art. 2º, da CLT); b) incidente sobre dano decorrente da simples e regular execução do contrato em face da assunção de risco da atividade econômica (teoria do risco proveito e art. 2º, da CLT); c) incidente sobre a indenização acidentária em atividade normalmente de risco (teoria do risco criado – art. 927, parágrafo único do CC); d) incidente sobre danos ambientais em relação a todas as vítimas – comunidade de trabalhadores (art. 225, § 3º, e art. 14, § 1º, da Lei n. 6.938/81); e) atribuída ao empregador por dano de terceiro decorrente de ato praticado por empregado ou preposto em razão do contrato de trabalho (responsabilidade por fato de outrem – art. 933, do CC)".

Concordamos com as palavras do professor *Dallegrave Neto* no sentido de que a responsabilidade do empregador é objetiva se o dano causado ao empregado foi em decorrência de um inadimplemento de norma contratual pelo empregador que seja potencialmente apta a acarretar dano ao empregado (por exemplo: dever contratual de fornecer equipamentos de segurança individual), ou proveniente da execução normal do contrato de trabalho. Também a nosso ver, a responsabilidade do empregador é objetiva quando este não cumprir um dever legal de vigilância e proteção do empregado durante o contrato de trabalho. Por exemplo, o empregador deixa de fornecer uma arma a um vigilante devidamente preparado para usá-la e este vem a falecer em decorrência de um assalto na agência bancária por não possuir esse equipamento de segurança. Não obstante, o mero risco econômico que assume o empregador não gera a responsabilidade objetiva pelos danos causados ao empregado.

De outro lado, nas atividades de risco (art. 927, parágrafo único do Código Civil), onde a probabilidade da eclosão do sinistro seja mais acentuada que o normal, considerando-se o padrão médio da sociedade, a responsabilidade do empregador é objetiva, mas não pela teoria do risco integral, e sim pelo risco criado. Sendo assim, se houver prova da culpa exclusiva do empregado para o dano, caso fortuito ou força maior, não haverá o dever de indenizar por parte do empregador.

7 Op. cit. p. 121.

4. DA RESPONSABILIDADE CIVIL DO EMPREGADOR POR ATOS DE SEUS PREPOSTOS OU EMPREGADOS POR DANOS CAUSADOS A TERCEIROS

Antes do Código Civil, o Supremo Tribunal Federal, por meio da Súmula n. 341[8], havia sumulado o entendimento no sentido de que era presumida a responsabilidade do empregador por atos de seus prepostos ou empregados.

O Código Civil de 2002, atualizado pelos novos rumos da responsabilidade civil oriundos do Código de Defesa do Consumidor, fixou responsabilidade objetiva do empregador por atos de seus prepostos. Agora, não há mais uma presunção *juris tantum* de culpa, e sim a responsabilidade decorrente do próprio risco da atividade econômica que exerce o empregador (art. 2º da CLT), conforme os arts. 932, III c/c 933 e 942, todos do Código Civil.

Essa responsabilidade do empregador é objetiva para danos causados a terceiros, praticados pelos seus empregados, tendo o dano nexo casual com a atividade laboral.

5. DA RESPONSABILIDADE DO EMPREGADO POR DANOS CAUSADOS AO EMPREGADOR

Conforme o art. 462 da CLT, "ao empregador é vedado efetuar qualquer desconto nos salários do empregado, salvo quando este resultar de adiantamentos, de dispositivos de lei ou de contrato coletivo. Parágrafo único. Em caso de dano causado pelo empregado, o desconto será lícito, desde que esta possibilidade tenha sido acordada ou na ocorrência de dolo do empregado".

É sabido que o empregador corre os riscos da atividade econômica (art. 2º da CLT). Também, como regra geral, os princípios da irredutibilidade e intangibilidade salariais protegem o salário contra eventuais reduções ou descontos. Não obstante, esses princípios de proteção ao salário e também o fato de o empregador suportar os riscos da atividade econômica não isentam o empregado de responder pelos danos causados ao empregador, quando

8 Súmula 341 do TST: "É presumida a culpa do patrão ou comitente pelo ato culposo do empregado ou preposto."

sua conduta for culposa, ou dolosa, restando aplicável também a regra geral do art. 186 do CC, por força do art. 8º da CLT.

Na hipótese de culpa, conforme o § 1º, do art. 462, da CLT, o empregado somente responderá se tal cláusula constar expressamente do contrato de trabalho e de forma escrita. A nosso ver, não basta o ajuste tácito diante das consequências que podem acarretar ao empregado, máxime em razão dos princípios de proteção ao salário, como fonte de renda do trabalhador. Quando houver dolo do empregado, torna-se desnecessária a previsão contratual.

Sob outro enfoque, quando os prejuízos causados ao empregador forem em razão da natureza da atividade, ou quando o empregado trabalhar em atividade de risco (art. 927, parágrafo único, do CPC), onde há probabilidade mais acentuada de causar danos aos equipamentos de trabalho, mesmo havendo previsão contratual de desconto salarial em razão de conduta culposa do empregado, acreditamos que, nessa hipótese, o empregador corre os riscos da atividade, isentando o empregado de tal responsabilidade.

6. DA RESPONSABILIDADE DO EMPREGADOR PELOS DANOS CAUSADOS AO EMPREGADO DECORRENTES DO ACIDENTE DE TRABALHO

6.1. Do acidente de trabalho: questões conceituais

A Lei Previdenciária nos traz, por meio de interpretação autêntica, o conceito de acidente de trabalho. Com efeito, dispõe o art. 19, da Lei 8213/91, "in verbis":

> "Acidente do trabalho é o que ocorre pelo exercício do trabalho a serviço de empresa ou de empregador doméstico ou pelo exercício do trabalho dos segurados referidos no inciso VII do art. 11 desta Lei, provocando lesão corporal ou perturbação funcional que cause a morte ou a perda ou redução, permanente ou temporária, da capacidade para o trabalho. § 1º A empresa é responsável pela adoção e uso das medidas coletivas e individuais de proteção e segurança da saúde do trabalhador. § 2º Constitui contravenção penal, punível com multa, deixar a empresa de cumprir as normas de segurança e higiene do trabalho. § 3º É dever da empresa prestar informações pormenorizadas sobre os riscos da operação a executar e do produto

> a manipular. § 4º O Ministério do Trabalho e da Previdência Social fiscalizará e os sindicatos e entidades representativas de classe acompanharão o fiel cumprimento do disposto nos parágrafos anteriores, conforme dispuser o Regulamento."

Conforme o referido dispositivo legal, o acidente de trabalho é aquele que:

a) ocorre pelo exercício de trabalho em prol do empregador;

b) provoca dano;

c) o dano consiste em lesão corporal ou perturbação funcional que cause a morte ou a perda ou redução, permanente ou temporária, da capacidade para o trabalho.

Como bem adverte Sebastião Geraldo de Oliveira[9], "é da essência do conceito de acidente do trabalho que haja lesão corporal ou perturbação funcional. Quando ocorre um evento sem que haja lesão ou perturbação física ou mental do trabalhador, não haverá, tecnicamente acidente do trabalho. Tanto que há expressa menção legal que não será considerado doença do trabalho a que não produza incapacidade laborativa (...)Além da lesão ou perturbação funcional, é necessário, para completar o conceito de acidente do trabalho, que o evento acarrete a morte, ou a perda ou redução, permanente ou temporária da capacidade para o trabalho."

Conforme Luciano Martinez[10], "doença ocupacional é o acontecimento de ocorrência paulatina, por exposição a agentes endógenos, que decorre direta ou indiretamente do trabalho e que, tal qual o acidente típico, é capaz de agredir a integridade física ou psíquica do trabalhador."

O art. 20, da Lei 8.213/91, equipara para fins previdenciário, a doença do trabalho ou profissional ao acidente de trabalho. Com efeito, dispõe o referido dispositivo legal:

> "Consideram-se acidente do trabalho, nos termos do artigo anterior, as seguintes entidades mórbidas: I – doença profissional, assim entendida a produzida ou desencadeada pelo exercício do trabalho peculiar a determinada atividade e constante da respectiva relação elaborada pelo Ministério do Trabalho e da Previdência

9 Indenizações por Acidente do Trabalho ou Doença Ocupacional. 11ª ed. São Paulo: LTr, 2019, p. 50.

10 Dicionário Brasileiro de Direito do Trabalho. São Paulo: LTr, 2013, p. 169.

> Social; II – doença do trabalho, assim entendida a adquirida ou desencadeada em função de condições especiais em que o trabalho é realizado e com ele se relacione diretamente, constante da relação mencionada no inciso I. § 1º Não são consideradas como doença do trabalho: a) a doença degenerativa; b) a inerente a grupo etário; c) a que não produza incapacidade laborativa; d) a doença endêmica adquirida por segurado habitante de região em que ela se desenvolva, salvo comprovação de que é resultante de exposição ou contato direto determinado pela natureza do trabalho. § 2º Em caso excepcional, constatando-se que a doença não incluída na relação prevista nos incisos I e II deste artigo resultou das condições especiais em que o trabalho é executado e com ele se relaciona diretamente, a Previdência Social deve considerá-la acidente do trabalho."

Conforme o referido dispositivo legal são equiparadas ao acidente de trabalho para fins previdenciários e de responsabilidade civil do empregador, as seguintes entidades mórbidas:

a) doença profissional, assim entendida a produzida ou desencadeada pelo exercício do trabalho peculiar a determinada atividade e constante da respectiva relação elaborada pelo Ministério do Trabalho e da Previdência Social;

b) doença do trabalho, assim entendida a adquirida ou desencadeada em função de condições especiais em que o trabalho é realizado e com ele se relacione diretamente, constante da relação elaborada pelo Ministério do Trabalho e da Previdência Social.

A doença do trabalho tem nexo causal (causa e efeito) com as atividades que o empregado desempenha par ao empregador. Já a doença profissional é própria de uma categoria, ou de um tipo especial do trabalho, a exemplo dos digitadores que desenvolvem a DORT.

Diferentemente do acidente que acontece em evento único, a doença é desencadeada de forma paulatina, muitas vezes insidiosa em razão das condições peculiares do trabalho ou de determinada profissão.

Nos termos do art. 21 da Lei 8.213/91, equiparam-se também ao acidente do trabalho, para efeitos desta Lei: I – o acidente ligado ao trabalho que, embora não tenha sido a causa única, haja contribuído diretamente para a morte do segurado, para redução ou perda da sua capacidade para o trabalho, ou produzido lesão que exija atenção médica para a sua recuperação; II – o acidente sofrido pelo segurado no local e no horário do trabalho, em consequência de: a) ato de agressão, sabotagem ou terrorismo praticado por terceiro ou companheiro de trabalho; b) ofensa física intencional, inclusive de terceiro, por motivo de disputa relacionada ao trabalho; c) ato de imprudência, de negligência ou de imperícia de terceiro ou de companheiro de trabalho; d) ato de pessoa privada do uso da razão; e) desabamento, inundação, incêndio e outros casos fortuitos ou decorrentes de força maior; III – a doença proveniente de contaminação acidental do empregado no exercício de sua atividade; IV – o acidente sofrido pelo segurado ainda que fora do local e horário de trabalho: a) na execução de ordem ou na realização de serviço sob a autoridade da empresa; b) na prestação espontânea de qualquer serviço à empresa para lhe evitar prejuízo ou proporcionar proveito; c) em viagem a serviço da empresa, inclusive para estudo quando financiada por esta dentro de seus planos para melhor capacitação da mão de obra, independentemente do meio de locomoção utilizado, inclusive veículo de propriedade do segurado; d) no percurso da residência para o local de trabalho ou deste para aquela, qualquer que seja o meio de locomoção, inclusive veículo de propriedade do segurado. § 1º Nos períodos destinados a refeição ou descanso, ou por ocasião da satisfação de outras necessidades fisiológicas, no local do trabalho ou durante este, o empregado é considerado no exercício do trabalho. § 2º Não é considerada agravação ou complicação de acidente do trabalho a lesão que, resultante de acidente de outra origem, se associe ou se superponha às consequências do anterior.

6.2. Teorias sobre a responsabilidade civil do empregador no acidente de trabalho

Com relação à responsabilidade do empregador pelos danos causados ao empregado em razão do acidente de trabalho, há três entendimentos sobre a responsabilidade civil do empregador, quais sejam:

a) teoria da responsabilidade subjetiva apenas;

b) teoria da responsabilidade subjetiva, sendo a responsabilidade objetiva em atividades de risco;

c) teoria da responsabilidade objetiva.

6.3. Teoria da responsabilidade subjetiva do empregador pela reparação dos danos causados ao empregado no acidente de trabalho

Para esta teoria, a responsabilidade do empregador é sempre subjetiva, mesmo onde há atividades de risco, pois o art. 7º, XXVIII[11], exige o dolo ou culpa do empregador. Como se trata de uma regra Constitucional, a legislação ordinária (CC, art. 927, parágrafo único) não pode com ela confrontar.

6.4. Teoria da responsabilidade objetiva do empregador pela reparação dos danos causados ao empregado no acidente de trabalho

Para essa teoria, o empregador responde objetivamente pelos danos causados à saúde do empregado, como regra geral, já que, com sua atividade econômica, gerou uma situação de risco para o empregado, aplicando-se a teoria do risco criado.

Segundo Sebastião Geraldo de Oliveira[12], "a modalidade mais aceita e que supera o embaraço anterior é do risco criado, porquanto não indaga se houve ou não proveito para o responsável; a reparação do dano é devida pela simples criação do risco. Segundo o saudoso *Caio Mário*, o conceito de risco que melhor se adapta às condições de vida social é o que se fixa no fato de que, se alguém põe em funcionamento uma qualquer atividade, responde pelos eventos danosos que esta atividade gera para os indivíduos, independentemente de determinar se em cada caso, isoladamente, o dano é devido à imprudência, à negligência, a um erro de conduta, e assim se configura a *teoria do risco criado*".

Para essa teoria, a responsabilidade do empregador é objetiva, como regra geral, somente podendo ser excluída em hipóteses de caso fortuito ou força maior, ou ainda em casos de culpa exclusiva da vítima.

São fortes os argumentos de justiça e equidade para se adotar a teoria da responsabilidade objetiva do empregador. Por isso, pensamos que a Justiça do Trabalho poderá adotá-la em face da hipossuficiência do empregado, da dificuldade probatória do trabalhador em juízo e do relevante

11 Art. 7º, XXVIII, da CF: "Seguro contra acidentes de trabalho, a cargo do empregador, sem excluir a indenização a que este está obrigado, quando incorrer em dolo ou culpa".

12 Indenizações por acidente do trabalho ou doença ocupacional. São Paulo: Ltr, 2005, p. 87.

aspecto social que envolve o tema. Aliás, a própria doutrina civilista tem sinalizado, *de lege ferenda*, a aplicação dessa teoria no acidente de trabalho, conforme os autores que seguem abaixo.

A responsabilidade objetiva do empregador se fundamenta nos seguintes argumentos: a) atualização da interpretação do art. 7º, XXVIII, da CF; b) assunção dos riscos da atividade econômica pelo empregador (arts. 2º da CLT, e 927 do Código Civil); c) proteção da dignidade da pessoa humana do trabalhador; d) responsabilidade social do empregador; e) dificuldade probatória para demonstração da culpa do empregador pelo empregado; f) aplicação da teoria da responsabilidade civil pela teoria do risco criado.

Após o Código Civil de 2002, há posições doutrinárias sustentando que a responsabilidade do empregador pelos danos oriundos do acidente de trabalho é objetiva, com suporte no art. 2º, da CLT, já que o empregador corre os riscos da atividade econômica e no art. 927, § 1º, do novo Código Civil.

Entendemos que nem sempre a responsabilidade do empregador é objetiva, pois esse entendimento pode gerar injustiças, como em casos de culpa ou dolo exclusivos da vítima, de pequenos empregadores que não têm meios de suportar a carga de uma responsabilidade tão contundente, ou ainda em atividades que não são realizadas em condições de risco, como atividades em escritórios, porteiros, zeladores, etc.

6.5. Teoria da responsabilidade objetiva do empregador pela reparação dos danos causados ao empregado nas atividades de risco

O Código Civil de 2002, impregnado pelos novos ventos de valorização do ser humano e aplicabilidade dos direitos fundamentais às relações privadas, disciplinou exceções à regra geral da responsabilidade subjetiva, prevendo a possibilidade de responsabilidade objetiva em atividades de risco.

Com efeito, dispõe o 927 do Código Civil:

> *Aquele que, por ato ilícito (arts. 186 e 187), causar dano a outrem, fica obrigado a repará-lo.*
>
> *Parágrafo único. Haverá obrigação de reparar o dano, independentemente de culpa, nos casos especificados em lei, ou quando a atividade normalmente desenvolvida pelo autor do dano implicar, por sua natureza, risco para os direitos de outrem.*

Como se nota da redação do citado dispositivo legal, sendo a atividade normalmente desenvolvida pelo autor do dano de risco para outrem, a responsabilidade será objetiva, pela teoria da responsabilidade civil pelo risco criado. Desse modo, se o autor do dano, com sua atividade de risco, causou dano a outrem, deve responder de forma objetiva pela reparação dos danos.

Transportando o presente dispositivo para a esfera da responsabilidade civil do empregador nos acidentes de trabalho, há necessidade de confrontá-lo com o artigo 7º, XXVIII, da CF, que disciplina a responsabilidade subjetiva do empregador.

Há intérpretes que sustentam a inaplicabilidade da responsabilidade objetiva do empregador em atividades de risco, pois a Constituição Federal fixa a regra da responsabilidade subjetiva e, desse modo, a lei infraconstitucional não pode contrariar o texto constitucional.

Nesse sentido, destacamos as seguintes ementas:

> *Acidente do trabalho. Responsabilidade subjetiva. A responsabilidade do empregador contida no inciso XXVIII do artigo 7.º da Constituição é subjetiva e não objetiva. Depende da prova de dolo ou culpa. Não é sempre presumida como na hipótese do parágrafo 6.º do artigo 37 da Constituição. O parágrafo único do artigo 927 do Código Civil não se aplica para acidente do trabalho, pois o inciso XXVIII do artigo 7.º da Lei Maior dispõe que a indenização só devida em caso de dolo ou culpa.* (TRT/SP – 01136200706202007 – RO – Ac. 8ªT 20090462135 – Rel. Sergio Pinto Martins – DOE 19/06/2009).

> *AGRAVO DE INSTRUMENTO INDENIZAÇÃO POR DANOS MORAIS ACIDENTE DE TRABALHO MOTORISTA DE ÔNIBUS ÓBITO DO EX-EMPREGADO INEXISTÊNCIA DE NEXO DE CAUSALIDADE E DE CULPA DA EMPREGADORA – VIOLAÇÃO DO ART. 7º, XXVIII, DA CF. Diante da constatação de possível violação do art. 7º, XXVIII, da Constituição Federal, dá-se provimento ao agravo de instrumento para determinar o processamento do recurso de revista. Agravo de instrumento provido. II) RECURSO DE REVISTA PATRONAL INDENIZAÇÃO POR DANOS MORAIS – ACIDENTE DE TRABALHO MOTORISTA DE ÔNIBUS – ÓBITO DO EX-EMPREGADO INEXISTÊNCIA DE NEXO DE CAUSALIDADE E DE CULPA DA RECLAMADA – INCIDÊNCIA DO ART. 7º, XXVIII, DA CF. 1. Para a existência do dever de reparar o dano causado, alguns pressupostos devem estar*

presentes, sem os quais o próprio instituto da responsabilidade não pode subsistir, quais sejam, o dano experimentado pelo ofendido, a ação ou a omissão do causador, o nexo de causalidade e a culpa ou o dolo. Trata-se do estabelecimento do nexo causal entre lesão e conduta omissiva ou comissiva do empregador, sabendo-se que o direito positivo brasileiro alberga tão-somente a teoria da responsabilidade subjetiva, derivada de culpa ou dolo do agente da lesão em matéria trabalhista (CF, art. 7º, XXVIII). 2.In casu, o Regional confirmou a sentença condenatória de pagamento de indenização por danos morais sofridos pela família do ex-empregado, em razão do óbito resultante do assalto no ônibus no qual era motorista, por culpa, ainda que levíssima, da Empregadora, que não se preocupou com a segurança e vida dos empregados, visando a inibir os assaltos mediante a instalação de cofre forte ou roleta nos veículos, que, ainda que não tivesse o condão de evitar o assalto, ao menos inibiria as investidas dos meliantes, mormente em dia de festa na cidade, onde o número de visitantes dos municípios vizinhos aumenta consideravelmente. 3.Como se pode notar de toda a argumentação lançada na decisão regional, o elemento de convicção do julgador foi substancialmente o sentido de solidariedade humana em face da dor sofrida pela família do ex-empregado, externado na busca de alguma justificativa, por mais frágil que fosse, para manter a indenização de R$ 20.000,00 à família enlutada, já que a instalação de catraca ou cofre nos ônibus não impediria o assalto, não sendo absolutamente elemento de segurança contra roubos. No caso, a norma constitucional (CF, art. 7º, XXVIII), bem como a jurisprudência do TST é clara, no sentido de que a responsabilidade é subjetiva, dependendo de comprovação da culpa do empregador para imposição da obrigação de indenizar. 4. Ora, se por um lado, a norma civil não alcança a esfera trabalhista, iluminada pelo comando constitucional do art. 7º, XXVIII, por outro, nenhuma atividade laboral está infensa a riscos de acidente (no próprio dizer de Guimarães Rosa, em sua epopéia Grande Sertão: Veredas, viver é muito perigoso), mas a CLT somente admite o adicional de periculosidade para as atividades de risco acentuado, ínsito ao manuseio de explosivos, inflamáveis (art. 193), e energia elétrica (Lei 7.369/85, art. 1º), o que descartaria de plano a invocação da responsabilidade objetiva diante da natureza da atividade desenvolvida pela empresa, enquadrando-a no rol de atividades de risco. 5. Dessa forma, verifica-se que não se encontram presentes, na espécie, os pressupostos que delineiam

> *o dever de reparar o dano causado, quais sejam, a culpa ou dolo da Empregadora e a ação ou omissão que teria concorrido para a mencionada lesão. 6. Assim, não há como se atribuir responsabilidade à Empregadora pelos danos morais sofridos pela família do ex-empregado, decorrentes do óbito resultante do assalto, sob pena de violação do art. 7º, XXVIII, da CF, pois não caracterizada a culpa, nem sequer levíssima, da Reclamada pelo evento. Recurso de revista provido.* (TST-RR-1.768/2005-132-17-40.8, **NÚMERO ÚNICO PROC:** RR – **1768/2005-132-17-40. 7ª Turma. PUBLICAÇÃO:** DEJT – 17/04/2009. Ministro Relator Ives Gandra Martins Filho.

No nosso entendimento, o parágrafo único do art. 927 do CC não atrita com o art. 7º, XXVIII, da CF, já que este último está inserido no rol de garantias mínimas do trabalhador (artigo 7º, "*caput*", da CF), não impedindo que a lei ordinária preveja responsabilidade mais acentuada em situações peculiares, como a atividade de risco.

De outro lado, a Constituição Federal não disciplina a responsabilidade do empregador nos acidentes de trabalho quando sua atividade é de risco. Além disso, a interpretação da Constituição não pode ser literal e sim em compasso com o sistema constitucional de proteção à saúde e à vida do trabalhador.

O artigo 7º, XXVIII, da CF, deve ser lido em cotejo com o inciso XXII, do mesmo artigo 7º, que exige que empregador tome medidas efetivas para resguardar a saúde do trabalhador, e também com o artigo 200, da Constituição Federal, tutela o meio ambiente do trabalho. Aplicável, também, o artigo 6º, da CF, que consagra o direito social à saúde, que tem plena incidência no contrato de trabalho.

Além dos argumentos acima destacados, a aplicabilidade do parágrafo único do artigo 927 do Código Civil às relações de trabalho e, especificamente, ao acidente de trabalho, encontra eco nas seguintes premissas: a) máxima efetividade do artigo 7º, XXVIII, da CF; b) interpretação construtiva e evolutiva do artigo 7º, XXVIII, da CF; c) assunção dos riscos da atividade econômica pelo empregador (artigo 2º, da CLT); d) função social do contrato de trabalho (artigo 421, do Código Civil); e) hipossuficiência do trabalhador para a produção da prova da culpa do empregador, aplicando a teoria da inversão do ônus da prova em prol do trabalhador; f) aplicação da teoria da responsabilidade civil pela risco criado; g) melhoria da condição social do trabalhador e proteção de sua dignidade (artigo 1º, III, da CF).

No mesmo sentido é o Enunciado n. 37 da 1ª Jornada de Direito Material e Processual do Trabalho da ANAMATRA, "in verbis":

> ***RESPONSABILIDADE CIVIL OBJETIVA NO ACIDENTE DE TRABALHO. ATIVIDADE DE RISCO.*** *Aplica-se o art. 927, parágrafo único, do Código Civil nos acidentes do trabalho. O art. 7º, XXVIII, da Constituição da República, não constitui óbice à aplicação desse dispositivo legal, visto que seu caput garante a inclusão de outros direitos que visem à melhoria da condição social dos trabalhadores.*

Como bem adverte José Affonso Dallegrave Neto[13], "nem se diga, contudo, que o parágrafo único do artigo 927 do novo Código Civil é inconstitucional por suposta afronta à parte final do artigo 7º, XXVIII, da Constituição Federal. A melhor exegese sistêmica da ordem constitucional garante legitimidade ao parágrafo único do artigo 927 do novo Código Civil, vez que o *caput* do artigo 7º da Constituição Federal assegura um rol de *direitos mínimos* sem prejuízo de outros que visam à melhor condição social do trabalhador".

O Supremo Tribunal Federal, em decisão plenária em 12/03/2020, no **RE 828040,** tema 932 de sua Repercussão Geral, firmou a tese pela aplicabilidade do art. 927, parágrafo único do Código Civil, na responsabilidade civil do empregador em razão do acidente de trabalho, com a seguinte tese:

> "*O artigo 927, parágrafo único, do Código Civil é compatível com o artigo 7º, XXVIII, da Constituição Federal, sendo constitucional a responsabilização objetiva do empregador por danos decorrentes de acidentes de trabalho, nos casos especificados em lei, ou quando a atividade normalmente desenvolvida, por sua natureza, apresentar exposição habitual a risco especial, com potencialidade lesiva e implicar ao trabalhador ônus maior do que aos demais membros da coletividade*, nos termos do voto do Ministro Alexandre de Moraes (Relator), vencido o Ministro Marco Aurélio. Ausente, por motivo de licença médica, o Ministro Celso de Mello. Presidência do Ministro Dias Toffoli. Plenário, 12.03.2020."

13 Responsabilidade Civil no Direito do Trabalho. 3. ed. São Paulo: LTr, 2008, p. 267.

A lei não define o que é atividade de risco. Dispõe o art. 927, parágrafo único, do CC:

> "Haverá obrigação de reparar o dano, independentemente de culpa, nos casos especificados em lei, ou quando a atividade normalmente desenvolvida pelo autor do dano implicar, por sua natureza, risco para os direitos de outrem."

Conforme o Código Civil, haverá responsabilidade objetiva do autor do dano quando fixada em lei, a exemplo dos contratos firmados nas relações de consumo, etc., ou quando *a atividade normalmente desenvolvida pelo autor do dano implicar, por sua natureza, risco para os direitos de outrem.*

Trata-se aqui de uma cláusula geral do Código de 2002, pois não está na lei o que é atividade de risco. O intérprete deve dizer, segundo as circunstâncias do caso concreto, à luz dos critérios de justiça, equidade, razoabilidade, se a atividade é de risco, ou não.

Não há um conceito tarifado de atividades de risco e nem essa é a intenção da lei. De propósito, esse a interpretação do que vem a ser atividade de risco foi deixada para o aplicador da lei, para que ele possa aplicar os direitos fundamentais previstos na Constituição Federal à relação de natureza civil, buscando a tutela da dignidade da pessoa humana.

O risco a que alude o parágrafo único do art. 927, do CC, não é meramente econômico, a que se refere o art. 2º, da CLT e sim um risco mais acentuado de dano pessoal ao trabalhador. Nesse sentido o posicionamento fixado na Jornada I do STJ, verbete 38:

> "A responsabilidade fundada no risco da atividade, como prevista na segunda parte do CC, art. 927, parágrafo único, configura-se quando a atividade normalmente desenvolvida pelo autor do dano causar a pessoa determinada um ônus maior do que aos demais membros da coletividade."

Transportando para a esfera trabalhista o disposto no parágrafo único do artigo 927, do Código Civil, pensamos que, em atividades de risco para a saúde do trabalhador, ou para a sua integridade física, ou seja, onde o risco de doenças ou de acidentes seja mais acentuado que o normal, considerando-se o padrão médio da sociedade e as probabilidades de ocorrência de sinistros, como o trabalho em condições de insalubridade ou periculosidade, a responsabilidade do empregador é objetiva, em razão da aplicação da teoria do risco criado.

No mesmo sentido é a visão de Sebastião Geraldo de Oliveira[14]:

> "Se a exposição do trabalhador estiver acima do risco médio da coletividade em geral, caberá o deferimento da indenização, porquanto, nessa hipótese, foi o exercício do trabalho naquela atividade que criou esse risco adicional. Em outras palavras, considera-se risco, para fins da responsabilidade civil objetiva prevista no art. 927, parágrafo único, do Código civil, as atividades que expõem os empregados a maior probabilidade de sofrerem acidentes, comparando-se com a média dos demais trabalhadores (...)não é necessário que haja comportamento anormal ou ilícito do empregador para gerar o direito à indenização, pois o simples exercício da atividade rotineira, ainda que normalmente desenvolvida, pode acarretar o direito à indenização, caso tenha provocado danos à vítima".

No aspecto, destacam-se as seguintes ementas:

> ACIDENTE DE TRABALHO. MORTE DE PILOTO EM ACIDENTE AÉREO. APLICAÇÃO DO CÓDIGO BRASILEIRO DE AERONÁUTICA. ATIVIDADE DE RISCO. RESPONSABILIDADE OBJETIVA. O Código Brasileiro de Aeronáutica, em seu art. 257, prevê a responsabilidade objetiva do transportador, inclusive em relação aos tripulantes da aeronave, entendimento que, concomitante aos termos do parágrafo único do art. 927 do CC, coaduna para aplicação da responsabilidade objetiva da empregadora, quando as atividades desenvolvidas pelo trabalhador forem consideradas de risco e ele estiver no estrito cumprimento de sua obrigação laboral. (TRT/ 12ª Região. 1ª Turma. RO 0002716-81.2012.5.12.0046, Rel NARBAL ANTÔNIO DE MENDONÇA FILETI. DOE 22/01/2019).
>
> RECURSO DE REVISTA. PROCESSO ANTERIOR ÀS LEIS 13.015/2014 E 13.467/2017. ACIDENTE DE TRABALHO. MORTE DE PILOTO EM ACIDENTE AÉREO. RESPONSABILIDADE

14 Indenizações por Acidente do Trabalho ou Doença Profissional. 4. ed. São Paulo: LTr, 2008, p. 112.

OBJETIVA (CÓDIGO BRASILEIRO DE AERONÁUTICA, INSPIRADO NO DECRETO 20.704/1931, QUE PROMULGOU A CONVENÇÃO DE VARSÓVIA, DE 1929). REGRAMENTO ESPECÍFICO. CULPA EXCLUSIVA DO EMPREGADO NÃO CONFIGURADA. No Direito Aeronáutico, a Convenção de Varsóvia, firmada em 1929, promulgada, no Brasil, pelo Decreto 20.704/1931, estabeleceu o denominado "sistema varsoviano", que, entre outras disposições, previu a responsabilidade objetiva nas relações inerentes à aviação. O referido Decreto 20.704/1931 inspirou o Código Brasileiro de Aeronáutica (Lei 7.565, de 19/12/1986), efetivando, em nosso ordenamento jurídico, de forma inovadora, a possibilidade de responsabilização civil objetiva do transportador aéreo, conforme o disposto nos arts. 256 e 257 do CBA/86. Vê-se que o Código Brasileiro de Aeronáutica, em seu art. 257, prevê a responsabilidade objetiva do transportador, inclusive em relação aos tripulantes da aeronave, limitada, no caso de morte ou lesão, ao valor correspondente a 3.500 (três mil e quinhentas) Obrigações do Tesouro Nacional – OTN. A parte final do referido dispositivo de lei não foi recepcionada pela Constituição de 1988, que consagrou o princípio da proporcionalidade na aferição do que deve ser reparado, em seu art. 5º, V, ao dispor que é assegurado o direito de resposta, proporcional ao agravo, além da indenização por dano material, moral ou à imagem. Por outro lado, o Código Civil de 2002, em seu art. 944, fixou que a indenização mede-se pela extensão do dano. É possível inferir, em face de interpretação sistêmica entre os três últimos dispositivos citados, que a Carta Magna e o Código Civil de 2002 revogaram a limitação do valor da indenização, mas não a responsabilidade objetiva prevista no Código Brasileiro de Aeronáutica. Em verdade, reforçou-se a tese da responsabilidade objetiva disposta no CBA/86, sendo perfeitamente compatíveis as disciplinas neles contidas, retirando-se, contudo, a mencionada limitação do valor da indenização. O caso dos autos trata de acidente de trabalho verificado após a vigência do Código Civil de 2002, marco geral em que foi inserida expressamente a hipótese de responsabilidade objetiva, conforme explicitado. O Tribunal Regional manteve a sentença, que julgou improcedentes os pedidos da parte Autora (filho menor e ex-companheira do trabalhador) por considerar ser inaplicável a responsabilidade objetiva, nos moldes do CBA, à Reclamada, por ela não explorar o transporte aéreo de pessoas e cargas, mas a responsabilidade subjetiva, que não restou configurada, segundo aquela Corte, ante a apuração do fato da vítima. No acórdão recorrido, o TRT registrou as seguintes premissas: a) o obreiro laborava como piloto comercial de avião de propriedade da Reclamada, que atua o ramo de construção civil; b) o obreiro foi vítima de acidente aéreo fatal a serviço da Reclamada. Diante desses dados fáticos incontroversos, não há dúvida sobre a presença dos elementos dano (acidente de trabalho com morte) e nexo causal. Saliente-se que aos trabalhadores que laboram na atividade de transporte aéreo, a bordo de aeronaves, são aplicáveis os arts. 256, § 2º, "a", e 257 do CBA/86, sem restrição, sob pena inclusive de afronta à dignidade da pessoa humana e à valorização mínima deferível ao trabalho (art. 1°, III e 170, *caput*, da CF/88). Quanto à alegação da Reclamada de ter o obreiro sido o responsável único pela ocorrência do acidente, esclareça-se que a caracterização da culpa exclusiva da vítima é fator de eliminação do elemento do nexo causal para efeito de reparação civil no âmbito laboral. Ou seja, quando o infortúnio ocorre por causa singular decorrente da conduta do trabalhador, sem qualquer ligação com o descumprimento das normas legais, contratuais, convencionais, regulamentares, técnicas ou do dever geral de cautela por parte do empregador, ou também sem qualquer ligação com os fatores objetivos inerentes à atividade. No caso concreto, apesar de a Corte de origem ter consignado que "o piloto não seguiu as instruções da carta de voo, trafegando em altitude bem abaixo daquela indicada, e vindo a colidir com um morro", não há evidências fáticas suficientes para corroborar a conclusão de que a vítima tenha atuado de forma exclusiva para provocar o acidente, sem influência do risco intrínseco à navegação aérea. Aliás, a prova transcrita no acórdão regional não é indicativa de um comportamento transgressor das regras da empresa e do tráfego aéreo por parte do empregado. O único dado explicado pela testemunha se refere à circunstância de a aeronave, no momento do acidente, estar numa altitude abaixo do nível mínimo previsto pela carta de voo, assertiva que, no entanto, não parece conclusiva quanto à adoção, pelo piloto, de uma conduta deliberada de inobservância das normas procedimentais obrigatórias durante a operação de aeronaves. Observe-se que não foi trazido aos autos o laudo oficial sobre o acidente, ônus que competia à Reclamada. Portanto, embora a Reclamada possa não ter contribuído diretamente para o infortúnio, não há, por outro lado, elementos que permitam inferir pela responsabilidade exclusiva do trabalhador na ocorrência do acidente. Naturalmente que a eventual concorrência do obreiro no advento do infortúnio – afinal, consideram-se insuficientes os dados narrados pela única testemunha trazida pela empresa no que se refere à causa do acidente – pode conduzir à atenuação do valor indenizatório, mas não à sua eliminação. Isso porque, no caso concreto, entende-se que incide a responsabilidade objetiva. Recurso de revista conhecido e provido (TST RR-1532-10.2012.5.10.0802, 3ª Turma, Relator Ministro Mauricio Godinho Delgado, DEJT 09/11/2018).

6.6. Teoria da responsabilidade subjetiva com culpa presumida do empregador

Como já mencionado, não há como se sustentar em todos os casos a responsabilidade objetiva do empregador, pois a regra geral é a da responsabilidade subjetiva, fixada no art. 7º, XXVIII e, como trata-se de uma responsabilidade fixada na Constituição, não há como se entender que as regras do art. 2º, da CLT ou do art. 927, parágrafo único, do CC prevaleçam sobre a norma constitucional. Portanto, deve-se interpretar a norma do art. 7º, XXVIII, em conformidade com a Constituição Federal.

Entretanto, o fato de ser subjetiva, como regra geral, a responsabilidade do empregador no acidente de trabalho, não se pode atualizar a interpretação do art. 7º, XXVIII, da CF, visando à maior eficiência do dispositivo constitucional, para reputar presumida a culpa do empregador em caso de acidentes de trabalho, pois cabe a este tomar todas as medidas necessárias para evitar os acidentes de trabalho e lesões ao trabalhador, e ainda manter um meio ambiente salubre de trabalho (arts. 164 e seguintes da CLT, arts. 7º, 170, VI, XXII, 200, VIII, 225, § 3º, ambos da CF, e art. 4º, § 1º, da Convenção n. 155, da OIT). De outro lado, o empregador corre os riscos da atividade econômica (art. 2º, da CLT) e se beneficia dos resultados da atividade do empregado. Além disso, em juízo, a prova da culpa do empregador carreada ao empregado é extremamente onerosa, tendo o empregador maior aptidão para a prova.

Diante do avanço tecnológico e da competitividade entre as empresas, não se pode admitir que o empregador deixe de fazer investimentos destinados a evitar os riscos de acidentes e garantir a incolumidade física de seus empregados. Além disso, a responsabilidade fixada no art. 7º,

XXVIII, da CF, transcende o aspecto individual para adquirir caráter social e publicista, porquanto é um direito fundamental de segunda geração, já que previsto no rol de garantias do art. 7º da CF.

O posicionamento acima não significa dizer que o empregador irá fazer prova contra si mesmo, apenas terá que comprovar em juízo que observou todas as normas de segurança do trabalho e que também o meio ambiente do trabalho estava equilibrado quando do sinistro. Caso o empregador faça essa prova, o ônus da prova de demonstrar a culpa transfere-se ao empregado.

Por fim, cumpre destacar que atualmente a iniciativa privada vem tendo prevalência na atividade econômica e social do país, sendo a tendência, inclusive no Direito Comparado, atribuir-se maior responsabilidade social ao empregador. A propósito, o próprio novel Código Civil adota, no art. 421, a função social do contrato, aí incluído o contrato de trabalho e, no art. 966, adota a teoria da empresa, devendo esta cumprir a sua função social. Essa função social estará sendo cumprida quando forem respeitados os princípios da dignidade da pessoa humana, dos valores sociais do trabalho, da função social da propriedade e justiça social (arts. 1º, III, IV e 3º, IV, 5º, XXIII, da CF).

Podemos concluir que a responsabilidade subjetiva do empregador com culpa presumida tem suporte nos seguintes argumentos: a) máxima efetividade do art. 7º, XXVIII, da CF; b) proteção efetiva do meio ambiente do trabalho; c) redução dos riscos para a saúde do trabalhador (art. 7º, XXII, da CF); d) interpretação construtiva e evolutiva do art. 7º, XXVIII, da CF; e) assunção dos riscos da atividade econômica pelo empregador (art. 2º, da CLT); f) função social do contrato de trabalho (art. 421, do Código Civil); g) hipossuficiência do trabalhador para a produção da prova da culpa do empregador; h) aplicação da teoria da responsabilidade civil pela risco criado.

Nesse sentido, prevendo a inversão do ônus da prova em favor do empregado temos o Enunciado n. 41 da 1ª Jornada de Direito Material e Processual do Trabalho realizada do TST, *in verbis:*

> "RESPONSABILIDADE CIVIL. ACIDENTE DO TRABALHO. ÔNUS DA PROVA. Cabe a inversão do ônus da prova em favor da vítima nas ações indenizatórias por acidente do trabalho."

7. DO DANO MORAL (EXTRAPATRIMONIAL) DECORRENTE DA RELAÇÃO DE TRABALHO

Os direitos da personalidade são direitos que decorrem da proteção da dignidade da pessoa humana e estão intimamente ligados à própria condição humana. Embora a violação a esses direitos possa ter repercussões patrimoniais, são direitos que se distinguem dos direitos patrimoniais, porque estão ligados à pessoa humana de maneira perpétua.

Como adverte *Pontes de Miranda*[15]: "antes de qualquer pesquisa, advirta-se que: a) no suporte fático de qualquer fato jurídico, de que surge direito, há, necessariamente, alguma pessoa, como elemento do suporte; b) no suporte fático do fato jurídico de que surge direito de personalidade, o elemento subjetivo é o ser humano, e não ainda pessoa: a personalidade resulta da entrada do ser humano no mundo jurídico".

O art. 11 do Código Civil[16] diz que os direitos da personalidade são intransmissíveis e irrenunciáveis, não podendo seu exercício sofrer limitação voluntária. Não obstante, a doutrina aponta outras peculiaridades dos direitos da personalidade.

Os direitos da personalidade têm as seguintes características:

a) **Inatos:** são reconhecidos a todas a todas as pessoas pelo simples fato de existirem, desde o nascimento até a morte. O cônjuge sobrevivente pode exigir a cessação da lesão ao direito da personalidade (art. 12 do CC[17]);

b) **Absolutos:** Constituem obrigações de não fazer. São oponíveis *erga omnes*;

c) **Extrapatrimonialidade:** há a ausência de um conteúdo patrimonial, aferível objetivamente, ainda que a sua lesão gere um conteúdo econômico. Alguns desses direitos podem ingressar no comércio jurídico como o direito patrimonial autoral;

15 Tratado de Direito Privado. Tomo 7. Campinas: Bookseller, 2000, p. 29.

16 Art. 11 do CC: "Com exceção dos casos previstos em lei, os direitos da personalidade são intransmissíveis e irrenunciáveis, não podendo o seu exercício sofrer limitação voluntária."

17 Art. 12, do CC: "Pode-se exigir que cesse a ameaça, ou a lesão, a direito da personalidade, e reclamar perdas e danos, sem prejuízo de outras sanções previstas em lei. Parágrafo único. Em se tratando de morto, terá legitimação para requerer a medida prevista neste artigo o cônjuge sobrevivente, ou qualquer parente em linha reta, ou colateral até o quarto grau."

d) **Indisponíveis:** nem por vontade própria do indivíduo o direito pode mudar de titular, o que faz com que os direitos da personalidade sejam alçados a um patamar diferenciado dentro dos direitos privados. O direito à imagem pode ser cedido;

e) **Imprescritíveis:** Não existe prazo para serem exercidos. Também não se extinguem pelo não uso. Entretanto, eventuais reparações pecuniárias das violações desses direitos prescrevem;

f) **Impenhoráveis e inexpropriáveis:** expropriação é gênero do qual arrematação e adjudicação são espécies. Não há a possibilidade de penhora. Entretanto os créditos da cessão do direito à imagem podem ser penhorados.

Os direitos da personalidade tutelam a pessoa, tanto no seu aspecto corporal, interior e exterior. Podemos exemplificar a) aspecto corporal: corpo, nome, voz; b) interior: intimidade, privacidade, honra subjetiva e objetiva; c) exterior: imagem, reputação e também seus feixes de papéis institucionalizados (*Ferraz Júnior*) que representa na Sociedade. Neste último aspecto, há a tutela da imagem social da pessoa, ou seja, como ela é vista pela sociedade.

Com a Constituição de 1988, a reparação pelo dano moral passou a figurar de forma explícita no art. 5º, incisos V e X, assim redigidos:

> Inciso V: "é assegurado o direito de resposta, proporcional ao agravo, além da indenização por dano material, moral ou à imagem".
>
> Inciso X: "são invioláveis a intimidade, a vida privada, a honra e a imagem das pessoas, assegurado o direito a indenização pelo dano moral material ou moral decorrente de sua violação".

Restou expressamente consagrada a ampla reparabilidade do dano moral, sem qualquer interdependência com o dano material, ou seja, o dano moral puro, que existe por si só.

O Código Civil de 2002 que consagrou, em sede infraconstitucional, a ampla reparabilidade do dano moral puro, conforme dispõe seu art. 186, "in verbis":

> "Aquele que, por ação ou omissão voluntária, negligência ou imprudência, violar direito e causar dano a outrem, ainda que exclusivamente moral, comete ato ilícito".

Tarefa das mais difíceis é definir o conceito de dano moral, pois o dano moral não é visível, vez que se passa, na maioria das vezes, na esfera íntima da pessoa humana. O dano moral é praticamente um sentimento de tristeza, de angústia, de injustiça, que dificilmente pode ser definido ou demonstrado.

De outro lado, muitas vezes o dano moral não causa um sofrimento, mas a vítima sofre um inegável prejuízo social, como se dá com os doentes mentais ou pessoas em estado vegetativo ou comatoso. Também o dano moral pode afetar um direito inerente à personalidade, que não causa sofrimento, como a utilização da imagem da pessoa, sem autorização. Ainda que essa divulgação não cause nenhum prejuízo ou sofrimento, há violação de um direito da personalidade.

Não obstante as dificuldades de se definir, a doutrina tem traçado alguns conceitos objetivos de dano moral, máxime para diferenciá-lo do dano patrimonial, já que, atualmente, o chamado dano moral puro, ou seja, aquele que não tem qualquer reflexo patrimonial, é objeto de reparação pelo Direito.

Muitos conceitos partem da definição por exclusão do dano patrimonial, vale dizer: todo dano que não é patrimonial, é moral, ou extrapatrimonial. Não obstante, nem tudo que não é dano patrimonial pode ser encarado como dano moral.

Moral é o dano sem reflexos patrimoniais, vale dizer: desvinculado de qualquer prejuízo pecuniário, violando, outrossim, valores relacionados a direitos personalíssimos do ser humano e da personalidade das pessoas jurídicas. Em razão disso, autores criticam a denominação de dano moral, já que a expressão tem significado muito amplo e de certa forma ambíguo. Por isso, alguns utilizam a expressão *dano pessoal* por atingir todas as esferas do ser humano, sem conteúdo econômico, tais como estética, imagem, honra, liberdade sexual e psíquica.

Conforme *Paulo Eduardo Vieira de Oliveira*[18] "a doutrina ampara tal entendimento quando qualifica, com razão, como pessoal (moral, na nomenclatura clássica) a agressão física a alguém em estado inconsciente ou comatoso, destituído de percepção da violência, sem possibilidade de expressão de qualquer sentimento de dor. Chega-se a afirmar que basta a agressão física para a configuração de dano pessoal. Em síntese, basta

18 O dano pessoal no Direito do Trabalho. São Paulo: LTr, 2002, p. 35.

a violação de qualquer integridade, de qualquer direito da personalidade, para a configuração do dano pessoal".

Concordamos com a nomenclatura utilizada por *Paulo Eduardo Vieira de Oliveira*, já que o dano pessoal é mais adequado para definir a violação a um direito da personalidade, entretanto, acreditamos que é possível adequar o conceito de dano moral para estar em compasso com o dano pessoal, vez que a denominação *dano moral*, por já arraigada na doutrina e jurisprudência, terá maior eficácia e também por ser a expressão utilizada na Constituição Federal de 1988 (art. 5º, inciso X) e no Código Civil (art. 186).

A moderna doutrina vem dando amplitude mais acentuada ao dano moral para abranger todo dano que viole um direito da personalidade e a dignidade da pessoa humana, não podendo o conceito de dano moral ficar exclusivamente balizado ao preço da dor, aos danos do Mundo Interior.

De nossa parte, diante da atual Constituição Federal (art. 5º, V e X) e também do Código Civil (arts. 10 e ss.), o conceito de dano moral deve ter caráter mais amplo do que os chamados "danos da alma" ou danos do Mundo interior, para abarcar a proteção a todos os danos que possa sofrer a pessoa, atentando contra sua dignidade, nos seguintes aspectos: a) Interior: honra, intimidade, privacidade; b) exterior: imagem, boa-fama, estética, que não tenha natureza econômica.

Quanto às pessoas jurídicas, por não possuírem intimidade e não terem sentimentos, o dano moral se configura quando a violação à sua honra objetiva seu nome, sua reputação, sua imagem.

O dano moral se configura independentemente de seus efeitos, até mesmo porque os efeitos não são passíveis de serem demonstrados. Basta que ocorra violação efetiva a um direito da personalidade para que o dano moral esteja configurado.

Após, vários anos de reflexão e estudos, ouso elaborar o seguinte conceito para o dano moral: O dano moral (extrapatrimonial) *é a violação a um direito da personalidade sem conteúdo econômico, tendo por fundamento e finalidade última a proteção à dignidade da pessoa humana.*

A Consolidação das Leis do Trabalho, com a redação dada pela Lei 13.4676/17 trata no Título II – A, DO DANO EXTRAPATRIMONIAL (arts. 223-A a 223-G).

O legislador de 2017, optou pela denominação *dano extrapatrimonial.* De nossa parte, embora a nomenclatura *dano extrapatrimonial*, tecnicamente, seja mais adequada, pois a expressão moral é muito ampla e transcenda o aspecto jurídico, a expressão *dano moral* deveria ser mantida, pois já arraigada no costume jurídico e também é a expressão consagrada no texto constitucional (art. 5º, V, X e 114, VI).

Dispõe o art. 223-A, da CLT, "aplicam-se à reparação de danos de natureza extrapatrimonial decorrentes da relação de trabalho apenas os dispositivos deste Título."

Embora a pretensão do legislador fosse disciplinar, de forma abrangente e exaustiva, o dano extrapatrimonial nas relações trabalhistas, não há como se obstar a aplicação dos dispositivos da Constituição Federal e do Código Civil à esfera trabalhista, pois o dano extrapatrimonial é na essência, um instituto de natureza civil-constitucional, uma vez que tutela os direitos de personalidade da pessoa, independentemente se o dano for originário de uma relação trabalhista.

Nesse sentido, destacamos o Enunciado n. 19, da II Jornada Nacional de Direito Material e Processual do Trabalho da ANAMATRA, *in verbis*:

> "**DANO EXTRAPATRIMONIAL: EXCLUSIVIDADE DE CRITÉRIOS.** APLICAÇÃO EXCLUSIVA DOS NOVOS DISPOSITIVOS DO TÍTULO II-A DA CLT À REPARAÇÃO DE DANOS EXTRAPATRIMONIAIS DECORRENTES DAS RELAÇÕES DE TRABALHO: INCONSTITUCIONALIDADE. A ESFERA MORAL DAS PESSOAS HUMANAS É CONTEÚDO DO VALOR DIGNIDADE HUMANA (ART. 1º, III, DA CF) E, COMO TAL, NÃO PODE SOFRER RESTRIÇÃO À REPARAÇÃO AMPLA E INTEGRAL QUANDO VIOLADA, SENDO DEVER DO ESTADO A RESPECTIVA TUTELA NA OCORRÊNCIA DE ILICITUDES CAUSADORAS DE DANOS EXTRAPATRIMONIAIS NAS RELAÇÕES LABORAIS. DEVEM SER APLICADAS TODAS AS NORMAS EXISTENTES NO ORDENAMENTO JURÍDICO QUE POSSAM IMPRIMIR, NO CASO CONCRETO, A MÁXIMA EFETIVIDADE CONSTITUCIONAL AO PRINCÍPIO DA DIGNIDADE DA PESSOA HUMANA (ART. 5º, "*V*" E "*X*", DA CF). A INTERPRETAÇÃO LITERAL DO ART. 223-A DA CLT RESULTARIA EM TRATAMENTO DISCRIMINATÓRIO INJUSTO ÀS PESSOAS INSERIDAS NA RELAÇÃO LABORAL, COM INCONSTITUCIONALIDADE POR OFENSA AOS ARTS. 1º, III; 3º, IV; 5º, *CAPUT* E INCISOS "*V*" E "*X*" E 7º, *CAPUT*, TODAS DA CONSTITUIÇÃO FEDERAL."

Nos termos do art. 223-B, da CLT, "causa dano de natureza extrapatrimonial a ação ou omissão que ofenda a esfera moral ou existencial da pessoa física ou jurídica, as quais são as titulares exclusivas do direito à reparação."

Conforme o art. 223-C, da CLT, "a honra, a imagem, a intimidade, a liberdade de ação, a autoestima, a sexualidade, a saúde, o lazer e a integridade física são os bens juridicamente tutelados inerentes à pessoa física".

Conforme o art. 223-D, da CLT, "a imagem, a marca, o nome, o segredo empresarial e o sigilo da correspondência são bens juridicamente tutelados inerentes à pessoa jurídica."

Os arts. 223-B a 223-D, da CLT, disciplinam de forma exemplificativa, as hipóteses de configuração do dano extrapatrimonial na esfera trabalhista. Conforme já sedimentado em doutrina, por ser o dano moral um instituto destinado à proteção da dignidade da pessoa humana e dos direitos da personalidade consagrados à pessoa jurídica, há outras condutas que podem acarretar a reparação do dano extrapatrimonial não previstas no texto da CLT.

Conforme os referidos dispositivos legais foram destacados os seguintes direitos da personalidade:

a) integridade física: Segundo *Walter de Moraes*[19]: "o físico humano é bem de direito, visto como a ordem jurídica lhe resguarda a integridade, impondo obrigações e reconhecendo a cada pessoa o exercício de direitos sobre ele".

No aspecto corporal, o Código Civil veda no art. 13, o ato de disposição do corpo, salvo por exigências médicas, ou em hipóteses de transplantes, ou para fins científicos ou altruísticos (art. 14 do CC). Também no art. 15 do CC a lei veda o constrangimento do paciente a submeter-se, com risco de vida, a tratamento médico ou a intervenção cirúrgica.

O art. 17 do CC veda ser empregado por outrem em publicações ou representações que exponham o desprezo público, ainda quando não haja intenção difamatória.

Também a tutela da voz traduz a proteção jurídica de um importante componente corporal do ser humano. A voz é entendida como a emanação natural de som da pessoa. A voz, embora seja uma emanação da personalidade da pessoa, pode ser explorada comercialmente.

19 Dano ao corpo. In: *Enciclopédia Saraiva do direito*. São Paulo: Saraiva, 1977, v. 22, p. 213.

b) intimidade: é o direito do trabalhador de estar só, de ter convívio familiar e de ser respeitado em seu local de trabalho, principalmente, em locais privativos. O direito à intimidade abrange o direito à privacidade. Desse modo, o poder fiscalizatório do empregador deve respeitar a privacidade e intimidade do trabalhador, e exemplo das revistas, que devem ser realizadas por equipamentos eletrônicos, sem tocar no corpo do trabalhador.

O monitoramento de e-mails do trabalhador deve ser restrito e apenas ao e-mail corporativo. A fiscalização por câmeras deve se dar apenas em locais coletivos.

c) honra: A honra, para fins civis tem o mesmo significado da honra para fins penais. Entretanto, mesmo não havendo o ilícito penal, pode haver violação da honra na esfera civil.

Como pondera Carlos Alberto Bittar[20] "o reconhecimento do direito em tela prende-se à necessidade de defesa da reputação da pessoa (honra objetiva), compreendendo o bom nome e a fama de que desfruta no seio da coletividade, enfim, a estima que cerca nos seus ambientes, familiar, profissional, comercial ou outro. Alcança também o sentimento pessoal de estima, ou a consciência da própria dignidade (honra subjetiva), de que separamos, no entanto, os conceitos de dignidade e de decoro, que integram, em nosso entender, o direito ao respeito...".

O art. 11 da Convenção Americana sobre Direitos Humanos (Pacto de São José da Costa Rica) diz que "toda pessoa tem direito ao respeito de sua honra e ao reconhecimento de sua dignidade".

A doutrina costuma classificar a honra em objetiva e subjetiva.

A honra objetiva corresponde à reputação da pessoa, compreendendo o seu bom nome, a fama de que desfruta no seio da sociedade.

A honra subjetiva, conforme Júlio Fabbrini Mirabete[21] corresponde ao sentimento pessoal de estima ou à consciência da própria dignidade. Traduz o apreço próprio, na estima a si mesmo, o juízo que cada um faz de si. Por sua vez, a honra subjetiva se divide em: a) honra dignidade:

20 Os Direitos da personalidade. 2. Ed. Rio de Janeiro: Forense, 1995, p. 103.

21 Manual de Direito Penal, 10ª ed. São Paulo: Altas, 1995, v. 2, p. 151.

que representa o sentimento da pessoa a respeito de seus atributos morais, de honestidade e bons costumes; b) honra decoro, que se refere ao sentimento pessoal relacionado aos dotes ou qualidades do homem (físicos, intelectuais e sociais).

d) liberdade de ação, a autoestima, a sexualidade: São direitos inerentes à condição humana. Desse modo, o empregador deve respeitar a liberdade de pensamento do trabalhador, suas vestimentas, sua orientação religiosa e sexual.

e) a imagem: O art. 5º, X, da CF tutela a proteção do direito à imagem. Também no art. 20 do Código Civil há previsão de tutela desse direito. Aduz o referido dispositivo:

> "Salvo se autorizada, ou se necessária à administração da justiça ou à manutenção da ordem pública, a divulgação de escritos, a transmissão da palavra, ou a publicação, a exposição ou a utilização da imagem de uma pessoa poderão ser proibidas, a seu requerimento e sem prejuízo da indenização que couber, se lhe atingirem a honra, a boa fama ou respeitabilidade, ou se destinarem a fins comerciais".

Conforme Carlos Alberto Bittar:[22]

> "Consiste no direito que a pessoa tem sobre a sua forma plástica e respectivos componentes, distintos (rosto, olhos, perfil, busto) que a individualizam no seio da coletividade. Incide, pois, sobre a conformação física da pessoa, compreendendo esse direito um conjunto de caracteres que a identifica no meio social. Por outras palavras, é o vínculo que une uma pessoa à sua expressão externa, tomada no conjunto, ou em parte significativa (como a boca, os olhos, as pernas, enquanto individualizadores da pessoa)".

Como bem advertem Luiz Alberto David Araújo e Vidal Serrano Nunes[23], "o direito à imagem possui duas variações. De um lado, deve ser

22 Os direitos da personalidade. 2. Ed. Rio de Janeiro Forense, 1995, p. 87.

23 Curso de Direito Constitucional. 10. ed. São Paulo.

entendido como o direito relativo à produção gráfica (retrato, desenho, fotografia, filmagem etc.) da figura humana. De outro lado, porém, a imagem assume a característica do conjunto de atributos cultivados pelo indivíduo e reconhecidos pelo conjunto social. Chamemos a primeira de imagem-retrato e a segunda de imagem atributo".

Conforme as ponderações dos professores *David Araújo* e *Serrano Nunes*, a imagem se subdivide em: *imagem-retrato*: que é o aspecto físico da pessoa, como o todo ou em partes separadas do corpo; *imagem-atributo*: que corresponde à exteriorização dos caracteres do indivíduo, ou seja, a forma como ele é visto socialmente.

Para alguns autores, diante da previsão expressa do art. 5º, X, da CF, dano à imagem é uma categoria autônoma de dano. Nesse sentido, posicionam-se *Nelson Nery Junior* e *Rosa Maria de Andrade Nery*[24]:

> "O texto não deixa dúvida quanto à categoria do *dano à imagem*, distinta do dano material e moral. É possível, portanto, cumular-se dano material, moral e à imagem derivados do mesmo fato (STJ 37). Como a norma não impõe limitações à indenização por dano moral, nem remete seu regulamento para a lei, nesse caso ela é ilimitada (STF- RT 740/205)."

f) a saúde, o lazer e a integridade física: O empregado tem o direito a um meio ambiente saudável de trabalho, com medidas de proteção contra acidentes e doenças do trabalho, bem como o direito fundamental ao lazer, e de desconexão do trabalho.

Relevante destacar a menção ao chamado ***dano existencial***, que se configura quando há frustração do projeto de vida da pessoa física, muitas vezes relacionados à restrição à convivência familiar pelo excesso da jornada de trabalho, ou impossibilidade de aperfeiçoamento profissional, de forma que prejudique a realização pessoal.

No aspecto, destacamos as seguintes ementas da mais alta corte trabalhista brasileira, "in verbis":

24 Constituição Federal Comentada e Legislação Constitucional. São Paulo: RT, 2006, p. 129.

INDENIZAÇÃO POR DANO MORAL. DANO EXISTENCIAL. JORNADA EXAUSTIVA.SUPRESSÃO DO DESCANSO SEMANAL E DO INTERVALO INTRAJORNADA MÍNIMO. HORAS EXTRAS HABITUAIS. NECESSIDADE DE COMPROVAÇÃO DO DANO. DANO MORAL IN RE IPSA. PRESUNÇÃO HOMINIS. A controvérsia cinge-se na necessidade de comprovação efetiva do dano na hipótese de jornada de trabalho exorbitante imposta ao trabalhador. Na hipótese, a Corte de origem concluiu ser "evidente que as jornadas extenuantes, a ausência de obediência ao intervalo intrajornada mínimo e ao descanso semanal lesionam o projeto de vida do trabalhador, até mesmo porque, *in casu*, depreende-se do conjunto probatório que lhe restava tempo diário apenas para necessidades básicas, como dormir", e condenou as rés ao pagamento de indenização no importe de R$ 10.000,00 (dez mil reais). Esta Corte tem entendido que a submissão habitual dos trabalhadores à jornada excessiva de labor ocasiona dano existencial, modalidade de danos imaterial e extrapatrimonial em que os empregados sofrem limitações em sua vida pessoal por força de conduta ilícita praticada pelo empregador, exatamente como na hipótese dos autos, importando em confisco irreversível de tempo que poderia legitimamente destinar-se a descanso, convívio familiar, lazer, estudo, reciclagem profissional e tantas outras atividades, para não falar em recomposição de suas forças físicas e mentais, naturalmente desgastadas por sua prestação de trabalho. Portanto, o ato ilícito praticado pela reclamada acarreta dano moral in re ipsa, que dispensa comprovação da existência e da extensão, sendo presumível em razão do fato danoso. Agravo de instrumento desprovido (TST – AIRR-1793-56.2013.5.09.0029, 2ª Turma, Relator Ministro Jose Roberto Freire Pimenta, DEJT 11/10/2018).

DANO EXISTENCIAL. JORNADA EXCESSIVA. DANO IN RE IPSA. O dano existencial é espécie do gênero dano imaterial cujo enfoque está em perquirir as lesões existenciais, ou seja, aquelas voltadas ao projeto de vida (autorrealização – metas pessoais, desejos, objetivos etc.) e de relações interpessoais do indivíduo. Na seara juslaboral, o dano existencial, também conhecido como dano à existência do trabalhador, visa examinar se a conduta patronal se faz excessiva ou ilícita a ponto de imputar ao trabalhador prejuízos de monta no que toca o descanso e convívio social e familiar. Nesta esteira, esta Corte tem entendido que a imposição

> ao empregado de jornada excessiva ocasiona dano existencial, pois compromete o convívio familiar e social, violando, entre outros, o direito social ao lazer, previsto constitucionalmente (art. 6º, *caput*). Na hipótese dos autos, extrai-se do acórdão recorrido que, além de não usufruir regularmente dos intervalos intrajornada e interjornada, o reclamante laborava em extensa jornada, havendo ocasiões em que laborou 80 horas extras no mês e até 100 horas extras no mês. Assim, comprovada a jornada exaustiva, decorrente da conduta ilícita praticada pela reclamada, que não observou as regras de limitação da jornada de trabalho, resta patente a existência de dano imaterial in re ipsa, presumível em razão do fato danoso. Precedentes da Turma. Recurso de revista não conhecido (TST – RR-11307-26.2015.5.03.0095, 2ª Turma, Relatora Ministra Maria Helena Mallmann, DEJT 21/09/2018).

Nos termos do art. 223-E, da CLT, "são responsáveis pelo dano extrapatrimonial todos os que tenham colaborado para a ofensa ao bem jurídico tutelado, na proporção da ação ou da omissão."

Conforme o art. 223-F, da CLT, "a reparação por danos extrapatrimoniais pode ser pedida cumulativamente com a indenização por danos materiais decorrentes do mesmo ato lesivo. § 1º Se houver cumulação de pedidos, o juízo, ao proferir a decisão, discriminará os valores das indenizações a título de danos patrimoniais e das reparações por danos de natureza extrapatrimonial. § 2º A composição das perdas e danos, assim compreendidos os lucros cessantes e os danos emergentes, não interfere na avaliação dos danos extrapatrimoniais."

O referido dispositivo consagra entendimento já sedimentado na jurisprudência (Súmula 37 do STJ[25]), que o dano moral (extrapatrimonial) é indenizável por si só, independentemente do dano material decorrente do mesmo fato.

8. DANO MORAL (EXTRAPATRIMONIAL) REFLEXO OU EM RICOCHETE

Dano moral (extrapatrimonial) reflexo ou em ricochete é o que também atinge pessoa diversa da que sofre diretamente o dano moral, ou

25 Súmula 37 do STJ: "São cumuláveis as indenizações por dano material e dano moral oriundos do mesmo fato."

seja: é o dano que reflete em pessoa que tem convivência muito próxima, ou laços efetivos com a vítima do dano.

Alguns autores negam a existência do dano moral em ricochete, sustentando que o terceiro, na verdade, tem direito próprio à reparação do dano, vale dizer: sofre dano moral de forma direta, uma vez que tem abalo em sua personalidade em razão dos laços afetivos que possui com a vítima do dano moral.

O dano moral em ricochete ou reflexo é o que atinge outras pessoas, além da vítima direta do dano, em razão dos laços afetivos que possui com esta. Inegavelmente, o terceiro tem direito próprio à reparação, entretanto, o seu dano se originou de ofensa a terceiro. Por isso, o dano moral reflexo deve ser avaliado, considerando-se que o terceiro não o sofreu diretamente devendo o *quantum* da reparação ser mais reduzido do que o valor devido à vítima direta do dano.

Os artigos 223-A e 223-B[26] parecem restringir a amplitude no dano moral no âmbito da relação de trabalho apenas ao prestador e ao tomador de serviços, excluindo eventuais terceiros que podem ser atingidos pelo dano. Não obstante, o art. 114, VI, da CF, fixa a competência da Justiça do Trabalho para as ações de reparação por danos morais decorrentes da relação de trabalho. Portanto, não há, aqui, restrição à competência da Justiça do Trabalho para o dano moral em ricochete. No aspecto, destacamos os Enunciados n 20, da II Jornada Nacional de Direito Material e Processual do Trabalho da ANAMATRA, *in verbis*:

> "**DANO EXTRAPATRIMONIAL: LIMITES E OUTROS ASPECTOS NOS EXTRAPATRIMONIAIS.** O ART. 223-B DA CLT, INSERIDO PELA LEI N. 13.467, NÃO EXCLUI A REPARAÇÃO DE DANOS SOFRIDOS POR TERCEIROS (DANOS EM RICOCHETE), BEM COMO A DE DANOS EXTRAPATRIMONIAIS OU MORAIS COLETIVOS, APLICANDO-SE, QUANTO A ESTES, AS DISPOSIÇÕES PREVISTAS NA LEI N. 7.437/1985 E NO TÍTULO III DO CÓDIGO DE DEFESA DO CONSUMIDOR."

26 Art. 223-A: "Aplicam-se à reparação de danos de natureza extrapatrimonial decorrentes da relação de trabalho apenas os dispositivos deste Título". Art. 223-B: "Causa dano de natureza extrapatrimonial a ação ou omissão que ofenda a esfera moral ou existencial da pessoa física ou jurídica, as quais são as titulares exclusivas do direito à reparação".

Após pronunciamento do Supremo Tribunal Federal[27] a respeito da temática, a jurisprudência do TST pacificou-se no sentido da competência da Justiça do Trabalho para apreciar as demandas por danos morais movidas por sucessores de trabalhadores falecidos. Nesse sentido a Súmula 392 do TST, "in verbis":

> **"DANO MORAL E MATERIAL. RELAÇÃO DE TRABALHO. COMPETÊNCIA DA JUSTIÇA DO TRABALHO (redação alterada em sessão do Tribunal Pleno realizada em 27.10.2015) – Res. 200/2015, DEJT divulgado em 29.10.2015 e 03 e 04.11.2015**
>
> Nos termos do art. 114, inc. VI, da Constituição da República, a Justiça do Trabalho é competente para processar e julgar ações de indenização por dano moral e material, decorrentes da relação de trabalho, inclusive as oriundas de acidente de trabalho e doenças a ele equiparadas, ainda que propostas pelos dependentes ou sucessores do trabalhador falecido."

A jurisprudência trabalhista vem admitindo o dano moral em ricochete decorrente do contrato de trabalho, conforme a redação das seguintes ementas:

27 EMENTA: CONFLITO DE COMPETÊNCIA. CONSTITUCIONAL. JUÍZO ESTADUAL DE PRIMEIRA INSTÂNCIA E TRIBUNAL SUPERIOR. COMPETÊNCIA ORIGINÁRIA DO SUPREMO TRIBUNAL FEDERAL PARA SOLUÇÃO DO CONFLITO. ART. 102, I, *O*, DA CB/88. JUSTIÇA COMUM E JUSTIÇA DO TRABALHO. COMPETÊNCIA PARA JULGAMENTO DA AÇÃO DE INDENIZAÇÃO POR DANOS MORAIS E MATERIAIS DECORRENTES DE ACIDENTE DO TRABALHO PROPOSTA PELOS SUCESSORES DO EMPREGADO FALECIDO. COMPETÊNCIA DA JUSTIÇA LABORAL. 1. Compete ao Supremo Tribunal Federal dirimir o conflito de competência entre Juízo Estadual de primeira instância e Tribunal Superior, nos termos do disposto no art. 102, I, *o*, da Constituição do Brasil. Precedente (CC n. 7.027, Relator o Ministro Celso de Mello, DJ de 1º.9.95) 2. A competência para julgar ações de indenização por danos morais e materiais decorrentes de acidente de trabalho, após a edição da EC n. 45/04, é da Justiça do Trabalho. Precedentes (CC n. 7.204, Relator o Ministro Carlos Britto, DJ de 9.12.05 e AgR-RE n. 509.352, Relator o Ministro Menezes Direito, DJe de 1º.8.08). 3. O ajuizamento da ação de indenização pelos sucessores não altera a competência da Justiça especializada. A transferência do direito patrimonial em decorrência do óbito do empregado é irrelevante. Precedentes. (ED-RE n. 509.353, Relator o Ministro Sepúlveda Pertence, DJ de 17.8.07; ED-RE n. 482.797, Relator o Ministro Ricardo Lewandowski, DJe de 27.6.08 e ED-RE n. 541.755, Relator o Ministro Cézar Peluso, DJ de 7.3.08). Conflito negativo de competência conhecido para declarar a competência da Justiça do Trabalho. (CC 7545, Relator: Min. Eros Grau, Tribunal Pleno, julgado em 3.6.2009, DJe-152, Divulgado em 13.8.2009, Publicado em 14.8.2009, Ement. VOL-02369-04, PP-00769)."

RECURSO DE REVISTA DA MECAPLAN LTDA. – ILEGITIMIDADE ATIVA AD CAUSAM. ESPÓLIO. INDENIZAÇÃO POR DANOS MORAIS E MATERIAIS SUPORTADOS PELOS FAMILIARES DA VÍTIMA. Nos termos da jurisprudência desta Corte, o espólio é parte legítima para propor ação em que se busca a indenização por danos morais sofridos pelo de cujus. Todavia, na ação de indenização por danos morais ou materiais suportados pelos familiares, em decorrência do acidente que vitimou o empregado, apenas os sucessores e herdeiros – não o espólio – detêm legitimidade ativa *ad causam*. Recurso de revista de que se conhece e a que se dá provimento. (TST ARR – 892-60.2013.5.03.0060, Relator Ministro: Márcio Eurico Vitral Amaro, Data de Julgamento: 06/09/2017, 8ª Turma, Data de Publicação: DEJT 11/09/2017).

AGRAVO DE INSTRUMENTO INTERPOSTO PELA RECLAMADA SSC DISPLAYS LTDA. RESPONSABILIDADE CIVIL DO EMPREGADOR. DANOS MORAIS CAUSADOS AO EMPREGADO. FALECIMENTO DO AUTOR NO CURSO DA AÇÃO. LEGITIMIDADE AD CAUSAM DO ESPÓLIO. MATÉRIA REMANESCENTE. Embora a ofensa à moral atinja apenas os direitos subjetivos da vítima, possuindo cunho personalíssimo, a propositura da ação com pedido de indenização por dano moral pelo próprio ofendido evidencia o seu ânimo em obter a reparação, razão pela qual referido direito, de feição eminentemente patrimonial, transmite-se aos herdeiros, nos termos do artigo 943 do Código Civil combinado ao artigo 43 do CPC/1973. De se notar que não se transmite o direito material, ou seja, o dano moral sofrido pela vítima, haja vista que, decorrente de conduta atentatória à personalidade humana, é intransmissível, mas sim os direitos resultantes da ação de reparação previamente ajuizada pelo falecido. Inconteste, pois, a legitimidade do espólio para o prosseguimento da demanda. Agravo de instrumento a que se nega provimento. (TST – Processo: RR – 294700- 45.2007.5.02.0361 Data de Julgamento: 18/04/2018, Relator Ministro: Cláudio Mascarenhas Brandão, 7ª Turma, Data de Publicação: DEJT 27/04/2018).

9. REPARABILIDADE DO DANO MORAL E REQUISITOS

Se o dano moral não fosse reparável, o ofensor ficaria impune e as agressões morais continuariam se perpetuando, gerando nas pessoas sentimento de impunidade, injustiça e até de fúria, que não podem ser tolerados. Além disso, significaria perpetuação da indignidade da pessoa que fora ofendida. O fato do dano moral, embora tenha intensidade diversa de pessoa para pessoa, e de não ser possível conhecer totalmente a extensão desse tipo de dano, esses motivos não justificam a sua não reparação. É preferível reparar uma parte a nada reparar.

Deve-se destacar que não só em dinheiro se repara o dano moral. Embora não sejam comuns pedidos de reparação *in natura* do dano moral, nossa legislação prevê a reparação dos danos morais com outras modalidades de obrigações que não sejam pecuniárias, como o direito de resposta, pedido de desculpas, retratações públicas, etc., as quais, muitas vezes, são mais eficazes que a reparação pecuniária.

Outrossim, para que se caracterize o dano moral, basta o fato em si mesmo (por isso se diz que o dano moral se configura *in re ipsa*), não havendo necessidade de publicidade do fato, ou prova do sofrimento, porquanto a dor moral atinge o indivíduo na sua esfera íntima. Além disso, não há como se demonstrarem os efetivos prejuízos morais sofridos com o ato lesivo. A extensão dos prejuízos, quais sejam: a intensidade da dor, do sofrimento, da perda de uma chance, etc., devem ser valorados para se fixar o *quantum* da reparação, mas não são necessários para a eclosão do dano e o dever de reparação.

Nesse sentido, adverte com propriedade Maria Celina Bodin de Moraes[28]:

> "Assim, em primeiro lugar, toda e qualquer circunstância que atinja o ser humano em sua condição humana, que (mesmo longinquamente) pretenda tê-la como objeto, que negue a sua qualidade de pessoa, será automaticamente considerada violadora de sua personalidade e, se concretizada, causadora de dano moral a ser reparado. Acentue-se que o dano moral, para ser identificado, não precisa estar vinculado à lesão de algum 'direito subjetivo' da pessoa da vítima, ou causar prejuízo a ela. A simples violação de uma situação jurídica subjetiva extrapatrimonial (ou de um 'interesse patrimonial') em que esteja envolvida a vítima, desde que merecedora de tutela, será suficiente para garantir a reparação".

28 Danos à pessoa humana: uma leitura civil-constitucional dos danos morais. Rio de Janeiro: Renovar, 2003, p. 188.

Deve ser enfatizado que não é qualquer dissabor, sofrimento ou angústia que geram a reparabilidade do dano moral.

Os aborrecimentos normais da vida não geram a reparação por danos morais, até mesmo porque o ser humano é suscetível de altos e baixos. Também os aborrecimentos normais decorrentes do dano patrimonial não fazem eclodir o dano moral. Além disso, certas pessoas têm maior fragilidade emocional que outras, sendo mais suscetíveis de aborrecimentos e de estados depressivos. Por exemplo, o empregado que tem um superior hierárquico mal-humorado, mas que não lhe ofende, não é suficiente para gerar o dano moral, embora não seja agradável a convivência. Certa vez tivemos um processo numa das Varas de São Paulo, em que a autora pedia reparação por danos morais, pois seu superior não tinha sido educado quando do ato da dispensa.

Nesse sentido, destacamos as seguintes ementas:

> O mero dissabor não pode ser alçado ao patamar do dano moral, mas somente aquela agressão que exacerba a naturalidade dos fatos da vida, causando fundadas aflições ou angústias no espírito de quem ela se dirige (STJ, REsp n. 215.666, 4ª Turma, Rel. Ministro César Asfor Rocha, DJ 29.10.2001).

> Ementa: DANO MORAL – CONFLITOS COM DISCUSSÕES ACALORADAS ENTRE AS PESSOAS ENVOLVIDAS. Exigência quanto à correta execução dos serviços e demonstração de intolerância com os erros. Sentimento individual de ofensa ou chateação com esses atos por serem contrários ao interesse e entendimento de um dos envolvidos. Inexistência de fato juridicamente relevante apto a exigir uma reparação. TRT 2ª Reg. RO 02473200547202000 – (AC. 6ª T. 20060592367) – Rel. Juiz Rafael E. Pugliese Ribeiro. DJSP 25.8.06, p. 120. In: FERRARI, Irany; MARTINS, Melchíades. *Julgados trabalhistas selecionados*. São Paulo: LTr, 2008. v. X, p. 204).

O ato que gera o dano moral tem que ser potencialmente lesivo para violar um direito inerente à personalidade humana, considerando-se o padrão médio da sociedade, a razoabilidade, e também os fatores de tempo, lugar e o costume onde o ato fora praticado. Por exemplo, algumas brincadeiras mais ríspidas são admissíveis em determinado ambiente de trabalho, mas em outros não.

Diante do exposto, são requisitos para a reparabilidade do dano moral:

a) a violação a um direito da personalidade que seja potencialmente lesivo e causar sofrimento, considerando-se não só as circunstâncias do fato, mas também o padrão médio da sociedade. O sofrimento natural decorrente da violação a um dano patrimonial não é apto a gerar a reparação por danos morais. Os aborrecimentos normais da vida não geram a reparação por danos morais, até mesmo porque o ser humano é suscetível de altos e baixos;

b) que haja nexo casual entre a ação ou omissão do causador e a violação do direito da personalidade; culpa (*culpa stricto sensu* ou dolo) do causador (art. 186 do CC) ou ausência de culpa nas hipóteses de responsabilidade objetiva do agente (art. 927, parágrafo único, do Código Civil);

c) não há necessidade de prova da dor, da angústia e dos sentimentos negativos por parte da vítima;

d) não há necessidade de publicidade do fato ou que outra pessoa tenha conhecimento da lesão, que não a vítima;

e) mesmo as pessoas que são incapazes de entender o fato lesivo e de sentir os sofrimentos também fazem jus à reparação por danos morais.

10. ASSÉDIO MORAL

Muito se tem falado e estudado sobre um fenômeno que assola o mercado de trabalho e provoca a degradação do ambiente de trabalho, diminuindo a produtividade das empresas e provocando uma série de transtornos de ordem psicológica nos trabalhadores. Tal fenômeno tem sido denominado pela doutrina como *terror psicológico no trabalho*, *mal-estar no trabalho*, *mobbin*), ou na expressão consagrada pela doutrina e pela jurisprudência: *assédio moral.*

ASSÉDIO: Segundo o Dicionário *Houaiss*, é insistência impertinente, perseguição, sugestão ou pretensão constante em relação a alguém. MORAL: Conforme *Houaiss,* é o conjunto de valores como a honestidade, a bondade, a virtude, etc., considerados universalmente como norteadores das relações sociais e da conduta dos homens.

A sociologia e a medicina e psicologia o definem como terror psicológico gerado por atitudes constantes do agressor à vítima, muitas vezes de forma velada, destinadas a destruir sua autoestima.

Na definição Marie-France Hirigoyen[29], "o assédio moral no trabalho é definido como qualquer conduta abusiva (gesto, palavras, comportamento, atitude...) que atente, por sua repetição ou sistematização, contra a dignidade ou integridade psíquica ou física de uma pessoa, ameaçando o seu emprego ou degradando o clima de trabalho."

De forma mais simples podemos dizer que o assédio moral é a repetição de atitudes humilhantes praticadas contra uma pessoa, muitas vezes pequenos ataques que, pela repetição, vão minando sua autoestima. O assédio moral atinge a chamada *honra subjetiva* da vítima, pois ela mesma diante do processo desencadeado pelo assédio acaba se autodestruindo, perdendo seu sentimento de autoestima, de dignidade, bem como sua capacidade física e intelectual.

Na esfera trabalhista, o assédio moral se configura em pressão psicológica contínua (habitual) exercida pelo empregador a fim de forçar o empregado a sair da empresa, ou a minar a sua autoestima. Se expressa por meio de procedimentos concretos como o rigor excessivo, confiar ao empregado tarefas inúteis ou degradantes, desqualificação, críticas em público, isolamento, inatividade forçada, dentre outras.

Não há ainda na doutrina e na jurisprudência um parâmetro temporal para as repetições dos atos para se configurar o assédio moral. Alguns sustentam que as reiterações têm que perdurar por prazo de no mínimo seis meses, outros de um mês, dentre outros.

Pensamos que o requisito da repetição da conduta ou habitualidade tem que ser aferido conforme o caso concreto, as características do ofensor, da vítima, as condições de tempo e lugar, o nível de instrução da vítima, a função ocupada pelo empregado e as características da conduta do ofensor. Desse modo, conforme o caso concreto, uma conduta repetida de forma sistemática em um único dia de trabalho, no nosso sentir, pode configurar o assédio moral.

Como bem destaca Marie-France Hirigoyen[30], "embora o assédio no trabalho seja uma coisa tão antiga quanto o próprio trabalho, somente no

---

29 Mal Estar no Trabalho: redefinindo o assédio moral. Rio de Janeiro: Bertrand, 2005, p. 17.

30 Assédio Moral: A violência perversa do cotidiano. Rio de Janeiro: Bertrand Brasil, 2006, p. 65.

começo desta década foi realmente identificado como fenômeno destruidor do ambiente de trabalho não só diminuindo a produtividade como também favorecendo o absenteísmo devido aos desgastes psicológicos que provoca".

O assédio moral não se confunde com o assédio sexual, porquanto neste a intenção do agente é obter um favor sexual junto à vítima, enquanto no assédio moral, a intenção do agente é minar a autoestima da vítima. Entretanto, um estado inicial de assédio sexual pode desencadear um procedimento de assédio moral.

O assédio moral, segundo a doutrina, é classificado em: a) vertical; b) horizontal; c) ascendente; d) estratégico.

O assédio moral é classificado como vertical quando a violência psicológica parte de um superior hierárquico. Esta é a hipótese mais frequente no âmbito trabalhista.

É horizontal quando a violência psicológica é desencadeada pelos próprios colegas no local de trabalho. Como, por exemplo, os colegas de trabalho que passam a boicotar determinado empregado, por motivo de inveja, racismo ou competição.

Já o assédio moral ascendente é praticado pelo empregado contra o empregador. Lembra Márcia Novaes Guedes[31]: "No romance 'O Primo Basílio', Eça de Queiroz nos traça um quadro inusitado dessa espécie de assédio moral. A coitada da Luizinha, esposa do conselheiro Jorge, foi martirizada moralmente pela criada Juliana até a morte. A violência de baixo para cima geralmente ocorre quando um colega é promovido sem a consulta dos demais, ou quando a promoção implica um cargo de chefia cujas funções os subordinados supõem que o promovido não possui méritos para desempenhar."

O chamado *assédio moral estratégico* está ligado a uma determinada política empresarial, como, por exemplo: reestruturação da empresa, com planos de demissões voluntárias, substituição de mão de obra de determinado setor, etc. Nestas situações, a estratégia empresarial consiste em atitudes destinadas a minar a autoestima destes trabalhadores, com a finalidade de que eles mesmos acabem aderindo a um plano de demissão voluntária ou pedindo demissão, por acharem que não se enquadram no perfil da empresa. Normalmente, nesta modalidade de assédio, não há uma vítima específica, mas um grupo determinado de trabalhadores. Tal

31 Terror Psicológico no trabalho. São Paulo: Ltr, 2003, p. 37.

modalidade de assédio se assemelha ao vertical, pois vem de cima para baixo, e a vítima, ou vítimas são determinadas.

11. ASSÉDIO SEXUAL

Rodolfo Pamplona Filho[32] conceitua assédio sexual "como toda conduta de natureza sexual não desejada que, embora repelida pelo destinatário, é continuadamente reiterada, cerceando-lhe a liberdade sexual". São elementos caracterizados do assédio sexual segundo Pamplona Filho: a) sujeitos: agente (assediador) e destinatário (assediado); b) conduta de natureza sexual; c) rejeição da conduta do agente; d) reiteração da conduta.

O assédio sexual pode ser praticado por chantagem, quando o agente exige da vítima a prática (e/ou aceitação) de uma determinada conduta de natureza sexual, não desejada, sob a ameaça de perda de um determinado benefício. Também pode o assédio sexual ser praticado por intimidação. Se caracteriza como menciona *Rodolfo Pamplona Filho*[33] "por incitações sexuais inoportunas, solicitações sexuais ou outras manifestações da mesma índole, verbais ou físicas, com o efeito de prejudicar a atuação de uma pessoa ou de criar uma situação ofensiva, hostil, de intimidação ou abuso no ambiente em que é intentado". Na esfera do contrato de trabalho, temos o exemplo do chefe que todo dia convida a subordinada para jantar, elogiando seus atributos físicos. Essa modalidade de assédio sexual cria um ambiente tenso e hostil de trabalho e constitui um obstáculo à igualdade entre os sexos.

O Código Penal Brasileiro, no art. 216-A, tipificou o assédio sexual por chantagem, com a seguinte redação, *in verbis*:

> "Art. 216-A. Constranger alguém com o intuito de obter vantagem ou favorecimento sexual, prevalecendo-se o agente da sua condição de superior hierárquico ou ascendência inerentes ao exercício de emprego, cargo ou função."

Para que haja o assédio sexual nos termos da lei penal, há a necessidade da existência da relação de emprego e que o assediante tenha ascensão hierárquica sob a assediada.

---

32 Assédio Sexual na relação de emprego. São Paulo: Ltr, 2001, p. 35.

33 Op. cit. p. 47.

Na esfera trabalhista, se o empregado praticar assédio sexual contra uma colega ou um colega de trabalho, o empregador poderá dispensá-lo por incontinência de conduta, por ter praticado ato incompatível com a moral sexual do ambiente de trabalho (art. 482, *b*, da CLT).

É dispensável, para fins trabalhistas, que o assediante tenha cargo/função hierarquicamente superior à assediada/o.

12. DANO ESTÉTICO E DANO MORAL

Estética vem do grego *aisthesis* que significa sensação. Tradicionalmente é o ramo da ciência que tem por objeto o estudo da beleza e suas manifestações na arte e na natureza. Na concepção clássica, que vem de Aristóteles, é a estética uma ciência prática ou normativa que dá regras ao fazer humano sob o aspecto do belo. Portanto, é a ciência que tem como objeto material a atividade humana (fazer) e como objeto formal (aspecto sob o qual é encarado esse fazer), o belo[34].

O dano estético tem sido conceituado pela doutrina como toda alteração morfológica do indivíduo que, além do aleijão, abrange as deformidades ou deformações, marcas e defeitos, ainda que mínimos, e que impliquem, sob qualquer aspecto, um afeiamento da vítima.

Na visão de Teresa Ancona Lopez[35]:

> "Definiríamos o dano estético (ou *ob deformitatem*, da maneira que o chama Giorgi) como qualquer modificação duradoura ou permanente na aparência externa de uma pessoa, modificação esta que lhe acarreta enfeiamento e lhe causa humilhações e desgosto, dando, origem, portanto, a uma dor moral".

A Constituição Federal não consagra o dano estético como uma categoria autônoma de dano (art. 5º, V e X, da CF). Além disso, não há previsão legal de reparação do dano estético puro. Por isso, muitos negam a existência do chamado dano estético como uma categoria autônoma de dano. Sustentam que, ou o dano estético se manifesta sob o aspecto patrimonial ou sob o aspecto moral. Se manifestaria sob o aspecto patrimonial quando, por exemplo, um trabalhador deixa de ser contratado em razão

34 LOPEZ, Teresena Ancona. *O Dano Estético*: Responsabilidade Civil. 3ª. ed. São Paulo: RT, p. 44.

35 *O dano estético*: Responsabilidade civil. 3. ed. São Paulo: RT, 2004, p. 46.

de deformação estética e, por outro lado, se manifestaria sob o aspecto moral quando o trabalhador se sente angustiado, triste ou depressivo em razão da deformidade estética. Também o dano estético pode, cumulativamente, acarretar danos de ordem moral e patrimonial (nesse sentido é a Súmula n. 37 do STJ).

Embora seja difícil dissociar o dano estético dos danos de ordem moral ou patrimonial, a nosso ver, o dano estético puro, ou seja, aquele que não tem qualquer reflexo material ou moral, deve ser reparado, podendo constituir uma categoria autônoma de dano. Ainda que a vítima do dano estético não se incomode com a deformação estética, essa anomalia, por si só, já viola um direito da personalidade passível de reparação. Além disso, também há prejuízo para a imagem da vítima. De outro lado, o dano estético é uma das extensões do dano, já que, segundo o referido autor, o dano se mede pelos efeitos e não pela origem.

De nossa parte, o dano estético atenta contra a imagem retrato da pessoa, que é um direito inerente a sua personalidade e à própria condição humana, nos termos do artigo 5º, V, da CF.

Desse modo, o dano estético viola direito da personalidade, independentemente de suas repercussões materiais ou morais.

Além disso, se for possível dissociar o dano estético dos danos de ordem moral e patrimonial é passível a cumulação da indenização.

O Superior Tribunal de Justiça pacificou a questão, conforme a Súmula 387, de sua jurisprudência, "in verbis": *É lícita a cumulação das indenizações de dano estético e dano moral.*

13. O DANO MORAL COLETIVO

A reparação do dano moral em suas múltiplas facetas ganhou impulso com a Constituição de 1988 que elevou a dignidade da pessoa humana ao patamar de princípio fundante do ordenamento jurídico constitucional. Além disso, houve precisão expressa da reparação do chamado "dano moral puro", qual seja, aquele que não tem repercussões patrimoniais.

A Lei 13.467/17 inseriu os arts. 223-A a 223-G à CLT, denominando o dano moral individual como *dano extrapatrimonial*. Não obstante, tais dispositivos não disciplinaram o dano moral coletivo, ou o chamado *dano extrapatrimonial coletivo*.

Em razão do dano moral atingir valores personalíssimos, alguns autores negam a possibilidade do dano moral atingir um grupo de pessoas.

Nesse sentido é a visão de *Sergio Pinto Martins*[36]:

> "Entendo que não é possível o pagamento de indenização por dano moral coletivo como vem sendo postulado e deferido em ações civis públicas, como, por exemplo, de trabalho escravo, de elaboração de listas negras pelas empresas, etc. Primeiro, porque não existe previsão legal, muito menos a indenização ser destinada ao Fundo de Amparo ao Trabalhador. Segundo, porque cada um dos empregados ofendidos pode pedir a indenização por dano moral, o que implicaria à empresa pagar duas vezes a indenização pelo mesmo fato: uma, no dano moral coletivo; outra, em cada caso individual, representando *bis in idem*."

Não obstante as ponderações acima, já está assentado na doutrina e jurisprudência, que o dano moral pode atingir a pessoa, na sua esfera individual, mas também um grupo determinável ou até uma quantidade indeterminada de pessoas que sofrem os efeitos do dano derivado de uma mesma origem.

Ensina *Carlos Alberto Bittar Filho*[37], "se o indivíduo pode ser vítima de dano moral não há porque não o possa ser a coletividade. Assim, pode-se afirmar que o dano moral coletivo é a injusta lesão da esfera moral de uma dada comunidade, ou seja, é a violação antijurídica de um determinado círculo de valores coletivos. Quando se fala em dano moral coletivo, está-se fazendo menção ao fato de que o patrimônio valorativo de uma certa comunidade (maior ou menor), idealmente considerado, foi agredido de maneira absolutamente injustificável do ponto de vista moral, quer isso dizer, em última instância, que se feriu a própria cultura, em seu aspecto material".

O dano moral, por ter previsão constitucional (art. 5º, V e X) e por ser uma das facetas da proteção à dignidade da pessoa humana (art. 1º, III, da CF) adquire caráter publicista e interessa à sociedade como um todo,

---

36 MARTINS, Sergio Pinto. *Dano moral decorrente do contrato de trabalho*. São Paulo: Atlas, 2007. p. 88.

37 BITTAR FILHO, Carlos Alberto. Pode a coletividade sofrer dano moral? In: *Rep. IOB*, Jurisprudência n. 3.12/290.

portanto, se o dano moral atinge a própria coletividade, é justo e razoável que o Direito admita a reparação decorrente desses interesses coletivos.

Para Marcelo Freire Sampaio Costa[38]: "(...)torna-se possível conceituar dano moral coletivo como a violação da projeção coletiva da dignidade da pessoa humana, consubstanciada em interesses/direitos extrapatrimoniais essencialmente coletivos (difusos e coletivos em sentido lato), sendo tal violação usualmente causadora de sentimentos coletivos de repulsa, indignação e desapreço pela ordem jurídica."

A reparação do dano moral coletivo visa, principalmente a prevenir a eclosão dos danos morais individuais, facilitar o acesso à justiça, à ordem jurídica justa, garantir a proteção da moral coletiva e a própria sociedade.

O fundamento da reparação do dano moral coletivo está no art. 5º, X, da CF assim redigido: "são invioláveis a intimidade, a vida privada, a honra e a imagem das pessoas, assegurando o direito à indenização pelo dano material ou moral decorrente de sua violação". Ora, a Constituição menciona pessoas no plural, denotando que o dano moral pode transcender o interesse individual e atingir a esfera coletiva. Como é regra de hermenêutica: a lei não contém palavras inúteis e, em se tratando de direitos fundamentais, a Constituição deve ser interpretada à luz do princípio da máxima eficiência (*Canotilho*). Além disso, a reparação coletiva do dano moral prestigia os princípios alinhavados no próprio art. 1º da Constituição Federal: cidadania (inciso II), dignidade da pessoa humana (inciso III); do art. 3º, da Constituição Federal: construção de uma sociedade livre, justa e solidária (inciso I), garantia do desenvolvimento nacional (II) e promover o bem de todos, sem preconceitos de origem, raça, sexo, cor, idade e quaisquer outras formas de discriminação (IV) e art. 4º: prevalência dos direitos humanos.

Na esfera trabalhista, há tradição quanto à admissão e existência do conflito coletivo que envolve uma coletividade de empregados e empregadores. Também há tradição de resolução do conflito coletivo pelo Judiciário Trabalhista em razão do chamado Poder Normativo da Justiça do Trabalho (art. 114, § 2º, da CF).

O art. 81, da Lei n. 8.078/90, define, por meio de interpretação autêntica, os interesses transindividuais, do qual o interesse coletivo é uma das suas espécies. Com efeito, aduz o referido dispositivo legal: "A defesa

38 Dano Moral (Extrapatrimonial) Coletivo. São Paulo: LTr, 2009, p. 71.

dos interesses e direitos dos consumidores e das vítimas poderá ser exercida em juízo individualmente, ou a título coletivo. Parágrafo único. A defesa coletiva será exercida quando se tratar de: I – interesses ou direitos difusos, assim entendidos, para efeitos deste Código, os transindividuais, de natureza indivisível, de que sejam titulares pessoas indeterminadas e ligadas por circunstância de fato; II – interesses ou direitos coletivos, assim entendidos, para efeitos deste Código, os transindividuais de natureza indivisível, de que seja titular grupo, categoria ou classe de pessoas ligadas entre si ou com a parte contrária por uma relação jurídica base; III – interesses individuais homogêneos, assim entendidos os decorrentes de origem comum".

Os interesses difusos são transindividuais de natureza indivisível, cujos titulares são indeterminados e ligados entre si por uma situação fática. Encaixa-se, aqui, a proteção ao meio ambiente de trabalho. Já o interesse coletivo é o próprio de um grupo, de uma classe, interligadas entre si ou com a parte contrária, por uma relação jurídica base, a exemplo de uma categoria profissional, ou dos trabalhadores de uma determinada empresa. Já o interesse individual homogêneo de o de natureza divisível, cujo titulares são determinados, mas a origem é comum e as questões comuns preponderam sobre as singularidades.

Atualmente, a legislação infraconstitucional prevê a possibilidade de reparação do dano moral coletivo no art. 6º, VI, da Lei n. 8.078/90, assim redigido: "a efetiva prevenção e reparação de danos patrimoniais e morais, individuais, coletivos e difusos".

O dano moral coletivo e o difuso são danos autônomos, vale dizer: não são apenas um somatório de direitos individuais e a reparação visa a tutelar a própria sociedade como um todo; já nos direitos individuais homogêneos, a reparação é endereçada a cada vítima individualmente. Por isso, na defesa do dano moral coletivo, a tutela visa prevenir (tutela inibitória) ou reparar um prejuízo em abstrato, e no direito individual homogêneo, um prejuízo individual.

A lei não prevê a possibilidade de ação coletiva de reparação de danos morais para a defesa de direitos individuais homogêneos. Entretanto, não existe vedação. De outro lado, o direito individual homogêneo é uma subespécie dos direitos ou interesses transindividuais. Portanto, é possível a reparação, pela via da ação coletiva, dos danos morais que têm origem comum, sendo os titulares dessa reparação pessoas determinadas e o objeto do direito divisível. Embora reconheçamos as vicissitudes que se possa enfrentar nesta ação, máxime a possibilidade de se valorar de forma diferenciada as consequências do dano para cada uma das vítimas em particular, ela é perfeitamente possível à luz do nosso ordenamento jurídico.

Podemos citar, exemplificativamente, hipótese de eclosão do dano moral coletivo na esfera trabalhista, quais sejam: a) revistas íntimas coletivas que violem a intimidade dos empregados; b) submissão de trabalhadores, coletivamente, a assédio moral, a fim de aderirem a Programa de Demissão Voluntária; c) meio ambiente de trabalho em condições de risco acentuado; d) descumprimento contumaz das garantias mínimas trabalhistas, máxime o pagamento do salário mínimo, períodos de descanso e limitação de jornada; e) grupo de trabalhadores que são tratados sem condições mínimas de dignidade pelos superiores hierárquicos, com manifesto abuso do Poder Diretivo e discriminações. Enfim, há uma multiplicidade de situações de configuração do dano moral na esfera coletiva decorrente de uma relação de trabalho.

A proteção ao meio ambiente do trabalho é essencial para a dignidade da pessoa humana do trabalhador, nos aspectos da melhoria de sua qualidade de vida, bem como preservação de sua incolumidade física e moral. O inciso 7º, XXII, da CF, por consagrar uma norma de direito fundamental não pode ficar somente em sede programática devendo o empregador ou o tomador dos serviços de um trabalhador adotar medidas efetivas para manutenção de um meio ambiente adequado de trabalho e coibir os riscos de acidentes de trabalho.

Como bem adverte *Raimundo Simão de Melo*[39] "o meio ambiente do trabalho adequado e seguro é um direito fundamental do cidadão trabalhador (*lato sensu*). Não é um mero direito trabalhista vinculado ao contrato de trabalho, pois a proteção daquele é distinta da assegurada ao meio ambiente do trabalho, porquanto está última busca salvaguardar a saúde e a segurança do trabalhador no ambiente onde desenvolve as suas atividades".

As violações ao meio ambiente de trabalho, além de acarretar violação à dignidade de cada trabalhador individualmente considerado, também viola a chamada *dignidade coletiva*, pois o meio ambiente seguro e adequado constitui direito da coletividade e da sociedade como um todo.

39 MELO, Raimundo Simão de. *Direito ambiental do trabalho e a saúde do trabalhador*. São Paulo: LTr, 2004. p. 462.

A jurisprudência trabalhista vem reconhecendo a reparação do dano moral coletivo na esfera trabalhista em razão de violação de normas relacionadas ao meio ambiente de trabalho, conforme se constata da seguinte ementa:

> EMENTA: DANO MORAL COLETIVO. MEIO AMBIENTE DE TRABALHO. LEUCOPENIA. DESTINAÇÃO DA IMPORTÂNCIA REFERENTE AO DANO MORAL COLETIVO – FAT E INSTITUIÇÃO DE SAÚDE (LEI N. 7.347/85, ART. 13): O número de trabalhadores que adquiriram leucopenia no desenvolvimento de suas atividades na recorrida, em contato com benzeno é assustador. O local de trabalho envolve diretamente manipulação de produtos químicos contendo componente potencialmente tóxico como benzeno, que afetam precisamente a medula óssea e as células do sangue, e, por conseguinte, desenvolvem referida enfermidade (leucopenia), já reconhecida como doença profissional, incapacitando para o trabalho. Para levar a questão mais adiante, é consabido também que as empresas não aceitam mais empregados que carregam sequelas de doenças como a leucopenia. Na realidade, esses infaustos acontecimentos transcendem o direito individual e atingem em cheio uma série de interesses, cujos titulares não podemos identificar a todos desde logo, contudo inegavelmente revela a preocupação que temos que ter com o bem-estar coletivo, e o dano no sentido mais abrangente que nele resulta chama imediatamente a atenção do Estado e dos setores organizados da sociedade de que o trabalhador tem direito a uma vida saudável e produtiva. Todas as irregularidades detectadas pela segura fiscalização federal do Ministério do Trabalho apontam flagrante desrespeito às leis de proteção ao trabalhador, colocando suas vidas e saúde em iminente risco, prejudicando seriamente o ambiente de trabalho. Partindo desse cuidado com a vida e a saúde dos trabalhadores, a multireferida Constituição Federal garantiu com solidez a proteção ao meio ambiente do trabalho, ao assegurar que (art. 200) "Ao sistema único de saúde compete, além de outras atribuições, nos termos da lei: VII – colaborar na proteção do meio ambiente, nele compreendido o do trabalho". Essa preocupação segue a tendência do ainda novo direito do trabalho fundado na moderna ética de Direito de que as questões concernentes ao seu meio ambiente ultrapassam a questão de saúde dos próprios trabalhadores, extrapolando para toda a sociedade. Assim, levando-se em conta a gravidade dos danos, pretéritos e atuais, causados ao

meio ambiente do trabalho em toda a sua latitude, com suas repercussões negativas e já conhecidas à qualidade de vida e saúde dos trabalhadores e seus familiares, é de se reconhecer devida a indenização pleiteada pelo órgão ministerial, no importe de R$ 4.000.000,00 (quatro milhões de reais), com correção monetária e juros de mora, ambos a partir da propositura da ação. Nem se alegue que referido valor representaria um risco ao bom e normal funcionamento da empresa, posto que corresponde apenas a 0,16% do lucro líquido havido em 2006, no importe de R$ 2,5 bilhões e Ebitda de R$ 4,4 bilhões, conforme informações extraídas do *site* oficial da própria Cosipa na internet. A atenção desta Justiça, indiscutivelmente, no presente caso, volta-se para o meio ambiente de trabalho, e referido valor arbitrado ao ofensor, busca indenizar/reparar/restaurar e assegurar o meio ambiente sadio e equilibrado. Aliás, a Usiminas, após adquirir a Cosipa, passou por um processo de reestruturação e, no ano passado, o Grupo "Usiminas-Cosipa" apresentou uma produção correspondente a 28,4% da produção total de aço bruto. Deve, por conseguinte, dada sua extrema importância no setor siderúrgico, assumir uma postura mais digna frente ao meio ambiente, bem como perante os trabalhadores que tornaram indigitado sucesso possível. Com efeito, deve haver a prioridade da pessoa humana sobre o capital, sob pena de se desestimular a promoção humana de todos os que trabalharam e colaboraram para a eficiência do sucesso empresarial. Considerando a condenação em dinheiro, bem como o disposto no art. 13 da Lei da Ação Civil Pública (7.347/85), que dispõe que "Havendo condenação em dinheiro, a indenização pelo dano causado reverterá a um fundo gerido por um Conselho Federal ou por Conselhos Estaduais de que participarão necessariamente o Ministério Público e representantes da comunidade, sendo seus recursos destinados à reconstituição dos bens lesados" (grifei), torna-se necessário estabelecer a destinação da importância, tendo presente, primordialmente, que a finalidade social da indenização é a reconstituição dos bens lesados. Determino o envio da importância de R$ 500.000,00 (quinhentos mil reais), 12,5%, ao FAT (Fundo de Amparo ao Trabalhador), instituído pela Lei n. 7.998/90 e destinado ao custeio do programa de seguro-desemprego, ao pagamento do abono salarial (PIS) e ao financiamento de programas de desenvolvimento econômico) e R$ 3.500.000,00 (três milhões e quinhentos mil reais), 87,5%, à "Irmandade da Santa

Casa de Misericórdia de Santos", objetivamente para a aquisição de equipamentos e/ou medicamentos destinados ao tratamento de pessoas portadoras de leucopenia, e, tendo presente também aqueles trabalhadores da reclamada (Companhia Siderúrgica Paulista – Cosipa), portadores da doença e seus familiares (TRT/2ª REGIÃO, TIPO: RECURSO ORDINÁRIO DATA DE JULGAMENTO: 19.6.2007, RELATOR(A): VALDIR FLORINDO, REVISOR(A): IVANI CONTINI BRAMANTE, ACÓRDÃO N.: 20070504380, PROCESSO N.: 01042-1999-255-02-00-5, ANO: 2006, TURMA: 6ª, DATA DE PUBLICAÇÃO: 6.7.2007). In: *Revista LTr* 71-09/1142.

A Lei não diz expressamente quais são os destinatários da reparação do dano moral coletivo, apenas no art. 13, da Lei n. 7.347/85, há menção de que havendo condenação em dinheiro, a indenização pelo dano causado reverterá para um fundo gerido por um Conselho Federal ou por Conselhos Estaduais de que participarão necessariamente o Ministério Público e representantes da comunidade, sendo seus recursos destinados à reconstituição dos bens lesados.

Quanto à modalidade de reparação do dano moral coletivo, costumeiramente, o montante da condenação em pecúnia tem sido direcionado ao FAT (Fundo de Amparo ao Trabalhador). Entretanto, pensamos que o valor da reparação possa ser direcionado aos próprios trabalhadores de determinada empresa, na modalidade de concessão de um benefício, ou se atribuir determinada obrigação à empresa, como fornecer cursos de reciclagem aos empregados, etc. De outro lado, pensamos que a reparação *in natura* do dano moral coletivo seja mais efetiva que a pecuniária, podendo o Juiz, sempre que possível e necessário à efetiva reparação do dano, converter o pedido de indenização em pecúnia em reparação *in natura.*

No mesmo sentido, argumenta *Xisto Tiago de Medeiros Neto*[40]:

> "Admite-se, ainda, a possibilidade de convolação ou redirecionamento da parcela indenizatória objeto da condenação, mediante destinação a outra aplicação que não seja o Fundo específico previsto em lei. É o caso da conciliação judicial no âmbito da ação civil pública, em que as partes, tendo em vista o pedido formulado e/ou eventual condenação relativa ao dano moral coletivo, acordem sobre a transformação do respectivo valor na realização de determinadas obrigações pelo réu,

40 MEDEIROS NETO, Xisto Tiago de. *Dano moral coletivo*. São Paulo: LTr, 2004. p. 155.

> que venham a contribuir, direta ou indiretamente, para a proteção e promoção dos bens jurídicos lesados, objeto da tutela pretendida por meio da demanda. Seriam exemplos de tais obrigações pactuadas com o ofensor: a) promover e financiar campanha publicitária ou educativa; b) efetuar específica obra; c) adquirir e entregar bens a determinadas entidades públicas ou privadas (realizadoras de atividades de interesse público ou social) e que sejam úteis às suas iniciativas; d) executar certo projeto de cunho social."

No aspecto, relevante destacar o Enunciado n. 12, da 1ª Jornada de Direito Material da ANAMATRA, *in verbis*:

> AÇÕES CIVIS PÚBLICAS. TRABALHO ESCRAVO. REVERSÃO DA CONDENAÇÃO ÀS COMUNIDADES LESADAS. Ações civis públicas em que se discute o tema do trabalho escravo. Existência de espaço para que o magistrado reverta os montantes condenatórios às comunidades diretamente lesadas, por via de benfeitorias sociais tais como a construção de escolas, postos de saúde e áreas de lazer. Prática que não malfere o art. 13 da Lei n. 7.347/85, que deve ser interpretado à luz dos princípios constitucionais fundamentais, de modo a viabilizar a promoção de políticas públicas de inclusão dos que estão à margem, que sejam capazes de romper o círculo vicioso de alienação e opressão que conduz o trabalhador brasileiro a conviver com a mácula do labor degradante. Possibilidade de edificação de uma Justiça do Trabalho ainda mais democrática e despida de dogmas, na qual a responsabilidade para com a construção da sociedade livre, justa e solidária delineada na Constituição seja um compromisso palpável e inarredável.

14. DO VALOR DA REPARAÇÃO POR DANOS MORAIS

Um dos assuntos mais delicados, senão o mais delicado quando se fala em dano moral é a liquidação do valor, vale dizer: o limite pecuniário da lesão sofrida pela vítima de dano moral.

O dano moral não é quantificável, pois é da própria essência do dano moral não ter expressão econômica.

A natureza jurídica da reparação por dano moral tem caráter dúplice. Em relação à vítima é compensatória, ou seja, a vítima recebe um valor em pecúnia ou uma prestação *in natura* para abrandar o sofrimento. Com relação ao ofensor, tem natureza sancionatória, ou seja, é uma sanção pecuniária pelo ato ilícito praticado e também para que ele não volte a ser praticado (caráter inibitório).

Tecidas as considerações preliminares, resta a seguinte indagação: como liquidar os danos morais, ou seja, como transformar em valor pecuniário o dano sofrido?

Ao contrário do dano patrimonial em que são calculados os danos emergentes e os lucros cessantes, a legislação não traça as diretrizes para o cálculo do valor do dano moral, sendo esta uma tarefa espinhosa para o juiz frente ao caso concreto.

Doutrina e jurisprudência são uníssonas no sentido de que, à falta de tarifado, a indenização pelo dano moral deve ser fixada por arbitramento do juiz de forma discricionária, à luz das peculiaridades do caso concreto, aplicando-se a proporcionalidade e razoabilidade.

Também predomina na jurisprudência cível o entendimento de que o valor da indenização deve ser fixado desde logo pelo juiz na sentença (RSTJ, 71:184; JTARS, 27:251), pois o juiz que julgou o processo é aquele que teve o sentimento da causa, que colheu os depoimentos, viu as partes e, certamente, terá elementos mais seguros para fixação do valor, do que deixá-lo para a fase de liquidação. Além disso, a fixação do valor na própria sentença já a torna líquida desde já e possibilita o Tribunal *ad quem* apreciar já na fase de conhecimento, em eventual recurso, o montante fixado, ganhando o valor da indenização, após o julgamento do recurso, ou em caso de não interposição deste, *status* de coisa julgada.

O C. STJ pacificou a questão no sentido de não ser tarifada a reparação por danos morais, por meio da Súmula n. 281, *in verbis*:

> "A indenização por dano moral não está sujeita à tarifação prevista na Lei de Imprensa".

No mesmo sentido é o Enunciado n. 51 da 1ª Jornada de Direito Material da ANAMATRA, *in verbis:*

> "RESPONSABILIDADE CIVIL. DANOS MORAIS. CRITÉRIOS PARA ARBITRAMENTO. O valor da condenação por danos morais decorrentes da relação de trabalho será arbitrado pelo juiz de maneira equitativa, a fim de atender ao seu caráter compensatório, pedagógico e preventivo."

De nossa parte, o valor da reparação deve estar balizado pelos seguintes critérios: a) reconhecer que o dano moral não pode ser valorado economicamente; b) valorar o dano no caso concreto, segundo as caraterísticas de tempo e lugar onde ocorreu; c) analisar o perfil da vítima e do ofensor; d) analisar se a conduta do ofensor foi dolosa ou culposa, bem como a intensidade da culpa; e) considerar não só os danos atuais, mas também os prejuízos futuros, como a perda de uma chance; f) guiar-se o juiz pela razoabilidade, equidade e justiça; g) considerar a efetiva proteção à dignidade da pessoa humana; h) considerar o tempo de serviço do trabalhador, sua remuneração; i) atender à função social do contrato de trabalho, da propriedade e função social da empresa; j) inibir que o ilícito se repita; k) chegar ao acertamento mais próximo da reparação, mesmo sabendo que é impossível conhecer a dimensão do dano. Por isso deve apreciar não só os danos atuais como os futuros (perda de uma chance); l) considerar a situação econômica do País e o custo de vida da região em que reside o lesado.

O art. 223-G, da CLT, com a redação dada pela Lei 13.467/17 assevera:

> "Ao apreciar o pedido, o juízo considerará: I – a natureza do bem jurídico tutelado; II – a intensidade do sofrimento ou da humilhação; III – a possibilidade de superação física ou psicológica; IV – os reflexos pessoais e sociais da ação ou da omissão; V – a extensão e a duração dos efeitos da ofensa; VI – as condições em que ocorreu a ofensa ou o prejuízo moral; VII – o grau de dolo ou culpa; VIII – a ocorrência de retratação espontânea; IX – o esforço efetivo para minimizar a ofensa; X – o perdão, tácito ou expresso; XI – a situação social e econômica das partes envolvidas; XII – o grau de publicidade da ofensa. §1º Se julgar procedente o pedido, o juízo fixará a indenização a ser paga, a cada um dos ofendidos, em um dos seguintes parâmetros, vedada a acumulação: I – ofensa de natureza leve, até três vezes o último salário contratual do ofendido; II – ofensa de natureza média, até cinco vezes o último salário contratual do ofendido; III – ofensa de natureza grave, até vinte vezes o último salário contratual do ofendido; IV – ofensa de natureza gravíssima, até cinquenta vezes o último salário contratual do ofendido. § 2º Se o ofendido for pessoa jurídica, a indenização será fixada com observância dos mesmos parâmetros estabelecidos no § 1º deste artigo, mas em relação ao salário contratual do ofensor. §

> 3º Na reincidência entre partes idênticas, o juízo poderá elevar ao dobro o valor da indenização."

Em nosso entendimento, dos doze critérios previstos nos incisos do art. 223-G são razoáveis a atendem as características pedagógica, inibitória e compensatória da reparação e também os requisitos de justiça, equidade e proporcionalidade.

De outro lado, a tarifação do dano moral levada a efeito nos parágrafos do art. 223-G gera polêmicas. Muitos intérpretes têm apontado inconstitucionalidade em razão do tarifamento violar os princípios da razoabilidade e proporcionalidade, a essência do dano moral não ser tarifado, bem como discriminação entre trabalhadores que sofrem o mesmo dano ter reparações distintas em razão do valor do salário.

No aspecto, sustenta Maurício Godinho Delgado[41]:

> "(...) o diploma legal agregou fator adicional de incompatibilidade, ou seja, o parâmetro do salário contratual do ofendido como regra geral para cômputo da indenização. Tal parâmetro propicia injusta diferenciação entre o patrimônio moral de seres humanos com renda diversa – circunstância que acentua o desajuste da lei nova à matriz humanista e social da Constituição Federal e da ordem jurídica internacional regente dos Direitos Humanos no País."

Outros argumentam ser positiva a tarifação, ainda que não taxativa, pois retira a discricionariedade judicial, deixando o valor da reparação mais objetivo e previsível.

De nossa parte, os parágrafos do art. 223-G da CLT devem ser interpretados em cotejo com a Constituição Federal (art. 5º, incisos V e X), devendo o Juiz do Trabalho fixar reparação adequada ao dano moral, considerando-se a efetiva proteção à dignidade da pessoa humana. Por isso, os parâmetros fixados para a indenização estabelecidos no referido dispositivo não podem ser taxativos. Desse modo, no caso concreto, o magistrado pode fixar reparação adequada ao dano, valendo-se dos princípios da razoabilidade e proporcionalidade, e também do princípio da justa reparação decorrente da extensão do dano.

---

41 Curso do Direito do Trabalho. 18ª ed. São Paulo: Ltr, 2019, p. 788.

XIV

NORMAS TUTELARES

1. DA CARTEIRA DE TRABALHO E PREVIDÊNCIA SOCIAL

A Carteira de Trabalho é o documento que retrata a vida funcional do trabalhador, onde são documentados os principais acontecimentos do contrato de trabalho, como os dados do empregador, data de admissão, função, promoções, férias, reajustes salariais, benefícios previdenciários, eventuais acidentes de trabalho, etc.

Dispõe o art. 14 da CLT:

> **"A CTPS será emitida pelo Ministério da Economia preferencialmente em meio eletrônico. (Redação dada pela Lei 13.874/2019) Parágrafo único. Excepcionalmente, a CTPS poderá ser emitida em meio físico, desde que: (Redação dada pela Lei 13.874/2019) I - nas unidades descentralizadas do Ministério da Economia que forem habilitadas para a emissão; (Acrescido pela Lei 13.874/2019) II - mediante convênio, por órgãos federais, estaduais e municipais da administração direta ou indireta; (Acrescido pela Lei 13.874/2019) III - mediante convênio com serviços notariais e de registro, sem custos para a administração, garantidas as condições de segurança das informações."**

Compete ao Poder Executivo, por meio do Ministério do Trabalho e Previdência, a emissão da CTPS, preferencialmente em meio eletrônico.

A CTPS eletrônica, instituída pela Lei 13.874/19 constitui avanço, pois possibilita maior agilidade em sua emissão, bem como maior segurança aos empregados e empregadores, com menor custo.

Excepcionalmente, a Carteira de Trabalho será emitida em meio físico: nas unidades descentralizadas do Ministério do Trabalho que forem habilitadas para a emissão; mediante convênio, por órgãos federais, estaduais e municipais da administração direta ou indireta; mediante convênio com serviços notariais e de registro, sem custos para a administração, garantidas as condições de segurança das informações.

Os requisitos para emissão das Carteiras de Trabalho digital e física estão detalhados na Portaria 671/21 do Ministério do Trabalho e Previdência, cujos arts. 3º a 5º valem ser transcritos:

> "Art. 3º A CTPS emitida em meio eletrônico, de que trata o art. 14 da Consolidação das Leis do Trabalho, aprovada pelo Decreto-Lei nº 5.452, de 1º de maio de 1943 - CLT, é denominada Carteira de Trabalho Digital. § 1º Para fins do disposto no Decreto-Lei nº 5.452, de 1943 - CLT, a Carteira de Trabalho Digital é equivalente à CTPS emitida em meio físico. § 2º A Carteira de Trabalho Digital é previamente emitida a todos os inscritos no CPF, sendo necessária sua habilitação. § 3º A Carteira de Trabalho Digital não se equipara aos documentos de identificação civis de que trata o art. 2º da Lei nº 12.037, de 1º de outubro 2009."
>
> "Art. 4º A habilitação da Carteira de Trabalho Digital é realizada por meio de: I - aplicativo eletrônico específico, denominado Carteira de Trabalho Digital, disponibilizado gratuitamente para dispositivos móveis; ou II - serviço específico da Carteira de Trabalho Digital diretamente no portal gov.br."
>
> "Art. 5º A CTPS em meio físico é emitida por meio do sistema informatizado de emissão de Carteira de Trabalho e Previdência Social. § 1º A CTPS não será emitida para menor de quatorze anos ou para falecido, exceto quando houver ordem ou autorização judicial, e será obrigatório o lançamento no sistema informatizado e a anotação do número do mandado judicial no campo de anotações gerais da CTPS. § 2º Excepcionalmente, quando o trabalhador indocumentado tenha sido vítima de tráfico de pessoas, de trabalho escravo ou de violação de direitos agravada por sua condição migratória e que tenha sido resgatado em ação fiscal conduzida por Auditor-Fiscal do Trabalho, poderá ser emitida CTPS provisória, em meio físico, fora do sistema informatizado de que trata o caput, com validade máxima e improrrogável de três meses, com base em declarações verbais do interessado,

> firmadas por duas testemunhas. § 3º No período de validade da CTPS provisória, de que trata o § 2º, deverão ser tomadas providências para a identificação completa do trabalhador resgatado e o encaminhamento às unidades responsáveis para emissão de documento definitivo."

O empregador deverá proceder a anotação da Carteira de Trabalho do trabalhador em até cindo dias úteis, preferencialmente por meio digital. Para esta finalidade, deverá o empregado fornecer o número de seu CPF para que o empregador proceda a anotação por meio eletrônico. Facultativamente, o emprego poderá apresentar sua CTPS física e o empregador proceder as anotações em cindo dias.

As anotações referentes à remuneração devem especificar o salário, qualquer que seja sua forma de pagamento, seja ele em dinheiro ou em utilidades, bem como a estimativa da gorjeta.

Caso não haja anotação da CTPS do empregado no prazo de cinco dias úteis, isso acarretará a lavratura do auto de infração, pelo Fiscal do Trabalho, que deverá, de ofício, comunicar a falta de anotação ao órgão competente, para o fim de instaurar o processo de anotação, além de aplicação de multa administrativa (art. 55 da CLT).

Nos termos do art. 15 da Portaria 671/21 do Ministério do Trabalho e Previdência, "O empregador anotará na CTPS do empregado os seguintes dados: I - até cinco dias úteis contados da data de admissão: a) data de admissão; b) código da CBO; c) valor do salário contratual; d) tipo de contrato de trabalho em relação ao seu prazo, com a indicação do término, na hipótese de contrato por prazo determinado; e e) categoria do trabalhador, conforme classificação adotada pelo eSocial. II - até o dia quinze do mês subsequente ao que o empregado foi admitido: a) descrição do cargo ou função; b) descrição do salário variável, quando for o caso; c) identificação do estabelecimento ao qual o empregado está vinculado ou, no caso do empregado doméstico, identificação do endereço onde o trabalhador exerce suas atividades; d) a estimativa de gorjeta, quando for o caso; e) em se tratando de aprendiz, o arco ocupacional ou itinerário formativo utilizado com seus respectivos códigos CBO, quando for o caso; f) descrição do fato ao qual se vincula o término do contrato por prazo determinado, se for o caso; g) tipo de admissão, conforme classificação adotada pelo eSocial; e h) data do ingresso na sucessora e CNPJ da sucedida em caso de transferência; e III - até o dia quinze do mês seguinte ao da ocorrência: a) alterações contratuais de que tratam as alíneas "b", "c" e "e" do inciso I e o inciso II do caput; b) alteração contratual de que trata a alínea "d" do inciso I do caput quando houver indeterminação do prazo do contrato de trabalho originalmente firmado por prazo determinado cujo termo estava vinculado à ocorrência de um fato; c) gozo de férias; d) transferência de empregados para empresas do mesmo grupo econômico, consórcio, ou por motivo de sucessão, fusão, incorporação ou cisão de empresas; e) cessão de empregado, com indicação da data da cessão e CNPJ do cessionário; f) reintegração ao emprego; e g) anotações previstas nas normas regulamentadoras; IV - até o primeiro dia útil seguinte ao da ocorrência da prorrogação do contrato por prazo determinado, com indicação da data do término; e V - até o décimo dia seguinte ao da ocorrência, os dados de desligamento quando acarretar extinção do vínculo empregatício, observado o disposto no § 6º do art. 14, com a indicação da data e do motivo do desligamento, e se aviso prévio indenizado, da data projetada para término do contrato de trabalho. § 1º O envio das informações previstas e prazos estabelecidos no art. 14 dispensa o reenvio para fins de anotação na CTPS. § 2º As anotações previstas neste artigo serão disponibilizadas ao trabalhador por meio do aplicativo Carteira de Trabalho Digital ou de página eletrônica específica, após o processamento dos respectivos registros, e constituem prova do vínculo de emprego para o trabalhador, inclusive perante a Previdência Social. § 3º Não poderão compor a Carteira de Trabalho Digital informações que contrariem o disposto no § 4º do art. 29 do Decreto-Lei nº 5.452, de 1943 - CLT. § 4º A anotação da condição de trabalhador temporário na CTPS, em atendimento ao disposto no § 1º do art. 12 da Lei nº 6.019, de 3 de janeiro 1974, será efetivada pela empresa de trabalho temporário com as informações previstas neste artigo. § 5º Na hipótese de trabalhador temporário, as informações previstas na alínea "c" do inciso II do caput correspondem à identificação do estabelecimento da empresa de trabalho temporário, bem como do estabelecimento da empresa tomadora de serviços aos quais o trabalhador está vinculado."

Parágrafo 4º, do artigo 29, da CLT, veda expressamente que o empregador faça anotações desabonadoras na CTPS do empregado, principalmente as referentes aos motivos da extinção do contrato de trabalho, pois lhe dificulta, ou praticamente impossibilita, conseguir nova colocação no mercado, além de atentar contra a imagem do trabalhador.

Além da reparação tarifada em razão de anotações desabonadoras (§5º, do art. 29, da CLT), o empregado faz jus à reparação por danos morais (extrapatrimoniais), em razão da violação de sua imagem. No aspecto, destaca-se a seguinte decisão:

> I - AGRAVO REGIMENTAL EM AGRAVO DE INSTRUMENTO EM RECURSO DE REVISTA. INDENIZAÇÃO POR DANOS MORAIS. INSERÇÃO DE INFORMAÇÃO REFERENTE À HOMOLOGAÇÃO JUDICIAL DE ACORDO NO CAMPO "ANOTAÇÕES GERAIS" DA CTPS. A tese de possível ofensa ao artigo 29, § 4º, da CLT autoriza o provimento do agravo regimental para melhor exame do agravo de instrumento, tendo em vista a controvérsia acerca da caracterização de danos morais diante da anotação desabonadora procedida pelo (ex) empregador na CTPS do empregado. Agravo regimental conhecido e provido. II - AGRAVO DE INSTRUMENTO EM RECURSO DE REVISTA. INDENIZAÇÃO POR DANOS MORAIS. INSERÇÃO DE INFORMAÇÃO REFERENTE À HOMOLOGAÇÃO JUDICIAL DE ACORDO NO CAMPO "ANOTAÇÕES GERAIS" DA CTPS. Diante da demonstração de potencial violação do artigo 29, § 4º, da CLT, merece admissão o recurso de revista para mais acurada análise do tema. Agravo de instrumento conhecido e provido. III - RECURSO DE REVISTA. INDENIZAÇÃO POR DANOS MORAIS. INSERÇÃO DE INFORMAÇÃO REFERENTE À HOMOLOGAÇÃO JUDICIAL DE ACORDO NO CAMPO "ANOTAÇÕES GERAIS" DA CTPS. Discute-se nos autos se o (ex) empregador, ao proceder a anotações na CTPS da trabalhadora, fazendo constar informação de ocorrência de homologação judicial de acordo trabalhista, pratica ato capaz de ensejar indenização por dano moral. É necessário destacar que a CTPS é o meio de prova mais importante da existência da relação jurídica típica de emprego, se tornando, ao longo do tempo, em verdadeiro histórico da vida profissional do trabalhador. As anotações nela contidas, a cargo do empregador, estão limitadas ao tempo de serviço, às suspensões, às interrupções do contrato e à remuneração e a outras taxativamente previstas. Por isso, o artigo 29, § 4º, da CLT, visando proteger o trabalhador, proíbe que o empregador faça anotações desabonadoras à conduta do empregado. Dessa forma, a anotação em CTPS constando que tal registro foi feito por ordem judicial, levada a cabo pelo (ex) empregador, é discriminatória e

> corresponde à inscrição do empregado no rol das listas que correm pelo mercado de trabalho com o único objetivo de inviabilizar a obtenção de um novo emprego. No caso concreto, configurada a conduta ofensiva do empregador, a lesão moral ocorre in re ipsa, sendo devida a indenização por danos morais. Precedentes da SBDI-1 e de Turmas. Recurso de revista conhecido por violação do artigo 29, § 4º, da CLT e provido (TST RR-1685-16.2011.5.05.0641, 3ª Turma, Relator Ministro Alexandre de Souza Agra Belmonte, DEJT 04/08/2017).

Dispõe o art. 36 da CLT:

> **"Recusando-se a empresa a fazer as anotações a que se refere o art. 29 ou a devolver a Carteira de Trabalho e Previdência Social recebida, poderá o empregado comparecer, pessoalmente ou por intermédio de seu sindicato perante a Delegacia Regional ou órgão autorizado, para apresentar reclamação.**

Não tendo havido anotação na CPTS da relação de emprego, o empregado poderá, pessoalmente, ou por intermédio de seu Sindicato apresentar reclamação junto à Delegacia Regional do Trabalho do local em que trabalha.

Como bem adverte Gustavo Filipe Barbosa Garcia[1]: "o referido processo de natureza administrativa, não é obrigatório, nem representa uma condição para o ajuizamento de ação perante a Justiça do Trabalho, mesmo em se tratando de pedido de anotação na CTPS ou sua devolução. Pode o trabalhador, assim, ajuizar a ação diretamente, perante a Justiça do Trabalho."

O empregado fará a reclamação verbal, o funcionário da Delegacia Regional do Trabalho a reduzirá a termo. O empregado poderá se fazer representar pelo Sindicato de sua Categoria.

Há, atualmente, discussões sobre ser possível ao auditor fiscal do trabalho em ato de fiscalização, convencendo-se de que há relação de emprego em determinada atividade, mesmo quando há contestação do tomador de serviços, anotar, de ofício, a CPTS do trabalhador. As posições se dividem: Muitos sustentam que tal é possível, pois a CTPS pode

1 Curso de Direito do Trabalho. 2ª Edição. São Paulo: Método, 2008, p. 725.

ser anotada, inclusive de forma administrativa. Além disso, é atribuição dos órgãos de fiscalização do trabalho velar pelo cumprimento da legislação. Outros argumentam que somente a Justiça do Trabalho (havendo controvérsia sobre o vínculo) pode anotar a CTPS, em regular processo, observado o contraditório.

De nossa parte, convencendo-se de que há vínculo de emprego, o auditor pode autuar a empresa, e também proceder as anotações na CTPS do trabalhador. No entanto, deve ser facultado o contraditório, a posteriori, pelo tomador de serviços, tanto em sede administrativa, como judicial.

Nesse sentido é o Enunciado n. 56, da 1ª Jornada de Direito Material e Processual realizada pela Anamatra em novembro de 2007:

> ***AUDITOR FISCAL DO TRABALHO. RECONHECIMENTO DA RELAÇÃO DE EMPREGO. POSSIBILIDADE.*** *Os auditores do trabalho têm por missão funcional a análise dos fatos apurados em diligências de fiscalização, o que não pode excluir o reconhecimento fático da relação de emprego, garantindo-se ao empregador o acesso às vias judicial e/ou administrativa, para fins de reversão da autuação ou multa imposta.*

No mesmo sentido, há posicionamento da mais alta corte trabalhista brasileira, "in verbis":

> RECURSO DE EMBARGOS. REGÊNCIA DA LEI Nº 13.015/2014. COMPETÊNCIA DO AUDITOR-FISCAL DO TRABALHO. RECONHECIMENTO DE VÍNCULO DE EMPREGO. 1. Esta Subseção, em sua composição plena, nos autos do Processo nº E-RR-28500-48.2006.5.14.0003 (Relator Ministro Cláudio Mascarenhas Brandão, publicado no DeJT em 13/05/2016), firmou entendimento no sentido de que a fiscalização do descumprimento das normas trabalhistas, inclusive quanto ao reconhecimento de vínculo de emprego, insere-se na esfera de competência de auditor fiscal do trabalho, devendo proceder, ainda, à respectiva autuação do empregador. 2. Nesse contexto, os embargos se afiguram incabíveis, nos termos do art. 894, § 2º, da CLT, considerada a redação dada pela Lei nº 13.015/2014. Recurso de embargos de que não se conhece" (TST - E-RR-710-36.2016.5.10.0008, Subseção I Especializada em Dissídios Individuais, Relator Ministro Walmir Oliveira da Costa, DEJT 29/01/2021).

2. DA PROTEÇÃO AO TRABALHO DA MULHER

Historicamente, a legislação tratava de forma diversa os direitos do trabalhador do sexo masculino e feminino. Atualmente, diante do que dispõe a Constituição Federal (artigo 5º, I, 7º, XXX), não há possibilidade de tratamento diferenciado entre homens e mulheres no mercado de trabalho.

Praticamente, não há distinções entre direitos e obrigações entre homens e mulheres no contrato de trabalho.

Não obstante, o organismo feminino difere do masculino no aspecto da força física e também da gravidez. Desse modo, a CLT apresente um título dedicado à proteção do trabalho da mulher, com a finalidade de proteção do seu organismo e prevenção de transtornos para sua saúde física e mental.

Como bem adverte Homero Batista Mateus da Silva[2]: "diz-se que as normas de proteção ao trabalho da mulher perderam sua atualidade, porque, para fins do direito do trabalho, proteção era sinônimo de restrição ao trabalho, como podia ser visto nos dispositivos que vedavam atividades noturnas, trabalho na construção civil ou empregado que pudesse colidir com as lides domésticas. Atualmente, ainda mais depois da CF/88, somente se justificam normas especiais para mulheres se houver realmente um fator expressivo de discriminação, como talvez seja o caso das normas de ergonomia – carregamento de pesos diferenciados de acordo com a massa muscular de homens e mulheres –, algumas normas de saúde e segurança do trabalho e, se possíveis, normas de promoção de oportunidade para a mão de obra feminina."

Conforme o art. 7º, XX, da CF a lei deverá proteger o mercado de trabalho da mulher mediante incentivos.

2.1. Das práticas discriminatórias

Dispõe o art. 373-A da CLT:

> **"Ressalvadas as disposições legais destinadas a corrigir as distorções que afetam o acesso da mulher ao mercado de trabalho e certas especificidades estabelecidas nos acordos trabalhistas, é vedado: – publicar ou fazer publicar anúncio de emprego no**

2 CLT Comentada. 3ª ed. São Paulo: RT, 2021, p. 276.

> **qual haja referência ao sexo, à idade, à cor ou situação familiar, salvo quando a natureza da atividade a ser exercida, pública e notoriamente, assim o exigir; II – recusar emprego, promoção ou motivar a dispensa do trabalho em razão de sexo, idade, cor, situação familiar ou estado de gravidez, salvo quando a natureza da atividade seja notória e publicamente incompatível; III – considerar o sexo, a idade, a cor ou situação familiar como variável determinante para fins de remuneração, formação profissional e oportunidades de ascensão profissional; IV – exigir atestado ou exame, de qualquer natureza, para comprovação de esterilidade ou gravidez, na admissão ou permanência no emprego; V – impedir o acesso ou adotar critérios subjetivos para deferimento de inscrição ou aprovação em concursos, em empresas privadas, em razão de sexo, idade, cor, situação familiar ou estado de gravidez; VI – proceder o empregador ou preposto a revistas íntimas nas empregadas ou funcionárias. Parágrafo único. O disposto neste artigo não obsta a adoção de medidas temporárias que visem ao estabelecimento das políticas de igualdade entre homens e mulheres, em particular as que se destinam a corrigir as distorções que afetam a formação profissional, o acesso ao emprego e as condições gerais de trabalho da mulher."**

O presente dispositivo legal, que está em compasso com o art. 7º, XX, da CF elenca, de forma exemplificativa (não taxativa), atos que impedem e dificultam o acesso da mulher do mercado de trabalho, e impedem o regular desenvolvimento do contrato de trabalho e, portanto, são vedados.

São atos discriminatórios contra a mulher, os seguintes atos praticados pelas empresas ou empregadores:

a) publicar ou fazer publicar anúncio de emprego no qual haja referência ao sexo, à idade, à cor ou situação familiar, salvo quando a natureza da atividade a ser exercida, pública e notoriamente, assim o exigir;
b) recusar emprego, promoção ou motivar a dispensa do trabalho em razão de sexo, idade, cor, situação familiar ou estado de gravidez, salvo quando a natureza da atividade seja notória e publicamente incompatível;

c) considerar o sexo, a idade, a cor ou situação familiar como variável determinante para fins de remuneração, formação profissional e oportunidades de ascensão profissional;

d) impedir o acesso ou adotar critérios subjetivos para deferimento de inscrição ou aprovação em concursos, em empresas privadas, em razão de sexo, idade, cor, situação familiar ou estado de gravidez.

2.2. Dos atestados de gravidez

É vedado ao empregador ou às empresas exigir atestado de gravidez das empregadas, tanto na admissão, durante a vigência, e no ato de extinção do contrato de trabalho.

No aspecto, dispõe o art. 2º da Lei 9.029/95:

> "Constituem crime as seguintes práticas discriminatórias: I - a exigência de teste, exame, perícia, laudo, atestado, declaração ou qualquer outro procedimento relativo à esterilização ou a estado de gravidez; II - a adoção de quaisquer medidas, de iniciativa do empregador, que configurem; a) indução ou instigamento à esterilização genética; b) promoção do controle de natalidade, assim não considerado o oferecimento de serviços e de aconselhamento ou planejamento familiar, realizados através de instituições públicas ou privadas, submetidas às normas do Sistema Único de Saúde (SUS). Pena: detenção de um a dois anos e multa. Parágrafo único. São sujeitos ativos dos crimes a que se refere este artigo: I - a pessoa física empregadora; II - o representante legal do empregador, como definido na legislação trabalhista; III - o dirigente, direto ou por delegação, de órgãos públicos e entidades das administrações públicas direta, indireta e fundacional de qualquer dos Poderes da União, dos Estados, do Distrito Federal e dos Municípios."

Recentemente, decidiu o Tribunal Superior do Trabalho ser possível ao empregador exigir teste de gravidez por ocasião da dispensa, quando já cessado vínculo de emprego e o estado de subordinação, conforme se constata da seguinte ementa:

> "I - AGRAVO DE INSTRUMENTO EM RECURSO DE REVISTA. ACÓRDÃO DO REGIONAL PUBLICADO SOB A ÉGIDE DA LEI

13.467/2017. EXIGÊNCIA DE REALIZAÇÃO DE EXAME PARA AVERIGUAÇÃO DO ESTADO GRAVÍDICO. ATO DE DISPENSA DA EMPREGADA. DANO MORAL. INDENIZAÇÃO. Em face de possível violação do art. 5º, X, da Constituição Federal, dá-se provimento ao agravo de instrumento, para melhor exame do recurso de revista. Agravo de instrumento conhecido e provido. II - RECURSO DE REVISTA. ACÓRDÃO DO REGIONAL PUBLICADO SOB A ÉGIDE DA LEI 13.467/2017. EXIGÊNCIA DE REALIZAÇÃO DE EXAME PARA AVERIGUAÇÃO DO ESTADO GRAVÍDICO. ATO DE DISPENSA DA EMPREGADA. DANO MORAL. CONFIGURAÇÃO. INDENIZAÇÃO. A lide versa sobre o pleito de indenização por danos morais decorrentes da exigência de exame de gravidez por ocasião da dispensa da trabalhadora. A exigência do exame de gravidez é vedada pela legislação, a fim de inibir qualquer prática discriminatória e limitativa para efeito de acesso a relação de emprego, ou sua manutenção, por motivo de sexo, origem, raça, cor, estado civil, situação familiar, deficiência, reabilitação profissional, idade, entre outros, ressalvados, nesse caso, as hipóteses de proteção à criança e ao adolescente (art. 7º, XXXIII, CF; art. 1º, Lei 9.029/95), sendo tipificada como crime "a exigência de teste, exame, perícia, laudo, atestado, declaração ou qualquer outro procedimento relativo à esterilização ou a estado de gravidez" (art. 2º, Lei 9.029). A CLT também proíbe a exigência de atestado ou exame para comprovação de gravidez na admissão ou para permanência no emprego (art. 373-A, IV). Assim, a CLT como a Lei 9.029/95 vedam a prática de ato discriminatório para efeito de admissão ou manutenção no emprego. A finalidade é impedir que o empregador, tendo conhecimento prévio do estado gravídico, deixe de admitir a candidata ao emprego, praticando, dessa forma, ato discriminatório. A exigência de exame de gravidez por ocasião da dispensa não pode ser considerada um ato discriminatório, tampouco violador da intimidade da trabalhadora. Pelo contrário, visa dar segurança jurídica ao término do contrato de trabalho, na medida em que, caso a trabalhadora esteja em estado gestacional, circunstância que muitas vezes ela própria desconhece, o empregador, ciente do direito à estabilidade, poderá mantê-la no emprego ou indenizá-la de antemão, sem que esta necessite recorrer ao judiciário. O que se resguarda, no caso, é o direito da empregada gestante ao emprego (art. 10, II, b, do ADCT), bem como do usufruto da licença previdenciária. Por outro lado, não é somente o direito da gestante que se visa resguardar com a estabilidade provisória decorrente. O nascituro também é objeto dessa proteção, tanto que o direito do nascituro também está implícito do art. 10, II, b, do ADCT. Assim, não há que se falar em eventual violação ao direito a intimidade quando também existem direitos de terceiros envolvidos, devendo ser realizada uma ponderação dos valores. Ademais, o ato de verificação de eventual estado gravídico da trabalhadora por ocasião da sua dispensa está abarcado pelo dever de cautela que deve fazer parte da conduta do empregador. Assim, como cabe ao empregador zelar pela segurança de seus funcionários no desempenho das atividades laborativas, também a observância do cumprimento da legislação, sobretudo a que resguarda a estabilidade da gestante, obrigações legais que estão abarcadas pelo dever de cautela do empregador. Com isso, não pode a exigência de comprovação do estado gravídico por parte do empregador, único meio para o conhecimento gestacional, ser considerada uma conduta ofensiva ao direito à intimidade. Não houve discriminação, tampouco violação do direito à intimidade da trabalhadora ao lhe ser exigido o exame de gravidez por ocasião da sua dispensa, e em consequência, a configuração do alegado dano moral passível de indenização, na medida em que se visou garantir o fiel cumprimento da lei. Intacto, portanto, o art. 5º, X, da Constituição Federal. Recurso de revista não conhecido. Conclusão: agravo de instrumento conhecido e provido. Recurso de revista não conhecido" (TST - RR-61-04.2017.5.11.0010, 3ª Turma, Redator Ministro Alexandre de Souza Agra Belmonte, DEJT 18/06/2021).

2.3. Da proteção à maternidade

Dispõe o art. 391 da CLT:

"Não constitui justo motivo para a rescisão do contrato de trabalho da mulher o fato de haver contraído matrimônio ou de encontrar-se em estado de gravidez. Parágrafo único. Não serão permitidos em regulamentos de qualquer natureza contratos coletivos ou individuais de trabalho, restrições ao direito da mulher ao seu emprego, por motivo de casamento ou de gravidez."

O presente dispositivo tem por objetivo proteger o trabalho da mulher e evitar discriminações em razão de situações que se referem à intimidade e à vida privada da mulher, quais sejam: casamento e gravidez.

A Constituição Federal tutela a proteção à gravidez e maternidade como direito social fundamental (art. 6º) e a privacidade e intimidade no art. 5º, X, como direito inerente à condição humana.

A garantia de emprego da empregada gestante, tem relevante aspecto social e humanitário, pois tem por objeto proteger a dignidade da pessoa humana da mulher e do nascituro[3], facilitar o acesso à mulher ao mercado de trabalho, evitar discriminações, e dar efetividade ao direito social de proteção à maternidade[4].

Dispõe o art. 10, II, letra "b", do ADCT:

> "Até que seja promulgada a lei complementar a que se refere o art. 7º, I, da Constituição: II - fica vedada a dispensa arbitrária ou sem justa causa: (...)b) da empregada gestante, desde a confirmação da gravidez até cinco meses após o parto."[5]

Nos termos do art. 392, da CLT: **a empregada gestante tem direito a licença-maternidade de 120 (cento e vinte) dias, sem prejuízo do emprego e do salário. § 1º A empregada deve, mediante atestado médico, notificar o seu empregador da data do início do afastamento do emprego, que poderá ocorrer entre o 28º (vigésimo oitavo) dia antes do parto e ocorrência deste. § 2º Os períodos de repouso, antes e depois do parto, poderão ser aumentados de 2 (duas) semanas cada um, mediante atestado médico. § 3º Em caso de parto antecipado, a mulher terá direito aos 120 (cento e vinte) dias previstos neste artigo. § 4º É garantido à empregada, durante a gravidez, sem prejuízo do salário e demais direitos: I – transferência de função, quando as condições**

3 Art. 227, da CF: "É dever da família, da sociedade e do Estado assegurar à criança, ao adolescente e ao jovem, com absoluta prioridade, o direito à vida, à saúde, à alimentação, à educação, ao lazer, à profissionalização, à cultura, à dignidade, ao respeito, à liberdade e à convivência familiar e comunitária, além de colocá-los a salvo de toda forma de negligência, discriminação, exploração, violência, crueldade e opressão."

4 Art. 6º, da CF: "São direitos sociais a educação, a saúde, a alimentação, o trabalho, a moradia, o transporte, o lazer, a segurança, a previdência social, a proteção à maternidade e à infância, a assistência aos desamparados, na forma desta Constituição."

5 Sobre a estabilidade da empregada gestante e da mãe adotante, remetemos o leitor ao capítulo IX, item 4.

de saúde o exigirem, assegurada a retomada da função anteriormente exercida, logo após o retorno ao trabalho; II – dispensa do horário de trabalho pelo tempo necessário para a realização de, no mínimo, seis consultas médicas e demais exames complementares. § 5º Vetado. Incluído pela Lei 10.421/2002.

A Constituição prevê, no art. 7º, XVIII o direito de licença à gestante, sem prejuízo do emprego e do salário, com duração de cento e vinte dias.

A licença-maternidade é um direito social fundamental, tanto para proteção da gestante, como da criança e da própria família (arts. 6º e 227, ambos da CF).

Está regulamentado o salário maternidade pelos arts. 71 a 73 da Lei 8.213/91 e Decreto 3.048/99.

Como bem adverte Gustavo Filipe Barbosa Garcia[6]:

> "Apesar do nome, o salário-maternidade apresenta natureza previdenciária. Cabe à empresa pagar o salário-maternidade, efetivando-se compensação quando do recolhimento das contribuições incidentes sobre a folha de salários e demais rendimentos pagos ou creditados, a qualquer título, à pessoa física ou jurídica que lhe preste serviço (art. 72, § 1º, da Lei 8213/1991, acrescentado pela Lei 10.710/2003)."

A empregada deve, mediante atestado médico, notificar o seu empregador da data do início do afastamento do emprego, que poderá ocorrer entre o 28º (vigésimo oitavo) dia antes do parto e ocorrência deste.

Nos termos da liminar referendada na ADI 6.327/DF, o STF decidiu, em 04.04.2020, rela. Min. Edson Fachin, "in verbis":

> "Presentes o fumus boni iuris e o periculum in mora, defiro a liminar, a fim de conferir interpretação conforme à Constituição ao artigo 392, §1º, da CLT, assim como ao artigo 71 da Lei n.º 8.213/91 e, por arrastamento, ao artigo 93 do seu Regulamento (Decreto n.º 3.048/99), e assim assentar (com fundamento no bloco constitucional e convencional de normas protetivas constante das razões sistemáticas antes explicitadas) a necessidade de prorrogar o benefício, bem como considerar como termo inicial da licença-maternidade e do respectivo salário-maternidade a alta hospitalar do recém-nascido

6 CLT Comentada. 7ª ed. Salvador: Juspodivm, 2020, p. 366.

> e/ou de sua mãe, o que ocorrer por último, quando o período de internação exceder as duas semanas previstas no art. 392, §2º, da CLT, e no art. 93, §3º, do Decreto n.º 3.048/99."

São garantidos às empregadas durante a gravidez:

a) transferência de função, quando as condições de saúde o exigirem, assegurada a retomada da função anteriormente exercida, logo após o retorno ao trabalho;

b) dispensa do horário de trabalho pelo tempo necessário para a realização de, no mínimo, seis consultas médicas e demais exames complementares.

Nos termos do art. 394, da CLT, mediante atestado médico, à mulher grávida é facultado romper o compromisso resultante de qualquer contrato de trabalho, desde que este seja prejudicial à gestação.

O presente dispositivo é de relevante valor social, pois destinado à tutela da saúde e vida da gestante em gravidez de risco e também do nascituro.

Desse modo, mediante atestado médico, que recomende o afastamento do serviço, a gestante poderá rescindir o contrato de trabalho. Trata-se de faculdade da gestante, pois a gravidez, mesmo a de risco, não justifica a extinção do contrato de trabalho.

A lei não diz se a presente modalidade de término do contrato de trabalho é de rescisão indireta ou pedido de demissão. De nossa parte, o dispositivo não se enquadra nem em rescisão indireta, nem em pedido de demissão. Trata-se de autorização especial na lei para que a gestante declare encerrado o contrato de trabalho, sem ônus. Não obstante, deve a empregada proceder à comunicação tempestiva ao empregador da sua intenção em pôr fim ao contrato de trabalho.

Por ter a empregada tomado a inciativa da rescisão contratual, não será devida indenização (multa de 40% sobre o FGTS). Também não será devido o aviso prévio, nos termos do p. 2º do artigo 487, da CLT).

Nesse sentido, Sérgio Pinto Martins[7] afirma que na rescisão do contrato de trabalho não será devido aviso prévio, nem indenização, pois foi a empregada quem deu causa à cessão do contrato de trabalho.

7 Comentários à CLT. 13ª ed. São Paulo: Atlas, 2009, p. 332.

Concordamos com Gabriel Saad[8] quando afirma que a empregada terá direito ao levantamento dos depósitos do FGTS em razão do interesse social que norteia o presente dispositivo.

Conforme o art. 394-A da CLT:

> **"Sem prejuízo de sua remuneração, nesta incluído o valor do adicional de insalubridade, a empregada deverá ser afastada de: I – atividades consideradas insalubres em grau máximo, enquanto durar a gestação; II – atividades consideradas insalubres em grau médio ou mínimo, quando apresentar atestado de saúde, emitido por médico de confiança da mulher, que recomende o afastamento durante a gestação; III – atividades consideradas insalubres em qualquer grau, quando apresentar atestado de saúde, emitido por médico de confiança da mulher, que recomende o afastamento durante a lactação. § 1° Vetado. 2° Cabe à empresa pagar o adicional de insalubridade à gestante ou à lactante, efetivando-se a compensação, observado o disposto no art. 248 da Constituição Federal, por ocasião do recolhimento das contribuições incidentes sobre a folha de salários e demais rendimentos pagos ou creditados, a qualquer título, à pessoa física que lhe preste serviço. § 3° Quando não for possível que a gestante ou a lactante afastada nos termos do *caput* deste artigo exerça suas atividades em local salubre na empresa, a hipótese será considerada como gravidez de risco e ensejará a percepção de salário-maternidade, nos termos da Lei 8.213, de 24 de julho de 1991, durante todo o período de afastamento."**

A lei da Reforma Trabalhista (13.467/17) inseriu o presente dispositivo no corpo da CLT, possibilitando que a gestante ou a lactante trabalhe em condições de insalubridade, exceto em grau máximo, podendo ser afastada do trabalho insalubridade mediante justificativa médica.

De nossa parte, a gestante e a lactante devem ser afastadas do trabalho em condições insalubres em razão das regras constitucionais protetivas tanto da saúde da gestante, como do nascituro (arts. 6º e 7º, XX e XXII, da CF).

Quando não for possível que a gestante ou a lactante afastada de locais insalubres, e exerça suas atividades em local salubre na empresa, a hipótese será considerada como gravidez de risco e ensejará a percepção

8 CLT Comentada. 42ª Ed. São Paulo: LTr, 2009, p. 468.

de salário-maternidade, nos termos da Lei 8.213, de 24 de julho de 1991, durante todo o período de afastamento.

Como nos adverte Alice Monteiro de Barros[9], "a maternidade tem uma função social, pois dela depende a renovação das gerações. As medidas destinadas a proteger as mulheres em decorrência da gravidez ou de parto, vinculadas a um contrato de trabalho, não constituem discriminação, seu fundamento reside na salvaguarda da saúde da mulher e das futuras gerações. Durante a gestão, a mulher não se limita a aguardar o filho; trata-se de um processo psicológico complexo, de intensa atividade emocional, que testa tanto as suas reservas físicas e psíquicas como sua aptidão para criar uma nova vida. Todo esse processo implica uma situação de *stress*, capaz de gerar transtornos físicos e alterações psiquiátricas, sendo as mais frequentes do tipo neurótico, acompanhadas de grande ansiedade, enquanto as psicoses gravídicas são mais raras."

O STF, na ADI 5938 por maioria, o Tribunal confirmou a medida cautelar e julgou procedente o pedido formulado na ação direta para declarar a inconstitucionalidade da expressão "quando apresentar atestado de saúde, emitido por médico de confiança da mulher, que recomende o afastamento", contida nos incisos II e III do art. 394-A da Consolidação das Leis do Trabalho (CLT), inseridos pelo art. 1º da Lei 13.467/2017, conforme se constata da seguinte ementa:

> EMENTA: DIREITOS SOCIAIS. REFORMA TRABALHISTA. PROTEÇÃO CONSTITUCIONAL À MATERNIDADE. PROTEÇÃO DO MERCADO DE TRABALHO DA MULHER. DIREITO À SEGURANÇA NO EMPREGO. DIREITO À VIDA E À SAÚDE DA CRIANÇA. GARANTIA CONTRA A EXPOSIÇÃO DE GESTANTES E LACTANTES A ATIVIDADES INSALUBRES. 1. O conjunto dos Direitos sociais foi consagrado constitucionalmente como uma das espécies de direitos fundamentais, caracterizando-se como verdadeiras liberdades positivas, de observância obrigatória em um Estado Social de Direito, tendo por finalidade a melhoria das condições de vida aos hipossuficientes, visando à concretização da igualdade social, e são consagrados como fundamentos do Estado Democrático, pelo art. 1º, IV, da Constituição Federal. 2. A Constituição Federal proclama importantes direitos em seu artigo 6º, entre eles a proteção à maternidade, que é a ratio para inúmeros

9 A mulher e o Direito do Trabalho. São Paulo: LTr, 1995, p. 39.

> outros direitos sociais instrumentais, tais como a licença-gestante e o direito à segurança no emprego, a proteção do mercado de trabalho da mulher, mediante incentivos específicos, nos termos da lei, e redução dos riscos inerentes ao trabalho, por meio de normas de saúde, higiene e segurança. 3. A proteção contra a exposição da gestante e lactante a atividades insalubres caracteriza-se como importante direito social instrumental protetivo tanto da mulher quanto da criança, tratando-se de normas de salvaguarda dos direitos sociais da mulher e de efetivação de integral proteção ao recém-nascido, possibilitando seu pleno desenvolvimento, de maneira harmônica, segura e sem riscos decorrentes da exposição a ambiente insalubre (CF, art. 227). 4. A proteção à maternidade e a integral proteção à criança são direitos irrenunciáveis e não podem ser afastados pelo desconhecimento, impossibilidade ou a própria negligência da gestante ou lactante em apresentar um atestado médico, sob pena de prejudicá-la e prejudicar o recém-nascido. 5. Ação Direta julgada procedente. (STF Pleno. ADI 5938/DF Rel. Min. Alexandre de Moraes. DJe 23.09.2019).

Diante da decisão do STF, as empregadas gestantes ou lactantes devem ser afastadas do trabalho em condições de insalubridade, independentemente do grau.

Nos termos do art. 396, da CLT, para **amamentar seu filho, inclusive se advindo de adoção, até que se complete 6 (seis) meses de idade, a mulher terá direito, durante a jornada de trabalho, a 2 (dois) descansos especiais de meia hora cada um.§ 1° Quando o exigir a saúde do filho, o período de seis meses poderá ser dilatado, a critério da autoridade competente.§ 2° Os horários dos descansos previstos no *caput* deste artigo deverão ser definidos em acordo individual entre a mulher e o empregador.**

O presente dispositivo assegura à trabalhadora o direito a dois intervalos de meia hora cada um, durante a jornada de trabalho, até que seu filho complete seis meses de idade, inclusive o filho oriundo de adoção, podendo tal prazo ser estendido a critério da autoridade competente. O período do intervalo integra a jornada de trabalho da trabalhadora, considerando o caráter tutelar da presente disposição, bem como ser medida destinada a proteger tanto a saúde da criação como da trabalhadora.

Os horários dos descansos previstos no *caput* deste artigo deverão ser definidos em acordo individual entre a mulher e o empregador.

Se o intervalo não for concedido, deverá o seu período ser remunerado, com o adicional de, no mínimo 50% (artigo 71, parágrafo 4º, da CLT), para que seja cumprida a finalidade social da norma.

Nesse sentido também Alice Monteiro de Barros[10]:

> "A não concessão do intervalo para aleitamento, a que alude o dispositivo em exame, além de constituir infração administrativa, implica pagamento da pausa correspondente como hora extraordinária, adotando-se raciocínio análogo contido no disposto no art. 71, da CLT, que autoriza o pagamento de horas extras quando o intervalo para refeição for desrespeitado."

Dispõe o art. 1º da Lei 14151/21:

> "Durante a emergência de saúde pública de importância nacional decorrente do coronavírus SARS-CoV-2, a empregada gestante que ainda não tenha sido totalmente imunizada contra o referido agente infeccioso, de acordo com os critérios definidos pelo Ministério da Saúde e pelo Plano Nacional de Imunizações (PNI), deverá permanecer afastada das atividades de trabalho presencial. § 1º A empregada gestante afastada nos termos do **caput** deste artigo ficará à disposição do empregador para exercer as atividades em seu domicílio, por meio de teletrabalho, trabalho remoto ou outra forma de trabalho a distância, sem prejuízo de sua remuneração. § 2º Para o fim de compatibilizar as atividades desenvolvidas pela empregada gestante na forma do § 1º deste artigo, o empregador poderá, respeitadas as competências para o desempenho do trabalho e as condições pessoais da gestante para o seu exercício, alterar as funções por ela exercidas, sem prejuízo de sua remuneração integral e assegurada a retomada da função anteriormente exercida, quando retornar ao trabalho presencial. § 3º Salvo se o empregador optar por manter o exercício das suas atividades nos termos do § 1º deste artigo, a empregada gestante deverá retornar à atividade presencial nas seguintes hipóteses: I - após o encerramento do estado de emergência de saúde pública

10 Contratos e Regulamentações Especiais de Trabalho. 3ª ed. São Paulo: LTr, 2008, p. 367.

> de importância nacional decorrente do coronavírus SARS-CoV-2; II - após sua vacinação contra o coronavírus SARS-CoV-2, a partir do dia em que o Ministério da Saúde considerar completa a imunização; III - mediante o exercício de legítima opção individual pela não vacinação contra o coronavírus SARS-CoV-2 que lhe tiver sido disponibilizada, conforme o calendário divulgado pela autoridade de saúde e mediante o termo de responsabilidade de que trata o § 6º deste artigo; IV - (VETADO). § 4º (VETADO). § 5º (VETADO). § 6º Na hipótese de que trata o inciso III do § 3º deste artigo, a empregada gestante deverá assinar termo de responsabilidade e de livre consentimento para exercício do trabalho presencial, comprometendo-se a cumprir todas as medidas preventivas adotadas pelo empregador. § 7º O exercício da opção a que se refere o inciso III do § 3º deste artigo é uma expressão do direito fundamental da liberdade de autodeterminação individual, e não poderá ser imposta à gestante que fizer a escolha pela não vacinação qualquer restrição de direitos em razão dela."

A presente lei, com vigência a partir de 13/05/2021 (data de sua publicação), determina que toda empregada gestante com vínculo de emprego de natureza trabalhista que não esteja com o esquema vacinal completo deva permanecer em trabalho à distância, sem prejuízo da remuneração, durante o período de emergência de saúde pública em razão da pandemia do coronavírus.

A presente norma vigeu durante o período de emergência de saúde pública, onde as medidas de isolamento para contenção do contágio do vírus são imprescindíveis, e há grande risco do contágio, conforme os Decretos das autoridades competentes. Por isso, não há um prazo determinado de vigência.

Trata-se de medida que tem por objetivo proteger a saúde da gestante, bem como do nascituro, o que está em compasso com a Constituição Federal (arts. 6º e 227 e seguintes), uma vez que as gestantes estão inseridas no grupo de risco, pois podem ter sintomas mais agressivos da doença.

As possibilidades de trabalho para a gestante são os realizados à distância (o trabalho à domicílio, remoto, *home office* e teletrabalho, disciplinados nos arts. 6º e 75-A a 75-E, da CLT), sendo vedado o trabalho presencial.

Como se trata de norma de natureza cogente, destinada à proteção à saúde da empregada gestante, ela deve ser cumprida, não havendo possibilidade de disposição em contrário por vontade do empregado, do empregador, ou por acordo de ambos.

Caso o trabalho da empregada gestante seja impossível ao empregado e ao empregador em razão da natureza da atividade, a exemplo das enfermeiras, motoristas e empregados domésticos, etc., a questão se torna mais complexa.

Não poderá o empregador, simplesmente, suspender o contrato de trabalho, ou postular benefício previdenciário à trabalhadora, caso não seja possível o trabalho à distância, uma vez que a lei impõe o dever de pagamento da remuneração à trabalhadora durante o afastamento das atividades presenciais. Além disso, não houve previsão de custeio para pagamento de benefício previdenciário por parte da União.

Desse modo, se a atividade não comportar trabalho remoto, a empregada gestante ficará à disposição ao empregador (art. 4º, da CLT) para o exercício de atividade à distância.

As empregadas gestantes que já completaram o ciclo vacinal contra a covid-19, ou optaram por não se imunizar, assumindo a responsabilidade pessoal, devem retornar ao trabalho, salvo se o empregador optar por manter o trabalho remoto.

3. DA PROTEÇÃO AO TRABALHO DO MENOR

Dispõe o art. 402 da CLT:

> **"Considera-se menor para os efeitos desta Consolidação o trabalhador de quatorze até dezoito anos. Parágrafo único. O trabalho do menor reger-se-á pelas disposições do presente Capítulo, exceto no serviço em oficinas em que trabalhem exclusivamente pessoas da família do menor e esteja este sob a direção do pai, mãe ou tutor, observado, entretanto, o disposto nos arts. 404, 405 e na Seção II."**

A Consolidação das Leis do Trabalho considera menor o trabalhador entre quatorze e dezoito anos.

A lei 8.069/90, no art. 2º, considera criança, para os efeitos desta Lei, a pessoa até doze anos de idade incompletos, e adolescente aquela entre doze e dezoito anos de idade.

A presente disposição da CLT deve ser interpretada em compasso com a Constituição Federal e as Leis infraconstitucionais de proteção às crianças e adolescentes.

Conforme o art. 227, da CF: É dever da família, da sociedade e do Estado assegurar à criança, ao adolescente e ao jovem, com absoluta prioridade, o direito à vida, à saúde, à alimentação, à educação, ao lazer, à profissionalização, à cultura, à dignidade, ao respeito, à liberdade e à convivência familiar e comunitária, além de colocá-los a salvo de toda forma de negligência, discriminação, exploração, violência, crueldade e opressão. § 1º O Estado promoverá programas de assistência integral à saúde da criança, do adolescente e do jovem, admitida a participação de entidades não governamentais, mediante políticas específicas e obedecendo aos seguintes preceitos: I - aplicação de percentual dos recursos públicos destinados à saúde na assistência materno-infantil; II - criação de programas de prevenção e atendimento especializado para as pessoas portadoras de deficiência física, sensorial ou mental, bem como de integração social do adolescente e do jovem portador de deficiência, mediante o treinamento para o trabalho e a convivência, e a facilitação do acesso aos bens e serviços coletivos, com a eliminação de obstáculos arquitetônicos e de todas as formas de discriminação. § 2º A lei disporá sobre normas de construção dos logradouros e dos edifícios de uso público e de fabricação de veículos de transporte coletivo, a fim de garantir acesso adequado às pessoas portadoras de deficiência. § 3º O direito a proteção especial abrangerá os seguintes aspectos: I - idade mínima de quatorze anos para admissão ao trabalho, observado o disposto no art. 7º, XXXIII; II - garantia de direitos previdenciários e trabalhistas; III - garantia de acesso do trabalhador adolescente e jovem à escola; IV - garantia de pleno e formal conhecimento da atribuição de ato infracional, igualdade na relação processual e defesa técnica por profissional habilitado, segundo dispuser a legislação tutelar específica; V - obediência aos princípios de brevidade, excepcionalidade e respeito à condição peculiar de pessoa em desenvolvimento, quando da aplicação de qualquer medida privativa da liberdade; VI - estímulo do Poder Público, através de assistência jurídica, incentivos fiscais e subsídios, nos termos da lei, ao acolhimento, sob a forma de guarda, de criança ou adolescente órfão ou abandonado; VII - programas de prevenção e atendimento especializado à criança, ao adolescente e ao jovem dependente de entorpecentes e drogas afins. § 4º A lei punirá severamente o abuso, a violência e a exploração sexual da criança e do adolescente. § 5º A adoção será assistida pelo Poder Público, na forma da lei, que estabelecerá casos e condições de sua efetivação por parte de estrangeiros. § 6º Os filhos, havidos ou não da relação do casamento, ou por adoção, terão os mesmos direitos e qualificações, proibidas quaisquer designações discriminatórias relativas à filiação. § 7º No atendimento dos direitos da criança e do adolescente levar-se- á em consideração o disposto no art. 204. § 8º A lei estabelecerá: I - o estatuto da juventude, destinado a regular os direitos dos jovens; II - o plano nacional de juventude, de duração decenal, visando à articulação das várias esferas do poder público para a execução de políticas públicas."

O art. 7º XXXIII, da CF, proíbe o trabalho noturno, perigoso ou insalubre a menores de dezoito e de qualquer trabalho a menores de dezesseis anos, salvo na condição de aprendiz, a partir de quatorze anos.

Para fins trabalhista, a Consolidação, considerada menor a pessoa que tem menos de 18 anos de idade.

Dispõe o art. 7º, XXXIII, da Constituição Federal:

> "Proibição de trabalho noturno, perigoso ou insalubre a menores de dezoito e de qualquer trabalho a menores de dezesseis anos, salvo na condição de aprendiz, a partir de quatorze anos."

A Constituição Federal proíbe o trabalho do menor de 18 anos, como medida destinada a preservar o seu desenvolvimento físico e mental do menor, salvo na condição de aprendiz, a partir dos quatorze anos.

Determina a CLT que o trabalho do menor não poderá ser realizado em locais prejudiciais à sua formação, ao seu desenvolvimento físico, psíquico, moral e social e em horários e locais que não permitam a frequência à escola.

Trata-se de medida destinada a preservar o desenvolvimento físico e mental do menor de 18 anos.

Caso o menor de dezoito anos trabalhe para um tomador, sob os requisitos dos arts. 2º e 3º da CLT, o vínculo de emprego deverá ser reconhecido.

Na esfera trabalhista, em razão do caráter pessoal da prestação de serviços, quando se declara a nulidade, não há como se restituir as partes ao estado anterior. Por isso, as nulidades são declaradas com efeitos "ex nunc", ou seja, a partir de então, sem efeitos retroativos. Por isso, mesmo tendo sido nulo o contrato de trabalho, o empregado não terá que devolver os salários recebidos, pois o empregador não terá como restituir a força de trabalho. Além disso, na seara trabalhista, sempre que possível, procura-se conservar o contrato, declarando-se a nulidade apenas da cláusula que viola norma de ordem pública.

Com relação ao trabalho proibido, como no caso do trabalho do menor, mas não ilícito, a jurisprudência trabalhista vem reconhecimento a possibilidade de configuração do vínculo de emprego, pela aplicação do princípio protetivo.

Como medida destinada à proteção da saúde do menor, a Constituição Federal e a CLT proíbem o trabalho noturno, considerando-se que o organismo do menor ainda não está totalmente desenvolvido. O trabalho noturno é prejudicial ao desenvolvimento físico e psíquico do menor. Não obstante, se o menor realizar trabalho em horário noturno, ele deve receber o adicional noturno, considerando-se a hora noturna reduzida, pois uma regra protetiva não pode desfavorecer o menor. Não obstante, poderá o empregador responder civil e criminalmente, por exigir trabalho do menor em horário noturno.

Diante do art. 405, da CLT, que elenca rol exemplificativo, determina que não será permitido o trabalho do menor:

a) nos locais e serviços perigosos ou insalubres;

b) em locais ou serviços prejudiciais à sua moralidade.

O trabalho exercido nas ruas, praças e outros logradouros dependerá de prévia autorização do Juiz de Menores, ao qual cabe verificar se a ocupação é indispensável à sua própria subsistência ou à de seus pais, avós ou irmãos e se dessa ocupação não poderá advir prejuízo à sua formação moral.

Considera-se prejudicial à moralidade do menor o trabalho: a) prestado de qualquer modo, em teatros de revista, cinemas, boates, cassinos, cabarés, dancings e estabelecimentos análogos; b) em empresas circenses, em funções de acrobata, saltimbanco, ginasta e outras semelhantes; c) de produção, composição, entrega ou venda de escritos, impressos, cartazes, desenhos, gravuras, pinturas, emblemas, imagens e quaisquer outros objetos que possam, a juízo da autoridade competente, prejudicar sua formação moral; d) consistente na venda, a varejo, de bebidas alcoólicas.

O art. 67, da Lei 8069/90, veda do trabalho ao adolescente empregado, aprendiz, em regime familiar de trabalho, aluno de escola técnica, assistido em entidade governamental ou não governamental: I - noturno, realizado entre as vinte e duas horas de um dia e as cinco horas do dia seguinte; II - perigoso, insalubre ou penoso; III - realizado em locais prejudiciais à sua formação e ao seu desenvolvimento físico, psíquico, moral e social; IV - realizado em horários e locais que não permitam a frequência à escola.

Nos termos do art. 406, da CLT:

> **"O Juiz de Menores poderá autorizar ao menor o trabalho a que se referem as letras "a" e "b" do § 3º do art. 405: I – desde que a representação tenha fim educativo ou a peça de que participe não possa ser prejudicial à sua formação moral; II – desde que se certifique ser a ocupação do menor indispensável à própria subsistência ou à de seus pais, avós ou irmãos e não advir nenhum prejuízo à sua formação moral."**

O trabalho do menor prestado de qualquer modo, em teatros de revista, cinemas, boates, cassinos, cabarés, dancings e estabelecimentos análogos, ou em empresas circenses, em funções de acrobata, saltimbanco, ginasta e outras semelhantes, poderá ser autorizado pelo Juiz da Infância e Juventude, desde que não prejudiciais à formação física e psíquica do menor, e desde que se certifique ser a ocupação do menor indispensável à própria subsistência ou à de seus pais, avós ou irmãos.

A, CLT, atribui competência à Justiça Comum, por meio das Varas de Infância e Juventude, para autorizar o trabalho do menor, nas atividades referidas no parágrafo terceiro do artigo 405, da CLT. Para parte da doutrina e jurisprudência, diante da atual redação do artigo 114, I da Constituição Federal que atribuiu à Justiça do Trabalho competência para processar e julgar as controvérsias oriundas e decorrentes da relação de trabalho, esta autorização deve ser apreciada pelo Juiz do Trabalho, pois se trata de controvérsia inerente à relação de trabalho.

O STF, na ADI n. 5.326, em setembro de 2018, fixou a competência da Justiça Comum para apreciar os pedidos de autorização de trabalho artístico para crianças e adolescentes, mesmo sendo a controvérsia própria da relação de trabalho. Foi fixado o entendimento de que a questão do trabalho artístico infantil está afeita ao Juízo da Infância e Juventude, conforme o extrato de julgamento do Plenário em 27.9.2018, que segue:

> "**Decisão:** O Tribunal, por maioria, concedeu a cautelar para suspender, até o exame definitivo deste processo, a eficácia da expressão "inclusive artístico", constante do inciso II da Recomendação Conjunta n. 1/14 e do art. 1º, inciso II, da Recomendação Conjunta n. 1/14, bem como para afastar a atribuição, definida no Ato GP n. 19/2013 e no Provimento GP/CR n. 07/2014, quanto à apreciação de pedidos de alvará visando a participação de crianças e adolescentes em representações artísticas e a criação do Juizado Especial na Justiça do Trabalho, ficando suspensos, por consequência, esses últimos preceitos, assentando, neste primeiro exame, ser da Justiça Comum a competência para analisar tais pedidos, nos termos do voto do relator, vencida a Ministra Rosa Weber. Ausentes, justificadamente, os Ministros Celso de Mello e Gilmar Mendes. Presidência do Ministro Dias Toffoli. Plenário, 27.9.2018."[11]

De nossa parte, mesmo considerando o disposto nos incisos I e IX, do art. 114, da CF, o entendimento do STF está correto, pois a autorização para o trabalho artístico de menores e adolescentes transcende o aspecto da relação de trabalho ou de emprego, e está atrelada ao Estatuto da Criança e Adolescente. Em razão disso, o Juízo da Infância e da Juventude está melhor aparelhado que o Juiz do Trabalho para avaliar se o trabalho será ou não prejudicial ao desenvolvimento do menor ou do adolescente, estando corretas as disposições dos arts. 405 e 406 da CLT.

A jornada do trabalho do menor segue a regra geral do art. 7º, XIII, a CF, com as restrições constitucionais e infraconstitucionais de proteção à saúde física e psíquica do menor.

O intervalo interjornada deve ser, no mínimo de 11 horas, assim como é a regra do art. 66 da CLT.

Os arts. 413 e 414 da CLT, como regra geral, proíbem a prorrogação da jornada do trabalho do menor, o que é o ideal, no entanto, permite a prorrogação por mais duas horas, mediante negociação coletiva de trabalho

11 Disponível em: <www.http://portal.stf.jus.br/processos/detalhe.asp?incidente=4781750>. Acesso em: 30 out. 2018.

(aqui, exige-se negociação coletiva não bastando o acordo individual), ou por motivo de força maior.

O intervalo de 15 minutos antes da prorrogação da jornada, previsto no art. 384, da CLT fora revogado pela Lei 13.467/17.

Se o menor de 18 anos trabalhar em mais de um estabelecimento do mesmo empregador, ou para mais de um empregador, as jornadas devem ser somadas para fins das regras protetivas de limitação da jornada de trabalho.

3.1. Do contrato de aprendizagem

Dispõe o art. 428 da CLT:

> **"Contrato de aprendizagem é o contrato de trabalho especial, ajustado por escrito e por prazo determinado, em que o empregador se compromete a assegurar ao maior de 14 (quatorze) e menor de 24 (vinte e quatro) anos inscrito em programa de aprendizagem formação técnico-profissional metódica, compatível com o seu desenvolvimento físico, moral e psicológico, e o aprendiz, a executar com zelo e diligência as tarefas necessárias a essa formação. § 1º A validade do contrato de aprendizagem pressupõe anotação na Carteira de Trabalho e Previdência Social, matrícula e frequência do aprendiz na escola, caso não haja concluído o ensino médio, e inscrição em programa de aprendizagem desenvolvido sob orientação de entidade qualificada em formação técnico-profissional metódica. § 2º Ao aprendiz, salvo condição mais favorável, será garantido o salário mínimo hora. § 3º O contrato de aprendizagem não poderá ser estipulado por mais de 2 (dois) anos, exceto quando se tratar de aprendiz portador de deficiência. 4º A formação técnico-profissional a que se refere o *caput* deste artigo caracteriza-se por atividades teóricas e práticas, metodicamente organizadas em tarefas de complexidade progressiva desenvolvidas no ambiente de trabalho. § 5º A idade máxima prevista no *caput* deste artigo não se aplica a aprendizes portadores de deficiência. § 6º Para os fins do contrato de aprendizagem, a comprovação da escolaridade de aprendiz com deficiência deve considerar, sobretudo, as habilidades e competências relacionadas com a profissionalização. § 7º Nas localidades onde não houver oferta de ensino médio para o cumprimento do disposto no § 1º deste artigo, a contratação do aprendiz poderá ocorrer sem a frequência à escola,**

> **desde que ele já tenha concluído o ensino fundamental.§ 8º Para o aprendiz com deficiência com 18 (dezoito) anos ou mais, a validade do contrato de aprendizagem pressupõe anotação na CTPS e matrícula e frequência em programa de aprendizagem desenvolvido sob orientação de entidade qualificada em formação técnico-profissional metódica."[12]**

Como destaca Alice Monteiro de Barros[13], "a formação profissional é gênero e a aprendizagem, sua espécie. O Estatuto da Criança e do Adolescente define a aprendizagem como modalidade de formação técnico-profissional, ministrada segundo as diretrizes e bases da legislação de educação em vigor. Já houve, anteriormente, discussões sobre a natureza jurídica do contrato de aprendizagem."

Entendiam alguns que a aprendizagem era uma cláusula resolutiva inserida num contrato por prazo indeterminado. Outros defendiam ser ele, na verdade, um contrato por prazo determinado. Após a lei 11.180/2005, o contrato de aprendizagem é um contrato especial por prazo determinado,

---

12 A Medida Provisória 1116/22, de 04 de maio de 2022, com vigência de 60 dias prorrogada por mais 60 dias, alterou o art. 428 da CLT nos seguintes termos: "Art. 428. (..).§ 3º O contrato de aprendizagem profissional não poderá ter duração superior a três anos, exceto: I- quando se tratar de pessoa com deficiência, hipótese em que não há limite máximo de prazo; II- quando o aprendiz for contratado com idade entre quatorze e quinze anos incompletos, hipótese em que poderá ter seu contrato firmado pelo prazo de até quatro anos; ou III- quando o aprendiz se enquadrar nas situações previstas no § 5º do art. 429, hipótese em que poderá ter seu contrato firmado pelo prazo de até quatro anos. (...)§ 5º A idade máxima prevista no caput não se aplica: I- a pessoas com deficiência, que poderão ser contratadas como aprendizes em qualquer idade a partir de quatorze anos; ou II- a aprendizes inscritos em programas de aprendizagem profissional que envolvam o desempenho de atividades vedadas a menores de vinte e um anos de idade, os quais poderão ter até vinte e nove anos de idade. (...)§ 9º O contrato de aprendizagem profissional poderá ser prorrogado, por meio de aditivo contratual e anotação na CTPS, respeitado o prazo máximo de quatro anos, na hipótese de continuidade de itinerário formativo, conforme estabelecido em ato do Ministro de Estado do Trabalho e Previdência. § 10. Na hipótese prevista no § 9º, a continuidade do itinerário formativo poderá ocorrer pelo reconhecimento dos cursos ou de parte de cursos da educação profissional e tecnológica de graduação como atividade teórica de curso de aprendizagem profissional. § 11. Para fins do disposto no § 10, considera-se o início do itinerário formativo aquele que tenha ocorrido a partir de curso ou de parte de curso: I- de educação profissional técnica de nível médio; ou II- de itinerário da formação técnica e profissional do ensino médio. § 12. Nas hipóteses previstas nos § 9º a § 11, desde que o estabelecimento cumpridor da cota de aprendizagem profissional seja mantido, poderá haver alteração: I- da entidade qualificada em formação técnico-profissional metódica; e II- do programa de aprendizagem profissional." (NR)

13 Curso de Direito do Trabalho. 4ª Edição. São Paulo: LTr, 2008, p. 311.

destinado à complementação da formação profissional do maior de 14 e menor de 24 anos inscrito em programa de aprendizagem.

Como bem adverte Alice Monteiro de Barros[14], "no contrato de aprendizagem, a principal obrigação do empregador é propiciar a formação profissional (obrigação de fazer), seguida da obrigação de pagar salário (obrigação de dar). Afirma-se, também, que subordinação do aprendiz é mais acentuada. O empregador dirige sua atividade pessoal nos momentos em que aprende sem trabalhar, quando trabalha aprendendo, ou ainda, enquanto produz em proveito da empresa, sem estar aprendendo".

O contrato de aprendizagem é uma espécie dentre os contratos de emprego, sendo o aprendiz empregado, realizando sua atividade sob os requisitos dos artigos 2º e 3º da CLT.

Como destaca Homero Batista Mateus da Silva[15]: "o contrato de aprendizagem é, ele próprio, um contrato de trabalho, mas com condições especiais que priorizam a formação profissional do adolescente e do adulto. Está diretamente ligado a atividades que necessitam de conhecimento de método e treinamento. Diferencia-se o contrato de estágio porque este, além de não ser um contrato de trabalho e não assegurar direitos trabalhistas, prioriza majoritariamente o estudo e apenas acidentalmente o trabalho, conforme ensinamento da Lei 11.788/2008."

3.1.1. *Requisitos do contrato de aprendizagem*

São requisitos essências para validade do contrato de aprendizagem:

a) idade mínima do menor: entre 14 e 24 anos de idade;

b) forma escrita;

c) prazo máximo de 02 anos, exceto se tratar de aprendiz portador de necessidades especiais;

d) anotação na Carteira de Trabalho e Previdência Social, matrícula e frequência do aprendiz na escola, caso não haja concluído o ensino médio, e inscrição em programa de aprendizagem desenvolvido sob orientação de entidade qualificada em formação técnico-profissional metódica;

e) contrato de aprendizagem deve propiciar a formação técnico-profissional caracterizado por atividades teóricas e práticas,

---

14 Op. cit. p. 312.

15 CLT Comentada. 3ª ed. São Paulo: Rt, 2021, p. 300.

metodicamente organizadas em tarefas de complexidade progressiva desenvolvidas no ambiente de trabalho.

Nos termos do art. 432, da CLT, a **"duração do trabalho do aprendiz não excederá de seis horas diárias, sendo vedadas a prorrogação e a compensação de jornada. § 1º O limite previsto neste artigo poderá ser de até oito horas diárias para os aprendizes que já tiverem completado o ensino fundamental, se nelas forem computadas as horas destinadas à aprendizagem teórica."**[16]

O presente dispositivo legal estabelece a jornada máxima de 06 horas para o aprendiz, vedadas as prorrogações ou compensação de horas, como forma de dar maior efetividade à aprendizagem. No entanto, o limite previsto neste artigo poderá ser de até oito horas diárias para os aprendizes que já tiverem completado o ensino fundamental, se nelas forem computadas as horas destinadas à aprendizagem teórica.

No aspecto, destaca-se a seguinte ementa:

> AGRAVO DE INSTRUMENTO. RECURSO DE REVISTA. INTERPOSIÇÃO SOB A ÉGIDE DA LEI 13.015/2014. PROCESSO ANTERIOR À LEI 13.467/2017. NULIDADE DO ACÓRDÃO REGIONAL POR CERCEIO DO DIREITO DE DEFESA. Nas razões de recurso de revista, renovadas em agravo de instrumento, o autor alega que houve cerceamento de defesa, pois foi impedido de produzir prova testemunhal que revelaria a nulidade do contrato de aprendizagem. Do contexto delineado não se verifica o cerceamento de defesa. Isso porque a decisão regional claramente revela que "No caso concreto, a MM. Magistrada concluiu através da prova oral que a testemunha Joelma de Almeida do Carmo não era contemporânea com a autora. "(sic). O juiz detém ampla liberdade na condução do processo, podendo indeferir as diligências que entender desnecessárias ou impertinentes, conforme o seu convencimento. Não se verifica cerceio de defesa quando o juiz decide baseado nas provas já produzidas nos autos. NULIDADE

16 A Medida Provisória 1.116/22 alterou o presente dispositivo nos seguintes termos: "Art. 432. (...).§ 3º O limite previsto neste artigo poderá ser de até oito horas diárias para os aprendizes que já tiverem completado o ensino médio. § 4º O tempo de deslocamento do aprendiz entre as entidades a que se refere o art. 430 e o estabelecimento onde se realizará a aprendizagem profissional não será computado na jornada diária." (NR)

DO CONTRATO DE APRENDIZ. O Tribunal Regional concluiu que o fato de o autor laborar além da 6ª hora diária, isoladamente, não torna nulo o contrato de aprendizagem, haja vista o §1º do artigo 432 da CLT permitir a prorrogação de até 8 horas diárias para o aprendiz que já tenha completado o ensino fundamental, se nelas forem computadas as horas destinadas à aprendizagem teórica. Extrai-se dos autos que o autor tinha 21 anos à época da contratação, o que é presumível que já tivesse concluído os estudos do ensino fundamental (dos 6 aos 14 anos), hipótese prevista para o elastecimento da jornada de trabalho até 8 horas diárias (artigo 432, §1º, da CLT). A decisão do Regional manteve a sentença que registrou que o autor não excedia em nenhum dia da semana a jornada de oito horas. A circunstância de a jornada de trabalho ser superior à contratada, por si só, não descaracteriza o contrato de aprendizagem. A decisão Regional está de acordo com o disposto no artigo 432, §1º, da CLT. Agravo de instrumento conhecido e desprovido (TST - AIRR-836-82.2016.5.17.0011, 3ª Turma, Relator Ministro Alexandre de Souza Agra Belmonte, DEJT 26/10/2018).

3.1.2. *Da extinção do contrato de aprendizagem*

Dispõe o art. 433 da CLT:

> **"O contrato de aprendizagem extinguir-se-á no seu termo ou quando o aprendiz completar 24 (vinte e quatro) anos, ressalvada a hipótese prevista no § 5º do art. 428 desta Consolidação, ou ainda antecipadamente nas seguintes hipóteses: a) e b) (Revogadas pela Lei 10.097/2000); I – desempenho insuficiente ou inadaptação do aprendiz, salvo para o aprendiz com deficiência quando desprovido de recursos de acessibilidade, de tecnologias assistivas e de apoio necessário ao desempenho de suas atividades; II – falta disciplinar grave. III – ausência injustificada à escola que implique perda do ano letivo; ou IV – a pedido do aprendiz. Parágrafo único. § 2º Não se aplica o disposto nos arts. 479 e 480 desta Consolidação às hipóteses de extinção do contrato mencionadas neste artigo."**

O contrato de aprendizagem é espécie do gênero contrato por prazo determinado. Desse modo, ele se extingue, naturalmente, com o advento do termo (final do prazo ou quando o aprendiz completar 24 anos de idade, salvo se portador de necessidade especiais).

Diante do presente dispositivo legal, o contrato de aprendizagem pode ser extinto antecipadamente, ou seja, antes de expirado seu prazo legal de duração, nas seguintes hipóteses:

a) desempenho insuficiente ou inadaptação do aprendiz, salvo para o aprendiz com deficiência quando desprovido de recursos de acessibilidade, de tecnologias assistivas e de apoio necessário ao desempenho de suas atividades: Neste caso, deve a empresa tomadora dos serviços comprovar o motivo;

b) falta disciplinar grave: São as hipóteses do art. 482, da CLT;

c) ausência injustificada à escola que implique perda do ano letivo;

d) a pedido do aprendiz: Aqui a situação é análoga ao pedido de demissão.

Nas hipóteses de extinção antecipada do contrato de aprendizagem, não restam aplicáveis as indenizações dos arts. 479 e 480, ambos da CLT.

O contrato de aprendizagem somente pode ser extinto nas hipóteses mencionadas no presente artigo. Desse modo, o empregador não pode, sem justificativa, por fim ao contrato de aprendizagem.

Alguns autores diante da redação do presente dispositivo, sustentam que o presente dispositivo assegurou durante a vigência do contrato de aprendizagem, a impossibilidade de rescisão imotivada pelo tomador dos serviços.

3.2. Da prescrição contra o menor

Dispõe o art. 402 da CLT:

> **"Contra os menores de 18 (dezoito) anos não corre nenhum prazo de prescrição.**

Para o empregado menor de 18 anos o prazo prescricional não flui, ou seja: a menoridade é causa impeditiva da prescrição.

Trata-se de regra protetiva ao menor empregado, a fim de que, enquanto não complete a maioridade, não flua o prazo prescricional.

Ao menor herdeiro aplica-se o Código Civil e não a CLT. O artigo 440 da CLT somente se aplica ao menor empregado.

Como bem adverte Homero Batista Mateus da Silva[17], "há forte entendimento jurisprudencial no sentido de que o filho de um trabalhador falecido tem o benefício da suspensão da prescrição somente até os 16 anos de idade, por força do art. 198, I do CC. Como o filho do trabalhador não é ele próprio o trabalhador, o art. 440 não seria aplicável em seu benefício. A redação do art. 440 da CLT é genérica ('contra os menores de 18 anos'), mas ele está inserido evidentemente no corpo de uma legislação do trabalho do adolescente."

17 CLT Comentada. 3ª ed. São Paulo: RT, 2021, p. 304.

XV

DIREITO COLETIVO DO TRABALHO

1. CONCEITO E FINALIDADES

Segundo os relatos históricos da doutrina, o chamado Direito Coletivo do Trabalho surgiu antes do Direito Individual, embora, didaticamente, o Direito Coletivo seja estudado por último nos livros de doutrina e cursos jurídicos, uma vez que a união dos trabalhadores, e o reconhecimento do direito de união foi um dos fatores mais importantes para o surgimento das primeiras normas trabalhistas.

Embora a doutrina sistematize princípios peculiares do Direito Coletivo, ele ainda não ganhou autonomia científica, sendo, uma divisão do próprio Direito do Trabalho, uma vez que está atrelado à própria razão de ser das normas trabalhistas, que é busca pela melhoria da condição social do trabalhador. Isso é destacado pela própria Consolidação das Leis do Trabalho, que em seu art. 1º, assevera:

> "Esta Consolidação estatui as normas que regulam as relações individuais e coletivas de trabalho, nela previstas."

Como bem adverte Carlos Henrique Bezerra Leite[1], "o direito coletivo não constitui ramo autônomo do direito, e sim parte integrante do direito do trabalho, na medida em que o seu objeto reside, como já apontado alhures, não apenas no estudo da organização sindical, das negociações coletivas e dos conflitos coletivos do trabalho e suas soluções, mas também na representação dos trabalhadores na empresa dos conselhos de fábrica, da greve do *lockout* etc."

---

1 *Curso de Direito do Trabalho*. 12ª ed. São Paulo. 12ª ed. São Paulo: Saraiva, 2020, p. 54.

Não há também consenso sobre a denominação da disciplina, para muitos a denominação para as relações coletivas do trabalho e as normas que a disciplinam deve ser *Direito Sindical*, uma vez que o Sindicato é o grande protagonista das relações coletivas de trabalho. A própria Consolidação das Leis do Trabalho, no título V, trata da Organização Sindical, Enquadramento Sindical, Contribuições Sindicais, e funções do Sindicato, principalmente, a negociação coletiva de trabalho.

Segundo Amauri Mascaro Nascimento[2], "o direito sindical está consolidado na vida dos povos e nos ordenamentos jurídicos. São quadro, segundo a melhor doutrina, as partes que se compõe: a) organização sindical; b) a ação e funções dos entes sindicais, em especial a negociação coletiva de trabalho e suas formas de composição; e d) a representação não sindical ou mista dos trabalhadores na empresa."

Outros, defendem a denominação *Direito Coletivo do Trabalho*, pois as relações coletivas de trabalho não se restringem à atuação Sindical, pois envolvem, também, os conflitos coletivos de trabalho e formas de solução, bem como os instrumentos de pressão como a Greve e o Locaute.

Conforme Maurício Godinho Delgado[3], a expressão Direito Coletivo do Trabalho é de caráter objetivista, realçando o conteúdo do segmento jurídico identificado: relações sociojurídicas grupais, coletivas, de labor. A expressão Direito Sindical tem caráter subjetivista, enfatizando um dos sujeitos do Direito Coletivo do Trabalho: o sindicato.

Tem prevalecido, as denominações mistas, que enfatizam o protagonismo dos Sindicatos na esfera do Direito Coletivo do Trabalho, mas reconhecem outros institutos coletivos em que não há a participação sindical, a exemplo da representação dos trabalhadores nas empresas.

De nossa parte, diante do ordenamento jurídico vigente, a melhor denominação é Direito Coletivo do Trabalho, que abrange a estrutura e criação dos sindicatos, representação sindical, formas de solução dos conflitos coletivo de trabalho, negociação coletiva de trabalho, representação dos trabalhadores nas empresas, greve e locaute.

Na visão de Maurício Godinho Delgado[4], o direito Coletivo do Trabalho define-se como "complexo de institutos, princípios e regras jurídicas

---

2 *Compêndio de Direito Sindical*. 7ª ed. São Paulo: LTr, 2012, p. 27.

3 Direito Coletivo do Trabalho. 7. ed. São Paulo: LTr, 2017, p. 20-21.

4 Direito Coletivo do Trabalho. 7. ed. São Paulo: LTr, 2017, p. 23.

que regulam as relações laborais de empregados e empregadores, e outros grupos jurídicos normativamente especificados, considerada sua atuação coletiva, realizada autonomamente ou através das respectivas entidades sindicais."

Podemos conceituar o Direito Coletivo do Trabalho, como o segmento do Direito do Trabalho, composto por princípios, regras e institutos que disciplinam a organização sindical, a representação direta dos trabalhadores nas empresas, as formas de solução dos conflitos coletivos de trabalho, e as formas de pressão da classe trabalhadora e empresas (greve e locaute).

A finalidade do direito coletivo do trabalho, assim como o Direito Individual, é a melhoria da condição social dos trabalhadores, pela busca de melhores condições de trabalho e solução dos conflitos coletivos de trabalho.

2. DO INTERESSE COLETIVO

A atuação das entidades sindicais, as funções do Direito Coletivo do Trabalho, giram em torno do chamado *interesse coletivo*.

A doutrina sempre se esforçou para definir o que seja o interesse coletivo, pois este transcende a esfera individual para atingir um número significativo de pessoas.

O Direito do Trabalho, desde o seu surgimento, convive com os interesses coletivos, que tanto podem ser concretos, ou seja, quando há lesão coletiva de um direito já existente, ou quando o interesse se dá em abstrato, visando à criação de novas normas para a categoria.

Com efeito, diz o art. 8º, III, da CF:

> "Ao sindicato cabe a defesa dos direitos e interesses coletivos ou individuais da categoria, inclusive em questões judiciais ou administrativas".

Conforme o referido dispositivo constitucional, ao sindicato cabe a defesa dos direitos individuais e coletivos da categoria. No aspecto coletivo, a legitimação do sindicato é própria para a defesa da categoria por mandamento constitucional, podendo defender os interesses concretos e abstratos da categoria. Para a defesa de direitos individuais homogêneos, o sindicato o faz na qualidade de substituto processual, ou seja: defende em nome próprio direito alheio (art. 6º do CPC), sendo, atualmente, o entendimento do Supremo Tribunal Federal que a legitimidade do sindicato para a defesa dos direitos individuais homogêneos da categoria é ampla.

Pedro Paulo Teixeira Manus[5] nos traz a seguinte definição do interesse coletivo no aspecto trabalhista:

> "O interesse coletivo, no direito do trabalho é aquele de que é titular a categoria, ou uma parcela da categoria, como o grupo de empregados de algumas empresas, de uma empresa, ou grupo de empregados de um ou alguns setores de uma empresa. Esse interesse ultrapassa as pessoas que a integram porque indeterminado, sendo titular o grupo, cujos integrantes podem vir a ser determinados a cada momento e estão ligados entre si por pertencerem à mesma empresa, setor ou categoria profissional".

Averte Antonio Monteiro Fernandes[6], "não existe, pois, um critério para a determinação da existência de interesses colectivos. Pode, sim, deduzir-se pela via (sindical) pela qual se afirmam as pretensões, do método pelo qual são prosseguidas (a negociação nos termos regulados pela lei) e da amplitude dos efeitos que se vise desencadear com o resultado final: efeitos destinados a cristalizarem em certos contratos individuais, ou, invés, os efeitos de um padrão geral para um conjunto abstracto de relações laborais (efeitos normativos, portanto). São estes traços os que particularmente definem o fenómeno de superação (e, em certa medida, apagamento) dos interesses singulares ou individuais que leva à afirmação de interesses colectivos e às correspondentes formas de prossecução".

O art. 81, da Lei n. 8.078/90, define, por meio de interpretação autêntica, os interesses transindividuais, dos quais o interesse coletivo é uma das suas espécies.

Com efeito, aduz o referido dispositivo legal:

> "A defesa dos interesses e direitos dos consumidores e das vítimas poderá ser exercida em juízo individualmente, ou a título coletivo.
>
> Parágrafo único. A defesa coletiva será exercida quando se tratar de:

---

5 *Negociação Coletiva e Contrato Individual de Trabalho*. São Paulo: Atlas, 2001, p. 27.

6 *Curso de Direito do Trabalho*. 12. Ed. Lisboa: Almedina, 2007, p. 842.

> (...) II – interesses ou direitos coletivos, assim entendidos, para efeitos deste Código, os transindividuais de natureza indivisível, de que seja titular grupo, categoria ou classe de pessoas ligadas entre si ou com a parte contrária por uma relação jurídica base".

Diante do referido dispositivo legal, pensamos ser interesse coletivo para fins trabalhistas: *o que transcende o aspecto individual para irradiar efeitos sobre um grupo ou categoria de pessoas, sendo uma espécie de soma de direitos individuais, mas também um direito próprio do grupo, cujos titulares são indeterminados, mas que podem ser determinados, ligados entre si por uma relação jurídica base. Em razão disso, no Direito do Trabalho, cada categoria pode defender o próprio interesse e também, por meio de negociação coletiva, criar normas a viger no âmbito da categoria.*

3. DOS PRINCÍPIOS DO DIREITO COLETIVO DO TRABALHO

Como já mencionado, segundo a Teoria Geral do Direito que normas são mandamentos que regem a vida em sociedade, tidas por seus membros, como obrigatórias. Fazem parte do *dever ser*. Tais normas que disciplinam determinadas condutas humanas podem estar positivadas no ordenamento jurídico, ou não, podem estar escritas ou não, podem derivar de uma Entidade de Poder, como as leis e a jurisprudência, ou ser reconhecidas espontaneamente dentro de determinado segmento social, como o costume. Podem também ser o fundamento das regras que disciplinam determinados comportamentos humanos, como os princípios, que podem estar positivados ou não.

Em razão disso, podemos dizer que norma é um gênero, do qual, as regras (normas positivadas ou não), que se exteriorizam por meios dos princípios, leis, jurisprudências ou costume são espécies.

Conforme a doutrina, os princípios têm quatro funções: a) inspiradora do legislador; b) interpretativa; c) suprimento de lacunas; d) sistematização do ordenamento, dando suporte a todas as normas jurídicas, possibilitando o equilíbrio do sistema.

Embora o Direito Coletivo do Trabalho não tenha autonomia científica, ele tem princípios peculiares que lhe dão sentido e harmonia, e orientam sua interpretação e aplicação de suas normas.

3.1. Princípios específicos do Direito Coletivo do Trabalho

A doutrina costuma enumerar os princípios do Direito Coletivo do Trabalho, mas na verdade todos derivam do princípio cardeal que direciona os entes coletivos no Direito do Trabalho que é o da liberdade sindical.

3.1.1. *Liberdade Sindical*

A liberdade, que faz parte da condição humana, e é uma das vertentes mais expressivas da dignidade humana, como um direito de autodeterminação, é apontada pela doutrina, como o fundamento e razão de ser do Direito Sindical e Coletivo do Trabalho.

A liberdade sindical é vista sob o enfoque individual e coletivo. No aspecto individual, configura-se pela liberdade que têm os trabalhadores e empregadores de se vincular ou não a um sindicato ou de criar, nos limites da lei, uma categoria profissional ou econômica. Sob o enfoque coletivo, a liberdade permite aos sindicatos sua organização e gestão, bem como de praticar os atos inerentes à representação da categoria.

Conforme Luciano Martinez[7], a liberdade sindical "é o princípio segundo o qual os trabalhadores e os empregadores, sem qualquer distinção e sem autorização prévia, têm o direito de constituir as organizações que entendam convenientes, assim como o dever de afiliar-se a essas organizações com a única condição de observar-se seus estatutos."

Convenção 87, da Organização Internacional do Trabalho, não ratificada pelo Brasil, consagra a liberdade sindical plena, valendo destacar os arts. 1º a 5º, "in verbis":

> "Cada Membro da Organização Internacional do Trabalho, para o qual a presente Convenção está em vigor, se compromete a tornar efetivas as disposições seguintes."
>
> ARTIGO 2:
>
> "Os trabalhadores e os empregadores, sem distinção de qualquer espécie, terão direito de constituir, sem autorização prévia, organizações de sua escolha, bem como o direito de se filiar a essas organizações, sob a única condição de se conformar com os estatutos das mesmas."

7 Curso de Direito do Trabalho. 11ª ed. São Paulo: Saraiva, 2020.

ARTIGO 3:

"1. As organizações de trabalhadores e de empregadores terão o direito de elaborar seus estatutos e regulamentos administrativos, de eleger livremente seus representantes, de organizar a gestão e a atividade dos mesmos e de formular seu programa de ação.

2. As autoridades públicas deverão abster-se de qualquer intervenção que possa limitar esse direito ou entravar o seu exercício legal."

ARTIGO 4:

"As organizações de trabalhadores e de empregadores não estarão sujeitas à dissolução ou à suspensão por via administrativa."

ARTIGO 5:

"As organizações de trabalhadores e de empregadores terão o direito de constituir federações e confederações, bem como o de filiar-se às mesmas, e toda organização, federação ou confederação terá o direito de filiar-se às organizações internacionais de trabalhadores e de empregadores."

A Constituição assegura o princípio da liberdade sindical em seu art. 8º, e inciso I, "in verbis":

"É livre a associação profissional ou sindical, observado o seguinte:

I – a lei não poderá exigir autorização do Estado para a fundação de sindicato, ressalvado o registro no órgão competente, vedadas ao Poder Público a interferência e a intervenção na organização sindical."

O princípio da liberdade sindical assegura:

a) liberdade de criação dos sindicatos, observados os parâmetros legais, como o registro no órgão competente e observância da unicidade sindical;

b) liberdade de gestão dos sindicatos, com a possibilidade de criação de seus estatutos próprios. No entanto, devem ser observados os princípios da democracia externa e interna, com prevalência da vontade da maioria;

c) liberdade de atuação nos interesses de sua categoria (art. 8º, III, da CF);

d) liberdade de filiação e de desfiliação sindical (art. 8º, V, da CF);

e) garantias aos dirigentes sindicais (art. 8º, VIII, da CF). A fim de facilitar a atuação sindical, os dirigentes sindicais detêm estabilidade provisória ou garantia de emprego.

Apesar da Constituição assegurar o princípio da liberdade sindical, ela ainda não é plena, pois ainda há a sindicalização por categoria, e a vedação de criação de mais de um Sindicato representando a mesma categoria no limite do Município (art. 8º, II, da CF), bem como a obrigatoriedade da participação dos sindicatos nas negociações coletivas de trabalho (art. 8º, VI, da CF).

Além disso, apesar do Sindicato ser uma pessoa jurídica de direito privado há necessidade de registro do Sindicato no órgão competente[8], para aquisição da chamada personalidade sindical, a fim de controle do princípio da unicidade.

Nesse sentido, dispõe a Súmula 677 do STF, "in verbis":

> "Até que lei venha a dispor a respeito, incumbe ao Ministério do Trabalho proceder ao registro das entidades sindicais e zelar pela observância do princípio da unicidade."

No mesmo sentido decidiu o STF:

> Inexistência, contudo, quanto a ela, de registro sindical em órgão estatal competente – A questão do duplo registro: o registro civil e o registro sindical – Doutrina – Precedentes do Supremo Tribunal Federal (RTJ 159/413-414, v.g.) – Cadastro Nacional de Entidades Sindicais mantido pelo Ministério do Trabalho e Emprego: compatibilidade desse registro estatal com o postulado da liberdade sindical (Súmula 677/STF) – Ausência do necessário registro sindical como fator de descaracterização da qualidade para agir em sede de fiscalização abstrata – Controle prévio das condições da ação direta de inconstitucionalidade pelo relator da causa – Legitimidade do exercício desse poder monocrático (RTJ 139/67, v.g.) – Recurso de agravo improvido. (STF – **ADI 4.422 AgR**, min. rel. **Celso de Mello**, P, j. 6-11-2014, *DJE* 32 de 19-2-2015).

8 Atualmente o Ministério da Economia.

3.1.2. *Princípio da liberdade de associação*

Como nos traz Maurício Godinho Delgado[9], "o princípio da liberdade de associação assegura consequência, jurídico-institucional a qualquer iniciativa de agregação estável e pacífica entre pessoas, independentemente de seu segmento social ou dos temas causadores da aproximação. Não se restringe, portanto, área e temáticas econômico-profissionais (onde se situa a ideia de liberdade sindical)."

Nesse sentido dispõem os incisos XVI, XVII, XVIII, XIX e XX do art. 5º, da CF:

> Inciso XVI: "todos podem reunir-se pacificamente, sem armas, em locais abertos ao público, independentemente de autorização, desde que não frustrem outra reunião anteriormente convocada para o mesmo local, sendo apenas exigido prévio aviso à autoridade competente";
>
> Inciso XVII: "é plena a liberdade de associação para fins lícitos, vedada a de caráter paramilitar";
>
> Inciso XVIII: "a criação de associações e, na forma da lei, a de cooperativas independem de autorização, sendo vedada a interferência estatal em seu funcionamento";
>
> Inciso XIX: "as associações só poderão ser compulsoriamente dissolvidas ou ter suas atividades suspensas por decisão judicial, exigindo-se, no primeiro caso, o trânsito em julgado";
>
> Inciso XX: "ninguém poderá ser compelido a associar-se ou a permanecer associado."

No mesmo sentido dispõe o art. 8º, V, da CF, "in verbis": "ninguém será obrigado a filiar-se ou a manter-se filiado a sindicato."

3.1.3. *Equilíbrio entre os Entes Coletivos*

Ao contrário do direito individual em que há uma nítida assimetria de partes entre empregado e empregador, na esfera coletiva, há uma equivalência entre os entes coletivos tanto dos empregados, como dos empregadores (sindicatos de empregados e patronais), como empresas.

---

9 Curso de Direito do Trabalho. 18ª edição. São Paulo: LTr, 2019, p. 1556.

Como adverte Gustavo Filipe Barbosa Garcia[10], "na atualidade, tem-se entendido que os instrumentos normativos autônomos, decorrentes da negociação coletiva de trabalho, quando respeitos os direitos indisponíveis e as normas de ordem pública, devem prevalecer sobre as fontes heterônomas."

No mesmo sentido, destacamos a seguinte decisão oriunda da mais alta Corte Trabalhista Brasileira, "in verbis":

> AGRAVO DE INSTRUMENTO INTERPOSTO PELO RECLAMANTE 1. FÉRIAS EM DOBRO. NÃO REITERAÇÃO DOS ARGUMENTOS EXPENDIDOS NO RECURSO DE REVISTA. NÃO PROVIMENTO. Não se mostra viável o destrancamento de recurso de revista, na hipótese em que a parte não renova os argumentos pelos quais entende que o v. acórdão deve ser reformado, limitando-se a reiterar a indicação dos artigos que entende violados. Agravo de instrumento a que se nega provimento. RECURSO DE REVISTA INTERPOSTO PELA RECLAMADA 1. SISTEMA DE CONTROLE ALTERNATIVO DE JORNADA. NORMA COLETIVA QUE DETERMINA A AUTOGESTÃO DA JORNADA PELO EMPREGADO. VALIDADE. PROVIMENTO. A teor do preceito insculpido no artigo 7º, XXVI, da Constituição Federal, é dever desta Justiça Especializada incentivar e garantir o cumprimento das decisões tomadas a partir da autocomposição coletiva, desde que formalizadas nos limites da lei. A negociação coletiva, nessa perspectiva, é um instrumento valioso que nosso ordenamento jurídico coloca à disposição dos sujeitos trabalhistas para regulamentar as respectivas relações de trabalho, atendendo às particularidades e especificidades de cada caso. É inequívoco que, **no âmbito da negociação coletiva, os entes coletivos atuam em igualdade de condições,** o que torna legítimas as condições de trabalho por eles ajustadas, na medida em que afasta a hipossuficiência ínsita ao trabalhador nos acordos individuais de trabalho. Assim, as normas autônomas oriundas de negociação coletiva, desde que resguardados os direitos indisponíveis, devem prevalecer sobre o padrão heterônomo justrabalhista, já que a transação realizada em autocomposição privada resulta de uma ampla discussão havida em um ambiente paritário, no qual as

10 Manual de Direito do Trabalho. 13ª ed. Salvador: Editora Juspodivm, 2020, p. 1162-1163.

> perdas e ganhos recíprocos têm presunção de comutatividade. Na hipótese, a Corte Regional reputou inválida a norma coletiva em que autorizada a dispensa de controle formal de horário, sob o fundamento de que tal previsão não se sobrepõe ao disposto no artigo 74, § 2º, da CLT, e, por isso, não exime a reclamada do cumprimento do disposto no aludido artigo. Conforme acima aduzido, a Constituição Federal reconhece a validade e a eficácia dos instrumentos de negociação coletiva, desde que respeitados os direitos indisponíveis dos trabalhadores. Ocorre que a forma de marcação da jornada de trabalho não se insere no rol de direitos indisponíveis, de modo que não há qualquer óbice na negociação para afastar a incidência do dispositivo que regula a matéria, com o fim de atender aos interesses das partes contratantes. Impende destacar, inclusive, que o artigo 611-A, X, da CLT, inserido pela Lei nº 13.467/2017, autoriza a prevalência das normas coletivas que disciplinam a modalidade de registro de jornada de trabalho em relação às disposições da lei. É bem verdade que o aludido preceito, por ser de direito material, não pode ser invocado para disciplinar as relações jurídicas já consolidadas. Não se pode olvidar, entretanto, que referido dispositivo não trouxe qualquer inovação no mundo jurídico, apenas declarou o fato de que essa matéria não se insere no rol das garantias inegociáveis. Ante o exposto, mostra-se flagrante a afronta ao artigo 7º, XXVI, da Constituição Federal. Recurso de revista de que se conhece e a que se dá provimento" (ARR-80700-33.2007.5.02.0261, 4ª Turma, Relator Ministro Guilherme Augusto Caputo Bastos, DEJT 26/10/2018).

De nossa parte, a negociação coletiva deve ser impulsionada, primeiramente, sobre o princípio da melhoria da condição social do trabalhador, tendo primazia expansionista. No entanto, ele pode ser adaptado à realidade das empresas, desde que não tragam prejuízos ao trabalhador e assegurem concessões recíprocas ou equivalentes.

3.1.4. *Boa-Fé objetiva dos Entes Coletivos*

Um dos papéis fundamentais dos entes coletivos (entidades sindicais e empresas) é a negociação coletiva, que é a modalidade, por excelência de resolução dos conflitos coletivos e a criação de novas e melhores condições de trabalho. Desse modo, os entes coletivos devem agir com boa-fé objetiva (que é comportamental), antes, durante e após os procedimentos de negociação para a criação de normas coletivas (acordos e convenções coletivas de trabalho).

Os procedimentos negociais devem ser norteados por ampla informação dos representados, de forma ética e honesta, de forma transparente, e com ampla preponderância do interesse coletivo.

3.1.5. *Participação obrigatória do Sindicato das negociações Coletivas*

Por meio deste princípio, como forma de proteção dos direitos individuais dos trabalhadores e propiciar equilíbrio na negociação coletiva, a Constituição Federal exige a participação obrigatória dos sindicatos nas negociações coletivas, conforme redação constante de seu art. 8º, VI, "in verbis": "é obrigatória a participação dos sindicatos nas negociações coletivas de trabalho".

Conforme já sedimentado em doutrina, exige-se apenas, como condição de validade da negociação coletiva, a participação do Sindicato dos trabalhadores, pois a empresa já é um ente coletivo por natureza. Dessa forma, está preservado o equilíbrio na negociação coletiva de trabalho.

3.1.6. *Princípio da adequação setorial negociada*[11]

Trata-se de princípio atrelado à negociação coletiva, estabelecendo as possibilidades e limites da negociação, em face dos direitos trabalhistas que podem ser objetivo de disposição e os direitos indisponíveis.

Como nos destaca Maurício Godinho Delgado[12], "pelo princípio da adequação setorial negociada as normas autônomas juscoletivas construídas para incidirem sobre certa comunidade econômico-profissional podem prevalecer sobre o padrão geral heterônomo justrabalhista desde que respeitados certos critérios objetivamente fixados. São dois estes critérios autorizativos: a) quando as normas autônomas juscoletivas implementam um padrão setorial de direitos superior ao padrão geral oriundo da legislação heterônoma aplicável; b) quando as normas autônomas juscoletivas

11 Este princípio foi idealizado por Maurício Godinho Delgado.

12 Curso de Direito do Trabalho. 18ª ed. São Paulo: LTr, 2019, p. 1576.

transacionam setorialmente parcelas justrabalhistas de indisponibilidade apenas relativa (e não de indisponibilidade absoluta)."

4. PLURALIDADE X UNICIDADE SINDICAL

Há, na doutrina, acalorados debates sobre os modelos da unicidade (Sindicato único), ou da pluralidade sindical.

Unicidade sindical consiste no sistema em que há apenas um sindicato que representa uma determinada categoria profissional ou econômica. Pluralidade sindical permite a existência de mais de um sindicato representando determinada categoria profissional ou econômica.

Ambos os sistemas apresentam vantagens e desvantagens.

Entre as vantagens da unicidade destacam-se:

a) maior união e representatividade da categoria;

b) maior poder de pressão e capacidade de negociação coletiva.

Entre as desvantagens destacam-se:

a) restrição à liberdade de escolha por parte dos trabalhadores;

b) intervenção indevida do estado na liberdade sindical.

Entre as vantagens da pluralidade, destacam-se:

a) aperfeiçoamento dos sindicatos para prestar serviços mais eficazes aos representados;

b) efetividade do princípio da liberdade sindical;

c) maior autonomia dos Sindicatos, sem intervenção estatal em sua criação e atual;

d) maior competitividade entre os sindicatos.

Entre as desvantagens, destacam-se:

a) pulverização da categoria profissional em muitos sindicatos;

b) enfraquecimento da representação sindical;

c) perda de forças na negociação coletiva;

d) dificuldade acentuada em saber qual a convenção coletiva aplicável e qual sindicato pode negociar.

O sistema constitucional brasileiro adota o sistema da unicidade sindical. Com efeito, dispõe o art. 8º, II, da CF:

> "É vedada a criação de mais de uma organização sindical, em qualquer grau, representativa de categoria profissional ou econômica, na mesma base territorial, que será definida pelos trabalhadores ou empregadores interessados, não podendo ser inferior à área de um Município."

Em nosso entendimento, o sistema da pluralidade sindical é melhor e mais aperfeiçoado, no entanto, na realidade brasileira é difícil de ser implantado, mas, com o aperfeiçoamento da sociedade brasileira, pensamos que aos poucos ele será efetivado.

5. DAS CATEGORIAS PROFISSIONAL, ECONÔMICA E DIFERENCIADA

O ser humano é social por natureza. Em razão disso, é inerente à condição humana que trabalhadores que exercem o mesmo trabalho ou trabalhem em condições semelhantes busquem aproximação, formando um agrupamento para ajuda mútua e defesa de interesses comuns.

Esses agrupamentos de trabalhadores na segunda metade do século XVIII foram decisivos para o surgimento das primeiras leis trabalhista e do próprio Direito do Trabalho.

Categoria é um grupo ou um agrupamento de trabalhadores ou empregadores, que estão ligados por interesses comuns em razão de exercerem a mesma profissão ou atividade ou estarem ligados ao mesmo empregador (categoria profissional) ou realizarem a mesma atividade econômica, conexa ou similar (categoria econômica), ou exercerem uma atividade específica, disciplinada por lei, não relacionada ao objetivo da atividade econômica do empregador (categoria profissional diferenciada).

A categoria é o pressuposto para o surgimento de uma entidade sindical. A partir do reconhecimento da categoria é possível a criação de um sindicato que a represente e defenda seus interesses. No aspecto, dispõe o "*caput*" do art. 511, da CLT:

> "É lícita a associação para fins de estudo, defesa e coordenação dos seus interesses econômicos ou profissionais de todos os que, como empregadores, empregados, agentes ou trabalhadores autônomos ou profissionais liberais exerçam, respectivamente, a mesma atividade ou profissão ou atividades ou profissões similares ou conexas."

No aspecto, oportunas as observações de Amauri Mascaro Nascimento[13]:

> "Categoria e sindicato são realidades diferentes e que orbitam em campos também diferentes embora conexos, sendo o conceito de categoria a base sociológica em que o sindicato vai buscar sua representatividade no plano jurídico. Outra forma de diferenciar é ver na categoria a gênese e no sindicato o resultado de uma aspiração associativa que pelo mesmo se concretiza tornando-se uma unidade ontológica destinada a um fim. A categoria é a fonte e o sindicato o produto da mesma emanado."

Tanto a Constituição Federal com a legislação infranconstitucional disciplinam a filiação sindical por categoria, sendo uma característica do sistema sindical corporativo, onde havia forte intervenção do Estado na atividade sindical.

Assevera o art. 8º, II, da Constituição Federal:

> "É vedada a criação de mais de uma organização sindical, em qualquer grau, representativa de categoria profissional ou econômica, na mesma base territorial, que será definida pelos trabalhadores ou empregadores interessados, não podendo ser inferior à área de um Município."

O texto constitucional manteve a sindicalização por categoria, mesmo diante da regra geral da liberdade sindical.

A definição legal de categoria profissional está prevista no art. 511, § 2º da CLT, "in verbis":

> "A similitude de condições de vida oriunda da profissão ou trabalho em comum, em situação de emprego na mesma atividade econômica ou em atividades econômicas similares ou conexas, compõe a expressão social elementar compreendida como categoria profissional."

A categoria profissional pressupõe a realização de atividades idênticas ou similares vinculadas à atividade econômica do empregador, ou o exercício da mesma profissão.

---

13 Compêndio de Direito Sindical. 7ª ed. São Paulo: LTr, 2012, p. 260.

O conceito de categoria econômica está previsto no art. 511, § 1º, da CLT, "in verbis":

> "A solidariedade de interesses econômicos dos que empreendem atividades idênticas, similares ou conexas, constitui o vínculo social básico que se denomina categoria econômica."

Diante do referido dispositivo legal, a categoria econômica compreende a realização de idêntica atividade econômica, conexa ou similar.

Atividades similares são parecidas, onde as questões comuns preponderam sobre as singulares. Como exemplo, as atividades de hotelaria e restaurantes.

Atividades conexas são aquelas que têm pontos comuns, ou que se complementam, a exemplo de atividades de conservação e limpeza.

Como destaca Homero Batista Mateus da Silva[14]:

> "Diz-se o sindicato profissional quando quer se referir a sindicato de trabalhadores. O adjetivo profissional é polissêmico, podendo representar uma profissão com estatuto próprio, como a de advogado ou engenheiro, mas também uma atividade não regulamentada ou não definida com precisão, como a profissão do auxiliar de limpeza ou do ajudante geral (...)A expressão sindicato profissional atravessou décadas a disciplinar a matéria na legislação ordinária e encontra assento na Constituição Federal de 1988, como nos arts. 8º, II e IV, e 149, de tal sorte que, por aproximação, passou-se a entender a profissão como sendo o agrupamento de trabalhadores, ainda que por espectros diferentes (...)O sindicato de empregadores é associado com o conceito de categoria econômica, razão pela qual se refere a essa entidade simplesmente como sindicato econômico. Pressupõe-se, de plano, que toda entidade representativa de interesses de empregadores envolva alguma forma de atividade econômica. Há, no art. 966 do CC/2002, uma reconhecida definição de atividade econômica abrangendo a produção ou a circulação de bens ou serviços."

14 Curso de Direito do Trabalho Aplicado. Volume 7 – Direito Coletivo do Trabalho. 3. E. São Paulo: RT, 2015, p. 18.

Nos termos do § 3º, do art. 511, da CLT, "categoria profissional diferenciada é a que se forma dos empregados que exerçam profissões ou funções diferenciadas por força de estatuto profissional especial ou em consequência de condições de vida singulares."

Categoria diferenciada é aquela que tem estatuto próprio, vale dizer, uma regulamentação estabelecida num estatuto legal ou regulamentar.

Como adverte Homero Batista Mateus da Silva[15], "o conceito de estatuto próprio não é unívoco, mas refere grosso modo a existência de lei regulamentadora da profissão, como é o caso do advogado, do médico ou do engenheiro, não pela atividade preponderante de seus empregadores ou dadores de serviço, mas pela profissão que abraçaram. Normalmente, são acompanhadas também da existência de curso superior ou curso profissionalizante obrigatório para o exercício da função, embora possa haver anistia ou tolerância em alguns casos, especialmente quando a lei é implementada, como ocorreu com a norma dos secretários ou químicos."

Conforme a Súmula 374 do TST, "Empregado integrante de categoria profissional diferenciada não tem o direito de haver de seu empregador vantagens previstas em instrumento coletivo no qual a empresa não foi representada por órgão de classe de sua categoria."

6. DO SINDICATO

Conforme Maurício Godinho Delgado[16], "sindicatos são entidades associativas permanentes que representam trabalhadores vinculados por laços profissionais e laborativos comuns, visando a tratar de problemas coletivos das respectivas bases representadas defendendo seus interesses trabalhistas e conexos, com o objetivo de lhes alcançar melhores condições de labor e vida."

Os sindicatos são pessoas jurídicas de direito privado, constituídos por agrupamentos de trabalhadores (profissional) ou de empregadores (patronal) que constituem uma categoria e resolvem formalizar essa associação nos termos da lei, surgindo um sindicato, que é a entidade que a representará e defenderá seus interesses.

---

15 Op. cit. p. 21.

16 Direito Coletivo do Trabalho. 7ª ed. São Paulo: LTr, 2017, p; 100.

Trata-se, na verdade, o sindicato, não apenas de um ente representativo, mas social, pois assiste o trabalhador em seu universo trabalhista, e, muitas vezes, além dele.

A natureza jurídica do Sindicato é de associação de direito privado. Portanto, seus estatutos devem ser levados a registro no Cartório de Títulos e Documentos, para aquisição da personalidade jurídica. No entanto, para a aquisição da chamada personalidade sindical, seus estatutos devem ser levados a registro no Ministério do Trabalho (atual Ministério da Economia), para verificação do requisito da unicidade sindical, nos termos do art. 8º, I, da CF e Súmula 677 do STF. No mesmo sentido a OJ 15, da SDC do TST "in verbis":

> "**SINDICATO. LEGITIMIDADE *AD PROCESSUM*. IMPRESCINDIBILIDADE DO REGISTRO NO MINISTÉRIO DO TRABALHO. (inserida em 27.03.1998)** A comprovação da legitimidade "ad processum" da entidade sindical se faz por seu registro no órgão competente do Ministério do Trabalho, mesmo após a promulgação da Constituição Federal de 1988."

A finalidade dos Sindicatos é a defesa dos interesses da categoria, e a busca por melhores condições de vida e de trabalho para seus representados.

No aspecto, é expressiva a Constituição Federal, nos incisos I, II e III de seu art. 8º, "in verbis":

> "É livre a associação profissional ou sindical, observado o seguinte:
>
> I – a lei não poderá exigir autorização do Estado para a fundação de sindicato, ressalvado o registro no órgão competente, vedadas ao Poder Público a interferência e a intervenção na organização sindical;
>
> II – é vedada a criação de mais de uma organização sindical, em qualquer grau, representativa de categoria profissional ou econômica, na mesma base territorial, que será definida pelos trabalhadores ou empregadores interessados, não podendo ser inferior à área de um Município;
>
> III – ao sindicato cabe a defesa dos direitos e interesses coletivos ou individuais da categoria, inclusive em questões judiciais ou administrativas."

Nos termos do art. 513 da CLT:

> "São prerrogativas dos sindicatos: a) representar, perante as autoridades administrativas e judiciárias os interesses gerais da respectiva categoria ou profissão liberal ou interesses individuais dos associados relativos à atividade ou profissão exercida; b) celebrar contratos coletivos de trabalho; c) eleger ou designar os representantes da respectiva categoria ou profissão liberal; d) colaborar com o Estado, como órgãos técnicos e consultivos, na estudo e solução dos problemas que se relacionam com a respectiva categoria ou profissão liberal; e) impor contribuições a todos aqueles que participam das categorias econômicas ou profissionais ou das profissões liberais representadas. Parágrafo Único. Os sindicatos de empregados terão, outrossim, a prerrogativa de fundar e manter agências de colocação.
>
> Conforme o art. 514, da CLT, "são deveres dos sindicatos: a) colaborar com os poderes públicos no desenvolvimento da solidariedade social; b) manter serviços de assistência judiciária para os associados; c) promover a conciliação nos dissídios de trabalho. d) sempre que possível, e de acordo com as suas possibilidades, manter no seu quadro de pessoal, em convênio com entidades assistenciais ou por conta própria, um assistente social com as atribuições específicas de promover a cooperação operacional na empresa e a integração profissional na Classe. Parágrafo único. Os sindicatos de empregados terão, outrossim, o dever de: a) promover a fundação de cooperativas de consumo e de crédito; b) fundar e manter escolas de alfabetização e prevocacionais."

Diante do art. 522, da CLT a administração do Sindicato será exercida por: a) uma diretoria constituída no máximo de sete e no mínimo de três membros; b) Conselho Fiscal composto de três membros, eleitos esses órgãos pela Assembleia Geral, c) a diretoria elegerá, dentre os seus membros, o presidente do sindicato.

Há divergência sobre a recepção do art. 522, da CLT pela Constituição Federal, considerando-se o princípio de liberdade de organização dos Sindicatos. Desse modo, cumpre aos estatutos de cada entidade Sindical estabelecer seus órgãos de composição, bem como o número de membros de sua diretoria. No entanto, o entendimento firmado pela jurisprudência foi no sentido da recepção do presente dispositivo pela Constituição Federal, uma vez que deixar a organização do número de membros da diretoria do sindicato pode gerar uma situação de abuso de direito, uma vez que os membros da diretoria do Sindicato detêm estabilidade provisória de emprego, conforme o art. 8º, VIII, da Constituição Federal, "in verbis":

> "É vedada a dispensa do empregado sindicalizado a partir do registro da candidatura a cargo de direção ou representação sindical e, se eleito, ainda que suplente, até um ano após o final do mandato, salvo se cometer falta grave nos termos da lei."

No mesmo sentido o art. 543, § 3º, da CLT:

> "O empregado eleito para cargo de administração sindical ou representação profissional, inclusive junto a órgão de deliberação coletiva, não poderá ser impedido do exercício de suas funções, nem transferido para lugar ou mister que lhe dificulte ou torne impossível o desempenho das suas atribuições sindicais.
>
> (...)§ 3º – Fica vedada a dispensa do empregado sindicalizado ou associado, a partir do momento do registro de sua candidatura a cargo de direção ou representação de entidade sindical ou de associação profissional, até 1 (um) ano após o final do seu mandato, caso seja eleito inclusive como suplente, salvo se cometer falta grave devidamente apurada nos termos desta Consolidação."

O Tribunal Superior do Trabalho firmou entendimento pela recepção do art. 522, da CLT, pela Constituição Federal, conforme a Súmula 369, II, "in verbis":

> "O art. 522 da CLT foi recepcionado pela Constituição Federal de 1988. Fica limitada, assim, a estabilidade a que alude o art. 543, § 3.º, da CLT a sete dirigentes sindicais e igual número de suplentes."

Na mesma direção decidiu o STF, na ADPF 276, em 15.5.2020, Rel. Min. Carmem Lúcia, cuja ementa segue abaixo, DJE 03.06.20:

> "EMENTA: ARGUIÇÃO DE DESCUMPRIMENTO DE PRECEITO FUNDAMENTAL. ART. 522 DA CONSOLIDAÇÃO DAS LEIS DO TRABALHO. INC. II DA SÚMULA N. 369 DO TRIBUNAL

> SUPERIOR DO TRABALHO. DEFINIÇÃO DE NÚMERO MÁXIMO DE DIRIGENTES SINDICATOS COM ESTABILIDADE NO EMPREGO. RECEPÇÃO DO ART. 522 DA CONSOLIDAÇÃO DAS LEIS DO TRABALHO. PRECEDENTES DO SUPREMO TRIBUNAL. AUSÊNCIA DE ESVAZIAMENTO DO NÚCLEO DA LIBERDADE SINDICAL PELA NORMA LEGAL E PELO ENUNCIADO. ARGUIÇÃO DE DESCUMPRIMENTO DE PRECEITO FUNDAMENTAL IMPROCEDENTE. 1. A liberdade sindical tem previsão constitucional, mas não se dota de caráter absoluto. A previsão legal de número máximo de dirigentes sindicais dotados de estabilidade de emprego não esvazia aquela liberdade, que se preserva para cumprir a finalidade de autonomia da entidade sindical, não para criar situações de estabilidade genérica e ilimitada sem se conciliar com a razoabilidade e a finalidade da norma constitucional garantidora do direito. 2. Recepção da norma legal acolhida em precedentes do Supremo Tribunal Federal. Súmula que expressa o que a jurisprudência deste Supremo Tribunal não contraria a Constituição da República. 3. Arguição de descumprimento de preceito fundamental improcedente."

7. DO ENQUADRAMENTO SINDICAL

Dispõe o art. 570 da CLT:

> "Os sindicatos constituir-se-ão, normalmente, por categorias econômicas ou profissionais, específicas, na conformidade da discriminação do quadro das atividades e profissões a que se refere o art. 577 ou segundo as subdivisões que, sob proposta da Comissão do Enquadramento Sindical, de que trata o art. 576, forem criadas pelo ministro do Trabalho, Indústria e Comércio. Parágrafo único – Quando os exercentes de quaisquer atividades ou profissões se constituírem, seja pelo número reduzido, seja pela natureza mesma dessas atividades ou profissões, seja pelas afinidades existentes entre elas, em condições tais que não se possam sindicalizar eficientemente pelo critério de especificidade de categoria, é-lhes permitido sindicalizar-se pelo critério de categorias similares ou conexas, entendendo-se como tais as que se acham compreendidas nos limites de cada grupo constante do Quadro de Atividades e Profissões."

Como nos ensina Amauri Mascaro Nascimento[17], "enquadramento sindical tem uma dimensão coletiva, entendendo-se como tal a definição do grupo a que uma empresa, tendo em vista o tipo de atividade que exerce, pertence automaticamente na forma do quadro a que se refere o art. 577 da CLT, e, também, o grupo que um trabalhador, por seu lado, integra, grupo esse que terá um sindicato para representa-lo".

Quando se questiona qual sindicato representa determinado trabalhador ou empresa, deve-se verificar qual é o seu enquadramento sindical para se saber a resposta.

Como bem adverte Amauri Mascaro Nascimento[18], "o critério geral que deve prevalecer quanto ao sindicato representativo dos trabalhadores e o das empresas é o local da base territorial sindical em que se situam. Nem sempre há coincidência dos tipos de sindicatos existentes em cada base territorial. A empresa deverá efetuar o levantamento para, em cada localidade, solucionar a questão de modo específico."

O enquadramento sindical considera como critério determinante a atividade econômica preponderante da empresa.

A Consolidação das Leis do Trabalho, nos arts. 570 a 577, trata do enquadramento sindical, realizado pela Comissão de Enquadramento Sindical do Ministério do Trabalho (atual Ministério da Economia), existindo um quadro de atividades conforme o anexo do art. 577.

Para muito intérpretes, diante do princípio da liberdade sindical previsto no art. 8º, e inciso I, da CF, os referidos artigos da CLT que tratam do enquadramento não foram recepcionados pela Constituição Federal. No entanto, diante o princípio da unicidade sindical, a jurisprudência do Supremo Tribunal Federal vem decidindo pela recepção e pela vigência dos referidos dispositivos legais. No aspecto, a seguinte ementa:

> UNICIDADE SINDICAL MITIGADA – CATEGORIA – SEGMENTOS AGRUPADOS – DESMEMBRAMENTO – VIABILIDADE – ARTIGOS 5º, INCISO XVII, 8º, INCISO II, DA CONSTITUIÇÃO FEDERAL, 570, PARÁGRAFO ÚNICO, E 571 DA CONSOLIDAÇÃO DAS LEIS DO TRABALHO – RECEPÇÃO. A liberdade de associação, observada, relativamente às entidades sindicais, a base territorial mínima – a área de um município –, é

17 Compêndio de Direito Sindical. 7ª ed. São Paulo: LTr, 2012, p. 308.

18 Op. cit. p. 309.

predicado do Estado Democrático de Direito. Recepção da Consolidação das Leis do Trabalho pela Carta da República de 1988, no que viabilizados o agrupamento de atividades profissionais e a dissociação, visando a formar sindicato específico (STF RMS 2406. 1ª T. J. 22.03.05. Publicação 24/06/05. Rel. Min. Marco Aurélio).

Atualmente, o enquadramento sindical concerne apenas à verificação do cumprimento do princípio da unicidade sindical previsto no art. 8º, II, da CF.

Como bem adverte Amauri Mascaro Nascimento[19],

> "Após a Constituição Federal de 1988, extinta a Comissão de Enquadramento Sindical e, com isso, a sua função de definir qual o grupo coletivo que um sindicato representa, o enquadramento sindical tem outro significado. Não destina um ato do Poder Público, uma vez que a Constituição Federal veda a intervenção e a interferência deste na organização sindical, proibição para preservar a liberdade de organização sindical. Mas, como o sistema sindical continua o de sindicatos por categorias, o enquadramento sindical ainda é expressão útil para o fim de definir um grupo. A diferença é que o enquadramento sindical opera-se, hoje, tendo em vista a necessidade de respeito a o princípio do sindicato único mantido pelo art. 8º, II, da CF/1988, de modo natural, resultando, simplesmente, do tipo de atividade econômica e de exercício profissional, independentemente de qualquer ato formal do Ministério."

8. DESMEMBRAMENTO DA CATEGORIA E SURGIMENTO DE NOVO SINDICATO

Dispõe o art. 571 da CLT:

> "Qualquer das atividades ou profissões concentradas na forma do parágrafo único do artigo anterior poderá dissociar-se do sindicato principal, formando um sindicato específico, desde que o novo sindicato, a juízo da Comissão do Enquadramento Sindical, ofereça possibilidade de vida associativa regular e de ação sindical eficiente."

19 Op. cit. p. 311.

O referido dispositivo trata da criação de uma nova categoria, a partir de uma categoria já existente, desde que haja dissociação ou desmembramento de um agrupamento específico distinto da categoria principal que adquiriu autonomia em razão de suas singularidades e interesses específicos, como exemplo da categoria dos restaurantes de *fast food*, que se dissocia da categoria de restaurantes.

De nossa parte, a criação de novo sindicato por desmembramento da categoria está em compasso com o princípio da liberdade sindical e com o princípio de liberdade de organização sindical, e com o direito à autodeterminação de empregados e empregadores.

A criação de novo sindicato por desmembramento de categoria vem sendo reiteradamente reconhecida pela jurisprudência do Supremo Tribunal Federal, conforme se constata pela redação das seguintes ementas:

> EMENTA: AGRAVO REGIMENTAL. RECURSO EXTRAORDINÁRIO. UNICIDADE SINDICAL MITIGADA. DESMEMBRAMENTO. NORMA INFRACONSTITUCIONAL. OFENSA REFLEXA. CONSONÂNCIA DA DECISÃO RECORRIDA COM A JURISPRUDÊNCIA CRISTALIZADA DO SUPREMO TRIBUNAL FEDERAL. 1. É possível o desmembramento de entidade sindical quando a nova entidade representar categoria específica. 2. Para arrostar a conclusão adotada pelo Tribunal de origem, seria necessário interpretar legislação infraconstitucional – arts. 570, parágrafo único, e 571 da Consolidação das Leis do Trabalho – o que não é viável em sede de recurso extraordinário. 3. Agravo regimental a que se nega provimento (STF RE 642667 AgR. 1ª Turma. Relator(a): **Min. EDSON FACHIN,** Julgamento: **16/02/2016** Publicação: **01/03/2016**).

> EMENTA AGRAVO REGIMENTAL EM RECURSO EXTRAORDINÁRIO. DIREITO COLETIVO DO TRABALHO. DESMEMBRAMENTO SINDICAL. OBSERVÂNCIA DO PRINCÍPIO DA UNICIDADE SINDICAL REGISTRADA NO ACÓRDÃO DO TRIBUNAL DE JUSTIÇA. AUSÊNCIA DE VIOLAÇÃO DO ART. 8º, I e II, DA CONSTITUIÇÃO FEDERAL. 1. Não devolvida, no recurso extraordinário, a controvérsia quanto à competência do Ministério do Trabalho para o registro sindical, não poderia ter embasado o seu provimento. O recurso extraordinário versa, em essência, sobre a superposição de bases territoriais quando do desmembramento de entidade sindical e sobre a observância do

> princípio da unicidade sindical. 2. A jurisprudência desta Corte é uníssona no sentido da incolumidade do art. 8º, inciso II, da Constituição da República nas hipóteses de desmembramento de ente sindical, consoante especificidades dentro de cada categoria e definição pelos trabalhadores, desde que não haja superposição completa de bases territoriais ou redução a área menor que a de um Município. Precedentes. 3. O Tribunal de origem registrou expressamente que o desmembramento observou o princípio da unicidade sindical, pois ausente superposição de bases territor [...] (STF. RE 347775 AgR Órgão julgador: **Primeira Turma** Relator(a): **Min. ROSA WEBER** Julgamento: **22/02/2019.** Publicação: **08/03/2019).**

9. ENTIDADES SINDICAIS DE NÍVEL SUPERIOR

O sistema sindical brasileiro adota o princípio confederativo, onde na base está o sindicato, que abrange o município, as Federações, que abrange pelo menos cinco sindicatos que abrangem o Estado, em âmbito estadual e a confederação, que abrangem ao menos três Federações, em âmbito nacional.

No aspecto, dispõe o art. 533 da CLT:

> "Constituem associações sindicais de grau superior as federações e confederações organizadas nos termos desta Lei.

Nos termos do art. 534, da CLT, é facultado aos Sindicatos, quando em número não inferior a 5 (cinco), desde que representem a maioria absoluta de um grupo de atividades ou profissões idênticas, similares ou conexas, organizarem-se em federação. § 1º – Se já existir federação no grupo de atividades ou profissões em que deva ser constituída a nova entidade, a criação desta não poderá reduzir a menos de 5 (cinco) o número de Sindicatos que àquela devam continuar filiados. § 2º – As federações serão constituídas por Estados, podendo o Ministro do Trabalho, Industria e Comercio autorizar a constituição de Federações interestaduais ou nacionais. § 3º – É permitido a qualquer federação, para o fim de lhes coordenar os interesses, agrupar os Sindicatos de determinado município ou região a ela filiados; mas a união não terá direito de representação das atividades ou profissões agrupadas.

Conforme o art. 535 da CLT, as Confederações organizar-se-ão com o mínimo de 3 (três) federações e terão sede na Capital da República. § 1º – As confederações formadas por federações de Sindicatos de empregadores denominar-se-ão: Confederação Nacional da Indústria, Confederação Nacional do Comércio, Confederação Nacional de Transportes Marítimos, Fluviais e Aéreos, Confederação Nacional de Transportes Terrestres, Confederação Nacional de Comunicações e Publicidade, Confederação Nacional das Empresas de Crédito e Confederação Nacional de Educação e Cultura. § 2º – As confederações formadas por federações de Sindicatos de empregados terão a denominação de: Confederação Nacional dos Trabalhadores na Indústria, Confederação Nacional dos Trabalhadores no Comércio, Confederação Nacional dos Trabalhadores em Transportes Marítimos, Fluviais e Aéreos, Confederação Nacional dos Trabalhadores em Transportes Terrestres, Confederação Nacional dos Trabalhadores em Comunicações e Publicidade, Confederação Nacional dos Trabalhadores nas Empresas de Crédito e Confederação Nacional dos Trabalhadores em Estabelecimentos de Educação e Cultura. § 3º – Denominar-se-á Confederação Nacional das Profissões Liberais a reunião das respectivas federações. § 4º – As associações sindicais de grau superior da Agricultura e Pecuária serão organizadas na conformidade do que dispuser a lei que regular a sindicalização dessas atividades ou profissões.

As Federações e Confederações não tem legitimidade para iniciar as negociações coletivas, uma vez que tal atribuição é dos Sindicatos. Apenas na ausência ou na recusa de atuação do Sindicato é que a Federação e, sucessivamente, a Confederação devem atuar nas negociações e firmar a norma coletiva (arts. 611, parágrafo 2º, e art. 617, parágrafo 1º, da CLT).

No aspecto, destaca Carla Romar[20]: "de acordo com o sistema legal vigente, a negociação coletiva é atribuição do sindicato. A federação e a confederação não têm legitimidade para originariamente nela figura, tendo, no entanto, uma função subsidiária, segundo a qual, não havendo sindicato da categoria na base territorial, pode a federação, é à falta desta, a confederação, figurar na negociação. Nesse sentido, o art. 611, parágrafo 2º, da CLT, que deixa claro que o legislador adotou o princípio da complementaridade em relação à negociação coletiva."

20 Direito do Trabalho Esquematizado. 5ª ed. São Paulo: Saraiva, 2018, p. 857.

10. AS CENTRAIS SINDICAIS

As Centrais Sindicais são pessoas jurídicas de âmbito privado (associações civis), sem integrar o sistema confederativo sindical, integrada por entidades sindicais de diversas categorias, e dos diversos níveis de representação (sindicatos, federações e confederações) tendo por finalidade coordenar a representação sindical geral dos trabalhadores em âmbito nacional.

A lei 11.648/18 formalizou as Centrais Sindicais, que já tinham reconhecimento de fato, na articulação da cúpula do movimento sindical, com grande poder de persuasão nas negociações coletivas de trabalho.

Dispõe o art. 1º da Lei 11.648/08:

> "A central sindical, entidade de representação geral dos trabalhadores, constituída em âmbito nacional, terá as seguintes atribuições e prerrogativas: I – coordenar a representação dos trabalhadores por meio das organizações sindicais a ela filiadas; e II – participar de negociações em fóruns, colegiados de órgãos públicos e demais espaços de diálogo social que possuam composição tripartite, nos quais estejam em discussão assuntos de interesse geral dos trabalhadores. Parágrafo único. Considera-se central sindical, para os efeitos do disposto nesta Lei, a entidade associativa de direito privado composta por organizações sindicais de trabalhadores".

Composta por diversas categorias profissionais, sem necessidade de observância do princípio da unicidade sindical, as Centrais Sindicais exercem importante papel na representação geral dos trabalhadores[21], por meio da negociação coletiva, buscando melhores condições de trabalho. As Centrais não podem firmar as normas coletivas, mas exercem papel importante na negociação.

Como sendo órgãos de cúpula do sistema sindical brasileiro, a doutrina tem afirmado que o sistema sindical brasileiro segue a unicidade na base e a pluralidade em seus órgãos de cúpula.

Conforme o art. 2º, da Lei 11.648/08, para o exercício das atribuições e prerrogativas a que se refere o inciso II do *caput* do art. 1º desta Lei, a central sindical deverá cumprir os seguintes requisitos: I – filiação de, no

21 Não há, no ordenamento jurídico brasileiro, Central Sindical de entidades patronais.

mínimo, 100 (cem) sindicatos distribuídos nas 5 (cinco) regiões do País; II – filiação em pelo menos 3 (três) regiões do País de, no mínimo, 20 (vinte) sindicatos em cada uma; III – filiação de sindicatos em, no mínimo, 5 (cinco) setores de atividade econômica; e IV – filiação de sindicatos que representem, no mínimo, 7% (sete por cento) do total de empregados sindicalizados em âmbito nacional. Parágrafo único. O índice previsto no inciso IV do *caput* deste artigo será de 5% (cinco por cento) do total de empregados sindicalizados em âmbito nacional no período de 24 (vinte e quatro) meses a contar da publicação desta Lei.

11. DAS RECEITAS SINDICAIS

As fontes de custeio para o funcionamento e prestação de serviços das entidades sindicais, são denominadas receitas sindicais.

As receitas dos Sindicatos são denominadas contribuições sindicais em sentido genérico, abrangem a contribuição sindical prevista em lei, a contribuição confederativa, a contribuição assistencial e a mensalidade sindical.

11.1. Contribuição Sindical

A contribuição sindical prevista em lei está disciplinada no art. 578, da CLT, com a redação dada pela Lei 13.467/17, "in verbis":

> "As contribuições devidas aos sindicatos pelos participantes das categorias econômicas ou profissionais ou das profissões liberais representadas pelas referidas entidades serão, sob a denominação de contribuição sindical, pagas, recolhidas e aplicadas na forma estabelecida neste Capítulo, desde que prévia e expressamente autorizadas."

Até a Lei 13.467/17, a presente contribuição tinha caráter compulsório, sendo chamada de *imposto sindical* devida por todos os membros das categorias profissional ou econômica, independentemente da filiação sindical.

Vários intérpretes apontaram inconstitucionalidades na supressão do imposto sindical, apontando necessidade de Lei Complementar, e enfraquecimento do próprio do Direito do Trabalho, uma vez que enfraquece os Sindicatos, e fragiliza a negociação coletiva.

De nossa parte, a extinção do imposto sindical não é inconstitucional, pois este foi criado por lei ordinária, não necessitando de lei complementar para sua alteração ou extinção, e está em compasso com os princípios constitucionais da liberdade sindical, no aspecto da liberdade de filiação e desfiliação sindical.

Nesse sentido, defende Sérgio Pinto Martins[22]:

> "Trata o art. 149 da Constituição da contribuição social de intervenção no domínio econômico e de interesse das categorias profissionais e econômicas. Compete à União instituir essa contribuição sindical. Já há previsão genérica sobre a contribuição sindical do inciso I do art. 217 do CTN. A matéria não é, portanto, de lei complementar, mas de lei ordinária. A União pode instituir ou pode não instituir a contribuição prevista em lei. Cabe a ela a escolha. Isso será feito por lei ordinária federal."

O Supremo Tribunal Federal, na ADI 5.794, em 29.06.2018, decidiu por maioria, em controle concentrado de constitucionalidade, pela constitucionalidade da alteração do art. 578, da CLT, conforme a ementa que segue:

> EMENTA: DIREITO CONSTITUCIONAL E TRABALHISTA. REFORMA TRABALHISTA. FACULTATIVIDADE DA CONTRIBUIÇÃO SINDICAL. CONSTITUCIONALIDADE. INEXIGÊNCIA DE LEI COMPLEMENTAR. DESNECESSIDADE DE LEI ESPECÍFICA. INEXISTÊNCIA DE OFENSA À ISONOMIA TRIBUTÁRIA (ART. 150, II, DA CRFB). COMPULSORIEDADE DA CONTRIBUIÇÃO SINDICAL NÃO PREVISTA NA CONSTITUIÇÃO (ARTIGOS 8 º, IV, E 149 DA CRFB). NÃO VIOLAÇÃO À AUTONOMIA DAS ORGANIZAÇÕES SINDICAIS (ART. 8 º, I, DA CRFB). INOCORRÊNCIA DE RETROCESSO SOCIAL OU ATENTADO AOS DIREITOS DOS TRABALHADORES (ARTIGOS 1 º, III E IV, 5 º, XXXV, LV E LXXIV, 6 º E 7 º DA CRFB). CORREÇÃO DA PROLIFERAÇÃO EXCESSIVA DE SINDICATOS NO BRASIL. REFORMA QUE VISA AO FORTALECIMENTO DA ATUAÇÃO SINDICAL. PROTEÇÃO ÀS LIBERDADES DE ASSOCIAÇÃO, SINDICALIZAÇÃO E DE EXPRESSÃO (ARTIGOS 5 º, INCISOS IV E XVII, E 8 º, *CAPUT*, DA CRFB).

22 Direito do Trabalho. 36ª ed. São Paulo: Saraiva, 2020, p. 1128.

GARANTIA DA LIBERDADE DE EXPRESSÃO (ART. 5 º, IV, DA CRFB). AÇÕES DIRETAS DE INCONSTITUCIONALIDADE JULGADAS IMPROCEDENTES. AÇÃO DECLARATÓRIA DE CONSTITUCIONALIDADE JULGADA PROCEDENTE (STF, ADI 5794. Rel. Min. Luiz Fux. J. 29.06.2018. Dje. 23.04.19).

Dispõe o art. 579, da CLT, "O desconto da contribuição sindical está condicionado à autorização prévia e expressa dos que participarem de uma determinada categoria econômica ou profissional, ou de uma profissão liberal, em favor do sindicato representativo da mesma categoria ou profissão ou, inexistindo este, na conformidade do disposto no art. 591 desta Consolidação."

Diante da facultatividade da contribuição sindical, alguns sindicatos firmaram acordos e convenções coletivas de trabalho, autorizando o desconto da contribuição para todos os trabalhadores da categoria. Desse modo, a vontade coletiva supriria a individual.

No entanto, esses acordos e convenções coletivas foram objetivo de questionamento na Justiça do Trabalho, e no próprio STF, prevalecendo o entendimento, de nossa parte correto, que o art. 579, da CLT, exige a autorização individual do empregado, de preferência pela forma escrita, para o desconto da contribuição, não podendo ser suprido por assembleia sindical, ou negociação coletiva.

No aspecto, defende Davi Furtado Meirelles[23]:

> "Autorização prévia significa que o desconto não pode ocorrer sujeito a uma deliberação posterior. E autorização expressa leva à necessidade de manifestação dos integrantes da categoria para o desconto ser realizado. Portanto, muito embora o dispositivo não exija forma escrita para que essa manifestação seja efetivada, não se está autorizar que a mesma seja feita de forma tácita, por exemplo, não havendo oposição daquele que sofreu o desconto sem sua autorização anterior. Da mesma forma, alguns sindicatos chegaram a interpretar que essa autorização prévia e expressa poderia ser substituída por uma manifestação coletiva, com aprovação do desconto em assembleia deliberativa. Também aqui não parece ser a melhor interpretação para a intenção do legislador. A autorização para o desconto da contribuição sindical deve ser

23 In: CLT 2020: Comparada e Comentada pelos Magistrados do TRT da 2ª Região. São Paulo: LTr, 2020, p. 646.

anterior ao mesmo e de manifestação individual, sob pena de violação ao princípio de liberdade sindical individual."

11.2. Da contribuição confederativa

A contribuição confederativa encontra suporte no artigo 8º, IV da Constituição Federal. É fixada em Assembleia e, usualmente, prevista nos instrumentos normativos coletivos (acordos e convenções coletivas) e se destina ao custeio do sistema confederativo sindical brasileiro. Com efeito, dispõe o referido dispõe, o referido dispositivo constitucional:

> "É livre a associação profissional ou sindical, observado o seguinte: (...)IV – a assembléia geral fixará a contribuição que, em se tratando de categoria profissional, será descontada em folha, para custeio do sistema confederativo da representação sindical respectiva, independentemente da contribuição prevista em lei."

A doutrina tem entendido que a contribuição confederativa tem natureza contratual decorrente do acordo de vontades. Desse modo, somente é devida às pessoas filiadas ao Sindicato.

Como bem adverte Sérgio Pinto Martins[24], "a assembleia detém soberania, nos termos do estatuto do sindicato, porém, apenas em relação aos associados. Logo, a contribuição confederativa não é compulsória, como o que ninguém poderia se opor a sua cobrança, mas facultativa, pois só vincula os associados."

A jurisprudência, acertadamente, fixou entendimento no sentido de que a contribuição confederativa não tem caráter compulsório sendo devida apenas aos empregados sindicalizados. Nesse sentido, o PN 119 do TST e a Súmula Vinculante 40 do STF, "in verbis":

Precedente Normativo 119 do TST:

> "CONTRIBUIÇÕES SINDICAIS – INOBSERVÂNCIA DE PRECEITOS CONSTITUCIONAIS – (mantido) – DEJT divulgado em 25.08.2014 "A Constituição da República, em seus arts. 5º, XX e 8º, V, assegura o direito de livre associação e sindicalização. É ofensiva a essa modalidade de liberdade cláusula constante de acordo, convenção coletiva ou sentença normativa estabelecendo

24 Direito do Trabalho. 36ª ed. São Paulo: Saraiva, 2020, p. 1139.

> contribuição em favor de entidade sindical a título de taxa para custeio do sistema confederativo, assistencial, revigoramento ou fortalecimento sindical e outras da mesma espécie, obrigando trabalhadores não sindicalizados. Sendo nulas as estipulações que inobservem tal restrição, tornam-se passíveis de devolução os valores irregularmente descontados."
>
> Súmula Vinculante 40 do STF: "A contribuição confederativa de que trata o art. 8º, IV, da Constituição Federal, só é exigível dos filiados ao sindicato respectivo."

11.3. Contribuição assistencial

A contribuição assistencial também não tem caráter compulsório. Encontra suporte no artigo 513, "e", da CLT[25] e é devida em razão da participação dos sindicatos nas negociações coletivas, e também em razão das atividades assistenciais prestadas pelo Sindicato.

Como adverte Sérgio Pinto Martins[26]: "a contribuição assistencial é encontrada nas sentenças normativas, acordos e convenções coletivas, visando custear as atividades assistenciais do sindicato, principalmente pelo fato de o sindicato ter participado das negociações para obtenção de novas condições de trabalho para a categoria, e compensar a agremiação com os custos incorridos naquela negociação."

Parte da doutrina e jurisprudência sustentam que a contribuição assistencial é devida tanto aos empregados sindicalizados, como aos não sindicalizados que compõem a categoria, pois toda a categoria é beneficiada com a negociação coletiva. Desse modo, cabe ao trabalhador que não concorda com o desconto da contribuição, exercer sua oposição "a posteriori".

Outra parte tem entendido que a contribuição assistencial, por ter índole contratual, somente vincula os sindicalizados, não sendo devida aos não sindicalizados.

Prevalece, na jurisprudência, que a contribuição assistencial, por ter índole convencional, somente é devida aos associados ao Sindicato. No aspecto, o já citado PN 119 do C. TST.

---

25 Art. 513, "e", da CLT: "São prerrogativas dos sindicatos: (...) e) impor contribuições a todos aqueles que participam das categorias econômicas ou profissionais ou das profissões liberais representadas."

26 Direito do Trabalho. 36ª ed. São Paulo: Saraiva, 2020, p. 1145.

11.4. Mensalidade Sindical

As mensalidades sindicais são parcelas mensais, previstas nos estatutos do sindicato, pagas exclusivamente pelos empregados filiados ao Sindicato. Não têm caráter compulsório. Sua previsão está no art. 548, "b", da CLT, "in verbis":

> "Constituem o patrimônio das associações sindicais: (...) b) as contribuições dos associados, na forma estabelecida nos estatutos ou pelas Assembléias Gerais."

12. COMISSÃO DE REPRESENTANTES DE EMPREGADOS

José Cláudio Monteiro de Brito Filho[27], em trabalho aprofundado sobre o tema define representante dos trabalhadores "como toda pessoa física ou jurídica, ou órgão sem personalidade jurídica que, em virtude de permissivo, expresso ou não, do ordenamento jurídico, tenha a função de representar os trabalhadores, independentemente da forma de representação, da amplitude de seus poderes e da entidade perante a qual o mister será exercido."

A representação dos trabalhadores dentro da empresa para defesa de seus interesses sempre foi defendida pela doutrina, como forma de harmonização dos interesses obreiros e empresariais, facilitando o diálogo, diminuindo a litigiosidade, buscando a solução consensual para os problemas do cotidiano da empresa. Essa representação está prevista na Convenção 135 da OIT ratificada pelo Brasil e na própria Constituição Federal.

Ao contrário de alguns países, o Brasil não tem tradição em harmonização dos conflitos do cotidiano das empresas, denominados por alguns como problemas do "chão da fábrica", mediante entendimento direto entre trabalhadores e empresa. Para muitos, a existência da representação faz com que os interesses entre empregados e empresa sejam convergentes e não antagônicos. Por outro lado, muitos argumentam que a representação direta dos trabalhadores afasta e compete com a representação sindical, enfraquecendo a representação sindical.

27 Direito Sindical. 7ª ed. São Paulo: LTr, 2018, p. 331.

De nossa parte, a existência da representação direta dos trabalhadores na empresa, sem diminuir a representação sindical, é positiva, principalmente ao facilitar o diálogo, solução dos pequenos problemas do cotidiano, estabelecer normas de conduta e elaboração consensual de regulamento empresarial.

A Constituição Federal prevê a possibilidade de participação dos empregados na gestão da empresa, bem como a possibilidade de eleição de um representante da classe trabalhadora para promover o entendimento direto com os empregadores. Nesse sentido, dispõem os arts. 7º, XI, e 11, da Constituição Federal, "in verbis":

> Art. 7º, XI: "São direitos dos trabalhadores urbanos e rurais, além de outros que visem à melhoria de sua condição social: (...)XI – participação nos lucros, ou resultados, desvinculada da remuneração, e, excepcionalmente, participação na gestão da empresa, conforme definido em lei."
>
> Art. 11: "Nas empresas de mais de duzentos empregados, é assegurada a eleição de um representante destes com a finalidade exclusiva de promover-lhes o entendimento direto com os empregadores."

No mesmo sentido, dispõe o art. 3º, da Convenção 135 da OIT, ratificada pelo Brasil:

> "Para os fins da presente Convenção, os termos representantes dos trabalhadores designam pessoas reconhecidas como tais pela legislação ou a prática nacionais, quer sejam: a) representantes sindicais, a saber, representantes nomeados ou eleitos por sindicatos ou pelos membros de sindicatos; b) ou representantes eleitos, a saber, representantes livremente eleitos pelos trabalhadores da empresa, conforme as disposições da legislação nacional ou de convenções coletivas, e cujas funções não se estendam a atividades que sejam reconhecidas, nos países interessados, como dependendo das prerrogativas exclusivas dos sindicatos."

A lei 13.467/17, conhecida como "Reforma Trabalhista", disciplina, nos arts. 510-A a 510-C, a *Representação dos Empregados* no âmbito das Empresas. Não se trata de representação sindical, tampouco exerce qualquer interferência na atividade sindical. Trata-se um órgão sem personalidade jurídica, constituído por um agrupamento eleito de trabalhadores (comissão) para este fim com a finalidade de promover o entendimento direto dos interesses dos trabalhadores com a empresa.

Como bem adverte Gustavo Filipe Barbosa Garcia[28], "frise-se que é obrigatória a participação do sindicato na negociação coletiva de trabalho (art. 8º, inciso VI, da Constituição da República). Assim, em se tratando de conflito coletivo de trabalho, a celebração de convenções e acordos coletivos de trabalho (art. 7º, inciso XXVI, da Constituição da República) não pode ser feita pela comissão de representantes de empregados. A atuação da comissão de representantes dos representantes dos empregados na solução de conflitos decorrentes da relação de trabalho tem como objetivo a pacificação social, com natureza de autocomposição no local de trabalho."

O art. 510-A da CLT trata da estrutura das comissões de representantes de empregados. Com efeito, dispõe o referido dispositivo legal:

> "Nas empresas com mais de duzentos empregados, é assegurada a eleição de uma comissão para representá-los, com a finalidade de promover-lhes o entendimento direto com os empregadores. § 1º A comissão será composta: I – nas empresas com mais de duzentos e até três mil empregados, por três membros; II – nas empresas com mais de três mil e até cinco mil empregados, por cinco membros; III – nas empresas com mais de cinco mil empregados, por sete membros. § 2º No caso de a empresa possuir empregados em vários Estados da Federação e no Distrito Federal, será assegurada a eleição de uma comissão de representantes dos empregados por Estado ou no Distrito Federal, na mesma forma estabelecida no § 1º deste artigo.

As atribuições da comissão estão previstas no art. 510-B, da CLT, quais sejam:

a) representar os empregados perante a administração da empresa;
b) aprimorar o relacionamento entre a empresa e seus empregados com base nos princípios da boa-fé e do respeito mútuo;
c) promover o diálogo e o entendimento no ambiente de trabalho com o fim de prevenir conflitos;

28 Manual de Direito do Trabalho. 13ª ed. Salvador: Editora Juspodivm, 2020, p. 1291.

d) buscar soluções para os conflitos decorrentes da relação de trabalho, de forma rápida e eficaz, visando à efetiva aplicação das normas legais e contratuais;

e) assegurar tratamento justo e imparcial aos empregados, impedindo qualquer forma de discriminação por motivo de sexo, idade, religião, opinião política ou atuação sindical;

f) encaminhar reivindicações específicas dos empregados de seu âmbito de representação;

g) acompanhar o cumprimento das leis trabalhistas, previdenciárias e das convenções coletivas e acordos coletivos de trabalho.

Os membros da comissão serão eleitos (art. 510-C da CLT): a eleição será convocada, com antecedência mínima de trinta dias, contados do término do mandato anterior, por meio de edital que deverá ser fixado na empresa, com ampla publicidade, para inscrição de candidatura. § 1º Será formada comissão eleitoral, integrada por cinco empregados, não candidatos, para a organização e o acompanhamento do processo eleitoral, vedada a interferência da empresa e do sindicato da categoria. § 2º Os empregados da empresa poderão candidatar-se, exceto aqueles com contrato de trabalho por prazo determinado, com contrato suspenso ou que estejam em período de aviso prévio, ainda que indenizado. § 3º Serão eleitos membros da comissão de representantes dos empregados os candidatos mais votados, em votação secreta, vedado o voto por representação. § 4º A comissão tomará posse no primeiro dia útil seguinte à eleição ou ao término do mandato anterior. § 5º Se não houver candidatos suficientes, a comissão de representantes dos empregados poderá ser formada com número de membros inferior ao previsto no <u>art. 510-A desta Consolidação</u>. § 6º Se não houver registro de candidatura, será lavrada ata e convocada nova eleição no prazo de um ano.

O mandato dos membros da comissão de representantes dos empregados será de um ano. § 1º O membro que houver exercido a função de representante dos empregados na comissão não poderá ser candidato nos dois períodos subsequentes. § 2º O mandato de membro de comissão de representantes dos empregados não implica suspensão ou interrupção do contrato de trabalho, devendo o empregado permanecer no exercício de suas funções. § 3º Desde o registro da candidatura até um ano após o fim do mandato, o membro da comissão de representantes dos empregados não poderá sofrer despedida arbitrária, entendendo-se como tal a que não se fundar em motivo disciplinar, técnico, econômico ou financeiro. § 4º Os documentos referentes ao processo eleitoral devem ser emitidos em duas vias, as quais permanecerão sob a guarda dos empregados e da empresa pelo prazo de cinco anos, à disposição para consulta de qualquer trabalhador interessado, do Ministério Público do Trabalho e do Ministério do Trabalho (art. 510-D da CLT).

13. CONDUTAS ANTISSINDICAIS

Conforme Luciano Martinez[29], "as condutas antissindicais, na condição de ilícitos civis, podem ser entendidas, a partir do seu caráter onicompreensivo, como qualquer ato jurídico estruturalmente atípico, positivo ou negativo, comissivo ou omissivo, simples ou complexo, continuado ou isolado, concertado ou não concertado, estatual ou privado, normativo ou negocial, que, extrapolando os limites do jogo normal das relações coletivas de trabalho, lesione o conteúdo essencial de direitos de liberdade sindical."

A doutrina e jurisprudência têm entendido, em geral, que os atos antissindicais são praticados com o chamado *abuso de poder ou direito*[30], tendo por finalidade restringir ou enfraquecer os princípios inerentes à liberdade sindical.

A doutrina e jurisprudência têm apontado algumas práticas que devem ser reprimidas, a exemplo de contribuições assistenciais abusivas, cláusulas de sindicalização obrigatória, impossibilidade do trabalhador de manifestar oposição à contribuição sindical, dispensa abusiva de dirigente sindical, paralização abusiva do trabalho, dentre outras.

A Convenção 98, da OIT, ratificada pelo Brasil prevê, algumas práticas antissindicais que devem ser reprimidas, conforme se constata da redação de seus arts. 1º, e 2º, "in verbis":

> Art. 1º:
>
> "1 – Os trabalhadores deverão gozar de proteção adequada contra quaisquer atos atentatórios à liberdade sindical em matéria de emprego. 2 – Tal proteção deverá, particularmente, aplicar-se a

29 Curso de Direito do Trabalho. 11ª ed. São Paulo: Saraiva, 2020, p. 946.

30 O Código Civil define abuso de direito em seu art. 187, "in verbis": "Também comete ato ilícito o titular de um direito que, ao exercê-lo, excede manifestamente os limites impostos pelo seu fim econômico ou social, pela boa-fé ou pelos bons costumes."

atos destinados a: a) subordinar o emprego de um trabalhador à condição de não se filiar a um sindicato ou de deixar de fazer parte de um sindicato; b) dispensar um trabalhador ou prejudicá-lo, por qualquer modo, em virtude de sua filiação a um sindicato ou de sua participação em atividades sindicais, fora as horas de trabalho ou, com o consentimento do empregador, durante as mesmas horas."

Art. 2º:

"1 – As organizações de trabalhadores e de empregadores deverão gozar de proteção adequada contra quaisquer atos de ingerência de umas em outras, quer diretamente, quer por meio de seus agentes ou membros, em sua formação, funcionante e administração. 2 – Serão particularmente identificadas a atos de ingerência, nos termos do presente artigo, medidas destinadas a provocar a criação de organizações de trabalhadores dominadas por um empregador ou uma organização de empregadores, ou a manter organizações de trabalhadores por meios financeiros ou outros, com o fim de colocar essas organizações sob o controle de um empregador ou de uma organização de empregadores."

A jurisprudência trabalhista tem deferido indenizações por danos em razão de prática de condutas antissindicais por parte de empregadores, conforme as ementas que seguem:

RESPONSABILIDADE CIVIL DO EMPREGADOR. INDENIZAÇÃO POR DANOS MORAIS. CONDUTA ANTISSINDICAL. A responsabilidade civil do empregador pela reparação decorrente de danos morais causados ao empregado pressupõe a existência de três requisitos, quais sejam: a conduta (culposa, em regra), o dano propriamente dito (violação aos atributos da personalidade) e o nexo causal entre esses dois elementos. O primeiro é a ação ou omissão de alguém que produz consequências às quais o sistema jurídico reconhece relevância. É certo que esse agir de modo consciente é ainda caracterizado por ser contrário ao Direito, daí falar-se que, em princípio, a responsabilidade exige a presença da conduta culposa do agente, o que significa ação inicialmente de forma ilícita e que se distancia dos padrões socialmente adequados, muito embora possa haver o dever de ressarcimento dos danos, mesmo nos casos de conduta lícita. O segundo elemento é o dano que, nas palavras de Sérgio Cavalieri Filho, consiste na "[...] subtração ou diminuição de um bem jurídico, qualquer que seja a sua natureza, quer se trate de um bem patrimonial, quer se trate de um bem integrante da própria personalidade da vítima, como a sua honra, a imagem, a liberdade etc. Em suma, dano é lesão de um bem jurídico, tanto patrimonial como moral, vindo daí a conhecida divisão do dano em patrimonial e moral". Finalmente, o último elemento é o nexo causal, a consequência que se afirma existir e a causa que a provocou; é o encadeamento dos acontecimentos derivados da ação humana e os efeitos por ela gerados. No caso, o quadro fático registrado pelo Tribunal Regional revela que, "se a reclamada respeitasse a estabilidade do empregado, poderia ter consultado o 'extrato de solicitação de registro sindical' – documento cuja existência ela própria demonstra saber, pois junta aos autos cópia (Id. 645e1b5 – Pág. 2) e obtido a informação oportuna de que, na data em que pretendia dispensar o autor (10.06.2015) – e efetivamente dispensou –, já constava no andamento do MTE o recurso administrativo interposto pelo SINPROVALE em 21.05.2015", o que configura clara conduta antissindical da empresa. Evidenciado o dano, assim como a conduta culposa do empregador e o nexo causal entre ambos, deve ser mantido o acórdão regional que condenou a reclamada a indenizá-lo. Agravo conhecido e não provido" (Ag-ARR-20918-38.2015.5.04.0333, 7ª Turma, Relator Ministro Claudio Mascarenhas Brandao, DEJT 21/08/2020).

"DISSÍDIO COLETIVO DE GREVE. RECURSO ORDINÁRIO DE IMC SASTE – CONSTRUÇÕES, SERVIÇOS E COMÉRCIO LTDA. PROCESSO ANTERIOR À LEI Nº 13.467/2017. 1. GREVE EM ATIVIDADE NÃO ESSENCIAL. NÃO ABUSIVIDADE DO MOVIMENTO PAREDISTA. DIREITO FUNDAMENTAL COLETIVO INSCRITO NO ART. 9º DA CF. ARTS. 3º E 4º DA LEI 7.783/89. A Constituição reconhece a greve como um direito fundamental de caráter coletivo, resultante da autonomia privada coletiva inerente às sociedades democráticas. Não se considera abusivo o movimento paredista se observados os requisitos estabelecidos pela ordem jurídica para sua validade: tentativa de negociação; aprovação pela respectiva assembleia de trabalhadores; aviso prévio à parte adversa. Preenchidos os requisitos legais, no caso concreto, não se declara a greve abusiva. Sobre a alegação recursal de abusividade da greve sob a ótica da ausência de representatividade do Sindicato Suscitado em relação aos empregados da Empresa Suscitante, também não prospera o apelo, já que a legitimidade de representação sindical foi definitivamente reconhecida no julgamento do AIRR-212-24.2011.5.15.0121, com decisão transitada em julgado envolvendo as mesmas Partes deste dissídio coletivo. Recurso ordinário desprovido. 2. DESCONTO DOS DIAS DE PARALISAÇÃO. A regra geral no Direito brasileiro, segundo a jurisprudência dominante, é tratar a duração do movimento paredista como suspensão do contrato de trabalho (art. 7º, Lei 7.783/89). Isso significa que os dias parados, em princípio, não são pagos, não se computando para fins contratuais o mesmo período. Entretanto, caso se trate de greve em função do não cumprimento de cláusulas contratuais relevantes e regras legais pela empresa (não pagamento ou atrasos reiterados de salários, más condições ambientais, com risco à higidez dos obreiros, etc.), em que se pode falar na aplicação da regra contida na exceção do contrato não cumprido, a greve deixa de produzir o efeito da mera suspensão. Do mesmo modo, quando o direito constitucional de greve é exercido para tentar regulamentar a dispensa massiva. Nesses dois grandes casos, seria cabível enquadrar-se como mera interrupção o período de duração do movimento paredista, descabendo o desconto salarial. Destaque-se que eventual conduta antissindical por parte do empregador, que tenha contribuído de maneira decisiva para a paralisação, poderia afastar o enquadramento dos dias parados como mera suspensão contratual, passando o lapso temporal paredista a ser enquadrado como interrupção contratual, com o pagamento dos dias parados. Verifica-se que o caso dos autos não se amolda à hipótese de interrupção do contrato de trabalho, mas de suspensão contratual, não sendo devido, a princípio, o pagamento dos dias parados. Contudo, esta Seção Especializada em Dissídios Coletivos construiu, nos últimos anos, uma jurisprudência sólida no sentido de que é possível se adotar uma solução intermediária quando a greve perdurou por elevado número de dias – como é o caso dos autos, em que a greve perdurou por praticamente um mês –, a fim de evitar o comprometimento de um ou dois meses inteiros de salário dos trabalhadores, acarretando um prejuízo considerável ao mantimento de sua sobrevivência e o de sua família. Observe-se que, na maioria desses julgados, o critério utilizado por esta SDC foi o de autorizar o desconto de 50% dos dias não trabalhados e a compensação dos outros 50%. Não se olvida que, em relação à greve realizada no âmbito da Administração Pública, o STF prolatou interpretação bastante severa sobre o assunto, assentando a viabilidade jurídica de o Administrador Público realizar o corte do ponto dos servidores grevistas, para fins da subsequente não efetivação do pagamento salarial mensal (tese jurídica fixada a partir da apreciação do tema 531 da repercussão geral). Embora este Relator entenda que a decisão do STF mereça ser interpretada em suas distintas facetas, não podendo prevalecer uma interpretação que impeça de forma absoluta a resolução da controvérsia a partir da ponderação e equilíbrio entre os interesses envolvidos – o da Administração, o dos grevistas e o interesse da população envolvida –, fato é que, no caso concreto, não se trata de greve realizada no âmbito da Administração Pública, podendo ser aplicável o critério mediador adotado por esta Seção Especializada, em que se autoriza a compensação de parte dos dias parados. Assim, embora o caso dos autos não se amolde à hipótese de interrupção do contrato de trabalho, tendo em vista a longa duração da greve, entende-se razoável a autorização do desconto de 50% dos dias não trabalhados e a compensação dos outros 50%. Recurso ordinário provido parcialmente, no ponto. 3. MULTA POR LITIGÂNCIA DE MÁ-FÉ. A litigância de má-fé, disciplinada no art. 80 do CPC/2015, dá-se quando a parte utiliza as vias processuais de forma abusiva, inquinada de falsidade ou meramente protelatória, prejudicando não apenas a parte contrária, mas levando o próprio Judiciário ao colapso, por emperrar a outorga de uma célere e efetiva prestação jurisdicional à sociedade. No caso em apreço, o Tribunal Regional condenou a Suscitante ao pagamento de multa por litigância de má-fé, no valor de R$10.000,00, com fundamento na ausência injustificada da Empresa à audiência de conciliação. A conduta materializa a ideia de desrespeito à ética processual e consiste em ato desleal e atentatório à dignidade da justiça, passível de penalidade, conforme determina expressamente o § 8º do art. 334 do CPC/15. Deve ser adequado, porém, o valor da multa, porquanto, nessa situação, o Código de Processo Civil limita-o ao máximo de 2% da vantagem econômica pretendida ou do valor da causa. Recurso ordinário parcialmente provido, no aspecto "(RO-7628-42.2016.5.15.0000, Seção Especializada em Dissídios Coletivos, Relator Ministro Mauricio Godinho Delgado, DEJT 30/07/2020).

14. DO CONFLITO COLETIVO DE TRABALHO

Não há consenso na doutrina sobre o que seja conflito[31], mas este é inerente à condição humana, principalmente em razão da escassez de bens existentes na sociedade e das inúmeras necessidades do ser humano.

Segundo *Amauri Mascaro Nascimento*[32]:

> "O vocábulo conflito, de *conflictus*, que significa combater, lutar, designa posições antagônicas. Outra palavra usada é controvérsia. Segundo a teoria, surge uma controvérsia quando alguém pretende a tutela do seu interesse, relativa à prestação do trabalho ou seu regulamento, em contraste com interesses de outrem e quando este se opõe mediante a lesão de um interesse ou mediante a contestação da pretensão, mas é possível dizer que o conflito trabalhista é toda oposição ocasional de interesses, pretensões ou atitudes entre um ou vários empresários, de uma parte, e um ou mais trabalhadores a seu serviço, por outro lado, sempre que se origine do trabalho e uma parte pretenda a solução coativa sobre outra."

Márcio Pugliese[33] apresenta os seguintes fatores para um modelo conflitivo da sociedade: "a) A vida social, num determinado modo produtivo, é resultado da interação permanente de utilidades (interesses) diversas que constituem o elemento motivador fundamental para a conduta social do homem; b) O conflito de interesses é a busca de utilidade, domina a vida social e, em consequência, propicia a produção de normas, regulamentos, sistemas de repressão e lide de todo tipo; c) O consenso, também chamado equilíbrio social, é um estado precário, sendo mais um construto teórico-prático que efetivo consenso normativo generalizado; d) O consenso, no sentido de c), existe como expressão ideológica das resultantes das forças de dominação e coerção ou de exploração de uma sociedade e é, por consequência, precário e mutável; e) O conflito social favorece a divisão da sociedade em grupos de pressão, instituições (particularmente

---

31 Segundo Antonio Houaiss, o conflito é "profunda falta de entendimento entre duas ou mais partes, choque, enfrentamento" (*Dicionário Houaiss da língua portuguesa*. Rio de Janeiro: Objetiva, 2001. p. 797).

32 NASCIMENTO, Amauri Mascaro. *Teoria geral do direito do trabalho*. São Paulo: LTr, 1998. p. 314.

33 PUGLIESE, Márcio. *Por uma teoria geral do direito. Aspectos microssistêmicos*. São Paulo: RCS, 2005. p. 203.

partidárias) que disputam o poder que, de fato, permanece com as elites dominantes; f) A ordem social (estado de equilíbrio do sistema) depende da natureza desse conflito, ou melhor, de sua estrutura; g) O conflito entre os contendores produz a mudança social, elemento permanente em qualquer sociedade a fim de manter o estado geral de coisas orbitando em torno de um ponto de equilíbrio (um ponto de acumulação, em sentido topológico); h) Quando o desequilíbrio excede a capacidade de o sistema obter retorno a esse ponto de acumulação, transformações serão necessárias; i) Inicialmente, o sistema tenderá a diversificar seu funcionamento a fim de superar o desequilíbrio e, se isso não for suficiente, então, e só então, mudanças estruturais serão implementadas."

O Direito do Trabalho, como é marcado por grande eletricidade social, uma vez que está por demais arraigado na vida das pessoas e sofre de forma direta os impactos das mudanças sociais e da economia, é um local fértil para eclosão dos mais variados conflitos de interesse.

Os conflitos trabalhistas podem eclodir tanto na esfera individual como na esfera coletiva. Na esfera individual, há o chamado conflito entre *patrão e empregado*, individualmente considerados, ou entre *prestador e tomador de serviços*, tendo por objeto o descumprimento de uma norma positivada, seja pela lei ou pelo contrato. Já o conflito coletivo trabalhista, também denominado *conflito de grupo*[34] ou *de categorias*, tem por objeto não somente o descumprimento de normas positivadas já existentes (conflito jurídico ou de natureza declaratória), mas também a criação de novas normas de regulamentação da relação de trabalho (conflitos de natureza econômica).

Segundo *Antonio Monteiro Fernandes*[35]:

> "Um dos temas mais importantes e complexos que se deparam no domínio do Direito Colectivo é o dos conflitos. Em verdade, 'o conflito, latente ou ostensivo é a essência das relações industriais'; a

34 Conforme Wilson de Souza Campos Batalha: "Os grupos são entidades sociais que, no direito atual, assumem categorização jurídica expressiva e são dotadas de realidade processual. Alguns são inorganizados, aflorações espontâneas da coletividade, como grupos de pressão e comissão de fábrica. Outros são organizados como entidades civis ou como entidades sindicais. As associações civis são livremente organizadas e se registram no Registro de Títulos e Documentos, nos termos da Lei de Registros Públicos (Lei n. 6.015/73)" (Instrumentos coletivos de atuação sindical. *Revista Legislação do Trabalho*. São Paulo: LTr, ano 60, v. 2, 1996. p. 184).

35 FERNANDES, Antonio Monteiro. *Direito do trabalho*. 13. ed. Coimbra: Almedina, 2006. p. 835.

> negociação colectiva não é só uma técnica de produção de normas, mas também um método de superação de conflitos actuais ou potenciais; envolve um processo jurídico e uma dinâmica social."

A doutrina costuma classificar os conflitos coletivos da seguinte forma:

a) **conflitos jurídicos ou de direito:** não têm por objeto a criação de novas condições de trabalho, mas apenas interpretação e aplicação de regras já existentes no âmbito das categorias profissional e econômica;

b) **conflitos de interesse ou econômicos:** visam à criação de novas condições de trabalho, no âmbito das categorias profissional e econômica. Conforme leciona Octavio Bueno Magano: "Os conflitos econômicos têm por escopo a modificação de condições de trabalho, e, por conseguinte, a criação de novas normas, enquanto os jurídicos têm por finalidade a interpretação ou aplicação de normas jurídicas preexistentes"[36].

Os conflitos de greve, segundo a doutrina, têm natureza híbrida, pois há um aspecto jurídico que concerne à aplicação das regras já existentes quanto à legalidade e legitimidade do movimento grevista, e um aspecto econômico ou de interesse que se refere às pretensões do movimento grevista.

14.1. Das formas de solução dos conflitos coletivos de trabalho

Como destacam *Antonio Carlos de Araújo Cintra*, *Ada Pellegrini Grinover* e *Cândido Rangel Dinamarco*[37]:

> "A eliminação dos conflitos ocorrentes na vida em sociedade pode-se verificar por obra de um ou de ambos os sujeitos dos interesses conflitantes, ou por terceiro. Na primeira hipótese, um dos sujeitos (ou cada um deles) consente no sacrifício total ou parcial do próprio interesse (*autocomposição*) ou impõe o sacrifício do interesse alheio (*autodefesa* ou *autotutela*). Na segunda hipótese, enquadram-se a defesa de terceiro, a conciliação, mediação e o processo (estatal ou arbitral)."

36 MAGANO, Octavio Bueno. *Manual de direito do trabalho*. Direito coletivo. V. IV. 4. ed. São Paulo: LTr, 1994. p. 162.

37 *Teoria geral do processo*. 21. ed. São Paulo: LTr, 2005. p. 22.

Segundo nos traz a doutrina, são meios de solução dos conflitos na esfera trabalhista: *autotutela* ou *autodefesa, autocomposição* e *heterocomposição*.

14.1.1. *Autotutela*

A *autotutela* ou *autodefesa* é o meio mais primitivo de resolução dos conflitos em que uma das partes, com utilização da força, impõe sua vontade sobre a parte mais fraca. Nesta modalidade, há uma ausência do Estado na solução do conflito, sendo uma espécie de vingança privada.

Ensina *Amauri Mascaro Nascimento*[38]:

> "A autodefesa pode ser autorizada pelo legislador, tolerada ou proibida [...] A solução que provém de uma das partes interessadas é unilateral e imposta. Portanto, evoca a violência, e a sua generalização importa na quebra da ordem e na vitória do mais forte e não do titular do direito. Assim, os ordenamentos jurídicos a proíbem, autorizando-a apenas excepcionalmente, porque nem sempre a autoridade pode acudir em tempo a solução dos conflitos."

Na esfera do conflito coletivo de trabalho, a doutrina elenca a greve e o locaute, sendo este vedado no ordenamento jurídico brasileiro pelo art. 17 da Lei n. 7.783/89.

14.1.2. *Autocomposição*

A autocomposição é modalidade de solução dos conflitos coletivos de trabalho pelas próprias partes interessadas sem a intervenção de um terceiro que irá ajudá-las ou até propor a solução do conflito.

No aspecto, vale destacar a seguinte ementa:

> "DISSÍDIO COLETIVO DE GREVE. ACORDO CELEBRADO ENTRE AS PARTES. A finalidade principal da Justiça do Trabalho é conciliar as partes, alcançando a paz e harmonia social. Assim, tendo a empresa suscitante e o sindicato suscitado celebrado acordo dando fim ao movimento paredista, homologa-se parcialmente o acordo, com exceção da cláusula nona, em relação à qual, no termo

38 NASCIMENTO, Amauri Mascaro. *Curso de direito processual do trabalho*. 22. ed. São Paulo: Saraiva, 2007. p. 06.

> de acordo, consta a anotação sem efeito. Processo que se extingue com resolução do mérito, nos termos do art. 269, III, do CPC – AC 00079.2010.000.17.00.6." (N.U. 0007900-89.2010.5.17.0000) – 17ª REGIÃO – Desembargador José Carlos Rizk – relator. DJ/ES de 10.6.2010 – DT Ago. 2010, v. 193, p. 135).

A doutrina aponta como espécies de autocomposição a desistência[39], a renúncia[40], a submissão[41] e a transação[42].

Na esfera do Direito Coletivo do Trabalho, temos como instrumentos típicos de autocomposição os acordos e convenções coletivas, que são produto de um instituto maior, que é a negociação coletiva.

14.1.3. *Heterocomposição*

A heterocomposição exterioriza-se pelo ingresso de um agente externo e desinteressado ao litígio que irá solucioná-lo e sua decisão será imposta às partes de forma coercitiva. Como exemplo, temos a decisão judicial (dissídios individuais e coletivos) e a arbitragem. A heterocomposição, sob a modalidade da decisão judicial (Poder Judiciário), tem sido o meio, por excelência, de solução do conflito trabalhista, pois o Brasil, de cultura romano-germânica, não tem tradição de resolução dos conflitos pela via da negociação nem da arbitragem.

14.1.4. *Mediação e Conciliação*

Mediação é forma de solução dos conflitos por meio da qual o mediador se insere entre as partes, procurando aproximá-las para que elas próprias cheguem a uma solução consensual do conflito.

Na visão de *Pedro Romano Martinez*[43], "a mediação constitui uma forma de solucionar conflitos colectivos que se pode dizer está a meio caminho entre a conciliação e a arbitragem; é algo mais do que a conciliação e menos que a arbitragem. No fundo, representa um *tertium genus* entre estas

---

39 Desistência é abdicar temporariamente de um direito, não sendo em caráter definitivo.

40 Renúncia é o abandono do direito de forma definitiva.

41 Submissão é aceitar, voluntariamente, a vontade da outra parte do conflito.

42 Transação consiste na resolução do conflito pelas próprias partes, mediante concessões recíprocas.

43 *Direito do Trabalho*. 5. ed. Coimbra: Almedina, 2010. p. 1.355.

duas figuras, mas, diversamente da conciliação – que implica uma forma de aproximar as partes, de as sentar a negociar –, a mediação pressupõe que o mediador apresente soluções para serem aceitas pelas partes."

Como destaca *Amauri Mascaro Nascimento*[44]: "o mediador adota não o método impositivo, mas o persuasivo. Com o que a mediação contém em sua estrutura um componente autocompositivo, que é da sua substância e do qual não se pode afastar sem se descaracterizar. Pode ser combinada, como se viu, com a arbitragem, em proveito para o procedimento de composição, e, nesse caso, não será mediação e terá fisionomia híbrida de mediação-arbitragem. Originariamente, é uma técnica intermediária entre a conciliação e a arbitragem. É mais do que conciliação, na opinião predominante, porque permite uma perspectiva maior de iniciativas. É menos do que a arbitragem, porque não autoriza atos decisórios."

A conciliação é forma de solução do conflito trabalhista, mediante o ingresso do conciliador entre as partes, o qual as aproximará buscando a solução dos conflitos mediante concessões recíprocas.

Como bem adverte *Pedro Romano Martinez*[45], "o conciliador tem uma intervenção activa na negociação, na medida em que pode apresentar eventuais soluções para aquele conflito. A conciliação, em princípio, baseia-se na autonomia privada, tanto no que respeita à iniciativa, como ao processo de negociação."

Segundo a doutrina, a atividade do mediador é mais intensa que a do conciliador, pois toma mais iniciativas que o conciliador, não só realizando propostas de conciliação, mas persuadindo as partes para que cheguem a uma solução do conflito. Não obstante, o mediador, ao contrário do árbitro e do juiz, não tem poder de decisão.

De nossa parte, a mediação e a conciliação estão entre a autocomposição e a heterocomposição. Para alguns, são modalidades de autocomposição, pois o mediador aproxima as partes para uma solução consensual, e o conciliador faz propostas de solução do conflito que podem ou não ser aceitas pelas partes, mas tanto um quanto o outro não têm poderes para impor a solução do conflito às partes, e nem estas são obrigadas a aceitar as sugestões deles.

---

44 NASCIMENTO, Amauri Mascaro. *Teoria geral do direito do trabalho*. São Paulo: LTr, 1998. p. 331-332.

45 *Op. cit.*, p. 1.354.

Para outros, são modalidades de heterocomposição, pois há o ingresso de um terceiro entre as partes envolvidas no conflito, ainda que não possam impor a solução do conflito, inegavelmente, o conciliador e o mediador contribuem para a solução do conflito.

Nesse sentido, é a posição de *Mauricio Godinho Delgado*[46]:

> "[...] Parece-nos válida, do ponto de vista científico, a tipologia proposta no presente estudo (isto é, *jurisdição, arbitragem, conciliação* e também, de certo modo, a mediação como modalidades de heterocomposição). É que a diferenciação essencial entre os métodos de solução de conflitos encontra-se, como visto, nos sujeitos envolvidos e na sistemática operacional do processo utilizado. Na autocomposição, apenas os sujeitos originais em confronto é que se relacionam na busca da extinção do conflito, conferindo origem a uma sistemática de análise e solução da controvérsia autogerida pelas próprias partes. Já na heterocomposição, ao contrário, dá-se a intervenção de um agente exterior aos sujeitos originais na dinâmica de solução do conflito, transferindo, como já exposto, em maior ou menor grau, para este agente exterior a direção dessa própria dinâmica. Isso significa que a sistemática de análise e solução da controvérsia deixa de ser exclusivamente gerida pelas partes, transferindo-se em alguma extensão para a entidade interveniente."

De nossa parte, tanto a mediação quanto a conciliação são modalidades de autocomposição, pois tanto um quanto outro não têm poderes para decidir o conflito e nem impor a decisão. Além disso, cumpre às partes a faculdade de aceitar, ou não, as propostas do mediador ou conciliador. O Código de Processo Civil, no art. 3º, privilegia tanto a mediação quanto a conciliação, como formas legítimas, justas, eficazes e céleres de resolução de conflitos, sem criar óbices ao acesso ao judiciário. Com efeito, dispõe o referido dispositivo:

> "Não se excluirá da apreciação jurisdicional ameaça ou lesão a direito. § 1º É permitida a arbitragem, na forma da lei. § 2º O Estado promoverá, sempre que possível, a solução consensual

46 DELGADO, Mauricio Godinho. *Curso de direito do trabalho*. 6. ed. São Paulo: LTr, 2007. p. 1.447.

> dos conflitos. § 3º A conciliação, a mediação e outros métodos de solução consensual de conflitos deverão ser estimulados por juízes, advogados, defensores públicos e membros do Ministério Público, inclusive no curso do processo judicial."

Na Justiça do Trabalho, tanto a mediação como a conciliação, tanto judiciais como extrajudiciais, devem ser estimuladas. Os Tribunais Regionais do Trabalho, seguindo a orientação da Resolução 174/16 do CSJT, já criaram núcleos específicos de resolução consensual de conflitos, denominados CEJUSCS-JT, sob supervisão de Juízes do Trabalho, com a atuação intensa de conciliadores e mediadores. Esses núcleos têm obtido excelentes resultados com baixo custo.

De outro lado, é possível também que o próprio Juiz do Trabalho possa ser auxiliado na respectiva audiência por conciliadores e mediadores que irão contribuir para a solução consensual no conflito.

A experiência do direito comparado nos tem demonstrado que, em determinados conflitos coletivos, as partes se sentem mais à vontade para expor suas expectativas e angústias do conflito na presença de conciliadores e mediadores do que na presença do magistrado e, diante disso, a probabilidade do acordo é mais elevada.

O Artigo 1º, da Resolução 174/16, do CSJT, que trata da *POLÍTICA DE TRATAMENTO ADEQUADO DAS DISPUTAS DE INTERESSES NO ÂMBITO DA JUSTIÇA DO TRABALHO* traz os seguintes conceitos de conciliação e mediação, "in verbis":

> Para os fins desta resolução, considera-se: I – "Conciliação" é o meio alternativo de resolução de disputas em que as partes confiam a uma terceira pessoa – magistrado ou servidor público por este sempre supervisionado –, a função de aproximá-las, empoderá-las e orientá-las na construção de um acordo quando a lide já está instaurada, com a criação ou proposta de opções para composição do litígio; II – "Mediação" é o meio alternativo de resolução de disputas em que as partes confiam a uma terceira pessoa – magistrado ou servidor público por este sempre supervisionado –, a função de aproximá-las, empoderá-las e orientá-las na construção de um acordo quando a lide já está instaurada, sem a criação ou proposta de opções para composição do litígio; III – "Questão jurídica" é a parte da lide que envolve direitos e recursos que podem ser deferidos ou negados em Juízo; IV – "Conflito" é a parte da lide

> que não envolve direitos e recursos que podem ser deferidos ou negados em Juízo; e V – "Disputa" é a soma da questão jurídica e do conflito, assim considerada a partir da judicialização da lide.

Muitos Tribunais Regionais do Trabalho, têm adotado procedimentos pré-processuais para mediação voluntária de conflitos coletivos de trabalho, com a finalidade de obtenção da negociação coletiva, e evitar a instauração do dissídio coletivo de trabalho.

Como bem adverte Maurício Godinho Delgado[47], "tal mediação realizada pelos Tribunais Regionais do Trabalho não se confunde com a fase conciliatória verificada nos dissídios coletivos de natureza econômica e/ou nos dissídios coletivos de greve, que antecede a fase processual de julgamento e prolação da conhecida sentença normativa (...)Trata-se, efetivamente, de procedimento próprio, de caráter voluntário, que não obriga as partes coletivas e nem dá origem à sentença normativa; dessa maneira, caso seja frutífera tal mediação feita pela Justiça do Trabalho, o documento normativo surgido será, sem dúvida, a convenção coletiva de trabalho ou o acordo coletivo de trabalho, formalmente consumado no plano extrajudicial, embora com estímulo da mediação feita pela Justiça Especializada."

15. DA NEGOCIAÇÃO COLETIVA DE TRABALHO: ACORDOS E CONVENÇÕES COLETIVAS DE TRABALHO

A negociação coletiva é forma de autocomposição do conflito coletivo trabalhista, por meio do qual, mediante técnicas de negociação, e concessões recíprocas, são fixadas pelas categorias econômica e profissional, cláusulas normativas disciplinando novas condições de trabalho e cláusulas obrigacionais, estabelecendo direitos e obrigações entre as partes envolvidas no conflito.

Convenção coletiva de trabalho é uma espécie contratual de caráter normativo, por meio do qual os Sindicatos das categorias profissional e econômica pactuam cláusulas de natureza normativa que serão aplicadas no âmbito das categorias signatárias do instrumento. Trata-se, como diz a doutrina, de um instrumento com *corpo* de contrato e *alma* de lei.

47 Curso de Direito do Trabalho. 19ª ed. São Paulo: Ltr, 2020, p. 1779/1780.

Como destaca Amauri Mascaro Nascimento[48], "independentemente da natureza contratual ou regulamentar, a convenção coletiva é uma norma, desde que se dissocie o conceito de norma do conceito de lei estatal. Na teoria jurídica moderna, norma não é, unicamente, um ato estatal. Há normas privadas. O contrato é, também, norma. Norma individualizada, como ensina Kelsen. De outro lado, o pluralismo jurídico demonstra que há produção do direito positivo não estatal, do qual as convenções coletivas são uma forma".

A convenção coletiva é produto da negociação coletiva entre os Sindicatos representativos que têm a finalidade e prevenir e solucionar o conflito coletivo. Trata-se de norma de caráter privado, uma vez que os Sindicatos são pessoas jurídicas de direito privado, fundamentada no princípio da autonomia coletiva dos particulares, tendo por objeto incrementar e aperfeiçoar as regras trabalhistas.

Acordo coletivo é uma espécie contratual firmada entre o Sindicato da categoria profissional e uma ou mais empresas aplicáveis no âmbito da empresa ou das empresas acordantes às respectivas relações de trabalho.

As Federações, e na falta as Confederações poderão firmar a convenção coletiva para reger as relações das categorias a elas vinculadas, inorganizadas em sindicatos, no âmbito de suas representações. Como bem destaca Ivani Contini Bramante[49], "trata-se, no caso, de legitimação subsidiária."

As Centrais Sindicais, reconhecidas pela lei 11.648/2008 não possuem legitimidade para firmar acordos e convenções coletivas de trabalho, embora sejam consideradas entes de representação geral de trabalhadores, nos termos do art. 1º da referida Lei, "in verbis":

> "A central sindical, entidade de representação geral dos trabalhadores, constituída em âmbito nacional, terá as seguintes atribuições e prerrogativas: I – coordenar a representação dos trabalhadores por meio das organizações sindicais a ela filiadas; e II – participar de negociações em fóruns, colegiados de órgãos públicos e demais espaços de diálogo social que possuam composição tripartite, nos quais estejam em discussão assuntos de interesse geral dos trabalhadores. Parágrafo único. Considera-se central sindical, para

48 Compêndio de Direito Sindical. 7ª ed. São Paulo: Ltr, 2012, p. 409.

49 In: CLT Interpretada. 9ª ed. São Paulo: Manole, 2018, p. 586.

os efeitos do disposto nesta Lei, a entidade associativa de direito privado composta por organizações sindicais de trabalhadores."

No entanto, como bem adverte Ivani Contini Bramante[50], "na negociação coletiva, as centrais sindicais detêm poderes de atuação mediadora, ao lado dos sindicatos e, no instrumento normativo – acordo ou convenção –, é necessária a subscrição dos sindicatos filiados para legitimar a vontade coletiva. Quanto à negociação coletiva, a doutrina reconhece que as centrais sindicais têm uma atuação meramente política, de pressão e de *lobby* à obtenção de novas e favoráveis condições de trabalho e de harmonização dos interesses da classe com objetivo de proteção genérica dos trabalhadores."

A Constituição Federal exige a obrigatoriedade de participação dos Sindicatos nas negociações coletivas de trabalho (art. 8º, VI, da CF). Em razão disso, pode-se sustentar a tese de que os acordos coletivos de trabalho não seriam mais possíveis diante do texto constitucional. No entanto, doutrina e jurisprudência posicionaram-se, corretamente, no sentido de que os acordos coletivos de trabalho, firmados entre Empresa e Sindicato dos Trabalhadores (profissional) são constitucionais, pois a empresa, por natureza, já é um ente coletivo, e os trabalhadores que necessitam de maior proteção, já estão representados pelo Sindicato. Sob outro enfoque, a própria Constituição Federal reconhece a validade dos acordos coletivos de trabalho em seu art. 7º, inciso XXVI.

No aspecto, nos adverte Arnaldo Süssekind[51], "na análise do art. 8º, VI, cumpre distinguir entre 'participar' da negociação coletiva e 'celebrar' o acordo coletivo que formaliza o ajustado no diálogo com os sindicatos representativos dos empregados da empresa, ou empresas. O dispositivo em foco há de ser interpretado da forma coerente e inteligente, sem conduzir a absurdos. Ora, afronta a lógica jurídica exigir-se que o sindicato patronal celebre acordo coletivo cujo sujeito das obrigações nele estipuladas seja, concretamente, determinada ou determinadas empresas. Somente estas podem decidir sobre as obrigações que assumirão no acordo coletivo. Já na convenção coletiva, o sindicato de empregadores negocia e assina o instrumento, porque este destina, abstratamente, a todas as empresas que integram ou venham integrar a respectiva categoria econômica."

---

50 Op. cit. p. 586.

51 Direito Constitucional do Trabalho. Rio de Janeiro: Renovar, 1999. p. 410-411.

A negociação coletiva tem por finalidade pacificar o conflito coletivo de trabalho, tendo por objetivo harmonizar os interesses das categorias profissional e econômica. Como regra, cria melhores condições de trabalho aos trabalhadores em patamar superior ao legal, mediante da instituição de cláusulas, que são verdadeiras normas que obrigarão as categorias profissional e econômica, mas também é o instrumento jurídicos para flexibilização de direitos.

15.1. Flexibilização de direitos trabalhistas por meio de convenções e acordos coletivos de trabalho

Dispõe o art. 611-A da CLT:

> "A convenção coletiva e o acordo coletivo de trabalho têm prevalência sobre a lei quando, entre outros, dispuserem sobre: I – pacto quanto à jornada de trabalho, observados os limites constitucionais; II – banco de horas anual; III – intervalo intrajornada, respeitado o limite mínimo de trinta minutos para jornadas superiores a seis horas; IV – adesão ao Programa Seguro-Emprego (PSE), de que trata a Lei nº 13.189, de 19 de novembro de 2015; V – plano de cargos, salários e funções compatíveis com a condição pessoal do empregado, bem como identificação dos cargos que se enquadram como funções de confiança; VI – regulamento empresarial; VII – representante dos trabalhadores no local de trabalho; VIII – teletrabalho, regime de sobreaviso, e trabalho intermitente; IX – remuneração por produtividade, incluídas as gorjetas percebidas pelo empregado, e remuneração por desempenho individual; X – modalidade de registro de jornada de trabalho; XI – troca do dia de feriado; XII – enquadramento do grau de insalubridade; XIII – prorrogação de jornada em ambientes insalubres, sem licença prévia das autoridades competentes do Ministério do Trabalho; XIV – prêmios de incentivo em bens ou serviços, eventualmente concedidos em programas de incentivo; XV – participação nos lucros ou resultados da empresa. § 1º No exame da convenção coletiva ou do acordo coletivo de trabalho, a Justiça do Trabalho observará o disposto no § 3º do art. 8º desta Consolidação. § 2º A inexistência de expressa indicação de contrapartidas recíprocas em convenção coletiva ou acordo coletivo de trabalho não ensejará sua nulidade por não caracterizar um vício do negócio jurídico. § 3º Se for pactuada cláusula que reduza o salário ou a jornada, a

> convenção coletiva ou o acordo coletivo de trabalho deverão prever a proteção dos empregados contra dispensa imotivada durante o prazo de vigência do instrumento coletivo. § 4º Na hipótese de procedência de ação anulatória de cláusula de convenção coletiva ou de acordo coletivo de trabalho, quando houver a cláusula compensatória, esta deverá ser igualmente anulada, sem repetição do indébito. § 5º Os sindicatos subscritores de convenção coletiva ou de acordo coletivo de trabalho deverão participar, como litisconsortes necessários, em ação individual ou coletiva, que tenha como objeto a anulação de cláusulas desses instrumentos."

A flexibilização consiste numa forma de adaptação do direito do trabalho à realidade das empresas e à situação da economia, por meio de redução temporária de alguns direitos trabalhistas, com a finalidade de preservar a continuidade do contrato de trabalho, com a manutenção dos empregos e do prosseguimento da atividade empresarial.

A Constituição Federal permite a flexibilização em três situações, quais sejam: a) redução salarial (artigo 7º, VI); compensação e prorrogação de jornada (artigo 7º, XIII) e majoração da jornada em turnos ininterruptos de revezamento (Artigo 7º, XIV).

O art. 611-A da CLT trata de um tema de grande polêmica no Direito do Trabalho, qual seja: a prevalência do chamado "negociado sobre o "legislado".

Como bem advertem Maurício Godinho Delgado e Gabriela Neves Delgado[52], "a negociação coletiva trabalhista é importante veículo de melhoria e aperfeiçoamento das condições de contratação e gestão trabalhistas no âmbito das empresas e dos estabelecimentos. É mecanismo que se ajusta, sem dúvida, à estrutura e lógica jurídicas do Estado Democrático de Direito."

Em compasso com a Constituição Federal, a finalidade da negociação coletiva é majoração de garantias trabalhistas, promovendo a melhoria da condição social e a dignidade da pessoa humana do trabalhador. Por exceção, a negociação coletiva tem por finalidade a redução de direitos.

A lei 13.467/17, que incluiu o art. 611-A ao corpo da CLT, dilatou as hipóteses de "flexibilização" das regras trabalhistas, dando supremacia à negociação coletiva sobre a lei nas seguintes hipóteses:

52 A Reforma Trabalhista no Brasil. 2ª ed. São Paulo: LTr, 2018, p. 275.

a) pacto quanto à jornada de trabalho, observados os limites constitucionais: a negociação coletiva deve observar as balizas dos incisos XIII e XIV, da Constituição Federal quanto à jornada, observando o limite máximo do módulo semanal de 44 horas, bem como a jornada máxima de 10 horas diárias (art. 59, da CLT). A compensação de horas dentro do mesmo mês pode ser levada a efeito por acordo individual ou tácito (§ 6º do art. 59, da CLT);

b) banco de horas anual: Para a pactuação do regime anual do banco de horas é necessária a negociação coletiva. Para o banco de horas semestral, o art. 59, § 5º, da CLT exige apenas o acordo individual;

c) intervalo intrajornada, respeitado o limite mínimo de trinta minutos para jornadas superiores a seis horas: Diante da Lei 13.467/17, ficou fixada a possibilidade de redução do intervalo intrajornada por acordo coletivo ou convenção coletiva de trabalho, desde que observado o limite mínimo de 30 minutos caso a jornada ultrapasse 06 horas. No entanto, a redução do intervalo deve proporcionar ao trabalhador a alimentação e descanso durante a jornada de trabalho. Caso a redução não cumpra a finalidade do intervalo intrajornada, esta poderá ser invalidada;

d) adesão ao Programa Seguro-Emprego (PSE), de que trata a Lei nº 13.189, de 19 de novembro de 2015: Nos termos do art. 1º, da Lei 13.189/2015, fica instituído o Programa Seguro-Emprego (PSE), com os seguintes objetivos: I – possibilitar a preservação dos empregos em momentos de retração da atividade econômica; II – favorecer a recuperação econômico – financeira das empresas; III – sustentar a demanda agregada durante momentos de adversidade, para facilitar a recuperação da economia; IV – estimular a produtividade do trabalho por meio do aumento da duração do vínculo empregatício; e V – fomentar a negociação coletiva e aperfeiçoar as relações de emprego;

Havendo negociação coletiva, o disposto no instrumento normativo coletivo prevalecerá sobre a Lei 13.189 desde que haja contrapartidas à classe trabalhadora.

Como bem adverte Ivani Contini Bramante[53], "para que seja firmada norma coletiva, deve ser demonstrado que foram esgotados os bancos de horas, além do fornecimento de informações econômico financeiras da empresa. Admite-se a celebração de acordo coletivo múltiplo de trabalho específico a grupo de microempresas e empresas de pequeno porte, pertencentes ao mesmo setor econômico, com o sindicato de trabalhadores representativo da categoria da atividade econômica preponderante. Nesse caso, cada microempresa ou empresa de pequeno porte deve demonstrar, de forma individual, o cumprimento dos requisitos para adesão ao PSE, com o apoio técnico do Serviço Brasileiro de Apoio às Micro e Pequenas Empresas (SEBRAE). O acordo deve abranger todos os empregados da empresa ou, no mínimo, os empregados de setor ou estabelecimento específico".

e) plano de cargos, salários e funções compatíveis com a condição pessoal do empregado, bem como identificação dos cargos que se enquadram como funções de confiança: A norma coletiva prevalecerá sobre Lei em se tratando de plano de cargos, salários e funções, bem como estabelecer quais os requisitos para enquadramento em funções de confiança, a exemplo do artigo 62, II e § 2º do art. 224, da CLT. O plano de cargos e salários deve ser compatível com o "status" funcional do trabalhador, e não quanto à condição pessoal do trabalhador, sendo o piso salarial proporcional à extensão e à complexidade do trabalho, nos termos do inciso V do art. 7º, da CF. Quanto às funções de confiança, embora a negociação coletiva possa fixar quais critérios e quais atribuições a configuram, há que se avaliar, no caso concreto, se efetivamente elas são observadas, bem como o salário deve ser compatível com elas;

O Tribunal Superior do Trabalho já tinha entendimento firmado no sentido da possibilidade de fixação de plano de cargos e salários por meio de norma coletiva, conforme constata-se da redação da OJ 418, da SDI-I do TST, "in verbis":

> **"EQUIPARAÇÃO SALARIAL. PLANO DE CARGOS E SALÁRIOS. APROVAÇÃO POR INSTRUMENTO COLETIVO.**

53 CLT Interpretada: artigo por artigo, parágrafo por parágrafo. 9ª ed. São Paulo: Manole, 2018, p. 591.

AUSÊNCIA DE ALTERNÂNCIA DE CRITÉRIOS DE PROMOÇÃO POR ANTIGUIDADE E MERECIMENTO. (DEJT divulgado em 12, 13 e 16.04.2012) Não constitui óbice à equiparação salarial a existência de plano de cargos e salários que, referendado por norma coletiva, prevê critério de promoção apenas por merecimento ou antiguidade, não atendendo, portanto, o requisito de alternância dos critérios, previsto no art. 461, § 2º, da CLT."

f) regulamento empresarial: a fixação do regulamento empresarial por negociação coletiva, com a participação do Sindicato dos Trabalhadores dá maior legitimidade ao referido instrumento e possibilita maior efetividade;

g) representante dos trabalhadores no local de trabalho: A previsão da representação dos trabalhadores no local de trabalho está prevista no art. 11, da CF, na Convenção 135 da OIT, e nos arts. 510-A a 510-D, da CLT. Havendo regramento diverso em norma coletiva, desde que observada a finalidade do instituto, prevalecerá sobre a lei;

h) teletrabalho, regime de sobreaviso, e trabalho intermitente: A negociação coletiva prevalecerá sobre a lei em se tratando de teletrabalho, sobreaviso e trabalho intermitente, desde que observados as garantias mínimas de proteção ao trabalho previstas na Constituição, bem como a proteção ao direito ao descanso e ao lazer quanto ao teletrabalho e sobreaviso, bem como a dignidade do trabalhador em se tratando de trabalho intermitente. A negociação coletiva nestas hipóteses, deve incrementar as garantias do trabalhador, inclusive acima do patamar legal;

i) remuneração por produtividade, incluídas as gorjetas percebidas pelo empregado, e remuneração por desempenho individual: A norma coletiva prevalecerá sobre a lei quando fixar critérios para a remuneração por produtividade, por desempenho individual bem como sobre gorjetas. Nessas hipóteses, a norma coletiva poderá estabelecer critérios justos para a remuneração, tais como percentuais, requisitos para pagamento, base de cálculo, mas não alterar a natureza dessas parcelas;

j) modalidade de registro de jornada de trabalho: Aqui, é permitido que norma coletiva estabeleça a modalidade de documentação da jornada de trabalho, desde que, efetivamente a modalidade escolhida permita transparência nos critérios e reflita a real jornada de trabalho. O controle de jornada por exceção, previsto em algumas normas coletivas, não acolhido pela jurisprudência, pode utilizado, desde que sejam observados os princípios da transparência, da boa-fé objetiva, informação e efetividade;

k) troca do dia de feriado: a norma coletiva aqui pode estabelecer a troca do dia de feriado, desde que não seja prejudicial aos trabalhadores;

Como bem adverte Homero Batista Mateus da Silva[54], "o inciso XI, sobre troca do dia feriado, pode resolver antiga pendência sobre como compensar a jornada na 'ponte do feriado ou como deslocar o feriado para a semana anterior ou seguinte e, assim, fazer 'emendas' mais adequadas à produção. Tecnicamente, o feriado não pode ser deslocado, porque a Lei 605/49 manda que a compensação recaia sobre a mesma semana. Ao inserir feriado na negociação coletiva, a empresa obtém uma espécie de banco de horas só de feriados, o que é lícito e adequado ao papel dessa modalidade estendida de compensação de jornada".

l) enquadramento do grau de insalubridade: Aqui, a questão é polêmica. Pode-se argumentar que na regra é razoável, em havendo controvérsia sobre o enquadramento do grau de insalubridade, considerando-se as peculiaridades do local de trabalho. No entanto, em nossa visão o grau de insalubridade não pode ser pactuado por norma coletiva, por ser regra tutelar atinente à saúde do trabalhador ao meio ambiente de trabalho;

m) prorrogação de jornada em ambientes insalubres, sem licença prévia das autoridades competentes do Ministério do Trabalho: De nossa parte, aqui, a regra é inconstitucional, pois a questão é atinente à saúde do trabalhador e ao meio ambiente de trabalho, direitos que não podem ser objeto de negociação por norma coletiva;

No aspecto, vale destacar o Enunciado n. 32 da 2ª Jornada de Direito Material e Processual do Trabalho da ANAMATRA, "in verbis":

54 CLT Comentada. 2. ed. São Paulo: RT, 2018, p. 449.

NEGOCIADO SOBRE LEGISLADO: GRAUS DE INSALUBRIDADE. INSTITUCIONALIDADES, INCONVENCIONALIDADES, RETROCESSO SOCIAL. AS DISPOSIÇÕES DOS INCISOS XII E XIII DO ART. 611-A DA CLT (POSSIBILIDADE DE ENQUADRAMENTO DE TRABALHADORES EM GRAUS DE INSALUBRIDADE E DE PRORROGAÇÃO DE JORNADA EM AMBIENTES INSALUBRES POR MEIO DE ACORDO OU CONVENÇÃO COLETIVA DE TRABALHO) PERFAZEM RETROCESSO SOCIAL, COM PREJUÍZOS À VIDA DIGNA E À SAÚDE DO TRABALHADOR, SENDO INCOMPATÍVEIS COM OS ARTS. 3º, I E IV, 5º, XXIII, 6º, 7º, XXII, 170, III, 196 E 225 DA CONSTITUIÇÃO FEDERAL, COM O ART. 11, *A*, DA CONVENÇÃO N. 155 DA OIT, COM O ART. 611-B, XVII, DA CLT, E, NO CAMPO PROCESSUAL/DECISÓRIO, COM OS ARTS. 1º, 8º E 489, § 2º, DO CPC.

n) prêmios de incentivo em bens ou serviços, eventualmente concedidos em programas de incentivo: Aqui, o dispositivo permite que prêmios concedidos para incentivo posam ser pagos em bens ou serviços, o que já é prática existente em regulamentos empresariais e normas coletivas, o que é lícito desde que não haja desvirtuamento do benefício;

o) participação nos lucros ou resultados da empresa: Esta possibilidade já está constante do art. 2º, II, da Lei 11.101/2000.

Como nos adverte Homero Batista Mateus da Silva[55], "o rol do art. 611-A é meramente exemplificativo, o que foi enfatizado pela expressão 'entre outros', prevista em seu *caput*."

Trata-se o art. 611-A, da CLT, de dispositivo polêmico, pois a Constituição Federal somente permite a prevalência do negociado sobre a lei, com forma de flexibilização de direitos trabalhistas em três hipóteses, quais sejam: redução salarial, compensação de jornada e jornada em turnos ininterruptos de revezamento, assim como reconhece as convenções e acordos coletivos de trabalho (art. 7º incisos VI, XII, XIV e XXVI). Em razão disso, muitos apontam inconstitucionalidade deste dispositivo.

55 CLT Comentada. 2ª ed. São Paulo: RT, 2018, p. 447.

Como destacam Valdete Souto Severo e Jorge Luiz Souto Maior[56], "o limite à negociação coletiva não é a regra do artigo 611-B da CLT, mas o conjunto de direitos fundamentais trabalhistas contidos na Constituição e explicitados pela CLT e por outras leis esparsas. As partes podem e devem negociar condições de trabalho, desde que observem o que comanda o *caput* do multicitado artigo 7º, ou seja, desde que 'visem à melhoria de sua condição social'. É necessário sublinhar que essa regra de não retrocesso social, explicitada no *caput* do art. 7º da Constituição brasileira, ainda que ausente, não afastaria a realidade histórica que informa a construção do Direito do Trabalho em nível coletivo: de pressionar o capital para obter melhoria nas condições sociais dos trabalhadores, minimizando os efeitos nocivos da desigualdade material reconhecida e praticada no âmbito da relação de trabalho."

De nossa parte do presente dispositivo não é inconstitucional, mas a interpretação deve ser realizada em conformidade com o texto constitucional, e também em compasso com os princípios do Direito do Trabalho. Desse modo, a redução temporária de uma garantia trabalhista, mesmo quando autorizada por lei, deve seguir as diretrizes do Direito do Trabalho, quais sejam: a) transparência, na negociação, com informações claras e motivação que justifique a redução temporária da garantia trabalhista; b) efetiva negociação, com vantagens concedidas ao trabalhador; c) boa-fé objetiva; d) equilíbrio contratual e, e) respeito ao direito constitucionalmente consagrados.

O § 1º do art. 611-A, da CLT, assevera que no exame da convenção coletiva ou do acordo coletivo de trabalho, a Justiça do Trabalho observará o disposto no § 3º do art. 8º desta Consolidação.

O § 3º do art. 8º, da CLT, limita a atuação do Judiciário no exame dos acordos e negociação coletiva aos requisitos de validade do negócio jurídico (art. 104 do CC), quais sejam: capacidade, licitude do objeto e forma prevista ou não defesa em lei. De nossa parte, se trata de regra manifestamente inconstitucional, pelos seguintes motivos: a) restringe o acesso à justiça (art. 5º, XXX, da CF); b) viola os incisos VI, XIII e XIV, da CF que, além dos requisitos formais do negócio jurídico, exigem que para a flexibilização de direitos, exista efetiva negociação coletiva e observâncias dos direitos mínimos trabalhistas, previstos no ordenamento

56 Manual da Reforma Trabalhista: Pontos e Contrapontos. Porto Alegre: Editora Sensus, 2017, p. 123.

jurídico trabalhista, principalmente, o constitucional (art. 7º, *caput*, da CF); c) restringe a incidência das normas constitucionais e legais de proteção ao trabalho humano.

Nos termos do § 2º do art. 611-A, da CLT: a inexistência de expressa indicação de contrapartidas recíprocas em convenção coletiva ou acordo coletivo de trabalho não ensejará sua nulidade por não caracterizar um vício do negócio jurídico.

O dispositivo é polêmico, pois a negociação coletiva envolve benefícios e sacrifícios por partes das categorias profissional e econômica, ou seja: "concessões recíprocas". Desse modo, embora o dispositivo estabeleça que a inexistência de expressa indicação de contrapartidas não enseja a nulidade da norma coletiva, em razão dos princípios da função social dos contratos, do direito à informação, da boa-fé objetiva e do equilibro contratual, as contrapartidas devem estar presentes no instrumento normativo, sob consequência de nulidade.

Conforme o § 3º, do art. 611-A, da CLT, se for pactuada cláusula que reduza o salário ou a jornada, a convenção coletiva ou o acordo coletivo de trabalho deverão prever a proteção dos empregados contra dispensa imotivada durante o prazo de vigência do instrumento coletivo.

No aspecto, a regra está correta, pois a redução salarial é a providência mais drástica de flexibilização de direitos trabalhista, sendo justo, que dentre outras condições favoráveis ao trabalhador, que seja fixada cláusula que impeça a dispensa imotivada de trabalhadores durante a vigência da norma coletiva.

Conforme o § 4º do art. 611-A, da CLT, na hipótese de procedência de ação anulatória de cláusula de convenção coletiva ou de acordo coletivo de trabalho, quando houver a cláusula compensatória, esta deverá ser igualmente anulada, sem repetição do indébito.

A regra aqui está correta, pois se anulada a norma coletiva, os trabalhadores que receberam de boa-fé os benefícios, não devem restituí-los.

Segundo § 5º do art. 611-A, da CLT, os sindicatos subscritores de convenção coletiva ou de acordo coletivo de trabalho deverão participar, como litisconsortes necessários, em ação individual ou coletiva, que tenha como objeto a anulação de cláusulas desses instrumentos.

15.2. Direitos indisponíveis na negociação coletiva sob a ótica da Lei 13.467/17

Dispõe o art. 611-B da CLT:

> "Constituem objeto ilícito de convenção coletiva ou de acordo coletivo de trabalho, exclusivamente, a supressão ou a redução dos seguintes direitos: I – normas de identificação profissional, inclusive as anotações na Carteira de Trabalho e Previdência Social; II – seguro-desemprego, em caso de desemprego involuntário; III – valor dos depósitos mensais e da indenização rescisória do Fundo de Garantia do Tempo de Serviço (FGTS); IV – salário mínimo; V – valor nominal do décimo terceiro salário; VI – remuneração do trabalho noturno superior à do diurno; VII – proteção do salário na forma da lei, constituindo crime sua retenção dolosa; VIII – salário-família; IX – repouso semanal remunerado; X – remuneração do serviço extraordinário superior, no mínimo, em 50% (cinquenta por cento) à do normal; XI – número de dias de férias devidas ao empregado; XII – gozo de férias anuais remuneradas com, pelo menos, um terço a mais do que o salário normal; XIII – licença-maternidade com a duração mínima de cento e vinte dias; XIV – licença-paternidade nos termos fixados em lei; XV – proteção do mercado de trabalho da mulher, mediante incentivos específicos, nos termos da lei; XVI – aviso prévio proporcional ao tempo de serviço, sendo no mínimo de trinta dias, nos termos da lei; XVII – normas de saúde, higiene e segurança do trabalho previstas em lei ou em normas regulamentadoras do Ministério do Trabalho; XVIII – adicional de remuneração para as atividades penosas, insalubres ou perigosas; XIX – aposentadoria; XX – seguro contra acidentes de trabalho, a cargo do empregador; XXI – ação, quanto aos créditos resultantes das relações de trabalho, com prazo prescricional de cinco anos para os trabalhadores urbanos e rurais, até o limite de dois anos após a extinção do contrato de trabalho; XXII – proibição de qualquer discriminação no tocante a salário e critérios de admissão do trabalhador com deficiência; XXIII – proibição de trabalho noturno, perigoso ou insalubre a menores de dezoito anos e de qualquer trabalho a menores de dezesseis anos, salvo na condição de aprendiz, a partir de quatorze anos; XXIV – medidas de proteção legal de crianças e adolescentes; XXV – igualdade de direitos entre o trabalhador com vínculo empregatício permanente

> e o trabalhador avulso; XXVI – liberdade de associação profissional ou sindical do trabalhador, inclusive o direito de não sofrer, sem sua expressa e prévia anuência, qualquer cobrança ou desconto salarial estabelecidos em convenção coletiva ou acordo coletivo de trabalho; XXVII – direito de greve, competindo aos trabalhadores decidir sobre a oportunidade de exercê-lo e sobre os interesses que devam por meio dele defender; XXVIII – definição legal sobre os serviços ou atividades essenciais e disposições legais sobre o atendimento das necessidades inadiáveis da comunidade em caso de greve; XXIX – tributos e outros créditos de terceiros; XXX – as disposições previstas nos arts. 373-A, 390, 392, 392-A, 394, 394-A, 395, 396 e 400 desta Consolidação. Parágrafo único. Regras sobre duração do trabalho e intervalos não são consideradas como normas de saúde, higiene e segurança do trabalho para os fins do disposto neste artigo. (Incluído pela Lei nº 13.467, de 2017)."

O referido dispositivo legal, acrescentado pela Lei 13.467/17 (Reforma Trabalhista) trata dos direitos que não podem ser objeto de disposição por meio de negociação coletiva, ou seja, não podem ser flexibilizados. De nossa parte, não se trata de rol taxativo, pois outros direitos trabalhistas têm caráter de indisponibilidade por meio de negociação coletiva.

A lei 13.467/17 pretendeu destacar um conjunto de garantias mínimas ao trabalho de caráter absoluto como sendo um piso vital mínimo de direitos, ou um patamar civilizatório mínimo (expressão de Maurício Godinho Delgado) que deve ser observado em toda relação de emprego.

De nossa parte, o presente dispositivo não era necessário, pois já constante da Constituição Federal e de Leis que regulamentam esses direitos. Não obstante, é importante enfatizar sua importância por meio de regramento no próprio corpo da CLT. Não obstante, é importante destacar que embora tenha sido fixado um rol de garantias que não podem ser reduzidas, isso não significa dizer que os demais direitos podem ser objeto de negociação, pois, como enfatizado, não se trata de rol taxativo.

Quanto ao parágrafo único do presente dispositivo, com ele não se pode concordar, uma vez que regras sobre jornada e intervalo, devem ser consideradas como normas de saúde, higiene e segurança do trabalho, uma vez que têm por objeto a garantia do direito fundamental ao descanso, ao lazer e à alimentação do trabalhador.

15.3. Requisitos para celebração de acordos e convenções coletivas de trabalho e conteúdo de suas cláusulas

Dispõe o art. 612 da CLT:

> "Os sindicatos só poderão celebrar Convenções ou Acordos Coletivos de Trabalho, por deliberação de Assembléia-Geral especialmente convocada para esse fim, consoante o disposto nos respectivos Estatutos, dependendo a validade da mesma do comparecimento e votação, em primeira convocação, de 2/3 (dois terços) dos associados da entidade, se se tratar de Convenção, e dos interessados, no caso de Acordo, e, em segunda, de 1/3 (um terço) dos mesmos. Parágrafo único. O quorum de comparecimento e votação será de 1/8 (um oitavo) dos associados em segunda convocação, nas entidades sindicais que tenham mais de 5.000 (cinco mil) associados."

Para celebrar convenções ou acordos coletivos, os sindicatos devem ter autorização da Assembleia-Geral, que será especialmente convocada para esse fim, conforme seus Estatutos, cuja validade depende a presença de 2/3 (dois terços) dos associados da entidade, em primeira votação, se se tratar de Convenção, e dos interessados, no caso de Acordo, e, em segunda, de 1/3 (um terço) dos mesmos. O *quórum* de comparecimento e votação será de 1/8 (um oitavo) dos associados em segunda convocação, nas entidades sindicais que tenham mais de 5.000 (cinco mil) associados.

A regularidade da convocação para a assembleia, o quórum previsto no art. 612 da CLT, bem como sua realização em compasso com os estatutos do Sindicado, são pressupostos de validade da negociação coletiva, cuja invalidade pode ser decretada por vício de convocação ou da Assembleia.

De nossa parte, diante do princípio da vedação da intervenção do Poder Público na organização Sindical (art. 8º, I, da CF), os requisitos de convocação da categoria, o *quórum* mínimo, bem como os sistemas de votação, podem ser fixados no Estatuto do Sindicato. O *quórum* mínimo pode ser previsto de forma estatutária, desde que seja representativo. No mesmo sentido, pronuncia-se Maurício Godinho Delgado[57]:

> "Não se pode desconhecer, porém, que o rigor deste *quórum* da CLT afronta o princípio constitucional da autonomia dos sindicatos. Como insistido neste livro, matéria é efetivamente própria à regência normativa dos estatutos sindicais (cujas regras se submetem, é claro, aos princípios jurídicos da lealdade e transparência nas negociações coletivas, da racionalidade e razoabilidade, da vedação ao abuso do direito)."

Como bem adverte Ivani Contini Bramante[58], "titular do interesse ou direito coletivo é a categoria. É a assembleia geral extraordinária, mediante expressão da vontade coletiva da categoria, com observância do *quórum* legal, que concede à diretoria do sindicato poderes para negociar e firmar convenção e acordo coletivos de trabalho. Número ínfimo de empregados participantes da assembleia geral, em cotejo com a quantidade dos membros da categoria, não confere representatividade ao sindicato para a negociação coletiva. A assembleia geral do sindicato profissional delibera sobre a pauta de reinvindicações com vistas à celebração de convenção ou acordo coletivo de trabalho. Se o *quórum* for inexpressivo, demonstra a inexistência da vontade coletiva e, sobretudo, o desinteresse da categoria em legitimar o sindicato para as negociações coletivas. A autorização para que o sindicato negocie deve ser conferida em Assembleia dos trabalhadores exigida por lei que impõe a observância de um *quórum* legalmente previsto. Há quem afirme que o *quórum* a ser observado é aquele previsto no estatuto do sindicato, portanto, estaria assim tacitamente derrogado o art. 612 da CLT, diante do comando constitucional de vedação de interferência estatal na organização sindical (art. 8º, *caput*, da CF)."

Nos termos da OJ 29, da SDC do TST, "O edital de convocação da categoria e a respectiva ata da AGT constituem peças essenciais à instauração do processo de dissídio coletivo."

Conforme a OJ 35, da SDC do TST, "Se os estatutos da entidade sindical contam com norma específica que estabeleça prazo mínimo entre a data de publicação do edital convocatório e a realização da assembléia

57 Direito Coletivo do Trabalho. 7. ed. São Paulo: LTr, 2017, p. 220.

58 In: CLT Interpretada: Artigo por artigo. Parágrafo por parágrafo. 9ª ed. São Paulo: Manole, 2018, p. 605.

correspondente, então a validade desta última depende da observância desse interregno."

Dispõe art. 613, da CLT, "as Convenções e os Acordos deverão conter obrigatoriamente: I – designação dos Sindicatos convenentes ou dos Sindicatos e empresas acordantes; II – prazo de vigência; III – categorias ou classes de trabalhadores abrangidas pelos respectivos dispositivos; IV – condições ajustadas para reger as relações individuais de trabalho durante sua vigência; V – normas para a conciliação das divergências surgidas entre os convenentes por motivos da aplicação de seus dispositivos; VI – disposições sobre o processo de sua prorrogação e da revisão total ou parcial de seus dispositivos; VII – direitos e deveres dos empregados e empresas; VIII – penalidades para os Sindicatos convenentes, os empregados e as empresas, em caso de violação de seus dispositivos. Parágrafo único. As Convenções e os Acordos serão celebrados por escrito, sem emendas nem rasuras, em tantas vias quantos forem os Sindicatos convenentes ou as empresas acordantes, além de uma destinada a registro."

O referido dispositivo legal trata do chamado *conteúdo obrigatório* que os Acordos Coletivos e as Convenções Coletivas devem ter.

Como sendo espécies normativas, as normas coletivas devem ter:

a) qualificação detalhada das partes (Sindicatos que a subscrevem, ou empresas);

b) as cláusulas de conteúdo normativos (as quais criam novas condições de trabalho) aplicáveis no âmbito das categorias profissional e econômica, ou categoria profissional e empresa;

c) cláusulas que consagram deveres e obrigações às partes signatárias da norma coletiva (cláusulas obrigacionais);

d) prazo de vigência, disposições sobre prorrogação ou revisão parcial ou total do instrumento;

e) penalidades (cláusulas penas pelo descumprimento das cláusulas normativas e obrigacionais).

Outrossim, as cláusulas, tanto normativas como obrigacionais devem ser redigidas de forma clara, sem emendas ou rasuras, e também devem ser de fácil compreensão.

Segmentos da doutrina defendem que o art. 613, da CLT não é mais compulsório por incompatível com a Constituição Federal. Nesse sentido, destacamos a visão de José Augusto Rodrigues Pinto[59]:

> "Quanto ao conteúdo da Convenção, é igualmente incompatível com a ampla liberdade garantida pela Constituição em vigor a exigência do que se costuma denominar de *conteúdo obrigatório do ajuste* (CLT, art. 613). Convenha-se, porém que o ali exigido tem a ver com os requisitos básicos de validade do ato jurídico, como é o caso da *identificação dos convenentes, das categorias ou segmentos alcançados, dos termos inicial e final de vigência*, etc."

De nossa parte, o art. 613, não é inconstitucional, no entanto, deve ser interpretado à luz da Constituição Federal. Desse modo, ele não exaure o conteúdo das normas coletivas, já que estas podem tratar de outras matérias, à luz do princípio da liberdade de organização sindical consagrado no art. 8º, I, da CF.

Conforme o art. 614, da CLT, "os Sindicatos convenentes ou as empresas acordantes promoverão, conjunta ou separadamente, dentro de 8 (oito) dias da assinatura da Convenção ou Acordo, o depósito de uma via do mesmo, para fins de registro e arquivo, no Departamento Nacional do Trabalho (atualmente Secretaria de Emprego e Salário), em se tratando de instrumento de caráter nacional ou interestadual, ou nos órgãos regionais do Ministério do Trabalho, nos demais casos. § 1º As Convenções e os Acordos entrarão em vigor 3 (três) dias após a data da entrega dos mesmos no órgão referido neste artigo. § 2º Cópias autênticas das Convenções e dos Acordos deverão ser afixadas de modo visível, pelos Sindicatos convenentes, nas respectivas sedes e nos estabelecimentos das empresas compreendidas no seu campo de aplicação, dentro de 5 (cinco) dias da data do depósito previsto neste artigo. § 3º Não será permitido estipular duração de convenção coletiva ou acordo coletivo de trabalho superior a dois anos, sendo vedada a ultratividade."

O depósito da norma coletiva, segundo a doutrina, tem por finalidade dar publicidade à norma, propiciar controle da legalidade e constitucionalidade de suas cláusulas, e fixar de forma clara o prazo de sua vigência.

---

59 Direito Sindical e Coletivo do Trabalho. São Paulo: Ltr, 1998, p. 217.

Há entendimentos na doutrina, no sentido de que, diante do princípio da liberdade sindical e a autonomia coletiva dos particulares em firmar acordos e convenções coletivas, o depósito no Ministério do Trabalho (atual Ministério da Economia) do instrumento normativo coletivo é formalidade apenas probatória e não essencial, pois a norma coletiva, vale e tem vigência a partir do momento que os Sindicatos assim a firmarem independentemente do registro no Órgão Ministerial. Entretanto, é dever dos Sindicatos dar ampla publicidade à norma coletiva.

No entanto, o Tribunal Superior do Trabalho firmou entendimento de que o referido art. 614, da CLT fora recepcionado pela Constituição Federal, conforme a OJ 34, da SDC, "in verbis":

> ***"Acordo extrajudicial. Homologação. Justiça do Trabalho. Prescindibilidade.*** *(Inserida em 07.12.1998)*
>
> É desnecessária a homologação, por Tribunal Trabalhista, do acordo extrajudicialmente celebrado, sendo suficiente, para que surta efeitos, sua formalização perante o Ministério do Trabalho (art. 614 da CLT e art. 7º, inciso XXXV, da Constituição Federal)."

15.4. Prazo de vigência da norma coletiva e a questão da ultratividade

Os acordos coletivos e convenções coletivas têm prazo de vigência no máximo de 02 anos, sendo vedada a ultratividade, conforme dispõe o parágrafo 3º do art. 614, com a redação dada pela Lei 13.467/17.

Como nos adverte Homero Batista Mateus da Silva[60], "a jurisprudência do TST rejeita a fixação de cláusula em convenção e acordo coletivo prevendo prorrogação automática em caso de silêncio das partes, porque também aqui seria burlada a ideia do diálogo social permanente, e, de toda forma, a prorrogação indefinida colide com o art. 614, parágrafo 3º. A prorrogação a que se refere o art. 613, VI, não é aquela automática, sem que as partes se falem, mas os mecanismos de manutenção permanente de canais de comunicação e desnecessidade de rediscussão de cláusulas que tenham algum grau de consenso, portanto, mas que ainda assim precisarão ser reescritas para constar do próximo instrumento normativo".

60 CLT Comentada. 2. ed. São Paulo: RT, 2018, p. 456-457.

No mesmo sentido, a OJ 322, da SDI-I do TST, "in verbis":

> ***"Acordo coletivo de trabalho. Cláusula de termo aditivo prorrogando o acordo para prazo indeterminado. Inválida.*** *(DJ 09.12.2003)* Nos termos do art. 614, § 3º, da CLT, é de 2 anos o prazo máximo de vigência dos acordos e das convenções coletivas. Assim sendo, é inválida, naquilo que ultrapassa o prazo total de 2 anos, a cláusula de termo aditivo que prorroga a vigência do instrumento coletivo originário por prazo indeterminado."

Por ter a sentença normativa vigência temporária, suas cláusulas, conforme entendia o Tribunal Superior do Trabalho, não integram os contratos de trabalho, conforme dispunha a Súmula n. 277 do C. TST, *in verbis*:

> "Sentença normativa, convenção ou acordo coletivos. Vigência. Repercussão nos contratos de trabalho. (Res. n. 10/1988, DJ 1º.3.1988) (Redação alterada na sessão do Tribunal Pleno em 16.11.2009 – Res. n. 161/2009). I – As condições de trabalho alcançadas por força de sentença normativa, convenção ou acordo coletivos vigoram no prazo assinado, não integrando, de forma definitiva, os contratos individuais de trabalho. II – Ressalva-se da regra enunciada no item I o período compreendido entre 23.12.1992 e 28.7.1995, em que vigorou a Lei n. 8.542, revogada pela Medida Provisória n. 1.709, convertida na Lei n. 10.192, de 14.2.2001."

Entretanto, em setembro de 2012, o Tribunal Superior do Trabalho alterou referida Súmula n. 277 de sua jurisprudência para constar a seguinte redação:

> "CONVENÇÃO COLETIVA DE TRABALHO OU ACORDO COLETIVO DE TRABALHO. EFICÁCIA. ULTRATIVIDADE (redação alterada na sessão do Tribunal Pleno realizada em 14.9.2012). As cláusulas normativas dos acordos coletivos ou convenções coletivas integram os contratos individuais de trabalho e somente poderão ser modificadas ou suprimidas mediante negociação coletiva de trabalho."

Diante da redação atual da súmula em questão, as cláusulas constantes de acordos e convenção coletivas, integravam os contratos individuais de trabalho (princípio da ultratividade das normas coletivas), somente podendo ser alteradas por negociação coletiva posterior, nos termos dos princípios da condição mais benéfica e melhoria da condição social do trabalhador. Embora a súmula não tenha feito menção às cláusulas constantes da sentença normativa, o raciocínio deve ser no mesmo sentido, uma vez que ambos são formas de resolução do conflito coletivo de trabalho.

Em 14 de outubro de 2016, o Supremo Tribunal Federal em Medida Cautelar na Arguição de Descumprimento de Preceito Fundamental n. 323 – Distrito Federal, deferiu o pedido formulado e determinou *ad referendum* do Pleno a suspensão de todos os processos em curso e dos efeitos de decisões judiciais proferidas no âmbito da Justiça do Trabalho que versem sobre a aplicação da ultratividade de normas de acordos e de convenções coletivas, sem prejuízo do término de sua fase instrutória, bem como das execuções já iniciadas.

A reforma trabalhista (Lei n. 13.467/17), entretanto, deu nova redação ao § 3º, do art. 614, da CLT, vedando o princípio da ultratividade das normas convencionais.

A última palavra sobre a questão é matéria constitucional, pois a incorporação das cláusulas convencionais aos contratos de trabalho de forma definitiva envolve aplicação do princípio constitucional de melhoria da condição social do trabalhador (artigo 7º, *caput*, da CF), bem como a interpretação do art. 114, parágrafo 2º, da Constituição Federal, que assevera que a Justiça do Trabalho, apreciando o dissídio coletivo de natureza econômica, deve respeitar *as disposições mínimas legais de proteção ao trabalho, bem como as convencionadas anteriormente.*

O Supremo Tribunal Federal, julgando a ADPF 323, firmou o seguinte entendimento sobre a intepretação da Súmula 277 do TST e do parágrafo 2º do art. 114 da Constituição Federal, conforme o extrato de decisão que segue:

> "Decisão: O Tribunal, por maioria, julgou procedente a presente arguição de descumprimento de preceito fundamental, de modo a declarar a inconstitucionalidade da Súmula 277 do Tribunal Superior do Trabalho, na versão atribuída pela Resolução 185, de 27 de setembro de 2012, assim como a inconstitucionalidade de interpretações e de decisões judiciais que entendem que o art. 114, parágrafo segundo, da Constituição Federal, na redação dada pela Emenda Constitucional nº 45/2004, autoriza a aplicação do princípio da ultratividade de normas de acordos e de convenções

> coletivas, tudo nos termos do voto do Relator, vencidos os Ministros Edson Fachin, Rosa Weber e Ricardo Lewandowski. Plenário, Sessão Virtual de 20.5.2022 a 27.5.2022."

Diante da decisão do STF, ficou ratificada a constitucionalidade do art. 614, parágrafo 3º, da CLT, bem como pacificada a interpretação no sentido de que a redação do parágrafo 2º do art. 114 da CF não autoriza a ultratividade das cláusulas constantes de sentença normativa.

Nos termos do art. 615, da CLT, "o processo de prorrogação, revisão, denúncia ou revogação total ou parcial de Convenção ou Acordo ficará subordinado, em qualquer caso, à aprovação de Assembléia-Geral dos Sindicatos convenentes ou partes acordantes, com observância do disposto no art. 612. § 1º O instrumento de prorrogação, revisão, denúncia ou revogação de Convenção ou Acordo será depositado, para fins de registro e arquivamento, na repartição em que o mesmo originariamente foi depositado, observado o disposto no art. 614. § 2º As modificações introduzidas em Convenção ou Acordo, por força de revisão ou de revogação parcial de suas cláusulas, passarão a vigorar 3 (três) dias após a realização do depósito previsto no § 1º."

O referido dispositivo determina que a revisão, denúncia, revogação parcial ou total da convenção ou acordo coletivo ficam subordinados à aprovação da Assembleia-Geral, observados os requisitos do art. 612, da CLT, sendo certo que as alterações realizadas na norma coletiva devem ser depositadas nos órgãos referidos no art. 612, da CLT, passando a viger 03 dias após o depósito.

Revisão significa alteração de cláusulas convencionais em razão de alterações fáticas posteriores.

Denúncia é a comunicação por uma das partes signatária da norma coletiva que o prazo de vigência da norma se encerrou e que não pretende prorrogação.

Revogação total ou parcial é a supressão de parte ou de toda as cláusulas, convencionadas antes do término de vigência da norma.

15.5. Da possibilidade de negociação direta entre trabalhadores e empresa (art. 617 da CLT)

Dispõe o art. 617 da CLT:

> "Os empregados de uma ou mais empresas que decidirem celebrar Acordo Coletivo de Trabalho com as respectivas empresas darão ciência de sua resolução, por escrito, ao Sindicato representativo da categoria profissional, que terá o prazo de 8 (oito) dias para assumir a direção dos entendimentos entre os interessados, devendo igual procedimento ser observado pelas empresas interessadas com relação ao Sindicato da respectiva categoria econômica. § 1º Expirado o prazo de 8 (oito) dias sem que o Sindicato tenha se desincumbido do encargo recebido, poderão os interessados dar conhecimento do fato à Federação a que estiver vinculado o Sindicato e, em falta dessa, à correspondente Confederação, para que, no mesmo prazo, assuma a direção dos entendimentos. Esgotado esse prazo, poderão os interessados prosseguir diretamente na negociação coletiva, até final. § 2º Para o fim de deliberar sobre o Acordo, a entidade sindical convocará Assembléia-Geral dos diretamente interessados, sindicalizados ou não, nos termos do art. 612."

A Constituição Federal determina a obrigatoriedade da participação dos Sindicatos na negociação coletiva (art. 8º, VI, da CF). Em razão disso, segmentos da doutrina sustentam que este dispositivo não fora recepcionado pela Constituição Federal, pois possibilita que os empregados possam firmar, diretamente, acordo coletivo com a empresa.

Nesse sentido defende Maurício Godinho Delgado[61]:

> "(...)não nos parece eficaz o critério procedimental estipulado no art. 617, §§ 1º e 2º, da CLT, por não ter sido recebido pela Constituição de 1988, ao ignorar a norma fixada em seu art. 8º, VI, que fixa a obrigatoriedade da participação dos sindicatos nas negociações coletivas de trabalho. A CLT, como debatido, fala no caso de recusa sindical à negociação coletiva, em transferência de legitimação para a federação ou, na falta ou recusa desta, para a própria confederação. Mas o preceito celetista vai além: autoriza a negociação direta, pelos próprios empregados – em desconsideração frontal ao fixado no art. 8º, VI, da Constituição."

De nossa parte, o referido art. 617, da CLT não é inconstitucional, pois as entidades sindicais legitimadas para a negociação coletiva, quais

61 Direito Coletivo do Trabalho. 7ª ed. São Paulo: LTr, 2017, p. 216.

sejam: Sindicato, Federação e Confederação, são convocadas para participar da negociação coletiva, o que supre o requisito constitucional. E, em havendo recusa abusiva dessas entidades em assumir a negociação coletiva, é razoável que os empregados assumam, diretamente, a negociação.

Nesse sentido, decidiu o Tribunal Superior do Trabalho, conforme a seguinte ementa:

> **"ACORDO COLETIVO DE TRABALHO. NEGOCIAÇÃO DIRETA ENTRE COMISSÃO DE EMPREGADOS E EMPREGADOR. TURNOS ININTERRUPTOS DE REVEZAMENTO DE DOZE HORAS. AUSÊNCIA DE PARTICIPAÇÃO DO SINDICATO REPRESENTANTE DA CATEGORIA PROFISSIONAL. VALIDADE. ARTIGO 617 DA CLT. RECEPÇÃO PELA CONSTITUIÇÃO FEDERAL DE 1988**
>
> **1.** Foi recepcionado pela Constituição Federal de 1988 (artigo 8º, inciso VI) o artigo 617 da CLT, no que autoriza a celebração de acordo coletivo de trabalho diretamente entre empregados e uma ou mais empresas, na situação excepcional em que comprovada a recusa do Sindicato representante da categoria profissional em assumir a direção dos entendimentos.
>
> **2.** A exigência constitucional inafastável é de que o sindicato seja instado a participar e participe da negociação coletiva, ainda que para recusar o conteúdo da proposta patronal.
>
> **3.** Em tese, todavia, a virtual resistência da cúpula sindical em consultar as bases não constitui empecilho a que os próprios interessados, regularmente convocados, excepcionalmente firmem o acordo coletivo de trabalho, de forma direta, na forma da lei.
>
> **4.** A grave exceção à garantia de tutela sindical na negociação coletiva somente se justifica, contudo, sob pena de concreta violação à norma do artigo 8º, VI, da Constituição Federal, quando sobressaem a livre manifestação de vontade dos empregados da empresa e a efetiva recusa da entidade profissional em representar a coletividade interessada.
>
> **5.** Assentada a tese jurídica da recepção do artigo 617 da CLT pela Constituição Federal de 1988, a aplicação do direito à espécie impõe que o Tribunal Regional do Trabalho, soberano na apreciação do acervo fático-probatório, examine a existência de prova cabal da recusa do sindicato da categoria profissional em

participar da negociação coletiva, bem como o cumprimento das demais formalidades exigidas no artigo 617 da CLT.

6. Embargos da Reclamada de que se conhece, por divergência jurisprudencial, e a que se dá parcial provimento. (TST **Processo:** E-ED-RR – 1134676-43.2003.5.04.0900 **Data de Julgamento:** 19/05/2016, **Redator Ministro:** João Oreste Dalazen, Subseção I Especializada em Dissídios Individuais, **Data de Publicação: DEJT** 19/05/2017).

15.6. Prevalência das disposições constantes do acordo coletivo sobre a convenção coletiva de trabalho

Dispõe o art. 620 da CLT:

> "As condições estabelecidas em acordo coletivo de trabalho sempre prevalecerão sobre as estipuladas em convenção coletiva de trabalho."

O presente dispositivo está com a redação dada pela Lei 13.467/17. Dispunha a redação anterior: "As condições estabelecidas em Convenção quando mais favoráveis, prevalecerão sobre as condições estipuladas em Acordo".

Considerando-se o caráter tutelar do Direito do Trabalho, bem como o princípio da norma mais favorável no Direito do Trabalho, que é uma característica do princípio protetor, para avaliar qual das normas é mais favorável, se o acordo coletivo ou a convenção coletiva, a doutrina estabelecer alguns critérios. São eles:

a) acumulação: Neste há o fracionamento das normas, aplicando-se indistintamente as cláusulas mais beneficias e um ou de outro instrumento coletivo;

b) conglobamento ou globalidade: Para este critério, aplica-se a norma que for mais favorável ao trabalhador no conjunto das cláusulas. Assim ou se aplica o acordo coletivo ou a convenção coletiva. Não há o fracionamento das normas;

c) conglobamento avaliado por institutos: Nesta hipótese, os instrumentos normativos coletivos podem ser fracionados por institutos, ou seja, aplicam-se as cláusulas no conjunto tanto do acordo coletivo como da convenção coletiva que forem mais favoráveis em cada instituto. Assim, por exemplo, aplicam-se as cláusulas mais favoráveis do instituto da jornada, salariais, etc.

De nossa parte, a teoria do conglobamento por institutos é a que melhor atende os anseios do trabalhador e dá efetividade ao princípio da proteção tutelar.

Na redação anterior do art. 620, da CLT[62], havia entendimentos na doutrina e jurisprudência de que o este não fora recepcionado pela Constituição Federal de 1988, uma vez que houve o reconhecimento expresso no artigo 7º, XXVI, do acordo coletivo como fonte normativa do direito do Trabalho. Além disso, o acordo coletivo por atender às peculiaridades locais, e, pelo princípio da especialidade, prevalece sobre a regra geral da convenção coletiva.

Pensávamos que o artigo 620 da CLT fora recepcionado pela Constituição Federal, pois atende ao princípio da melhoria da condição social do trabalhador previsto no artigo 7º, *caput* da CF. Além disso, não havia sido revogado expressamente, não é incompatível com a Constituição Federal e nem esta regulamentou integralmente a matéria (artigo 2º da LINDB). Não obstante, no conflito entre o acordo e a convenção coletiva, atento as circunstâncias do caso concreto, o Juiz poderia aplicar o critério da especialidade e aplicar o acordo ao invés da convenção coletiva de trabalho.

Doravante, diante da redação expressa do art. 620 da CLT pela Lei 13.467, o Acordo Coletivo sempre prevalecerá sobre a Convenção Coletiva de Trabalho. O legislador teve a intenção de prestigiar a negociação no âmbito da empresa, atendendo às necessidades locais, em detrimento das cláusulas fixadas em Convenção Coletiva que é são mais genéricas e abrangentes.

Houve, aqui, sem dúvida, uma "quebra" no princípio protetor, exteriorizado pela norma mais favorável, pois o Acordo Coletivo prevalecerá sobre a Convenção, ainda que não seja a norma mais favorável.

De nossa parte, a interpretação da nova redação dada ao art. 620 da CLT não pode ser isolada, e sim em conjunto com os princípios constitucionais e os clássicos do Direito do Trabalho, devendo prevalecer, no

62 Redação anterior do Art. 620, da CLT: "As condições estabelecidas em Convenção quando mais favoráveis, prevalecerão sôbre as estipuladas em Acôrdo. (Redação dada pelo Decreto-lei nº 229, de 28.2.1967)."

caso concreto, a norma que observe o princípio da melhoria da condição social do trabalho e que atenda aos interesses locais de determinada ou determinadas empresas.

No mesmo sentido advertem Maurício Godinho Delgado e Gabriela Neves Delgado[63]:

> "(...) A alteração legislativa incorporada ao art. 620 da Consolidação vislumbra, na negociação coletiva de trabalho, um instrumento adicional de regressão no patamar civilizatório mínimo assegurado pelo Direito Individual do Trabalho na ordem jurídica do País. Ao invés de ser um instrumento de harmonização, agregação e, em certas situações, de adequação em face do patamar civilizatório mínimo fixado no Direito Individual do Trabalho, a negociação coletiva passaria a se firmar como instrumento de refluxo e de redução do patamar civilizatório mínimo trabalhista garantido pela ordem jurídica especializada da República brasileira. Evidentemente que adequações pontuais feitas pelo ACT em contraponto à CCT poderiam ser consideradas válidas, respeitados os critérios do princípio da adequação setorial negociada. Dessa maneira, a interpretação lógico-racional, sistemática e teleológica do preceito normativo enfocado tem de atenuar o risco precarizante contido na expressão linguística 'sempre' inserida no novo texto do art. 620, da CLT."

Há que ser destacado que, quando houver hipótese de flexibilização de direitos trabalhista compatível com a Constituição Federal, não haverá incidência da norma mais benéfica.

15.7. Anulação de acordos e convenções coletivas e Ação Anulatória

Há alguns anos existem muitas discussões sobre as ações anulatórias de normas coletivas na Justiça do Trabalho. Hoje, com a novel competência da Justiça do Trabalho, dada pela EC n. 45/2004, a discussão vem à tona em razão da redação do inciso III, do art. 114, da CF que atribuiu competência à Justiça do Trabalho para as controvérsias entre sindicatos e trabalhadores e entre sindicatos e empregadores, o que para nós também

63 A reforma trabalhista no Brasil. 2.ed. São Paulo: LTr, 2018, p. 307.

abrange a competência para as ações individuais (propostas por empregados e empregadores) e coletivas (propostas por Sindicatos, Associações de caráter não sindical e Ministério Público do Trabalho) para as ações de nulidade de normas coletivas ou de algumas cláusulas.

Atualmente, a ação anulatória de normas convencionais tem grande importância em razão da nova redação do § 2º do art. 114 da CF que dificultou o acesso ao Poder Normativo da Justiça do Trabalho, e fomentou a negociação coletiva, a qual se exterioriza por meio dos acordos e convenções coletivas, porquanto os dissídios coletivos de natureza econômica só podem ser apreciados pelo Judiciário se houver comum acordo dos sindicatos envolvidos no conflito.

Há grande dissenso na doutrina e na jurisprudência sobre a legitimidade para propositura da referida ação diante da redação do art. 8º, III, da CF, e art. 83, IV, da LC n. 75/93. Também há grandes discussões sobre a competência, tanto a material como a funcional, e efeitos da decisão.

Na seara coletiva, conforme sustenta com propriedade *Raimundo Simão de Melo*[64]: "A ação coletiva de nulidade de ato normativo visa a afastá-lo do mundo jurídico para todos os efeitos, daí ser a sua natureza declaratória-constitutiva. Declaratória (negativa), quando se declara a validade do instrumento e se reconhece a improcedência da ação; constitutiva negativa, quando se declaram os vícios alegados com relação ao referido instrumento e se julga procedente a ação."

No âmbito do Direito Coletivo do Trabalho, há previsão legal atribuindo legitimidade ao Ministério Público para propor ações anulatórias de acordos ou convenções coletivas. Com efeito, o art. 83, IV, da LC n. 75/93, diz competir ao Ministério Público do Trabalho propor ações cabíveis para declaração de nulidade de cláusula de contrato, acordo coletivo ou convenção coletiva que viole as liberdades individuais ou coletivas ou os direitos individuais indisponíveis dos trabalhadores.

Raimundo Simão de Melo[65] exemplifica as hipóteses em que as convenções e acordos coletivos, no aspecto formal, podem ser anulados: "a) norma escrita (essencial à validade da convenção ou acordo coletivo como substância do ato negocial); b) publicidade (decorre da natureza coletiva do instrumento), que se consubstancia pelo registro efetuado

64 MELO, Raimundo Simão de. *Dissídio coletivo de trabalho*. São Paulo: LTr, 2002. p. 169.

65 *Ibidem*, p. 169-170.

perante um dos órgãos do Ministério do Trabalho e Emprego. Este deve ocorrer no prazo de oito dias da assinatura do instrumento; c) publicação nos sindicatos (trata-se de divulgação nas sedes dos sindicatos e das empresas da categoria econômica respectiva, no prazo de cinco dias da data do registro no Ministério do Trabalho e Emprego, a fim de que empregados e empregadores tomem conhecimento de seu conteúdo); d) aprovação pela assembleia geral dos interessados (neste caso, trata-se de uma assembleia que tem como objetivo aprovar o resultado da negociação entabulada, uma vez que os sindicatos agem apenas como representantes e precisam, por isso, do respaldo dos representados); e) *quórum* (este diz respeito ao número de participantes necessário à deliberação assemblear). Há divergência sobre se este *quórum* é o legal, do art. 612, da CLT, ou o estatutário. Entendemos, como o professor *Octavio Bueno Magano*, que ele deve obedecer às deliberações das assembleias sindicais que tornaram a questão *interna corporis* após a Constituição de 1988; f) prazo máximo de vigência de dois anos (embora a lei estabeleça o prazo máximo de dois anos para duração das cláusulas convencionais, nenhuma nulidade acarreta a criação de uma cláusula com prazo superior a dois anos, porque tal decorre da autonomia privada coletiva, podendo, a qualquer momento, ser renegociada pelo mesmo processo)."

Sob outro enfoque, por ter conteúdo normativo no âmbito das categorias profissional e econômica, as hipóteses de nulidade dos instrumentos normativos coletivos são mais amplas do que as hipóteses dos atos jurídicos em geral.

As normas coletivas podem ser objeto de anulação, além das hipóteses formais acima mencionadas por *Raimundo Simão de Melo* quando violar direitos indisponíveis do trabalhador e também quando violar os princípios tutelares do Direito do Trabalho[66], as garantias mínimas trabalhistas, os princípios constitucionais de dignidade da pessoa humana do trabalhador e valores sociais do trabalho e livre-iniciativa, e também quando exorbitar as hipóteses de flexibilização previstas nos incisos VI, XIII, e XIV, do art.

66 Conforme ensina Celso Antônio Bandeira de Mello: "Violar um princípio é muito mais grave do que transgredir uma norma. A desatenção ao princípio implica ofensa não apenas a um específico mandamento obrigatório mas a todo sistema de comandos. É mais grave forma de ilegalidade ou de inconstitucionalidade, conforme o escalão do princípio atingido, porque representa insurgência contra todo o sistema, subversão de seus valores fundamentais, contumélia irremissível a seu arcabouço lógico e corrosão de sua estrutura mestra" (*Elementos de direito administrativo*. São Paulo: RT, 1980. p. 58).

7º, da CF. Exemplificativamente, a norma coletiva pode ser anulada nas seguintes hipóteses: a) fixação de salário normativo inferior ao mínimo; b) fixação de contribuições sindicais (assistencial ou confederativa a todos os membros da categoria e não somente aos sindicalizados – PN n. 114, do C. TST e Súmula Vinculante 40, do STF; c) cláusulas que violem direitos atinentes à medicina e segurança do trabalho, como redução do intervalo intrajornada foram dos parâmetros legais, ou fixação de garantia de emprego ao acidentado inferior a 12 meses (art. 118 da Lei n. 8.213/91) etc.

Sob outro enfoque, a norma coletiva também pode, quando há autorização constitucional, reduzir direitos trabalhistas, mas somente nas hipóteses dos incisos VI, XIII e XIV, do art. 7º, da CF. Entretanto, a redução de direitos trabalhistas, mesmo nas hipóteses de flexibilização autorizadas constitucionalmente, somente é possível mediante efetiva negociação, a qual envolve concessões recíprocas e não simples supressão de direitos, ou seja, toda supressão de direitos deve ter em contrapartida uma vantagem para a classe trabalhadora.

Nesse sentido, vale consignar a seguinte ementa:

> "RECURSO ORDINÁRIO EM AÇÃO ANULATÓRIA. A Carta Política do país reconhece os instrumentos jurídicos clássicos da negociação coletiva – convenções e acordos coletivos de trabalho (art. 7º, inciso XXVI, CF/88). Entretanto, existem limites jurídicos objetivos à criatividade normativa da negociação coletiva trabalhista. As possibilidades e limites jurídicos para a negociação coletiva são orientados pelo princípio da adequação setorial negociada. Ou seja, os critérios da harmonização entre as normas jurídicas oriundas da negociação coletiva (através da consumação do princípio de sua criatividade jurídica) e as normas jurídicas provenientes da legislação heterônoma estatal. A adequação setorial negociada não prevalece se concretizada mediante ato estrito de renúncia (e não de transação). Também não prevalece a adequação setorial negociada se concernente a direitos revestidos de indisponibilidade absoluta, os quais não podem ser transacionados nem mesmo por negociação sindical coletiva. Nesse sentido, norma coletiva que prevê o labor em horas suplementares excedentes às duas permitidas em lei obviamente traduz-se em prejuízo para a saúde do trabalhador, pelo que deve ser invalidada. Recurso ordinário parcialmente provido." (TST – ROAA/659/2007-909-09-00.2 – TRT 9ª R. – SDC – rel. Min. Mauricio Godinho Delgado – DEJT 20.8.2009 – p. 49)

Dispõe o § 3º do art. 8º, da CLT, com a redação dada pela Lei n. 13.467/17: "No exame de convenção coletiva ou acordo coletivo de trabalho, a Justiça do Trabalho analisará exclusivamente a conformidade dos elementos essenciais do negócio jurídico, respeitado o disposto no art. 104 da Lei n. 10.406, de 10 de janeiro de 2002 (Código Civil), e balizará sua atuação pelo princípio da intervenção mínima na autonomia da vontade coletiva."

O § 3º do art. 8º, da CLT, limita a atuação do Judiciário no exame dos acordos e negociação coletiva aos requisitos de validade do negócio jurídico (art. 104 do CC), quais sejam: capacidade, licitude do objeto e forma prevista ou não defesa em lei. De nossa parte, se trata de regra manifestamente inconstitucional, pelos seguintes motivos:

a) restringe o acesso à justiça (art. 5º, XXXV, da CF);

b) viola os incisos VI, XIII e XIV, da CF que, além dos requisitos formais do negócio jurídico, exigem que para a flexibilização de direitos, exista efetiva negociação coletiva e observâncias dos direitos mínimos trabalhistas, previstos no ordenamento jurídico trabalhista, principalmente, os constitucionais (7º, *caput*, da CF);

c) restringe a incidência das normas constitucionais e legais de proteção ao trabalho humano.

Sendo assim, mesmo nas hipóteses autorizadas de flexibilização, a norma coletiva pode ser anulada se não houve uma efetiva negociação, com concessões recíprocas, mas simples supressão de direito.

Podem propor a ação anulatória de cláusulas convencionais, a nosso ver, as partes que firmaram o instrumento normativo coletivo, os empregados e empregadores individualmente e o Ministério Público.

Sustentam alguns que somente o Ministério Público pode intentar tal ação, pois os Sindicatos não têm interesse processual, já que firmaram a negociação. Além disso, argumentam que somente há previsão legal para o MP do Trabalho intentar tal ação (art. 83, IV, da LC n. 75/93).

No nosso sentir, a legitimidade do Ministério Público do Trabalho se justifica na hipótese de interesse público, defesa da ordem jurídica e interesses sociais individuais indisponíveis (art. 127 da CF e art. 83 da LC n. 75/93), vale dizer: quando se tratar de interesse público.

A legitimação do Ministério Público para propor ação anulatória não é exclusiva e sim concorrente, pois todas as pessoas que sofrem os efeitos da norma coletiva têm legitimidade para postular sua anulação.

De outro lado, também entendemos que os empregados e empregadores, individualmente, podem ingressar com ações anulatórias de norma coletiva, já que sofrem os efeitos do referido instrumento. Se preferirem, o que é mais usual, podem ingressar com reclamação trabalhista, pretendendo *incidenter tantum* a anulação de determinada cláusula coletiva. Nessa hipótese, a ação é individual e não coletiva. Também os efeitos da sentença são *inter partes*. Se o pedido de nulidade for incidente, sequer haverá coisa julgada a respeito, salvo se houver pedido específico da parte nesse sentido.

No polo passivo da ação anulatória, devem figurar, obrigatoriamente, as partes que firmaram o instrumento normativo coletivo (sindicato dos empregados e empregadores em caso de convenção coletiva ou sindicato dos empregados e empresa na hipótese de acordo coletivo). Trata-se de litisconsórcio necessário, cuja eficácia da decisão depende da participação das partes que firmaram o instrumento coletivo, nos termos do art. 114 do CPC.

Dispõe o § 5º do art. 611-A, da CLT, com a redação dada pela Lei 13.467/17:

> "A convenção coletiva e o acordo coletivo de trabalho têm prevalência sobre a lei quando, entre outros, dispuserem sobre: (...) § 5º Os sindicatos subscritores de convenção coletiva ou de acordo coletivo de trabalho deverão participar, como litisconsortes necessários, em ação individual ou coletiva, que tenha como objeto a anulação de cláusulas desses instrumentos."

O referido dispositivo estabelece, corretamente, a necessidade das entidades sindicais que firmaram o instrumento normativo coletivo participarem, como litisconsortes necessárias, em caso de ação anulatória coletiva, com efeitos *"erga omnes"*. No entanto, exigir a participação dos Sindicatos subscritores da norma coletiva em ações individuais, em que se postula a nulidade de cláusulas, com efeitos meramente *"inter partes"* dificulta o acesso à justiça, causa tumulto no processo e vai atrasar em demasia a demanda. Além disso, não há resultados práticos, pois toda cláusula convencional pode ser interpretada judicialmente, assim como o controle difuso da constitucionalidade pode ser realizado por qualquer magistrado em qualquer demanda. Portanto, há necessidade de interpretação corretiva em compasso com os fins do processo do trabalho e os princípios constitucionais do processo. Se em uma reclamação trabalhista se postula a nulidade de uma cláusula convencional com efeitos somente para aquela demanda individual, não há necessidade dos Sindicatos que firmaram a norma coletiva participarem da ação.

Como bem adverte *Rafael Edson Pugliese Ribeiro*[67], "é preciso, no entanto, distinguir entre anulação e ineficácia da norma coletiva. Nas ações individuais, os vícios das normas coletivas sempre foram tratados sob a ótica da ineficácia ou da nulidade de pleno direito, e sempre sob declaração incidental, com efeito estrito entre as partes daquela relação processual (...). Uma norma coletiva que fixe, por exemplo, disposição inconstitucional, poderá continuar a ser questionada nas ações individuais, em que a inconstitucionalidade haverá de ser apreciada no controle incidental da constitucionalidade, e poderá ser declarada inconstitucional e, como tal, tida por ineficaz para reger aquela relação contratual tratada na ação individual".

No mesmo sentido, defendem *Antonio Umberto de Souza Júnior*, *Fabiano Coelho de Souza*, *Ney Maranhão* e *Platon Teixeira de Azevedo Neto*[68]:

> "No entanto, não faz o menor sentido trazer, em reclamação individual, os sindicatos subscritores da norma coletiva como litisconsortes necessários. É que neste caso, a lide seria entre empregado e empregador, com declaração de nulidade da cláusula apenas de maneira tópica e incidental, em relação do trabalhador e empregador, integrantes da relação jurídico-processual. Na ótica do art. 115 do CPC, não chamar os sindicatos subscritores não implicaria nulidade da sentença, tendo em vista que a coisa julgada não alcançaria tais entidades, e nem teria o efeito de retirar a eficácia da cláusula no âmbito dos convenentes."

Nos termos da IN n. 41/2018, do TST, a obrigação de formar o litisconsórcio necessário a que se refere o art. 611-A, § 5º, da CLT dar-se-á nos processos iniciados a partir de 11 de novembro de 2017 (Lei n. 13.467/2017).

---

67 *Reforma trabalhista comentada*. Curitiba: Juruá, 2018. p. 209.

68 *Reforma trabalhista:* análise comparativa e crítica a Lei n. 13.467/17. São Paulo: Rideel, 2017. p. 301.

É discutida a legitimidade da Associação sem caráter sindical para propor ação anulatória de cláusulas convencionais, pois ela não tem legitimidade para pactuar acordo ou convenções coletivas (arts. 8º, VI, da CF, e 513, letra *b*, da CLT). Também não participou da negociação coletiva, tampouco firmou o instrumento coletivo (convenção ou acordo coletivo). Sob outro enfoque, a associação não sofrerá diretamente os efeitos da norma coletiva, pois apenas representa a vontade de seus associados, estes sim destinatários dos efeitos da norma coletiva.

Também pode-se questionar que, diante do dispositivo do art. 8º, III, da CF, somente ao Sindicato, que também tem natureza jurídica de associação, cabe a defesa dos membros de categoria, o que fica robustecido em razão do princípio da unicidade sindical (art. 8º, II, da CF).

Não obstante o princípio da unicidade sindical consubstanciado no art. 8º, II, da CF, e também a disposição do art. 8º, III, da CF, a associação tem legitimidade para defesa de seus associados, nos termos do art. 5º, XXI, da CF, e art. 92 da Lei n. 8.078/90. Aqui, não se está defendendo interesses da categoria e sim interesses dos associados, que, muitas vezes, podem ter interesses divergentes do Sindicato que os representa no âmbito da categoria profissional ou econômica. Além disso, muitos dos filiados à Associação podem não ser filiados ao Sindicato, ou nem sequer conhecer a existência deste último. Ora, se empregado e empregador podem individualmente propor ação anulatória da norma coletiva, por que a Associação não pode ingressar com uma ação coletiva representando seus associados?

A nosso ver, a Associação não está defendendo direito coletivo, pois, diante do imperativo do art. 8º, III, da CF, a defesa desse interesse cabe ao Sindicato. Entretanto, perfeitamente possível se mostra a defesa de direitos individuais homogêneos dos filiados à Associação, pois o próprio art. 8º, *caput*, da CF, reconhece não só o direito à associação sindical, mas também à profissional. Ao invés de cada empregado ou empregador prejudicado pela norma coletiva ingressar individualmente, a Associação ingressará com uma única ação coletiva, defendendo os interesses individuais homogêneos de seus associados e os efeitos dessa ação somente abrangerão os referidos associados, uma vez que, em se tratando de direitos individuais homogêneos, os titulares do direito discutido são determinados. De outro lado, as Associações, na maioria das vezes, detêm maior representatividade e refletem melhor a vontade de seus filiados do que o Sindicato da categoria, vez que defendem apenas os interesses de seus associados e não de toda a categoria profissional ou econômica.

Sustentar a ilegitimidade da associação para defesa em juízo dos direitos de seus filiados viola os princípios do devido processo legal e acesso à Justiça (art. 5º, XXXV, da CF). Além disso, viola um direito fundamental que é o da liberdade de associação e reconhecimento às entidades associativas o direito de representar seus filiados judicial ou extrajudicialmente (art. 5º, XX e XXI, da CF).

De nossa parte, a Associação sem caráter sindical pode defender direitos individuais homogêneos dos seus associados, podendo ingressar com ações anulatórias de normas convencionais coletivas. Entretanto, por não ser a representante da categoria, os efeitos da decisão somente abrangerão os associados (art. 103, III, do CDC).

Diante do exposto, têm legitimidade para propor ação anulatória de normas convencionais: a) o Ministério Público do Trabalho; b) as partes que firmaram a norma coletiva: Sindicato dos Empregados e Empregadores; c) os empregados e empregadores individualmente; d) as associações sem caráter sindical na defesa de direitos individuais homogêneos dos seus filiados.

Há duas vertentes preponderantes de entendimentos quanto à competência hierárquica ou funcional para as ações anulatórias de normas convencionais. Para uma primeira vertente, o litígio tem natureza coletiva, já que a norma coletiva tem natureza normativa e vincula a categoria. Outros sustentam que, diante da falta de previsão legal excepcionando a competência do segundo grau de jurisdição, a competência é do primeiro grau.

A competência funcional para as ações anulatórias de cláusulas convencionais, segundo entendimento dominante antes da EC n. 45/04, dependia da abrangência da decisão. Se a ação for proposta por empregados e empregadores individualmente, a competência, inegavelmente, será do primeiro grau, ou seja, da Vara do Trabalho, já que o efeito da anulação da cláusula coletiva só terá eficácia nos limites da lide. Também se a ação for proposta pela Associação sem caráter sindical, a competência, a nosso ver, também será do primeiro grau de jurisdição, pois a eficácia da decisão não abrange toda a categoria e sim titulares determinados, quais sejam, os associados, já que o objeto da ação é a defesa de direitos individuais homogêneos, restando aplicável a regra de competência do art. 93 da Lei n. 8.078/90. Além disso, tanto nas ações individuais como na promovida pela Associação, a norma coletiva não é retirada do ordenamento jurídico, já que continua a valer para os empregados e empregadores que não fizeram parte do processo. Caso a ação anulatória fosse proposta pelo Ministério Público do Trabalho ou pelos Sindicatos pactuantes da norma coletiva, a competência seria do segundo grau de jurisdição, pois os efeitos desta decisão vinculariam toda a categoria, à semelhança do dissídio coletivo de natureza jurídica.

A nosso ver, se a ação anulatória for promovida pelo Ministério Público do Trabalho ou pelos Sindicatos ela não adquirirá contornos de dissídio coletivo de natureza jurídica, já que o pedido não se trata de criação de nova norma jurídica ou delimitar a aplicabilidade de determinada cláusula no âmbito das categorias. Além disso, somente o Judiciário vai declarar que determinada cláusula normativa não observou a legalidade ou está fora do limite de disposição pelos Sindicatos. Como a lei não fixa o critério de competência funcional, aplica-se a regra geral que é o primeiro grau de jurisdição. Além disso, a nova redação do art. 114, III, da CF, ao tratar da competência da Justiça do Trabalho para as ações de representação sindical, não deixa dúvidas quanto à competência do primeiro grau de jurisdição para as ações anulatórias de normas convencionais.

Ora, se cabe ao primeiro grau de jurisdição decidir sobre questões de representação sindical e também controvérsias entre sindicatos entre si e entre empregados e empregadores e sindicato, parece-nos fora de dúvida que todas as ações anulatórias de normas convencionais devem ser julgadas pelo primeiro grau de jurisdição da Justiça do Trabalho.

Não obstante, a maior parte dos Regimentos Internos de Tribunais Regionais e do próprio TST, estabelecem a competência do 2º grau de jurisdição para apreciar ação anulatória de normas coletivas.

16. COMPETÊNCIA DA JUSTIÇA DO TRABALHO PARA AS CONTROVÉRSIAS DECORRENTES DE MATÉRIA SINDICAL

No sistema anterior da Constituição de 1988, a Justiça do Trabalho somente apreciava as questões envolvendo os Sindicatos na defesa de direitos dos trabalhadores (representação ou substituição processual), nos termos do artigo 8º, III, da CF. Não tinha a Justiça do Trabalho competência para apreciar questões sindicais envolvendo direito próprio dos Sindicatos, nem questões *interna corporis* envolvendo matéria sindical como questões sobre o registro sindical, eleições sindicais, remuneração de dirigente sindical, etc.

Posteriormente, veio a lei 8984/95, cujo artigo 1º dispõe:

> "Compete à Justiça do Trabalho conciliar e julgar os dissídios que tenham origem no cumprimento de convenções coletivas de

> trabalho ou acordos coletivos de trabalho, mesmo quando ocorram entre sindicatos ou entre sindicatos de trabalhadores e empregador".

Atualmente, o artigo 114, III, da Constituição Federal, com a redação dada pela EC 45/04, tem a seguinte redação:

> Compete à Justiça do trabalho processar e julgar (...) III. "As ações sobre representação sindical, entre sindicatos, entre sindicatos e trabalhadores e entre sindicatos e empregadores".

Diante da redação do referido dispositivo constitucional, não restam mais dúvidas de que toda a matéria envolvendo o direito sindical, aí incluídas as discussões sobre acordos e convenções coletivas de trabalho, são da competência material da Justiça do Trabalho.

A Justiça do Trabalho detém competência para apreciar tanto as demandas individuais que envolvam aplicação e interpretação das normas fixadas em Acordos e Convenções coletivas em demandas envolvendo empregados e empregadores singularmente considerados assim como demandas coletivas, a exemplo das ações anulatórias de uma ou mais cláusulas da norma coletiva.

Os Tribunais Trabalhistas, inclusive o TST, têm fixado entendimento de que as ações anulatórias de normas coletivas são de competência funcional dos TRTs por terem natureza jurídica de dissídio coletivo de natureza jurídica.

O Direito Sindical, indiscutivelmente, integra o Direito do Trabalho. Por isso, toda a matéria que envolve os Sindicatos, bem como todas as ações em que se discutam questões sindicais, deve ser apreciada pelo Judiciário Trabalhista. Isso se deve inclusive por razões históricas, uma vez que o reconhecimento do direito de união e das associações de trabalhadores foram fatos que impulsionaram o próprio surgimento do Direito do Trabalho.

De nossa parte, o Direito Sindical faz parte do Direito Coletivo do Trabalho, que abrange, além das questões sindicais, as referentes à solução dos conflitos coletivos do trabalho, greves e o Poder Normativo da Justiça do Trabalho.

Pela antiga redação do art. 114 da CF, a Justiça do Trabalho não detinha competência para dirimir conflitos entre sindicatos, pois a CF falava em dissídios envolvendo empregados e empregadores. Antes da EC n. 45/04, a Justiça do Trabalho pronunciava-se sobre tais questões *incidenter tantum* em dissídios coletivos, por exemplo, oposição em dissídio coletivo de natureza econômica em que um sindicato opoente postulava a representação de uma das categorias envolvidas no dissídio coletivo.

No sistema da Constituição de 1988, a Justiça do Trabalho somente apreciava as questões envolvendo os Sindicatos na defesa de direitos dos trabalhadores (representação ou substituição processual), nos termos do art. 8º, III, da CF. Não tinha a Justiça do Trabalho competência para apreciar questões sindicais envolvendo direito próprio dos Sindicatos, nem questões *interna corporis* abrangendo matéria sindical como as de registro sindical, eleições sindicais, remuneração de dirigente sindical, etc.

Posteriormente, veio a Lei n. 8.984/95, cujo art. 1º dispõe:

> "Compete à Justiça do Trabalho conciliar e julgar os dissídios que tenham origem no cumprimento de convenções coletivas de trabalho ou acordos coletivos de trabalho, mesmo quando ocorram entre sindicatos ou entre sindicatos de trabalhadores e empregador."

Com suporte no citado dispositivo, o STJ havia firmado jurisprudência no sentido de que não competiam à Justiça do Trabalho as controvérsias sobre a contribuição sindical previstas em lei. Nesse sentido, a Súmula n. 222 do STJ:

> "Compete à Justiça Comum processar e julgar as ações relativas à Contribuição Sindical prevista no art. 578 da CLT."

Na mesma direção, fora a jurisprudência do C. Tribunal Superior do Trabalho, conforme a OJ n. 290, da SDI-I, do C. TST: "Contribuição Sindical Patronal. Ação de Cumprimento. Incompetência da Justiça do Trabalho. É incompetente a Justiça do Trabalho para apreciar a lide entre sindicato patronal e a respectiva categoria econômica, objetivando cobrar a respectiva contribuição assistencial."

Atualmente, o art. 114, III, da CF, com a redação dada pela EC n. 45/04, tem a seguinte redação: "as ações sobre representação sindical, entre sindicatos, entre sindicatos e trabalhadores, e entre sindicatos e empregadores."

Como destaca *Wagner D. Giglio*[69]: "O sindicato sempre teve larga atuação na Justiça do Trabalho como defensor dos interesses da categoria

69 GIGLIO, Wagner D. *Direito processual do trabalho*. 15. ed. São Paulo: Saraiva, 2005. p. 50.

representada. A ampliação da competência ditada pela Emenda Constitucional n. 45/2004 visou a outorgá-la para os processos em que o sindicato atue em interesse próprio, em conflitos contra outras entidades sindicais sobre filiação ou a representação da classe (já antevendo essa questão, comum no regime de pluralidade sindical), ou sobre a maior representatividade para fins de negociação com a empresa ou ramo econômico."

O termo *Sindicato* deve ser interpretado de forma ampla para abranger todas as entidades de natureza sindical. No nosso sistema sindical confederativo, são entidades sindicais de qualquer grau: sindicato, federação, confederação e até centrais sindicais, desde que as ações versem sobre alguma das matérias do art. 114 da CF e também sobre a representação sindical. Também a nosso ver, estão inseridas no conceito de representação sindical as ações que envolvam comitês de empresa ou representação no local de trabalho (art. 11 da CF), ou de grupo de trabalhadores que participarão da gestão da empresa (art. 7º, XI, da CF).

Atualmente, há duas vertentes preponderantes de interpretação do inciso III do art. 114 da CF: uma restritiva, no sentido de que somente há competência da Justiça do Trabalho para as ações que versem sobre representação sindical (disputa entre sindicatos pela representação da categoria e fixação de base territorial), não abrangendo as controvérsias entre sindicatos e terceiros e também entre empregados e empregadores envolvendo o exercício da representação sindical.

Outra corrente ampliativa é no sentido de que a competência da Justiça do Trabalho não está restrita às ações sobre representação sindical, mas sim às ações que envolvem matéria sindical, entre sindicatos e empregados e sindicatos e empregadores, pois o referido inciso III do art. 114, da CF, não restringe a competência para as ações sobre representação sindical, uma vez que há uma vírgula após o termo *ações sobre representação sindical*.

De nossa parte, o inciso III do art. 114 da CF abrange todas as ações que envolvem matéria sindical no âmbito trabalhista, uma vez que se trata de ações envolvendo matéria trabalhista. Tanto isso é verdade, que a organização sindical vem disciplinada nos arts. 8º e seguintes da Constituição Federal e 511 e seguintes da CLT. De outro lado, o inciso III do art. 114 da CF não pode ser interpretado isoladamente, mas sim em cotejo com os incisos I e IX do próprio art. 114. Sendo assim, como a matéria sindical está umbilicalmente ligada à relação de emprego e também à relação de trabalho, a melhor leitura do referido inciso III do art. 114 da CF, visando à maior eficiência deste dispositivo Constitucional, sinaliza no sentido de que a competência da Justiça do Trabalho abrange todas as questões envolvendo matéria sindical, sejam entre sindicatos entre si, sindicatos e empregados, sindicatos e empregadores, e também as controvérsias envolvendo terceiros, como o Ministério do Trabalho, nas questões de registro sindical.

Podemos classificar os dissídios relacionados aos Sindicatos em: a) coletivos: que envolvem os dissídios coletivos. Nessa hipótese, a competência da Justiça do Trabalho é disciplinada no art. 114, § 2º; b) intersindicais não coletivos: que envolvem os conflitos entre sindicatos; c) intrassindicais, que envolvem as questões *interna corporis* do sindicato; e d) dissídios sobre contribuições sindicais.

> **a) lides intersindicais não coletivas:** Os conflitos intersindicais não coletivos envolvem dissídios entre dois ou mais sindicatos sobre representação de determinada categoria. Não se trata aqui de defesa de direitos da categoria, e sim do sindicato defendendo direito próprio. Conforme *João Oreste Dalazen*[70], são exemplos emblemáticos dessa categoria: a) os de representatividade; b) os declaratórios de vínculo jurídico-sindical entre sindicato e federação; c) os cautelares, como o que objetiva sustar os efeitos de convenção coletiva de trabalho.

Também, a nosso ver, aqui são cabíveis os litígios referentes à fusão e ao desmembramento de categorias.

Nesta espécie de conflitos, são cabíveis ações constitutivas ou declaratórias de representação da categoria.

> **b) lides intrassindicais:** Com relação aos conflitos intrassindicais, estes envolvem todas as questões do Sindicato considerado em si mesmo e não em conflito com outro sindicato.

Nesta modalidade, estão abrangidos os conflitos envolvendo o próprio sindicato e seus associados, como entre sindicato e terceiros, por exemplo, o sindicato em face do Cartório de Registro de Pessoas Jurídicas e o Ministério do Trabalho, referente a questões sobre o registro sindical.

No nosso sentir, os conflitos intrassindicais abrangem: a) legalidade de criação. Inclusive ações que versem sobre o registro sindical e também os atos constitutivos em cartório; b) convocação de Assembleia; c) eleições

70 *Op. cit.*, p. 58.

sindicais[71] e também sobre os cargos de direção (art. 522 da CLT e Súmula n. 197 do STF), registro da candidatura, etc. Por isso, parece-nos que a Súmula n. 4 do STJ[72] não foi recepcionada pela EC n. 45/04; d) ação do dirigente sindical para pagamento de seus créditos e honorários junto à entidade sindical.

c) **conflitos sobre contribuições sindicais:** Quanto aos conflitos referentes a contribuições sindicais, a competência da Justiça do Trabalho abrange todas as espécies de contribuições, tanto as previstas em lei: contribuição do art. 578 da CLT, como as de caráter contratual: contribuição confederativa, contribuição assistencial, mensalidades sindicais e também eventuais taxas por participação dos sindicatos nas negociações coletivas, entre outras.

As ações de consignação em pagamento de contribuições sindicais promovidas por empregados ou empregadores, quando há dúvida sobre a exigibilidade da contribuição sindical ou de qual o sindicato seja o credor, também passaram para a competência da Justiça do Trabalho.

Destaca-se, no aspecto, a seguinte ementa:

> "Direito sindical – Ação de cobrança – Contribuição sindical – Confederação Nacional da Agricultura e Pecuária – CNA – EC n. 45/04 – Art. 114, III, da CF/88 – Competência da Justiça do Trabalho. Após a Emenda Constitucional n. 45/04, a Justiça do Trabalho passou a deter competência para processar e julgar não só as ações sobre representação sindical (externa – relativa à legitimidade

71 Nesse sentido, destacamos a seguinte ementa: "Conflito de competência – Federação das Indústrias do Estado do Maranhão – FIEMA – Processo eleitoral sindical – Representação sindical – Art. 114, inciso III, da CF – Alteração introduzida pela EC n. 45/2004 – Aplicação imediata – Competência da Justiça do Trabalho – As novas disposições do art. 114, inciso III, da Constituição Federal, introduzidas com a promulgação da Emenda Constitucional n. 45/04, têm aplicação imediata e atingem os processos em curso. Diante do alcance do texto constitucional *sub examine* as ações relacionadas com processo eleitoral sindical, conquanto sua solução envolva questões de direito civil, inserem-se no âmbito da competência da Justiça do Trabalho, uma vez que se trata de matéria subjacente à representação sindical." Conflito conhecido para declarar a competência do Juízo da 2ª Vara do Trabalho de São Luís (MA) – STJ CC 48.372 – MA (2005/0040784-8) – Ac. 1º S. – 22.6.05 – rel. Min. João Otávio de Noronha. *In: Revista LTr* 69-10/1255).

72 Súmula n. 4 do STJ: "Compete à Justiça Estadual julgar causa decorrente do processo eleitoral Sindical."

sindical e interna – relacionada à escolha dos dirigentes sindicais), como também aos feitos intersindicais e os processos que envolvam sindicatos e empregadores ou sindicatos e trabalhadores. As ações de cobrança de contribuição sindical propostas pelo sindicato, federação ou confederação respectiva contra o empregador, após a Emenda, devem ser processadas e julgadas pela Justiça Laboral. Precedentes da Primeira Seção. A regra de competência prevista no art. 114, III, da CF/88 produz efeitos imediatos, a partir da publicação da EC n. 45/04, atingindo os processos em decurso, ressalvado o que já fora decidido sob a regra de competência anterior. Diante da incompetência deste Superior de Justiça para processar e julgar o recurso após a publicação da EC n. 45/04, devem ser remetidos os autos ao TST. Agravo de Instrumento prejudicado[73]."

17. DO PODER NORMATIVO DA JUSTIÇA DO TRABALHO BRASILEIRA

O chamado *Poder Normativo* da Justiça do Trabalho brasileira pode ser definido como uma competência anômala conferida à Justiça do Trabalho para, uma vez solucionando o conflito de interesse, criar normas que irão regular as relações entre as categorias profissional e econômica. Não se trata apenas de aplicar o direito preexistente, mas de criar, dentro de determinados parâmetros, normas jurídicas. Por isso, se diz que o poder normativo da Justiça do Trabalho atua no vazio da lei, ou seja: quando não há lei dispondo sobre a questão. Em razão disso, a Justiça do Trabalho detém a competência constitucional para criar normas por meio da chamada sentença normativa.

Há argumentos favoráveis e desfavoráveis ao poder normativo da Justiça do Trabalho brasileira.

Dentre os argumentos favoráveis ao poder normativo, podemos apontar:

a) acesso à Justiça do Trabalho;
b) garantia de efetividade dos direitos trabalhistas;
c) garantia de equilíbrio na solução do conflito coletivo, máxime quando uma das categorias é fraca;

73 STJ, AI 684.622-PR (2005.0092950-0), Ac., 20.6.2005, rel. Min. Castro Meira. *In: Revista LTr* 69-08/993.

d) tradição dos países Latinos em solucionar o conflito por meio do Poder Judiciário;

e) redução da litigiosidade e pacificação social;

f) sindicalização por categoria e unicidade sindical;

g) fragilidade do movimento sindical brasileiro[74];

h) tendência universal do acesso à Justiça para a defesa dos interesses difusos, coletivos e individuais homogêneos[75].

Dentre os argumentos desfavoráveis à existência do Poder Normativo, destacamos:

a) interferência indevida do Poder Judiciário na atividade legislativa;

b) morosidade do judiciário trabalhista;

c) falta de efetividade da sentença normativa, pois muitas vezes divorciada da realidade;

d) despreparo técnico dos juízes em conhecer efetivamente o conflito coletivo e a realidade da categoria[76];

e) engessamento da negociação coletiva;

---

74 Como destaca João Oreste Dalazen: "conforme alerta, acertadamente, Antônio Álvares da Silva, 'nenhum país civilizado do mundo ocidental chegou ao estágio atual de sua evolução sem contar com a participação dos sindicatos como meio eficiente de solução dos problemas sociais'. Manifesto que um sindicalismo genuíno e representativo pode atenuar a conflituosidade permanente entre o Capital e o Trabalho, como nos ensina o bem-sucedido exemplo da Espanha. A reforma do modelo sindical, portanto, é a palavra de ordem e deveria constituir uma das prioridades da nação" (Reflexões sobre o poder normativo da Justiça do Trabalho e a emenda constitucional n. 45/04. *In: Revista da Academia Nacional de Direito do Trabalho*, ano XIII, n. 13. São Paulo: LTr, 2006. p.135).

75 Inegavelmente, tem sido uma tendência do direito processual, a chamada "coletivização do processo", principalmente na esfera trabalhista, em que o trabalhador enfrenta grandes dificuldades no acesso à Justiça e também, em razão do vínculo de emprego, há sempre o temor de sofrer retaliações, se ingressar com uma ação durante o contrato de trabalho. Além disso, na esfera trabalhista, há uma certa peculiaridade de normatividade nas decisões, ainda que se refiram à interpretação e aplicação do direito. Como as ações declaratórias de representação sindical (art. 114, III, da CF), ações anulatórias de acordos e convenções coletivas de trabalho. Ações civis públicas, impondo obrigações de fazer ou não fazer aos empregadores ou tomadores de serviços. Sendo assim, a restrição do poder normativo da Justiça do Trabalho estaria na contramão da tendência universal do acesso ao judiciário e à coletivização das ações.

76 De outro lado, também não se exige que o juiz conheça a essência dos conflitos, pois o juízo tem que conhecer a realidade do processo, aplicando-se o antigo aforismo: *o que não está nos autos não está no mundo.*

f) acomodação das categorias profissional e econômica.

Não temos dúvidas de que a melhor solução do conflito coletivo se dá por meio da negociação coletiva, máxime quando há equilíbrio entre as categorias profissionais e econômicas[77].

Aliás, bem antes da EC 45, a jurisprudência do TST só vinha admitindo o dissídio coletivo de natureza econômica, quando o sindicato suscitante comprovasse que esgotou a possibilidade da negociação coletiva (Instrução Normativa n. 4/93 do TST – hoje cancelada).

Não obstante, o nosso sistema sindical apresenta alguns entraves para que a negociação coletiva seja efetiva como a unicidade sindical, negociação por categoria, participação obrigatória dos sindicatos na negociação coletiva, falta de tradição na utilização da arbitragem como meio de solução dos conflitos e um sindicalismo ainda em desenvolvimento, em que falta consciência e informação da classe trabalhadora.

Em que pesem os ponderáveis argumentos em sentido contrário, embora possa ser restringido, o poder normativo ainda se faz necessário, como o último subterfúgio de garantia do equilíbrio na solução justa do conflito coletivo.

Vale lembrar que a solução judicial do conflito coletivo pela Justiça do Trabalho é uma faculdade das partes e, embora o instituto tenha origem fascista, ele deve ser interpretado segundo o atual estágio que vive o direito do trabalho. Cumpre lembrar que a lei, uma vez editada, se desvincula do seu criador para adquirir vida própria.

Diz o art. 114, § 2º, da CF: "Recusando-se qualquer das partes à negociação coletiva ou à arbitragem, é facultado às mesmas, de comum acordo, ajuizar dissídio coletivo de natureza econômica, podendo a Justiça do Trabalho decidir o conflito, respeitadas as disposições mínimas legais de proteção ao trabalho, bem como as convencionadas anteriormente."

77 Ensina Jorge Luiz Souto Maior: "Quando há poder de fogo para negociar, a negociação ocorre e tem sido largamente utilizada. Quando essa situação não existe é que surge o campo de atuação do poder normativo da Justiça do Trabalho. De qualquer modo, não é o poder normativo que cria a realidade. Essa realidade lhe é subjacente e é fruto do conhecido baixo nível cultural da população brasileira. Não é a extinção do poder normativo que vai alterar essa realidade sociocultural, que se apresenta, no Brasil, um caso crônico. A grande atuação do poder normativo é o reflexo dessa situação e não o inverso" (Poder normativo da Justiça do Trabalho: uma questão política. *Jornal do XI Congresso Brasileiro de Direito Coletivo do Trabalho*, LTr. p. 42).

De início, constata-se que o Poder Normativo deve respeitar as disposições legais mínimas, ou seja, os direitos consagrados à classe trabalhadora tanto na Constituição Federal, como nas leis infraconstitucionais[78].

Também segundo a redação do aludido § 2º, o Poder Normativo não pode contrariar as cláusulas objeto de acordo ou convenções coletivas que estão em vigor quando do ajuizamento do dissídio coletivo.

Nesse sentido, cumpre destacar o Enunciado n. 34 da 1ª Jornada de Direito Material da ANAMATRA, *in verbis*:

> "DISSÍDIO COLETIVO – CLÁUSULAS PREEXISTENTES. O § 2º do art. 114 da CF impõe aos Tribunais do Trabalho que, no julgamento dos dissídios coletivos, respeitem as disposições convencionadas anteriormente. Idêntico entendimento deve ser aplicado às cláusulas preexistentes previstas em sentenças normativas."

O art. 766 da Consolidação das Leis do Trabalho estipula as balizas do poder normativo da Justiça do Trabalho, determinando que sejam utilizados pelo julgador a razoabilidade e a equidade. Aduz o referido dispositivo: "Nos dissídios sobre estipulação de salários, serão estabelecidas condições que, assegurando justos salários aos trabalhadores, permitam também justa retribuição às empresas interessadas."

Em decisão da lavra do Ministro *Coqueijo Costa*, encontramos um interessante raciocínio sobre os limites do poder normativo:

> "EMENTA: "Poder Normativo. 1. O poder normativo atribuído à Justiça do Trabalho, limita-se, ao norte, pela Constituição Federal; ao sul, pela lei, a qual não pode contrariar; a leste, pela equidade e bom-senso; e a oeste, pela regra consolidada no art. 776, conforme a qual nos dissídios coletivos serão estipuladas condições que assegurem justo salário aos trabalhadores, mas 'permitam também justa retribuição às empresas interessadas.'"[79]

Quanto ao limite máximo do poder normativo, ou seja, o seu teto, sempre houve divergências e discussões acaloradas.

78 Por isso, se tem dito que o Poder Normativo atua no chamado *vazio legislativo* ou *branco da lei*.

79 TST RODC n. 30/82, em 27.5.82, T. Pleno rel. Min. Coqueijo Costa. DJ 12.8.82.

O § 2º do art. 114 da Constituição Federal suprimiu a expressão *estabelecer normas e condições* por *decidir o conflito*.

Inegavelmente, decidir o conflito econômico é criar normas e condições de trabalho. Mas qual o teto máximo do poder normativo, ou seja, quais são os limites da atividade criativa do judiciário trabalhista?

O Supremo Tribunal Federal, mesmo antes da EC n. 45/04, dirimiu a questão, conforme a ementa abaixo transcrita:

> "Dissídio coletivo. Recursos extraordinários providos para excluir as cláusulas 2ª (piso correspondente ao salário mínimo acrescido do percentual) e 24ª (estabilidade temporária), por contrariarem, respectivamente, o inciso IV (parte final) e I do art. 7º da Constituição, este último juntamente com o art. 10 do ADCT, bem como a cláusula 29ª (aviso-prévio de 60 dias), por ser considerada invasiva da reserva legal específica, instituída no art. 7º, XXI, da Constituição. Recursos igualmente providos, quanto à cláusula 14ª (antecipação para junho, da primeira parcela do 13º salário), *por exceder seu conteúdo a competência normativa da Justiça do Trabalho, cujas decisões a despeito de configurarem fonte do direito objetivo, revestem o caráter de regras subsidiárias, somente suscetíveis de operar no vazio legislativo, e sujeitas à supremacia da lei formal (art. 114, § 2º, da Constituição)*. Recursos de que não se conhece no concernente à cláusula (reajuste salarial), por ausência e pressupostos de admissibilidade, e, ainda, no que toca às cláusulas 52ª (multa pela falta de pagamento de dia de trabalho), 59ª (abrigos para a proteção dos trabalhadores), 61ª (fornecimento de listas de empregados), 63ª (fixação de quadro de aviso), visto não contrariarem os dispositivos constitucionais contra elas invocados, especialmente o § 2º do art. 114."[80] (grifo nosso)

É bem verdade que a referida decisão do Supremo Tribunal Federal, seguida por outros acórdãos na mesma linha, esvaziaram em muito os limites do poder normativo, uma vez que, por ser este uma verdadeira atividade legislativa, deve atuar no chamado *branco da lei*, não podendo invadir matérias reguladas pela lei, nem regulamentar matérias que a Constituição reservou para a lei ordinária. Também, à luz do art. 766 da

80 STF, Reclamação n. 197.911-9, rel. Min. Octavio Gallotti, DJU 7.11.1997.

CLT, o poder normativo deve estar balizado pelo justo salário e também a justa retribuição da empresa. Desse modo, na sentença normativa, o Tribunal se valerá de regras de equidade e razoabilidade, para encontrar um equilíbrio entre a pretensão do trabalhador (classe trabalhadora) e as possibilidades do capital (empregador).

Como bem adverte *Octavio Bueno Magano*[81], "o poder regulamentar e de organização do empregador é outra limitação ao poder normativo, cujas decisões não podem ter um grau de interferência que se reflita sobre a própria organização da empresa e o seu regulamento interno diante dos princípios constitucionais do art. 170 e ss."

18. DO DISSÍDIO COLETIVO

O dissídio coletivo, conforme previsto na Consolidação das Leis do Trabalho, é uma ação de rito especial, proposta perante a Justiça do Trabalho, tendo por objetivo solucionar o conflito coletivo de trabalho.

Ensina *Amauri Mascaro Nascimento*[82]:

> "Dissídio coletivo é um processo judicial de solução dos conflitos coletivos econômicos e jurídicos que no Brasil ganhou a máxima expressão como um importante mecanismo de criação de normas e condições de trabalho por meio dos tribunais trabalhistas, que proferem sentenças denominadas normativas quando as partes que não se compuseram na negociação coletiva acionam a jurisdição."

Se o conflito for econômico ou de interesse, o dissídio coletivo terá por objeto criar novos direitos no âmbito das categorias profissional e econômica, exercendo a Justiça do Trabalho o chamado *poder normativo*.

Caso o conflito seja jurídico ou de interpretação, o objeto do dissídio será apenas declarar o alcance de determinado dispositivo legal, convencional ou regulamentar no âmbito das categorias profissional e econômica. Nesta modalidade, a Justiça do Trabalho não exercerá o poder normativo.

81 MAGANO, Octavio Bueno. *Manual de direito do trabalho*. v. IV. São Paulo: LTr, 1994. p. 245, *apud* HINZ, Henrique Macedo. *O poder normativo da Justiça do Trabalho*. São Paulo: LTr, 2000. p. 61.

82 NASCIMENTO, Amauri Mascaro. *Curso de direito do trabalho*. 22. ed. São Paulo: Saraiva, 2007. p. 769.

Na greve, o dissídio coletivo (art. 8º da Lei n. 7.783/89) tem natureza híbrida, pois, num primeiro plano, a Justiça do Trabalho irá dirimir a controvérsia jurídica, declarando ou não a greve abusiva e, num segundo plano, irá apreciar as cláusulas econômicas, exercendo o poder normativo (dissídio de natureza econômica).

Segundo a doutrina, os dissídios coletivos de natureza econômica, podem ser:

a) originários: quando se buscam normas para a categoria ainda não existentes (art. 867, *a,* da CLT).

b) de revisão: buscam alterar cláusulas fixadas na sentença normativa já fixadas pelo judiciário na sentença normativa (arts. 873 a 875 da CLT).

Por ter natureza econômica, o dissídio de revisão deve estar condicionado à exigência do comum acordo, nos termos do § 2º do art. 114 da Constituição Federal.

Dispõe o art. 873 da CLT:

> "Decorrido mais de um ano de sua vigência, caberá revisão das decisões que fixarem condições de trabalho, quando se tiverem modificado as circunstâncias que as ditaram, de modo que tais condições se hajam tornado injustas ou inaplicáveis."

Conforme o art. 874 da CLT: "A revisão poderá ser promovida por iniciativa do tribunal prolator, da Procuradoria da Justiça do Trabalho, das associações sindicais ou de empregador ou empregadores interessados no cumprimento da decisão. Parágrafo único. Quando a revisão for promovida por iniciativa do Tribunal prolator ou da Procuradoria, as associações sindicais e o empregador ou empregadores interessados serão ouvidos no prazo de 30 (trinta) dias. Quando promovida por uma das partes interessadas, serão as outras ouvidas também por igual prazo."

A competência funcional para o dissídio de revisão é a mesma do Tribunal que julgou o dissídio coletivo de natureza econômica.

c) de extensão: que têm por objeto estender as cláusulas fixadas na sentença normativa para toda a categoria (arts. 868 a 871 da CLT).

> "Em caso de dissídio coletivo que tenha por motivo novas condições de trabalho, e no qual figure como parte apenas uma fração de empregados de uma empresa, poderá o tribunal competente, na própria decisão, estender tais condições de trabalho, se julgar justo e conveniente, aos demais empregados da empresa que forem da mesma profissão dos dissidentes. Parágrafo único. O Tribunal fixará a data em que a decisão deve entrar em execução, bem como o prazo de sua vigência, o qual não poderá ser superior a quatro anos."

Nos termos do art. 869 da CLT, a decisão sobre novas condições de trabalho poderá também ser estendida a todos os empregados da mesma categoria profissional compreendida na jurisdição do Tribunal: a) por solicitação de um ou mais empregadores, ou de qualquer sindicato destes; b) por solicitação de um ou mais sindicatos de empregados; c) *ex officio* pelo Tribunal que houver proferido a decisão; d) por solicitação da Procuradoria da Justiça do Trabalho.

Nos termos do art. 870 da CLT: "Para que a decisão possa ser estendida, na forma do artigo anterior, torna-se preciso que três quartos dos empregadores e três quartos dos empregados, ou os respectivos sindicatos, concordem com a extensão da decisão. § 1º O tribunal competente marcará prazo, não inferior a trinta nem superior a sessenta dias, a fim de que se manifestem os interessados. § 2º Ouvidos os interessados e a Procuradoria da Justiça do Trabalho, será o processo submetido ao julgamento do Tribunal."

18.1. A questão do comum acordo para ajuizar o dissídio coletivo de natureza econômica

Diz o art. 114, § 2º, da CF:

> "Recusando-se qualquer das partes à negociação coletiva ou à arbitragem, é facultado às mesmas, de comum acordo, ajuizar dissídio coletivo de natureza econômica, podendo a Justiça do Trabalho decidir o conflito, respeitadas as disposições mínimas

legais de proteção ao trabalho, bem como as convencionadas anteriormente."

Diante da redação do citado dispositivo legal, foram muitas as interpretações da expressão "comum acordo".

Alguns intérpretes têm considerado que a expressão ajuizar de comum acordo não produz nenhuma alteração, pois o dissídio coletivo pressupõe conflito. Além disso, argumentam que a exigibilidade de consenso para ingresso do dissídio coletivo de natureza econômica fere um direito maior que é o do acesso à Justiça do Trabalho, previsto no art. 5º, XXXV, da CF. Portanto, nesta linha de argumentação é inconstitucional a exigência do comum acordo para ajuizamento do dissídio coletivo de natureza econômica, ou seja, trata-se de uma emenda constitucional inconstitucional.

De nossa parte, o § 2º do art. 114 da CF não atrita com o princípio da inafastabilidade da jurisdição previsto no art. 5º, XXXV, da CF, que é dirigido à lesão de direito já existente (positivado no ordenamento jurídico), pois o dissídio coletivo de natureza econômica tem natureza dispositiva (ou constitutiva para alguns), já que visa à criação de norma aplicável no âmbito da categoria e não de aplicação do direito vigente a uma lesão de direito. Além disso, se trata de competência atribuída à Justiça do Trabalho, por exceção, para criar normas jurídicas no âmbito das categorias profissional e econômica, no chamado vazio da lei e solucionar o conflito coletivo de natureza econômica, quando fracassarem as tentativas de negociação direta e arbitragem voluntária.

De outro lado, muitos entendem, diante da clareza do texto constitucional, que não há como se negar a exigência de tal requisito, divergindo quanto ao momento em que ele deve ser preenchido, se como condição de ingresso da ação, ou pode ser obtido *a posteriori*. Para parte da doutrina, o comum acordo não precisa ser prévio. Nesse sentido, é a posição de *Pedro Paulo Teixeira Manus*[83]:

> "A Emenda Constitucional n. 45/2004 condiciona o exercício do poder normativo ao ajuizamento do dissídio coletivo por ambas as partes, de comum acordo, conforme o art. 114, § 2º, da CF. Devemos compreender a expressão comum acordo, a nosso ver, à concordância da parte contrária e não obrigatoriamente ao

83 MANUS, Pedro Paulo Teixeira. *Direito do trabalho*. 10. ed. São Paulo: Atlas, 2006. p. 244.

> ajuizamento conjunto do dissídio, o que tornaria na maior parte dos casos inviável o ajuizamento."

Para outros, o comum acordo a que se refere a EC n. 45/04 pode ser obtido até de forma tácita, o que equivale à ausência de oposição. Desse modo, se o suscitado comparecer à audiência de conciliação, apresentar defesa e não se opuser ao prosseguimento do processo, tacitamente está anuindo, pois não praticou nenhum ato incompatível com a aceitação em se submeter à decisão judicial.

Por outro lado, há entendimentos no sentido de que o comum acordo tem que ser prévio, vale dizer: obtido quando do ajuizamento do dissídio coletivo, como sendo um pressuposto processual. Em sendo um pressuposto processual, o requisito do "comum acordo" deve estar presente já no ingresso do dissídio, sob consequência de nulidade do processo, uma vez que os pressupostos processuais são requisitos de existência, regularidade de desenvolvimento da relação jurídico-processual.

De nossa parte, se prevalecer o entendimento de que deve haver acordo prévio para a instauração do dissídio coletivo de natureza econômica, o poder normativo da Justiça do Trabalho será praticamente extinto, pois dificilmente haverá tal requisito na instauração do litígio, já que, se o conflito chegou até a Justiça do Trabalho, é porque, presumivelmente, fracassaram as tentativas de solução amigável do litígio ou de arbitragem voluntária.

No campo da processualística, talvez não seja difícil "escapar" do requisito do comum acordo prévio, pois, interpretando-se tal requisito como sendo uma condição da ação, esta pode ser preenchida no curso do processo. Segundo *Liebman*, as condições da ação, ainda que não presentes quando da propositura da ação, podem ser preenchidas até o julgamento.

No nosso sentir, o poder normativo não fora extinto, pois se assim quisesse o legislador ele o teria feito expressamente. Inegavelmente, houve uma restrição do poder normativo, ou, melhor dizendo, ao acesso a ele.

A EC n. 45 visou a restringir o acesso à Justiça do Trabalho para resolução dos conflitos coletivos de interesse, prestigiando a autocomposição.

Interpretando-se literalmente o § 2º do art. 114 da CF parece que o "comum acordo" tem que ser prévio, pois a lei fala em *ajuizar, de comum acordo*. No entanto, o *comum acordo* não é um pressuposto processual, e sim uma condição da ação ou, melhor dizendo, um óbice à apreciação da pretensão coletiva trazida em juízo. Por isso, não se trata de um requisito de validade da relação jurídico-processual, mas de uma condição prévia para a apreciação da pretensão. Cumpre destacar que o "comum acordo" se assemelha ao compromisso arbitral e, pelo art. 337, § 5º, do CPC, o juiz não pode conhecê-lo de ofício.

Assim, não há necessidade de o comum acordo ser prévio ao ajuizamento do dissídio, podendo tal condição da ação ser preenchida no curso do processo, inclusive de forma tácita, pela não oposição do suscitado.

O Tribunal Superior do Trabalho fixou jurisprudência no sentido de que a expressão *comum acordo,* configura pressuposto processual, mas não há necessidade de que este requisito seja preenchido quando ao ingresso da ação, podendo ser preenchido no curso do processo. Nesse sentido, destacamos a seguinte ementa:

> "RECURSO ORDINÁRIO DO SINDICATO DA CATEGORIA PROFISSIONAL EM FACE DE PARTE DAS ENTIDADES SUSCITADAS. 1. DISSÍDIO COLETIVO DE NATUREZA ECONÔMICA. COMUM ACORDO. NOVA REDAÇÃO DO § 2º DO ART. 114 DA CONSTITUIÇÃO ATUAL APÓS A PROMULGAÇÃO DA EMENDA CONSTITUCIONAL N. 45/2004. A Seção Especializada em Dissídios Coletivos deste Tribunal Superior do Trabalho firmou jurisprudência no sentido de que a nova redação do § 2º do art. 114 da Constituição Federal estabeleceu o pressuposto processual intransponível do mútuo consenso das partes para o ajuizamento do dissídio coletivo de natureza econômica. A EC n. 45/2004, incorporando críticas a esse processo especial coletivo, por traduzir excessiva intervenção estatal em matéria própria à criação de normas, o que seria inadequado ao efetivo Estado Democrático de Direito instituído pela Constituição (de modo a preservar com os sindicatos, pela via da negociação coletiva, a geração de novos institutos e regras trabalhistas, e não com o Judiciário), fixou o pressuposto processual restritivo do § 2º do art. 114, em sua nova redação. Nesse novo quadro jurídico, apenas havendo "mútuo acordo" ou em casos de greve, é que o dissídio de natureza econômica pode ser tramitado na Justiça do Trabalho. Recurso ordinário desprovido. 2. DISSÍDIO COLETIVO INSTAURADO EM FACE DE EMPRESAS. LEGITIMAÇÃO DA ENTIDADE SINDICAL SUSCITANTE. AUTORIZAÇÃO DOS TRABALHADORES DIRETAMENTE ENVOLVIDOS NO CONFLITO. OJ n. 19 DA SDC.

> Esta Seção Especializada possui o entendimento, consubstanciado na OJ n. 19, de que, na hipótese de o dissídio coletivo ser instaurado em face de empresa (ficando abrangidas nesse conceito autarquias, fundações e conselhos profissionais), há necessidade de participação, em assembleia, dos trabalhadores diretamente envolvidos no conflito. No caso concreto, não consta das listas de presença dos empregados presentes na assembleia que deliberou sobre o ajuizamento do dissídio coletivo (fls. 110-125) qualquer descrição ou informação correspondente aos seus respectivos empregadores, de modo que fica inviável verificar a existência de relação contratual entre os participantes das Assembleias e as empresas recorridas. Desse modo, em observância à jurisprudência desta Corte, não há como ser reconhecida a legitimidade do Sindicato Suscitante para a instauração de dissídio coletivo em face das empresas e entidades especificadas no acórdão do TRT, uma vez que não comprovada a participação em assembleia dos trabalhadores envolvidos na disputa, nos termos do art. 859 da CLT. Ressalta-se, por oportuno, que a presença de um único trabalhador de determinada empresa, sociedade de economia mista ou conselho profissional, desde que identificado como tal, em assembleia, seria suficiente para atendimento ao disposto na OJ 19/SDC, uma vez que não há quorum mínimo nessa hipótese. Contudo, essa não foi a hipótese dos autos. Recurso ordinário desprovido. 3. JUSTIÇA GRATUITA. PESSOA JURÍDICA. NECESSIDADE DE PROVA INEQUÍVOCA DO ESTADO DE HIPOSSUFICIÊNCIA ECONÔMICA. A jurisprudência deste colendo TST entende que, para a concessão do benefício da justiça gratuita a pessoa jurídica, é necessário que haja prova inequívoca da impossibilidade desta de arcar com as despesas processuais. Julgados. Recurso ordinário integralmente desprovido." (TST – Processo: RO – 5609-02.2014.5.09.0000 – Data de Julgamento: 10.10.2016, rel. Ministro: Mauricio Godinho Delgado, Seção Especializada em Dissídios Coletivos, Data de Publicação: DEJT 19.10.2016)

Embora não sejamos otimistas com a exigência do "comum acordo" para o ajuizamento do dissídio coletivo de interesse, talvez a jurisprudência poderia experimentar ser mais rígida com a interpretação da expressão "comum acordo" e exigi-lo quando do ingresso do dissídio, como forma de estimular a negociação direta das partes.

Também com a escassez do poder normativo, poderiam eclodir outras formas de negociação coletiva, rompendo com o paradigma da negociação por categoria, como a representação direta dos trabalhadores na empresa (art. 11 da CF), participação dos trabalhadores na gestão da empresa (art. 7º, XI, da CF) e negociação direta entre trabalhadores e empresa (art. 617 da CLT).

Restringindo-se o poder normativo, a Justiça do Trabalho exerceria um controle *a posteriori*, anulando, por meio de ações anulatórias, as eventuais cláusulas de acordos e convenções coletivas que extrapolassem os limites constitucionais mínimos ou não cumprissem sua função social. Esta é, aliás, a atuação precípua do Judiciário, máxime considerando-se o princípio da liberdade de contratar (art. 421 e seguintes do Código Civil).

Caso tal interpretação mais rígida quanto ao ingresso do dissídio coletivo não funcione, havendo um aumento significativo da litigiosidade, perpetuação do conflito e grande instabilidade social, e até mesmo o aniquilamento de direitos sociais, a interpretação poderá retroceder, admitindo o ajuizamento do dissídio sem o comum acordo, podendo este ser obtido *a posteriori*, ou seja, no curso do processo, ou até mesmo ser suprido judicialmente.

Concluindo, a exigência do *comum acordo* previsto no § 2º do art. 114 da CF não extinguiu o poder normativo. Mas, sem dúvida, o acesso a ele foi restringido e se criou um obstáculo à sua instauração que, para alguns, é uma condição da ação, para outros, um pressuposto processual.

Embora a jurisprudência possa adotar uma posição mais restritiva quanto à exigência do *comum acordo*, como se trata, conforme fixamos entendimento acima, de uma condição da ação, não há necessidade de ele ser obtido quando do ajuizamento do dissídio, podendo tal condição da ação ser preenchida no curso do processo, inclusive de forma tácita, pela não oposição do suscitado.

Assim, não há necessidade de o comum acordo ser prévio ao ajuizamento do dissídio, podendo tal condição da ação ser preenchida no curso do processo, inclusive de forma tácita, pela não oposição do suscitado. O Tribunal não pode declarar de ofício a falta do comum acordo, devendo este ser invocado em defesa pelo próprio suscitado, sob consequência de preclusão.

O Supremo Tribunal Federal, nos termos da ADI 3423, em 29.05.2020, por meio de controle concentrado de constitucionalidade, decidiu, por maioria, pela Constitucionalidade do "comum acordo" para instauração do dissídio coletivo de natureza econômica, conforme a ementa que segue:

> "Ação Direta de Inconstitucionalidade. 2. Art. 1º, da Emenda Constitucional nº 45/2004, na parte em que deu nova redação ao art. 114, §§ 2º e 3º, da Constituição Federal. 3. Necessidade de "mutuo acordo" para ajuizamento do Dissídio Coletivo. 4. Legitimidade do MPT para ajuizar Dissídio Coletivo em caso de greve em atividade essencial. 5. Ofensa aos artigos 5º, XXXV, LV e LXXVIII, e 60, § 4º, IV, da Constituição Federal. Inocorrência. 6. Condição da ação estabelecida pela Constituição. Estímulo às formas alternativas de resolução de conflito. 7. Limitação do poder normativo da justiça do trabalho. Violação aos artigos 7º, XXVI, e 8º, III, e ao princípio da razoabilidade. Inexistência. 8. Recomendação do Comitê de Liberdade Sindical da Organização Internacional do Trabalho. Indevida intervenção do Estado nas relações coletivas do trabalho. Dissídio Coletivo não impositivo. Reforma do Poder Judiciário (EC 45) que visa dar celeridade processual e privilegiar a autocomposição. 9. Importância dos acordos coletivos como instrumento de negociação dos conflitos. Mútuo consentimento. Precedentes. 10. Ação direta de inconstitucionalidade julgada improcedente (STF ADI 3423, Rel. Min. Gilmar Mendes. DJE 18/06/20)".

Muito tem sido discutido se no dissídio de greve há a necessidade do comum acordo para o Tribunal apreciar as cláusulas econômicas.

O art. 114, § 3º, da CF, dispõe:

> "Em caso de greve em atividade essencial, com possibilidade de lesão do interesse público, o Ministério Público do Trabalho poderá ajuizar dissídio coletivo, competindo à Justiça do Trabalho decidir o conflito."

A greve pode envolver atividades essenciais e não essenciais. Em se tratando de greve em atividades não essenciais, poderão instaurar o dissídio de greve as partes envolvidas no conflito, nos termos do art. 8º da Lei n. 7.783/89.

Nesse sentido, valem destacar as seguintes ementas, oriundas da mais alta Corte Trabalhista do país:

"RECURSO ORDINÁRIO EM DISSÍDIO COLETIVO – LEGITIMIDADE DO SINDICATO PATRONAL PARA AJUIZAR DISSÍDIO COLETIVO DE GREVE. O direito de greve previsto no art. 9º e parágrafos da Constituição Federal foi regulado pela Lei n. 7.783/89, que continua em vigor. E, consoante o disposto no art. 8º do citado diploma legal, a legitimação ordinária para o ajuizamento do dissídio coletivo de greve é das partes envolvidas, sendo que ao Ministério Público cabe a legitimidade ativa, no caso de greve em serviço essencial (art. 114, § 3º, da CF/88). Desse modo, não há como negar a legitimidade ativa do sindicato patronal para ajuizar dissídio de greve, sob pena de violação da garantia constitucional prevista no art. 5º, XXXV, da CF/88. Recurso ordinário conhecido e provido." (Processo: RODC – 105500-29.2007.5.09.0909 – Data de Julgamento: 15.12.2009 – rela Ministra Kátia Magalhães Arruda – Seção Especializada em Dissídios Coletivos – Data de Divulgação: DEJT 5.3.2010)

"RECURSO ORDINÁRIO. AÇÃO DECLARATÓRIA DE ABUSIVIDADE DE GREVE. COMPETÊNCIA DA JUSTIÇA DO TRABALHO. ILEGITIMIDADE ATIVA *AD CAUSAM*. ART. 114, INC. II E § 3º, DA CONSTITUIÇÃO FEDERAL. EMENDA CONSTITUCIONAL N. 45/2004. 1. A Justiça do Trabalho, mesmo após a edição da Emenda Constitucional n. 45/2004, é competente para declarar a abusividade, ou não, de movimento grevista. 2. É concorrente a legitimidade do Ministério Público do Trabalho e do empregador para ajuizamento de ação declaratória de abusividade de greve em atividades consideradas essenciais. Precedente desta Seção Normativa. Nas atividades não essenciais permanece a legitimidade do empregador individualmente considerado ou do sindicato representante da categoria econômica para ajuizamento dessa ação coletiva. 3. Hipótese em que o Tribunal Regional decretou a extinção do processo sem resolução do mérito, por ilegitimidade ativa *ad causam*, sob o entendimento de que, após o advento da Emenda Constitucional n. 45/2004, em que se acrescentou o inc. II e o § 3º ao art. 114 da Constituição Federal, a Justiça do Trabalho não detém mais competência para declarar a abusividade, ou não, de movimento grevista, e a legitimidade para ajuizar dissídio coletivo de greve é exclusiva do Ministério Público do Trabalho. Recurso ordinário a que dá provimento, para afastar a declaração de ilegitimidade ativa *ad causam* e determinar o retorno dos autos ao Tribunal Regional de origem, a fim de que prossiga no exame da presente ação coletiva, como entender de direito." (Processo: RODC – 61300-97.2008.5.09.0909 – Data de Julgamento: 9.11.2009 – rel. Ministro Fernando Eizo Ono – Seção Especializada em Dissídios Coletivos – Data de Divulgação: DEJT 28.5.2010)

De outro lado, o Ministério Público do Trabalho, diante do comando constitucional, somente poderá ajuizar dissídio coletivo de greve em atividades essenciais, a exemplo das áreas de saúde, energia elétrica, comunicação, transporte coletivo etc.

Sem dúvida, foi restringida a legitimidade do MP do Trabalho para ajuizar o dissídio de greve. Agora, o MP do Trabalho somente pode atuar quando a greve eclodir em atividades essenciais, definidas de forma exemplificativa na Lei n. 7.783/83. A legitimidade do Ministério Público do Trabalho somente se justifica na defesa da ordem jurídica, no aspecto jurídico do conflito, a fim de buscar que a greve transcorra dentro da legalidade. Não é função institucional, tampouco missão constitucional do *parquet* a defesa de cláusulas econômicas no dissídio de greve. Além disso, há necessidade de comum acordo das partes para o Tribunal apreciar tais cláusulas.

18.2. Como resolver o impasse se o sindicato forte se recusa a negociar?

Questiona-se: se uma das partes recusar-se à negociação, à arbitragem e ao dissídio, como resolver o impasse? Se a categoria operária é forte, decreta-se a greve; mas se for fraca, ficará à mercê da parte adversa? Em geral, quem está em vantagem não negocia e quem se recusa a negociar também não dá a cabeça a prêmio num processo judicial. A greve não interessa à sociedade, e a indiferença do mais forte gera injustiça. Logo, parece-nos que a solução do constituinte derivado não se harmoniza com a finalidade da Justiça, que é manter e restabelecer a paz social[84].

Partindo-se da premissa da necessidade do comum acordo, se houver discordância do suscitado, o Tribunal não poderá julgar o dissídio coletivo de natureza econômica. O ordenamento jurídico trabalhista não prevê

84 MARQUES DE LIMA, Francisco Meton; MARQUES DE LIMA, Francisco Gérson. *A reforma do poder judiciário*. São Paulo: Malheiros, 2005. p. 127.

mecanismos de solução deste impasse. O conflito prolongado pode gerar litigiosidade contida e desembocar em greve sem precedentes.

Na Espanha e em Portugal, quando a greve perdura por lapso de tempo considerável, sem consenso, há a obrigatoriedade de instauração de arbitragem compulsória. Esta solução é possível de ser aplicada no Direito Brasileiro, embora não haja tradição, pois o direito comparado é fonte do direito material e processual do trabalho, conforme disciplina no *caput* do art. 8º, da CLT, *in verbis*:

> "As autoridades administrativas e a Justiça do Trabalho, na falta de disposições legais ou contratuais, decidirão, conforme o caso, pela jurisprudência, por analogia, por equidade e outros princípios e normas gerais de direito, principalmente do direito do trabalho, e, ainda, de acordo com os usos e costumes, o direito comparado, mas sempre de maneira que nenhum interesse de classe ou particular prevaleça sobre o interesse público."

Não obstante, pensamos que, nesta hipótese, caberá, também, o suprimento de outorga judicial para instauração do dissídio coletivo de natureza econômica. O Judiciário, analisando o caso concreto, a razoabilidade, justiça e equidade, pode deferir o suprimento de outorga, nos termos do art. 497 do CPC, e admitir o dissídio de natureza econômica, mesmo não havendo o *comum acordo*.

18.3. Do procedimento no dissídio coletivo

A competência originária (funcional) para apreciar os dissídios coletivos é dos Tribunais Regionais do Trabalho, no âmbito de suas competências territoriais. Se o conflito envolver a jurisdição de mais de um Tribunal Regional do Trabalho, a competência para julgar e processar o dissídio será do Tribunal Superior do Trabalho.

Conforme destaca *Ives Gandra Martins Filho*[85]:

> "Só têm competência para apreciar dissídios coletivos os Tribunais do Trabalho, ou seja, TRT e TST. A ação coletiva é, pois, ajuizada originariamente, num tribunal. A competência hierárquica varia conforme o âmbito do dissídio:

85 *Processo coletivo do trabalho*. 3. ed. São Paulo: LTr, 2003. p. 107.

> a) TRT – somente aprecia e julga os dissídios de âmbito regional (ligados ao território sobre o qual tem jurisdição) (CLT, art. 678, I, *a*, e Lei n. 7.701/88, art. 6º); e
>
> b) TST – decide originariamente sobre os dissídios de âmbito suprarregional (que abrange mais de um Estado Federado) ou nacional (toda a categoria do Brasil) (CLT, art. 702, I, *b*, e Lei n. 7.701/88, art. 2º, I, *a*)."

As Varas do Trabalho poderão, entretanto, praticar alguns atos processuais no dissídio coletivo, como instruir o processo por delegação do Tribunal. Nesse sentido, dispõe o art. 866 da CLT, *in verbis*:

> "Quando o dissídio ocorrer fora da sede do Tribunal, poderá o presidente, se julgar conveniente, delegar à autoridade local as atribuições de que tratam os arts. 860 e 862. Nesse caso, não havendo conciliação, a autoridade delegada encaminhará o processo ao Tribunal, fazendo exposição circunstanciada dos fatos e indicando a solução que lhe parecer conveniente."

Têm legitimidade para instaurar o dissídio coletivo e nele figurarem como partes autora (suscitante) e ré (suscitado), como regra geral, os Sindicatos, que são os representantes legais da categoria, tendo uma espécie de mandato legal para defendê-la (art. 8º, III, da CF).

Dispõe o art. 856 da CLT:

> "A instância será instaurada mediante representação escrita ao presidente do Tribunal. Poderá ser também instaurada por iniciativa do presidente, ou, ainda, a requerimento da Procuradoria da Justiça do Trabalho, sempre que ocorrer suspensão do trabalho."

Mesmo em caso de suspensão do trabalho, como na greve, o Presidente do Tribunal Regional do Trabalho não mais poderá instaurar o dissídio, pois o art. 856 da CLT foi revogado no aspecto pela Lei de Greve (Lei n. 7.783/89).

Em caso de paralisação, podem instaurar a instância os sindicatos e o Ministério Público do Trabalho.

O Ministério Público do Trabalho somente poderá ingressar com o dissídio de greve em atividade essencial, conforme já nos pronunciamos anteriormente, nos termos do § 3º, do art. 114, da CF, com a redação dada pela EC n. 45/04, *in verbis*:

> "Em caso de greve em atividade essencial, com possibilidade de lesão do interesse público, o Ministério Público do Trabalho poderá ajuizar dissídio coletivo, competindo à Justiça do Trabalho decidir o conflito."

Nos termos do art. 857, da CLT: "A representação para instaurar a instância em dissídio coletivo constitui prerrogativa das associações sindicais, excluídas as hipóteses aludidas no art. 856, quando ocorrer suspensão do trabalho. Parágrafo único. Quando não houver sindicato representativo da categoria econômica ou profissional, poderá a representação ser instaurada pelas federações correspondentes e, na falta destas, pelas confederações respectivas, no âmbito de sua representação."

Conforme o referido dispositivo legal, se a categoria não estiver organizada em sindicato, poderão instaurar o dissídio coletivo a federação e, na falta, a confederação que representa a categoria. A doutrina tem criticado o parágrafo único do art. 857 da CLT, argumentando a possibilidade de desconhecimento das federações ou confederações sobre a real dimensão do conflito da categoria não organizada em sindicato, sendo ideal que os próprios trabalhadores instaurassem o dissídio coletivo.

A doutrina e a jurisprudência têm admitido que as próprias empresas possam ajuizar o dissídio coletivo em caso de inexistência de sindicato patronal ou em caso de greve, e figurar no polo passivo como suscitada, uma vez que a empresa pode firmar acordo coletivo, sem a representação sindical patronal (art. 611, § 1º, da CLT c/c art. 7º, XXVI, da CF).

Como adverte *Ives Gandra Martins Filho*[86], hipótese que pode ocorrer é a do descontentamento de parte da categoria com o sindicato que a representa. Caberia, então, a fundação de outro sindicato, que congregasse maior número de associados e obtivesse reconhecimento como único e legítimo representante da categoria. O que o TST não admite, no entanto, é que esse conflito entre sindicato e parte da categoria atraia a legitimidade ativa para a federação.

A petição inicial do dissídio coletivo deve ser escrita e observar os requisitos do art. 858 da CLT, devendo conter a causa de pedir, os pedidos

86 *Op. cit.*, p. 109.

e, principalmente, as bases para conciliação. Admite-se o *jus postulandi* da parte (art. 791 da CLT), não havendo necessidade de advogado. Nesse sentido, dispõe o art. 858 da CLT, *in verbis*:

> "A representação será apresentada em tantas vias quantos forem os reclamados e deverá conter: a) designação e qualificação dos reclamantes e dos reclamados e a natureza do estabelecimento ou do serviço; b) os motivos do dissídio e as bases da conciliação."

Conforme o art. 859, da CLT: "A representação dos sindicatos para instauração da instância fica subordinada à aprovação de assembleia, da qual participem os associados interessados na solução do dissídio coletivo, em primeira convocação, por maioria de 2/3 (dois terços) dos mesmos, ou, em segunda convocação, por 2/3 (dois terços) dos presentes."

Além disso, conforme comentamos em item específico, há a necessidade do comum acordo, como condição da ação para o julgamento do dissídio coletivo de natureza econômica, o que não é exigido no dissídio de natureza jurídica.

Após proposto o dissídio, o Tribunal designará audiência de conciliação, dentro de dez dias, notificando o suscitado para, em querendo, comparecer e apresentar defesa. A audiência deve ser designada no prazo mínimo de 5 dias contados a partir da notificação do suscitado (art. 860 c/c. art. 841 da CLT).

Conforme o art. 861 da CLT: "É facultado ao empregador fazer-se representar na audiência pelo gerente, ou por qualquer outro preposto que tenha conhecimento do dissídio, e por cujas declarações será sempre responsável."

O preposto não necessita ser empregado, basta que conheça os fatos (art. 843, parágrafos 1º e 3º, da CLT).

Na audiência designada, comparecendo ambas as partes ou seus representantes, o Presidente do Tribunal as convidará para se pronunciarem sobre as bases da conciliação. Caso não sejam aceitas as bases propostas, o presidente submeterá aos interessados a solução que lhe pareça capaz de resolver o dissídio (art. 862 da CLT).

Havendo acordo, o presidente o submeterá à homologação do Tribunal na primeira sessão (art. 863 da CLT). Uma vez homologado o acordo, a decisão se revestirá do efeito da coisa julgada, sendo, portanto, irrecorrível.

Não havendo acordo, ou não comparecendo ambas as partes ou uma delas, o presidente submeterá o processo a julgamento, depois de realizadas as diligências que entender necessárias e ouvida a Procuradoria (art. 864 da CLT).

Conforme o art. 867 da CLT:

> "Da decisão do Tribunal serão notificadas as partes, ou seus representantes, em registro postal, com franquia, fazendo-se, outrossim, a sua publicação no jornal oficial para ciência dos demais interessados. Parágrafo único. A sentença normativa vigorará: a) a partir da data de sua publicação, quando ajuizado o dissídio após o prazo do art. 616, § 3º, ou quando não existir acordo, convenção ou sentença normativa em vigor na data do ajuizamento; b) a partir do dia imediato ao termo final de vigência do acordo, convenção ou sentença normativa, quando ajuizado o dissídio no prazo do art. 616, § 3º."

Nos dissídios coletivos, tanto nos de natureza jurídica e econômica, como no de greve, não há se falar em revelia. O de natureza jurídica, pois a controvérsia é jurídica e o de natureza econômica por não ter natureza condenatória e sim dispositiva, ou seja, o de criar uma norma jurídica no âmbito de determinada categoria. Já o dissídio de greve é um misto de natureza jurídica (declaração ou não do caráter abusivo do movimento paredista) e dispositiva (apreciação das reivindicações dos grevistas).

Tem o nome de sentença normativa a decisão dada no dissídio coletivo, acolhendo ou rejeitando as cláusulas postuladas no dissídio coletivo de natureza econômica ou interpretando e aplicando o direito já existente no dissídio coletivo de natureza jurídica.

Diverge a doutrina sobre a natureza jurídica da sentença normativa. Quanto ao dissídio coletivo de natureza jurídica, não há controvérsia sobre a natureza declaratória da sentença normativa. Quanto à sentença que aprecia o dissídio de natureza econômica, há divergências na doutrina. Para alguns, ela é constitutiva por criar direito novo, para outros, é dispositiva, pois a Justiça do Trabalho criará, no branco da lei, direito novo, sendo certo que sentença constitutiva apenas cria uma relação jurídica e não direito ainda não existente.

Mesmo apreciando cláusulas econômicas, a jurisprudência, acertadamente, tem exigido que a sentença seja fundamentada, atendendo ao mandamento constitucional previsto no art. 93, IX, da Constituição Federal.

É da essência da sentença normativa ser provisória e precária, pois, conforme reiteradamente vem decidindo o STF, o poder normativo da Justiça do Trabalho atua no branco da lei. Porém, editada a lei, norma de caráter imperativo, esta se sobrepõe a todas as demais fontes secundárias do direito, como a norma coletiva e a sentença normativa.

Mostra-se discutível a seguinte questão: a sentença normativa faz coisa julgada material?

A doutrina majoritária à qual nos filiamos tem se posicionado no sentido de que a sentença normativa não faz coisa julgada material, somente formal, referente ao esgotamento das vias recursais existentes.

Como bem adverte *Ives Gandra Martins Filho*[87], "a coisa julgada material, no caso da sentença normativa, fica jungida às vantagens já recebidas pelo empregado durante sua vigência, não, porém, em relação às parcelas que poderia vir a perceber durante o prazo total de sua vigência. O art. 6º, § 3º, da Lei n. 4.725/65, vai ainda mais longe em relação a tais pagamentos já efetuados pelo empregador com base em sentença normativa regional, quando impede a repetição do indébito se houver reforma da decisão pelo TST."

Nesse sentido, dispõe a Súmula n. 397 do C. TST, *in verbis*:

> "AÇÃO RESCISÓRIA. ART. 966, IV, DO CPC DE 2015. ART. 485, IV, DO CPC DE 1973. AÇÃO DE CUMPRIMENTO. OFENSA À COISA JULGADA EMANADA DE SENTENÇA NORMATIVA MODIFICADA EM GRAU DE RECURSO. INVIABILIDADE. CABIMENTO DE MANDADO DE SEGURANÇA. Não procede ação rescisória calcada em ofensa à coisa julgada perpetrada por decisão proferida em ação de cumprimento, em face de a sentença normativa, na qual se louvava, ter sido modificada em grau de recurso, porque em dissídio coletivo somente se consubstancia coisa julgada formal. Assim, os meios processuais aptos a atacarem a execução da cláusula reformada são a exceção de pré-executividade e o mandado de segurança, no caso de descumprimento do art. 514 do CPC de 2015 (art. 572 do CPC de 1973). (ex-OJ n. 116 da SBDI-2 – DJ 11.8.2003)."

87 *Processo coletivo do trabalho*. 3. ed. São Paulo: LTr, 2003. p. 211.

Diante do exposto, a sentença normativa não faz coisa julgada material, apenas formal, e, portanto, não pode ser objeto de ação rescisória, e sim de revisão, caso as condições de trabalho sejam alteradas.

De outro lado, para os que pensam ser cabível a Ação Rescisória para questionar a sentença normativa, ela poderia ser cabível em tese nas seguintes situações, previstas no art. 966 do CPC, quais sejam: se verificar que foi dada por prevaricação, concussão ou corrupção do juiz; proferida por juiz impedido ou absolutamente incompetente; resultar de dolo da parte vencedora em detrimento da parte vencida, ou de colusão entre as partes, a fim de fraudar a lei; se fundar em prova, cuja falsidade tenha sido apurada em processo criminal ou seja provada na própria ação rescisória; houver fundamento para invalidar confissão, desistência ou transação, em que se baseou a sentença.

O Tribunal Superior do Trabalho firmou entendimento no sentido de ser possível ação rescisória em face de sentença normativa, quando se tratar de documento novo. Nesse sentido, dispõe a Súmula n. 402 de sua jurisprudência, *in verbis*:

> "AÇÃO RESCISÓRIA. DOCUMENTO NOVO. DISSÍDIO COLETIVO. SENTENÇA NORMATIVA (conversão da Orientação Jurisprudencial n. 20 da SBDI-2 – Res. n. 137/2005, DJ 22, 23 e 24.8.2005). Documento novo é o cronologicamente velho, já existente ao tempo da decisão rescindenda, mas ignorado pelo interessado ou de impossível utilização, à época, no processo. Não é documento novo apto a viabilizar a desconstituição de julgado: a) sentença normativa proferida ou transitada em julgado posteriormente à sentença rescindenda; b) sentença normativa preexistente à sentença rescindenda, mas não exibida no processo principal, em virtude de negligência da parte, quando podia e deveria louvar-se de documento já existente e não ignorado quando emitida a decisão rescindenda." (ex-OJ n. 20 da SBDI-2 – inserida em 20.9.2000).

Por ter a sentença normativa vigência temporária, suas cláusulas não integram em definitivo os contratos de trabalho, sendo vedado o princípio da ultratividade, conforme o § 3º, do art. 614, da CLT, vedando o princípio da ultratividade das normas convencionais. Dispõe o referido dispositivo legal:

> "Não será permitido estipular duração de convenção coletiva ou acordo coletivo de trabalho superior a dois anos, sendo vedada a ultratividade."

O Supremo Tribunal Federal, julgando a ADPF 323, firmou o seguinte entendimento sobre a interpretação da Súmula 277 do TST e do parágrafo 2º do art. 114 da Constituição Federal, conforme o extrato de decisão que segue:

> "Decisão: O Tribunal, por maioria, julgou procedente a presente arguição de descumprimento de preceito fundamental, de modo a declarar a inconstitucionalidade da Súmula 277 do Tribunal Superior do Trabalho, na versão atribuída pela Resolução 185, de 27 de setembro de 2012, assim como a inconstitucionalidade de interpretações e de decisões judiciais que entendem que o art. 114, parágrafo segundo, da Constituição Federal, na redação dada pela Emenda Constitucional nº 45/2004, autoriza a aplicação do princípio da ultratividade de normas de acordos e de convenções coletivas, tudo nos termos do voto do Relator, vencidos os Ministros Edson Fachin, Rosa Weber e Ricardo Lewandowski. Plenário, Sessão Virtual de 20.5.2022 a 27.5.2022."

Diante da decisão do STF, ficou ratificada a constitucionalidade do art. 614, parágrafo 3º, da CLT, bem como pacificada a intepretação no sentido de que a redação do parágrafo 2º do art. 114 da CF não autoriza a ultratividade das cláusulas constantes de sentença normativa.

Da decisão proferida em dissídio coletivo da competência dos TRTs, caberá o recurso ordinário para o TST (art. 895, II, da CLT), que não terá efeito suspensivo, apenas devolutivo. Entretanto, o Presidente do Tribunal Superior do Trabalho poderá, desde que relevante o fundamento, atribuir efeito suspensivo ao recurso ordinário, nos termos do art. 14 da Lei n. 10.192/01.

Dispõe o art. 14 da Lei n. 10.192/01:

> "O recurso interposto de decisão normativa da Justiça do Trabalho terá efeito suspensivo, na medida e extensão conferidas em despacho do Presidente do Tribunal Superior do Trabalho."

Diante do que dispõe o referido dispositivo legal, pensamos que o recurso ordinário terá efeito apenas devolutivo. O efeito suspensivo depende de manifestação expressa do Presidente do TST. Desse modo, o efeito suspensivo não é automático, pois os recursos trabalhistas têm, como regra, apenas o efeito devolutivo (art. 899 da CLT). Se a lei atribuísse, automaticamente, o efeito suspensivo, não haveria necessidade de despacho do presidente do tribunal.

Se o dissídio for de competência originária do TST, o recurso cabível será o de embargos para o próprio TST, que recebem o nome de *embargos infringentes*, tendo por objeto modificar a decisão proferida pelo TST em dissídios coletivos não unânimes, conforme o art. 894, I, *a*, da CLT c/c. art. 2º da Lei n. 7.701/88 que assim dispõe:

> "Compete à seção especializada em dissídios coletivos ou seção normativa: [...] II – em última instância julgar: c) embargos infringentes interpostos contra decisão não unânime proferida em processo de dissídio coletivo de sua competência originária, salvo se a decisão atacada estiver em consonância com precedente jurisprudencial do Tribunal Superior do Trabalho ou da Súmula de sua jurisprudência predominante."

Desse modo, os embargos infringentes são cabíveis para a seção de Dissídios Coletivos do TST, quando a decisão proferida pelo Tribunal Superior do Trabalho em dissídios coletivos de sua competência originária, ou rever ou estender as sentenças normativas, não unânimes, salvo se a decisão recorrida estiver em consonância com precedente jurisprudencial do TST ou Súmula.

19. DA AÇÃO DE CUMPRIMENTO

A ação de cumprimento constitui ação individual de conhecimento, de rito especial trabalhista destinada ao cumprimento das cláusulas constantes da sentença normativa e dos acordos e convenções coletivas de trabalho.

Trata-se de ação de natureza condenatória proposta pelos empregados ou pelo Sindicato, com a finalidade de fazer cumprir as cláusulas constantes dos instrumentos normativos coletivos (acordos coletivos, convenções coletivas e sentenças normativas).

A Consolidação das Leis do Trabalho disciplina a presente ação no art. 872, *in verbis*:

> "Celebrado o acordo, ou transitada em julgado a decisão, seguir-se-á o seu cumprimento, sob as penas estabelecidas neste Título. Parágrafo único – Quando os empregadores deixarem de satisfazer o pagamento de salários, na conformidade da decisão proferida, poderão os empregados ou seus sindicatos, independentes de outorga de poderes de seus associados, juntando certidão de tal decisão, apresentar reclamação à Junta ou Juízo competente, observado o processo previsto no Capítulo II deste Título, sendo vedado, porém, questionar sobre a matéria de fato e de direito já apreciada na decisão."

Conforme previsto no referido dispositivo legal, embora tenha a denominação de ação de cumprimento, sua natureza não é executiva, pois os instrumentos normativos coletivos não têm natureza executória. Além disso, trata-se de ação individual, embora se destine ao cumprimento de instrumentos coletivos normativos, ela não tem por objeto criar direito novo e sim fazer cumprir direitos que já estão normatizados para a categoria. Desse modo, a natureza jurídica da ação de cumprimento é condenatória, seguindo o rito processual da reclamação trabalhista (ordinário, sumário ou sumaríssimo).

Outrossim, aplica-se a lei do rito sumaríssimo à ação de cumprimento, se o seu valor for de até 40 salários mínimos, pois o seu procedimento é da CLT e da ação de conhecimento, não havendo motivo para se excluir a aplicação do rito sumaríssimo.

Conforme a jurisprudência predominante do TST, a ação de cumprimento pode ser proposta antes do trânsito em julgado da sentença normativa. Nesse teor, é a Súmula n. 246 do C. TST:

> "AÇÃO DE CUMPRIMENTO. TRÂNSITO EM JULGADO DA SENTENÇA NORMATIVA – É dispensável o trânsito em julgado da sentença normativa para a propositura da ação de cumprimento."

Se houver alteração na sentença normativa, pensamos que perderá efeito a sentença proferida na ação de cumprimento que se baseava na decisão normativa que fora alterada, já que se trata de execução precária, que tem inserida a cláusula *rebus sic stantibus*, à semelhança do que ocorre com a execução provisória de título executivo judicial, não havendo necessidade de propositura de ação rescisória.

O TST dirimiu a questão por meio de sua Súmula 397 no sentido de que o título executivo que se forma na ação de cumprimento, cuja norma que lhe dava suporte tenha sido alterada pelo TST, torna inexigível o título executivo, já que a coisa julgada na ação de cumprimento estava sujeita à condição resolutiva, nos termos do art. 514 do CPC.

Da decisão proferida na ação de cumprimento, é cabível recurso ordinário para o Tribunal Regional do Trabalho (art. 895 da CLT). A execução da ação de cumprimento segue o rito da execução por título judicial na Justiça do Trabalho.

Até a Lei n. 8.984/95, a doutrina e a jurisprudência praticamente só aceitavam a competência da Justiça do Trabalho para as ações de cumprimento para sentenças normativas, pois o art. 114 da CF, com a redação dada em 1988, restringia a competência da Justiça do Trabalho para as controvérsias entre empregados e empregadores.

Posteriormente, veio a Lei n. 8.984/95, cujo art. 1º dispõe: "Compete à Justiça do Trabalho conciliar e julgar os dissídios que tenham origem no cumprimento de convenções coletivas de trabalho ou acordos coletivos de trabalho, mesmo quando ocorram entre sindicatos ou entre sindicatos de trabalhadores e empregador."

Nesse sentido, a Súmula n. 286 do C. TST, *in verbis*:

> "SINDICATO. SUBSTITUIÇÃO PROCESSUAL. CONVENÇÃO E ACORDO COLETIVOS – A legitimidade do sindicato para propor ação de cumprimento estende-se também à observância de acordo ou de convenção coletivos." (Redação dada pela Res. n. 98/2000, DJ 18.9.2000)."

Atualmente, o art. 114, III, da Constituição Federal, com a redação dada pela EC n. 45/04, dispõe: "as ações sobre representação sindical, entre sindicatos, entre sindicatos e trabalhadores e entre sindicatos e empregadores."

Diante da EC n. 45/04, a Justiça do Trabalho detém competência material para as ações de cumprimento que envolvem sentenças normativas, acordos e convenções coletivas, inclusive as ações envolvendo sindicato patronal e empresa, tendo por objetivo pretensões referentes a obrigações de pagar, fazer ou não fazer constantes de convenções, acordos coletivos ou sentenças normativas.

A competência funcional é do primeiro grau de jurisdição, uma vez que não se trata de ação coletiva. Além disso, provimento buscado é condenatório.

Segundo o art. 872 da CLT, podem propor a ação de cumprimento os empregados, individualmente, ou em litisconsórcio ativo facultativo e o sindicato da categoria.

Para alguns autores, a legitimidade do sindicato para propositura da ação de cumprimento advém da lei (*ad litem*). Para o entendimento majoritário, trata-se de substituição processual, uma vez que o Sindicato pleiteia em nome próprio direito alheio (art. 18 do CPC).

De nossa parte, efetivamente, o Sindicato, na ação de cumprimento, atua como substituto processual, pois defende direitos individuais de seus associados, quais sejam: direitos individuais homogêneos que têm origem comum. Além disso, o direito não pertence ao sindicato e sim aos trabalhadores. A legitimidade do Sindicato se dá por força de lei (arts. 8º, III, da CF, e 872, parágrafo único, da CLT).

De outro lado, pensamos que, a teor do disposto no inciso III do art. 8º da CLT e do cancelamento da Súmula n. 310 pelo TST, a substituição processual da categoria também abrange os não associados na ação de cumprimento.

A jurisprudência tem fixado entendimento no sentido de que o número de substituídos na ação de cumprimento possa ser limitado para não prejudicar a celeridade processual e a efetividade do processo.

Por falta de menção no parágrafo único do art. 872 da CLT, a jurisprudência havia fixado entendimento no sentido de que a Federação não detém legitimidade para atuar na qualidade de substituta processual na ação de cumprimento.

Caso a categoria não seja organizada por Sindicato, não há vedação para que a Federação atue como substituta processual, uma vez que o art. 872, parágrafo único da CLT não veda. Além disso, pensamos que o termo sindicato deve ser interpretado como entidade sindical, o que abrange as federações e confederações sindicais.

O TST, em boa hora, cancelou a Súmula n. 359 de sua jurisprudência, que vedava a substituição processual pela Federação. Dizia a referida Súmula:

> "SUBSTITUIÇÃO PROCESSUAL. AÇÃO DE CUMPRIMENTO. ART. 872, PARÁGRAFO ÚNICO, DA CLT. FEDERAÇÃO.

LEGITIMIDADE – CANCELADA – Res. n. 121/2003, DJ 21.11.2003 – A federação não tem legitimidade para ajuizar a ação de cumprimento prevista no art. 872, parágrafo único, da CLT na qualidade de substituto processual da categoria profissional inorganizada."

Na ação de cumprimento, não há dilação probatória, uma vez que a prova é documental e pré-constituída. Deve o autor juntar aos autos cópia do instrumento normativo e também por parte do réu também é documental, qual seja, o cumprimento dos pedidos postulados pelo autor.

Nesse sentido, destacamos a seguinte ementa oriunda da mais alta corte trabalhista do país, *in verbis*:

"AGRAVO DE INSTRUMENTO EM RECURSO DE REVISTA EM FACE DE DECISÃO PUBLICADA ANTES DA VIGÊNCIA DA LEI N. 13.015/2014. NEGATIVA DE PRESTAÇÃO JURISDICIONAL. AUSÊNCIA DE OPOSIÇÃO DE EMBARGOS DE DECLARAÇÃO. PRECLUSÃO. A análise do acórdão regional revela que, conquanto ausente pronunciamento do Tribunal a quo acerca das diversas questões agora suscitadas pelo Sindicato autor, não houve oposição dos competentes embargos de declaração, no intuito de viabilizar a indispensável manifestação daquela Corte acerca dos referidos temas, a incidir a preclusão, nos moldes da Súmula n. 184 desta Corte. Agravo de instrumento a que se nega provimento. AÇÃO DE CUMPRIMENTO. ALEGAÇÃO DE INOBSERVÂNCIA DE DIREITOS TRABALHISTAS PREVISTOS EM LEI. INADEQUAÇÃO DA VIA ELEITA E AUSÊNCIA DE PROVA DOS FATOS ALEGADOS. PRETENSÃO À DILAÇÃO PROBATÓRIA. Em se tratando de ação de cumprimento, sujeita a rito especial, exige-se prova documental e pré-constituída da inobservância de obrigação prevista em sentença normativa ou de cláusula pactuada em acordo coletivo ou convenção coletiva de trabalho. Precedentes. Assim, não se justifica a pretensão de reabertura da instrução processual, como meio de promover a dilação probatória, nem se admite a intenção de transferir a responsabilidade quanto à produção de provas ao Poder Judiciário ou ao Ministério Público do Trabalho, como forma de eximir a entidade sindical de seu ônus. Ademais, na presente hipótese, ao contrário do que sugere o agravante, não se discute a legitimidade da entidade sindical para atuar em defesa de direitos individuais homogêneos da categoria profissional que representa, tampouco para propor ação de cumprimento, pois a improcedência dos pedidos decorreu da ausência de prova dos fatos alegados na inicial. Acrescente-se, ainda, a inadequação da via eleita, em relação às alegações de inobservância de direitos previstos em lei, a qual não enseja a propositura da presente ação. Incólumes os dispositivos invocados. Agravo de instrumento a que se nega provimento. HONORÁRIOS ADVOCATÍCIOS. Mantida a improcedência dos pedidos formulados na presente ação de cumprimento, não há como se deferir os honorários advocatícios, porquanto ausente sucumbência da ré, independentemente de se verificar a efetiva atuação do sindicato. Agravo de instrumento a que se nega provimento." (TST – Processo: AIRR – 271500-84.2009.5.02.0087 – Data de Julgamento: 5.10.2016, relator Ministro: Cláudio Mascarenhas Brandão, 7ª Turma, Data de Publicação: DEJT 14.10.2016).

Nos termos da Súmula n. 350 do C. TST: "PRESCRIÇÃO. TERMO INICIAL. AÇÃO DE CUMPRIMENTO. SENTENÇA NORMATIVA – O prazo de prescrição com relação à ação de cumprimento de decisão normativa flui apenas da data de seu trânsito em julgado." (Res. n. 62/1996, DJ 4.10.1996).

O prazo prescricional é de dois anos contados do trânsito em julgado da sentença normativa, não obstante a execução da sentença normativa independa do trânsito em julgado do dissídio coletivo.

20. DA SUBSTITUIÇÃO PROCESSUAL (LEGITIMIDADE EXTRAORDINÁRIA) E ATUAÇÃO DO SINDICATO

A substituição processual, também chamada de legitimidade extraordinária ou anômala, "consiste na possibilidade de alguém vir a juízo postular em nome próprio direito alheio. Tal instituto não se confunde com a representação processual, pois o substituto age em nome próprio".

Dispõe o art. 18 do CPC: "Ninguém poderá pleitear direito alheio em nome próprio, salvo quando autorizado pelo ordenamento jurídico. Parágrafo único. Havendo substituição processual, o substituído poderá intervir como assistente litisconsorcial."

Diz-se da legitimidade ordinária quando há coincidência entre a legitimação de direito material e a legitimidade para estar em juízo. Na legitimidade extraordinária, aquele que tem legitimidade para estar no processo como parte não é o que se afirma titular do direito material discutido em juízo. A dicotomia entre legitimação ordinária e extraordinária só tem pertinência no direito individual, no qual existe pessoa determinada a ser substituída[88].

Diante da falta de exigência legal, basta que a lei autorize, para que o substituto processual possa atuar em juízo, independentemente de qualquer relação jurídica de direito material entre substituído e substituto.

O Direito Processual Civil brasileiro somente permite a substituição processual legal, sendo inválida cláusula contratual que obrigue o substituto a agir.

O substituto, defendendo direito alheio, poderá praticar todos os atos processuais (postular, responder, recorrer, executar a decisão), exceto transigir, renunciar e reconhecer juridicamente o pedido, pois o direito não lhe pertence. De outro lado, havendo anuência do substituído, o substituto poderá renunciar ou transigir.

A legitimidade do substituído é concorrente (pois o direito lhe pertence), podendo integrar a lide na qualidade de assistente litisconsorcial. Nesse sentido, é o parágrafo único do art. 18 do CPC. Não obstante, não há exigência legal de intimação do substituído para querendo, integrar a lide. Por isso, a intervenção do assistido deve ser espontânea.

O referido instituto não se confunde com representação processual, pois o representante defende em nome alheio direito alheio, vale dizer: age como verdadeiro mandatário da parte. Já o substituto defende em nome próprio direito alheio.

Dispõe o art. 8º, III, da CF:

> "Ao sindicato cabe a defesa dos direitos e interesses coletivos ou individuais da categoria, inclusive em questões judiciais ou administrativas."

Diante da magnitude do citado dispositivo constitucional, alguns autores chegam a defender a existência do chamado princípio da coletivização das ações no processo do trabalho, em razão do histórico protagonismo sindical na defesa dos direitos trabalhistas dos integrantes da categoria.

88 NERY JUNIOR, Nelson. *Código de Processo Civil comentado*. 10. ed. São Paulo: RT, 2007. p. 178.

Durante muito tempo, a jurisprudência, principalmente, do Tribunal Superior, foi refratária ao admitir que o referido dispositivo constitucional consagrava a substituição processual pelo Sindicato, argumentando que o Sindicato somente poderia substituir processualmente os membros da categoria mediante autorização de lei infraconstitucional.

Nesse sentido, dispunha a Súmula n. 310 do C. TST, hoje cancelada, *in verbis*:

> "SUBSTITUIÇÃO PROCESSUAL. SINDICATO. CANCELADA – Res. n. 119/2003, DJ 1º.10.2003 – I – O art. 8º, inciso III, da Constituição da República não assegura a substituição processual pelo sindicato; II – A substituição processual autorizada ao sindicato pelas Leis ns. 6.708, de 30.10.1979, e 7.238, de 29.10.1984, limitada aos associados, restringe-se às demandas que visem aos reajustes salariais previstos em lei, ajuizadas até 3.7.1989, data em que entrou em vigor a Lei n. 7.788; III – A Lei n. 7.788/1989, em seu art. 8º, assegurou, durante sua vigência, a legitimidade do sindicato como substituto processual da categoria; IV – A substituição processual autorizada pela Lei n. 8.073, de 30.7.1990, ao sindicato alcança todos os integrantes da categoria e é restrita às demandas que visem à satisfação de reajustes salariais específicos resultantes de disposição prevista em lei de política salarial; V – Em qualquer ação proposta pelo sindicato como substituto processual, todos os substituídos serão individualizados na petição inicial e, para o início da execução, devidamente identificados pelo número da Carteira de Trabalho e Previdência Social ou de qualquer documento de identidade; VI – É lícito aos substituídos integrar a lide como assistente litisconsorcial, acordar, transigir e renunciar, independentemente de autorização ou anuência do substituto; VII – Na liquidação da sentença exequenda, promovida pelo substituto, serão individualizados os valores devidos a cada substituído, cujos depósitos para quitação serão levantados através de guias expedidas em seu nome ou de procurador com poderes especiais para esse fim, inclusive nas ações de cumprimento; VIII – Quando o sindicato for o autor da ação na condição de substituto processual, não serão devidos honorários advocatícios."

Posteriormente, em razão de vários pronunciamentos do Supremo Tribunal em sentido contrário, e também da posição majoritária da doutrina, o Tribunal Superior do Trabalho acabou por cancelar a referida Súmula n. 310, sendo o entendimento atual da jurisprudência trabalhista no sentido de que o inciso III, do art. 8º, da CF, consagrou a substituição processual pelo Sindicato de forma ampla no Processo do Trabalho.

O art. 81 da Lei n. 8.078/90, que é aplicável ao Processo do Trabalho (art. 769 da CLT), define, por meio de interpretação autêntica, os interesses individuais homogêneos. Com efeito, aduz o referido dispositivo legal:

> "A defesa dos interesses e direitos dos consumidores e das vítimas poderá ser exercida em juízo individualmente, ou a título coletivo. Parágrafo único. A defesa coletiva será exercida quando se tratar de: [...] III – interesses individuais homogêneos, assim entendidos os decorrentes de origem comum"[89].

Desse modo, de acordo com a atual posição do STF, pensamos que o art. 8º, III, consagrou a substituição processual dos membros da categoria (associados e não associados) para os direitos individuais homogêneos dos substituídos, vale dizer: os que têm origem comum, pois se originam da mesma situação fática ou jurídica, cujos titulares são determinados e o interesse é divisível. Não há a necessidade de que as lesões sejam contemporâneas, ou seja, que ocorram na mesma unidade temporal. O número de lesões deve ser considerável, vale dizer: deve atingir várias pessoas. Embora a lei não preveja tal requisito, ele vem sendo exigido pela doutrina e jurisprudência para diferenciá-lo dos institutos dos litisconsórcios e da representação processual.

Além da origem comum, há ainda o pressuposto da homogeneidade, qual seja: *o predomínio das questões comuns sobre as questões individuais.* Desse modo, não há necessidade que os direitos individuais sejam idênticos, mas que derivem do mesmo fato ou direito, e predominem as questões comuns sobre as singularidades de cada titular.

Pelo exposto, interesses individuais homogêneos são aqueles que *se originam da mesma situação fática ou jurídica, cujos titulares são determinados, o interesse seja divisível e as questões comuns predominem sobre as individuais.*

89 Tanto o inciso VI do art. 6º como o art. 81, ambos da Lei n. 8.078/90, são aplicáveis ao Direito Material e ao Direito Processual do Trabalho, por força dos arts. 8º e 769, ambos da CLT.

Diante do exposto, para que esteja configurado o interesse individual homogêneo, há necessidade da concomitância dos seguintes elementos:

a) origem comum: que os interesses sejam oriundos da mesma situação de fato ou de direito;
b) o número de lesões deve ser considerável, vale dizer: deve atingir várias pessoas;
c) o interesse é divisível e disponível;
d) os titulares são determinados;
e) predomínio das questões comuns sobre as questões individuais.

Como exemplos de interesses ou direitos individuais homogêneos na esfera trabalhista, objeto de defesa pelo Sindicato por meio da substituição processual, temos pedidos de pagamento de adicionais de periculosidade e insalubridade a trabalhadores de uma empresa, pagamento de horas extras etc.

Para a defesa dos interesses coletivos e difusos, a doutrina tem se posicionado no sentido de ser autônoma a legitimação do sindicato por força do inciso III, do art. 8º, da CF, vale dizer: para atuar o Sindicato como representante legal da categoria, cujo mandato é dado pela lei (*ad litem*). Já para a defesa dos direitos individuais homogêneos, por serem disponíveis e os titulares determinados, a legitimidade do Sindicato é extraordinária, vale dizer: atua como substituto processual, uma vez que o direito discutido em juízo não lhe pertence.

Para alguns autores, a ação coletiva para a defesa de interesses individuais homogêneos é apenas uma defesa coletiva de interesses individuais. Outros, como nós, pensam que esta ação tem forte cunho social e, portanto, transcende os interesses individuais dos envolvidos na ação.

Trata-se, em verdade, de um verdadeiro processo social, onde o acesso à justiça para os conflitos de massa é simplificado e mais próximo do jurisdicionado. É a justiça indo até o cidadão, colocando-lhe à disposição a tutela do seu direito. Além disso, como toda ação coletiva, as características ressarcitória, normativa e inibitória da tutela jurisdicional estão presentes com nitidez.

Pensamos que a finalidade teleológica do inciso III do art. 8º da CF foi de, efetivamente, conferir ao Sindicato a possibilidade de atuar de forma ampla na qualidade de substituto processual dos direitos individuais homogêneos da categoria, visando a:

a) conferir máxima efetividade ao dispositivo constitucional;
b) facilitar o acesso à Justiça do Trabalho dos trabalhadores;
c) evitar a proliferação de ações individuais sobre a mesma matéria;
d) promover a efetividade dos direitos sociais previstos na Constituição Federal e resguardar a dignidade da pessoa humana do trabalhador e os valores sociais do trabalho;
e) economia processual e máxima efetividade da Jurisdição trabalhista;
f) evitar decisões conflitantes sobre a mesma matéria;
g) interromper a prescrição para demandas com mesma origem do direito;
h) impedir que o empregado sofra retaliações do empregador ao ingressar com uma ação individual durante a vigência do contrato de trabalho.

Ao contrário do que entendem alguns, acreditamos que o Sindicato não possa substituir processualmente um único trabalhador, pois é missão institucional e constitucional do Sindicato defender os interesses individuais e coletivos da categoria (art. 8º, III, da CF), e não um único trabalhador. Para tal desiderato, existe o instituto da representação processual (art. 791, § 1º, da CLT) e também a prestação da assistência judiciária pelo Sindicato.

A questão, no entanto, não é pacífica, há posicionamentos recentes do Tribunal Superior do Trabalho no sentido de que a substituição processual prevista no art. 8º, III da CF é ampla, podendo abranger um único trabalhador. Nesse sentido, destaca-se a seguinte ementa:

> "RECURSO DE REVISTA. LEGITIMIDADE ATIVA DO SINDICATO DA CATEGORIA PROFISSIONAL. SUBSTITUIÇÃO PROCESSUAL DE UM ÚNICO REPRESENTADO. DIREITOS INDIVIDUAIS. O reconhecimento da legitimidade ativa do sindicato da categoria profissional para pleitear direitos individuais homogêneos guarda sintonia com a jurisprudência desta Corte Superior e do Supremo Tribunal Federal. O art. 8º, inciso III, da Constituição Federal assegura aos sindicatos a possibilidade de substituição processual ampla e irrestrita para agir no interesse de toda a categoria. Ressalto que o fato de ser titular da pretensão de direito material apenas um empregado não impossibilita o sindicato de, no exercício de sua atribuição assegurada constitucionalmente,

> definir em que ocasiões vai exercitá-la, diante do interesse subjacente. Se a Constituição não a limita, não pode o magistrado restringi-la, sob pena de contrariar o princípio da máxima efetividade que caracteriza a sua hermenêutica. Recurso de revista de que se conhece e a que se dá provimento." (TST – RR – 397-89.2010.5.03.0102, rel. Ministro: Cláudio Mascarenhas Brandão, Data de Julgamento: 21.5.2014, 7ª Turma, Data de Publicação: DEJT 23.5.2014).

Proposta a Ação para a defesa de interesses individuais homogêneos, o Sindicato deve publicar Editais e dar ciência a todos os membros da categoria para que, se quiserem, possam intervir no feito, ou requererem a suspensão de suas ações individuais sobre a mesma matéria para aguardar o desfecho da ação coletiva, nos termos do art. 94 da Lei n. 8.078/90, *in verbis*:

> "Proposta a ação, será publicado edital no órgão oficial, a fim de que os interessados possam intervir no processo como litisconsortes, sem prejuízo de ampla divulgação pelos meios de comunicação social por parte dos órgãos de defesa do consumidor."

Caso a entidade sindical não publique o Edital, deve o Juiz do Trabalho tomar a iniciativa de ofício, em compasso com o impulso oficial que possui (art. 765 da CLT).

A ampla publicidade da existência da ação civil coletiva tem por finalidade informar os trabalhadores substituídos para que, querendo, ingressem na ação na qualidade de litisconsortes passivos, ou requeiram a suspensão de suas ações individuais com o mesmo objeto para que possam se valer dos benefícios da coisa julgada na ação coletiva.

A legitimidade do Sindicato para atuar como substituto processual não é exclusiva, e sim concorrente com as demais entidades mencionadas no art. 82 da Lei n. 8.078/90. Também não inibe que cada lesado, individualmente, faça uso de ação individual.

Após mudança de opinião, entende, corretamente, o Tribunal Superior do Trabalho que nas ações em que o sindicato atua como substituto processual são devidos honorários advocatícios. Esse entendimento fortalece a substituição processual na Justiça do Trabalho, valoriza a atuação sindical e propicia acesso mais efetivo à justiça. No aspecto, dispõe o inciso III da Súmula n. 219 do Tribunal Superior do Trabalho, *in verbis*:

> "São devidos os honorários advocatícios nas causas em que o ente sindical figure como substituto processual e nas lides que não derivem da relação de emprego."

No mesmo sentido, a Lei 13.467/17 que acrescentou o art. 791-A, da CLT assevera, em seu parágrafo 1º, que são devidos honorários advocatícios nas ações em que a parte estiver substituída por sindicato de sua categoria. Nesta hipótese, os honorários são devidos ao advogado da entidade sindical.

Atualmente, a jurisprudência não vem exigindo o rol de substituídos juntado à inicial quando o Sindicato atua como substituto processual dos trabalhadores da categoria, em razão da autorização constitucional para a defesa de direitos individuais homogêneos. Além disso, não há efetividade em se exigir a individualização dos substituídos na inicial, pois tal acontecerá na liquidação e futura execução. De outro lado, a finalidade da substituição processual é a obtenção de sentença genérica, não obstando o direito individual de ação do substituído.

De outro lado, pensamos que, em algumas situações, máxime quando a substituição processual pelo Sindicato não envolver direitos individuais homogêneos, e sim direitos de alguns trabalhadores da categoria, mormente quando houver necessidade de produção de prova oral e envolver situação pessoal, o rol de substituídos poderá ser exigido pelo juiz, para a possibilidade de maior conhecimento da causa e não inviabilizar o direito de defesa do reclamado.

Em se tratando de defesa de direitos individuais homogêneos por parte de Associação sem caráter sindical, a jurisprudência do Supremo Tribunal Federal tem exigido o rol de substituídos, aplicando-se, no aspecto, o instituto da representação processual. Cita-se, como exemplo, a seguinte ementa:

> REPRESENTAÇÃO – ASSOCIADOS – ARTIGO 5º, INCISO XXI, DA CONSTITUIÇÃO FEDERAL. ALCANCE. O disposto no artigo 5º, inciso XXI, da Carta da República encerra representação específica, não alcançando previsão genérica do estatuto da associação a revelar a defesa dos interesses dos associados. TÍTULO EXECUTIVO JUDICIAL – ASSOCIAÇÃO – BENEFICIÁRIOS. As balizas subjetivas do título judicial, formalizado em ação proposta por associação, é definida pela representação

> no processo de conhecimento, presente a autorização expressa dos associados e a lista destes juntada à inicial. STF. PLENÁRIO RECURSO EXTRAORDINÁRIO 573.232. Rel. Min. MARCO AURÉLIO. DJ. 14/05/2014.

A sentença proferida na ação em que se postula a defesa de interesses individuais homogêneos é genérica, conforme dispõe o art. 95 da Lei n. 8.078/90, *in verbis*:

> "Em caso de procedência do pedido, a condenação será genérica, fixando a responsabilidade do réu pelos danos causados."

Cumpre destacar, entretanto, que a generalidade da sentença se dá quanto ao valor (*quantum debeatur*) e quanto aos titulares individuais do direito, mas quanto à obrigação de indenizar ela é certa (*an debeatur*).

A sentença genérica é sem rosto, pois os titulares do direito não são identificados, o que será realizado na fase de liquidação. Ao contrário do que ocorre com as *class action* norte-americanas, onde o juízo desde logo faz a quantificação das lesões dos danos, ou seja, já profere a sentença líquida[90], o Direito Brasileiro optou pela sentença genérica, vale dizer: sem quantificar os valores.

Como se trata de ação especial, a liquidação será processada pela sistemática da Lei n. 8.078/90, complementada pelos procedimentos da CLT e do Código de Processo Civil.

A Consolidação das Leis do Trabalho admite a liquidação por artigos (art. 879, *caput*), mas não disciplina seu procedimento. Portanto, necessário recorrer ao Código de Processo Civil (art. 769 da CLT).

Assevera o art. 509, II, do CPC:

> "Quando a sentença condenar ao pagamento de quantia ilíquida, proceder-se-á à sua liquidação, a requerimento do credor ou do devedor:
>
> (...) II – pelo procedimento comum, quando houver necessidade de alegar e provar fato novo."

90 Bezerra Leite, Carlos Henrique. *Liquidação na ação civil pública:* o processo e a efetividade dos direitos humanos. Enfoques civis e trabalhistas. São Paulo: LTr, 2004. p. 154.

O CPC de 2015 substitui a expressão liquidação por artigos, consagrada no CPC anterior, por liquidação pelo procedimento comum. Entretanto, manteve a mesma sistemática do procedimento.

Fato novo é o fato reconhecido na sentença de forma genérica, mas que necessita ser detalhado na fase de liquidação. Por exemplo: a condenação apenas determina: uma indenização, horas extras, danos morais etc., mas, para apurar o valor, há necessidade de se determinar sua extensão, por meio de prova de outros fatos constitutivos. Na liquidação por artigos em que a sentença determina apenas uma indenização, irá se apurar o montante dos danos e se fixar o valor devido, após prova dos danos.

O rito da liquidação por artigos é o mesmo da fase de conhecimento. Assim, se o processo for pelo rito ordinário, a liquidação terá de seguir o mesmo rito, se sumaríssimo ou sumário deverá seguir o mesmo rito.

Parte significativa da doutrina sustenta a impossibilidade de o Juiz do Trabalho proferir sentença líquida em se tratando de direitos individuais homogêneos, uma vez que não há necessidade de se juntar o rol de substituídos e também por não ser da essência do processo coletivo a individualização de cada pretensão. De outro lado, já há, na doutrina, vozes de relevo, sustentando a possibilidade do ente legitimado formular pedido líquido e o juiz individualizar as condenações na sentença.

De nossa parte, no processo do trabalho, não há vedação para Juiz do Trabalho proferir sentença líquida em se tratando de ação coletiva para a defesa de interesses individuais homogêneos, entretanto, isso vai depender, em muito, da habilidade em se elaborar a petição inicial, com a individualização dos substituídos, de cada pretensão, bem como de seus valores. Isso é possível, quando se trate de uma única parcela postulada, como adicional de insalubridade, concessão de plano de saúde etc. Nesse sentido, aliás, possibilita o inciso V da Súmula n. 310 do TST, que, embora cancelado, pode ser aplicado, facultativamente, pois compatível com a sistemática do processo do trabalho. Com efeito, dispõe o referido verbete Sumular: "Em qualquer ação proposta pelo sindicato como substituto processual, todos os substituídos serão individualizados na petição inicial e, para o início da execução, devidamente identificados pelo número da Carteira de Trabalho e Previdência Social ou de qualquer documento de identidade."

Dispõe o art. 97 da Lei n. 8.078/90:

> "A liquidação e a execução de sentença poderão ser promovidas pela vítima e seus sucessores, assim como pelos legitimados de que trata o art. 82."

Conforme o citado art. 97, a liquidação e a execução para os direitos individuais homogêneos podem ser coletivas ou individuais. Se coletivas, os legitimados a propor a ação de conhecimento (art. 82 da Lei n. 8.078/90) poderão liquidar a decisão e executá-la.

Discute-se, na doutrina e na jurisprudência, qual a natureza da legitimidade para liquidação e execução coletivas. Para alguns, trata-se de substituição processual, da mesma forma que a fase de conhecimento, para outros, de representação, pois os titulares individuais devem ser qualificados, bem como individualizadas as parcelas e valores de cada um.

De nossa parte, embora a questão seja semelhante à representação processual, mantém a natureza de substituição processual, mas o ente legitimado deve qualificar os titulares das pretensões e individualizar os valores devidos para cada um.

A liquidação e a execução poderão ser propostas tanto no local onde tramita a ação como no foro do domicílio do liquidante, nos termos do parágrafo único, do art. 97, da Lei n. 8.078/90, que dispõe:

> "A liquidação de sentença, que será por artigos, poderá ser promovida no foro do domicílio do liquidante, cabendo-lhe provar, tão só, o nexo de causalidade, o dano e seu montante (vetado)."

Embora o referido dispositivo tenha sido vetado pelo Presidente da República, a doutrina fixou entendimento de que o veto presidencial, no aspecto da competência não gerou efeito, uma vez que inciso I, do § 2º, do art. 98, da Lei n. 8.078/90, assevera que é competente para a execução o juízo da liquidação da sentença ou da ação condenatória, no caso de execução individual, possibilitando, com isso, que a liquidação e a execução possam ser promovidas em foro diverso da sentença. No mesmo sentido, o inciso I do art. 100 da Lei n. 8.078/90:

> "Na ação de responsabilidade civil do fornecedor de produtos e serviços, sem prejuízo do disposto nos Capítulos I e II deste

> Título, serão observadas as seguintes normas: I – a ação pode ser proposta no domicílio do autor [...].”

Diante do exposto, a interpretação sistemática dos incisos I, do art. 100, da Lei n. 8.078/90, e inciso I, do § 2º, do art. 98, sinaliza-nos na possibilidade da competência do local do domicílio do autor.

No processo do trabalho, a fim de facilitar o acesso do trabalhador à justiça, e conferir máxima efetividade às ações coletivas, a liquidação e a execução individuais da sentença para direitos individuais homogêneos poderão ser propostas: a) no local da sentença; b) no foro do domicílio do liquidante; c) no local da prestação de serviço, nos termos do art. 651, da CLT. Ambos os locais terão competência concorrente, não se aplicando, aqui, a regra da competência absoluta.

O prazo prescricional para a propositura da liquidação é o fixado no art. 7º, inciso XXIX, da Constituição Federal.

Em sendo a execução individual, fixado o valor, em regular liquidação por artigos, a execução seguirá a sistemática da execução por quantia prevista na CLT (art. 876 e seguintes), observando-se as normas do processo civil, principalmente as referentes ao cumprimento da sentença previsto no CPC quando propiciarem maior efetividade, simplicidade e celeridade à execução.

Se a execução for coletiva, aplicar-se-á o art. 98, da Lei n. 8.078/90, *in verbis*:

> “A execução poderá ser coletiva, sendo promovida pelos legitimados de que trata o art. 82, abrangendo as vítimas cujas indenizações já tiverem sido fixadas em sentença de liquidação, sem prejuízo do ajuizamento de outras execuções. § 1º A execução coletiva far-se-á com base em certidão das sentenças de liquidação, da qual deverá constar a ocorrência ou não do trânsito em julgado. § 2º É competente para a execução o juízo: I – da liquidação da sentença ou da ação condenatória, no caso de execução individual; II – da ação condenatória, quando coletiva a execução.”

A execução das sentenças de liquidação poderão ser: a) individuais, promovidas pelo próprio titular do direito a serem propostas no local onde fora prolatada a sentença, no domicílio do exequente ou no do local da prestação de serviços (art. 651, da CLT); b) coletiva, proposta pelos legitimados mencionados no art. 82 da Lei n. 8.078/90, a ser submetida à apreciação no foro da ação coletiva de conhecimento, com base nas certidões de liquidação de sentença.

A execução individual segue o rito da CLT, subsidiariamente, aplicando-se a Lei n. 6.830/80 e o Código de Processo Civil (art. 889 da CLT).

Na execução coletiva, deve o magistrado trabalhista se valer do impulso oficial com mais intensidade (art. 878 da CLT), adaptar o procedimento às necessidades da tutela mais efetiva do direito, realizar audiências para buscar a conciliação ou sanear o processo e aplicar as regras processuais que sejam mais adequadas à materialização do direito.

Há respeitáveis entendimentos no sentido de que, atuando o sindicato como substituto processual, a ação coletiva não tem o condão de interromper a prescrição para o substituído que pretende postular o mesmo direito em ação individual. Argumentam que o Sindicato, na referida ação, não é parte no sentido material, mas sim no sentido formal e, portanto, o direito discutido em juízo não lhe pertence.

Não obstante o respeito que merece o entendimento acima, pensamos de forma diversa. Com efeito, mesmo havendo substituição processual, o direito do substituído foi posto em juízo. Embora a parte em sentido material não tenha vindo ao Judiciário, sua pretensão foi defendida pelo Sindicato que tem autorização legal (arts. 8º, III, *a*, da CF, e 18 do CPC) para postulá-la em juízo e, portanto, este ato do Sindicato é suficiente para interromper a prescrição. Além disso, tal entendimento está em consonância com o princípio da melhoria da condição social do trabalhador (art. 7º, *caput*, da CF) e do acesso deste ao judiciário trabalhista (art. 5º, XXXV, da CF).

Portanto, a ação movida pelo Sindicato, na qualidade de substituto processual, tem o condão de interromper a prescrição para as ações individuais propostas pelos substituídos com o mesmo objeto.

Nessa esteira, a OJ n. 359, da SDI-I, do C. TST:

> "SUBSTITUIÇÃO PROCESSUAL. SINDICATO. LEGITIMIDADE. PRESCRIÇÃO. INTERRUPÇÃO. DJ 14.3.2008. A ação movida por sindicato, na qualidade de substituto processual, interrompe a prescrição, ainda que tenha sido considerado parte ilegítima *ad causam*."

21. DA GREVE

21.1. Conceito e origens

A greve guarda raízes com o próprio surgimento do Direito do Trabalho, pois foi por meio da coalizão da classe trabalhadora que começaram a surgir as primeiras normas de proteção ao trabalho humano. Já foi considerada um delito. Lembra *Renato Rua de Almeida*[91], que o Código Penal francês penalizou, em 1810, toda forma de organização associativa ou ação coletiva dos trabalhadores.

Foi somente em 1825, na Inglaterra, e, em 1864, na França, que as coalizações de trabalhadores por melhores condições de trabalho deixaram de ser consideradas como crime, embora a greve propriamente dita ainda continuasse como um delito.

A Constituição Federal de 1946, no art. 158, reconheceu o direito de greve, a ser regulado por lei. Atualmente, o art. 9º da Constituição Federal de 1988 assegura o direito de greve, como sendo um direito social da classe trabalhadora. Com efeito, dispõe o referido dispositivo constitucional:

> "É assegurado o direito de greve, competindo aos trabalhadores decidir sobre a oportunidade de exercê-lo e sobre os interesses que devam por meio dele defender. § 1º A lei definirá os serviços ou atividades essenciais e disporá sobre o atendimento das necessidades inadiáveis da comunidade. § 2º Os abusos cometidos sujeitam os responsáveis às penas da lei."

A greve pode ser definida como a paralização coletiva (total ou parcial) dos trabalhadores, de forma temporária, com a finalidade de obtenção de melhores condições de trabalho.

Na visão de *Raimundo Simão de Melo*[92], "independente de ser um direito, é a greve um fato social, uma liberdade pública consistente na suspensão do trabalho, quer subordinado ou não, com o fim de se obter algum benefício de ordem econômica, social ou humana. É em suma o direito de não trabalhar."

---

91 ALMEIDA, Renato Rua de. Visão histórica da liberdade sindical. *In: Revista Legislação do Trabalho*. São Paulo: LTr, ano 70, v. 03, 2006. p. 363.

92 *Op. cit.*, p. 44.

Embora seja um direito social, e também um direito fundamental da classe trabalhadora, não se trata de um direito ilimitado, porquanto o § 2º, do art. 9º, da CF, assevera que os abusos sujeitam os responsáveis às penas da lei.

A greve é classificada pela doutrina majoritária, como um meio de autotutela para resolução do conflito coletivo de trabalho, uma vez que é um movimento de pressão da classe trabalhadora. Para outros, a greve não é propriamente um meio de solução dos conflitos coletivos de trabalho[93], mas uma forma de pressionar o empregador a negociar, ou até mesmo levar o conflito à Justiça do Trabalho (Lei n. 7.783/89 e § 3º, do art. 114, da CF).

Indiscutivelmente, o exercício do direito de greve tem reflexos em toda a sociedade, e muitas vezes é nefasto ao empregador, mas é um importante instrumento de pressão da classe trabalhadora. Lembra *Pedro Paulo Teixeira Manus*[94], "diz-se que o sucesso será, em tese, quanto maior o poder de pressão dos trabalhadores, pois a despeito deste poder de certa categoria, é possível que em determinado momento a greve deflagrada não surta o efeito pretendido, por inúmeros fatores." Continua o referido autor[95]: "O sucesso da greve, assim como da guerra, depende muito mais da mobilização e da força do movimento do que da procedência ou relevância das reivindicações."

21.2. Greve dos servidores públicos

O Direito de Greve foi previsto para os servidores públicos civis no art. 37, VII, da CF, condicionado à lei complementar, que não fora editada. Posteriormente, a EC 18/98 condicionou o direito à edição de Lei Específica. Com efeito, dispõe o referido dispositivo constitucional:

---

93 Nesse sentido, adverte Pedro Paulo Teixeira Manus: "Trata-se de forma de solução do conflito coletivo de trabalho no sentido genérico da expressão, pois o exercício em si do direito de greve não significa a própria solução do conflito coletivo. Com efeito, podem os trabalhadores lançar mão da greve, que pode inclusive ser vitoriosa e nem por isso apresentar a solução para o conflito" (*Negociação coletiva e contrato individual de trabalho*. São Paulo: Atlas, 2001. p. 37).

94 MANUS, Pedro Paulo Teixeira. *Negociação coletiva e contrato individual de trabalho*. São Paulo: Atlas, 2001. p. 38.

95 *Op. cit.*, p. 43.

> "A administração pública direta e indireta de qualquer dos Poderes da União, dos Estados, do Distrito Federal e dos Municípios obedecerá aos princípios de legalidade, impessoalidade, moralidade, publicidade e eficiência e, também, ao seguinte:
>
> (...)VII – o direito de greve será exercido nos termos e nos limites definidos em lei específica."

Há muitas discussões, tanto na doutrina como na jurisprudência, sobre a regulamentação da greve dos servidores públicos. Para alguns, como tem sido o entendimento predominante do STF, o direito não está regulamentado, pois depende da edição de lei específica. Para outros, aos quais nos filiamos, o Direito de Greve, por ser fundamental (art. 9º da CF), tem aplicabilidade imediata, inclusive para o servidor público[96]. Por isso, a lei específica a ser editada somente pode disciplinar e traçar requisitos para o exercício do direito, mas ele já tem aplicabilidade. Enquanto não houver a edição da lei específica, aplica-se, por analogia, a lei de greve (Lei n. 7.783/89). Portanto, no nosso sentir, o art. 37, VII, da Constituição, encerra norma de eficácia contida e não de eficácia limitada.

O Supremo Tribunal Federal, em decisão histórica, em 15.10.2007, Dje 31.10.08 por meio do Mandado de Injunção n. 712-8, determinou a aplicação da lei de greve do setor privado, para regulamentar as greves do setor público enquanto não for editada a Lei específica, conforme a decisão de julgamento, "in verbis":

> "O Tribunal, por maioria, nos termos do voto do Relator, conheceu do mandado de injunção e propôs a solução para a omissão legislativa com a aplicação da Lei nº 7.783, de 28 de junho de 1989, no que couber, vencidos, parcialmente, os Senhores Ministros Ricardo Lewandowski, Joaquim Barbosa e Marco Aurélio, que limitavam a decisão à categoria representada pelo sindicato e estabeleciam condições específicas para o exercício das paralisações. Votou a Presidente, Ministra Ellen Gracie. Não votou o Senhor Ministro Menezes Direito por suceder ao Senhor Ministro Sepúlveda

96 O art. 5º, § 1º, da CF determina que os direitos e garantias fundamentais têm aplicação imediata, independentemente de norma regulamentar. O referido dispositivo consagra as chamadas ações afirmativas para a defesa de direitos fundamentais, evitando que as normas atinentes a direitos fundamentais fiquem em sede programática.

> Pertence, que proferiu voto anteriormente. Ausente, justificadamente, a Senhora Ministra Cármen Lúcia, com voto proferido em assentada anterior. Plenário, 25.10.2007."

Diante da decisão do STF, pensamos que o servidor público civil pode exercer o direito de greve, aplicando-se Lei 7.783/89, enquanto não houver a regulamentação do dispositivo constitucional por lei específica. Como bem adverte Carlos Henrique Bezerra Leite[97], "a greve pelos servidores públicos pode ser exercida respeitando-se os serviços e atividades essenciais (Lei 7783/89, art. 11) à luz do princípio da continuidade do serviço público."

Quanto aos militares, decidiu o Supremo Tribunal Federal, em acórdão com repercussão geral, pela impossibilidade do exercício do direito de greve, cuja ementa segue abaixo:

> EMENTA: CONSTITUCIONAL. GARANTIA DA SEGURANÇA INTERNA, ORDEM PÚBLICA E PAZ SOCIAL. INTERPRETAÇÃO TELEOLÓGICA DOS ART. 9 º, § 1 º, ART. 37, VII, E ART. 144, DA CF. VEDAÇÃO ABSOLUTA AO EXERCÍCIO DO DIREITO DE GREVE AOS SERVIDORES PÚBLICOS INTEGRANTES DAS CARREIRAS DE SEGURANÇA PÚBLICA. 1.A atividade policial é carreira de Estado imprescindível a manutenção da normalidade democrática, sendo impossível sua complementação ou substituição pela atividade privada. A carreira policial é o braço armado do Estado, responsável pela garantia da segurança interna, ordem pública e paz social. E o Estado não faz greve. O Estado em greve é anárquico. A Constituição Federal não permite. 2.Aparente colisão de direitos. Prevalência do interesse público e social na manutenção da segurança interna, da ordem pública e da paz social sobre o interesse individual de determinada categoria de servidores públicos. Impossibilidade absoluta do exercício do direito de greve às carreiras policiais. Interpretação teleológica do texto constitucional, em especial dos artigos 9º, § 1º, 37, VII e 144. 3.Recurso provido, com afirmação de tese de repercussão geral: "1 – O exercício do direito de greve, sob qualquer forma ou modalidade, é vedado aos policiais civis e a todos os servidores públicos que atuem diretamente na área

97 Curso de Direito do Trabalho. 12ª ed. São Paulo: LTr, 2020, p. 894.

> de segurança pública. 2 – É obrigatória a participação do Poder Público em mediação instaurada pelos órgãos classistas das carreiras de segurança pública, nos termos do art. 165 do Código de Processo Civil, para vocalização dos interesses da categoria (STF, Pleno. ARE 654.432/GO Rel. Min. Alexandre de Moraes. Dje: 11/06/2018).

21.3. Do procedimento da greve: direitos e obrigações

A regulamentação do art. 9º, da Constituição Federal, no setor privado foi realizada pela Lei 7.783 de 28 de junho de 1989.

Dispõe o art. 1º do presente diploma legal:

> "É assegurado o direito de greve, competindo aos trabalhadores decidir sobre a oportunidade de exercê-lo e sobre os interesses que devam por meio dele defender. Parágrafo único. O direito de greve será exercido na forma estabelecida nesta Lei."

Como bem destaca o dispositivo legal, a realização da greve é decisão voluntária dos trabalhadores, mas o exercício do direito deve observar as balizas da lei.

Nenhum trabalhador, em razão da liberdade do direito e ir e vir pode ser obrigado a aderir ao movimento grevista, pois a escolha de participar ou não, do movimento, cabe, individualmente a cada trabalhador, ainda que haja decisão da maioria neste sentido.

Neste aspecto, destaca Estevão Mallet[98], "cabe a cada trabalhador decidir sobre acatar a decisão da maioria ou, se preferir continuar a trabalhar. Também pode, em primeiro momento, aderir a greve e, mais adiante, retirar sua adesão voltando a trabalhar."

A Lei 7783, define greve em seu art. 2º, da seguinte forma "para os fins desta Lei, considera-se legítimo exercício do direito de greve a suspensão coletiva, temporária e pacífica, total ou parcial, de prestação pessoal de serviços a empregador."

A natureza jurídica da greve é de suspensão temporária do trabalho. Enquanto perdurar o movimento grevista, os contratos de trabalho ficam

98 Dogmática Elementar do Direito de Greve. São Paulo: Ltr, 2014, p. 35.

suspensos. Como bem adverte Estevão Mallet[99], "não se trabalha, mas subsiste jacente o propósito de voltar a fazê-lo mais adiante, em melhores ou diferentes condições. Por isso, fala-se em suspensão do contrato, não em sua extinção."

Nos termos do art. 3º, da Lei 7783, frustrada a negociação ou verificada a impossibilidade de recursos via arbitral, é facultada a cessação coletiva do trabalho. Parágrafo único. A entidade patronal correspondente ou os empregadores diretamente interessados serão notificados, com antecedência mínima de 48 (quarenta e oito) horas, da paralisação.

Diante do referido dispositivo legal, antes da deflagração do movimento grevista, há necessidade de se tentar a negociação coletiva com a entidade patronal, ou o recurso à via arbitral. No entanto, via arbitral é voluntária e facultativa. A entidade patronal correspondente ou os empregadores diretamente interessados serão notificados, com antecedência mínima de 48 (quarenta e oito) horas, da paralisação.

Após, conforme o art. 4º, da Lei 7783, deverá ser convocada assembleia. Dispõe o referido dispositivo legal:

> "Caberá à entidade sindical correspondente convocar, na forma do seu estatuto, assembléia geral que definirá as reivindicações da categoria e deliberará sobre a paralisação coletiva da prestação de serviços. § 1º O estatuto da entidade sindical deverá prever as formalidades de convocação e o quorum para a deliberação, tanto da deflagração quanto da cessação da greve. § 2º Na falta de entidade sindical, a assembléia geral dos trabalhadores interessados deliberará para os fins previstos no "*caput*", constituindo comissão de negociação."

Como bem adverte Carlos Henrique Bezerra Leite[100], "a legitimidade para deflagrar a greve é dos sindicatos dos trabalhadores destinatários da proteção constitucional trabalhista (empregado rural e urbano, trabalhador avulso e servidor público), já que a greve, que é um ato coletivo, um direito coletivo, pressupõe o exaurimento da negociação coletiva, em função do que é obrigatória a participação dos sindicatos em toda e qualquer espécie

99 Dogmática Elementar do Direito de Greve. São Paulo: LTr, 2014, p. 32.

100 Curso de Direito do Trabalho. 12ª ed. São Paulo: Saraiva, 2020, p. 915.

de negociação coletiva (CF, art. 8º, V), sendo certo que é o sindicato que representa individual e coletivamente a categoria."

A entidade sindical ou comissão especialmente eleita representará os interesses dos trabalhadores nas negociações ou na Justiça do Trabalho (art. 5º, da Lei 7783/89).

Conforme o art. 6º, da Lei 7783/90, "são assegurados aos grevistas, dentre outros direitos: I – o emprego de meios pacíficos tendentes a persuadir ou aliciar os trabalhadores a aderirem à greve; II – a arrecadação de fundos e a livre divulgação do movimento. § 1º Em nenhuma hipótese, os meios adotados por empregados e empregadores poderão violar ou constranger os direitos e garantias fundamentais de outrem. § 2º É vedado às empresas adotar meios para constranger o empregado ao comparecimento ao trabalho, bem como capazes de frustrar a divulgação do movimento. § 3º As manifestações e atos de persuasão utilizados pelos grevistas não poderão impedir o acesso ao trabalho nem causar ameaça ou dano à propriedade ou pessoa."

Conforme o art. 7º, da Lei 7783/89, observadas as condições previstas nesta Lei, a participação em greve suspende o contrato de trabalho, devendo as relações obrigacionais, durante o período, ser regidas pelo acordo, convenção, laudo arbitral ou decisão da Justiça do Trabalho. Parágrafo único. É vedada a rescisão de contrato de trabalho durante a greve, bem como a contratação de trabalhadores substitutos, exceto na ocorrência das hipóteses previstas nos arts. 9º e 14.

Como já assinalado, a greve configura a suspensão temporária do trabalho, sendo hipótese de suspensão do contrato de trabalho. Desse modo, não haverá extinção do contrato de trabalho[101], mas uma paralização total e temporária de suas cláusulas. Enquanto durar a greve, cessarão as obrigações de empregado e empregador. Não serão devidos os dias trabalhados, no entanto, mediante negociação coletiva, pode ficar acertado o pagamento dos salários durante o período da greve. No aspecto, destaca-se a seguinte ementa:

> DISSÍDIO COLETIVO DE GREVE. RECURSO ORDINÁRIO. REQUERIMENTO DE CONCESSÃO DE EFEITO SUSPENSIVO AO RECURSO ORDINÁRIO. O presidente do Tribunal Superior do Trabalho, cuja competência é exclusiva para apreciar pedido

101 Nos termos da Súmula 316 do STF: "A simples adesão a greve não constitui falta grave."

dessa natureza (art. 14 da Lei nº 10.192/2001), indeferiu a postulação de efeito suspensivo, consoante os termos do despacho do processo TST-ES. Prejudicado o exame. GREVE. VIOLAÇÃO DO ART. 6º, § 1º, DA LEI Nº 7.783/1989. MOVIMENTO ABUSIVO. VENCIDA A RELATORA NESTE TÓPICO. A maioria da SDC, acolhendo a tese apresentada na divergência, entendeu que o movimento paredista violou o art. 6º, § 1º, da Lei nº 7.783/1989 e, por esse motivo, declarou abusiva a greve, vencida a relatora, neste aspecto. REAJUSTE SALARIAL. Após a vigência da Lei nº 10.192/01, esta Corte passou a não deferir, em dissídio coletivo, reajuste salarial correspondente ao valor integral da inflação apurada, por entender que o reajuste não poderia estar atrelado a nenhum índice de preços, diante da vedação do art. 13 da citada lei. Entretanto, a jurisprudência predominante desta Corte Superior admite reajustar os salários dos trabalhadores em percentual ligeiramente inferior aos índices inflacionários medidos para o período. No caso, o Tribunal a quo deferiu aos trabalhadores o reajuste de 9,8% (nove vírgula oito por cento), índice abaixo do medido para o INPC-IBGE no período de maio de 2015 a abril de 2016 (9,83%). Recurso ordinário a que se nega provimento. SENTENÇA NORMATIVA. IRRETROAÇÃO. EFEITOS A PARTIR DA PUBLICAÇÃO. A lei estabelece que, instaurada a instância coletiva após o prazo do art. 616, § 3º, da CLT ("havendo convenção, acordo ou sentença normativa em vigor, o dissídio coletivo deverá ser instaurado dentro dos 60 (sessenta) dias anteriores ao respectivo termo final, para que o novo instrumento possa ter vigência no dia imediato a esse termo.") a sentença normativa vigorará a partir da data de sua publicação, conforme o art. 867, parágrafo único, "a", da CLT. No caso, não há registro de ter sido apresentado protesto judicial, ou de que as partes negociaram a manutenção da data-base da categoria para o mês de maio. Nessa situação, nos termos da lei, a sentença normativa vigorará a partir da data da sua publicação. Recurso ordinário a que se dá provimento. COMPENSAÇÃO E PAGAMENTO DOS DIAS PARADOS. GREVE DE LONGA DURAÇÃO. O entendimento que prevalece nessa SDC é de que a greve configura a suspensão do contrato de trabalho, e, por isso, como regra geral, não é devido o pagamento dos dias de paralisação, exceto quando a questão é negociada entre as partes ou em situações excepcionais, como na paralisação motivada por

> descumprimento de instrumento normativo coletivo vigente, não pagamento de salários e más condições de trabalho. No caso, não se constata a ocorrência de nenhuma das hipóteses excepcionais admitidas pela jurisprudência, que, se motivadora da paralisação dos serviços, justificaria a decretação do pagamento dos dias parados. Entretanto, a jurisprudência da C. SDC entende que, se a greve perdurar por longo período no tempo, o desconto salarial integral pode acarretar prejuízos econômicos e sociais excessivos aos trabalhadores, razão por que é possível preservar seu salário com a compensação de parte dos dias parados. Nesse sentido, deve ser considerada a oferta do recorrente no sentido de fixar o desconto salarial de 50% dos dias paralisados e a compensação dos outros 50%. Precedentes. Recurso ordinário a que se dá provimento (TST – RO-220-38.2016.5.10.0000, Seção Especializada em Dissídios Coletivos, Relatora Ministra Katia Magalhaes Arruda, DEJT 20/06/2017).

Dispõe o art. 8º, da Lei 7783/89: "A Justiça do Trabalho, por iniciativa de qualquer das partes ou do Ministério Público do Trabalho, decidirá sobre a procedência, total ou parcial, ou improcedência das reivindicações, cumprindo ao Tribunal publicar, de imediato, o competente acórdão.

As partes envolvidas na greve ou o Ministério Público do Trabalho poderão provocar a Justiça do Trabalho para decisão do conflito.

Como já mencionado, na greve, o dissídio coletivo tem natureza híbrida, pois, num primeiro plano, a Justiça do Trabalho irá dirimir a controvérsia jurídica, declarando ou não a greve abusiva e, num segundo plano, irá apreciar as cláusulas econômicas, exercendo o poder normativo (dissídio de natureza econômica).

Muito tem sido discutido se no dissídio de greve há a necessidade do *comum acordo* para o Tribunal apreciar as cláusulas econômicas.

Dispõe o art. 114, § 3º, da CF:

> "Em caso de greve em atividade essencial, com possibilidade de lesão do interesse público, o Ministério Público do Trabalho poderá ajuizar dissídio coletivo, competindo à Justiça do Trabalho decidir o conflito."

A greve pode envolver atividades essenciais e não essenciais. Em se tratando de greve em atividades não essenciais, poderão instaurar o dissídio de greve as partes envolvidas no conflito, nos termos do art. 8º da Lei n. 7.783/89. Nesse sentido, valem destacar as seguintes ementas, oriundas da mais alta Corte Trabalhista do país:

> "RECURSO ORDINÁRIO EM DISSÍDIO COLETIVO – LEGITIMIDADE DO SINDICATO PATRONAL PARA AJUIZAR DISSÍDIO COLETIVO DE GREVE. O direito de greve previsto no art. 9º e parágrafos da Constituição Federal foi regulado pela Lei n. 7.783/89, que continua em vigor. E, consoante o disposto no art. 8º do citado diploma legal, a legitimação ordinária para o ajuizamento do dissídio coletivo de greve é das partes envolvidas, sendo que ao Ministério Público cabe a legitimidade ativa, no caso de greve em serviço essencial (art. 114, § 3º, da CF/88). Desse modo, não há como negar a legitimidade ativa do sindicato patronal para ajuizar dissídio de greve, sob pena de violação da garantia constitucional prevista no art. 5º, XXXV, da CF/88. Recurso ordinário conhecido e provido." (Processo: RODC – 105500-29.2007.5.09.0909 – Data de Julgamento: 15.12.2009 – rela Ministra Kátia Magalhães Arruda – Seção Especializada em Dissídios Coletivos – Data de Divulgação: DEJT 5.3.2010).

> "RECURSO ORDINÁRIO. AÇÃO DECLARATÓRIA DE ABUSIVIDADE DE GREVE. COMPETÊNCIA DA JUSTIÇA DO TRABALHO. ILEGITIMIDADE ATIVA *AD CAUSAM*. ART. 114, INC. II E § 3º, DA CONSTITUIÇÃO FEDERAL. EMENDA CONSTITUCIONAL N. 45/2004. 1. A Justiça do Trabalho, mesmo após a edição da Emenda Constitucional n. 45/2004, é competente para declarar a abusividade, ou não, de movimento grevista. 2. É concorrente a legitimidade do Ministério Público do Trabalho e do empregador para ajuizamento de ação declaratória de abusividade de greve em atividades consideradas essenciais. Precedente desta Seção Normativa. Nas atividades não essenciais permanece a legitimidade do empregador individualmente considerado ou do sindicato representante da categoria econômica para ajuizamento dessa ação coletiva. 3. Hipótese em que o Tribunal Regional decretou a extinção do processo sem resolução do mérito, por ilegitimidade ativa *ad causam*, sob o entendimento de que, após o advento da Emenda Constitucional n. 45/2004, em que se acrescentou o inc. II e o § 3º ao art. 114 da Constituição Federal,

> a Justiça do Trabalho não detém mais competência para declarar a abusividade, ou não, de movimento grevista, e a legitimidade para ajuizar dissídio coletivo de greve é exclusiva do Ministério Público do Trabalho. Recurso ordinário a que dá provimento, para afastar a declaração de ilegitimidade ativa *ad causam* e determinar o retorno dos autos ao Tribunal Regional de origem, a fim de que prossiga no exame da presente ação coletiva, como entender de direito." (Processo: RODC – 61300-97.2008.5.09.0909 – Data de Julgamento: 9.11.2009 – rel. Ministro Fernando Eizo Ono – Seção Especializada em Dissídios Coletivos – Data de Divulgação: DEJT 28.5.2010).

De outro lado, o Ministério Público do Trabalho, diante do comando constitucional, somente poderá ajuizar dissídio coletivo de greve em atividades essenciais.

Sem dúvida, foi restringida a legitimidade do MP do Trabalho para ajuizar o dissídio de greve. Agora, o MP do Trabalho somente pode atuar quando a greve eclodir em atividades essenciais, definidas de forma exemplificativa na Lei n. 7.783/83. A legitimidade do Ministério Público do Trabalho somente se justifica na defesa da ordem jurídica, no aspecto jurídico do conflito, a fim de buscar que a greve transcorra dentro da legalidade. Não é função institucional, tampouco missão constitucional do *parquet* a defesa de cláusulas econômicas no dissídio de greve. Além disso, há necessidade de comum acordo das partes para o Tribunal apreciar tais cláusulas.

No mesmo sentido, é a posição de *Pedro Carlos Sampaio Garcia*[102]: "A instauração do dissídio coletivo pelo Ministério Público do Trabalho visa ao julgamento dos atos relacionados ao exercício do direito de greve, pois é apenas na defesa do interesse público que age esse órgão nessa hipótese. Não cabe ao Ministério Público defender interesse econômico das partes envolvidas no conflito."

Pensa de forma contrária *João Oreste Dalazen*[103]: "[...] o novel preceito apenas elevou à dignidade constitucional a legitimação ativa do Ministério Público do Trabalho para instaurar dissídio coletivo, em caso de greve,

102 GARCIA, Pedro Carlos Sampaio. O fim do poder normativo. Justiça do Trabalho. *In: Justiça do trabalho competência ampliada*. Coordenação de Grijalbo Fernandes Coutinho e Marcos Neves Fava. São Paulo: LTr, 2005. p. 394-395.

103 *Op. cit.*, p. 144.

já assegurada anteriormente em lei. Uma vez que a norma insculpida no § 3º do art. 114 não outorgou legitimação *exclusivamente* ao Ministério Público do Trabalho, creio que persiste a legitimação *concorrente* também de qualquer das partes para suscitar dissídio coletivo em caso de greve, como já dispõe expressamente a atual Lei n. 7.783/89 (art. 8º)."

A questão que se coloca é a seguinte: pode a Justiça do Trabalho, em dissídio de greve, sem a existência do comum acordo, apreciar as cláusulas econômicas?

Parte da jurisprudência tem interpretado o § 3º do art. 114, sistematicamente com o inciso II, do art. 114, da Constituição Federal, dizendo que não há necessidade do comum acordo e que a Justiça do Trabalho pode apreciar as cláusulas econômicas do dissídio de greve.

A questão é complexa. Primeiramente, no caso do dissídio de greve, nos parece dispensável o comum acordo, tanto no ajuizado pelo MP como pelos Sindicatos. Acreditamos que num primeiro momento nos sentimos tentados a dizer que as cláusulas econômicas também podem ser apreciadas no dissídio de greve mesmo sem o *comum acordo*, pois o § 3º do art. 114 diz que a Justiça do Trabalho decidirá o conflito, assim, como o § 2º, entretanto, no § 3º, o art. 114 silencia sobre os parâmetros de decisão do conflito, "respeitando as disposições mínimas [...]." Em razão disso, a competência da Justiça do Trabalho em dissídios de greve se restringe a declarar a legitimidade ou não do movimento paredista. Caso contrário, a greve seria a via lateral para o ajuizamento do dissídio coletivo de natureza econômica, suprindo a necessidade do "comum acordo".

Conforme o art. 9º, da Lei 7783/90, durante a greve, o sindicato ou a comissão de negociação, mediante acordo com a entidade patronal ou diretamente com o empregador, manterá em atividade equipes de empregados com o propósito de assegurar os serviços cuja paralisação resultem em prejuízo irreparável, pela deterioração irreversível de bens, máquinas e equipamentos, bem como a manutenção daqueles essenciais à retomada das atividades da empresa quando da cessação do movimento. Parágrafo único. Não havendo acordo, é assegurado ao empregador, enquanto perdurar a greve, o direito de contratar diretamente os serviços necessários a que se refere este artigo.

Nos termos do art. 13, da Lei 7783/89, na greve, em serviços ou atividades essenciais, ficam as entidades sindicais ou os trabalhadores, conforme o caso, obrigados a comunicar a decisão aos empregadores e aos usuários com antecedência mínima de 72 (setenta e duas) horas da paralisação.

O art. 10, da Lei 7783/89, apresenta rol de atividades essenciais que devem funcionar, obrigatoriamente, com um número mínimo de trabalhadores, a ser definido pelas partes ou pela Justiça do Trabalho. Dispõe o referido dispositivo legal:

> "São considerados serviços ou atividades essenciais: I – tratamento e abastecimento de água; produção e distribuição de energia elétrica, gás e combustíveis; II – assistência médica e hospitalar; III – distribuição e comercialização de medicamentos e alimentos; IV – funerários; V – transporte coletivo; VI – captação e tratamento de esgoto e lixo; VII – telecomunicações; VIII – guarda, uso e controle de substâncias radioativas, equipamentos e materiais nucleares; IX – processamento de dados ligados a serviços essenciais; X – controle de tráfego aéreo e navegação aérea; (Redação dada pela Lei nº 13.903, de 2019) XI compensação bancária. XII – atividades médico-periciais relacionadas com o regime geral de previdência social e a assistência social; (Incluído pela Lei nº 13.846, de 2019) XIII – atividades médico-periciais relacionadas com a caracterização do impedimento físico, mental, intelectual ou sensorial da pessoa com deficiência, por meio da integração de equipes multiprofissionais e interdisciplinares, para fins de reconhecimento de direitos previstos em lei, em especial na Lei nº 13.146, de 6 de julho de 2015 (Estatuto da Pessoa com Deficiência); e (Incluído pela Lei nº 13.846, de 2019) XIV – outras prestações médico-periciais da carreira de Perito Médico Federal indispensáveis ao atendimento das necessidades inadiáveis da comunidade. (Incluído pela Lei nº 13.846, de 2019) XV – atividades portuárias. (Incluído pela Medida Provisória nº 945, de 2020)."

Conforme vem entendendo corretamente a doutrina, trata-se de um rol taxativo, não se admitindo ampliação por interpretação, uma vez que a Constituição Federal, no art. 9º, garante o direito social fundamental de greve, somente podendo ser restringido mediante lei. No entanto, como bem adverte Estevão Mallet[104], "o rol legal não é estritamente taxativo, ainda que se deva evitar interpretação ampliativa. Mas há atividades não

104 Dogmática Elementar do Direito de Greve. São Paulo: LTr, 2014, p. 96-97.

mencionadas expressamente pelo legislador cuja essencialidade não pode deixar de reconhecer. Foi o que decidiu a jurisprudência administrativa portuguesa. Lavagem e higienização de roupas não são atividades essenciais, com certeza. Mas quando se trata de lavagem e higienização realizadas por empresa contratada por hospitais, clínicas e casas de saúde, e essencial a atividade sempre que necessário o material para a prestação do serviço médico de urgência ou para evitar riscos de contaminação de pessoas, relativamente ao produto descartados, no qual se encontram fluídos humanos, como sangue ou catarro, etc."

Conforme o art. 11 da Lei 7783, "nos serviços ou atividades essenciais, os sindicatos, os empregadores e os trabalhadores ficam obrigados, de comum acordo, a garantir, durante a greve, a prestação dos serviços indispensáveis ao atendimento das necessidades inadiáveis da comunidade. Parágrafo único. São necessidades inadiáveis, da comunidade aquelas que, não atendidas, coloquem em perigo iminente a sobrevivência, a saúde ou a segurança da população."

Conforme o referido dispositivo, durante a greve, os envolvidos no movimento ficam obrigados, de comum acordo a garantir a prestação dos serviços indispensáveis ao atendimento das necessidades inadiáveis da comunidade, as quais não atendidas coloquem em perigo iminente a sobrevivência, a saúde ou a segurança da população.

Conforme a OJ 38, da SDC do TST, "é abusiva a greve que se realiza em setores que a lei define como sendo essenciais à comunidade, se não é assegurado o atendimento básico das necessidades inadiáveis dos usuários do serviço, na forma prevista na Lei nº 7.783/89."

No caso de inobservância do disposto no artigo 11, da Lei 7783/83, o Poder Público assegurará a prestação dos serviços indispensáveis.

Nos termos do art. 14 da Lei 7783/89:

Constitui abuso do direito de greve, gerando a responsabilidades nas esferas trabalhista, civil e penal:

a) a inobservância das normas contidas na presente Lei 7783/89;
b) a manutenção da paralisação após a celebração de acordo, convenção ou decisão da Justiça do Trabalho;
c) na vigência de acordo, convenção ou sentença normativa não constitui abuso do exercício do direito de greve a paralisação que: I – tenha por objetivo exigir o cumprimento de cláusula ou

condição; II – seja motivada pela superveniência de fatos novo ou acontecimento imprevisto que modifique substancialmente a relação de trabalho.

22. LOCAUTE

O locaute ou *lockout,* é paralização provisória das atividades empresariais ou do empregador, com o fim de pressionar os trabalhadores, tendo por objetivo de atender aos interesses empresariais, e frustrar as reivindicações dos trabalhadores.

O locaute, disciplinado em algumas legislações, é proibido no Brasil, pelo art. 17, da Lei 7783/89, "in verbis":

> "Fica vedada a paralisação das atividades, por iniciativa do empregador, com o objetivo de frustrar negociação ou dificultar o atendimento de reivindicações dos respectivos empregados (lockout). Parágrafo único. A prática referida no *caput* assegura aos trabalhadores o direito à percepção dos salários durante o período de paralisação."

Pode-se questionar a constitucionalidade do referido dispositivo legal, diante do princípio da livre inciativa previsto no art. 1º, IV, da Constituição Federal. No entanto, diante do sistema jurídico normativo de proteção ao trabalho humano, nos parece que o locaute não deve ser permitido.

No aspecto, concordamos com Maurício Godinho Delgado[105] quando assevera:

> "O locaute, enquanto poder máximo do empregador, conspira contra a dignidade da pessoa humana e o valor social do trabalho, ungidos pela Constituição como alguns dos fundamentos da República do Brasil (art. 1º, III, e IV). Enquanto poder incontrastável, conspira também contra os objetivos fundamentais da República, de construir uma sociedade livre, justa e solidária, garantir o desenvolvimento nacional, erradicar a pobreza e a marginalização, promover o bem de todos, sem discriminações (art. 3º, I, II, III e IV, CF/88)."

105 Curso de Direito do Trabalho. 19ª ed. São Paulo: LTr, 2020, p. 1733.

23. AS AÇÕES DECORRENTES DA GREVE A E COMPETÊNCIA DA JUSTIÇA DO TRABALHO

A Justiça do Trabalho, tradicionalmente, apreciava os conflitos de greve envolvendo direitos das classes trabalhadora e patronal, no chamado *dissídio coletivo de greve*[106], seja apreciando a abusividade do movimento e garantia de funcionamento das atividades essenciais, seja apreciando as cláusulas econômicas. Não apreciava a Justiça Especializada as controvérsias periféricas que envolviam a greve, como as ações possessórias e as ações indenizatórias, em razão do movimento grevista envolvendo as próprias partes que participam do movimento, bem como direitos de terceiros.

Atualmente, diz o art. 114, II, da CF, com a redação dada pela EC n. 45/04, competir à Justiça do Trabalho processar e julgar as ações *que envolvam exercício do direito de greve.*

Envolver o exercício do direito de greve significa algo bem mais amplo do que as controvérsias oriundas e decorrentes da relação de trabalho, uma vez que a greve é mais que um direito trabalhista, é um direito social. Como destaca *Reginaldo Melhado*[107], "envolver é cercar, rodear, é vestir ou cobrir enrolando [...]. Envolver, aqui, significa relacionar-se direta ou indiretamente com o exercício do direito de greve. Podem ser partes os empregados, os empregadores, o Ministério Público, o Poder Público, os trabalhadores não empregados, o vizinho afetado pela greve. Já não pode mais haver dúvida sobre o juízo competente nessa matéria."

Diante da EC n. 45/04, a Justiça do Trabalho detém competência material para todas as ações que sejam relacionadas, quer direta, quer indiretamente, ao exercício do direito de greve. Portanto, tanto as ações prévias (inibitórias), para assegurar o exercício do direito de greve para a classe trabalhadora, como as ações possessórias, para defesa do patrimônio do empregador, como as ações para reparação de danos, tanto aos trabalhadores como aos empregadores, e até danos causados aos terceiros, são da competência da Justiça do Trabalho.

---

106 Segundo a melhor doutrina, o dissídio de greve tem natureza híbrida. É de conteúdo declaratório ou jurídico quando a Justiça do Trabalho aprecia a razoabilidade e licitude do movimento. É de natureza econômica quando, uma vez declarada a licitude do movimento paredista, a Justiça do Trabalho passa a apreciar as cláusulas econômicas.

107 MELHADO, Reginaldo. *Metamorfoses do capital e do trabalho*. São Paulo: LTr, 2006. p. 249-250.

A greve, como sendo não só um fato trabalhista, mas social, pode abranger uma multiplicidade de controvérsias que envolvem terceiros, os quais não participam do movimento paredista, mas que têm direitos afetados em razão deste movimento – por exemplo, os vizinhos ou empresas vizinhas do local onde eclode o movimento paredista. O Poder Público pode ser afetado e também a população pode ser significativamente atingida com o movimento grevista nos serviços essenciais, como a greve dos serviços de transportes.

Em nossa visão, tanto as ações coletivas como as individuais que envolvem o exercício do direito de greve são da competência da Justiça do Trabalho, seja entre as partes diretamente envolvidas, seja entre os que sofrem os efeitos do movimento grevista, mas não participam da greve.

As ações de natureza penal oriundas da greve não são da competência da Justiça do Trabalho, uma vez que o art. 114, da CF, em seu inciso I, ao se reportar às controvérsias oriundas da relação de emprego não abrangeu a competência penal. Nesse sentido, decidiu o Supremo Tribunal Federal, em controle concentrado de constitucionalidade (ADI 3684), conforme se constata da seguinte ementa:

> "Ação direta de inconstitucionalidade. 2. Art. 114, I, IV e IX, da CF, na redação dada pela Emenda Constitucional 45/2004. 3. Competência Criminal da Justiça do Trabalho. Inexistência. 4. Medida cautelar deferida pelo Plenário e confirmada no julgamento de mérito. 5. Interpretação conforme ao disposto no art. 114, I, IV e IX, da Constituição da República, de modo a afastar a competência da Justiça do Trabalho para processar e julgar ações penais. 6. Ação direta de inconstitucionalidade julgada procedente" (STF ADI 3684, Rel. Min. Gilmar Mendes. DJE 16/06/2020).

Também não cabe à Justiça do Trabalho julgar a greve de servidores público, conforme entendimento firmado pelo STF com repercussão geral, "in verbis":

> CONSTITUCIONAL. DIREITOS SOCIAIS. COMPETÊNCIA PARA O JULGAMENTO DA LEGALIDADE DE GREVE DE SERVIDORES PÚBLICOS CELETISTAS. JUSTIÇA COMUM. FIXAÇÃO DE TESE DE REPERCUSSÃO GERAL. 1. É competência da justiça comum, federal ou estadual, conforme o caso, o julgamento de dissídio de greve promovida por servidores públicos,

> na linha do precedente firmado no MI 670 (Rel. Min. MAURÍCIO CORRÊA, Rel. p/ acórdão Min. GILMAR MENDES, Tribunal Pleno, DJe de 30/10/2008). 2. As Guardas Municipais executam atividade de segurança pública (art. 144, § 8º, da CF), essencial ao atendimento de necessidades inadiáveis da comunidade (art. 9º, § 1º, CF), pelo que se submetem às restrições firmadas pelo Supremo Tribunal Federal no julgamento do ARE 654.432 (Rel. Min. EDSON FACHIN, redator para acórdão Min. ALEXANDRE DE MORAES, Tribunal Pleno, julgado em 5/4/2017). 3. A essencialidade das atividades desempenhadas pelos servidores públicos conduz à aplicação da regra de competência firmada pelo Supremo Tribunal Federal no MI 670, mesmo em se tratando de servidores contratados pelo Estado sob o regime celetista. 4. Negado provimento ao recurso extraordinário e fixada a seguinte tese de repercussão geral: "A Justiça Comum Federal ou Estadual é competente para julgar a abusividade de greve de servidores públicos celetistas da administração direta, autarquias e fundações de direito público" (STF, Pleno. RE 846.854. Rel. Min. Alexandre de Moraes. Dje: 07/02/2018).

A Justiça do Trabalho sempre conviveu com as questões possessórias que eram conexas a um contrato de emprego, como a moradia cedida pelo empregador para o empregado caseiro, para melhor comodidade na prestação do trabalho, ou a residência concedida a um alto empregado para exercer sua função fora do seu domicílio[108]. Uma vez cessado o vínculo de emprego, muitas vezes, diante da recusa do empregado em devolver a moradia, o empregador ingressa com reclamações trabalhistas ou reconvenções para a reintegração da posse.

Durante o movimento paredista, são comuns as ações possessórias, quando já há a efetiva turbação ou esbulho da posse, ou as ações preventivas, como o interdito proibitório. Para apreciar tais ações, a Justiça

108 Nesse sentido, destacamos a seguinte ementa: "Conflito positivo de competência – Reintegração de posse – Reclamação trabalhista – Comodato – Relação de trabalho. Compete à Justiça do Trabalho apreciar e julgar controvérsia relativa à posse do imóvel cedido em comodato para moradia durante o contrato de trabalho, entendimento firmado em virtude das alterações introduzidas pela Emenda Constitucional n. 45/04, art. 114, inciso VI, da Constituição Federal." Conflito conhecido para declarar competente o Juízo da Vara do Trabalho de Araucária/PR. STJ CC 57.524 – PR (2005/214814-0) – Ac. 2ª S., 27.9.06 relator: Ministro Carlos Alberto Menezes Direito. *In: Revista LTr* 70-11/1365.

do Trabalho sempre aplicou o Direito Civil e o Código de Processo Civil, por força dos arts. 8º e 769 da CLT.

Mesmo as ações possessórias movidas por terceiros, que não fazem parte do movimento paredista, são agora da competência material da Justiça do Trabalho, pois são ações relacionadas ao exercício do direito de greve. Cumpre destacar que o inciso II não vincula as ações decorrentes da greve às controvérsias oriundas da relação de trabalho. Vale dizer, não restringe a competência para as ações movidas pelas partes que estão envolvidas na greve[109].

Os interditos proibitórios propostos em razão da greve, embora não tenha sido esta a posição do C. STJ[110], também são da competência material da Justiça do Trabalho[111]. Nesse sentido, cumpre destacar a seguinte ementa:

109 Não admitindo a competência para as ações que envolvem terceiros e não as partes envolvidas no movimento grevista, temos a posição de Pedro Paulo Teixeira Manus: "Diversa a nosso ver a situação se mesmo em razão de greve houver ameaça, turbação ou esbulho possessório envolvendo terceiro que não seja o empregador, caso em que a competência remanesce na Justiça Estadual. Eis aí outra questão que deverá com brevidade ser equacionada" (*Competência da Justiça do Trabalho e a EC n. 45/04*. São Paulo: Atlas, 2006. p. 95).

110 "Interdito proibitório – Piquete – Grevista em porta de empresa – Ação que busca garantir livre acesso a funcionários e clientes – Ação de natureza possessória – Questão de direito privado – Competência da justiça comum – Litigância de má-fé – Ocorrência – Súmula n. 7-STJ. – I. É de competência da Justiça Comum estadual processar e julgar ação em que se busca garantir livre acesso a funcionários e clientes junto à empresa, na medida em que o pedido e a causa de pedir do interdito proibitório não envolva matéria trabalhista. Procedentes. II. *A pretensão de simples reexame de provas não enseja recurso especial.* III. Agravo regimental que se nega provimento." AgRg no Agravo de Instrumento n. 720.362 – SP (2005/0187156-1) – Ac. 4ª T. – 7.2.2006 – rel. Min. Aldir Passarinho Júnior. *In: Revista LTr* 70-04/484.

111 Destaca-se, no aspecto, a seguinte ementa: "Competência material da Justiça do Trabalho – Ação de interdito proibitório – Greve em porta de agência bancária – *Justo receio de turbação ou esbulho possessório – Garantia de livre acesso a funcionários e clientes* – É de competência da Justiça do Trabalho apreciar e julgar ações de interdito proibitório, em que se busca garantir livre acesso a funcionários e clientes junto às agências bancárias, porquanto, após a Emenda Constitucional n. 45, de 8.12.2004, esta Especializada passou a ser competente para dissídios que envolvam empresas e sindicatos, além das questões relacionadas ao direito de greve, já prevista originalmente, em que pese o fato de o Superior Tribunal de Justiça vir decidindo atribuí-la à Justiça Comum estadual em casos tais, ao entendimento de que a EC n. 45/04 em nada modificou" (confira-se: Ag. Rg. 720362/SP – 4ª T. – Min. rel. Aldir Passarinho Júnior – DJ 20.3.2006; AG 652.479/RJ – rel. Min. Castro Filho – DJ 13.12.05; AG 509.113/MG – rel. Min. Humberto Gomes de Barros – DJ de 28.10.2005; dentre outros julgados) (TRT 3ª R. – RO 00737-2006-114-03-00-0 – (Ac. 3ª T.) – rel. Juiz Irapuan de Oliveira Teixeira Lyra – DJMG 11.11.2006 – p. 4).

> "INTERDITO PROIBITÓRIO – JUSTIÇA DO TRABALHO – COMPETÊNCIA – Ainda que não sufragada pela Justiça Comum, é de se ressaltar que o E. STF tem entendimento, unânime, no sentido de ser da competência desta Justiça Especializada a análise e o julgamento do interdito possessório originado de uma questão afeta à relação de emprego. Precedente. INTERDITO PROIBITÓRIO – AJUIZAMENTO – IMINÊNCIA DE GREVE – POSSIBILIDADE – O interdito proibitório, como disposto no art. 932 do Código Processual Civil, é a proteção possessória adequada, de forma essencial, para as hipóteses de ameaça de turbação ou esbulho da posse de quem detém determinado bem, na condição de possuidor direto ou indireto, desde que presente o justo receio da concretização da ameaça. A ação em comento pode ser ajuizada nesta Justiça Especializada em face de uma greve ou da sua ameaça. Se por um lado o art. 9º da Magna Carta assegura direito de *greve*, por outro assegura a inviolabilidade da *propriedade* (art. 5º, *caput*), aqui utilizada no seu sentido amplo, incluindo a posse. Estando tais direitos, constitucionalmente garantidos, em choque, deverá o aplicador do direito, através de técnicas integrativas, levá-los a um patamar comum, lhes garantindo a coexistência. Assim, a ação sob enfoque e no âmbito de uma greve ou da ameaça de sua realização terá como objetivo garantir ao seu autor a resguarda da sua posse sobre determinado bem, coibindo-se qualquer excesso provocado pelo movimento paredista. Destarte, o procedimento escolhido pela empresa, em tese, atende à natureza da causa ainda que conexo a um estado de greve, devendo esta Justiça Especializada passar para a análise dos seus pressupostos processuais, das condições da ação e, se possível, do seu mérito. Não estando a questão fundada em matéria exclusivamente de direito (art. 515, § 3º, da CLT), é de rigor determinar a remessa dos autos à instância originária para a continuidade no seu julgamento. Prejudicada, com isso, a apreciação das demais matérias recorridas. Recurso provido." TRT – 15ª Reg. (Campinas/SP) – RO 1450-2006-014-15-00-4 – (Ac. 140/08 – PADC, SDC) – rel. Flávio Nunes Campos – DOE 27.6.08, p. 06. *In:* Irany Ferrari e Melchíades Rodrigues Martins. *Suplemento de Jurisprudência* n. 35/08. São Paulo: LTr, 2008.

O Supremo Tribunal Federal, fixou entendimento de ser a Justiça do Trabalho competente para apreciar os interditos possessórios em razão de greve dos trabalhadores da iniciativa privada, conforme se constata da redação da Súmula Vinculante n. 23 do Supremo Tribunal Federal, abaixo transcrita:

> "A Justiça do Trabalho é competente para processar e julgar ação possessória ajuizada em decorrência do exercício do direito de greve pelos trabalhadores da iniciativa privada."

Diante da EC n. 45/04, as ações de reparação de danos que envolvem a greve são da competência material da Justiça do Trabalho. Cabem tanto as ações por danos morais e materiais, movidas por sindicatos, trabalhadores e empregadores ou terceiros, como as ações civis públicas, movidas tanto pelo Ministério Público do Trabalho, como pela Procuradoria-Geral do Estado.

Desse modo, eventuais reparações de danos sofridos pelas partes que participam do movimento paredista, como por terceiros afetados pela greve, devem ser postuladas na Justiça do Trabalho, uma vez que o inciso II não restringe a competência da Justiça do Trabalho para as ações que envolvam as partes no movimento paredista.

Entendemos que a intenção da lei e do próprio legislador no inciso II do art. 114 foi trazer para a Justiça do Trabalho todas as ações que guardam nexo de causalidade com o movimento grevista, vale dizer: as causas em que a greve seja o motivo principal da violação de um direito.

24. ARBITRAGEM NOS CONFLITOS COLETIVOS

A arbitragem é um meio de solução dos conflitos pelo ingresso de um terceiro imparcial (árbitro) previamente escolhido pelas partes que irá solucionar o conflito de forma definitiva. A arbitragem é considerada um meio alternativo de solução do conflito, pois o árbitro não pertence ao Estado. Alguns doutrinadores sustentam que o árbitro tem jurisdição, não a estatal, mas sim a que lhe foi outorgada pelas partes para resolução do conflito.

Não há tradição de resolução dos conflitos trabalhistas pela via da arbitragem no Direito brasileiro, embora em muitos países de tradição anglo-saxônica, este seja o principal meio de resolução de tais conflitos, principalmente o conflito coletivo de trabalho.

Diante do princípio da inafastabilidade da jurisdição (art. 5º, XXXV, da CF), a arbitragem no Direito brasileiro é um meio facultativo de solução de conflitos, vale dizer: não se pode obrigar alguém, contra sua vontade, a aceitar o procedimento arbitral.

A resolução dos conflitos pela via arbitral, conforme pacificado na doutrina e no próprio Supremo Tribunal Federal, não viola os princípios constitucionais do acesso à justiça, inafastabilidade da jurisdição e do juiz natural, pois a arbitragem é um procedimento facultativo, o árbitro é um ente imparcial escolhido previamente pelas partes. Além disso, eventuais nulidades do procedimento arbitral podem ser discutidas no Judiciário.

Dentre os argumentos favoráveis à arbitragem, podemos destacar: a) maior agilidade nas decisões, em face da inexistência de recursos; b) o árbitro é escolhido pelas partes; c) melhores condições da real dimensão do conflito pelo árbitro; d) maior celeridade de resolução do conflito; e) possibilidade de a decisão dar-se por equidade se assim convencionarem as partes.

Nos termos da Lei n. 9.307/96 que disciplina a arbitragem e traça as regras do procedimento arbitral, o procedimento arbitral é instaurado pela *convenção de arbitragem*, que compreende a *cláusula compromissória* e o *compromisso arbitral*.

A *cláusula compromissória*, prevista no art. 4º da Lei n. 9.307/96, é o negócio jurídico por meio do qual as partes se comprometem a submeter à arbitragem futuros litígios que possam surgir relativamente a um contrato. O *compromisso arbitral*, previsto no art. 9º da Lei n. 9.307/96, é o negócio jurídico de natureza contratual por meio do qual as partes submetem à arbitragem um litígio já existente.

Na esfera do Direito Coletivo do Trabalho, há autorização constitucional para que o conflito coletivo do trabalho, se assim convencionarem as partes, possa ser dirimido pela arbitragem. Nesse sentido, dispõem os §§1º e 2º do art. 114, da CF, "in verbis":

> "Compete à Justiça do Trabalho processar e julgar: (...)§ 1º Frustrada a negociação coletiva, as partes poderão eleger árbitros. (...)§ 2º Recusando-se qualquer das partes à negociação coletiva ou à arbitragem, é facultado às mesmas, de comum acordo, ajuizar dissídio coletivo de natureza econômica, podendo a Justiça do Trabalho decidir o conflito, respeitadas as disposições mínimas legais de proteção ao trabalho, bem como as convencionadas anteriormente."

O referido § 1º do art. 114, da CF, faculta às partes envolvidas no conflito coletivo de trabalho, eleger um árbitro para julgar o conflito. Trata-se de arbitragem privada e facultativa, cujo árbitro é escolhido de forma consensual pelas partes, à quais consensualmente, se submeterão à sua decisão.

Como destaca Maurício Godinho Delgado[112]:

> "A partir do cenário aberto pela Constituição, alguns diplomas legais posteriores fizeram referência ao processo arbitral no plano juscoletivo. É o que se passou, com a Lei de Greve, que subordina a validade do instituto paredista à frustração a negociação coletiva e subsequente inviabilização de recurso à via arbitral (Lei 7.783/1989, art. 3º, *caput*). O mesmo diploma, referindo-se à cessação do movimento paredista, estipula que a regulação das relações obrigacionais durante o período de greve devem ser regidas por decisão judicial trabalhista (sentença normativa) ou por instrumento normativo coletivo, entre estes o laudo arbitral (art. 7º, *caput*, Lei 7783)."

Depois da EC n. 45/04, diante da necessidade do *comum acordo* para a instauração do dissídio coletivo de natureza econômica (§ 2º do art. 114, da CF), muitos intérpretes sustentam que o poder normativo da Justiça do Trabalho se transformou em arbitragem judicial pública, pois há a necessidade de se provocar a intervenção judicial, por mútuo acordo. Desse modo, a expressão "comum acordo" equivaleria a uma cláusula compromissória ou ao compromisso arbitral, previstos na Lei n. 9.307/1996.

Assim, não seria mais o dissídio coletivo um processo propriamente dito, e sim uma arbitragem pública. Portanto, praticamente estariam revogados os arts. 856 a 875 da CLT que disciplinam o procedimento do dissídio coletivo.

Nesse sentido, é a posição abalizada de *Pedro Carlos Sampaio Garcia*[113]:

> "Com a nova redação do art. 114, § 2º, da Constituição Federal, tudo mudou. O texto é claro e não permite dúvidas. Agora é facultado às partes, de comum acordo, suscitar o dissídio coletivo. É

112 Curso de Direito do Trabalho. 19ª ed. São Paulo: Ltr, 2020, p. 1776.

113 GARCIA, Pedro Carlos Sampaio. In: A nova competência da Justiça do Trabalho. São Paulo: LTr, 2005, p. 391.

> facultado. Suscita de comum acordo se quiser. Se não quiser, não suscita e aí não há dissídio coletivo. Nenhuma outra alternativa se colocou no texto constitucional. Somente esta existe. Diante do novo sistema estabelecido em nossa Constituição, a parte apenas se submete à sentença normativa voluntariamente. Não sendo assim, não está a parte obrigada a participar de dissídio coletivo e a se submeter à decisão normativa ali proferida. Não há mais imposição obrigatória de sentença normativa. Portanto, não há mais poder [...]. A atuação da Justiça do Trabalho nos dissídios coletivos passa a ter a natureza de uma arbitragem pública. As partes escolhendo o árbitro, concordam em se submeter à decisão por ele proferida."

Em que pesem as opiniões em contrário, e os sólidos fundamentos apontados por *Sampaio Garcia*, o poder normativo e o dissídio coletivo continuam mantidos pelos seguintes argumentos: a) o dissídio coletivo de natureza jurídica em nada foi alterado pela EC n. 45/04; b) o legislador não extinguiu expressamente o Poder Normativo, tampouco o transformou em arbitragem. Além disso, disciplinou expressamente a possibilidade de arbitragem facultativa, fora da Justiça do Trabalho, no § 2º do art. 114; c) continua vigente o dissídio de revisão; d) o § 2º, do art. 114, da CF, diz ajuizar dissídio coletivo. Ora, somente se ajuíza uma ação. E também se refere à *decisão do conflito* pela Justiça do Trabalho.

Dessa forma, o poder normativo não fora transformado em arbitragem, embora dela se tenha aproximado muito.

Em verdade, existe no Brasil falta de tradição em solução dos conflitos pela via arbitral, acreditando-se que os árbitros não estão preparados para resolver os litígios com imparcialidade e justiça. Na esfera trabalhista, acredita-se que a via arbitral sempre atende aos interesses do empregador, lesando os interesses do empregado. Na realidade, muitas vezes, tanto a decisão como a transação realizadas em sede arbitral são melhores que a decisão na Justiça do Trabalho, principalmente nos centros de maior movimento processual, em que a carga de trabalho dos juízes inviabiliza uma decisão célere e com qualidade.

Adverte, com sabedoria, *Jorge Luiz Souto Maior*: "Sob a perspectiva do cientista do direito, que busca a construção de um modelo jurídico que possa atender à necessidade de efetivação dos direitos sociais de forma rápida e eficaz (e mesmo sob a perspectiva do cidadão), não importa se a solução encontrada (respeitados esses requisitos) tenha sido proferida no processo ou fora dele. O importante é fixar parâmetros jurídicos sólidos para que as técnicas de solução de conflitos (todas elas) se constituam de maneira a proporcionar a acessibilidade à ordem jurídica justa (fácil acesso e justa solução)."[114]

25. DAS COMISSÕES DE CONCILIAÇÃO PRÉVIA

As comissões de conciliação prévia são órgãos criados no âmbito dos sindicatos ou das empresas, com a finalidade de resolução do conflito individual trabalhista por meio da autocomposição. Trata-se de um meio alternativo, extrajudicial, de solução do conflito que tem por finalidade propiciar maior celeridade à resolução da lide, sem a burocracia do Poder Judiciário Trabalhista.

Diante da presença de conciliadores, empregados e empregadores poderão, consensualmente, colocar fim ao conflito.

A criação das comissões de conciliação prévia é facultativa, e estas podem ser criadas no âmbito das empresas ou dos sindicatos, e terão o mesmo número de representantes dos empregados e dos empregadores, conforme disciplina o art. 625-A da CLT, *in verbis*:

> "As empresas e os sindicatos podem instituir Comissões de Conciliação Prévia, de composição paritária, com representante dos empregados e dos empregadores, com a atribuição de tentar conciliar os conflitos individuais do trabalho. Parágrafo único. As Comissões referidas no *caput* deste artigo poderão ser constituídas por grupos de empresas ou ter caráter intersindical."

Nos termos do § 1º do art. 625-D, da CLT, "a demanda será formulada por escrito ou reduzida a termo por qualquer dos membros da Comissão, sendo entregue cópia datada e assinada pelo membro aos interessados."

Conforme o § 2º do art. 625-D da CLT:

> "Não prosperando a conciliação, será fornecida ao empregado e ao empregador declaração da tentativa conciliatória frustrada com

114 SOUTO MAIOR, Jorge Luiz. Os modos extrajudiciais de solução dos conflitos individuais do trabalho. *Revista LTr*, São Paulo, n. 66, jun. 2002, p. 1348.

> a descrição de seu objeto, firmada pelos membros da Comissão, que deverá ser juntada à eventual reclamação trabalhista."
>
> "Caso exista, na mesma localidade e para a mesma categoria, Comissão de empresa e Comissão sindical, o interessado optará por uma delas para submeter a sua demanda, sendo competente aquela que primeiro conhecer do pedido" (§ 4º do art. 625-D da CLT).

As Comissões de Conciliação Prévia têm dez dias para a realização da tentativa de conciliação a partir da provocação do interessado (art. 625-F da CLT). Se o referido prazo for ultrapassado, será fornecida certidão ao reclamante, podendo este ingressar com a reclamação trabalhista.

O prazo prescricional será suspenso a partir da provocação da Comissão de Conciliação Prévia, recomeçando a fluir, pelo que lhe resta, a partir da tentativa frustrada de conciliação ou do esgotamento do prazo de 10 dias para realização da audiência (art. 625-G da CLT).

Assevera o art. 625-D da CLT:

> "Qualquer demanda de natureza trabalhista será submetida à Comissão de Conciliação Prévia se, na localidade da prestação de serviços, houver sido instituída a Comissão no âmbito da empresa ou do sindicato da categoria."

Diante do referido dispositivo legal, há entendimentos na doutrina e na jurisprudência de que a passagem do conflito individual trabalhista pela Comissão de Conciliação Prévia é um pressuposto processual ou uma condição da ação que devem ser preenchidos quando do ajuizamento da ação trabalhista, vale dizer: se não houver a tentativa de conciliação perante a Comissão de Conciliação Prévia, deverá o Juiz do Trabalho a requerimento, ou *ex officio*, extinguir o processo, sem resolução de mérito, nos termos do art. 485 do CPC[115], *in verbis*:

> "O juiz não resolverá o mérito quando: (...) IV – verificar a ausência de pressupostos de constituição e de desenvolvimento válido e regular do processo; (...) VI – verificar ausência de legitimidade ou de interesse processual."

115 No CPC de 1973, o art. 267 tratava da matéria.

Argumentam, ainda, os defensores das Comissões de Conciliação Prévia que a tentativa de conciliação extrajudicial como condição de ingresso da reclamação trabalhista tem por objetivo estimular a conciliação, desafogar o Judiciário Trabalhista e ainda melhorar a prestação jurisdicional de Justiça do Trabalho, o que somente será possível se se entender obrigatória a tentativa de conciliação extrajudicial.

Embora a lei diga que qualquer demanda *será submetida à Comissão*, não apresenta qualquer penalidade para o descumprimento. Se não há penalidade, não se pode concluir que há obrigatoriedade. Além disso, a conciliação pode ser tentada na audiência trabalhista pelo Juiz do Trabalho. As tentativas conciliatórias do Juiz do Trabalho suprem eventual necessidade de conciliação extrajudicial. Não nos parece ser justo e razoável o Juiz do Trabalho, após tentar a conciliação e não obtê-la, extinguir o processo em razão da falta de passagem do litígio pela Comissão de Conciliação Prévia. Tal extinção estaria negando os princípios constitucionais da duração razoável do processo, da efetividade processual e do acesso à justiça. Questiona-se: se o acordo não surgiu diante das partes, advogados e do Juiz do Trabalho, ele acontecerá na Comissão de Conciliação Prévia? Pensamos que não.

De um lado, é da essência da Justiça do Trabalho facilitar o acesso do trabalhador à Justiça do Trabalho e a finalidade essencial do processo trabalhista é dirimir, com justiça, o conflito trabalhista; de outro, a vocação conciliatória da Justiça do Trabalho é histórica, inclusive por mandamento legal (art. 764 da CLT). Por isso, não há como a Justiça do Trabalho furtar-se a apreciar uma demanda em razão de falta de conciliação prévia, quando é dever do magistrado buscá-la em juízo.

Conforme destaca *Estêvão Mallet*[116], com suporte em *Liebman*: "É suficiente que as condições da ação, eventualmente inexistentes no momento da propositura desta, sobrevenham no curso do processo e estejam presentes no momento em que a causa é decidida. Daí, que, mesmo não tentada a conciliação prévia, havendo defesa na reclamação, ou não pagamento dos valores cobrados, surge o interesse processual, diante da resistência do reclamado."

O Supremo Tribunal Federal, em controle concentrado de constitucionalidade (ADIs ns. 2.139 e 2.160), fixou entendimento no sentido

116 *In: Revista LTr* 64-04/445.

de não ser obrigatória a submissão do litígio trabalhista à Comissão de Conciliação Prévia como condição e ingresso na Justiça do Trabalho, conforme o Informativo n. 909/18 do STF, *in verbis*:

> "**DIREITO DO TRABALHO – RESCISÃO DO CONTRATO DE TRABALHO CLT: Comissão de Conciliação Prévia e procedimento sumaríssimo**. O Plenário confirmou os termos das medidas cautelares (Informativos ns. 195, 476 e 546) e julgou parcialmente procedentes os pedidos formulados em três ações diretas de inconstitucionalidade para dar interpretação conforme à Constituição ao art. 625-D, §§ 1º a 4º, da Consolidação das Leis do Trabalho (CLT), para reconhecer que a Comissão de Conciliação Prévia constitui meio legítimo, mas não obrigatório, de solução de conflitos, resguardado o acesso à Justiça para os que venham a ajuizar demandas diretamente no órgão judiciário competente, e manter hígido o inciso II do art. 852-B da CLT. Além disso, por maioria, conferiu interpretação sistemática ao art. 625-E, parágrafo único, da CLT, no sentido de que a "eficácia liberatória geral" do termo neles contido está relacionada ao que foi objeto da conciliação. Diz respeito aos valores discutidos e não se transmuta em quitação geral e indiscriminada de verbas trabalhistas. Em obediência ao inciso XXXV do art. 5º da Constituição Federal (CF), é desnecessário prévio cumprimento de requisitos desproporcionais, procrastinatórios ou inviabilizadores para a submissão de pleito ao órgão judiciário. Não cabe à legislação infraconstitucional expandir o rol de exceções ao direito de acesso ao Judiciário. Nesse sentido, contraria a CF a interpretação do art. 625-D e parágrafos que reconheça a submissão da pretensão à Comissão de Conciliação Prévia como requisito para ajuizamento de reclamação trabalhista. Essa compreensão, contudo, não exclui a idoneidade do subsistema de autocomposição previsto nos preceitos, apto a buscar a pacificação social. A legitimidade do referido meio alternativo de resolução de conflitos baseia-se na consensualidade, importante instrumento de acesso à ordem jurídica justa. No mais, é legítima a citação estabelecida no inciso II do art. 852-B da CLT. Um de seus objetivos é conferir celeridade e efetividade ao rito sumaríssimo adotado na Justiça do Trabalho. Por fim, a isonomia constitucional não impõe tratamento linear e rígido a todos os que demandam a atuação do Poder Judiciário. A admissão da citação editalícia no mencionado rito representaria desigualdade material. Essa prática tenderia a alinhar os ritos sumaríssimo e ordinário em detrimento

dos princípios da primazia da realidade e da razoabilidade. Portanto, caso não se encontre o jurisdicionado, haverá a transformação do procedimento em ordinário. Vencidos os ministros Edson Fachin e Rosa Weber, que declararam a inconstitucionalidade da expressão "e terá eficácia liberatória geral, exceto quanto às parcelas expressamente ressalvadas" constante da parte final do parágrafo único do art. 625-E da CLT. CLT: "Art. 625-D. Qualquer demanda de natureza trabalhista será submetida à Comissão de Conciliação Prévia se, na localidade da prestação de serviços, houver sido instituída a Comissão no âmbito da empresa ou do sindicato da categoria. § 1º A demanda será formulada por escrito ou reduzida a termo por qualquer dos membros da Comissão, sendo entregue cópia datada e assinada pelo membro aos interessados. § 2º Não prosperando a conciliação, será fornecida ao empregado e ao empregador declaração da tentativa conciliatória frustrada com a descrição de seu objeto, firmada pelos membros da Comissão, que deverá ser juntada à eventual reclamação trabalhista. § 3º Em caso de motivo relevante que impossibilite a observância do procedimento previsto no '*caput*' deste artigo, será a circunstância declarada na petição da ação intentada perante a Justiça do Trabalho. § 4º Caso exista, na mesma localidade e para a mesma categoria, Comissão de empresa e Comissão sindical, o interessado optará por uma delas submeter a sua demanda, sendo competente aquela que primeiro conhecer do pedido" (Incluídos pela Lei n. 9.958/2000). CLT: "Art. 625-E. Aceita a conciliação, será lavrado termo assinado pelo empregado, pelo empregador ou seu proposto e pelos membros da Comissão, fornecendo-se cópia às partes. Parágrafo único. O termo de conciliação é título executivo extrajudicial e terá eficácia liberatória geral, exceto quanto às parcelas expressamente ressalvadas" (Incluídos pela Lei n. 9.958/2000). (3) CLT: Art. 852-B. Nas reclamações enquadradas no procedimento sumaríssimo: (...) II – não se fará citação por edital, incumbindo ao autor a correta indicação do nome e endereço do reclamado; (Incluídos pela Lei n. 9.957/2000) (4) CF: Art. 5º Todos são iguais perante a lei, sem distinção de qualquer natureza, garantindo-se aos brasileiros e aos estrangeiros residentes no País a inviolabilidade do direito à vida, à liberdade, à igualdade, à segurança e à propriedade, nos termos seguintes: (...) XXXV – a lei não excluirá da apreciação do Poder Judiciário lesão ou ameaça a direito."

Dispõe o art. 625-E da CLT:

> "Aceita a conciliação, será lavrado termo assinado pelo empregado, pelo empregador ou seu proposto e pelos membros da Comissão, fornecendo-se cópia às partes. Parágrafo único. O termo de conciliação é título executivo extrajudicial e terá eficácia liberatória geral, exceto quanto às parcelas expressamente ressalvadas."

Diante da redação do referido dispositivo legal, parte da doutrina e jurisprudência trabalhista assevera que os acordos firmados perante as Comissões de Conciliação Prévia têm eficácia liberatória geral, exceto quanto às parcelas expressamente ressalvadas. O que não foi ressalvado, não poderá ser discutido em juízo.

Outros argumentam que, em sede extrajudicial, a quitação somente abrange parcelas e valores consignados no termo de conciliação, conforme o art. 320 do CC, 477, § 2º, da CLT e Súmula n. 330 do TST.

A finalidade das Comissões de Conciliação Prévia consiste na busca da transação, ou seja, que as partes, mediante concessões recíprocas, coloquem fim à relação jurídica duvidosa pertinente a direitos patrimoniais disponíveis *(res dubia)*.

Dispõe o art. 840 do CC: É lícito aos interessados prevenirem ou terminarem o litígio mediante concessões mútuas.

Conforme referido dispositivo legal, a transação exige concessões recíprocas e relação jurídica duvidosa. Sem a presença desses dois elementos fundamentais não há transação, mas sim renúncia ou submissão de uma parte à outra.

De outro lado, conforme dispõe o art. 841 do CC somente quanto a direitos patrimoniais de caráter privado se admite a transação.

Embora haja grande celeuma na doutrina e na jurisprudência, acreditamos que a transação firmada perante a Comissão de Conciliação Prévia não tem eficácia liberatória geral, tampouco impede que as partes (trabalhadores e empregadores) venham ao judiciário discutir a transação, tanto no aspecto formal (capacidade, forma prevista em lei e manifestação espontânea da vontade) como no aspecto de fundo (mérito da transação), ou seja, se efetivamente a transação observou seus princípios fundamentais.

O Supremo Tribunal Federal, nas ADIs ns. 2.139, 2.160 e 2.237, o STF, em controle concentrado de constitucionalidade, firmou a seguinte tese:

> "(...) por maioria, conferiu interpretação sistemática ao art. 625-E, parágrafo único, da CLT, no sentido de que a 'eficácia liberatória geral' do termo neles contido está relacionada ao que foi objeto da conciliação. Diz respeito aos valores discutidos e não se transmuta em quitação geral e indiscriminada de verbas trabalhistas." (Informativo do STF n. 909/18 de 30.7 a 3.8.2018).

Portanto, ficou pacificada a questão no sentido de que a quitação dada no termo de conciliação somente abrange os valores pagos, não tendo eficácia liberatória geral, o que está em compasso com o ordenamento jurídico trabalhista de proteção ao trabalho humano.

A homologação da transação na Comissão de Conciliação Prévia não tem o efeito de coisa julgada, tampouco impede a garantia constitucional do acesso à Justiça (art. 5º, XXXV, da CF).

BIBLIOGRAFIA

ALEXY, Robert. *Teoria dos direitos fundamentais*. Trad. Virgílio Afonso da Silva. 2. ed. São Paulo: Malheiros, 2011.

ALMEIDA, Amador Paes. *CLT comentada*. 2. ed. São Paulo: Saraiva, 2004.

ALMEIDA, Renato Rua de. Visão histórica da liberdade sindical. *In: Revista Legislação do Trabalho*. São Paulo: LTr, ano 70, v. 3, 2006.

ALVIM, Agostinho. *Da inexecução das obrigações*. 3. ed. São Paulo: Jurídica e Universitária, 1965.

AMARAL, Júlio Ricardo de Paula. *Eficácia dos direitos fundamentais nas relações de trabalho*. São Paulo: LTr, 2007.

ARENDT, Hannah. *A condição humana*. 10. ed. Rio de Janeiro: Forense Universitária, 2005.

ÁVILA, Humberto. *Teoria dos princípios:* da definição à aplicação dos princípios jurídicos. 11. ed. São Paulo: Malheiros, 2010.

BANDEIRA DE MELLO, Celso Antônio. *Curso de direito administrativo*. 8. ed. São Paulo: Malheiros, 1997.

BARROS, Alice Monteiro de. *Curso de direito do trabalho*. São Paulo: LTr, 2005.

______. *Proteção à intimidade do empregado*. São Paulo: LTr, 1997.

______. *Curso de Direito do Trabalho*. 10. ed. São Paulo: LTr, 2016.

BARROS, Cassio Mesquita. A reforma judiciária da Emenda Constitucional n. 45. *In: Revista Legislação do Trabalho*. São Paulo: LTr, ano 69, v. 3, 2005.

BARROSO, Luís Roberto. *Interpretação e aplicação da Constituição*. 6. ed. São Paulo: Saraiva, 2004.

BASTOS, Guilherme Augusto Caputo. *O dano moral no direito do trabalho*. São Paulo: LTr, 2003.

BERNARDES. Felipe. *O Direito do Trabalho no Supremo Tribunal Federal.* São Paulo: Juspodivm, 2021.

BEZERRA LEITE, Carlos Henrique. *Curso de direito processual do trabalho*. 2. ed. São Paulo: LTr, 2004.

______. *Curso de direito do trabalho*. 4. ed. Curitiba: Juruá, 2013.

______. *Liquidação na ação civil pública:* o processo e a efetividade dos direitos humanos. São Paulo: LTr, 2014.

______. *Ministério Público do Trabalho:* doutrina, jurisprudência e prática. 2. ed. São Paulo: LTr, 2002.

______. *Curso de Direito do Trabalho*. 5. ed. São Paulo: Saraiva, 2014.

______. *Curso de Direito do Trabalho*. 12. ed. São Paulo: Saraiva, 2020.

______. *Curso de Direito Processual do Trabalho*. 18ª ed. São Paulo: Saraiva, 2020.

BOUCINHAS FILHO, Jorge Cavalcanti; PEREIRA, José Luciano Castilho; FAVA, Marcos Neves (Orgs.). *O direito material e processual do trabalho dos novos tempos:* estudos em homenagem ao professor Estêvão Mallet. São Paulo: LTr, 2009.

BRAGA, Mauro Augusto Ponce de Leão. *Os limites ao acordo em Juízo e as garantias do processo justo*. São Paulo: LTr, 2013.

BRAMANTE, Ivani Contini; CALVO, Adriana (Coords.). *Aspectos polêmicos e atuais do direito do trabalho:* homenagem ao professor Renato Rua de Almeida. São Paulo: LTr, 2007.

BRANCO, Ana Paula Tauceda. *A colisão de princípios constitucionais no direito do trabalho*. São Paulo: LTr, 2007.

CAHALI, Yussef. *Dano moral*. 3. ed. São Paulo: RT, 2005.

CAIRO Jr., José. *Curso de direito do Trabalho*. 17ª ed. São Paulo: Editora Juspodivm, 2021.

CALVET, Otávio Amaral. Nova competência da Justiça do Trabalho: relação de trabalho x relação de consumo. *In: Revista Legislação do Trabalho*. São Paulo: LTr, ano 69, v. 1, 2005.

______. *O direito ao lazer nas relações de trabalho*. São Paulo: Ltr, 2006.

CAMPOS BATALHA, Wilson de Souza. *Tratado de direito judiciário do trabalho*. 2. ed. São Paulo: LTr, 1985.

______. *Tratado de direito judiciário do trabalho.* 3. ed. São Paulo: LTr, 1995. v. 1.

______. *Tratado de direito judiciário do trabalho*. 3. ed. São Paulo: LTr, 1995. v. 2.

______. Instrumentos coletivos de atuação sindical. *In: Revista Legislação do Trabalho*. São Paulo: LTr, ano 60, v. 2, 1996.

______. A greve sem a Justiça do Trabalho. *In: Revista Legislação do Trabalho*. São Paulo: LTr, ano 61, v. 2, 1997.

CANARIS, Claus-Wilhelm. *Pensamento sistemático e conceito de sistema na ciência do direito.* Trad. A. Menezes Cordeiro. 4. ed. Lisboa: Fundação Calouste Gulbenkian, 2008.

CANOTILHO, J. J. Gomes. *Direito constitucional e teoria da Constituição*. 7. ed. Coimbra: Almedina, 2003.

CANOTILHO, J. J. Gomes; MENDES, Gilmar Ferreira Mendes; SARLET, Ingo Wolfgang; STRECK, Lenio Luiz. *Comentários à Constituição do Brasil*. São Paulo: Saraiva, 2013.

CASSAR, Vólia Bomfim. *Direito do Trabalho*. 14. ed. São Paulo: Método, 2017.

______. *Direito do Trabalho.* 17ª ed. São Paulo: Método, 2020.

CARMONA, Carlos Alberto. *Arbitragem e processo*. 2. ed. São Paulo: Atlas, 2006.

CARVALHO, Régis Franco e Silva. *Relação de trabalho à luz do novo art. 114 da Constituição Federal.* São Paulo: LTr, 2008.

CARVALHO JÚNIOR, Lino. *Liquidação e execução na ação coletiva trabalhista.* São Paulo: LTr, 2012.

CARLOTO, Selma. *Lei Geral de Proteção de Dados:* Enfoque nas Relações de Trabalho. 2ª ed. São Paulo: Ltr, 2021.

CÓDIGO DO TRABALHO. Instituto de Direito do Trabalho da Faculdade de Direito de Lisboa. *In: Revista Legislação do Trabalho*. 2. ed. Lisboa: Principia, 2004.

COELHO, Fábio Ulhoa. *Curso de direito comercial*. v. 2. São Paulo: Saraiva, 1999.

COMPARATO, Fábio Konder, *O poder de controle na sociedade anônima*. Rio de Janeiro: Forense, 2008.

CORREA DA SILVA, Floriano Vaz. O poder normativo da Justiça do Trabalho. *In:* SILVA, Georgenor de Souza Franco (Coord.). *Curso de direito coletivo do trabalho:* estudos em homenagem ao Ministro Orlando Teixeira da Costa. São Paulo: LTr, 1998.

CORREIA, Henrique; MIESSA, Élisson. *Súmulas e OJs do TST Comentadas e organizadas por assunto.* 7. ed. Salvador: Juspodivm, 2016.

CORREIA, Henrique. *Curso de Direito do Trabalho.* São Paulo: Editora Juspodivm, 2021.

COSTA, Marcelo Freire Sampaio. *Reflexos da reforma do CPC no processo do trabalho:* leitura constitucional do princípio da subsidiariedade. São Paulo: Método, 2007.

______. *Dano moral (extrapatrimonial) coletivo*. São Paulo: LTr, 2009.

______. *Execução provisória satisfativa:* nas ações coletivas trabalhistas. São Paulo: LTr, 2012.

______. *Curso de Processo Coletivo do Trabalho*. São Paulo: Ltr, 2019.

DALAZEN, João Oreste. *Competência material trabalhista*. São Paulo: LTr, 1994.

______. A reforma do judiciário e os novos marcos da competência material da Justiça do Trabalho no Brasil. *In: Revista do Tribunal Superior do Trabalho*. v. 71. Porto Alegre: Síntese, 2005.

______. Reflexões sobre o poder normativo da Justiça do Trabalho e a Emenda Constitucional n. 45. *In: Revista da Academia Nacional de Direito do Trabalho*. São Paulo: LTr, ano XIII, n. 13, 2005.

______. Aspectos do dano moral trabalhista. *In: Revista Legislação do Trabalho*. São Paulo: LTr, ano 64, v. 01, 2000.

DALLEGRAVE NETO, José Affonso. *Responsabilidade civil no direito do trabalho*. São Paulo: LTr, 2005.

______. *Responsabilidade civil no direito do trabalho*. 3. ed. São Paulo: LTr, 2008.

______. *Responsabilidade civil no direito do trabalho*. 4. ed. São Paulo: LTr, 2010.

______. *Responsabilidade civil no direito do trabalho*. 6. ed. São Paulo: LTr, 2017.

D'AMBROSO, Marcelo José Ferlin. Competência criminal na Justiça do Trabalho e legitimidade do Ministério Público do Trabalho em matéria penal: elementos para reflexões. *In: Revista Legislação do Trabalho*. São Paulo: LTr, ano 70, v. 2, 2006.

DELGADO, Gabriela Neves. *O direito fundamental ao trabalho digno*. São Paulo: LTr, 2006.

DELGADO, Mauricio Godinho. *Curso de direito do trabalho*. 4. ed. São Paulo: LTr, 2005.

______. *Curso de direito do trabalho*. 11. ed. São Paulo: LTr, 2012.

______. *Direito coletivo do trabalho*. 2. ed. São Paulo: LTr, 2003.

______. *Curso de direito do trabalho*. 15. ed. São Paulo: LTr, 2016.

______. *Curso de direito do trabalho*. 16. ed. São Paulo: LTr, 2017.

______. *Curso de direito do trabalho*. 18. ed. São Paulo: LTr, 2019.

______. *Curso de direito do trabalho*. 19. ed. São Paulo: LTr, 2020.

DELGADO, Mauricio Godinho; DELGADO, Gabriela Neves. *A reforma trabalhista no Brasil*. São Paulo: LTr, 2017.

______. *A reforma trabalhista no Brasil.* 2. ed. São Paulo: LTr, 2018.

DIAS, Carlos Eduardo Oliveira; FELICIANO, Guilherme Guimarães; SILVA, José Antônio Ribeiro de Oliveira; TOLEDO FILHO, Manoel Carlos. *Comentários à lei da reforma trabalhista*. São Paulo: LTr, 2018.

DINIZ, Maria Helena. *Código Civil comentado*. 11. ed. São Paulo: Saraiva, 2005.

______. *Compêndio de introdução ao estudo do direito*. 18. ed. São Paulo: Saraiva, 2007.

______. *As lacunas do direito*. 5. ed. São Paulo: Saraiva, 1999.

______. *Conflito de normas*. 8. ed. São Paulo: Saraiva, 2008.

DONATO, Messias Pereira. *Curso de direito individual do trabalho*. 6. ed. São Paulo: LTr, 2008.

DWORKIN, Ronald. *Levando os direitos a sério*. Trad. Nélson Boeira. 2. ed. São Paulo: Martins Fontes, 2007.

______. *Levando os direitos a sério*. Trad. Nélson Boeira. São Paulo: Martins Fontes, 2010.

EÇA, Vitor Salino de Moura. Jurisdição e competência trabalhistas no direito estrangeiro. *In: Suplemento Trabalhista*. São Paulo: LTr, 07/06, 2006.

______. *Prescrição intercorrente no processo do trabalho*. São Paulo: LTr, 2008.

ENGISCH, Karl. *Introdução ao pensamento jurídico.* Trad. J. Baptista Machado. 10. ed. Lisboa: Fundação Calouste Gulbenkian, 2008.

FARIAS, Cristiano Chaves de; NETTO, Felipe Braga; ROSENVALD, Nelson. *Manual de Direito Civil*. 4. ed. Salvador: Juspodivm, 2019.

FERRAZ JÚNIOR, Tercio Sampaio. *Introdução ao estudo do direito*. 5. ed. São Paulo: Atlas, 2007.

FILHO, José Claudio Monteiro de Brito. *Direito Sindical*. 7ª. ed. São Paulo: LTR, 2018.

FLORINDO, Valdir. *Dano moral e o direito do trabalho*. 4. ed. São Paulo: LTr, 2002.

GARCIA, Gustavo Filipe Barbosa. *Curso de direito do trabalho*. São Paulo: Método, 2007.

______. *Manual de Direito do Trabalho*. 13. ed. São Paulo: Juspodivm, 2020.

______. *Curso de Direito do Trabalho*. 14. ed. São Paulo: Saraiva, 2019.

______. *CLT Comentada*. 4. Ed. São Paulo: Método, 2018.

______. *CLT Comentada*: Artigo por artigo. 7ª ed. Salvador: Juspodivm, 2020.

GARCIA, Pedro Carlos Sampaio. Publicado no livro Justiça do Trabalho. O fim do poder normativo. *In:* COUTINHO, Grijalbo Fernandes; FAVA, Marcos Neves (Coords.). *Competência ampliada*. São Paulo: LTr, 2005.

GIGLIO, Wagner D. Nova competência da Justiça do Trabalho: aplicação do processo civil ou trabalhista? *In: Revista Legislação do Trabalho.* São Paulo: LTr, ano 69, v. 3, 1995.

______. *Processo do trabalho na América Latina. Estudos em homenagem a Alcione Niederauer Corrêa.* São Paulo: LTr, 1992.

______. *Direito processual do trabalho*. 15. ed. São Paulo: Saraiva, 2005.

GOMES, Orlando. *Contratos*. 17. ed. Rio de Janeiro: Forense, 1997.

______; GOTTSCHALK, Elson. *Curso de direito do trabalho*. 16. ed. Rio de Janeiro: Forense, 2000.

GONÇALVES, Carlos Roberto. *Direito civil.* Parte geral. 10. ed. São Paulo: Saraiva, 2003. v. 1.

GUERRA FILHO, Willis Santiago. *Processo constitucional e direitos fundamentais*. 4. ed. São Paulo: RCS, 2005.

GUIMARÃES, Mário. *O juiz e a função jurisdicional*. Rio de Janeiro: Forense, 1958.

GUIMARÃES, Ricardo Pereira de Freitas. *Manual de Direito Individual do Trabalho*. São Paulo: RT, 2013.

GRINOVER, Ada Pellegrini; DINAMARCO, Cândido Rangel. *Teoria geral do processo*. São Paulo: Malheiros, 2005.

HINZ, Henrique Macedo. *O poder normativo da Justiça do Trabalho*. São Paulo: LTr, 2000.

HOUAISS, Antonio. *Dicionário Houaiss da língua portuguesa.* Rio de Janeiro: Objetiva, 2000.

HUSEK, Carlos Roberto. *Curso de Direito Internacional Público*. 12. Ed. São Paulo: LTr, 2012.

______. *Curso Básico de Direito Internacional Público e Privado do Trabalho*. 2. Ed. São Paulo: LTr, 2011.

JORGE NETO, Francisco Ferreira; CAVALCANTE, Jouberto de Quadros Pessoa. *Direito do Trabalho*. 9. ed. São Paulo: Atlas, 2018.

LAPA, Antônio Neto da; Kertzman, Ivan. *Curso Prático de Direito do Trabalho*. 4ª ed. São Paulo: Editora Juspodivm, 2021.

LARENZ, Karl. *Metodologia da ciência do direito*. 5. ed. Lisboa: Fundação Calouste Gulbenkian, 2009.

MACHADO, Costa; ZAINAGHI, Sávio Domingos (Coords.). *CLT interpretada:* artigo por artigo, parágrafo por parágrafo. São Paulo: Manole, 2007.

MACHADO JR., César P. S. *Ônus da prova no processo do trabalho*. 3. ed. São Paulo: LTr, 2001.

MAGANO, Octavio Bueno. *Manual de direito do trabalho*. Direito individual do trabalho. 2. ed. 3. tiragem. São Paulo: LTr, 1988. v. II.

______. *Manual de direito do trabalho*. Direito coletivo. 4. ed. São Paulo: LTr, 1994. v. IV.

______. *Manual de direito do trabalho:* parte geral. São Paulo: LTr, 1980.

______. *Os grupos de empresas no direito do trabalho*. São Paulo: RT, 1979.

MAIOR, Jorge Luiz Souto. *Relação de emprego & direito do trabalho*. São Paulo: LTr, 2007.

______. Em defesa da ampliação da competência da Justiça do Trabalho. *In: Revista do Direito Trabalhista*. Brasília: RDT, ano 11, v. 8, 2005.

______. *O direito do trabalho como instrumento de justiça social*. São Paulo: LTr, 2000.

______. Justiça do Trabalho: a justiça do trabalhador? *In:* COUTINHO, Grijalbo Fernandes; FAVA, Marcos Neves (Coords.). *Nova competência da Justiça do Trabalho*. São Paulo: LTr, 2005.

______. *Curso de direito do trabalho*. v. II: A relação de trabalho. São Paulo: LTr, 2008.

______. *O mundo do trabalho*. v. 1: Leituras críticas da Jurisprudência do TST em defesa do direito do trabalho. São Paulo: LTr, 2009.

______. *Curso de Direito do Trabalho. Volume I – Parte I: Teoria Geral do Direito do Trabalho*. São Paulo: LTr, 2011.

______. *Curso de Direito do Trabalho. Volume I – Parte II: História do Direito do Trabalho no Brasil*. São Paulo: LTr, 2017.

MALHADAS, Júlio Assumpção. *Justiça do Trabalho:* sua história, sua composição, seu funcionamento. São Paulo: LTr, 1997.

MALLET, Estêvão. Apontamentos sobre a competência da Justiça do Trabalho após e Emenda Constitucional n. 45. *In: Direito, trabalho e processo em transformação*. São Paulo: LTr, 2005.

______. *Prática de Direito do Trabalho*. São Paulo: LTr, 2008.

______. *Prática de Direito do Trabalho*. vol. 2. São Paulo: LTr, 2012.

______. *Igualdade e discriminação em Direito do Trabalho*. São Paulo: LTr, 2013.

______. *Dogmática Elementar do Direito de Greve*. São Paulo: LTr, 2014.

MANUS, Pedro Paulo Teixeira. *Direito do trabalho*. 10. ed. São Paulo: Atlas, 2006.

______. *Negociação coletiva e contrato individual de trabalho*. São Paulo: Atlas, 2001.

MARANHÃO, Délio *et al*. *Instituições de direito do trabalho*. 22. ed. São Paulo: LTr, 2005.

MARTINS, Adalberto. *Manual Didático de Direito do Trabalho*. 3. ed. São Paulo: Malheiros, 2009.

______. *Manual Didático de Direito do Trabalho*. 7ª ed. São Paulo: Editora Mizuno, 2022.

MARTINS, Sergio Pinto. *Comentários à CLT*. 6. ed. São Paulo: Atlas, 2003.

______. *Comentários à CLT*. 15. ed. São Paulo: Atlas, 2008.

______. *Direito do Trabalho*. 36. ed. São Paulo: Saraiva, 2020.

MARTINS FILHO, Ives Gandra. *Processo coletivo do trabalho*. 3. ed. São Paulo: LTr, 2003.

______. *Processo coletivo do trabalho*. 4. ed. São Paulo: LTr, 2009.

MASCHIETTO, Leonel. *A litigância de má-fé na Justiça do Trabalho:* princípios, evolução histórica, preceitos legais e análise da responsabilização do advogado. São Paulo: LTr, 2007.

______. *Direito ao Descanso nas Relações de Trabalho*. São Paulo: LTr, 2015.

MARTINEZ, Luciano. *Curso de Direito do Trabalho*. 10. ed. São Paulo: Saraiva, 2019.

________. *Curso de Direito do Trabalho*. 11. Ed. São Paulo: Saraiva, 2020.

MATIELLO, Fabrício Zamprogna. *Código Civil comentado*. 2. ed. São Paulo: LTr, 2005.

MAUAD, Marcelo. *Os direitos dos trabalhadores na Lei de Recuperação e de Falência de Empresas*. São Paulo: LTr, 2007.

MAXIMILIANO, Carlos. *Hermenêutica e aplicação do direito*. 19. ed. Rio de Janeiro: Forense, 2003.

MENDANHA, Marcos. *Limbo Previdenciário Trabalhista*. São Paulo: JHMIZUNO, 2019.

MELHADO, Reginaldo. *Metamorfoses do capital e do trabalho*. São Paulo: LTr, 2006.

MELO, Raimundo Simão de. *A greve no direito brasileiro*. Ações judiciais cabíveis – EC n. 45/04. Atuação do Ministério Público do Trabalho. São Paulo: LTr, 2006.

______. *Dissídio coletivo de trabalho*. São Paulo: LTr, 2002.

______. *Direito ambiental do trabalho e a saúde do trabalhador*. 2. ed. São Paulo: LTr, 2006.

______. *Processo Coletivo do Trabalho*. 3. ed. São Paulo: LTr, 2013.

MONTOYA MELGAR, Alfredo. *Derecho del trabajo*. 22. ed. Madri: Tecnos, 2001.

MORAES, Alexandre de. *Direito constitucional*. 15. ed. São Paulo: Atlas, 2004.

MORAES, Evaristo de. *Apontamentos de Direito Operário*. 4ª. ed. São Paulo: LTr, 1998.

MOURA, Marcelo. *Consolidação das Leis do Trabalho para Concursos*. 7ª. ed. Salvador: Juspodivm, 2017.

______. *Curso de Direito do Trabalho*. 2. ed. São Paulo: Saraiva, 2016.

MUNHOZ, José Lúcio; LISBOA, Daniel (Orgs.). *Reforma trabalhista comentada por juízes do trabalho:* artigo por artigo. São Paulo: LTr, 2018.

NASCIMENTO, Amauri Mascaro. *Curso de direito do trabalho*. 19. ed. São Paulo: Saraiva, 2004.

______. *Curso de Direito do Trabalho*. 29. ed. São Paulo: Saraiva, 2014.

______. *Curso de direito processual do trabalho*. 24. ed. São Paulo: Saraiva, 2008.

______. Alterações do Código Civil e seus reflexos nas relações de trabalho. *In: Revista do Tribunal Regional do Trabalho da 15ª Região*. São Paulo: LTr, n. 21, 2003.

______. *Compêndio de direito sindical*. São Paulo: LTr, 2000.

______. *Compêndio de Direito Sindical*. 7ª ed. São Paulo: LTr, 2012.

______. *Salário*: Conceito e Proteção. São Paulo: LTr, 2008.

______. *Iniciação ao Direito do Trabalho*. 39ª ed. São Paulo: Ltr, 2014.

______. *Teoria Geral do Direito do Trabalho*. São Paulo: LTr, 2008.

______. Dos princípios do direito processual do trabalho. *In:* ROMAR, Carla Teresa Martins; SOUSA, Otávio Augusto Reis de (Coords.). *Estudos relevantes de direito material e processual do trabalho:* estudos em homenagem ao prof. Pedro Paulo Teixeira Manus. São Paulo: LTr, 2000.

______. A questão do dissídio coletivo de comum acordo. *In: Revista Legislação do Trabalho.* São Paulo: LTr, ano 70, v. 6, 2006.

______. *Teoria geral do direito do trabalho.* São Paulo: LTr, 1998.

NETO, Francisco Ferreira Jorge; CAVALCANTE, Jouberto de Quadros Pessoa. *Direito do Trabalho*. 9. ed. São Paulo: Atlas, 2018.

OLIVEIRA, Sebastião Geraldo de. Prescrição nas ações indenizatórias decorrentes de acidente de trabalho ou doença ocupacional. *In: Revista LTr* 70-05/523.

______. *Proteção jurídica à saúde do trabalhador*. São Paulo: LTr, 2002.

______. *Indenizações por acidente de trabalho e doença profissional*. São Paulo: LTr, 2006.

______. *Indenizações por Acidente do Trabalho ou Doença Ocupacional*. 11. ed. São Paulo: LTr, 2019.

PAMPLONA FILHO, Rodolfo. A nova competência da Justiça do Trabalho (uma contribuição para a compreensão dos limites do novo art. 114 da Constituição Federal). *In: Revista Legislação do Trabalho*. São Paulo: LTr, ano 70, v. 1, 2006.

______. *O dano moral na relação de emprego*. 2. ed. São Paulo: LTr, 1999.

PAMPLONA FILHO, Rodolfo; GABLIANO, Pablo Stolze. *Manual de Direito Civil*. São Paulo: Saraiva, 2017.

PASTORE, José. Onde estão os trabalhadores informais? *In: O Estado de S. Paulo:* Economia. 3.6.2003.

PEREIRA, Caio Mário da Silva. *Instituições de direito civil*. 10. ed. Rio de Janeiro: Forense, 1999. v. III.

PIMENTA, José Roberto Freire. A nova competência da Justiça do Trabalho para as lides não decorrentes da relação de emprego: aspectos processuais e procedimentais. *In: Revista do Tribunal Superior do Trabalho*, ano 71, n. 1, jan./abr. 2005. Porto Alegre: Síntese, 2005.

PINHEIRO, Augusto Campana (Coord.). *Competência da Justiça do Trabalho:* aspectos materiais e processuais. De acordo com a EC n. 45/04. Amatra XXIII. São Paulo: LTr, 2005.

PINHO PEDREIRA, Luiz. A greve sem a Justiça do Trabalho. *In: Revista Legislação do Trabalho*. São Paulo: LTr, ano 61, v. 23, 1997.

______. *A reparação do dano moral no direito do trabalho.* São Paulo: LTr, 2004.

PINTO, José Augusto Rodrigues. *Processo trabalhista de conhecimento*. 7. ed. São Paulo: LTr, 2005.

______. *Tratado de direito material do trabalho*. São Paulo: LTr, 2007.

______. Reconhecimento *ex officio* da prescrição e processo do trabalho. *In: Revista LTr* 70-04/391.

PINTO, Raymundo Antonio Carneiro. *Súmulas do TST comentadas*. 8. ed. São Paulo: LTr, 2005.

PLÁ RODRIGUEZ, Américo. *Princípios de direito do trabalho*. 3. ed. São Paulo: LTr, 2015.

PUGLIESE, Márcio. *Por uma teoria geral do direito. Aspectos microssistêmicos*. São Paulo: RCS, 2005.

RÁO, Vicente. *O direito e a vida dos direitos*. 5. ed. São Paulo: RT, 1999.

RAVENA, Paula Bueno; FACCIOLI, Pedro Henrique. *Direito do Trabalho na Jurisprudência do TST*: Análise de temas atuais e polêmicos. Salvador: Juspodivm, 2019.

RIBEIRO, Rafael Edson. Comissão de conciliação prévia: faculdade ou obrigatoriedade. *In: Revista Trabalho & Doutrina* n. 26. São Paulo: Saraiva, 2002.

______. *Reforma trabalhista comentada*. Curitiba: Juruá, 2018.

RIBEIRO DE VILHENA, Paulo Emílio. *Relação de emprego, estrutura legal e supostos*. 2. ed. São Paulo: LTr, 1999.

______. *Contrato de trabalho com o Estado*. São Paulo: LTr, 2002.

RIPPER, Walter Wiliam. *Poder normativo da Justiça do Trabalho após a EC 45/2004*. São Paulo: LTr, 2007.

______. Poder normativo da Justiça do Trabalho: análise do antes, do agora e do possível depois. *In: Revista Legislação do Trabalho*. São Paulo: LTr, ano 69, v. 7, 2005.

RIZZATTO NUNES, Luis Antonio. *Curso de direito do consumidor*. São Paulo: Saraiva, 2004.

______. *Manual da monografia jurídica*. 5. ed. São Paulo: Saraiva, 2007.

______. *Comentários ao Código de Defesa do Consumidor*. São Paulo: Saraiva, 2000.

ROBORTELLA, Luiz Carlos Amorim. Sucessão trabalhista e denunciação da lide. *In:* ROMAR, Carla Teresa Martin; SOUZA, Otávio Augusto Reis de (Coords.). *Temas relevantes de direito material e processual do trabalho:* estudos em homenagem ao professor Pedro Paulo Teixeira Manus. São Paulo: LTr, 2000.

ROCHA, Andréa Presas. *Manual de competências da justiça do trabalho*. São Paulo: Campus, 2008.

ROCHA, Fábio Ribeiro da; COLNAGO, Lorena de Mello Rezende; FERREIRA, Farley Roberto Rodrigues de Carvalho. *CLT 2020*: Comparada e Comentada pelos Magistrados do TRT da 2ª Região. São Paulo: LTr, 2020.

RODRIGUEZ. *Princípios de direito do Trabalho*. 3. ed. São Paulo: LTr, 2015.

ROMAR, Carla Teresa Martins. *Direito do Trabalho Esquematizado. 5. Ed.* São Paulo: Saraiva, 2018.

ROMITA, Arion Sayão. O poder normativo da Justiça do Trabalho: antinomias constitucionais. *In: Revista Legislação do Trabalho.* São Paulo: LTr, ano 65, v. 3, 2001.

______. *Direitos fundamentais nas relações de trabalho*. São Paulo: LTr, 2005.

RUPRECHT, Alfredo J. *Os princípios do direito do trabalho.* São Paulo: LTr, 1995.

RUSSOMANO, Mozart Victor. *Comentários à Consolidação das Leis do Trabalho*. 6. ed. Rio de Janeiro: José Konfino, 1963. v. IV e VI.

______. *Princípios gerais de direito sindical*. 2. ed. Rio de Janeiro: Forense, 2002.

SAAD, Eduardo Gabriel. *Direito processual do trabalho.* 3. ed. São Paulo: LTr, 2002.

______. *CLT comentada*. 38. ed. São Paulo: LTr, 2005.

SANTOS, Hermelino de Oliveira. *Desconsideração da personalidade jurídica no processo do trabalho*. São Paulo: LTr, 2003.

SANTOS, Ronaldo Lima dos. *Teoria das Normas Coletivas*. São Paulo: LTr, 2007.

______. *Sindicatos e Ações Coletivas:* acesso à justiça, jurisdição coletiva e tutela dos interesses difusos, coletivos e individuais homogêneos. 2. ed. São Paulo: LTr, 2008.

______. *Sindicatos e ações coletivas.* 3. ed. São Paulo: LTr, 2012.

SARLET, Ingo Wolfgang. *Dignidade da pessoa humana e direitos fundamentais*. 4. ed. Porto Alegre: Livraria do Advogado, 2006.

______. *A eficácia dos direitos fundamentais:* uma teoria geral dos direitos fundamentais na perspectiva constitucional. 10. ed. Porto Alegre: Livraria do Advogado, 2009.

SARMENTO, Daniel. *Direitos fundamentais e relações privadas*. Rio de Janeiro: Lumen Juris, 2004.

SCHIAVI, Mauro. *Competência material da Justiça do Trabalho brasileira*. São Paulo: LTr, 2007.

______. *Manual de Direito Processual do Trabalho*. 16ª ed. São Paulo: LTr, 2020.

______. *Execução no Processo do Trabalho*. 12ª ed. Salvador: Juspodivm: LTr, 2020.

______. *Manual Didático da Audiência Trabalhista*. Salvador: Juspodivm, 2020.

______. *CLT Organizada* (coordenador). 2ª ed. São Paulo: Editora Juspodivm, 2020.

______. *CLT Organizada* (coordenador). 3ª ed. São Paulo: Editora Juspodivm, 2021.

______. *Consolidação das Leis do Trabalho Comentada.* São Paulo: Editora Juspodim, 2021.

______. *Manual Didático de Direito Processual do Trabalho*. 3ª ed. São Paulo: Editora Juspodivm, 2022.

______. *Ações de Reparação por danos morais decorrentes da relação de trabalho*. 4. ed. São Paulo: LTr, 2011.

______. *Provas no Processo do Trabalho.* 7ª ed. Salvador: Juspodivm, 2020.

SCHWARZ, Rodrigo Garcia (Coord.). *Dicionário:* Direito do Trabalho, direito processual do trabalho e direito previdenciário aplicado ao Direito do Trabalho. São Paulo: LTr, 2012.

SILVA, Antônio Álvares da. *Pequeno tratado da nova competência trabalhista.* São Paulo: LTr, 2005.

______. *Competência penal da Justiça do Trabalho.* São Paulo: LTr, 2006.

______. *Execução provisória trabalhista depois da reforma do CPC*. São Paulo: LTr, 2007.

SILVA, Homero Batista Mateus da. *Estudo crítico da prescrição trabalhista*. São Paulo: LTr, 2004.

______. *Responsabilidade patrimonial no processo do trabalho*. São Paulo: Campus, 2008.

______. *CLT Comentada*. São Paulo: RT, 2016.

______. *CLT Comentada*. 2. ed. São Paulo: RT, 2018.

______. *Comentários à reforma trabalhista.* São Paulo: RT, 2017.

______. *Curso de Direito do Trabalho Aplicado*. Volume 7: Direito Coletivo do Trabalho. 3. Ed. São Paulo: RT, 2015.

_____. *Direito do Trabalho Aplicado:* Teoria Geral do Direito do Trabalho e Direito Sindical. São Paulo: RT, 2021.

SILVA, Otávio Pinto e. *Subordinação, autonomia e parassubordinação nas relações de trabalho.* São Paulo: LTr, 2004.

SOUZA, Marcelo Papaléo de. *A nova lei de recuperação e falência e as suas consequências no direito e no processo do trabalho*. São Paulo: LTr, 2006.

______. *A nova lei de recuperação e falência e as suas consequências no direito e processo do trabalho*. 3. ed. São Paulo: LTr, 2009.

SÜSSEKIND, Arnaldo. *Curso de direito do trabalho.* Rio de Janeiro: Renovar, 2002.

______. *Direito constitucional do trabalho.* Rio de Janeiro: Renovar, 1999.

SÜSSEKIND, Arnaldo; MARANHÃO, Délio; VIANNA, Segadas; TEIXEIRA, Lima. *Instituições de Direito do Trabalho.* 22ª ed. Volume I. São Paulo: LTr, 2005.

___________. *Instituições de Direito do Trabalho*. 22ª ed. Volume II. São Paulo: LTr, 2005.

TAVARES, André Ramos. *Curso de direito constitucional*. 3. ed. São Paulo: Saraiva, 2006.

TEXEIRA DE AZEVEDO NETO, Platon. *Controle de Convencionalidade em Matéria Trabalhista*. Brasília. Editora Venturoli, 2021.

TARTUCE, Flávio. *Manual de direito civil*. São Paulo: Método, 2011.

VIANA, Márcio Túlio. *Direito de Resistência*. São Paulo: LTr, 1996.

YOSHIDA, Márcio. *Arbitragem trabalhista*. São Paulo: LTr, 2006.

ZAINAGHI, Domingos Sávio. *Consolidação das Leis do Trabalho*. 2. ed. São Paulo: LTr, 2002.

ZAINAGHI, Domingos Sávio. *CLT Interpretada* (coordenador). 9. ed. São Paulo: Manole, 2018.

ZANGRANDO, Carlos Henrique da Silva. *Curso de Direito do Trabalho*. Volumes I, II e III. São Paulo: LTr, 2008.

EDITORA JusPODIVM
www.editorajuspodivm.com.br

Impressão e acabamento: BMF Gráfica e Editora